Henrich · Kropholler
Internationales Privatrecht, Band III a
Haager Kindschaftsrecht; Art 18 und 19 EGBGB

Internationales Privatrecht

Band III a

Haager Kindschaftsrecht; Art 18 und 19 EGBGB

von

Dr. Dieter Henrich
Professor an der Universität Regensburg
und

Dr. Jan Kropholler
Privat-Dozent an der Universität München,
Wiss. Referent am Max-Planck-Institut, Hamburg

1979

J. Schweitzer Verlag · Berlin

Band III a der Sonderausgabe aus
J. v. Staudingers Kommentar zum Bürgerlichen Gesetzbuch
10./11. und 12. Auflage EGBGB Teil 2 a–5
Bearbeiter:
Vorbem zu Art 18 . . . . Privat-Dozent Dr. Jan Kropholler
Art 18 . . . . Professor Dr. Dieter Henrich
Art 19 A.–E. . . . . Professor Dr. Dieter Henrich
Art 19 F.–I . . . . Privat-Dozent Dr. Jan Kropholler
Redaktor: Dr. Jan Kropholler, Hamburg
Redaktionelle Mitarbeit: Dr. Bernd von Hoffmann, Hamburg

Stand der Bearbeitung: Januar 1979

Diese Bearbeitung erscheint inhaltsgleich sowohl als 10./11. Auflage als auch als 12. Auflage von J. von Staudingers Kommentar zum BGB. Die Gestaltung der Erläuterungen entspricht aus Gründen geänderten Satzverfahrens der 12. Auflage des Staudinger.

CIP-Kurztitelaufnahme der Deutschen Bibliothek
Internationales Privatrecht. – Sonderausg. – Berlin : Schweitzer.
Bd. 3.
a. Haager Kindschaftsrecht : Art. 18 u. 19 EGBGB / von Dieter Henrich u. Jan Kropholler.
– 1979.
ISBN 3-8059-0550-5
NE: Henrich, Dieter [Mitarb.]

Satz, Druck: Georg Wagner, Nördlingen. Bindearbeiten: Lüderitz und Bauer, Buchgewerbe GmbH, Berlin.

Sonderausgabe

Internationales Privatrecht

aus J. von Staudingers Kommentar zum BGB, 10./11. und 12. Aufl., EGBGB Teil 2 a bis 5

Band I a
Lieferung 1: Einleitung von Professor Dr. Friedrich Korkisch, Hamburg; Artikel 7, 8 von Professor Dr. Dr. h. c. mult. Günther Beitzke, Bonn; Artikel 9 von Professor Dr. Dr. h. c. mult. Helmut Coing, Frankfurt a. M., unter Mitarbeit von Professor Dr. Günter Weick, Frankfurt a. M.; Artikel 11 von Professor Dr. Karl Firsching, Regensburg.

Lieferung 2: Juristische Personen von Professor Dr. Bernhard Großfeld, Münster/Westfalen.

Band I b
Internationales Schuldrecht I von Professor Dr. Karl Firsching, Richter am Bayerischen Obersten Landesgericht, Regensburg.

Band I c
Lieferung 1: Internationales Schuldrecht II (Deliktsrecht) von Professor Dr. Detlef König, Mannheim.

Lieferung 2: Internationales Sachenrecht von Professor Dr. Hans Stoll, Freiburg i. Br. (erschienen als Band I Lieferung 5).

Lieferung 3: Internationales Immaterialgüterrecht von Dr. Michel M. Walter, Wien.

Band II
Artikel 13–17 (Internationales Eherecht), §§ 606 bis 606 b, 328 ZPO (Internationales Verfahrensrecht in Ehesachen) von Professor Dr. Franz Gamillscheg, Göttingen.

Band III a
Haager Kindschaftsrecht; Art 18 und 19 EGBGB von Professor Dr. Dieter Henrich, Regensburg, und Privat-Dozent Dr. Jan Kropholler, Hamburg.

Die Kommentierung der Artikel 20–23 wird vorläufig wegen Reformvorhaben zurückgestellt.

Band IV
Artikel 24–26 (Internationales Erbrecht) von Professor Dr. Karl Firsching, Richter am Bayerischen Obersten Landesgericht, Regensburg.

Artikel 27 und 28 von Professor Dr. Dr. Eugen D. Graue LL. M., Kiel.

Artikel 29–31 von Professor Dr. Dieter Blumenwitz, Würzburg.

Redaktionelle Mitarbeit, Bearbeitung von Registern und Verzeichnissen: Dr. Bernd von Hoffmann, Hamburg.

J. Schweitzer Verlag · Berlin

Vorwort

Die überragende praktische Bedeutung der Haager Konventionen über Unterhalt und Schutz Minderjähriger für das gesamte Internationale Kindschaftsrecht hat uns veranlaßt, wohl erstmals in einem deutschen Kommentar das Konventionsrecht *vor* dem autonomen deutschen Recht zu erläutern.

Von dem Recht des EGBGB – das teilweise nur noch subsidiär gilt – sind im vorliegenden Band Art 18 über die eheliche Abstammung und Art 19 über das eheliche Eltern-Kind-Verhältnis sowie die dazugehörigen Regeln des Internationalen Verfahrensrechts behandelt. Die noch ausstehenden Erläuterungen zu Art 20, 21 (Nichtehelichenrecht), Art 22 (Legitimation und Adoption) sowie Art 23 (Vormundschaft und Pflegschaft) sollen folgen, sobald die im Bundesministerium der Justiz vorbereitete Reform des Internationalen Familienrechts ihren gesetzgeberischen Abschluß gefunden hat, womit für die nächste Legislaturperiode gerechnet wird. Zur Entlastung des Kommentars (und damit seiner Käufer und Benutzer) von rasch überholtem Stoff erscheint es uns richtig, diesen in den nächsten Jahren zu schreibenden Teil sogleich auf das erwartete neue Recht auszurichten.

Rechtsprechung und Schrifttum sind bis zum 1. Januar 1979 – vereinzelt auch darüber hinaus – berücksichtigt worden.

Hamburg und Regensburg, im April 1979 DIETER HENRICH, JAN KROPHOLLER

Inhaltsübersicht

* Es handelt sich um eine Hilfspaginierung; zitiert wird nicht nach Seiten, sondern nach Randziffern.

Verzeichnis des abgekürzt zitierten Schrifttums

Aguilar Navarro	Derecho civil internacional, Bd II (1975).
Bärmann	Freiwillige Gerichtsbarkeit und Notarrecht (1968).
Balladore-Pallieri	Diritto internazionale privato italiano (1974).
Batiffol-Lagarde, D.I.P.	Droit international privé, Bd II (5. Aufl 1971, 6. Aufl 1976).
Baumbach-Lauterbach – Bearbeiter	Zivilprozeßordnung (36. Aufl 1978).
Beitzke, GG und IPR	Grundgesetz und Internationalprivatrecht (1961).
Beitzke, Referat	Internationales Kindschaftsrecht, in: Praxis des neuen Familienrechts, Referate und Berichte (1978) 129.
Bergmann-Ferid	Internationales Ehe- und Kindschaftsrecht (5. Aufl 1976 ff).
Berner Kommentar	Kommentar zum Schweizerischen Privatrecht II: Familienrecht, 1. Abt 1. Teilband 1. Hälfte: Die Eheschließung, 2. Abt 1. Teilband: Das eheliche Kindesverhältnis (3. Aufl 1964).
Bromley	Family Law (5. Aufl, London 1976).
Brühl-Göppinger-Mutschler	Unterhaltsrecht, Bd I (3. Aufl 1973).
Bülow-Böckstiegel	Der internationale Rechtsverkehr in Zivil- und Handelssachen (2. Aufl 1973 ff).
Dicey-Morris, Conflict	Conflict of Laws (9. Aufl, London 1973).
Dölle, FamR	Familienrecht, Bd I (1964), Bd II (1965).
Dölle, IPR	Internationales Privatrecht (2. Aufl 1972).
Eek, Conflict	The Swedish Conflict of Laws (The Hague 1965).
Erman – Bearbeiter	Handkommentar zum Bürgerlichen Gesetzbuch, Bd II (6. Aufl 1975).
Ferid, Franz ZivilR	Das französische Zivilrecht, Bd II (1971).
Ferid, IPR	Internationales Privatrecht (1975).
Ferid-Firsching	Internationales Erbrecht (1955 ff).
Ficker, Ehel Kindsch	Eheliche Kindschaft (deutsches Recht), in: Das Familienrecht Deutschlands und Frankreichs (1955) 259.
Firsching, IPR	Einführung in das Internationale Privatrecht einschließlich der Grundzüge des internationalen Verfahrensrechts (1974).
Frankenstein, IPR	Internationales Privatrecht (Grenzrecht), Bd I (1926), Bd II (1929), Bd III (1934), Bd IV (1935).
Gloag and Henderson	Introduction to the Law of Scotland (7. Aufl 1969).
Görgens, Gleichberechtigung der Ehegatten	Die materiellrechtliche und kollisionsrechtliche Gleichberechtigung der Ehegatten auf dem Gebiet der persönlichen Ehewirkungen und der elterlichen Gewalt (1976).
Graveson, Conflict	The Conflict of Laws (7. Aufl, London 1974).
Habicht, IPR	Internationales Privatrecht nach dem EGBGB (1907).
Habscheid	Freiwillige Gerichtsbarkeit (6. Aufl 1977).
Heldrich, Int Zust	Internationale Zuständigkeit und anwendbares Recht (1969).
Heldrich, Bericht	Die Frage der internationalen Zuständigkeit im Bereich der freiwilligen Gerichtsbarkeit, Berichte der Deutschen Gesellschaft für Völkerrecht 10 (1971) 97 = Zeitgenössische Fragen des internationalen Zivilverfahrensrechts (1972) 153 (dort ohne Fußnoten und mit dem Titel: Internationale Zuständigkeit und Sachstatut im nichtstreitigen Verfahren).
Hoffmann-Stephan	Ehegesetz (2. Aufl 1968).
Jansen	Freiwillige Gerichtsbarkeit, Bd I (2. Aufl 1969), Bd II (2. Aufl 1970).
Kegel	Internationales Privatrecht (4. Aufl 1977).

Verzeichnis des abgekürzt zitierten Schrifttums

KEIDEL-KUNTZE-WINKLER	Freiwillige Gerichtsbarkeit, Teil A (11. Aufl 1978).
KLEINRAHM-PARTIKEL	Die Anerkennung ausländischer Entscheidungen in Ehesachen (2. Aufl 1970).
KNOEPFLER	Les nouvelles Conventions de La Haye de d.i.p. (Diss Neuchâtel 1968).
KÖHLER, IPR	Internationales Privatrecht (3. Aufl 1966).
KROPHOLLER, MSA	Das Haager Abkommen über den Schutz Minderjähriger (2. Aufl 1977).
KROPHOLLER, Einheitsrecht	Internationales Einheitsrecht (1975).
KROPHOLLER, Gleichberechtigung	Gleichberechtigung durch Richterrecht (1975).
KRÜGER-BREETZKE-NOWACK . . .	Gleichberechtigungsgesetz (1958).
LAUTERBACH, Eingehung der Ehe	Eingehung der Ehe (deutsches Recht), in: Das internationale Familienrecht Deutschlands und Frankreichs (1955) 22.
LAUTERBACH, EheR	Vorschläge und Gutachten zur Reform des deutschen internationalen Eherechts (1962).
LAUTERBACH, KindschR	Vorschläge und Gutachten zur Reform des deutschen internationalen Kindschafts-, Vormundschafts- und Pflegschaftsrechts (1966).
LEMAIRE	Nederlands internationaal privaatrecht (1968).
LEWALD, IPR	Das deutsche internationale Privatrecht (1931).
MÄNHARDT	Das internationale Personen- und Familienrecht Österreichs (München 1971).
MAKAROV, IPR	Grundriß des internationalen Privatrechts (1970).
MARTY et RAYNAUD	Droit civil, Bd I Teil 2: Les personnes (2. Aufl, Paris 1972).
MASSFELLER-HOFFMANN-KNÖPFEL	Personenstandsgesetz, Bd II (1977).
MAYER, D.I.P.	Droit international privé (Paris 1977).
MAZEAUD	Leçons de droit civil, Bd I Teil 3 (4. Aufl, Paris 1967).
MELCHIOR, Grundlagen	Die Grundlagen des deutschen internationalen Privatrechts (1932).
MORRIS, Conflict	The Conflict of Laws (London 1971).
NEUHAUS, Grundbegriffe	Die Grundbegriffe des Internationalen Privatrechts (2. Aufl 1976).
NUSSBAUM, IPR	Deutsches internationales Privatrecht (1932).
NYGH, Conflict	Conflict of Laws in Australia (2. Aufl 1971).
OBERLOSKAMP	Die Rechtsstellung der Kinder ausländischer Arbeitnehmer im Familien- und Jugendwohlfahrtsrecht, in: BECKER-OBERLOSKAMP, Kinder ausländischer Arbeitnehmer (oJ) 99.
DE PAGE, Traité I	Traité élémentaire de droit civil belge, Bd I (3. Aufl 1962).
PALANDT – Bearbeiter	Bürgerliches Gesetzbuch (38. Aufl 1979).
PFEIFFER-STRICKERT	Personenstandsgesetz (1961).
RAAPE, IPR	Internationales Privatrecht (5. Aufl 1961).
RAAPE-STURM	Internationales Privatrecht, Bd I (6. Aufl 1977).
RABEL, Conflict	The Conflict of Laws (2. Aufl 1958–1964).
REINICKE-SCHWARZHAUPT	Gleichberechtigung von Mann und Frau (1957).
RIEZLER, IZPR	Internationales Zivilprozeßrecht und zivilprozessuales Fremdenrecht (1949).
RIGAUX, D.I.P.	Droit international privé (Bruxelles 1968).
RIGAUX, Les Personnes	Les Personnes (les relations familiales), Bd I (Bruxelles 1971)
SCHMITT-PETERS	Die Eintragungen in deutsche Personenstandsbücher in Fällen mit Auslandsberührung (1960).
SCHRÖDER, Int Zust	Internationale Zuständigkeit (1971).
SCHRÖDER, Bericht	Die Frage der internationalen Zuständigkeit im Bereich der freiwilligen Gerichtsbarkeit, Berichte der Deutschen Gesellschaft für Völkerrecht 10 (1971) 133.
VON SCHWIND, IPR	Handbuch des österreichischen IPR (1975).
SOERGEL-SIEBERT-KEGEL	Bürgerliches Gesetzbuch, Bd VII (10. Aufl 1970).
STAUDINGER-RAAPE	STAUDINGERS Kommentar zum Bürgerlichen Gesetzbuch, Bd VI/2 (9. Aufl 1931).

Verzeichnis des abgekürzt zitierten Schrifttums

STAUDINGER – Bearbeiter	STAUDINGERS Kommentar zum Bürgerlichen Gesetzbuch (10./11. Aufl 1970/76).
STEIN-JONAS – Bearbeiter	Kommentar zur Zivilprozeßordnung, Bd II: §§ 300–703a (19. Aufl 1972), Bd III: §§ 511–703d (20. Aufl 1977).
STURM, FS Heidelberg	Zur Gleichberechtigung im deutschen IPR, in: FS zum 50jährigen Bestehen des Instituts für ausländisches und internationales Privat- und Wirtschaftsrecht der Universität Heidelberg (1967) 155.
VISCHER, IPR	Internationales Privatrecht, in: GUTZWILLER ua (Hrsg), Schweizerisches Privatrecht, Bd I (1969).
VITTA, D.I.P.	Diritto internazionale privato, Bd II (Turin 1973).
WENGLER, Gutachten	Gutachten zum internationalen und ausländischen Familien- und Erbrecht, Bd I (1971).
WIECZOREK	Zivilprozeßordnung und Nebengesetze, Bd V (1957).
WOLFF, IPR	Das internationale Privatrecht Deutschlands (3. Aufl 1954).
WOLFF	Private International Law (2. Aufl, Oxford 1950).
WUPPERMANN, Ordre pulic	Die deutsche Rechtsprechung zum Vorbehalt des ordre public im IPR seit 1945 vornehmlich auf dem Gebiet des Familienrechts (1977).
ZITELMANN, IPR	Internationales Privatrecht, Bd I (1912), Bd II (1914).
ZÖLLER – Bearbeiter	Zivilprozeßordnung (11. Aufl 1974).
Zürcher Kommentar	Kommentar zum Schweizerischen Zivilgesetzbuch, Bd II/1 (2. Aufl 1936).

Abkürzungsverzeichnis

A	
aA	anderer Ansicht
aaO	am angegebenen Ort
AargGVE	Aargauische Gerichts- und Verwaltungsentscheide (zitiert nach Jahr und Seite)
ABGB	(Österreichisches) Allgemeines Bürgerliches Gesetzbuch vom 1. 6. 1811
abl	ablehnend
ABlAHK	Amtsblatt der Alliierten Hohen Kommission für Deutschland
Abs	Absatz
AcP	Archiv für die civilistische Praxis (zitiert nach Band, Jahr und Seite)
Actes VIII	Conférence de La Haye de droit international privé, Actes de la Huitième Session, 3 au 24 octobre 1956 (1957)
Actes et Doc IX/4, XII/4	Conférence de La Haye de droit international privé, Actes et Documents de la Neuvième session, 5 au 26 octobre 1960, Tome IV: Protection des mineurs (1961); Actes et Documents de la Douzième session, 2 au 21 octobre 1972, Tome IV: Obligations alimentaires (1975)
aE	am Ende
aF	alte Fassung
AG	Amtsgericht (zitiert mit jeweiligem Ortsnamen)
AHKG	Gesetz der Alliierten Hohen Kommission für Deutschland Nr. 23 vom 17. 3. 1950 (ABlAHK 140) idF vom 1. 3. 1951 (ABlAHK 808)
allgM	allgemeine Meinung
AmJCompL	The American Journal of Comparative Law (zitiert nach Band, Jahr und Seite)
AmJIntL	The American Journal of International Law (zitiert nach Band, Jahr und Seite)
Anh	Anhang
Anm	Anm
AppellationsG	Appellationsgericht
Art	Artikel
Aufl	Auflage
AVO	Ausführungsverordnung
B	
BAnz	Bundesanzeiger
BaslerJurMitt	Basler juristische Mitteilungen (zitiert nach Jahr und Seite)
BayNotZ	Mitteilungen des Bayerischen Notarvereins (Bayerische Notarzeitschrift; zitiert nach Jahr und Seite)
BayObLG	Bayerisches Oberstes Landesgericht
BayObLGZ	Amtliche Sammlung der Entscheidungen des Bayerischen Obersten Landesgerichts in Zivilsachen (zitiert nach Band und Seite; ab 1950 zitiert nach Jahr und Seite)
BBl	Bundesblatt der Schweizerischen Eidgenossenschaft
Bd	Band
Beibl	Beiblatt
Bem	Bemerkung
betr	betreffend

Abkürzungsverzeichnis

Betrieb	Der Betrieb (zitiert nach Jahr und Seite)
BezG	Bezirksgericht (zitiert mit jeweiligem Ortsnamen)
BG	Bundesgericht
BGB	Bürgerliches Gesetzbuch vom 18. 8. 1896 (RGBl 195, BGBl III Nr 400–2)
BGBl I; II; III	Bundesgesetzblatt Teil I; II; III
BGE	Amtliche Sammlung der Entscheidungen des Schweizerischen Bundesgerichts (zitiert nach Band, Jahr, Teil und Seite)
BGH	Bundesgerichtshof
BGH WarnR	Warneyer, Die Rechtsprechung des Bundesgerichtshofs in Zivilsachen (zitiert nach Jahr und Nr)
BGHZ	Amtliche Sammlung der Entscheidungen des Bundesgerichtshofes in Zivilsachen (zitiert nach Band und Seite)
Blg NR	(Österreichische) Beilagen zu den stenographischen Protokollen des Nationalrates
BlIPR	Blätter für internationales Privatrecht (Beilage zur Leipziger Zeitschrift, zitiert nach Band, Jahr und Seite)
BlZürchRspr	Blätter für Zürcherische Rechtsprechung (zitiert nach Band, Jahr und Seite)
BT-Drucks	Drucksachen des Deutschen Bundestages
BVerfG	Bundesverfassungsgericht
BVerfGE	Amtliche Sammlung der Entscheidungen des Bundesverfassungsgerichts (zitiert nach Band und Seite)
BVerwG	Bundesverwaltungsgericht
BVerwGE	Amtliche Sammlung der Entscheidungen des Bundesverwaltungsgerichts (zitiert nach Band und Seite)
BW	(Niederländisches) Burgerlijk Wetboek vom 10. 4. 1838
BWNotZ	Zeitschrift für das Notariat in Baden-Württemberg (seit 1955; zitiert nach Jahr und Seite)
bzw	beziehungsweise
C	
Can Bar Rev	Canadian Bar Review (zitiert nach Band, Jahr und Seite)
Cass	Cour de cassation
Cc	Code civil, Codice civile, Código civil
CLJ	Cambridge Law Journal (zitiert nach Jahr und Seite)
Clunet	Journal du droit international, begründet von Clunet (zitiert nach Band, Jahr und Seite)
D	
D	Recueil Dalloz (zitiert nach Jahr, Teil und Seite)
DA	Dienstanweisung für die Standesbeamten und ihre Aufsichtsbehörden
DAVorm	Der Amtsvormund (zitiert nach Jahr und Spalte)
DDR	Deutsche Demokratische Republik
ders	derselbe
DFG	Deutsche Freiwillige Gerichtsbarkeit (zitiert nach Jahr und Seite)
dh	das heißt
dies	dieselbe
d.i.p.	droit international privé
D.I.P.	Droit international privé; Diritto Internazionale Privato
Dir Int	Diritto Internazionale (zitiert nach Band, Jahr, Teil und Seite)
disp prel	disposizioni preliminari
Diss	Dissertation
DJ	Deutsche Justiz (zitiert nach Jahr und Seite)
DLR	Dominion Law Reports (zitiert nach Jahr, Teilband und Seite)
DNotZ	Deutsche Notar-Zeitschrift (zitiert nach Jahr und Seite)
Doc VII, VIII	Conférence de La Haye de droit international privé, Docu-

	ments relatifs à la Septième Session, tenue du 9 au 31 octobre 1951 (1952); Documents relatifs à la Huitième Session, 3 au 24 octobre 1956 (1957)
DÖV	Die Öffentliche Verwaltung (zitiert nach Jahr und Seite)
DR	Deutsches Recht (seit 1939 Wochenausgabe, vereinigt mit Juristischer Wochenschrift; zitiert nach Jahr und Seite)
DRiZ	Deutsche Richterzeitung (zitiert nach Jahr und Seite)
DVO	Durchführungsverordnung (zum jeweiligen Regelungskomplex, abgekürzt zitiert)

E

E	Entwurf
E I; II; III	Entwürfe zum BGB (zitiert mit dem jeweiligen Paragraphen)
EGBGB	Einführungsgesetz zum Bürgerlichen Gesetzbuch vom 18. 8. 1896 (RGBl 604, BGBl III 4 Nr 400–1)
EGFGB	Einführungsgesetz zum Familiengesetzbuch (der DDR) vom 20. 12. 1965 (GBl 1966 I 19)
EheG	Ehegesetz vom 20. 2. 1946 (KRABl 77, BGBl III 4 Nr 404–1)
Einf	Einführung
Einl	Einleitung
EJF	Entscheidungen aus dem Jugend- und Familienrecht (zitiert nach Abschnitt und Nr)
Entsch OG Luzern	Entscheidungen des Obergerichts des Kantons Luzern und seiner Kommissionen (zitiert nach Jahr und Seite)
EO	(Österreichische) Exekutionsordnung vom 27. 5. 1896
EvBl	(Österreichisches) Evidenzblatt der Rechtsmittelentscheidungen (zitiert nach Jahr und Nr)

F

f, ff	folgende Seite(n)
FamGB	Familiengesetzbuch (der DDR) vom 20. 12. 1965 (GBl 1966 I 1)
FamRÄndG	Gesetz zur Vereinheitlichung und Änderung familienrechtlicher Vorschriften (Familienrechtsänderungsgesetz) vom 11. 8. 1961 (BGBl I 1221, BGBl III 4 Nr 400–4)
FamRZ	Ehe und Familie im privaten und öffentlichen Recht, Zeitschrift für das gesamte Familienrecht (zitiert nach Jahr und Seite)
fasc	fascicule
FGG	Gesetz über die Angelegenheiten der freiwilligen Gerichtsbarkeit vom 17. 5. 1898 (RGBl 189, BGBl III 3 Nr 315–1)
Fn	Fußnote
FS	Festschrift, Festgabe

G

GazPal	La Gazette du Palais (zitiert nach Jahr, Teil und Seite)
GBl	Gesetzblatt
gem	gemäß
GermanYbIntL	German Yearbook of International Law (zitiert nach Band, Jahr und Seite)
Ges	Gesetz
GG	Grundgesetz für die Bundesrepublik Deutschland vom 23. 5. 1949 (BGBl 1, BGBl III 1 Nr 100–1)
ggf	gegebenenfalls
Giur comp d.i.p.	Giurisprudenza comparata di diritto internazionale privato (zitiert nach Band, Jahr, Seite und Nr)
GleichberG	Gesetz über die Gleichberechtigung von Mann und Frau auf dem Gebiet des bürgerlichen Rechts (Gleichberechtigungsgesetz) vom 18. 6. 1957 (BGBl I 609, BGBl III 4 Nr 400–3)

GlUNF	(Österreichische) Sammlung von civilrechtlichen Entscheidungen des kaiserlichen Obersten Gerichtshofes, hrsg von GLASER und UNGER, Neue Folge (zitiert nach Band und Nr)
GVÜ	Europäisches Übereinkommen über die gerichtliche Zuständigkeit und die Vollstreckung gerichtlicher Entscheidungen in Zivil- und Handelssachen vom 27. 9. 1968 (BGBl 1972 II 774)
H	
hA	herrschende Ansicht
HambJVBl	Hamburgisches Justizverwaltungsblatt (zitiert nach Jahr und Seite)
HansGZ	Hanseatische Gerichtszeitung (zitiert nach Jahr und Nr)
HaSta	Der Hamburger Standesbeamte (zitiert nach Jahr und Seite)
HessVGH	Hessischer Verwaltungsgerichtshof
hM	herrschende Meinung
HRR	Höchstrichterliche Rechtsprechung (zitiert nach Jahr und Nr)
hrsg	herausgegeben
Hrsg	Herausgeber
HS	Halbsatz
I	
ICJ	International Court of Justice
ICRep	Report of the International Court of Justice (zitiert nach Jahr und Seite)
idF	in der Fassung
idR	in der Regel
IGH	Internationaler Gerichtshof
insbes	insbesondere
IntCompLQ	The International and Comparative Law Quarterly (zitiert nach Band, Jahr und Seite)
Int Enc Comp L	International Encyclopedia of Comparative Law
IPG	Gutachten zum internationalen und ausländischen Privatrecht von FERID-KEGEL-ZWEIGERT, 1965 ff (zitiert nach Jahr und Nr)
IPR	Internationales Privatrecht
IPRspr	Die deutsche Rechtsprechung auf dem Gebiete des Internationalen Privatrechts, zuletzt bearbeitet von KROPHOLLER, 1926–1977, 1935–1944 im Druck (zitiert nach Jahr und Nr)
iS	im Sinne
iVm	in Verbindung mit
IZPR	Internationales Zivilprozeßrecht
IzRspr	Sammlung der deutschen Entscheidungen zum interzonalen Privatrecht, bearbeitet von DROBNIG, 1945 ff (zitiert nach Jahr und Nr)
J	
JCl Dr Comp	Juris Classeur de droit comparé (zitiert nach Land, fasc und Nr)
JCl Dr Int	Juris Classeur de droit international (zitiert nach fasc und Nr)
JCP	Juris Classeur Périodique (zitiert nach Jahr, Teil und Nr)
JFG	Jahrbuch für Entscheidungen in Angelegenheiten der freiwilligen Gerichtsbarkeit und des Grundbuchrechts (zitiert nach Band und Seite)
JGG	Jugendgerichtsgesetz idF vom 11. 12. 1974 (BGBl I 3427)
JMBlNRW	Justizministerialblatt für das Land Nordrhein-Westfalen (zitiert nach Jahr und Seite)
JR	Juristische Rundschau (zitiert nach Jahr und Seite)
JTrib	Journal des tribunaux (Belgien; zitiert nach Jahr und Seite)
Justiz	Die Justiz (Amtsblatt des Justizministeriums Baden-Württemberg; zitiert nach Jahr und Seite)

JW	Juristische Wochenschrift (zitiert nach Jahr und Seite)
JWG	Gesetz für Jugendwohlfahrt idF vom 25. 4. 1977 (BGBl I 633, 795)
JZ	Juristenzeitung (seit 1951; zitiert nach Jahr und Seite)
K	
KantonsG	Kantonsgericht (zitiert mit jeweiligem Ortsnamen)
KG	Kammergericht
KGBl	Blätter für Rechtspflege im Bezirk des Kammergerichts (zitiert nach Jahr und Seite)
KGJ	Jahrbuch für Entscheidungen des Kammergerichts in Sachen der freiwilligen Gerichtsbarkeit, in Kosten-, Stempel- und Strafsachen (zitiert nach Band, Abteilung und Seite)
KreisG	Kreisgericht (zitiert mit jeweiligem Ortsnamen)
krit	kritisch
L	
L	Leitsatz
LandesG	Landesgericht (zitiert mit jeweiligem Ortsnamen)
LG	Landgericht (zitiert mit jeweiligem Ortsnamen)
LGZ	Landesgericht für Zivilrechtssachen (zitiert mit jeweiligem Ortsnamen)
lit	litera
LM	LINDENMAYER-MÖHRING, Nachschlagewerk des Bundesgerichtshofs, Leitsätze und Entscheidungen (zitiert in Verbindung mit einer Ordnungsziffer für die jeweilige Entscheidung zu einem betreffenden Paragraphen)
LohnpfG	(Österreichisches) Bundesgesetz vom 16. 2. 1955 über den Pfändungsschutz für Arbeitseinkommen (östBGBl 1955 Nr 51)
M	
m	mit
maW	mit anderen Worten
MDR	Monatsschrift für Deutsches Recht (zitiert nach Jahr und Seite)
mE	meines Erachtens
ModLR	The Modern Law Review (zitiert nach Jahr und Seite)
MSA	Haager Übereinkommen über die Zuständigkeit der Behörden und das anzuwendende Recht auf dem Gebiet des Schutzes von Minderjährigen vom 5. 10. 1961 (BGBl 1971 II 219)
mwN	mit weiteren Nachweisen
N	
Nachw	Nachweise
NAG	(Schweizer) Bundesgesetz betreffend die zivilrechtlichen Verhältnisse der Niedergelassenen und Aufenthalter vom 25. 6. 1891
NamÄndG	Gesetz über die Änderung von Familiennamen und Vornamen vom 5. 1. 1938 (RGBl I 9)
NdsRpfl	Niedersächsische Rechtspflege (seit 1947; zitiert nach Jahr und Seite)
NDV	Nachrichtendienst des Deutschen Vereins für öffentliche und private Fürsorge (zitiert nach Jahr und Seite)
NedJbl	Nederlands Juristenblad (zitiert nach Jahr und Seite)
NedJur	Nederlands Jurisprudentie (zitiert nach Jahr und Nr)
NedTIR	Nederlands Tijdschrift voor Internationaal Recht (zitiert nach Band, Jahr und Seite)
NF	Neue Folge

nF . . . . neue Fassung
NichtehelG . . . . Gesetz über die rechtliche Stellung der nichtehelichen Kinder vom 19. 8. 1969 (BGBl I 1243)
NiemZ . . . . Niemeyers Zeitschrift für internationales Recht (zitiert nach Band und Seite)
NILR . . . . Netherlands International Law Review (zitiert nach Band, Jahr und Seite)
NJ . . . . Neue Justiz (zitiert nach Jahr und Seite)
NJW . . . . Neue Juristische Wochenschrift (zitiert nach Jahr und Seite)
NordTIR . . . . Nordisk Tidskrift for International Ret (zitiert nach Band, Jahr und Seite)
Nouv rev d.i.p. . . . . Nouvelle revue de droit international privé (zitiert nach Jahr und Seite)
Nr, Nrn . . . . Nummer, Nummern

O

ÖJBl . . . . Juristische Blätter (Österreich; zitiert nach Jahr und Seite)
ÖJZ . . . . Österreichische Juristenzeitung (zitiert nach Jahr und Seite)
ÖNotZ . . . . Österreichische Notariats-Zeitung (zitiert nach Jahr und Seite)
ÖRiZ . . . . Österreichische Richterzeitung (zitiert nach Jahr und Seite)
östBGBl . . . . Bundesgesetzblatt für die Republik Österreich
OG . . . . Obergericht (zitiert mit jeweiligem Schweizer Ortsnamen); Oberstes Gericht der DDR
OGHBrZ . . . . Oberster Gerichtshof für die Britische Zone
OGHZ . . . . Amtliche Sammlung der Entscheidungen des Obersten Gerichtshofes für die Britische Zone in Zivilsachen (zitiert nach Band und Seite)
OGZ . . . . Entscheidungen des Obersten Gerichts der DDR in Zivilsachen (zitiert nach Band und Seite)
oJ . . . . ohne Jahr
OLG . . . . Oberlandesgericht (zitiert mit jeweiligem Ortsnamen)
OLGRspr . . . . Die Rechtsprechung der Oberlandesgerichte auf dem Gebiete des Zivilrechts (zitiert nach Band und Seite)
OLGZ . . . . Entscheidungen der Oberlandesgerichte in Zivilsachen einschließlich der freiwilligen Gerichtsbarkeit (zitiert nach Jahr und Seite)
OR . . . . Schweizerisches Obligationenrecht vom 30. 3. 1911
OVG . . . . Oberverwaltungsgericht (zitiert mit jeweiligem Ortsnamen)

P

Pas lux . . . . Pasicrisie luxembourgeoise (zitiert nach Band und Seite)
Praxis . . . . Praxis des (Schweizerischen) Bundesgerichts (zitiert nach Band, Jahr und Nr)
PStG . . . . Personenstandsgesetz vom 8. 8. 1957 (BGBl I 1125, BGBl III 2 Nr 211–1)

R

RabelsZ . . . . Zeitschrift für ausländisches und internationales Privatrecht, begründet von Rabel (zitiert nach Band, Jahr und Seite)
Rb . . . . Rechtbank (zitiert mit jeweiligem Ortsnamen)
RdbfADB . . . . Rundbrief des Archivs Deutscher Berufsvormünder (zitiert nach Band, Jahr und Seite)
RdbfDJA . . . . Rundbrief des Deutschen Jugendarchivs (zitiert nach Band, Jahr und Seite)
RdbfJugI . . . . Rundbrief des Deutschen Instituts für Jugendhilfe (zitiert nach Band, Jahr und Seite)
RdJ . . . . Recht der Jugend und des Bildungswesens (zitiert nach Jahr und Seite)

Rec des Cours	Recueil des Cours de l'Académie de Droit International de la Haye (zitiert nach Band, Jahr, Teil und Seite)
Recueil Asser	Les nouvelles Conventions de La Haye: leur application par les juges internationaux. Recueil des décisions et bibliographie, hrsg vom Asser Institut (1976)
Rev crit	Revue critique de droit international privé (zitiert nach Band, Jahr und Seite)
Rev esp der int	Revista española de derecho internacional (zitiert nach Band, Jahr und Seite)
RG	Reichsgericht
RGBl I; II	Reichsgesetzblatt Teil I; II
RG WarnR	WARNEYER, Die Rechtsprechung des Reichsgerichts in Zivilsachen (zitiert nach Jahr und Nr)
RGZ	Amtliche Sammlung der Entscheidungen des Reichsgerichts in Zivilsachen (zitiert nach Band und Seite)
RJA	Entscheidungen in Angelegenheiten der freiwilligen Gerichtsbarkeit und des Grundbuchrechts, zusammengestellt im Reichsjustizamt (zitiert nach Band und Seite)
ROW	Recht in Ost und West (zitiert nach Jahr und Seite)
Rpfleger	Der Deutsche Rechtspfleger (zitiert nach Jahr und Seite)
Rspr	Rechtsprechung
RuStAÄndG	Gesetz zur Änderung des Reichs- und Staatsangehörigkeitsgesetzes vom 20. 12. 1974 (BGBl I 3714)
RuStAG	Reichs- und Staatsangehörigkeitsgesetz vom 22. 7. 1913 (RGBl 583, BGBl III 1 Nr 102–1)
Rv	Wetboek van Burgerlijke Rechtsvordering (Niederlande) vom 1. 10. 1938 (Inkrafttreten)
Rz	Randzahl(en)
RzW	Rechtsprechung zum Wiedergutmachungsrecht (bis 1960 monatliche Beilage zur NJW; zitiert nach Jahr und Seite)

S

s	siehe
S	Seite
SaarlRuStZ	Saarländische Rechts- und Steuerzeitschrift (Justizblatt des Saarlandes; zitiert nach Jahr und Seite)
SächsOLG	Annalen des Sächsischen Oberlandesgerichts zu Dresden (zitiert nach Jahr und Seite)
SchlHAnz	Schleswig-Holsteinische Anzeigen (zitiert nach Jahr und Seite)
SchwJbIntR	Schweizerisches Jahrbuch für Internationales Recht (zitiert nach Band, Jahr und Seite)
SchwJZ	Schweizerische Juristen-Zeitung (zitiert nach Jahr und Seite)
sec	section
SeuffA	SEUFFERTS Archiv für Entscheidungen der obersten Gerichte in den deutschen Staaten (zitiert nach Band, Jahr und Nr)
sog	sogenannte
Solothurn Gerichtspraxis	Solothurnische Gerichtspraxis (zitiert nach Jahr und Nr)
StAZ	Das Standesamt (Zeitschrift für Standesamtswesen; zitiert nach Jahr und Seite)
str	streitig
stRspr	ständige Rechtsprechung
Suppl	Supplement
SZ	Entscheidungen des Obersten Gerichtshofes in Zivil- und Justizverwaltungssachen (Österreich; zitiert nach Band und Nr)

T

Trib civ	Tribunal civil (zitiert mit jeweiligem Ortsnamen)
Trib gr inst	Tribunal de grande instance (zitiert mit jeweiligem Ortsnamen)

Abkürzungsverzeichnis

U

ua	und andere; unter anderem
UdSSR	Union der Sozialistischen Sowjetrepubliken
USA	United States of America
uU	unter Umständen

V

VersR	Versicherungsrecht. Juristische Rundschau für die Individualversicherung (zitiert nach Jahr und Seite)

W

WLR	The Weekly Law Reports (zitiert nach Jahr, Teilband und Seite)
WM	Wertpapier-Mitteilungen (zitiert nach Jahr und Seite)
WPNR	Weekblad voor privaatrecht, notarisambt en registratie (zitiert nach Jahr und Seite)

Z

ZAkDR	Zeitschrift der Akademie für Deutsches Recht (zitiert nach Jahr und Seite)
zB	zum Beispiel
ZBlJugR	Zentralblatt für Jugendrecht und Jugendwohlfahrt (zitiert nach Jahr und Seite)
ZfRvgl	Zeitschrift für Rechtsvergleichung (Österreich; zitiert nach Band, Jahr und Seite)
ZfS	Zentralblatt für Sozialversicherung, Sozialhilfe und Versorgung (zitiert nach Jahr und Seite)
ZGB	Zivilgesetzbuch
ZivilG	Zivilgericht (zitiert mit jeweiligem Ortsnamen)
ZOR	Zeitschrift für osteuropäisches Recht (zitiert nach Band, Jahr und Seite)
ZRP	Zeitschrift für Rechtspolitik (zitiert nach Jahr und Seite)
ZSR	Zeitschrift für Schweizerisches Recht, Neue Folge (zitiert nach Band, Jahr und Seite)
zT	zum Teil
zust	zustimmend
ZVW	Zeitschrift für Vormundschaftswesen (Schweiz; zitiert nach Band, Jahr und Seite)
zZ	zur Zeit
ZZP	Zeitschrift für Zivilprozeß (zitiert nach Band, Jahr und Seite)

Vorbemerkungen zu Artikel 18

Das Internationale Kindschaftsrecht der neuen Haager Konventionen

A. Allgemeines

Systematische Übersicht

I. Vorrang der Haager Konventionen 1

Die Regeln des deutschen Internationalen Kindschaftsrechts sucht man herkömmlicherweise in den Normen des EGBGB. Die Art 18–23 EGBGB enthalten Kollisionsnormen für die wichtigsten Bereiche des Kindschaftsrechts: Art 18 für die eheliche Abstammung, Art 19 für das Rechtsverhältnis zwischen den Eltern und einem ehelichen Kind, Art 20 für das Rechtsverhältnis zwischen einem unehelichen Kind und dessen Mutter, Art 21 für die Unterhaltspflicht des Vaters gegenüber dem unehelichen Kind, Art 22 für Legitimation und Adoption und Art 23 für Vormundschaft und Pflegschaft. Aber die Bedeutung dieser Normen ist zurückgegangen. Einerseits ist ihre Weitergeltung heute im Hinblick auf die im Grundgesetz verankerten Grundrechte zweifelhaft geworden (Art. 3 Abs 2, Art 6 GG). Andererseits wird seit dem Inkrafttreten der neueren Haager Übereinkommen zum Unterhaltsrecht von 1956 und zum Minderjährigenschutz von 1961 das deutsche Internationale Kindschaftsrecht faktisch weitgehend von diesen beiden Konventionen beherrscht. Beide gehen als staatsvertragliche Spezialregelungen dem autonomen deutschen IPR vor. Das Haager Übereinkommen über das auf Unterhaltsverpflichtungen gegenüber Kindern anzuwendende Recht verdrängt für die Unterhaltsansprüche des ehelichen und des nichtehelichen Kindes die Art 19 und 21 EGBGB, wenn das Kind seinen gewöhnlichen Aufenthalt in einem Vertragsstaat hat (insbes wenn es in der Bundesrepublik Deutschland lebt). Das Haager Übereinkommen über die Zuständigkeit der Behörden und das anzuwendende Recht auf dem Gebiet des Schutzes von Minderjährigen ersetzt bei gewöhnlichem Aufenthalt des Minderjährigen in einem Vertragsstaat die Art 19, 20 EGBGB sowie Art 23 EGBGB, soweit Schutzmaßnahmen (zB Verteilung der elterlichen Gewalt [Sorge], Vormundschaft, Maßnahmen nach JWG) anzuordnen sind oder – etwa zur Beurteilung der Vertretungsmacht – das Bestehen eines ex-lege-Gewaltverhältnisses (zB elterliche Gewalt beider Eltern oder des überlebenden Elternteils) zu prüfen ist. Für eine Anwendung der Normen des EGBGB im Internationalen Kindschaftsrecht außer Art 18 und Art 22 (Legitimation und Adoption) bleibt also nicht mehr viel Raum.

Diese Situation rechtfertigt es, die Kommentierung des deutschen Internationalen Kindschaftsrechts – entgegen dem verbreiteten Brauch – mit diesen Übereinkommen zu beginnen und deren Erläuterung ausführlicher zu halten als bislang üblich.

2 **II. Reformtendenzen der Haager Konventionen**

Durch die Ratifikation des Haager Unterhaltsabkommens und des Minderjährigenschutzabkommens ist das deutsche Internationale Kindschaftsrecht stärker in Bewegung geraten als die anderen Gebiete des deutschen IPR. Im Unterschied zu den Kollisionsnormen des EGBGB bieten die Konventionen durchweg Lösungen, die mit den Anforderungen des Grundgesetzes (Art 3 Abs 2, Art 6 Abs 5 GG) in Einklang stehen. Man wird diese Lösungen deshalb bei der erforderlichen richterlichen Fortbildung des autonomen deutschen IPR und bei einer gesetzlichen Reform sorgfältig zu beachten haben. Dies auch deshalb, weil es für eine unterschiedliche Behandlung von Kindern, die ihren gewöhnlichen Aufenthalt in einem der Vertragsstaaten haben und für die deshalb das Recht der Haager Konventionen gilt, und für Kinder in anderen Ländern keinen Grund gibt. Die Rechtsverhältnisse der einen anders anzuknüpfen als die der anderen, ist wenig überzeugend (so auch Beitzke, Referat 133). Drei grundlegende Unterschiede zu den Kollisionsnormen des EGBGB seien hier hervorgehoben.

3 **1. Die Wahl des gewöhnlichen Aufenthalts als Anknüpfungsmerkmal**

Gegenüber der Staatsangehörigkeit hat diese Anknüpfung vor allem den Vorzug, daß sie es ermöglicht, ein Rechtsverhältnis in der sozialen Umwelt zu lokalisieren, in die es tatsächlich eingebettet ist (vgl allgemein zu den Schwächen des Staatsangehörigkeitsprinzips und den Vorzügen des Aufenthaltsprinzips Neuhaus, Grundbegriffe 208 ff, 225 ff; Graue German Yb Int L 19 [1976] 254 ff). In den Bereichen der Unterhaltspflicht und des Minderjährigenschutzes kommt dieser Vorzug nicht mehr und nicht weniger zum Tragen als in anderen Bereichen des Kindschaftsrechts. Wenn dennoch bei der Erarbeitung beider Konventionen gesagt wurde, es handele sich um eine Regelung „sui generis", bei der es auf die unterschiedlichen Auffassungen über Staatsangehörigkeits- und Wohnsitzprinzip weniger ankomme, so ist das zur Beruhigung der unentwegten Verfechter des Staatsangehörigkeitsprinzips gesagt (vgl auch die vorsichtigen Formulierungen bei de Winter, Le principe de la nationalité s'effrite-t-il peu à peu? in De conflictu legum, FS Kollewijn-Offerhaus [1962] 514–528, 523 ff). In Wirklichkeit ist mit der Ratifikation beider Abkommen – wie sie in Deutschland erfolgt ist – das Staatsangehörigkeitsprinzip aus dem Internationalen Kindschaftsrecht weitgehend verdrängt.

4 **2. Das Kind als Anknüpfungsperson**

Die Wahl des Kindes als Anknüpfungsperson ist vor allem deshalb gerechtfertigt, weil auch das Kollisionsrecht diejenige Person in den Mittelpunkt stellen muß, deren Interessen die Rechtsordnung vorwiegend zu dienen hat (vgl zur Bevorzugung des Kindes als Anknüpfungsperson auch Neuhaus, Grundbegriffe 169; Graue German Yb Int L 19 [1976] 263 ff). Wenn wir im materiellen Recht den Akzent von den Elternrechten auf die Kindesrechte verlagern, so ist es rechtspolitisch nur konsequent, diese Entwicklung im IPR mitzuvollziehen. Außerdem vermeidet die Anknüpfung an das Kind alle Konflikte mit dem Gebot der Gleichberechtigung.

3. Keine Unterscheidung zwischen ehelichen und nichtehelichen Kindern 5

Mit der Preisgabe dieser Unterscheidung folgen die Haager Konventionen ebenfalls einer Tendenz im materiellen Recht (vgl Neuhaus FamRZ 1966, 528 ff; zust Stöcker ZRP 1975, 32 ff). Im übrigen wird dadurch auch die Anwendung des schwierigen Art 18 EGBGB oft erspart. Freilich sind dem Fortschritt im IPR Grenzen gesetzt, solange viele materielle Rechtsordnungen noch zwischen ehelichen und nichtehelichen Kindern differenzieren. Denn als Vorfrage zur Anwendung materieller Normen, die etwa zwischen Schutzmaßnahmen für eheliche und nichteheliche Kinder unterscheiden, wird eine Kollisionsnorm für die eheliche Abstammung noch benötigt.

III. Interpretationsgrundsätze für die Haager Konventionen 6

Die kindschaftsrechtlichen Haager Abkommen sind internationales Einheitsrecht auf dem Gebiet des Kollisionsrechts. Deshalb gelten auch für diese Konventionen die besonderen methodischen Grundsätze des Einheitsrechts (vgl dazu ausführlich Kropholler, Einheitsrecht 235 ff). Der mit jeder Konvention erstrebten Einheitlichkeit der Normgeltung in den Vertragsstaaten entspricht der für die richterliche Tätigkeit aufgestellte „Grundsatz der Harmonie der Rechtsanwendung" (BGH 25. 6. 1969 BGHZ 52, 216, 220 = NJW 1969, 2083, 2084; vgl auch 19. 3. 1976 NJW 1976, 1583 Anm Kropholler = WM 1976, 566 Anm Geimer = VersR 1976, 778 = BGH WarnR 1976 Nr 69 = IPRspr 1976 Nr 136), genauer: das **Prinzip des internationalen Rechtsanwendungseinklanges oder der Rechtsanwendungsgleichheit.** Im folgenden seien die wichtigsten Besonderheiten, die bei der **Auslegung** dieser Abkommen beachtet werden müssen, nur kurz angedeutet (ausführlich zu den Besonderheiten der Auslegung internationalen Einheitsrechts Kropholler, Einheitsrecht 258 ff).

1. Wortlaut 7

Auf die „besondere Bedeutung" des Wortlauts für die Auslegung von Staatsverträgen hat der BGH mit Recht mehrfach hingewiesen (vgl etwa die in Vorbem 6 genannten Entscheidungen). Denn eine grammatikalische Interpretation, die sich an den gewöhnlichen Wortsinn hält, bietet regelmäßig am ehesten die Gewähr, nicht in nationale Eigentümlichkeiten zu verfallen und in den anderen Vertragsstaaten Gefolgschaft zu finden. Die Haager Konventionen suchen eine von nationalen Begriffsinhalten losgelöste Interpretation durch die gesetzgeberische Wortwahl zu fördern, etwa indem neutrale Verweisungsbegriffe wie Unterhalt oder Schutzmaßnahmen verwendet werden.

Sowohl für das Unterhaltsabkommen als auch für das Minderjährigenschutzabkommen ist der **französische Originaltext** allein verbindlich. Bei Divergenzen zwischen dem französischen Originaltext und der amtlichen deutschen Übersetzung ist also der fremdsprachige Urtext maßgeben. Der deutsche Richter muß deshalb zumindest bei Unklarheiten des deutschen Textes oder Zweifeln an der Übereinstimmung der Fassungen anhand des französischen Textes judizieren. Der Vorrang des Originaltextes vor den Übersetzungen in die Landessprachen fördert die Erhaltung der Rechtseinheit, indem die Gerichte aller Vertragsstaaten bei Zweifelsfragen von derselben authentischen Fassung ausgehen müssen.

8 **2. Systematische Auslegung**

Die systematische Auslegung, die auf den Bedeutungszusammenhang abstellt, in dem eine Norm steht, ist im internationalen Einheitsrecht im allgemeinen weniger bedeutsam als im autonomen nationalen Recht. Der rechtsvereinheitlichende Zweck der Konventionen gebietet es, den Wert der internationalen Rechtseinheit höher zu veranschlagen als den einer nahtlosen Einfügung in eine nationale Rechtsordnung. Deshalb läßt sich aus dem „Gesamtzusammenhang" des deutschen IPR für die Interpretation der Haager Abkommen meist wenig gewinnen.

Sinnvoller ist häufig eine systematische Interpretation im Hinblick auf andere Texte des Einheitsrechts, die von derselben Organisation erarbeitet worden sind. Ein systematischer Gesamtzusammenhang, der für die Interpretation nutzbar gemacht werden kann und muß, besteht zwischen den drei neuen kindschaftsrechtlichen Konventionen der Haager Konferenz, also dem Unterhaltsabkommen von 1956 (einschließlich des Unterhaltsvollstreckungsabkommens von 1958 sowie der neuen Fassungen dieser Konventionen aus dem Jahre 1973), dem Minderjährigenschutzabkommen von 1961 und dem nur für Großbritannien, Österreich und die Schweiz in Kraft getretenen Adoptionsabkommen von 1965. Beispielsweise zeigt schon die bloße Existenz des (bereits 1960 geplanten) Adoptionsabkommens, daß die Adoption keine „Schutzmaßnahme" im Sinne des Haager Minderjährigenschutzabkommens ist. Zwei weitere Beispiele aus dem Bereich der Grundbegriffe des einheitlichen Kollisionsrechts (dazu näher KROPHOLLER, Einheitsrecht 328 ff) zeigen die Notwendigkeit, diese Haager Konventionen im Zusammenhang zu sehen:

Der *„gewöhnliche Aufenthalt"* wird in den kindschaftsrechtlichen Haager Konventionen als zentrales Anknüpfungsmoment verwendet, ohne daß der Begriff dort definiert wäre. Die Anknüpfung verfolgt in allen diesen Übereinkommen denselben Zweck. Man wird deshalb die Äußerungen der Delegierten auf der Haager Konferenz und die späteren Entscheidungen der Gerichte, die sich mit der Auslegung des Begriffes in der *einen* Konvention beschäftigen, auch für die Interpretation der *anderen* heranziehen. Das erleichtert die Rechtsfindung und führt zu der erwünschten einheitlichen Konkretisierung des Begriffs innerhalb der kindschaftsrechtlichen Haager Abkommen (näher unten Vorbem 44).

Die *ordre-public-Klausel* der Haager Abkommen enthält seit der Haager Unterhaltskonvention von 1956 die Einschränkung, daß die Bestimmungen des Übereinkommens nur dann unbeachtet bleiben dürfen, wenn ihre Anwendung mit der öffentlichen Ordnung *„offensichtlich unvereinbar"* ist. (Früher findet sich die Formulierung bereits in Art 3 des Vorentwurfs der nie in Kraft getretenen Erbrechtskonventionen vom 28. 1. 1928, wo sie auf Vorschlag des niederländischen Delegierten SUYLING aufgenommen wurde; Actes de la cinquième session [1926] 261 f, 274 f). Diese Gemeinsamkeit der Vorbehaltsklausel des Unterhaltsabkommens (Art 4) und des Minderjährigenschutzabkommens (Art 16) sollte beachtet werden, damit bei beiden Konventionen nach den gleichen Maßstäben judiziert wird.

9 **3. Historische Auslegung**

Die historische Auslegung, die auf die Ermittlung des tatsächlichen Willens des Normgebers gerichtet ist, beansprucht bei der Auslegung von rechtsvereinheitlichenden Konventionen häufig besonderes Gewicht. Der Grund hierfür liegt vor allem darin, daß im Einheitsrecht die Ordnungsfunktion des Rechts meist hoch veranschlagt wird, also der Wert einer gleichmäßigen Rechtsanwendung auf internationaler Ebene zu betonen ist. Diese Einheitlichkeit ist leichter zu erreichen, wenn sich die Gerichte gemeinsam am historischen Willen des Normgebers orientieren, als wenn über eine teleologische Interpretation – auf die freilich nicht verzichtet werden kann (vgl unten Vorbem 15) – eigene Wertungen der Gerichte einfließen. Angesichts der eingeschränkten Reichweite systematischer Interpretation im internationalen Einheitsrecht ist bei unklarem Wortlaut die Erforschung des historischen Willens oft sogar die einzige Möglichkeit, zu einem gesicherten Ergebnis zu gelangen. Leider sind freilich auch die Materialien häufig wenig aufschlußreich, so daß die Gerichte schon aus diesem Grund zu einer teleologischen Interpretation gezwungen sind.

Speziell bei den Konventionen der Haager Konferenz hat sich eine historische Interpretation in erster Linie an den umfänglichen Materialien zu orientieren, die von der Konferenz nach jeder Tagung herausgegeben werden. In den **„Actes et Documents"** der Haager Konferenz findet man die Abkommenstexte, die wichtigsten vorbereitenden Dokumente, die Diskussionsbeiträge der Tagungsteilnehmer sowie zu jedem Übereinkommen einen erläuternden Bericht aus der Feder eines von der Konferenz bestellten Berichterstatters. (Die seit 1900 bestehende Trennung in „Actes" einerseits, „Documents" andererseits, die für die Haager Unterhaltskonvention von 1956 noch bestand, ist mit den im Jahre 1961 erschienenen „Actes et Documents de la neuvième session", in denen sich ua die Materialien zum Minderjährigenschutzabkommen finden, aufgegeben worden). Im einzelnen wird man als Quellen zur Erforschung der Entstehungsgeschichte folgende Materialien heranziehen können:

a) Die in den Actes et Documents enthaltenen vorbereitenden Papiere und die 10
Protokolle der mit der Ausarbeitung der Konvention betreuten Kommission und der zum Abschluß der Konferenz stattfindenden Plenarsitzung. Bisweilen geben diese Diskussionen eindeutige Aufschlüsse, insbesondere wenn über bestimmte Anträge abgestimmt wurde. Auch die einzelnen Bemerkungen der sachkundigen Delegierten sind mitunter ergiebiger als die meist dürftigen Verhandlungen eines staatlichen Parlaments; allerdings können aus Diskussionsbeiträgen einzelner Teilnehmer, wenn sie nicht sichtlich allgemeine Zustimmung gefunden haben, nur mit größter Vorsicht Folgerungen gezogen werden.

b) Der **Bericht (Rapport)** des von der Kommission bestellten Berichterstatters 11
(Rapporteur). Berichterstatter beim Unterhaltsabkommen war der Niederländer DE WINTER, beim Minderjährigenschutzabkommen der Schweizer VON STEIGER. Der genaue Stellenwert des nach Abschluß der Tagung geschriebenen Berichts ist schwer festzulegen. Sicher hat ein solcher „offizieller" Bericht nicht den Rang des für die Rechtsanwendung allein verbindlichen Konventionstextes, sondern er bietet nur eine Auslegungshilfe unter anderen. Wenn die Kommission – wie es im Rahmen der Haager Konferenz des öfteren geschieht – die Lösung einer bestimmten Frage nicht in den Text der Konvention aufnimmt, sondern den Berichterstatter beauftragt, sie in seinem Rapport wiederzugeben, wird man diese Lösung im allgemeinen zu akzeptieren haben. Eher wird man von den Ausführungen des Rapporteurs abweichen können, wenn sie – wie meist – erkennbar nur seine eigenen Eindrücke aus den Diskussionen enthalten und nicht auf einem bestimmten Beschluß in der Kommission beruhen.

c) Die **literarischen Äußerungen einzelner Delegierter.** Sie finden sich meist in 12
Beiträgen internationalrechtlicher Zeitschriften, in denen nach einer Haager Tagung über die erzielten Ergebnisse berichtet wird. Auch diesen Berichten von Delegierten verschiedener Nationalität kann man zu entnehmen suchen, was die Verfasser einer Konvention gewollt haben mögen.

d) Die anläßlich des Ratifikationsverfahrens in einem nationalen Ministerium ver- 13
faßten Berichte, wie die **Denkschriften der Bundesregierung** (zum Unterhaltsabkommen BT-Drucks III/2585; zum Minderjährigenschutzabkommen BT-Drucks VI/947) oder die Botschaft des Schweizer Bundesrates. Wie weit diese Äußerungen

auf internen Berichten der nationalen Delegierten oder nur auf den vorgenannten anderen Materialien und etwaiger sonstiger Literatur beruhen, ist ihnen nicht immer anzusehen. Bei einem Widerspruch zwischen solchen nationalen Materialien und den internationalen Materialien der Haager Konferenz wird man letzteren im Interesse der erstrebten internationalen Rechtseinheit idR das größere Gewicht beizumessen haben.

14 4. Rechtsvergleichende Auslegung

Eine rechtsvergleichende Auslegung der Haager Konventionen hat vor allem die ausländische Rechtsprechung und Doktrin zu den Verträgen heranzuziehen. Ohne diesen Blick über die Grenzen ist die gewünschte einheitliche Rechtsentwicklung nicht möglich. Die folgenden Erläuterungen sind deshalb bestrebt, die Rechtsprechung und Lehre der anderen Staaten möglichst umfassend wiederzugeben. Kurze Entscheidungsberichte sowie bibliographische Angaben zu den nach 1945 geschlossenen kollisionsrechtlichen Haager Übereinkommen publiziert das niederländische Asser-Institut. Auf wichtigere (sonst unveröffentlichte) Entscheidungen, die sich im „Recueil Asser" finden, wird in den folgenden Erläuterungen der Konventionen ebenfalls hingewiesen.

Die bisher bekannt gewordene Rechtsprechung der anderen Vertragsstaaten zum Unterhalts- und Minderjährigenschutzabkommen ist freilich nicht allzu ergiebig. Die Gründe hierfür sind unterschiedlich. Zum einen werden in den meisten Vertragsstaaten überhaupt weniger Entscheidungen auf dem Gebiet des Internationalen Kindschaftsrechts veröffentlicht als in Deutschland. Zum anderen stellen sich in den ausländischen Staaten auch vielfach andere Probleme. So beschäftigen sich die meisten ausländischen Entscheidungen, die zum *Unterhaltsabkommen* publiziert worden sind, mit Fragen der Anwendung des deutschen Sachrechts (Berücksichtigung der Leistungsfähigkeit des Vaters trotz § 1078 BGB aF; Verhältnis der Vaterschaftsfeststellung zur Unterhaltsklage). Die Schwierigkeiten, die für ausländische Richter hier entstanden sind, kennt der deutsche Richter nicht. Zum *Minderjährigenschutzabkommen* sind außer in den Niederlanden bislang kaum ausländische Entscheidungen publiziert worden. Für die niederländischen Gerichte bedeutet die Tragweite der Scheidungszuständigkeit nach Art 15 MSA das Hauptproblem. Diese Zuständigkeit beruht auf einem Vorbehalt, den die Niederlande erklärt haben, aber nicht die Bundesrepublik Deutschland, so daß die Auslegung der Bestimmung für den deutschen Richter von geringerem Interesse ist.

15 5. Teleologische Auslegung

Die teleologische Auslegung, bei der die hinter der Normierung stehenden Grundsätze und Wertungen herauszuarbeiten sind, hat einen Vorrang zu beanspruchen. Denn auch das Einheitsrecht vermag, wenn es lebendig sein soll, den Einfluß richterlicher Gestaltungskraft nicht zu missen, so daß eine dynamische Interpretation und Weiterentwicklung des in Konventionen enthaltenen IPR nicht ausgeschlossen werden darf. Eine teleologische Interpretation wird insbes dann den Ausschlag geben, wenn die anderen Auslegungskriterien nicht zu einem klaren Ergebnis führen. So hat der BGH (in einem Urteil zum Warschauer Abkommen) ausgesprochen, erforderlich sei eine Interpretation des Staatsvertrages, „die zwar vom Wortlaut ausgeht, aber auch, insbes wenn die Entstehungsgeschichte keinen Aufschluß gibt, den logisch-systematischen Zusammenhang der einzelnen Bestimmungen und vor allem ihren Sinn und Zweck berücksichtigt" (BGH 19. 3. 1976 NJW 1976, 1583 Anm Kropholler = WM 1976, 566 Anm Geimer = VersR 1976, 778 = BGH WarnR 1976 Nr 69 = IPRspr 1976 Nr 136).

Auch im Rahmen einer teleologischen Interpretation ist die Notwendigkeit einheitlicher Rechtsanwendung in allen Vertragsstaaten zu berücksichtigen. Der Richter muß sich deshalb bei jeder teleologischen Interpretation (oder Rechtsfortbildung) fragen, ob sie so überzeugend begründet werden kann, daß nicht nur die Gerichte des eigenen Landes, sondern auch die der ausländischen Partnerstaaten ihr folgen können. Für die hier zu erläuternden Haager Konventionen besteht die Besonderheit, daß ausländische publizierte Entscheidungen weit seltener sind als deutsche, so daß der deutschen Rechtsprechung faktisch eine gewisse Führungsrolle für die Auslegung zukommt. Es hängt deshalb in besonderem Maße von der Qualität der deutschen Rechtsprechung ab, ob das Anliegen dieser Konventionen, die Rechtsstellung der Minderjährigen in internationalen Fällen zu verbessern, tatsächlich erreicht wird.

B. Haager Übereinkommen über das auf Unterhaltsverpflichtungen gegenüber Kindern anzuwendende Recht vom 24. 10. 1956

Schrifttum

Bangert, Haagerkonferencens 2 konventioner om underholdsbidrag, NordTIR 46 (1977) 54; Bilmans, Les conflits de loi en matière d'obligations alimentaires envers les enfants et la Convention de La Haye du 24 octobre 1956, JTrib 1972, 129; Bischoff, Les Conventions de La Haye en matière d'obligations alimentaires, Clunet 91 (1964) 759; Déprez, Les conflits de lois en matière d'obligation alimentaire, Rev crit 46 (1957) 369, 389; Ferid, Zum Stand der Entwicklung im internationalen Unterhaltsrecht, FamRZ 1956, 165, 197; Foyer, Filiation illégitime et changement de la loi applicable (1964); Knoepfler, La protection des mineurs et les conventions internationales, ZVW 32 (1977) 81, 94; Krüger, Kollision von Staatsverträgen, Zum Verhältnis des Deutsch-iranischen Niederlassungsabkommens vom 17. 2. 1929 zu den Haager Abkommen vom 5. 10. 1961 (Minderjährigenschutz) und vom 24. 10. 1956 (Unterhaltsstatut), FamRZ 1973, 6, 10; Lalive-Bucher, Sur la loi applicable à l'obligation alimentaire et à la „question préalable" de la filiation, selon la Convention de La Haye du 24 octobre 1956, SchwJbIntR 33 (1977) 377; Loussouarn, Les Conventions de La Haye relatives aux obligations alimentaires envers les mineurs, Liber amicorum Fredericq II (Gent 1965) 691; Mezger, Les Conventions de La Haye en matière d'obligations alimentaires envers les enfants, Travaux du Comité français de d. i. p. 1958–1959 (1960) 123; Müller, Dierk, Zweifelsfragen bei der Anwendung des Haager Unterhaltsübereinkommens, NJW 1967, 141; Müller-Freienfels, Zum räumlich-persönlichen Geltungsbereich der Haager IPR-Übereinkommen, insbesondere des Übereinkommens über das auf Unterhaltsverpflichtungen gegenüber Kindern anzuwendende Recht vom 24. 10. 1956, FS Ficker (1967) 289; ders, Zu Unterhaltsklagen mit Auslandsberührung von in der Bundesrepublik lebenden Kindern, ZBlJugR 1967, 61; von Overbeck, Une règle de conflits uniforme en matière d'obligations alimentaires envers les enfants, NedTIR 5 (1958) 255; Petersen, Die 8. Haager Konferenz, RabelsZ 24 (1959) 1, 30; Schwind, Der gesetzliche Unterhaltsanspruch im internationalen Recht, Ein Bericht über den Stand der Vorarbeiten, ÖJBl 1956, 192; Siehr, Haager Unterhaltsstatutabkommen und gerichtliche Vaterschaftsfestellung, FamRZ 1971, 398; Sumampouw, Maintenance in Conflict of Laws, NILR 23 (1976) 338; dies, The new Hague Conventions in the Dutch Courts, NILR 24 (1977) 546; Urbach, Neue Aspekte des internationalen Unterhaltsrechts, ZBlJugR 1961, 112, 115; Wienke, Zur Anknüpfung der Vorfrage bei internationalprivatrechtlichen Staatsverträgen (1977) 117–151; de Winter, Développements récents dans le droit international en matière d'obligations alimentaires, NedTIR 4 (1957) 133 = (niederländisch) WPNR 1958, 37, 50, 61, 73 und 85; ders, Rapport de la Commission spéciale, Doc VIII, 124; ders, Rapport sur les travaux de la troisième Commission, Actes VIII, 310.

Vgl auch die speziellen Schrifttumsangaben bei einzelnen Artikeln.

Überblick 16

Das Abkommen, dessen französischer Originaltext allein verbindlich ist (dazu Vorbem 7), wurde auf der 8. Haager Tagung im Oktober 1956 geschlossen. Nach der Präambel ist sein *Ziel,* „gemeinsame Bestimmungen über das auf Unterhaltsverpflichtungen gegenüber Kindern anzuwendende Recht festzulegen". – Die Konvention ist für die Bundesrepublik Deutschland am 1. 1. 1962 in Kraft getreten. Weitere *Vertragsstaaten* sind bislang (1. 1. 1979) Belgien, Frankreich, Italien, Japan, Liechtenstein, Luxemburg, die Niederlande, Österreich, Portugal, die Schweiz, Spanien und die Türkei (näher unten Vorbem 232 ff). – Für die Anwendbarkeit der Konvention genügt es, daß das Kind seinen *gewöhnlichen Aufenthalt* in einem Vertragsstaat hat; auf die Staatsangehörigkeit der Parteien kommt es nicht an (näher unten Vorbem 221 ff). Die Konvention greift also insbes immer dann ein, wenn ein Kind – mag es auch Staatsangehöriger eines Nichtvertragsstaates sein – seinen gewöhnlichen Aufenthalt in der Bundesrepublik Deutschland hat. Das Übereinkommen *verdrängt in seinem Anwendungsbereich das autonome deutsche IPR,* insbes Art 19 und 21 EGBGB (BGH 21. 9. 1973 NJW 1973, 2249 = BGH WarnR 1973 Nr 205 = StAZ 1973, 299 = IPRspr 1973 Nr 89; BGH 4. 2. 1976 NJW 1976, 1028 = MDR 1976, 562 = BGH WarnR 1976 Nr 28 = FamRZ 1976, 204 = IPRspr 1976 Nr 88). – Die *Grundregel* des Abkommens, die seinen sachlichen Anwendungsbereich und die Hauptanknüpfung festlegt, enthält Art 1 Abs 1. Danach richten sich die Unterhaltsansprüche eines Kindes nach dem Recht des gewöhnlichen Aufenthaltes. Das Statut ist wandelbar (Art 1 Abs 2). Wer Kind iS des Übereinkommens ist, definiert Art 1 Abs 4. – *Ausnahmen* von der Maßgeblichkeit des Aufenthaltsrechts enthalten Art 2 und 3. Die Bundesrepublik hat von der Möglichkeit des Art 2 Gebrauch gemacht und ihr eigenes materielles Recht für den dort geregelten Fall für anwendbar erklärt, daß die einzige wesentliche Auslandsbeziehung in dem gewöhnlichen Aufenthalt des Kindes in einem ausländischen Vertragsstaat besteht. Außerdem bleibt nach Art 3 das autonome deutsche IPR (der Art 19 bzw 21 EGBGB) maßgebend, wenn das Recht des Aufenthaltsstaates dem Kind im konkreten Fall jeden Anspruch auf Unterhalt versagt. Schließlich kann gem Art 4 von der Anwendung des Aufenthaltsrechts wegen „offensichtlichen" Verstoßes gegen den ordre public des Forums abgesehen werden. – Auf Ansprüche zwischen Verwandten in der Seitenlinie, insbesondere also zwischen Geschwistern, findet die Konvention gem Art 5 Abs 1 keine Anwendung. In Art 5 Abs 2 wird zur weiteren Abgrenzung des sachlichen Anwendungsbereichs erwähnt, daß die Konvention das Kollisionsrecht nur auf dem Gebiet der Unterhaltspflicht regelt. Der Frage der *sonstigen familienrechtlichen Beziehungen* zwischen Schuldner und Gläubiger und der Frage der Abstammung kann durch Entscheidungen, die auf Grund des Übereinkommens ergehen, nicht vorgegriffen werden. Wie die Abstammungsfrage und die anderen familienrechtlichen Vorfragen im Rahmen der Konvention anzuknüpfen sind, wird im Anschluß an die Grundregel des Art 1 Abs 1 erläutert (unten Vorbem 69 ff). – Gem Art 1 Abs 3 gilt das Aufenthaltsrecht auch für die Frage, wer die Unterhaltsklage erheben kann – wozu man auch die Vertretungsmacht zählen muß, unten Vorbem 109 ff – und welche Fristen für die Klageerhebung gelten. Über sonstige *das Verfahren berührende Fragen,* wie die Abänderung von Unterhaltstiteln (unten Vorbem 123 ff) oder einstweilige Anordnungen (unten Vorbem 141 ff), sagt der Text der Konvention nichts. Das Übereinkommen enthält keine Regelung der internationalen Zuständigkeit auf dem Gebiet der Unterhaltspflicht. Darauf mußte das Schweizer Bundesgericht wiederholt hinweisen (BGE 92 [1966] II 82, 86; 94 [1968] II 220, 223; 95 [1969] 298, 305). Die *Anerkennung und Vollstreckung* von Entscheidungen auf dem Gebiet der Unterhaltspflicht gegenüber Kindern ist durch ein ergänzendes Haager Übereinkommen vom 15. 4. 1958 geregelt, das im Zusammenhang mit Art 21 EGBGB zu erläutern ist. (Die Verbindungslinien zwischen beiden Konventionen schildern etwa von Overbeck NedTIR 5 [1958] 271 ff; Petersen RabelsZ 24 [1959] 30 f.) Außerdem ist auf das ebenfalls in Kraft befindliche UN-Abkommen über die Geltendmachung von Unterhaltsansprüchen im Ausland vom 20. 6. 1956 hinzuweisen, das die Verfolgung von Unterhaltsansprüchen auf administrativem Wege erleichert (s dazu bereits Staudinger-Gamillscheg Art 14 Rz 243). – Schließlich sind in den Jahren 1972/1973 zwei *neue unterhaltsrechtliche Haager Übereinkommen* erarbeitet worden. Das Übereinkommen über das auf Unterhaltspflichten anzuwendende Recht vom 2. 10. 1973 und das Übereinkommen über die Anerkennung und Vollstreckung von Unterhaltsentscheidungen vom 2. 10. 1973. (Die für die Schweiz maßgeblichen deutschen Texte der Übereinkommen und eine Erläuterung des Schweizer Bundesrates sind im Schweizer BBl 1975 II 1395 abgedruckt.) Beide Übereinkommen lehnen sich bewußt an die früheren Haager Konventionen aus den Jahren 1956 und 1958 an, sind aber umfangreicher und haben vor allem das Ziel, auch (Entscheidungen über) Unterhaltspflichten gegenüber Erwachsenen zu erfassen. Der Anwendungsbereich der neuen Unterhaltsabkommen soll also über das Kindschaftsrecht hinausreichen und namentlich die Unterhaltspflichten zwischen Ehegatten einbeziehen. Die beiden Übereinkommen sind zwar bislang (1. 1. 1979) für die Bundesrepublik Deutschland noch nicht in Kraft getreten, sie sind aber ua schon deshalb von Interesse, weil sie einzelne Vorschriften der Übereinkommen von 1956 und 1958 nachträglich verdeutlichen. In den folgenden Erläuterungen des Unterhaltsabkommens von 1956 wird infolgedessen bisweilen auf das Unterhaltsübereinkommen vom 2. 10. 1973 Bezug genommen. Ein Überblick über das neue Unterhaltsabkommen und sein Text finden sich unten bei Vorbem 250, 251.

Art 1 [Grundregel: Recht des gewöhnlichen Aufenthalts]

Ob, in welchem Ausmaß und von wem ein Kind Unterhalt verlangen kann, bestimmt sich nach dem Recht des Staates, in dem das Kind seinen gewöhnlichen Aufenthalt hat.

Wechselt das Kind seinen gewöhnlichen Aufenthalt, so wird vom Zeitpunkt des Aufenthaltswechsels an das Recht des Staates angewendet, in dem das Kind seinen neuen gewöhnlichen Aufenthalt hat.

Das in den Absätzen 1 und 2 bezeichnete Recht gilt auch für die Frage, wer die Unterhaltsklage erheben kann und welche Fristen für die Klageerhebung gelten.

„Kind" im Sinne dieses Übereinkommens ist jedes eheliche, uneheliche oder an Kindes Statt angenommene Kind, das unverheiratet ist und das 21. Lebensjahr noch nicht vollendet hat.

Article premier

La loi de la résidence habituelle de l'enfant détermine si, dans quelle mesure et à qui l'enfant peut réclamer des aliments.

En cas de changement de la résidence habituelle de l'enfant, la loi de la nouvelle résidence habituelle est applicable à partir du moment où le changement s'est effectué.

Ladite loi régit également la question de savoir qui est admis à intenter l'action alimentaire et quels sont les délais pour l'intenter.

Par le terme „enfant", on entend, aux fins de la présente Convention, tout enfant légitime, non légitime ou adoptif, non marié et âgé de moins de 21 ans accomplis.

Systematische Übersicht

I. Die Grundregel (Abs 1)

17 1. Die Parteien

a) Berechtigter ist nach der Konvention nur ein „Kind“. Wer „Kind“ iS des Abkommens ist, definiert Abs 4 (dazu unten Vorbem 144–147). Zu beachten ist Art 5 Abs 1. Danach findet das Abkommen auf Ansprüche von Verwandten in der Seitenlinie keine Anwendung.

Die Beschränkung der Konvention auf Ansprüche des Kindes erklärt sich daraus, daß ein Abkommen mit einem umfassenderen Anwendungsbereich im Jahre 1956 nicht erreichbar schien. Die Konvention konzentriert sich deshalb auf das dringendste Anliegen, die Ansprüche der Kinder. Namentlich Forderungen der Ehegatten sind vom Anwendungsbereich der Konvention ausgeschlossen. Es ist eines der Hauptanliegen der noch nicht in Kraft getretenen neuen Haager Unterhaltskonvention vom 2. 10. 1973, diese Ansprüche mitzuerfassen (unten Vorbem 250).

18 Den **Ausgleichsanspruch** zwischen mehreren zum Unterhalt Verpflichteten – etwa den geschiedenen Eltern eines Kindes – wird man, obgleich die Konvention darüber unmittelbar nichts aussagt, im Wege einer akzessorischen Anknüpfung ebenfalls dem vom Abkommen bezeichneten Aufenthaltsrecht unterstellen müssen (vgl das anschauliche Beispiel IPG 1972 Nr 21 [München]).

19 **b)** Wer **Verpflichteter** ist, sagt die Konvention nicht selbst. Vielmehr ist hierfür das materielle Recht des Aufenthaltsstaates maßgebend („von wem ein Kind Unterhalt verlangen kann“). In erster Linie kommen natürlich Ansprüche gegen Vater und Mutter in Betracht, aber zB auch gegen die Großeltern und Urgroßeltern (hM; etwa Erman-Marquordt Anh vor Art 13 Rz 5 sowie Anh nach Art 22 Rz 5; LG

Schweinfurt 2. 10. 1974 DAVorm 1974, 617 = IPRspr 1974 Nr 112; aA Raape, IPR 402 Fn 179 a). Zu beachten ist wiederum die Einschränkung in Art 5 Abs 1: keine Anwendung der Konvention auf Ansprüche gegen Verwandte in der Seitenlinie.

Die Konvention beschränkt sich jedoch bewußt nicht auf Forderungen gegen **20**
Blutsverwandte (de Winter NedTIR 4 [1957] 150 = WPNR 1958, 74). Das Abkommen erfaßt beispielsweise auch den Unterhaltsanspruch gegen den **Erben** eines Unterhaltspflichtigen, wenn das Aufenthaltsrecht einen Übergang der Verpflichtung auf den Erben vorsieht (de Winter Doc VIII 125; von Overbeck NedTIR 5 [1958] 260; Hof Amsterdam 26. 3. 1971 Recueil Asser 56, wo der nach dem österreichischen Aufenthaltsrecht begründete Anspruch gegen den Erben freilich für den Zeitraum nach dem Tod des Vaters als ordre-public-widrig betrachtet wurde). Die Frage, wer Erbe ist, wird man hier grundsätzlich nach dem IPR des Aufenthaltsstaates zu beantworten haben. Andererseits unterliegt aber nicht jede Unterhaltspflicht des Erben den Regeln der Konvention (vgl zu verschiedenen denkbaren Fallgruppen die Diskussion zur Neufassung des Unterhaltsabkommens vom 2. 10. 1973, die damit endete, daß die Frage offen gelassen wurde, Bericht Verwilghen Actes et Doc XII/4, 433 Nr 118 iVm 393 Nr 23). So wird man die auf einem Testament beruhende Verpflichtung eines Erben zu Unterhaltszahlungen nach dem Erbstatut und nicht nach dem vom Abkommen bestimmten Unterhaltsstatut beurteilen.

Ein Problem der **Anpassung** entsteht, wenn das nach Art 1 der Konvention **21**
bestimmte Unterhaltsstatut und das Erbstatut die Versorgung des Kindes rechtskonstruktiv auf verschiedene Weise lösen, indem die für den Unterhaltsanspruch maßgebende Rechtsordnung einen erbrechtlichen Anspruch gewährt, die für das Erbrecht maßgebende einen unterhaltsrechtlichen.

So hatte das LG Aurich 1. 12. 1975 (IPRspr 1975 Nr 95) den Fall zu entscheiden, daß ein Grieche in Deutschland ein nicht anerkanntes deutsches uneheliches Kind hinterließ. Das gem Art 1 des Abkommens anwendbare deutsche Unterhaltsrecht läßt den Unterhaltsanspruch gem §§ 1615 a, 1615 BGB mit dem Tode des Verpflichteten erlöschen. Die Versorgung des Kindes ist im deutschen Recht erbrechtlich gelöst: dem nichtehelichen Kind steht gem § 1934 a BGB ein Erbersatzanspruch zu. Das für die Erbfolge maßgebende griechische Recht gewährt dem nichtanerkannten unehelichen Kind jedoch keinen erbrechtlichen Anspruch; dafür besteht im griechischen Recht der Unterhaltsanspruch gem Art 1553 ZGB nach dem Tode des Vaters fort. Ohne Anpassung würde sich die paradoxe Situation ergeben, daß das Kind gar nichts erhält, weil sein Unterhaltsanspruch nach deutschem Recht mit dem Tode des Vaters erloschen ist und ein Erbrecht nach griechischem Recht nicht entstanden ist. Dieses Ergebnis würde indes den Zielen beider Rechtsordnungen widersprechen. Die Frage ist, in welcher Form ein Ausgleich am angemessensten zu schaffen ist. ME liegt der geringste, sachlich am besten zu rechtfertigende Eingriff darin, die kollisionsrechtliche Verweisung auf das griechische Erbstatut hier ausnahmsweise auf die offene Frage zu erstrecken, ob der Unterhaltsanspruch gegen den Erben fortbesteht. Die bejahende Antwort des griechischen Rechts (Art 1553 ZGB) läßt sich ohne weiteres in das deutsche Unterhaltsrecht einfügen, zumal das deutsche Recht vor dem 1. 7. 1970 ebenfalls eine entsprechende Norm kannte (§ 1712 BGB aF); vgl Kropholler in : Konflikt und Ordnung, FS Ferid (1978) 284 f; im Ergebnis wie hier Neuhaus, Grundbegriffe 359: Fortbestand des bisherigen Unterhaltsanspruchs. Ähnlich das LG Aurich, das nach dem Tod des Vaters freilich regelwidrig das *gesamte* griechische Unterhaltsrecht heranziehen möchte (auch in der Frage der Unterhaltsbemessung). Es ist aber nicht notwendig, sich vom deutschen Unterhaltsstatut so weit zu entfernen.

Ansprüche gegen **Dritte,** zu denen das Kind keine verwandtschaftlichen oder **22**
leiblichen Beziehungen hat, wird man im allgemeinen vom Anwendungsbereich der Konvention auszunehmen haben; zum Sonderfall der Ansprüche von Stief- und Pflegekindern vgl unten Vorbem 146. Die Entstehungsgeschichte der Konvention legt diese Auffassung nahe. Während die ersten Fassungen von Art 1 Vater und

Mutter als Schuldner ausdrücklich erwähnten, sind die Verpflichteten schon im Vorentwurf der Spezialkommission nicht mehr genannt. Mit dieser Streichung sollte eine Anwendung des Übereinkommens gegenüber allen Personen ermöglicht werden, zu denen – im weitesten Sinne – familienrechtliche Beziehungen bestehen (zB auch Großeltern); aber es war nie die Rede davon, daß auch Ansprüche gegen Dritte erfaßt werden sollten (in diesem Sinne auch von Overbeck NedTIR 5 [1958] 260). Das Haager Unterhaltsabkommen vom 2. 10. 1973 bestätigt das Ergebnis: Obgleich der Anwendungsbereich dieser Konvention weiter gezogen ist, geht er gem Art 1 grundsätzlich nicht über den familiären Bereich (in einem weiten Sinne) hinaus.

So unterliegt die Frage der Zahlungspflicht eines Dritten, der den Unterhaltspflichtigen getötet hat (vgl § 844 Abs 2 BGB), selbst wenn man sie als „unterhaltsrechtlich" iS des Abkommens qualifizieren wollte, nicht unmittelbar der Konvention. Wohl aber ist, wenn eine Vorschrift wie § 844 Abs 2 BGB als Teil des Deliktsstatuts anwendbar ist, die von dieser Vorschrift aufgeworfene Vorfrage nach der Unterhaltspflicht des Getöteten uU nach der Konvention zu beantworten. – Zur Frage, ob nur die gesetzliche Unterhaltspflicht in den Anwendungsbereich des Übereinkommens fällt, vgl unten Vorbem 25.

23 Auch Ansprüche, die nach öffentlichem Recht gegen **Behörden** bestehen, sind vom Anwendungsbereich der Konvention ausgeschlossen. Zwar wird im Bericht zum Vorentwurf die gegenteilige Ansicht vertreten (de Winter Doc VIII 125), doch wurde damit die Meinung der Spezialkommission wohl nicht treffend wiedergegeben (so jedenfalls von Overbeck NedTIR 5 [1958] 261 Fn 20). Auf der Konferenz wurde vom Präsidenten der Kommission und von Dölle ausdrücklich klargestellt, daß Ansprüche gegen Behörden der Konvention nicht unterstehen (Actes 183; ebenso die deutsche Denkschrift BT-Drucks III/2585; 8; von Overbeck NedTIR 5 [1958] 261). Die Konvention will in diesen öffentlichrechtlichen Bereich nicht vordringen und sich hier auf das Internationale Privatrecht im Wortsinn beschränken (anders Bischoff Clunet 91 [1964] 763).

24 **2. Der Inhalt des Anspruchs („Unterhalt")**

a) Der **Begriff des „Unterhalts"** wird in der Konvention nicht näher umschrieben. Aus der Diskussion auf der 8. Tagung der Konferenz geht hervor, daß jedenfalls der Vorentwurf die Abgrenzung dem Recht des gewöhnlichen Aufenthalts überlassen wollte (Actes VIII 167; ebenso für die endgültige Fassung die Botschaft des Schweizer Bundesrates BBl 1964 I 505; Bilmans JTrib 1972, 130).

Für die neugefaßte Haager Unterhaltskonvention vom 2. 10. 1973, die den Begriff des Unterhalts ebenfalls nicht definiert, wird die gleiche Auffassung vertreten (Botschaft des Schweizer Bundesrates BBl 1975 II 1397). Auf der 8. Tagung wollte man den französischen Ausdruck „aliments" auch nicht durch das Wort „entretien" ersetzen (im italienischen Recht ist der Begriff „alimenti" enger als der Terminus „mantenimento"); denn – so wurde gesagt – der Ausdruck „aliments" sei üblich und müsse ohnehin möglichst weit aufgefaßt werden (vgl die Diskussion Actes VIII 167; Bericht de Winter Actes VIII 310). Es läßt sich nach der Entstehungsgeschichte also nicht mehr über den Begriff des Unterhalts sagen, als daß man sich über seine möglichst weite Deutung einig war (von Overbeck NedTIR 5 [1958] 259; Bischoff Clunet 91 [1964] 764). Die sachliche Reichweite der Konvention ist damit freilich nicht scharf umrissen. Zum Unterhalt ist auch eine Bestimmung des Vormundschaftsgerichts über die Art der Unterhaltsgewährung (§ 1612 Abs 2 S 2 BGB) zu zählen (OLG Stuttgart 14. 6. 1977 FamRZ 1977, 553 = IPRspr 1977 Nr 82). Zum Ausgleichsanspruch zwischen mehreren zum Unterhalt Verpflichteten, den man im

Wege einer akzessorischen Anknüpfung ebenfalls dem von der Konvention berufenen Recht unterstellen sollte, oben Vorbem 18.

Dem Abkommen ist die Einschränkung zu entnehmen, daß es sich grundsätzlich nur auf **gesetzliche Unterhaltsansprüche** bezieht, gleichgültig ob der Anspruch in der betreffenden Rechtsordnung familienrechtlich oder anders begründet wird; auch von der neuen Haager Unterhaltskonvention vom 2. 10. 1973 sollen grundsätzlich nur ex lege entstehende Ansprüche erfaßt werden (vgl. Bericht VERWILGHEN Actes et Doc XII 4, 433 Nr 118 iVm 390 Nr 15). Zum Ausschluß gesetzlicher Ansprüche gegen Dritte und gegen Behörden aus dem Anwendungsbereich der Konvention vgl oben Vorbem 22 und 23. Freilich entspricht es dem Sinn und Zweck der Übereinkunft, sie auch auf ein **vertragliches Unterhaltsversprechen** eines Unterhaltspflichtigen anzuwenden, selbst wenn die vertragliche Verpflichtung über das gesetzlich Geschuldete hinausgeht (etwas enger VON OVERBECK NedTIR 5 [1958] 259: keine Anwendbarkeit der Konvention auf ein „engagement volontaire allant au-delà d'une simple confirmation de l'obligation légale"). Entscheidend ist, ob der vertragliche Unterhaltsanspruch an Stelle des gesetzlichen Anspruchs gewährt wird. Beispielsweise ist die Konvention auch auf den Vergleich anwendbar, den die um den gesetzlichen Unterhalt streitenden Parteien schließen. Diese hier vorgeschlagene Lösung dürfte auch dem Sinn des noch nicht in Kraft getretenen Haager Unterhaltsabkommens vom 2. 10. 1973 entsprechen, wo die Frage ebenfalls offen geblieben und der Rechtsprechung überlassen ist (Bericht VERWILGHEN Actes et Doc XII/4, 433 Nr 120). 25

b) Voraussetzungen, Höhe und Grenzen des Anspruchs ergeben sich aus dem von der Konvention bezeichneten Recht. So ist bei gewöhnlichem Aufenthalt des Kindes in der Bundesrepublik Deutschland § 1603 Abs 2 S 1 BGB anzuwenden, wonach die Eltern verpflichtet sind, alle verfügbaren Mittel zu ihrem und der Kinder Unterhalt gleichmäßig zu verwenden (Hoge Raad 2. 4. 1976 NedJur 1977 Nr 124; vgl zur Höhe des Unterhalts Hoge Raad 2. 11. 1973, unten Vorbem 196, sowie die von SUMAMPOUW NILR 24 [1977] 547–551 erwähnten niederländischen Entscheidungen). Ferner bestimmt das Unterhaltsstatut, ob das Kind Unterhalt für die Vergangenheit verlangen kann oder ob der Satz „in praeteritum non vivitur" eingreift (IPG 1972 Nr 21 [München] 183; FERID, IPR 242). Für die Klagefristen folgt die Geltung der Konventionsregeln aus Abs 3, unten Vorbem 116; in Abs 4 ist festgelegt, daß keine Ansprüche über das 21. Lebensjahr hinaus nach den Regeln der Konvention geltend gemacht werden können. 26

c) Der Anspruch der Mutter eines nichtehelichen Kindes auf Erstattung der **Entbindungskosten** fällt nicht in den Anwendungsbereich der Konvention (BGE 92 II [1966] 82, 88). Eine Entscheidung der Rb Rotterdam 14. 10. 1968 (Recueil Asser 146), die den Anspruch ebenfalls dem Unterhaltsstatut entnommen hat, erklärt sich aus der Tendenz der niederländischen Gerichte, die Normen des Abkommens in geeigneten Fällen auch als Anknüpfungsregel des autonomen niederländischen IPR anzuwenden. 27

d) Das nach Abs 1 maßgebende Recht entscheidet auch darüber, in welcher **Währung** der Unterhaltsanspruch zu erfüllen ist. Es ist in aller Regel die Währung am gewöhnlichen Aufenthalt des Kindes. So haben die deutschen Gerichte im Rahmen des Abkommens bei gewöhnlichem Aufenthalt des Kindes in der Bundesrepublik Deutschland – soweit ersichtlich – zur Zahlung in DM verurteilt. Bei gewöhnlichem Aufenthalt des Kindes in einem anderen Vertragsstaat ist der Betrag auf Verlangen des Gläubigers in der Währung dieses Staates zugesprochen worden (LGZ Wien 16. 10. 1970 ZfRvgl 15 [1974] 65 krit Anm PETER BÖHM: DM-Beträge; LG Hannover 6. 6. 1974 DAVorm 1974, 481 = IPRspr 1974 Nr 137 [ohne 28

Erwähnung der Konvention]: Schweizer Franken). Wurde dagegen Zahlung in DM verlangt, so haben die Gerichte dem – ohne weitere Erörterung – ebenfalls entsprochen (vgl etwa LG Düsseldorf 25. 4. 1968 FamRZ 1968, 667 = IPRspr 1968–69 Nr 116). Dem ist zuzustimmen, wenn das ausländische Unterhaltsstatut eine Zahlung in fremder Währung zuläßt. Zur Möglichkeit einer materiellrechtlichen Verweisung vgl umfassend STAUDINGER-GAMILLSCHEG-HIRSCHBERG Vorbem 403 ff zu Art 13. Die dort geschilderten Schwierigkeiten (auch devisenrechtlicher Art) sind im Rahmen des Unterhaltsabkommens freilich nicht aktuell geworden.

29 e) Auch die **Verjährung** des Unterhaltsanspruchs richtet sich nach dem Aufenthaltsrecht; das mag man bereits aus Abs 1 entnehmen, da es sich nach kontinentaleuropäischer Auffassung, von der die Konvention ausgegangen sein dürfte, um eine materiellrechtliche, nicht um eine prozessuale Frage handelt. Es folgt aber jedenfalls aus Abs 3 (vgl unten Vorbem 116).

30 3. Die Anknüpfungsperson („das Kind")

Für die Anknüpfung an die Person des Kindes und nicht des Unterhaltsschuldners spricht zunächst die theoretische Erwägung, daß das Kind wegen seines Schutzbedürfnisses als die Hauptperson erscheint (so auch BISCHOFF Clunet 91 [1964] 770; MÜLLER-FREIENFELS, FS Ficker 322 f).

Dazu hat DE WINTER präzise das Wesentliche gesagt (NedTIR 4 [1957] 146 = WPNR 1958, 62): „La fonction sociale de l'obligation alimentaire est la protection de l'enfant. Or la réglementation législative de cette obligation est en premier lieu dans l'intérêt de l'enfant et rien que pour cette raison il est indiqué d'appliquer la loi de l'enfant dans les cas internationaux également. Il est évident qu'il n'est nullement certain que cette loi comporte la réglementation la plus favorable à l'enfant, mais il va sans dire que ‚l'enfant' constitute le point de rattachement le plus indiqué." In diesem Sinne auch LOUSSOUARN, Liber amicorum Fredericq II 696.

Außerdem gibt es für die Anknüpfung einen praktischen Grund: Es soll vermieden werden, daß sich der Schuldner durch einen Statutenwechsel seiner Unterhaltspflicht entziehen oder sie doch beschränken kann (DE WINTER Doc VIII 127; ders NedTIR 4 [1957] 147 = WPNR 1958, 62; Denkschrift der Bundesregierung BT-Drucks III/2585, 8; PETERSEN RabelsZ 24 [1959] 33; MEZGER, Travaux du Comité français de d. i. p. 1958–1959 [1960], 127; BISCHOFF Clunet 91 [1964] 771). Denn es ist erfahrungsgemäß idR der Schuldner (meist der Vater), der seinen Aufenthalt ins Ausland verlegt (DE WINTER aaO).

31 4. Die Lokalisierung der Anknüpfung („gewöhnlicher Aufenthalt")

In den vorbereitenden **Materialien** wurde die Anknüpfung des Unterhaltsanspruchs an den gewöhnlichen Aufenthalt des Gläubigers zuerst in der französischen, in der norwegischen und in der deutschen Antwort auf einen vor der 7. Session verteilten Fragebogen erwähnt. In der französischen Stellungnahme wurde eine Anknüpfung an den gewöhnlichen Aufenthalt mit folgender Begründung vorgeschlagen (Doc VII 272): „On peut en effet considérer qu'il y a là une loi de police, le pays dans lequel une personne qui a besoin d'aliments vit étant celui qui peut décider dans quelle mesure les aliments doivent lui être fournis." Die norwegische Regierung, die einer Konvention auf dem Gebiete des Unterhaltsrechts nur geringe praktische Bedeutung beimaß, teilte in ihrem Bericht über das geltende norwegische IPR mit, daß an den gewöhnlichen Aufenthalt angeknüpft werde (Doc VII 392). Die deutsche Regierung meinte zwar, wenn der Berechtigte und der Verpflichtete Angehörige des gleichen Staates seien, bestünden keine Bedenken, den Unterhaltsanspruch dem gemeinsamen Heimatrecht der Beteiligten zu unterstellen; bei verschiedener Staatsangehörigkeit der Parteien aber wurde der gewöhnliche Aufenthalt des Berechtigten als Anknüpfungspunkt empfohlen (Doc VII 134 f).

a) Als **Gründe für die Anknüpfung** an den gewöhnlichen Aufenthalt werden im wesentlichen sechs Vorzüge genannt: 32

(1) Das Recht der Umwelt des Kindes ist gerade für die Regelung von Unterhaltsfragen besonders geeignet. Es ist das Recht, mit dem das Kind durch seine Lebensbeziehungen am engsten verbunden ist (VISCHER ZSR NF 77-I [1958] 343 f). Mit Recht sagte der französische Delegierte HOLLEAUX während der Konferenz (Actes VIII 173): „Il paraît normal que l'entretien ... [de l'enfant] soit réglé par la loi du pays dans lequel il se trouve être intégré." Das **Aufenthaltsrecht** entspricht auch am ehesten den Lebensbedürfnissen des Kindes. Insbesondere werden die tatsächlichen Lebenshaltungskosten des Kindes am besten vom Recht des Ortes berücksichtigt, an dem das Kind lebt (SCHEUCHER ZfRvgl 4 [1963] 90). MÜLLER-FREIENFELS, FS Ficker 323, hat das treffend umschrieben: „Die Anknüpfung an den gewöhnlichen *Aufenthalt* des Kindes wahrt den Einklang mit dem Milieu, der ‚ambiance' des Kindes. Gerade ein Unterhaltsbedürfnis kann nicht abstrakt und isoliert betrachtet werden. Man muß es im Zusammenhang mit den örtlichen Verhältnissen beurteilen. Neben den wirtschaftlichen und sozialen Bedingungen des Aufenthaltsortes sind auch die rechtlichen, sittlichen und moralischen Verhältnisse dabei mit zu berücksichtigen." In einem Wort: Man darf annehmen, daß eine auf dem Aufenthaltsrecht beruhende Entscheidung den Verhältnissen der Umwelt am besten Rechnung trägt und so den gewünschten Schutz des Kindes am ehesten gewährleistet (DE WINTER Doc VIII 127; ders NedTIR 4 [1957] 146 = WPNR 1958, 62; ebenso der vor der Plenarversammlung gegebene kurze Bericht des Präsidenten der 3. Kommission HAMMES Actes VIII 290; Denkschrift der Bundesregierung BT-Drucks III/2585, 8; Botschaft des Schweizer Bundesrates BBl 1964 I 503; LOUSSOUARN, Liber amicorum Fredericq II 696). 33

(2) Die Anknüpfung an den gewöhnlichen Aufenthalt entspricht der Intention des Abkommens, allen Kindern, die in dem gleichen Land leben, gleiche Unterhaltsansprüche zu gewähren (vgl auch unten Vorbem 221). 34

(3) Mit der Maßgeblichkeit des Aufenthaltsrechts steht es in Einklang, daß das Kind der Fürsorge des Aufenthaltsstaates zur Last fällt, wenn ein Unterhaltsanspruch verneint wird (DE WINTER Doc VIII 127; ders NedTIR 4 [1957] 147 = WPNR 1958, 62; Denkschrift der Bundesregierung BT-Drucks III/2585, 8; BISCHOFF Clunet 91 [1964] 770; auch AG Hamburg 24. 8. 1972 DAVorm 1972, 493, 494 = IPRspr 1972 Nr 104, 273). So gilt im Sozialhilferecht regelmäßig das Aufenthaltsprinzip: danach erhalten auch Ausländer und Staatenlose, die sich im Geltungsbereich des Bundessozialhilfegesetzes tatsächlich aufhalten, die in diesem Gesetz vorgesehene Hilfe (MÜLLER-FREIENFELS, FS Ficker 323 Fn 163). 35

(4) Häufig wird das Kind an seinem Aufenthaltsort klagen, und das Gericht hat dann den Vorteil, sein eigenes Recht anwenden zu können (FOYER 177 f; LOUSSOUARN, Liber amicorum Fredericq II 696 f). Auch dem gesetzlichen Vertreter des Kindes wird am ehesten das Aufenthaltsrecht bekannt sein. 36

(5) Die Anknüpfung an den gewöhnlichen Aufenthalt erschien der Konferenz als annehmbare Formel für die Staaten des Staatsangehörigkeits- wie des Domizilprinzips. In dem Bericht DE WINTERS zum Vorentwurf heißt es (Doc VIII 127): 37

„Enfin, une importance indéniable devra être reconnue à la considération que l'application de la loi de la résidence habituelle de l'enfant est la seule règle de conflits qui soit acceptable tant pour les ‚Etats-domicile' que pour les ‚Etats-nationalité'. En effet, la règle choisie ne découle ni du principe du domicile, ni de celui de la nationalité. La loi de la résidence habituelle ne s'applique pas en vertu du statut de la famille, des obligations ou des délits, mais en tant que règle de conflit *sui generis* pour des motifs d'ordre social et humanitaire. Pour cette raison la solution préconisée pourra être acceptée sans qu'on doive abandonner, soit le principe général du domicile, soit celui de la nationalité."

Manche Autoren sehen in der Anknüpfung an den gewöhnlichen Aufenthalt sogar eine **Kompromißlösung** zwischen Staatsangehörigkeits- und Domizilanknüpfung (vgl de Winter NedTIR 4 [1957] 147 = WPNR 1958, 62; Bischoff Clunet 91 [1964] 771; Bilmans JTrib 1972, 130). In Wirklichkeit steht die Anknüpfung aber dem Domizilprinzip wesentlich näher als dem Staatsangehörigkeitsprinzip (so auch Loussouarn, Liber amicorum Fredericq II 695; vgl ferner Müller-Freienfels, FS Ficker 322: „kein Kompromiß auf der Mittellinie, sondern eine technisch verbesserte Regelung unter Zuhilfenahme von Teilen des Domizilbegriffs"; Foyer 177: „une concession faite par les partisans de la nationalité à ceux du domicile"). Tatsächlich kann es gar keine eindrucksvollere Kritik des Staatsangehörigkeitsprinzips im Internationalen Familienrecht geben, als daß es nicht zu sozial und humanitär vertretbaren Lösungen führe (so zu dem Bericht de Winters mit Recht Neuhaus, Grundbegriffe 218). Die beschwichtigende Wendung, es handele sich um eine Regelung „sui generis", vermag darüber nicht hinwegzutäuschen (vgl bereits oben Vorbem 3).

38 (6) Schließlich vermeidet die Anknüpfung die Schwierigkeiten, die der Terminus „Wohnsitz" dadurch hervorruft, daß er in den einzelnen Staaten verschieden definiert wird (Déprez Rev crit 46 [1957] 390; Botschaft des Schweizer Bundesrates BBl 1964 I 503). Man denke nur an die Unterschiede zwischen dem englischen oder amerikanischen Domizilbegriff und dem deutschen Wohnsitzbegriff.

Mit Recht bemerkt Loussouarn, Liber amicorum Fredericq II 696: „On sait les difficultés que soulève la détermination du domicile à raison en particulier des différences existant entre la conception anglo-saxonne et la conception continentale. Plus souple que le domicile, plus près de faits, donc de la situation effective de l'enfant la résidence habituelle semble d'une localisation plus aisée."

Allerdings ist es verfehlt, den gewöhnlichen Aufenthalt, der schon durch seine Verwendung im Text einer Konvention zum Rechtsbegriff wird, als leicht feststellbaren „Tatsachenbegriff" zu bezeichnen, wie das seit dem Bericht de Winters zum Vorentwurf immer wieder geschieht (Doc VIII 127): „le terme *résidence habituelle* représente exclusivement une notion de fait"; auch etwa van Hoogstraten Rec des Cours 122 (1967-III) 359–365, krit besprochen von Kropholler RabelsZ 34 (1970) 782.

39 **b)** Der **Begriff des „gewöhnlichen Aufenthaltes"** ist durch *Auslegung* zu gewinnen. Diese Auslegung hat grundsätzlich *autonom,* also unabhängig von der eigenen nationalen Rechtsordnung zu erfolgen. Eine Auslegung nach der lex fori würde nämlich die erstrebte einheitliche Anwendung des Abkommens in allen Vertragsstaaten gefährden. Im Unterhaltsabkommen und im Minderjährigenschutzabkommen hat der Begriff des gewöhnlichen Aufenthalts denselben Inhalt (ebenso BGH 5. 2. 1975 = NJW 1975, 1068 = MDR 1975, 477 = BGH WarnR 1975 Nr 23 = FamRZ 1975, 272 = DAVorm 1975, 413 = IPRspr 1975 Nr 83; näher unten Vorbem 44).

40 Die im **deutschen Sachrecht** für die Konkretisierung des Ausdrucks aufgestellten Sätze sind trotz des historischen Ursprungs im deutschen Recht (vgl Neuhaus, Grundbegriffe 225 Fn 616) schon deshalb nicht ohne weiteres auf die Haager Konvention anzuwenden, weil die dynamische Entwicklung der Sonderrechtsgebiete mit der Verschiedenheit ihrer Zielsetzungen eine einheitliche Begriffsbildung innerhalb des Sachrechts verhindert hat (so zutreffend Stoll RabelsZ 22 [1957] 187).

Die im **autonomen deutschen Kollisionsrecht** zur Erläuterung des gewöhnlichen Aufenthalts gewonnenen Regeln sind jedenfalls insoweit nicht unbesehen auf die Haager Konventionen zu übertragen, als der gewöhnliche Aufenthalt dort als Hauptanknüpfung für das Personalstatut verwendet wird, wie in Art 29 EGBGB bei Staatenlosen. Denn es kann – etwa bei der Bemessung der Verbundenheit mit dem Aufenthaltsort – durchaus einen Unterschied machen, ob der gewöhnliche Aufenthalt als Hauptanknüpfung für das gesamte Personalstatut dient oder als Anknüpfung für den Unterhaltsanspruch des Kindes bzw die Zuständigkeit der Behörden auf dem Gebiet des Minderjährigenschutzes (vgl auch NEUHAUS, Grundbegriffe 227 f). Mit diesen Vorbehalten sei auch auf die Erläuterungen zum Begriff des gewöhnlichen Aufenthalts bei STAUDINGER-GAMILLSCHEG Vorbem 105 ff zu Art 13 und demnächst bei STAUDINGER-BLUMENWITZ zu Art 29 EGBGB verwiesen.

Für die Auslegung gelten die **allgemeinen Auslegungskriterien.** Namentlich ist der 41
Wortsinn, die Entstehungsgeschichte und vor allem der Zweck der Anknüpfung zu berücksichtigen.

Der **Wortsinn** des Begriffes **„Aufenthalt"** verlangt eine – wenigstens zeitweilige 42
– physische Anwesenheit. Die bloße Absicht, sich an einem Orte dauernd niederzulassen, genügt nicht.

Eine Ausnahme vom Erfordernis der physischen Anwesenheit ist für *Neugeborene* zuzulassen. Ein zufällig im Lande A geborenes nichteheliches Kind kann seinen gewöhnlichen Aufenthalt im Lande B haben, obwohl es selbst noch nie dort war; denn die objektiven Bindungen der Mutter an das Land B erfassen auch das Kind (NEUHAUS, Grundbegriffe 234 f Fn 647). So haben die deutschen Behörden ihre Zuständigkeit aufgrund des Haager Minderjährigenschutzabkommens in einem Fall zu Recht verneint, in welchem eine Schweizerin sich lediglich zum Zwecke der Niederkunft und der Entledigung ihres Kindes durch Freigabe zur Adoption (Blankoverzichtserklärung) in ein (ihr durch Zeitungsinserat bekanntes) privates „Entbindungs- und Adoptionsunternehmen" in die Bundesrepublik begab, um alsdann sofort wieder in die Schweiz zurückzukehren, als ob nichts geschehen wäre (den Fall berichtet BAECHLER ZVW 30 [1975] 4). Der Fall wurde auf administrativ-fürsorgerischem Weg durch Verbringung des Kindes in die Schweiz gelöst. Der gewöhnliche Aufenthalt des Kindes lag (rückwirkend seit der Geburt) in der Schweiz. – Ebenso dürfte zu entscheiden sein, wenn ein in Deutschland geborenes nichteheliches Kind mit seiner türkischen Mutter einige Wochen nach der Geburt in die Türkei abgeschoben wird und die Mutter sich bereits vorher in Abschiebehaft befand (gewöhnlicher Aufenthalt rückwirkend in der Türkei).

Das Beiwort **„gewöhnlich"** („habituelle") ist in seinem Wortsinn mehrdeutig. Es kennzeichnet nicht die innere Gewöhnung (anders gegen die überwiegende Meinung WUPPERMANN FamRZ 1972, 249; SCHWIMANN ÖJBl 1976, 236), sondern läßt vor allem – wenn auch nicht ausschließlich – an eine gewisse Dauer und Regelmäßigkeit des Verweilens denken (vgl auch NEUHAUS, Grundbegriffe 227). Freilich ist die zeitliche Verknüpfung nicht allein entscheidend, wie sich insbes bei längeren Unterbrechungen des gewöhnlichen Aufenthaltes zeigt (vgl unten Vorbem 59).

Der gewöhnliche Aufenthalt ist vom *(einfachen, schlichten)* Aufenthalt zu unterscheiden (vgl Art 9 MSA). Ein Minderjähriger, der vorübergehend im Ausland arbeitet oder dort erkrankt, also im Ausland seinen Aufenthalt hat, behält seinen *gewöhnlichen* Aufenthalt im Inland.

Die **Entstehungsgeschichte** des Unterhaltsabkommens und des Minderjährigen- 43
schutzabkommens gibt – außer zu einigen Detailfragen (vgl unten Vorbem 59, 62) – kaum zusätzliche Auslegungshilfen. Denn man hat sich im Haag nicht um eine positive Konkretisierung des Begriffes der „résidence habituelle" bemüht. Vielmehr war man sich nur im Negativen einig, den Begriff des „domicile" zu vermeiden. Diese Übereinstimmung, die schon auf den ersten Haager Konferenzen um die

Jahrhundertwende bestand (vgl Kropholler, MSA 59 Fn 135), hat ihren Grund darin, daß der Wohnsitzbegriff in den nationalen Rechtsordnungen bereits in verschiedenem Sinne festgelegt ist, während der Ausdruck „résidence habituelle" noch einer international übereinstimmenden Auslegung fähig ist. In seinem Bericht zum Minderjährigenschutzabkommen umschreibt von Steiger den Begriff der „résidence habituelle" mit dem Ausdruck „centre effectif de la vie du mineur" (Actes et Doc IX/4, 226).

44 Der **Zweck** der Wahl des Anknüpfungsmomentes „gewöhnlicher Aufenthalt" muß letztlich über seine Auslegung entscheiden. *Allgemein* wird man es als Sinn einer Anknüpfung an den gewöhnlichen Aufenthalt bezeichnen können, die betroffenen Rechtsverhältnisse in der sozialen Umwelt zu lokalisieren, in die sie tatsächlich eingebettet sind. Ein gewöhnlicher Aufenthalt ist damit von einer gewissen sozialen Integrierung abhängig, die bei Minderjährigen zB in Familienbanden und im Schulbesuch ihren Ausdruck findet. *Speziell* im Haager Unterhaltsabkommen und im Haager Minderjährigenschutzabkommen kommt der Zweck hinzu, durch die Anknüpfung an den gewöhnlichen Aufenthalt die Stellung des Minderjährigen zu verbessern (vgl auch oben Vorbem 33–38). Wegen dieser gemeinsamen Zielsetzung ist der Begriff gewöhnlicher Aufenthalt in beiden Abkommen auch *einheitlich* auszulegen. Ausländische Minderjährige sollen denselben Unterhalt bekommen und dieselben Schutzmaßnahmen erhalten wie die inländischen Kinder ihrer Umwelt. Im Minderjährigenschutzabkommen sollen außerdem die Behörden des Staates primär zuständig sein, in dem die Bedürfnisse des Minderjährigen am besten beurteilt werden können. All das will die Anknüpfung an den gewöhnlichen Aufenthalt in den beiden Konventionen erreichen, und man wird es bei der Auslegung berücksichtigen müssen.

45 Als **Umschreibung** des Begriffes gewöhnlicher Aufenthalt hat der BGH in einem zum Unterhaltsabkommen ergangenen Urteil folgende Formulierung akzeptiert, die mit der ganz überwiegenden Ansicht in Rechtslehre und Rechtsprechung in Einklang steht (BGH 5. 2. 1975 NJW 1975, 1068 = MDR 1975, 477 = BGH WarnR 1975 Nr 23 = FamRZ 1975, 272 = DAVorm 1975, 413 = IPRspr 1975 Nr 83). Danach sei als gewöhnlicher Aufenthalt *„der Ort oder das Land anzusehen, in dem der Schwerpunkt der Bindungen der betreffenden Person, ihr Daseinsmittelpunkt, liege"* (vgl auch Staudinger-Gamillscheg Vorbem 107 ff zu Art 13 und Soergel-Kegel Art 29 Rz 13; auf beide Kommentarstellen nimmt der BGH Bezug). Wie der BGH mit Recht bemerkt, gilt diese Auslegung des Begriffs gewöhnlicher Aufenthalt gleichermaßen für das Unterhalts- und das Minderjährigenschutzabkommen (vgl auch Goerke StAZ 1976, 270). Im Unterhaltsabkommen gebiete es schon die Wandelbarkeit des Unterhaltstatuts, nicht zu geringe Anforderungen an die Feststellung des gewöhnlichen Aufenthalts zu stellen. Zu fordern sei daher „nicht nur ein Aufenthalt von einer Dauer, die zum Unterschied von dem einfachen oder schlichten Aufenthalt nicht nur gering sein darf. Vielmehr ist das Vorhandensein weiterer Beziehungen zu dem Aufenthaltsort zu verlangen, speziell in familiärer oder beruflicher Hinsicht, in denen – im Vergleich zu einem sonst in Betracht kommenden Aufenthaltsort – der Schwerpunkt der Bindungen der betreffenden Person zu sehen ist."

Ähnlich wie der BGH definiert das OG Zürich in einer Entscheidung zum Unterhaltsabkommen den gewöhnlichen Aufenthalt im Anschluß an eine Äußerung von Steigers als das „faktische Lebenszentrum" (OG Zürich 2. 9. 1965 BlZürchRspr 1966 Nr 101).

Die Formulierungen zum Minderjährigenschutzabkommen liegen auf derselben Linie. Hier wird meist vom *tatsächlichen Mittelpunkt der Lebensführung* (oder: der

Lebensbeziehungen) des Minderjährigen gesprochen.* Erläuternd wird bisweilen weiter ausgeführt, der gewöhnliche Aufenthalt verlange eine gewisse Eingliederung in die Umwelt, es müßten ernsthafte Bindungen zum Ort des Aufenthalts bestehen, ungenügend seien provisorische, noch nicht gefestigte Beziehungen (so OLG Hamm 12. 12. 1973 aaO und 5. 4. 1974 IPRspr 1974 Nr 83; ihm folgend OLG Frankfurt 16. 12. 1974 IPRspr 1974 Nr 93 und 3. 12. 1976 OLGZ 1977, 141 = IPRspr 1976 Nr 202; ähnlich KG 4. 12. 1973 und 17. 2. 1976 aaO; OLG Stuttgart 23. 6. 1975 und 18. 11. 1977 aaO; OLG Schleswig 23. 1. 1978 aaO). Alle diese Umschreibungen sind zutreffend. Sie geben aber keine Definition, unter die ohne weiteres subsumiert werden könnte, sondern nur Annäherungswerte und Bilder, die ihrerseits der Auslegung fähig und bedürftig sind.

Besonders hilfreich für die Rechtsanwendung sind die folgenden zur Konkretisie- 46
rung des Begriffs entwickelten **Grundsätze,** die sich aus den geschilderten Auslegungskriterien herleiten lassen und die von der hM akzeptiert worden sind. Danach kann der gewöhnliche Aufenthalt auf zweierlei Weise begründet werden.

Erstens: Durch die **tatsächliche Dauer** des Aufenthalts und die dadurch faktisch 47
entstandenen Bindungen. Die Zeitdauer darf im Unterschied zum einfachen Aufenthalt nicht nur gering sein (BGH 5. 2. 1975 NJW 1975, 1068 = MDR 1975, 477 = BGH WarnR 1975 Nr 23 = FamRZ 1975, 272 = DAVorm 1975, 413 = IPRspr 1975 Nr 83 zum Unterhaltsabkommen; KG 17. 2. 1976 OLGZ 1976, 281 = IPRspr 1976 Nr 59 und OLG Frankfurt 3. 12. 1976 OLGZ 1977, 141 = IPRspr 1976 Nr 202 zum Minderjährigenschutzabkommen). Für die Zeitdauer, die einen Aufenthalt idR zu einem gewöhnlichen Aufenthalt erstarken läßt, werden in der Literatur und Rechtsprechung häufig **sechs Monate** genannt.** Freilich handelt es sich nur um eine (im Rahmen der Abkommen gut brauchbare) Faustregel. Ein gewöhnlicher Aufenthalt kann indes auch bei längerem Verweilen zu verneinen sein, wenn eine soziale Integrierung nicht erfolgt ist (vgl zu Entführungsfällen unten

* In diesem Sinne Bericht von Steiger Actes et Doc IX/4, 226; Botschaft des Schweizer Bundesrates BBl 1966 I 351; von Overbeck ZfRvgl 2 [1961] 149; Castro-Rial Canosa Rev esp der int 14 [1961] 27; Ferid RabelsZ 27 [1962–63] 434; Kropholler, MSA 61; ders NJW 1971, 1724; Firsching Rpfleger 1971, 383; Luther FamRZ 1973, 408; Siehr DAVorm 1973, 259; Wuppermann FamRZ 1974, 415; Baechler ZVW 30 [1975] 4; Stöcker DAVorm 1975, 520; Goerke StAZ 1976, 269. Aus der Rechtsprechung: BayObLG 25. 8. 1972 BayObLGZ 1972, 292 = NJW 1972, 2190 = FamRZ 1972, 582 = IPRspr 1972 Nr 179; 21. 12. 1973 BayObLGZ 1973, 345 = NJW 1974, 421 = MDR 1974, 317 = FamRZ 1974, 150 = IPRspr 1973 Nr 181 und 17. 8. 1976 IPRspr 1976 Nr 67; OLG Hamm 28. 4. 1972 OLGZ 1972, 375 = NJW 1972, 1628 = FamRZ 1972, 381 = StAZ 1972, 345 = IPRspr 1972 Nr 68 und 12. 12. 1973 OLGZ 1974, 176 = NJW 1974, 1053 = MDR 1974, 582 = FamRZ 1974, 155 = IPRspr 1973 Nr 178; KG 4. 12. 1973 OLGZ 1974, 110 = NJW 1974, 424 = FamRZ 1974, 144 = IPRspr 1973 Nr 77 und 17. 2. 1976 OLGZ 1976, 281 = IPRspr 1976 Nr 59; OLG Frankfurt 16. 12. 1974 IPRspr 1974 Nr 93; OLG Düsseldorf 10. 1. 1975 FamRZ 1975, 641 = IPRspr 1975 Nr 66; OLG Stuttgart 23. 6. 1975 OLGZ 1975, 391 = NJW 1976, 483 = FamRZ 1975, 644 = IPRspr 1975 Nr 74, dazu Goerke StAZ 1976, 270 und 18. 11. 1977 NJW 1978, 1746 = IPRspr 1977 Nr 79; OLG Karlsruhe 18. 7. 1975 OLGZ 1976, 1 = NJW 1976, 485 = FamRZ 1976, 366 = IPRspr 1975 Nr 67 b; OLG Schleswig 23. 1. 1978 SchlHA 1978, 54.

** So zum Minderjährigenschutzabkommen Luther FamRZ 1973, 408; OLG Hamm 12. 12. 1973 OLGZ 1974, 176 = NJW 1974, 1053 = MDR 1974, 582 = FamRZ 1974, 155 = IPRspr 1973 Nr 178 und 5. 4. 1974 IPRspr 1974 Nr 83; OLG Frankfurt 16. 12. 1974 IPRspr 1974 Nr 93; OLG Düsseldorf 10. 1. 1975 FamRZ 1975, 641 = IPRspr 1975 Nr 66; OLG Stuttgart 18. 11. 1977 NJW 1977, 1746 = IPRspr 1977 Nr 79; offengelassen vom BayObLG 21. 12. 1973 BayObLGZ 1973 Nr 345 = NJW 1974, 421 = MDR 1974, 317 = FamRZ 1974, 150 = IPRspr 1973 Nr 181 und vom KG 17. 2. 1976 aaO; im Rahmen des Art 29 EGBGB Soergel-Kegel Rz 20; vgl zu dem ähnlichen Zeitraum im Codex Iuris Canonici Neuhaus, Grundbegriffe 229.

Vorbem 49). Nicht erforderlich ist der Wille, den Aufenthaltsort zum Mittelpunkt oder Schwerpunkt der Lebensverhältnisse zu machen (BGH 5. 2. 1975 aaO zum Unterhaltsabkommen; KG 17. 2. 1976 aaO zum MSA). Selbst wenn der Aufenthalt *gegen* den Willen der betreffenden Person (bzw dessen, der über ihren Aufenthalt bestimmt) sich länger hinzieht, wird der Aufenthalt durch Zeitablauf zu einem gewöhnlichen (vgl NEUHAUS, Grundbegriffe 227).

Beispiel (SOERGEL-KEGEL Art 29 Rz 19): Das Kind teilt den gewöhnlichen Aufenthalt der Pflegeeltern, bis es freiwillig oder zwangsweise von ihnen herausgegeben wird.

48 *Zweitens:* Durch die **voraussichtliche Dauer** des Aufenthalts und die zu erwartende Integration kann ebenfalls ein gewöhnlicher Aufenthalt entstehen. Die Rechtsprechung drückt dies häufig mit den Worten aus, daß „der Aufenthalt von vornherein auf eine gewisse Dauer angelegt ist" (vgl OLG Hamm 12. 12. 1973 OLGZ 1974, 176 = NJW 1974, 1053 = MDR 1974, 582 = FamRZ 1974, 155 = IPRspr 1973 Nr 178 und 5. 4. 1974 IPRspr 1974 Nr 83; OLG Frankfurt 16. 12. 1974 IPRspr 1974 Nr 94; OLG Stuttgart 23. 6. 1975 OLGZ 1975, 391 = NJW 1976, 483 = FamRZ 1975, 644 = IPRspr 1975 Nr 74 und 18. 11. 1977 NJW 1978, 1746 = IPRspr 1977 Nr 79; OLG Schleswig 23. 1. 1978 SchlHA 1978, 54). Wer an einem Ort vermutlich jahrelang bleiben wird, kann dort eben mit Rücksicht auf diesen Umstand schon bei seinem Eintreffen einen gewöhnlichen Aufenthalt erwerben, auch wenn er kurz danach stirbt oder infolge nicht vorausgesehener Ereignisse für dauernd an seinen früheren Aufenthaltsort zurückkehrt oder anderswohin übersiedelt (so NEUHAUS, Grundbegriffe 227). Im Rahmen dieser Fallgruppe kann auch der animus manendi bedeutsam werden. Bei Minderjährigen ist der Wille dessen zu berücksichtigen, der den Aufenthalt des Kindes bestimmt und in absehbarer Zukunft bestimmen wird. Das ist idR (aber nicht immer) derjenige, dem das Aufenthaltsbestimmungsrecht zusteht (vgl auch die unten Vorbem 60 wiedergegebene Äußerung des BGH: „nach der Absicht seiner Mutter, die das Aufenthaltsbestimmungsrecht besitzt«). Gegen den Willen dieser Person kann, wenn er durchsetzbar ist, ein neuer gewöhnlicher Aufenthalt nicht sogleich begründet werden. Jedoch sind Fälle denkbar, in denen das Bestimmungsrecht von Land zu Land verschieden beurteilt wird und in denen es nicht durchsetzbar erscheint. Dann entspricht es der gegebenen Umschreibung des Anknüpfungsmoments (voraussichtliche Dauer, zu erwartende Integration), auf die vorhersehbare faktische Entwicklung abzustellen und den Begriff des gewöhnlichen Aufenthalts, seiner Zielsetzung folgend (vgl unten Vorbem 62), vor nationalen juristischen Divergenzen und damit vor einer unterschiedlichen Interpretation zu bewahren.

49 Speziell die Frage, unter welchen Voraussetzungen **ein Elternteil gegen den Willen des anderen** den gewöhnlichen Aufenthalt des Kindes ändern kann, ist im Rahmen des Minderjährigenschutzabkommens oft aktuell geworden. Meist handelt es sich um national-gemischte Ehen. Wenn die Eheleute sich trennen oder sich scheiden lassen, wird das Kind von einem Elternteil in dessen Heimatland mitgenommen oder dort festgehalten. Dazu ist dieser Elternteil bisweilen durch das Aufenthaltsbestimmungsrecht legitimiert, häufig aber auch nicht. In beiden Fällen gelten grundsätzlich die soeben dargelegten Regeln zur Bestimmung des gewöhnlichen Aufenthalts. Besondere Normen zur Behandlung der sog *„Kindesentführungen"* bestehen in den Haager Konventionen nicht (vgl zur Entstehungsgeschichte des Minderjährigenschutzabkommens unten Vorbem 594 ff). Die begrifflichen Erwägungen zur Bestimmung des „gewöhnlichen Aufenthalts" reichen freilich allein nicht immer aus, um die fraglichen Fälle befriedigend zu lösen (näher unten Vorbem 601 ff).

Begrifflich ist der neue Aufenthalt als „gewöhnlicher Aufenthalt" iS der Abkommen einmal dann anzusehen, wenn er voraussichtlich Bestand haben wird und eine soziale Eingliederung des Kindes in die Umwelt zu erwarten ist. Bei dieser Prognose kann es eine Rolle spielen, ob dem Elternteil, der den Aufenthalt des Kindes verlegt hat, auch das *Aufenthaltsbestimmungsrecht* zusteht. Hat er das (alleinige) Aufenthaltsbestimmungsrecht, so erlangt das Kind meist sogleich einen neuen gewöhnlichen Aufenthalt; denn weitere rasche Änderungen sind dann nicht zu erwarten. Besitzt er dagegen nicht das (alleinige) Aufenthaltsbestimmungsrecht und hat eine (zu erwartende oder anhängige) Herausgabeklage Aussicht auf Erfolg (Entführungsfälle), so ist ein neuer gewöhnlicher Aufenthalt jedenfalls nicht sofort zu bejahen (vgl Justizdirektion Zürich 22. 1. 1975 ZVW 30 [1975] 63: In diesem Fall hatte der geschiedene Schweizer Vater die Kinder nach den Schulferien im Jahre 1973 nicht wieder zur Mutter nach San Francisco zurückgebracht. Sogar nach anderthalb Jahren entschied die Züricher Behörde, der gewöhnliche Aufenthalt der Kinder befinde sich in San Francisco, könne „doch beim derzeitigen Aufenthalt in der Schweiz noch nicht von einem auf Dauer angelegten ‚gewöhnlichen Aufenthalt' gesprochen werden, zumal die Inhaberin der elterlichen Gewalt alles unternimmt, um eine Rückführung der Kinder nach San Francisco zu erreichen.“) Der Aufenthalt kann aber zu einem „gewöhnlichen“ Aufenthalt werden durch tatsächliches längeres Verweilen (der erforderliche Zeitraum wird idR länger sein als ein sogleich eingeleitetes Verfahren zur Herausgabe des Kindes) und die dadurch entstehende soziale Integration (Beispiel: BayObLG 25. 8. 1972 BayObLGZ 1972, 292 = NJW 1972, 2190 = FamRZ 1972, 582 = IPRspr 1972 Nr 179; ferner Rb Alkmaar, unten Vorbem 607, wo ein Herausgabeverfahren in den Niederlanden nicht sofort eingeleitet wurde).

In dem durch die geschilderten Grundsätze gezogenen Rahmen bewegen sich im 50
allgemeinen auch die Entscheidungen, die von Obergerichten zum **Minderjährigenschutzabkommen** getroffen worden sind. Die Gerichte machen – zumindest theoretisch – mit Recht keinen Unterschied, ob ein Kind *nach* Deutschland verbracht oder ob es *aus* Deutschland entfernt wurde. Im letzteren Fall kann eine Zuständigkeit trotz Fehlens eines gewöhnlichen Aufenthalts unter dem Gesichtspunkt der „perpetuatio fori“ begründet sein; dazu unten Vorbem 345 ff). Die im folgenden wiedergegebenen Entscheidungen vermitteln einen Eindruck, nach welchen Kriterien die deutschen Gerichte das Vorliegen eines gewöhnlichen Aufenthalts bislang beurteilt haben. Im Vordergrund stehen dabei die besonders problematischen Fälle eines unrechtmäßigen Aufenthaltswechsels, auf die im Rahmen der Erläuterungen des Minderjährigenschutzabkommens (unten Vorbem 601 ff) zurückzukommen ist.

BayObLG 21. 12. 1973 BayObLGZ 1973, 345 = NJW 1974, 421 = MDR 1974, 317 = FamRZ 51
1974, 150 = IPRspr 1973 Nr 181: Es ging um den Verbleib zweier Töchter aus der Ehe eines Italieners mit einer Deutschen. Die Ehe wurde bis zur Trennung der Eheleute im Jahre 1968 in Italien geführt, die Kinder blieben beim Vater in Brindisi. Die Mutter hatte lediglich brieflichen Kontakt. Ende Juni 1973 begaben sich die beiden Mädchen ohne Wissen des Vaters nach Jugoslawien, wo sie ihre Mutter trafen und mit dieser zu deren Wohnort Burgkirchen weiterreisten. Dort hielten sie sich seither auf. Das AG übertrug am 21. 9. 1973 im Wege der vorläufigen Anordnung das Aufenthaltsbestimmungsrecht auf die Mutter. Das LG hob diese Maßnahme am 8. 11. 1973 auf, weil die deutschen Gerichte – mangels gewöhnlichen Aufenthalts der Kinder – nicht zuständig seien. Diese Auffassung wurde vom BayObLG bestätigt: „Mit Recht hat das LG das Tatbestandserfordernis ‚gewöhnlicher Aufenthalt' der Kinder in der BRD nicht als erfüllt angesehen. Das Abkommen definiert den Begriff ‚gewöhnlicher Aufenthalt' nicht. Er ist im Geist des Abkommens, im Hinblick auf die mit ihm verfolgten Ziele zu präzisieren. Regelmäßig wird man darunter den ‚tatsächlichen Mittelpunkt der Lebensführung' verstehen. Diese zunächst formale Auffassung ist ergänzend dahin mit Inhalt zu erfüllen, daß man es auf den Schwerpunkt der Bindungen abstellt, die den Minderjährigen mit seinem alten oder neuen Aufenthaltsort verknüpfen. Diese Bindung konkretisiert sich zusätzlich durch die Dauer des Aufenthalts. Prüft man unter diesen Kriterien die vom LG vertretene Ansicht, so läßt sich in seinen Darlegungen kein Rechtsverstoß erkennen . . . Das LG führt dazu aus: Die Kinder, die sich bisher, von kurzen Ferienaufenthal-

ten abgesehen, ununterbrochen in Italien befunden hätten, seien nach dem Eindruck der zweimaligen Anhörung durch das LG entsprechend der ihnen bisher zuteil gewordenen Erziehung und Ausbildung ihrer ganzen Wesensart nach als italienische Kinder anzusehen. Sie hätten bei ihrer zweimaligen Anhörung praktisch kein Deutsch verstanden. Die persönlichen, sachlichen und rechtlichen Bindungen an Burgkirchen seien nicht umfassend genug, um diesen Ort als ihren neuen tatsächlichen Lebensmittelpunkt betrachten zu können; der neue Aufenthalt sei erst provisorisch und noch nicht gefestigt; die Kinder hätten noch großes Heimweh nach Brindisi, wo sie nicht nur ihren Vater und ihre jüngste Schwester sowie ihre Freunde, die Schule und die sonstigen vertrauten Dinge des Alltags, sondern ihre eigentliche Heimat zurückgelassen hätten; sie hätten auch nicht etwa durch eine ‚Heimkehr' zu ihrer Mutter einen Teil ihres früheren Lebensmittelpunktes wiedergewonnen. Maria-Pia und Patricia seien ihrer Mutter in den fünf Jahren der Trennung entwachsen. Durch den Fortgang der Mutter aus Italien im Jahre 1968 sei die bis dahin bestehende Mutter-Kind-Beziehung abgerissen." – Der Entscheidung ist zuzustimmen, weil eine Integration in die deutsche Umwelt noch nicht erfolgt war.

52 Vgl auch den deutsch-italienischen Fall des *OLG Frankfurt* 16. 12. 1974 IPRspr 1974 Nr 93: Das Kind war nach Scheidung der Eltern von seinem italienischen Vater, dem die elterliche Gewalt übertragen worden war, nach Neapel gebracht worden und hatte dort im Haushalt des Vaters bereits seit mehr als einem halben Jahr gelebt und die Schule besucht. Die deutsche Mutter, die das Kind in den Sommerferien 1974 besuchsweise erhalten hatte, hielt es an einem unbekannten Ort in Deutschland versteckt und verweigerte die Herausgabe. Das OLG verneinte – mangels Eingliederung des Kindes in die deutsche Umwelt – einen gewöhnlichen Aufenthalt des Kindes in der Bundesrepublik Deutschland.

53 Mit anderem Sachverhalt und Ergebnis *OLG Hamm* 12. 12. 1973 OLGZ 1973, 176 = NJW 1974, 1053 = MDR 1974, 582 = FamRZ 1974, 155 = IPRspr 1973 Nr 178: Die Beteiligten waren Italiener. Nach Trennung ihrer Ehe im September 1972 verzog der Vater mit seinem Sohn, der gerade in Deutschland eingeschult war, nach Parma (Italien). Im Mai 1973 übertrug ein deutsches AG die elterliche Gewalt auf die Mutter. Diese holte den Jungen im Juli 1973 nach Deutschland zurück. Das OLG bejahte mit Recht einen gewöhnlichen Aufenthalt in Deutschland, weil dieser Aufenthalt auf Dauer angelegt war. „Der gewöhnliche Aufenthalt verlangt eine gewisse Eingliederung in die Umwelt. Es müssen ernsthafte Bindungen des Minderjährigen zu dem Ort bestehen: ungenügend sind provisorische und noch nicht gefestigte Beziehungen. Auch eine zeitliche Verknüpfung spielt insofern eine Rolle, als der Aufenthalt entweder bereits eine gewisse Zeit gedauert hat – hier wird eine Faustregel des IPR von sechs Monaten genannt – oder von vornherein auf eine gewisse Dauer angelegt ist. Letzteres kann hier angenommen werden. Das Kind ist nach vorübergehendem Aufenthalt in Italien in die Bundesrepublik zurückgekehrt. Die Mutter hat es nicht entführt, sondern die Übersiedlung mit Hilfe des sie legitimierenden amtsgerichtlichen Beschlusses und italienischer Behörden durchgesetzt. Die Mutter will den Jungen in ihrem Haushalt behalten und selbst möglichst in der Bundesrepublik bleiben. Das Kind selbst hatte vor der Übersiedlung nach Italien in der Bundesrepublik den Mittelpunkt seiner Lebensbeziehungen und war hier schon zur Grundschule gegangen. Es spricht anscheinend gut die deutsche Sprache und besucht inzwischen wieder die Grundschule in H. Sein Aufenthalt ist auf Dauer angelegt."

54 Vgl auch *OLG Hamm* 5. 4. 1974 IPRspr 1974 Nr 83: Die Mutter aus einer italienisch-deutschen Ehe verließ Ende Mai 1973 – während des in Deutschland schwebenden Scheidungsverfahrens – den gemeinsamen Wohnort Bochum und zog mit den Kindern zu ihrer Mutter nach Kopenhagen. Der Antrag des Vaters, ihm die elterliche Gewalt zu übertragen, wurde vom AG am 7. 9. 1973 abgelehnt, weil kein gewöhnlicher Aufenthalt in Deutschland bestehe. Das LG hob diesen Beschluß am 31. 10. 1973 auf, weil es vom Fortbestand des gewöhnlichen Aufenthalts in Deutschland ausging. Das OLG hielt diese Beurteilung des gewöhnlichen Aufenthalts für rechtsfehlerhaft. Das OLG stellte auf den Zeitpunkt der Entscheidung des LG als letzter Tatsacheninstanz ab und führte aus: „Zum Zeitpunkt der Entscheidung der Kammer haben sich die beiden Jungen bereits fünf Monate in Kopenhagen befunden. Das entspricht nicht ganz, aber fast den Anforderungen einer Faustregel des IPR, nach der von einer Dauer von sechs Monaten für die Annahme des gewöhnlichen Aufenthalts ausgegangen werden kann, wenn nicht ohnehin der Aufenthalt von Anfang an auf eine gewisse Dauer angelegt ist. Das ist hier der Fall. Die Beteiligte zu 2) [Mutter] ist von vornherein mit der Absicht nach Kopenhagen gegangen, nicht mehr nach Bochum zurückzukehren, sondern auf Dauer mit den Kindern dort zu bleiben, was durch die Schulabmeldung in Bochum und die entsprechende Anmeldung in Kopenhagen erhärtet wird. Unter dem Gesichtspunkt der zeitlichen Dauer ist demnach die erforderliche Kontinuität zu bejahen. Weiter ist zu berücksichtigen, daß die beiden Jungen nicht in eine völlig familienfremde Umgebung verbracht worden sind, sondern in den Haushalt ihrer Großmutter mütterlicherseits, so daß von vornherein – über das Zusammenleben mit der Mutter hinaus – ein wirksamer Anknüpfungspunkt für familiäre Bindungen an den neuen Aufenthaltsort gegeben war.“ Es handelt sich um einen Grenzfall, bei dem zweifelhaft ist, ob von einer „Entführung“ gesprochen werden kann. Man wird der Entscheidung wohl zustimmen können, weil eine Integration der Kinder in die dänische Umwelt erfolgt ist. – Ähnlich im Ergebnis und in der Fallkonstellation *OLG Düsseldorf* 10. 1. 1975 FamRZ 1975, 641 = IPRspr 1975 Nr 66: Hier war die Mutter mit den Kindern während des vor einem deutschen Gericht anhängigen Ehetrennungsverfahren – gestützt auf eine einstweilige Übertragung des Aufenthaltsbestimmungsrechts durch das deutsche Gericht – im Juni 1973 in ihre spanische Heimat verzogen. Der gewöhnliche Aufenthalt der Kinder im Sinne des tatsächlichen Mittelpunktes ihrer Lebensführung lag nach Ansicht des OLG schon vor Erlaß der angefochtenen Entscheidung des LG (am 9. 1. 1974) in Spanien. „Dort, wo auch ihre Großmutter und weitere Verwandte mütterlicherseits leben, sollten sie nach dem schon damals geäußerten Willen ihrer Mutter dauernd bleiben. Soweit sie schulpflichtig waren, gingen sie bereits unmittelbar nach ihrer Übersiedlung in Salamanca zur Schule. Bei Erlaß der angefochtenen Entscheidung war auch bereits mehr als ein halbes Jahr seit ihrem Umzug nach Spanien vergangen. Ihr Aufenthalt hatte damit die gelegentlich in Rechtsprechung und Schrifttum geforderte Mindestdauer überschritten.“

Siehe ferner *KG* 4. 12. 1973 OLGZ 1974, 110 = NJW 1974, 424 = FamRZ 1974, 144 = IPRspr **55**
1973 Nr 177: Nach Scheidung der deutsch-schwedischen Ehe erhielt die nach Schweden zurückgekehrte Mutter das deutsche Kind besuchsweise, nachdem sie sich durch eine Erklärung vom 28. 6. 1973 bereit erklärt hatte, das Kind nach Ablauf des Besuchs dem Vater in Deutschland zurückzugeben. Die Mutter verweigerte die Herausgabe. Durch Beschluß vom 28. 8. 1973 übertrug das AG dem Vater durch vorläufige Anordnung das Aufenthaltsbestimmungsrecht und ordnete die Herausgabe an. Das KG wollte den abredewidrigen Aufenthaltswechsel nicht legitimieren und bestätigte mit Recht die Auffassung des AG, daß der gewöhnliche Aufenthalt in Deutschland fortbestehe: „Der gewöhnliche Aufenthalt ist der Ort des tatsächlichen Mittelpunkts der Lebensbeziehungen des Minderjährigen. Er ist mehr als nur der tatsächliche Aufenthalt und verlangt eine gewisse Eingliederung des Minderjährigen in die Umwelt. Diese Eingliederung erfordert eine gewisse Zeit. Mindestens zum Zeitpunkt des Erlasses der amtsgerichtlichen Entscheidung, nämlich im August 1973, war dieses zeitliche Erfordernis der Begründung des gewöhnlichen Aufenthalts in Schweden noch nicht erfüllt. Auf den Zeitpunkt des Erlasses der amtsgerichtlichen Anordnung ist abzustellen, wenn es darum geht, ob den deutschen Gerichten für eine Maßnahme zum Schutze eines Minderjährigen die internationale Zuständigkeit fehlt. Denn allein diese Entscheidung stellt im vorliegenden Falle eine nach § 16 FGG wirksam gewordene, vollzugsfähige Verfügung dar. Hat für diese Maßnahme nach dem Minderjährigenschutzabkommen einmal die internationale Zuständigkeit bestanden, kann die Entscheidung nicht im Beschwerdewege mit der Begründung aufgehoben werden, die internationale Zuständigkeit bestehe nicht mehr. Eine andere Auffassung würde dem durch das Abkommen bezweckten Schutz des Minderjährigen durch die Behörden des Staates seines gewöhnlichen Aufenthalts und der weiter bezweckten internationalen Zusammenarbeit zuwiderlaufen.“ Auf derselben Linie liegt OLG Saarbrücken 6. 12. 1976 IPRspr 1976 Nr 76.

Ein Beschluß desselben Senats des *KG* vom 17. 2. 1976 OLGZ 1976, 281 = IPRspr 1976 Nr 59 **56**
könnte zu der Frage Anlaß geben, ob die Gerichte nicht doch bisweilen Gefahr laufen, in vergleichbaren Fällen mit zweierlei Maß zu messen, und zwar je nachdem, ob das Kind *aus* Deutschland oder *nach* Deutschland entführt wurde. In diesem Fall verlangte der im Iran lebende iranische Vater von der deutschen Mutter Herausgabe der Kinder. Die Kinder waren 1962 und 1963 als iranische Staatsangehörige in Berlin geboren worden; sie erlangten am 18. 8. 1975 auch die deutsche Staatsangehörigkeit. Die Ehe der Eltern wurde 1967 in Teheran geschieden. Die Kinder, die seit 1966 mit ihren Eltern im Iran gelebt hatten, kamen nach der Scheidung mit der Mutter wieder nach Deutschland. Im Einverständnis mit dieser kehrten sie 1970 zum Vater in den Iran zurück. Dort besuchten sie die deutsche Schule. Anfang Juli 1975 reisten sie für die Dauer der Schulferien nach Berlin zur Mutter und weigerten sich, zum Vater in den Iran zurückzukehren. Auf Antrag des Vaters ordnete das AG am 11. 9. 1975 die Herausgabe an. Das LG hob diesen Beschluß wegen Fehlens der internationalen Zuständigkeit auf. Das KG bejahte einen gewöhnlichen Aufenthalt in Berlin und damit die internationale Zuständigkeit (wies das Herausgabeverlangen aber als unbegründet zurück, da eine in Deutschland anzuerkennende Entscheidung über die elterliche Gewalt nach Scheidung noch nicht getroffen sei). Zur Begründung führte das KG aus, nach den gesamten äußeren Umständen sei der Aufenthalt „auf eine voraussichtlich längere Dauer angelegt,

nachdem die Kinder erklärt haben, zum Vater nicht zurückkehren zu wollen, und die Mutter diesem Wunsch nicht entgegentritt, sondern die Kinder hier behalten will". Auf den Willen des Personensorgeberechtigten komme es nicht an. Darüber hinaus würden die zu Mutter und Großmutter bestehenden familiären Bindungen dadurch verstärkt, daß ein Kind in Berlin die Schule besuche und das andere dort eingeschult werden solle. Demgegenüber falle nicht entscheidend ins Gewicht, daß der Aufenthalt der Kinder in Berlin noch nicht lange gedauert habe; denn die Integration der Kinder sei – abgesehen von den Familienbanden – dadurch wesentlich beschleunigt, daß sie die deutsche Sprache beherrschten. Hinzu komme, daß die Kinder im Iran die deutsche Schule besucht und vor 1970 mehrere Jahre in Berlin gelebt hätten, so daß ihnen der deutsche Kulturkeis keineswegs fremd sei, zumal der Kontakt zur Mutter auch in den vergangenen fünf Jahren nicht abgerissen sei. Mag die Bejahung des gewöhnlichen Aufenthalts angesichts der Entführung der Kinder auch Zweifel zulassen, so ist das Ergebnis (Annahme der internationalen Zuständigkeit) doch jedenfalls zu billigen. Hätte das Gericht nämlich das Fortbestehen des gewöhnlichen Aufenthalts im Iran angenommen, so wäre das Minderjährigenschutzabkommen (wegen Art 13 Abs 1 MSA) nicht anzuwenden gewesen, und die deutschen Gerichte hätten ihre internationale Zuständigkeit auf die Heimatzuständigkeit des autonomen deutschen Rechts stützen können (s Art 19 Rz 257).

57 Eine Verlegung des gewöhnlichen Aufenthalts durch den Vater – gegen den Willen der Mutter – bejahte *OLG Stuttgart* 23. 6. 1975 OLGZ 1975, 391 = NJW 1976, 483 = FamRZ 1975, 644 = IPRspr 1975 Nr 74; vgl dazu auch Goerke StAZ 1976, 270: Nach Scheidung einer österreichisch-deutschen Ehe brachte der Vater die Kinder am 16. 5. 1974 eigenmächtig an seinen neuen Wohnsitz in Österreich. Das AG lehnte es am 4. 7. 1974 ab, im Wege der vorläufigen Anordnung zu bestimmen, der Vater habe die Kinder zurückzubringen; ein gewöhnlicher Aufenthalt in Deutschland sei nicht mehr gegeben. Diese Entscheidung hob das LG am 14. 3. 1975 auf. Das OLG bestätigte die Rechtsauffassung des AG: „Unter gewöhnlichem Aufenthalt ist zu verstehen ein auf eine längere Sicht bestehender tatsächlicher Zustand, der faktische Wohnsitz, der Ort des tatsächlichen Mittelpunktes der Lebensführung, der sich nicht vom Wohnsitz der Eltern ableitet, sondern selbständig zu bestimmen ist; erforderlich ist eine gewisse Eingliederung in die Umwelt; nicht ausreichend sind provisorische und noch nicht gefestigte Beziehungen, der Aufenthalt muß entweder bereits eine gewisse Zeit gedauert haben oder von vornherein auf eine gewisse Dauer angelegt sein. Im vorliegenden Fall ist das letztere anzunehmen, wie auch die weitere Entwicklung gezeigt hat, seit der Vater die Kinder nach Österreich gebracht hat. Der Vater hat . . . seinen Wohnsitz nach Österreich verlegt . . . Der Vater hat in Österreich auch eine neue berufliche Tätigkeit aufgenommen . . . Im vorliegenden Falle ist anzunehmen, daß der Vater nach österreichischem Recht befugt war, den Wohnsitz der Kinder zu bestimmen und sie nach Österreich zu verbringen." – Ähnlich *OLG Schleswig* 23. 1. 1978 SchlHAnz 1978, 54 in einem Fall, in dem die deutsche Mutter während des in New York schwebenden Scheidungsverfahrens das Kind entgegen einer Anordnung des New Yorker Gerichts und gegen den Willen des amerikanischen Vaters nach Kiel entführt hatte. AG und OLG bejahten einen gewöhnlichen Aufenthalt des Kindes in Kiel und hielten sich für zuständig, eine einstweilige Regelung des Sorgerechts zu treffen, obwohl seit der Entführung erst drei bzw knapp fünf Monate vergangen waren und das amerikanische Gericht inzwischen (in einer von der Landesjustizverwaltung noch nicht anerkannten Entscheidung) die Ehe geschieden, die Sorge (custody) dem Vater übertragen und die Herausgabe des Kindes angeordnet hatte. Das OLG stellte auf die (durch Einschulung, Erlernung der deutschen Sprache, Eingewöhnung in den Familienkreis der Mutter etc) erfolgte Eingliederung in die deutsche Umwelt ab. Der Aufenthalt in Deutschland sei auf Dauer angelegt. Das Kind habe sich ersichtlich eingelebt, sein Aufenthalt habe sich durch die entstandenen ernsthaften Bindungen gefestigt. Mittelpunkt seiner Lebensführung und damit gewöhnlicher Aufenthalt iS von Art 1 MSA sei nunmehr Kiel. Ein derartiger Aufenthaltswechsel könne auch im Anschluß an eine Entführung angenommen werden: „das entspricht sowohl dem von normativen und psychischen Aspekten unbelasteten Begriff des gewöhnlichen Aufenthalts wie insbesondere auch seiner Funktion im Rahmen des Schutzabkommens: Die Anknüpfung der Zuständigkeit an den Aufenthalt beruht auf der größeren Sachnähe der dortigen Gerichte und Behörden."

58 Dagegen verneinte bei eigenmächtigem Handeln des Vaters einen Aufenthaltswechsel *OLG Karlsruhe* 18. 7. 1975 OLGZ 1976, 1 = NJW 1976, 485 = FamRZ 1976, 708 Anm Jayme = IPRspr 1975 Nr 67 b: Nach dem Tode der deutschen sorgeberechtigten Mutter verbrachte der geschiedene Schweizer Vater das Kind am 8. 12. 1974 in ein Schweizer Kinderheim. Das Konstanzer Stadtjugendamt, dem das Aufenthaltsbestimmungsrecht übetragen war, erlangte beim AG am

9. 12. 1974 eine Herausgabeanordnung. Das LG hob indes am 31. 1. 1975 die Anordnung der Pflegschaft und die Herausgabeanordnung auf. Das OLG führt aus: „Es bedeutete keinen Aufenthaltswechsel im Rechtssinne, wenn er eigenmächtig von einer Person herbeigeführt wurde, die ... rechtlich das Kind nicht vertreten und daher keinen Aufenthalt im Sinne des Gesetzes begründen konnte ... Es würde [andernfalls] nämlich nicht berücksichtigt werden, daß damit Gewalt vor Recht gesetzt würde, die Kindesentführung auch in entlegene Länder und insbesondere in solche, deren Rechtssysteme dem deutschen ordre public zuwiderlaufen, sanktioniert würde." Die rein normativ ausgerichtete Argumentation des OLG wird dem Begriff des gewöhnlichen Aufenthaltes nicht gerecht. Überzeugender wäre mE die Begründung, daß eine Eingliederung in die Schweizer Umwelt noch nicht erfolgt und daß eine solche auch nicht zu erwarten war, da die Herausgabeklage des Stadtjugendamtes aussichtsreich erschien.

Zeitweilige **Unterbrechungen** der Anwesenheit, selbst wenn sie von längerer Dauer 59
sind, schließen das Bestehen eines gewöhnlichen Aufenthalts nicht aus, solange der Schwerpunkt der Bindungen erhalten bleibt. Das folgt aus Sinn und Zweck der Anknüpfung an den gewöhnlichen Aufenthalt und wird durch den Bericht von Steigers zum Minderjährigenschutzabkommen bestätigt (Actes et Doc IX/4, 226): „La durée de la résidence en un lieu déterminé peut avoir son importance, mais ne sera pas en elle-même décisive. Un séjour, même prolongé, dans un établissement d'éducation ou un sanatorium ne constituera pas une résidence habituelle, si l'on peut constater que le mineur a encore des attaches sérieuses à un autre lieu." In diesem Sinne auch die Literatur (vgl zum Minderjährigenschutzabkommen etwa Firsching Rpfleger 1971, 383; allgemein Neuhaus, Grundbegriffe 227; Soergel-Kegel Art 29 Rz 21).

Beispiel (BGH 5. 2. 1975 NJW 1975, 1068 = MDR 1975, 272 = BGH WarnR 1975 Nr 23 60
= FamRZ 1975, 272 = DAVorm 1975, 413 = IPRspr 1975 Nr 83): Ein im Jahre 1967 in Deutschland geborenes nichteheliches Kind verlangte Unterhalt von seinem Vater. Alle Beteiligten waren Spanier. Die Mutter lebte seit etwa neun Jahren in der Bundesrepublik Deutschland. Sie betreute das Kind zunächst selbst, gab es dann aber Ende 1972 in ein Internat nach Spanien. Das OLG bejahte einen gewöhnlichen Aufenthalt des Kindes am Wohnort der Mutter in Deutschland. Die Unterbringung des Sohnes in dem spanischen Internat sei nur eine Notlösung, die darin ihren Grund habe, daß die berufstätige Mutter ihn, da er die Schule besuchen solle, nicht hinreichend betreuen könne. Der Wohnort der Mutter bilde für den Kläger um so mehr den Daseinsmittelpunkt, als er erst fünf Jahre alt und seine Mutter seine einzige Verwandte sei, zu der er in den Ferien – das seien drei Sommermonate – nach Deutschland kommen werde. Der BGH stimmte dem OLG zu: „Daß das OLG hier auf Grund der Würdigung des festgestellten Sachverhalts zu dem Ergebnis gelangt ist, der Kl habe seinen gewöhnlichen Aufenthalt am Wohnort seiner Mutter, läßt einen Rechtsfehler nicht erkennen. Der Kl hatte seinen gewöhnlichen Aufenthalt vor dem Internatsbesuch am Wohnort seiner Mutter. Durch zeitweilige Abwesenheit, auch von längerer Dauer, wird der gewöhnliche Aufenthalt normalerweise nicht aufgehoben, sofern die Absicht besteht, an den früheren Aufenthaltsort zurückzukehren (Soergel-Kegel Art 29 Rz 21; Staudinger-Gamillscheg Vorbem 108, 109 zu Art 13). Das wird insbesondere regelmäßig dann gelten, wenn jemand sich außerhalb des Wohnorts seiner Eltern ausbilden läßt (Soergel-Kegel Rz 14). Entsprechendes konnte das OLG für den Internatsaufenthalt des noch kindlichen Kl in Spanien annehmen, wenn dieser Aufenthalt, wie das OLG festgestellt hat, nach der Absicht seiner Mutter, die das Aufenthaltsbestimmungsrecht besitzt, nur als eine vorübergehende ‚Notlösung' gedacht war (ebenso verneint Stoll RabelsZ 1957, 192 für den Fall, daß ein Minderjähriger von seinen in Deutschland lebenden Eltern für eine vorübergehende, unbestimmte Zeit in ein Internat nach Italien gegeben worden ist, einen gewöhnlichen Aufenthalt des Kindes in Italien)."

Ein **mehrfacher gewöhnlicher Aufenthalt** ist ausgeschlossen. Der Daseinsmittel- 61
punkt, der Schwerpunkt der Bindungen, kann immer nur an *einem* Ort bestehen (so zum Minderjährigenschutzabkommen Kropholler, MSA 61; ders NJW 1971, 1724; Siehr DAVorm 1973, 259; Schwimann ÖJBl 1976, 237). Mit Recht sagt Stoll (RabelsZ 22 [1957] 190): „Daß auch bei Berücksichtigung aller Umstände des Einzelfalles die Beziehungen zu zwei oder gar mehreren Rechtsgebieten gleich

nahe erscheinen können, ist graue Theorie. Im Leben kommt so etwas nicht vor." Es ist also in jedem Einzelfall – unter Berücksichtigung aller objektiven und subjektiven Momente – ein Schwerpunkt der Lebensbeziehungen zu ermitteln. Nur so lassen sich positive Gesetzes- und Kompetenzkonflikte vermeiden. Freilich sollten die Behörden bei Anwendung des Minderjährigenschutzabkommens auch nicht zu strenge Anforderungen an die Annahme des Mittelpunktes der Lebensbeziehungen des Minderjährigen im eigenen Lande stellen; denn sonst können negative Kompetenzkonflikte entstehen, die den Schutz der Kinder am meisten gefährden.

62 Einen **„abgeleiteten"** oder sonstigen **„gesetzlichen"** gewöhnlichen Aufenthalt für Minderjährige gibt es nicht. Die Annahme eines derartigen gewöhnlichen Aufenthalts hieße die formellen Beschränkungen und Fiktionen wieder einführen, die durch den Begriff des gewöhnlichen Aufenthalts gerade vermieden werden sollen (Neuhaus, Grundbegriffe 230). Das Ergebnis folgt auch aus der Entstehungsgeschichte (Bericht zum Vorentwurf des Unterhaltsabkommens de Winter Doc VIII, 127; Bericht zum Minderjährigenschutzabkommen von Steiger Actes et Doc IX/4, 225 f). Die Literatur zum Minderjährigenschutzabkommen hat es allgemein akzeptiert (von Overbeck ZfRvgl 2 [1961] 149; Loussouarn Clunet 88 [1961] 684 f; Ferid RabelsZ 27 [1962–63] 434; Kropholler, MSA 60; ders NJW 1971, 1724 und ZfRvgl 16 [1975] 210; Siehr DAVorm 1973, 259; Luther FamRZ 1973, 408; Baechler ZVW 30 [1975] 3 f; Stöcker DAVorm 1975, 520; Schwimann ÖJBl 1976, 236 f). Siehe aus der Rechtsprechung OLG Stuttgart 18. 11. 1977 NJW 1978, 1746 = IPRspr 1977 Nr 79 und OLG Schleswig 23. 1. 1978 SchlHAnz 1978, 54; Bezirksrat Meilen (Zürich) 8. 3. 1978, ZVW 33 (1978) 105: Lebt das Kind in einer Pflegefamilie, gilt deren Wohnort als gewöhnlicher Aufenthalt des Kindes.

63 *Beispiel* (von Steiger): Wenn der Vater seinen Wohnsitz im Lande A hat, während die Mutter mit dem Kind im Lande B lebt, leitet das Kind zwar unter Umständen seinen gesetzlichen Wohnsitz (domicile) vom Vater ab, nicht aber seinen gewöhnlichen Aufenthalt. „Si c'était le domicile qui devait déterminer les autorités compétentes et la loi applicable, l'idée fondamentale de la convention – soumettre le mineur aux autorités qui peuvent le mieux apprécier la situation et à la loi du milieu social dans lequel il vit – risquerait de ne pas être réalisée."

64 Die umstrittene Frage, ob ein gewöhnlicher Aufenthalt *freiwillig* sein muß oder ob auch der erzwungene Aufenthalt in einer Strafanstalt, einem Fürsorgeerziehungsheim oder nach einer Entführung (zu letzterer oben Vorbem 49) zu einer Veränderung des gewöhnlichen Aufenthalts führen kann, ist vom Zweck der Anknüpfung her zu beantworten (Neuhaus, Grundbegriffe 229). Dieser Zweck fordert eine differenzierte Antwort (undifferenziert für das Erfordernis der Freiwilligkeit Wuppermann FamRZ 1972, 249; Schwimann ÖJBl 1976, 236; vgl außerdem zur Problematik der Anknüpfung an den gewöhnlichen Aufenthalt des Kindes bei Ausweisung eines Elternteils Jayme ZBlJugR 1972, 284 ff).

Von einem Daseinsmittelpunkt und von einer Integration kann im allgemeinen nicht gesprochen werden, wenn sich der Minderjährige in einem Gefängnis befindet oder zwangsweise in einem Heim untergebracht ist und sonstige Beziehungen zu diesem Staat nicht bestehen. So hat ein Minderjähriger, der anläßlich einer flüchtigen Besuchsreise in Deutschland eine Straftat begangen hat und zu mehrjähriger Jugendstrafe verurteilt wurde, hier keinen gewöhnlichen Aufenthalt. Anders wird es bei derartigen Zwangsaufenthalten nur sein, wenn zum früheren Aufenthaltsort keine ernsthaften Bindungen mehr bestehen.

65 **5. Das anwendbare „Recht"**

a) Ein **Ausschluß des Renvoi** ergibt sich daraus, daß unter „Recht" („loi") das „innerstaatliche Recht" („la loi interne") zu verstehen ist (ebenso etwa Denkschrift der Bundesregierung BT-Drucks III/2585, 8; die Botschaft des Schweizer Bundesrates BBl 1964 I 502; von Overbeck NedTIR 5 [1958] 265 Fn 29; Raape, IPR 372; Scheucher ZfRvgl 4 [1963] 90; IPG 1965–66 Nr 32 [Hamburg] 338; IPG 1967–68 Nr 43 [Köln] 476; Bilmans JTrib 1972, 130; Brühl-Göppinger-Mutschler I 645 f Rz 1066; Ferid, IPR Rz 8–214; Erman-Marquordt Anh vor Art 13 Rz 4). Die Konvention verwendet zwar noch nicht den Ausdruck „la loi interne", der in den späteren Haager Konventionen den Ausschluß des Renvoi anzeigt (vgl Kropholler, Einheitsrecht 335 f; so auch im Haager Unterhaltsabkommen vom 2. 10. 1973; vgl Bericht Verwilghen Actes et Doc XII/4, 453 Nr 168). Aber die in diesem Punkt noch ungenaue Formulierung des Unterhaltsabkommens hat nach der Entstehungsgeschichte eindeutig die Ursache, daß die Kommission eine ausdrückliche Klarstellung als überflüssig erachtete.

de Winter Actes VIII 310: „Une proposition tendant à insérer le mot *interne* après *loi* fut rejetée; la Commission a pensé qu'il allait de soi que dans la présente Convention les mots *loi de la résidence habituelle de l'enfant* indiquaient les dispositions *internes* de cette loi et *non pas* le droit international privé."

Da die Konvention gem Art 6 nur auf das Recht der Vertragsstaaten verweist, ist der 66
Ausschluß des Renvoi auch **rechtspolitisch** zu begrüßen. Denn die einheitlichen Kollisionsnormen sollen das autonome IPR der Vertragsstaaten gerade verdrängen, so daß dieses auch im Rahmen eines Renvoi grundsätzlich nicht zu beachten ist. Das Ideal der internationalen Entscheidungsharmonie, das im autonomen IPR für die Berücksichtigung des Renvoi spricht, ist unter den Vertragsstaaten durch die Vereinheitlichung der Kollisionsnormen bereits erreicht.

Die Verweisung der Konvention auf das innerstaatliche Recht des Aufenthaltsstaa- 67
tes hindert selbstverständlich nicht, für bestimmte **Vorfragen,** die von der Konvention nicht erfaßt sind, wie die Gültigkeit einer Adoption, das IPR des Aufenthaltsstaates zu befragen (unten Vorbem 97).

b) Das **intertemporale Recht** des Aufenthaltsstaates ist von der in Art 1 ausgespro- 68
chenen Verweisung mit erfaßt (vgl auch von Overbeck Rec des Cours 132 [1971-I] 83 f). Das ist anläßlich der Änderung des deutschen Unehelichenrechts durch das NEhelG von den ausländischen Gerichten einhellig angenommen worden. So haben etwa die niederländischen und die österreichischen Gerichte in Anwendung des Art 12 § 1 NichtehelG den Unterhaltsanspruch des in Deutschland lebenden nichtehelichen Kindes bis zum 30. 6. 1970 nach altem und ab 1. 7. 1970 nach neuem deutschen Recht beurteilt.

II. Die Vorfrage der familienrechtlichen Beziehungen zwischen Berechtigten und Verpflichteten 69

Der Wortlaut des Abs 1 läßt nicht erkennen, inwieweit familienrechtliche Vorfragen, von deren Beantwortung ein Unterhaltsanspruch des Kindes abhängen kann, nach dem materiellen Aufenthaltsrecht beurteilt werden sollen. Auch Art 5 Abs 2 S 2 gibt keine eindeutige Antwort. Nach dieser Vorschrift ist kein Staat verpflichtet, den aufgrund des Abkommens getroffenen Entscheidungen über den Bereich des Unterhaltsrechts hinausgehende familienrechtliche Wirkungen beizulegen (vgl unten Vorbem 209 ff). Die Bestimmung sagt aber nicht, auf welche familienrechtlichen Vorfragen die Kollisionsnormen des Abkommens Anwendung finden. Auch die neue Haager Unterhaltskonvention vom 2. 10. 1973 enthält in ihrem Art 2 ähnliche Formulierungen wie die Konvention von 1956 in Art 5 Abs 2, und man hat die Behandlung der familienrechtlichen Vorfragen nach eingehender Diskussion bewußt offen gelassen (vgl die Diskussion Actes et Doc XII/4, 321–323; Bericht VERWILGHEN 435–437).

Man wird zwischen der Frage der Abstammung eines nichtehelichen Kindes (Vaterschaftsfeststellung und -anerkennung), die mit dem Unterhaltsanspruch besonders eng verbunden ist, und sonstigen familienrechtlichen Vorfragen zu unterscheiden haben.

70 **1. Die Frage der Abstammung eines nichtehelichen Kindes (Rechtsvergleichung)**

Auf die vom Unterhaltsstatut aufgeworfene Frage der Abstammung ist für die Zwecke der Unterhaltsfestsetzung ebenfalls das materielle Recht des Staates anzuwenden, in dem das Kind seinen gewöhnlichen Aufenthalt hat. Das hat auch der BGH mehrfach ausgesprochen (BGH 30. 10. 1974, BGHZ 63, 219, 227 aE = NJW 1975, 114 und 493 [L] Anm STURM = MDR 1975, 122 = JR 1975, 157 Anm GÖPPINGER = FamRZ 1975, 26 = DAVorm 1975, 15 = StAZ 1975, 128 = IPRspr 1974 Nr 114 und 4. 2. 1976 NJW 1976, 1028 = MDR 1976, 562 = BGH WarnR 1976 Nr 28 = FamRZ 1976, 204 = ZBlJugR 1976, 253 = IPRspr 1976 Nr 88). Danach ist „im Rahmen des Unterhaltsrechtsstreits . . . auch die Frage, ob das Kind von dem als Vater und Unterhaltsschuldner in Anspruch genommenen Mann abstammt, als Vorfrage des Unterhaltsanspruchs . . . nach dem Unterhaltsstatut" zu beurteilen (zu den Unterscheidungen des BGH bei deutschem und ausländischem Unterhaltsstatut vgl unten Vorbem 80 ff). Denn anders wäre sowohl die vom Abkommen erstrebte unterhaltsrechtliche Gleichstellung aller nichtehelichen Kinder gefährdet, die denselben gewöhnlichen Aufenthalt haben, als auch die gewünschte internationale Entscheidungsgleichheit in den Vertragsstaaten. Mit Recht formuliert etwa das OLG Köln 11. 12. 1974 (DAVorm 1976, 37 = IPRspr 1974 Nr 117), daß „es dem Sinn des Haager Übereinkommens nicht gerecht [würde], wenn die Feststellung der Vaterschaft einem anderen Recht folgte als die Bestimmung der Unterhaltspflicht." Die Abstammungsfrage wird also wegen ihres besonders engen Konnexes zum Unterhaltsanspruch als Teil der Hauptfrage behandelt und nicht als gesondert (selbständig oder unselbständig) anzuknüpfende Vorfrage.

71 Die *Terminologie* ist hier uneinheitlich. Vielfach wird – ungenau – von unselbständiger Anknüpfung der Vorfrage gesprochen, obgleich das Kollisionsrecht des gewöhnlichen Aufenthalts gar nicht erneut eingeschaltet wird (so auch BGH 4. 2. 1976 NJW 1976, 1028 = MDR 1976, 562 = BGH WarnR 1976 Nr 28 = FamRZ 1976, 204 = ZBlJR 1976, 253 = IPRspr 1976 Nr 88: „als Vorfrage des Unterhaltsanspruchs unselbständig anzuknüpfen, das heißt, daß sie sich ebenfalls nach dem Unterhaltsstatut bestimmt").

72 Die Vorschrift des Art 5 Abs 2 steht dieser Auffassung nicht entgegen (zu Sinn und Entstehungsgeschichte des Art 5 Abs 2 näher unten Vorbem 208 ff). Das ist die fast einhellige Meinung in der deutschen Rechtsprechung.* Insbesondere enthält Art 5 Abs 2 kein Verbot einer allgemeingültigen Vaterschaftsfeststellung (dazu unten Vorbem 213 ff).

---

* Ausdrücklich in diesem Sinn etwa OLG Karlsruhe 27. 10. 1971 FamRZ 1971, 662 = DAVorm 1972, 70 = IPRspr 1971 Nr 141 und 16. 3. 1972 FamRZ 1972, 524 = IPRspr 1972 Nr 82; OLG Celle 14. 6. 1972 OLGZ 1973, 121 = DAVorm 1972, 490 = IPRspr 1972 Nr 93; OLG Stuttgart 24. 7. 1972 FamRZ 1973, 44 = IPRspr 1972 Nr 102; OLG Frankfurt 3. 10. 1972 DAVorm 1973, 20 = IPRspr 1972 Nr 109; OLG Oldenburg 8. 11. 1972 NJW 1973, 422 = FamRZ 1973, 101 = DAVorm 1973, 14 = IPRspr 1972 Nr 111; OLG Saarbrücken 28. 6. 1973 DAVorm 1973, 417 = IPRspr 1973 Nr 84; aus dem Schrifttum vgl etwa KROPHOLLER FamRZ 1971, 404; KLINKHARDT, Die Geltendmachung von Unterhaltsansprüchen nichtehelicher Kinder gegenüber ausländischen Vätern (1971) 9 Fn 28 mwN.

Auch **in rechtsvergleichender Sicht** darf man es als ganz überwiegende Meinung bezeichnen, daß im Rahmen des Abkommens das Aufenthaltsrecht zugleich auf die Frage der Abstammung anzuwenden ist (vgl etwa VON OVERBECK NedTIR 5 [1958] 262–266; ders, Rec des Cours 132 [1971-I] 63–68 mwN; ders ZfRvgl 19 [1978] 96; aus der deutschen Literatur etwa MÜLLER-FREIENFELS, FS Ficker 328; SOERGEL-KEGEL Art 22 Anh 2; WIENKE 122 ff; BRÜHL-GÖPPINGER-MUTSCHLER I 648 Rz 1072; SIEHR FamRZ 1971, 399 Fn 9 mwN; aA URBACH ZBlJugR 1961, 116; STURM JZ 1974, 206 ff mwN). Bei der Abfassung der Haager Unterhaltskonvention vom 2. 10. 1973 hatte man diese hM im Blick, als man eine legislatorische Fixierung ablehnte; es darf also wohl angenommen werden, daß diese Auslegung auch für die neue Konvention akzeptiert wurde (so Bericht VERWILGHEN Actes et Doc XII/4, 437 Nr 127; VON OVERBECK SchwJbIntR 29 [1973] 147–149). 73

Für **Österreich** vgl OGH 8. 2. 1965 EvBl 1965 Nr 182; OGH 6. 10. 1965 ZfRvgl 10 (1969) 299 zust Anm HANS HOYER (das Urteil wird auch vom BGH 4. 2. 1976 NJW 1976, 1028 = MDR 1976, 562 = BGH WarnR 1976 Nr 28 = FamRZ 1976, 204 = ZBlJugR 1976, 253 = IPRspr 1976 Nr 88 zust zitiert); KG Wels 16. 1. 1970 ZfRvgl 12 (1971) 47 zust Anm PETER BÖHM; SCHEUCHER ZfRvgl 4 (1963) 86 ff und ÖJBl 1964, 450 f; SEDLAZEK ZfRvgl 4 (1963) 239 f; ZEMEN ZfRvgl 14 (1973) 283; SCHWIND, IPR 206 ff. 74

Zutreffend sagt der OGH in seinem Urteil vom 8. 2. 1965: „Es ist ja der Zweck des Übereinkommens, einen Einklang der Entscheidungen herbeizuführen, und zwar in der Weise, daß unabhängig davon, in welchem Staat der Prozeß anhängig gemacht wird, für die Entscheidung dieser Fragen immer das Recht des Aufenthaltsstaates des Kindes maßgebend sein soll, gleichgültig ob dessen innerstaatliche Kollisionsnormen etwas anderes bestimmen . . . Durch das Abkommen sollte offenkundig das Kind, soweit es seine Unterhaltsansprüche betrifft, den anderen Kindern in gleicher Lage des Aufenthaltsstaates gleichgestellt werden, und es sollte vermieden werden, daß die Frage, ob, von wem und welchen Unterhalt ein Kind bekommt, davon abhängig ist, in welchem Land der Rechtsstreit anhängig gemacht werden muß. Hält sich das Kind etwa in Deutschland auf, so ist nicht nur hinsichtlich der Frage der Höhe des Unterhalts und der Dauer des Unterhaltsanspruchs, sondern auch hinsichtlich der Frage, wer unterhaltspflichtig ist, deutsches Recht anzuwenden, gleichgültig, wo der Rechtsstreit ausgetragen wird und ob die Kollisionsnormen dieses Staates etwa bei der Frage der Vaterschaft auf ein anderes Recht verweisen. . . Wenn daher für das Bestehen des Unterhaltsanspruchs nach dem anzuwendenden Recht die Feststellung der Vaterschaft oder der Abstammung Voraussetzung ist, dann ist für die Frage der Unterhaltsfestsetzung auch diese Frage nach den vom Abkommen bezeichneten Sachnormen des Aufenthaltsstaates zu lösen" (im folgenden führt der OGH noch aus, daß Art 5 Abs 2 diesem Ergebnis nicht entgegensteht, entnimmt dieser Vorschrift aber zu Unrecht, ein Begehren auf Feststellung der Vaterschaft im Urteilsspruch sei abzuweisen; dazu unten Vorbem 213 ff).

In der **Schweiz** hat das Zivilgericht Baselstadt 4. 12. 1968 (BaslerJurMitt 1969, 17) die Möglichkeit einer Vaterschaftsfeststellung nach dem italienischen Aufenthaltsrecht geprüft. Dagegen hat das OG Zürich 9. 3. 1971 (SchwJZ 1971, 207 = BlZürchRspr 70 [1971] Nr 1) bei gewöhnlichem Aufenthalt des Kindes in Österreich eine Klage auf selbständige Feststellung der Abstammung nicht dem Abkommen unterstellt, und dies mit Recht, weil eine solche Klage nach österreichischem Recht nicht Voraussetzung des Unterhaltsanspruchs ist. Im allgemeinen haben die Schweizer Gerichte auch erkannt, daß das deutsche Recht nach dem NEhelG von 1969 den Unterhaltsanspruch von einer vorherigen Vaterschaftsfeststellung abhängig macht, und sie haben bei gewöhnlichem Aufenthalt des Kindes in Deutschland § 1600 a BGB angewandt (KantonsG Schwyz 24. 11. 1970 DAVorm 1972, 156; KantonsG Lausanne 2. 6. 1971 DAVorm 1973, 514; OG Luzern 28. 9. 1972 Entsch OG Luzern 1972 Nr 85 = DAVorm 1973, 385; ZivilG Baselstadt 25. 5. 1971 DAVorm 1973, 52; 3. 7. 1972 BaslerJurMitt 1972, 136 und 21. 2. 1973 DAVorm 1973, 580). Besonders eingehend hat dies das ZivilG Baselstadt 3. 7. 75

1972 (BaslerJurMitt 1972, 137 f) begründet. Im Jahre 1976 hat das Schweizer Bundesgericht in einer sorgfältig begründeten Entscheidung, die auch das internationale Schrifttum heranzieht, die Rechtsprechung der Instanzgerichte bestätigt (BGE 102 [1976] II 128). Siehe zu der Entscheidung LALIVE-BUCHER SchwJbIntR 33 (1977) 377.

In diesem Fall, in dem ein Kind mit gewöhnlichem Aufenthalt in der Bundesrepublik in der Schweiz gegen seinen angeblichen Vater auf Feststellung der Vaterschaft und Unterhalt klagte, entschied das höchste Schweizer Gericht: „Die selbständige Anknüpfung der durch die Übereinkommen gesondert geregelten Unterhaltsverpflichtungen und der Ausschluß jeglicher familienrechtlicher Wirkungen bedeutet nicht, daß ein Gericht nicht – vorfrageweise – über den Bestand des Vaterschaftsverhältnisses befinden könnte, wo das anwendbare – im vorliegenden Fall deutsche – Recht dieses als Rechtsgrund für den Unterhaltsanspruch voraussetzt. Dem Entscheid über diesen Punkt wird für die Verurteilung zu Unterhaltsleistungen freilich nur tatsächliche Bedeutung zukommen. Der angerufene Richter wird demnach – gestützt auf das deutsche Recht – sowohl über das Vaterschaftsverhältnis als der grundlegenden Voraussetzung für die Unterhaltspflicht wie auch hinsichtlich der Modalitäten und des Umfanges der Unterhaltspflicht materiell zu entscheiden haben."

Das neue schweizerische materielle Kindschaftsrecht, das am 1. 1. 1978 in Kraft getreten ist und das – ähnlich dem deutschen Recht – die Feststellung der Vaterschaft vorsieht, an die dann die Unterhaltspflicht geknüpft wird, dürfte an der vom Schweizer Bundesgericht bestätigten Rechtsprechung nichts ändern, nach der die Vorfrage der Abstammung im Rahmen des Abkommens nach dem Unterhaltsstatut zu beurteilen ist (VON OVERBECK ZfRvgl 19 [1978] 96).

76 Auch die **niederländischen Gerichte** finden sich neuerdings zunehmend bereit, in Unterhaltsverfahren von Kindern mit gewöhnlichem Aufenthalt in Deutschland die Vaterschaft gem § 1600 o BGB festzustellen (Hof Arnhem 27. 10. 1971 NedJur 1972 Nr 71 und 2. 10. 1974 DAVorm 1975, 266; Rb Rotterdam 20. 5. 1974 Bericht SUMAMPOUW NILR 24 [1977] 552 f; Rb Groningen 1. 10. 1974 DAVorm 1975, 266; ferner eine Reihe bislang unveröffentlichter Entscheidungen Recueil Asser 164 f und Supplement; vgl auch die Übersicht durch SUMAMPOUW in TMC Asser Instituut 1965–1975 [1975] 9–14; Hoge Raad 2. 4. 1976 NedJur 1977 Nr 124 ließ die Frage offen, nachdem der Vater gestorben war und ein rechtliches Interesse an einer Vaterschaftsfeststellung noch nach dem Tod des Vaters nicht dargetan war). Die Vaterschaftsfeststellung erfolgt inzident, weil das niederländische Recht eine Feststellungsklage mit statusrechtlichen Wirkungen nicht kennt. Bemerkenswert ist, daß die niederländischen Gerichte durch die Anwendung des Aufenthaltsrechts das Abkommen konsequent befolgen und sich nicht durch die Regel des autonomen niederländischen IPR leiten lassen, nach der sich die familienrechtlichen Beziehungen zwischen Vater und nichtehelichem Kind nach dem Heimatrecht des Vaters beurteilen (vgl zum autonomen niederländischen IPR LEMAIRE, Nederlands internationaal privaatrecht [1968] 96 f; SAUVEPLANNE, Elementair internationaal privaatrecht [4. Aufl 1971] 32). Ferner ist bereits entschieden worden, daß eine Unterhaltsklage aufgrund des deutschen Rechts erfolgreich ist, wenn ein Vaterschaftsanerkenntnis iS von § 1600 a BGB vorliegt (Rb Amsterdam 28. 11. 1974 NedJur 1976 Nr 387). Steht die Vaterschaft fest und bemißt sich der Unterhalt nach deutschem Recht, weil das Kind in Deutschland lebt, so haben die niederländischen Gerichte auch § 1603 Abs 2 BGB anzuwenden (Hoge Raad 2. 4. 1976 NedJbl 1976, 578 Nr 41).

Nicht einheitlich ist die niederländische Rechtsprechung bislang in der verfahrensrechtlichen Frage, ob die nach deutschem Recht gegen den niederländischen Vater erhobene Unterhaltsklage durch „dagvaarding" oder „verzoekschrift" erhoben werden muß. Mehrere unveröffentlichte, beim Asser-Institut gesammelte Entscheidungen niederländischer Instanzgerichte haben die durch bloße „dagvaarding" erhobene Unterhaltsklage des deutschen Kindes wegen eines Verfahrensmangels abgewiesen (so auch Hof Arnhem 28. 3. 1973 NedJur 1974 Nr 34; Rb Rotterdam 6. 3. 1972 NedJur 1972 Nr 517). Art 828 a Abs 1 Wetboek van Burgerlijke Rechtsvordering verlangt nämlich die „verzoekschrift" für Unterhaltsklagen, es sei denn, das Kind stehe zu seinem Vater nicht in einer familienrechtlichen Beziehung (nur dann genügt „dagvaarding"). Nach neuem deutschen Recht stehe das Kind aber in einer familienrechtlichen Beziehung zu seinem Vater (vgl §§ 1589, 1600 a, 1601 BGB). – Neuerdings hat freilich der Hof 's-Gravenhage 14. 10. 1976 (NedJur 1977 Nr 390 = Bericht SUMAMPOUW NILR 24 [1977] 556 f) die „dagvaarding" mit folgender Begründung genügen lassen: Gemäß seinem Art 5 Abs 2 greife das Abkommen der Frage der familienrechtlichen Beziehungen nicht vor. Nach dem autonomen niederländischen IPR beurteile sich das Bestehen einer familienrechtlichen Beziehung zwischen Vater und nichtehelichem Kind nach dem Heimatrecht des Vaters, also nach niederländischem Recht. Da nach niederländischem Recht eine familienrechtliche Beziehung zwischen Vater und nichtehelichem Kind nicht bestehe, genüge „dagvaarding".

Aus **Frankreich** sind neuerdings ebenfalls einige Entscheidungen bekannt geworden, 77
die sich dem Problem der Vaterschaftsfeststellung im Zusammenhang mit einer auf die Konvention gestützten Unterhaltsforderung gestellt haben. Die französischen Gerichte wenden im Rahmen des Abkommens das deutsche Aufenthaltsrecht auch auf die Vaterschaftsfeststellung an und halten § 1600 o BGB für vereinbar mit dem französischen ordre public (Cour d'appel Paris 4. 3. 1977 DAVorm 1978, 562; vgl auch bereits 30. 5. 1972 DAVorm 1978, 558 und Trib gr inst Meaux 28. 5. 1975 DAVorm 1978, 559). Ebenso vertritt die französische Literatur überwiegend die Auffassung, daß die Klärung der Abstammung als Voraussetzung für einen Unterhaltsanspruch ebenfalls nach dem Aufenthaltsrecht zu erfolgen hat (vgl den Überblick bei PAUL LAGARDE Rev crit 61 [1972] 666 mwN).

Besonders ausführlich ist die Frage in der französischen Literatur von BISCHOFF Clunet 91 (1964) 768–770 erörtert worden. Er erwägt vier Möglichkeiten: (1) Die Abstammungsfrage kann schlicht und einfach *übergangen* werden, indem vom materiellen Aufenthaltsrecht nur die unterhaltsrechtlichen Bestimmungen, nicht aber die über die Feststellung der Vaterschaft angewandt werden. Diese Möglichkeit verwirft BISCHOFF mit Recht, weil sie das Aufenthaltsrecht deformieren und Art 1 der Konvention verletzen würde (nach Art 1 bestimmt das Aufenthaltsrecht, „ob" das Kind Unterhalt verlangen kann). – (2) Das *Kollisionsrecht des Aufenthaltsstaates* kann auf die Frage der Abstammung angewandt werden (unselbständige Anknüpfung der Vorfrage). Auch diese Möglichkeit lehnt BISCHOFF zutreffend ab, weil eine Einschaltung des autonomen Kollisionsrechts des Aufenthaltsstaates dem Geist der Konvention widerspricht (die Konvention verweist auf das „innerstaatliche" Recht) und weil die Streitfragen des Allgemeinen Teils (unselbständige oder selbständige Anknüpfung der Vorfrage) im einheitlichen Kollisionsrecht im Interesse der Rechtseinheit möglichst ausgeklammert bleiben sollen. – (3) Es kann auf die Abstammung das vom autonomen *Kollisionsrecht des Forums* berufene Recht angewandt werden. Auch gegen diese Lösung spricht der Einwand, daß der Ausgang des Rechtsstreits von unterschiedlichen nationalen Kollisionsnormen abhinge, womit das Rechtsvereinheitlichungsziel der Konvention gefährdet wäre. – (4) Es bleibt die Möglichkeit, das *materielle Aufenthaltsrecht* auch auf die Frage der Abstammung anzuwenden. Diese Lösung, bei der das Aufenthaltsrecht auch auf eine andere Frage als die Unterhaltspflicht angewandt wird, verstößt nur scheinbar gegen den Text des Art 5 Abs 2 S 1. Denn die Anknüpfung erfolgt nur für Unterhaltszwecke und steht damit in Einklang mit der Aussage des Art 5 Abs 2 S 2. Es ist der Konvention also nicht uneingeschränkt gelungen, die Unterhaltspflicht von konnexen Fragen zu trennen. Die Unterwerfung der Abstammungsfrage unter das materielle Aufenthaltsrecht ist im Rahmen der Konvention nach BISCHOFF die einzige Lösung, die nicht schwerwiegenden Bedenken ausgesetzt ist (zust BGE 102 [1976] II 128, 133; im Ergebnis ebenso MEZGER, Travaux du Comité français de d. i. p. 1958–1959 [1960] 132–134; PONSARD Clunet 96 [1969] 91; PAUL LAGARDE Rev crit 61 [1972] 66; aA, aber ohne Begründung: DÉPREZ Rev crit 46 [1957] 391–396; fast wörtlich gleichlautend CHEVALLIER, Filiation naturelle simple et filiation alimentaire en d. i. p. français [1967] 195–200; auch LOUSSOUARN, Liber amicorum Fredericq II 703).

78 **2. Die Kollisionsregeln des BGH für die Feststellung und Anerkennung der Vaterschaft**

Es sind *mehrere Lösungen denkbar und mit dem Abkommen zu vereinbaren,* da dieses nach dem Gesagten nur fordert, daß die Abstammungsfrage für Unterhaltsansprüche nach dem materiellen Recht des Aufenthaltsstaates beurteilt wird, während Art 5 Abs 2 S 2 den Vertragsstaaten jenseits des Unterhaltsrechts in der Anknüpfung der Abstammungsfrage ausdrücklich Freiheit läßt. Ein Vertragsstaat kann zB die Abstammung hinsichtlich aller Rechtswirkungen nach dem Unterhaltsstatut beurteilen. So nimmt der BGH die Vaterschaftsfeststellung dann uneingeschränkt nach dem Unterhaltsstatut vor, wenn dieses das deutsche Recht ist (näher sogleich Vorbem 80–84). Bei dieser Lösung wird die auf die Unterhaltswirkungen beschränkte Kollisionsnorm des Abkommens durch eine parallele Regel des autonomen IPR für sämtliche Rechtswirkungen der Vaterschaftsfeststellung als maßgeblich erklärt. – Das Kollisionsrecht eines Vertragsstaates kann indes auch gespalten sein und die Abstammung als Teil der Hauptfrage im Rahmen des auf die Konvention gegründeten Unterhaltsrechtsstreits dem Aufenthaltsrecht, im übrigen aber einer anderen Rechtsordnung unterstellen (so der BGH bei Maßgeblichkeit ausländischen Unterhaltsrechts, näher unten Vorbem 85–91). – Schließlich stünde es mit dem Abkommen auch nicht in Widerspruch, die Vaterschaftsfeststellung stets nach der lex fori vorzunehmen und nur ihre Wirksamkeit und Wirkung nach den sonstigen Regeln des IPR zu bestimmen (so für das deutsche IPR Siehr, Auswirkungen des NichtehelG auf das Internationale Privat- und Verfahrensrecht [1972] 29 ff; ders FamRZ 1971, 292 ff und 398 ff); Unterhalt könnte dann nur verlangt werden, wenn auch nach dem Unterhaltsstatut die Feststellungsvoraussetzungen gegeben sind. Die Anwendung der lex fori auf die Vaterschaftsfeststellung stößt aber aus Gründen des autonomen deutschen IPR auf Bedenken (s Kropholler FamRZ 1971, 403). Sie ist auch vom BGH abgelehnt worden (BGH 30. 10. 1974 BGHZ 63, 219, 226 = NJW 1975, 114 und 493 [L] Anm Sturm = MDR 1975, 122 = FamRZ 1975, 26 = StAZ 1975, 128 = DAVorm 1975, 15 = JR 1975, 157 Anm Göppinger = IPRspr 1974 Nr 114).

Eine eingehende Kommentierung des deutschen Kollisionsrechts der Vaterschaftsfeststellung und -anerkennung ist hier nicht zu geben. Es seien aber die Richtlinien kurz aufgezeigt, welche die deutsche höchstrichterliche Rechtsprechung entwickelt hat (vgl dazu auch Kropholler NJW 1976, 1811). Denn diese Leitentscheidungen sind – wie immer man zu ihnen stehen mag – für die Praxis, die sich an ihnen orientiert, gerade bei Anwendung des Unterhaltsabkommens ständig bedeutsam. Besonderes Augenmerk ist an dieser Stelle der Kommentierung darauf zu richten, wie sich die vom BGH entwickelten Regeln in das Abkommen einfügen.

79 **a) Gerichtliche Vaterschaftsfeststellung**

Hinsichtlich der gerichtlichen Vaterschaftsfeststellung ist nach der neuen Rechtsprechung des BGH zu unterscheiden, ob deutsches oder ausländisches Unterhaltsrecht maßgebend ist.

80 (1) Wenn sich die Unterhaltspflicht nach **deutschem** Recht beurteilt – nach dem Abkommen also immer dann, wenn das Kind seinen gewöhnlichen Aufenthalt in Deutschland hat –, dann ist auch über die Feststellung der Vaterschaft nach deutschem Recht zu entscheiden, so daß die Vaterschaft nicht nur inzident, sondern im Statusverfahren festzustellen ist: BGH 28. 2. 1973 – IV ZR 146/72 BGHZ 60, 247 = NJW 1973, 948 = MDR 1973, 570 = JZ 1974, 225 = JR 1973, 330 Anm Göppinger = FamRZ 1973, 257 = StAZ 1973, 136 = DAVorm 1973, 178 = IPRspr 1973 Nr 82. Zu dieser Entscheidung Beitzke ZBlJugR 1973, 369;

Buschhausen StAZ 1973, 178; Reichard StAZ 1973, 181; Sonnenberger FamRZ 1973, 553; Henrich StAZ 1974, 142; Menikheim StAZ 1974, 72; Odersky FamRZ 1974, 559; Sturm JZ 1974, 201.

Dieser BGH-Rechtsprechung sind die deutschen Gerichte einhellig gefolgt. Die Judikatur hat den Vorzug, daß Disharmonien des autonomen IPR mit der Regelung des Abkommens – wie sie etwa durch das Staatsangehörigkeitsprinzip entstehen könnten – vermieden werden.

Der BGH **begründet** die von ihm aufgestellte einseitige Kollisionsnorm des autonomen deutschen IPR mit der durch das NichtehelG von 1969 neu geschaffenen Vorschrift des § 1600 a S 2 BGB. Danach können die Rechtswirkungen der Vaterschaft erst von dem Zeitpunkt an geltend gemacht werden, zu dem die Vaterschaft durch Anerkennung oder gerichtliche Entscheidung mit Wirkung für und gegen alle festgestellt worden ist. „Zufolge dieser *Sperrwirkung* wäre die Durchsetzung von Unterhaltsansprüchen des Kindes gegen den Erzeuger in zahlreichen Fällen unmöglich, wenn die Vaterschaftsfeststellung sich nach einem anderen Recht als dem Unterhaltsstatut richten würde, nämlich in allen den Fällen, in denen der Erzeuger die Vaterschaft nicht anerkennt und sein Heimatrecht eine Vaterschaftsfeststellung nicht vorsieht" (BGH 28. 2. 1973 – IV ZB 63/72 NJW 1973, 950 = MDR 1973, 570 = BGH WarnR 1973 Nr 51 = FamRZ 1973, 259 = StAZ 1973, 138 = DAVorm 1973, 184 = IPRspr 1973 Nr 81). 81

Diese Rechtsprechung steht mit den **Anforderungen des Übereinkommens** in Einklang (vgl die Erläuterungen zu Art 5 Abs 2, unten Vorbem 209 ff), und der BGH stützt sich mit Recht auch auf den „Zweck des Haager Unterhaltsabkommens, eine schnelle und wirksame Durchsetzung der Unterhaltsansprüche aller Kinder, die in den Vertragsstaaten ihren gewöhnlichen Aufenthalt haben, zu ermöglichen". 82

Für die unterhaltsrechtlichen Wirkungen war ein Übergreifen des Unterhaltsstatuts auf die Vaterschaftsfeststellung – gerade im Hinblick auf die erstrebte unterhaltsrechtliche Gleichstellung durch das Haager Abkommen – bereits seit längerem anerkannt (vgl nur Kropholler FamRZ 1971, 404 Fn 6 und Siehr DAVorm 1973, 127 Fn 20). Wichtig ist die Erklärung des BGH, daß die Rechtsfigur einer Vaterschaft, die mit Wirkung für und gegen alle, aber in Beschränkung auf eine bestimmte Rechtsfolge wie im besonderen die väterliche Unterhaltspflicht festzustellen wäre, nach deutschem Recht nicht zulässig ist (BGH BGHZ 60, 247). Die Vaterschaft ist demzufolge eine **einheitliche.** Sie ist im Urteil vorbehaltlos festzustellen, dh ohne Beschränkung auf eine bestimmte Rechtswirkung, insbes ohne Beschränkung auf die väterliche Unterhaltspflicht (BGH aaO). 83

Das Urteil des BGH (aaO) „besagt jedoch nicht, daß die über die Unterhaltspflicht des Vaters hinausgehenden Rechtswirkungen zwischen nichtehelichem Kind und Vater insgesamt nach dem Unterhaltsstatut zu beurteilen wären. Für sie kann vielmehr weiterhin die bisherige Kollisionsregel gelten, wonach sich die Rechtsbeziehungen zwischen nichtehelichem Kind und Vater nach dem Heimatrecht des Vaters bestimmen, soweit nicht deutsches Recht anwendbar ist (wie für die Einbenennung im Falle deutscher Staatsangehörigkeit des Kindes . . . oder für das Erfordernis der Zustimmung zur Legitimation nach Art 22 Abs 2 EGBGB). Dem ausländischen Vater wird also mit der Vaterschaftsfeststellung nicht ein Vaterstatus in dem Umfang auferlegt, wie ihn der nichteheliche Vater nach deutschem Recht hat. Ihre Bedeutung besteht vielmehr allein darin, daß sie für das Kind den wirklichen Vater feststellt." 84

(2) Wenn sich die Unterhaltspflicht nach **ausländischem** Recht beurteilt – nach dem Abkommen also immer dann, wenn das Kind seinen gewöhnlichen Aufenthalt in einem anderen Vertragsstaat als Deutschland hat –, ist über die Vaterschaftsfeststellung grundsätzlich nach dem Heimatrecht des Mannes zu entscheiden (BGH 30. 10. 85

1974 BGHZ 63, 219 = NJW 1975, 114 und 493 [L] Anm Sturm = MDR 1975, 122 = FamRZ 1975, 26 = StAZ 1975, 128 = DAVorm 1975, 15 = JR 1975, 157 Anm Göppinger = IPRspr 1974 Nr 114; dazu Odersky FamRZ 1975, 440; BGH 4. 2. 1976 NJW 1976, 1028 = MDR 1976, 562 = BGH WarnR 1976 Nr 28 = FamRZ 1976, 204 = ZBlJugR 1976, 253 = IPRspr 1976 Nr 88). Die Durchsetzung des Unterhaltsanspruchs ist nämlich nicht gefährdet, wenn das in Betracht kommende ausländische Recht sie nicht, wie der deutsche Gesetzgeber, von einer vorherigen Vaterschaftsfeststellung abhängig macht oder eine solche „Sperrwirkung" in Auslandsfällen nicht durchgreifen läßt.

86 In seiner **Begründung** hat der BGH ein Eingreifen der Sperrwirkung des § 1600 a S 2 BGB mit Recht verneint. Denn es handelt sich bei § 1600 a S 2 BGB nicht um eine Vorschrift, die das Verfahren vor deutschen Gerichten regelt und deshalb als lex fori angewandt werden müßte. „Die Vorschrift stellt vielmehr eine Voraussetzung für die Geltendmachung materieller Ansprüche auf und gehört zum sachlichen Recht. Sie hat weder einen kollisionsrechtlichen Charakter noch ist ihr eine internationalverfahrensrechtliche Auswirkung beizumessen. Eine Ausdehnung dieser Regel auf alle Fälle mit Auslandsberührung würde zu einer unnötigen Erschwerung und Verzögerung der Unterhaltsprozesse führen. Ausländische Parteien, die eine schnelle Klärung und Durchsetzung der Unterhaltsansprüche wünschen, wären zu einer vorweg durchzuführenden, verfahrensmäßig verselbständigten gerichtlichen Vaterschaftsfeststellung genötigt, auch wenn sie an dieser nicht interessiert sind. Überläßt das Heimatrecht des Kindes diesem oder seinem gesetzlichen Vertreter die Entscheidung, ob eine Abstammungsklage angestrengt werden soll oder nicht, dann wäre es wenig sachgerecht, in diese Entscheidungsfreiheit mit der Aufstellung einer lex fori auf Erzwingung der Vaterschaftsfeststellung einzugreifen" (BGHZ 63, 222 f).

87 Der BGH erklärt weiter ausdrücklich: „Die Kollisionsregel der Entscheidung BGHZ 60, 247 [Vaterschaftsfeststellung nach dem Unterhaltsstatut; oben Vorbem 80] ist daher nicht über die Fälle, die den Anlaß zu ihrer Aufstellung gegeben haben, hinaus zu erweitern. Sie stellt sich vielmehr als eine zwar weitreichende, aber doch einseitige Kollisionsregel dar, die auf die Fälle beschränkt ist, in denen das deutsche Recht Unterhaltsstatut ist" (BGHZ 63, 224 f).

88 Bei *Anwendung des Unterhaltsabkommens* ist an der hM festzuhalten, wonach sich die Frage der Abstammung nach dem **materiellen Recht des Aufenthaltsstaates** richtet, ohne daß dessen Kollisionsrecht heranzuziehen wäre; denn nur so läßt sich die vom Abkommen erstrebte unterhaltsrechtliche Gleichstellung aller nichtehelichen Kinder, die denselben gewöhnlichen Aufenthalt haben, erreichen (näher oben Vorbem 70 ff). Dem entspricht es, daß der BGH in seiner Entscheidung vom 4. 2. 1976 (oben Vorbem 85), die zum Unterhaltsabkommen (und nicht zu Art 21 EGBGB) ergangen ist, ohne Einschränkung ausgesprochen hat, daß sich die „Vorfrage" der Abstammung ebenfalls nach dem Unterhaltsstatut bestimmt (vgl zu Art 21 EGBGB BGHZ 63, 219, 227: über den geltend gemachten Unterhaltsanspruch sei nach dem einschlägigen ausländischen Recht zu entscheiden, „wobei die Abstammung als unselbständig anzuknüpfende Vorfrage nach demselben Statut zu prüfen ist, wenn dieses nicht eine andere Regelung vorsieht").

89 **Im einzelnen** läßt sich für den Fall, daß nach dem Abkommen fremdes Unterhaltsrecht anzuwenden ist, folgendes sagen: Das ausländische Aufenthaltsrecht entscheidet, ob überhaupt und unter welchen Voraussetzungen eine Vaterschaftsfeststellung zu treffen ist, damit Unterhalt zugesprochen werden kann. Die Sperrwirkung des § 1600 a S 2 BGB greift nicht ein. Eine selbständige Vaterschaftsfeststellung ist für Unterhaltszwecke also nur dann erforderlich, wenn das ausländische Unterhaltsrecht sie verlangt.

Begnügt sich das ausländische Unterhaltsstatut mit einer *inzidenten Vaterschaftsfeststellung,* so ist im Unterhaltsstreit die Frage der Abstammung als Teil der Hauptfrage nach dem materiellen Aufenthaltsrecht zu beurteilen, während „die selbständige Vaterschaftsfeststellung, mit der ein über die Unterhaltsansprüche hinausgehender persönlicher Vater-Kind-Status mit Wirkung gegenüber jedermann bestimmt wird" sich nach dem Heimatrecht des Mannes beurteilt (so BGH 4. 2. 1976 [oben Vorbem 85]). Eine für Unterhaltszwecke nach dem ausländischen Aufenthaltsrecht ergangene Entscheidung präjudiziert also nicht die Frage, nach welchem Recht die Feststellung der Vaterschaft für sonstige Zwecke zu erfolgen hat (Art 5 Abs 2). Und umgekehrt schließt die Abweisung der selbständigen Vaterschaftsfeststellungsklage nach dem Heimatrecht des Mannes ein Aufrollen der Abstammungsfrage als Teil der Hauptfrage (der BGH spricht von „Vorfrage") im Rahmen des Unterhaltsrechtsstreits nicht aus (so BGH 4. 2. 1976 [oben Vorbem 85]). 90

In der genannten Entscheidung des BGH begehrte ein in Österreich lebendes nichteheliches Kind die Feststellung der Vaterschaft eines Deutschen. Der BGH sprach aus, daß eine Abweisung der deutschem Recht (als dem Heimatrecht des Mannes) unterliegenden Vaterschaftsfeststellungsklage die Prüfung der Abstammung als „Vorfrage" eines Unterhaltsanspruchs, der sich nach österreichischem Recht bestimmt, nicht zu hindern vermag. Dabei ging der BGH davon aus, daß das österreichische Unterhaltsstatut keine selbständige Feststellung der Vaterschaft verlangte.

Fordert das ausländische Unterhaltsstatut eine *isolierte Vaterschaftsfeststellung* – nach Art des geltenden deutschen Rechts –, so kann eine nach dem Heimatrecht des Mannes im Statusverfahren getroffene Vaterschaftsfeststellung die vom Unterhaltsstatut geforderte unter Umständen ersetzen (Substitution). Vgl BGH 27. 10. 1976 NJW 1977, 498 = MDR 1977, 212 = BGH WarnR 1976 Nr 207 = FamRZ 1977, 46 = DAVorm 1976, 615 = IPRspr 1976 Nr 87 b, wo bei schwedischem Unterhaltsstatut eine Vaterschaftsfeststellung für erbrechtliche Zwecke nach dem deutschen Heimatrecht des Vaters erfolgte. Im übrigen ist die vom Unterhaltsstatut verlangte Statusentscheidung mE jedenfalls dann nach dem Unterhaltsstatut zu treffen, wenn das Abkommen anwendbar ist und das Heimatrecht des Vaters eine gerichtliche Vaterschaftsfeststellung nicht kennt. Denn andernfalls wäre die Durchsetzung des Unterhaltsanspruchs in Frage gestellt. Diese Erwägung, die für den BGH bei Aufstellung der einseitigen Kollisionsnorm zugunsten des deutschen Unterhaltsstatuts maßgebend war (vgl oben Vorbem 81), sollte hier ebenfalls zum Tragen kommen, damit die Ziele der Konvention voll verwirklicht werden können (anders in einem außerhalb der Konvention liegenden Fall OLG Düsseldorf 21. 9. 1977 DAVorm 1977, 773 = IPRspr 1977 Nr 90). Freilich nötigt die Konvention nicht dazu, einer solchen Statusentscheidung Wirkungen außerhalb des Unterhaltsbereichs beizumessen (Art 5 Abs 2). Letzteres wäre nur – wie bei Maßgeblichkeit deutschen Unterhaltsrechts (oben Vorbem 84) – kraft einer Regel des autonomen deutschen Kollisionsrechts möglich. 91

b) Vaterschaftsanerkenntnis 92

Auf das Vaterschaftsanerkenntnis hat der BGH in einer Leitentscheidung vom 19. 3. 1975 (BGHZ 64, 129 = NJW 1975, 1069 = MDR 1975, 654 = LM Nr 5 zu § 1600 a BGB Anm Buchholz = FamRZ 1975, 406 = StAZ 1975, 250 = DAVorm 1975, 283 = IPRspr 1975 Nr 82 b) die Grundsätze seiner bahnbrechenden Entscheidung vom 28. 2. 1973 (oben Vorbem 80) übertragen. Somit ist für die Wirksamkeit des Vaterschaftsanerkenntnisses ebenfalls zu unterscheiden, ob deutsches oder ausländisches Unterhaltsrecht maßgebend ist.

93 (1) Wenn sich die Unterhaltspflicht nach **deutschem** Recht beurteilt – sei es, weil das Kind seinen gewöhnlichen Aufenthalt in der Bundesrepublik Deutschland hat (Art 1 des Abkommens), sei es, weil es von einer deutschen Mutter geboren ist (Art 21 EGBGB) –, dann ist auch über die Wirksamkeit des Vaterschaftsanerkenntnisses nach deutschem Recht zu entscheiden.

94 Der BGH stimmt zwar der hM zu, wonach ein ausländischer Staatsangehöriger die Vaterschaft zu einem nichtehelichen Kind grundsätzlich nur nach Maßgabe seines Heimatrechts anerkennen kann. Dieser Grundsatz müsse jedoch hinsichtlich der Wirksamkeit des Vaterschaftsanerkenntnisses durchbrochen werden. „Da sich nach herrschender Rechtsansicht die gerichtliche Feststellung der Vaterschaft nach deutschem Recht bestimmt, wenn dieses das für die Unterhaltspflicht des Vaters maßgebende Recht ist (vgl BGHZ 60, 247), kann insoweit für die Wirksamkeit einer Anerkennung der Vaterschaft nichts anderes gelten. Es würde den Gleichlauf von Vaterschaftsfeststellung durch gerichtliche Entscheidung und durch Anerkennung aufheben und zu der Prozeßökonomie grob widersprechenden Folgerungen führen, wenn das nichteheliche Kind genötigt wäre, auch dann gegen einen Mann die gerichtliche Feststellung der Vaterschaft zu betreiben, wenn dieser die Vaterschaft nicht leugnet und sie (wenn auch entgegen den Vorschriften seines Heimatrechts) anerkannt hat.“

95 Ebenso wie die Vaterschaftsfeststellung ist auch das Vaterschaftsanerkenntnis nach deutschem Recht ein *einheitliches*. Eine Beschränkung des Vaterschaftsanerkenntnisses auf die sich nach deutschem Recht richtenden Rechtsbeziehungen ist unzulässig. Die Rechtswirkungen des Vaterschaftsanerkenntnisses bestimmen sich – wie die der Vaterschaftsfeststellung – nicht sämtlich nach dem deutschen Unterhaltsstatut. Vielmehr ist für die Rechtswirkungen, soweit nicht kraft besonderer Kollisionsnormen deutsches Recht zur Anwendung kommt, grundsätzlich das Heimatrecht des Vaters berufen (BGHZ 64, 129).

96 (2) Wenn sich die Unterhaltspflicht nach **ausländischem** Recht bemißt, ist über die Wirksamkeit des Vaterschaftsanerkenntnisses grundsätzlich nach dem Heimatrecht des Mannes zu entscheiden. Das hat der BGH in seiner neueren Rechtsprechung zwar noch nicht ausdrücklich ausgesprochen. Aber die in dem Urteil vom 30. 10. 1974 zur Vaterschaftsfeststellung gemachten Ausführungen (vgl oben Vorbem 85, 86) dürften insoweit wegen der parallelen Interessenlage entsprechend gelten. Für die Durchsetzung des Unterhaltsanspruchs ist ein Vaterschaftsanerkenntnis entbehrlich – ebenso wie eine Feststellung der Vaterschaft im Statusverfahren –, wenn das ausländische Unterhaltsstatut kein Anerkenntnis verlangt. Die Sperrwirkung des § 1600 a S 2 BGB greift hier nicht ein. – Fordert das ausländische Unterhaltsstatut dagegen ein Vaterschaftsanerkenntnis, so muß dieses den Wirksamkeitsvoraussetzungen des Unterhaltsstatuts entsprechen. Das verlangt wiederum die mit dem Abkommen bezweckte unterhaltsrechtliche Gleichbehandlung aller Kinder, die ihren gewöhnlichen Aufenthalt in demselben Vertragsstaat haben. Freilich wird man ein nach dem Heimatrecht des Vaters (oder dem deutschen Recht des Forums) gültiges Vaterschaftsanerkenntnis substituieren dürfen, wenn es den Voraussetzungen des Unterhaltsstatuts entspricht. Die Vaterschaftsanerkennung darf aber wohl – ebensowenig wie die Vaterschaftsfeststellung (näher oben Vorbem 90) – starr nur dem Heimatrecht des Vaters unterstellt werden; denn wenn nach dem Unterhaltsstatut eine Anerkennung notwendig und möglich ist, nach dem Heimatrecht dagegen nicht, ist das nach dem Unterhaltsstatut wirksame Anerkenntnis jedenfalls für Unterhaltszwecke zu beachten (vgl Art 5 Abs 2 des Abkommens); sonst wäre die von der Konvention erstrebte unterhaltsrechtliche Gleichstellung der Kinder gefährdet.

3. Andere familienrechtliche Vorfragen

97

Andere familienrechtliche Vorfragen können nicht einfach – wie die Frage der Abstammung – dem materiellen Statut der Hauptfrage unterworfen werden. So ist für die Vorfragen der *Wirksamkeit einer Eheschließung* der Eltern, einer *Ehelichkeitsanfechtung* (OLG Hamburg 11. 5. 1978, demnächst in IPRspr 1978) oder einer *Adoption* der Konnex zu dem in der Konvention geregelten Unterhaltsanspruch nicht so eng, daß sich eine Anwendung der Konventionsregeln auf die Vorfragen rechtfertigen ließe. Vielmehr sind diese Vorfragen hier – wie sonst im IPR – gesondert anzuknüpfen.

VON OVERBECK, der sich mit der Problematik unter dem Gesichtspunkt der Anerkennung eines schon erworbenen Status ausführlich auseinandergesetzt hat (NedTIR 5 [1958] 266–269), weist mit Recht auf folgendes hin: Bei einem Kind, dessen Ehelichkeit bislang niemals in Zweifel gezogen wurde, wäre es widersinnig, diesen unter der Herrschaft des Personalstatuts erworbenen Status zu ignorieren und nach dem innerstaatlichen Aufenthaltsrecht etwa die Frage zu beantworten, ob die Eltern gültig verheiratet sind. Das liefe dem Ziel des Übereinkommens zuwider, das Unterhaltsklagen erleichtern und vereinfachen will, und es wäre ein Rückschritt in bezug auf diejenigen Rechtsordnungen, die einen im Ausland erworbenen Status anerkennen. Ähnlich ist es bei einer schon erfolgten Adoption. Diese wird häufig nach Maßgabe einer Rechtsordnung zustande gekommen sein, die nicht die des (jetzigen) gewöhnlichen Aufenthalts des Kindes ist. Es entspricht nun aber gewiß nicht der Intention des Übereinkommens, den unterhaltsrechtlichen Schutz des Adoptivkindes auf den Zeitraum zu beschränken, in dem es seinen gewöhnlichen Aufenthalt in dem Staat hat, dessen Rechtsordnung die Adoption beherrscht.

Die vielfach widerlegte Lehre von den „wohlerworbenen Rechten" bietet nicht den richtigen Lösungsansatz (so auch VON OVERBECK 267). Vielmehr lassen sich die gewünschten Ergebnisse mit dem anerkannten Instrumentarium des IPR erzielen (unselbständige Anknüpfung der Vorfrage; Substitution; eventuell Eingreifen des ordre public). Bei der Frage der Abstammung ist bereits darauf hingewiesen worden, daß eine nach einer anderen Rechtsordnung als dem Aufenthaltsrecht erfolgte Vaterschaftsfeststellung oder Vaterschaftsanerkennung der vom Unterhaltsstatut geforderten uU **substituiert** werden kann (oben Vorbem 91, 96). Ist die Ehelichkeit des Kindes oder die Wirksamkeit einer Adoption im Streit, so sind die Vorfragen nach der Gültigkeit der Ehe bzw der Ehelichkeitsanfechtung oder nach der Wirksamkeit der Adoption idR unselbständig anzuknüpfen. Liegt der gewöhnliche Aufenthalt des Kindes nicht im Staat des Forums, so ist zur Beantwortung dieser Vorfragen also *grundsätzlich* nicht das IPR des Forums, sondern das des gewöhnlichen Aufenthalts zu befragen. Nur diese Lösung sichert die von der Konvention erstrebte internationale Entscheidungsgleichheit (ebenso VON OVERBECK NedTIR 5 [1958] 268). Da der gewöhnliche Aufenthalt für die Hauptfrage, die Unterhaltspflicht, ein überzeugendes Anknüpfungsmoment darstellt, vermag die unselbständige Anknüpfung der Vorfrage jedenfalls in den Fällen sachlich zu überzeugen, in denen die Vorfrage dem Aufenthaltsrecht näher steht als der lex fori. Ist dies nicht der Fall, wird man freilich – hier wie sonst – im Interesse der Einfachheit der Rechtsanwendung und des internen Entscheidungseinklangs die Vorfrage selbständig anknüpfen.

III. Statutenwechsel (Abs 2)

98 1. Prinzip des wandelbaren Statuts

In Abs 2 ist das Prinzip des wandelbaren Statuts festgelegt (Bericht de Winter Actes VIII 311; Scheucher ZfRvgl 4 [1963] 84; Mezger, Travaux du Comité français de d. i. p. 1958–1959 [1960] 128; Bischoff Clunet 91 [1964] 771 f; Loussouarn, Liber amicorum Fredericq II 695; von Overbeck Rec des Cours 132 [1971-I] 85). In der Spezialkommission sind weitere Möglichkeiten, den Aufenthaltswechsel zu regeln, zwar erörtert, aber schließlich doch abgelehnt worden (de Winter Doc VIII 128). Es wurde verworfen, dem Kind ein „statut alimentaire immuable" zuzuerkennen, und man wollte auch nicht, daß eine Entscheidung gemäß dem Recht des bisherigen gewöhnlichen Aufenthalts „autorité de la chose jugée quant au fondement de la dette alimentaire" besitze. Über Forderungen, die nach dem Aufenthaltswechsel entstanden sind, kann vielmehr neu entschieden werden (so auch von Overbeck Rec des Cours 132 [1971-I] 63).

99 Nach dieser Entstehungsgeschichte und dem Wortlaut der Vorschrift ist eindeutig, daß für Unterhaltsansprüche aus der Zeit vor dem Aufenthaltswechsel das bisherige Aufenthaltsrecht maßgebend bleibt, während für die Zeit ab Begründung eines neuen gewöhnlichen Aufenthalts das dort geltende Recht den Unterhaltsanspruch beherrscht (Bericht de Winter Actes VIII 311; Vischer ZSR NF 77-I [1958] 344; Foyer 178 ff Nr 257 ff; IPG 1972 Nr 22 [Heidelberg] 192 f). Dem entspricht die Praxis der Gerichte (zB OLG Stuttgart 25. 11. 1970 BWNotZ 1971, 22 = IPRspr 1970 Nr 89; Rb Leeuwarden 5. 5. 1966 NedJur 1976 Nr 136). Der Statutenwechsel kann zur Folge haben, daß eine Vaterschaftsklage, für die eine Ausschlußfrist nach dem Recht des bisherigen gewöhnlichen Aufenthalts abgelaufen war, wieder zulässig wird, so daß vom Zeitpunkt des Aufenthaltswechsels an Unterhalt begehrt werden kann (unten Vorbem 117).

100 2. Wechsel zwischen Vertragsstaat und Nichtvertragsstaat

Nach der Entstehungsgeschichte ist auch die Behandlung des Falles klar, daß ein Kind seinen gewöhnlichen Aufenthalt zeitweise in einem Vertragsstaat und zeitweise in einem Nichtvertragsstaat hatte. Da das Abkommen gem Art 6 nur angewendet wird, wenn das durch Art 1 bestimmte Recht das eines Vertragsstaates ist, kann ein Kind, das sich zur Zeit der Klageerhebung in einem Nichtvertragsstaat aufhält, doch nach den Regeln der Konvention Ansprüche für die Zeit geltend machen, in der es sich vor Klageerhebung in einem Vertragsstaat aufgehalten hat (de Winter NedTIR 4 [1957] 152 Fn 1 = WPNR 1958, 75 Fn 51; Bischoff Clunet 91 [1964] 773). Andererseits ist ausgeschlossen, daß ein Kind, das sich vor Klageerhebung in einem Nichtvertragsstaat aufgehalten hat, nach Übersiedlung in einen Vertragsstaat auch Rückstände aus der früheren Zeit nach dem Recht des Nichtvertragsstaates aufgrund der Konvention geltend machen kann (de Winter Actes VIII 198, 313; Petersen RabelsZ 24 [1959] 35).

101 3. Aufenthaltswechsel während eines Rechtsstreits

Ob ein Aufenthaltswechsel zu beachten ist, der während eines anhängigen Rechtsstreits vollzogen wird, entscheidet die lex fori (Petersen RabelsZ 24 [1959] 33; Foyer 181 ff Nr 263 ff; Loussouarn, Liber amicorum Fredericq II 698). In Deutschland ist ein solcher Wechsel des gewöhnlichen Aufenthalts zu berücksichtigen. Die Konvention wollte aber nicht in nationale Verfahrensordnungen eingreifen, die eine Berücksichtigung neuer Tatsachen nach Klageerhebung ausschließen. Wenn also etwa das französische Prozeßrecht verlangt, daß der Richter auf der Grundlage der Tatsachen zur Zeit der Klageerhebung entscheidet, so wird diese prozessuale Regel der lex fori durch die Konvention nicht berührt (Bericht DE WINTER Actes VIII 311). Der französische Richter verstößt also nicht gegen Abs 2, wenn er einen während des Prozesses vollzogenen Aufenthaltswechsel außer acht läßt.

4. Gerichtliche Abänderung nach Statutenwechsel 102

Die Frage, ob zur Änderung eines durch Richterspruch festgelegten Unterhaltsanspruchs nach einem Aufenthaltswechsel eine neue richterliche Entscheidung erforderlich ist, soll nach dem Bericht DE WINTERS außerhalb des Anwendungsbereichs der Konvention liegen (Actes VIII 311; ebenso FOYER 183 Nr 264). Vgl allgemein zur Abänderung von Unterhaltsansprüchen unten Vorbem 123 ff.

IV. Geltendmachung des Anspruchs (Abs 3) und sonstige das Verfahren berührende Fragen 103

Die Konvention verweist grundsätzlich nur auf das **materielle Recht** des Aufenthaltsstaates und nicht auf dessen **Verfahrensrecht.**

Beispielsweise richtet sich die Vollstreckbarkeit eines Unterhaltsvergleichs, den ein deutsches Jugendamt für ein in Österreich wohnhaftes Kind mit dem deutschen Vater abgeschlossen hat, nach deutschem Verfahrensrecht; der Vergleich kann deshalb – anders als ein vor einem österreichischen Jugendamt geschlossener Vergleich – nicht für vollstreckbar erklärt werden (LG Kempten 12. 7. 1965 DAVorm 1965, 253 = IPRspr 1964–65 Nr 250). 104

Eine scharfe **Unterscheidung** zwischen Fragen des materiellen Rechts, die gem Abs 1 dem Aufenthaltsrecht unterliegen, und Fragen des Verfahrensrechts, auf welche die lex fori anwendbar wäre, ist indes nicht sinnvoll. Vielmehr muß die systematische Trennungslinie, die das interne Recht zwischen materiellem Recht und Verfahrensrecht zieht, im Kollisionsrecht des öfteren durch eine funktionelle Betrachtungsweise überwunden werden, damit sachgerechte Ergebnisse erreicht werden (vgl zur funktionellen Qualifikation an der Grenze von Verfahrensrecht und materiellem Recht etwa NEUHAUS, Grundbegriffe 130). Vgl insbes zur Abänderung von Unterhaltstiteln unter Vorbem 123 ff und zur Beachtung der deutschen Pfändungsgrenzen durch ausländische Gerichte unten Vorbem 184 ff. 105

Auch Abs 3 ist Ausdruck der **funktionellen Methode** im Kollisionsrecht. Die Bestimmung will ausschließen, daß die beiden dort genannten Fragen zum Verfahrensrecht gezählt und der lex fori unterstellt werden. Der Zweck der Konvention, alle Unterhaltsklagen von Kindern, die den gleichen gewöhnlichen Aufenthalt haben, möglichst einheitlich zu entscheiden, soll nicht durch eine Anwendung der lex fori auf diese Fragen gefährdet werden (DE WINTER Doc VIII 126; BILMANS JTrib 1972, 130). 106

1. Aktivlegitimation und gesetzliche Vertretung 107

In Abs 3 ist zunächst die Frage gestellt, **„wer die Unterhaltsklage erheben kann“** („qui est admis à intenter l'action alimentaire“). Das Abkommen verwendet auch hier rechtlich neutrale Begriffe, um eine Deutung iS des autonomen Rechts der Vertragsstaaten zu verhindern (SCHEUCHER ZfRvgl 4 [1963] 89).

a) Unzweifelhaft ist von der Bestimmung die **Aktivlegitimation** erfaßt (so auch PETERSEN RabelsZ 24 [1959] 33), also die Frage, wem das Recht zusteht, den 108

Unterhaltsanspruch im *eigenen* Namen geltend zu machen. Beispielsweise ist es eine Frage der Sachbefugnis (Aktivlegitimation), ob zur Geltendmachung des Unterhalts für ein nichteheliches Kind das Kind oder die Mutter (im eigenen Namen) legitimiert ist.

109 **b)** Zweifelhaft ist nach dem Wortlaut des Abs 3, ob auch die **gesetzliche Vertretung** des Kindes geregelt ist (dafür IPG 1965–66 Nr 18 [Hamburg] 200; Ferid, IPR 243, da der Ausdruck „admis à intenter l'action" sowohl Aktivlegitimation als auch Vertretungsmacht erfasse; wohl auch Mezger, Travaux du Comité français de d. i. p. 1958–1959 [1960] 127 f). Die Frage ist nach Entstehungsgeschichte und Zweck der Vorschrift zu bejahen, jedoch mit der Einschränkung, daß nicht nur der nach Aufenthaltsrecht Vertretungsberechtigte die Unterhaltsklage erheben kann, sondern daneben auch derjenige, der nach den Kollisionsnormen des Forums zur Vertretung des Kindes befugt ist. Die Einbeziehung der Vertretungsmacht in den Anwendungsbereich des Abkommens ergibt sich aus dessen Zweck, eine möglichst einheitliche und einfache Rechtsanwendung zu gewährleisten. Denn – so der Berichterstatter de Winter in seinem Aufsatz NedTIR 4 (1957) 150 = WPNR 1958, 73 – „würde man die Frage, ob die Person oder Stelle, die die Unterhaltsklage erhebt, zur Vertretung des Kindes berechtigt sei (a qualité pour représenter l'enfant), nach einem anderen Recht als dem des gewöhnlichen Aufenthalts des Kindes beurteilen . . ., so wäre eine einheitliche Lösung der Gesetzeskollisionen auf dem Gebiet des Unterhalts in den Vertragsstaaten nicht zu erreichen". Ebenso äußerte der damalige Sekretär des Ständigen Büros der Haager Konferenz von Overbeck (NedTIR 5 [1958] 262), das Aufenthaltsrecht sei auf alle Fragen außer auf die rein verfahrensrechtlichen anzuwenden. Schließlich berichtet von Schack (ZBlJugR 1966, 246), daß die Begründung des von der Niederländischen Staatskommission für Internationales Privatrecht ausgearbeiteten Vorentwurfs die Absicht zu erkennen gibt, hier auch die gesetzliche Vertretung zu regeln. Dort heißt es nämlich, die Vorschrift behandele die Frage, wer zugunsten des Kindes („au bénéfice de l'enfant") eine Unterhaltsklage erheben könne. Mit Recht folgert von Schack: „Wenn die Vorschrift wirklich gerade diese Frage regeln sollte, so läge es nahe, die Regelung auch auf die gesetzliche Vertretung anzuwenden."

110 In der Tat haben die *Gerichte der Vertragsstaaten* die Bestimmung in diesem Sinne aufgefaßt und eine nach dem Aufenthaltsrecht bestehende Vertretungsbefugnis aufgrund von Abs 3 anerkannt (so Cour d'appel Paris 16. 11. 1967 DAVorm 1968, 210 und 4. 3. 1977 DAVorm 1978, 562; Trib gr inst Bethune 13. 6. 1972 13. 6. 1972 GazPal 1973 I Jur 102; OLG Koblenz 17. 12. 1974 OLGZ 1975, 247 = NJW 1975, 1085 = FamRZ 1975, 230 = StAZ 1975, 340 = IPRspr 1974 Nr 119; dazu Wienke 21 f, 144 ff, 178 ff; LG Regensburg 14. 11. 1977 NJW 1978, 1117 = IPRspr 1977 Nr 167; LG Nürnberg-Fürth 17. 11. 1977 DAVorm 1978, 404 = IPRspr 1977 Nr 84; aus der niederländischen Rechtsprechung vgl etwa Rb Leeuwarden 23. 2. 1967 NedJur 1967 Nr 137 und die weiteren im Recueil Asser 98 ff genannten Entscheidungen, zB Hof s'-Gravenhage 30. 12. 1969 NedJur 1970 Nr 461; Rb s'-Gravenhage 24. 5. 1971 NedJur 1971 Nr 362; Rb Leeuwarden 11. 4. 1974 Bericht Sumampouw NILR 24 [1977] 551 f).

111 Die vorstehend wiedergegebene Begründung des Entwurfs der Niederländischen Staatskommission gibt ebenfalls einen gewissen Hinweis dafür, daß es wohl nicht Sinn des Abs 3 war, die nach anderen Vorschriften zulässige Klageerhebung durch den gesetzlichen Vertreter auszuschließen. Es liegt vielmehr die Vermutung nahe, daß das niederländische Gremium bei der Abfassung des Abs 3 an die Bestimmungen des niederländischen Rechts gedacht hat, nach denen außer dem die elterliche Gewalt ausübenden Elternteil oder dem Vormund zusätzlich etwa das Amt für Jugendschutz (Raad voor de kinderbescherming) befugt ist, die Unterhaltsansprüche des Kindes im Prozeß geltend zu machen (so von Schack ZBlJugR 1966, 246 f). Die nach allgemeinen Bestimmungen zulässige Klageerhebung durch den gesetzlichen Vertreter des Kindes ist also nicht auszuschließen (ebenso im Anschluß an von Schack IPG 1965–66 Nr 32 [Hamburg] 338 f). Eine andere Auslegung der Vorschrift würde die Rechtsverfolgung nur erschweren und deshalb den Zielen des Übereinkommens widersprechen.

Würde man etwa eine nach anderen Kollisionsnormen anzuerkennende gesetzliche 112
Vertretung des Kindes im Unterhaltsprozeß außer acht lassen und verlangen, daß anstelle eines vorhandenen gesetzlichen Vertreters für den Prozeß ein dem innerstaatlichen Recht des Aufenthaltsstaates entsprechender Vertreter für das Kind bestellt werden müsse, so könnte dies insbes dann zu erheblichen Schwierigkeiten führen, wenn das Kind seinen gewöhnlichen Aufenthalt wechselt und im Prozeß gem Abs 2 für verschiedene Zeiträume zwei Rechtsordnungen als altes und neues Unterhaltsstatut anzuwenden sind (von Schack ZBlJugR 1966, 247).

Deshalb ist das Urteil des KreisG Wels 16. 1. 1970 (ZfRvgl 12 [1971] 47 zust Anm Peter Böhm) 113
abzulehnen. Hier verlangte ein jugoslawisches nichteheliches Kind Unterhalt, vertreten durch seine nach jugoslawischem Recht vertretungsberechtigte Mutter. Das Gericht hielt für die Frage der Vertretungsbefugnis im Unterhaltsstreit gem Abs 3 ausschließlich das österreichische Aufenthaltsrecht für maßgebend und verneinte einen Mangel der gesetzlichen Vertretung nur deshalb, weil ein im Laufe des Verfahrens zum besonderen Kurator bestelltes österreichisches Jugendamt die Prozeßführung der Mutter genehmigt hatte. Nach richtiger Ansicht schließt Abs 3 nicht aus, die nach jugoslawischem Recht (§ 11 der 4. DVO zum EheG = Art 20 EGBGB) bestehende Vertretungsmacht der Mutter anzuerkennen.

Im Ergebnis ist Abs 3 also so zu deuten, daß zur Erleichterung der Unterhaltsdurch- 114
setzung nach dem Recht des Aufenthaltsstaates zusätzliche Klage- und Vertretungsbefugnisse geschaffen, nicht jedoch durch das Heimatrecht bereits gewährte Rechte genommen werden sollen (von Schack ZBlJugR 1966, 247). Diese Deutung trägt auch der in Art 3 und 7 MSA enthaltenen Verpflichtung Rechnung, nach dem Heimatrecht des Kindes kraft Gesetzes oder durch eine Maßnahme entstandene Gewaltverhältnisse anzuerkennen. Der vom Abkommen erstrebte Entscheidungseinklang unter den Vertragsstaaten ist somit zwar in der Vorfrage der Vertretungsbefugnis nicht in jedem Fall erreicht. Aber es ist ein bekanntes Phänomen, daß kollisionsrechtliche Konventionen die Rechtseinheit im allgemeinen nicht auf alle Vorfragen erstrecken können. Die Entscheidungsgleichheit im Kernbereich der Konvention wird jedenfalls nicht berührt, da die Zuerkennung des Unterhaltsanspruchs nicht davon abhängt, durch wen das Kind im Prozeß vertreten wird (von Schack ZBlJugR 1966, 247).

Im einzelnen kann sich eine Vertretungsbefugnis – außerhalb des gem Abs 3 berufe- 115
nen Aufenthaltsrechts – aus dem vom autonomen deutschen Kollisionsrecht der Art 19 ff EGBGB berufenen Recht ergeben. Vor allem aber kann sie aus Art 3 MSA folgen (vgl Jayme ZBlJugR 1976, 396; Wienke 177 ff) oder aus einer nach dem Minderjährigenschutzabkommen angeordneten Schutzmaßnahme. Insoweit ergänzen sich also das Unterhaltsabkommen und das Minderjährigenschutzabkommen.

Besteht *beispielsweise* im deutschen Aufenthaltsstaat eine Pflegschaft für ein nichteheliches ausländisches Kind, so ergibt sich die Vertretungsbefugnis des Pflegers im Unterhaltsprozeß bereits aus Art 1 Abs 3 iVm § 1706 Nr 2 BGB (so im Ergebnis zutreffend OLG Koblenz 17. 12. 1974 OLGZ 1975, 247 = NJW 1975, 1085 = FamRZ 1975, 230 = StAZ 1975, 340 = IPRspr 1974 Nr 119: „das Haager Minderjährigenschutzabkommen ist nicht anzuwenden, soweit das Haager Übereinkommen über das auf Unterhaltsverpflichtungen gegenüber Kindern anzuwendende Recht vom 24. 10. 1956 eingreift"). Wenn das OLG freilich für die Anwendung des Minderjährigenschutzabkommens niemals Raum sehen sollte, so wäre dem nicht zuzustimmen. Denn die Anordnung einer Pflegschaft ist eine „Schutzmaßnahme" iS des Minderjährigenschutzabkommens und richtet sich nach dessen Regeln, auch wenn die Pflegschaft zur Geltendmachung von Unterhaltsansprüchen eingerichtet wird. Wird der Pfleger im Aufenthaltsstaat bestellt, so folgt seine Vertretungsbefugnis sowohl aus Art 1 Abs 3 des Unterhaltsabkommens als auch aus Art 2 Abs 2 S 2 MSA, die übereinstimmend das Aufenthaltsrecht für maßgebend erklären. Wird der Pfleger im Heimatstaat bestellt, so ist eine gem Art 4 Abs 2 S 2 MSA bestehende Vertretungsbefugnis im Unterhaltsprozeß grundsätzlich anzuerkennen. Dem steht Art 1 Abs 3 des Unterhaltsabkommens nicht entgegen.

116 **2. Klagefristen**

Das Unterhaltsstatut entscheidet gem Abs 3 ferner über die „Fristen für Klageerhebung". Auch hier verwendet die Konvention in autonomer Begriffsbildung bewußt einen untechnischen Ausdruck. Gemeint sind **Verjährungs- und Ausschlußfristen** (Bericht DE WINTER Actes VIII 311: „prescription et déchéance"). Daß sich auch die Verjährung nach dem Aufenthaltsrecht richtet, ist in Österreich und in den Niederlanden wiederholt entschieden worden (OGH 12. 6. 1963 EvBl 1963 Nr 404 = ÖJBl 1964, 465 = ZfRvgl 4 [1963] 106; Rb Rotterdam 1. 6. 1964 NedJur 1965 Nr 245 = NedTIR 12 [1965] 417 Anm DEELEN; weitere niederländische Entscheidungen im Recueil Asser 114 f; LandesG Klagenfurt 15. 2. 1967 DAVorm 1967, 310 unter Berufung auf Abs 3; OGH 30. 6. 1971 EvBl 1972 Nr 75 mit der Erwägung, daß es sich um eine Institution des materiellen Rechts handele). Die Vorschrift bezieht sich aber nur auf Fristen, die für das materielle Recht von Bedeutung sind (auch das Eingreifen des Satzes „in praeteritum non vivitur" unterliegt der Konvention, oben Vorbem 26), und nicht auf Fristen zur Vornahme von Prozeßhandlungen, zB Rechtsmittelfristen (HOLLEAUX Actes VIII 168; Bericht DE WINTER Actes VIII 311; PETERSEN RabelsZ 24 [1959] 33; BISCHOFF Clunet 91 [1964] 763).

117 Da die Abstammung im Rahmen des Unterhaltsabkommens ebenfalls nach Aufenthaltsrecht zu beurteilen ist (oben Vorbem 70), sind auch die **Klagefristen für die Vaterschaftsklage** dem Aufenthaltsrecht zu entnehmen (etwa OG Zürich 19. 11. 1968 DAVorm 1969, 158; OG Solothurn 8. 3. 1974 Solothurnische Gerichtspraxis 1974 Nr 1 = SchwJZ 1975, 335). Selbst wenn das Klagerecht vor Inkrafttreten des Abkommens nach dem bis dahin maßgebenden Recht wegen Ablaufs der Klagefrist bereits verwirkt war, ist die Klage vom Inkrafttreten des Abkommens an wieder zulässig, wenn das nunmehr maßgebliche Aufenthaltsrecht keine Klagefrist vorsieht (näher unten Vorbem 240). Ebenso kann sich ein Aufenthaltswechsel zugunsten des Klägers auswirken. So kann ein Kind, das zunächst in der Schweiz gelebt hat und dort die Klagefrist des Art 308 ZGB aF (263 I ZGB nF) unbenutzt hat ablaufen lassen, nach einem Aufenthaltswechsel in die Bundesrepublik Deutschland die Vaterschafts- und Unterhaltsklage unbekümmert um den Fristenablauf des Art 308 ZGB aF (263 I ZGB nF) erheben und vom Zeitpunkt des Aufenthaltswechsels an Unterhalt verlangen (OG Solothurn aaO). Ebenso OLG Köln 9. 4. 1975 (DAVorm 1975, 418 = IPRspr 1975 Nr 87) in einem Fall, in dem das in die Bundesrepublik übergesiedelte Kind die französische zweijährige Ausschlußfrist für die Vaterschaftsfeststellungsklage hatte verstreichen lassen.

118 Die Gerichte derjenigen Vertragsstaaten, deren Recht eine Klagefrist vorsieht, haben im allgemeinen keinen offensichtlichen Verstoß gegen den **ordre public** darin gesehen, daß das Aufenthaltsrecht (meist das deutsche Recht) keine derartige Klagefrist kennt (vgl unten Vorbem 204).

119 **3. Beweisrecht**

Die Frage, wieweit das Beweisrecht von der Konvention erfaßt wird, ist nach deren Wortlaut und Entstehungsgeschichte nicht eindeutig zu beantworten. Wenn Abs 1 ua die Frage regelt, „von wem" ein Kind Unterhalt verlangen kann, und dies nach dem Aufenthaltsrecht der „Vater" ist, so bleibt nach dem Wortlaut des Abs 1 beispielsweise zweifelhaft, ob das Unterhaltsstatut auch die weitere Frage umfaßt, wer als „Vater" anzusehen ist, ob also zB die Zulässigkeit der *exceptio plurium* sich nach dem Recht des gewöhnlichen Aufenthalts oder nach der lex fori richtet.

Die *Entstehungsgeschichte* ergibt folgendes: Während der Konferenz (Actes VIII 169) stellte der luxemburgische Abgeordnete HUSS bei der Diskussion von Abs 3 die Frage, „welchem Recht die Zulässigkeit von Beweismitteln und die Beweisführung unterstehen sollen" („comment seront régies l'admissibilité et l'administration de la preuve"). Auf die äußere Beweisführung („l'administration de la preuve") hielt er die lex fori für anwendbar, und in der Frage der Zulässigkeit von Beweismitteln sah er von Land zu Land recht verschiedene Auffassungen, zB hinsichtlich der Zeugnisfähigkeit und der Ablehnungsgründe. Der Berichterstatter DE WINTER antwortete, es sei eindeutig, daß der Vorentwurf keine Beweisfragen regele. Der Delegierte HOLLEAUX brachte dann eine Unterscheidung zwischen materiellrechtlichen und verfahrensrechtlichen Beweisregeln, die dem autonomen IPR der Vertragsstaaten überlassen bleiben sollte („M HOLLEAUX [France] estime que la distinction entre les règles de fond sur la preuve et les règles de procédure relatives à la preuve ne doit pas être envisagée. Il s'agit là d'une question qui relève du droit commun et que chaque pays réglera selon ses principes de droit international privé. La convention ne doit pas régler toutes les questions de droit international privé qui peuvent se présenter"). Diese Meinung wurde von den anderen Konferenzteilnehmern geteilt, und zusammenfassend heißt es dann: „Il est, en conséquence, entendu que la projet n'apporte aucune solution aux problèmes que soulève la preuve". Diese Zusammenfassung erscheint angesichts der vorangehenden Diskussion freilich zu undifferenziert. Treffender heißt es in dem Bericht von DE WINTER zu Abs 3 (Actes VIII 311), daß diese Bestimmung die Beweisfragen nicht betrifft, „soweit diese am Gerichtsort als verfahrensrechtlich und folglich der lex fori unterliegend angesehen werden" („en tant que ces dernières sont considérées dans le pays où la procédure a lieu come appartenant au droit de procédure et, par conséquent, comme régis par la lex fori"). 120

Im Ergebnis wird man also davon ausgehen dürfen, daß diejenigen Beweisregeln, die vom Recht des Forums nicht als verfahrensrechtlich angesehen werden, dem Unterhaltsstatut unterliegen (ebenso VON OVERBECK NedTIR 5 [1958] Fn 27; BISCHOFF Clunet 91 [1964] 763; JESSURUN D'OLIVEIRA NedTIR 15 [1968] 275–281). Dabei wird man für die Zwecke des Kollisionsrechts – hier wie sonst – häufig nicht auf die systematische Trennung zwischen materiellem und Verfahrensrecht abstellen, sondern den funktionellen Zusammenhang mit dem materiellen Unterhaltsrecht entscheiden lassen (vgl oben Vorbem 105). Es entspricht der Zielsetzung der Konvention, möglichst viele Regeln, die den Unterhaltsanspruch betreffen, in ihren Anwendungsbereich einzubeziehen, so die Feststellung der Abstammung (oben Vorbem 70) und die in Abs 3 genannten Materien. Deshalb unterliegt auch die Frage, ob eine Berufung auf die *exceptio plurium* möglich ist, dem nach Art 1 bestimmten Unterhaltsstatut (JESSURUN D'OLIVEIRA aaO und die – von ihm erwähnte – Praxis mehrerer Vertragsstaaten; vgl zur Möglichkeit eines Eingreifens des ordre public unten Vorbem 201). 121

Als einen Gegenstand des Beweisrechts, auf den die lex fori anzuwenden ist, betrachten es die *französischen Gerichte* im allgemeinen, ob die Mutter im Unterhaltsprozeß des Kindes als *Zeugin* gehört werden darf. Bisweilen wurde sie als Zeugin zugelassen, wenn das Kind gem Abs 3 nach deutschem Recht vom Jugendamt vertreten wird und die Mutter deshalb – anders als in einem entsprechenden französischen Fall – nicht Partei des Prozesses war (Cour d'appel Dijon 7. 6. 1967 Clunet 96 [1969] 87 Anm PONSARD = DAVorm 1968, 314). Überwiegend wurde die deutsche Mutter freilich nicht als Zeugin vernommen (vgl etwa Cour d'appel Paris 25. 6. 1968 DAVorm 1968, 315 und 5. 7. 1968 DAVorm 1969, 354; vgl auch PAUL LAGARDE Rev crit 59 [1970] 78 mwN; anders, da es sich um ein Ehebruchskind handelte, Trib gr inst Castres 13. 3. 1969 Clunet 97 [1970] 721 Anm KAHN = DAVorm 1969, 353). Zur Frage, ob *deutsche* Unterhaltsurteile, die sich (auch) auf das Zeugnis der Mutter stützen, in Frankreich wegen Verstoßes gegen den französischen ordre public nicht anerkannt werden können, s Cass 19. 12. 1973 DAVorm 1978, 564 und 565 sowie 25. 1. 1977 DAVorm 1978, 565. 122

123 **4. Abänderung von Unterhaltstiteln**

Die Frage, welche Rechtsordnung darüber befindet, unter welchen Voraussetzungen und in welchem Umfang ein Unterhaltstitel in einem Fall mit Auslandsberührung abgeändert werden darf, ist erst in jüngerer Zeit eingehend untersucht worden (Kropholler ZBlJugR 1977, 105; speziell zur Abänderung ausländischer Unterhaltstitel vgl Georgiades, FS Zepos II [1973] 189; Siehr, FS Bosch [1976] 927). In der deutschen Rechtsprechung und Kommentarliteratur herrschen noch weithin Unklarheit und Unsicherheit.

124 a) Aus der **deutschen Rechtsprechung** zur Abänderung von Unterhaltstiteln in Zusammenhang mit der Konvention seien folgende Entscheidungen erwähnt:

125 Vom *LG München II* 18. 6. 1975 NJW 1975, 1609 = MDR 1975, 937 = JZ 1976, 609 = FamRZ 1976, 100 = DAVorm 1975, 490 = IPRspr 1975 Nr 165) wurde das Abkommen trotz gewöhnlichen Aufenthalts des Kindes in Deutschland irrtümlich nicht zugrundegelegt, weil der jugoslawische Heimatstaat der Parteien das Abkommen nicht ratifiziert hatte (vgl dazu unten Vorbem 221 ff). Das Gericht, das auf das Abänderungsbegehren gem Art 21 EGBGB jugoslawisches Unterhaltsrecht anwandte, meinte zur Abänderung des jugoslawischen Titels im Anschluß an die Kommentarliteratur zu § 323 ZPO: „Ein ausländisches Urteil kann mit Wirkung im Inland entsprechend § 323 ZPO abgeändert werden, wenn das Recht des ausländischen Urteilsstaates eine Anpassung von wiederkehrenden Leistungen an veränderte Verhältnisse kennt und das ausländische Urteil anzuerkennen ist.“ – Auch das *LG Augsburg* 30. 8. 1976 (DAVorm 1977, 399 [dort mit Datum 10. 9. 1976] = IPRspr 1976 Nr 85) beurteilte die Abänderbarkeit eines jugoslawischen Unterhaltsurteils nach § 323 ZPO als einer Norm des deutschen Prozeßrechts, obwohl das Kind seinen gewöhnlichen Aufenthalt in Jugoslawien hatte und alle Beteiligten die jugoslawische Staatsangehörigkeit besaßen.

126 *LG Stuttgart* 1. 7. 1964 (MDR 1964, 1011 = IPRspr 1964–65 Nr 258) wird oft zitiert, weil es die einzige deutsche Entscheidung mit ausführlicher Begründung ist. Hier sollten zwei österreichische Unterhaltstitel des dort lebenden nichtehelichen Kindes abgeändert werden, nachdem der Vater nach Deutschland verzogen war und hier mehr verdiente. Das Gericht meinte, Bedenken gegen eine Abänderungsklage könnten „nur prozeßrechtlicher Art sein, während es nicht darauf ankommt, ob der zugrundeliegende Unterhaltsanspruch nach deutschem oder österreichischem materiellen Recht zu beurteilen ist.“ Indes sei namentlich aus Art 8 des Haager Unterhaltsvollstreckungsabkommens von 1958 zu entnehmen, daß Unterhaltsentscheidungen auch in anderen Vertragsstaaten abgeändert werden dürfen. „Eine mit Grundsätzen des österreichischen Verfahrensrechts unvereinbare Beeinträchtigung der Rechtskraft österreichischer Unterhaltsentscheidungen“ sei nicht gegeben, weil nach österreichischem Recht die Erhöhung nach einem weniger förmlichen Verfahren und unter Anlegung weniger strenger Maßstäbe als nach § 323 ZPO möglich sei. Ob eine „wesentliche Änderung“ der Verhältnisse (§ 323 ZPO) eingetreten sei, müsse wegen des gewöhnlichen Aufenthalts des Kindes (Art 1 des Unterhaltsabkommens) nach österreichischem Recht beurteilt werden. Da das österreichische Recht entscheidend auf die Leistungsfähigkeit des Vaters abstellt, erhöhte das Gericht den zu zahlenden Unterhaltsbetrag.

127 In einem Fall des *LG Traunstein* 16. 11. 1972 (DAVorm 1973, 446 = IPRspr 1972 Nr 156) hatte das Kind seinen gewöhnlichen Aufenthalt in Deutschland, und das Gericht stellte einen österreichischen Prozeßvergleich nach Maßgabe des deutschen Art 12 § 14 NEhelG auf Regelunterhalt um. Die Abänderung eines ausländischen Titels ist nach Ansicht des Gerichts (im Anschluß an Stein-Jonas-Pohle § 323 Anm II 2 c) nur dann ausgeschlossen, „wenn das ausländische Recht die Geltendmachung der veränderten Umstände in keiner Weise gestattet“; denn für die Grenzen der Rechtskraft sei bei einem ausländischen Titel grundsätzlich das ausländische Recht maßgebend. Das österreichische Recht lasse die Erhöhung der durch einen Titel zuerkannten Unterhaltsrente aber bei jeder Änderung maßgeblicher Verhältnisse und nach einem weniger förmlichen Verfahren zu als § 323 ZPO.

Einen ähnlichen Fall hatte das *LG München I* 16. 9. 1976 (DAVorm 1977, 67 = IPRspr 1976 Nr 97) zu entscheiden. Hier wurde die Umstellung auf Regelunterhalt eines im Jahre 1975 ergangenen österreichischen Unterhaltsurteils verlangt, nachdem das Kind zur Mutter nach Rosenheim umgesiedelt war. Das Gericht lehnte die Umstellung ab, weil die gesetzlichen Voraussetzungen dafür nicht vorlagen: § 642 a ZPO setze einen Regelunterhaltstitel voraus, Art 12 § 14 NEhelG sei nur auf Titel anwendbar, die vor Inkrafttreten des NEhelG entstanden sind. Offen blieb die (zu bejahende) Frage, ob ein ausländischer Unterhaltstitel überhaupt nach § 323 ZPO abgeändert werden kann und ob eine derartige Abänderung auch auf Zahlung des Regelunterhalts lauten kann.

Schließlich hat das *LG Düsseldorf* 25. 4. 1968 (FamRZ 1968, 667 = IPRspr 1968–69 Nr 116) eine Änderung des deutschen Titels für gerechtfertigt erachtet, nachdem das Kind seinen gewöhnlichen Aufenthalt aus Deutschland nach Österreich verlegt hatte. Ein Wechsel der gesetzlichen Bestimmungen – hier: Anwendung österreichischen statt deutschen Rechts – stelle eine wesentliche Änderung der Verhältnisse iS des § 323 ZPO dar, so daß das Kind eine Neufestsetzung seiner in einer vollstreckbaren Urkunde geregelten Ansprüche verlangen könne. **128**

Insgesamt sind die Instanzgerichte in Deutschland bislang im Regelfall von § 323 ZPO ausgegangen. In dem Fall des LG Düsseldorf (Vorbem 128), in dem ein *deutscher Unterhaltstitel* bei Maßgeblichkeit ausländischen Unterhaltsrechts abgeändert worden ist, läßt sich für die Anwendbarkeit des § 323 ZPO anführen, daß das deutsche Recht sowohl lex fori als auch Recht des Ersturteilsstaates war. Indes erscheint diese Erwägung letztlich nicht überzeugend (vgl unten Vorbem 135). In den Fällen, in denen *ausländische Unterhaltstitel* abgeändert worden sind, haben die Gerichte auf das Recht des ausländischen Urteilsstaates Rücksicht genommen, aber nicht danach differenziert, ob fremdes oder deutsche Unterhaltsrecht maßgebend war. Allgemeine Ansicht ist es, daß ein völkerrechtliches Abänderungsverbot für Urteile fremder Staaten nicht besteht; denn die Abänderung bedeutet keinen Eingriff in die fremde Gebietshoheit. Die Abänderung eines ausländischen Titels setzt aber voraus, daß dieser Titel im Inland anzuerkennen ist, worüber das angerufene Gericht inzident zu befinden hat. Offen ist die Frage, nach welcher Rechtsordnung sich die Abänderbarkeit richtet. **129**

b) Lehrreich ist insoweit die **Schweizer Judikatur,** die in zahlreichen deutsch-schweizerischen Fällen über die Abänderung von Unterhaltstiteln zu befinden hatte. Maßgebend ist nach der in der Schweiz ganz überwiegenden Auffassung das *Unterhaltsstatut.* Die Schweizer Gerichte haben demgemäß, wenn ein Kind seinen gewöhnlichen Aufenthalt in Deutschland hatte, die Abänderbarkeit gem Art 1 der Konvention aus § 323 ZPO hergeleitet. **130**

Ob ein *schweizerischer* oder ein *deutscher* Titel abzuändern ist, macht nach Auffassung der Schweizer Gerichte keinen Unterschied. So wurde eine deutsche vollstreckbare Urkunde vom Schweizer Gericht am Wohnsitz des Vaters gem § 323 Abs 4 ZPO iVm § 794 Nr 5 ZPO abgeändert, weil das Kind seinen gewöhnlichen Aufenthalt in Deutschland hatte (OG Thurgau 3. 10. 1968 SchwJZ 1969, 347 = DAVorm 1969, 293). In den meisten Fällen waren es sogar Schweizer Unterhaltsentscheidungen, die nach dem deutschen Aufenthaltsrecht des Kindes geändert wurden (vgl etwa OG Zürich 24. 10. 1967 SchwJZ 1968, 51 = DAVorm 1967, 376 [Auszug]; OG Aarau 23. 2. 1968 AargGVE 1968, 30 = DAVorm 1968, 403 und 8. 6. 1972 DAVorm 1974, 71 sowie 16. 6. 1972 DAVorm 1972, 376; AppellationsG Bern 18. 4. 1968 DAVorm 1968, 277; KantonsG St Gallen 9. 7. 1970 DAVorm 1970, 347). Auch die deutsche Übergangsvorschrift des Art 12 § 14 NEhelG die eine Umstellung auf Regelunterhalt in einem vereinfachten Verfahren und ohne die Voraussetzungen des § 323 ZPO vorsieht, wurde vom OG Zürich beachtet, als ein in Deutschland lebendes nichteheliches Kind Erhöhung des in einem Schweizer gerichtlichen Vergleich festgelegten Unterhaltssatzes auf einen dem Regelunterhalt entsprechenden Betrag verlangte (OG Zürich 14. 2. 1972 BlZürchRspr 71 [1972] 83; dazu auch Kropholler ZBlJugR 1977, 109). **131**

Dagegen hat das OG Luzern in einer verunglückten Entscheidung die Abänderung eines Schweizer gerichtlichen Vergleichs mit der unzutreffenden Begründung abgelehnt, nach deutschem Recht könnten ausländische gerichtliche Vergleiche weder abgeändert noch auf Regelunterhalt umgestellt werden (OG Luzern 23. 1. 1973 **132**

SchwJZ 1975, 78 = Entsch OG Luzern 1973, 148; kritisch zu dieser Entscheidung Siehr, FS Bosch [1976] 943–945; vgl auch Knoepfler ZVW 32 [1977] 97).

133 Besonders bemerkenswert ist, daß die Schweizer Gerichte § 323 ZPO *trotz seiner Stellung im Prozeßrecht* angewandt haben (in der Schweiz ist die Abänderbarkeit im materiellen Recht geregelt, Art 286 ZGB nF (Art 320 ZGB aF).

Hierfür finden sich *verschiedene Begründungen.* Teilweise wurde die Vorschrift kurzerhand als materiellrechtlich qualifiziert (OG Aarau 8. 6. 1972 DAVorm 1974, 71 und 16. 6. 1972 DAVorm 1972, 376, 377: „Rechtsnorm materieller Art"; OG Aarau 23. 2. 1968 AargGVE 1968, 30 = DAVorm 1968, 403, hatte noch davon gesprochen, daß die Abänderung „gemäß den zivilprozeßrechtlichen Bestimmungen des Staates zu erfolgen hat, in dem der Unterhaltspflichtige seinen Wohnsitz hat"; offen gelassen von OG Zürich 24. 10. 1967 SchwJZ 1968, 51 = DAVorm 1967, 376 [Auszug]). Ein Gericht meinte, es könne kein Zweifel darüber bestehen, „daß – wenigstens vom Standpunkt des Haager Abkommens aus, dh nach seinem Sinn und Zweck – § 323 ZPO insofern als *materielles* Recht anzusprechen ist, als die Frage der Anpassung der Unterhaltsbeiträge an veränderte Verhältnisse darin geregelt ist" (KantonsG St Gallen 9. 7. 1970 DAVorm 1970, 347, 348). Meist wurde im Hinblick auf eine in anderem Zusammenhang (holländische Raubgutgesetzgebung) ergangene Entscheidung des Schweizer Bundesgerichts (BGE 80 [1954] II 53, 62) argumentiert, es bestehe kein Grund, fremdes öffentliches Recht nur wegen seiner Rechtsnatur abzulehnen, solange ein solcher öffentlichrechtlicher Eingriff in das Privatrecht oder in privatrechtliche Verhältnisse nur oder doch vorwiegend den Schutz privater Interessen bezwecke. Die Vorschrift des § 323 ZPO entspringe aber nicht in erster Linie staatlichen Bedürfnissen, sondern regele die Möglichkeit der Abänderung von Rentenverfahren unter Berücksichtigung der Interessen der beteiligten Privatpersonen einerseits an einer der wirklichen Rechtslage entsprechenden Regelung der Unterhaltspflichten, andererseits an Rechtssicherheit und Rechtsfrieden (so OG Zürich 24. 10. 1967 SchwJZ 1968, 51 = DAVorm 1967, 376 [Auszug]; zust von Overbeck Rec des Cours 132 [1971-I] 69 f; ähnlich AppellationsG Bern 18. 4. 1968 DAVorm 1968, 277; OG Thurgau 3. 10. 1968 SchwJZ 1969, 347 = DAVorm 1969, 293; OG Zürich 14. 2. 1972 BlZürchRspr 71 [1972] 83; auch KantonsG St. Gallen 9. 7. 1970 DAVorm 1970, 347). – Nur das AppellationsG Baselstadt 14. 1. 1966 (SchwJZ 1966, 273 = DAVorm 1966, 324) hat in dieser frühen Entscheidung die Anwendung von § 323 ZPO mit der primitiven Begründung abgelehnt, es handele sich um eine Vorschrift prozessualer Natur, die eine Einschränkung des Prinzips der Rechtskraft zum Inhalt habe. An dem Grundsatz, daß die staatlichen Gerichte nur ihr eigenes Prozeßrecht anwenden, habe auch das Haager Abkommen nichts geändert. Diese Entscheidung, die eine Abänderung des Titels nur unter den strengeren Voraussetzungen des Art 320 ZGB zuließ, ist indes zu eng, und sie wird – soweit ersichtlich – von den anderen Schweizer Gerichten nicht geteilt (kritisch zu dieser Entscheidung auch von Overbeck Rec des Cours 132 [1971-I] 69).

134 c) Der **Grundsatz** der überwiegenden Schweizer Judikatur, die Abänderbarkeit nach dem **Unterhaltsstatut** zu beurteilen, verdient Zustimmung. Auch die niederländische Rechtsprechung verfährt so; vgl den Bericht Sumampouw NILR 24 (1977) 546 f. Wird für den Unterhaltsanspruch eine andere Rechtsordnung maßgebend – etwa wegen eines Aufenthaltswechsels des Kindes (vgl Abs 2) –, so entscheidet die neue Rechtsordnung ex nunc auch über die Abänderbarkeit. Die *Berechtigung* der Zuordnung zum Unterhaltsstatut ergibt sich daraus, daß die Frage der Abänderbarkeit, auch wenn man sie nicht – wie die meisten ausländischen Rechtsordnungen – als materiellrechtlich betrachtet, zumindest einen starken Bezug zum materiellen Unterhaltsrecht aufweist (Knecht, Die Abänderungsklagen [Aarau 1954] 57, spricht von „organischer Einheit" der materiellrechtlichen Grundnorm und der Abänderungsnorm).

135 Der sachliche Zusammenhang zwischen materiellem Recht und Verfahrensrecht, der hinsichtlich der Abänderbarkeit von Unterhaltstiteln in allen Rechtsordnungen besteht, darf durch das Kollisionsrecht nicht zerrissen werden. Die Abänderbarkeit erweist sich damit als eine jener Fragen an der Grenze von Verfahrensrecht und Sachrecht, die für die Zwecke des Kollisionsrechts im Wege einer **funktionellen Qualifikation** dem Sachstatut zu unterstellen sind (für weitere Beispiele, die auf

derselben Ebene liegen, s etwa NEUHAUS, Grundbegriffe 130. Zur Überwindung der systematischen Trennung zwischen materiellem Recht und Verfahrensrecht durch die funktionelle Methode im Kollisionsrecht vgl KROPHOLLER, FS Bosch [1976] 525, insbes 526). Wollte man den Unterhaltsanspruch und die Abänderbarkeit verschiedenen Rechtsordnungen unterwerfen, so könnte dies die Anwendung des in der Sache berufenen Rechts verfälschen.

Nehmen wir *beispielsweise* an, ein ausländischer Staat, dessen Unterhaltsrecht auf einen internationalen Fall Anwendung findet, ließe eine Anpassung der Unterhaltstitel – ähnlich wie § 642 b ZPO – ohne weitere Voraussetzungen zu. Dann ist § 323 Abs 1 ZPO („wesentliche Änderung" der Verhältnisse) zu streng. Vielmehr muß das deutsche Gericht die Abänderung unter den Voraussetzungen des ausländischen Rechts vornehmen, ebenso wie das OG Zürich in dem genannten Parallelfall den deutschen Art 12 § 14 NEhelG beachtet hat (vgl oben Vorbem 131). Der gegebene sachliche Zusammenhang läßt sich im Kollisionsrecht also nur dadurch wahren, daß die für den Unterhaltsanspruch maßgebende Rechtsordnung auch die Abänderbarkeit regelt.

Diese Überlegung spricht gleichermaßen gegen die Maßgeblichkeit der **lex fori** wie gegen eine Berücksichtigung des **Rechts des Ersturteilsstaates.** Diese beiden Anknüpfungen haben ohnehin entscheidende Schwächen: Bei Anwendung der lex fori ist die Abänderbarkeit davon abhängig, welches Gericht angerufen wird. Dadurch ist die internationale Entscheidungsgleichheit gefährdet (so mit Recht auch GEORGIADES, FS Zepos II [1973] 206) und einem forum shopping Tür und Tor geöffnet. – Die in der deutschen Literatur und Rechtsprechung häufig anzutreffende Wendung, dem Recht des ausländischen Ersturteilsstaates müsse eine Anpassung von wiederkehrenden Leistungen an veränderte Verhältnisse überhaupt bekannt sein, erweist sich bei näherem Zusehn als Leerformel. Es ist nämlich heute – soweit ersichtlich – überall anerkannt, daß rechtskräftige Unterhaltsentscheidungen wegen veränderter Verhältnisse abgeändert werden können (vgl SIEHR, FS Bosch [1976] 927–929 mNachw). Der deutsche Richter braucht also nur das Unterhaltsstatut zu befragen. Eine Prüfung des Rechts des Ersturteilsstaates erübrigt sich.

Dieses Ergebnis, das im autonomen deutschen Kollisionsrecht ebenso gilt wie im **136**
Rahmen des Unterhaltsabkommens (vgl KROPHOLLER ZBlJugR 1977, 105, 109–112), läßt sich **für das Haager Abkommen** mit folgenden Argumenten zusätzlich **begründen:** Wenn gem Abs 1 das Aufenthaltsrecht schon darüber entscheidet, „in welchem Ausmaß" ein Kind Unterhalt verlangen kann, dann liegt es nahe, das Aufenthaltsrecht auch über Änderungen des Unterhaltsanspruchs entscheiden zu lassen (VON OVERBECK Rec des Cours 132 [1971-I] 70). Bei einem Aufenthaltswechsel, bei dem gem Abs 2 ex nunc das Recht des neuen Aufenthaltes angewandt wird, ist keine Ausnahme für den Fall vorgesehen, daß die Unterhaltsbeträge am früheren Aufenthaltsort bereits rechtskräftig festgelegt worden sind. Vielmehr entspricht es dem mit dem Abkommen verfolgten Zweck der unterhaltsrechtlichen Gleichstellung aller in demselben Land lebenden Kinder, eine Anpassung der Unterhaltsbeträge an die veränderten Verhältnisse auch in diesem Fall noch zuzulassen. Außerdem ist auf Art 8 des Haager Übereinkommens vom 15. 4. 1958 über die Anerkennung und Vollstreckung von Unterhaltsentscheidungen hinzuweisen. Nach dieser Bestimmung des Vollstreckungsabkommens, das in Zusammenhang mit dem Unterhaltsstatutabkommen zu sehen ist, sind die Voraussetzungen für die Anerkennung und Vollstreckung von Unterhaltsentscheidungen auch für Entscheidungen gültig, durch die eine Verurteilung zu Unterhaltsleistungen abgeändert wird. Auch dieses Übereinkommen steht damit auf dem Standpunkt, daß ein Urteil über Unterhaltsverpflichtungen von der zuständigen Behörde eines anderen Vertragsstaates abgeändert werden kann (so argumentieren in der Schweizer Judikatur OG Aarau 23. 2. 1968 AargGVE 1968, 30 = DAVorm 1968, 403 – ebenso die Vorinstanz BezG Muri 8. 5. 1967 DAVorm 1967, 343 – sowie 8. 6. 1972 DAVorm 1974, 71 und 16. 6. 1972

DAVorm 1972, 376; ähnlich OG Thurgau 3. 10. 1968 SchwJZ 1969, 347 = DAVorm 1969, 293; OG Zürich 14. 2. 1972 BlZürchRspr 71 [1972] 83).

137 **d)** *Im einzelnen* sind folgende **Ergebnisse** festzuhalten: Der Schweizer Rechtsprechung ist darin zu folgen, daß es für die Frage des anwendbaren Rechts nicht erheblich ist, ob ein *inländischer* oder ein *ausländischer Unterhaltstitel* abgeändert werden soll. Das ergibt sich daraus, daß auf das Recht des Ersturteilsstaates keine Rücksicht genommen werden muß. Das Unterhaltsstatut entscheidet also, wenn ein inländischer Titel vorliegt (ebenso GEORGIADES, FS Zepos II [1973] 206 für die Frage, ob eine Anpassung des Urteils an die veränderten Verhältnisse „prinzipiell" möglich ist), aber auch, wenn ein anzuerkennender ausländischer Titel in Rede steht (vgl KROPHOLLER ZBlJugR 1977, 111; zust BEITZKE, Referat 134; im Grundsatz ebenso SIEHR, FS Bosch [1976] 927; zur Umstellung ausländischer Unterhaltstitel auf Regelunterhalt vgl auch oben Vorbem 127). Es macht keinen Unterschied, ob es sich um ein Urteil oder um einen sonstigen Vollstreckungstitel, etwa einen Vergleich, handelt.

138 Zu dem *Fragenkreis der Abänderbarkeit,* über den das Unterhaltsstatut entscheidet, gehört zunächst die Frage, ob der betreffende Titel *überhaupt abgeändert* werden darf. Das ist idR nicht zweifelhaft, weil eine Abänderung auch in ausländischen Rechtsordnungen im allgemeinen zugelassen wird. Ob die Abänderbarkeit ausnahmsweise ausgeschlossen ist, etwa weil die Parteien in einem Vergleich darauf verzichtet haben, entscheidet das Unterhaltsstatut.

139 Ferner legt das Unterhaltsstatut die *Voraussetzungen* fest, unter denen abgeändert werden darf. Wenn deutsches Unterhaltsrecht angewandt wird, ist gem § 323 Abs 1 ZPO eine wesentliche Änderung der Verhältnisse erforderlich (das wurde von den beiden niederländischen Instanzgerichten übersehen, über deren Entscheidungen SUMAMPOUW [oben Vorbem 134] berichtet). Ist ausländisches Unterhaltsrecht maßgebend und läßt dieses beispielsweise jede beliebige Änderung der Verhältnisse genügen, so ist das auch für den deutschen Richter verbindlich.

140 Schließlich sei erwähnt, daß das Unterhaltsstatut darüber entscheidet, inwieweit eine *rückwirkende Abänderung* möglich ist. Die Regel des § 323 Abs 3 ZPO gilt also nur bei Maßgeblichkeit unseres Unterhaltsrechts. SIEHR (FS Bosch [1976] 951 f) möchte eine rückwirkende Abänderung grundsätzlich nur dann zulassen, wenn sowohl das Unterhaltsstatut als auch das Recht desjenigen Staates es gestattet, dessen Gerichte das Unterhaltsurteil erlassen haben. Eine Berücksichtigung des Rechts des Ersturteilsstaates sei notwendig, weil das Urteil insoweit einen Vertrauenstatbestand geschaffen habe. Indes wird das Vertrauen auf diese Rechtsordnung auch in anderen unterhaltsrechtlichen Fragen nicht geschützt. Die Parteien müssen sich auf das jeweils maßgebende Unterhaltsrecht einstellen. Stoßende Ergebnisse lassen sich mit der Vorbehaltsklausel des ordre public vermeiden.

141 **5. Einstweilige Anordnungen (§ 620 Nr 4 ZPO)**

Die Anwendung des Haager Unterhaltsabkommens im Rahmen des § 620 Nr 4 ZPO setzt eine bejahende Antwort auf zwei Fragen voraus: (1) Sind die Regeln des Kollisionsrechts bei Erlaß einer einstweiligen Anordnung *überhaupt* zu befolgen mit dem Ergebnis, daß uU ausländisches Recht angewandt werden muß (oder ist hier stets die lex fori maßgebend)? (2) Ist das auf die Unterhaltspflicht gegenüber *Kindern* beschränkte Unterhaltsabkommen anwendbar, obwohl das unterhaltsberechtigte Kind nach § 620 Nr 4 ZPO keinen eigenen Unterhaltsanspruch durchsetzen kann, sondern die Unterhaltspflicht gegenüber dem Kinde nur im Verhältnis der Ehegatten zueinander geregelt wird?

Der bisherige allgemeine Streitstand *zu der ersten Frage* ist von STAUDINGER-GAMILLSCHEG bei § 606 b Rz 557 ff dargestellt. Die Anwendbarkeit des Abkommens im Rahmen der Parallelvorschrift des § 627 ZPO aF haben einige Entscheidungen in den siebziger Jahren bejaht (OLG München 5. 11. 1971 NJW 1972, 1011 = IPRspr 1971 Nr 71A und 15. 11. 1972 FamRZ 1973, 94 = IPRspr 1972 Nr 52; OLG Stuttgart 7. 3. 1972 FamRZ 1972, 373 = IPRspr 1972 Nr 65 und 30. 1. 1973 FamRZ 1973, 319 [L] = IPRspr 1973 Nr 61; OLG Düsseldorf 12. 5. 1975 FamRZ 1975, 634 = IPRspr 1975 Nr 44). Indes war in all diesen Fällen das nach dem Abkommen maßgebliche Recht des gewöhnlichen Aufenthalts zugleich die lex fori, so daß es auf die Streitfrage im Grunde nicht ankam. 142

Aber der Ansatzpunkt der Entscheidungen – grundsätzliche Anwendbarkeit der Konvention – verdient doch Zustimmung. Für die von STAUDINGER-GAMILLSCHEG bei § 606 b ZPO Rz 574, 577 getroffene Unterscheidung zwischen Unterhaltsansprüchen der Ehegatten und Unterhaltsansprüchen der Kinder besteht mE kein Anlaß. Die Regeln der Konvention sind also auch im Rahmen des § 620 Nr 4 ZPO zu befolgen, solange das Unterhaltsstatut ohne untragbare Verzögerungen zu ermitteln ist. Ebenso wird das Minderjährigenschutzabkommen auch bei einstweiligen Anordnungen in der Rechtsprechung und im Schrifttum allgemein für anwendbar erklärt (vgl unten Vorbem 273).

Die zweite Frage haben die genannten zu § 627 ZPO aF ergangenen Entscheidungen ebenfalls bejaht. Zwar bezieht sich das Unterhaltsabkommen gem Abs 1 nur auf die Unterhaltsansprüche des *Kindes,* und gem § 620 Nr 4 ZPO kann ein Ehegatte gegen den anderen nur im eigenen Namen vorgehen. Aber soweit § 620 Nr 4 ZPO gestattet, die Unterhaltspflicht der Parteien gegenüber ihren Kinder „im Verhältnis der Ehegatten zueinander" zu ordnen, ist nach deutschem Recht die materiellrechtliche Grundlage der Entscheidung entweder direkt in dem Unterhaltsanspruch des Kindes gegen seine Eltern zu sehen (so OLG Stuttgart 7. 3. 1972 FamRZ 1972, 373 = IPRspr 1972 Nr 65 zu § 627 ZPO aF), oder aber in einem Ausgleichsanspruch des Ehegatten entsprechend § 1606 Abs 3 BGB, der mit dem Unterhaltsanspruch des Kindes untrennbar zusammenhängt und deshalb demselben Statut unterliegen sollte (in diesem Sinne zu § 627 ZPO aF OLG München 5. 11. 1971 NJW 1972, 1011 = IPRspr 1971 Nr 71A und 15. 11. 1972 FamRZ 1973, 94 = IPRspr 1972 Nr 52). Angesichts dieses Charakters des Anspruchs vermag die Tatsache, daß in dem Verfahren nach § 620 Nr 4 ZPO das Kind prozessual nicht berechtigt ist, den Anspruch selbst durchzusetzen, die Anwendung des Abkommens nicht auszuschließen. 143

V. Der Begriff des Kindes (Abs 4)

1. Sinn der Definition 144

Um die Beantwortung von Qualifikationsfragen und Vorfragen nach dem autonomen Kollisionsrecht möglichst zurückzudrängen, sagt die Konvention selbst, wer „Kind" iS des Abkommens ist. Es ist „jedes eheliche, uneheliche oder an Kindes Statt angenommene Kind, das unverheiratet ist und das 21. Lebensjahr nocht nicht vollendet hat". Die Anwendbarkeit der Konvention hängt also insbes nicht davon ab, daß der Richter zunächst nach den Normen des Forums feststellt, ob es sich um ein eheliches, ein uneheliches oder ein adoptiertes Kind handelt. Vielmehr erfolgt die Einordnung in eine dieser Kategorien nur, soweit das von der Konvention berufene Aufenthaltsrecht dies verlangt (DE WINTER Doc VIII 126; VON OVERBECK NedTIR 5 [1958] 262). Entscheidend ist also auch insoweit grundsätzlich das materielle Aufenthaltsrecht. Freilich sind Vorfragen, die mit dem Unterhaltsanspruch nicht so eng zusammenhängen wie die Frage der Abstammung des nichtehelichen Kindes (dazu oben Vorbem 70), also etwa die Vorfragen nach der Wirksamkeit der Adoption oder der Eheschließung der Eltern, unter Einschaltung des Kollisionsrechts, und zwar idR unter Einschaltung des Kollisionsrechts des gewöhnlichen Aufenthalts zu beantworten (oben Vorbem 97).

145 **2. Das an Kindes Statt angenommene Kind**

Der Ausdruck „an Kindes Statt angenommen" ist, wie im Kommissionsbericht ausdrücklich vermerkt ist (Bericht de Winter Actes VIII 311), im weitesten Sinne auszulegen und umfaßt alle Formen der Adoption (BT-Drucks III/2585, 8). Art 11 eröffnet den Vertragsstaaten jedoch die Möglichkeit, durch einen Vorbehalt die Anwendung des Abkommens auf die an Kindes Statt angenommenen Kinder auszuschließen. Von diesem Vorbehalt hat die Bundesrepublik Deutschland keinen Gebrauch gemacht. Zur Vorfrage der Wirksamkeit einer Adoption vgl oben Vorbem 97.

146 **3. Stiefkinder und Pflegekinder**

Die Bundesregierung hat in ihrer Stellungnahme zum Entwurf der Spezialkommission (Doc VIII 134) ebenso wie während der Konferenz der deutsche Delegierte Dölle (Actes VIII 169) – ohne Widerspruch zu finden – die Auffassung vertreten, das Abkommen erstrecke sich auch auf die Unterhaltsansprüche von Stiefkindern und Pflegekindern. Dem sind die späteren Interpreten der Konvention zu Recht überwiegend gefolgt (de Winter NedTIR 4 [1957] 150 = WPNR 1958, 74; zust Neuhaus RabelsZ 23 [1958] 196; von Overbeck NedTIR 5 [1958] 260 Fn 16; Bischoff Clunet 91 [1964] 764; BT-Drucks III/2585, 8; für Pflegekinder anders Ferid, IPR 241; unentschieden Petersen RabelsZ 24 [1959] 32). Zur Begründung weist de Winter darauf hin, daß die Konvention aus wohlerwogenen Gründen nicht expressis verbis auf die Ansprüche der Kinder gegen Blutsverwandte beschränkt worden ist.

147 **4. Die Altersgrenze von 21 Jahren**

Zu der Altersgrenze von 21 Jahren findet sich in der Botschaft des Schweizer Bundesrates (BBl 1964 I 503) folgende zutreffende Erläuterung: „Diese Altersgrenze, welche der Anwendbarkeit des Übereinkommens eine Frist setzt, hat jedoch nichts zu tun mit der zeitlichen Begrenzung des Unterhaltsanspruchs, welche ihrerseits dem innerstaatlichen Recht untersteht, das gemäß Übereinkommen ‚bestimmt ob, in welchem Ausmaß und von wem das Kind Unterhalt verlangen kann'. Sie hat auch nichts zu tun mit dem Mündigkeitsalter, wie es vom Recht festgesetzt wird, das für den Status einer Person maßgebend ist. Ein unverheirateter Schweizer, der beispielsweise seinen gewöhnlichen Aufenthalt im Ausland hätte und älter als zwanzig, aber jünger als 21 Jahre wäre, könnte sich also auf das Übereinkommen berufen, sofern das durch das Übereinkommen für anwendbar erklärte Recht ihm noch gestattet, Unterhalt zu verlangen. Außerdem könnte ein Unterhaltspflichtiger, der in einem Staat domiziliert oder heimatberechtigt wäre, dessen Recht das Mündigkeitsalter auf achtzehn oder zwanzig Jahre festsetzt, nicht unter Berufung auf dieses Recht den Einwand erheben, das Übereinkommen sei nicht anwendbar auf einen Unterhaltsanspruch, der von einem ‚Kind' von mehr als achtzehn oder zwanzig, aber von weniger als einundzwanzig Jahren geltend gemacht wird." Auch wenn viele Staaten nach 1956 das Volljährigkeitsalter auf 18 Jahre herabgesetzt haben, besteht angesichts des klaren Wortlauts des Abs 4 keine Möglichkeit, die Altersgrenze für die Anwendbarkeit der Konvention durch eine entsprechende Interpretation zu ändern. Eine Begrenzung des Abkommens durch die Volljährigkeit wäre überdies rechtspolitisch nicht einmal erwünscht, weil häufig ein Unterhaltsbedürfnis über die Volljährigkeit hinaus anzuerkennen ist. Das neue Unterhaltsabkommen vom 2. 10. 1973 läßt es deshalb mit Recht bei der Altersgrenze von 21 Jahren bewenden (Art 13 Nr 2). Wenn über das 21. Lebensjahr hinaus Unterhaltsansprüche geltend gemacht werden, richten sich diese nach der Rechtsordnung, die das autonome deutsche IPR bezeichnet (OLG Stuttgart 14. 6. 1977 FamRZ 1977, 553 = IPRspr 1977 Nr 82; LG München I 27. 5. 1975 IPRspr 1975 Nr 207). Dagegen ist das Abkommen anwendbar, wenn der Berechtigte nach Vollendung seines 21. Lebensjahres einen Anspruch für die Vergangenheit (vor Vollendung seines 21. Lebensjahres) geltend macht; denn Abs 4 grenzt den sachlichen Anwendungsbereich der Konvention nicht so ein, daß das Kind den Anspruch bis zu einer bestimmten Altersgrenze *geltend machen* muß, sondern so, daß der Anspruch vor dem 21. Lebensjahr *entstanden* sein muß; ob im übrigen eine rückwirkende Festsetzung von Unterhaltsbeiträgen zulässig ist, entscheidet das nach Abs 1 anwendbare Recht (OG Zürich 21. 2. 1978 DAVorm 1978, 320).

Art 2
[Fakultativklausel zugunsten des eigenen materiellen Rechts]

Abweichend von den Bestimmungen des Artikels 1 kann jeder Vertragsstaat sein eigenes Recht für anwendbar erklären,

a) wenn der Unterhaltsanspruch vor einer Behörde dieses Staates erhoben wird,

b) wenn die Person, gegen die der Anspruch erhoben wird, und das Kind die Staatsangehörigkeit dieses Staates besitzen und

c) wenn die Person, gegen die der Anspruch erhoben wird, ihren gewöhnlichen Aufenthalt in diesem Staate hat.

Art 2

Par dérogation aux dispositions de l'article premier chacun des États contractants peut déclarer applicable sa propre loi, si

a) la demande est portée devant une autorité de cet État,

b) la personne à qui les aliments sont réclamés ainsi que l'enfant ont la nationalité de cet État, et

c) la personne à qui les aliments sont réclamés a sa résidence habituelle dans cet État.

Systematische Übersicht

148 I. Charakter der Vorschrift

In Art 2 ist jedem Vertragsstaat die Befugnis verliehen, unter den dort genannten Voraussetzungen – in Abweichung von Art 1 – sein eigenes Recht für anwendbar zu erklären. Es handelt sich nicht – wie vielfach gesagt wird – um einen *Vorbehalt,* sondern um eine *Fakultativklausel,* „une faculté" (ebenso Droz Rev crit 58 [1969] 410 Fn 1; aA von Overbeck Rec des Cours 132 [1971-I] 36). Von einer „faculté" spricht auch de Winter in seinen Berichten (Doc VIII 128; Actes VIII 312). Den Vertragsstaaten ist also eine den Vertrag einengende Gestaltungsmöglichkeit überlassen, ohne daß es eines formellen Vorbehalts bedürfte (vgl zu der besonders in der französischsprachigen Literatur anzutreffenden, nicht immer scharf durchzuführenden Unterscheidung zwischen Vorbehalt und Fakultativklausel Kropholler, Einheitsrecht 95 mwN). Dagegen ist die Parallelvorschrift des Art 15 im Haager Unterhaltsabkommen vom 2. 10. 1973 als Vorbehalt ausgestaltet worden (vgl auch die Botschaft des Schweizer Bundesrates BBl 1975 II 1405: „nimmt die ‚Erklärung', wie sie in Art 2 des Übereinkommens von 1956 niedergelegt war . . ., nun in Form eines echten Vorbehaltes wieder auf").

149 Die Fakultativklausel kann – mangels einer gegenteiligen Bestimmung – auch *nach* erfolgter Ratifikation ausgenutzt werden, wie das in der Bundesrepublik geschehen ist (so der Bericht de Winter Actes VIII 312 und der Bericht des Rechtsausschusses des Deutschen Bundestages BT-Drucks VI/3262). Auf die Ausfüllung der Fakultativklausel kann auch jederzeit wieder verzichtet werden (de Winter aaO).

150 II. Staaten, die eine Erklärung abgegeben haben (Art 1 a des deutschen Zustimmungsgesetzes)

Die Bundesrepublik Deutschland hat die Fakultativklausel durch ein Gesetz vom 2. 6. 1972 (BGBl 1972 II 589) zur Ergänzung des Zustimmungsgesetzes vom 18. 7. 1961 (BGBl 1961 II 1012) ausgenutzt. Aufgrund dieses Ergänzungsgesetzes ist in das deutsche Zustimmungsgesetz folgender Art 1 a eingefügt worden: „Auf Unterhaltsansprüche deutscher Kinder findet deutsches Recht Anwendung, wenn die Voraussetzungen des Artikels 2 des Übereinkommens vorliegen."

151 Entgegen einem verbreiteten Irrtum, der sich selbst in der Rechtsprechung des BGH findet (BGH 30. 10. 1974 BGHZ 63, 226 = NJW 1975, 116 = FamRZ 1975, 28 = DAVorm 1975, 20 = IPRspr 1974 Nr 114 S 304; auch etwa OLG Stuttgart 26. 7. 1973 FamRZ 1974, 42 = IPRspr 1973 Nr 85) handelt es sich hier um Art 1 a des Zustimmungsgesetzes und nicht etwa um Art 1 a des Übereinkommens. Der deutsche Richter muß aufgrund von Art 1 a des Zustimmungsgesetzes den Art 2 des Haager Abkommens anwenden.

152 Außer der Bundesrepublik Deutschland haben – bislang – folgende Vertragsstaaten von der Befugnis Gebrauch gemacht: Belgien, Italien, Liechtenstein, Luxemburg, Österreich (östBGBl 1961 Nr 295), die Schweiz und die Türkei (NedTIR 21 [1974] 333 = Rev crit 67 [1978] 198). Die gem Art 2 abgegebenen Erklärungen ausländischer Vertragsstaaten haben für den deutschen Richter keine Bedeutung. Sie wirken jeweils nur in dem Staat, der von der Fakultativklausel Gebrauch gemacht hat. Das ergibt sich auch aus lit a. Für den deutschen Richter bleibt es trotz belgischer, italienischer, liechtensteinischer, luxemburgischer, österreichischer, schweizerischer oder türkischer Staatsangehörigkeit von Vater und Kind bei der in Art 1 vorgesehenen Maßgeblichkeit des Aufenthaltsrechts. Insbes findet also – um den praktisch wichtigsten Fall zu nennen – auf den Unterhaltsanspruch eines in der Bundesrepublik lebenden nichtehelichen Kindes gegen seinen italienischen Vater mit gewöhnlichem Aufenthalt in Italien deutsches und nicht italienisches Recht Anwendung. So – mit der heute eindeutig herrschenden Meinung – Dierk Müller NJW 1967, 142,

der sich zu Recht gegen die anderslautenden Urteile der LGe Stuttgart und Darmstadt (unten Vorbem 155) wendet, die lit a–c irrtümlich nicht kumulativ angewendet haben.

III. Möglichkeiten des Richters bei Fehlen eines entsprechenden gesetzgeberischen Aktes 153

Die in Art 2 vorgesehene Wahlmöglichkeit ist dem Gesetzgeber und nicht unmittelbar dem Richter eingeräumt (Cour Supérieure de Justice 22. 5. 1967 Pas lux 20, 326, 331 f). Das folgt aus dem Wortlaut der Vorschrift und aus ihrer Entstehungsgeschichte (vgl die Berichte DE WINTER zum Vorentwurf Doc VIII 128 und zur endgültigen Fassung Actes VIII 312; ferner etwa LOUSSOUARN, Liber amicorum Fredericq II 699 f). So hat der französische Richter mangels eines entsprechenden französischen Gesetzgebungsaktes die Bestimmung nicht anzuwenden (Trib inst Metz 29. 10. 1963 Rev crit 53 [1964] 336 Anm DROZ).

Auch der Gedanke der *Gegenseitigkeit,* der im einheitlichen Kollisionsrecht ohnehin von zweifelhaftem Wert ist, berechtigt den französischen Richter nicht zur Anwendung des Art 2 (so mit Recht VON OVERBECK Rec des Cours 132 [1971-I] 37). Wendet also beispielsweise ein Schweizer Richter aufgrund des Art 2 Schweizer Recht an, wenn ein Schweizer Kind mit gewöhnlichem Aufenthalt in Frankreich seinen in der Schweiz wohnhaften Schweizer Vater verklagt, so ist ein französisches Gericht doch nicht aufgrund des Reziprozitätsgedankens berechtigt, französisches Recht in der parallelen Situation anzuwenden, daß ein Kind seinen gewöhnlichen Aufenthalt in der Schweiz hat und alle anderen Anknüpfungsmomente auf Frankreich weisen (VON OVERBECK aaO). 154

IV. Die Voraussetzungen der Vorschrift 155

In der deutschen Rechtsprechung herrschte anfangs Unklarheit, ob **alle Voraussetzungen** des Art 2 **gleichzeitig** erfüllt sein müssen oder nicht. Eine ungeschickte amtliche deutsche Übersetzung des Art 2, eine mißverständliche italienische Erklärung, daß „auf die in den Buchstaben a, b und c dieses Artikels erwähnten *Fälle*" – „dans les cas contemplés aux lettres a), b) et c) de l'article 2" – (BGBl 1962 II 16) italienisches Recht anwendbar sei, und eine mangelhafte Kommentierung des Übereinkommens im rechtswissenschaftlichen Schrifttum haben einige Landgerichte zu der Annahme verleitet, die in Buchstaben a–c genannten Voraussetzungen seien alternativ (LG Stuttgart 28. 2. 1964 DAVorm 1964, 269 = IPRspr 1964-65 Nr 141; LG Darmstadt 21. 4. 1966 DAVorm 1966, 292 = IPRspr 1966–67 Nr 127; gegen diese Entscheidungen DIERK MÜLLER NJW 1967, 142). Heute darf diese Auffassung als überwunden gelten.

Vgl aus der *deutschen Rechtsprechung* OLG Stuttgart 22. 12. 1971 FamRZ 1972, 159 = IPRspr 1971 Nr 100 und 30. 1. 1973 Justiz 1973, 91 = IPRspr 1973 Nr 61; OLG Karlsruhe 16. 3. 1972 FamRZ 1972, 524 = IPRspr 1972 Nr 82 und 17. 1. 1974 DAVorm 1974, 192 = IPRspr 1974 Nr 95; bereits früher LG Tübingen 29. 7. 1964 DAVorm 1965, 58 = IPRspr 1964–65 Nr 142; LG Mannheim 25. 4. 1966 DAVorm 1966, 191 = IPRspr 1966–67 Nr 129; LG Göttingen 12. 1. 1967 DAVorm 1967, 171 = IPRspr 1966–67 Nr 131; s auch SOERGEL-KEGEL Art 22 Anh 4; REICHARD StAZ 1973, 181 f; MENIKHEIM StAZ 1974, 73; BRÜHL-GÖPPINGER-MUTSCHLER 645 Rz 1064; ERMAN-MARQUORDT Anh vor Art 13 Rz 5. – Ebenso einmütig die *Schweizer Judikatur:* Führend BGE 94 [1968] II 221, 231; ferner BGE 96 [1970] II 4, 8 = DAVorm 1970, 199, 200; OG Zürich 14. 4. 1970 SchwJZ 1970, 360 und 8. 12. 1971 BlZürchRspr 70 [1971] 308; OG Aarau 8. 6. 1972 DAVorm 1974, 71 und 16. 6. 1972 DAVorm 1972, 376, 377; OG Solothurn 12. 11. 1973 SchwJZ 1975, 115, 116. In diesem Sinne auch bereits die Botschaft des Schweizer Bundesrates BBl 1964 I 504; BILMANS JTrib 1972, 131. – Aus der *Literatur* etwa DE WINTER NedTIR 4 [1957] 150 f = WPNR 1958, 74; SCHEUCHER ZfRvgl 4 [1963] 91; VON OVERBECK Rec des Cours 132 [1971-I] 156

36 f. Aus der französischen Literatur Déprez Rev crit 46 [1957] 390; Mezger, Travaux du Comité français de d. i. p. 1958–1959 [1960] 128; Bischoff Clunet 91 [1964] 773; Loussouarn, Liber amicorum Fredericq II 699.

157 Sowohl der **Wortlaut** als auch der in den Materialien deutlich angesprochene **Sinn** des Art 2 lassen erkennen, daß die in Buchstaben a–c genannten Voraussetzungen kumulativ vorliegen müssen.

158 Der allein authentische **französische Text** ist durch die einmalige Voranstellung des „si" vor Buchstabe a klarer als die amtliche deutsche Übersetzung, die das Wort „wenn" bei jedem Buchstaben wiederholt. Sowohl der französische als auch der deutsche Wortlaut enthalten im übrigen das Erfordernis der Kumulation in dem „et" („und") vor Buchstabe c. Nach der Neufassung des Haager Unterhaltsabkommens vom 2. 10. 1973 (Art 15) ist das Erfordernis einer Kumulation völlig eindeutig.

159 Der **Sinn** des Art 2 liegt in einer genau bemessenen Konzession an die Länder des Staatsangehörigkeitsprinzips. Schon Art 2 des Vorentwurfs, der auf der Haager Tagung nur geringfügige redaktionelle Änderungen erfuhr, wurde damit begründet, daß der hier umschriebene Fall ganz in der Sphäre des gemeinsamen Heimatstaates von Vater und Kind wurzele, wobei der gewöhnliche Aufenthalt des Kindes das einzige abweichende internationale Element darstelle, so der Bericht von de Winter Doc VIII 128. Ein während der Konferenz vorgebrachter Vorschlag des griechischen Delegierten Maridakis, der den Art 2 zugunsten des Staatsangehörigkeitsprinzips weiter ausdehnen wollte, wurde abgelehnt, weil er nach Ansicht der meisten Delegierten die Ausgewogenheit des Projekts, den gefundenen „Kompromiß" zwischen Staatsangehörigkeits- und Domizilprinzip erschüttert hätte; vgl die Diskussion Actes VIII 170 ff, insbes die Äußerungen von Holleaux, Dennemark und de Visscher. Zutreffend faßt de Winter in seinem Bericht (Actes VIII 311) das Ergebnis der Diskussion um Art 2 in folgendem Satz zusammen: „Bien que quelques délégués eussent préféré élargir l'exception à la règle générale en faveur de la loi nationale des deux parties, on s'est finalement accordé à reconnaître qu'il est le plus souhaitable d'appliquer autant que possible la règle générale de la Convention et de ne permettre d'exception que dans le seul cas où l'unique élément qui donne un caractère international au litige consiste en la résidence de l'enfant." Hier ist klar ausgesprochen, daß Art 2 eine Ausnahme von dem Grundsatz des Art 1 eben nur in dem *einen* Fall zuläßt, in dem (durch Zusammentreffen der in Buchstaben a–c genannten Voraussetzungen) die einzige wesentliche Auslandsbeziehung in dem gewöhnlichen Aufenthalt des Kindes in einem ausländischen Vertragsstaat besteht.

160 **V. Doppelstaater (zu lit b)**

Die Voraussetzungen von Buchstabe b sind auch dann erfüllt, wenn der Unterhaltspflichtige und das Kind neben der Staatsangehörigkeit des Forums eine weitere Staatsangehörigkeit besitzen. Das ergibt sich eindeutig aus der Entstehungsgeschichte (Bericht de Winter Actes VIII 311 f; Denkschrift der Bundesregierung BT-Drucks III/2585, 9). Auf der Haager Konferenz hatte Dölle den Antrag gestellt, dem Buchstaben b folgende Fassung zu geben: „la personne assignée ainsi que l'enfant intéressé possèdent *exclusivement* la nationalité de cet Etat". Dieser Antrag, der mit der Begründung gestellt worden war, bei mehrfacher Staatsangehörigkeit gehöre der Fall nicht nur in die Sphäre des Forumstaates, wurde indes zurückgezogen, nachdem die Delegierten Eijssen und de Visscher die Befürchtung geäußert hatten, es erschwere die Anwendung der Konvention und führe zu praktisch unerfreulichen Ergebnissen, das Vorliegen einer doppelten Staatsangehörigkeit zu prüfen, Actes VIII 174. Obwohl im Rahmen des Art 2 bei mehrfacher Staatsangehörigkeit die ausländische Staatsangehörigkeit des Kindes (wegen seines gewöhnlichen Aufenthaltes) idR die effektive sein wird, ist Buchstabe b also gegeben, wenn Vater und Kind (auch) die deutsche Staatsangehörigkeit besitzen. Dies wird auch damit gerechtfertigt, daß es sich hier um eine begünstigende Vorschrift handele, welche die Durchsetzung des Unterhaltsanspruchs erleichtern solle (Samtleben RabelsZ 42 [1978] 481; zu den Thesen Samtlebens zur Behandlung der Mehrstaater im IPR siehe unten Vorbem 530).

VI. Rechtspolitische Kritik 161

Rechtspolitisch handelt es sich um eine der bedenklichsten Bestimmungen des Abkommens. Die Abweichung vom Aufenthaltsrecht zugunsten des Rechts der gemeinsamen Staatsangehörigkeit von Vater und Kind ist vor allem dann nicht überzeugend, wenn das Kind außerdem noch eine weitere Staatsangehörigkeit besitzt. So fällt unter die Fakultativklausel auch die in Italien erhobene Klage des von einer Deutschen in Deutschland empfangenen, geborenen und aufgezogenen Kindes deutscher Staatsangehörigkeit, sobald dieses Kind neben seiner deutschen zufällig auch die italienische Staatsangehörigkeit besitzt, etwa weil der italienische Erzeuger das Kind anerkannt hat. Hier wäre es adäquater, wenn das italienische Gericht das Recht der Umwelt des Kindes anwenden würde, also das deutsche Aufenthaltsrecht. „Immerhin mag man sich damit trösten, daß ein ganz ‚zufälliger' Erwerb der Staatsangehörigkeit des Erzeugers, im allgemeinen nicht erfolgt: wenn der Vater dem Kinde durch ‚Anerkennung' seine Staatsangehörigkeit verschafft, so wird nach dem Rechte des betreffenden Landes idR eben durch die Anerkennung auch seine Unterhaltspflicht begründet, und wenn das Kind die Staatsangehörigkeit des Vaters durch Geburt in dessen Heimatstaat oder durch Adoption seitens eines anderen Staatsangehörigen dieses Landes erworben hat, so liegen immerhin objektive Momente vor, die die Anwendung dieses Rechts als nicht ganz willkürlich erscheinen lassen." So Neuhaus RabelsZ 23 (1958) 197, dem ich in der rechtspolitischen Beurteilung des Abkommens folge.

Die Begründung, mit der in der Bundesrepublik Deutschland nachträglich von der Befugnis des Art 2 Gebrauch gemacht wurde, vermag nicht zu überzeugen. Die **Begründung der Bundesregierung** lautet (BT-Drucks VI/2652, 3): 162

„Die Bundesrepublik Deutschland hat bei der Ratifizierung des Übereinkommens von der in Art 2 vorgesehenen Möglichkeit keinen Gebrauch gemacht, da im damaligen Zeitpunkt kein Bedürfnis für eine solche Regelung erkennbar war. Maßgebend war auch, daß seinerzeit noch keiner der Unterzeichnerstaaten von der in Art 2 des Übereinkommens vorgesehenen Möglichkeit Gebrauch gemacht hatte (vgl BT-Drucks III/2585, 9 linke Spalte).

Inzwischen haben mehrere Vertragsstaaten den Fall des Art 2 des Übereinkommens ihrem eigenen Recht unterstellt.

Außer der Bundesrepublik Deutschland sind gegenwärtig Vertragsstaaten: Belgien, Frankreich, Italien, Luxemburg, die Niederlande, Österreich, Portugal und die Schweiz. Vier dieser Staaten, nämlich Belgien, Italien, Österreich und die Schweiz, haben von der Möglichkeit des Art 2 des Übereinkommens Gebrauch gemacht.

Auch für die Bundesrepublik Deutschland empfiehlt es sich, entsprechend Art 2 des Übereinkommens zu verfahren. Der dort geregelte Tatbestand hat ‚wesentlich innerstaatlichen Charakter' (vgl BT-Drucks III/2585, 9 linke Spalte). Das innerstaatliche Recht ist darum die für ihn passendste Regelung.

Die in der Bundesrepublik Deutschland zwischenzeitlich eingetretene Änderung der rechtlichen Stellung der nichtehelichen Kinder gibt in besonderem Maße Anlaß, den Fall des Art 2 des Übereinkommens deutschem Recht zu unterstellen. Unterhaltsansprüche eines nichtehelichen

Kindes gegen seinen Vater setzen nunmehr voraus, daß die Vaterschaft anerkannt oder mit Wirkung für und gegen alle festgestellt ist (§ 1600 a BGB). Nach Art 1 des Übereinkommens ist dagegen die Vaterschaft als Vorfrage des Bestehens einer Unterhaltsverpflichtung nach dem Aufenthaltsrecht des Kindes zu beurteilen. Läßt dieses die Geltendmachung von Unterhaltsansprüchen ohne vorherige Feststellung der Vaterschaft zu, so müßte das angerufene deutsche Gericht unter Umständen einen Deutschen entgegen § 1600 a BGB zur Unterhaltsleistung an ein deutsches nichteheliches Kind verurteilen, ohne daß die Vaterschaft mit Wirkung für und gegen alle feststeht. Diese unterschiedliche Beurteilung ließe sich allein damit, daß das Kind seinen gewöhnlichen Aufenthalt in einem anderen Vertragsstaat hat, nicht rechtfertigen."

163 Zu den von der Bundesregierung vorgebrachten Gesichtspunkten ist **kritisch** folgendes zu bemerken: (1) Die Tatsache, daß die Hälfte der anderen Vertragsstaaten von der Möglichkeit des Art 2 Gebrauch gemacht hat, ist kein Argument, es ihnen gleichzutun. Denn bei privatrechtsvereinheitlichenden Staatsverträgen geht es weder um die Einhaltung strikter Gegenseitigkeit noch um eine Art von Vergeltung. Vielmehr ist die sachlich beste Lösung zu akzeptieren. (2) Auch in dem von Art 2 umfaßten Tatbestand bietet nicht die lex fori, sondern das Aufenthaltsrecht die „passendste Regelung". Das gilt besonders dann, wenn das Kind neben der Staatsangehörigkeit des Forums auch die des Staates seines gewöhnlichen Aufenthalts besitzt (oben Vorbem 161). Die Möglichkeit des Art 2 ist im Haag nicht als die sachlich passendste Regelung akzeptiert worden – sonst hätte man die Vorschrift zwingend und nicht als Fakultativklausel ausgestaltet –, sondern als Konzession an die Länder mit Staatsangehörigkeitsprinzip. Das Staatsangehörigkeitsprinzip hat sich im deutschen Internationalen Kindschaftsrecht aber nicht bewährt und ist durch die Ratifikation des Haager Minderjährigenschutzabkommens weiter zurückgedrängt worden. Die Ausnutzung der Fakultativklausel des Art 2 bedeutet für die Bundesrepublik einen bedauerlichen Rückfall in das überholte Staatsangehörigkeitsprinzip. (3) Die Nichtanwendung des § 1600 a BGB ist hinreichend damit gerechtfertigt, daß das Kind seinen gewöhnlichen Aufenthalt nicht in Deutschland, sondern in einem anderen Vertragsstaat hat. Denn die in dem Abkommen gewählte Anknüpfung an den gewöhnlichen Aufenthalt bedarf keiner zusätzlichen Rechtfertigung (etwa durch die Staatsangehörigkeit der Beteiligten). Der Grundgedanke des Abkommens, allen Kindern, die den gleichen gewöhnlichen Aufenthalt haben, unter gleichen Voraussetzungen und in gleichem Umfang Unterhalt zu gewähren, trifft auch hier zu.

164 Der schriftliche **Bericht des Rechtsausschusses** über den von der Bundesregierung eingebrachten Gesetzentwurf gibt ebenfalls keine stichhaltigen Gründe an. Es heißt dort (BT-Drucks VI/3262):

„Das Abgehen von dem im Haager Übereinkommen vom 24. Oktober 1956 enthaltenen Grundsatz, daß ohne Rücksicht auf die Staatsangehörigkeit der Parteien das Recht des Staates angewendet werden soll, in dem das Kind seinen gewöhnlichen Aufenthalt hat, rechtfertigt sich nach Ansicht des Ausschusses nicht nur durch die größere Praktikabilität, sondern auch durch die Interessenlage des Kindes. Da dem Kind dadurch nicht das Recht genommen wird, vor einem Gericht seines Aufenthaltsstaates zu klagen, wobei dann das Recht dieses Staates Anwendung findet, wird einerseits für das Kind eine zusätzliche Möglichkeit geschaffen, andererseits wird dadurch der Zweck des Übereinkommens, das internationale Privatrecht auf diesem speziellen Gebiet zu vereinheitlichen, nicht gefährdet."

In Wirklichkeit wird durch die Möglichkeit des Art 2 die vom Abkommen bezweckte Rechtsvereinheitlichung nicht nur gefährdet, sondern bewußt preisgegeben. Denn wie der Rechtsausschuß zutreffend erkannt hat, entscheidet das Gericht am Aufenthaltsort dann nach einem anderen Recht als das Gericht im Heimatstaat. Für die dem Kind damit – um den Preis der internationalen Entscheidungsgleichheit – eingeräumte Befugnis zur Rechtswahl (durch Wahl des Gerichtsstandes) besteht kein Grund.

Art 3
[Autonomes IPR bei Versagung des Unterhaltsanspruchs]

Versagt das Recht des Staates, in dem das Kind seinen gewöhnlichen Aufenthalt hat, ihm jeden Anspruch auf Unterhalt, so findet entgegen den vorstehenden Bestimmungen das Recht Anwendung, das nach den innerstaatlichen Kollisionsnormen der angerufenen Behörde maßgebend ist.

Art 3

Contrairement aux dispositions qui précèdent, est appliquée la loi désignée par les règles nationales de conflit de l'autorité saisie, au cas où la loi de la résidence habituelle de l'enfant lui refuse tout droit aux aliments.

Systematische Übersicht

I. Entstehungsgeschichte 165

Während Art 2 den Vertragsstaaten nur die Möglichkeit eröffnet, von der Grundregel des Art 1 abzuweichen, schreibt Art 3 eine **zwingende Ausnahme** vor. Der Vorentwurf der Spezialkommission hatte in seinem Art 3 das durch die autonomen Kollisionsnormen bezeichnete Recht immer dann für anwendbar erklärt, wenn es für das Kind *günstiger* ist, Doc VIII 123, 129. Von einer so weitgehenden Ausnahme ist die Konferenz jedoch in der Erwägung abgerückt, daß es im Einzelfall schwierig sein könne zu entscheiden, welches Recht als das günstigere anzusehen sei; dadurch werde ein Moment der Unsicherheit in das Übereinkommen getragen, das seinen Wert beeinträchtige (Actes VIII 175 f, 312; vgl auch MEZGER, Travaux du Comité français de d. i. p. 1958–1959 [1960] 128–130). Nach der endgültigen Fassung des Art 3 ist der Richter der Aufgabe enthoben, allgemein das „günstigere" Recht zu ermitteln.

Rechtspolitisch ist die durch Art 3 zugelassene Durchbrechung der in dem Abkommen verankerten kollisionsrechtlichen Rechtseinheit unbedenklich; denn ein rein negativer Entscheidungseinklang iS einer Ablehnung des Unterhaltsanspruchs in allen Vertragsstaaten wäre für das Kind wertlos (NEUHAUS RabelsZ 23 [1958] 197). 166

II. Voraussetzungen 167

Die Bestimmung greift nur ein, wenn das Aufenthaltsrecht dem Kind **im konkreten Fall** jeden Unterhaltsanspruch versagt (vgl DE WINTER Actes VII 312: „en l'espèce"; ders NedTIR 4 [1957] 151: „dans un cas concret" = WPNR 1958, 74: „in een concreet geval"; in diesem Sinne eingehend BISCHOFF Clunet 91 [1964] 777 f; sehr deutlich anhand der Entstehungsgeschichte PAUL LAGARDE, Travaux du Comité français de d. i. p. 1958–1959 [1960] 148 f; ferner IPG 1972 Nr 22 [Heidelberg] 194 f; BG 5. 7. 1974 unten Vorbem 174 sowie die im Recueil Asser 182 f aufgeführten Entscheidungen der Rb Den Haag). Die neue Haager Unterhaltskonvention vom 2. 10. 1973, die in ihren Art 5 und 6 Hilfsanknüpfungen für den Fall bereitstellt, daß der Berechtigte nach dem Aufenthaltsrecht keinen Unterhalt erhält, formuliert klarer als die Konvention von 1956, daß es auf den konkreten Fall ankommt (es heißt dort: „Kann der Berechtigte ... vom Verpflichteten keinen Unterhalt erhalten"). Damit sind die bei Art 3 aufgetauchten Zweifel von vornherein ausgeschlossen (vgl auch den Bericht VERWILGHEN Actes et Doc XII/4, 444 Nr 145).

168 Die Voraussetzungen des Art 3 sind insbes dann erfüllt, wenn der Aufenthaltsstaat dem Anerkennungssystem folgt, eine Anerkennung im konkreten Fall aber nicht zugelassen wird (Bericht DE WINTER Actes VIII 312). Aus dem Sinn der Vorschrift folgt, daß nur der materiell gravierende Fall angesprochen ist, in dem ein Elternteil in casu überhaupt nicht verpflichtet ist, für den Unterhalt des Kindes aufzukommen. Dagegen meint die Bestimmung nicht den bloß rechtstechnischen Unterschied, daß in manchen Rechtsordnungen der Unterhaltsanspruch nicht dem Kind selbst, sondern dem anderen Elternteil (oder einer Behörde) zugunsten des Kindes zusteht (so treffend SOERGEL-KEGEL Anh Art 22 Rz 5).

169 III. Charakter der Vorschrift

Ebenso wie den allgemein gefaßten Art 3 des Vorentwurfs (vgl oben Vorbem 165) wird man auch die auf eine konkrete Voraussetzung abstellende endgültige Formulierung als Ausdruck des **„Günstigkeitsprinzips"** zu betrachten haben (dazu NEUHAUS, Grundbegriffe 177 ff). Die Vorschrift will vermeiden, daß die Konvention anstatt die Rechtsstellung des Kindes in Auslandsfällen zu verbessern, zu einer eklatanten Schlechterstellung des Kindes führt. Um dem Kind möglichst zu einem Unterhaltsanspruch zu verhelfen, wird der Rückgriff auf das autonome Kollisionrecht ausnahmsweise zugelassen.

170 Die Bestimmung ist auch als **„Vorschrift des internationalen ordre public"** charakterisiert worden (ERMAN-MARQUORDT Anh vor Art 13 Rz 5). Zwischen Art 3 und einer Vorbehaltsklausel bestehen aber in Voraussetzungen und Wirkungen Unterschiede. Die Bestimmung geht der allgemeinen Vorbehaltsklausel des Art 4 vor, die neben Art 3 durchaus ihre Berechtigung hat (zum Verhältnis der beiden Bestimmungen zueinander BISCHOFF Clunet 91 [1964] 774 f; LOUSSOUARN, Liber amicorum Fredericq II 701 f). Über Art 3 kann nicht nur die Anwendung einer fremden Rechtsordnung ausgeschlossen werden, sondern auch die Maßgeblichkeit des materiellen Rechts des Forums (BISCHOFF Clunet 91 [1964] 775).

171 Die *Rechtsprechung* hat Art 3 aber bisweilen übersehen und nur Art 4 geprüft (vgl ZivilG Baselstadt 12. 11. 1973 BaslerJurMitt 1974, 96: Vaterschaftsklage eines außerehelichen Kindes mit gewöhnlichem Aufenthalt in Portugal; Anwendbarkeit der Schweizer lex fori, weil das portugiesische Recht mit seinen Einschränkungen der Vaterschaftsklage gegen den Schweizer ordre public verstoße).

172 IV. Wirkung

Es ist die Frage aufgeworfen worden, ob Art 3 die Wirkung hat, den dort geregelten Fall ganz vom Anwendungsbereich der Konvention auszunehmen, oder ob die Bestimmung eine Abweichung nur von Art 1 darstellt (BISCHOFF Clunet 91 [1964] 775–777). Wenn Art 3 eine subsidiäre Kollisionsnorm neben Art 1 enthält und die Grundsätze der Konvention im übrigen anwendbar bleiben, so kommt man – mit BISCHOFF – praktisch zu folgendem Ergebnis: (1) Auch Art 3 verweist nur auf das innerstaatliche Recht; ein Renvoi ist ausgeschlossen. (2) Die Anwendung des ordre public ist durch Art 4 eingeschränkt. (3) Gemäß Art 5 Abs 2 greift die Entscheidung der Frage der sonstigen familienrechtlichen Beziehungen zwischen Schuldner und Gläubiger und der Frage der Abstammung nicht vor. – BISCHOFF bejaht dieses

Ergebnis mit folgenden Argumenten: Nach dem *Wortlaut* des Art 3 sei nur eine Abweichung von „den vorstehenden Bestimmungen" gegeben. Nach seiner *systematischen* Stellung stehe Art 3 bei den Bestimmungen, die das anwendbare Recht bezeichnen, und nicht bei denen, die den Anwendungsbereich der Konvention umreißen. Schließlich sei es der *Zweck* der Konvention, und zwar insbes des Art 3, das Kind zu begünstigen. Diese Begünstigung werde in Frage gestellt, wenn man das Kind gem Art 3 dem „unentwirrbaren Dickicht" des Renvoi ausliefere und ihm den Vorteil der restriktiven Fassung des ordre public in Art 4 nehme.

Diese Ansicht ist zwar vertretbar, aber letztlich doch nicht überzeugend. Zunächst **173** scheint schon die Entstehungsgeschichte dagegen zu sprechen, wie auch BISCHOFF (776) einräumt. In dem Bericht zum Vorentwurf heißt es nämlich (DE WINTER Doc VIII 129): „Par le terme *règles nationales de conflits* sont entendues les règles de droit international privé que devrait appliquer le juge si son pays n'était pas partie à la convention"). Vor allem aber ist es nicht sinnvoll und vom Wortlaut der Konvention auch nicht gefordert, bei Anwendung des Art 3 die Beachtung des Renvoi auszuschließen und die familienrechtlichen Wirkungen einer Entscheidung gem Art 5 Abs 2 zu beschränken. Denn der Ausschluß des Renvoi fördert im Rahmen des Art 1 die Entscheidungsharmonie, weil alle Vertragsstaaten dieselbe Kollisionsnorm anwenden (oben Vorbem 66), während dieser Grund im Rahmen des Art 3, wo jeder Vertragsstaat von seinem autonomen Kollisionsrecht ausgeht, entfällt. Auch die Ratio des Art 5 Abs 2 ist bei Anwendung des Art 3 nicht erfüllt, da man die Vertragsstaaten nicht vor den Konsequenzen ihres eigenen autonomen Kollisionsrechts zu schützen braucht. Eine eingeschränkte Handhabung des ordre public mag zwar auch bei Anwendung des Art 3 wünschenswert erscheinen, wenn sie dem Unterhaltsanspruch des Kindes zugute kommt. Aber auch die nationalen Vorbehaltsklauseln lassen dem Richter genügend Spielraum, um Härten zu vermeiden. Wenn der Richter über Art 3 auf sein autonomes IPR zurückgreift, wird man die genannten Grundsätze der Konvention also nicht anzuwenden haben. Berufen sind dann Art 19 ff EGBGB und die ungeschriebenen Regeln des deutschen Kollisionsrechts.

V. Beispiele **174**

Schweizer BG 5. 7. 1974 (BlZürchRspr 73 [1974] Nr 92): Ein italienisches uneheliches Kind verklagte seinen italienischen Vater auf Unterhalt. Es war streitig, ob das Kind während des Berufungsverfahrens seinen gewöhnlichen Aufenthalt aus der Schweiz nach Italien verlegt hatte. Das Berufungsgericht bejahte die Anwendbarkeit Schweizer Rechts aufgrund des Art 3 auch für den Fall, daß ein Aufenthaltswechsel stattgefunden habe (OG Zürich 2. 4. 1974 BlZürchRspr 73 [1974] Nr 92). Das Schweizer Bundesgericht hat dieses Urteil mit folgender zutreffender Begründung bestätigt: „Gemäß Art 3 des Haager Übereinkommens vom 24. 10. 1956 ist das von den innerstaatlichen Kollisionsnormen der angerufenen Behörde bezeichnete Recht anzuwenden, wenn das Recht des Staates, in welchem das Kind seinen gewöhnlichen Aufenthalt hat, ihm jeden Anspruch auf Unterhalt versagt. Die Vorinstanz hat diese Bestimmung in dem Sinne ausgelegt, daß sie immer dann zur Anwendung gelange, wenn das Kind im konkreten Fall nach der ausländischen Rechtsordnung keinen Unterhaltsanspruch habe, und nicht etwa nur dann, wenn das ausländische Recht überhaupt keine Vaterschaftsklage zulasse. Diese Auslegung erscheint im Hinblick auf die Entstehungsgeschichte des Übereinkommens als zutreffend (Kommissionsbericht DE WINTER Actes VIII 312). Danach ist das Übereinkommen immer dann nicht anwendbar, wenn das nach Art 1 anwendbare Recht dem Kind im Einzelfall keinen Anspruch auf Alimente gibt. Nach Art 269 Cc [aF] ist die Vaterschaftsklage an bestimmte Voraussetzungen geknüpft, nämlich Konkubinat der Eltern, Feststellung der Vaterschaft in einem Zivil- oder Strafurteil, schriftliche Anerkennungserklärung des Beklagten, Entführung der Kindsmutter oder Notzucht, tatsächlicher Besitz des Personenstandes durch das Kind (sog possessio di stato). Auch die Unterhaltsklage nach Art 279 Cc [aF] steht nur bei Feststellung der Vaterschaft in einem Zivil- oder Strafurteil, bei Abstammung aus einer nichtig erklärten Ehe oder bei Vorliegen einer schriftlichen Anerkennungserklärung des Beklagten offen. Es ist offensichtlich, daß im vorliegenden Fall keine dieser Voraussetzungen erfüllt ist, so daß dem Kind nach italienischem Recht keinerlei Ansprüche zustehen. Es ist daher dasjenige Recht anzuwenden, das von den innerstaatlichen Kollisionsnormen der angerufenen Behörde bezeichnet wird, und dies ist das schweizerische Recht (BGE 82 II 573)."

175 IPG 1972 Nr 22 (Heidelberg): Ein in Deutschland nichtehelich geborenes Schweizer Kind, das zunächst drei Jahre in Deutschland gelebt hatte und dann in die Schweiz verzogen war, klagte gegen seinen in Deutschland wohnhaften französischen Erzeuger, dessen Aufenthalt erst nach Jahren ermittelt werden konnte. Die einjährige Klagefrist des Schweizer Aufenthaltsrechts war lange abgelaufen. Das Gutachten nahm zu Recht an, daß die Voraussetzungen des Art 3 erfüllt waren. Zwar ist der Fall der Fristversäumung bei den Haager Beratungen nicht erörtert worden. Der Gedanke der Meistbegünstigung, der dem Art 3 zugrundeliegt, rechtfertigt es jedoch, den im Einzelfall vorliegenden Grund für den Ausschluß eines konkreten Anspruchs weitgehend zu vernachlässigen, um das Kind nicht an einem ungünstigen Recht festzuhalten. Insbes erscheint das bei einem Anspruchsausschluß wegen Fristversäumung angebracht; denn das Kind wird auf die Fristwahrung nur selten Einfluß haben. Das Gutachten gelangte über Art 21 EGBGB iVm einer Rückverweisung des schweizerischen IPR zur Anwendbarkeit des deutschen Unterhaltsrechts.

Art 4
[Ordre public]

Von der Anwendung des in diesem Übereinkommen für anwendbar erklärten Rechts kann nur abgesehen werden, wenn seine Anwendung mit der öffentlichen Ordnung des Staates, dem die angerufene Behörde angehört, offensichtlich unvereinbar ist.

Art 4

La loi déclarée applicable par la présente Convention ne peut être écartée que si son application est manifestement incompatible avec l'ordre public de l'État dont relève l'autorité saisie.

Systematische Übersicht

Schrifttum

Haselberger, Das Haager Unterhaltsstatutübereinkommen und der ordre public, ÖJZ 1967, 286; Hans Hoyer, Der ordre public in Art 4 des Haager Unterhaltsstatutabkommens, ÖJBl 1968, 609; Jessurun d'Oliveira, Een paar opmerkingen over toepassing van Duits alimentatierecht ingevolge het Haagse alimentatieverdrag kinderen van 1956, NedJbl 1966, 361; ders, Een en ander over internationaal kinderalimentatierecht: het Haags Verdrag van 1956, de exceptio plurium concubentium en de openbare ordre, NedTIR 15 [1968] 266; (weitgehend identisch) ders, Das Haager Übereinkommen über das auf Unterhaltsverpflichtungen gegenüber Kindern anzuwendende Recht (1956) und das deutsche Recht in der niederländischen Rechtsprechung, FamRZ 1969, 631; ders, Nogmaals het alimentatieverdrag en duits recht, NedJbl 1968, 345; ders, Strijklicht over ons internationaal privaatrecht, Honderd Jaar Rechtsleven (1970) 259, 276; Pichler, Das Haager Unterhaltsstatutabkommen und der ordre public, ÖJZ 1965, 257; Roth-Stielow, Ausschluß der Mehrverkehrseinrede und der ordre public der Bundesrepublik, ZBlJugR 1967, 247; Scheucher, Zwei Grundsatzentscheidungen zum IPR, ÖJBl 1964, 450, 452.

I. Verhältnis zu den Vorbehaltsklauseln des autonomen IPR 176

Die Vorbehaltsklausel des Art 4 trägt keinen grundsätzlich anderen **Charakter** als die ordre-public-Klausel des autonomen deutschen IPR. Auf die grundlegenden Erläuterungen zu Art 30 EGBGB kann deshalb verwiesen werden. Hier seien vor allem Besonderheiten der staatsvertraglichen Vorbehaltsklausel sowie einige wichtige Fallgruppen genannt, die anhand von Art 4 entschieden worden sind. Eine allgemeine Antwort, wann ein offensichtlicher Verstoß gegen die öffentliche Ordnung vorliegt, läßt sich nicht geben. Vieles ist Frage des Einzelfalls, insbes kommt dem Grad der Inlandsbeziehung entscheidende Bedeutung zu. Keinesfalls genügt jede Abweichung von zwingenden Vorschriften des inländischen Rechts, um einen Verstoß gegen Art 4 anzunehmen. Vor allem darf nicht jede Rechtsordnung, die einen Unterhaltsanspruch in weniger großzügigem Umfang gewährt als die inländische, mit der Begründung von der Anwendung ausgeschlossen werden, der inländische Unterhaltssatz stelle das Minimum dar (so mit Recht Verwilhen Actes et Doc XII/4, 457 Nr 175 zum Haager Unterhaltsabkommen vom 2. 10. 1973).

Da die Konvention als die speziellere Regelung **Vorrang** vor den Normen des 177 deutschen IPR hat, werden durch Art 4 sowohl die *allgemeine Vorbehaltsklausel des Art 30 EGBGB* als auch die *spezielle Vorbehaltsklausel des Art 21 HS 2 EGBGB* verdrängt; das ist für Art 21 HS 2 bzw – in Österreich – für § 12 HS 2 der 4. DVO zum EheG in einigen Entscheidungen und Stellungnahmen ausdrücklich erwähnt worden (zB LG Regensburg 11. 2. 1965 DAVorm 1965, 152 und 1966, 153 = IPRspr 1964–65 Nr 144; OGH 12. 6. 1963 EvBl 1963 Nr 404 = ÖJBl 1964, 465 = ZfRvgl 4 [1963] 106 und 30. 6. 1971 EvBl 1972 Nr 75; Scheucher ZfRvgl 4 [1963] 93; Hans Hoyer ÖJBl 1968, 611; Ferid, IPR 264).

II. Verhältnis zu Art 2 und 3 178

Es ist die Frage gestellt worden, ob angesichts der Ersatzanknüpfungen der Art 2 und 3 die ordre-public-Klausel in Art 4 noch Anspruch auf Berechtigung erheben könne: „Die Ersatzanknüpfungen stellen ja bereits eine Konkretisierung und Spezialisierung der ordre public Klausel dar, neben welchen der Generalvorbehalt gegenstandslos werden sollte“ (Vischer ZSR 77-I [1958] 344). Es hat sich aber gezeigt, daß doch (unvorhergesehene) Fälle auftreten können, die Anlaß zum Eingreifen der ordre-public-Klausel geben. Ein generalklauselartiger Notausstieg bleibt also erforderlich.

III. Konkrete Betrachtungsweise 179

Die Vorbehaltsklausel des Art 4 richtet sich nicht gegen das in diesem Übereinkommen für anwendbar erklärte Recht als solches, sondern nur gegen seine Anwendung im konkreten Fall. Das wird schon durch den Wortlaut der Klausel, die von der „Anwendung“ spricht, hinreichend deutlich (ebenso Haselberger ÖJZ 1967, 286).

Es kommt deshalb hier ebenso wie im Rahmen des Art 30 EGBGB nicht darauf an, ob die ausländische materielle Norm als stoßend empfunden wird, sondern entscheidend ist das Ergebnis der Anwendung dieser Norm im Einzelfall (hM; zum Abkommen ebenso etwa Jessurun d'Oliveira NedTIR 15 [1968] 284 und die unten Vorbem 180 aE genannte niederländische Literatur; von Overbeck Rec des Cours 132 [1971-I] 81 f; Peter Böhm ZfRvgl 15 [1974] 74 f; vgl auch Schwind, IPR 85 Fn 140). Voraussetzung ist eine *Inlandsbeziehung,* die der Gegenstand eines Anknüpfungsmomentes sein könnte (Neuhaus, Grundbegriffe 367). Ebenso hat der BGH zu der ähnlich lautenden Vorbehaltsklausel des Art 16 MSA entschieden (vgl unten Vorbem 762). Auch die Parallelnorm des Art 11 Abs 1 Haager Unterhaltsabkommen vom 2. 10. 1973 ist so aufzufassen, daß es auf einen Verstoß gegen die öffentliche Ordnung „in concreto" ankommt (so der Bericht Verwilghen Actes et Doc XII/4, 457 Nr 176).

180 Der Umschwung, den die zu § 1708 BGB aF ergangene *Rechtsprechung des österreichischen OGH* von einer konkreten zur abstrakten Betrachtungsweise vollzogen hat (dazu unten Vorbem 187, 188), mag von dem Wunsch geleitet gewesen sein, eine Billigkeitsprüfung in jedem Einzelfall zu vermeiden. Auch ist es dem OGH trotz seiner Formel, es sei „auf die Auswirkungen, die das deutsche Recht auf die inländische [österreichische] öffentliche Ordnung habe, nur in abstracto Bedacht zu nehmen" (so OGH 4. 3. 1970 ZfRvgl 11 [1970] 282, 284 Anm Hans Hoyer), im allgemeinen gelungen, die spezielle, durch § 1708 BGB aF aufgeworfene Problematik zu lösen, ohne daß Härten im Einzelfall in Kauf genommen werden mußten (unten Vorbem 188). Trotzdem kann der allgemeinen Aussage der neueren Entscheidungen des OGH nicht zugestimmt werden, die Frage einer Verletzung der öffentlichen Ordnung sei „in abstracto" zu beantworten. Sie findet auch in der Rechtsprechung der anderen Vertragsstaaten zu Art 4 keine Stütze. Die Entscheidung der Rb Alkmaar 22. 4. 1965 (NedJur 1966 Nr 5 = DAVorm 1966, 223 = FamRZ 1966, 632; vgl auch unten Vorbem 193), die einen Verstoß des § 1708 BGB aF gegen den niederländischen ordre public „in abstracto" geprüft hat, ist in der niederländischen Rechtsprechung vereinzelt geblieben und im niederländischen Schrifttum allgemein kritisiert worden (Kollewijn WPNR 1968, 45; Deelen NedTIR 15 [1968] 321; Jessurun d'Oliveira FamRZ 1969, 632 Fn 5).

181 IV. Die Einschränkung durch das „offensichtlich"

Die **Entstehungsgeschichte** der Formulierung „manifestement incompatible avec l'ordre public" („mit der öffentlichen Ordnung offensichtlich unvereinbar"), die seit der Unterhaltskonvention im Haager IPR ständig verwendet wird (vgl dazu auch oben Vorbem 8 aE) ist besonders aufschlußreich. Im Bericht des Spezialausschusses von de Winter (Doc VIII 130 f – wiedergegeben auch bei Makarov, Ius et Lex, FS Gutzwiller [1959] 319–321 –) steht darüber folgendes: Der Spezialausschuß hat fünf Varianten in Erwägung gezogen: (1) den ordre public expressis verbis auszuschließen; (2) keine Vorschrift über den ordre public in das Abkommen aufzunehmen; (3) die Fälle abschließend aufzuzählen, in denen vom ordre public Gebrauch gemacht werden darf; (4) die übliche allgemeine Vorbehaltsklausel in das Abkommen aufzunehmen; (5) eine einschränkende Formel („une formule restrictive") des ordre public aufzunehmen. Der Bericht erläutert jede dieser Möglichkeiten:

(1) „Mehrere Delegierte waren der Ansicht, daß in einem Abkommen, das einen humanitären und sozialen Zweck verfolgt, wie den Schutz minderjähriger Kinder, ein ausdrücklicher Verzicht auf die Vorbehaltsklausel am Platze wäre. Die Mehrzahl der anderen Delegierten meinte dagegen, daß . . . in Unterhaltssachen die Anwendung eines ausländischen Gesetzes in Ausnahmefällen gegen den ordre public verstoßen könne. – Es darf im übrigen nicht übersehen werden" – sagt der Berichterstatter –, „daß ein Eingreifen des ordre public den Interessen des Kindes in bestimmten Fällen durchaus nützen kann. Dort wo die Anwendung der Abkommensregeln trotz der Vorschrift des Art 3 nicht zu einem Unterhaltsanspruch des Kindes führt, ist es sehr wohl möglich, daß dieses Ergebnis gegen den ordre public eines der Vertragsstaaten verstößt . . ." (2) „Bringt man – dem Vorschlag einiger Delegierter folgend – keine Bestimmung über die Vorbehaltsklausel, so weicht man dem

Problem aus. Die Gerichte fänden sich dann vor eine Frage gestellt, die in der Konvention nicht beantwortet wird, und man wird vermuten können, daß die meisten Gerichte in dieser Situation von der Vorbehaltsklausel Gebrauch machen würden . . ." (3) „Die Kommission hat ernsthaft die Möglichkeit erwogen, die Fälle abschließend aufzuzählen, in denen die Berufung auf den ordre public berechtigt erscheint. Es hat sich aber als unmöglich erwiesen, eine für alle Delegierten annehmbare Aufzählung zu formulieren . . ." (4) „Die Aufnahme einer allgemeinen ordre public Klausel wäre mit dem Risiko verbunden, daß die Richter die Anwendung des Abkommens zu leicht unter Berufung auf diese Klausel verweigern würden . . ." (5) Diese Überlegungen – verbunden mit der Sorge, daß eine zu häufige Anrufung des ordre public das IPR zu totem Buchstaben („lettre morte") degradieren würde – haben zu der restriktiven Formulierung geführt: „Par cette formule qui laisse intacte la réserve de l'ordre public on exprime néanmoins le désir que l'emploi de cette exception soit restreint le plus possible."

Die meisten Teilnehmerstaaten machten zu dieser Formulierung des Art 4 keine „observations" (Doc VIII 142). Die Stellungnahme der Bundesrepublik Deutschland (Doc VIII 134) brachte ihre Befriedigung über den entworfenen Text zum Ausdruck:

„Le Gouvernement fédéral est particulièrement satisfait de voir que, selon l'article 4, il ne peut être passé outre aux dispositions de la convention que lorsque leur application *serait manifestement incompatible avec l'ordre public de l'Etat dont relève la juridiction saisie.* Il admet que cela met, dans la plus large mesure, les décisons à l'abri du reproche d'être contraires à l'ordre public. Un pareil développement ne pourrait qu'améliorer les relations internationales sur le plan juridique."

Während der Haager Tagung wurde die Formulierung des Art 4 ohne Diskussionen angenommen (Actes VIII 176, 198, 290).

In Übereinstimmung mit den Zielen der Verfasser vertritt das **inländische und ausländische Schrifttum** zum Unterhaltsabkommen allgemein die Auffassung, daß die Vorbehaltsklausel des Art 4 noch enger auszulegen ist als die übliche uneingeschränkte ordre-public-Klausel des autonomen IPR.* Auch in dem Bericht zu der Parallelnorm des Art 11 Abs 1 Haager Unterhaltsabkommen vom 2. 10. 1973 wird wiederum auf die restriktive Funktion des „offensichtlich" hingewiesen (VERWILGHEN Actes et Doc XII/4, 456 f Nr 174). 182

Auch die **Gerichte** mehrerer (nicht aller; zB nicht Frankreichs) Vertragsstaaten haben mit lobenswerter Regelmäßigkeit beachtet, daß die Anwendung der Vorbehaltsklausel durch das „offensichtlich" zusätzlich eingeschränkt werden soll. So wird diese Einschränkung in allen *österreichischen* Entscheidungen, die § 1708 BGB aF in Zusammenhang mit Art 4 erörtert haben (unten Vorbem 186 ff), entweder direkt angesprochen oder durch Verweisung auf einschlägige Vorentscheidungen beachtet. Besonders deutlich und „erfreulich" (so NEUHAUS RabelsZ 31 [1967] 578 Fn 6) – in Anlehnung an Formulierungen von SCHEUCHER – OGH 17. 3. 1965 EvBl 1965 Nr 446: „Diese Vorbehaltsklausel wurde mit voller Absicht strenger formuliert als die allgemeinen innerstaatlichen ordre-public-Klauseln, und es sollte durch die Formulierung des Art 4 der systemwidrige ordre public auf das unabdingbare Minimum beschränkt werden. Wenn schon von der einfachen ordre-public-Klausel sparsamer 183

* Besonders eingehend JESSURUN D'OLIVEIRA NedTIR 15 (1968) 283–293; vgl ferner etwa DE WINTER NedTIR 4 (1957) 152 = WPNR 1958, 74; RAAPE, IPR 100; SCHEUCHER ZfRvgl 4 (1963) 93, 104 und ÖJBl 1964, 453; SCHWIND, Liber amicorum Fredericq II (1965) 1118 f, 1121 und ZfRvgl 5 (1964) 62; DEELEN NedTIR 12 (1965) 419; BISCHOFF Clunet 91 (1964) 774 und JCP 1966 II Nr 14497; DROZ Rev crit 56 (1967) 145; ROTH-STIELOW ZBlJugR 1967, 247; MÜLLER-FREIENFELS, FS Ficker 291 f; VON OVERBECK Rec des Cours 132 (1971-I) 75 f; BILMANS JTrib 1972, 131; vgl auch HANS HOYER ÖJBl 1968, 612, der in der Betonung des Ausnahmecharakters der Vorbehaltsklausel vor allem „eine Absage an das romantische Prinzip des ordre public als Grundlage des IPR" sieht.

Gebrauch zu machen ist, so gilt dies in erhöhtem Maße für die besonders strenge Vorbehaltsklausel des Art 4." Ebenso haben die *niederländischen* Gerichte – in der diesen Entscheidungen eigenen Kürze – das „manifestement" idR wenigstens erwähnt und von der Vorbehaltsklausel einen sparsamen Gebrauch gemacht (vgl zB Hoge Raad 2. 11. 1973 NedJur 1975 Nr 470 = Ars Aequi 1974, 236). Aus der *deutschen,* im Gebrauch der Vorbehaltsklausel ebenfalls zurückhaltenden Rechtsprechung vgl etwa LG Regensburg 19. 2. 1965 DAVorm 1965, 152 und 1966, 153 = IPRspr 1964–65 Nr 144: „Diese Bestimmung [Art 4] ähnelt in etwa der Vorschrift des Art 30 EGBGB, geht aber in den Voraussetzungen noch darüber hinaus." Auch in den *Schweizer* Entscheidungen ist wiederholt auf die Einschränkung der Vorbehaltsklausel hingewiesen worden (OG Zürich 19. 11. 1968 DAVorm 1969, 158; KantonsG St Gallen 9. 7. 1970 DAVorm 1970, 347; OG Solothurn 12. 11. 1973 SchwJZ 1975, 115; ZivilG Baselstadt 4. 3. 1966 BaslerJurMitt 1967, 28).

Im Ergebnis haben fast alle Gerichte – sei es nun unter dem Einfluß des „offensichtlich" oder nicht – einen Verstoß des Unterhaltsrechts eines Vertragsstaates gegen den ordre public verneint.

184 V. Die Anwendung des § 1708 BGB aF in ausländischen Vertragsstaaten

In den ausländischen Vertragsstaaten haben die Gerichte wiederholt prüfen müssen, ob eine Anwendung des § 1708 BGB aF durch den ausländischen Richter aufgrund des Art 4 ausgeschlossen sei (vgl dazu auch von Overbeck Rec des Cours 132 [1971-I] 70 f, 80 f). Als Stein des Anstoßes erwies sich die bis zum Jahre 1970 im deutschen materiellen Recht vorgeschriebene Bemessung des Unterhalts aufgrund der Lebensstellung der Mutter (§ 1708 BGB aF), wobei die Leistungsfähigkeit des Vaters erst in der Zwangsvollstreckung berücksichtigt wurde (§§ 850 ff ZPO). Die Frage, mit der sich vor allem die österreichischen und niederländischen Gerichte besonders intensiv beschäftigt haben, war folgende: Wie kann vermieden werden, daß der in seinem Heimatstaat verklagte österreichische (niederländische) Vater an das in Deutschland lebende Kind aufgrund Art 1 des Haager Unterhaltsabkommens iVm § 1708 BGB aF zu Unterhaltszahlungen verpflichtet wird, die seine Leistungsfähigkeit übersteigen? Nicht selten lagen die Fälle so, daß der Vater außer für das nichteheliche deutsche Kind noch für mehrere eheliche Kinder in seinem Heimatstaat zu sorgen hatte. Der für das nichteheliche deutsche Kind gem § 1708 BGB aF errechnete Betrag konnte dann erheblich höher ausfallen als der Unterhaltsanspruch der ehelichen Kinder im Heimatstaat.

Das NEhelG hat bekanntlich die Änderung gebracht, daß nunmehr bereits im materiellen deutschen Recht die Leistungsfähigkeit des Vaters zu beachten ist. Nach § 1615 c BGB bemißt sich der Unterhalt nach der Lebensstellung *beider* Eltern, und der in § 1615 f BGB vorgesehene Regelunterhalt ist herabzusetzen, wenn er den Betrag wesentlich übersteigt, den der Vater dem Kinde ohne Berücksichtigung der Vorschriften über den Regelunterhalt leisten müßte (§ 1615 h BGB). Durch diese Neuregelung befindet sich das deutsche Recht in Einklang mit dem Grundsatz der meisten ausländischen Rechtsordnungen, daß die Unterhaltshöhe nicht unabhängig von der Lebensstellung des Verpflichteten festgelegt werden kann. Die Problematik des alten deutschen Rechts hat also an Aktualität verloren, sie gehört aber – auch für die ausländischen Gerichte – noch nicht ganz der Vergangenheit an, weil sich die Höhe des Unterhalts, der für die Zeit bis zum Inkrafttreten des NEhelG noch geschuldet wird, nach wie vor nach altem Recht bemißt (vgl Art 12 § 1 NEhelG). Die aufgeworfenen Fragen bleiben außerdem methodisch interessant: zum einen für die funktionelle Methode im IPR (dazu näher Kropholler, FS Bosch [1976] 525), zum anderen als Beispiel für die Bewährung der in Art 4 enthaltenen Einschränkung der Vorbehaltsklausel durch die Formulierung „mit der öffentlichen Ordnung offensichtlich unvereinbar" (dazu oben Vorbem 181–183).

1. Österreich 185

In Österreich ließ sich das Problem verhältnismäßig einfach lösen. Das österreichische Recht berücksichtigt die Leistungsfähigkeit des Vaters zwar schon im materiellen Recht, es besitzt aber außerdem ein dem deutschen Recht vergleichbares Vollstreckungssystem. Insbesondere legt § 6 Abs 2 des österreichischen Lohnpfändungsgesetzes die Rangfolge, in der Unterhaltsansprüche bei einer Zwangsvollstrekkung zu befriedigen sind, in ähnlicher Weise fest wie § 850 d Abs 2 ZPO. Deshalb konnte in Österreich bei einer Vollstreckung in Arbeitseinkommen eine ungerechtfertigte Benachteiligung der ehelichen Kinder und des Ehepartners mit Hilfe des österreichischen Vollstreckungsrechts vermieden werden. Ein Rückgriff auf die deutschen Pfändungsvorschriften, wie ihn Scheucher vorgeschlagen hatte (Scheucher ZfRvgl 4 [1963] 82; ders ÖJBl 1964, 450) und wie er später in den Niederlanden praktiziert wurde (vgl unten Vorbem 192 ff), war in Österreich also nicht erforderlich.
Vor dem Hintergrund des § 6 Abs 2 Lohnpfändungsgesetz sah der österreichische OGH in der Anwendung des § 1708 BGB aF keinen Verstoß gegen den österreichischen ordre public.

In seiner ersten Entscheidung (OGH 12. 6. 1963 EvBl 1963 Nr 404 = ÖJBl 1964, 465 = ZfRvgl 186
4 [1963] 106) kam der OGH zu dem Ergebnis, „daß von einer starren Anwendung des § 1708 Abs 1 BGB Abstand genommen werden muß, vielmehr auch die Leistungsfähigkeit und die Sorgepflichten des Beklagten zu berücksichtigen sind." Die starre Anwendung der deutschen Vorschrift könne – „je nach den Umständen des konkreten Falles" – zu einem Eingreifen des ordre public führen. In einem ein Jahr später erlassenen Urteil sagte der OGH (8. 6. 1964 EvBl 1964 Nr 425) unter Bezugnahme auf seine erste Entscheidung noch einmal, „daß eine starre Anwendung der Bestimmung des § 1708 Abs 1 BGB gegen den ordre public verstoßen kann, wenn der danach Berechtigte Anspruchskonkurrenten hat, die österreichischem Recht unterliegen und sich die Berücksichtigung der Leistungsfähigkeit des Verpflichteten gefallen lassen müssen, daß aber diese Frage immer nur unter Bedachtnahme auf die Umstände des einzelnen Falles entschieden werden kann." Im konkreten Fall sah der OGH keinen Anlaß, von der Vorbehaltsklausel Gebrauch zu machen.

Im Unterschied zu diesen beiden Entscheidungen, die auf die Folgen einer Anwendung deutschen 187
Rechts *im konkreten Fall* abstellen, formulierte bereits OGH 24. 9. 1963 (EvBl 1964 Nr 25 = ÖJBl 1964, 467 = ZfRvgl 5 [1964] 175) *allgemeiner:* „Es muß auf die Auswirkungen Bedacht genommen werden, die diese Regelung [des deutschen Rechts] im Zusammenhalt mit den sonstigen bei der Festsetzung und Hereinbringung des Unterhaltes zur Anwendung kommenden Bestimmungen auf die inländische öffentliche Ordnung hat." Der OGH stellte entscheidend darauf ab, daß durch die Festsetzung der Rangordnung in § 850 d Abs 2 ZPO Vorsorge gegen eine ungerechtfertigte Benachteiligung der ehelichen Kinder und des Ehepartners getroffen wurde. Der Bestimmung des § 850 d Abs 2 ZPO entspreche die in Österreich geltende Vorschrift des § 6 Abs 2 LohnpfG, „so daß die Erreichung des durch die Festsetzung der Rangordnung im § 850 d Abs 2 ZPO angestrebten Zweckes auch im Inland sichergestellt ist." Bei dieser Sachlage könne nicht gesagt werden, daß die Anwendung der Bestimmung des § 1708 BGB mit der in Österreich herrschenden öffentlichen Ordnung „im vorliegenden Fall" offensichtlich unvereinbar sei. – Ganz deutlich wird der Umschwung in der Rechtsprechung des OGH von einer konkreten Würdigung des Einzelfalles zu einer abstrakten Betrachtungsweise in der vierten veröffentlichten Entscheidung (OGH 17. 3. 1965 EvBl 1965 Nr 446). Hier sagte der OGH unter Berufung auf seine eben genannten Entscheidungen vom 24. 9. 1963 ausdrücklich, es sei *„nur abstrakt"* auf die Auswirkungen Bedacht zu nehmen, die das deutsche Recht auf die österreichische öffentliche Ordnung hat. Entgegen der in den beiden früheren Entscheidungen vom 12. 6. 1963 und vom 8. 6. 1964 vertretenen Auffassung könne nicht behauptet werden, daß die österreichischen Grundsätze der familienrechtlichen Unterhaltsbemessung „so gewichtig und charakteristisch für die österreichische Rechtsordnung wären, daß ein Verstoß gegen sie die Anwendung der besonders streng formulierten Vorbehaltsklausel des Art 4 rechtfertigen würde." Der OGH kommt zu dem Ergebnis, „daß die zwischen der österreichischen und der deutschen Regelung des Unterhaltsrechtes bestehenden gewichtigen Unterschiede und die mit der Anwendung der deutschen Normen fallweise für den Unterhaltspflichtigen verbundenen zwangsläufigen Härten keinesfalls so schwerwiegend sind, um sagen zu können, daß

sie mit der öffentlichen Ordnung in Österreich offensichtlich unvereinbar seien. Es würde überdies dem Sinne und dem Zwecke des genannten Übereinkommens widersprechen und dieses praktisch wirkungslos machen, wenn die aufgezeigten Unterschiede der beiden Rechtsordnungen zum Anlaß der Anwendung der Vorbehaltsklausel des Art 4 genommen würden."

188 Den Ausführungen dieser Entscheidung ist der OGH in der Folgezeit – häufig unter wörtlicher Anlehnung – treu geblieben. Der OGH betont immer wieder, es sei nur **„in abstracto"** auf die Auswirkungen der Anwendung deutschen Rechts Bedacht zu nehmen, die zwischen dem österreichischen und dem deutschen System bestehenden Unterschiede könnten bei abstrakter Betrachtungsweise eine Anwendung des Art 4 nicht rechtfertigen. Die wirtschaftlichen Verhältnisse des Vaters und seine sonstigen Sorgepflichten seien also, wie es deutschem Recht entspreche, außer acht zu lassen. Härten im Einzelfall – die freilich in keinem der vom OGH entschiedenen Fällen sichtbar aufgetreten sind – seien hinzunehmen (OGH 15. 9. 1965 ÖRiZ 1966, 128; 2. 2. 1966 ÖJBl 1966, 428; 20. 9. 1966, ÖRiZ 1967, 71; 25. 1. 1967 ÖJBl 1968, 619; 29. 3. 1967 ÖJBl 1968, 620 = ZfRvgl 10 [1969] 59 krit Anm Hans Hoyer; 27. 6. 1968 DAVorm 1969, 190; 4. 3. 1970 ZfRvgl 11 [1970] 282 krit Anm Hans Hoyer; auch LGZ Wien 16. 10. 1970 ZfRvgl 15 [1974] 65 krit Anm Peter Böhm; auf der Linie der Rechtsprechung liegt im Schrifttum Pichler ÖJZ 1965, 257).

189 In der österreichischen *Literatur* sind gegen diese Rechtsprechung Bedenken angemeldet worden. So ist gesagt worden, die Regelung des § 1708 BGB erscheine in zweifacher Hinsicht geeignet, den *Gleichheitsgrundsatz* zu verletzen, nämlich soweit die konkurrierenden Ansprüche inländischer Unterhaltsberechtigter ungebührlich verkürzt werden und soweit der Beklagte, der Lohnempfänger ist, gegenüber dem selbständig Erwerbstätigen begünstigt wird (Haselberger ÖJZ 1967, 287). Aber die Ungleichheit, die in der Begünstigung des Lohnempfängers gegenüber dem selbständig Erwerbstätigen liegt, kennt nicht nur das deutsche, sondern auch das österreichische Exekutionsrecht, ohne daß darin ein Verfassungsverstoß gesehen würde. Die Ansicht Haselbergers hat in der österreichischen Praxis keinen Widerhall gefunden. Der Gedanke, daß bei der Rechtsprechung des OGH eine ungerechtfertigte Verkürzung anderer, vor allem österreichischer Unterhaltsberechtigter eintreten kann, ist in einem weiteren Aufsatz ausgebaut worden (Hans Hoyer ÖJBl 1968, 609). Nach Hans Hoyer ist das Verbot der Schlechterstellung ehelicher Kinder gegenüber dem unehelichen Kind Inhalt des österreichischen ordre public. Wenn eine Lohnpfändung in Rede steht, sorgt schon § 6 Abs 2 LohnPfG für den nötigen Ausgleich. Wenn aber eine Realexekution in Frage kommt, etwa bei einem selbständigen Landwirt oder Gewerbetreibenden, müsse eine Schlechterstellung der ehelichen Kinder über Art 4 des Abkommens verhindert werden. Der OGH hat diese Auffassung in seiner Entscheidung vom 4. 3. 1970 (oben Vorbem 188) ausdrücklich abgelehnt. Nach Ansicht des OGH „zeigt H. Hoyer nur rechtlich ungünstige Auswirkungen der Anwendung des deutschen Rechtes auf Dritte auf, was aber keinen Anlaß bietet, vom Vorbehalt des Art 4 des Unterhaltsabkommens Gebrauch zu machen."

190 **Insgesamt** hat der OGH mit seiner Rechtsprechung, die ein Eingreifen des österreichischen ordre public gegenüber § 1708 BGB aF ablehnt, den Regelfall, in dem § 6 Abs 2 LohnpfG zum Zuge kommt, gewiß zutreffend entschieden. Diese Judikatur entspricht auch der Intention des Abkommens, bei der Anwendung des ordre public größte Zurückhaltung vorzuschreiben (oben Vorbem 181). Es ginge aber zu weit, jede Berufung auf den ordre public mit dem Sinn und Zweck des Übereinkommens für unvereinbar zu erklären (insoweit mißverständlich OGH oben Vorbem 187 aE). So kann *nach den Umständen des konkreten Falles* ein Rückgriff auf den ordre public mE durchaus angezeigt sein, wenn § 6 Abs 2 LohnpfG nicht eingreift und mehrere unterhaltsberechtigte eheliche Kinder sonst benachteiligt würden. Für diese von Haselberger und Hans Hoyer zutreffend herausgearbeiteten Fallgruppen hat sich der OGH durch seine „abstrakte" Betrachtungsweise (zu ihr kritisch oben Vorbem 179, 180) den Weg zu einer billigen Lösung verbaut.

2. Schweiz 191

In der Schweiz hat die Rechtsprechung einen Verstoß des früheren deutschen Unterhaltsrechts gegen den ordre public – ebenso wie in Österreich – verneint. Die wenigen Schweizer Entscheidungen, die zu der Frage veröffentlicht wurden, kommen übereinstimmend zu diesem Ergebnis. Ausschlaggebend ist, daß das schweizerische Beitreibungsrecht im allgemeinen eine Korrektur der unbilligen Ergebnisse ermöglicht, die § 1708 BGB aF heraufbeschwören kann. Insoweit ist die Rechtslage in der Schweiz der in Deutschland und in Österreich vergleichbar. Zwar hat das OG Thurgau das Nichteingreifen des ordre public nur mit dem allgemeinen Hinweis begründet, Staatsverträge seien so einzuhalten, wie sie vereinbart worden sind, und gegenüber dem Inhalt von Staatsverträgen könne der ordre public überhaupt nicht geltend gemacht werden, auch wenn der Inhalt von der sonst üblichen einheimischen Auffassung abweiche (OG Thurgau 3. 10. 1968 SchwJZ 1969, 347 = DAVorm 1969, 293). Dabei wurde Art 4 des Abkommens offenbar übersehen. Aber die anderen Urteile stellen entscheidend auf die vollstreckungsrechtlichen Möglichkeiten ab.

So sagt das OG Zürich 24. 10. 1967 (SchwJZ 1968, 51, 53 = DAVorm 1967, 376): „Zwar kann man mit guten Gründen den Standpunkt vertreten, daß die Bemessung der Höhe der Unterhaltsbeiträge nach Art 319 ZGB [jetzt Art 285 ZGB] zu befriedigenderen Resultaten führe als diejenige nach § 1708 BGB, doch läßt sich auch die zuletzt erwähnte Bestimmung sachlich rechtfertigen: Sie will ein Hineinwachsen des Kindes in die soziale Stellung und die Lebensverhältnisse der Mutter ermöglichen, da das Kind regelmäßig in diesem Milieu aufwächst oder aufwachsen soll. Vor allem aber muß betont werden, daß auch nach deutschem Recht insofern ein Korrektur allfälliger stoßender Resultate durch das Vollstreckungsrecht vorgenommen wird, indem die Bestimmungen über die Lohnpfändung für einen hinreichenden Schutz des Vaters und seiner ehelichen Kinder sorgen. Gleiches trifft nach schweizerischem Vollstreckungsrecht zu; und für Fälle wie den vorliegenden, wo der Schuldner außer für die engere Familie auch für Alimentengläubiger aufzukommen hat, stellte das Bundesgericht sogar eine Formel auf, die den Existenzminima aller Beteiligten Rechnung trägt (BGE 71 [1945] III 177 f).“ – Auch das BezG Muri 8. 5. 1967 (DAVorm 1967, 343) und die bestätigende Rechtsmittelentscheidung OG Aarau 23. 2. 1968 (AargGVE 1968, 30 = DAVorm 1968, 403) weisen auf den beitreibungsrechtlichen Schutz nach schweizerischem Exekutionsrecht hin. Außerdem waren die auf das deutsche Recht gestützten Unterhaltsforderungen nach den Feststellungen des OG Aarau „offensichtlich niedriger als die von den schweizerischen Gerichten gegenwärtig in der Regel zugesprochenen Unterhaltsbeiträge.“

3. Niederlande 192

In den Niederlanden ist die Problematik der Anwendung des § 1708 BGB aF am häufigsten aufgetreten (dazu Jessurun d'Oliveira NedJbl 1968, 345: „Nach der Rechtsprechung suchen oder finden niederländische Väter häufig deutsche Mütter für ihre unehelichen Kinder“). Die Anwendung des § 1708 BGB aF mußte hier auf besonders starke Bedenken stoßen, weil das niederländische Zwangsvollstreckungsrecht einen dem deutschen Recht vergleichbaren Schuldnerschutz nicht kennt. Eine Zwangsvollstreckung aus Unterhaltstiteln ist in den Niederlanden nahezu unbegrenzt zulässig (Jessurun d'Oliveira FamRZ 1965, 632); die Leistungsfähigkeit des Vaters wird bereits im materiellen Recht berücksichtigt. Trotzdem haben auch die niederländischen Gerichte die Anwendung des deutschen Rechts im allgemeinen nicht am ordre public scheitern lassen. Der Grund hierfür ist angesichts des knappen romanischen Entscheidungsstils nicht eindeutig erkennbar. Er mag einfach in dem erfreulichen Bestreben liegen, das Recht des Nachbarlandes nach Möglichkeit nicht verständnislos beiseite zu schieben. Aber auch die Einschränkung der staatsvertraglichen ordre-public-Klausel durch das „manifestement“ hat ihre Wirkung wohl nicht verfehlt.

193 In den ersten Jahren der Geltung des Übereinkommens hat die Rechtsprechung noch geschwankt (vgl die Nachweise der bis 1968 ergangenen Urteile bei JESSURUN D'OLIVEIRA FamRZ 1969, 631; weitgehend identisch ders NedJbl 1968, 345; eine englischsprachige Rechtssprechungsübersicht findet sich in NedTIR 15 [1968] 316 ff Anm DEELEN). Einige Untergerichte haben § 1708 BGB aF ohne Modifikationen angewandt, andere haben darin einen Verstoß gegen den ordre public gesehen. So hat die Rb Alkmaar 22. 4. 1965 (NedJur 1966 Nr 57 = DAVorm 1966, 223 = FamRZ 1969, 632) „in abstracto" (dazu oben Vorbem 180) einen Verstoß gegen den ordre public verneint mit dem Ergebnis, daß ein Holländer, der bereits gegenüber neun Personen unterhaltspflichtig war, zur Zahlung von 85 DM verurteilt wurde, obwohl er nach Ansicht des Gerichts billigerweise nur zu einer monatlichen Unterhaltsleistung von 20 Hfl hätte verurteilt werden dürfen. Einige andere Untergerichte haben im konkreten Fall einen offensichtlichen Verstoß gegen den ordre public bejaht (zB Rb Dordrecht 19. 3. 1969 krit Bericht JESSURUN D'OLIVEIRA WPNR 1971, 211, sowie Honderd Jaar Rechtsleven 281; 28. 6. 1972 krit Bericht JESSURUN D'OLIVEIRA WPNR 1974, 455; Rb Leeuwarden 6. 6. 1968 krit Bericht JESSURUN D'OLIVEIRA WPNR 1971, 209).

194 Indes hat sich bald eine **Übereinstimmung** fast aller niederländischen Gerichte **in folgendem Ergebnis** herauskristallisiert: Der Unterhalt wird zwar gem § 1708 BGB aF allein nach der Lebensstellung der Mutter berechnet, aber es werden die deutschen Pfändungsvorschriften der §§ 850 ff ZPO im Erkenntnisverfahren sogleich mitberücksichtigt. Über das nach deutschem Vollstreckungsrecht pfändbare Arbeitseinkommen hinaus wird von den niederländischen Gerichten folglich kein Unterhalt zugesprochen. Dadurch können die in den deutschen Unterhaltstabellen ausgewiesene Beträge faktisch erheblich herabgesetzt werden. Für dieses Verfahren finden sich verschiedene Begründungen.

195 Der Hof Hertogenbosch 25. 5. 1965 (NedJur 1965 Nr 354 = FamRZ 1969, 633) meinte in seinem *im Ergebnis* bahnbrechenden Beschluß, die deutschen Bestimmungen über die Unterhaltspflicht stünden unter dem *„stillschweigenden Vorbehalt"*, daß bei der Lohnpfändung die Zahlungsfähigkeit berücksichtigt werde. Diese Konstruktion wurde jedoch auch in den Niederlanden als gekünstelt und nicht tragfähig angesehen (JESSURUN D'OLIVEIRA NedJbl 1966, 361 ff; ders FamRZ 1969, 633). Sie fand wenig Widerhall.

196 Die meisten Gerichte haben zur **Begründung** für die Berücksichtigung der §§ 850 ff ZPO *funktionell* argumentiert. So haben auf den – auch – materiellrechtlichen Gehalt der §§ 850 ff ZPO und den engen Zusammenhang des § 850 d ZPO mit § 1708 BGB aF namentlich mehrere Entscheidungen des Hof Arnhem abgestellt (zB 4. 1. 1967 NedJur 1967 Nr 369; 31. 1. 1967 NedJur 1967 Nr 447 = DAVorm 1967, 100; 23. 4. 1968 NedJur 1969 Nr 173 = DAVorm 1969, 38). Auch das höchste niederländische Gericht, der Hoge Raad, der die Frage schließlich entschieden hat, lieferte eine funktionelle Begründung, der man zustimmen kann. Der Hoge Raad qualifiziert nicht die einzelnen Normen, sondern die Rechtsfrage – nach der Leistungsfähigkeit des Unterhaltsverpflichteten –, und entscheidet bei deren Abgrenzung funktionell, also unabhängig von der Systemgrenze zwischen materiellem Recht und Verfahrensrecht (Hoge Raad 2. 11. 1973 NedJur 1975 Nr 478 = Ars Aequi 1974, 236 Anm JESSURUN D'OLIVEIRA).

Die Begründung lautet: „Das Abkommen will nicht nur regeln, welche Rechtsordnung zur Feststellung der unterhaltsberechtigten Kinder und der zum Unterhalt verpflichteten Personen angewandt werden muß, sondern auch, welches Recht das Ausmaß dieser Unterhaltspflichten bestimmt. Einer der wichtigsten Faktoren, die in den nationalen Rechtsordnungen eine Rolle spielen, um die Höhe der vom Unterhaltspflichtigen zu zahlenden Unterhaltsleistungen zu bestimmen, ist die Leistungsfähigkeit des Unterhaltspflichtigen. Es muß deshalb angenommen werden, daß die Konvention, indem sie auch für das Ausmaß der Unterhaltsansprüche auf das Recht des gewöhnlichen Aufenthalts des Kindes verweist, damit auf alle Bestimmungen dieser Rechtsordnung verweist, die für die Festsetzung der vom Unterhaltspflichtigen zu zahlenden Beträge von Bedeutung sind, gleichviel, ob diese Bestimmungen, sofern sie sich auf die Leistungsfähigkeit des Unterhaltspflichtigen beziehen, in der betreffenden Rechtsordnung ihren Platz im Prozeßrecht gefunden haben. Nur auf diese Weise kommt die Zielsetzung des Vertrages so vollständig wie möglich zu ihrem Recht."

197 Um aus den deutschen Vollstreckungsnormen einen materiellrechtlichen Maßstab zu entnehmen, mußte in den Niederlanden das internationalprivatrechtliche Instrument der **Anpassung** verwendet werden. Darauf hat vor allem JESSURUN D'OLIVEIRA wiederholt aufmerksam gemacht (andeutungsweise schon in FamRZ 1969, 636; eingehender in Honderd Jaar Rechtsleven 285 ff, in Art Aequi 1974, 241 und in 'T Exempel Dwinght, FS Kisch [1975] 246). Dem sind vor der Entscheidung des Hoge Raad vom 2. 11. 1973 einige niederländische Gerichte gefolgt. Insbes hatte die Rb Amsterdam wiederholt ausgesprochen, „daß bei Festsetzung der Unterhaltsverpflichtung gegenüber dem Kind die Leistungsfähigkeit des Beklagten im Wege einer Anpassung berücksichtigt werden müsse in Analogie zu §§ 850 ff ZPO, einer Regelung, die sich – als Teil des deutschen Vollstreckungsrechts nicht materiellrechtlicher Art – zur unmittelbaren Anwendung durch den niederländischen Richter nicht eignet" (zB Rb Amsterdam 27. 1. 1972 NedJur 1973 Nr 461 = WPNR 1974, 455 f).

198 **Aus deutscher Sicht** wird man die in den Niederlanden praktizierte Einbeziehung der §§ 850 ff ZPO in das Erkenntnisverfahren in Rechnung zu stellen haben, wenn auf Unterhaltsrückstände für die Zeit vor dem 1. 7. 1970 geklagt wird. Man wird dieser Rechtsprechung im Ergebnis auch zustimmen können. Wie jede Anpassung bringt zwar auch die in den Niederlanden praktizierte Anpassung des deutschen Rechts eine gewisse Modifizierung des angepaßten Rechts mit sich. Denn es macht natürlich einen Unterschied, ob ein Anspruch in voller Höhe besteht, aber in der Zwangsvollstreckung nur beschränkt durchsetzbar ist, wie es das deutsche Recht vorsieht, oder ob er – wie von der niederländischen Rechtsprechung – im Urteil nur in verkürztem Umfang zugesprochen wird. Aber die gewählte Anpassung ist berechtigt. Denn die Zwangsvollstreckung in den Niederlanden kann nicht etwa unter Einhaltung bestimmter deutscher Vorschriften durchgeführt werden. So erreicht die Anpassung mit dem geringstmöglichen Eingriff die Lösung, die der Zielsetzung der Konvention am besten entspricht. Der Sinn der deutschen Regelung wurde zutreffend erfaßt und das schwere Geschütz des ordre public vermieden. Nur wenn eine Zwangsvollstreckung in Arbeitseinkommen gar nicht in Rede steht, etwa weil der Vater kein Gehaltsempfänger, sondern Selbständiger ist, entspricht die Anpassung mE nicht mehr dem Geist des deutschen Rechts. Der niederländische Richter hätte dann zu prüfen, ob die Nichtberücksichtigung der Leistungsfähigkeit in concreto einen Verstoß gegen Art 4 bedeutet. Als Ersatzrecht müßte die niederländische lex fori angewendet werden.

4. Frankreich 199

In Frankreich sind wenig Entscheidungen bekannt geworden.

In einigen Urteilen wurde § 1708 BGB aF angewandt, ohne daß auch nur erwogen wurde, in der Nichtberücksichtigung der Leistungsfähigkeit des Vaters könne ein Verstoß gegen den ordre public liegen (Trib civ Metz 29. 10. 1963 Rev crit 53 [1964] 336 Anm DROZ; Cour d'appel Lyon 3. 3. 1966 D 1966 Somm 84 = Rev crit 56 [1967] 141 Anm DROZ = Clunet 93 [1966] 826 Anm MALAURIE). Die Entscheidung der Cour d'appel Lyon bedeutet jedoch schon deshalb keine starke Stütze für die Verneinung eines Widerspruchs zum französischen ordre public, weil die Forderung in diesem Urteil mit anderer Begründung abgewiesen wurde.

In mehreren Entscheidungen wurde ein *Verstoß gegen den ordre public bejaht.* So hat es die Cour d'appel Paris als Prinzip des französischen „ordre public international" bezeichnet, daß die Höhe des Unterhaltsbetrages unter Berücksichtigung sowohl der Bedürfnisse des Kindes als auch der finanziellen Leistungsfähigkeit des Vaters und der Mutter festzustellen ist (Cour d'appel Paris 3. 12.

1964 JCP 1966 II Nr 14497 Anm BISCHOFF = Rev crit 54 [1965] 697 Anm PONSARD). In dieser Entscheidung wirkte sich das Eingreifen des ordre public zugunsten des Kindes aus, da der Vater besonders kapitalkräftig war. Das Gericht hat freilich die Anwendbarkeit der Haager Konvention und damit auch den Gesichtspunkt übersehen, daß die Anwendung des ordre public dort in möglichst engen Grenzen gehalten werden sollte (so BISCHOFF aaO). – Eine andere Entscheidung der Cour d'appel Paris vom 15. 10. 1964, in der das Gericht ebenfalls einen Verstoß gegen den ordre public angenommen und die Leistungsfähigkeit des Beklagten geprüft hat, ist vom Kassationshof bestätigt worden (Cass 16. 2. 1966 DAVorm 1966, 155). Ob die Cour d'appel das Abkommen berücksichtigt hatte, ist nicht ersichtlich. – Schließlich hat die Cour d'appel Douai 4. 4. 1967 (DAVorm 1969, 356, 358) in Anwendung der Konvention entschieden, der französische Beklagte müsse „die in § 1708 BGB vorgesehene Unterhaltspflicht erfüllen, freilich mit der Einschränkung, die sich daraus ergibt, daß diese Vorschrift insoweit mit der öffentlichen Ordnung in Frankreich unvereinbar ist, als nach ihr der geschuldete Unterhalt den gesamten Bedarf des Kindes entsprechend der Lebensstellung der Mutter umfaßt, ohne daß auf die Leistungsfähigkeit des Schuldners Rücksicht genommen wird. Der Beitrag ... bemißt sich daher, wie im französischen Recht vorgesehen, nach den Bedürfnissen des Kindes und der Leistungsfähigkeit sowohl des angeblichen Vaters als auch der Mutter."

Mit dieser Rechtsprechung, die von einer Anwendung des deutschen Rechts wegen Verstoßes gegen den ordre public absieht und als Ersatzrecht die französische lex fori anwendet, wird man bei Klagen auf Unterhaltsrückstände vor französischen Gerichten rechnen müssen. Die elegantere niederländische Konstruktion einer Anpassung des deutschen Rechts (oben Vorbem 192–198) ist nach Frankreich nicht durchgedrungen. Die mit den beiden verschiedenen Konstruktionen erzielten Ergebnisse werden sich freilich im allgemeinen nicht unterscheiden.

200 5. Das neue Haager Unterhaltsabkommen von 1973

Das für die Bundesrepublik Deutschland noch nicht in Kraft getretene Haager Unterhaltsabkommen vom 2. 10. 1973, das sich von der Unterhaltskonvention aus dem Jahre 1956 vor allem durch die Einbeziehung der Unterhaltsansprüche Erwachsener unterscheidet, hat die erörterte Problematik auf andere Weise als die österreichische und die niederländische Rechtsprechung ausdrücklich gelöst. Dem Art 11 der neuen Konvention, dessen Abs 1 die im Haager Kollisionsrecht übliche eingeschränkte ordre-public-Klausel enthält, wurde als Abs 2 folgende Bestimmung angefügt: „Jedoch sind bei der Bemessung des Unterhaltsbetrags die Bedürfnisse des Berechtigten und die wirtschaftlichen Verhältnisse des Unterhaltsverpflichteten zu berücksichtigen, selbst wenn das anzuwendende Recht etwas anderes bestimmt." Die Vorschrift ist zweifellos auf die Schwierigkeiten zurückzuführen, die den ausländischen Gerichten in der Anwendung des § 1708 BGB aF entstanden sind (BELLET Clunet 101 [1974] 14). Trotz der Änderung des deutschen Unterhaltsrechts durch das NEhelG hielt man eine Normierung für erforderlich, weil angesichts der unbeschränkten Möglichkeit des Beitritts dritter Staaten zu der neuen Konvention (Art 21) eine Konfrontierung der Gerichte mit ähnlichen Bestimmungen wie § 1708 BGB aF nicht ausgeschlossen schien (vgl die Diskussion über den Antrag des deutschen Delegierten STÖCKER, die Bestimmung [Art 10 des Vorentwurfs] zu streichen; Actes et Doc XII/4, 320 f). Die neue Vorschrift erscheint jedoch wenig geglückt, weil sie unklar gefaßt ist und systematische Grundlinien verwischt (näher KROPHOLLER, FS Bosch [1976] 531). Da ein Regelungsbedürfnis in unserer Frage nicht mehr recht erkennbar ist und da die neue Unterhaltskonvention bedauerlicherweise ohnehin mehr als doppelt so viele Artikel zählt wie die alte, hätte man von dem ungewöhnlichen Unterfangen dieser Normierung wohl besser Abstand genommen.

VI. Andere Einzelfragen

1. Mehrverkehrseinrede 201

Ein Ausschluß der Mehrverkehrseinrede widersprach schon vor dem NEhelG nicht dem deutschen ordre public (LG Hechingen 1. 6. 1967 DAVorm 1967, 204 = IPRspr 1966–67 Nr 134; ROTH-STIELOW ZBlJugR 1967, 247–249; SOERGEL-KEGEL Art 22 Anh 6). Das dürfte nach Einführung von § 1600 o BGB selbstverständlich sein. Das gleiche Ergebnis befürwortet für die *Niederlande* JESSURUN D'OLIVEIRA NedTIR 15 (1968) 266–306. Daß auch die niederländische Praxis auf dieser Linie liegt, zeigt sich verstärkt durch die Anwendung des deutschen Nichtehelichenrechts in den Niederlanden. Die *französische* Rechtsprechung ist noch nicht einheitlich, zeigt aber eine gewisse Tendenz, auf Unterhaltsklagen auch ausländische Rechtsordnungen anzuwenden, die eine exceptio plurium nicht kennen (vgl etwa Cass 15. 12. 1964 Rev crit 54 [1965] 55 Anm PAUL LAGARDE [Österreich]; Cass 22. 12. 1970 Rev crit 60 [1971] 712 Anm FOYER [§ 1717 BGB aF]; anders Cour d'appel Paris 27. 4. 1973 Rev crit 63 [1974] 93 Anm SIMON-DEPITRE; ferner die Übersicht bei JESSURUN D'OLIVEIRA NedTIR 15 [1968] 295–298).

Umgekehrt wird man in Staaten, die eine exceptio plurium nicht kennen – wie heute Deutschland – im allgemeinen keinen Verstoß gegen den ordre public darin sehen, diese Einrede aufgrund ausländischen Rechts anzuwenden (so die österreichische Rechtsprechung zu § 1717 BGB aF: OGH 30. 6. 1966 ZfRvgl 8 [1967] 239 Anm KRAMER; KreisG [168] 18. 2. 1965 ZfRvgl 7 [1966] 108).

2. Zeitliche Grenzen für den Unterhaltsanspruch 202

Die für den Unterhaltsanspruch oder seine Geltendmachung in einer fremden Rechtsordnung gesetzten zeitlichen Grenzen sind von der Rechtsprechung verschiedener Staaten wiederholt auf ihre Vereinbarkeit mit dem ordre public des Forums überprüft worden; s dazu auch WUPPERMANN, Ordre public 244 ff.

a) Der **deutsche ordre public** wird durch die *einjährige Klagefrist* des Schweizer 203 Rechts (Art 308 ZGB aF; Art 263 ZGB nF) nicht berührt (OLG Stuttgart 25. 11. 1970 IPRspr 1970 Nr 89). – Auch die Zuerkennung eines Unterhaltsanspruchs des nichtehelichen Kindes *über das 18. Lebensjahr* hinaus bis zur sog Selbsterhaltungsfähigkeit widerspricht nicht dem deutschen ordre public (so zum österreichischen Recht LG Regensburg 11. 2. 1965 DAVorm 1965, 152 und 1966, 153 = IPRspr 1964–65 Nr 144; LG Hechingen DAVorm 1967, 204 = IPRspr 1966–67 Nr 134). Das dürfte nach Erlaß des NEhelG in Deutschland selbstverständlich sein.

b) Folgende Regelungen des deutschen Rechts halten dem **ausländischen ordre** 204 **public** stand: Die Möglichkeit, *Unterhalt für die Vergangenheit* zu fordern, verstößt nicht gegen den österreichischen ordre public (st Rspr, zB OGH 12. 6. 1963 EvBl 1963 Nr 404 = ÖJBl 1964, 465 = ZfRvgl 4 [1963] 106; 8. 6. 1964 EvBl 1964 Nr 425; 25. 1. 1967 ÖJBl 1968, 619; 5. 11. 1968 EvBl 1969 Nr 180 = DAVorm 1969, 192; ebenso SCHEUCHER ZfRvgl 4 [1963] 105); auch nicht gegen den französischen (Cour d'appel Lyon 3. 3. 1966 Clunet 93 [1966] 826 Anm MALAURIE = Rev crit 56 [1967] 141 Anm DROZ = D 1966 Somm 84; Cour d'appel Paris 16. 11. 1967 DAVorm 1968, 210 = GazPal 1968 I CEE 17 Anm PADIS = Rev crit 58 [1969] 773); vgl auch Trib gr inst Draguignan 6. 6. 1968 GazPal 1968 II 342 Anm SARRAUTE = Rev crit 58 [1969] 772, wo in der Frist des Art 2277 Cc eine zwingende zeitliche Grenze gesehen wird; die zweijährige Klagefrist des französischen Rechts (Art 340–4 iVm Art 342–6 Cc) gehört nicht zum französischen ordre public (Cour d'appel Paris 4. 3. 1977 DAVorm 1978, 562). – Die *dreißigjährige Verjährungsfrist* des deutschen Rechts verstößt nicht gegen den schweizerischen ordre public; die einjährige Klagefrist des Art 308 ZGB aF (Art 263 Abs 1 ZGB nF) gehört nicht zum Schweizer ordre public (BG 12. 3. 1970 DAVorm 1970, 199; OG Zürich 21. 9. 1965 BlZürchRspr 65 [1966] Nr 101; 22. 8. 1967 Recueil Asser 116 f; 19. 11. 1968 DAVorm 1969, 158; OG Solothurn 12. 11. 1973 SchwJZ 1975, 115; 7. 10. 1974 SchwJZ 1975, 335 = Solothurn Gerichtspraxis 1974 Nr 1; ZivilG Baselstadt 4. 3. 1966 BaslerJurMitt 1967, 28; 21. 2. 1973 DAVorm 1973, 580).

205 **3. Zahlvaterschaft des § 1708 BGB aF und ausländischer ordre public**

In *Frankreich* und in *Luxemburg* ist wiederholt entschieden worden, daß die Zahlvaterschaft des deutschen § 1708 BGB aF nicht gegen den ordre public verstößt (Cour d'appel Lyon 3. 3. 1966 Clunet 93 [1966] 826 Anm Malaurie = Rev crit 56 [1967] 141 Anm Droz = D 1966 Somm 84; Cour d'appel Douai 4. 4. 1967 DAVorm 1969, 356; Cour d'appel Paris 16. 11. 1967 DAVorm 1968, 210 = GazPal 1968 I CEE 17 Anm Padis = Rev crit 58 [1969] 773; Trib gr inst Draguignan 6. 6. 1968 GazPal 1968 II 342 Anm Sarraute = Rev crit 58 [1969] 772; Trib gr inst Castres 13. 3. 1969 DAVorm 1969, 353 = Clunet 97 [1970] 721 Anm Kalou; Luxemburg: Cour Supérieure de Justice 21. 6. 1966 Pas lux 20, 122; 22. 5. 1967 Pas lux 20, 326; 4. 12. 1968 Pas lux 21, 208). – Zur Berücksichtigung der Leistungsfähigkeit des Vaters durch ausländische Gerichte trotz § 1708 BGB aF vgl oben Vorbem 184 ff.

206 **4. Abänderbarkeit von Unterhaltstiteln nach deutschem Recht und Schweizer ordre public**

Die Schweizer Judikatur ist der Auffassung, daß die Möglichkeit, ein rechtskräftiges Urteil abzuändern, nicht gegen den Schweizer ordre public verstößt, auch wenn diese Möglichkeit – wie in § 323 ZPO – unter weiteren Voraussetzungen gegeben ist als in Art 320 ZGB aF, Art 286 ZGB nF (OG Zürich 14. 2. 1972 BlZürchRspr 7 [1972] 83, 84). Ob an die Abänderung solcher Urteile mehr oder weniger strenge Anforderungen gestellt werden, ist eine sekundäre Frage, welche mit dem ordre public nichts mehr zu tun hat (so KantonsG St Gallen 9. 7. 1970 DAVorm 1970, 347, 348).

Art 5
[Sachliche Grenzen des Anwendungsbereichs]

Dieses Übereinkommen findet auf die unterhaltsrechtlichen Beziehungen zwischen Verwandten in der Seitenlinie keine Anwendung.

Das Übereinkommen regelt das Kollisionsrecht nur auf dem Gebiet der Unterhaltspflicht. Der Frage der sonstigen familienrechtlichen Beziehungen zwischen Schuldner und Gläubiger und der Frage der Abstammung kann durch Entscheidungen, die auf Grund dieses Übereinkommens ergehen, nicht vorgegriffen werden.

Art 5

La présente Convention ne s'applique pas aux rapports d'ordre alimentaire entre collatéraux.

Elle ne règle que les conflits de lois en matière d'obligations alimentaires. Les décisions rendues en application de la présente Convention ne pourront préjuger des questions de filiation et des rapports familiaux entre le débiteur et le créancier.

Systematische Übersicht

I. Keine Anwendung auf Verwandte in der Seitenlinie (Abs 1) 207

Gemäß **Abs 1** findet das Abkommen keine Anwendung auf die unterhaltsrechtlichen Beziehungen zwischen Verwandten in der Seitenlinie, also auf Unterhaltsverpflichtungen gegenüber *Geschwistern* und deren Abkömmlingen. Der Grund für den Ausschluß dieser Ansprüche sah man auf der 8. Tagung der Haager Konferenz in den Unterschieden im materiellen Recht der einzelnen Staaten. Wenn ein in Belgien lebendes belgisches Kind keinen Anspruch gegen seine Geschwister habe, so sei nicht einzusehen, warum ein solcher Anspruch bestehen solle, wenn das belgische Kind seinen gewöhnlichen Aufenthalt in einem Staat habe, in dem eine Unterhaltspflicht zwischen Verwandten der Seitenlinie besteht (so die Argumentation des Präsidenten der Kommission Actes VIII 183). Diese Argumentation vermag rechtspolitisch freilich nicht zu überzeugen. Denn es ist nicht einzusehen, warum die Maßgeblichkeit des Aufenthaltsrechts hier schwerer erträglich sein soll als in den von der Konvention erfaßten Fällen. Wenn Ansprüche gegen Verwandte in der Seitenlinie mit Ansprüchen gegen andere Verwandte konkurrieren, kann das Nebeneinander verschiedener Statuten überdies zu Schwierigkeiten führen (näher Bischoff Clunet 91 [1964] 767 f).

Die für die Bundesrepublik Deutschland nicht in Kraft getretene neue Haager Unterhaltskonvention vom 2. 10. 1973 enthält die wenig folgerichtige Einschränkung des Art 5 Abs 1 nicht mehr. Sie zieht aber die Konsequenz aus der – im Vergleich zu anderen Unterhaltsansprüchen – schwächeren rechtspolitischen Überzeugungskraft des Anspruchs gegen Seitenverwandte, indem der Verpflichtete diesem Anspruch gem Art 7 der neuen Konvention entgegenhalten kann, daß nach dem gemeinsamen Heimatrecht der Parteien oder, mangels einer gemeinsamen Staatsangehörigkeit, nach dem Aufenthaltsrecht des Verpflichteten ein solcher Anspruch nicht besteht. Außerdem kann sich jeder Vertragsstaat gem Art 14 Nr 1 des Übereinkommens von 1973 das Recht vorbehalten, die Konvention auf Unterhaltspflichten zwischen Verwandten in der Seitenlinie nicht anzuwenden.

II. Die sonstigen familienrechtlichen Beziehungen (Abs 2)

1. Allgemeines 208

Abs 2 S 1 stellt klar, daß sich das Übereinkommen auf das Kollisionsrecht der Unterhaltsverpflichtungen beschränkt. Diese Beschränkung war notwendig, weil viele Staaten nicht bereit waren, in Statusfragen von ihren traditionellen Anknüpfungsregeln zugunsten einer international einheitlichen Regelung abzugehen. Hierin liegt eine wesentliche Schwäche des Abkommens, die viele Zweifelsfragen nach sich gezogen hat.

Abs 2 S 2 soll die im vorhergehenden Satz ausgesprochene Beschränkung weiter 209
konkretisieren. Satz 2 wurde zur zusätzlichen Beruhigung derjenigen Staatenvertre-

ter in das Übereinkommen aufgenommen, welche befürchteten, die nur für den humanitären Zweck der Unterhaltsgewährung zugestandene Anknüpfung an den gewöhnlichen Aufenthalt verdränge das Staatsangehörigkeitsprinzip auch in weiteren Bereichen. Deshalb sagt die Konvention ausdrücklich, daß die für Unterhaltszwecke nach dem Aufenthaltsrecht getroffene Entscheidung die Frage der sonstigen familienrechtlichen Beziehungen zwischen Schuldner und Gläubiger und die Frage der Abstammung nicht präjudiziert. Vielmehr sind diese Fragen – soweit keine Unterhaltsansprüche in Rede stehen – aus dem Anwendungsbereich des Abkommens ausgeklammert und ganz dem IPR der einzelnen Vertragsstaaten überlassen. Beispielsweise bestimmt sich die Ehelichkeitsanfechtung unstreitig weiterhin nach Art 18 EGBGB (KG 10. 12. 1976 DAVorm 1977, 525 = IPRspr 1976 Nr 56). Zur Frage der Abstammung im Zusammenhang mit dem Unterhaltsanspruch vgl oben Vorbem 69 ff).

Wie SIEHR (FamRZ 1971, 401) zutreffend hervorhebt, können die Vertragsstaaten also alles tun, um die Erfüllung ihrer staatsvertraglichen Pflichten (auch in ihren Nebenwirkungen) auf den Unterhaltsanspruch zu beschränken. Andererseits sind die Vertragsstaaten zu einer solchen Beschränkung jedoch nicht verpflichtet. Denn das Abkommen will das Kollisionsrecht eben nur für den Bereich der Unterhaltspflicht vereinheitlichen und den Vertragsstaaten im übrigen Freiheit lassen. Wenn die Vertragsstaaten diese Freiheit dazu benutzen, konnexe Fragen – wie die Abstammungsfrage – über den Bereich des Unterhaltsrechts hinaus dem Aufenthaltsrecht zu unterstellen (vgl zum deutschen Recht oben Vorbem 78 ff), so ist das vom Abkommen weder geboten noch verboten (OLG Saarbrücken 28. 6. 1973 DAVorm 1973, 417 = IPRspr 1973 Nr 84).

210 **2. Entstehungsgeschichte**

Die hier gegebene Auslegung des Abs 2, nach der die Bestimmung die Funktion hat, die Vertragsstaaten nicht jenseits des Unterhaltsrechts an statusrechtliche Vorfragenentscheidungen zu binden, wird durch die Entstehungsgeschichte der Vorschrift bestätigt.

211 Art 5 Abs 2 S 1 und 2 waren als Art 5 Abs 1 und Abs 2 bereits wörtlich im **Vorentwurf** der Spezialkommission enthalten. In dem Bericht zum Vorentwurf von DE WINTER Doc VIII 131 wird die Bestimmung folgendermaßen erläutert:

„La distinction entre le droit aux aliments et les liens de famille constitue . . . un des principes de base du projet. Le droit civil de quelques Etats (par exemple France, Luxembourg, Italie, Espagne, Portugal) ne connaît pas cette distinction; leurs droits considèrent les obligations alimentaires comme étant une suite directe des rapports familiaux entre le débiteur et l'enfant ou, en tout état de cause, d'un certain *status* de ce dernier (reconnaissance, déclaration judiciaire de la paternité). Il y a lieu de supposer que les Etats qui, dans certains cas, s'opposent à ce qu'on fonde l'existence d'une obligation alimentaire sur une loi étrangère, se heurtent en premier lieu aux constatations et conclusions ayant trait à la filitation. En effet, ce ne serait pas l'obligation imposée au ressortissant national de payer une certaine somme d'argent à un enfant mineur, qui choquerait ces Etats, mais plutôt les effets des décisions relevant du droit de famille en tant qu'elles s'écartent du droit national. Pour cette raison il était indispensable d'insérer une distinction expresse entre les questions alimentaires et les aspects relevant du droit de famille. Comme il ressort de l'article 5 alinéa premier, le projet ne contient aucune disposition en maitère d'état ou ayant trait aux relations d'état civil de l'enfant. L'alinéa 2 de l'article dispose en outre que les décisions rendues en application de la convention ne pourront préjuger des questions de filiation et des rapports familiaux entre le débiteur et le créancier. La solution de ces questions reste entièrement réservée au droit international privé de chaque Etat.“

In dem letzten Satz dieses Berichts wird mit bemerkenswerter Deutlichkeit klargestellt, daß die in Satz 2 angesprochenen Fragen außerhalb des Unterhaltsrechts ganz dem autonomen IPR der Vertragsstaaten überlassen bleiben.

Während der Konferenz wurde die Bestimmung nur kurz diskutiert. Wesentliche neue Gesichtspunkte traten dabei nicht zutage. Es wurden lediglich einige redaktionelle Änderungsvorschläge erörtert und verworfen, Actes VIII 176 f, 184 f. Dementsprechend bringt auch die knappe Erläuterung des Artikels in dem Bericht de Winter zur **endgültigen Konventionsfassung** keine weitere Erhellung. Es heißt dort (Actes VIII 313): 212

„Le deuxième alinéa contient la disposition de l'article 5 de l'avant-projet. La première phrase accentue un principe fondamental de la Convention car, dans plusieurs pays, l'obligation alimentaire envers les enfants découle des rapports familiaux entre l'enfant et le débiteur. L'application de la loi de la résidence habituelle de l'enfant auxdits rapports familiaux serait inacceptable pour ces pays. C'est pourquoi il importe de faire clairement ressortir que la Convention fait une distinction fondamentale entre l'obligation alimentaire – qui ne vise qu'à une prestation en argent – et les rapports familiaux, et qu'elle a trait exclusivement à l'obligation alimentaire. En outre, la seconde phrase dudit alinéa, pour rassurer complètement les autorités des Etats susmentionnés, dispose qu'un enfant, qui a obtenu un droit aux aliments en vertu des dispositions de la présente Convention, ne pourra pas invoquer cette décision s'il veut faire déterminer par le juge sa filiation ou les rapports familiaux entre lui et le débiteur . . . – La deuxième phrase de l'article 5 alinéa 2, a donc pour but de restreindre les effets des décisions alimentaires, rendues en application de la Convention, à la seule détermination de l'obligation alimentaire."

Der letzte Satz dieser Erläuterungen stellt den Zweck des Abs 2 S 2 noch einmal klar heraus: Die Konvention will keinen Staat verpflichten, den aufgrund des Abkommens getroffenen Entscheidungen über den Bereich des Unterhaltsrecht hinausgehende familienrechtliche Wirkungen beizulegen (vgl auch BGE 102 [1976] II 128, 132).

3. Kein Verbot einer allgemeingültigen Vaterschaftsfeststellung 213

Es ist die Ansicht vertreten worden, Abs 2 S 2 verbiete den Vertragsstaaten bei Anwendung des Übereinkommens eine allgemeingültige Vaterschaftsfeststellung und erlaube nur eine Inzidentfeststellung.

In diesem Sinne hat der **österreichische Oberste Gerichtshof** mehrfach entschieden (OGH 8. 2. 1965 EvBl 1965 Nr 182; 6. 10. 1965 ZfRvgl 10 [1969], 299, 301 Anm Hans Hoyer; 16. 12. 1969 EvBl 1970 Nr 209 = ÖRiZ 1970, 100 = ÖNotZ 1971, 127; vgl dazu auch Schwind, IPR 206 ff). 214

Unter den **deutschen Gerichten** ist dem lediglich das AG München gefolgt, Urt vom 12. 1. 1971 FamRZ 1971, 458 = DAVorm 1971, 101 = IPRspr 1971 Nr 76. Das AG München erklärt folgendes: 215

"Es würde einer Verfälschung des Sinnes und Zweckes des Haager Abkommens gleichkommen, wenn die Anwendung des deutschen materiellen Rechtes auf dem Wege über § 1600 a S 2 BGB dazu führen müßte, dem Unterhaltsprozeß einen Statusprozeß vorzuschalten mit der Folge, daß je nach der Lösung der Frage der Anknüpfung der Abstammungsfrage möglicherweise ein anderes sachliches Recht für die *Vaterschaftsfeststellung* in Betracht käme. Daß eine solche Verfahrensweise eine erhebliche Komplizierung der Durchsetzung von Unterhaltsansprüchen von Kindern zur Folge haben müßte, liegt auf der Hand. Unter diesen Umständen bietet sich als einzig praktikable Lösung nach Auffassung des Gerichts die rechtliche Möglichkeit an, die Ausnahmeklausel in § 1600 a S 2 ‚soweit sich nicht aus dem Gesetz ein anderes ergibt' erweiternd dahin auszulegen, daß die Sperrwirkung der Bestimmung auch dann entfallen soll, wenn sie dem Grundgedanken einer internationalen Vereinbarung widerspricht".

216 Im **Schrifttum** wird die Ansicht des AG München teilweise geteilt, überwiegend aber abgelehnt (zust etwa SONNENBERGER FamRZ 1973, 556 ff; FERID, IPR 265 ff; wohl auch HENRICH StAZ 1971, 158; zweifelnd BEITZKE ZBlJugR 1973, 376; vgl ferner die von SIEHR FamRZ 1971, 399 Fn 14 Genannten. Gegen die Argumentation des AG München eingehend und überzeugend SIEHR FamRZ 1971, 398 ff; vgl ferner KROPHOLLER FamRZ 1971, 404; FIRSCHING Rpfleger 1971, 420; KUMME ZBlJugR 1973, 262 f; ODERSKY, NEhelG [3. Aufl 1973] 104 ff; BRÜHL-GÖPPINGER-MUTSCHLER I 649 f Rz 1073).

217 FERID, IPR 265 ff trägt für die Ansicht des AG München drei gewichtige **Argumente** vor: (1) Der Wortlaut von Abs 2 S 2 lasse keine andere Auslegung zu, als daß bei Anwendung des Übereinkommens eine allgemeingültige gerichtliche Vaterschaftsfeststellung verboten und nur eine Inzidentfeststellung erlaubt sei. (2) Der Grundgedanke des Abkommens sei größtmögliche Beschleunigung einer Entscheidung über die Unterhaltsleistung ohne Vorgriff auf das Statusverfahren. Die Notwendigkeit einer Abstammungsfeststellung im Statusverfahren belaste das Verfahren stärker als eine bloß inzidente Vaterschaftsfeststellung. Denn häufig seien die in Anspruch genommenen Ausländer zu einer Unterhaltsleistung „ohne Standesfolge" durchaus bereit, setzten sich aber gegen die Feststellung der Abstammung mit den nach ihrem Heimatrecht weitreichenden Folgen zur Wehr. (3) Gegen eine Feststellung der Vaterschaft im Tenor des Unterhaltsurteils spreche auch, daß zB italienische Gerichte solchen Urteilen teilweise die Anerkennung gänzlich verweigert hätten, weil die Feststellung der Abstammung im Tenor und die Unterhaltsverpflichtung nicht trennbar seien. Mit der Abstammungsfeststellung im Tenor könne das Kind also noch einem zusätzlichen Vollstreckungsrisiko ausgesetzt werden. FERID kommt aufgrund dieser Erwägungen zu dem Ergebnis, die deutsche Rechtsprechung verletze das Abkommen in den Fällen, in denen das deutsche Recht nicht sowohl Unterhalts- als auch Abstammungsstatut sei. Falls man – mit dem BGH – dem § 1600 a S 2 BGB eine internationalrechtliche Sperrwirkung beilegen wollte, müsse das Abkommen gekündigt werden.

218 Gegen diese Einwände läßt sich folgendes anführen: (1) Der Wortlaut des Abs 2 S 2 ist sibyllinisch. Er läßt zwar die Deutung zu, bei Anwendung des Übereinkommens sei eine allgemeingültige gerichtliche Vaterschaftsfeststellung verboten, fordert dieses Ergebnis aber nicht zwingend. Ausdrücklich ist von einem derartigen Verbot im Text des Abkommens nirgends die Rede. (2) Entscheidend ist der Zweck des Abs 2 S 2, und dieser besteht gerade darin, den Vertragsstaaten hinsichtlich der angesprochenen familienrechtlichen Fragen keine staatsvertragliche Bindung aufzuerlegen (oben Vorbem 209). Das Abkommen gesteht einem Vertragsstaat deshalb auch die Freiheit zu, eine aufgrund des Abkommens erfolgende Verurteilung zur Unterhaltszahlung von einer vorherigen Vaterschaftsfeststellung im Statusverfahren abhängig zu machen. Daß die Unterhaltsentscheidung dadurch verzögert werden kann und daß in dieser Verzögerung ein Nachteil liegt, steht außer Frage. Nur ist der Zweck des Abs 2 S 2 eindeutig nicht die Beschleunigung des Verfahrens, und auch die Wahl des gewöhnlichen Aufenthalts als Anknüpfungsmoment in Art 1 verfolgt primär andere Ziele (oben Vorbem 33–38). Gewiß mag man in der beschleunigten Durchsetzung von Unterhaltsforderungen in Auslandsfällen ein Ziel der Konvention sehen. Aber dieses Ziel steht doch nicht so sehr im Vordergrund, daß es die in Abs 2 S 2 gewährte Freiheit der Vertragsstaaten einzuschränken vermöchte. (3) Wenn einige (italienische) Gerichte die Anerkennung deutscher Unterhaltsentscheidungen verweigert haben, weil diese Urteile im Tenor auch eine Feststellung der Vaterschaft enthielten, so ist dies bedauerlich. Der Fehler liegt hier aber nicht bei den deutschen, sondern bei den ausländischen Gerichten; denn das Unterhaltsvollstreckungsabkommen schreibt die Anerkennung und Vollstreckung der Unterhaltsentscheidung

vor, beschränkt diese Pflicht in seinem Art 1 Abs 2 aber auf die Unterhaltsentscheidung.

Insgesamt ist also folgendes festzuhalten: Die *deutschen Gerichte* haben der Auffassung, daß Abs 2 eine Vaterschaftsfeststellung im Statusverfahren verbiete, mit Recht in aller Regel nicht zugestimmt. Vor allem verlangt die Leitentscheidung des BGH vom 28. 2. 1973 (oben Vorbem 80), die sich freilich mit der aus Abs 2 S 2 entwickelten Gegensansicht nicht auseinandersetzt, daß bei deutschem Unterhaltsstatut die Vaterschaft nach deutschem Recht im Statusverfahren festgestellt wird. Wenn die *ausländischen Gerichte* bei Maßgeblichkeit deutschen Unterhaltsrechts die Vaterschaft zwar nach deutschem Recht, aber inzident festgestellt haben (vgl die oben Vorbem 75, 76 wiedergegebene schweizerische und niederländische Rechtsprechung), so hat das seine Ursache nicht in Abs 2, sondern im ausländischen Prozeßrecht. Die deutsche Rechtsprechung, die bei deutschem Unterhaltsstatut eine vorherige Feststellung der Vaterschaft im Statusverfahren verlangt, steht also nicht im Widerspruch zum Haager Unterhaltsabkommen. 219

4. Verhältnis zu Art 2 220

Wenn ein Vertragsstaat – wie die Bundesrepublik Deutschland – von der in Art 2 eingeräumten Möglichkeit Gebrauch gemacht hat und in dem dort beschriebenen Fall sein eigenes Recht für anwendbar erklärt hat, soll nach den Materialien Abs 2 nicht anwendbar sein, weil die Entscheidung dann nicht „auf Grund dieses Übereinkommens" ergehe, sondern aufgrund des autonomen IPR des Vertragsstaates. So die Diskussion auf der 8. Haager Tagung Actes VIII 184 f, der Bericht von de Winter Actes VIII 313 und die Denkschrift der Bundesregierung BT-Drucks III/2585, 9. Freilich hat die Unanwendbarkeit des Abs 2 – soweit ersichtlich – keine praktische Bedeutung, weil die dort angesprochenen Fragen ohnehin zur freien Disposition der Vertragsstaaten stehen.

Art 6
[Persönlich-räumlicher Anwendungsbereich]

Dieses Übereinkommen findet nur auf die Fälle Anwendung, in denen das in Artikel 1 bezeichnete Recht das Recht eines Vertragsstaates ist.

Art 6

La Convention ne s'applique qu'aux cas où la loi désignée par l'article premier, est celle d'un des États contractants.

Schrifttum

Dölle, Nochmals zum Anwendungsbereich des Haager Unterhaltsabkommens, NJW 1967, 2250; Jacobs, Der räumlich-persönliche Geltungsbereich des Haager Unterhaltsabkommens, NJW 1967, 1065; Müller-Freienfels, Zum räumlich-persönlichen Geltungsbereich der Haager IPR-Übereinkommen, insbesondere des Übereinkommens über das auf Unterhaltsverpflichtungen gegenüber Kindern anzuwendende Recht vom 24. 10. 1956, FS Ficker (1967) 289; ders, Zu Unterhaltsklagen mit Auslandsberührung von in der Bundesrepublik lebenden Kindern, ZBlJugR 1967, 61.

Systematische Übersicht

I. Die Voraussetzungen der Anwendbarkeit

221 **1. Der Meinungsstand**

Die Vorschrift umschreibt den persönlich-räumlichen Anwendungsbereich des Abkommens. Das Übereinkommen ist danach immer dann anzuwenden, wenn das Kind seinen **gewöhnlichen Aufenthalt** in einem Vertragsstaat hat (oder in der fraglichen Zeit gehabt hat). Das entspricht der Zielsetzung der Konvention, zwischen Unterhaltsansprüchen von Kindern, die in demselben Land leben, keine Unterschiede entstehen zu lassen (vgl etwa Denkschrift der Bundesregierung BT-Drucks III/2585, 8; DE WINTER NedTIR 4 [1957] 146 f = WPNR 1958, 62; BISCHOFF Clunet 91 [1964] 770 f). Insbesondere kommt es nicht auf die **Staatsangehörigkeit** eines der Beteiligten an. Ob das Kind oder der Vater die Staatsangehörigkeit eines Vertragsstaates besitzt, ist also ohne Bedeutung. Das ist – nach anfänglicher Unsicherheit – jetzt ganz herrschende Auffassung in der **deutschen Rechtsprechung.***

222 Auch die **Rechtsprechung der ausländischen Vertragsstaaten** folgt ganz überwiegend dieser Auffassung (zu anfänglichen Unsicherheiten in der niederländischen und österreichischen Rechtsprechung siehe MÜLLER-FREIENFELS, FS Ficker 293–295).

Einige niederländische Entscheidungen, in denen die Anwendbarkeit der Konvention auf Angehörige aus Nichtvertragsstaaten verneint wurde, sind vereinzelt geblieben, vgl zB Rb Rotterdam (29. 4. 1963 NedJur 1963 Nr 459 = NedTIR 11 [1964] 308 Anm DEELEN, dazu KOLLEWIJN WPNR 1964, 482 und 1. 6. 1964 NedJur 1965 Nr 245 = [englisch] NedTIR 12 [1965] 417), in denen von einer Anwendung der Konvention wegen der ungarischen Staatsangehörigkeit aller Beteiligten bzw wegen der belgischen Staatsangehörigkeit des Beklagten abgesehen wurde. Außerdem haben diese Entscheidungen im Ergebnis doch das Recht des (niederländischen bzw deutschen) gewöhnlichen Aufenthalts angewandt. Allerdings ist die Gefahr, das Abkommen zu übersehen, besonders groß, wenn Vater und Kind die Staatsangehörigkeit des Forumstaates besitzen; so bemerkte in den Niederlanden erst der Hoge Raad als letzte Instanz, daß bei gewöhnlichem Aufenthalt des Kindes in Deutschland gem Art 1 deutsches Recht anzuwenden ist, obgleich Vater und Kind die niederländische Staatsangehörigkeit besaßen (Hoge Raad 25. 11. 1977 NedJur 1978 Nr 177 Anm J. C. S.). Nahezu alle ausländischen Entscheidungen wenden ohne weitere Erörterung der Staatsangehörigkeit das Recht des gewöhnlichen Aufenthalts des Kindes an (vgl etwa aus der niederländischen Rechtsprechung die Nachw im Recueil Asser 69 ff).

* BGH 31. 1. 1973 NJW 1973, 950 = MDR 1973, 390 = BGH WarnR 1973 Nr 27 = FamRZ 1973, 185 = DAVorm 1973, 231 = StAZ 1973, 162 = IPRspr 1973 Nr 77; OLG München 5. 11. 1971 NJW 1972, 1011 = IPRspr 1971 Nr 71A und 15. 11. 1972 FamRZ 1973, 94 = IPRspr 1972 Nr 52; OLG Stuttgart 21. 12. 1971 FamRZ 1972, 158 = IPRspr 1971 Nr 99; 7. 3. 1972 FamRZ 1972, 373 = IPRspr 1972 Nr 65; 24. 7. 1972 FamRZ 1973, 44 = IPRspr 1972 Nr 102 und 7. 8. 1972 DAVorm 1972, 441 = IPRspr 1972 Nr 103; OLG Köln 24. 5. 1972 DAVorm 1972, 394 = IPRspr 1972 Nr 92 und 11. 12. 1974 DAVorm 1976, 37 = IPRspr 1974 Nr 117; OLG Frankfurt 3. 10. 1972 DAVorm 1973, 20 = IPRspr 1972 Nr 109; OLG Saarbrücken 28. 6. 1973 DAVorm 1973, 417 = IPRspr 1973 Nr 84; LG Bremen 21. 9. 1967 NJW 1968, 361 = DAVorm 1968, 178 = IPRspr 1966–67 Nr 136; LG Düsseldorf 25. 4. 1968 FamRZ 1968, 667 = IPRspr 1968–69 Nr 116; LG Frankfurt 14. 6. 1968 DAVorm 1969, 37 = IPRspr 1968–69 Nr 118; LG Berlin 5. 3. 1970 IPRspr 1970 Nr 71; LG Hamburg 23. 3. 1972 FamRZ 1972, 317 = DAVorm 1972, 140 = IPRspr 1972 Nr 85; LG Ravensburg 9. 5. 1972 DAVorm 1972, 248 = IPRspr 1972 Nr 91; AG Tempelhof-Kreuzberg 1. 12. 1970 FamRZ 1971, 105 Anm BOSCH = IPRspr 1970 Nr 78; AG Hildesheim 7. 7. 1971 NdsRpfl 1972, 42 = IPRspr 1971 Nr 85; AG Hamburg 24. 8. 1972 DAVorm 1972, 493 = IPRspr 1972 Nr 104. *Anders* nur LG Hamburg 11. 8. 1965 ZBlJugR 1967, 90 = IPRspr 1964–65 Nr 147 und neuerdings wieder LG München II 18. 6. 1975 FamRZ 1976, 100 (beide ohne Begründung).

223 Ebenso hält die **in- und ausländische Literatur** das Abkommen fast einhellig schon dann für anwendbar, wenn das Kind seinen gewöhnlichen Aufenthalt in einem Vertragsstaat hat.*

224 Die von JACOBS (NJW 1967, 1067) vertretene Gegenmeinung, wonach außer dem gewöhnlichen Aufenthalt des Kindes in einem Vertragsstaat erforderlich sei, daß „das Kind oder der Unterhaltspflichtige einem Vertragsstaat angehört" und daß die in Art 1 bezeichnete Rechtsordnung das Recht eines „anderen" Vertragsstaates ist, hat keine Gefolgschaft gefunden. Sie vermag auch nicht zu überzeugen.

2. Begründung der herrschenden Meinung 225

a) Schon der **Wortlaut** des Art 6 gibt keinerlei Hinweis auf die von JACOBS (oben Vorbem 224) geforderten weiteren Voraussetzungen für die Anwendung des Abkommens. In Art 6 wird lediglich verlangt, daß nach den Kollisionsnormen des Übereinkommens das Recht eines Vertragsstaates Anwendung findet. Das aber ist gem Art 1 der Fall, wenn sich das Kind in einem Vertragsstaat gewöhnlich aufhält. Ein weiterer Vertragsstaat braucht nicht beteiligt zu sein. Das Abkommen läßt auch nicht erkennen, worin eine zusätzliche Beziehung zu einem weiteren Vertragsstaat konkret bestehen sollte. Die von JACOBS genannte Staatsangehörigkeit des Kindes oder des Vaters erscheint mangels irgendwelcher Anhaltspunkte im Text des Abkommens willkürlich gewählt. Ebensogut könnte man fordern, der Klageort (oder Urteilsort) und der Aufenthaltsort des Kindes müßten in verschiedenen Vertragsstaaten liegen, oder man könnte mittels einer sog „internationalprivatrechtlichen Vorschaltlösung" die Anwendung des Abkommens davon abhängig machen, daß im autonomen Kollisionsrecht des Forums auf die Rechtsordnung eines Vertragsstaates verwiesen wird (siehe dagegen MÜLLER-FREIENFELS, FS Ficker 330 ff).

226 Der Gedanke einer internationalprivatrechtlichen Vorschaltlösung mag etwa dem Urteil des LG Hamburg 11. 8. 1965 (ZBlJugR 1967, 90 = IPRspr 1964–65 Nr 147) zugrunde gelegen haben. Dort wurde die Anwendung des Übereinkommens auf die Unterhaltsklage eines in Deutschland lebenden nichtehelichen Kindes gegen seinen deutschen Vater mit dem Hinweis abgelehnt, daß Spanien das Abkommen nicht ratifiziert habe, wobei das Gericht auf die spanische Staatsangehörigkeit der Mutter (vgl Art 21 EGBGB) abstellte und nicht auf die des Kindes. – Mit Recht hat MÜLLER-FREIENFELS (FS Ficker 331 f) demgegenüber darauf hingeweisen, daß ein solches mehrstufiges Anknüpfungsverfahren keine Grundlage im Übereinkommen hat und auch geradezu sinnwidrig ist: „Es würde nicht nur die Dinge außerordentlich komplizieren, sondern einer Rechtsvereinheitlichung zuwiderlaufen. Der Anwendungsbereich der Unterhaltskonvention würde angesichts der differierenden Anknüpfungsmomente nach allgemeinem IPR der Vertragsstaaten von Vertragsstaat zu Vertragsstaat sich ändern, die alten unterschiedlichen diffizilen Unterscheidungen würden nicht nur fortleben, sondern noch durch die dann darauf erst aufbauende Konventionsregelung weiter kompliziert werden. Das Gegenteil des mit dem Unterhaltsübereinkommen verfolgten Zwecks käme heraus: den ‚insbesondere bei Unterhaltsansprüchen unehelicher Kinder bestehenden Wirrwarr des Kollisionsrechts zu beseitigen und durch die Schaffung gemeinsamer Bestimmungen über das auf Unterhaltsverpflichtungen gegenüber Kindern anzuwendende Recht die Lage der Kinder zu verbessern, die Unterhaltsansprüche gegen einen ausländischen oder im Ausland befindlichen Unterhaltspflichtigen geltend machen müssen'" (BT-Drucks III/2585, 7).

---

* MEZGER, Travaux du Comité français de d. i. p. 1958–1959 (1960) 131; URBACH ZBlJR 1961, 115; SCHEUCHER ZfRvgl 4 (1963) 83 f; SEDLACEK ZfRvgl 4 (1963) 240; IPG 1965–66 Nr 32 (Hamburg) 337; MÜLLER-FREIENFELS, FS Ficker 318 ff; ders ZBlJugR 1967, 63 ff; DÖLLE NJW 1967, 2250; DIERK MÜLLER NJW 1967, 141 f; NEUHAUS FamRZ 1967, 25; IPG 1969 Nr 14 (Hamburg) 105; BOSCH FamRZ 1970, 601; SOERGEL-KEGEL Art 22 Anh 7; IPG 1970 Nr 25 (Köln) 282 f; VON OVERBECK Rec des Cours 132 (1971-I) 31 f; BILMANS JTrib 1972, 131; IPG 1972 Nr 21 (München) 182 f; BRÜHL-GÖPPINGER-MUTSCHLER I 643 f Rz 1060; ERMAN-MARQUORDT Anh vor Art 13 Rz 6; FERID, IPR 241; SCHWIND, IPR 216.

227 **b)** Über die **Entstehungsgeschichte** des Art 6 berichtet DÖLLE (NJW 1967, 2250), daß die Vorschrift wesentlich auf Drängen der deutschen Delegation im Haag zurückzuführen ist. Der von der „Niederländischen Staatskommission für die Kodifikation des IPR“ als Arbeitsgrundlage für eine Spezialkommission ausgearbeitete Entwurf vom September 1954 enthielt noch gar keine Beschränkung des Anwendungsbereichs. Erst im Deutschen Rat für IPR, dessen zuständige Kommission sich in zwei Sitzungen im Oktober und Dezember 1954 mit diesem Entwurf befaßte, sei der Gedanke aufgetaucht, einen zusätzlichen Art 6 vorzuschlagen in dem Sinne: „Kein Staat verpflichtet sich, die Bestimmungen dieses Abkommens anzuwenden, wenn der Staat, dessen Recht nach der Konvention anwendbar ist, nicht Vertragsstaat ist. In dem Entwurf der Spezialkommission, die im Januar 1955 im Haag tagte, fand dieser Gedanke seinen Niederschlag in folgendem Art 6: „La Convention s'appliquera aux cas où l'enfant a sa résidence habituelle sur le territoire d'un des Etats contractants“ (Doc VIII 124). Auf Vorschlag des Redaktionsausschusses erhielt Art 6 dann seine endgültige Fassung, in der sich die Grundkonzeption der Spezialkommission bestätigt findet (vgl Actes VIII 198).

Die Entstehungsgeschichte läßt *drei gesetzgeberische Motive* erkennen. – (1) Anliegen der deutschen Delegation war es, daß kein Vertragsstaat sich zur Anwendung ganz fremden Rechts verpflichten müsse. Deshalb wurde auch Art 10 so formuliert, daß der Beitritt eines nicht auf der 8. Tagung der Haager Konferenz vertretenen Staates ausgeschlossen ist, falls ein Staat widerspricht, der das Abkommen ratifiziert hat (DÖLLE NJW 1967, 2250). – (2) In dem Bericht über den Entwurf der Spezialkommission erscheint als weiteres Argument, daß die Anwendung des Aufenthaltsrechts auf einen eigenen Staatsangehörigen ein Opfer bedeute. Dieses sei nur dann gerechtfertigt, wenn der Aufenthaltsstaat seinerseits durch Annahme des Übereinkommens ebenfalls das Aufenthaltsrecht zur Anwendung bringe. Das ist ein Gedanke der Gegenseitigkeit (DE WINTER Doc VIII 132). Damit ist (entgegen JACOBS NJW 1967, 1067) nicht gesagt, daß das Abkommen *nur* Fälle erfassen wolle, in denen ein anderer Staat eine Gegenleistung erbringt. „Vielmehr brauchte die Anwendung eigenen Rechts auf Angehörige von Nichtvertragsstaaten nicht besonders erwähnt zu werden, weil niemand in einer solchen Rechtsanwendung ein ‚Opfer‘ sah, das der Rechtfertigung durch eine Gegenleistung bedürfte“ (so zutreffend DÖLLE NJW 1967, 2250). Der Gedanke der Gegenseitigkeit, auf den JACOBS (NJW 1967, 1066 f) seine Argumentation hauptsächlich stützt, liegt der Konvention nach ihrer Entstehungsgeschichte also nur in beschränktem Umfang zugrunde. – (3) Schließlich hebt der Bericht der Spezialkommission als besonderen Vorzug des Art 6 hervor, daß er die mit dem Begriff der Staatsangehörigkeit verbundenen Schwierigkeiten, insbes bei Doppelstaatern und Staatenlosen vermeidet (Doc VIII 132). Diesen Vorzug gibt die Auslegung von JACOBS wieder preis (so zutreffend DÖLLE NJW 1967, 2250).

Auch die *Denkschrift der Bundesregierung* zu dem Abkommen faßt Art 6 so auf, daß es auf die Staatsangehörigkeit des Kindes nicht ankommt. Es heißt dort (BT-Drucks III/2585, 9): „Die Kollisionsnormen des Übereinkommens werden in den Vertragsstaaten nicht als inländische Kollisionsnormen mit allgemeiner Gültigkeit eingeführt, sondern sind nur dann anwendbar, wenn das in Art 1 bezeichnete Recht das eines Vertragsstaates ist. Ein Kind kann also Unterhaltsansprüche nach den Regeln des Übereinkommens nur geltend machen, wenn und soweit es in der Zeit, für die es Unterhalt verlangt, seinen gewöhnlichen Aufenthalt in einem der Vertragsstaaten hat oder gehabt hat. Es kommt dabei nicht darauf an, ob das Kind Staatsangehöriger eines Vertragsstaates ist.“

228 **c)** Vor allem widerspricht die von JACOBS empfohlene enge, auf die Basis strikter Gegenseitigkeit gestellte Interpretation dem **Sinn und Zweck** des Übereinkommens.

Die Berufung des Aufenthaltsrechts beruht doch auf der Erwägung, daß diese Rechtsordnung unter Berücksichtigung der wirtschaftlichen und sozialen Verhältnisse in der Umwelt des Kindes den Unterhaltsanspruch in der seinen Interessen dienlichsten Weise zu regeln vermag. Die Regelung soll außerdem gewährleisten, daß die Unterhaltsansprüche der in demselben Lande lebenden Kinder nach dem gleichen Recht beurteilt werden (oben Vorbem 34). Diese erstrebten Vorzüge werden weithin geopfert, wenn man den Anwendungsbereich des Abkommens mit dem Argument einschränkt, die Konvention habe das nationale IPR nur im Verhältnis zu anderen Vertragsstaaten ändern wollen und daher sei ein „quid pro quo" impliziert (so aber JACOBS NJW 1967, 1067). Denn wenn der gewöhnliche Aufenthalt für Unterhaltsansprüche das beste Anknüpfungsmoment darstellt – wovon das Abkommen ausgeht –, so besteht kein Anlaß, die als sachgerecht empfundene Lösung der Konvention durch zusätzliche Gegenseitigkeitserfordernisse einzuschränken. Selbst die in Art 6 ausdrücklich angeordnete Beschränkung auf „das Recht eines Vertragsstaates" erscheint bei teleologischer Betrachtung von zweifelhaftem Wert (näher unten Vorbem 229). Auch ein Vergleich mit anderen Haager Konventionen zeigt, daß keineswegs zwei verschiedene Vertragsstaaten „gewissermaßen als völkerrechtliche Gegenkontrahenten" (so FRANKENSTEIN, IPR III 50) beteiligt sein müssen, damit ein kollisionsrechtliches Übereinkommen eingreifen kann; vgl die ausführliche Würdigung der anderen Haager Konventionen durch MÜLLER-FREIENFELS, FS Ficker 301–317. Es ist nämlich „kein allgemein überzeugendes Postulat, daß eine richtige Lösung der Anknüpfung prinzipiell auf das Verhältnis nur einzelner Staaten zueinander beschränkt sein müßte" (so MÜLLER-FREIENFELS, FS Ficker 317).

Zur Behandlung des Falles, daß ein Kind seinen gewöhnlichen Aufenthalt zeitweise in einem Vertragsstaat und zeitweise in einem Nichtvertragsstaat hat, vgl oben Vorbem 100.

II. Reform 229

Rechtspolitisch ist selbst das geringe Gegenseitigkeitserfordernis des Art 6, daß also die Anwendung des Aufenthaltsrechts auf das Sachrecht der Vertragsstaaten beschränkt ist, wenig erfreulich. Es handelt sich hier um ein Relikt des Gegenseitigkeits- und Opferdenkens, das in einer privatrechtsvereinheitlichenden Konvention nicht am Platze ist. In diesem Staatsvertrag geht es nämlich nicht um Leistungen und Gegenleistungen, sondern um die Einigung auf die sachlich richtigste privatrechtliche Lösung (näher KROPHOLLER, Einheitsrecht 288 f). Deshalb ist es zu begrüßen, daß die Einschränkung des Art 6 in die neue Haager Unterhaltskonvention vom 2. 10. 1973 nicht übernommen wurde (vgl auch VON OVERBECK SchwJbIntR 29 [1973] 140 f). Vielmehr bestimmt Art 3 der neuen Konvention ausdrücklich, daß das von dieser Konvention berufene Recht unabhängig vom Erfordernis der Gegenseitigkeit anzuwenden ist, auch wenn es das Recht eines Nichtvertragsstaates ist.

Art 7
[Zeichnung, Ratifikation]

Dieses Übereinkommen liegt für die bei der Achten Tagung der Haager Konferenz für Internationales Privatrecht vertretenen Staaten zur Unterzeichnung auf.

Es bedarf der Ratifizierung; die Ratifikationsurkunden werden beim Ministerium für Auswärtige Angelegenheiten der Niederlande hinterlegt.

Über jede Hinterlegung einer Ratifikationsurkunde wird eine Niederschrft aufgenommen; von dieser wird jedem Unterzeichnerstaat auf diplomatischem Wege eine beglaubigte Abschrift übermittelt.

Art 7

La présente Convention est ouverte à la signature des États représentés à la Huitième Session de la Conférence de la Haye de Droit International Privé.

Elle sera ratifiée et les instruments de ratification seront déposés auprès du Ministère des Affaires Étrangères des Pays-Bas.

Il sera dressé de tout dépôt d'instruments de ratification un procès-verbal, dont une copie, certifiée conforme, sera remise, par la voie diplomatique, à chacun des États signataires.

230 Die Konvention ist von folgenden bei der 8. Tagung der Haager Konferenz vertretenen Staaten gezeichnet worden (Rev crit 67 [1978] 198): Belgien 17. 10. 1969, Bundesrepublik Deutschland 26. 8. 1959, Frankreich 24. 10. 1956, Griechenland 24. 10. 1956, Italien 8. 10. 1958, Japan 10. 2. 1977, Luxemburg 24. 10. 1956, Niederlande 24. 10. 1956, Norwegen 24. 10. 1956, Österreich 24. 10. 1956, Portugal 7. 1. 1958, Schweiz 4. 7. 1963, Spanien 24. 10. 1956, Türkei 10. 6. 1970. Durch die ersten Zeichnungen am 24. 10. 1956 erhielt das Übereinkommen sein Datum.

231 Wie Abs 2 klarstellt, bedarf das Übereinkommen außer der Unterzeichnung der Ratifikation, um wirksam zu werden. Zur Ratifikation besteht auch nach der Zeichnung keine juristische Verpflichtung. Bis auf Griechenland und Norwegen haben aber alle Zeichnerstaaten das Abkommen später ratifiziert (vgl zum Ratifikationsstand sogleich Vorbem 232, 233).

Art 8
[Inkrafttreten]

Dieses Übereinkommen tritt am sechzigsten Tage nach der gemäß Artikel 7 Absatz 2 vorgenommenen Hinterlegung der vierten Ratifikationsurkunde in Kraft.

Für jeden Unterzeichnerstaat, der später ratifiziert, tritt das Übereinkommen am sechzigsten Tage nach Hinterlegung seiner Ratifikationsurkunde in Kraft.

Art 8

La présente Convention entrera en vigueur le soixantième jour à partir du dépôt du quatrième instrument de ratification prévu par l'article 7, alinéa 2.

Pour chaque État signataire, ratifiant postérieurement, la Convention entrera en vigueur le soixantième jour à partir de la date du dépôt de son instrument de ratification.

Systematische Übersicht

232 I. Inkrafttreten des Übereinkommens (Abs 1)

Die ersten vier Ratifikationen erfolgten durch die Bundesrepublik Deutschland, Italien, Luxemburg und Österreich. Für diese Staaten ist das Abkommen am 1. 1. 1962 in Kraft getreten (BGBl 1962 II 16).

II. Inkrafttreten für später ratifizierende Staaten (Abs 2) 233

Das Abkommen ist außer für die in Vorbem 232 genannten Staaten in Kraft getreten für:

Belgien	25. 10. 1970	(BGBl 1971 II 23)
Frankreich	1. 7. 1963	(BGBl 1963 II 911)
Überseeische Gebiete (vgl bei Art 9)	1. 12. 1966	(BGBl 1967 II 2001)
Japan	19. 9. 1977	(BGBl 1977 II 1157)
Liechtenstein (Beitritt gem Art 10)	19. 2. 1973	(BGBl 1973 II 716: dort mit Datum 18. 2. 1973)
Niederlande	14. 12. 1962	(BGBl 1963 II 42)
Portugal	4. 2. 1969	(BGBl 1970 II 205: dort mit Datum 3. 2. 1969)
Überseeische Gebiete (vgl bei Art 9)	3. 9. 1969	(BGBl 1970 II 205)
Schweiz	17. 1. 1965	(BGBl 1965 II 40)
Spanien	26. 5. 1974	(so Boletin oficial del Estado 1974 Nr 108 S 9245; BGBl 1974 II 1109: dort mit Datum 25. 5. 1974)
Türkei	28. 4. 1972	(BGBl 1972 II 1460)

Bei der Berechnung der Daten hat hier – wie bei anderen Haager Konventionen (vgl KROPHOLLER RabelsZ 33 [1969] 171 f) – die Frage zu Unklarheiten geführt, ob der Tag der Hinterlegung mitzuzählen ist. Nach dem klaren Wortlaut des Abs 2 ist er nicht mitzuzählen; denn der erste Tag *nach* der Hinterlegung kann nicht der Tag der Hinterlegung selbst sein. 234

Beispiele: Belgien, Ratifikation 26. 8. 1970, Inkrafttreten 25. 10. (nicht 24. 10.; so aber NedTIR 21 [1974] 333 und Rev crit 67 [1978] 198); Liechtenstein, Beitritt 21. 12. 1972, Inkrafttreten 19. 2. 1973 (nicht 18. 2. 1973; so aber zB BGBl 1973 II 716); Portugal, Ratifikation 6. 12. 1968, Inkrafttreten 4. 2. 1969 (nicht 3. 2.; so aber zB BGBl 1970 II 205); Spanien, Ratifikation 27. 3. 1974, Inkrafttreten 26. 5. (nicht 25. 5.; so aber zB BGBl 1974 II 1109); Türkei, Ratifikation 28. 2. 1972, Inkrafttreten 28. 4. (nicht 27. 4.; so aber NedTIR 21 [1974] 333 und Rev crit 67 [1978] 198).

III. Ex-nunc-Wirkung der Konvention 235

In jedem Vertragsstaat müssen die Unterhaltsansprüche von dem Tag an, zu dem die Konvention für den betreffenden Staat in Kraft getreten ist, dem von der Konvention berufenen Recht unterstellt werden, während sich die vor dem Inkrafttreten entstandenen, noch nicht befriedigten Ansprüche noch nach dem ursprünglich anwendbaren Recht bestimmen (vgl statt aller IPG 1965–66 Nr 18 [Hamburg] 199). Das ist im Text der Konvention zwar nirgends gesagt, aber mit Recht herrschende Meinung. Im Anschluß an diese hM bestimmt Art 12 der neuen Haager Unterhaltskonvention vom 2. 10. 1973 ausdrücklich, daß das Übereinkommen nicht auf den Unterhalt anzuwenden ist, der in einem Vertragsstaat für die vor dem Inkrafttreten des Übereinkommens in diesem Staat liegende Zeit verlangt wird (vgl Bericht VERWILGHEN Actes et Doc XII/4, 460 Nr 183).

Nach international anerkannter Auffassung ist die Konvention auch dann anwendbar, wenn *einzelne Tatbestandselemente bereits vor dem Inkrafttreten verwirklicht* sind. Das Schweizer Bundesgericht folgert dies aus dem autonomen Schweizer intertemporalen Recht (BGE 96 [1970] II 4 = DAVorm 1970, 199; dazu VON 236

Overbeck Rec des Cours 132 [1971-I] 95 ff). Richtiger erscheint es, das Ergebnis aus der Konvention selbst herzuleiten. Zwar ist dem BG zuzugeben, daß Art 8 die Fragen nicht ausdrücklich beantwortet. Auch schließt das in Art 1 Abs 2 des Abkommens aufgestellte „Prinzip des wandelbaren Statuts" nicht ohne weiteres in sich, daß die Konvention für Fälle gilt, in denen wesentliche Tatbestandselemente aus der Zeit vor ihrem Inkrafttreten stammen. Aber das Fehlen jeder Einschränkung in Art 8 in Verbindung mit dem Prinzip der Wandelbarkeit und dem Zweck der Konvention, alle Kinder, die in demselben Staat leben, unterhaltsrechtlich gleichzustellen und ihnen nach Möglichkeit einen Unterhaltsanspruch zu geben, rechtfertigen das gefundene Ergebnis, ohne daß auf die intertemporalen Grundsätze des autonomen Rechts der einzelnen Vertragsstaaten zurückgegriffen werden müßte. Die Konvention wirkt also ex nunc: Unterhaltsansprüche aus der Zeit vor dem Inkrafttreten für den betreffenden Vertragsstaat bleiben dessen autonomem IPR unterworfen, während vom Tage des Inkrafttretens an das Abkommen maßgebend ist (so die Praxis in allen Vertragsstaaten; lediglich Cour d'appel de Dijon 7. 6. 1967 Clunet 96 [1969] 87 krit Anm. Ponsard läßt diese Unterscheidung vermissen und hält die Konvention offenbar rückwirkend für anwendbar).

237 Einige *niederländische Gerichte* haben die Konventionsregelung im Interesse des Kindes sogar als *ungeschriebene Norm des niederländischen autonomen IPR* betrachtet und auch Unterhaltsansprüche des Kindes aus der Zeit vor Inkrafttreten des Abkommens dem Aufenthaltsrecht unterstellt (Hof Arnhem 31. 1. 1967 NedJur 1967 Nr 447 und 23. 4. 1968 NedJur 1969 Nr 173; Rb Leeuwaarden 23. 1. 1964 NedJur 1965 Nr 217 = [englisch] NedTIR 11 [1964] 308 Anm Deelen [siehe auch die anderen dort genannten Entscheidungen]; Rb Alkmaar 26. 2. 1970 DAVorm 1973, 108; weitere Nachw Recueil Asser 74 f).

238 Das Abkommen gilt insbes dann, wenn das Kind *vor Inkrafttreten* der Konvention *geboren* worden ist (herrschende Ansicht; ausdrücklich erwähnt von BGE 96 [1970] II 4, 14 = DAVorm 1970, 199, 204; BG 20. 3. 1974 DAVorm 1974, 428, 429; AppellationsG Baselstadt 17. 3. 1977 DAVorm 1977, 530; vgl ferner die ausführliche Übersicht bei von Overbeck Rec des Cours 132 [1971-I] 88 ff; Scheucher ZfRvgl 4 [1963] 84; IPG 1965–66 Nr 18 [Hamburg] 199 f; Dierk Müller NJW 1967, 142; Sarraute GazPal 1968 II 342 [Anm zu Trib gr inst Draguignan 6. 6. 1968, das die Frage offen gelassen hatte]; Ponsard Clunet 96 [1969] 92). Das Abkommen gilt ferner für Klagen auf Abänderung von Titeln aus der Zeit vor seinem Inkrafttreten (oben Vorbem 123 ff).

239 Die Frage, ob die Übereinkunft auch dann anwendbar ist, wenn sie erst *während des Prozesses in Kraft getreten* ist, wird von der Konvention selbst nicht beantwortet. Man wird ebenso zu entscheiden haben wie bei einem Aufenthaltswechsel des Kindes während des Prozesses (vgl oben Vorbem 101) und die Antwort der lex fori entnehmen (IPG 1965–66 Nr 18 [Hamburg] 200–202). So ist in Deutschland eine Gesetzesänderung und also auch das Inkrafttreten der Konvention grundsätzlich in jedem Stadium des Verfahrens zu beachten. Die Rechtsprechung in den anderen Vertragsstaaten ist teilweise schwankend. Die Anwendbarkeit der Konvention auf die vor ihrem Inkrafttreten anhängige Klage wurde bejaht in Österreich vom LGZ Wien 28. 12. 1962 ZfRvgl 4 (1963) 118; in der Schweiz vom OG Zürich 21. 9. 1965 BlZürchRspr 1966 Nr 101; anders OG Aarau 30. 6. 1967 SchwJZ 1970, 43 = AargGVE 1967, 16; in Frankreich bejahend Cour d'appel Dijon 7. 6. 1967 Clunet 96 (1969) 87 Anm Ponsard; Droz Rev crit 56 (1967) 45 f, der einige französische Urteile erwähnt, die anders entschieden haben.

240 Das Inkrafttreten der Konvention kann einen ex nunc wirkenden *Statutenwechsel* mit sich bringen. *Beispiel:* Wenn aus Schweizer Sicht die Unterhaltsansprüche gegen den in der Schweiz wohnhaften Vater vor Inkrafttreten des Abkommens für die Schweiz (am 17. 1. 1965) bereits verwirkt waren, weil die nach autonomen Schweizer Kollisionsrecht maßgebliche einjährige Klagefrist des Art 308 ZGB aF (Art 263 Abs 1 ZGB nF) abgelaufen war, können diese Ansprüche für die Zeit vom 17. 1. 1965 an doch wieder geltend gemacht werden, sofern das Kind seinen gewöhnlichen Aufenthalt in einem Staat hat, der die Unterhaltsklage nicht befristet (BGE 96 [1970] II 4 = DAVorm 1970,

199: gewöhnlicher Aufenthalt in Österreich). Das ist auch für Fälle, in denen das Kind seinen gewöhnlichen Aufenthalt in Deutschland hatte, entschieden worden (OG Zürich 19. 11. 1968 DAVorm 1969, 158 und 14. 4. 1970 SchwJZ 1970, 360; dazu von Overbeck Rec des Cours 132 [1971-I] 97). Ein offensichtlicher Verstoß gegen den Schweizer ordre public ist nicht gegeben (oben Vorbem 204).

IV. Maßgebender Zeitpunkt bei divergierenden Daten des Inkrafttretens 241

Die Konvention ist für die Unterhaltsansprüche des Kindes in jedem Vertragsstaat von dem Zeitpunkt an zu beachten, zu dem es für diesen Staat in Kraft getreten ist. Freilich ist Art 6 mit zu berücksichtigen. Wenn das Kind seinen gewöhnlichen Aufenthalt in einem fremden Vertragsstaat hat, für den das Abkommen erst später in Kraft getreten ist als für den Entscheidungsstaat, gilt das Abkommen erst von dem späteren Zeitpunkt an; denn für die frühere Zeit sind die Voraussetzungen des Art 6 („Vertragsstaat") nicht erfüllt (hM; ebenso etwa IPG 1965–66 Nr 18 [Hamburg] 198).

Beispiele nach Scheucher (ZfRvgl 4 [1963] 84): Der Unterhalt eines deutschen nichtehelichen 242 Kindes einer deutschen Mutter richtet sich, wenn das Kind seinen gewöhnlichen Aufenthalt in den Niederlanden hat, für Januar 1962 (Inkrafttreten für Deutschland) nicht nach niederländischem, sondern (gem Art 21 EGBGB) nach deutschem Recht; anders aber für Januar 1963 (Inkrafttreten für die Niederlande). – Ebenso OGH 30. 6. 1971 (EvBl 1972 Nr 75 = ÖRiZ 1972, 31): Die längere Schweizer Verjährungsfrist für Unterhaltsansprüche gilt bei gewöhnlichem Aufenthalt des Kindes in der Schweiz nicht schon ab Inkrafttreten des Abkommens für Österreich (1. 1. 1972), sondern erst ab Inkrafttreten des Abkommens für die Schweiz (17. 1. 1965).

Art 9
[Räumlicher Geltungsbereich]

Dieses Übereinkommen gilt ohne weiteres für das Mutterland jedes Vertragsstaates.

Wünscht ein Vertragsstaat, das Übereinkommen in allen oder einzelnen sonstigen Hoheitsgebieten in Kraft zu setzen, deren internationale Beziehungen er wahrnimmt, so notifiziert er diese Absicht durch eine Urkunde, die beim Ministerium für Auswärtige Angelegenheiten der Niederlande hinterlegt wird. Dieses übermittelt jedem Vertragsstaat auf diplomatischem Wege eine beglaubigte Abschrift.

Erhebt ein Staat binnen sechs Monaten nach dieser Mitteilung keinen Einspruch, so tritt das Übereinkommen zwischen ihm und jedem Hoheitsgebiet in Kraft, für das der Staat, der dessen internationale Beziehungen wahrnimmt, die Notifizierung vorgenommen hat.

Art 9

La présente Convention s'applique de plein droit aux territoires métropolitains des États contractants.

Si un État contractant en désire la mise en vigueur dans tous les autres territoires ou dans tels des autres territoires dont les relations internationales sont assurées par lui, il notifiera son intention à cet effet par un acte qui sera dépose auprès du Ministère des Affaires Étrangères des Pays-Bas. Celui-ci en enverra, par la voie diplomatique, une copie, certifiée conforme, à chacun des États contractants.

La Convention entrera en vigueur dans les rapports entre les États, qui n'élèveront pas d'objection dans les six mois de cette communication, et le territoire ou les territoires dont les relations internationales sont assurées par l'État en question, et pour lequel ou lesquels la notification aura été faite.

243 **I. Geltung für das Mutterland (Abs 1)**

Die *Bundesrepublik Deutschland* hat durch die übliche Berlin-Klausel in Art 2 des deutschen Zustimmungsgesetzes die Geltung der Konvention auf das Land Berlin erstreckt (BGBl 1961 II 1012), wo die Konvention ebenfalls ab 1. 1. 1962 gilt.

Die Regierung des Königreichs der *Niederlande* hat bei der Hinterlegung ihrer Ratifikationsurkunde die Erklärung abgegeben, daß der im Text des genannten Übereinkommens verwendete Ausdruck „Mutterland", soweit das Königreich der Niederlande betroffen ist, im Hinblick auf die bestehende staatsrechtliche Gleichstellung zwischen den Niederlanden, Surinam und den Niederländischen Antillen „europäisches Hoheitsgebiet" bedeutet (BGBl 1963 II 42).

244 **II. Erstreckung auf Hoheitsgebiete (Abs 2 und 3)**

Frankreich, für dessen Mutterland die Konvention bereits am 1. 7. 1963 in Kraft getreten war, hat das Übereinkommen mit Wirkung vom 1. 12. 1966 für das „gesamte Hoheitsgebiet" in Kraft gesetzt. Nach Mitteilung Frankreichs umfaßt das gesamte Hoheitsgebiet der Französischen Republik außer den in Europa gelegenen Departements folgende überseeische Departments und Territorien:

- Überseeische Departements: Guadeloupe, Guayana, Martinique und Réunion.
- Überseeische Territorien: Komoren, Französische Somaliküste, Neukaledonien, Französisch-Polynesien, Saint-Pierre und Miquelon, Süd- und Antarktis-Gebiete, Wallis und Futuna (BGBl 1967 II 2001).

Für sämtliche *portugiesischen Überseeprovinzen* ist die Konvention am 3. 9. 1969 in Kraft getreten (BGBl 1970 II 205).

Art 10
[Beitritt]

Jeder bei der Achten Tagung der Konferenz nicht vertretene Staat ist zum Beitritt zu diesem Übereinkommen zugelassen, es sei denn, daß ein oder mehrere Staaten, die das Übereinkommen ratifiziert haben, binnen sechs Monaten, nachdem die Niederländische Regierung den Beitritt mitgeteilt hat, dagegen Einspruch erheben. Der Beitritt wird in der in Artikel 7 Absatz 2 vorgesehenen Weise vollzogen.

Es besteht Einverständnis darüber, daß ein Beitritt erst erfolgen kann, nachdem das Übereinkommen gemäß Artikel 8 Absatz 1 in Kraft getreten ist.

Art 10

Tout État, non représenté à la Huitième Session de la Conférence, est admis à adhérer à la présente Convention, à moins qu'un État ou plusieurs États ayant ratifié la Convention ne s'y opposent, dans un délai de six mois, à dater de la communication faite par le Gouvernement néerlandais de cette adhésion. L'adhésion se fera de la manière prévue par l'article 7, alinéa 1.

Il est entendu que les adhésions ne pourront avoir lieu qu'après l'entrée en vigueur de la présente Convention, en vertu de l'article 8, alinéa premier.

245 Einen Beitritt gem Art 10 hat *Liechtenstein* am 21. 12. 1972 erklärt. Die Konvention ist deshalb für Liechtenstein am 19. 2. 1973 in Kraft getreten (BGBl 1973 II 716; dort Datum 18. 2. 1973).

246 Nach Art 10 genügt der Widerspruch eines Teilnehmerstaates, der das Abkommen gem Art 7 ratifiziert hat, um den Beitritt eines auf der 8. Tagung der Konferenz nicht

vertretenen Staates zu verhindern. Jeder dieser Teilnehmerstaaten hat also ein *Vetorecht*. Die Vorschrift ist im Zusammenhang mit Art 6 entstanden. Sie erklärt sich aus dem Bestreben – namentlich der deutschen Delegation –, die Konzession der Länder mit Staatsangehörigkeitsprinzip möglichst in Grenzen zu halten (vgl die entsprechenden Äußerungen einiger Delegierter während der Konferenz, Actes VIII 185 f; zur Entstehungsgeschichte der Bestimmung näher DÖLLE NJW 1967, 2250). Auch VON OVERBECK (Rec des Cours 132 [1971-I] 30) rechtfertigt die Vorschrift mit diesem Gedanken.

De lege ferenda wäre eine offene Konvention vorzuziehen. Da die Anknüpfung an **247** den gewöhnlichen Aufenthalt des Kindes eine dem Staatsangehörigkeitsprinzip überlegene Lösung darstellt, ist die in Art 10 enthaltene Beitrittsschranke ebenso unberechtigt wie die Einschränkung des Art 6 (vgl dazu oben Vorbem 229). Es ist deshalb der Kritik zuzustimmen, die KNOEPFLER, Les nouvelles conventions 36 f, 46 f an der Vorschrift übt. Erfreulicherweise ist die neue Haager Unterhaltskonvention vom 2. 10. 1973 nicht nur von allen Erfordernissen der Gegenseitigkeit abgerückt (Art 3), sondern auch als offene Konvention gestaltet worden (Art 21).

Art 11
[Vorbehalt für Adoptivkinder]

Jeder Vertragsstaat kann sich bei Unterziehung oder Ratifizierung dieses Übereinkommens oder bei seinem Beitritt vorbehalten, es nicht auf die an Kindes Statt angenommenen Kinder anzuwenden.

Art 11

Chaque État contractant, en signant ou ratifiant la présente Convention ou en y adhérant, peut se réserver de ne pas l'appliquer aux enfants adoptifs.

Da die Bundesrepublik Deutschland den in Art 11 zugelassenen Vorbehalt nicht **248** erklärt hat, ist die Konvention für den deutschen Richter gem Art 1 Abs 4 auch auf Adoptivkinder anzuwenden. In den anderen Vertragsstaaten gilt das gleiche; denn keiner der Staaten, für die das Abkommen bislang in Kraft getreten ist, hat von der Vorbehaltsmöglichkeit des Art 11 Gebrauch gemacht (vgl die Übersicht in NedTIR 21[1974] 333 ff; Rev crit 67 [1978] 198). Auch Spanien hat den Vorbehalt nicht erklärt, obgleich Art 11 auf spanischen Wunsch in die Konvention aufgenommen worden ist (DE WINTER Actes VIII 311).

Selbst wenn ein ausländischer Vertragsstaat den Vorbehalt erklären sollte, bleibt für **249** den deutschen Richter die Konvention in jedem Falle auf Adoptivkinder anwendbar, also auch dann, wenn das Kind seinen gewöhnlichen Aufenthalt in dem betreffenden ausländischen Staat hat, wenn es dessen Staatsangehörigkeit besitzt oder sonstige Beziehungen des Falles zu diesem Staat bestehen. Auf die Wahrung einer „Gegenseitigkeit" kommt es insoweit nicht an (anders MAJOROS Clunet 101 [1974] 100). Denn der Gesichtspunkt der Reziprozität hat in dieser Konvention keine sachliche Berechtigung, und es besteht kein Anlaß, Art 11 im Sinne der Gegenseitigkeit zu interpretieren (vgl dazu allgemein KROPHOLLER, Einheitsrecht 288). Durch Nichtanwendung des Übereinkommens würde die Position des Kindes – entgegen den Zielen der Konvention – nämlich nur verschlechtert werden: Nach dem Übereinkommen hat das Kind zwei Möglichkeiten, Unterhalt zu erlangen: gem Art 1 nach dem Aufenthaltsrecht und gem Art 3 nach dem autonomen Kollisionsrecht. Durch Nichtanwendung der Konvention würde das Kind die erstgenannte Möglichkeit verlieren. Überdies wäre auch unklar, durch welches Moment (gewöhnlicher Aufenthalt, Staatsangehörigkeit etc) das Gegenseitigkeitserfordernis bestimmt werden sollte.

Art 12
[Geltungsdauer, Kündigung]

Die Geltungsdauer dieses Übereinkommens beträgt fünf Jahre, von dem in Artikel 8 Absatz 1 bezeichneten Zeitpunkt an gerechnet.

Dies gilt auch für die Staaten, die das Übereinkommen später ratifizieren oder ihm später beitreten.

Das Übereinkommen wird – außer im Falle der Kündigung – um jeweils fünf Jahre stillschweigend verlängert.

Die Kündigung ist spätestens sechs Monate, bevor die Geltungsdauer endet, dem Ministerium für Auswärtige Angelegenheiten der Niederlande zu notifizieren; dieses gibt allen anderen Vertragsstaaten davon Kenntnis.

Die Kündigung kann sich auf alle oder einzelne Hoheitsgebiete beschränken, die in einer gemäß Artikel 9 Absatz 2 erfolgten Notifizierung aufgeführt sind.

Die Kündigung wirkt nur für den Staat, der sie notifiziert hat. Für die anderen Vertragsstaaten bleibt das Übereinkommen in Kraft.

Art 12

La présente Convention aura une durée de cinq ans à partir de la date indiquée dans l'article 8, alinéa premier, de la présente Convention.

Ce délai commencera à courir de cette date, même pour les États qui l'auront ratifiée ou y auront adhéré postérieurement.

La Convention sera renouvelée tacitement de cinq ans en cinq ans, sauf dénonciation.

La dénonciation devra, au moins six mois avant l'expiration du délai, être notifiée au Ministère des Affaires Étrangères des Pays-Bas, qui en donnera connaissance à tous les autres États contractants.

La dénonciation peut se limiter aux territoires ou à certains des territoires indiqués dans une notification, faite conformément à l'article 9, alinéa 2.

La dénonciation ne produira son effet qu'à l'égard de l'État qui l'aura notifiée. La Convention restera en vigueur pour les autres États contractants.

C. Haager Übereinkommen über das auf Unterhaltspflichten anzuwendende Recht vom 2. 10. 1973

Schrifttum

Batiffol, La Douzième session de la Conférence de La Haye de d. i. p., Rev crit 62 (1973) 243, 266; Bellet, Les nouvelles conventions de La Haye en matière d'obligations alimentaires, Clunet 101 (1974) 5; van Boeschoten, De nieuwe alimentatieverdragen, NedJbl 1973, 1237; Cavers, Twelfth Session of the Hague Conference on Private International Law: Supplementary Report, AmJCompL 21 (1973) 593; Knoepfler, La protection des mineurs et les conventions internationales, ZVW 32 (1977) 81, 98; von Overbeck, Les nouvelles conventions de La Haye sur les obligations alimentaires, SchwJbIntR 29 (1973) 135; Pelichet, Rapport sur les obligations alimentaires envers les adultes en d. i. p., Actes et Doc XII/4, 13 (französisch und englisch); Verwilghen, Rapport de la Commission spéciale, Actes et Doc XII/4, 95; ders, Rapport explicatif, Actes et Doc XII/4, 384, 432.

Überblick 250

Das Abkommen wurde im Anschluß an die 12. Tagung der Haager Konferenz von einer Spezialkommission auf einer außerordentlichen Tagung im März 1973 erarbeitet. Es ist – zusammen mit dem revidierten Haager Übereinkommen über die Anerkennung und Vollstreckung von Unterhaltsentscheidungen – am 2. 10. 1973 zur Zeichnung aufgelegt worden und trägt daher dieses Datum. Nach der Präambel ist *Ziel* der Konvention, „gemeinsame Bestimmungen über das auf Unterhaltsverpflichtungen gegenüber Erwachsenen anzuwendende Recht aufzustellen" und „diese Bestimmungen an die des Übereinkommens vom 24. Oktober 1956 über das auf Unterhaltsverpflichtungen gegenüber Kindern anzuwendende Recht anzupassen". Hauptanliegen der neuen Übereinkunft ist es also, nicht nur die Unterhaltspflichten gegenüber Kindern, sondern auch die gegenüber Erwachsenen zu erfassen. Die Übereinkunft will gem ihrem Art 18 Abs 1 „in den Beziehungen zwischen den Staaten, die Vertragsparteien sind", das Haager Übereinkommen von 1956 ersetzen. – Die Konvention ist bislang (1. 1. 1979) nur für Frankreich, Portugal (mit Vorbehalten des Art 14 Nr 2 und 3) und die Schweiz (mit den Vorbehalten der Art 14 Nr 1 und 2 und Art 15) am 1. 10. 1977 in Kraft getreten, nicht aber für die Bundesrepublik Deutschland.

Folgende Staaten haben das Abkommen gezeichnet: Belgien, Frankreich, Italien, Luxemburg, die Niederlande, Portugal, die Schweiz und die Türkei. Die Bundesrepublik Deutschland hat das Übereinkommen bislang weder gezeichnet noch ratifiziert. – Das Abkommen, das – leider – mehr als doppelt so viele Artikel zählt wie das von 1956, ist in vier Abschnitte *gegliedert*. Der erste Abschnitt (Art 1–3) behandelt den Anwendungsbereich, der zweite (Art 4–11) über das anzuwendende Recht bildet den kollisionsrechtlichen Kern der Konvention, der dritte (Art 12–19) enthält ein „verschiedene Bestimmungen" tituliertes Sammelsurium, nämlich ein Rückwirkungsverbot (Art 12), zahlreiche Vorbehaltsmöglichkeiten (Art 13–15) sowie Vorschriften über Mehrrechtsstaaten (Art 16 und 17) und über das Verhältnis zu anderen Konventionen (Art 18 und 19), der vierte Abschnitt „Schlußbestimmungen" (Art 20–27) ist den üblichen protokollarischen Klauseln vorbehalten. – Der erste Abschnitt über den *Anwendungsbereich* schafft die wesentlichsten Änderungen gegenüber der Konvention von 1956. Gemäß seinem Art 1 ist das Übereinkommen nicht mehr nur auf die Unterhaltspflichten gegenüber Kindern anzuwenden, sondern auf alle Unterhaltspflichten, die sich aus den Beziehungen der Familie (im weitesten Sinn) ergeben. Freilich kann jeder Vertragsstaat diesen weiten sachlichen Anwendungsbereich durch Vorbehalte erheblich einschränken. Gem Art 13 kann er erklären, das Übereinkommen nur anzuwenden (1) auf Unterhaltspflichten zwischen Ehegatten oder (2) auf Unterhaltspflichten gegenüber Kindern. Gem Art 14 sind die Vorbehalte möglich, das Übereinkommen nicht anzuwenden (1) zwischen Verwandten in der Seitenlinie, (2) zwischen Verschwägerten oder (3) in bestimmten Fällen der Ehescheidung. Der Erfolg der Konvention wird also nicht nur an der Zahl der Ratifikationen, sondern auch an der Zahl der Vorbehalte abzulesen sein. Die Abgrenzungsnorm des Art 2, wonach das Übereinkommen das Kollisionsrecht nur auf dem Gebiet der Unterhaltspflicht regelt und die Unterhaltsentscheidung dem Bestehen einer der in Art 1 genannten verwandtschaftlichen Beziehungen nicht vorgreifen soll, entspricht mutatis mutandis dem Art 5 Abs 2 der Konvention von 1956. Dagegen stellt Art 3 eine wesentliche Neuerung dar, die zu begrüßen ist. Während Art 6 des Abkommens von 1956 seine Anwendbarkeit auf die Fälle beschränkt, in denen das anzuwendende Recht dasjenige eines Vertragsstaates ist, läßt das neue Abkommen dieses Relikt des Gegenseitigkeitsdenkens fallen. Die Konvention enthält allseitiges Einheitsrecht (auch – wenig treffend [vgl Kropholler, Einheitsrecht 106] – „loi uniforme" genannt). Für ihre Anwendbarkeit ist also weder erheblich, ob die Parteien Angehörige eines Vertragsstaates sind, noch ob sie ihren gewöhnlichen Aufenthalt in einem Vertragsstaat haben. Das vereinfacht die Rechtsanwendung. Der Praktiker, der wissen will, ob er die Konvention anwenden muß, braucht nur noch zu prüfen, ob sein eigener Staat Vertragspartei ist. – Die *Hauptanknüpfung* ist gem Art 4 – wie in der Konvention von 1956 – der gewöhnliche Aufenthalt des Berechtigten. Maßgebend ist das dort geltende „innerstaatliche Recht". Ein Renvoi ist also ausgeschlossen. Auch an der Wandelbarkeit des Statuts (Art 4 Abs 2) wurde festgehalten. In Art 10 sind die wichtigsten („insbesondere") Rechtsfragen aufgezählt, für die das Abkommen gilt. – *Ausnahmen* von der Maßgeblichkeit des Aufenthaltsrechts enthalten Art 5–9, 11 und 15. Die Vorbehaltsmöglichkeit des Art 15 entspricht dem Art 2 des Übereinkommens von 1956: Anwendung des eigenen materiellen Rechts, wenn die einzige wesentliche Auslandsbeziehung im ausländischen Wohnort des Berechtigten besteht. In Art 5 und 6 werden – dem humanitären Ziel der Konvention folgend – Hilfsanknüpfungen für den Fall bereitgestellt, daß der Berechtigte sonst keinen Unterhalt erhält. Im Unterschied zu Art 3 der Konvention von 1956, wo hilfsweise das autonome IPR für maßgebend erklärt wurde, legt das neue Abkommen die Hilfsanknüpfungen selbst fest. In Art 7 ist eine Sonderregelung für Unterhaltspflichten zwischen Verwandten in der Seitenlinie oder Verschwägerten aufgestellt, in Art 8 für geschiedene Ehegatten. Eine der bemerkenswertesten Neuerungen stellt Art 9 dar. Der Erstattungsanspruch von Einrichtungen, die öffentliche Aufgaben wahrnehmen, wurde auf Wunsch fast aller Delegierten aus dem kontinentaleuropäischen Raum in die Konvention einbezogen. Sowohl der Bestand als auch die Höhe dieses Anspruchs beurteilen sich gem Art 9 iVm Art 10 Nr 3 nach dem Recht, dem die Einrichtung untersteht. Schließlich kann gem Art 11 Abs 1 von der Anwendung des maßgebenden Rechts – entsprechend der in Haager Konventionen üblichen ordre-public-Klausel – abgesehen werden, wenn sie mit der öffentlichen Ordnung „offensichtlich" unvereinbar ist. Eine Sachnorm im IPR ist in Art 11 Abs 2 angefügt, nach der bei der Bemessung des Unterhaltsbetrages die Bedürfnisse des Berechtigten und die wirtschaftlichen Verhältnisse des Verpflichteten zu berücksichtigen sind, selbst wenn das anzuwendende Recht etwas anderes bestimmt.

251 Gemäß der Schlußformel sind der französische und der englische **Text der Konvention** (abgedruckt Actes et Doc XII/4, 377) in gleicher Weise maßgebend. Im folgenden wird eine (noch nicht offizielle, aber mit Österreich und der Schweiz bereits abgestimmte) deutsche Übersetzung wiedergegeben, die von der österreichischen und schweizerischen Version geringfügig abweicht und die vom zuständigen Fachreferat im Bundesministerium der Justiz freundlicherweise zur Verfügung gestellt wurde (die Schweizer Übersetzung und eine Botschaft des Bundesrates findet sich im Schweizer BBl 1975 II 1395).

Übereinkommen über das auf Unterhaltspflichten anzuwendende Recht

Die Unterzeichnerstaaten dieses Übereinkommens –

In dem Wunsch, gemeinsame Bestimmungen über das auf Unterhaltspflichten gegenüber Erwachsenen anzuwendende Recht aufzustellen –

In dem Wunsch, diese Bestimmungen an die des Übereinkommens vom 24. Oktober 1956 über das auf Unterhaltsverpflichtungen gegenüber Kindern anzuwendende Recht anzupassen –

Haben beschlossen, zu diesem Zweck ein Übereinkommen zu schließen, und haben die folgenden Bestimmungen vereinbart:

Kapitel I – Anwendungsbereich des Übereinkommens

Art 1

Dieses Übereinkommen ist auf Unterhaltspflichten anzuwenden, die sich aus Beziehungen der Familie, Verwandtschaft, Ehe oder Schwägerschaft ergeben, einschließlich der Unterhaltspflicht gegenüber einem nichtehelichen Kind.

Art 2

Dieses Übereinkommen regelt das Kollisionsrecht nur auf dem Gebiet der Unterhaltspflicht.

Die in Anwendung dieses Übereinkommens ergangenen Entscheidungen greifen dem Bestehen einer der in Artikel 1 genannten Beziehungen nicht vor.

Art 3

Das von diesem Übereinkommen bestimmte Recht ist unabhängig vom Erfordernis der Gegenseitigkeit anzuwenden, auch wenn es das Recht eines Nichtvertragsstaates ist.

Kapitel II – Anzuwendendes Recht

Art 4

Für die in Artikel 1 genannten Unterhaltspflichten ist das innerstaatliche Recht des gewöhnlichen Aufenthalts des Unterhaltsberechtigten maßgebend.

Wechselt der Unterhaltsberechtigte seinen gewöhnlichen Aufenthalt, so ist vom Zeitpunkt des Aufenthaltswechsels an das innerstaatliche Recht des neuen gewöhnlichen Aufenthalts anzuwenden.

Art 5

Kann der Berechtigte nach dem in Artikel 4 vorgesehenen Recht vom Verpflichteten keinen Unterhalt erhalten, so ist das Recht des Staates, dem sie gemeinsam angehören, anzuwenden.

Art 6

Kann der Berechtigte nach den in den Artikeln 4 und 5 vorgesehenen Rechten vom Verpflichteten keinen Unterhalt erhalten, so ist das innerstaatliche Recht der angerufenen Behörden anzuwenden.

Art 7

Bei Unterhaltspflichten zwischen Verwandten in der Seitenlinie oder Verschwägerten kann der Verpflichtete dem Anspruch des Berechtigten entgegenhalten, daß nach dem Recht des Staates, dem sie gemeinsam angehören, oder, mangels einer gemeinsamen Staatsangehörigkeit, nach dem innerstaatlichen Recht des gewöhnlichen Aufenthalts des Verpflichteten eine solche Pflicht nicht besteht.

Art 8

Abweichend von den Artikeln 4 bis 6 ist in einem Vertragsstaat, in dem eine Ehescheidung ausgesprochen oder anerkannt worden ist, für die Unterhaltspflichten zwischen den geschiedenen Ehegatten und die Änderung von Entscheidungen über diese Pflichten das auf die Ehescheidung angewandte Recht maßgebend.

Absatz 1 ist auch im Fall einer Trennung ohne Auflösung des Ehebandes und im Falle einer für nichtig oder als ungültig erklärten Ehe anzuwenden.

Art 9

Für das Recht einer öffentliche Aufgaben wahrnehmenden Einrichtung auf Erstattung der dem Unterhaltsberechtigten erbrachten Leistungen ist das Recht maßgebend, dem die Einrichtung untersteht.

Art 10

Das auf eine Unterhaltspflicht anzuwendende Recht bestimmt insbesondere,

1. ob, in welchem Ausmaß und von wem der Berechtigte Unterhalt verlangen kann;
2. wer zur Einleitung des Unterhaltsverfahrens berechtigt ist und welche Fristen für die Einleitung gelten;
3. das Ausmaß der Erstattungspflicht des Unterhaltsverpflichteten, wenn eine öffentliche Aufgaben wahrnehmende Einrichtung die Erstattung der dem Berechtigten erbrachten Leistungen verlangt.

Art 11

Von der Anwendung des durch dieses Übereinkommen bestimmten Rechts darf nur abgesehen werden, wenn sie mit der öffentlichen Ordnung offensichtlich unvereinbar ist.

Jedoch sind bei der Bemessung des Unterhaltsbetrags die Bedürfnisse des Berechtigten und die wirtschaftlichen Verhältnisse des Unterhaltsverpflichteten zu berücksichtigen, selbst wenn das anzuwendende Recht etwas anderes bestimmt.

Kapitel III – Verschiedene Bestimmungen

Art 12

Dieses Übereinkommen ist nicht auf Unterhalt anzuwenden, der in einem Vertragsstaat für eine vor dem Inkrafttreten des Übereinkommens in diesem Staat liegende Zeit verlangt wird.

Art 13

Jeder Vertragsstaat kann sich gemäß Artikel 24 das Recht vorbehalten, dieses Übereinkommen nur anzuwenden auf Unterhaltspflichten

1. zwischen Ehegatten und zwischen früheren Ehegatten;
2. gegenüber einer Person, die das einundzwanzigste Lebensjahr noch nicht vollendet hat und unverheiratet ist.

Art 14

Jeder Vertragsstaat kann sich gemäß Artikel 24 das Recht vorbehalten, dieses Übereinkommen nicht anzuwenden auf Unterhaltspflichten

1. zwischen Verwandten in der Seitenlinie;
2. zwischen Verschwägerten;
3. zwischen geschiedenen oder ohne Auflösung des Ehebandes getrennten Ehegatten oder zwischen Ehegatten, deren Ehe für nichtig oder als ungültig erklärt worden ist, wenn das Erkenntnis auf Scheidung, Trennung, Nichtigkeit oder Ungültigkeit der Ehe in einem Versäumnisverfahren in einem Staat ergangen ist, in dem die säumige Partei nicht ihren gewöhnlichen Aufenthalt hatte.

Art 15

Jeder Vertragsstaat kann gemäß Artikel 24 einen Vorbehalt machen, daß seine Behörden sein innerstaatliches Recht anwenden werden, wenn sowohl der Berechtigte als auch der Verpflichtete Staatsangehörige dieses Staates sind und der Verpflichtete dort seinen gewöhnlichen Aufenthalt hat.

Art 16

Kommt das Recht eines Staates mit zwei oder mehr Rechtsordnungen mit räumlicher oder personeller Anwendung auf dem Gebiet der Unterhaltspflicht in Betracht – beispielsweise, wenn auf das Recht des gewöhnlichen Aufenthalts des Berechtigten oder des Verpflichteten oder auf das Recht des Staates, dem sie gemeinsam angehören, verwiesen wird –, so ist die Rechtsordnung anzuwenden, die durch die in diesem Staat geltenden Vorschriften bestimmt wird, oder mangels solcher Vorschriften die Rechtsordnung, zu der die Beteiligten die engsten Bindungen haben.

Art 17

Ein Vertragsstaat, in dem verschiedene Gebietseinheiten ihre eigenen Rechtsvorschriften über die Unterhaltspflicht haben, ist nicht verpflichtet, dieses Übereinkommen auf Kollisionsfälle anzuwenden, die nur seine Gebietseinheiten betreffen.

Art 18

Dieses Übereinkommen ersetzt in den Beziehungen zwischen den Staaten, die Vertragsparteien sind, das Haager Übereinkommen vom 24. Oktober 1956 über das auf Unterhaltsverpflichtungen gegenüber Kindern anzuwendende Recht.

Jedoch ist Absatz 1 nicht auf einen Staat anzuwenden, der durch einen Vorbehalt nach Artikel 13 die Anwendung dieses Übereinkommens auf Unterhaltspflichten gegenüber Personen ausgeschlossen hat, die das einundzwanzigste Lebensjahr noch nicht vollendet haben und unverheiratet sind.

Art 19

Dieses Übereinkommen berührt nicht andere internationale Übereinkünfte, deren Vertragspartei ein Vertragsstaat des Übereinkommens ist oder wird und die Bestimmungen über die durch dieses Übereinkommen geregelten Angelegenheiten enthalten.

Kapitel IV – Schlußbestimmungen

Art 20

Dieses Übereinkommen liegt für die Staaten zur Unterzeichnung auf, die Mitglieder der Haager Konferenz für Internationales Privatrecht zur Zeit ihrer Zwölften Tagung waren.

Es bedarf der Ratifikation, Annahme oder Genehmigung; die Ratifikations-, Annahme- oder Genehmigungsurkunden sind beim Ministerium für Auswärtige Angelegenheiten der Niederlande zu hinterlegen.

Art 21

Jeder Staat, der erst nach der Zwölften Tagung Mitglied der Konferenz geworden ist oder der Mitglied der Vereinten Nationen oder einer ihrer Sonderorganisationen oder Vertragspartei des Statuts des Internationalen Gerichtshofs ist, kann diesem Übereinkommen beitreten, nachdem es nach Artikel 25 Absatz 1 in Kraft getreten ist.

Die Beitrittsurkunde ist beim Ministerium für Auswärtige Angelegenheiten der Niederlande zu hinterlegen.

Art 22

Jeder Staat kann bei der Unterzeichnung, der Ratifikation, der Annahme, der Genehmigung oder dem Beitritt erklären, daß sich dieses Übereinkommen auf alle Hoheitsgebiete, deren internationale Beziehungen er wahrnimmt, oder auf eines oder mehrere dieser Hoheitsgebiete erstreckt. Diese Erklärung wird wirksam, sobald das Übereinkommen für den betreffenden Staat in Kraft tritt.

Später ist jede derartige Erstreckung dem Ministerium für Auswärtige Angelegenheiten der Niederlande zu notifizieren.

Art 23

Ein Vertragsstaat, der aus zwei oder mehr Gebietseinheiten besteht, in denen verschiedene Rechtsordnungen auf dem Gebiet der Unterhaltspflicht gelten, kann bei der Unterzeichnung, der Ratifikation, der Annahme, der Genehmigung oder dem Beitritt erklären, daß sich dieses Übereinkommen auf alle diese Gebietseinheiten oder nur auf eine oder mehrere dieser Gebietseinheiten erstreckt; er kann diese Erklärung jederzeit durch Abgabe einer neuen Erklärung ändern.

Diese Erklärungen sind dem Ministerium für Auswärtige Angelegenheiten der Niederlande unter ausdrücklicher Bezeichnung der Gebietseinheit, für die das Übereinkommen gilt, zu notifizieren.

Art 24

Jeder Staat kann spätestens bei der Ratifikation, der Annahme, der Genehmigung oder dem Beitritt einen oder mehrere der in den Artikeln 13 bis 15 vorgesehenen Vorbehalte machen. Andere Vorbehalte sind nicht zulässig.

Jeder Staat kann ferner, wenn er eine Erstreckung des Übereinkommens nach Artikel 22 notifiziert, die Wirkung eines oder mehrerer dieser Vorbehalte auf alle oder einige der von der Erstreckung erfaßten Hoheitsgebiete beschränken.

Jeder Vertragsstaat kann einen von ihm gemachten Vorbehalt jederzeit zurücknehmen. Eine solche Zurücknahme ist dem Ministerium für Auswärtige Angelegenheiten der Niederlande zu notifizieren.

Die Wirkung des Vorbehalts endet am ersten Tag des dritten Kalendermonats nach der in Absatz 3 genannten Notifikation.

Art 25

Dieses Übereinkommen tritt am ersten Tag des dritten Kalendermonats nach der in Artikel 20 vorgesehenen Hinterlegung der dritten Ratifikations-, Annahme- oder Genehmigungsurkunde in Kraft.

Später tritt das Übereinkommen in Kraft

1. für jeden Unterzeichnerstaat, der es später ratifiziert, annimmt oder genehmigt, am ersten Tag des dritten Kalendermonats nach Hinterlegung seiner Ratifikations-, Annahme- oder Genehmigungsurkunde;
2. für jeden beitretenden Staat am ersten Tag des dritten Kalendermonats nach Hinterlegung seiner Beitrittsurkunde;
3. für die Hoheitsgebiete, auf die das Übereinkommen nach Artikel 22 erstreckt worden ist, am ersten Tag des dritten Kalendermonats nach der im genannten Artikel vorgesehenen Notifikation.

Art 26

Dieses Übereinkommen gilt für die Dauer von fünf Jahren, vom Tag seines Inkrafttretens nach Artikel 25 Absatz 1 an gerechnet, und zwar auch für die Staaten, die es später ratifiziert, angenommen oder genehmigt haben oder ihm später beigetreten sind.

Die Geltungsdauer des Übereinkommens verlängert sich, außer im Fall der Kündigung, stillschweigend um jeweils fünf Jahre.

Die Kündigung ist spätestens sechs Monate vor Ablauf der fünf Jahre dem Ministerium für Auswärtige Angelegenheiten der Niederlande zu notifizieren. Sie kann sich auf bestimmte Hoheitsgebiete beschränken, für die das Übereinkommen gilt.

Die Kündigung wirkt nur für den Staat, der sie notifiziert hat. Für die anderen Vertragsstaaten bleibt das Übereinkommen in Kraft.

Art 27

Das Ministerium für Auswärtige Angelegenheiten der Niederlande notifiziert den Mitgliedstaaten der Konferenz sowie den Staaten, die nach Artikel 21 beigetreten sind,

1. jede Unterzeichnung, Ratifikation, Annahme und Genehmigung nach Artikel 20;
2. den Tag, an dem dieses Übereinkommen nach Artikel 25 in Kraft tritt;
3. jeden Beitritt nach Artikel 21 und den Tag, an dem der Beitritt wirksam wird;
4. jede Erstreckung nach Artikel 22 und den Tag, an dem sie wirksam wird;
5. jede Erklärung nach Artikel 23 und jede Änderung derselben sowie den Tag, an dem diese Erklärung und ihre Änderung wirksam werden;
6. jede Kündigung nach Artikel 26;
7. jeden Vorbehalt nach den Artikeln 13 bis 15 und 24 sowie die Zurücknahme von Vorbehalten nach Artikel 24.

ZU URKUND DESSEN haben die gehörig befugten Unterzeichneten dieses Übereinkommen unterschrieben.

GESCHEHEN in Den Haag am 2. Oktober 1973 in englischer und französischer Sprache, wobei jeder Wortlaut gleichermaßen verbindlich ist, in einer Urschrift, die im Archiv der Regierung der Niederlande hinterlegt wird; diese übermittelt jedem Staat, der Mitglied der Haager Konferenz für Internationales Privatrecht zur Zeit ihrer Zwölften Tagung war, auf diplomatischem Weg eine beglaubigte Abschrift.

D. Haager Übereinkommen über die Zuständigkeit der Behörden und das anzuwendende Recht auf dem Gebiet des Schutzes von Minderjährigen vom 5. 10. 1961

Schrifttum

Ahrens, Zur „Eingriffszuständigkeit" im Rahmen des Art 3 des Haager Minderjährigenschutzabkommens, FamRZ 1976, 305; Baechler, Fragen des internationalen Minderjährigenschutzes aus schweizerischer Sicht, ZVW 30 (1975) 1; Batiffol, La Neuvième session de la Conférence de La Haye de d. i. p., Rev crit 50 (1961) 461, 470; Becker-Oberloskamp, Kinder ausländischer Arbeitnehmer in der Bundesrepublik Deutschland (oJ [1975]) 127; Bühler, Zum Haager Minderjährigenschutzabkommen, BWNotZ 1973, 25; Castro-Rial Canosa, El Convenio de La Haya sobre protección de menores, Rev esp der int 14 (1961) 11; Dilger, Zum iranischen Recht im Rahmen des Haager Minderjährigenschutzabkommens, FamRZ 1973, 530; Droz, La protection des mineurs en d. i. p. français depuis l'entrée en vigueur de la Convention de La Haye du 5 octobre 1961, Clunet 100 (1973) 503; Ferid, Die 9. Haager Konferenz, RabelsZ 27 (1962–63) 411, 428; Firsching, Grundzüge des internationalprivatrechtlichen Familien- und Erbrechts, einschließlich des internationalen Verfahrensrechts, Rpfleger 1971, 377, 383; Goerke, Einzelfragen zur Gleichberechtigung im IPR und Staatsangehörigkeitsrecht, FamRZ 1974, 57; dies, Praktische Fälle aus dem Anwendungsbereich des Haager Minderjährigenschutzabkommens, StAZ 1976, 267; Helmut Henkel, Die Anordnung von Kindesschutzmaßnahmen gemäß Art 307 rev ZGB, Diss Zürich 1977, 235–300; Henrich, Das „gesetzliche Gewaltverhältnis" im Spannungsfeld zwischen dem Haager Minderjährigenschutzabkommen und dem nationalen Kollisionsrecht, FS Schwind (1978) 79; Lukas Huber, Die Vormundschaft im IPR der Schweiz unter besonderer Berücksichtigung der Haager Abkommen, Diss Basel 1970; Jayme, Elterliche Gewalt nach Scheidung einer deutsch-italienischen Ehe und Ausweisung des italienischen Vaters aus der BRD (Haager Minderjährigenschutzabkommen), ZBlJugR 1972, 284; ders, Zu Qualifikation und Inhalt der „Schutzmaßnahme" nach dem Haager Minderjährigenschutzabkommen, JR 1973, 177; ders, Haager Minderjährigenschutzabkommen und elterliche Gewalt über ein nichteheliches türkisches Kind, ZBlJugR 1973, 438; ders, Die Neuregelung des ehelichen Güterrechts und des Kindschaftsrechts im italienischen Reformgesetz vom 19. 5. 1975, StAZ 1976, 193, 197; ders, Zur „internationalen Verbundszuständigkeit" deutscher Gerichte für die Regelung des Sorgerechts nach der Scheidung, FamRZ 1979, 21; Horst Kaufmann, Die Anerkennung von Entscheiden über die Gestaltung der Elternrechte bei Ehescheidung, FS Guldener (1973) 151; Knoepfler, La protection des mineurs et les conventions internationales, ZVW 32 (1977) 81; Koopmans, Het Haagse Kinderbeschermingsverdrag; enkele consequenties voor de Nederlandse rechtspraak, WPNR 1977, 86; Kropholler, Das Haager Abkommen über den Schutz Minderjähriger (2. Aufl 1977); ders, Das Haager Minderjährigenschutzabkommen – ein neuer Ansatz im deutschen IPR, NJW 1971, 1721; ders, Erste Erfahrungen mit dem Haager Minderjährigenschutzabkommen, NJW 1972, 371; ders, Einige deutsche Erfahrungen mit dem Haager Minderjährigenschutzabkommen, ZfRvgl 16 (1975) 207; Krüger, Kollision von Staatsverträgen, Zum Verhältnis des Deutsch-iranischen Niederlassungsabkommens vom 17. 2. 1929 zu den Haager Abkommen vom 5. 10. 1961 (Minderjährigenschutz) und vom 24. 10. 1956 (Unterhaltsstatut), FamRZ 1973, 6; Lequette, Protection familiale et protection étatique des incapables (1976); Lill, Die Regelung des Sorgerechts für Kinder geschiedener Niederländer, Zur Rechtsänderung gemäß dem Haager Minderjährigenschutzabkommen, FamRZ 1972, 22; Loussouarn, La IXe Session de la Conférence de la Haye de d. i. p., Clunet 88 (1961) 654, 680; Luther, Das Haager Abkommen über den Schutz Minderjähriger, Inhalt – Probleme – Rechtsprechung, FamRZ 1973, 406; Mähr, Zuständigkeiten im internationalen Kindschaftsrecht, ÖRiZ 1977, 152; Müller-Gindullis, Die Scheidungswaise Gisela, DRiZ 1974, 153; Niclas, Der Schutz Minderjähriger in internationalen Verträgen, ZBlJugR 1972, 116; de Nova, La IX^a Conferenza dell' Aja, Dir Int 14 (1960) I 305; Offerhaus-van der Meulen-Nypels-de Winter-Kisch-Eijssen, Verslag van de Nederlandse delegatie naar de Negende Zitting van de Haagse Conferentie voor Internationaal Privaatrecht van 5 to 26 oktober 1960 te 's-Gravenhage, Jaarboek van het Ministerie van Buitenlandse Zaken 1960/1961 (1961) 244; von Overbeck, Essai sur la délimitation du domaine des conventions de d. i. p., Ius et lex, Festgabe Gutzwiller (Basel 1959) 325; ders, La Neuvième session de la Conférence de La Haye de d. i. p., NedTIR 8 (1961) 31, 48; ders, Vormundschaft und Kinderschutzmaßnahmen im IPR, ZfRvgl 2 (1961) 140; ders, La reconnaissance des rapports d'autorité „ex lege" selon la Convention de La Haye sur la protection des mineurs, Mélanges

Deschenaux (Fribourg 1977) 447; Schurig, Das Dilemma der Anerkennung „gesetzlicher Gewaltverhältnisse" nach Art 3 des Haager Minderjährigenschutzabkommens, FamRZ 1975, 459; Schwimann, Das Haager Minderjährigenschutzabkommen und seine Anwendung in Österreich, ÖJBl 1976, 233; ders, Vormundschaftsgerichtliche Genehmigungen nach dem Haager Minderjährigenschutzabkommen, FamRZ 1978, 303; ders, Pflegschaftsgerichtliche Genehmigungen in Fällen mit Auslandsbeziehung, ÖNotZ 1978, 97 (Teil A im wesentlichen gleichlautend mit FamRZ 1978, 303; Teil B bezieht sich auf das autonome Kollisionsrecht Österreichs); Shapira-Siehr, The Jundeff Affair – Comparative Remarks on International Child Kidnapping and Judicial Co-operation, NILR 25 (1978) 3; Siehr, Das Haager Minderjährigenschutzabkommen von 1961 in der bisherigen Praxis, DAVorm 1973, 253; ders, Kindesentführungen ins Ausland, DAVorm 1977, 219; Simon-Depitre, La protection des mineurs en d. i. p., Travaux du Comité français de d. i. p. 1960–62 (1963) 109; von Steiger, Rapport explicatif, Actes et Doc IX/4, 219; ders, Schutz der Minderjährigen, in: Panchaud-von Steiger-Rupp, La Neuvième session de la Conférence de La Haye de d. i. p., SchwJbIntR 17 (1960) 10, 30; ders, Die Revision des Haager Abkommens von 1902 zur Regelung der Vormundschaft über Minderjährige, SchwJZ 1960, 256; ders, Die IX. Haager Konferenz für IPR, SchwJZ 1961, 149; ders, La protection des mineurs en d. i. p., Rec des Cours 112 (1961-II) 473, 510; Stöcker, Mißverständnisse bei Auslegung des Haager Minderjährigenschutzübereinkommens, DAVorm 1975, 507; Sturm, Minderjährigenschutz bei Auslandsbezug, NJW 1975, 2121; Sumampouw, The new Hague Conventions in the Dutch Courts, NILR 24 (1977) 546; Topor, Les Conflits de lois en matière de puissance parentale (Paris 1971); Volken, Konventionskonflikte im IPR (Zürich 1977) 117–133; Wienke, Zur Anknüpfung der Vorfrage bei internationalprivatrechtlichen Staatsverträgen (1977) 71–116; Wiesbauer, Die Anwendung des Haager Minderjährigenschutzabkommens auf minderjährige österreichische Staatsbürger mit gewöhnlichem Aufenthalt in Österreich, ÖJZ 1978, 151; de Winter, Het Haagse ontwerp-verdrag inzake kinderbescherming, NedJbl 1961, 17; ders, Le principe de la nationalité s'effrite-t-il peu à peu? De conflictu legum, Festschrift Kollewijn-Offerhaus (1962) 514; Wuppermann, Einige Gedanken zum Haager Minderjährigenschutzabkommen, FamRZ 1972, 247; ders, Ein Scheideweg im deutschen internationalen Kindschaftsrecht? FamRZ 1972, 549; ders, Zum Haager Minderjährigenschutzabkommen aus der Sicht der Rechtsentwicklung, FamRZ 1974, 414; ders, Die Bedeutung des Haager Minderjährigenschutzabkommens für die Praxis, insbesondere für Jugendbehörden, NDV 1976, 1.

252 Überblick

Das Abkommen, dessen französischer Originaltext allein verbindlich ist, wurde auf der Neunten Haager Konferenz im Oktober 1960 geschlossen. Nach der Präambel ist sein *Ziel,* „gemeinsame Bestimmungen über die Zuständigkeit der Behörden und über das anzuwendende Recht auf dem Gebiet des Schutzes von Minderjährigen festzulegen." Das Übereinkommen geht auf einen Wunsch der Haager Konferenz zurück, das Vormundschaftsabkommen von 1902 zu revidieren. Es zeigte sich jedoch, daß eine bloße Überarbeitung des Vormundschaftsabkommens den Anforderungen nicht genügen würde, die sich aus der innerstaatlichen Entwicklung des Minderjährigenschutzes und den erheblichen Bevölkerungsbewegungen der Gegenwart ergeben. So ist ein völlig neues Übereinkommen entstanden, dessen sachliche Reichweite über die des alten Vormundschaftsabkommens weit hinausreicht. – Die Konvention ist für die Bundesrepublik Deutschland am 17. 9. 1971 in Kraft getreten und gem Art 17 Abs 1 auf Maßnahmen anzuwenden, die von diesem Tag an getroffen werden. Weitere *Vertragsstaaten* sind bislang (1. 1. 1979) Frankreich, Luxemburg, die Niederlande, Österreich, Portugal und die Schweiz (näher unten Vorbem 793 f). – Die Konvention ist für Deutschland anwendbar, wenn der Minderjährige seinen *gewöhnlichen Aufenthalt* in einem Vertragsstaat hat (Art 13 Abs 1); auf die Staatsangehörigkeit kommt es nicht an, da Deutschland von dem Vorbehalt des Art 13 Abs 3 keinen Gebrauch gemacht hat. Die Konvention greift also insbes immer dann ein, wenn der Minderjährige seinen gewöhnlichen Aufenthalt in der Bundesrepublik Deutschland hat. Die Konvention ist dagegen nicht anzuwenden – das wird von den Gerichten bisweilen übersehen –, wenn das Kind seinen gewöhnlichen Aufenthalt in einem Nichtvertragsstaat hat. – *„Minderjähriger“* iS des Übereinkommens ist gem Art 12, wer nach dem innerstaatlichen Recht seines Heimatstaates und des Aufenthaltsstaates minderjährig ist. – In den *sachlichen Anwendungsbereich* der Konvention fallen Schutzmaßnahmen und ex-lege-Gewaltverhältnisse. Zwischen privatrechtlichen und öffentlichrechtlichen *Schutzmaßnahmen* wird nicht unterschieden. Von der Konvention erfaßt werden insbes Regelungen und Eingriffe im Rahmen des ehelichen und nichtehelichen Kindschaftsverhältnisses, wie der Entzug der elterlichen Gewalt oder deren Verteilung nach Scheidung oder Trennung der Ehegatten; die Bestellung eines Vormunds oder Pflegers ist ebenso eine Schutzmaßnahme iS des Abkommens wie die im JWG vorgesehenen Maßnahmen (näher unten Vorbem 265 ff). Um keinen Schutz durch Maßnahmen aufzudrängen, wo nach dem innerstaatlichen Heimatrecht des Kindes kraft Gesetzes bereits ein Schutzverhältnis besteht, schreibt Art 3 die Anerkennung solcher *ex-lege-Gewaltverhältnisse* in allen Vertragsstaaten vor. Begrifflich unterscheidet sich ein ex-lege-Gewaltverhältnis dadurch von einem durch behördliche Maßnahmen begründeten Schutzverhältnis, daß es ohne staatlichen Akt unmittelbar aus der gesetzlichen Ordnung des Heimatstaates hervorgeht. Zu nennen ist vor allem die elterliche Gewalt beider Eltern oder des überlebenden Elternteils (näher unten Vorbem 489 ff). Die Vorschrift des Art 3 ist auch anzuwenden, wenn der Staat, dem der Minderjährige angehört, nicht Vertragsstaat ist (näher unten Vorbem 476). Eine Rück- oder Weiterverweisung des Heimatrechts ist nicht zu beachten (unten Vorbem 501 ff). – Das Abkommen regelt primär die *internationale Zuständigkeit* zum Erlaß von Schutzmaßnahmen. Grundsätzlich sind gem Art 1 die Gerichte des Staates zuständig, in dem der Minderjährige seinen gewöhnlichen Aufenthalt hat *(Aufenthaltszuständigkeit)*. Der Fall des *Aufenthaltswechsels* ist in Art 5 nur unvollständig normiert. Ungeregelt sind insbes die Fragen der *perpetuatio fori* (dazu näher unten Vorbem 345 ff) und des *unrechtmäßigen Aufenthaltswechsels* (unten Vorbem 593 ff). In Art 4 Abs 1 ist den Behörden des Staates, dem der Minderjährige angehört, eine konkurrierende Zuständigkeit eingeräumt, wenn sie der Auffassung sind, daß das Wohl des Minderjährigen ihr Tätigwerden erfordert *(Heimatzuständigkeit)*. Diese Zuständigkeit ist – ebenso wie die anderen Zuständigkeiten – den Behörden von Vertragsstaaten vorbehalten (Art 13 Abs 2). Gem Art 8 schließen die Art 3 (ex-lege-Verhältnisse) und 4 (Heimatzuständigkeit) aber nicht aus, daß die Behörden des Staates, in dem der Minderjährige seinen gewöhnlichen Aufenthalt hat, Maßnahmen zum Schutz des Minderjährigen treffen, soweit er in seiner Person oder in seinem Vermögen ernstlich gefährdet ist *(Gefährdungszuständigkeit)*. Die Rechtsprechung und Literatur ist überwiegend der Auffassung, daß die Aufenthaltsbehörden nur unter den Voraussetzungen des Art 8, nicht aber gem Art 1 für Eingriffe in ex-lege-Verhältnisse oder Schutzmaßnahmen des Heimatstaates zuständig sind. Es dürfte aber gerechtfertigt sein, auch für Eingriffe in ex-lege-Verhältnisse eine Kompetenz der deutschen Aufenthaltsbehörden gem Art 1 zu bejahen, sofern die Eingriffe bei einem entsprechenden deutschen Gewaltverhältnis ebenfalls zulässig wären (ausf unten Vorbem 350 ff). Für Art 8 bleiben dann vor allem die Fälle, in denen die Aufenthaltsbehörde wegen einer ernstlichen Gefährdung des Minderjährigen tätig werden will, nachdem die Heimatbehörde bereits gehandelt hat (unten Vorbem 643 f). Die Konvention kennt neben den genannten Zuständigkeiten noch eine *Auftragszuständigkeit* für die Durchführung bereits getroffener Maßnahmen (Art 6), eine *Eilzuständigkeit* der Behörden am schlichten Aufenthaltsort des Minderjährigen und am Lageort seines Vermögens (Art 9) und eine *Scheidungszuständigkeit* (Art 15), die für die Bundesrepublik mangels Erklärung eines entsprechenden Vorbehalts allerdings nicht unmittelbar bedeutsam ist. – Das auf Schutzmaßnahmen *anwendbare Recht* folgt im Interesse einer Vereinfachung im allgemeinen der Zuständigkeit (Gleichlauf). Jede Behörde trifft also die in dem eigenen internen Recht vorgesehenen Maßnahmen. Das ist für die Aufenthaltszuständigkeit in Art 2 und die Heimatzuständigkeit in Art 4 Abs 1 und 2 ausdrücklich und ohne Ausnahme festgelegt. Für die Gefährdungszuständigkeit nach Art 8 hat das gleiche zu gelten, und Eilmaßnahmen nach Art 9 werden in der Regel ebenfalls nach der lex fori getroffen. – Die Konvention kennt ferner eine Pflicht zur *Anerkennung von Schutzmaßnahmen* (Art 7) und zur *Zusammenarbeit der Behörden* der Vertragsstaaten (Art 10, 11). Gemäß der in den neueren Haager Konventionen üblichen eingeschränkten *ordre-public-Klausel* dürfen die Bestimmungen des Übereinkommens in den Vertragsstaaten nur dann unbeachtet bleiben, „wenn ihre Anwendung mit der öffentlichen Ordnung offensichtlich unvereinbar ist" (Art 16). Das mag in seltenen Fällen von der Pflicht zur Anerkennung eines ex-lege-Verhältnisses (Art 3) oder einer Schutzmaßnahme (Art 7) entbinden. – Die *Konkurrenz zu anderen Konventionen* regelt Art 18: Danach ersetzt das Minderjährigenschutzabkommen im Verhältnis der Vertragsstaaten zueinander das Haager Vormundschaftsabkommen von 1902. Letzteres bleibt aber wirksam gegenüber denjenigen Staaten, die das Minderjährigenschutzabkommen nicht ratifiziert haben (Belgien, Italien und Spanien). Das Haager Vormundschaftsabkommen von 1902 wird bei Art 23 EGBGB erläutert. Auch andere bestehende zwischenstaatliche Übereinkünfte bleiben gem Art 18 Abs 2 unberührt. – Im *Verhältnis zum autonomen deutschen IPR* geht das Minderjährigenschutzabkommen als Spezialregelung vor. Innerhalb des Anwendungsbereichs des Abkommens ist das autonome deutsche IPR verdrängt.* Praktisch heißt das: Die Anordnung von Schutzmaßnahmen und das Bestehen eines ex-lege-Verhältnisses (elterliche Gewalt) beurteilen sich ausschließlich nach dem Übereinkommen, sofern ein „Minderjähriger" (Art 12) seinen gewöhnlichen Aufenthalt in einem Vertragsstaat hat. Für eine Anwendung der Art 19, 20, 23 EGBGB und eine analoge Heranzieung der Zuständigkeitsvorschriften des FGG ist insoweit kein Raum (vgl BayObLG 3. 12. 1976 FamRZ 1977, 473 = StAZ 1977, 137 = IPRspr 1976 Nr 74: Für die Entziehung des Aufenthaltsbestimmungsrechts und die dann erforderlich werdende Ergänzungspflegschaft sind Art 19 und Art 23 EGBGB durch Art 2 MSA ausgeschlossen). Hat ein deutscher Richter also eine Schutzmaßnahme zu treffen oder ist das Bestehen eines ex-lege-Verhältnisses, insbes der elterlichen Gewalt, zu prüfen, so ist auf die genannten Vorschriften des autonomen deutschen Rechts nur dann zurückzugreifen, wenn der Schutzbedürftige entweder kein „Minderjähriger" iS des Art 12 ist oder wenn der Minderjährige seinen gewöhnlichen Aufenthalt in einem Nichtvertragsstaat hat (vgl näher unten Vorbem 727 f, speziell zur internationalen Zuständigkeit unten Vorbem 260–262 und zu den ex-lege-Gewaltverhältnissen unten Vorbem 485 f). Die Anerkennung von Schutzmaßnahmen der Behörden eines Nichtvertragsstaates, namentlich des Heimatstaates, ist nach den Regeln des autonomen deutschen Rechts möglich, solange keine kollidierende Schutzmaßnahme aufgrund des Abkommens getroffen worden ist, die nach Art 7 MSA anerkannt werden muß (vgl unten Vorbem 641).

---

* StRspr, zB BayObLG 7. 12. 1973 BayObLGZ 1973, 331 = NJW 1974, 420 = MDR 1974, 231 = FamRZ 1974, 137 = IPRspr 1973 Nr 71 und 3. 12. 1976 FamRZ 1977, 473 = StAZ 1977, 137 IPRspr 1976 Nr 74, zuletzt 22. 6. 1978, demnächst in IPRspr 1978; OLG Hamburg 24. 7. 1972 MDR 1973, 52 = FamRZ 1972, 514 Anm Kropholler = IPRspr 1972 Nr 70; OLG Zweibrücken 23. 8. 1972 FamRZ 1972, 649 Anm Kropholler = IPRspr 1972 Nr 72 und 27. 9. 1973 OLGZ 1974, 171 = FamRZ 1974, 153 Anm Siehr = IPRspr 1973 Nr 67.

Art 1
[Aufenthaltszuständigkeit]

Die Behörden, seien es Gerichte oder Verwaltungsbehörden, des Staates, in dem ein Minderjähriger seinen gewöhnlichen Aufenthalt hat, sind, vorbehaltlich der Bestimmungen der Artikel 3, 4 und 5 Absatz 3, dafür zuständig, Maßnahmen zum Schutz der Person und des Vermögens des Minderjährigen zu treffen.

Article premier

Les autorités, tant judiciaires qu'administratives, de l'État de la résidence habituelle d'un mineur sont, sous réserve des dispositions des articles 3, 4 et 5, alinéa 3, de la présente Convention, compétentes pour prendre des mesures tendant à la protection de sa personne ou de ses biens.

Systematische Übersicht

I. Allgemeines

253 **1. Bedeutung der Zuständigkeitsregeln des Abkommens**

Die Konvention regelt in erster Linie die Zuständigkeit und erst in zweiter Linie das anwendbare Recht. Dementsprechend stellt sie in Art 1 die wichtigste Zuständigkeitsnorm voran.

254 **a)** Staatsvertragliche Zuständigkeitsregeln auf dem Gebiet des Minderjährigenschutzes haben den **Sinn,** positive und negative Kompetenzkonflikte zwischen den Behörden der Vertragsstaaten zu vermeiden und die Anerkennung der getroffenen Schutzmaßnahmen in den anderen Vertragsstaaten zu fördern. In Verbindung mit den Bestimmungen über den internationalen Behördenverkehr sichern die Zuständigkeitsnormen des Abkommens eine kontinuierliche Betreuung der Minderjährigen, die Angehörige eines Vertragsstaates sind.

255 Gegenüber dem Haager Vormundschaftsabkommen von 1902 bedeutet die Voranstellung der Zuständigkeitsvorschriften eine Schwergewichtsverlagerung. Sie ist berechtigt, weil die Festlegung der internationalen Zuständigkeit und mit ihr die Ausschaltung negativer Kompetenzkonflikte für das Wohl des Minderjährigen wichtiger ist als die Bestimmung des anwendbaren Rechts. Häufig variieren die in Betracht kommenden Rechtsordnungen ja nur unerheblich, so daß die Würdigung der Tatsachen für die zu treffende Schutzmaßnahme entscheidend ist. Wesentlich ist dann vor allem zu wissen, welche Behörde handeln kann und muß (von Overbeck NedTIR 8 [1961] 149 f; vgl auch von Steiger Rec des Cours 112 [1961-II] 513 f).

256 Wie von Overbeck zutreffend bemerkt, ist die Aufenthaltsbehörde unter den Voraussetzungen des Art 1 sogar zum Handeln **verpflichtet.** Das Abkommen spricht diese Pflicht zwar nicht ausdrücklich aus, sie folgt jedoch aus der Verleihung der primären Zuständigkeit sowie aus der Zielsetzung des Vertrages, den Minderjährigenschutz auf möglichst wirksame Weise zu sichern. Während zur Zeit der Entstehung des Vormundschaftsabkommens von 1902 die Ansicht vorherrschte, eine Pflicht zur Gewährung vormundschaftlichen Schutzes obliege grundsätzlich dem Heimatstaat, entspricht es den Anschauungen unserer Zeit, primär den Staat für verantwortlich zu halten, in dessen Staatsgebiet sich ein Minderjähriger gewöhnlich aufhält.

257 **b)** Die Zuständigkeitsnormen des Abkommens beziehen sich auf die **internationale Zuständigkeit.** Die internationale Zuständigkeit ist neben den verschiedenen Arten der innerstaatlichen Zuständigkeit (funktionelle, sachliche, örtliche Zuständigkeit) ein eigener Begriff, welcher die Zuständigkeit der Gerichte oder überhaupt der Behörden eines bestimmten Staates bezeichnet (Neuhaus, Grundbegriffe 408). Die Zuständigkeitsnormen des Übereinkommens sagen also, ob die Behörden des einen oder anderen Vertragsstaates eine Zuständigkeit beanspruchen können. Welche Behörden innerhalb dieses Staates zuständig sind, bleibt dem autonomen, außervertraglichen Recht überlassen (Bericht von Steiger Actes et Doc IX/4, 224 lit a). In Deutschland sind für die Bestimmung der örtlichen Zuständigkeit also namentlich §§ 36, 43 FGG zu beachten, sei es, daß diese Vorschriften – in Vormundschaftssachen – direkt anwendbar sind, sei es daß sie – in den Familiensachen des § 621 Abs 1 Nr 1–3 – nach § 621 Abs 2 S 2 ZPO berufen sind (näher zur Abgrenzung Art 19 Rz 236).

c) Die internationale Zuständigkeit deutscher Gerichte ist von diesen als wesentliche Verfahrensvoraussetzung in jeder Lage des Verfahrens vorab **von Amts wegen** zu prüfen und zu beachten. Das ist für das Minderjährigenschutzabkommen – wie für andere Fälle mit Auslandsberührung – allgemein anerkannt.* 258

d) Bei Erlaß **vorläufiger Anordnungen** aufgrund des Abkommens ist die internationale Zuständigkeit für diese Anordnungen gesondert zu prüfen. Denn auch vorläufige Anordnungen sind Schutzmaßnahmen iS der Konvention (s unten Vorbem 279, 280, 282, 284, 285, 291). Es kommt also nicht darauf an, ob die internationale Zuständigkeit für das Hauptsacheverfahren bejaht werden könnte oder nicht (BayObLG 24. 7. 1975 BayObLGZ 1975, 291 = NJW 1975, 2146 = FamRZ 1976, 47 = StAZ 1976, 48 = IPRspr 1975 Nr 75; anders wohl OLG Stuttgart 23. 6. 1975 OLGZ 1975, 391 = NJW 1976, 483 = FamRZ 1975, 644 = IPRspr 1975 Nr 74). 259

2. Verhältnis zu den Zuständigkeitsregeln des autonomen deutschen Rechts 260

a) *Innerhalb des Anwendungsbereichs* des Abkommens gelten dessen Zuständigkeitsregeln **ausschließlich;** die internationale Zuständigkeit eines deutschen Gerichts darf nicht auf Normen des außervertraglichen deutschen Rechts (etwa §§ 36, 43 FGG analog) gestützt werden (zum Vorrang einer staatsvertraglichen Regelung vor dem autonomen Recht vgl oben Vorbem 1). Ist eine „Schutzmaßnahme“ (iS des Abkommens) über einen „Minderjährigen“ (iS des Art 12) zu treffen, der seinen gewöhnlichen Aufenthalt in einem Vertragsstaat hat (Art 13 Abs 1; vgl auch unten Vorbem 727), so greift die Zuständigkeitsordnung des Abkommens ein. Diese stellt innerhalb des sachlichen und persönlichen Anwendungsbereichs des Übereinkommens eine abschließende Regelung dar. Man darf also nicht schon deshalb auf die Normen des außervertraglichen Rechts zurückgreifen, weil eine einzelne Zuständigkeit, etwa die des Aufenthaltsstaates, nach dem Abkommen im konkreten Fall nicht gegeben ist. Die detaillierte Verteilung der Zuständigkeiten, die das Übereinkommen vornimmt, wäre sonst teilweise entwertet. Die erstrebte Rechtsvereinheitlichung unter den Vertragsstaaten wäre gefährdet (Kropholler NJW 1972, 372 bei Fn 12; ders ZfRvgl 16 [1975] 215; zust Siehr DAVorm 1973, 272 bei Fn 147; Ahrens FamRZ 1976, 307; Henrich, FS Schwind 85; anders im Schrifttum nur Firsching, IPR 97 Fall 73 a; ders Rpfleger 1971, 385 bei Lösung des Beispielsfalles).

Die gerichtliche Praxis hat sich bislang einmütig an die Zuständigkeitsordnung des Abkommens gehalten und in den hier erörterten Fällen nicht auf das autonome deutsche Recht zurückgegriffen (vgl auch oben Vorbem 252 aE). Das von Firsching vorgetragene, recht allgemeine Argument, „daß das Minderjährigenschutzabkommen die Rechtsstellung der Beteiligten nicht verschlechtern wollte“, vermag die Ausschaltung des Abkommens nicht zu rechtfertigen. Tatsächlich besteht für eine Einschränkung des Wirkungsbereichs der Konvention nämlich kein Bedürfnis. In den von Firsching erörterten Fällen ist die erwünschte Aufenthaltszuständigkeit schon gem Art 1 gegeben (vgl unten Vorbem 408 ff). 261

---

* ZB BGH 20. 12. 1972 BGHZ 60, 68 = NJW 1973, 417 = MDR 1973, 390 = JZ 1974, 178 Anm Firsching = JR 1973, 245 Anm Jayme = FamRZ 1973, 138 = StAZ 1973, 213 Anm Dilger = IPRspr 1972 Nr 59 b; BayObLG 25. 8. 1972 BayObLGZ 1972, 292 = NJW 1972, 2190 = FamRZ 1972, 582 = IPRspr 1972 Nr 179 und in st Rspr; KG 2. 10. 1973 OLGZ 1974, 88 = NJW 1974, 423 = FamRZ 1974, 142 = StAZ 1974, 125 = ZBlJugR 1974, 321 = IPRspr 1973 Nr 68; OLG Stuttgart 23. 6. 1975 OLGZ 1975, 391 = NJW 1976, 483 = FamRZ 1975, 644 = IPRspr 1975 Nr 74; Goerke StAZ 1976, 267 f.

Die Bezugnahme des OLG Düsseldorf 10. 1. 1975 (FamRZ 1975, 641, 642 f = IPRspr 1975 Nr 66) auf die Zuständigkeitsvorschriften des autonomen deutschen Rechts ist vertretbar, weil das Gericht in casu davon ausging, daß der Minderjährige seinen gewöhnlichen Aufenthalt nicht mehr in einem Vertragsstaat hatte, so daß die Konvention gem Art 13 Abs 1 nicht anwendbar war. Die Kritik von AHRENS (FamRZ 1976, 307 Fn 24) an dieser Entscheidung ist also unberechtigt (vgl zu der vom OLG Düsseldorf eingehend behandelten Problematik der perpetuatio fori unten Vorbem 349).

262 **b)** Nur *außerhalb des Anwendungsbereichs* des Abkommens bleiben **die autonomen deutschen Regeln** über die internationale Zuständigkeit für Schutzmaßnahmen anwendbar. Die außervertraglichen Regeln können eine Zuständigkeit der deutschen Gerichte also dann begründen, wenn der Schutzbedürftige entweder kein „Minderjähriger" iS des Art 12 ist oder wenn er seinen gewöhnlichen Aufenthalt nicht in einem Vertragsstaat hat (vgl Art 13 Abs 1).

263 **3. Maßnahmen der Behörden eines Nichtvertragsstaates**

Die **Anerkennung** von Schutzmaßnahmen ist im Abkommen nicht abschließend geregelt. In dem freien Raum, den das Abkommen läßt, bleibt die Möglichkeit einer Anerkennung nach autonomem deutschen Recht bestehen. Eine Schranke setzt Art 7. Die Maßnahme eines Nichtvertragsstaates darf nicht nach autonomem deutschem Recht anerkannt werden, wenn dadurch ein Widerspruch zu der aus Art 7 folgenden Pflicht entstünde, die Maßnahme eines Vertragsstaates anzuerkennen. Eine Anerkennung nach autonomem deutschem Recht ist aber insbes denkbar, solange noch kein Vertragsstaat tätig geworden ist (vgl unten Vorbem 641).

264 Die Anerkennung der in einem Nichtvertragsstaat getroffenen Maßnahme kann bedeuten, daß sich eine Maßnahme der Aufenthaltsbehörde gem Art 1 **erübrigt.** Es ist vor allem an den Fall zu denken, daß ein Minderjähriger seinen gewöhnlichen Aufenthalt aus seinem Heimatstaat, der eine Maßnahme getroffen hat, in die Bundesrepublik Deutschland verlegt. Hat die Heimatbehörde beispielsweise bereits eine Sorgerechtsregelung nach Scheidung getroffen und liegen die Voraussetzungen für eine Anerkennung nach autonomem deutschem Recht vor, so wird die deutsche Aufenthaltsbehörde mangels Rechtsschutzbedürfnisses die Sorgerechtsentscheidung nicht gem Art 1 wiederholen (vgl auch unten Vorbem 619). Die deutsche Aufenthaltsbehörde darf vielmehr erst dann tätig werden, wenn sie eine neue Maßnahme im Interesse des Kindes für angezeigt hält: § 1696 BGB (so obiter auch OLG Hamm 15. 12. 1975 OLGZ 1976, 175 = NJW 1976, 1042 = MDR 1976, 494 = FamRZ 1976, 159 = StAZ 1976, 202 = Rpfleger 1976, 97 = IPRspr 1975 Nr 219). Diese Maßnahme geht dann einer entgegenstehenden Maßnahme des Heimatstaates vor, weil Nichtvertragsstaaten sich auf Art 4 nicht berufen dürfen (Art 13 Abs 2).

II. Schutzmaßnahmen

265 **1. Begriff**

Das Abkommen wählt als Materienbegriff für die Regelung der internationalen Zuständigkeit (Art 1) und des anwendbaren Rechts (Art 2) die Wendung „Maßnahmen zum Schutz der Person und des Vermögens des Minderjährigen". Diese Formulierung unterscheidet sich in ihrem sachlichen Gehalt und in ihrer rechtstechnischen Ausgestaltung wesentlich von dem Haager Vormundschaftsabkommen von 1902, das „die Vormundschaft über einen Minderjährigen" (Art 1) zum Gegenstand hatte (vgl hierzu ausf VON OVERBECK, FS Gutzwiller 325–346).

266 **a)** In ihrem **sachlichen Gehalt** geht die Formulierung des Minderjährigenschutzabkommens weit über die des alten Vormundschaftsabkommens hinaus. Die neue Konvention erfaßt neben der Vormundschaft auch die Pflegschaft und vor allem sämtliche Regelungen und Eingriffe im Rahmen des ehelichen und nichtehelichen Kindschaftsverhältnisses, wie die Verteilung der elterlichen Gewalt nach einer Ehescheidung. Darüber hinaus sind auch die öffentlichrechtlichen individuellen Maßnahmen einbezogen, die durch behördlichen Einzelakt zum Schutz eines bestimmten Minderjährigen getroffen werden können und die in Deutschland im JWG geregelt sind.

267 Die **Einbeziehung der öffentlichrechtlichen Maßnahmen** zum Schutze eines Minderjährigen ist vor dem Hintergrund der innerstaatlichen Entwicklung des Jugendschutzes in unserem Jahrhundert zu sehen. Während der Minderjährigenschutz bis zum Ende des 19. Jahrhunderts meistens über die Institution der Vormundschaft nicht wesentlich hinausging, wurden im 20. Jahrhundert in vielen Ländern neue Gesetze geschaffen, die Schutzmaßnahmen öffentlichrechtlicher Art einführten (näher Kropholler, MSA 12). Der Akzent verlagerte sich im Jugendschutz von der bloßen Bestellung eines gesetzlichen Vertreters des Minderjährigen und der Überwachung der Vermögensverwaltung auf die Sorge für das persönliche Wohl des Kindes. Die Maßnahmen, welche die Vormundschaftsgerichte und Jugendämter heute in Deutschland treffen können, reichen von der einfachen Beratung und Überwachung eines Minderjährigen durch einen Erziehungsbeistand (§ 55 JWG) bis zur Unterbringung des Minderjährigen in einer geschlossenen Anstalt im Wege der Fürsorgeerziehung (§ 64 JWG) oder auf Grund des § 1666 BGB. Wenn auch die gerichtlich angeordneten Vormundschaften heute noch einen beachtlichen Teil aller Fürsorgefälle ausmachen, so haben die übrigen Maßnahmen doch eine so große Bedeutung erlangt, daß eine internationale Übereinkunft, die diese nicht einschließt, kein wirksames Instrument zur Lösung internationaler Fälle auf dem Gebiet des Jugendschutzes mehr darstellt (BT-Drucks VI/947, 9).

268 Das war nicht zuletzt im **Fall Boll** deutlich geworden, über den der Internationale Gerichtshof noch anhand des Vormundschaftsabkommens von 1902 zu entscheiden hatte (ICJ 28. 11. 1956 ICRep 1958, 55; vgl hierzu auch die Kommentierung des Haager Vormundschaftsabkommens bei Art 23 EGBGB). Es ging darum, ob Schweden durch die Anordnung und Aufrechterhaltung einer Fürsorgeerziehung über die in Schweden aufgewachsene niederländische Minderjährige Elisabeth Boll das Haager Vormundschaftsabkommen von 1902 verletzt habe, nachdem in den Niederlanden gem der Konvention ein Vormund bestellt worden war, dem durch die schwedische Maßnahme die Obhut über das Kind entzogen war und der sich vergeblich um seine Herausgabe bemühte. Eine befriedigende Lösungdieses Falles konnte damals vom Internationalen Gerichtshof nicht gefunden werden, weil das Vormundschaftsabkommen von 1902 keine Möglichkeit bot, durch richterliche Rechtsschöpfung die Fürsorgeerziehung in den Anwendungsbereich der Konvention organisch einzubeziehen. Diese Eingliederung hat das Minderjährigenschutzabkommen nun legislatorisch vollzogen und damit die im innerstaatlichen Bereich begonnene Entwicklung des Minderjährigenschutzes auf die internationale Ebene übertragen.

269 **b)** Die **methodischen Vorzüge** der Formulierung „Maßnahmen zum Schutz der Person und des Vermögens des Minderjährigen" liegen darin, daß eine einheitliche Qualifikation in den Vertragsstaaten erleichtert wird. So wird zum einen die problematische Unterscheidung zwischen öffentlichrechtlichen und privatrechtlichen Maßnahmen bewußt vermieden. Das ist im Rahmen des Art 1 zweifellos berechtigt, weil eine Zuständigkeit der Aufenthaltsbehörden für beide Arten von

Maßnahmen angemessen ist, während die mangelnde Unterscheidung im Rahmen der Art 2 und 4 eher Anlaß zu sachlichen Bedenken geben kann (vgl unten Vorbem 464). Zum anderen begünstigt die Wahl des Begriffs eine autonome und teleologische Qualifikation, die im staatsvertraglichen IPR angezeigt ist. Hierzu bedarf es einiger erläuternder Worte.

270 Die **Qualifikationsmethode,** also die Art der Auslegung eines Materienbegriffs im Rahmen des Subsumtionsvorganges, muß im staatsvertraglichen IPR – als Sonderproblem der Auslegung vereinheitlichten Kollisionsrechts – denselben Maximen unterworfen werden, die allgemein für die Interpretation gelten (vgl oben Vorbem 6 ff). Da demnach eine internationalisierungsfähige und einheitliche Interpretation zu erstreben ist, verbietet sich idR die zum EGBGB vielfach vertretene Qualifikation nach der lex fori. Wollte jeder Vertragsstaat die in einer Konvention enthaltenen Verweisungsbegriffe nach seiner lex fori auslegen, so wären Interpretationsdivergenzen unvermeidlich und die vereinheitlichten Kollisionsnormen alsbald wieder gespalten. Dem Sinn und Zweck eines Staatsvertrages über einheitliches Kollisionsrecht wird vielmehr nur eine von den nationalen Rechtsordnungen losgelöste, sogenannte *autonome Qualifikation* gerecht. Daß dabei in Zweifelsfällen letztlich eine *teleologische Qualifikation* entscheiden muß, die auf die Ziele der Kollisionsnorm sowie auf Zweck und Funktion der Institute des materiellen Rechts abstellt, deckt sich mit dem Vorrang einer teleologischen Auslegung (oben Vorbem 15; zur Notwendigkeit einer „funktionellen“ Qualifikation im Rahmen des Abkommens s auch den Bericht von Steiger Actes et Doc IX/4, 224 unter b sowie ders Rec des Cours 112 [1961-II] 511 f).

271 Durch die rechtstechnische Ausgestaltung des Minderjährigenschutzabkommens drängt sich die erwünschte *autonome Qualifikation* geradezu auf; denn der Ausdruck Schutzmaßnahme fungiert – im Unterschied etwa zu dem „Systembegriff“ Vormundschaft – bislang in keiner Rechtsordnung als systematischer Oberbegriff und muß deshalb für die Zwecke des Abkommens vom Interpreten neu gewonnen werden. Der neue Begriff verhindert aber nicht nur eine Qualifikation nach einer systematischen Einordnung im nationalen Sachrecht, sondern besitzt außerdem den Vorzug, positiv das für eine autonome Qualifikation entscheidende Kriterium anzugeben, nämlich den Schutzzweck, also die Funktion der Maßnahme. Dieser Begriff läßt sich deshalb – im Unterschied zu den „Systembegriffen“ des EGBGB – als *Funktionsbegriff* bezeichnen; denn er indiziert die autonome teleologische Qualifikation, bei der primär die Funktion der einzelnen Maßnahmen darüber entscheidet, ob sie Gegenstand des Abkommens sind.

272 c) Die **Möglichkeiten einer Konkretisierung** sind angesichts des Fehlens einer Begriffsbestimmung beschränkt. Die Unbestimmtheit des Begriffs Schutzmaßnahme wurde von den Verfassern der Konvention zwar früh gesehen: „le terme *mesures* est indiscutablement un peu vague“ (Marmo, Bericht zum Vorentwurf, Actes et Doc IX/4, 22). Aber diese Unbestimmtheit war angesichts der Vielfältigkeit nationaler Schutzmaßnahmen kaum zu vermeiden. Auch mit Hilfe der Rechtsvergleichung läßt sich keine präzise Begriffsbestimmung finden, weil der Begriff keiner nationalen Rechtsordnung entnommen werden kann. Die Gerichte müssen sich also mit Hilfe der eingangs erläuterten Auslegungskriterien (oben Vorbem 6 ff). bemühen festzustellen, welche Schutzmaßnahmen die Konvention erfassen will. Das Fehlen einer Begriffsbestimmung erschwert die Arbeit der Gerichte (Luther FamRZ 1973, 407).

273 Der BGH hat – im Anschluß an die Erläuterungen von Overbecks ZfRvgl 2 (1961) 145 f – definiert: „Schutzmaßnahmen im Sinne des Haager Abkommens sind alle Maßnahmen, die im Interesse des Kindes erforderlich sind“ (BGH 20. 12. 1972 BGHZ 60, 68 = NJW 1973, 417 = MDR 1973, 390 = JZ 1974, 178 Anm

FIRSCHING = JR 1973, 245 Anm JAYME = FamRZ 1973, 138 = StAZ 1973, 213 Anm DILGER = IPRspr 1972 Nr 59 b). Aber dieser Satz vermag nur einen Annäherungswert zu geben. Im wesentlichen lassen sich die „Schutzmaßnahmen" iS des Abkommens in *drei Gruppen* einteilen: *Regelungen und Eingriffe im Rahmen des ehelichen und nichtehelichen Kindschaftsverhältnisses, Vormundschaft und Pflegschaft* sowie *öffentlichrechtliche Schutzmaßnahmen* (näher sogleich unten Vorbem 274). Sowohl *endgültige Maßnahmen* als auch *einstweilige Anordnungen* sind von der Konvention erfaßt (vgl auch unten Vorbem 284). Von den „Schutzmaßnahmen" iS der Konvention zu unterscheiden ist „die Durchführung der getroffenen Maßnahmen", von der Art 4 Abs 3 und 6 Abs 1 sprechen, zB die zur Durchführung und Beendigung einer angeordneten Vormundschaft erforderlichen Maßnahmen oder vormundschaftsgerichtliche Genehmigungen. Auch diese *„Durchführungsmaßnahmen"* muß man zwar Maßnahmen nennen, „die im Interesse des Kindes erforderlich sind", wie der BGH definiert. Die Durchführungsmaßnahmen sind auch vom Anwendungsbereich der Konvention erfaßt, aber es sind doch keine (selbständigen) „Schutzmaßnahmen" iS des Abkommens (näher unten Vorbem 302 ff). Wie „Durchführungsmaßnahmen" wird man auch nur *deklaratorisch wirkende Maßnahmen* zu behandeln haben, also Maßnahmen, die eine kraft Gesetzes eingetretene Rechtsfolge lediglich feststellen, zB das Ruhen der elterlichen Gewalt gem § 1673 BGB (vgl unten Vorbem 287, 303, 308, 309). Ferner ist eine Reihe von Maßnahmen, „die im Interesse des Kindes erforderlich sind", aus dem Anwendungsbereich der Konvention ganz ausgeschlossen, weil sie *Sachbereichen* zuzurechnen sind, *für die traditionell besondere Kollisionsnormen bestehen* und die vom Abkommen unberührt bleiben sollten, wie Geschäftsfähigkeit, Eherecht, eheliche Abstammung, Unterhalt, Legitimation, Adoption oder Erbrecht (näher unten Vorbem 322 ff).

2. Die einzelnen Schutzmaßnahmen 274

Da nach dem Abkommen jede Behörde grundsätzlich ihr eigenes Recht anwendet, ist für die deutsche Praxis in aller Regel nur die Frage interessant, welche **deutschen** Schutzmaßnahmen in den sachlichen Anwendungsbereich der Konvention fallen.

Welche Maßnahmen im Recht der **ausländischen** Vertragsstaaten von der Konvention erfaßt werden, wird im Rahmen der Anerkennungspflicht nach Art 7 bedeutsam. Vielfach kennen die ausländischen Rechtsordnungen Maßnahmen, die denen des deutschen Rechts in der Funktion entsprechen und deren Subsumtion unter den Funktionsbegriff des Abkommens deshalb keine Schwierigkeiten bereitet. Im übrigen sei für *Österreich* verwiesen auf die Aufzählung bei SCHWIMANN ÖJBl 1976, 239 f, für die *Schweiz* auf die Botschaft des Bundesrates BBl 1966 I 352 f und den Beitrag von BAECHLER ZVW 30 (1975) 11. Bei beiden Ländern sind freilich die wesentlichen Änderungen zu beachten, welche die jeweils am 1. 1. 1978 in Kraft getretenen Gesetze zur Neuordnung des Kindschaftsrechts gebracht haben; dazu unten Vorbem 520, 522. 275

a) Regelungen und Eingriffe im Rahmen des ehelichen und nichtehelichen Kindschaftsverhältnisses 276

Die Rechtsprechung und die Literatur nehmen heute mit Recht einmütig an, daß die hier angesprochenen Maßnahmen unter das Abkommen fallen und (selbständige) Schutzmaßnahmen iS des Übereinkommens sind. Sie sind in der gerichtlichen Praxis sogar die wichtigsten. Die meisten veröffentlichten Entscheidungen beschäftigen sich mit diesem Bereich. Besonders bedeutsam ist die *Verteilung der elterlichen Gewalt (Sorge) bei Scheidung.* Auf der Haager Konferenz bestanden zwar bis gegen Ende der Tagung Zweifel, ob die Sorgerechtsregelung vom Abkommen betroffen sei (vgl die Diskussion Actes et Doc IX/4, 169–171, 176–181, 187–190; dazu Kropholler MSA 19 Fn 13; Jayme JR 1973, 182). Diese Zweifel sind aber durch die Aufnahme eines Vorbehalts zugunsten der Ehegerichte (Art 15) ausgeräumt; denn die in Art 15 vorgesehene Vorbehaltsmöglichkeit ist nur dadurch sinnvoll, daß die Sorgerechtsregelung grundsätzlich unter das Abkommen fällt. Die Einbeziehung von *Maßnahmen bei Gefährdung der Person oder des Vermögens* des Kindes (wie §§ 1666, 1667 BGB) entspricht dem Wortsinn des Ausdrucks „Maßnahmen zum Schutz der Person und des Vermögens des Minderjährigen" ebenso wie dem Willen der Verfasser des Übereinkommens (vgl von Steiger in seinem Bericht Actes et Doc IX/4, 225 unter c sowie ders SchwJbIntR 17 [1960] 35).

Von Steiger nennt dort die Entziehung der elterlichen Gewalt und führt dazu aus (SchwJbIntR 17 [1960] 35): „In einer Reihe von Staaten kann eine Vormundschaft erst nach einer förmlichen Entziehung der elterlichen Gewalt bestellt werden. Es handelt sich dabei zweifellos um eine Maßnahme zum Schutze des Kindes. Andererseits aber richtet sich das Verfahren zunächst gegen die Gewaltinhaber. Es könnte aber die Ziele der Konvention vereiteln, wenn die Entziehung nach einem andern Recht zu beurteilen wäre als die sich daran schließende und durch die Verhältnisse erforderte Schutzmaßnahme selber. Obschon sich das *Projet* hierüber nicht *expressis verbis* ausspricht, müssen die Behörden des Aufenthaltsstaates, gegebenenfalls des Heimatstaates als zuständig erachtet werden, die Entziehung der elterlichen Gewalt nach ihrem internen Recht zu beurteilen."

Schließlich fallen unter das Abkommen auch *andere Maßnahmen im Rahmen der elterlichen Gewalt (Sorge),* bei denen die Wahrung des Kindeswohls oberster Grundsatz ist (wie die Kindesherausgabe nach § 1632 Abs 2 BGB und die Verkehrsregelung nach § 1634 Abs 2 BGB). *Maßnahmen, die nur einen Teilbereich der elterlichen Gewalt betreffen,* unterliegen nach allgemeiner Ansicht ebenfalls den Regeln der Konvention (vgl statt vieler OLG Hamm 28. 4. 1972 OLGZ 1972, 375 = NJW 1972, 1628 = FamRZ 1972, 381 = StAZ 1972, 345 = ZBlJugR 1972, 354 = IPRspr 1972 Nr 68). *Eingriffe* in ein kraft Gesetzes entstandenes eheliches oder nichteheliches Gewaltverhältnis dürfen mE trotz Art 3 grundsätzlich gem Art 1 vorgenommen werden (vgl unten Vorbem 350 ff).

Im einzelnen sind im Rahmen des ehelichen und nichtehelichen Kindschaftsverhältnisses die folgenden Schutzmaßnahmen des deutschen Rechts zu nennen:

277 **Entziehung der Vertretungsmacht:** § 1629 Abs 2 S 2 BGB (Kropholler, MSA 32);

278 **Unterstützende Maßnahmen** des Vormundschaftsgerichts bei der Erziehung des Kindes: § 1631 Abs 2 BGB (Kropholler, MSA 32);

279 Entscheidungen des Familiengerichts über **die Herausgabe des Kindes** vom anderen Elternteil: § 1632 Abs 2 BGB.*

* Einmütige Auffassung der deutschen Oberlandesgerichte vgl etwa OLG Frankfurt 18. 2. 1972 FamRZ 1972, 266 = IPRspr 1972 Nr 62 und 16. 12. 1974 IPRspr 1974 Nr 93; OLG Hamburg 24. 7. 1972 MDR 1973, 52 = FamRZ 1972, 514 Anm Kropholler = IPRspr 1972 Nr 70; OLG Zweibrücken 23. 8. 1972 FamRZ 1972, 649 Anm Kropholler = IPRspr 1972 Nr 72; KG 4. 12. 1973 OLGZ 1974, 110 = NJW 1974, 424 = FamRZ 1974, 144 = ZBlJugR 1974, 439 = IPRspr 1973 Nr 177 und 28. 12. 1976 FamRZ 1977, 475 = IPRspr 1976 Nr 77; OLG Stuttgart 23. 6. 1975 OLGZ 1975, 391 = NJW 1976, 483 = FamRZ 1975, 644 = IPRspr 1975 Nr 74; OLG Karlsruhe 18. 7. 1975 OLGZ 1976, 1 = NJW 1976, 485 = FamRZ 1976, 708 Anm Jayme = IPRspr 1975 Nr 67 b; KG 17. 2. 1976 OLGZ 1976, 281 = IPRspr 1976 Nr 59; vgl auch BayObLG 1. 7. 1976 BayObLGZ 1976, 174 = FamRZ 1977, 137 = IPRspr 1976 Nr 193 a und dazu BGH 25. 10. 1976 BGHZ 67, 255 = NJW 1977, 150 = MDR 1977, 383 = FamRZ 1977, 126 = Rpfleger 1977, 55 = ZBlJugR 1977, 213 = IPRspr 1976 Nr 193 b, wo eine niederländische Herausgabeanordnung als Schutznahme qualifiziert wird; aus dem Schrifttum siehe Kropholler, MSA 32; ders NJW 1971, 1722; Firsching, IPR 175; ders Rpfleger 1971, 384; Siehr DAVorm 1973, 262; Luther FamRZ 1973, 407; Horst Kaufmann, FS Guldener 156; Goerke StAZ 1976, 268).

Auch **einstweilige Anordnungen** über die Herausgabe gem § 620 Nr 3 ZPO sind Schutzmaßnahmen.

Über die besonderen Probleme, die Art 3 bei Herausgabeklagen aufwirft, vgl unten Vorbem 416. Die Entscheidung im **Kindesherausgabeprozeß gegen einen Dritten,** der es den Eltern widerrechtlich vorenthält, ist nicht als Schutzmaßnahme anzusehen, solange Einwendungen, die dem Gebiet der Fürsorge für das Kind angehören, dort nicht berücksichtigt werden dürfen (KROPHOLLER NJW 1971, 1722 Fn 12).

Die Regelung des **persönlichen Verkehrs (Umgangs)** mit dem Kind: §§ 1634 Abs 2, **280**
1711 Abs 1 S 2 BGB (KROPHOLLER, MSA 32; ders NJW 1971, 1722; FIRSCHING, IPR 175; ders Rpfleger 1971, 384; SIEHR DAVorm 1973, 262; LUTHER FamRZ 1973, 407; IPG 1973 Nr 26 [Hamburg]; GOERKE StAZ 1976, 268; SCHWIMANN ÖJBl 1976, 239; aus der Rechtsprechung OLG Stuttgart 18. 11. 1977 NJW 1978, 1746 = IPRspr 1977 Nr 79; LG Heilbronn 10. 10. 1972 IPRspr 1972 Nr 75; LG Landau 17. 9. 1973 FamRZ 1973, 604 = IPRspr 1973 Nr 88; AG Bremen 18. 4. 1975 IPRspr 1975 Nr 71).

Wenn die Regelung im Wege der **einstweiligen Anordnung** durch das Familiengericht gem § 620 Nr 2 ZPO erfolgt, so ist das ebenfalls eine Schutzmaßnahme.

Zu **vormundschaftsgerichtlichen Genehmigungen** (§ 1643 BGB) vgl unten Vorbem **281**
302 ff.

Maßnahmen des Vormundschaftsgerichts bei **Gefährdung der Person oder des** **282**
Vermögens des Kindes: §§ 1666–1669 BGB (Denkschrift der Bundesregierung BT-Drucks VI/947, 11 f; Erläuterungen zur österr Regierungsvorlage 1210 Blg NR 13. GP 9; Botschaft des Schweizer Bundesrates BBl 1966 I 352 und im Anschluß daran OG Zürich 26. 1. 1973 SchwJZ 1973, 87 f [obiter]; FERID RabelsZ 27 [1962–63] 432; KROPHOLLER, MSA 32; ders NJW 1971, 1722; FIRSCHING, IPR 175; ders Rpfleger 1971, 384; BÜHLER BWNotZ 1973, 25; SIEHR DAVorm 1973, 262; LUTHER FamRZ 1973, 407; GOERKE StAZ 1976, 268; DROZ Clunet 100 [1973] 609: Entziehung der elterlichen Gewalt; BAECHLER ZVW 30 [1975] 11; SCHWIMANN ÖJBl 1976, 239; MÄHR ÖRiZ 1977, 154). Die deutsche Rechtsprechung sieht in diesen Maßnahmen ebenfalls Schutzmaßnahmen iS des Abkommens (vgl etwa BGH 20. 12. 1972 BGHZ 60, 68 = NJW 1973, 417 = MDR 1973, 390 = JZ 1974, 178 Anm FIRSCHING = JR 1973, 245 Anm JAYME = FamRZ 1973, 138 = StAZ 1973, 213 Anm DILGER = IPRspr 1972 Nr 59 b; BayObLG 31. 7. 1974 BayObLGZ 1974, 322 = NJW 1974, 2184 = FamRZ 1974, 537 = StAZ 1974, 301 = IPRspr 1974 Nr 86; OLG Hamm 12. 1. 1978 NJW 1978, 1747, 1748 = StAZ 1978, 215, 216). Auch soweit es sich um eine **einstweilige Anordnung** handelt, liegt eine „Schutzmaßnahme“ vor (BayObLG 8. 12. 1975 FamRZ 1976, 163 = IPRspr 1975 Nr 78 und 3. 12. 1976 FamRZ 1977, 473 = StAZ 1977, 137 = IPRspr 1976 Nr 74 für die Entziehung des Sorgerechts im Wege der einstweiligen Anordnung). Über die Probleme, die Art 3 bei Eingriffsmaßnahmen aufwirft, s unten Vorbem 417.

Verteilung der **elterlichen Gewalt (Sorge) nach Scheidung:** § 1671 BGB (Denk- **283**
schrift der Bundesregierung BT-Drucks VI/947, 12; Erläuterungen zur österr Regierungsvorlage 1210 Blg NR 13. GP 9; FERID RabelsZ 27 [1962–63] 432; KROPHOLLER, MSA 32; ders NJW 1971, 1722; FIRSCHING, IPR 175; ders Rpfleger 1971, 384; BÜHLER BWNotZ 1973, 25; SIEHR DAVorm 1973, 262; LUTHER FamRZ 1973, 407; HORST KAUFMANN, FS Guldener 156; GOERKE FamRZ 1976, 64 und StAZ 1976, 268; SCHWIMANN ÖJBl 1976, 239; MÄHR ÖRiZ 1977, 154). Die meisten deutschen Entscheidungen zum Abkommen, die bekannt geworden sind, fallen in diesen Bereich. Es ist einhellige Meinung der deutschen Rechtsprechung, daß es sich

hier um Schutzmaßnahmen iS des Abkommens handelt.* Auch der österr OGH hat dies ausgesprochen (OGH 14. 12. 1977 EvBl 1978 Nr 128). Ist die Ehescheidung im Ausland außerhalb des gemeinsamen Heimatstaates beider Ehegatten erfolgt, so ist das Entscheidungsmonopol der Landesjustizverwaltung zu beachten und das Verfahren ggf auszusetzen (vgl STAUDINGER-GAMILLSCHEG § 328 ZPO Rz 428, 431, 436). – Zur Bedeutung des Vorbehalts des Art 3 vgl unten Vorbem 418. Zum Vorrang der Zuständigkeitsregelung des Abkommens vor der Scheidungszuständigkeit des autonomen deutschen Rechts Art 19 Rz 252.

284 **Einstweilige Sorgerechtsregelungen** des Familiengerichts: § 620 Nr 1 ZPO.** Von einer nach der Konvention (Art 3) gebotenen Beachtung ausländischen Rechts darf im Rahmen einstweiliger Anordnungen nur ausnahmsweise abgesehen werden, wenn das fremde Recht nicht rasch genug ermittelt werden kann (näher – zur entsprechenden Problematik im Unterhaltsabkommen – oben Vorbem 142). – Zur Bedeutung des Vorbehalts des Art 3 vgl unten Vorbem 418 f.

285 Verteilung der **elterlichen Gewalt (Sorge) bei Getrenntleben:** § 1672 BGB (Denkschrift der Bundesregierung BT-Drucks VI/947, 12; einmütige Meinung in Praxis und Schrifttum; vgl etwa FERID RabelsZ 27 [1962–63] 432; KROPHOLLER, MSA 32; ders NJW 1971, 1722; FIRSCHING, IPR 175; ders Rpfleger 1971, 384; BÜHLER BWNotZ 1973, 25; SIEHR DAVorm 1973, 262; LUTHER FamRZ 1973, 407; GOERKE StAZ 1976, 268; SCHWIMANN ÖJBl 1976, 239; OLG Hamm 12. 12. 1973 OLGZ 1974, 176 = NJW 1974, 1053 = MDR 1974, 582 = FamRZ 1974, 155 = ZBlJugR 1974, 441 = IPRspr 1973 Nr 178; KG 28. 12. 1976 FamRZ 1977, 475 = IPRspr 1976 Nr 77). Zur Bedeutung des Art 3 vgl unten Vorbem 419.

Auch **einstweilige Anordnungen** im Rahmen des Verfahrens nach § 1672 BGB sind „Schutzmaßnahmen" (BayObLG 25. 3. 1974 BayObLGZ 1974, 126 = NJW 1974, 1052 = FamRZ 1974, 326 = StAZ 1974, 206 = IPRspr 1974 Nr 82: Entziehung

---

* BGH 20. 12. 1972 BGHZ 60, 68 = NJW 1973, 417 = MDR 1973, 390 = JZ 1974, 178 Anm FIRSCHING = JR 1973, 245 Anm JAYME = FamRZ 1973, 138 = StAZ 1973, 213 Anm DILGER = IPRspr 1972 Nr 59 b; st Rspr des BayObLG und sämtlicher Oberlandesgerichte, vgl zB BayObLG 28. 2. 1974 BayObLGZ 1974, 106 = NJW 1974, 1050 = FamRZ 1974, 324 = StAZ 1974, 178 = IPRspr 1974 Nr 81 und 24. 7. 1975 BayObLGZ 1975, 291 = NJW 1975, 2146 = FamRZ 1976, 47 = StAZ 1976, 48 = IPRspr 1975 Nr 75; OLG Hamm 17. 12. 1971 MDR 1972, 522 = FamRZ 1972, 312 Anm FERID = StAZ 1972, 203 = IPRspr 1971 Nr 73, 11. 2. 1972 OLGZ 1972, 371 = FamRZ 1972, 309 = StAZ 1972, 307 = ZBlJugR 1972, 201 = IPRspr 1972 Nr 60, 28. 4. 1972 OLGZ 1972, 375 = NJW 1972, 1628 = FamRZ 1972, 381 = StAZ 1972, 345 = ZBlJugR 1972, 354 = IPRspr 1972 Nr 68 und 12. 12. 1973 OLGZ 1974, 176 = NJW 1974, 1053 = MDR 1974, 582 = FamRZ 1974, 155 = ZBlJugR 1974, 441 = IPRspr 1973 Nr 178; KG 4. 2. 1972 FamRZ 1972, 304 = ZBlJugR 1973, 277 = IPRspr 1972 Nr 59 a und 2. 10. 1973 OLGZ 1974, 423 = FamRZ 1974, 142 = StAZ 1974, 125 = ZBlJugR 1974, 321 = IPRspr 1973 Nr 68; OLG Stuttgart 17. 11. 1975 FamRZ 1976, 359 Anm JAYME = IPRspr 1975 Nr 77.

** So zu der entsprechenden Vorschrift des § 627 ZPO aF: Denkschrift der Bundesregierung BT-Drucks VI/947, 12; KROPHOLLER NJW 1971, 1722; FIRSCHING, IPR 175; ders Rpfleger 1971, 384; BÜHLER BWNotZ 1973, 25; SIEHR DAVorm 1973, 262; LUTHER FamRZ 1973, 407; GOERKE FamRZ 1974, 64 und StAZ 1976, 268; vgl auch BGH 25. 10. 1976, BGHZ 67, 255 = NJW 1977, 150 = MDR 1977, 383 = FamRZ 1977, 126 = Rpfleger 1977, 55 = ZBlJugR 1977, 213 = IPRspr 1976 Nr 193 b; OLG Stuttgart 30. 10. 1973 Justiz 1973, 91 = IPRspr 1973 Nr 61 und 23. 6. 1975 OLGZ 1975, 391 = NJW 1976, 483 = FamRZ 1975, 644 = IPRspr 1975 Nr 74; OLG Schleswig 23. 1. 1978 SchlHAnz 1978, 54 (zu § 620 Nr 1 ZPO); anders OLG Karlsruhe 3. 3. 1972 Justiz 1972, 203 = IPRspr 1972 Nr 64 a und 31. 7. 1972 Justiz 1972, 313 = IPRspr 1972 Nr 64 b, wo deutsches Recht als lex fori angewendet und das Abkommen offenbar übersehen worden ist.

des Aufenthaltsbestimmungsrechts; 24. 7. 1975 BayObLGZ 1975, 291 = NJW 1975, 2146 = FamRZ 1976, 47 = StAZ 1976, 48 = IPRspr 1975 Nr 75: Übertragung der elterlichen Gewalt).

Regelungen bei Ruhen, Verwirkung oder Entziehung der elterlichen Gewalt (Sorge): §§ 1674, 1678 Abs 2, 1679 Abs 1, 1680 BGB (Kropholler, MSA 32; Firsching, IPR 175; ders Rpfleger 1971, 384; Siehr DAVorm 1973, 262; Luther FamRZ 1973, 407; zu § 1674 BGB auch BayObLG 23. 12. 1974 BayObLGZ 1974, 491 = NJW 1975, 1082 = FamRZ 1975, 425 = DAVorm 1975, 263 = IPRspr 1974 Nr 94 und Goerke StAZ 1976, 268; zu §§ 1680, 1679 BGB BGH 20. 12. 1972 BGHZ 60, 68 = NJW 1973, 417 = MDR 1973, 390 = JZ 1974, 178 Anm Firsching = JR 1973, 245 Anm Jayme = FamRZ 1973, 138 = StAZ 1973, 213 Anm Dilger = IPRspr 1972 Nr 59 b). 286

Dagegen ist die **Feststellung des Ruhens der elterlichen Gewalt (Sorge) aus Rechtsgründen** (§ 1673 BGB) keine Schutzmaßnahme (BayObLG 23. 7. 1976 BayObLGZ 1976, 198 = NJW 1976, 2076 = FamRZ 1976, 711 = IPRspr 1976 Nr 94). Denn anders als nach § 1674 BGB tritt das Ruhen der elterlichen Gewalt gem § 1673 BGB nicht durch eine Gestaltungsentscheidung des Vormundschaftsgerichts ein, sondern aus Rechtsgründen kraft Gesetzes mit der sich aus § 1675 BGB ergebenden Rechtsfolge. Ein Beschluß des Vormundschaftsgerichts, der das Ruhen der elterlichen Gewalt aus diesem Grund feststellt, hat nur deklaratorische Bedeutung und kann daher nicht als im Interesse des Kindes gebotene Schutzmaßnahme iS des Art 1 qualifiziert werden (so BayObLG aaO). Bei gewöhnlichem Aufenthalt des Kindes in einem Vertragsstaat wird man das über den Eintritt des Ruhens entscheidende Recht und die internationale Zuständigkeit zur deklaratorischen Feststellung dieser Rechtsfolge idR aber dennoch nach den Regeln des Abkommens bestimmen können, s unten Vorbem 308, 309. 287

Zur Tätigkeit des Vormundschaftsgerichts im Rahmen der **Vermögensauseinandersetzung** des § 1683 BGB vgl unten Vorbem 326: Erteilung des Auseinandersetzungszeugnisses. 288

Bestellung eines **Beistandes:** § 1685 BGB (Kropholler, MSA 32). 289

Eingreifen des Vormundschaftsgerichts bei **Verhinderung der Eltern:** § 1693 BGB. 290

Änderungen von Anordnungen des Vormundschafts- und des Familiengerichts: § 1696 BGB (BGH 5. 2. 1975 BGHZ 64, 19, 29 = NJW 1975, 1072, 1075 = FamRZ 1975, 273, 276 = StAZ 1975, 335, 337 = IPRspr 1975 Nr 98 S 249; BayObLG 8. 4. 1975 FamRZ 1975, 647 = ZBlJugR 1976, 38 = IPRspr 1975 Nr 70 und 19. 6. 1975 BayObLGZ 1975, 218 = FamRZ 1975, 650 = StAZ 1975, 310 = IPRspr 1975 Nr 73; KG 9. 8. 1974 OLGZ 1975, 119 = IPRspr 1974 Nr 87; OLG Zweibrücken 13. 9. 1974 FamRZ 1975, 172 = IPRspr 1974 Nr 91; OLG Frankfurt 16. 12. 1974 IPRspr 1974 Nr 93; im Schrifttum bereits vorher Kropholler, MSA 32; ders NJW 1971, 1722; Firsching, IPR 175; ders Rpfleger 1971, 384; Siehr DAVorm 1973, 262; Luther FamRZ 1973, 407; auch Goerke StAZ 1976, 268). 291

Eine Entscheidung ist auch dann als Abänderungsentscheidung nach §§ 1696, 1671 BGB zu qualifizieren, wenn die Erstentscheidung – abweichend von den Grundsätzen des deutschen Rechts – nach dem maßgeblichen ausländischen Recht getroffen worden war (BayObLG 22. 6. 1978, demnächst in IPRspr 1978).

Die Voraussetzungen des § 1696 BGB müssen auch dann beachtet werden, wenn nicht die Entscheidung eines *deutschen* Gerichts geändert werden soll (diesen Fall betreffen die Beschlüsse des BayObLG vom 8. 4. 1975 und des OLG Zweibrücken vom 13. 9. 1974), sondern eine *ausländische* Maßnahme, die nach Art 7 oder nach den Regeln des autonomen deutschen Rechts anzuerkennen ist (diesen Fall betreffen die anderen genannten Entscheidungen; vgl auch OL Hamm 15. 12. 1975 OLGZ 1976, 175 = NJW 1976, 1042 = MDR 1976, 494 = FamRZ 1976, 159 = StAZ 1976, 202 = IPRspr 1975 Nr 219 [obiter]).

Zur Frage, ob die von einem ausländischen Gericht im Zusammenhang mit einem Scheidungsurteil getroffene Sorgerechtsentscheidung anerkannt werden kann, ohne daß zuvor im Verfahren nach Art 7 § 1 FamRÄndG 1961 festgestellt worden ist, daß die Voraussetzungen für die Anerkennung des Scheidungsurteils vorliegen, vgl unten Vorbem 625 ff.

Auch **einstweilige Anordnungen** im Rahmen eines Verfahrens nach § 1696 BGB sind Schutzmaßnahmen (BayObLG 24. 7. 1975 BayObLGZ 1975, 291 = NJW 1975, 2146 = FamRZ 1976, 47 = StAZ 1976, 48 = IPRspr 1975 Nr 75).

292 **b) Vormundschaft und Pflegschaft**

Die Bestellung eines Vormunds oder Pflegers für einen Minderjährigen ist unbestritten ebenfalls eine Schutzmaßnahme iS des Abkommens (vgl Marmo, Bericht zum Vorentwurf, Actes et Doc IX/4, 20; Bericht von Steiger Actes et Doc IX/4, 220 f, 225; ders SchwJZ 1960, 257 und SchwJbIntR 17 [1960] 31; de Nova Dir Int 14 [1960] I 310). Für die Bestellung eines Vormunds ergibt sich dies schon daraus, daß das Abkommen laut seinem Art 18 Abs 1 das Vormundschaftsabkommen von 1902 ersetzen soll. Für die Anordnung einer Pflegschaft und die mit ihr zusammenhängenden Maßnahmen gilt nichts anderes; denn die Ergänzungspflegschaft hat ebenso wie die Vormundschaft eine Fürsorgetätigkeit für den Minderjährigen zum Inhalt.

Die Bestellung eines Vormunds kann aufgrund des Art 1 erfolgen, wenn kein konkurrierendes Schutzverhältnis nach Art 3 oder 4 besteht. Eine Vormundschaftsanordnung nach Art 1 ist ebenfalls möglich, wenn vorher das ex-lege-Gewaltverhältnis gem Art 1 aufgehoben worden ist (vgl näher unten Vorbem 414). Andernfalls ist eine Zuständigkeit der Aufenthaltsbehörde nur nach Art 8 gegeben. Die Bestellung eines Pflegers kann jedenfalls dann gem Art 1 erfolgen, wenn sie nur eine ergänzende Maßnahme darstellt.

Im einzelnen sind folgende Maßnahmen vom Abkommen erfaßt:

293 Die Bestellung eines **Vormunds** über einen Minderjährigen: §§ 1773 ff BGB (Denkschrift der Bundesregierung BT-Drucks VI/947, 12; österr Regierungsvorlage 1210 Blg NR 13. GP 12; Botschaft des Schweizer Bundesrates BBl 1966 I 352 und im Anschluß daran OG Zürich 26. 1. 1973 SchwJZ 1973, 87 [obiter]; Kropholler, MSA 32; ders NJW 1971, 1722; Firsching, IPR 175; ders Rpfleger 1971, 384; Siehr DAVorm 1973, 262; Luther FamRZ 1973, 407; Baechler ZVW 30 [1975] 11 zum Schweizer Recht; Schwimann ÖJBl 1976, 239: §§ 189 ff ABGB; Mähr ÖRiZ 1977, 154; aus der Praxis AG Ingolstadt 6. 5. 1974 DAVorm 1974, 479 = IPRspr 1974 Nr 85).

Vor der Bestellung eines Vormundes ist zu prüfen, ob ein kraft Gesetzes bestehendes Gewaltverhältnis (Art 3) anzuerkennen ist und sich dadurch die Einrichtung einer Vormundschaft erübrigt.

Die **kraft Gesetzes eintretende Amtsvormundschaft** nach § 41 JWG ist – wie jedes andere kraft Gesetzes entstehende Schutzverhältnis – keine Maßnahme. Diese Amtsvormundschaft ist gem Art 3 MSA anzuerkennen, wenn das Kind die deutsche Staatsangehörigkeit besitzt (§ 40 Abs 1 S 1 JWG, auf den § 41 JWG verweist, sollte im Hinblick auf das Inkrafttreten des Abkommens nicht mehr auf die Staatsangehörigkeit der Mutter abstellen und entsprechend revidiert werden; ob § 40 Abs 1 JWG durch *Richterrecht* in dem Sinne korrigiert werden kann, daß gesetzliche Amtspflegschaft bzw Amtsvormundschaft stets eintritt, wenn das *Kind* die deutsche Staatsangehörigkeit besitzt, erscheint angesichts der detaillierten gesetzlichen Aufzählung in § 40 Abs 1 JWG zweifelhaft; vgl aber SIEHR DAVorm 1973, 267; KEGEL, IPR 443). Die Entwicklung der Praxis bleibt abzuwarten.

Zu **vormundschaftsgerichtlichen Genehmigungen** (§§ 1819 ff BGB) und anderen *Durchführungsmaßnahmen* vgl unten Vorbem 302 ff.

Die Bestellung eines **Ergänzungspflegers** für einen Minderjährigen: § 1909 BGB.* 294

Ob eine Angelegenheit vorliegt, „an deren Besorgung die Eltern oder der Vormund verhindert sind" (so § 1909 BGB), ist – soweit eine Verhinderung rechtlicher Art in Rede steht – nach derjenigen Rechtsordnung zu beurteilen, die das Eltern-Kind-Verhältnis oder die Vormundschaft beherrscht. Diese Rechtsordnung kann sich aus Art 3 ergeben, sofern die elterliche Gewalt oder die Vormundschaft kraft Gesetzes entstanden ist. (Auf das autonome deutsche IPR ist nicht zurückzugreifen, weil es durch Art 3 verdrängt ist; zutreffend LG Osnabrück 17. 12. 1973 ZBlJugR 1974, 446 = NdsRpfl 1974, 184 = IPRspr 1974 Nr 179; unrichtig insoweit LG Berlin 14. 2. 1974 DAVorm 1974, 283 = IPRspr 1974 Nr 79, wo das Bestehen elterlicher Gewalt der nichtehelichen Mutter nach Art 20 EGBGB statt nach Art 3 MSA geprüft wird.) Die anzuwendende Rechtsordnung kann sich aber auch aus Art 2, 4 Abs 2 ergeben, sofern die elterliche Gewalt oder die Vormundschaft auf eine Maßnahme gem Art 1 oder 4 Abs 1 MSA zurückzuführen ist. Schließlich kann auch das autonome deutsche IPR maßgebend sein, sofern die elterliche Gewalt oder Vormundschaft auf einer Maßnahme beruht, die von den Behörden eines Nichtvertragsstaates angeordnet wurde und die deshalb nicht nach dem Abkommen zu beurteilen ist. Ergibt sich hiernach, daß eine vertretungsberechtigte Person bereits vorhanden ist, so ist von der Einrichtung einer Pflegschaft abzusehen.

Die Bestellung eines Ergänzungspflegers fällt auch dann unter das Abkommen, wenn sie im Rahmen eines Rechtsverhältnisses erforderlich wird, das als solches außerhalb des Anwendungsbereichs der Konvention liegt, wie die *Ehelichkeitsanfechtung* (IPG 1974 Nr 21 [München] 206; LG Stuttgart 25. 9. 1975 DAVorm 1976, 146 = IPRspr 1975 Nr 64) oder die *Adoption* (OLG Stuttgart 12. 11. 1976 FamRZ 1977, 208 = IPRspr 1976 Nr 73; IPG 1973 Nr 43 [Köln] 469 und 1975 Nr 41 [Köln] 255; MAGNUS-MÜNZEL StAZ 1977, 65, 72 f). Ist der gesetzliche Vertreter beispielsweise verhindert, eine nach dem Adoptionsstatut erforderliche Einwilligung zu erteilen, so ist nach den Bestimmungen des Minderjährigenschutzabkommens ein Ergänzungspfleger zu bestellen. Die Adoption ist zwar keine Schutzmaßnahme iS des Abkommens und untersteht ihm daher nicht (vgl auch unten Vorbem 332), aber

* Denkschrift der Bundesregierung BT-Drucks VI/947, 12; Erläuterungen zur österr Regierungsvorlage 1210 Blg NR 13. GP 12; Botschaft des Schweizer Bundesrates BBl 1966 I 352 und im Anschluß daran OG Zürich 26. 1. 1973 SchwJZ 1973, 87 (obiter); KROPHOLLER, MSA 32; ders NJW 1971, 1722; FIRSCHING, IPR 175; ders Rpfleger 1971, 384; SIEHR DAVorm 1973, 262; LUTHER FamRZ 1973, 407; IPG 1974 Nr 21 (München) 206; BAECHLER ZVW 30 (1975) 11 zum Schweizer Recht; SCHWIMANN ÖJBl 1976, 239: §§ 271 ff ABGB; MÄHR ÖRiZ 1977, 154; aus der deutschen Praxis BayObLG 16. 12. 1977 BayObLGZ 1977, 325 = StAZ 1978, 208 = DAVorm 1978, 609 = IPRspr 1977 Nr 80; LG Augsburg 20. 4. 1972 DAVorm 1972, 249 = IPRspr 1972 Nr 89 und 18. 3. 1975 FamRZ 1976, 52 = IPRspr 1975 Nr 101; LG Osnabrück 17. 12. 1973 ZBlJugR 1974, 446 = NdsRpfl 1974, 184 = IPRspr 1973 Nr 179; LG Berlin 14. 2. 1974 DAVorm 1974, 283 (dort irrtümlich als Entscheidung des KG bezeichnet) = IPRspr 1974 Nr 79; AG Ingolstadt 26. 8. 1974 DAVorm 1975, 120 = IPRspr 1974 Nr 88.

die Bestellung eines Ergänzungspflegers ist eine solche Schutzmaßnahme, gleichgültig aus welchem Grunde sie benötigt wird.

Ausländer, die das 16. Lebensjahr vollendet haben, sind für das Verwaltungsverfahren über die Anerkennung als Asylberechtigte verfahrensfähig, können also ihre Verfahrensrechte selbst wahrnehmen; für die Einleitung einer Ergänzungspflegschaft (gem Art 1, 2 MSA iVm § 1909 BGB) mit dem Wirkungskreis der Wahrnehmung ihrer Rechte in diesem Verfahren besteht deshalb kein Bedürfnis (KG 12. 8. 1977 OLGZ 1978, 159 = NJW 1978, 2455 = IPRspr 1977 Nr 3).

295 Die Bestellung eines **Pflegers vor der Geburt** des nichtehelichen Kindes: § 1708 BGB (Denkschrift der Bundesregierung BT-Drucks VI/947, 12; Kropholler NJW 1971, 1722; Bühler BWNotZ 1973, 25; Siehr DAVorm 1973, 262; Luther FamRZ 1973, 407; Schwimann ÖJBl 1976, 239: § 198 Abs 3 ABGB).

Diese Pflegerbestellung fällt unter die Konvention, weil sie erst mit der Geburt des Kindes wirksam wird, so daß sie für einen „Minderjährigen" iS des Art 12 erfolgt. Dagegen ist die Bestellung eines **Pflegers für die Leibesfrucht** (§ 1912 BGB) keine Schutzmaßnahme iS des Abkommens, weil sie nach § 1918 Abs 2 BGB mit der Geburt des Kindes endet und also nicht für einen „Minderjährigen" (Art 12) angeordnet wird.

Die **kraft Gesetzes eintretende Pflegschaft** nach §§ 1706, 1709 BGB ist – wie jedes andere kraft Gesetzes entstehende Schutzverhältnis – keine Maßnahme. Diese Pflegschaft ist gem Art 3 anzuerkennen, wenn das Kind die deutsche Staatsangehörigkeit besitzt und die (nach Inkrafttreten des Abkommens revisionsbedürftigen) Voraussetzungen des § 40 JWG vorliegen (vgl oben Vorbem 293 aE). Andernfalls besteht die Möglichkeit, einen Pfleger durch Maßnahme zu bestellen. Zur Vertretungsmacht des Pflegers in einem dem Haager Unterhaltsabkommen unterliegenden Prozeß vgl oben Vorbem 115.

Die Mutter hat dann auch das Antragsrecht nach § 1707 BGB. Die Entscheidung des Vormundschaftsgerichts über den Antrag der Mutter ist eine Schutzmaßnahme iS des Abkommens.

296 **c) Schutzmaßnahmen aufgrund des JWG**

Nach der Entstehungsgeschichte des Abkommens ist eindeutig, daß es auch **öffentlichrechtliche Schutzmaßnahmen** erfassen sollte (Bericht zum Vorentwurf Marmo Actes et Doc IX/4, 20; Bericht von Steiger Actes et Doc IX/4, 220 f, 224; ders SchwJZ 1960, 257 und 1961, 151; ders SchwJbIntR 17 [1960] 31; de Nova Dir Int 14 [1960] I 310; de Winter NedJbl 1961, 19 f; Loussouarn Clunet 88 [1961] 686; von Overbeck ZfRvgl 2 [1961] 144 f, 148). Deshalb fallen im deutschen Recht unbestritten auch die Schutzmaßnahmen des JWG unter die Konvention. Für diese Maßnahmen ist eine Zuständigkeit gem Art 1 gegeben, soweit nicht konkurrierende Maßnahmen des Heimatstaates bestehen; sonst bleibt die Möglichkeit, über Art 8 einzugreifen.

Der Anwendbarkeit des JWG auf ausländische Kinder steht der Gesetzeswortlaut des § 1 Abs 1 JWG nicht entgegen; denn wenn § 1 Abs 1 JWG auch nur von deutschen Kindern spricht, so handelt es sich in diesem Teil der Vorschrift doch nur um einen Programmsatz, der schon nach bisherigem Recht eine Anwendung einzelner Teile des JWG auf ausländische Minderjährige nicht hinderte. Im übrigen geht das Minderjährigenschutzabkommen als lex specialis vor.

Im einzelnen sind folgende Maßnahmen zu nennen:

297 Die **Gewährung von Erziehungshilfen:** § 6 JWG (österr Regierungsvorlage 1210 Blg NR 13. GP 12 zu § 9 österr JWG [Erziehungshilfe]; Schwimann ÖJBl 1976, 240 zu § 9 österr JWG; Wuppermann NDV 1976, 3 f).

Der **Schutz von Pflegekindern:** §§ 27 ff JWG (Denkschrift der Bundesregierung BT-Drucks VI/947, 12; österr Regierungsvorlage 1210 Blg NR 13. GP 12; §§ 5, 7 österr JWG; KROPHOLLER, MSA 33; ders NJW 1971, 1722; FIRSCHING, IPR 175; ders Rpfleger 1971, 384; SIEHR DAVorm 1973, 262; LUTHER FamRZ 1973, 407; WUPPERMANN NDV 1976, 3). Zwar beruht das Pflegekindschaftsverhältnis auf privatrechtlichem Vertrag, also nicht auf einer „Maßnahme“ iS des Abkommens, doch trägt die Pflegeerlaubnis des § 28 JWG den Charakter einer Schutzmaßnahme, da gem § 29 Abs 1 JWG für die Erteilung das leibliche, geistige und seelische Wohl des Pflegekindes maßgebend ist. Wenn deutsche Pflegepersonen ein ausländisches Kind aufnehmen, bedürfen sie deshalb nach § 28 JWG der Pflegeerlaubnis des nach Art 1 international zuständigen deutschen Jugendamtes, dessen Aufsicht das Pflegekind künftig untersteht, wobei als weitere Schutzmaßnahme der Widerruf der Pflegeerlaubnis nach § 29 Abs 2 JWG und die Entfernung aus der Pflegestelle nach § 33 JWG in Betracht kommen. 298

Die **Bestellung eines Erziehungsbeistandes:** §§ 55–57 JWG (Denkschrift der Bundesregierung BT-Drucks VI/947, 12; FERID RabelsZ 27 [1962–63] 432; KROPHOLLER, MSA 33; ders NJW 1971, 1722; FIRSCHING, IPR 175; ders Rpfleger 1971, 384; BÜHLER BWNotZ 1973, 25; JAYME JR 1973, 179; SIEHR DAVorm 1973, 262; LUTHER FamRZ 1973, 407; WUPPERMANN NDV 1976, 3). Die Anordnung der Erziehungsbeistandschaft durch den Jugendrichter ist dagegen keine Schutzmaßnahme, da strafrechtliche Maßnahmen nicht unter die Konvention fallen (näher unten Vorbem 337). 299

Die **Gewährung freiwilliger Erziehungshilfe:** §§ 62, 63 JWG (Denkschrift der Bundesregierung BT-Drucks VI/947, 12; FERID RabelsZ 27 [1962–63] 432; KROPHOLLER, MSA 33; ders NJW 1971, 1722; FIRSCHING, IPR 175; ders Rpfleger 1971, 384; JAYME JR 1973, 179; SIEHR DAVorm 1973, 262; LUTHER FamRZ 1973, 407; WUPPERMANN NDV 1976, 3). 300

Die Anordnung der **Fürsorgeerziehung** und der vorläufigen Fürsorgeerziehung: §§ 64, 65, 67 JWG (Denkschrift der Bundesregierung BT-Drucks VI/947, 12; österr Regierungsvorlage 1210 Blg NR 13. GP 12: § 29 österr JWG; Botschaft des Schweizer Bundesrates BBl 1966 I 352; FERID RabelsZ 27 [1962–63] 432; KROPHOLLER, MSA 33; ders NJW 1971, 1722; FIRSCHING, IPR 175; ders Rpfleger 1971, 384; BÜHLER BWNotZ 1973, 25; JAYME JR 1973, 179; SIEHR DAVorm 1973, 262; LUTHER FamRZ 1973, 407; WUPPERMANN NDV 1976, 3; SCHWIMANN ÖJBl 1976, 240 zu §§ 26 ff österr JWG; aus der Praxis AG Ingolstadt 8. 8. 1974 DAVorm 1976, 596 = IPRspr 1975 Nr 65). Die Anordnung der Fürsorgeerziehung durch den Jugendrichter ist dagegen keine Schutzmaßnahme iS des Abkommens, da strafrechtliche Maßnahmen nicht unter die Konvention fallen sollten, näher unten Vorbem 337. 301

3. Durchführungsmaßnahmen, insbes vormundschaftsgerichtliche Genehmigung 302

Nicht jede Maßnahme, die dem Interesse des Kindes dient, ist eine Schutzmaßnahme iS des Abkommens. Zum einen sind eine Reihe von Maßnahmen, die zum Schutz des Kindes vorgesehen sind, aus dem Kreis der Konventionsmaßnahmen ganz ausgeschlossen, weil sie Sonderbereichen wie der Adoption oder Legitimation zuzurechnen sind (dazu näher unten Vorbem 322 ff). Zum anderen dürfen bestimmte Maßnahmen, die keinen selbständigen Charakter tragen, sondern lediglich der Durchführung bereits getroffener Schutzmaßnahmen oder eines ex-lege-Verhältnisses dienen, nicht als (selbständige) Schutzmaßnahmen iS der Konvention angesprochen werden (ebenso Denkschrift der Bundesregierung BT-Drucks VI/947, 12;

Kropholler, MSA 33; Jayme JR 1973, 181; Bühler BWNotZ 1973, 25; Schwimann ÖJBl 1976, 239 f).

Hauptbeispiel für eine solche bloße „Durchführungsmaßnahme" ist die vormundschaftsgerichtliche Genehmigung. (Siehe dazu die gründliche, in alle Verästelungen eindringende Studie von Schwimann FamRZ 1978, 303 ff sowie [im wesentlichen gleichlautend] in ÖNotZ 1978, 97 ff.) Ein anderes Beispiel bietet im deutschen Recht etwa die Erteilung des Auseinandersetzungszeugnisses und die in diesem Zusammenhang in § 1683 S 2 BGB vorgesehene Gestattung des Vormundschaftsgerichts (s dazu auch unten Vorbem 326). Wie „Durchführungsmaßnahmen" wird man auch nur deklaratorisch wirkende Maßnahmen zu behandeln haben, also Maßnahmen, die eine kraft Gesetzes eingetretene Rechtsfolge lediglich feststellen, wie das Ruhen der elterlichen Gewalt gem § 1673 BGB (vgl oben Vorbem 287, ferner unten Vorbem 303, 308, 309).

303 Zwar hebt die Konvention die Unterscheidung zwischen (selbständigen) Schutzmaßnahmen und (unselbständigen) Durchführungsmaßnahmen nicht besonders hervor und vernachlässigt sie sogar bisweilen (so im Rahmen des Art 9). Aber die **Notwendigkeit dieser Unterscheidung** ergibt sich doch hinreichend deutlich aus Wortlaut, Entstehungsgeschichte sowie Sinnzusammenhang der Konventionsregelung. Sowohl Art 4 Abs 3 als auch Art 6 erwähnen eigens „die Durchführung der getroffenen Maßnahmen". Als derartige „Durchführungsmaßnahmen" – wie man sie nennen sollte – wurden auf der Haager Konferenz bei Schaffung des Art 6 die vormundschaftsgerichtlichen Genehmigungen wiederholt angesprochen (näher unten Vorbem 308 ff; zur Terminologie „Schutzmaßnahmen" – „Durchführungsmaßnahmen" vgl auch Actes et Doc IX/4, 158). Schließlich ergibt der Sinnzusammenhang der Konventionsregelung, daß „Schutzmaßnahmen" nur international austauschbare Maßnahmen sein können, da der in Art 1, 4 und 8 vorgesehene Zuständigkeits- und Rechtsordnungswechsel zwischen Aufenthalts- und Heimatstaat sonst nicht paßt (ebenso Schwimann FamRZ 1978, 304 = ÖNotZ 1978, 98). So müssen die Genehmigungserfordernisse für Vertretungshandlungen des elterlichen Gewalthabers nach einer bestimmten Rechtsordnung festgelegt sein und können nicht vom Eingreifen einer Behörde abhängig sein. Andernfalls bestünde Unsicherheit über den Kreis der Rechtsgeschäfte, die einer vormundschaftsgerichtlichen Genehmigung bedürfen. Ebenso kann das anwendbare Recht für eine bloß feststellende Maßnahme naturgemäß nicht verschieden sein, je nachdem ob die Aufenthalts- oder die Heimatbehörde das Eintreten der Rechtsfolge ausspricht.

304 Eine *Gegenposition,* nach der auch vormundschaftsgerichtliche Genehmigungen „Schutzmaßnahmen" iS des Abkommens seien, vertritt nur Stöcker DAVorm 1975, 524–527. Indes beachtet er weder den Wortlaut des Art 6 noch dessen eindeutige Entstehungsgeschichte. Das Argument, daß ein Zuständigkeits- und Rechtsordnungswechsel, wie ihn Art 1, 2, 4 und 8 vorsehen, hier nicht paßt, sucht er auszuräumen, indem er – entgegen Art 4 – eine Zuständigkeit des Heimatstaates für vormundschaftsgerichtliche Genehmigungen gänzlich verneint (525). Wenn das deutsche Vormundschaftsgericht im Heimatstaat des *deutschen Kindes* einen Vormund bestellt hat, soll es folglich für die Erteilung der erforderlichen vormundschaftsgerichtlichen Genehmigungen grundsätzlich unzuständig sein (534). Konsequent kommt Stöcker bei *ausländischen Kindern* mit gewöhnlichem Aufenthalt in Deutschland zu dem Ergebnis (533), daß durchweg allein deutsches Sachrecht als Aufenthaltsrecht bestimme, ob Rechtsakte des gesetzlichen Vertreters des Minderjährigen zu ihrer Wirksamkeit einer vormundschaftsgerichtlichen Genehmigung bedürfen. Diese Ansicht ist indes abzulehnen (abl etwa auch Schwimann FamRZ 1978, 304 = ÖNotZ 1978, 97). Sie ist zu undifferenzirt, und sie widerspricht der Konventionsregelung – wie im folgenden deutlich werden wird – in mehreren Punkten.

305 **a)** Wenn ein **Sonderstatut,** in das die Konvention nicht eingreifen wollte, eine vormundschaftsgerichtliche Genehmigung vorschreibt, ist das Abkommen nicht anwendbar. Weder das Erfordernis der Genehmigung noch die Zuständigkeit zu ihrer Erteilung sind aus der Konvention herzuleiten.

Ein Sonderstatut, das eine vormundschaftsgerichtliche Genehmigung für das **Handeln des Vertreters** vorschreiben kann, ist etwa das Recht der *Geschäftsfähigkeit* (vgl § 112 BGB; näher unten Vorbem 324), die *Ehelichkeitsanfechtung* (unten Vorbem 327), das Recht der *Legitimation* und *Adoption* (näher unten Vorbem 330, 332) und das *Staatsangehörigkeitsrecht* (näher unten Vorbem 336). Bei diesen Genehmigungserfordernissen handelt es sich – anders als bei den in §§ 1819 ff BGB vorgesehenen Genehmigungen im Bereich des Vermögensrechts – schwerpunktmäßig nicht um Fragen der elterlichen Gewalt oder des Vormundschaftsrechts, so daß sie aus dem Anwendungsbereich der Konvention ausscheiden (anders Stöcker DAVorm 1975, 525–527, der nur das Staatsangehörigkeitsrecht ausnimmt und in allen anderen vormundschaftsgerichtlichen Genehmigungen „Schutzmaßnahmen" iS des Abkommens sieht; dazu oben Vorbem 304). 306

Auch Genehmigungserfordernisse im Rahmen **besonderer Geschäftsfähigkeiten des Minderjährigen** unterliegen nicht dem Abkommen. Insoweit gelten weiterhin die Sonderregeln des Wirkungsstatuts. So entscheidet das Ehestatut über die Ehefähigkeit, das Ehegüterrechtsstatut über die Ehevertragsfähigkeit, das Legitimations- und Adoptionsstatut über die Einwilligungsfähigkeit des zu legitimierenden oder adoptierenden Kindes, das Erbstatut über die Testierfähigkeit und die Fähigkeit des Erblassers zum Abschluß eines Erbvertrages oder Erbverzichts. In allen diesen Fällen regelt das Wirkungsstatut, ob die besondere Geschäftsfähigkeit des Minderjährigen durch ein Genehmigungserfordernis beschränkt ist (so der Bericht von Steiger Actes et Doc IX/4, 225 lit c; ders SchwJbIntR 17 [1960] 35; Ferid RabelsZ 27 [1962–63] 443; Kropholler, MSA 34). Der Bericht von Steiger fährt fort, wenn nach dem Wirkungsstatut eine Genehmigung erforderlich sei, so bestimme sich die Zuständigkeit zu ihrer Erteilung nach dem innerstaatlichen Recht des Aufenthaltsstaates. Diese Aussage findet indes keine Stütze in den Verhandlungen der Haager Tagung, und ihr kann nicht gefolgt werden, wie schon der deutsche Delegierte Ferid in seinem Bericht in RabelsZ bemerkt hat. Die Zuständigkeit zur Erteilung dieser Genehmigungen, die nicht in den Anwendungsbereich der Konvention fallen, bestimmt sich vielmehr nach dem autonomen Recht der Vertragsstaaten. 307

b) Die **sonstigen vormundschaftsgerichtlichen Genehmigungen,** die als Beschränkungen der Vertretungsmacht sich vor dem Abschluß internationalprivatrechtlicher Staatsverträge nach dem Eltern-Kind-Statut bzw dem Vormundschaftsstatut richteten (also im wesentlichen die Genehmigungen zum Abschluß wichtiger *vermögensrechtlicher Geschäfte* für den Minderjährigen), unterliegen der Regelung der Konvention. Freilich ist diese Regelung unvollständig, da es sich hier nicht um Schutzmaßnahmen iS des Abkommens, sondern um bloße Durchführungsmaßnahmen handelt. Die für Durchführungsmaßnahmen geltenden *Zuständigkeitsvorschriften* der Art 4 Abs 3 und 6 erfassen nicht alle einschlägigen Fälle. Die Lücken müssen durch Analogie zu diesen Bestimmungen und zu Art 1 geschlossen werden (diesem Konzept folgt mit Recht auch Schwimann FamRZ 1978, 305 f = ÖNotZ 1978, 98 f). Auch die Gefährdungs- und die Eilzuständigkeit der Art 8 und 9 wird man für vormundschaftsgerichtliche Genehmigungen analog heranziehen können (Schwimann aaO). Ferner sollten die im Abkommen vorgesehenen Verständigungs- und Benachrichtigungspflichten (s etwa Art 5 Abs 2, 11) nach Möglichkeit auch hier befolgt werden, um widersprüchlichen Entscheidungen vorzubeugen. Die Anerkennungspflicht des Art 7 ist auch für Durchführungsmaßnahmen zu bejahen (näher unten Vorbem 623). Die *maßgebende Rechtsordnung,* welche bestimmt, ob überhaupt eine vormundschaftsgerichtliche Genehmigung erforderlich und unter wel- 308 chen Voraussetzungen sie zu erteilen ist, ergibt sich bei einer vorangegangenen Schutzmaßnahme des Aufenthaltsstaates aus Art 2 Abs 2 S 2, bei einer vorangegangenen Schutzmaßnahme des Heimatstaates aus Art 4 Abs 2 S 2 und bei Bestehen eines ex-lege-Gewaltverhältnisses aus Art 3. Diese Bestimmungen sind unmittelbar anwendbar, da das Erfordernis gerichtlicher Genehmigung eine Beschränkung der Vertretungsmacht darstellt (so auch SCHWIMANN FamRZ 1978, 304 = ÖNotZ 1978, 98). Für eine analoge Anwendung der Art 2 Abs 2 S 1 und 4 Abs 2 S 1, welche sich auf die Voraussetzungen für (selbständige) Schutzmaßnahmen und nicht auf die Voraussetzungen für Durchführungsmaßnahmen beziehen, besteht kein Anlaß, so daß auch die materiellrechtlichen Voraussetzungen für die vormundschaftsgerichtliche Genehmigung dem von Art 2 Abs 2, Art 3, Art 4 Abs 2 bezeichneten Recht entnommen werden können (vgl auch unten Vorbem 410). Damit dürften die von SCHWIMANN (FamRZ 1978, 304 Fn 5 = ÖNotZ 1978, 98 Fn 3) geäußerten Zweifel ausgeräumt sein. Für eine zusätzliche Anwendung des Geschäftsstatuts (Wirkungsstatuts) mit der Folge, daß eine vormundschaftsgerichtliche Genehmigung auch dann erforderlich ist, wenn nicht das Abkommensstatut (Vertragsstatut), sondern nur das Geschäftsstatut (Wirkungsstatut) sie fordert, besteht nach hM – ebenso wie im autonomen deutschen Recht (siehe STAUDINGER-BEITZKE Art 7 Rz 28) – kein Anlaß (anders nur SCHWIMANN ÖJBl 1976, 240; ders FamRZ 1978, 304 f = ÖNotZ 1978, 98). – Ebenso sind kraft Gesetzes eintretende Rechtsfolgen, die das Vormundschaftsgericht lediglich festzustellen hat, wie das Ruhen der elterlichen Gewalt gem § 1673 BGB (vgl oben Vorbem 287), entweder gem Art 3 zu beurteilen (bei der kraft Gesetzes bestehenden elterlichen Gewalt beider Eltern) oder gem Art 2 Abs 2 bzw Art 4 Abs 2 (wenn die elterliche Gewalt – zB bei Scheidung – von der Aufenthaltsbehörde bzw Heimatbehörde auf einen Elternteil übertragen worden war).

309 Im einzelnen sind drei Fallgruppen zu unterscheiden: (1) Der durch eine „Schutzmaßnahme“ nach den Regeln der Konvention bestellte gesetzliche Vertreter bedarf einer Genehmigung. (2) Der ex-lege-Gewalthaber (Art 3) bedarf einer Genehmigung. (3) Der durch eine Maßnahme in einem Nichtvertragsstaat bestellte gesetzliche Vertreter bedarf einer Genehmigung. – Sollen deklaratorisch wirkende Feststellungen – wie über das Ruhen der elterlichen Gewalt gem § 1673 BGB (vgl oben Vorbem 287) – nicht bloß inzident, sondern in einem eigens für die Feststellung eingeleiteten Verfahren getroffen werden, so bietet es sich an, die in der Konvention für die internationale Zuständigkeit bestehenden Lücken entsprechend dem im folgenden für die Erteilung der vormundschaftsgerichtlichen Genehmigung Gesagten zu schließen.

310 (1) Der durch eine „Schutzmaßnahme“ **nach den Regeln der Konvention bestellte gesetzliche Vertreter** bedarf einer dem Abkommen unterliegenden (vgl oben Vorbem 305) vormundschaftsgerichtlichen Genehmigung. Hat *die Aufenthaltsbehörde* gem Art 1 einem Elternteil nach Scheidung die elterliche Gewalt übertragen oder einen Vormund bestellt, so bestimmt sich der Umfang der Vertretungsmacht dieses Elternteils bzw Vormunds gem Art 2 Abs 2 S 2 nach dem Recht des gewöhnlichen Aufenthalts. Dieses Recht sagt also auch, für welche vermögensrechtlichen Vertretungshandlungen eine vormundschaftsgerichtliche Genehmigung erforderlich ist. Das folgt aus dem Wortlaut der Konvention und wird durch die Entstehungsgeschichte bestätigt. In dem Bericht VON STEIGER zu Art 2 Abs 2 heißt es nämlich: „Quant aux effets externes, ce sont surtout les pouvoirs de *représentation* auxquels il faut penser. Ainsi, c'est la loi de la résidence habituelle qui dira si un tuteur peut acheter ou vendre des immeubles ou d'autres biens pour le compte du mineur, et si de pareilles transactions sont subordonnées au consentement d'une autorité tutélaire, d'un conseil de famille, ou non“ (Actes et Doc IX/4, 227). Die Zuständigkeit zur

Erteilung dieser Genehmigung als einer bloßen Durchführungsmaßnahme ist in der in Art 1 eingeräumten Kompetenz selbstverständlich mit enthalten (Art 1 analog). – Hat *die Heimatbehörde* gem Art 4 Abs 1 einem Elternteil die elterliche Gewalt übertragen oder einen Vormund bestellt, so bestimmt gem Art 4 Abs 2 S 2 das Heimatrecht, wann es einer vormundschaftsgerichtlichen Genehmigung bedarf (so auch Bericht von Steiger Actes et Doc IX/4, 230, der hier auf die Erläuterungen zu Art 2 Abs 2 verweist). Gemäß Art 4 Abs 3 ist die Heimatbehörde zur Erteilung der Genehmigung als einer bloßen Durchführungsmaßnahme zuständig, ohne daß die Voraussetzungen des Art 4 Abs 1 (Wohl des Minderjährigen; Verständigung der Aufenthaltsbehörden) nochmals erfüllt werden müßten. Eine Kompetenz der Aufenthaltsbehörde aufgrund von Art 1 ist daneben nicht gegeben. Zwar darf man Art 1 auf die Erteilung der vormundschaftsgerichtlichen Genehmigung grundsätzlich analog anwenden, aber man muß dann auch den in Art 1 enthaltenen Vorbehalt des Art 4 beachten, der eine Zuständigkeit der Aufenthaltsbehörde hier ausschließt (näher unten Vorbem 420 ff). Allenfalls kommt ein Tätigwerden der Aufenthaltsbehörde gem Art 8 in Betracht. – Hat das Kind seinen *gewöhnlichen Aufenthalt verlegt,* nachdem der alte Aufenthaltsstaat einen gesetzlichen Vertreter bestellt hatte, so wird der neue Aufenthaltsstaat entsprechend Art 5 Abs 1 für die Erteilung der Genehmigung (neben den Behörden des alten Aufenthaltsstaates) zuständig; die Zuständigkeit der Behörden am neuen Aufenthaltsort besteht allerdings nicht, wenn vor dem Aufenthaltswechsel der *Heimatstaat* eine Gewaltzuteilung besorgt hatte (s Art 5 Abs 3). Das hat Schwimann (FamRZ 1978, 305 = ÖNotZ 1978, 99) im einzelnen überzeugend dargelegt.

Die vorstehend geschilderte Rechtslage wird durch die **Auftragszuständigkeit** des Art 6 und deren Entstehungsgeschichte eindeutig bestätigt. Die Vorschrift des Art 6 Abs 1 wäre nämlich weitgehend überflüssig, wenn eine Kompetenz der Aufenthaltsbehörde nach einer Maßnahme der Heimatbehörde schon aus Art 1 herzuleiten wäre. Die Bestimmung wurde auf der 9. Haager Tagung aufgrund einer Anregung de Winters geschaffen, der auf die Schwierigkeiten hingewiesen hatte, die dem Heimatstaat bei der Durchführung von Maßnahmen (Art 4 Abs 3) entstehen können. De Winter brachte die folgenden Beispielsfälle, die durch Schaffung von Art 6 Abs 1 gelöst werden sollten (Actes et Doc IX/4, 152): Für ein Kind mit gewöhnlichem Aufenthalt in den Niederlanden haben die italienischen Behörden [gem Art 4 Abs 1; Beitritt Italiens zur Konvention unterstellt] einen Vormund ernannt. Das italienische Recht verpflichtet diesen Vormund, für bestimmte Rechtshandlungen die Genehmigung des Richters einzuholen. Wenn der Vormund ebenfalls in den Niederlanden lebt, wäre es gewiß wünschenswert, wenn sich die italienischen und niederländischen Behörden darüber verständigten, daß der niederländische Richter die fraglichen Genehmigungen erteilen kann. – Ferner: Während das französische Recht für die meisten wichtigen Rechtsgeschäfte die Zustimmung des Familienrates fordert, kennt das niederländische Recht diese Institution nicht. Wenn nun für ein Kind mit gewöhnlichem Aufenthalt in den Niederlanden eine französische Vormundschaft eingerichtet worden ist, kann es nützlich sein, die Überwachung der Vormundschaft dem niederländischen Richter zu übertragen. – Der Heimatbehörde, die einen gesetzlichen Vertreter durch eine Schutzmaßnahme bestellt hat, hilft also zusätzlich Art 6 Abs 1, der Aufenthaltsbehörde, die einen gesetzlichen Vertreter bestellt hat, hilft Art 6 Abs 2 bei Durchführungshandlungen im Vermögensstaat. 311

Nach alledem kommt die hM mit Recht zu dem **Ergebnis,** daß die deutschen Gerichte für die Erteilung vormundschaftsgerichtlicher Genehmigungen aufgrund der Konvention jedenfalls dann zuständig sind, wenn die Vormundschaft oder Pflegschaft im Inland anhängig ist bzw die elterliche Gewalt – etwa nach Scheidung 312

– hier neu verteilt worden ist (Denkschrift der Bundesregierung BT-Drucks VI/947, 12; Kropholler, MSA 35; ders NJW 1971, 1725 Fn 28; Firsching Rpfleger 1971, 384; Jayme JR 1973, 181; Siehr DAVorm 1973, 263; Schwimann FamRZ 1978, 305 f; abzulehnen Stöcker DAVorm 1975, 524, 534, dessen einschränkende Interpretation von Art 2 Abs 2 S 2 und 4 Abs 2 S 2 mit Wortlaut und Entstehungsgeschichte dieser Bestimmungen in Widerspruch steht und auch mit teleologischen Erwägungen nicht zu rechtfertigen ist; vgl zu Stöckers Konzeption im übrigen bereits oben Vorbem 304).

313 (2) Der **ex-lege-Gewalthaber** (Art 3) bedarf einer dem Abkommen unterliegenden (vgl oben Vorbem 305) Genehmigung. Das Erfordernis einer Genehmigung ergibt sich, da es sich um eine Frage der Beschränkung der Vertretungsmacht handelt, aus Art 3 und nicht aus einer analogen Anwendung der Art 2 Abs 2 S 1 oder 4 Abs 2 S 1 (vgl oben Vorbem 308). Die Zuständigkeit für eine solche Durchführungsmaßnahme im Rahmen eines ex-lege-Gewaltverhältnisses ist in der Konvention nicht ausdrücklich geregelt. Das Abkommen enthält hier eine Lücke.

314 *Beispiel* (nach Jayme JR 1973, 181): Portugiesische Kinder – Portugal ist Vertragsstaat des Abkommens –, die mit ihren Eltern in der Bundesrepublik Deutschland leben, möchten eine in Portugal angefallene Erbschaft ausschlagen. Dazu ist nach dem portugiesischen Heimatrecht der Kinder eine vorherige gerichtliche Ermächtigung notwendig. Nach deutschem Aufenthaltsrecht ist eine Genehmigung dagegen entbehrlich, wenn der Erbanfall an die Kinder erst infolge einer Ausschlagung durch den vertretungsberechtigten Elternteil erfolgt und dieser nicht neben dem Kinde berufen war (§ 1643 Abs 2 S 2 BGB).

315 Aus Art 3 folgt, daß sich Genehmigungserfordernis und Genehmigungsvoraussetzungen in diesem Fall aus dem portugiesischen Heimatrecht und nicht aus dem deutschen Aufenthaltsrecht ergeben. Eine Genehmigung ist also auch dann erforderlich, wenn das deutsche Aufenthaltsrecht eine solche nicht verlangt. Zweifelhaft mag sein, wie die im Abkommen bestehende **Lücke der Zuständigkeitsregelung** zu schließen ist. Es gibt theoretisch zwei Möglichkeiten: Rückgriff auf das autonome deutsche Recht (dafür etwa Jayme JR 1973, 181) oder analoge Anwendung der Zuständigkeitsvorschriften des Abkommens.

316 Jayme JR 1973, 181, bemerkt hierzu im einzelnen folgendes: „Das Abkommen läuft hier leer. Es gibt mE keinen anderen Weg, als die vormundschaftsgerichtlichen Genehmigungen zu Rechtsgeschäften des Minderjährigen aus dem Abkommen – mindestens aber aus der Zuständigkeit der Aufenthaltsbehörden – in solchen Fällen herauszunehmen, in denen nicht zuvor die Aufenthaltsbehörden die Vermögenssorge – etwa nach der Scheidung – neu verteilt haben. Nur dann nämlich bestimmen sich die Wirkungen dieser Regelung über Art 2 II 2 in allen Vertragsstaaten nach dem Recht des gewöhnlichen Aufenthalts. Jene Ansicht wird mE bestätigt durch Art 3 des deutschen Vertragsgesetzes, der vormundschaftsgerichtliche Genehmigungen nach §§ 19, 25 RuStAG von der Regelung des Abkommens ausdrücklich ausnimmt. In der Begründung heißt es: ‚Diese Genehmigungen fallen nicht unter das Übereinkommen, da sie keine Schutzmaßnahmen im Sinne des Art 1 darstellen.‘ Ähnliches läßt sich aber auch für die anderen vormundschaftsgerichtlichen Genehmigungen vertreten.“

317 Dem Vorschlag von Jayme kann nicht gefolgt werden. Nach der Gesamtkonzeption des Abkommens und nach seiner Entstehungsgeschichte erscheint es richtiger, die Lücke aus der Konvention heraus zu schließen (s sogleich Vorbem 318), zumal das Erfordernis der vormundschaftsgerichtlichen Genehmigung ebenfalls über eine Norm des Abkommens (Art 3) ermittelt wird. Ferner wäre es schwer verständlich, wenn die Zuständigkeit für vormundschaftsgerichtliche Genehmigungen *nach* Scheidung der Ehe und einer Neuverteilung der elterlichen Gewalt dem Abkommen unterstünde, *vor* Scheidung der Ehe dagegen nicht. Eine Parallele zu den vormundschaftsgerichtlichen Genehmigungen im Staatsangehörigkeitsrecht ist nicht gegeben.

Denn die dort vorgesehenen Genehmigungen unterliegen der Konvention nur deshalb nicht, weil sie einem besonderen Sachbereich angehören (näher oben Vorbem 306 und unten Vorbem 336). Auf die hier behandelten vormundschaftsgerichtlichen Genehmigungen zu vermögensrechtlichen Rechtsgeschäften aber ist die Konvention grundsätzlich anzuwenden (vgl auch GOERKE StAZ 1976, 268).

Hinsichtlich der **Zuständigkeit der Heimatbehörden** ist zu unterscheiden, ob es sich 318
um einen Vertragsstaat oder einen Nichtvertragsstaat handelt. Handelt es sich um einen Vertragsstaat – wie in unserem Beispiel (oben Vorbem 314) –, so folgt die Zuständigkeit der Heimatbehörde zur Erteilung der Genehmigung aus einer analogen Anwendung des Art 4 Abs 3. Ebenso wie die Heimatbehörden der Vertragsstaaten zur Durchführung getroffener Maßnahmen ohne weitere Voraussetzungen zuständig sind (vgl oben Vorbem 310), sind sie es auch zur Durchführung von ex-lege-Gewaltverhältnissen (zust SCHWIMANN FamRZ 1978, 305 = ÖNotZ 1978, 99). Davon ist offenbar auch die Haager Konferenz ausgegangen, welche diese vormundschaftsgerichtlichen Genehmigungen nicht aus der Konvention ausklammern, sondern sie dem Art 6 (analog) unterstellen wollte (näher unten Vorbem 612 m Nachw). In der Tat wird man der Heimatbehörde eines Vertragsstaates in Analogie zu Art 6 Abs 1 die Möglichkeit konzedieren müssen, Durchführungsmaßnahmen auf die Aufenthaltsbehörde zu übertragen (vgl unten Vorbem 612). Handelt es sich dagegen um einen Nichtvertragsstaat, so können dessen Behörden keine Zuständigkeit aus dem Abkommen herleiten (Art 13 Abs 2), so daß eine analoge Anwendung der Art 4 Abs 3 und Art 6 ausscheidet. Durch Art 13 Abs 2 wird freilich nicht ausgeschlossen, daß eine Schutzmaßnahme oder eine Durchführungsmaßnahme nach dem autonomen Recht der Vertragsstaaten anerkannt wird (vgl unten Vorbem 723). In Deutschland werden die Voraussetzungen für die Anerkennung einer vormundschaftsgerichtlichen Genehmigung durch die Heimatbehörde eines Nichtvertragsstaates im allgemeinen gegeben sein.

Zweifelhaft mag sein, ob auch die **Aufenthaltsbehörde** analog Art 1 zur Erteilung 319
einer vormundschaftsgerichtlichen Genehmigung zuständig ist, die vom Heimatrecht des Kindes (Art 3) gefordert wird. Die Frage ist zu bejahen. Ebenso wie Art 4 und 6 auf Durchführungsmaßnahmen im Rahmen eines ex-lege-Verhältnisses entsprechend anzuwenden sind, ist eine Analogie zu Art 1 gerechtfertigt (ebenso SCHWIMANN FamRZ 1978, 305 f = ÖNotZ 1978, 99 f). Eine Tätigkeit der Aufenthaltsbehörde wird auch nicht durch den Vorbehalt des Art 3 in Art 1 ausgeschlossen (vgl unten Vorbem 410). Für die Analogie besteht ein deutliches praktisches Bedürfnis: wenn der Heimatstaat ein Nichtvertragsstaat ist, würde das Abkommen sonst gar keine Zuständigkeit zur Verfügung stellen; wenn der Heimatstaat ein Vertragsstaat ist, wäre eine alleinige Kompetenz der Heimatbehörden (trotz Art 6) – hier wie sonst bei ex-lege-Verhältnissen – wenig zweckmäßig. Die Aufenthaltsbehörde kann die vom Heimatrecht geforderte vormundschaftsgerichtliche Genehmigung also erteilen, und die anderen Vertragsstaaten müssen dies anerkennen (vgl auch DROZ Clunet 100 [1973] 615, 627 f).

(3) Der durch eine Maßnahme **in einem Nichtvertragsstaat bestellte gesetzliche** 320
Vertreter bedarf einer dem Abkommen unterliegenden (vgl oben Vorbem 305) Genehmigung. Auch hier wird man eine im Heimatstaat erteilte Genehmigung nach den Regeln des autonomen deutschen Rechts im allgemeinen anerkennen können. Daneben wird aber – ebenso wie bei Bestehen eines ex-lege-Verhältnisses – eine konventionsgemäße Kompetenz der Aufenthaltsbehörde analog Art 1 zu bejahen sein (vorige Vorbem). Denn wenn die Aufenthaltsbehörde gem Art 1 befugt ist, in das durch eine Maßnahme des Nichtvertragsstaates geschaffene Schutzverhältnis durch eine neue Schutzmaßnahme ändernd einzugreifen (oben Vorbem 291), dann

muß sie erst recht befugt sein, eine bloße Durchführungsmaßnahme zu treffen. Die vom Heimatrecht verlangte vormundschaftsgerichtliche Genehmigung kann also analog Art 1 von der Aufenthaltsbehörde erteilt werden (vgl auch SCHWIMANN FamRZ 1978, 305 f = ÖNotZ 1978, 99 f).

4. Ausgeschlossene Materien

321 **a) Genereller Minderjährigenschutz**

Die Vorschriften, die **allgemein** den Schutz der Minderjährigen bezwecken, fallen deshalb nicht unter das Übereinkommen, weil dieses sich nicht auf gesetzgeberische, sondern nur auf behördliche und gerichtliche Maßnahmen bezieht. (Eine Sonderstellung nehmen die in Art 3 genannten ex-lege-Gewaltverhältnisse ein.) Es ist deshalb allgM und im Bericht VON STEIGERS ausdrücklich erwähnt, daß ein genereller Minderjährigenschutz vom Abkommen ausgeschlossen ist, also der Schutz, der bestimmten Personengruppen durch Gesetz oder Verordnung unmittelbar zuteil wird.* Aus dem deutschen Recht seien beispielsweise genannt: die Gesetze über Jugendarbeitsschutz, Schulpflicht, über finanzielle Fürsorge und das Gesetz zum Schutz der Jugend in der Öffentlichkeit. Diese Vorschriften sind unabhängig vom Übereinkommen anzuwenden (Denkschrift der Bundesregierung BT-Drucks VI/947, 12).

322 **b) Einzelmaßnahmen aus anderen Sachbereichen**

Die Konvention will das autonome internationale Recht der Vertragsstaaten auf den Gebieten des ehelichen und nichtehelichen Kindschaftsverhältnisses, der Vormundschaft und Pflegschaft und der öffentlichrechtlichen individuellen Schutzmaßnahmen teilweise ersetzen. **Andere Bereiche des Kollisionsrechts** will sie unberührt lassen. Insbes werden Maßnahmen aus folgenden Sachbereichen, die traditionell eigenen Kollisionsnormen unterliegen, nicht erfaßt, auch wenn diese Maßnahmen direkt oder indirekt dem Schutz Minderjähriger dienen: Geschäftsfähigkeit, Eherecht, eheliche Abstammung, Unterhalt, Legitimation, Adoption, Erbrecht. Auch Maßnahmen auf den Gebieten des Staatsangehörigkeitsrechts, der Ausländergesetzgebung und des Jugendstrafrechts bleiben außerhalb des Anwendungsbereichs der Konvention.

Im einzelnen seien die folgenden Maßnahmen genannt, die außerhalb des Übereinkommens liegen, weil sie selbständigen Sachgebieten angehören oder weil sie nicht Minderjährige iS des Abkommens betreffen:

323 Aus dem Anwendungsbereich ausgeschlossen ist die *Volljährigkeitserklärung und Emanzipation,* die das deutsche Recht früher in §§ 3–5 BGB kannte und die in anderen Rechtsordnungen noch besteht. Es gilt das autonome deutsche Kollisionsrecht (dazu STAUDINGER-BEITZKE Art 7 EGBGB Rz 77–92).

---

* Bericht zum Vorentwurf MARMO Actes et Doc IX/4, 20; Bericht VON STEIGER Actes et Doc IX/4, 224 f; Denkschrift der Bundesregierung BT-Drucks VI/947, 12; Botschaft des Schweizer Bundesrates BBl 1966 I 352; österr Regierungsvorlage 1210 Blg NR 13. GP 10; VON OVERBECK ZfRvgl 2 (1961) 145; ders NedTIR 8 (1961) 49; FERID RabelsZ 27 (1962–63) 433; KROPHOLLER, MSA 36; ders NJW 1971, 1723; FIRSCHING, IPR 95; ders Rpfleger 1971, 384; BÜHLER BWNotZ 1973, 25; JAYME JR 1973, 179; SIEHR DAVorm 1973, 263; DROZ Clunet 100 (1973) 609; BAECHLER ZVW 30 (1975) 11; SCHWIMANN ÖJBl 1976, 240; GOERKE StAZ 1976, 268, deren Formulierung, „daß öffentlichrechtliche Maßnahmen grundsätzlich nicht unter die Konvention fallen", freilich zu weit geht.

Die *Entstehungsgeschichte* des Abkommens gibt keinen Aufschluß. Zwar hat sich die mit der Ausarbeitung der Konvention befaßte 3. Kommission mit dem Verhältnis des Abkommens zur Emanzipation eingehend beschäftigt. Das Ergebnis des Protokollstudiums ist jedoch eher verwirrend als aufschlußreich. Die Erforschung des historischen Willens der Schöpfer der Übereinkunft zeigt ein höchst unklares Bild, aus dem sich allenfalls entnehmen läßt, daß diese sich über den sachlichen Geltungsbereich der Konvention nicht einig waren. Der Vorentwurf traf in Art 2 Abs 4 folgende Bestimmung: „Die vorliegende Übereinkunft betrifft nicht die Geschäftsfähigkeit." Sie wurde von Marmo, Bericht zum Vorentwurf, Actes et Doc IX/4, 24 in der Weise interpretiert, daß die Spezialkommission zwar die Pflegschaft eines emanzipierten Minderjährigen habe in den Anwendungsbereich einschließen wollen, nicht aber die Emanzipation selbst. Diese Ansicht wurde durch von Steiger im Verlauf der Sitzung der 3. Kommission bestätigt (Actes et Doc IX/4, 80): „La Commission spéciale comprenait par capacité notamment les questions d'émancipation et d'âge de la majorité et entendait que ces points restent régis par le droit international privé du for." In diesem Sinne schlug Puhan (Jugoslawien) folgende Neufassung des Art 2 Abs 4 vor: „Die vorliegende Übereinkunft betrifft nicht die Volljährigkeit und Emanzipation" (Actes et Doc IX/4, 81). Dann machte jedoch die österreichische Delegation den Vorschlag, die Emanzipation könne von den aufgrund des Abkommens zuständigen Behörden vorgenommen werden (im Document de travail Nr 3, Actes et Doc IX/4, 88, Art 10), während ein deutsch-italienisch-niederländischer Gemeinschaftsvorschlag vorsah, das Abkommen auf nach Heimatrecht oder Aufenthaltsrecht volljährige oder emanzipierte Personen nicht anzuwenden (im Document de travail Nr 4, Actes et Doc IX/4, 89; Art 1 Abs 2). Entsprechend diesen Vorschlägen wurden in der folgenden Diskussion die beiden zu trennenden Fragen des sachlichen Anwendungsbereich der Konvention, nämlich ob die Emanzipation eine Schutzmaßnahme sei, und des persönlichen Anwendungsbereiches, nämlich ob sie auf den emanzipierten Minderjährigen anwendbar sei, nicht auseinandergehalten (Actes et Doc IX/4, 92–98).

Der Berichterstatter von Steiger glaubte Einigkeit der Kommission darüber feststellen zu können, daß die Emanzipation keine Schutzmaßnahme sei, während der Präsident Holleaux der Kommission vorschlug, zu dieser Frage erst einmal Stellung zu nehmen (Actes et Doc IX/4, 94). Nun wies der österreichische Delegierte V Hoyer darauf hin, daß die Emanzipation die Schutzmaßnahmen, die möglicherweise angeordnet seien, beende und daß deshalb auch für die Emanzipation die Zuständigkeit der Behörden des Abkommens gegeben sein müsse (Actes et Doc IX/4, 95). Der Präsident stellte also fest (aaO), daß die Emanzipation unter Art 2 Abs 2 des Abkommens („Änderung oder Beendigung der Maßnahmen") falle. Daraufhin verzichtete V Hoyer auf seinen Antrag, die Emanzipation gesondert im Text des Abkommens zu erwähnen, sofern die Interpretation des Präsidenten im offiziellen Bericht erscheine (aaO). Der Bericht von Steigers jedoch schweigt (er bezieht sich lediglich auf die persönliche Reichweite des Abkommens, nämlich auf den Ausschluß seiner Anwendbarkeit auf den emanzipierten Minderjährigen, Actes et Doc IX/4, 96 f).

Für den Ausschluß der Volljährigkeitserklärung aus dem Anwendungsbereich des Abkommens spricht entscheidend, daß diese Maßnahme eng mit der Regelung der Geschäftsfähigkeit zusammenhängt und daher kollisionsrechtlich dem Statut der Geschäftsfähigkeit unterworfen wird. Das Abkommen will aber keine Kollisionsnorm über die Geschäftsfähigkeit aufstellen (unten Vorbem 701), sondern das IPR der Vertragsstaaten insoweit unberührt lassen. Im übrigen zeigt die Rechtsvergleichung, daß Voraussetzungen, Verfahren und Wirkungen einer Emanzipation in den einzelnen Rechtsordnungen höchst unterschiedlich geregelt sind. Soweit die Emanzipation – wie teilweise in den romanischen Rechten – als eine privatrechtliche Angelegenheit der Familie angesehen wird, bei der die Behörde nur eine beurkundende Tätigkeit ausübt, ist sie schon deshalb keine Schutzmaßnahme iS des Abkommens, weil sie nicht von einer Gerichts- oder Verwaltungsbehörde, sondern von dem Inhaber der elterlichen Gewalt ausgesprochen wird. Soweit die Volljährigkeitserklärung dagegen – wie nach §§ 3–5 BGB aF – von einer Behörde ausgesprochen wird, ist sie meist eine einmalige und endgültige Maßnahme, so daß eine Änderung oder Beendigung der Maßnahme, die Art 2 Abs 2 S 1 voraussetzt, nicht in Betracht kommt. Auch hierin zeigt sich, daß die Normierung des Abkommens auf andere Maßnahmen gemünzt ist als auf die Volljährigkeitserklärung.

Sinnvoller wäre es schon, die Volljährigkeitserklärung zwar nicht als selbständige Schutzmaßnahme in den sachlichen Geltungsbereich der Konvention einzubeziehen, wohl aber als „Beendigung einer Maßnahme" gem Art 2 Abs 2 S 1, wie es der österreichische Delegierte V HOYER auf der neunten Konferenz vorgeschlagen hat (Actes et Doc IX/4, 95); denn sein Argument, daß die Behörde, die den Schutz des Minderjährigen besorgt, auch für die Beurteilung der Gründe für und wider eine Volljährigkeitserklärung geeignet ist, kann nicht von der Hand gewiesen werden. Dieser Ansicht ist jedoch entgegenzuhalten, daß Art 2 Abs 2 S 1 nicht den Umfang der Aufenthaltszuständigkeit, sondern des anzuwendenden Rechts regelt, so daß zwar das Aufenthaltsrecht die Emanzipation als Beendigungsgrund der Vormundschaft bestimmen kann, die Behörden im Aufenthaltsstaat damit aber noch nicht befugt sind, die Emanzipation auch auszusprechen. Vielmehr kann die Behörde, die eine Schutzmaßnahme angeordnet hat, kraft des Sachzusammenhanges nur diejenigen Maßnahmen treffen, die *unmittelbar* auf die Durchführung, Änderung und Beendigung der Maßnahme gerichtet sind, nicht aber diejenigen, die als Nebenwirkung eine Beendigung der Schutzmaßnahme zur Folge haben. Zu der letzteren Gruppe von Maßnahmen gehört die Volljährigkeitserklärung, da sie nicht unmittelbar auf die Beendigung der elterlichen Gewalt oder Vormundschaft abzielt, sondern deren Ende als Nebenwirkung der eingetretenen allgemeinen Volljährigkeit herbeiführt. (Die gegenteilige Ansicht V HOYERS erklärt sich wohl daraus, daß im österreichischen Recht die Volljährigkeitserklärung in § 252 ABGB aF unter den Endigungsgründen der Vormundschaft aufgeführt war, während das deutsche und schweizerische Zivilgesetzbuch die Volljährigkeitserklärung systematisch richtiger dem Personenrecht zuordneten.)

Insgesamt herrscht heute weithin Übereinstimmung, daß die Volljährigkeitserklärung vom Abkommen nicht erfaßt ist (Denkschrift der Bundesregierung BT-Drucks VI/947, 12; österr Regierungsvorlage 1210 Blg NR 13. GP 9; FIRSCHING, IPR 95; ders Rpfleger 1971, 384; SIEHR DAVorm 1973, 263 Fn 66; BÜHLER BWNotZ 1973, 25; vorsichtig zust auch SCHWIMANN ÖJBl 1976, 240: „schwerpunktmäßig wahrscheinlich eher nicht unter das MSA zu subsumieren"; LUTHER FamRZ 1973, 408, läßt die Fragen offen; AG Fürth 27. 2. 1975 ZBlJugR 1976, 169 = IPRspr 1975 Nr 203, nimmt an, daß die Emanzipation nicht unter das Abkommen fällt; anders lautende Entscheidungen sind bislang nicht bekannt geworden). Die deutschen Gerichte sind also nicht gem Art 7 verpflichtet, die in einem anderen Vertragsstaat ausgesprochene Emanzipation anzuerkennen.

324 Aus dem Anwendungsbereich ausgeschlossen ist die **Verleihung der Geschäftsfähigkeit für einen bestimmten Kreis von Rechtsgeschäften,** wie sie im deutschen Recht in §§ 112, 113 BGB geregelt ist. Es handelt sich in diesen Bestimmungen nicht in erster Linie um Fragen der elterlichen Gewalt oder des Vormundschaftsrechts, sondern um Fragen der Geschäftsfähigkeit. Deshalb liegen sie – ebenso wie die Volljährigkeitserklärung – außerhalb des Abkommens (hM; vgl KROPHOLLER, MSA 37 und die zur Volljährigkeitserklärung genannte Literatur oben Vorbem 323 aE). Das nach autonomem IPR auf die Geschäftsfähigkeit anzuwendende Recht bestimmt also, ob und unter welchen Voraussetzungen der gesetzliche Vertreter oder eine Behörde zu derartigen Ermächtigungen befugt ist (dazu STAUDINGER-BEITZKE Art 7 Rz 77, 85, 90). Dementsprechend gilt das Abkommen weder für die Genehmigung des Vormundschaftsgerichts in § 112 BGB noch für die ersatzweise Ermächtigung in § 113 Abs 3 BGB. Diese Vorschriften finden nur dann Anwendung, wenn die Geschäftsfähigkeit gem Art 7 EGBGB nach deutschem Sachrecht zu beurteilen ist.

325 Aus dem Anwendungsbereich ausgeschlossen ist die **Befreiung vom Erfordernis der Ehemündigkeit,** wie sie im deutschen Recht in § 1 Abs 2 EheG geregelt ist (Denkschrift der Bundesregierung BT-Drucks VI/947, 12; Botschaft des Schweizer Bundesrates BBl 1966 I 353; österr Regierungsvorlage 1210 Blg NR 13. GP 9; KROPHOLLER, MSA 37; ders NJW 1971, 1722; FIRSCHING, IPR 95; ders Rpfleger 1971, 384; BÜHLER BWNotZ 1973, 25; vorsichtig zust auch SCHWIMANN ÖJBl 1976, 240: „schwerpunktmäßig wahrscheinlich eher nicht unter das MSA zu subsumie-

ren"; zweifelnd nur LUTHER FamRZ 1973, 408). Denn ebensowenig wie über die allgemeine Geschäftsfähigkeit will das Abkommen Regeln über die besonderen Geschäftsfähigkeiten aufstellen (vgl VON STEIGER Actes et Doc IX/4, 123 und Bericht 227). Zuständigkeit und anwendbares Recht richten sich also nach den außervertraglichen Bestimmungen (vgl näher STAUDINGER-GAMILLSCHEG Art 13 Rz 194–208). Damit soll der Beitritt zum Abkommen denjenigen Staaten mit Staatsangehörigkeitsprinzip erleichtert werden, die Statussachen wie die Ehemündigkeitserklärung als „domaine réservé" des Heimatstaates betrachten.

Keine Schutzmaßnahme iS des Abkommens, sondern eine bloße Durchführungs- 326
maßnahme ist die **Erteilung eines Auseinandersetzungszeugnisses:** § 9 EheG (vgl Denkschrift der Bundesregierung BT-Drucks VI/947, 12; KROPHOLLER NJW 1971, 1722; FIRSCHING, IPR 95; ders Rpfleger 1971, 384; BÜHLER BWNotZ 1973, 29; LUTHER FamRZ 1973, 407). Im einzelnen muß die Pflicht zur Beibringung des Zeugnisses und seine Erteilung unterschieden werden.

Die *Pflicht zur Beibringung eines solchen Zeugnisses als Voraussetzung der Eheschließung* ist nicht nur im deutschen Recht, sondern auch in ausländischen Rechtsordnungen als Eheverbot und damit als Bestandteil des Eherechts normiert (vgl STAUDINGER-GAMILLSCHEG Art 13 EGBGB Rz 405). Dementsprechend ordnet die hM das Bestehen einer Pflicht zur Beibringung des Zeugnisses dem Art 13 EGBGB bzw dem Haager Abkommen über die Eheschließung vom 12. 6. 1902 zu (KG 14. 9. 1961 FamRZ 1961, 477 = StAZ 1961, 339 = IPRspr 1960–61 Nr 112; SOERGEL-KEGEL Art 13 Rz 30; vgl auch STAUDINGER-GAMILLSCHEG Art 13 Rz 407, der – mE systemwidrig – § 9 EheG *außerdem* anwenden will, wenn nur das Kind die deutsche Staatsangehörigkeit besitzt). Ob eine solche Pflicht besteht, ob also ein Auseinandersetzungszeugnis für die Eheschließung benötigt wird, beantwortet das Abkommen mit Sicherheit nicht, weil es den umstrittenen statusrechtlichen Bereich der Ehe (und das Haager Eheschließungsabkommen von 1902) ebensowenig antasten wollte wie den der Geschäftsfähigkeit (vgl oben Vorbem 323, 324).

Die *Erteilung des Zeugnisses* und die in § 1683 S 2 BGB vorgesehene Gestattung des Vormundschaftsgerichts dienen zwar – worauf BÜHLER und LUTHER zu Recht hinweisen – in erster Linie dem vermögensrechtlichen Schutz des Minderjährigen; aber diese Maßnahmen sind doch – ebenso wie vormundschaftsgerichtliche Genehmigungen (§§ 1643, 1819 ff BGB) – keine (selbständigen) Schutzmaßnahmen iS des Abkommens, sondern bloße Durchführungsmaßnehmen (vgl zu solchen Maßnahmen näher oben Vorbem 302). Ein Auseinandersetzungszeugnis nach deutschem Recht (§ 1683 BGB) kann das deutsche Vormundschaftsgericht deshalb entsprechend den Regeln des Abkommens erteilen, wenn der Verlobte entweder aufgrund einer Schutzmaßnahme des deutschen Gerichts (Art 1, 4 MSA) für das Vermögen des Kindes zu sorgen hat (ihm also zB die elterliche Gewalt oder Vormundschaft übertragen worden ist) oder wenn ihm die Vermögensverwaltung nach dem deutschen Heimatrecht des Kindes kraft Gesetzes zusteht (Art 3). In diesen Fällen wird das Auseinandersetzungszeugnis in Durchführung der nach Art 1 oder 4 getroffenen Schutzmaßnahme bzw des nach Art 3 bestehenden ex-lege-Verhältnisses erteilt. In anderen Fällen, in denen eine Durchführung der Regeln des Abkommens nicht in Rede steht, kann sich eine Zuständigkeit des deutschen Vormundschaftsgerichts aus den Regeln des autonomen deutschen Rechts ergeben (dazu STAUDINGER-GAMILLSCHEG Art 13 Rz 415, 416; unten Art 19 Rz 263, 274, 277).

Aus dem Anwendungsbereich ausgeschlossen ist unstreitig die **Ehelichkeitsanfech-** 327
tung (§§ 1591 ff BGB), selbst wenn sie durch eine Behörde erfolgt; denn die Ehelichkeitsanfechtung gehört einem besonderen Sachgebiet an. Auch die Entscheidung des Gerichts über die Ehelichkeitsanfechtung ist keine Schutzmaßnahme. „Die

Anfechtung dient nicht dem Schutze der Person oder des Vermögens des Kindes, sondern der Beseitigung eines unrichtigen Kindesverhältnisses. Das kann im Interesse des Kindes liegen. Doch bedeutet das nicht, daß es dem Schutze seiner Person dient" (OG Zürich 26. 1. 1973 SchwJZ 1973, 87; zust SIEHR DAVorm 1973, 263; IPG 1974 Nr 21 [München] 206; auch KG 29. 11. 1976 OLGZ 1977, 452 = IPRspr 1976 Nr 55 und 10. 12. 1976 DAVorm 1977, 525 = IPRspr 1976 Nr 56; SCHWIMANN ÖJBl 1976, 240).

Dagegen ist die Bestellung eines *Pflegers,* die zur Durchführung des Ehelichkeitsanfechtungsverfahrens erforderlich sein kann, eine Schutzmaßnahme iS des Abkommens (vgl oben Vorbem 294).

328 Aus dem Anwendungsbereich ausgeschlossen ist unstreitig die **gerichtliche Vaterschaftsfeststellung** (§§ 1600 a ff BGB), weil sie schon begrifflich keine Schutzmaßnahme darstellt (FIRSCHING, IPR 95; SIEHR DAVorm 1973, 263; SCHWIMANN ÖJBl 1976, 240).

329 Aus dem Anwendungsbereich ausgeschlossen ist unstreitig die **Zuerkennung von Unterhaltsansprüchen** (§§ 1601 ff BGB), wie sich schon daraus ergibt, daß für diese Materie das Haager Unterhaltsabkommen von 1956 geschaffen wurde (Denkschrift der Bundesregierung BT-Drucks VI/947, 10; KROPHOLLER NJW 1971, 1723; SIEHR DAVorm 1973, 263; SCHWIMANN ÖJBl 1976, 240; GOERKE StAZ 1976, 268 f; MÄHR ÖRiZ 1977, 154). Zur Vertretungsmacht eines nach dem Abkommen bestellten Pflegers zur Durchsetzung von Unterhaltsansprüchen, die dem Haager Unterhaltsabkommen unterliegen, vgl oben Vorbem 115.

330 Aus dem Anwendungsbereich ausgeschlossen ist unstreitig die Feststellung der **Legitimation** (§ 31 PStG), weil sie einem besonderen Sachgebiet angehört und weiterhin ihrem eigenen Statut unterliegen soll (Denkschrift der Bundesregierung BT-Drucks VI/947, 12; KROPHOLLER, MSA 37; FIRSCHING, IPR 95; ders Rpfleger 1971, 384; SIEHR DAVorm 1973, 263; BÜHLER BWNotZ 1973, 25; LUTHER FamRZ 1973, 407; SCHWIMANN ÖJBl 1976, 240; GOERKE StAZ 1976, 268; MÄHR ÖRiZ 1977, 154; OLG Frankfurt 2. 5. 1973 OLGZ 1973, 295 = FamRZ 1973, 468 Anm SIEHR = StAZ 1973, 187 = IPRspr 1973 Nr 95).

331 Aus dem Anwendungsbereich ausgeschlossen ist unstreitig die **Ehelicherklärung** (§§ 1723, 1740 a BGB), weil sie einem besonderen Sachgebiet angehört und weiterhin ihrem eigenen Statut unterliegen soll (Denkschrift der Bundesregierung BT-Drucks VI/947, 12; österr Regierungsvorlage 1210 Blg NR 13. GP 9 zur Ehelicherklärung durch den Bundespräsidenten: § 162 ABGB; KROPHOLLER NJW 1971, 1722; FIRSCHING, IPR 95; ders Rpfleger 1971, 384; SIEHR DAVorm 1973, 263; BÜHLER BWNotZ 1973, 25; LUTHER FamRZ 1973, 407; SCHWIMANN ÖJBl 1976, 240 zu § 162 ABGB).

332 Aus dem Anwendungsbereich ausgeschlossen ist unstreitig die **Adoption** (§§ 1741 ff BGB), wie sich schon daraus ergibt, daß für diese Materie das im Jahre 1978 für Großbritannien, Österreich und die Schweiz (aber nicht für die Bundesrepublik Deutschland) in Kraft getretene Haager Adoptionsabkommen von 1965 geschaffen worden ist.* Ausgeschlossen ist sowohl die in manchen Rechtsordnungen vorgesehe-

---

* Bericht zum Vorentwurf MARMO Actes et Doc IX/4, 20; Bericht VON STEIGER Actes et Doc IX/4, 223 unter V; ders SchwJZ 1960, 257; Denkschrift der Bundesregierung BT-Drucks VI/947, 10; österr Regierungsvorlage 1210 Blg NR 13. GP 9 zur Bewilligung einer Annahme an Kindesstatt: § 179 a ABGB; FERID RabelsZ 27 (1962–63) 433; KROPHOLLER, MSA 37; ders NJW 1971, 1722; FIRSCHING, IPR 95; ders Rpfleger 1971, 384; SIEHR DAVorm 1973, 263; BÜHLER BWNotZ 1973, 25; LUTHER FamRZ 1973, 407; JAYME JR 1973, 179; IPG 1973 Nr 43 (Köln) 469; SCHWIMANN ÖJBl 1976, 240; GOERKE StAZ 1976, 268; MÄHR ÖRiZ 1977, 154.

ne Bestätigung des Adoptionsvertrages als auch der hoheitliche Ausspruch der Adoption. Das Minderjährigenschutzabkommen erfaßt also nicht den im deutschen Recht vorgesehenen Ausspruch der Adoption (§ 1752 BGB) und andere dem Adoptionsstatut unterliegende Maßnahmen wie die in Art 22 Abs 2 S 2 EGBGB vorgeschriebene Genehmigung des Vormundschaftsgerichts oder die Ersetzung von Einwilligungserklärungen (zB §§ 1746 Abs 3, 1748, 1749 Abs 1 S 2 BGB; vgl auch OLG Zweibrücken 17. 3. 1976 DAVorm 1976, 340 = FamRZ 1976, 469 = IPRspr 1976 Nr 109), die Namensänderung durch das Vormundschaftsgericht (§ 1757 Abs 2 BGB) oder die Aufhebung des Annahmeverhältnisses (§§ 1759 ff BGB).

Dagegen ist die Bestellung eines *Ergänzungspflegers,* die zur Durchführung der Adoption erforderlich sein kann, eine Schutzmaßnahme iS des Abkommens (vgl oben Vorbem 294). Eine solche nach Art 1, 2 durchzuführende Pflegerbestellung kommt beispielsweise in Betracht, wenn die Adoption eines Kindes aus einem Entwicklungsland dort bereits durchgeführt ist, nun aber – trotz Anerkennung – in der Bundesrepublik wiederholt werden soll, und wenn dann der Adoptierende wegen § 181 BGB die in § 1746 Abs 1 S 2 BGB vorgesehene Einwilligung nicht erteilen kann (vgl zur Problematik der Adoptionen von Kindern aus Übersee eingehend MAGNUS-MÜNZEL StAZ 1977, 65, 72 f, wo auf die Anwendung des Abkommens eingegangen wird).

Bei der im Adoptionsverfahren auftauchenden Frage, wer gesetzlicher Vertreter des Kindes ist (vgl § 1746 Abs 1 S 2 BGB), sind auch Art 3 und 7 zu berücksichtigen. Es ist also zu prüfen, ob ein nach dem Heimatrecht des Kindes kraft Gesetzes entstandenes Gewaltverhältnis vorliegt oder ob Vertretungsmacht aufgrund einer nach den Bestimmungen des Abkommens getroffenen Schutzmaßnahme besteht. Kommt man beispielsweise bei der Adoption von Kindern aus Übersee zu dem Ergebnis, daß gem Art 3 gesetzlicher Vertreter ein Elternteil ist, daß dieser aber verhindert ist, die Vertretungsbefugnis auszuüben, so kann gem Art 1, 2 aufgrund von § 1693 BGB ein Pfleger bestellt werden. Bei bestimmten Verhältnissen, die größere Einheiten wie die Sippe oder den Lehnsverband verbinden, wird schon das Bestehen eines „ex-lege-Verhältnisses" iS des Art 3 zu verneinen sein (vgl unten Vorbem 498).

Aus dem Anwendungsbereich ausgeschlossen ist unstreitig die **Vormundschaft über Volljährige** (§§ 1896 ff BGB), da das Abkommen sich ausdrücklich nur auf Minderjährige bezieht und in Art 12 auch eine Definition des Minderjährigen gibt (KROPHOLLER NJW 1971, 1722). 333

Aus dem Anwendungsbereich ausgeschlossen ist die Bestellung eines **Pflegers für die Leibesfrucht** (§ 1912 BGB), da diese Pflegschaft mit der Geburt des Kindes endigt (§ 1918 Abs 2 BGB) und das Abkommen sich ausdrücklich nur auf „Minderjährige" (Art 12) bezieht (Denkschrift der Bundesregierung BT-Drucks VI/947, 12; KROPHOLLER, MSA 32 Fn 49; ders NJW 1971, 1722; LUTHER FamRZ 1973, 407; *anders* in Österreich hinsichtlich der Bestellung eines Sachwalters für Ungeborene [§ 274 ABGB] österr Regierungsvorlage 1210 Blg NR 13. GP 9; SCHWIMANN ÖJBl 1976, 239). Indes erscheint die Zulässigkeit des von SCHWIMANN gezogenen „Größenschlusses" angesichts der vom Abkommen in Art 12 gegebenen Definition fraglich. 334

Aus dem Anwendungsbereich ausgeschlossen ist unstreitig die **Anordnung einer Nachlaßpflegschaft** (§ 1960 BGB), auch wenn ein Minderjähriger Erbe ist, weil diese Pflegschaft die Ermittlung des Erben und die Sicherung des Nachlasses zum Ziel hat, so daß nicht der Schutz des Minderjährigen, sondern die Fürsorge für den Nachlaß Zweck der Maßnahme ist (Denkschrift der Bundesregierung BT-Drucks 335

VI/947, 12; KROPHOLLER, MSA 37; ders NJW 1972, 1722; FIRSCHING, IPR 95; ders Rpfleger 1971, 384).

336 Aus dem Anwendungsbereich ausgeschlossen sind die im **Staatsangehörigkeitsrecht** vorgesehenen vormundschaftsgerichtlichen Genehmigungen (§§ 19, 25 Abs 1 RuStAG; Art 3 Abs 5 S 2 RuStAÄndG 1974). Denn das Staatsangehörigkeitsrecht ist eine Materie, die zweifelsfrei vom Abkommen nicht erfaßt wird. Der deutsche Gesetzgeber hat in Art 3 des deutschen Zustimmungsgesetzes zum Abkommen (BGBl 1971 II 217) vorsichtshalber klargestellt, daß §§ 19 und 25 Abs 1 RuStAG vom Abkommen unberührt bleiben. Art 3 des Gesetzes lautet: „Die Vorschriften der §§ 19, 25 Abs 1 des Reichs- und Staatsangehörigkeitsgesetzes vom 22. Juli 1913 (Reichsgesetzbl S 583), zuletzt geändert durch das Gesetz zur Änderung des Reichs- und Staatsangehörigkeitsgesetzes vom 8. September 1969 (Bundesgesetzbl I S 1581), bleiben unberührt."

In der Denkschrift der Bundesregierung, BT-Drucks VI/947, 3, heißt es dazu: „Nach § 19 des Reichs- und Staatsangehörigkeitsgesetzes (RuStAG) bedarf in bestimmten Fällen der Antrag auf Entlassung eines Minderjährigen aus der deutschen Staatsangehörigkeit der Genehmigung des *deutschen* Vormundschaftsgerichts; entsprechend verliert in solchen Fällen ein Minderjähriger nach § 25 I RuStAG die deutsche Staatsangehörigkeit durch Erwerb einer ausländischen Staatsangehörigkeit auch nur dann, wenn der Antrag auf Erwerb der fremden Staatsangehörigkeit durch das *deutsche* Vormundschaftsgericht genehmigt worden ist. Diese Genehmigungen fallen nicht unter das Übereinkommen, da sie keine Schutzmaßnahmen im Sinne des Art 1 darstellen. Um aber allen Zweifeln zu begegnen, die sich aus den umfassenden Befugnissen der Behörden des Aufenthaltsstaates des Minderjährigen ergeben könnten, stellt das Vertragsgesetz ausdrücklich klar, daß die ausschließliche Zuständigkeit der deutschen Vormundschaftsgerichte für die Genehmigung nach §§ 19, 25 I RuStAG durch das Übereinkommen nicht berührt wird."

Die im deutschen Zustimmungsgesetz enthaltene Interpretation des Abkommens ist im Schrifttum allgemein akzeptiert worden (vgl etwa KROPHOLLER NJW 1971, 1722 Fn 15; FIRSCHING Rpfleger 1971, 384; JAYME JR 1973, 179; BÜHLER BWNotZ 1973, 25; SIEHR DAVorm 1973, 263; ebenso für die im österreichischen Recht vorgesehene Ersetzung der Zustimmung des gesetzlichen Vertreters MÄNHARDT StAZ 1976, 296 Fn 31; MÄHR ÖRiZ 1977, 154). Die deutsche Rechtsprechung judiziert entsprechend (KG 13. 11. 1973 OLGZ 1974, 93 = FamRZ 1974, 146 = StAZ 1974, 127 = ZBlJugR 1974, 434 = IPRspr 1973 Nr 70 [zu § 19 RuStAG]). Auch auf die in Art 3 Abs 5 S 2 RuStAÄndG 1974 vorgesehene vormundschaftsgerichtliche Genehmigung, die in Art 3 des Zustimmungsgesetzes von 1971 noch nicht erwähnt werden konnte, wenden die Gerichte das Abkommen einhellig nicht an (vgl BayObLG 8. 12. 1975 BayObLGZ 1975, 441 = NJW 1976, 1040 = FamRZ 1976, 161 = StAZ 1976, 142 = IPRspr 1975 Nr 218, 30. 7. 1976 IPRspr 1976 Nr 66, 25. 4. 1978 BayObLGZ 1978, 97 = StAZ 1978, 240 = FamRZ 1978, 834 [L] und 14. 6. 1978, demnächst in IPRspr 1978; OLG Zweibrücken 2. 7. 1975 FamRZ 1975, 703 = DAVorm 1975, 488 = IPRspr 1975 Nr 217; OLG Hamm 15. 12. 1975 OLGZ 1976, 175 = NJW 1976, 1042 = MDR 1976, 494 = FamRZ 1976, 159 = StAZ 1976, 202 = IPRspr 1975 Nr 219 und 26. 10. 1976 OLGZ 1977, 39 = FamRZ 1977, 132 = StAZ 1977, 164 = Rpfleger 1977, 27 = IPRspr 1976 Nr 215). Ebenso kommt im Rahmen des Art 3 Abs 5 S 4 RuStAÄndG das Abkommen nicht zur Anwendung. Nach dieser Vorschrift richtet sich das Recht der Sorge für die Person des Kindes (im Hinblick auf die Abgabe der staatsangehörigkeitsrechtlichen Erklärung) „nach dem Bürgerlichen Gesetzbuch". Art 3 Abs 5 S 4 RuStAÄndG ist lex specialis zu allen Vorschriften des IPR über das Recht der Personensorge, gleichgültig ob diese Vorschriften im EGBGB oder in internationalen Abkommen enthalten sind (st Rspr des BayObLG, 8. 12. 1975 BayObLGZ 1975, 441 = NJW 1976, 1040 = FamRZ 1976, 161 = StAZ 1976, 142 = IPRspr 1975 Nr 218, 30. 7.

1976 IPRspr 1976 Nr 66, 25. 4. 1978 BayObLGZ 1978, 97 = StAZ 1978, 240 = FamRZ 1978, 834 [L] und 14. 6. 1978, demnächst in IPRspr 1978). Insoweit entfällt also auch die Pflicht, gem Art 3 zu prüfen, ob nach dem ausländischen Heimatrecht des Kindes ein ex-lege-Gewaltverhältnis besteht.

Für die vormundschaftsgerichtlichen Genehmigungen im Staatsangehörigkeitsrecht bleibt es also bei der im deutschen Recht vorgesehenen ausschließlichen internationalen Zuständigkeit der deutschen Vormundschaftsgerichte; zur Bestimmung der örtlichen Zuständigkeit vgl Art 19 Rz 280.

Vom Anwendungsbereich des Abkommens ausgeschlossen sind die im **Jugendstrafrecht** vorgesehenen Maßnahmen. Zwar unterscheidet das JGG mit der Einteilung in Erziehungsmaßregeln, Zuchtmittel und Jugendstrafe zwischen fürsorgerischen Maßnahmen und eigentlicher Strafe, doch kann auch bei der Jugendstrafe der Erziehungszweck gegenüber dem strafrechtlichen Sühne- und Abschreckungszweck derartig überwiegen, daß sie systematisch eher als Erziehungsmittel eigener Art denn als Strafe einzuordnen ist. Auch die Bewährungshilfe ist den vom Abkommen erfaßten Schutzmaßnahmen verwandt, Erziehungsbeistandschaft und Fürsorgeerziehung als Erziehungsmaßregeln iS des JGG sind sogar mit den Maßnahmen des JWG identisch, auf dessen Vorschriften in § 12 JGG verwiesen wird. 337

Wenn diese Maßnahmen dennoch sämtlich aus dem Anwendungsbereich des Minderjährigenschutzabkommens ausgeschlossen sind, so deshalb, weil ihre Anordnung aufgrund einer Straftat notwendig wurde, so daß die Regeln des internationalen Strafrechts eingreifen, ein Bereich, der traditionsgemäß außerhalb des Arbeitsgebietes der Haager Konferenz liegt und der auch mit diesem Übereinkommen nicht erfaßt werden sollte. Mit Rücksicht auf die strafrechtlichen Hoheitsansprüche der Staaten wollte die Konferenz nicht in die strafrechtliche Sphäre eingreifen. Das war in der Spezialkommission, in der die Frage diskutiert wurde, allgemeine Ansicht (Bericht von Steiger Actes et Doc IX/4, 225 Fn 1).

Dementsprechend wird in den *Erläuterungen zu den Gesetzgebungsverfahren* in Deutschland, Österreich und der Schweiz der Ausschluß des Jugendstrafrechts erwähnt (Denkschrift der Bundesregierung BT-Drucks VI/947, 12; österr Regierungsvorlage 1210 Blg NR 13. GP 9 f; Botschaft des Schweizer Bundesrates BBl 1966 I 352 f).

In der Schweizer Botschaft wird zutreffend ausgeführt: „Vom Strafrecht vorgesehene Schutz- und Erziehungsmaßnahmen bezüglich Jugendlicher fallen nicht unter das Übereinkommen. Die Haager Konferenz enthielt sich zwar einer förmlichen Stellungnahme zu diesem Problem, doch war dies, wie aus ihrem Bericht zum Übereinkommen hervorgeht, die allgemeine Ansicht. Die strafrechtlichen Maßnahmen sind die Folgen strafbarer Handlungen und müssen unter diesem Aspekt beurteilt werden. Auch folgt das Strafrecht dem Territorialitätsprinzip, und jeder Staat erachtet sich als zuständig, die auf seinem Gebiet begangenen strafbaren Handlungen nach seinen Gesetzen zu verfolgen. Allerdings sind auf dem Gebiete des Jugendschutzes die Grenzen zwischen Strafrecht und den andern Rechtsgebieten nicht überall gleich gezogen, was mit ein Grund dafür war, daß die Konferenz auf eine förmliche Stellungnahme verzichtete. Da nun aber auch das Übereinkommen vorwiegend dem Territorialitätsprinzip folgt, dürften Kompetenzkonflikte selten entstehen. Auch können strafrechtliche und zivilrechtliche Maßnahmen (zB die Internierung in einer Erziehungsanstalt und die Errichtung einer Vormundschaft) nebeneinander angeordnet werden, wobei dann für die letzteren die Kompetenzordnung des Übereinkommens maßgebend wäre."

Auch das *Schrifttum* sieht strafrechtliche Maßnahmen einhellig als ausgeschlossen an (von Steiger SchwJbIntR 17 [1960] 31; Ferid RabelsZ 27 [1962–63] 433; von Overbeck ZfRvgl 2 [1961] 145; Kropholler, MSA 37; ders NJW 1971, 1722; Firsching Rpfleger 1971, 384; Bühler BWNotZ 1973, 25; Siehr DAVorm 1973, 262; Luther FamRZ 1973, 407; Droz Clunet 100 [1973] 609; Baechler ZVW 30 [1975] 11; Schwimann ÖJBl 1976, 240).

Rechtspolitisch mag fraglich sein, ob die herkömmliche Trennung von Privat- und Strafrecht im Jugend- bzw Minderjährigenrecht noch angebracht ist (gegen die Trennung LUTHER FamRZ 1973, 407; zust WUPPERMANN NDV 1976, 5 f). Angesichts der eindeutigen Entstehungsgeschichte des Abkommens vermögen diese Zweifel ein von der hM abweichendes Ergebnis aber nicht zu rechtfertigen (so im Ergebnis auch LUTHER aaO).

338 Aus dem Anwendungsbereich ausgeschlossen sind unbestritten **ausländerpolizeiliche Maßnahmen.** Maßnahmen aufgrund des Ausländergesetzes dienen der Aufrechterhaltung der öffentlichen Sicherheit und Ordnung, nicht dem Schutz Minderjähriger. Auch wenn sie im Einzelfall den Schutz eines Minderjährigen bewirken, ist dies nicht ihr eigentlicher Zweck, sondern nur eine Begleitfolge (FERID RabelsZ 27 [1962–63] 433; KROPHOLLER, MSA 37; ders NJW 1971, 1722).

III. Zuständigkeit der Aufenthaltsbehörden

339 1. „Behörden“

In Art 1 wird der Ausdruck „Behörden“, den die Konvention durchgehend verwendet, näher umrissen, indem auf „Gerichte oder Verwaltungsbehörden“ Bezug genommen wird. Die Gleichstellung von Gerichten und Verwaltungsbehörden, die schon in Art 1 des Vorentwurfs in wörtlich gleichlautender Fassung enthalten war, wurde damit begründet, daß in den einzelnen Staaten sehr verschiedene Instanzen mit analogen Aufgaben betraut sind und daß auch die von Gerichten getroffenen Schutzmaßnahmen häufig einen Verwaltungscharakter tragen (so der Bericht zum Vorentwurf MARMO Actes et Doc IX/4, 22). Die Einbeziehung der Verwaltungsbehörden ist im übrigen die normale Folge der Aufnahme öffentlichrechtlicher Schutzmaßnahmen in den Anwendungsbereich der Konvention.

In *Deutschland* sind für die von der Konvention erfaßten Schutzmaßnahmen im allgemeinen die Gerichte – Vormundschaftsgericht, Familiengericht (§ 621 Abs 1 Nr 1–3 ZPO; s Art 19 Rz 236) – für zuständig erklärt. Das hat seinen Grund darin, daß in weitem Umfang die Möglichkeit einer Nachprüfung durch das unabhängige Gericht gesichert sein soll. Eine Verwaltungsbehörde, die aufgrund der Konvention tätig werden kann, ist in Deutschland das Jugendamt, dem die meisten der im JWG vorgesehenen Schutzmaßnahmen obliegen (oben Vorbem 296 ff). Von besonderer Bedeutung ist die Einbeziehung der Verwaltungsbehörden für die *Schweiz,* weil dort gemäß kantonalem Recht in einer Reihe von Kantonen Administrativbehörden mit der Ausübung vormundschaftsrechtlicher Funktionen betraut sind (Botschaft des Schweizer Bundesrates BBl 1966 I 352).

340 Keine Behörden iS des Abkommens sind **kirchliche Stellen oder private Organisationen,** die sich autonom mit der Jugendpflege befassen. Kirchliche oder „freie“ Organisationen können also keine Schutzmaßnahmen aufgrund der Konvention anordnen. Die anordnende Stelle muß eine staatliche Behörde sein. Mit dem Vollzug der Maßnahme, etwa einer Fürsorgeerziehung, kann die staatliche Behörde aber eine kirchliche oder „freie“ Organisation der Wohlfahrtspflege oder des Jugendschutzes beauftragen (FERID RabelsZ 27 [1962–63] 432 Fn 39).

341 2. „Gewöhnlicher Aufenthalt“

a) Die **Gründe** für die primäre Kompetenz der Behörden des Staates, in dem der Minderjährige seinen gewöhnlichen Aufenthalt hat, sind praktischer Art.

Die primäre Kompetenz der **Heimatbehörden,** von der das Haager Vormundschaftsabkommen von 1902 ausging, hat sich nicht bewährt. Fernmaßnahmen bieten wegen der Schwierigkeit, die Tatsachen auf Distanz festzustellen und zu würdigen, geringe Gewähr für eine sachgemäße Behandlung des Einzelfalls, sie wirken verzögernd und sind oft schwer durchzuführen (FERID RabelsZ 27 [1962–63] 433). Schon seit dem Abschluß des Abkommens von 1902 sind deshalb die Vertragsstaaten dazu übergegangen, die Anordnung und Führung von Vormundschaften regelmäßig den Behörden des Staates zu überlassen, in dem sich der Minderjährige gewöhnlich aufhält. Die im Haager Vormundschaftsabkommen vorausgesetzte vorrangige Zuständigkeit des Heimatstaates stimmt also mit der Wirklichkeit schon lange nicht mehr überein. Sie ist in der Praxis durch die primäre Zuständigkeit des Aufenthaltsstaates ersetzt worden (DE WINTER NedJbl 1961, 21; Denkschrift der Bundesregierung BT-Drucks VI/947, 9). 342

Für die primäre **Aufenthaltszuständigkeit** spricht entscheidend die Erwägung, daß dort die familiären und sozialen Verhältnisse des Minderjährigen am besten und schnellsten ermittelt und entsprechende Maßnahmen durchgeführt und überwacht werden können. Außerdem ist es angemessen, auf ein Kind das Recht anzuwenden, das in der sozialen Umwelt gilt, in der es aufwächst (DE WINTER Actes et Doc IX/4, 66). Diese Vorzüge wurden auf der 9. Haager Tagung rasch erkannt. So konnte der Präsident der 3. Kommission HOLLEAUX bereits in der ersten Arbeitssitzung feststellen, daß alle Delegationen bis auf die italienische über die primäre Aufenthaltszuständigkeit einig seien (Actes et Doc IX/4, 68). VON STEIGER schildert in seinem Bericht die Vorzüge der Aufenthaltszuständigkeit folgendermaßen (Actes et Doc IX/4, 221): 343

„Ce sont ces autorités qui connaissent le milieu social dans lequel vit le mineur aussi bien que les personnes appelées à le prendre en charge. Au moyen de l'appareil d'investigations (assistantes sociales, etc) qui est de plus en plus fréquemment mis à la disposition des autorités chargées de la protection de l'enfance, celles-ci pourront se faire une image précise de la situation et entendre personnellement les principaux intéressés. Au contraire, une telle enquête serait très longue et difficile à effectuer pour des autorités d'un pays autre que celui où résident le mineur et sa famille. Dans la plupart des cas elles se borneront à des renseignements écrits qui seront long à obtenir et fréquemment incomplets. Les avantages de la compétence des autorités de la résidence habituelle se retrouvent lorsqu'il s'agit de surveiller la bonne exécution des mesures prises. Celle-ci sera beaucoup plus efficace si le mineur, le tuteur et les autorités devant surveiller ce dernier se trouvent dans le même lieu, ou du moins dans le même pays. Si par contre le mineur se trouvait dans un autre, le tuteur serait bien surveillé, mais il risquerait, comme les autorités elles-mêmes, d'avoir peu d'emprise sur le mineur. D'autre part, si le mineur et le tuteur étaient dans le même pays, mais les autorités responsables dans un autre, l'efficacité du contrôle deviendrait douteuse."

Die Zuständigkeit der Aufenthaltsbehörden ist auf dem Gebiet des öffentlichrechtlichen Jugendschutzes ohnehin allenthalben anerkannt. Ihre Erstreckung auf den privatrechtlichen Bereich ermöglicht eine umfassende Konzentration des Jugendschutzes im Aufenthaltsstaat. Insbesondere ist eine Koordination mit den Maßnahmen des Jugendstrafrechts und mit dem vom Abkommen nicht erfaßten generellen Minderjährigenschutz möglich, für den die Aufenthaltsbehörden kraft des Territorialitätsprinzips zuständig sind. Die schwierige Abgrenzung zwischen privatrechtlichen und öffentlichrechtlichen Maßnahmen erübrigt sich.

b) Der **Begriff** des gewöhnlichen Aufenthalts im Minderjährigenschutzabkommen ist mit dem im Unterhaltsabkommen identisch und deshalb dort für beide Konventionen erläutert. Auf diese Erläuterungen (oben Vorbem 39 ff) sei hier verwiesen. In der Praxis wird die Frage nach dem gewöhnlichen Aufenthalt meist bei einem Aufenthaltswechsel aktuell. Der **Aufenthaltswechsel,** insbes der **unrechtmäßige Aufenthaltswechsel (Kindesentführungen),** ist bei Art 5 kommentiert. 344

345 **3. Perpetuatio fori**

Wenn infolge eines Aufenthaltswechsels der gewöhnliche Aufenthalt in Deutschland entfallen ist, kann die in einem hier anhängigen Verfahren aufgrund des Abkommens einmal begründete Zuständigkeit uU doch fortbestehen. Die Zuständigkeitsfortdauer (perpetuatio fori) ist in der Konvention zwar nicht ausdrücklich geregelt. Das heißt aber nicht, daß diese Möglichkeit im Zusammenhang mit der Konvention gänzlich auszuscheiden hätte. Ebenso wie im Rahmen des Unterhaltsabkommens die Bedeutung eines Aufenthaltswechsels während des Rechtsstreits nach der lex fori beurteilt wird (oben Vorbem 101), ist auch im Rahmen des Minderjährigenschutzabkommens ein gewisser Raum für die vom Recht des Forums entwickelten Regeln der Zuständigkeitsfortdauer anzuerkennen. Damit bleiben einzelne nationale Rechtsunterschiede in einer am Rande der Konvention liegenden Rechtsfrage wirksam. Die Rechtsvereinheitlichung ist – hier wie sonst – also nicht vollständig.

Im deutschen Recht der Internationalen Freiwilligen Gerichtsbarkeit ist eine Fortdauer der internationalen Zuständigkeit für Schutzmaßnahmen trotz Wegfalls der sie begründenden Umstände von der Rechtsprechung je nach der Interessenlage anerkannt (dazu näher Art 19 Rz 282 ff). In der Frage, wieweit für eine perpetuatio fori im Rahmen des Minderjährigenschutzabkommens Raum ist, sind die beiden Fälle zu unterscheiden, ob der gewöhnliche Aufenthalt in einen anderen Vertragsstaat oder ob er in einen Nichtvertragsstaat verlegt wurde.

346 **a)** Für den Fall, daß der Minderjährige seinen gewöhnlichen Aufenthalt **in einen anderen Vertragsstaat** verlegt, enthält das Abkommen in Art 5 eine (unvollständige) Regelung. Nach Art 5 Abs 1 bleiben die von den Behörden des Staates des früheren gewöhnlichen Aufenthalts *„getroffenen"* Maßnahmen so lange in Kraft, bis die Behörden des neuen gewöhnlichen Aufenthalts sie aufheben oder ersetzen. Das Abkommen sagt nicht, wie hinsichtlich solcher Maßnahmen zu verfahren ist, die vor dem Aufenthaltswechsel zwar beantragt oder vorbereitet, aber noch nicht „getroffen" worden sind. Indes ist aus Sinn und Zweck der Abkommensregelung zu entnehmen, daß Maßnahmen am Ort des früheren gewöhnlichen Aufenthalts nicht mehr getroffen werden sollen. Die Vorschrift des Art 5 beruht nämlich auf dem Grundsatz, daß mit dem Wechsel des gewöhnlichen Aufenthalts die Zuständigkeit der Behörden am bisherigen Aufenthaltsort erlischt und die Behörden im Staate des neuen gewöhnlichen Aufenthalts gem Art 1 zuständig werden. Hinter dieser Regelung steht der Gedanke, daß die Behörden am neuen Aufenthaltsort die tatsächliche Lage des Minderjährigen am besten beurteilen können und dabei die Möglichkeit haben, mit den Behörden des früheren Aufenthalts zusammenzuarbeiten.

347 Wird der gewöhnliche Aufenthalt des Minderjährigen in einen anderen Vertragsstaat verlegt, während ein Verfahren in einer **Tatsacheninstanz** anhängig ist, so ist nach dem Gesagten für eine perpetuatio fori kein Raum (vgl BayObLG 25. 8. 1972 BayObLGZ 1972, 292 = NJW 1972, 2190 = FamRZ 1972, 582 = IPRspr 1972 Nr 179; OLG Hamm 12. 12. 1973 OLGZ 1974, 176 = NJW 1974, 1053 = MDR 1974, 582 = FamRZ 1974, 155 = ZBlJugR 1974, 441 = IPRspr 1973 Nr 178 [obiter]; OLG Stuttgart 18. 11. 1977 NJW 1978, 1746 = IPRspr 1977 Nr 79; LUTHER FamRZ 1973, 408). Das Gericht muß sich für unzuständig erklären. Die Behörden am neuen gewöhnlichen Aufenthaltsort sind zuständig, und ihre Maßnahmen müssen gem Art 7 anerkannt werden. Die Behörden am früheren Aufenthaltsort sollten freilich die von ihnen bereits gesammelte Sachkenntnis der Behörde am neuen Aufenthaltsort im Wege des direkten Behördensverkehrs, den das Abkommen ermöglicht, zugänglich machen. Die Annahme einer perpetuatio fori dagegen brächte die Gefahr einander widersprechender Schutzmaßnahmen zweier Vertragsstaaten.

Anders ist es bei einem Aufenthaltswechsel in der **Rechtsbeschwerdeinstanz,** nachdem die Tatgerichte bereits entschieden haben (BayObLG 16. 2. 1976 BayObLGZ 1976, 25 = FamRZ 1976, 366 = IPRspr 1976 Nr 57; – vgl zu dieser Entscheidung auch Goerke StAZ 1976, 271). Hat für eine solche nach § 16 FGG wirksam gewordene Maßnahme der Tatgerichte einmal die internationale Zuständigkeit bestanden, so kann die Entscheidung nicht im Beschwerdeweg mit der Begründung aufgehoben werden, die internationale Zuständigkeit sei nunmehr entfallen. Da die Tatsachenermittlungen hier noch während der Anwesenheit des Minderjährigen abgeschlossen wurden, besteht kein Grund, die internationale Zuständigkeit wegen des Aufenthaltswechsels zu verneinen. Gewiß sind die Behörden am neuen Aufenthaltsort gem Art 5 befugt, andere Maßnahmen zu treffen, die dann anerkannt werden müssen. Aber zu einem Gegeneinander der Behörden dürfte es hier nicht kommen, wenn die im Abkommen vorgesehenen Verständigungsmöglichkeiten der Behörden beachtet werden (vgl Art 5 Abs 2). 348

b) In dem Fall, daß der Minderjährige während eines anhängigen Verfahrens seinen gewöhnlichen Aufenthalt **in einen Nichtvertragsstaat** verlegt, ist das Abkommen nicht mehr anwendbar (Art 13 Abs 1), und es besteht schon deshalb kein Grund, die Regeln des autonomen deutschen Rechts über die Zuständigkeitsfortdauer als ausgeschlossen anzusehen. Ein solcher Ausschluß wäre aber auch sachlich nicht gerechtfertigt; denn anders als bei Verlegung des gewöhnlichen Aufenthalts in einen Vertragsstaat steht nicht fest, ob in dem neuen Aufenthaltsstaat überhaupt eine Zuständigkeit besteht, und auch eine Zusammenarbeit mit den Behörden des Nichtvertragsstaates ist nicht vorgesehen. Die Situation ist insoweit nicht anders als vor dem Inkrafttreten des Minderjährigenschutzabkommens. Eine perpetuatio fori ist also möglich, unabhängig davon, in welcher Instanz der Aufenthaltswechsel erfolgte (vgl KG 4. 12. 1973 OLGZ 1974, 110 = NJW 1974, 424 = FamRZ 1974, 144 = ZBlJugR 1974, 439 = IPRspr 1973 Nr 177). Bei der Abwägung der Gesichtspunkte, die für und gegen eine Zuständigkeitsfortdauer sprechen, ist auch zu berücksichtigen, ob der Aufenthaltswechsel von einem Elternteil eigenmächtig herbeigeführt worden ist; vgl Art 19 Rz 283; allgemein zum fraudulösen Aufenthaltswechsel unten Vorbem 604 ff. 349

Wenn die Zuständigkeit auf den Gesichtspunkt der Zuständigkeitsfortdauer gestützt werden kann, erscheint es als unnötiger Umweg, die internationale Zuständigkeit aus dem autonomen deutschen Recht herzuleiten, etwa aus der örtlichen Zuständigkeit am Wohnsitz des Vaters (so aber OLG Düsseldorf 10. 1. 1975 FamRZ 1975, 641 = IPRspr 1975 Nr 66, wo die Möglichkeit einer perpetuatio fori offen gelassen wurde; vgl zu dieser Entscheidung auch Goerke StAZ 1976, 270). Denn wenn schon wegen Art 13 Abs 1 auf die Regeln des autonomen deutschen Rechts zurückgegriffen wird, dann sind zunächst die Grundsätze über die perpetuatio fori und nicht sogleich neue Zuständigkeitsregeln zu beachten. Bei Annahme einer perpetuatio fori ist außerdem zu erhoffen, daß die anderen Vertragsstaaten die Entscheidung gem Art 7 anerkennen. Im Vergleich mit dem vom OLG Düsseldorf beschrittenen Umweg erscheint der Rückgriff auf die perpetuatio fori also als die sachgerechtere Lösung.

IV. Der Vorbehalt des Art 3

1. Meinungsstand 350

Die primäre Aufenthaltszuständigkeit gem Art 1 ist nach dem Wortlaut dieses Artikels nur „vorbehaltlich der Artikel 3, 4 und 5 Absatz 3" gegeben. Über die Bedeutung dieses „Vorbehalts" herrscht erheblicher Streit. Die Erkenntnis der **Bedeutung des Art 3 für die Zuständigkeitsregelung** bereitet nämlich Schwierigkeiten, weil Art 3 selbst keine Zuständigkeitsbestimmung enthält. In Art 3 ist vorgeschrieben, daß ein nach dem Heimatrecht des Kindes kraft Gesetzes bestehendes

Gewaltverhältnis in allen Vertragsstaaten „anzuerkennen" ist. Was bedeutet die Bezugnahme auf die Anerkennungspflicht im einzelnen? Praktisch geht es meist um die Frage, ob in ein gesetzliches Gewaltverhältnis aufgrund von Art 1 oder nur aufgrund von Art 8 (Gefährdungszuständigkeit) eingegriffen werden kann. Es gibt im wesentlichen drei Meinungen, die sich folgendermaßen bezeichnen lassen: a) die Schrankentheorie, b) die Anerkennungstheorie und c) die Heimatrechtstheorie.

351 **a) Schrankentheorie**

In der **in- und ausländischen Literatur** herrschte bislang die Ansicht vor, daß bei Bestehen eines ex-lege-Verhältnisses die Aufenthaltszuständigkeit gem Art 1 im allgemeinen ausgeschlossen sei. Danach stellt das Bestehen eines ex-lege-Gewaltverhältnisses also grundsätzlich eine Schranke für die primäre Aufenthaltszuständigkeit dar: *Schrankentheorie* (von Overbeck ZfRvgl 2 [1961] 150; Kropholler NJW 1971, 1724 f; ders NJW 1972, 372; ders ZfRvgl 16 [1975] 213 f; Lemaire, Nederlands Internationaal Privaatrecht [1968] 105 f; Firsching Rpfleger 1971, 384 f; Jayme ZBlJugR 1972, 285; ders JR 1973, 183; Luther FamRZ 1973, 409; Bühler BWNotZ 1973, 27; Wuppermann FamRZ 1974, 417 f; ders NDV 1976, 7; Lequette 162 f Nr 204).

352 Freilich beginnt diese Meinung abzubröckeln. So haben inzwischen Jayme, FamRZ 1976, 361 f, Kropholler, MSA 72 ff und von Overbeck, Mélanges Deschenaux 447 ff diese Meinung aufgegeben. Andere Stimmen in der Literatur haben diese Ansicht seit jeher bekämpft (so namentlich der Delegierte der 9. Haager Tagung Ferid RabelsZ 27 [1962–63] 442 f und IPR 246 ff Rz 8–230 ff; dazu DAVorm 1976, 15; vgl zu den unterschiedlichen Stellungnahmen der Teilnehmer der Haager Konferenz auch unten Vorbem 387–389).

353 In der **deutschen Rechtsprechung** (zur ausländischen Rechtsprechung unten Vorbem 405–407) hat sich der BGH in einer kurzen Stellungnahme der Schrankentheorie angeschlossen (BGH 20. 12. 1972 BGHZ 60, 68 = NJW 1973, 417 = MDR 1973, 390 = JZ 1974, 178 Anm Firsching = JR 1973, 245 Anm Jayme = FamRZ 1973, 138 = StAZ 1973, 213 Anm Dilger = IPRspr 1972 Nr 59 b). Dort heißt es im Leitsatz: „Ist nach ausländischem Recht ein kraft Gesetzes bestehendes Gewaltverhältnis anzuerkennen (Art 3 des Abkommens), dann sind die Gerichte des Aufenthaltsstaates für Maßnahmen zum Schutze des Minderjährigen ... nur unter den Voraussetzungen des Art 8 des Abkommens zuständig." Krit zu diesem Beschluß Ferid, IPR 248 f Rz 8–235 ff. Zahlreiche Entscheidungen von Oberlandesgerichten und Instanzgerichten liegen auf derselben Linie.*

354 Folgt man der Schrankentheorie, so wird man immerhin für das Gewaltverhältnis **unterstützende oder ergänzende Maßnahmen** (zB für die Bestellung eines Ergänzungspflegers, wenn der gesetzliche Vertreter für ein bestimmtes Rechtsgeschäft von der Vertretung ausgeschlossen ist) eine Ausnahme zulassen und für solche Maßnah-

* ZB BayObLG 25. 3. 1974 BayObLGZ 1974, 126 = NJW 1974, 1052 = FamRZ 1974, 326 = StAZ 1974, 206 = IPRspr 1974 Nr 82, 31. 7. 1974 BayObLGZ 1974, 322 = NJW 1974, 2184 = FamRZ 1974, 537 = StAZ 1974, 301 = IPRspr 1974 Nr 86 und 8. 12. 1975 FamRZ 1976, 163 = IPRspr 1975 Nr 78; OLG Hamburg 17. 7. 1972 IPRspr 1972 Nr 66 b; OLG Zweibrücken 23. 8. 1972 FamRZ 1972, 649 Anm Kropholler = IPRspr 1972 Nr 72 und 13. 9. 1974 FamRZ 1975, 172 = IPRspr 1974 Nr 91; OLG Hamm 7. 2. 1975 OLGZ 1975, 179 = NJW 1975, 1083 = FamRZ 1975, 426 = StAZ 1975, 275 = IPRspr 1975 Nr 68; OLG Karlsruhe 18. 7. 1975 OLGZ 1976, 1 = NJW 1976, 485 = Justiz 1976, 80 = FamRZ 1976, 708 Anm Jayme = IPRspr 1975 Nr 67 b; OLG Stuttgart 17. 11. 1975 FamRZ 1976, 359 Anm Jayme = Justiz 1976, 431 = IPRspr 1975 Nr 77 mwN.

men die Zuständigkeit aus Art 1 bejahen müssen (Kropholler NJW 1972, 372; zust Jayme ZBlJugR 1972, 285; Luther FamRZ 1973, 409; Goerke StAZ 1974, 65; LG Osnabrück 17. 12. 1973 NdsRpfl 1974, 184 = ZBlJugR 1974, 446 = IPRspr 1973 Nr 179). Für Eingriffe in ex-lege-Gewaltverhältnisse, etwa nach § 1666 BGB, wird eine Aufenthaltszuständigkeit dann in aller Regel aus Art 8 herzuleiten sein (BGH 20. 12. 1972 BGHZ 60, 68 = NJW 1973, 417 = MDR 1973, 390 = JZ 1974, 178 Anm Firsching = JR 1973, 245 Anm Jayme = FamRZ 1973, 138 = StAZ 1973, 213 Anm Dilger = IPRspr 1972 Nr 59 b; BayObLG 7. 12. 1973 BayObLGZ 1973, 331 = NJW 1974, 420 = MDR 1974, 231 = FamRZ 1974, 137 = IPRspr 1973 Nr 71).

b) Anerkennungstheorie 355

Nach einer in der **in- und ausländischen Literatur** im Vordringen befindlichen Meinung bedeutet der Vorbehalt des Art 3 in Art 1 grundsätzlich keine Schranke für die Aufenthaltszuständigkeit. Vielmehr besagt die Erwähnung des Art 3 nur, daß bei den gem Art 1 zu treffenden Maßnahmen das ex-lege-Gewaltverhältnis nicht zu ignorieren, sondern anzuerkennen ist: *Anerkennungstheorie* (Ferid, IPR 246 ff Rz 8–230 ff; Zürcherisches Kreisschreiben ZVW 27 [1972] 7, 9; Sturm NJW 1975, 2122 ff; Kropholler, MSA 76; zust Otto NJW 1978, 473; ebenso von Overbeck, Mélanges Deschenaux 477 ff; Koopmans WPNR 1977, 88; Henrich, FS Schwind 80 ff; ebenso im Ergebnis auch die Konferenzberichte einiger Delegierter, unten Vorbem 389).

Diese Autoren stimmen darin überein, daß bei Bestehen eines ex-lege-Gewaltverhältnisses nicht nur ergänzende oder unterstützende Maßnahmen, sondern auch Eingriffe nach Maßgabe des Aufenthaltsrechts (Art 2) möglich sind. Die Aufenthaltszuständigkeit gem Art 1 fehlt nur für eine Maßnahme, bei der das ex-lege-Verhältnis ignoriert oder ohne Vorliegen eines gesetzlichen Grundes aufgehoben würde; die Aufenthaltsbehörde darf zB nicht einen Vormund einsetzen, solange nach Heimatrecht die elterliche Gewalt besteht und nach Aufenthaltsrecht kein Grund zu deren Entzug vorliegt (so Kropholler, MSA 71; vgl auch unten Vorbem 411–419).

Die Anerkennungstheorie liegt auch einzelnen **Entscheidungen deutscher Gerichte** zugrunde (OLG Hamburg 24. 7. 1972 FamRZ 1972, 514 Anm Kropholler = MDR 1973, 52 = IPRspr 1972 Nr 70; wohl auch OLG Frankfurt 18. 2. 1972 FamRZ 1972, 266 = IPRspr 1972 Nr 62).

c) Heimatrechtstheorie 356

Nach einer in der **deutschsprachigen Literatur** neuerdings vertretenen Meinung enthält Art 3 nur dann eine Schranke für die Aufenthaltszuständigkeit gem Art 1, wenn das Heimatrecht des Kindes keine Maßnahme zuläßt. Soweit das nach Art 3 berufene Heimatrecht des Kindes dagegen für den konkreten Fall Maßnahmen vorsieht, liegt nach dieser Auffassung innerhalb des gesetzlichen Gewaltverhältnisses eine „regelungsfähige Lücke“ vor, so daß die in Art 3 vorgeschriebene Anerkennungspflicht durch eine gem Art 1 getroffene Maßnahme nicht verletzt wird: *Heimatrechtstheorie* (Schurig FamRZ 1975, 459 ff; zust Schwimann ÖJBl 1976, 242 ff; Jayme FamRZ 1976, 361 f; Wienke 75 ff; Palandt-Heldrich Anh zu Art 23 EGBGB Anm 1 zu Art 1 MSA und Anm 2 zu Art 3 MSA; wohl auch Beitzke, Referat 135 ff; ähnlich Siehr DAVorm 1973, 271: „Wo das gesetzliche Gewaltverhältnis nach dem Heimatrecht des Minderjährigen gerichtlich abgeändert werden kann, . . . sollte man in dem vom Heimatrecht abgesteckten Rahmen auch den Behörden am gewöhnlichen Aufenthalt des Minderjährigen nach Art 1 die Zuständigkeit für eine Änderung zubilligen"; ebenso BAECHLER ZVW 30 [1975] 9 f; HENKEL 266 ff.

357 Die Heimatrechtstheorie wird in **zwei Varianten** vertreten. Nach der einen Ansicht haben die Aufenthaltsbehörden die vom Heimatrecht zugelassenen Maßnahmen nach der lex fori (vgl Art 2) zu treffen (so SCHURIG, JAYME, WIENKE, SIEHR und BAECHLER aaO). Nach der anderen Ansicht treffen die Aufenthaltsbehörden ihre Maßnahmen gem dem Heimatrecht des Kindes (so in der Gerichtspraxis nur LG Nürnberg-Fürth 21. 3. 1973 FamRZ 1973, 381 = IPRspr 1973 Nr 62; in der Literatur SCHWIMANN ÖJBl 1976, 245; *anders* ausdrücklich etwa OLG Frankfurt 18. 2. 1972 FamRZ 1972, 266 = IPRspr 1972 Nr 62; OLG Hamburg 24. 7. 1972 MDR 1973, 52 = FamRZ 1972, 514 Anm KROPHOLLER = IPRspr 1972 Nr 70).

358 Die deutsche **Rechtsprechung** ist der Heimatrechtstheorie im allgemeinen nicht gefolgt. Bisweilen wurde das Bestehen eines ex-lege-Verhältnisses verneint, weil in der richterlichen Praxis des Heimatstaates (etwa nach Scheidung einer Ehe) Maßnahmen überwiegen (vgl unten Vorbem 494). Die Verneinung eines ex-lege-Gewaltverhältnisses bedeutet aber nicht die Bejahung der Heimatrechtstheorie (deren Anwendung das Bestehen eines ex-lege-Verhältnisses gerade voraussetzt); denn man darf solche Entscheidungen nicht nur vom Ergebnis her interpretieren und ihnen eine fremde Begründung unterstellen.

359 **d) Praktische Bedeutung des Meinungsstreits**

Die praktische Bedeutung des Meinungsstreits wird von der Theorie *oft überschätzt.* Zum einen hat die Problematik des Art 3 in Deutschland dadurch einiges von ihrer Brisanz verloren, daß ab 1. 1. 1975 jedes Kind durch Geburt die deutsche Staatsangehörigkeit erwirbt, wenn auch nur ein Elternteil Deutscher ist, und daß es dann bei gewöhnlichem Aufenthalt des Kindes in der Bundesrepublik allein auf die deutsche und nicht auf die ausländische Staatsangehörigkeit des Kindes ankommt (GOERKE StAZ 1976, 269; näher unten Vorbem 532 ff). Zum anderen führen die verschiedenen Theorien häufig zum gleichen Ergebnis. Die Schrankentheorie (oben Vorbem 351) und die Anerkennungstheorie (oben Vorbem 355) bejahen übereinstimmend eine internationale Zuständigkeit der Aufenthaltsbehörden gem Art 1 für solche Maßnahmen, die das ex-lege-Verhältnis unterstützen oder ergänzen. Für Eingriffsmaßnahmen gelangt die Schrankentheorie über Art 8 im Ergebnis ebenso zu einer Aufenthaltszuständigkeit wie die Anerkennungstheorie über Art 1. Auch nach der Heimatrechtstheorie ist eine Aufenthaltszuständigkeit idR gegeben, weil viele ausländische Rechtsordnungen ein dem deutschen Recht vergleichbares Arsenal von Minderjährigenschutzmaßnahmen bereithalten.

360 Die deutschen Gerichte haben es bisweilen *offen gelassen,* ob sie ihre Aufenthaltszuständigkeit für Eingriffe in ex-lege-Verhältnisse auf Art 1 oder auf Art 8 stützen, und sind dem hier erörterten Theorienstreit damit aus dem Wege gegangen (zB OLG Hamburg 17. 7. 1972 IPRspr 1972 Nr 66 b; vgl auch BayObLG 24. 7. 1975 BayObLGZ 1975, 291 = NJW 1975, 2146 = FamRZ 1976, 47 = StAZ 1976, 48 = IPRspr 1975 Nr 75 und 17. 8. 1976 IPRspr 1976 Nr 67). Wenngleich diese Haltung angesichts der Unklarheit des Abkommens verständlich ist, erscheint sie doch nicht nachahmenswert, weil eine auf Art 1 gestützte Maßnahme in allen Vertragsstaaten anzuerkennen ist, während diese Anerkennungspflicht gem Art 8 Abs 2 nicht besteht (SIEHR DAVorm 1973, 273; VON OVERBECK, Mélanges Deschenaux 455).

361 Auch *Art 9 (Eilzuständigkeit)* wird von den Gerichten des gewöhnlichen Aufenthalts bei Bestehen eines ex-lege-Verhältnisses bisweilen als Ausweg für dringliche Eingriffe benutzt (vgl BayObLG 3. 12. 1976 FamRZ 1977, 473 = StAZ 1977, 137 = IPRspr 1976 Nr 74: Entziehung des Aufenthaltsbestimmungsrechts; dazu unten Vorbem 409).

2. Entscheidung 362

Im folgenden werden die genannten Theorien auf ihre Stichhaltigkeit geprüft anhand von a) Wortlaut (Vorbem 363–366), b) Systematik (Vorbem 367–370), c) Entstehungsgeschichte (Vorbem 371–392) und d) Teleologie (Vorbem 393–404) des Abkommens, wobei auch Praxis und Lehre der anderen Vertragsstaaten in die Untersuchung einbezogen ist (unten Vorbem 405–407).

a) Wortlaut 363

Nach dem Wortlaut der Konvention sind alle genannten Theorien vertretbar. Allerdings läßt sich der Konventionstext am zwanglosesten anhand der **Anerkennungstheorie** (oben Vorbem 355) verstehen. Diese Theorie fügt dem Wortlaut der Konvention nämlich nichts hinzu, da sie entscheidend nur darauf abstellt, daß eben auch im Rahmen der Zuständigkeit des Art 1 ex-lege-Verhältnisse anzuerkennen sind. Das „Anerkennen" eines ex-lege-Verhältnisses schließt Eingriffe begrifflich nicht aus (anders offenbar Jayme FamRZ 1976, 362). Der Ausdruck wird meist im Zusammenhang mit der Wirkung ausländischer Entscheidungen gebraucht. Aber selbst anzuerkennende ausländische Entscheidungen auf dem Gebiet des Minderjährigenschutzes können geändert werden, wenn das Wohl des Minderjährigen es erfordert. Um so mehr erlaubt der Wortsinn einen Eingriff, wenn der status quo – ohne Zwischenschaltung einer Entscheidung – direkt aus dem Gesetz hervorgeht (so zutreffend von Overbeck, Mélanges Deschenaux 464 Nr 30).

Dagegen ist die Aussage der **Schrankentheorie**, daß die Zuständigkeit der Aufent- 364
haltsbehörde bei Bestehen eines ex-lege-Gewaltverhältnisses grundsätzlich ausgeschlossen sei (oben Vorbem 351), dem Wortlaut der Konvention nicht unmittelbar zu entnehmen. Vielmehr interpretiert diese Theorie das Wort *„vorbehaltlich"* anhand der anderen Auslegungskriterien (systematische, historische, teleologische Interpretation) im Sinne des Zuständigkeitsausschlusses. Auch die von der Schrankentheorie zuzulassende Ausnahme zugunsten von Maßnahmen, die ein Gewaltverhältnis lediglich unterstützen oder ergänzen (oben Vorbem 354), ist im Text der Konvention nicht ausdrücklich enthalten. Vielmehr wird diese Ausnahme mit der teleologischen, anhand der Entstehungsgeschichte der Konvention zu belegenden Überlegung gerechtfertigt, daß die in Art 3 enthaltene Pflicht, ex-lege-Verhältnisse *„anzuerkennen"*, durch derartige Maßnahmen nicht verletzt wird.

Auch die **Heimatrechtstheorie** (oben Vorbem 356) muß mit einer über den Wortlaut 365
der Konvention hinausreichenden Interpretation operieren, indem sie annimmt, daß die Anerkennungspflicht des Art 3 und damit die (postulierte) Zuständigkeitsschranke des Art 1 dort entfällt, wo das Heimatrecht selbst unterstützende, ergänzende oder eingreifende Maßnahmen vorschreibt oder zuläßt. Diejenigen Vertreter der Heimatrechtstheorie, die Schutzmaßnahmen bei Bestehen eines ex-lege-Verhältnisses nach dem Heimatrecht beurteilen wollen (vgl oben Vorbem 357), setzen sich außerdem mit dem Wortlaut des Art 2 in Widerspruch. Wenn die Konvention in einer so wichtigen Fallgruppe eine Ausnahme vom Gleichlaufprinzip des Art 2 hätte zulassen wollen, so hätte dies wohl im Text Erwähnung finden müssen.

Insgesamt sind in dem geschilderten Umfang alle genannten Theorien mit dem 366
Wortlaut der Konvention (im französischen Originaltext und in der deutschen Übersetzung) zu vereinbaren.

Der Versuch, aus dem französischen Ausdruck „sous réserve“ zusätzliche Erkenntnisse zu gewinnen, trägt keine Früchte. Die deutsche Übersetzung dieses Ausdrucks mit dem Wort „vorbehaltlich“ ist korrekt (anders STÖCKER DAVorm 1975, 510 f).

367 **b) Systematik**

Mit der Systematik der Konvention ist die **Anerkennungstheorie** (oben Vorbem 355) am besten zu vereinbaren. Dagegen geraten die Schrankentheorie (oben Vorbem 351) und die Heimatrechtstheorie (oben Vorbem 356) mit der Systematik in Konflikt.

Zwar ist namentlich die Schrankentheorie häufig mit der Systematik der Konvention in Art 1 und 8 begründet worden. Denn während gem Art 1 die Aufenthaltsbehörde nur „vorbehaltlich der Bestimmungen der Artikel 3, 4 und 5 Absatz 3 zuständig“ ist, heißt es in Art 8: „Die Artikel, 3, 4 und 5 Absatz 3 schließen nicht aus“, daß die Aufenthaltsbehörden Maßnahmen zum Schutz des Minderjährigen treffen, soweit er in seiner Person oder in seinem Vermögen ernstlich gefährdet ist. Das Nebeneinander dieser Bestimmungen legt den Schluß nahe, daß die Aufenthaltsbehörden bei Bestehen eines ex-lege-Gewaltverhältnisses (Art 3) grundsätzlich nur über Art 8 tätig werden dürfen. So hat der BGH folgende systematische Erwägung angestellt: „Nach der gegenteiligen Ansicht, die Eingriffe in ein bestehendes Gewaltverhältnis ohne die Begrenzung durch Art 8 zulassen will . . ., würde der Bestimmung des Art 8 keine sehr sinnvolle Bedeutung mehr beizumessen sein“ (BGH 20. 12. 1972 BGHZ 60, 68 = NJW 1973, 417 = MDR 1973, 390 = JZ 1974, 178 Anm FIRSCHING = JR 1973, 245 Anm JAYME = FamRZ 1973, 138 = StAZ 1973, 213 Anm DILGER = IPRspr 1972 Nr 59 b). Diese Aussage ist jedoch nicht zutreffend.

Auch nach der Anerkennungstheorie behält Art 8 nämlich eine *sinnvolle Bedeutung* (ebenso nach der Heimatrechtstheorie, vgl unten Vorbem 369). Bei einer ernstlichen Gefährdung des Minderjährigen kann nach Art 8 nämlich ohne Rücksicht auf ein etwa bestehendes ex-lege-Gewaltverhältnis die geeignete Schutzmaßnahme getroffen werden. Während bei einer Maßnahme aufgrund von Art 1 in jedem Falle zunächst das Bestehen eines ex-lege-Verhältnisses und das Vorliegen von Eingriffsvoraussetzungen geprüft werden muß, kann nach Art 8 sofort gehandelt und etwa ein Vormund bestellt werden (zur Bedeutung des Art 8 in den Fällen der Art 4 und 5 Abs 3 näher unten Vorbem 644). Richtig ist, daß die Bedeutung des Art 8 nach der Anerkennungstheorie wesentlich geringer ist als nach der Schrankentheorie. Aber gerade eine geringe praktische Bedeutung des Art 8 entspricht der Systematik der Konvention, die in Art 8 neben der primären Zuständigkeit gem Art 1 und der Heimatzuständigkeit nach Art 4 nur eine Notzuständigkeit einräumen wollte.

368 Gegen die **Schrankentheorie** (oben Vorbem 351) spricht folgendes systematisches Argument. Wenn die Schrankentheorie eine auf Art 1 gegründete Zuständigkeit der Aufenthaltsbehörden bei Bestehen eines ex-lege-Verhältnisses grundsätzlich verneint, dann müßte die Konvention für diese Maßnahmen, namentlich also für Eingriffe in ex-lege-Verhältnisse, konsequenterweise grundsätzlich die Zuständigkeit der Heimatbehörden vorsehen. Das ist aber nicht der Fall. Auf Art 3 kann eine Zuständigkeit der Heimatbehörden nicht gestützt werden, weil diese Norm keine Zuständigkeitsvorschrift darstellt (näher unten Vorbem 487). Sofern der Heimatstaat das Abkommen ratifiziert hat, wird er seine Zuständigkeit idR aus Art 4 herleiten können (vgl auch VON OVERBECK, Mélanges Deschenaux 450 f, der mit einem argumentum a fortiori aus Art 4 arbeitet). Aber die dort an die Heimatbehör-

den gestellten Anforderungen (die Heimatbehörden müssen der Auffassung sein, daß das Wohl des Minderjährigen ihr Eingreifen erfordert, und sie müssen die Aufenthaltsbehörden vorher verständigt haben) zeigen, daß diese Vorschrift nicht als Regelzuständigkeit für die wichtige Fallgruppe des Bestehens von ex-lege-Verhältnissen gedacht ist. Wenn andererseits das ex-lege-Verhältnis nach dem Recht eines Nichtvertragsstaates entstanden ist (vgl unten Vorbem 476), können sich dessen Behörden nicht auf Art 4 berufen (Art 13 Abs 2), so daß die Konvention gar keine Zuständigkeit der Heimatbehörden vorsieht. Es entspricht deshalb der Systematik des Abkommens, auch bei Bestehen eines ex-lege-Verhältnisses grundsätzlich von der Zuständigkeit des Art 1 auszugehen (so die Anerkennungstheorie und die Heimatrechtstheorie; vgl etwa die zutreffenden Ausführungen von SCHURIG FamRZ 1975, 460 unter b). Die verbreitete Annahme, bei Bestehen eines ex-lege-Verhältnisses sei grundsätzlich die Zuständigkeit der Heimatbehörden gegeben, findet in der Konvention keine Stütze.

Auch gegen die **Heimatrechtstheorie** (oben Vorbem 356) bestehen Bedenken. Zwar 369
behält Art 8 nach dieser Theorie eine sinnvolle Bedeutung. Denn zum einen erspart Art 8 in dringenden Fällen die oft zeitraubende Untersuchung des Heimatrechts, zum anderen ermöglicht die Bestimmung nach dieser Theorie ein Eingreifen entgegen dem Heimatrecht, also ohne „regelungsfähige Lücke" im Heimatrecht (so SCHURIG FamRZ 1975, 462). Gegen die Heimatrechtstheorie spricht aber das systematische Argument, daß die Konvention zwischen Maßnahmen und ex-lege-Verhältnissen unterscheidet. Die Heimatrechtstheorie mißachtet diese Unterscheidung, indem sie die Zulässigkeit von Maßnahmen bei Bestehen eines ex-lege-Verhältnisses ebenfalls dem Heimatrecht entnimmt. Diejenige Variante der Heimatrechtstheorie, die Maßnahmen nach dem Heimatrecht und nicht nach der lex fori anordnen möchte (oben Vorbem 357), durchbricht damit die Systematik der Konvention, die für Maßnahmen von einem Gleichlauf zwischen Zuständigkeit und anwendbarem Recht ausgeht. Wenn der Konvention diese Theorie zugrunde läge, hätte der Vorbehalt des Art 3 in Art 2 und nicht in Art 1 aufgenommen werden müssen (so auch STÖCKER DAVorm 1975, 511).

Kein zwingendes Argument für oder gegen eine der genannten Theorien ist daraus 370
herzuleiten, daß der Vorbehalt zugunsten von Art 3 in Art 1 *neben den Vorbehalten zugunsten der Art 4 und 5 Abs 3* genannt ist. Ungewöhnlich (wenn auch nicht unmöglich) wäre es freilich, zwar in dem Vorbehalt zugunsten der Art 4 und 5 Abs 3 mit der hM eine gewisse Zuständigkeitsschranke für die Aufenthaltsbehörde zu erblicken (dazu unten Vorbem 420 ff), eine Zuständigkeitsschranke zugunsten des Art 3 aber gänzlich zu verneinen. Zu diesem Ergebnis kommt indes keine der genannten Theorien, auch nicht die (richtig verstandene) Anerkennungstheorie (vgl unten Vorbem 411–413).

c) Entstehungsgeschichte 371

Der Entstehungsgeschichte läßt sich nicht mit letzter Sicherheit entnehmen, welche Lösung von den Verfassern der Konvention beabsichtigt war (vgl auch AHRENS FamRZ 1976, 307–309). Die Diskussionen standen noch stark unter dem Eindruck des Falles BOLL (VON STEIGER Actes et Doc IX/4, 202: „La Commission a été constamment hantée par le souci d'éviter de nouvelles affaires BOLL"; vgl auch JAYME JR 1973, 179 Fn 25). Man wollte (mehr oder weniger imaginäre) positive Kompetenzkonflikte vermeiden, und einige Delegationen aus Staaten, die dem Staatsangehörigkeitsprinzip folgen, hatten „Furcht vor subtilen assimilierenden Jugendschutzmaßnahmen durch den Aufenthaltsstaat" (AHRENS FamRZ 1976, 309). Dagegen ergeben sich keine Anhaltspunkte dafür, daß man die Gefahr negativer Kompetenzkonflikte in Kauf nehmen und der Aufenthaltsbehörde ein im Interesse des Kindes erforderliches und nach Aufenthaltsrecht vorgesehenes Eingreifen in ein ex-lege-Verhältnis versagen wollte.

Im einzelnen sind **vier Stadien der Entstehungsgeschichte** zu unterscheiden: (1) Die Diskussion während der Tagung; (2) der erläuternde Bericht zum Abkommen durch von Steiger; (3) die nach der Konferenz veröffentlichten Berichte einzelner Konferenzteilnehmer; (4) die für das Ratifikationsverfahren in den Vertragsstaaten geschaffenen erläuternden Berichte. Wie die nach der Konferenz veröffentlichten Berichte einzelner Teilnehmer zeigen, gingen manche Teilnehmer von der Anerkennungstheorie (oben Vorbem 355) aus, andere von der Schrankentheorie (oben Vorbem 351); dagegen erscheint die Heimatrechtstheorie (oben Vorbem 356) als spätere Erfindung einiger Interpreten. Die in den Actes et Documents festgehaltene Diskussion und der nachträgliche Bericht von Steigers enthalten viele Anhaltspunkte für die *Anerkennungstheorie.* Auch der Denkschrift der Bundesregierung liegt diese Theorie zugrunde. Im einzelnen läßt sich aus der Entstehungsgeschichte folgendes entnehmen:

372 (1) Die **Diskussion während der 9. Tagung** liefert mehrere Argumente für die Anerkennungstheorie (oben Vorbem 355) und gegen die anderen Theorien.

373 **Zu Art 1:** Der Vorentwurf sah eine „ausschließliche“ Zuständigkeit der Aufenthaltsbehörden vor, obgleich mehrere Bestimmungen dort vorbehalten waren, ua auch die Vorschrift über ex-lege-Verhältnisse, nämlich Art 7 des Vorentwurfs (Actes et Doc IX/4, 14). Das „exclusivement“, das schon für den Vorentwurf unberechtigt schien (Bericht Marmo Actes et Doc IX/4, 22), wurde während der Konferenz fallengelassen. In der ausführlichen Grundsatzdiskussion (Actes et Doc IX/4, 65–78) fand die Aufenthaltszuständigkeit für alle Arten von Maßnahmen allgemeine Zustimmung. Nur die italienische Delegation wollte zwischen privatrechtlichen und öffentlichrechtlichen Maßnahmen unterscheiden und privatrechtliche Maßnahmen den Heimatbehörden überlassen (Marmo, Flore, de Nova aaO). Diese Unterscheidung wurde von den meisten Delegierten abgelehnt und eine allgemeine Kompetenz der Aufenthaltsbehörden befürwortet (vgl etwa de Winter 66 f, 74; Offerhaus 68, 76 f; von Steiger 68 f; Kellberg 69 f, 74 f; Borum 70, 77; Maul 71). Schließlich stimmte auch der italienische Delegierte Flore einer grundsätzlichen (nicht ausschließlichen) Aufenthaltszuständigkeit zu (Actes et Doc IX/4, 78). Das spricht gegen die Schrankentheorie (oben Vorbem 351).

374 **Zu Art 2:** Der Wert des Gleichlaufs für eine einfache Rechtsanwendung wurde wiederholt hervorgehoben. Hinweise hierauf finden sich im Bericht zum Vorentwurf und in den Diskussionen während der Konferenz und im Bericht von Steigers (vgl unten Vorbem 458–460). Anhaltspunkte dafür, daß eine Durchbrechung des Gleichlaufs bei Bestehen von ex-lege-Verhältnissen beabsichtigt gewesen sein könnte, gibt es kaum. Im Gegenteil. In der Plenarversammlung am Schluß der Tagung wurde von der italienischen Delegation noch einmal die Frage aufgeworfen, ob das Gleichlaufprinzip strikt durchgeführt werden müsse oder ob die Konvention eine Anwendung des Heimatrechts zulassen könne, wenn das autonome IPR des Aufenthaltsstaates die Anwendung ausländischen Rechts vorsehe. Diese Möglichkeit wurde abgelehnt, weil man die Vorzüge des Gleichlaufs, die in einer einfachen und klaren Regelung gesehen wurden, nicht preisgeben wollte und weil die Ausgewogenheit („l'économie“) und das Gleichgewicht („l'équilibre“) der Konvention nicht mehr in Frage gestellt werden sollten (Actes et Doc IX/4, 205 f; vgl auch unten Vorbem 456–464). Das spricht gegen die Heimatrechtstheorie (oben Vorbem 356).

Zu Art 3: Die entsprechende Bestimmung des Vorentwurfs (Art 7) verpflichtete zur Anerkennung eines ex-lege-Verhältnisses mit der Einschränkung, „bis die Aufenthaltsbehörden es im Interesse des Minderjährigen aufheben oder ersetzen" („jusqu'à ce que, dans l'intérêt du mineur, les autorités de l'Etat de sa résidence habituelle le suppriment ou le remplacent"), Actes et Doc IX/4, 15. Dieser Zusatz wurde während der Haager Konferenz gestrichen (Actes et Doc IX/4, 81, 102). **375**

Die Schrankentheorie (oben Vorbem 351) folgert aus der Streichung, daß es der Aufenthaltsbehörde nicht möglich sein sollte, aufgrund von Art 1 in ex-lege-Verhältnisse einzugreifen oder sie zu ersetzen (nach dem Vorentwurf war dies möglich; vgl Marmo 23, 27, 29 f und die Stellungnahme der belgischen und der finnischen Regierung zum Vorentwurf: 34, 36 f). Diese Folgerung liegt zwar nahe, aber sie ist wohl nicht zutreffend: Die Streichung hatte der *italienische* Delegierte Marmo vorgeschlagen. Zur Begründung seines Vorschlags heißt es (81): „Il n'est pas admissible que l'Etat de la résidence habituelle remplace des rapport *ex lege.* Il cite comme exemple le fait que la puissance paternelle de la mère veuve est une forme de tutelle *ex lege* que l'Etat de la résidence ne peut pas remplacer." Der *jugoslawische* Delegierte Puhan unterstützte den Vorschlag (81), „damit das willkürliche Belieben des Aufenthaltsstaates beseitigt wird" („de manière à éliminer l'arbitraire du pays de la résidence habituelle"). **376**

Diese für die Streichung gegebenen Begründungen stützen die *Anerkennungstheorie* (oben Vorbem 355). Es sollte der Aufenthaltsbehörde nicht möglich sein, „willkürlich" Maßnahmen an die Stelle von bestehenden ex-lege-Verhältnissen zu setzen; die gesetzliche Vormundschaft der Witwe sollte nicht grundlos durch die Bestellung eines Vormunds verdrängt werden. Dagegen wurde nicht gesagt, daß der Aufenthaltsbehörde ein Eingriff in das ex-lege-Verhältnis verwehrt sein sollte, wenn ein solcher Eingriff für ex-lege-Verhältnisse des Aufenthaltsrechts vorgesehen ist. Für die Anerkennungstheorie und gegen die Schrankentheorie spricht auch die Tatsache, daß die italienische Delegation – wie alle anderen Delegationen – die grundsätzliche Zuständigkeit der Aufenthaltsbehörde gerade gebilligt hatte, ohne daß von einer derart gewichtigen Ausnahme die Rede gewesen wäre (Actes et Doc IX/4, 78). Auch der jugoslawische Delegierte Puhan hatte sich ausdrücklich mit der primären Aufenthaltszuständigkeit einverstanden erklärt, wenn nur die Heimatbehörden das Recht behielten, den Schutz des Minderjährigen an sich zu ziehen (70). Der andere jugoslawische Delegierte Blagojevic hatte gemeint, es müsse sichergestellt werden, daß die Konvention nicht zu einer „Entnationalisierung" von Minderjährigen mißbraucht werde: „Blagojevic souligne combien il est important qu'on ne puisse détourner la convention de son but et l'utiliser à assimiler et à dénationaliser des mineurs résidant à l'étranger" (71). **377**

Vor dem Hintergrund dieser Äußerungen erklärt sich die Streichung innerhalb des Art 3 aus dem Bestreben, es der Aufenthaltsbehörde unmöglich zu machen, den Schutz des Minderjährigen ohne sachlichen Anlaß an sich zu ziehen und das Kind damit seiner Heimat zu entfremden. Ob die Befürchtungen, die zu der Streichung geführt haben, wirklichkeitsnah waren, kann man freilich bezweifeln. **378**

Schließlich muß sich die *Heimatrechtstheorie* folgendes entgegenhalten lassen (vgl auch von Overbeck, Mélanges Deschenaux 463 f Nr 29). Der jugoslawische Delegierte Puhan schlug während der Konferenz vor, dem Art 3 folgenden Abs 2 beizufügen: „Dans le cas prévu à l'alinéa premier, la loi interne de l'Etat dont le mineur est ressortissant détermine les causes de l'institution, des modifications et de la cessation de ce rapport, ainsi que ses effets" (Actes et Doc IX/4, 84: Art 7 Abs 2). Dieser Art 3 Abs 2, welcher der Heimatrechtstheorie entsprochen hätte, ist nicht zum Konventionsinhalt geworden. Er wurde gar nicht diskutiert. Vielmehr begnügte **379** sich die Konferenz mit der von MARMO empfohlenen Streichung innerhalb des Art 3.

380 **Zu Art 8** wiederholen sich die zu Art 3 angestellten Erwägungen. Man hatte bei Schaffung des Art 8 vor allem die Fälle vor Augen, in denen ein positiver Kompetenzkonflikt zwischen Aufenthalts- und Heimatbehörde besteht. Schon die entsprechende Bestimmung des Vorentwurfs (Art 10), nach der Aufenthaltsbehörden befugt sein sollten, Maßnahmen der Heimatbehörde nicht anzuerkennen, wollte eine Lösung für den (praktisch seltenen) Konflikt bieten, daß ein im Heimatstaat bestellter Vormund in Widerspruch zu den im Aufenthaltsstaat angeordneten Maßnahmen handeln möchte (vgl Bericht zum Vorentwurf MARMO Actes et Doc IX/4, 30). Während der Diskussion auf der 9. Session wurde diese Konzeption erneut deutlich (vgl Actes et Doc IX/4, 123–132). Art 8 will danach den Staaten des Domizilprinzips und des Staatsangehörigkeitsprinzips freistellen, bei sich widersprechenden Maßnahmen der Aufenthaltsbehörde und der Heimatbehörde entweder die eine oder die andere Maßnahme anzuerkennen. Insbesondere sollte sich die Aufenthaltsbehörde selbst den Maßnahmen des Heimatstaates nicht unbedingt beugen müssen (vgl etwa die Äußerungen von DE WINTER Actes et Doc IX/4, 125, 126, 127 und PUHAN 126, 127 f, 130). Sichtlich stand man bei Schaffung des Art 8 also noch stark unter dem Eindruck des Falles BOLL (vgl auch oben Vorbem 371). Die praktisch weitaus häufigeren Fälle, daß das Aufenthaltsrecht zum Schutze des Kindes einen Eingriff in ein ex-lege-Verhältnis verlangt (wie in Deutschland in § 1666 BGB), ohne daß daraus auf widersprüchliche Auffassungen im Heimatstaat und im Aufenthaltsstaat zu schließen wäre, wurden im Zusammenhang mit Art 8 kaum diskutiert (vgl aber die Äußerung des belgischen Delegierten VAN HECKE Actes et Doc IX/4, 129). Es wäre deshalb gewagt anzunehmen, daß Art 8 speziell zur Lösung dieser Fälle geschaffen wurde. Vielmehr ist durchaus denkbar, daß viele Delegierte der Ansicht waren, solche Eingriffe seien schon aufgrund von Art 1 zulässig. Möglicherweise wurde diese Problematik aber auch nicht hinreichend bedacht. Die Diskussion zu Art 8 gibt keinen genauen Aufschluß.

381 **Zu Art 15:** Bei Schaffung des Art 15 (Vorbehalt zugunsten der Scheidungsgerichte) gingen die meisten Delegierten als selbstverständlich davon aus, daß bei gewöhnlichem Aufenthalt des Kindes im Scheidungsstaat schon eine Kompetenz gem Art 1 gegeben sei (vgl die Diskussion Actes et Doc IX/4, 176–181). Es wurde nicht angenommen, daß im Hinblick auf das ex-lege-Verhältnis der elterlichen Gewalt eine Aufenthaltszuständigkeit lediglich über Art 8 in Betracht komme. Auch dies läßt indes keine zwingenden Schlüsse auf die historisch beabsichtigte Auslegung des Art 1 zu, weil es nach dem Diskussionsverlauf möglich ist, daß sich viele Delegierte über den Charakter der elterlichen Gewalt beider Elternteile als ex-lege-Verhältnis gar nicht im klaren waren. Immerhin sprechen die Äußerungen der meisten Delegierten bei der Erörterung des Art 15 eher für die Anerkennungstheorie als für die Schrankentheorie.

382 (2) Der **erläuternde Bericht** VON STEIGERS, der in den hier erörterten Fragen nicht sehr klar, ja bisweilen widersprüchlich erscheinen mag, läßt sich am ehesten auf der Grundlage der *Anerkennungstheorie* (oben Vorbem 355) verstehen.

383 **Zu Art 1** bringt VON STEIGER als Beispiel den Entzug der elterlichen Gewalt. Der Schutz, den das Abkommen erleichtern will, würde illusorisch – sagt VON STEIGER –, wenn die Aufenthaltsbehörden den Entzug nicht aussprechen könnten oder hierfür fremdes Recht anwenden müßten. Diese deutlich gegen die Schrankentheorie (oben Vorbem 351) und gegen die Heimatrechtstheorie (oben Vorbem 356) sprechende Passage lautet wörtlich (Actes et Doc IX/4, 225):

„Il y a lieu de mentionner la *déchéance de la puissance paternelle.* Alors que bien des mesures de protection peuvent être prises sans qu'il soit nécessaire de faire prononcer la déchéance de la puissance paternelle, d'autres, au contraire, présupposent cette déchéance; ainsi, au moins dans certaines législations, l'organisation d'une tutelle pour un enfant qui a encore ses parents. Dans ces cas, et ils sont malheureusement assez fréquents, la protection que veut faciliter la convention deviendrait illusoire, si les autorités de l'Etat de la résidence habituelle (ou, le cas échéant, les autorités du pays d'origine, selon l'article 4) ne pouvaient faire prononcer la déchéance de la puissance paternelle ou devaient appliquer à cet effet une loi étrangère. Il convient cependant de ne pas perdre de vue que dans tous les Etats membres de la Conférence cette procédure est entourée de garanties spéciales dont peuvent se prévaloir les parents qui veulent s'opposer à la déchéance."

Zu Art 3 erwähnt von Steiger die Möglichkeit der Aufenthaltsbehörde, sich gem **384**
Art 8 über das ex-lege-Verhältnis hinwegzusetzen, wenn es so unzureichend ist, daß der Minderjährige ernstlich gefährdet wird. Die Passage lautet (Actes et Doc IX/4 228):

„La règle posée à l'article 3 ne vaut cependant que sous réserve *des compétences exceptionnelles* accordées par l'article 8 aux autorités de la résidence habituelle. S'il devait s'avérer que la protection accordée par les autorités et la loi nationales est insuffisante à un degré tel que le mineur est menacé d'un danger sérieux dans sa personne ou dans ses biens, les autorités de l'Etat de la résidence habituelle pourraient prendre les mesures de protection dictées par la situation. Ainsi si le conjoint survivant, détenteur de la puissance paternelle ou de la tutelle légale, manquait à ses devoirs, les autorités de la résidence habituelle du mineur pourraient nommer, selon leur loi interne, un tuteur (ou un autre tuteur) ou, peut-être, organiser une administration des biens du mineur. Les effets de pareilles mesures se détermineront selon l'article 8, alinéa 2, dont il sera question plus loin."

Das hier gebrachte Beispiel – die Aufenthaltsbehörde bestellt gem Art 8 einen Vormund, weil die kraft Gesetzes als elterlicher Gewalthaber oder Vormund berechtigte Witwe ihre Pflichten vernachlässigt – bildet nur dann keinen Widerspruch zu den Aussagen des Berichterstatters zu Art 1 (Eingriffsmöglichkeit aufgrund von Art 1), wenn man es auf den Fall bezieht, daß nach dem Aufenthaltsrecht die Voraussetzungen für einen Entzug der elterlichen Gewalt der Mutter nicht gegeben sind. Wären sie gegeben, so könnte nämlich bereits über Art 1 gehandelt werden. Sind sie dagegen nicht gegeben und will sich die Aufenthaltsbehörde mit der Entlassung des Gewalthabers und der Vormundschaftsbestellung sozusagen in Widerspruch zu dem nach Art 3 anzuerkennenden ex-lege-Verhältnis setzen, dann ist dies nur über Art 8 möglich.

Zu Art 8 ist von Steiger wohl auch so zu verstehen, daß der Aufenthaltsbehörde **385**
eine Möglichkeit zum Handeln gegeben werden soll, wenn die Lösungen des Heimatstaates sich als „unglücklich" erweisen („des solutions malheureuses"), ohne daß im Aufenthaltsrecht die Voraussetzungen für Eingriffe nach Art des § 1666 BGB vorliegen. Der Berichterstatter führt hier aus (Actes et Doc IX/4, 234):

„Il se peut que les rapports d'autorité résultant de plein droit de la loi nationale du mineur (article 3) soient insuffisants pour la protection d'un mineur. De même, les mesures prises ou maintenues par les autorités nationales en vertu des articles 4 et 5, alinéa 3, peuvent se révéler comme des solutions malheureuses propres à compromettre les intérêts personnels ou matériels du mineur. La distance entre l'Etat national et l'Etat de la résidence habituelle du mineur, et un certain manque de surveillance qui en résulte, pourront augmenter ces difficultés. Or presque toujours les autorités de la résidence habituelle seront les mieux renseignées sur les conditions dans lesquelles vit le mineur. Et, quels que soient les principes posés dans une convention, elles seront en fait responsables de son sort.

Pour tenir compte de ces situations, l'article 8 donne compétence aux autorités de la résidence habituelle d'un mineur pour prendre des mesures de protection, si et pour autant que celui-ci est menacé d'un danger sérieux dans sa personne ou dans ses biens. Elles peuvent par exemple faire destituer un tuteur *ex lege* pour donner à l'enfant un nouveau tuteur, ou nommer un curateur pour l'administration des biens, ou ordonner le placement du mineur dans un établissement, le tout selon le droit interne de l'Etat de la résidence habituelle.“

386 **Insgesamt** lassen sich die zu den einzelnen Artikeln gegebenen Erläuterungen des Berichterstatters also miteinander in Einklang bringen, wenn man sie im Sinne der Anerkennungstheorie deutet. Mit der Schrankentheorie (oben Vorbem 351) dagegen sind die Erläuterungen, die VON STEIGER zu Art 1 gegeben hat, nicht zu vereinbaren. Für die Heimatrechtstheorie (oben Vorbem 356) ergeben die Zitate nichts. Im Gegenteil: Gerade VON STEIGER hat die Vorzüge des Gleichlaufs wiederholt hervorgehoben (zB Actes et Doc IX/4, 222: „Ainsi les autorités appliqueront toujours leur propre droit – unité de *forum* et *jus* – ce qui est certainement un grand avantage“; vgl im übrigen unten Vorbem 456–460). Diesen „großen Vorzug“ sollte man nicht durch Befolgung der Heimatrechtstheorie preisgeben.

387 (3) Die **nach der Konferenz veröffentlichten Berichte einzelner Konferenzteilnehmer** erwähnen die hier erörterte Problematik meist gar nicht. Das ist ein Zeichen dafür, daß vielen Teilnehmern die Schwierigkeit nicht bewußt gewesen ist. Diejenigen, welche die Frage anschneiden, äußern sich teilweise iS der Schrankentheorie (oben Vorbem 351), teilweise im iS der Anerkennungstheorie (oben Vorbem 355). Die Heimatrechtstheorie (oben Vorbem 356) wurde nicht vertreten.

388 Im Sinne der **Schrankentheorie** wurde die Konvention insbes von der niederländischen Delegation, aber auch von einigen Tagungsteilnehmern verstanden.

In dem *Delegationsbericht an den niederländischen Justizminister* heißt es wörtlich (OFFERHAUS-VAN DER MEULEN-NYPELS-DE WINTER-KISCH-EIJSSEN, Jaarboek van het Ministerie van Buitenlandse Zaken 1960/1961 [1961] 247 f): „Während nach dem Vorentwurf die nach dem Heimatrecht des Kindes kraft Gesetzes entstandenen Gewaltverhältnisse nur gelten sollten, bis die Aufenthaltsbehörden eingegriffen haben, sind die ex-lege-Gewaltverhältnisse jetzt [nach der endgültigen Fassung] auch unantastbar gemacht für das Eingreifen der Aufenthaltsbehörden, ausgenommen das Sicherheitsventil, das in Art 8 für solche Fälle geschaffen wurde, in denen die letztgenannten Behörden meinen, daß das Kind in seiner Person oder in seinem Vermögen durch eine ernste Gefahr bedroht wird, vor der es geschützt werden muß.“

In einem anderen Bericht bringt DE WINTER, der in der 3. Kommission als *niederländischer Delegierter* mitgearbeitet hatte, zu Art 8 folgende Beispiele (NedJbl 1961, 22): „Wenn zB ein französisches Kind, das seinen gewöhnlichen Aufenthalt in den Niederlanden hat, unter der Vormundschaft seines Großvaters oder eines vom ‚conseil de famille‘ ernannten Vormundes steht, kann der niederländische Richter das Kind unter Aufsicht stellen, wenn es von sittlichem oder körperlichem Verfall bedroht ist. Auch kann zB der niederländische Richter in einem dringenden Fall einen Elternteil aus der elterlichen Gewalt oder aus der Vormundschaft entlassen, wenn dieser seine Pflichten so sehr vernachlässigt, daß hieraus ernstliche Gefahr für das Kind entsteht. Da es zB für Italien unannehmbar ist, eine von einem ausländischen Richter ausgesprochene Entziehung der elterlichen Gewalt italienischer Eltern anzuerkennen, bestimmt die Konvention, daß die von den Aufenthaltsbehörden gem Art 8 getroffenen Maßnahmen in den anderen Vertragsstaaten nicht anerkannt werden müssen.“

Der Bericht des *spanischen Delegierten* CASTRO-RIAL CANOSA (Rev esp der int 14 [1961] 11), der bisweilen ebenfalls für die Schrankentheorie zitiert wird (vgl WUPPERMANN FamRZ 1974, 417 Fn 37; STURM NJW 1975, 2121 Fn 4), enthält keine eindeutige Aussage dieses Inhalts.

Die Schrankentheorie findet sich aber in den Ausführungen VON OVERBECKS, der seinerzeit *Sekretär der Haager Konferenz* war (in dieser Funktion war er mit den vorbereitenden Arbeiten zum Abkommen befaßt und auf der Haager Konferenz anwesend; er hat aber nicht an den Arbeiten der 3. Kommission teilgenommen, sondern in einer anderen Kommission mitgewirkt). VON OVERBECK meinte in einem im Jahre 1961 gehaltenen Vortrag, Art 3 widersetze sich namentlich einem Entzug der elterlichen Gewalt aufgrund der ordentlichen Zuständigkeit der Behörden des gewöhnlichen Aufenthaltsortes (ZfRvgl 2 [1961] 150). VON OVERBECK (151) bedauerte freilich, daß man die Bestimmung des Vorentwurfs gestrichen hatte, nach der ex-lege-Verhältnisse nur so lange gelten, als die Behörden des gewöhnlichen Aufenthaltsortes sie nicht ausfgehoben oder ersetzt haben. Auch an anderer Stelle übte er rechtspolitische Kritik an der Schrankentheorie (NedTIR 8 [1961]

51 Fn 35: „Cela nous semble aller trop loin dans le respect de la loi nationale"), ohne sie jedoch de lege lata in Frage zu stellen. Erst in jüngster Zeit hat dieser Autor nach nochmaliger gründlicher Prüfung der Entstehungsgeschichte und nach sorgfältiger Abwägung der teleologischen Argumente die Schrankentheorie (und die Heimatrechtstheorie) verworfen und sich zur Anerkennungstheorie bekannt (von Overbeck, Mélanges Deschenaux 447 f).

Schließlich hat Droz, der ebenfalls *Sekretär der Haager Konferenz*, aber nie speziell mit dem Minderjährigenschutzabkommen befaßt war, über ein Jahrzehnt später die Schrankentheorie befürwortet (Droz Clunet 100 [1973] 616).

Im Sinne der **Anerkennungstheorie** (oben Vorbem 355) äußerte sich von Steiger, 389
indem er – wie in seinem „offiziellen" Bericht – meinte, die Behörden des Aufenthaltsstaates müßten „als zuständig erachtet werden, die Entziehung der elterlichen Gewalt nach ihrem internen Recht zu beurteilen" (SchwJbIntR 17 [1960] 35).

Unter Berufung auf von Steiger schrieb Ferid, der als *deutscher Delegierter* in der 3. Kommission mitgearbeitet hatte (RabelsZ 27 [1962–63] 442 f): „Die Anerkennung der ipso iure, also nicht durch Staatsakt begründeten Gewaltverhältnisse hindert aber den Aufenthaltsstaat nicht, zum Schutze der Minderjährigen in ein derartiges Verhältnis einzugreifen. Diese Eingriffe richten sich gemäß der Grundregel des Art 2 nach der lex fori des anordnenden, mithin des Aufenthaltsstaates. Sie können bis zur Aufhebung des Gewaltverhältnisses gehen, also vor allem zur Aberkennung der elterlichen Gewalt." Ferid (IPR 246 ff, insbes Vorbem 8–233) hat diesen Standpunkt aus seiner intimen Kenntnis der Entstehungsgeschichte heraus noch einmal nachdrücklich bekräftigt.

Schließlich haben sich auch die *französischen Delegierten* Loussouarn und Batiffol in ihren Berichten im Sinne der Anerkennungstheorie geäußert. Loussouarn, Clunet 88 (1961) 686, schreibt: „Toutefois une grave difficulté a surgi du fait du lien étroit existant entre les mesures de protection du mineur et la déchéance de la puissance paternelle. Certaines mesures de protection apparaissent comme une conséquence de la déchéance de la puissance paternelle et présupposent l'existence de cette dernière. C'est pourquoi il est nécessaire pour que la Convention possède en ce qui les concerne l'efficacité désirable que les autorités de la résidence habituelle de l'enfant puissent faire prononcer la déchéance." Batiffol, der freilich nicht in der mit dem Minderjährigenschutzabkommen befaßten 3. Kommission mitgewirkt hat, führt zu Art 3 aus (Rev crit 50 [1961] 471 f): „Il faut cependant observer que la déchéance de la puissance paternelle, étant une mesure prise par une autorité judiciaire ou administrative, pourra mettre fin, conformément à la loi de la résidence au „rapport d'autorité" résultant de la loi nationale, et cette décision devra être reconnue aux termes de la convention même dans l'Etat de la nationalité. C'est peut-être un des points sur lesquels les Etats attachés à la compétence de principe de la loi nationale éprouveront quelque hésitation à ratifier la convention." Zu Art 8 erwähnt Batiffol – wie von Steiger in seinem Bericht – die Entlassung des gesetzlichen Vormunds und ist mit diesem Beispiel wohl ebenso zu verstehen wie der Berichterstatter (vgl oben Vorbem 384).

(4) Unter den für das Ratifikationsverfahren **in den einzelnen Vertragsstaaten** 390
geschaffenen erläuternden Berichten ist die Denkschrift der Bundesregierung am ergiebigsten.

Zu Art 3 heißt es dort (BT-Drucks VI/947, 13): „Zu den Gewaltverhältnissen im Sinne des Art 3 gehört auch die elterliche Gewalt über ein eheliches oder nichteheliches Kind. Die Anerkennung der elterlichen Gewalt in den anderen Vertragsstaaten hindert die Behörden des Aufenthaltsstaates indessen nicht, in dieses Rechtsverhältnis auf Grund ihrer Gesetze einzugreifen; sie bedeutet lediglich, daß die nach dem Heimatrecht des Kindes bestehende Lage als wirksam hinzunehmen und diejenige Person als Inhaber der elterlichen Rechte anzuerkennen ist, die das Heimatrecht des Kindes bestimmt. Die Aufenthaltsbehörden sind gemäß Art 1 aber dazu befugt, die elterliche Gewalt einzuschränken oder ganz zu entziehen und anderen Personen zu übertragen, soweit dies in den innerstaatlichen Gesetzen des Aufenthaltslandes vorgesehen ist."

Zu Art 8 wird ausgeführt (15): „Die Behörden des gewöhnlichen Aufenthalts können alle Maßnahmen ergreifen, die sie zur Abwendung der Gefährdung des Minderjährigen für erforderlich halten. Sie sind hierbei nicht an ihr innerstaatliches Recht gebunden. Sie können zB eine nach Heimatrecht kraft Gesetzes bestehende Vormundschaft aufheben und einen neuen Vormund bestellen, auch wenn diese Möglichkeit in ihrem innerstaatlichen Recht nicht vorgesehen ist."

Diese Erläuterungen stehen deutlich auf dem Boden der *Anerkennungstheorie* (oben Vorbem 355). Das kann auch nicht dadurch in Zweifel gezogen werden, daß die Denkschrift aus Art 3 eine Zuständigkeit für die Heimatbehörden herleitet, das Gewaltverhältnis zu überwachen und zu ändern (vgl unten Vorbem 487). Denn die Denkschrift geht dabei offenbar im wesentlichen von einer konkurrierenden Zuständigkeit aus.

Erwähnung verdient freilich, daß der Vertreter der Bundesregierung in einem Verfahren vor dem BVerfG einen von der Anerkennungstheorie abweichenden Standpunkt vertreten hat (OLG Zweibrücken 23. 8. 1972 FamRZ 1972, 649 Anm Kropholler = IPRspr 1972 Nr 72).

391 Die **Botschaft des schweizerischen Bundesrates** nimmt nicht näher Stellung. Es heißt dort lediglich bei Art 3 (BBl 1966 I 355): „Diese im Interesse der Kontinuität erlassene Regel gilt aber nur unter Vorbehalt der außerordentlichen Kompetenzen der Behörden des Aufenthaltsstaates gemäß Art 8."

392 Auch die **österreichische Regierungsvorlage** läßt die hier erörterten Fragen offen.

Zu Art 1 wird gesagt (1210 Blg NR 13. GP 9): „Steht der Minderjährige nach seinem Heimatrecht, und zwar unter Ausschluß des Kollisionsrechtes, *kraft Gesetzes* in einem Gewaltverhältnis, wie zB unter gesetzlicher Amtsvormundschaft, unter väterlicher (elterlicher) Gewalt oder, wie dies in manchen Rechtsordnungen vorgesehen ist, unter der gesetzlichen Vormundschaft der Eltern oder eines Elternteiles, so ist dieses Gewaltverhältnis in allen Vertragsstaaten anzuerkennen (Art 3); es kommt daher in den Beispielsfällen die Errichtung einer Vormundschaft im Staat des gewöhnlichen Aufenthalts des Minderjährigen nicht in Betracht." Zu Art 3 wird gesagt (10): „Der Art 3 schließt allerdings nicht aus, daß die Behörden des gewöhnlichen Aufenthalts des Minderjährigen Maßnahmen zu seinem Schutz treffen, soweit er in seiner Person oder in seinem Vermögen ernstlich gefährdet ist (Art 8)."

393 **d) Teleologie**

Letztlich entscheidend ist die teleologische Auslegung. Das gilt auch im Einheitsrecht (Kropholler, Einheitsrecht 276 ff). Sie spricht für die Anerkennungstheorie (oben Vorbem 355). Im einzelnen verdienen **drei spezielle Ziele** des Abkommens nähere Erläuterung: (1) Der angestrebte Kompromiß zwischen Staatsangehörigkeits- und Domizilprinzip; (2) die primäre Kompetenz der Aufenthaltsbehörden; (3) die Einfachheit der Regelung, insbesondere der Gleichlauf zwischen Zuständigkeit und anwendbarem Recht.

394 Dagegen läßt sich die richtige Auslegung des Abkommens aus dem *generellen Ziel*, den Schutz des Minderjährigen in internationalen Fällen zu verbessern, kaum herleiten. Denn was optimaler Minderjährigenschutz im Kollisionsrecht bedeutet, war unter den Teilnehmerstaaten der 9. Haager Tagung umstritten, und die im Abkommen niedergelegte Lösung war ein Kompromiß (so zutreffend Ahrens FamRZ 1976, 313 gegen Stöcker DAVorm 1975, 507 ff, 534 f). Auch das gegen die Schrankentheorie (oben Vorbem 351) vorgebrachte Argument, diese Theorie würde gegenüber dem bisherigen *deutschen* Rechtszustand einen Rückschritt bedeuten (in diesem Sinne etwa Ferid, IPR 247 Rz 8–232), ist nur von beschränktem Wert, weil die Auslegung des internationalen Abkommens sich nicht allein an einem Vergleich mit dem autonomen deutschen Recht ausrichten kann.

395 (1) Der **Kompromiß zwischen Staatsangehörigkeits- und Domizilprinzip**, den das Abkommen anstrebt, läßt sich nicht losgelöst von den erkennbaren Intentionen der Verfasser des Abkommens bestimmen. Nach der Entstehungsgeschichte aber liegt es nahe, von der *Anerkennungstheorie* (oben Vorbem 355) auszugehen.

396 Gewiß liegt der Schwerpunkt nach der *Anerkennungstheorie* (oben Vorbem 355) auf dem Aufenthaltsprinzip. Aber die Berechtigung einer primären Kompetenz der Aufenthaltsbehörde war auf der Haager Konferenz nahezu uneingeschränkt anerkannt (oben Vorbem 373). Ein solches Übergewicht des Aufenthaltsprinzips ist auch vernünftig, weil alle Erfahrung zeigt, daß durch die Aufenthaltsbehörden und durch das Aufenthaltsrecht den Kindern am besten und wirksamsten geholfen werden kann (vgl auch Koopmans WPNR 1977, 88). – Auf der anderen Seite bleibt auch nach der Anerkennungstheorie ein weiter Anwendungsbereich für das Staatsangehörigkeitsprinzip. Ein nach Heimatrecht entstehendes ex-lege-Verhältnis ist gem Art 3 anzuerkennen. Die Sorge um die Erhaltung eines schon bestehenden Gewaltverhältnisses, der Wunsch, „d'assurer, dans la mesure du possible, la *continuité* des rapports d'autorité", war hier das Gesetzesmotiv (Bericht von Steiger Actes et Doc IX/4, 228). Für die Aufenthaltsbehörden unantastbar sollte ein solches ex-lege-Verhältnis freilich nicht sein (Ferid, IPR 248 Rz 8–233). Die Aufenthaltsbehörden dürfen in ein nach Heimatrecht bestehendes ex-lege-Verhältnis nur nicht ohne sachlichen Grund eingreifen und es nur unter den gleichen Voraussetzungen einschränken oder ersetzen, wie ein nach Inlandsrecht entstandenes Gewaltverhältnis. Wenn Maßnahmen zu treffen sind und die Heimatbehörde tätig wird, gehen deren Maßnahmen gem Art 4 Abs 4 vor. Die Heimatbehörde hat also die Möglichkeit, das ex-lege-Verhältnis durch Maßnahmen zu unterstützen, es zu ändern oder aufzuheben. Sie braucht auch nicht auf eine Maßnahme der Aufenthaltsbehörde zu warten; vielmehr genügt es, wenn sie diese von ihren Absichten unterrichtet. Hat die Aufenthaltsbehörde bereits interveniert, so kann die Heimatbehörde den status quo durch eine Maßnahme gem Art 4 wiederherstellen. Der Aufenthaltsbehörde bleibt dann nur der Rückgriff auf Art 8.

397 Dagegen beschreiben die *Schrankentheorie* (oben Vorbem 351) und die *Heimatrechtstheorie* (oben Vorbem 356) den erwünschten Ausgleich wohl nicht zutreffend. Diese Theorien verändern den von der Konferenz erstrebten Kompromiß, dessen Schwerpunkt beim Aufenthaltsprinzip liegt, zu sehr zugunsten des Staatsangehörigkeitsprinzips: die Schrankentheorie, indem sie eine Aufenthaltszuständigkeit bei Bestehen eines ex-lege-Gewaltverhältnisses grundsätzlich ablehnt, die Heimatrechtstheorie, indem sie die Möglichkeit, eine Maßnahme zu treffen, bei Bestehen eines ex-lege-Verhältnisses vom Inhalt des Heimatrechts abhängig macht.

398 (2) Die **primäre Kompetenz der Aufenthaltsbehörden**, die im Haag wegen der größten Sachnähe dieser Behörden gewünscht wurde, ist auch bei Bestehen eines ex-lege-Gewaltverhältnisses sachlich gerechtfertigt (*Anerkennungstheorie*, vgl oben Vorbem 355). Denn das ex-lege-Verhältnis tritt bei Vorliegen bestimmter im materiellen Heimatrecht normierter Voraussetzungen ohne Rücksicht auf die besonderen Umstände des Einzelfalles ein und bietet daher in der Praxis der Auslandsfälle eine geringe Gewähr für einen wirksamen Schutz des Minderjährigen. Daher kann gerade bei Vorliegen eines ex-lege-Gewaltverhältnisses das Bedürfnis nach einer Aufenthaltszuständigkeit für Maßnahmen bestehen (zutreffend Ahrens FamRZ 1976, 311). Das gilt in besonderem Maße, wenn der Heimatstaat die Konvention nicht ratifiziert hat und daher auch die Staatsangehörigkeitszuständigkeit gem Art 4 entfällt. Im übrigen werden die Heimatbehörden – auch in einem Vertragsstaat – häufig gar nicht wissen, daß im konkreten Fall ein ex-lege-Verhältnis entstanden ist. Erst recht wissen diese Behörden nicht, wann Anlaß zu Eingriffen besteht. Vielmehr sind es im Regelfall die Aufenthaltsbehörden, welche die erforderliche Sachkenntnis haben (von Overbeck Mélanges Deschenaux 463).

399 Dem Ziel der Konvention, die sachnächste Behörde entscheiden zu lassen, wird die *Schrankentheorie* (oben Vorbem 351) nicht voll gerecht. Zwar darf man die Voraus-

setzung des Art 8 („ernstliche Gefährdung") so weit interpretieren, daß sie mit den Anforderungen des deutschen materiellen Rechts (vgl namentlich § 1666 BGB) etwa identisch ist (unten Vorbem 646). Aber diese Übereinstimmung zwischen den Anforderungen der Konvention und der materiellen lex fori braucht nicht in jeder Rechtsordnung zu bestehen; es können dann negative Kompetenzkonflikte entstehen, wenn die Heimatbehörde ihre Kompetenz aus Art 4 nicht in Anspruch nimmt oder wenn der Heimatstaat Nichtvertragsstaat ist und keine eigene Zuständigkeit beansprucht. Negative Kompetenzkonflikte aber sind für das Wohl des Minderjährigen besonders gefährlich, weil sie ihn schutzlos lassen. Außerdem hat die Schrankentheorie den Nachteil, daß die Behörden der anderen Vertragsstaaten nicht verpflichtet sind, gem Art 8 Abs 1 getroffene Maßnahmen anzuerkennen (Art 8 Abs 2).

Dieser Nachteil sollte freilich nicht überschätzt werden (so auch Ahrens FamRZ 1976, 312; von Overbeck, Mélanges Deschenaux 455 Nr 16; anders viele Vertreter der Anerkennungstheorie und der Heimatrechtstheorie, oben Vorbem 355 f). Schutzmaßnahmen für Minderjährige stehen im allgemeinen bei veränderten Verhältnissen ohnehin zur Disposition, so daß der Anerkennung nur beschränkte Bedeutung zukommt. Außerdem sind die Belange des Minderjährigen häufig auf den Aufenthaltsstaat konzentriert, und die Anerkennung in den anderen Vertragsstaaten ist belanglos. Praktisch bedeutsam ist am ehesten noch eine Anerkennung durch den Heimatstaat. Zur Anerkennung einer gem Art 1 getroffenen Maßnahme ist der Heimatstaat aber nur dann verpflichtet, wenn er Vertragsstaat der Konvention ist, und auch dann kann er gem Art 4 jederzeit eine andere Maßnahme treffen. Wenn der Heimatstaat es dagegen bei den im Aufenthaltsstaat getroffenen Maßnahmen belassen will, wird er diese Maßnahmen nach seinem autonomen Recht anerkennen. Als praktisch relevant bleibt der Fall, daß der Minderjährige in mehreren Vertragsstaaten Vermögen besitzt. Aber – wie von Overbeck aaO treffend bemerkt – ist die Konvention nicht gerade für die vermögensrechtlichen Interessen reicher Kinder des internationalen Jet-set geschaffen.

400 (3) Die erstrebte **Einfachheit der Regelung**, insbes der für Schutzmaßnahmen vorgesehene **Gleichlauf zwischen Zuständigkeit und anwendbarem Recht**, spricht deutlich für die Anerkennungstheorie (oben Vorbem 355) und gegen die Heimatrechtstheorie (oben Vorbem 356).

401 Das Ziel, durch eine einfach zu handhabende, möglichst praktikable Regelung das Beste der Minderjährigen zu fördern, liegt der Konvention unbestreitbar zugrunde.

So lauten die Schlußworte des Berichts, den von Steiger in der Plenarsitzung gab (Actes et Doc IX/4, 204): „En terminant le Rapporteur souligne qu'il n'a pas été possible d'inclure dans le texte de la convention tous les nombreux cas qui ont donné lieu à des discussions approfondies au cours des travaux. On ne peut oublier que la convention doit être un instrument de travail pratique pour ceux qui auront à l'appliquer. Le Rapporteur espère que ce but aura été atteint". In dem erläuternden Bericht von Steigers heißt es (Actes et Doc IX/4, 223): „D'autre part, il a fallu tenir compte du fait que ce ne seront pas toujours des autorités judiciaires, expertes en la matière, qui auront à appliquer la convention, mais bien souvent (selon la législation interne des pays contractants) des autorités administratives, quelquefois d'un échelon inférieur – et ceci vaut même pour des autorités dites de surveillance – ainsi que des organisations semi-officielles ou privées et leurs nombreux collaborateurs. Ces personnes seront fréquemment consultées soit par le public, soit par les autorités, et devront même prendre des initiatives. Elles ne peuvent exercer leurs fonctions utilement que si les principes et les dispositions de la convention leur sont suffisamment familiers. *La simplicité* [Hervorhebung im Original] devait donc être une des premières vertus de la réglementation à établir." Speziell im Hinblick auf den Gleichlauf wurde das Ziel einfacher Regeln ebenfalls wiederholt hervorgehoben (näher unten Vorbem 456–460).

402 Das Ziel einer einfachen Anwendbarkeit der Konvention sollte bei ihrer Interpretation so ernst genommen werden wie bei ihrer Schaffung. Das IPR ist ohnehin kompliziert genug. Im Bereich des Minderjährigenschutzes sind schwierig zu handhabende Kollisionsregeln und häufige Anwendung ausländischen Rechts aus den im

Haag erkannten Gründen besonders schädlich. Einfache Lösungen, wie sie die Anerkennungstheorie anbietet, indem sie der Aufenthaltsbehörde gestattet, sich auf die Grundregel des Art 1 zu stützen, liegen also in besonderem Maße innerhalb der Teleologie des Abkommens.

Dagegen hat die *Schrankentheorie* (oben Vorbem 351) den Nachteil einiger Kompli- 403
zierungen. Sie verlangt die nicht immer einfache und im Konventionstext nicht zum Ausdruck gekommene Unterscheidung zwischen unterstützenden und ergänzenden Maßnahmen einerseits und Eingriffsmaßnahmen andererseits. Das führt etwa bei der Herausgabeklage eines Elternteils gegen den anderen zu diffizilen Unterscheidungen. Im Falle der Scheidung muß mit der Konstruktion eines „auslaufenden Gewaltverhältnisses" gearbeitet werden. Schließlich muß häufig das Merkmal einer „ernstlichen Gefährdung" iS des Art 8 geprüft werden.

Die *Heimatrechtstheorie* (oben Vorbem 356) führt zu einer (hier nicht sinnvollen) 404
vermehrten Anwendung ausländischen Rechts (so auch HENRICH, FS Schwind 83). Sie verlangt von den Aufenthaltsbehörden, das ausländische Heimatrecht des Kindes auch noch danach zu befragen, in welchem Umfang es Schutzmaßnahmen zuläßt. Die damit an die Gerichte gestellten Anforderungen gehen über die bloße Anerkennung eines ex-lege-Verhältnisses erheblich hinaus. Die Variante der Heimatrechtstheorie, welche die Maßnahmen dennoch nach der lex fori anordnen will (und zwar in dem durch das Heimatrecht vorgezeichneten Umfang), muß sich außerdem entgegenhalten lassen, daß die Anwendung der lex fori dann keinen rechten Sinn mehr hat und zu Anpassungsschwierigkeiten führen kann. Die andere Variante der Heimatrechtstheorie, die aus diesen Unzuträglichkeiten die Konsequenz ziehen möchte, die Maßnahme sei in Anwendung des Heimatrechts zu treffen (so etwa SCHWIMANN ÖJBl 1976, 245, der die geschilderten Schwächen der Heimatrechtstheorie erkennt und auf diese Weise vermeiden möchte), setzt sich in offenen Widerspruch zu Art 2 des Abkommens und zu der vom Abkommen vorgenommenen Trennung zwischen Maßnahmen und ex-lege-Verhältnissen.

e) Rechtsvergleichung (Praxis und Lehre der anderen Vertragsstaaten) 405

Internationales Einheitsrecht – wie das Minderjährigenschutzabkommen – darf sich nicht in einem Vertragsstaat isoliert entwickeln. Sonst wird die Rechtseinheit gefährdet, die das Ziel internationaler Konventionen ist. Zu dem hier erörterten Fragenkreis hat sich in den ausländischen Vertragsstaaten noch keine feste Meinung gebildet. Die Stellungsnahmen der ausländischen *Literatur* sind im Vorstehenden eingearbeitet. Sie sind ebenso wechselnd wie die der deutschen Literatur. *Rechtsprechung* aus den anderen Vertragsstaaten ist kaum bekannt geworden. Das liegt zum einen daran, daß in den ausländischen Vertragsstaaten weniger Entscheidungen auf diesem Gebiet publiziert werden. Zum anderen wird in einigen Vertragsstaaten die Geltung des Abkommens offenkundig nicht sorgfältig beachtet (zB in Frankreich; vgl LEQUETTE Rev crit 64 [1977] 352 m Nachw). Lediglich in den Niederlanden werden des öfteren Entscheidungen zum Minderjährigenschutzabkommen publiziert. Aber die niederländischen Gerichte müssen das Abkommen meist für unanwendbar erklären, weil die Niederlande den Vorbehalt des Art 13 Abs 3 gemacht haben.

Zu nennen ist eine Entscheidung des Hof Amsterdam 17. 11. 1971 NedJur 1972 Nr 289 = WPNR 406
1974 Nr 5255 S 187 (Bericht STRUYCKEN) = NedTIR 21 (1974) 198 (englisch) Anm VERHEUL: Ein Schweizer Vater forderte aufgrund seiner elterlichen Gewalt Herausgabe seiner ehelichen Schweizer Kinder, welche die Mutter in die Niederlande verbracht hatte. Das Gericht geht davon aus, daß dem Vater nach Art 274 schweiz ZGB kraft Gesetzes das Aufenthaltsbestimmungsrecht zukommt und somit zwischen dem Vater und den Kindern ein ex-lege-Verhältnis im Sinne von Art 3 des

Abkommens besteht. Das Gericht fährt wörtlich fort: „Dieses [ex-lege-Verhältnis] bringt es mit sich, daß es den niederländischen Behörden, darunter den Gerichten, nicht gestattet ist, irgendeine Entscheidung zu treffen, die in das Gewaltverhältnis eingreifen würde. Unter diese [verbotenen] Entscheidungen fällt auch diejenige, durch die ein Herausgabeverlangen – wie das vorliegende – abgelehnt würde. Hieraus folgt, daß die Vorinstanz dem Verlangen zu Recht stattgegeben hat." Das Gericht meint anschließend – und damit endet die im knappen romanischen Begründungsstil abgefaßte Entscheidung: „Anders wäre es nur, wenn die in Rede stehenden Minderjährigen als Folge der Herausgabe in ihrer Person oder in ihrem Vermögen ernstlich gefährdet wären. In einem solchen Falle wäre es den niederländischen Behörden, darunter den Gerichten, gestattet, nach Art 8 des mehrfach genannten Abkommens Schutzmaßnahmen zu treffen, und die Abweisung des Herausgabeverlangens kann als eine solche Schutzmaßnahme gelten. Jedoch ist für eine Gefährdung in dem genannten Sinne nichts vorgetragen worden oder erkennbar."

407 **Insgesamt** kommt der Rechtsentwicklung in Deutschland angesichts der spärlichen Stellungnahmen in den ausländischen Vertragsstaaten gerade bei dem hier erörterten Fragenkreis faktisch eine Führungsrolle zu. Die Frage nach der Bedeutung des Art 3 im Rahmen des Art 1 kann anhand der dargelegten Auslegungskriterien beantwortet werden, ohne daß auf eine in den ausländischen Vertragsstaaten etablierte Meinung Rücksicht genommen werden müßte. Eine feststehende Praxis hat sich dort noch nicht gebildet.

408 **3. Ergebnis (Beispiele)**

Eine zusammenfassende Abwägung aller vorgebrachten Argumente läßt die **Anerkennungstheorie** (oben Vorbem 355) als zutreffend erscheinen. Sie besagt nicht mehr, als der *Wortlaut* der Konvention hergibt, sie entspricht deren *Systematik*, indem sie von einer primären Kompetenz der Aufenthaltsbehörde gem Art 1 ausgeht und dennoch dem Art 8 eine sinnvolle Bedeutung beläßt, sie scheint nach der (freilich nicht widerspruchsfreien) *Entstehungsgeschichte* mit dem Willen der Verfasser in Einklang zu stehen, und sie wird vor allem durch eine Reihe von *teleologischen Argumenten* entscheidend gestützt. Es ist also zu hoffen, daß die Praxis und Lehre der Vertragsstaaten sich dem Gewicht der Argumente, die für die Anerkennungstheorie sprechen, nicht verschließt und daß die erstrebte Rechtseinheit mit den anderen Vertragsstaaten auf der Basis dieser zweckmäßigsten Lösung erreicht werden kann.

409 Die Anerkennungstheorie **bedeutet**, daß die Aufenthaltsbehörden gem Art 1 auch bei Bestehen eines ex-lege-Verhältnisses für alle Schutzmaßnahmen international zuständig sind, die das Aufenthaltsrecht bei vergleichbaren ex-lege-Verhältnissen vorsieht. Insbesondere darf nach Maßgabe des Aufenthaltsrechts (Art 2) in ex-lege-Verhältnisse eingegriffen werden. Bei Eingriffen gem § 1666 BGB sollte vom Gericht am gewöhnlichen Aufenthaltsort also nicht mit Art 8 oder Art 9 operiert werden (vgl oben Vorbem 360–361). Auf die im Heimatrecht des Kindes vorgesehenen Maßnahmen kommt es weder für die Zuständigkeit noch für das anwendbare Recht an.

410 Eine Ausnahme sollte lediglich für *Durchführungsmaßnahmen*, namentlich für *vormundschaftsgerichtliche Genehmigungen* zum Abschluß vermögensrechtlicher Geschäfte, anerkannt werden. Insoweit enthält die Konvention eine Lücke, die durch analoge Anwendung des Art 1, nicht aber auch durch analoge Anwendung des Art 2 zu schließen ist (näher oben Vorbem 308, 313). Mit anderen Worten: Wann vormundschaftsgerichtliche Genehmigungen oder vergleichbare Akte erforderlich und unter welchen Voraussetzungen sie zu erteilen sind, bestimmt gem Art 3 das Heimatrecht des Kindes, weil das Erfordernis derartiger Durchführungsmaßnahmen untrennbar mit dem ex-lege-Gewaltverhältnis, insbes der Vertretungsmacht, zusammenhängt; die Zuständigkeit, solche Durchführungsmaßnahmen zu treffen, ist aus einer Analogie zu den Zuständigkeitsnormen der Konvention herzuleiten, weil die ratio dieser Vorschrift hier ebenfalls paßt (näher oben Vorbem 313–319).

411 Auch nach der (richtig verstandenen) Anerkennungstheorie hat die Erwähnung des Art 3 in Art 1 eine **zuständigkeitsbeschränkende Wirkung**, freilich eine geringe. Die *genaue Umschreibung* der Schranke macht Schwierigkeiten (vgl etwa die flexiblen Formulierungen bei von Overbeck, Mélanges Deschenaux 464 f) und ist den Vertretern der Anerkennungstheorie bislang nicht einheitlich gelungen.

412 So sagt Ferid, IPR 247 Rz 8–231: „Die in Art 3 gebotene ‚Anerkennung' der ipso iure nach dem Heimatrecht begründeten Gewaltverhältnisse schließt die nach Art 1 gegebene Zuständigkeit (und eine dementsprechende gleichlaufgemäße Anwendung des Aufenthaltsrechts) nicht aus, sondern *hindert lediglich den Aufenthaltsstaat, eine Maßnahme darauf zu stützen, daß es an einem Gewaltverhältnis fehle.*" Ähnlich formuliert Henrich, FS Schwind 88: Es „ist auf ein nach dem Heimatrecht des Kindes bestehendes Gewaltverhältnis dann Rücksicht zu nehmen, wenn die Notwendigkeit der Schutzmaßnahme damit begründet wird, das Kind stehe (nach dem Recht seines gewöhnlichen Aufenthalts) in keinem gesetzlichen Gewaltverhältnis" (zu den praktischen Konsequenzen dieser den Art 3 stark einschränkenden Auffassung unten Vorbem 418). Zu ergänzen ist mE, daß der Aufenthaltsstaat auch daran gehindert ist, das ex-lege-Gewaltverhältnis ohne Rechtsgrundlage im Aufenthaltsrecht aufzuheben. Zutreffend umschreibt Sturm NJW 1975, 2125 die Befugnis zum Einschreiten gem Art 1: „Es muß genügen, daß Tatsachen eintreten, welche ein Einschreiten ermöglichten, wenn ein entsprechendes deutsches Rechtsverhältnis vorläge." Dagegen kann Sturm nicht zugestimmt werden, wenn er fortfährt: „Die an solche Voraussetzungen geknüpfte Kompetenz zum Eingriff darf nicht als Zuständigkeitsvoraussetzung im technisch-prozessualen Sinn aufgefaßt werden. Bei dieser Kompetenz geht es um etwas völlig anderes: um eine materiellrechtlich zu verstehende Ermächtigung, die wie in § 1666 BGB mit der gesetzlichen Grundlage für den Erlaß von Verwaltungsakten vergleichbar ist. Dieser Filter spielt in zweierlei Hinsicht eine Rolle: bei der Frage, ob die angeordnete Maßnahme rechtmäßig ist, und bei der Frage, ob die anderen Vertragsstaaten sie anzuerkennen haben." Vielmehr zeigt die Erwähnung des Art 3 in der Zuständigkeitsnorm des Art 1 und die systematische Stellung neben den ebenfalls vorbehaltenen Art 4 und 5 Abs 3, daß es sich um eine Zuständigkeitsschranke handelt (so mit Recht die hM).

413 ME ist **folgende Umschreibung** für die zuständigkeitsbeschränkende Wirkung, die dem Art 3 gem der Anerkennungstheorie verbleibt, zutreffend: Die Schranke besteht darin, daß der Aufenthaltsbehörde in Art 1 keine Zuständigkeit dafür gegeben ist, das nach Heimatrecht entstandene ex-lege-Gewaltverhältnis nur deshalb aufzuheben oder zu ersetzen, weil das Aufenthaltsrecht für den in Rede stehenden Sachverhalt kein ex-lege-Verhältnis, sondern Maßnahmen vorsieht. Eine derartige „Nichtanerkennung" des ex-lege-Verhältnisses ist der Aufenthaltsbehörde nur gem Art 8 möglich. Sie kann erfolgen, etwa weil der Minderjährige ernstlich gefährdet ist und einer Ermittlung der Staatsangehörigkeit des Minderjährigen (vgl etwa BayObLG 24. 7. 1975 BayObLGZ 1975, 291 = NJW 1975, 2146 = FamRZ 1976, 47 = StAZ 1976, 48 = IPRspr 1975 Nr 75) oder seines Heimatrechts Schwierigkeiten im Wege stehen. Ein Rückgriff auf Art 8 kann aber auch deshalb geboten sein, weil der Aufenthaltsbehörde trotz ernstlicher Gefährdung des Minderjährigen im Einzelfall nach Aufenthaltsrecht keine Handhabe gegeben ist, in das nach Heimatrecht entstandene ex-lege-Verhältnis einzugreifen (zB weil dieses fremdartig oder öffentlichrechtlicher Natur ist). Dagegen ist ein Eingriff in das nach Heimatrecht bestehende ex-lege-Gewaltverhältnis gem Art 1 möglich, wenn die Voraussetzungen für einen Eingriff in ein entsprechendes Gewaltverhältnis des Aufenthaltsrechts vorliegen.

414 Ein *Beispiel* für die Wirkung des Vorbehalts des Art 3 bringt Ferid, IPR 247 Rz 8–230 und RabelsZ 27 (1962–63) 442: Der Vorbehalt verhindert, daß einer Witwe oder einer nichtehelichen Mutter, die nach dem Heimatrecht des Kindes die volle elterliche Gewalt besitzt, im Aufenthaltsstaat nach dessen Recht sogleich ein Vormund gesetzt wird. Die Aufenthaltsbehörden können aber, wenn die Mutter das Kindesvermögen mit einem Freund durchzubringen droht, ihr nach Maßgabe der entsprechenden Norm des Aufenthaltsrechts die elterliche Gewalt entziehen, ebenso wie sie dies bei einem entsprechenden Inlandsfall tun würden (Art 1, 2). Danach können die Kinder von der Aufenthaltsbehörde auch unter Vormundschaft gestellt werden.

Ferner schließt der Vorbehalt aus, daß einem ex-lege-Gewalthaber, der in casu vertretungsberechtigt und an der Besorgung des Geschäfts nicht verhindert ist, nach Aufenthaltsrecht ein Pfleger zur Seite gestellt wird. Vielmehr ist die kraft Art 3 anzuerkennende Vertretungsmacht zu respektieren (vgl IPG 1974 Nr 21 [München] 208 f).

415 Die **problematischen Fälle**, die der Praxis bislang häufig erhebliche Schwierigkeiten bereitet haben, lassen sich mit der Anerkennungstheorie einfach und iS eines wirksamen Minderjährigenschutzes lösen:

416 Entscheidungen über die **Herausgabe des Kindes** vom anderen Elternteil (oben Vorbem 279) sind gem Art 1, 2 zu treffen. Das Gericht ist hiernach nicht nur zuständig, der Herausgabeklage des Elternteils, dem kraft Gesetzes die elterliche Gewalt zusteht, nach Maßgabe des Aufenthaltsrechts stattzugeben (unterstützende Maßnahme), sondern auch, sie nach Maßgabe des Aufenthaltsrechts abzulehnen und damit in das ex-lege-Gewaltverhältnis einzugreifen. Meinen auf der Basis der Schrankentheorie gemachten Lösungsvorschlag (Kropholler NJW 1972, 372 f; ders FamRZ 1972, 651) gebe ich auf; er ist zu kompliziert und widerspricht damit dem Bestreben der Konvention nach einfachen Lösungen. Die *Vorfrage*, welchem Elternteil das Aufenthaltsbestimmungsrecht kraft Gesetzes zusteht, beurteilt sich nach Art 3, der dem Art 19 EGBGB als lex specialis vorgeht (offen gelassen vom KG 17. 2. 1976 OLGZ 1976, 281 = IPRspr 1976 Nr 59; vgl auch unten Vorbem 482).

417 Maßnahmen des Vormundschaftsgerichts bei **Gefährdung der Person oder des Vermögens** des Kindes (§§ 1666–1669 BGB; vgl oben Vorbem 282) können ebenfalls von den deutschen Aufenthaltsbehörden gem Art 1, 2 getroffen werden. Die in Art 3 vorgeschriebene Pflicht zur Anerkennung des ex-lege-Verhältnisses steht diesen Eingriffen nicht entgegen (anders noch Kropholler NJW 1971, 1725; ders NJW 1972, 372, sowie die anderen Vertreter der Schrankentheorie, oben Vorbem 351).

418 Die **Verteilung der elterlichen Gewalt nach Scheidung** (oben Vorbem 283) erfolgt aufgrund von Art 1, 2 gem §§ 1671, 1672 BGB, wenn das Heimatrecht des Kindes die elterliche Gewalt nicht kraft Gesetzes auf einen Elternteil (etwa den Vater) übergehen läßt. Ob ein solcher ex lege erfolgender Übergang der elterlichen Gewalt anzunehmen ist, kann dem bloßen Text einer ausländischen Vorschrift bisweilen nicht entnommen werden, und es ist dann auch die Rechtsprechung und Lehre im Heimatstaat zu beachten (näher unten Vorbem 494). Sieht das Heimatrecht des Kindes vor, daß die elterliche Gewalt in vollem Umfang oder zu bestimmten Teilen bei einem Elternteil verbleibt oder auf ihn übergeht, so sind die Aufenthaltsbehörden durch den Vorbehalt des Art 3 daran gehindert, sich über dieses ex-lege-Verhältnis hinwegzusetzen und die elterliche Gewalt gem § 1671 BGB ganz oder teilweise zu verteilen. Die Aufenthaltsbehörden haben aber auch in diesem Fall die Möglichkeit, gem Art 1, 2 iVm § 1666 BGB dem vom Heimatrecht benannten Inhaber der elterlichen Gewalt die elterliche Gewalt zu entziehen und diese dann neu zu verteilen. Wenn kein Grund zum Entzug vorliegt und die Aufenthaltsbehörde lediglich der Ansicht ist, die elterliche Gewalt sei besser einer anderen Person zuzusprechen als derjenigen, der die elterliche Gewalt gem Art 3 kraft Gesetzes zusteht, so zeigt sich der Sinn des Vorbehalts des Art 3 im Rahmen des Art 1. Liegen die Voraussetzungen für einen Entzug der elterlichen Gewalt gem § 1666 BGB nämlich nicht vor, so kann die Aufenthaltsbehörde eine vom ex-lege-Verhältnis abweichende Regelung nur treffen, wenn der Minderjährige ernstlich gefährdet ist (Art 8). Es wird dann also idR bei dem nach Heimatrecht entstandenen ex-lege-Verhältnis bleiben.

Eine weitergehende Einschränkung des Art 3 mittels der Anerkennungstheorie befürwortet HENRICH, FS Schwind 82 Fn 9, 89: Danach sollen die deutschen Aufenthaltsgerichte, da das gem Art 2 anwendbare deutsche Aufenthaltsrecht im Falle der Scheidung oder Trennung immer regelnde Maßnahmen vorsieht (§§ 1671, 1672 BGB), zu einer Verteilung der elterlichen Gewalt befugt sein, ohne das Bestehen eines ex-lege-Verhältnisses nach Heimatrecht (Art 3) prüfen zu müssen. Aber das würde bedeuten, daß die Aufenthaltsbehörde schon deshalb befugt ist, ein nach Heimatrecht bestehendes ex-lege-Verhältnis aufzuheben, weil das Aufenthaltsrecht kein ex-lege-Verhältnis, sondern Maßnahmen vorsieht (vgl demgegenüber oben Vorbem 413). Aus dem angestrebten Kompromiß zwischen Staatsangehörigkeits- und Domizilprinzip (oben Vorbem 395 f) würde eine nahezu unumschränkte Vorherrschaft des Aufenthaltsrechts. Schon der Wortlaut des Art 3 verpflichtet dazu, die Existenz eines nach Heimatrecht entstandenen Gewaltverhältnisses *anzuerkennen*, so daß diese nicht dahingestellt bleiben kann. Ebensowenig wie nach dem Tod eines Elternteils eine nach dem Heimatrecht des Kindes kraft Gesetzes eintretende Regelung (Art 3) nur deshalb durch eine Maßnahme abgelöst werden kann, weil das Aufenthaltsrecht kein gesetzliches Gewaltverhältnis, sondern eine Maßnahme vorsieht (vgl zu diesem nach der Entstehungsgeschichte recht eindeutigen Fall oben Vorbem 376, 377 sowie auch Vorbem 414), kann nach Scheidung der Ehe – ohne Prüfung von Art 3 MSA und ggf § 1666 BGB – sogleich eine Regelung nach § 1671 BGB getroffen werden.

Unter den gleichen Voraussetzungen wie nach der Scheidung ist die **Verteilung der elterlichen Gewalt bei Getrenntleben** (§ 1672 BGB; oben Vorbem 285) möglich. 419
Bei dieser Maßnahme sowie bei **einstweiligen Sorgerechtsregelungen in Ehesachen** (§ 620 ZPO; oben Vorbem 284) zeigt sich die Überlegenheit der Anerkennungstheorie gegenüber der Schrankentheorie (oben Vorbem 351) darin, daß letztere, um zu einer Aufenthaltszuständigkeit zu gelangen, auf die hier kaum überzeugende Konstruktion eines „auslaufenden Gewaltverhältnisses" beider Eltern zurückgreifen müßte.

V. Die Vorbehalte des Art 4 und des Art 5 Abs 3

1. Meinungsstand 420

Art 1 nennt unter den vorbehaltenen Vorschriften auch Art 4 und 5 Abs 3; der eine sieht Maßnahmen des Heimatstaates vor, der andere sichert deren Fortbestand auch nach einem Aufenthaltswechsel. Die Bedeutung dieser Vorbehalte ist weniger umstritten als die des Vorbehalts des Art 3. Das liegt zum einen daran, daß die Fälle des Art 4 und des Art 5 Abs 3 praktisch weniger wichtig sind; denn beide Bestimmungen greifen nur ein, wenn der Heimatstaat ein Vertragsstaat ist und wenn die Heimatbehörden tatsächlich tätig geworden sind. Das ist nur selten der Fall. Zum anderen sind Wortlaut und Systematik der Konvention hier eindeutiger als bei dem Vorbehalt des Art 3. Jedenfalls darf die Aufenthaltsbehörde keine konkurrierenden Maßnahmen treffen, also nicht zB einen anderen Vormund bestellen. Aber wieweit darf sie in Maßnahmen des Heimatstaates eingreifen? Die herrschende Ansicht vertritt hier mit Recht die Schrankentheorie (oben Vorbem 351), also die Auffassung, daß die Aufenthaltsbehörde nach Art 1 grundsätzlich insoweit nicht zuständig ist, als die Heimatbehörde durch eine Maßnahme für den Schutz des Minderjährigen gesorgt hat (VON OVERBECK ZfRvgl 2 [1961] 152; KROPHOLLER, MSA 78; BÜHLER BWNotZ 1973, 26; DROZ Clunet 100 [1973] 625; SIEHR DAVorm 1973, 265, 273, 277; SCHWIMANN ÖJBl 1976, 241; LEQUETTE 162 Nr 204; MÄHR ORiZ 1977, 153; KG 9. 8. 1974 OLGZ 1975, 119 = IPRspr 1974 Nr 87 [obiter]; OLG Hamm 7. 2. 1975 OLGZ 1975, 179 = NJW 1975, 1083 = FamRZ 1975, 425 = StAZ 1975, 275 = IPRspr 1975 Nr 68; *anders* STURM NJW 1975, 2122 f, und STÖCKER DAVorm 1975, 512 f, der zu Unrecht den Charakter des Art 4 als Evokationsrecht bestreitet [vgl unten Vorbem 552]). Die vier Auslegungskriterien (Wortlaut, Systematik, Entstehungsgeschichte und Teleologie) der Konvention liefern Argumente für diese hM.

2. Argumente

421 **a) Wortlaut**

Wenn die Heimatbehörde *gem Art 4* Maßnahmen trifft, regelt das Heimatrecht nach Art 4 Abs 2 die Voraussetzungen nicht nur für die Anordnung, sondern auch für die „Änderung und die Beendigung dieser Maßnahmen". Daraus ergibt sich eindeutig, daß die Aufenthaltsbehörde, die gem Art 2 Aufenthaltsrecht anzuwenden hätte, nicht zuständig ist, das durch die Maßnahme der Heimatbehörde geschaffene Rechtsverhältnis zu ändern oder zu beenden.

422 Gemäß Art 5 Abs 3 bleiben die von den Heimatbehörden getroffenen Maßnahmen nach einer Verlegung des gewöhnlichen Aufenthalts des Minderjährigen im Staate des neuen gewöhnlichen Aufenthalts in Kraft. Auch in diesem Fall ist die Regel des Art 4 Abs 2 mit den geschilderten Konsequenzen anzuwenden.

423 **b) Systematik**

Das Nebeneinander der Vorbehalte von Art 3, 4 und 5 Abs 3 in Art 1 legt die Annahme nahe, daß allen Vorbehalten die gleiche Bedeutung zukommt. Diese Annahme erweist sich indes bei näherem Zusehen als nicht zutreffend. Zwar ist den Vorbehalten der Art 4 und 5 Abs 3 (unbestritten) die gleiche Wirkung beizumessen, wie sich schon daraus ergibt, daß Art 5 Abs 3 auch gilt, wenn die Heimatbehörde ihre auf Art 4 gegründete Kompetenz weiterhin beansprucht. Aber Art 4 (und damit auch Art 5 Abs 3) reicht weiter als Art 3. Während Art 4 Abs 2 nämlich die Änderung und Beendigung der getroffenen Maßnahmen dem Heimatrecht unterstellt, wurde ein entsprechender Zusatz zu Art 3 zwar beantragt, von der Haager Konferenz aber nicht akzeptiert (vgl oben Vorbem 379). Darin liegt ein wesentlicher Unterschied. Der Ausdruck „bleiben in Kraft", den Art 5 Abs 3 verwendet, deutet ebenfalls auf eine stärkere Wirkung hin als das „anerkennen", das in Art 3 gefordert wird (STURM NJW 1975, 2122; VON OVERBECK, Mélanges Deschenaux 464 Nr 31).

424 Für die Schrankentheorie spricht ferner der Unterschied in der Formulierung von Art 5 Abs 1 und Abs 3: Während die Maßnahmen des früheren Aufenthaltsstaates bei einem Aufenthaltswechsel nurso lange in Kraft bleiben, „bis die Behörden des neuen gewöhnlichen Aufenthalts sie aufheben oder ersetzen", fehlt dieser Zusatz in Art 5 Abs 3. Die Zuständigkeit der neuen Aufenthaltsbehörde ist im Falle des Art 5 Abs 1 also in keiner Weise eingeschränkt, wohl aber im Falle des Art 5 Abs 3. Der Grund hierfür ist darin zu sehen, daß zu dem früheren Aufenthaltsstaat nach dem Aufenthaltswechsel keine kollisionsrechtlich relevante Beziehung mehr besteht, während eine solche zum Heimatstaat ungeachtet des Aufenthaltswechsels bestehen bleibt (so LOUSSOUARN Clunet 88 [1961] 690).

425 **c) Entstehungsgeschichte**

Aufschlußreich ist die Entstehungsgeschichte des Art 5 Abs 3. Der Vorentwurf enthielt diese Bestimmung noch nicht. Zwar hatte die Spezialkommission den Fall erwogen, daß der frühere gewöhnliche Aufenthalt des Minderjährigen in seinem Heimatstaat lag, aber die Kommission hatte eine Sonderregelung für überflüssig gehalten (vgl MARMO Actes et Doc IX/4, 26). Art 5 Abs 3 geht zurück auf einen *Vorschlag des jugoslawischen Delegierten* PUHAN (Actes et Doc IX/4, 84). Als die

Vorschrift diskutiert wurde, fragte DE WINTER, ob bei Annahme des Vorschlags von PUHAN die Aufenthaltsbehörden trotzdem die notwendigen Schutzmaßnahmen treffen könnten (Actes et Doc IX/4, 112). Der Präsident der 3. Kommission HOLLEAUX gab die sibyllinische Antwort, das ergebe sich aus Art 1 und 8 (Art 2 und 10 des Entwurfs). Deutlicher äußerte PUHAN selbst: Bei dem von ihm vorgeschlagenen Art 5 Abs 3 sei die Kompetenz der Aufenthaltsbehörden nur sekundär. Grundsätzlich werde die Zuständigkeit der Heimatbehörden aufrechterhalten. Die Aufenthaltsbehörden könnten nicht aufgrund von Art 1 handeln, sondern nur in den Eilfällen des Art 9 (Art 4 Vorentwurf) und in den Notfällen des Art 8 (Art 10 Vorentwurf).

Wörtlich lauten die Ausführungen von PUHAN (Actes et Doc IX/4, 112 f): „M PUHAN observe que, dans le système du troisième alinéa de l'article 5 proposé par lui, la compétence des autorités de la résidence habituelle n'est que secondaire, en principe celle des autorités nationales est maintenue. Les premières peuvent agir, non pas sur la base de leur compétence normale, mais seulement en prenant les mesures dictées par l'urgence (article 4 de l'avant-projet de la Commission spéciale), ou par le fait que les mesures nationales sont contraires à l'intérêt du mineur (article 10 de l'avant-projet de la Commission spéciale)."

Ohne daß sich gegen diese Deutung Widerspruch erhoben hätte, konnte der *Präsident* feststellen „que l'on est presque entièrement d'accord sur la formule de M PUHAN et que l'article 5 peut être renvoyé au Comité de rédaction" (Actes et Doc IX/4, 114). Der von PUHAN vorgeschlagene Abs 3 erfuhr dann nur noch geringfügige redaktionelle Änderungen.

In dem *Bericht* VON STEIGERS wird Art 5 Abs 3 ebenfalls iS der Ausführungen von **426**
PUHAN gedeutet. Es ist dort nur die Rede von der Ausnahmezuständigkeit der Aufenthaltsbehörden gem Art 8 und nicht von Aufenthaltszuständigkeit gem Art 1.

Die Ausführungen des Berichterstatters zu Art 5 Abs 3 lauten (Actes et Doc IX/4, 231): „Les compétences et la procédure prescrites aux alinéas premier et 2 subissent une exception pour le cas où les autorités nationales du mineur auraient pris des mesures soit parce que le mineur résidait dans sa patrie, soit en vertu de l'article 4, avant que le déplacement de la résidence habituelle du mineur ait eu lieu. Etant donné que les autorités nationales peuvent toujours se saisir, et pour assurer la continuité du régime juridique auquel est soumis le mineur, il est prévu à l'alinéa 3 que dans ce cas les mesures prises par les autorités nationales du mineur resteront en vigueur également après un déplacement de sa résidence habituelle. Cette disposition ne vaut, bien entendu, que sous réserve des compétences extraordinaires attribuées aux autorités de la résidence habituelle du mineur par l'article 8."

Auch *die anläßlich des Gesetzgebungsverfahrens in den einzelnen Vertragsstaaten* **427**
geschaffenen Berichte gehen offenbar davon aus, daß im Falle des Art 5 Abs 3 die Aufenthaltsbehörden nur über Art 8 tätig werden können. In der Denkschrift der Bundesregierung wird darauf hingewiesen, daß die Aufrechterhaltung der Maßnahmen des Heimatstaates in den meisten Fällen nur sinnvoll sei, wenn die Aufenthaltsbehörden gem Art 6 die Durchführung und Überwachung dieser Maßnahmen übernehmen: „Sehen sich die Behörden des neuen Aufenthalts aber nicht in der Lage, die vom Heimatstaat angeordneten Maßnahmen durchzuführen, so müssen die Heimatbehörden, um die Betreuung des Minderjährigen durch den Aufenthaltsstaat nicht zu blockieren, ihre Maßnahmen aufheben; damit wird der Weg für ein Tätigwerden der Aufenthaltsbehörden nach ihrem eigenen Recht frei (Art 1, 2)" (BT-Drucks VI/947, 14). In der Botschaft des Schweizer Bundesrates wird im Zusammenhang mit Art 4 und Art 5 Abs 3 nur die Kompetenz der Aufenthaltsbehörden nach Art 8 erwähnt (BBl 1966 I 351, 356). Die Erläuterungen zur österreichischen Regierungsvorlage sagen ebenfalls, daß – abgesehen von Art 8 – die Aufhebung oder Änderung von Maßnahmen des Heimatstaates (Art 5 Abs 3) den Behörden des Heimatstaates vorbehalten bleibt (1210 Blg NR 13. GP 9, 11).

428 **d) Teleologie**

Die unterschiedliche Wirkung des Vorbehalts des Art 3 und des Vorbehalts der Art 4, 5 Abs 3 hat offenbar folgenden Sinn: *Maßnahmen* bieten idR eher die Gewähr eines wirksamen Schutzes als *kraft Gesetzes eintretende Gewaltverhältnisse* und können daher im Interesse der Kontinuität des Minderjährigenschutzes eher aufrechterhalten werden als letztere. Während die Heimatbehörde bei einer Maßnahme die individuellen Verhältnisse, insbes die Auslandsberührung des Falles, berücksichtigen kann, entsteht das ex-lege-Verhältnis sozusagen „blind“ für die Wirklichkeit des Auslandsfalles. Bei Bestehen eines ex-lege-Verhältnisses ist das Bedürfnis nach einer Aufenthaltszuständigkeit also größer und würde mit der als subsidiär gedachten Zuständigkeitsregel des Art 8 nur unzureichend befriedigt.

429 Hinzukommt folgendes: Der Vorbehalt des Art 3 muß auch berücksichtigt werden, wenn der Heimatstaat ein Nichtvertragsstaat ist und daher gar nicht feststeht, ob die Heimatbehörden nach ihrem autonomen IPR überhaupt tätig werden können. Dagegen greift der Vorbehalt der Art 4 und 5 Abs 3 nur dann ein, wenn die Heimatbehörde eines Vertragsstaates bereits tatsächlich tätig geworden ist. Mit dieser Heimatbehörde besteht ein in Art 4 Abs 2, 10 und 11 vorgesehener direkter Behördenverkehr, und die Heimatbehörde hat außerdem die Möglichkeit, der Aufenthaltsbehörde gem Art 6 die Durchführung der getroffenen Maßnahmen zu übertragen.

430 **3. Ergebnis (Beispiele)**

Die Aufenthaltsbehörde ist gem Art 1 nicht zuständig, Maßnahmen des Heimatstaates, die gem Art 4 getroffen wurden oder die gem Art 5 Abs 3 fortwirken, aufzuheben oder zu ersetzen. Es bleiben hier nur die Möglichkeiten der Art 8 (Gefährdungszuständigkeit) und 9 (Eilzuständigkeit). Dagegen wird man die Aufenthaltszuständigkeit des Art 1 für solche Maßnahmen bejahen dürfen, die harmonisch neben die vom Heimatstaat getroffenen Maßnahmen treten und diese nur unterstützen oder ergänzen, auch wenn die Verfasser der Konvention an diese Möglichkeit nicht gedacht haben. Die für eine Beschränkung der Aufenthaltszuständigkeit sprechenden Argumente aus Wortlaut, Systematik, Entstehungsgeschichte und Teleologie der Konvention treffen hier nicht zu, insbes wird Art 4 Abs 2 (vgl oben Vorbem 421) in diesen Fällen nicht berührt. Im übrigen sei auf die von der Schrankentheorie im Zusammenhang mit dem Vorbehalt des Art 3 angestellten Erwägungen verwiesen (oben Vorbem 354). Gänzlich unbeschränkt ist die Aufenthaltszuständigkeit des Art 1, wenn ein *Nichtvertragsstaat*, dem der Minderjährigen angehört, eine Maßnahme getroffen hat, weil Art 4 und 5 Abs 3 dann nicht zum Zuge kommen (Art 13 Abs 2).

431 *Beispiel:* Wenn die Heimatbehörde eines Vertragsstaates nach Scheidung oder Trennung die elterliche Gewalt dem Vater übertragen hat, darf die deutsche Aufenthaltsbehörde diese Maßnahme nicht gem Art 1 iVm § 1696 BGB ändern und etwa die elterliche Gewalt der Mutter zusprechen. Ferner gibt Art 1 keine Kompetenz dafür, die dem Vater übertragene elterliche Gewalt gem § 1666 BGB ganz oder teilweise zu entziehen. Für diese Maßnahmen ist die Aufenthaltsbehörde aber unter den Voraussetzungen des Art 8 international zuständig. Gemäß Art 1 kann die Aufenthaltsbehörde dem Vater einen Pfleger für den Abschluß eines Rechtsgeschäfts bestellen, bei dem er das Kind nicht vertreten darf, oder eine öffentlichrechtliche Maßnahme (zB eine Fürsorgeerziehung) anordnen. Dabei ist die im Abkommen vorgesehene Zusammenarbeit der Behörden des Aufenthaltsstaates und des Heimatstaates zu beachten.

VI. Spannungen durch die Unterscheidung zwischen Maßnahmen und ex-lege-Verhältnissen 432

Die Unterscheidung des Abkommens zwischen ex-lege-Verhältnissen und Maßnahmen führt zu Schwierigkeiten, wenn einerseits das Aufenthaltsrecht keine Maßnahmen anbietet, weil es ein ex-lege-Verhältnis eingreifen läßt, und andererseits das Heimatrecht umgekehrt kein ex-lege-Verhältnis vorsieht, sondern Maßnahmen. Hier besteht ein Spannungsverhältnis zwischen Art 1, 2 einerseits (primäre Kompetenz der Aufenthaltsbehörden für Maßnahmen) und Art 3, 4 andererseits (Anerkennung von ex-lege-Verhältnissen des Heimatrechts; sekundäre Kompetenz der Heimatbehörden für Maßnahmen).

Bei der Auflösung der Spannungen ist vom Sinn und Zweck der Konvention 433
auszugehen. Ein Rückgriff auf das autonome IPR des Aufenthaltsstaates kommt nicht in Betracht. Denn es handelt sich hier nicht um eine Situation, die außerhalb des Anwendungsbereiches der Konvention liegt.

Die abweichende Ansicht von Mosconi 379 berücksichtigt nicht hinreichend, daß 434
die Schwierigkeit vor allem für die Aufenthaltsbehörde besteht. Die Heimatbehörde kann nach Art 4 tätig werden und die im Heimatrecht vorgesehenen Maßnahmen anordnen. Es entspricht deshalb dem Sinn der Konvention, daß auch im Aufenthaltsstaat eine Lösung im Rahmen des Abkommens gefunden wird. Es geht nicht an, dasselbe Lebensverhältnis das eine Mal dem Abkommen, das andere Mal dem autonomen IPR zu unterstellen. Der Vorschlag Mosconis wird deshalb mit Recht allgemein abgelehnt (so ausdrücklich Jayme ZBlJugR 1973, 441; Schwimann ÖJBl 1976, 244).

1. Beispielsfälle 435

Die Problematik sei an fünf Fällen verdeutlicht (Lösung unten Vorbem 447 ff).

Fall 1 (AG Bremen 5. 2. 1973 ZBlJugR 1973, 445 = IPRspr 1973 Nr 79): Eine Türkin bekommt in der Bundesrepublik Deutschland ein nichteheliches Kind, das nach türkischem Recht die türkische Staatsangehörigkeit erwirbt. Nach deutschem Aufenthaltsrecht hätte die Mutter kraft Gesetzes die elterliche Gewalt (§ 1705 BGB). Das türkische Heimatrecht des Kindes dagegen verlangt eine Maßnahme: Das Gericht kann ua der Mutter die elterliche Gewalt übertragen.

Fall 2 (nach Droz Clunet 100 [1973] 620): Der Vater eines ehelichen tunesischen Kindes, das in Deutschland (oder Frankreich) lebt, stirbt. Nach deutschem (oder französischem) Aufenthaltsrecht stünde der Mutter kraft Gesetzes die elterliche Gewalt allein zu (§ 1681 Abs 1 BGB bzw Art 373–1 Cc). Das tunesische Heimatrecht des Kindes dagegen verlangt eine Maßnahme: der Mutter ist die Vormundschaft vom Gericht zu übertragen.

Fall 3 (OLG Karlsruhe 18. 7. 1975 OLGZ 1976, 1 = NJW 1976, 485 = FamRZ 1976, 708 Anm Jayme = IPRspr 1975 Nr 67 b): Die geschiedene Mutter, die für ihr in Deutschland lebendes Schweizer Kind sorgeberechtigt ist, stirbt. Nach deutschem Aufenthaltsrecht stünde dem Vater kraft Gesetzes die elterliche Gewalt zu (§ 1681 Abs 1 BGB). Das Schweizer Heimatrecht des Kindes dagegen verlangt eine Maßnahme, und zwar wird nach der Schweizer Rechtsprechung dem überlebenden geschiedenen Elternteil die elterliche Gewalt durch eine Maßnahme des Gerichts übertragen.

Fall 4 (nach Schwimann ÖJBl 1976, 244): Die Eltern eines deutschen ehelichen Kindes, das seinen gewöhnlichen Aufenthalt in Österreich hat, werden geschieden oder leben dauernd getrennt. Das österreichische Aufenthaltsrecht sah partiell ein gesetzliches Gewaltverhältnis vor, partiell eine Maßnahme: die „väterliche Gewalt“ bestand kraft Gesetzes weiter, und nur „Pflege und Erziehung“ waren einer gerichtlichen Zuteilung zugänglich (§ 142 ABGB aF). Das deutsche Heimatrecht des Kindes dagegen verlangt eine Maßnahme hinsichtlich der gesamten elterlichen Gewalt (§§ 1671 f BGB): Das Vormundschaftsgericht bestimmt, welchem Elternteil die elterliche Gewalt zustehen soll.

Fall 5 (OLG Hamm 12. 1. 1978 NJW 1978, 1747 = StAZ 1978, 215): Die nicht verheirateten Eltern eines jugoslawischen Kindes, das seinen gewöhnlichen Aufenthalt in der Bundesrepublik Deutschland hat, trennen sich. Der Vater hatte das Kind anerkannt. Das jugoslawische Heimatrecht des Kindes (Recht des autonomen Gebietes Wojwodina) gewährt beiden Eltern des nichtehelichen Kindes kraft Gesetzes das Elternrecht, das grundsätzlich von beiden gemeinsam ausgeübt wird, während im Falle der Trennung durch eine gerichtliche Maßnahme entschieden werden muß, welcher Elternteil das Elternrecht ausüben darf. Das deutsche Aufenthaltsrecht dagegen gibt der Mutter kraft Gesetzes die elterliche Gewalt (§ 1705 BGB).

436 2. Die verschiedenen Auffassungen

Bislang haben sich im wesentlichen zwei Auffassungen zu der Frage gebildet, wie die Spannungen zu lösen sind. Bei der Darstellung des Meinungsstandes ist freilich zu berücksichtigen, daß die verschiedenen Spannungsfälle erst nach und nach ins Blickfeld gerückt sind, daß die Gerichte jeweils nur einen konkreten Fall zu entscheiden hatten und daß – auch bei den allgemeiner gehaltenen – Äußerungen im Schrifttum jeweils eine bestimmte Fallkonstellation im Vordergrund stand. Die Möglichkeit einer Differenzierung nach Fallgruppen ist bislang nicht erwogen worden. Unter diesen Vorbehalten läßt sich der Meinungsstand folgendermaßen aufschlüsseln:

437 **a)** Nach der einen Meinung entspricht es dem Sinn und Zweck („Geist") der Konvention, die Spannung dadurch zu lösen, daß ausnahmsweise das **im Aufenthaltsrecht vorgesehene ex-lege-Verhältnis** eingreift.*

438 **b)** Nach einer anderen Meinung ist die Problematik dadurch zu lösen, daß durch richterliche Anordnung nach Aufenthaltsrecht der Zustand hergestellt wird, der bei reinen Inlandsfällen ex lege besteht. Das setzt eine entsprechende **Anpassung** des Aufenthaltsrechts voraus, weil dessen Normen in diesen Fällen ja keine Maßnahmen vorsehen (so IPG 1973 Nr 24 [Hamburg] [Fall 1]; SIEHR DAVorm 1973, 268 [Fall 1]; SCHURIG FamRZ 1975, 463 Fn 42 [Fall 1]; STURM NJW 1975, 2125 [Fälle 1 und 3]; RAAPE-STURM IPR I 265 [Fall 1]; PALANDT-HELDRICH Art 23 EGBGB Anm 2 zu Art 3 MSA [Fälle 1, 3 und 5]. Vorsichtig abwägend auch SCHWIMANN ÖJBl 1976, 244 [Fälle 1 und 4]; MEINE in ZfRvgl 16 [1975] 212 f anhand von Fall 1 geäußerte Präferenz für diese Ansicht gebe ich auf; aus der Rechtsprechung OLG Hamm 12. 1. 1978 NJW 1978, 1747, 1749 = StAZ 1978, 215, 217 f [Fall 5]); BayObLG 20. 10. 1978, demnächst in IPRspr 1978 [Fall 1; hier: nichteheliches Kind einer Italienerin].

439 3. Stellungnahme

a) Jedenfalls für die **Fälle, in denen der Minderjährige nach dem Wortlaut der Konvention schutzlos ist**, solange die Heimatbehörde keine Maßnahme getroffen

---

* So JAYME JR 1973, 181; ders ZBlJugR 1973, 441 (Fall 1); ders FamRZ 1976, 710 f (Fall 3); vgl aber auch ders StAZ 1976, 198 f (zu einem Fall 5 vergleichbaren italienischen Fall); DROZ Clunet 100 (1973) 620 f (Fall 2); ihm zust LEQUETTE 163 Nr 204; KROPHOLLER, MSA 116 ff (Fälle 1 und 3); WIENKE 96 ff (Fälle 1 und 3); VON OVERBECK ZfRvgl 19 (1978) 97 (Fall 1); LG Hannover 25. 6. 1973 DAVorm 1973, 499 = IPRspr 1973 Nr 83 (Parallelfall zu Fall 1); LG Konstanz 31. 1. 1975 IPRspr 1975 Nr 67 a, aufgehoben vom OLG Karlsruhe 18. 7. 1975 OLGZ 1976, 1 = NJW 1976, 485 = FamRZ 1976, 708 Anm JAYME = IPRspr 1976 Nr 67 b (Fall 3); im Ergebnis auch AG Bremen 5. 2. 1973 ZblJugR 1973, 445 = IPRspr 1973 Nr 79 (Fall 1); BayObLG 16. 12. 1977 = BayObLGZ 1977, 325 = StAZ 1978, 208 = DAVorm 1978, 609 = IPRspr 1977 Nr 80 hat die Frage offen gelassen.

hat (so in den Fällen 1–3, oben Vorbem 435), verdient mE die Lösung den Vorzug, das im Aufenthaltsrecht vorgesehene ex-lege-Verhältnis eingreifen zu lassen (nur von diesen Fällen spricht KROPHOLLER, MSA 117). Die Konvention will Minderjährigen mit gleichem gewöhnlichem Aufenthalt gleichen Schutz zuteil werden lassen. Das ist das Grundprinzip des Abkommens. Es wird durchbrochen, wenn das Heimatrecht kraft Gesetzes Schutz gewährt (Art 3) oder wenn der Heimatstaat ein Schutzverhältnis durch eine Maßnahme schafft (Art 4). Sofern beides nicht der Fall ist, besteht kein Anlaß, ausländische Minderjährige mit gewöhnlichem Aufenthalt im Inland anders zu behandeln als die einheimischen. Die von der Konvention erstrebte Gleichstellung der Kinder wird hier vielmehr dann erreicht, wenn auch die ausländischen Minderjährigen dem im Aufenthaltsrecht kraft Gesetzes bestehenden Schutzverhältnis unterworfen werden. Das um eine Maßnahme angegangene Gericht hat demnach nur festzustellen, welche Rechtslage kraft Gesetzes eingetreten ist.

Gegen diese Lösung läßt sich nicht einwenden, in der Anerkennung des im Aufenthaltsrecht vorgesehenen ex-lege-Verhältnisses liege ein verwerflicher *„Eingriff in das Heimatrecht“* (davon spricht OLG Hamm 12. 1. 1978 NJW 1978, 1747, 1749 = StAZ 1978, 215, 217 im Fall 5, oben Vorbem 435). Denn in den Fällen 1–3 (oben Vorbem 435) ist kein nach dem Heimatrecht des Kindes anzuerkennendes Gewaltverhältnis gegeben, insbes kein (bis zu einer gerichtlichen Regelung) „auslaufendes“ Gewaltverhältnis beider Eltern. Vielmehr wäre das Kind, wollte man auf eine gerichtliche Maßnahme warten, zumindest vorübergehend schutzlos. (Soll das Sorgerecht später rückwirkend erteilt werden?) Hier liegt in der unmodifizierten Anwendung des Aufenthaltsrechts auf ausländische Kinder eine von den Intentionen des Abkommens gedeckte und mE geradezu geforderte Rechtswohltat. Das Übereinkommen beruht eben nicht – wie das autonome deutsche Recht – primär auf dem Staatsangehörigkeitsprinzip, sondern auf dem Aufenthaltsprinzip, und das ist für die vom Abkommen erfaßten Bereiche auch sachgerecht.

Rechtskonstruktiv läßt sich das gefundene Ergebnis – ex-lege-Verhältnis nach Aufenthaltsrecht – am besten folgendermaßen begründen: Die Konvention enthält hier eine Lücke; denn Art 3 regelt das Bestehen von ex-lege-Verhältnissen nicht abschließend (Art 3 sagt „anerkennen“, nicht „beurteilen“). Diese Lücke läßt sich aus dem Sinn und Zweck der Konvention heraus schließen. Rechtstechnisch mag man von einer Analogie zu Art 1, 2 sprechen. Darin liegt die „Ermächtigung“, im Konflikt zwischen Aufenthaltsrecht und Heimatrecht ersterem den Vorrang einzuräumen (eine solche „Ermächtigung“ verlangt das OLG Hamm 12. 1. 1978 NJW 1978, 1747, 1749 = StAZ 1978, 215, 218). Die Gegenansicht, welche mit einer „Anpassung“ des materiellen Aufenthaltsrechts helfen möchte, folgt zwar dem Wortlaut der Konvention, indem eine „Maßnahme“ nach Aufenthaltsrecht getroffen wird, aber sie muß das materielle Recht richterlich modifizieren. Für diese Abweichung vom Gesetz fehlt mE die Legitimation, weil sich mit den üblichen Mitteln der Rechtsfindung eine Lösung aus der Konvention selbst gewinnen läßt, und zwar iS einer unmodifizierten Anwendung des Aufenthaltsrechts (KROPHOLLER, Die Anpassung im Kollisonsrecht, in: Konflikt und Ordnung, FS Ferid [1978] 282). Zwar ist einzuräumen, daß eine Maßnahme flexibler ist als ein kraft Gesetzes eintretendes Gewaltverhältnis. So kann der Richter auf Maßnahmen des Heimatstaates Rücksicht nehmen und – jedenfalls bei Minderjährigen aus Vertragsstaaten – durch Kontakte mit den Heimatbehörden eine gewisse Harmonie und Kontinuität des Schutzes erreichen (Art 10, 11). Aber das Aufenthaltsrecht sieht in den hier erörterten Fällen nun einmal keine Maßnahme vor, und im Konflikt zwischen Aufenthalts- und Heimatrecht gebührt nach der Grundkonzeption des Abkommens im Zweifel dem Aufenthaltsrecht der Vorrang (das verkennt STURM NJW 1975, 2125 Fn 35). Eine Anpassung innerhalb des Aufenthaltsrechts bereitet nicht selten erhebliche konstruktive Schwierigkeiten, die von Vertragsstaat zu Vertragsstaat variieren können. Vor allem aber bringt jede richterliche Modifikation des Aufent- 440 haltsrechts eine gewisse Verfälschung dieses Rechts mit sich (vgl unten Vorbem 450).

441 Freilich sollte man das Ergebnis nicht mit Art 2 Abs 2 und dem Erfordernis einer unselbständigen Anknüpfung von Vorfragen begründen (so aber AG Bremen 5. 2. 1973 ZBlJugR 1973, 445 = IPRspr 1973 Nr 79; zust Jayme ZBlJugR 1973, 440; ders JR 1973, 181 und besonders ausführlich FamRZ 1976, 710 f; ihm folgend Wienke 109 ff; dagegen bereits Kropholler MSA 117 Fn 325; insoweit zust OLG Hamm 12. 1. 1978 NJW 1978, 1747, 1749 = StAZ 1978, 215, 218). Das AG Bremen meint, in dem von ihm entschiedenen Fall 1 (oben Vorbem 435) komme die Einrichtung einer Vormundschaft in Betracht. Diese Maßnahme habe jedoch zur Voraussetzung, daß das Kind nicht bereits unter elterlicher Gewalt stehe. Nach Art 2 Abs 2 regele das Aufenthaltsrecht aber auch „die Voraussetzungen für die Anordnung" einer Maßnahme, hier also das Bestehen der elterlichen Gewalt. Indes regelt Art 2 Abs 2 eindeutig nicht das anwendbare Recht für die bei den Voraussetzungen von Maßnahmen auftauchenden „Vorfragen". Einige dieser Vorfragen liegen außerhalb des Anwendungsbereichs der Konvention (so zB die Frage der Wirksamkeit einer Ehescheidung oder der ehelichen Abstammung). Für die Frage der Minderjährigkeit hat das Abkommen für seine Zwecke eine eigene Kollisionsnorm aufgestellt (Art 12). Die Frage des Bestehens oder Nichtbestehens von ex-lege-Verhältnissen (elterlicher Gewalt) sieht das Abkommen nicht unter dem Aspekt „Voraussetzung einer Schutzmaßnahme" und also nicht nur als Vorfrage, sondern es ist neben den Maßnahmen unmittelbarer Regelungsgegenstand des Abkommens (vgl unten Vorbem 483). Die einschlägige Norm ist also grundsätzlich Art 3. Nur in der hier erörterten besonderen Situation, in der das Heimatrecht die elterliche Gewalt nicht kraft Gesetzes eintreten läßt, wohl aber das Aufenthaltsrecht, ist letzteres nach Sinn und Zweck der Art 1, 2 maßgebend. Die gegen die unselbständige Anknüpfung von Vorfragen gerichtete Argumentation des LG Stuttgart 23. 5. 1975 (DAVorm 1975, 485 = IPRspr 1975 Nr 72) trifft deshalb nicht den Kern unserer Problematik.

442 **Die Regelung des Art 3 steht** dem Eintritt eines ex-lege-Verhältnisses nach Aufenthaltsrecht in den hier behandelten Fällen **nicht entgegen**. Die Bestimmung besagt nämlich nicht etwa, daß ex-lege-Verhältnisse sich nur nach Heimatrecht richten. Vielmehr besagt sie, daß ein ex-lege-Verhältnis des Heimatrechts anzuerkennen ist. Damit ist deutlich, daß das Bestehen eines ex-lege-Gewaltverhältnisses nach einer anderen Rechtsordnung, etwa dem Aufenthaltsrecht, nicht zu prüfen ist, soweit schon das Heimatrecht des Kindes kraft Gesetzes Schutz gewährt. Ein ex-lege-Verhältnis nach dem Heimatrecht des Kindes hat Vorrang vor einem gesetzlichen Gewaltverhältnis nach einer anderen Rechtsordnung. Die Formulierung des Art 3 hindert aber nicht daran, das Entstehen eines ex-lege-Gewaltverhältnisses nach dem Aufenthaltsrecht zu prüfen, wenn das Heimatrecht kein gesetzliches Gewaltverhältnis vorsieht und eine Lücke im System der Konvention besteht (ebenso Jayme ZBlJugR 1973, 442; Droz Clunet 100 [1973] 620; *anders* zu Unrecht LG Stuttgart 23. 5. 1975 DAVorm 1975, 485 = IPRspr 1975 Nr 72).

443 **Beweisschwierigkeiten** sind durch die Annahme eines ex-lege-Verhältnisses nach Aufenthaltsrecht nicht zu befürchten. Wenn die Person, die nach Aufenthaltsrecht ex lege gesetzlicher Vertreter ist, in einem Drittstaat für den Minderjährigen handeln will, muß sie einen doppelten Nachweis führen: zum einen den negativen Nachweis, daß nach dem Heimatrecht des Kindes kein gesetzliches Gewaltverhältnis besteht, zum andern den positiven, daß ein solches nach Aufenthaltsrecht eintritt und zur Vertretung des Kindes berechtigt. Notfalls kann vom Vormundschaftsgericht des Aufenthaltsstaates die Feststellung begehrt werden, daß ein gesetzliches Gewaltverhältnis entstanden ist (so auch Droz Clunet 100 [1973] 621 für Frankreich).

444 Die **Anerkennung** des ex-lege-Verhältnisses in den anderen Vertragsstaaten ist in Art 7 zwar nicht ausdrücklich vorgeschrieben. Aber ebenso wie Art 1, 2 auf das Entstehen dieses ex-lege-Verhältnisses analog angewandt werden, muß auch Art 7 analog gelten. Das entspricht der Zielsetzung der Konvention, die Kontinuität des

Minderjährigenschutzes in allen Vertragsstaaten zu gewährleisten (so auch DROZ Clunet 100 [1973] 621, 627).

b) Für **andere Fälle**, in denen der Minderjährige nach dem Wortlaut der Konvention nicht schutzlos ist, weil er nach seinem Heimatrecht (Art 3) bereits einem gesetzlichen Gewaltverhältnis unterliegt, das bis zu einer gerichtlichen Maßnahme als fortbestehend angesehen werden kann (vgl Fälle 4 und 5, oben Vorbem 435), erscheint es zumindest gut vertretbar, mit einer „Anpassung" des materiellen Aufenthaltsrechts zu helfen. Die Gründe, die bei einer derartigen Fallkonstellation für eine Anpassung des Aufenthaltsrechts sprechen, hat das OLG Hamm 12. 1. 1978 NJW 1978, 1747 = StAZ 1978, 215 dargelegt. 445

c) **Insgesamt** hat sich noch keine gefestigte Meinung gebildet, wie die erörterten Spannungsfälle zu lösen sind. Es bleiben weitere Erfahrungen abzuwarten. Dann wird sich zeigen, ob sich eine der beiden (oben Vorbem 437 f) geschilderten Auffassungen – auch in der Literatur und Rechtsprechung der anderen Vertragsstaaten – durchsetzen kann oder ob nach Fallgruppen zu differenzieren ist. 446

4. Lösung der Beispielsfälle 447

Für die fünf Beispielsfälle (oben Vorbem 435) bieten sich folgende Lösungen an:

Fall 1: Die türkische Mutter erhält kraft Gesetzes (§ 1705 BGB) die elterliche Gewalt (ebenso speziell zu diesem Fall JAYME JR 1973, 181; ders ZBlJugR 1973, 441; KROPHOLLER, MSA 116 ff; WIENKE 96 ff; vorsichtig zust auch VON OVERBECK ZfRvgl 19 [1978] 97; AG Bremen 5. 2. 1973 ZBlJugR 1974, 445 = IPRspr 1973 Nr 79; AG Kaufbeuren 16. 5. 1975 – VIII 154/75 ohne Gründe und unveröffentlicht; ferner zum seinerzeit noch parallel gelagerten Schweizer Recht LG Hannover 25. 6. 1973 DAVorm 1973, 499 = IPRspr 1973 Nr 83; das neue Schweizer Kindschaftsrecht läßt nach Art 298 Abs 1 ZGB kraft Gesetzes die elterliche Gewalt der Mutter eintreten). Nach der Gegenansicht ist im deutschen materiellen Recht eine Anpassung vorzunehmen und der türkischen Mutter – entsprechend § 1671 BGB, § 1707 Abs 2 S 1 BGB aF – die elterliche Gewalt durch eine Maßnahme zu übertragen (so IPG 1973 Nr 24 [Hamburg]; SIEHR DAVorm 1973, 268; STURM NJW 1975, 2125 Fn 35; RAAPE-STURM, IPR I 265; SCHWIMANN ÖJBl 1976, 244; BayObLG 20. 10. 1978 [demnächst in IPRspr 1978] im Fall einer italienischen Mutter; MEINE in ZfRvgl 16 [1975] 212 f geäußerte Präferenz für diese Ansicht habe ich aufgegeben). Für die Wirksamkeit einer *Ergänzungspflegschaft*, die zur Geltendmachung von Unterhaltsansprüchen angeordnet wurde, ist es rechtsunerheblich, welcher Ansicht man folgt (BayObLG 16. 12. 1977 BayObLGZ 1977, 325 = StAZ 1978, 208 = DAVorm 1978, 609 = IPRspr 1977 Nr 80). 448

Keinesfalls sollte die Mutter bloß zum Vormund bestellt werden (so aber in einem griechischen Parallelfall LG Stuttgart 23. 5. 1975 DAVorm 1975, 485 = IPRspr 1975 Nr 72). Denn der Mutter gebührt nach beiden in Betracht kommenden Rechtsordnungen – dem Aufenthaltsrecht und dem türkischen Heimatrecht – nicht die Stellung eines Vormunds, sondern die elterliche Gewalt (so mit Recht auch JAYME StAZ 1976, 199 Fn 38).

Die Anwendung von § 1705 BGB hat die Vorteile der Gesetzestreue, der Einfachheit und der Sachgerechtigkeit: Das türkische Kind ist – wie andere Kinder in Deutschland – von Geburt an durch ein Gewaltverhältnis geschützt und muß nicht auf Maßnahmen warten; die türkische nichteheliche Mutter wird nicht schlechter gestellt als andere in der Bundesrepublik mit ihren Kindern lebende Mütter.

Die in § 1709 BGB vorgesehene Amtspflegschaft des Jugendamts kann wohl nicht eintreten, weil es an der in § 40 Abs 1 S 1 JWG aufgestellten Voraussetzung fehlt, daß die Mutter Deutsche ist (vgl dazu oben Vorbem 293 aE). Dem Kind kann aber jedenfalls durch eine Maßnahme ein Pfleger bestellt werden (vgl Jayme JR 1973, 181; ders ZBlJugR 1973, 442; AG Bremen 5. 2. 1973 ZBlJugR 1973, 445 = IPRspr 1973 Nr 79; IPG 1973 Nr 24 [Hamburg]). Denn die elterliche Gewalt der nichtehelichen Mutter erstreckt sich im Regelfall nicht auf die in § 1706 BGB genannten Angelegenheiten, so daß – mangels einer Amtspflegschaft – das Bedürfnis für eine Maßnahme entsteht. Erst recht ist eine Pflegerbestellung erforderlich, wenn man die elterliche Gewalt der Mutter nicht kraft Gesetzes eintreten läßt, sondern eine Anpassung bevorzugt, BayObLG 20. 1. 1978, demnächst in IPRspr 1978.

Die nach § 1705 BGB eingetretene elterliche Gewalt der Mutter bleibt bei gewöhnlichem Aufenthalt des Kindes in Deutschland erhalten, solange das deutsche Gericht keine abweichende Maßnahme trifft (also etwa nach § 1666 BGB einschreitet) oder eine etwaige Maßnahme des türkischen Heimatstaates nach den Regeln des autonomen deutschen Rechts anerkennt.

449 Wenn im Heimatstaat bereits eine Maßnahme getroffen worden ist, die nach den Regeln des autonomen deutschen Rechts oder – wenn der Heimatstaat Vertragsstaat ist – nach Art 7 anzuerkennen ist, ist die hier behandelte Lücke im Schutzsystem der Konvention nicht gegeben. Das Entstehen eines ex-lege-Verhältnisses nach Aufenthaltsrecht in Analogie zu Art 1, 2 kommt also nicht in Betracht. Eine Änderung der vom Heimatstaat geschaffenen Rechtslage kann im Aufenthaltsstaat nur durch Maßnahmen erfolgen, indem etwa der Mutter aufgrund von § 1666 BGB die elterliche Gewalt (gem Art 1, 2) entzogen und ein Vormund bestellt wird.

450 *Fall 2:* Die Mutter erhält analog Art 1, 2 gem § 1681 Abs 1 BGB (bzw Art 373–1 Cc) kraft Gesetzes die elterliche Gewalt, gleichgültig ob es sich um ein Kind aus einem Nichtvertragsstaat (Tunesien) oder aus einem Vertragsstaat handelt (ebenso Droz Clunet 100 [1973] 620 f; zust Lequette 163 Nr 204). Die Ausführungen zu Fall 1 gelten entsprechend.

Ein Nachteil der Gegenansicht, die eine Anpassung des Aufenthaltsrechts und eine entsprechende Maßnahme verlangt (oben Vorbem 438), wird am Beispiel des tunesischen Kindes in Frankreich von Droz plastisch herausgestellt: Wenn das tunesische Heimatrecht die Anordnung einer Vormundschaft vorsieht, welche – ohne Zwischenschaltung eines Familienrates – direkt der gerichtlichen Aufsicht unterliegt, während die Vormundschaft im französischen Recht die Schaffung eines Familienrates erfordert, dann respektiert man mit der französischen Maßnahme nicht das Heimatrecht (das – wie Droz treffend bemerkt – auch nicht respektiert werden muß), man respektiert aber auch nicht das Aufenthaltsrecht; denn man gibt dem Familienrat in einem Fall Befugnisse, in dem ihm solche nach französischem Recht nicht zustehen. „On créerait ainsi un régime de protection bâtard qui risquerait de ne cadrer ni avec l'environnement social de la résidence habituelle ni avec l'esprit de la loi nationale" (Droz Clunet 100 [1973] 620). Auch wenn der Mutter die elterliche Gewalt (und nicht die Vormundschaft) vom Gericht übertragen wird, entspricht das weder dem französischen noch dem tunesischen Recht.

451 *Fall 3:* Der überlebende Elternteil erhält gem § 1681 Abs 1 BGB kraft Gesetzes die elterliche Gewalt. Es gelten dieselben Erwägungen wie in Fall 1 und 2.

Zur Anwendung des § 1681 Abs 1 BGB gelangte in diesem Fall auch *LG Konstanz* 31. 1. 1975 IPRspr 1975 Nr 67 a. In seiner Begründung stützte sich das LG – nicht voll überzeugend – allein auf Art 2 Abs 1 und eine Interpretation des Maßnahmebegriffs: „Wenn unter den Maßnahmen, die nach Art 2 Abs 1 MSA nach deutschem Recht zu treffen sind, anerkanntermaßen die Regelung der elterlichen Gewalt mit eingeschlossen ist, so bedeutet dies nach Auffassung der Kammer *auch und erst recht*, daß die Gerichte damit deutsches Recht anzuwenden haben zur Beurteilung der Frage, wem die elterliche Gewalt bereits zusteht; denn dies ist gegenüber einer Regelung, die erst ein Eingreifen der Gerichte erfordert, als eine Maßnahme zu qualifizieren, die weniger stark in die Belange der Beteiligten eingreift."

Die Entscheidung ist in diesem Punkt von Sturm NJW 1975, 2125 heftig kritisiert worden: „beging das LG Konstanz einen salto mortale ... Nach deutschem Recht war nur zu prüfen, ob und gegebenenfalls welche Schutzmaßnahmen anzuordnen sind. Wie sich aus Art 1 und 2 MSA klar ergibt, gilt die lex fori *nur* für *Schutzmaßnahmen.*" Diese Kritik ist unberechtigt. Ebensowenig wie Art 3 besagt, daß für ex-lege-Gewaltverhältnisse *nur* das Heimatrecht des Kindes herangezogen werden dürfe, besagen Art 1 und 2, daß das Aufenthaltsrecht *nur* für Schutzmaßnahmen gilt. Vielmehr liegt in der gegebenen Situation eine Lücke vor, die mit rein begrifflichen Erwägungen nicht geschlossen werden kann. Die Lücke ist – wie dargelegt – gemäß der Grundkonzeption des Abkommens mit dem Aufenthaltsrecht (Art 1, 2 analog) und nicht mit dem Heimatrecht (Art 3) zu füllen.

Leider hat die auf weitere Beschwerde ergangene Entscheidung des *OLG Karlsruhe* 18. 7. 1975 (OLGZ 1976, 1 = NJW 1976, 485 = FamRZ 1976, 708 Anm Jayme = IPRspr 1975 Nr 67 b) den Vorrang des Aufenthaltsrechts nicht erkannt, der gegeben ist, wenn kein Gewaltverhältnis nach dem Heimatrecht des Kindes besteht. Das OLG folgert vielmehr aus Entscheidungen anderer deutscher Gerichte, die auf das Heimatrecht wegen eines gem Art 3 anzuerkennenden Gewaltverhältnisses Rücksicht nehmen mußten, daß auch in diesem Fall die Regelung des Aufenthaltsrechtes vor der des Heimatrechts zurückweichen müsse: „Würde man hier einen Übergang der elterlichen Gewalt nach deutschem Recht bereits kraft Gesetzes annehmen, und dies einer Schutzmaßnahme iS des Art 1 MSA gleicherachten, würde dies für den ausländischen Vater einen Rechtserwerb bedeuten, den es in seinem Heimatrecht nicht gibt und den er dort erst gerichtlich durchsetzen müßte. Daher kann die Feststellung des Überganges der elterlichen Gewalt kraft Gesetzes auf den überlebenden Vater jedenfalls mit Blick auf die Schweizer Regelung nicht einer Schutzmaßnahme des Art 1 MSA gleichkommen." Dieser Folgerung kann man nicht beipflichten, weil die Konvention in Art 1, 2 zum Ausdruck bringt, daß die Lösung des Aufenthaltsrechts die Regel bilden soll. Der Beschluß des OLG gibt auch keinen Aufschluß darüber, wie die Gerichte im deutschen Aufenthaltsland die Frage der elterlichen Gewalt eigentlich beurteilen sollen, wenn § 1681 Abs 1 BGB ausscheidet. Die Entscheidung erwähnt lediglich, „daß der Vater die elterliche Gewalt jederzeit wieder beanspruchen kann und dies auch bereits gegenüber dem zuständigen Schweizer Bezirksgericht beantragt hat." Bei gewöhnlichem Aufenthalt des Kindes in Deutschland ist das Schweizer Gericht aber nur unter der in Art 4 genannten Voraussetzung zuständig, daß das Wohl des Minderjährigen ein Eingreifen der Heimatbehörde erfordert. Eine Maßnahme der Schweizer Heimatbehörden muß in Deutschland dann gem Art 7 anerkannt werden, und sie tritt an die Stelle eines nach deutschem Aufenthaltsrecht entstandenen Schutzverhältnisses (Art 4 Abs 4). Nach richtiger Auffassung aber bedarf es des – meist unpraktischen – Tätigwerdens der Heimatbehörde idR gar nicht, weil nach Aufenthaltsrecht ex lege (§ 1681 Abs 1 BGB) ein Schutzverhältnis entstanden ist, das aufgrund einer analogen Anwendung des Art 7 in allen Vertragsstaaten und also auch im Heimatstaat anerkannt werden muß.

Fall 4: Schwimann ÖJBl 1976, 244 empfahl den österreichischen Gerichten „aus Gründen der Harmonie mit dem Heimatrecht und der flexibleren Handhabung wie auch wegen der klärenden Wirkung der gerichtlichen Übertragung" eine Anpassung an das deutsche Heimatrecht. Danach wäre „die elterliche Gewalt analog den §§ 147 ff ABGB [aF] dem geschiedenen Vater zu übertragen und lediglich die Pflege und Erziehung einer freien richterlichen Verteilung an einen der beiden Elternteile (§ 142 ABGB [aF]) vorzubehalten". Diese Lösung ist gut vertretbar, da das Kind bis zu einer gerichtlichen Entscheidung nicht schutzlos ist und das Gericht ohnehin tätig werden muß. Freilich ist der praktische Unterschied zu der Gegenmeinung gering, nach der dem Vater kraft Gesetzes die väterliche Gewalt zusteht (Art 1, 2 analog) und das Gericht dies lediglich feststellt, während „Pflege und Erziehung" durch eine Maßnahme des Gerichts zuzuweisen sind. 452

Aus der Sicht des deutschen Heimatstaates könnte einer starren Gewaltzuteilung an den Vater – wie der im früheren österreichischen Recht – uU wegen Grundrechtswidrigkeit (Art 3 Abs 2 GG) nach Maßgabe der ordre-public-Klausel des Art 16 die Anerkennung versagt werden (SCHWIMANN aaO; vgl auch BGH 20. 12. 1972 BGHZ 60, 68 = NJW 1973, 417 = MDR 1973, 390 = JZ 1974, 178 Anm FIRSCHING = JR 1973, 245 Anm JAYME = FamRZ 1973, 138 = StAZ 1973, 213 Anm DILGER = IPRspr 1972 Nr 59 b). Im übrigen bleibt es den deutschen Heimatbehörden unbenommen, die gesamte elterliche Gewalt gem §§ 1671, 1696 BGB neu zu verteilen, wenn die deutschen Behörden der Auffassung sind, daß das Wohl des Minderjährigen dies erfordert (Art 4 Abs 1).

453 *Fall 5:* Das OLG Hamm 12. 1. 1978 (NJW 1978, 1747, 1749 = StAZ 1978, 215, 218) nimmt eine Anpassung im Rahmen des deutschen materiellen Rechts vor und kann sich für die Schaffung der richterlichen Gestaltungsmöglichkeit auf das Vorbild der Normierung in §§ 1671 ff BGB stützen. Danach hat der deutsche Richter den nach deutschem Recht kraft Gesetzes bestehenden Rechtszustand (elterliche Gewalt der nichtehelichen Mutter gem § 1705 BGB) durch eine entsprechende Anordnung herzustellen, sofern nicht Gründe vorliegen, die einen Entzug der elterlichen Gewalt iS der §§ 1705, 1666 ff BGB rechtfertigen würden. Wenn man mit dem OLG Hamm davon ausgeht, daß nach dem jugoslawischen Heimatrecht des Kindes das Elternrecht beider Eltern als solches auch nach der Trennung fortbesteht und daß nur „innerhalb eines solchen Gewaltverhältnisses eine Ausübungsregelung“ zu treffen ist, darf das nach jugoslawischem Heimatrecht teilweise fortbestehende und gem Art 3 anzuerkennende Gewaltverhältnis jedenfalls nicht einfach durch das im deutschen Aufenthaltsrecht vorgesehene ex-lege-Verhältnis der Mutter ersetzt werden. Bei einer derartigen Konstellation sollte auch nicht von einer Lücke in der Konvention gesprochen werden, weil das Kind nicht wegen eines fehlenden Gewaltverhältnisses schutzlos ist. Vielmehr erscheint es hier methodisch richtiger, lediglich darauf abzustellen, daß in dem gem Art 2 anwendbaren Aufenthaltsrecht Maßnahmen fehlen, die zur weiteren Regelung eines nach dem Heimatrecht des Kindes abweichend gestalteten ex-lege-Verhältnisses erforderlich werden (vgl auch JAYME StAZ 1976, 198 f, zu dem ähnlichen Fall, daß die Eltern die italienische Staatsangehörigkeit besitzen und das Kind anerkannt haben). Selbst wenn das ex-lege-Gewaltverhältnis beider Eltern nach Trennung der Eltern nicht teilweise fortbestünde, sondern nach dem Heimatrecht des Kindes durch eine Maßnahme vollständig zu ersetzen wäre, läßt sich die vom OLG Hamm befürwortete Anpassung mE gut vertreten (vgl oben Vorbem 445, 452).

Art 2
[Anwendbares Recht]

Die nach Artikel 1 zuständigen Behörden haben die nach ihrem innerstaatlichen Recht vorgesehenen Maßnahmen zu treffen.

Dieses Recht bestimmt die Voraussetzungen für die Anordnung, die Änderung und die Beendigung dieser Maßnahmen. Es regelt auch deren Wirkungen sowohl im Verhältnis zwischen dem Minderjährigen und den Personen oder den Einrichtungen, denen er anvertraut ist, als auch im Verhältnis zu Dritten.

Art 2

Les autorités compétentes aux termes de l'article premier prennent les mesures prévues par leur loi interne.

Cette loi détermine les conditions d'institution, modification et cessation desdites mesures. Elle régit également leurs effets tant en ce qui concerne les rapports entre le mineur et les personnes ou institutions qui en ont la charge, qu'à l'égard des tiers.

Systematische Übersicht

I. Der Grundsatz des Gleichlaufs (Abs 1) 454

Gemäß Abs 1 haben die nach Art 1 zuständigen Behörden die nach ihrem „innerstaatlichen Recht" vorgesehenen Maßnahmen zu treffen. Zu den *Spannungen*, die daraus entstehen können, daß für ex-lege-Verhältnisse gem Art 3 das Heimatrecht des Kindes gilt, vgl oben Vorbem 432 ff.Der Ausdruck „innerstaatliches Recht" („loi interne") bedeutet hier – wie in anderen Haager Konventionen – den Ausschluß des IPR (Kropholler, Einheitsrecht 335). Dementsprechend ist allgemein anerkannt, daß im Rahmen des Art 2 die Kollisionsnormen des Aufenthaltsstaates nicht zu beachten sind. (So etwa Bericht zum Vorentwurf Marmo und Bericht von Steiger Actes et Doc IX/4, 24 und 226; Denkschrift der Bundesregierung BT-Drucks VI/947, 12; Botschaft des Schweizer Bundesrates BBl 1966 I 355; österr Regierungsvorlage 1210 Blg NR 13.GP 10; Loussouarn Clunet 88 [1961] 686; Ferid, IPR 250 Rz 8–244; Lequette 185 Nr 240; Schwimann ÖJBl 1976, 243; Mähr ÖRiZ 1977, 153; aus der Rechtsprechung OLG Zweibrücken 27. 9. 1973 OLGZ 1974, 171 = FamRZ 1974, 153 Anm Siehr = IPRspr 1973 Nr 67; OLG Karlsruhe 18. 7. 1975 OLGZ 1976, 1 = NJW 1976, 485 = FamRZ 1976, 708 Anm Jayme = IPRspr 1975 Nr 67 b.) Dieser Ausschluß ist einleuchtend, weil die einheitlichen Kollisionsnormen das autonome IPR der Vertragsstaaten gerade ausschalten und die Rechtsanwendung vereinfachen sollen. Das autonome IPR der Vertragsstaaten (zB Art 19, 23 EGBGB) wird durch Art 2 verdrängt (BayObLG 3. 12. 1976 FamRZ 1977, 473 = StAZ 1977, 137 = IPRspr 1976 Nr 74; vgl auch oben Vorbem 252, 260 ff).

455 Ebenso ist in Art 4 Abs 1 für Maßnahmen der Heimatbehörden die Anwendung von deren „innerstaatlichem Recht" vorgeschrieben. Zuständigkeit und anwendbares Recht laufen innerhalb der Konvention also grundsätzlich parallel, sog *Gleichlauf*.

1. Begründung des Gleichlaufprinzips im allgemeinen 456

Der Grund für die Wahl des Gleichlaufprinzips in Art 1 und 4 ist primär darin zu suchen, daß die Rechtsanwendung vereinfacht werden sollte. Die Behörden sollten soweit wie möglich ihr eigenes Recht anwenden können. Insbesondere dachte man an jene Länder, in denen – wie in der Schweiz – einfache Verwaltungsbehörden die Schutzmaßnahmen über Minderjährige zu treffen haben. Diesen Behörden sollte die Anwendung ausländischen Rechts nach Möglichkeit erspart bleiben. Auch ein Vormundschaftsrichter ohne besondere Kollisionsrechts- und Auslandsrechtskenntnisse sollte die Konvention anwenden können (vgl etwa von Steiger SchwJbIntR 17 [1960] 34; von Overbeck ZfR vgl 2 [1961] 147).

457 Die Gesichtspunkte der Praktikabilität und der Einfachheit wurden in den Materialien (im Bericht zum Vorentwurf, in der Diskussion während der Tagung und im

Abkommensbericht von Steigers) wiederholt angesprochen (krit Lequette 112 ff Nr 146 ff, 154 ff Nr 194 ff, 190 Nr 250).

458 In seinem Bericht zum *Vorentwurf* schreibt Marmo Actes et Doc IX/4, 19: „L'avant-projet … cherche à faire coincider dans toute la mesure du possible la loi qui doit régir les rapports de protection sur les questions de fond avec la *lex fori.*" Und später (25): „L'avant-projet s'inspire de l'idée qu'une autorité, et notamment une autorité administrative, pourra le plus efficacement instituer et administrer une tutelle ou une autre mesure si elle peut suivre pour cela sa propre loi sans avoir besoin d'appliquer un droit étranger."

459 Zu Beginn der *Diskussionen* auf der 9. Haager Tagung hob von Steiger als eines der wesentlichen Charakteristika des Vorentwurfs die Einfachheit der Rechtsanwendung hervor (Actes et Doc IX/4, 65): „Les second trait de cet avant-projet est d'avoir fait coincider la question de la compétence et la question du droit applicable. Le Rapporteur insiste sur la simplification que cela entraîne. Il fait remarquer à ce sujet que les autorités s'occupant de la protection des mineurs sont souvent – du moins en Suisse – de simples conseils communaux qui ne pourraient se renseigner en temps utile sur la teneur des droits étrangers." Kurz darauf unterstrich von Steiger nochmals die Vorteile eines Gleichlaufs zwischen forum und ius (68 f). Auch in seinem Bericht während der Plenarsitzung erwähnte von Steiger, daß die 3. Kommission, die das Abkommen ausgearbeitet hatte, zu dem Streit zwischen Staatsangehörigkeits- und Aufenthaltsprinzip nicht habe Stellung nehmen wollen; vielmehr habe sie eine praktische, dem Minderjährigen günstige Lösung finden wollen („elle a voulu trouver une solution pratique favorable au mineur"). Vor diesem Hintergrund sei auch die Verankerung des Gleichlaufs in der Konvention zu sehen („l'avantage pratique qu'il y a à maintenir une unité entre la compétence et la loi applicable"), Actes et Doc IX/4, 202.

460 Schließlich wird auch in dem *erläuternden Abkommensbericht* von Steigers die Notwendigkeit einer einfachen, praktikablen Regelung und damit des Gleichlaufs noch einmal mit folgenden Worten beschrieben (Actes et Doc IX/4, 226): „Il a déjà été signalé d'une part que c'est un grand avantage que de déterminer selon un même critère la compétence des autorités et la loi applicable et d'autre part qu'il importait d'établir un instrument simple et clair afin de faciliter son application par des autorités qui ne seront pas toujours composées de juristes. En effet, si les juges, du moins ceux des tribunaux supérieurs, ont fréquemment à appliquer le droit étranger, tel n'est pas le cas pour les autorités administratives. Il est même difficilement concevable qu'elles appliquent une loi étrangère, et si la convention ne réalisait pas l'unité de *forum et jus* son application risquerait de se heurter à des impossibilités pratiques."

461 **2. Begründung für die Wahl des Aufenthaltsrechts im besonderen**

Für die Wahl des Aufenthaltsrechts spricht aber nicht nur der Wunsch, die Rechtsanwendung für die Aufenthaltsbehörden möglichst einfach zu gestalten. Vielmehr erscheint die Wahl des Aufenthaltsrechts auch unter dem Gesichtspunkt kollisionsrechtlicher Gerechtigkeit als besonders angemessen.

So heißt es schon in dem Bericht zum Vorentwurf von Marmo Actes et Doc IX/4, 23: „Dans tout ce qui a trait à la protection des mineurs, il paraît particulièrement justifié, pour des motifs tirés non seulement de la pratique, mais également du domaine psychologique, d'appliquer la loi qui régit le milieu social où ils vivent." In diesem Sinne bemerkt Loussouarn Clunet 88 (1961) 686: „La loi du pays dans lequel vit effectivement le mineur est la plus qualifiée pour prendre les mesures de protection le concernant." Der Berichterstatter von Steiger, Actes et Doc IX/4, 202, 221, würdigt die Wahl des Aufenthaltsrechts mit Recht unter dem Gesichtspunkt, daß damit einer fortschrittlichen Tendenz des IPR Rechnung getragen werde, das Recht der Gesellschaft anzuwenden, in der eine Person lebt.

462 **3. Ablehnung anderer Lösungen**

Die 3. Kommission beschäftigte sich auf der Haager Tagung eingehend mit zwei anderen Lösungsvorschlägen für die Regelung des anwendbaren Rechts. Beide wurden aber verworfen.

Ein Vorschlag ging dahin, in der Konvention *nur die Zuständigkeit zu regeln*, die Bestimmung des anwendbaren Rechts dagegen dem autonomen IPR der einzelnen Vertragsstaaten zu überlassen. Dieser Vorschlag wurde von der deutschen Delegation schon während der Beratungen zum Vorentwurf in der Spezialkommission unterbreitet. Damit sollte das Staatsangehörigkeitsprinzip im Internationalen Kindschaftsrecht gewahrt werden. Die Spezialkommission hielt die Anwendung des Aufenthaltsrechts als des Rechts der sozialen Umwelt des Minderjährigen indes mit Recht für angemessener (vgl den Bericht zum Vorentwurf von Marmo Actes et Doc IX/4, 22 f). In der Plenarsitzung am Ende der Tagung wurde der deutsche Vorschlag von der italienischen Delegation noch einmal aufgegriffen, aber (bei vier Enthaltungen) von den übrigen Delegationen einmütig abgelehnt, weil er das schon erreichte Gleichgewicht des Projektes („l'économie, l'équilibre du projet") wieder in Frage gestellt hätte, Actes et Doc IX/4, 205 f. 463

Die Gründe, die zur Ablehnung dieses Vorschlags geführt haben, faßt von Steiger in seinem Bericht folgendermaßen zusammen (Actes et Doc IX/4, 226): „Il avait été proposé au cours des délibérations d'abandonner le problème du droit applicable à l'Etat de la résidence habituelle, de sorte que ses autorités appliqueraient leur loi interne ou une loi étrangère, par exemple la loi nationale du mineur, selon leurs règles de droit international privé. Cette proposition ne fut cependant pas retenue, et c'est la loi interne de l'Etat de la résidence habituelle qui fut déclarée compétente. Cette solution, plus rigide, il faut l'admettre, répond mieux au souci de la convention de soumettre le mineur à la loi qu'on a jugée la plus adéquate pour sa protection, la loi de la société dans laquelle il vit. Elle présente, en outre, l'avantage d'être plus simple et plus claire. Ainsi l'Etat national saura sans difficulté à quel régime le mineur sera soumis, alors qu'il serait souvent assez compliqué de déterminer la loi applicable selon le droit international privé de l'Etat de la résidence habituelle, surtout si celui-ci suit le principe du domicile. Cet argument vaut à plus forte raison pour le commerce juridique: Aux termes de l'alinéa 2 de l'article 2 la loi interne régira aussi les effets des mesures au point de vue interne et externe, c'est-à-dire *à l'égard des tiers*. Or, la sécurité du commerce juridique est mieux servie si la loi applicable à ces rapports est déterminée directement par la convention que s'il faut chaque fois de nouveau consulter les règles de conflit de l'Etat de la résidence habituelle."

Andere Vorschläge gingen dahin, *zwischen verschiedenen Maßnahmen zu unterscheiden* und also nicht für alle Schutzmaßnahmen gleichermaßen die Anwendung des Aufenthaltsrechts vorzuschreiben. Namentlich wurde von der italienischen Delegation eindringlich gewünscht, die Konvention solle zwischen privatrechtlichen und öffentlichrechtlichen Schutzmaßnahmen differenzieren (vgl die eingehende Diskussion Actes et Doc IX/4, 65–78). Tatsächlich ist die Anwendung des Aufenthaltsrechts für öffentlichrechtliche Maßnahmen seit jeher anerkannt, während man sie für privatrechtliche Maßnahmen kritisieren mag, sofern man vom Staatsangehörigkeitsprinzip ausgeht (vgl Kegel, Vom deutschen zum europäischen Recht, FS Dölle II [1963] 223 ff). Kritisch zu der Lösung des Abkommens jüngst wieder Lequette, der je nach der Intensität des Staatsinteresses zwischen *„protection familiale"* (Geltung der herkömmlichen Kollisionsnormen) und *„protection étatique"* (Anwendung der lex fori) unterscheiden möchte (vgl auch oben Vorbem 457), freilich ohne die Vorzüge des Aufenthaltsprinzips im nichtstaatlichen Bereich hinreichend zu würdigen. Der italienische Vorschlag wurde indes mit Recht überwiegend abgelehnt. 464

Besonders eindrucksvoll sind die Ausführungen de Winters, der auf die bei einer Unterscheidung entstehenden Qualifikationsschwierigkeiten hinwies und die praktischen Vorzüge einer Aufenthaltskompetenz hervorhob (Actes et Doc IX/4, 74): „de Winter (Pays-Bas) note que la Délégation italienne a proposé de distinguer entre mesures ayant un caractère de droit public, pour lesquelles on admettrait la compétence locale, et mesures de droit privé, pour lesquelles la compétence des autorités ou de la loi du pays d'origine serait conservée. Or, selon lui, il suffit de lire l'arrêt *Boll* pour être convaincu qu'une telle distinction n'est pas réalisable. Les problèmes de qualification sont insurmontables et, si l'on devait admettre aujourd'hui cette distinction, des conflits de juridictions seraient inévitables, et la convention condamnée d'avance.

Mais, même si une telle distinction était possible, il ne serait pas pratique de l'accepter. En effet, si l'on admet que le tuteur doit se trouver dans le même pays que l'enfant, pourquoi ne pas donner compétence aux autorités locales pour nommer ce tuteur, contrôler sa gestion, mettre fin à ses activités?

Ce sont les autorités locales qui sont le mieux informées des faits. Si l'on maintient les principes de la Convention de 1902, et si l'on perd de vue toute l'évolution qui s'est manifestée depuis cinquante ans en matière de protection de l'enfance, on pourra reprocher à la nouvelle convention d'avoir manqué son but."

Der italienische Delegierte DE NOVA meinte dazu später kritisch: „una specie di horror qualificationis ... ha intimidito l'eletta assemblea" (Dir Int 14 [1960] 310).

II. Der Umfang des Gleichlaufs im einzelnen (Abs 2)

465 1. Art und Bestand der Maßnahmen (Abs 2 S 1)

Das Recht des Forums regelt zunächst *„die Voraussetzungen für die Anordnung, die Änderung und die Beendigung"* der Maßnahmen und damit Art und Bestand der Maßnahmen. Die lex fori sagt also beispielsweise, unter welchen Voraussetzungen ein Vormund oder Pfleger zu bestellen ist und wann sein Amt endet. Als Beispiel wurde die Frage genannt, ob einem Minderjährigen, der neben seinen Eltern Erbe geworden ist, für die Nachlaßteilung ein Pfleger bestellt werden muß (Bericht VON STEIGER Actes et Doc IX/4, 227; Denkschrift der Bundesregierung BT-Drucks VI/947, 12; vgl im deutschen Recht § 1909 BGB iVm §§ 1629 Abs 2, S 1, 1795 Abs 1 Nr 1 BGB). Indes entscheidet über den Ausschluß von der Vertretungsmacht das nach Art 3 berufene Recht. Es ist nämlich zu beachten, daß die Konvention für manche Fragen gesonderte Regeln aufstellt, so für das Bestehen eines ex-lege-Verhältnisses in Art 3 oder für die Minderjährigkeit in Art 12, und daß gewisse Vorfragen unter Einschaltung des autonomen IPR des Forums beantwortet werden müssen (näher unten Vorbem 472). Ferner richtet sich die Organisation der Schutzmaßnahmen nach der lex fori, zB die Art der Vormundschaft als Familien- oder Behördenvormundschaft oder die fakultative oder zwingende Bestellung eines Gegenvormunds. Die Auswahl und Bestellung des Vormunds unterliegt ebenfalls dem Gleichlaufprinzip, so die Reihenfolge der Berufung (Benennungsrechte der Eltern), die Pflicht zur Annahme des Amtes und die Benennungsgründe.

466 2. Wirkung der Maßnahmen (Abs 2 S 2)

Gemäß Art 2 Abs 2 S 2 und 4 Abs 2 S 2 regelt das Recht des Forums auch die *Wirkungen* der Maßnahmen, und zwar sowohl im Innenverhältnis („im Verhältnis zwischen dem Minderjährigen und den Personen oder den Einrichtungen, denen er anvertraut ist") als auch im Außenverhältnis („im Verhältnis zu Dritten").

467 Als Beispiel für die Wirkung einer Maßnahme im **Innenverhältnis** erwähnen die Materialien die Frage, ob ein Minderjähriger seinen gewöhnlichen Aufenthalt ohne Zustimmung der Vormundschaftsbehörde verlegen darf (Bericht VON STEIGER Actes et Doc IX/4, 227). Auch an dem Umfang der Haftung des Vormundes oder sonstigen Gewalthabers gegenüber dem Kinde wäre zu denken.

468 Als wichtigstes Beispiel für die Wirkungen einer Maßnahme im **Außenverhältnis** wird allgemein die *Vertretungsmacht* genannt (vgl etwa VON STEIGER Actes et Doc IX/4, 227; DE WINTER NedJbl 1961, 21; LOUSSOUARN Clunet 88 [1961] 688; FERID

RabelsZ 27 [1962–63] 441; KROPHOLLER NJW 1971, 1725). Dem Recht der anordnenden Behörde ist es deshalb auch überlassen, den Kreis der Rechtsgeschäfte festzulegen, für die eine vormundschaftsgerichtliche Genehmigung oder die Zustimmung des Familienrates erforderlich ist (vgl VON STEIGER, DE WINTER und KROPHOLLER aaO; zu vormundschaftsgerichtlichen Genehmigungen vgl im übrigen oben Vorbem 302 ff). Die Vertretungsmacht eines im Aufenthaltsstaat bestellten gesetzlichen Vertreters beurteilt sich also in allen Vertragsstaaten – auch dort, wo sich unbewegliches Vermögen befindet – nach dem innerstaatlichen Recht des Aufenthaltsstaates. Dies dient der Klarheit und Sicherheit im Rechtsverkehr (VON STEIGER aaO). – Ein anderes Beispiel für die Wirkungen einer Schutzmaßnahme im Außenverhältnis bildet etwa die Frage, wieweit die Eltern über Angelegenheiten ihres Kindes entscheiden können, das in Fürsorgeerziehung eingewiesen ist (Denkschrift der Bundesregierung BT-Drucks VI/947, 12).

3. Ausgeschlossene Materien 469

Die Rechtsanwendungsregelung des Abkommens betrifft nicht die außerhalb seines Anwendungsbereichs liegenden Materien, wie die Geschäftsfähigkeit des Minderjährigen, die Ehemündigkeit, die Adoption etc (vgl im einzelnen oben Vorbem 322 ff).

III. Vorfragen 470

Bei der Auswahl der Schutzmaßnahmen aus dem Aufenthaltsrecht können verschiedene präjudizielle Fragen auftauchen, zB bei der Anordnung einer Vormundschaft die Fragen, ob noch ein elterliches Gewaltverhältnis besteht und ob der Schutzbedürftige noch minderjährig ist, bei Maßnahmen im Rahmen des ehelichen und nichtehelichen Kindschaftsverhältnisses die Fragen, ob das Kind ehelich ist oder ob die Ehe der Eltern wirksam geschieden ist. Für die Beantwortung solcher Fragen muß man unterscheiden:

1. Sonderregeln der Konvention 471

Für die Frage, ob ein elterliches Gewaltverhältnis oder ein sonstiges ex-lege-Verhältnis besteht, verweist Art 3 auf das Heimatrecht des Kindes. Über die Frage, wer als „Minderjähriger“ iS des Übereinkommens anzusehen ist, entscheidet gem Art 12 kumulativ das Heimatrecht und das Aufenthaltsrecht des Kindes. Soweit diese Fragen als Vorfragen im Rahmen des gem Art 2 für maßgebend erklärten Aufenthaltsrechts entstehen, sind sie ebenfalls nicht nach dem autonomen IPR der Vertragsstaaten, sondern nach den genannten Vorschriften der Konvention zu beantworten. Das hat den Vorteil, die Einheitlichkeit und Einfachheit der Rechtsanwendung im Rahmen der Konvention zu fördern.

2. Autonomes IPR der Vertragsstaaten 472

Soweit die Konvention keine eigenen Regeln aufstellt, anhand deren auftretende Vorfragen beantwortet werden können, ist auf das autonome IPR des Aufenthaltsstaates zurückzugreifen. Sie können nicht einfach nach dem materiellen Recht der Hauptfrage, also nach Aufenthaltsrecht beurteilt werden (eine Ausnahme hiervon macht das Unterhaltsabkommen wegen des besonders engen Zusammenhangs in der Frage der Abstammung, vgl oben Vorbem 70 ff). Das IPR des Aufenthaltsstaates gilt zB für die Vorfrage, ob das Kind ehelich ist, die sich nach Art 18 EGBGB beantwortet (OLG Hamm 7. 2. 1975 OLGZ 1975, 179 = NJW 1975, 1083 = FamRZ 1975, 426 = StAZ 1975, 275 = IPRspr 1975 Nr 68), oder für die Frage, ob die Ehe der Eltern wirksam geschieden ist. Ist die Ehescheidung im Ausland außerhalb des gemeinsamen Heimatstaates beider Ehegatten erfolgt, so ist das Entscheidungsmonopol der Landesjustizverwaltung zu beachten und das Verfahren für eine an die Ehescheidung anschließende Schutzmaßnahme also ggf bis zur Entscheidung der Landesjustizverwaltung auszusetzen (vgl STAUDINGER-GAMILLSCHEG Rz 428, 431, 436 zu § 328 ZPO [nach Art 17 EGBGB]). Die eigentliche Problematik der Vorfragenanknüpfung ob diese nämlich selbständig (nach dem Kollisionsrecht des Forums) oder unselbständig (nach dem Kollisionsrecht der für die Hauptfrage maßgebenden Rechtsordnung) zu erfolgen hat, stellt sich nicht; denn das für die Hauptfrage gem Art 2 maßgebende Aufenthaltsrecht ist zugleich das Recht des Forums.

Art 3
[Ex-lege-Gewaltverhältnisse]

Ein Gewaltverhältnis, das nach dem innerstaatlichen Recht des Staates, dem der Minderjährige angehört, kraft Gesetzes besteht, ist in allen Vertragsstaaten anzuerkennen.

Art 3

Un rapport d'autorité résultant de plein droit de la loi interne de l'Etat dont le mineur est ressortissant est reconnu dans tous les Etats contractants.

Systematische Übersicht

I. Bedeutung der Vorschrift

473 **1. Allgemeines**

In Art 3 ist vorgeschrieben, daß Gewaltverhältnisse, die nach dem Heimatrecht des Minderjährigen kraft Gesetzes bestehen, in allen Vertragsstaaten anzuerkennen sind. Man spricht kurz von „ex-lege-Verhältnissen“, die von den in Art 1 und 2 geregelten „Maßnahmen“ zu unterscheiden sind.

Der **Sinn** der Anerkennungspflicht liegt darin, im Interesse der Kontinuität und Einfachheit des Minderjährigenschutzes dort keine Hilfe durch Maßnahmen aufzudrängen, wo der Minderjährige bereits ex lege einem Schutzverhältnis unterworfen ist (so bereits deutlich der Bericht von Steiger Actes et Doc IX/4, 228). Maßgebender **Zeitpunkt** für das Entstehen der Anerkennungspflicht ist nach Art 17 Abs 2 das Inkrafttreten des Übereinkommens. In der Praxis spielt Art 3 eine bedeutende Rolle, weil vor jeder Maßnahme zunächst geprüft werden muß, ob bereits ein ex-lege-Verhältnis besteht. Die Vorschrift steht unter dem Vorbehalt des ordre public, Art 16 (näher unten Vorbem 766).

Erfreulich ist die auch in Art 3 durchgehaltene Anknüpfung an die Person des 474
Kindes. Während aber gem Art 2 auf Maßnahmen die lex fori anzuwenden ist, bildet Art 3 mit der Berufung des Heimatrechts die **Einbruchstelle für ausländisches Recht**. Die Staatsangehörigkeit des Kindes muß idR geprüft werden. Ihr Bestehen ist – hier wie sonst – nach dem Recht des Staates zu beurteilen, dessen Staatsangehörigkeit in Rede steht (vgl etwa OLG Stuttgart 17. 11. 1975 FamRZ 1976, 359 Anm Jayme = IPRspr 1975 Nr 77). Sie kann nur dann offen bleiben, wenn nach keiner der in Betracht kommenden Rechtsordnungen ein ex-lege-Verhältnis besteht (BayObLG 23. 9. 1976 IPRspr 1976 Nr 70). Die unterschiedliche Anknüpfung in Art 2 und in Art 3 erklärt sich aus dem Bestreben der Konvention, einen **Kompromiß** zwischen Aufenthalts- und Staatsangehörigkeitsprinzip herbeizuführen.

Die unterschiedliche Anknüpfung ist **sachlich nicht gerechtfertigt**; denn der Grund, 475
der für die Anwendung des Aufenthaltsrechts auf Maßnahmen (Art 2) spricht, also der Gedanke, daß der Minderjährigenschutz sich nach der Rechtsordnung der sozialen Umwelt des Kindes zu richten hat (oben Vorbem 461), trifft auch für ex-lege-Gewaltverhältnisse zu. Die künstliche, aus dem Kompromißcharakter des Abkommens folgende unterschiedliche Anknüpfung kann zu *Spannungen* führen, wenn einerseits das Aufenthaltsrecht keine Maßnahme anbietet, weil es ein ex-lege-Verhältnis eingreifen läßt, während andererseits das Heimatrecht kein ex-lege-Verhältnis, sondern Maßnahmen vorsieht (vgl hierzu ausf oben Vorbem 432 ff).

2. Angehörige von Nichtvertragsstaaten 476

Ein ex-lege-Gewaltverhältnis ist gem Art 3 nicht nur dann anzuerkennen, wenn der Minderjährige einem Vertragsstaat angehört, sondern auch dann, wenn er einem Nichtvertragsstaat angehört. Die Vorschrift spricht – ohne irgendeine Beschränkung – von dem „Recht des Staates, dem der Minderjährige angehört", und Art 13 Abs 2, der die Zuständigkeiten des Heimatstaates nur den Vertragsstaaten zuspricht, bezieht sich seinem klaren Wortlaut nach nur auf *Behörden*zuständigkeiten und nicht auf Gewaltverhältnisse, die kraft Gesetzes ohne behördliche Anordnung einer Maßnahme bestehen (unten Vorbem 721). Die uneingeschränkte Anwendung des Art 3 ist auch sinnvoll. Zum einen ist die Kontinuität des Minderjährigenschutzes, die Art 3 sichern will, auch für Angehörige von Nichtvertragsstaaten wichtig, zum anderen müßte sonst das Bestehen eines ex-lege-Verhältnisses bei Kindern aus Nichtvertragsstaaten anhand der Regeln des autonomen IPR geprüft werden; dadurch aber würde die Rechtseinheit beschnitten, eine kaum zu rechtfertigende unterschiedliche Anknüpfung für Angehörige verschiedener Staaten begründet und die Rechtsanwendung erschwert.

Die Bedeutung des Art 3 ist lediglich für die Staaten eingeschränkt, die – wie Österreich – den Vorbehalt des Art 13 Abs 3 erklärt haben und die deshalb alle Vorschriften der Konvention nur auf Minderjährige anwenden, die einem Vertragsstaat angehören. Für die deutschen Gerichte gilt diese Einschränkung mangels eines entsprechenden deutschen Vorbehalts jedoch nicht.

477 Die deutschen Gerichte haben deshalb einhellig ein ex-lege-Gewaltverhältnis auch dann berücksichtigt, wenn es nach dem Recht eines **Nichtvertragsstaates** entstanden war.*

Auch im Schrifttum ist die Anwendung des Art 3 auf Angehörige von Nichtvertragsstaaten nahezu allgemein anerkannt (Vgl außer der Botschaft des Schweizer Bundesrates BBl 1966 I 354 etwa KROPHOLLER NJW 1971, 1726; ders ZfRvgl 16 [1975] 211; ders, MSA 41; JAYME ZBlJugR 1972, 285; ders JR 1973, 182; LUTHER FamRZ 1973, 409; SIEHR DAVorm 1973, 265; AHRENS FamRZ 1976, 312 f; VON OVERBECK, Mélanges Deschenaux 459 f; aA LEMAIRE, Nederlands Internationaal Privaatrecht [1968] 105).

478 Wenn FERID, IPR 249 Rz 8–240 es für erwägenswert hält, Art 3 nur insoweit zu beachten, als ein Gewaltverhältnis nach dem Recht eines Vertragsstaates in Rede steht, weil man die in Art 3 gebotene Rücksichtnahme möglicherweise nur den Vertragsstaaten schulde, mit denen man aufgrund des Abkommens zu einer Zusammenarbeit verpflichtet sei, so ist diese Erwägung wohl aus der Sorge zu erklären, das ex-lege-Gewaltverhältnis nach dem Recht eines Nichtvertragsstaates könne die Eingriffszuständigkeit der Aufenthaltsbehörden gem Art 1 ausschließen. Diese Sorge ist aber unbegründet, wenn man der von FERID mit Recht vertretenen Anerkennungstheorie folgt (vgl oben Vorbem 408 ff). Für eine dem Wortlaut und den Intentionen der Konvention zuwiderlaufende Einschränkung des Art 3 besteht also kein Anlaß.

479 Bei **Staaten, die keine einheitliche Rechtsordnung besitzen,** wie die Vereinigten Staaten von Amerika, ist Art 14 zu beachten.

480 **3. Art 3 als Kollisionsnorm (Verhältnis zum autonomen deutschen IPR)**

Im Vergleich zu den herkömmlichen Kollisionsnormen des autonomen IPR (wie zB Art 19 EGBGB) gelten im Rahmen von Art 3 **zwei Einschränkungen**: (1) Art 3 betrifft **nicht den gesamten sachlichen Bereich** gesetzlicher Gewaltverhältnisse, insbes nicht das Eltern-Kind-Verhältnis in seiner ganzen Spannweite. Die Konvention will keine umfassende Kollisionsnorm für das Eltern-Kind-Verhältnis aufstellen. Vielmehr will sie – wie die Präambel sagt – gemeinsame Bestimmungen (über die Zuständigkeit und) über das anzuwendende Recht auf dem Gebiet des Schutzes von Minderjährigen festlegen. Art 3 bezieht sich also nur auf kraft Gesetzes entstandene Gewaltverhältnisse als Schutzverhältnisse und nicht auf andere, außerhalb des Zielbereichs der Konvention liegende Wirkungen eines gesetzlichen Gewaltverhältnisses. Deshalb wird die elterliche Gewalt als Schutzverhältnis (Vertretungsmacht, Personensorge, Vermögenssorge etc) von Art 3 erfaßt. Andere Bereiche des Eltern-Kind-Verhältnisses, wie insbes das Namensrecht und das Unterhaltsrecht, liegen dagegen außerhalb des Anwendungsbereichs von Art 3 und bleiben dem autonomen IPR der Vertragsstaaten bzw anderen Konventionen überlassen. Mit Blick auf das deutsche BGB läßt sich sagen: Betroffen ist namentlich der Bereich, der im BGB unter der Überschrift „elterliche Gewalt" steht (§§ 1626–1712 BGB), ausgenommen (und nach wie vor nach Art 19 und 20 EGBGB zu beurteilen) ist das „Rechtsverhältnis zwischen den Eltern und dem Kind im allge-

---

* ZB BGH 20. 12. 1972 BGHZ 60, 68 = NJW 1973, 417 = MDR 1973, 390 = JZ 1974, 178 Anm FIRSCHING = JR 1973, 245 Anm JAYME = FamRZ 1973, 138 = StAZ 1973, 213 Anm DILGER = IPRspr 1972 Nr 59 b; ausdrücklich OLG Hamm 28. 4. 1972 OLGZ 1972, 375 = NJW 1972, 1628 = FamRZ 1972, 381 = StAZ 1972, 345 = ZBlJugR 1972, 354 = IPRspr 1972 Nr 68, 12. 12. 1973 OLGZ 1974, 176 = NJW 1974, 1053 = MDR 1974, 582 = FamRZ 1974, 155 = ZBlJugR 1974, 441 = IPRspr 1973 Nr 178 und 12. 1. 1978 NJW 1978, 1747, 1748 = StAZ 1978, 215, 216 f; vgl ferner die unten Vorbem 506 ff aufgelisteten Entscheidungen und Gutachten zu einer Vielzahl ausländischer Rechtsordnungen.

meinen“ (§§ 1616–1625 BGB: Name, Dienstleistungspflichten hausangehöriger Kinder, Ausstattung) sowie namentlich der gesamte Unterhaltsbereich (Henrich, FS Schwind 86). Die Grenzlinie zu den Kollisionsnormen über Eheschließung (Art 13 EGBGB) und Adoption (Art 22 EGBGB), auf die es ankommt, wenn über die Fragen einer Einwilligung der Eltern in die Eheschließung oder Adoption ihres Kindes zu befinden ist, verläuft im Verhältnis zu Art 3 MSA ebenso wie im Verhältnis zu Art 19 EGBGB. Auf die Erläuterungen in Art 19 Rz 185 f sei verwiesen. – (2) Art 3 formuliert nicht – wie andere Kollisionsnormen –, daß sich das Bestehen eines gesetzlichen Gewaltverhältnisses nach einer bestimmten Rechtsordnung **beurteilt**, sondern Art 3 sagt, daß ein solches Gewaltverhältnis **„anzuerkennen“** ist. Die Bestimmung läßt also Raum dafür, in Sonderfällen das Bestehen eines ex-lege-Verhältnisses nach einer anderen Rechtsordnung als dem Heimatrecht des Kindes zu beurteilen. Das wird praktisch bedeutsam, wenn das Heimatrecht kein gesetzliches Gewaltverhältnis vorsieht und eine Lücke im System der Konvention besteht, weil das Aufenthaltsrecht seinerseits keine Maßnahme, sondern ein gesetzliches Gewaltverhältnis eingreifen läßt. Dann gestattet die Formulierung des Art 3, die Lücke dadurch zu schließen, daß ein ex-lege-Verhältnis nach dem Aufenthaltsrecht anerkannt wird (vgl oben Vorbem 432 ff, insbes Vorbem 442).

Die **kollisionsrechtliche Bedeutung** des Art 3 liegt zunächst darin, daß die **Vorfrage** 481
nach einem kraft Gesetzes eingetretenen Gewaltverhältnis, die bei der Anordnung einer Schutzmaßnahme auftauchen kann, in allen Vertragsstaaten einheitlich nach dem Heimatrecht des Kindes beantwortet wird. Das ist allgemein anerkannt. Wenn also bereits ein gesetzliches Gewaltverhältnis iS des Art 3 besteht, erübrigt sich uU eine Schutzmaßnahme. Außerdem kann eine Schutzmaßnahme das Bestehen eines gesetzlichen Gewaltverhältnisses voraussetzen. Auch dann greift Art 3 ein und nicht Art 19 EGBGB.

Beispiel: Das Herausgabeverlangen eines Elternteils gem § 1632 BGB (oben Vorbem 279) ist, 482
solange die elterliche Gewalt nicht durch eine Maßnahme (etwa nach Scheidung) geregelt ist, vom Bestehen des Aufenthaltsbestimmungsrechts abhängig. Dieses beurteilt sich nach Art 3 und nicht nach Art 19 EGBGB (offengelassen vom KG 17. 2. 1976 OLGZ 1976, 281 = IPRspr 1976 Nr 59 m Nachw für die hier vertretene Meinung; eine abw Ansicht darf den Ausführungen von Jayme JR 1973, 181 und ZBlJugR 1973, 438 wohl nicht entnommen werden, weil diese Ausführungen sich auf eine andere Problematik beziehen).

In der Vorfragenfunktion erschöpft sich die kollisionsrechtliche Bedeutung des Art 483
3 nicht (anders Ferid RabelsZ 27 [1962–63] 443 f). Eine Beschränkung auf diese Funktion entspräche weder dem Wortlaut noch dem Sinn der Konvention (so zutreffend Schwimann ÖJBl 1976, 238; ihm folgend Kropholler MSA 42; Henrich, FS Schwind 86 ff). Schon gesetzestechnisch bildet die in Art 3 vorgeschriebene Anerkennung von gesetzlichen Gewaltverhältnissen eine selbständige Vorschrift des Abkommens und nicht nur einen Vorbehalt für die Anordnung von Maßnahmen. Vor allem will das Abkommen ausdrücklich das Kollisionsrecht auf dem umfassenden „Gebiet des Schutzes von Minderjährigen“ vereinheitlichen (vgl Titel und Präambel). Ein solches Minderjährigenschutzsystem muß aber sinnvollerweise – worauf Schwimann mit Recht hinweist – Maßnahmen als subsidiäres Mittel ansehen und primär die Beachtung bereits unmittelbar kraft Gesetzes bestehender Schutzverhältnisse zum Gegenstand haben. Die Vorschrift ist also nicht nur zu beachten, wenn die Voraussetzungen einer Schutzmaßnahme zu prüfen sind, sondern auch in jeder anderen Situation. Es würde zu widersprüchlichen Ergebnissen führen, wenn man das Bestehen eines ex-lege-Verhältnisses bei Anordnung einer Schutzmaßnahme anerkennen, in anderen Zusammenhängen – zB bei der Kollision verschiedener ex-lege-Verhältnisse – aber ignorieren würde (zur Verdrängung des autonomen deutschen IPR vgl unten Vorbem 485). Die Frage des Bestehens eines

ex-lege-Verhältnisses ist also – ebenso wie die Anordnung von Maßnahmen – **unmittelbarer Regelungsgegenstand** des Abkommens.

484 *Beispiel:* Die gesetzliche Vertretungsmacht derjenigen Person, der nach Art 3 die Gewalt zusteht, ist anzuerkennen, wenn Schutzmaßnahmen in Rede stehen, zB die Entziehung der Vertretungsmacht oder die Bestellung eines Ergänzungspflegers in einem Fall, in dem der gesetzliche Vertreter von der Vertretung ausgeschlossen ist. Das kraft Gesetzes entstandene Gewaltverhältnis und die daraus folgende Vertretungsmacht ist aber auch anzuerkennen, wenn gar keine Schutzmaßnahme getroffen, sondern nur im Namen des Minderjährigen gehandelt werden soll. Wer gesetzlicher Vertreter ist, bestimmt sich im persönlichen und räumlichen Anwendungsbereich des Abkommens also nach den Regeln der Konvention.

485 Über das **Verhältnis zum autonomen deutschen IPR** gelten die bereits entwickelten Grundsätze (oben Vorbem 252 aE). Die Konventionsregelung verdrängt das deutsche IPR, wenn der Schutzbedürftige ein Minderjähriger iS des Art 12 ist und wenn sein gewöhnlicher Aufenthalt in einem Vertragsstaat, insbes also in der Bundesrepublik Deutschland liegt (vgl auch unten Vorbem 727). Für eine Anwendung der Art 19, 20 EGBGB ist dann kein Raum, soweit Fragen der „elterlichen Gewalt“ (Abgrenzung oben Vorbem 480) in Rede stehen. Also beurteilt sich etwa die Frage nach dem gesetzlichen Vertreter des Minderjährigen allein nach den Vorschriften des Abkommens. Praktisch kommen Art 19 und 20 EGBGB für Fragen der „elterlichen Gewalt“ also nur noch selten zur Anwendung. Der Unterschied zwischen Art 3 MSA und Art 20 EGBGB ist im Ergebnis gering, weil das nichteheliche Kind im allgemeinen die Staatsangehörigkeit der Mutter teilt; größer ist der Unterschied zu Art 19 EGBGB, sofern eheliche Kinder – wie neuerdings in der Bundesrepublik – auch die Staatsangehörigkeit der Mutter erwerben; denn die effektive Staatsangehörigkeit des Kindes wird dann häufig nicht mit der Staatsangehörigkeit des Vaters zusammenfallen (das berücksichtigen noch nicht die Denkschrift der Bundesregierung und die österr Regierungsvorlage; BT-Drucks VI/947, 13; 1210 Blg NR 13.GP 10). Jedenfalls ist es rechtssystematisch korrekt, im persönlichen Anwendungsbereich der Konvention nur Art 3 MSA und nicht Art 19, 20 EGBGB anzuwenden. Das fördert überdies die Anerkennung getroffener Entscheidungen in den anderen Vertragsstaaten und erspart den deutschen Gerichten die Prüfung der Verfassungsmäßigkeit von Art 19, 20 EGBGB.

486 *Beispiel* (BayObLG 7. 12. 1973 BayObLGZ 1973, 331 = NJW 1974, 420 = MDR 1974, 231 = FamRZ 1974, 137 = IPRspr 1973 Nr 71): Nach dem Tode des Vaters wurde beantragt, der österreichischen Mutter eines jugoslawischen Kindes die Elternrechte abzuerkennen. Der Mutter stand nach dem jugoslawischen Heimatrecht des Kindes die volle elterliche Gewalt zu (Art 3 des Abkommens: Maßgeblichkeit des Heimatrechts des Kindes); nach ihrem eigenen österreichischen Heimatrecht (Art 19 EGBGB) hatte sie nach dem Tode des Vaters nur die beschränkten Rechte, die ihr auch vorher neben dem Vater zugestanden haben, also insbes das Recht zur Erziehung des Kindes (§§ 139, 144, 145 Abs 1 ABGB aF). Die Frage war, ob der Mutter das nach jugoslawischem Recht bestehende volle Elternrecht abzuerkennen war oder ob ihr nur die beschränkten Rechte des österreichischen Rechtes abgesprochen werden durften. Das BayObLG hat mit Recht in Übereinstimmung mit Art 3 des Abkommens auf das jugoslawische Heimatrecht des Kindes und nicht auf das österreichische Heimatrecht der Mutter (Art 19 EGBGB) abgestellt (anders Ferid, IPR 248 Rz 8–224). Das autonome deutsche IPR wird durch Art 3 verdrängt.

487 **4. Art 3 im Rahmen der Zuständigkeitsordnung**

Die Vorschrift des Art 3 ist an sich keine Zuständigkeitsnorm (Kropholler NJW 1971, 1725 Fn 23; von Overbeck, Mélanges Deschenaux 463 Nr 29). Das ergibt sich eindeutig aus dem *Text* der Vorschrift, in dem mit keinem Wort von einer Zuständigkeit für Maßnahmen die Rede ist. Die *Systematik* der Konvention ist ebenfalls klar: Art 3 bezieht sich weder auf die Zuständigkeit noch auf das anwendbare Recht für Maßnahmen, sondern auf die (von Maßnahmen zu unterscheidenden) kraft Gesetzes entstehenden Gewaltverhältnisse. Ein Gleichlaufprinzip, in dem Sinne, daß die Zuständigkeit aus dem anwendbaren Recht folgt, liegt der Konvention nicht zugrunde (anders AHRENS FamRZ 1976, 307). Die Konvention kennt das Gleichlaufprinzip nur im umgekehrten Sinne, wonach das anwendbare Recht der Zuständigkeit folgt; vgl oben Vorbem 454 ff. Auch aus der *Entstehungsgeschichte* läßt sich nicht entnehmen, daß den Heimatbehörden durch Art 3 eine Zuständigkeit eingeräumt werden sollte. Die Denkschrift der Bundesregierung nimmt ohne Begründung einen anderen Standpunkt ein (BT-Drucks VI/947, 13; zust FIRSCHING Rpfleger 1971, 381 Fn 118). Sie gibt den Willen der Verfasser insoweit nicht richtig wieder, sondern enthält eine anläßlich des Ratifikationsverfahrens gegebene nachträgliche Interpretation. Schließlich erscheint es auch unter *teleologischen Gesichtspunkten* sinnvoll, im Rahmen eines ex-lege-Verhältnisses ebenfalls die Zuständigkeitsordnung der Art 1 und 4 gelten zu lassen (oben Vorbem 393 ff). Lediglich bei bloßen *Durchführungsmaßnahmen*, wie vormundschaftsgerichtlichen Genehmigungen, ist die Heimatbehörde eines Vertragsstaates analog Art 4 Abs 3 ohne weiteres zuständig (näher oben Vorbem 313 ff).

Obwohl Art 3 selbst keine Zuständigkeitsbestimmung enthält, ist die Vorschrift **488** dennoch in die Zuständigkeitsnormen der Art 1 und 8 einbezogen. Hier liegen die größten Auslegungsschwierigkeiten, die das Abkommen bereitet. Die Bedeutung des Vorbehalts von Art 3 in Art 1 ist bei Art 1 ausführlich erläutert (oben Vorbem 350 ff). Zu Art 8 vgl auch unten Vorbem 642 ff.

II. Begriff des kraft Gesetzes bestehenden Gewaltverhältnisses **489**

Der Ausdruck „ein Gewaltverhältnis, das ... kraft Gesetzes besteht" (sog ex-lege-Verhältnis), ist **nicht restlos klar**. Darauf ist namentlich in der französischsprachigen Literatur wiederholt hingewiesen worden (BATIFFOL Rev crit 50 [1961] 471: „termes non dépourvus d'obscurité"; zust LEQUETTE 157 Nr 198; vgl ferner DROZ Clunet 100 [1973] 612: „une rédaction un peu ambigue"; VON OVERBECK, Mélanges Deschenaux 448: „la notion de ‚rapports ex lege' est en peu floue"). Aber trotz möglicher Qualifikationsschwierigkeiten wollte die Konvention diese „Gewaltverhältnisse" einbeziehen, weil sie den Schutz Minderjähriger ebenso betreffen wie Maßnahmen (Bericht zum Vorentwurf MARMO Actes et Doc IX/4, 27). Der Ausdruck „kraft Gesetzes bestehendes Gewaltverhältnis" ist eine autonome Begriffsschöpfung der Konvention und muß deshalb im Lichte der Zielsetzungen der Konvention interpretiert werden und nicht anhand der Begriffe irgendeiner nationalen Rechtsordnung (KROPHOLLER, MSA 38; FERID, IPR 249 Rz 8–241; VON OVERBECK, Mélanges Deschenaux 456 Nr 19).

Ein kraft Gesetzes bestehendes Gewaltverhältnis *unterscheidet sich* schon nach dem **490** Wortsinn von einem durch behördliche Maßnahmen begründeten Schutzverhältnis dadurch, daß es ohne staatlichen Akt unmittelbar aus der gesetzlichen Ordnung des Heimatstaates hervorgeht.

So sahen es auch die *Verfasser der Konvention*: In seinem Bericht zum Vorentwurf schreibt MARMO (Actes et Doc IX/4, 271) gemeint seien „des rapports de protection des mineurs, qui n'ont pas le caractère de mesures, puisqu'ils ne sont pas institués par une autorité, mais dérivent directement de la loi". In dem Abkommensbericht VON STEIGERS (Actes et Doc IX/4, 227) heißt es zu Art 3: „Il traite des cas dans lesquels cette loi prévoit un régime juridique qui entre en vigueur de plein droit, c'est-à-dire sans qu'une intervention de la part d'une autorité soit nécessaire." Im *Schrifttum* sind die Umschreibungen allgemein übernommen worden (vgl etwa BATIFFOL Rev crit 50 [1961] 471; KROPHOLLER, MSA 38; ders NJW 1971, 1723; LUTHER FamRZ 1973, 409; SIEHR DAVorm 1973,

267; DROZ Clunet 100 [1973] 612; SCHWIMANN ÖJBl 1976, 237; VON OVERBECK, Mélanges Deschenaux 456 f Nr 19).

491 Es liegt also kein ex-lege-Verhältnis vor, wenn jemandem durch eine behördliche Maßnahme die Gewalt über den Minderjährigen übertragen worden ist. Beispielsweise ist Art 3 nicht anzuwenden, soweit einem Elternteil – etwa nach Scheidung – die elterliche Gewalt vom Gericht zugewiesen wurde oder soweit jemand durch behördliche Anordnung zum Vormund bestellt wurde. Indes wollten die Verfasser der Konvention den Begriff „ex-lege-Verhältnis" nicht immer eng verstanden wissen (vgl auch unten Vorbem 497): Die nach dem Tod beider Eltern im französischen Recht vorgesehene *Vormundschaft des Aszendenten* (Art 402 Cc) wurde als ex-lege-Verhältnis bezeichnet (Bericht VON STEIGER Actes et Doc IX/4, 228), obgleich die Vormundschaft selbst bei nur einem in Betracht kommenden Aszendenten nicht ohne vorheriges Tätigwerden des Vormundschaftsgerichts und des Familienrates wirksam wird (vgl näher LEQUETTE 159 Nr 201).

492 Als typisches **Beispiel** eines ex-lege-Verhältnisses gilt heute allgemein die **elterliche Gewalt (Sorge) beider Eltern** (vgl etwa OLG Hamm 28. 4. 1972 OLGZ 1972, 375 = NJW 1972, 1628 = FamRZ 1972, 381 = StAZ 1972, 345 = ZBlJugR 1972, 354 = IPRspr 1972 Nr 68, 12. 12. 1973 OLGZ 1974, 176 NJW 1974, 1053 = MDR 1974, 582 = FamRZ 1974, 155 = ZBlJugR 1974, 441 = IPRspr 1973 Nr 178 und 12. 1. 1978 NJW 1978, 1747 = StAZ 1978, 215; KROPHOLLER, MSA 39; ders NJW 1971, 1723; SIEHR DAVorm 1973, 267; DROZ Clunet 100 [1973] 612; SCHWIMANN ÖJBl 1976, 237; VON OVERBECK, Mélanges Deschenaux 456 f Nr 19; die *abweichende* Ansicht von MOSCONI 359 f ist vereinzelt geblieben; die deutsche *Rechtsprechung* sieht in der elterlichen Gewalt beider Eltern einhellig ein ex-lege-Verhältnis). Bemerkenswert ist, daß dies offenbar keineswegs allen Delegierten klar war; vgl etwa die Äußerungen des griechischen Delegierten MARIDAKIS Actes et Doc IX/4, 170 f; weder der Bericht VON STEIGERS (Actes et Doc IX/4, 227 f) noch die Denkschrift der Bundesregierung (BT-Drucks VI/947, 12 f) nennen die elterliche Gewalt beider Elternteile. Immerhin wird sie in einigen wenigen Konferenzberichten von Delegierten erwähnt: DE WINTER NedJbl 1961, 22, 25; BATIFFOL Rev crit 50 (1961) 471; OFFERHAUS-VAN DER MEULEN-NYPELS-DE WINTER-KISCH-EIJSSEN, Jaarboek van het Ministerie van Buitenlandse Zaken 1960/1961 (1961) 248.

493 Ferner wird allgemein genannt die ipso iure bestehende elterliche Gewalt oder Vormundschaft des **überlebenden Elternteils**, die in den meisten Rechtsordnungen vorgesehen ist (Bericht zum Vorentwurf MARMO Actes et Doc IX/4, 27; Bericht VON STEIGER Actes et Doc IX/4, 227 f; Denkschrift der Bundesregierung BT-Drucks VI/947, 13; Botschaft des Schweizer Bundesrates BBl 1966 I 355; österr Regierungsvorlage 1210 Blg NR 13.GP 10; VON STEIGER SchwJZ 1960, 258 und SchwJbIntR 17 [1960] 33; FERID RabelsZ 27 [1962–63] 442; KROPHOLLER, MSA 39; ders NJW 1971, 1723; DROZ Clunet 100 [1973] 612).

494 Auch bei **Scheidung** oder **Trennung** kann eine ex-lege-Regelung vorgesehen sein, zB indem die elterliche Gewalt (Sorge) ganz oder teilweise beim bisherigen Inhaber verbleibt (meist beim Vater) oder kraft Gesetzes auf einen der beiden Elternteile (etwa den schuldlosen) übergeht. Nicht einfach zu beurteilen ist die Frage, ob ein gesetzliches Gewaltverhältnis vorliegt, wenn eine Rechtsordnung einem Elternteil nach Scheidung zwar ipso iure die elterliche Gewalt zuerkennt, aber gleichzeitig eine abweichende richterliche Regelung gestattet. In solchen Fällen ist der Grundsatz zu beachten, daß ausländisches Recht so anzuwenden ist, wie dies in der Praxis des betreffenden Staates üblich ist. Beispielsweise werden nach Art 302 des belg Cc die Kinder uU dem Ehegatten anvertraut, der die Scheidung erwirkt hat. Hier kann dem bloßen Text des Code civil nicht entnommen werden, ob ein Gewaltverhältnis kraft

Gesetzes besteht. Vielmehr müssen Rechtsprechung und Lehre daraufhin geprüft werden, ob diese Regel des Gesetzes oder die ebenfalls vorgesehene Neuverteilung durch den Richter im Vordergrund steht. Bei einer derartigen Prüfung ergibt sich erfahrungsgemäß häufig, daß in der Praxis nicht die gesetzliche Zuteilung, sondern die richterliche Neuordnung überwiegt. In solchen Fällen greift Art 3 nach Rechtsprechung und herrschender Lehre nicht ein (OLG Hamm 28. 4. 1972 OLGZ 1972, 375 = NJW 1972, 1628 = FamRZ 1972, 381 = StAZ 1972, 345 = ZBlJugR 1972, 354 = IPRspr 1972 Nr 68 [Griechenland]; AG Cloppenburg 18. 10. 1972 = IPRspr 1972 Nr 76 [Frankreich] und 4. 1. 1973 IPRspr 1973 Nr 58 [Belgien]; Kropholler NJW 1972, 372; ders ZfRvgl 16 [1975] 211 f; Siehr DAVorm 1973, 270 f; Luther FamRZ 1973, 409 f mwBeisp: Ahrens FamRZ 1976, 310; von Overbeck, Mélanges Deschenaux 457; anders, aber nicht überzeugend, Schwimann ÖJBl 1976, 237: „Die Häufigkeit behördlicher Eingriffe nach der Praxis des maßgebenden Heimatstaates dürfte kein ausreichender Grund für einen Etikettenwechsel im Rechtsquellenbereich sein").

Beispiele im **Nichtehelichenrecht** bilden eine kraft Gesetzes eintretende elterliche Gewalt der Mutter (zB § 1705 BGB), die in vielen romanischen Rechten von einem Mutterschaftsanerkenntnis abhängig ist, eine ipso iure entstehende Vormundschaft der Mutter oder einer Jugendbehörde (vgl § 40 JWG aF) sowie die Amtspflegschaft des Jugendamtes nach § 1709 BGB (vgl etwa BT-Drucks VI/947, 13; österr Regierungsvorlage 1210 Blg NR 13.GP 10; Kropholler, MSA 39; ders NJW 1971, 1723; Schwimann ÖJBl 1976, 237). Wenn ein in Österreich geborenes österreichisches Kind seinen gewöhnlichen Aufenthalt in die Bundesrepublik verlegt, besteht die österreichische Amtsvormundschaft so lange fort, bis die Vormundschaft im Rahmen des deutsch-österreichischen Vormundschaftsabkommens deutschen Stellen überlassen ist (Beitzke, Referat 137). **495**

Unerheblich ist, ob das Gewaltverhältnis als elterliche Gewalt oder Vormundschaft erscheint, ob es sich auf eheliche oder nichteheliche Kinder bezieht und ob es umfassend oder nur partiell (zB auf die Personensorge beschränkt) eingreift (vgl etwa OLG Hamm 12. 12. 1973 OLGZ 1974, 176 = NJW 1974, 1053 = MDR 1974, 582 = FamRZ 1974, 155 = ZBlJugR 1974, 441 = IPRspr 1973 Nr 178 [Italien] und 7. 2. 1975 OLGZ 1975, 179 = NJW 1975, 1083 = FamRZ 1975, 426 = StAZ 1975, 275 = IPRspr 1975 Nr 68 [Kanada]; zust Lüderitz, in: IPR und Rechtsvergleichung im Ausgang des 20. Jahrhunderts, FS Kegel [1977] 47). Diese Abgrenzungsfragen, die uU Schwierigkeiten bereiten könnten, vermeidet die Konvention. **496**

Gesetzliche Gewaltverhältnisse liegen auch dort vor, wo sie *aufgrund von rechtsgeschäftlichen Erklärungen* entstehen, zB durch Vaterschaftsanerkennung (Niclas ZBlJugR 1972, 119; Siehr DAVorm 1973, 287 Fn 107). So wird auch die testamentarische Vormundschaft als ex-lege-Verhältnis zu gelten haben, sofern sie – wie etwa gem Art 1599 griech ZGB – ohne staatlichen Akt ipso iure wirksam wird; daß dabei zwingend die Bestellung eines Gegenvormunds vorgeschrieben ist (Art 1606 ZGB), ist demgegenüber unbeachtlich (Kropholler, MSA 40). Insoweit wollten die Verfasser der Konvention den Begriff ex-lege-Verhältnis weit aufgefaßt wissen (vgl Actes et Doc IX/4, 39, 102, 145). Die Anwendung des Art 3 entspricht hier auch dessen Sinn, im Interesse der Kontinuität des Minderjährigenschutzes dort keine Hilfe durch Schutzmaßnahmen aufzudrängen, wo der Minderjährige nach Heimatrecht ex lege einem Schutzverhältnis unterworfen ist. Jedoch kann in den Fällen von einem unmittelbar von Rechts wegen eintretenden Gewaltverhältnis nicht mehr gesprochen werden, in denen die Benennung eines Vormunds – wie etwa im deutschen Recht gem § 1776 BGB – nur einen Anspruch auf behördliche Bestellung begründet. **497**

Keine gesetzlichen Gewaltverhältnisse iS des Art 3 sind die Rechtsverhältnisse, die – in einzelnen überseeischen Rechtsordnungen – **größere personelle Einheiten** verbinden wie Sippe, Lehnsverband oder religiöse Gruppierungen; denn diese **498**

Verhältnisse zielen nicht wie elterliche Gewalt oder Vormundschaft in erster Linie darauf ab, ein Kind zu schützen (vgl näher MAGNUS-MÜNZEL StAZ 1977, 73 m Beisp). Nach dem eindeutigen Wortlaut des Art 3 ist für das Bestehen eines ex-lege-Verhältnisses aber in jedem Fall die rechtliche Normierung entscheidend, und es kommt nicht auf die tatsächlichen Umstände des Einzelfalles an; zB ist die Gewalt der Ehefrau des Vaters eines anerkannten nichtehelichen koreanischen Kindes nicht nur dann ein ex-lege-Verhältnis iS des Art 3, wenn die Ehefrau sich tatsächlich um das Kind kümmert, sondern auch dann, wenn sie sich nicht kümmert (anders MAGNUS-MÜNZEL). Im letzteren Falle kann die Anerkennung dieses ex-lege-Verhältnisses freilich an Art 16 (ordre public) scheitern, wobei sich der deutsche ordre public – hier wie sonst – nicht gegen das aus einem anderen Kulturkreis stammende fremdartige Gewaltverhältnis als solches richtet, sondern gegen seine Berücksichtigung im konkreten Einzelfall. Außerdem wäre ein Eingriff in ein deartiges, der elterlichen Gewalt vergleichbares Verhältnis gem Art 1, 2 iVm § 1666 BGB möglich.

499 STÖCKER (DAVorm 1975, 516–519) vertritt die Ansicht, ex-lege-Verhältnisse seien gem Art 3 nur anzuerkennen, wenn sie *effektiv* und *konsolidiert* seien. Effektivität und Konsolidierung seien „ungeschriebene Tatbestandsmerkmale“ des Art 3. Ein Gewaltverhältnis, dessen Existenz sich in den Gesetzesbuchstaben des Heimatrechtes erschöpfe, könne dem Art 3 nicht unterfallen, weil die Anerkennung eines solchen Verhältnisses keine Betreuungskontinuität wahren könne. Vielmehr müsse ein *„effektives Gewaltverhältnis in der sozialen Wirklichkeit“* gegeben sein (so wenn der ex lege berufene Vormund sein Amt bereits angetreten habe; anders, wenn Ungewißheit bestehe, ob er dazu bereit und in der Lage sei). *Konsolidiert* sei ein Gewaltverhältnis, wenn es zumindest eine gewisse Zeit unangefochten Bestand gehabt habe. Im Falle einer Ehescheidung sei diese Konsolidierung nicht gegeben, wenn ein Elternteil die Behörden des Aufenthaltsstaates um Entscheidung ersuche. Wegen des Streites der Eltern sei eine Konsolidierung nicht möglich, und es sei deshalb belanglos, ob das Heimatrecht des Minderjährigen bei Ehescheidung in Bezug auf das Sorgerecht eine ex-lege-Regelung vorsehe oder nicht. – Diese Ansicht ist abzulehnen (ausdrücklich abl auch SCHWIMANN ÖJBl 1976, 238; KROPHOLLER, MSA 39; VON OVERBECK, Mélanges Deschenaux 461 f Nr 25). Sie findet in dem Abkommen und den zu ihm ergangenen richterlichen Entscheidungen keine Stütze. Auch aus der im französischen Originaltext gebrauchten Wendung „résultant de plein droit de la loi interne“ läßt sich keineswegs ablesen, „daß es nicht auf die nach Heimatrecht abstrakt gegebene Rechtslage ankommt, sondern vor allem darauf, daß ihr ein ‚Resultat‘ entspringt oder entsprungen ist“ (so aber STÖCKER DAVorm 1975, 516). Wie VON OVERBECK aaO treffend hervorhebt, ergibt weder der Text noch die Entstehungsgeschichte der Konvention irgendeinen Anhaltspunkt für die von STÖCKER empfohlene Einschränkung des Art 3. Vielmehr zeigen die zahlreichen behördlichen Eingriffskompetenzen, die das Abkommen bereitstellt (Art 1, 4, 5, 8 und 9), daß die Konvention die Beachtung des Kindeswohls bei Bestehen gesetzlicher Gewaltverhältnisse nicht dem begrifflichen Rahmen des Art 3 überläßt, sondern daß konkrete Schutzmaßnahmen zu setzen sind, wenn ein ex-lege-Gewaltverhältnis faktisch nicht befriedigt und daher regelungsbedürftig ist (so mit Recht SCHWIMANN ÖJBl 1976, 238). Wollte man die Problematik mit Hilfe der von STÖCKER empfohlenen ungeschriebenen Tatbestandsmerkmale im Rahmen des Art 3 lösen, wäre dies zudem der Rechtssicherheit und damit der praktischen Durchführbarkeit der Konvention nur abträglich. Es bedarf keiner besonders ausgeprägten Phantasie, um sich zahlreiche Fälle vorzustellen, in denen es zweifelhaft sein kann, ob ein Gewaltverhältnis effektiv oder konsolidiert ist (ein Beispiel bringt VON OVERBECK aaO). Von dieser unsicheren Entscheidung darf und soll die Anerkennung eines ex-lege-Verhältnisses aber nicht abhängen.

500 III. „Innerstaatliches Recht“ (Renvoi; ausländische Rechte)

Art 3 verweist auf das „innerstaatliche Recht“ des Staates, dem der Minderjährige angehört. Im folgenden soll untersucht werden, was der Ausdruck „innerstaatliches Recht“ bedeutet, insbes ob er einen ‚Renvoi“ ausschließt. Sodann werden einige rechtsvergleichende Hinweise zum Inhalt des ausländischen innerstaatlichen Rechts gegeben.

1. Renvoi

501

Mit dem Ausdruck „innerstaatliches Recht" bezeichnen die Haager Konventionen übereinstimmend den Ausschluß des IPR. Das wurde schon in den Erläuterungen zu Art 2, wo sich der Ausdruck ebenfalls findet, hervorgehoben (oben Vorbem 454). Dem unmißverständlichen **Wortlaut** folgend, geht die herrschende Lehre und die Rechtsprechung auch im Rahmen des Art 3 davon aus, daß ein Renvoi ausgeschlossen ist: Botschaft des Schweizer Bundesrates BBl 1966 I 354 f; KROPHOLLER, MSA 24 f; ders NJW 1972, 371; ders ZfRvgl 16 (1975) 211; JAYME JR 1973, 181 f, 185; LUTHER FamRZ 1973, 411; SIEHR DAVorm 1973, 267; PALANDT-HELDRICH Anh zu Art 23 EGBGB Anm 1 zu Art 3 MSA; DROZ Clunet 100 (1973) 612; BAECHLER ZVW 30 (1975) 10; SCHWIMANN ÖJBl 1976, 237 f; VON OVERBECK, Mélanges Deschenaux 450, 460 f; HENRICH FS Schwind 85; wohl auch SCHURIG FamRZ 1975, 460; die deutsche Rechtsprechung hat die Problematik zwar bislang nicht näher erörtert; sie hat aber in allen veröffentlichten Entscheidungen mit Recht nur das ausländische materielle Recht und nicht auch das fremde Kollisionsrecht geprüft (vgl die in Vorbem 506 ff genannten Beschlüsse und Gutachten; ferner OLG Düsseldorf 26. 5. 1976 NJW 1976, 1596 = FamRZ 1977, 56 = StAZ 1977, 83 = IPRspr 1976 Nr 65).

Dagegen wollen FERID, IPR 249 Rz 8–239 und in bestimmten Ausnahmefällen auch IPG 1974 Nr 27 (Heidelberg) einen Renvoi des Heimatstaates berücksichtigen; die dort angenommene Voraussetzung, anders sei es nicht möglich, der geschiedenen Frau eines Amerikaners, die mit dem Kind nach gescheiterter Ehe in die deutsche Heimat zurückgekehrt ist, aufgrund deutschen Rechts die elterliche Gewalt zuzuteilen, trifft aber jedenfalls nach der Anerkennungstheorie, der zu folgen ist, nicht zu (oben Vorbem 418). Für STÖCKER DAVorm 1975, 517, der zu Unrecht auf die Effektivität der Gewalt abhebt (dazu oben Vorbem 499), stellt sich die Frage der Zulässigkeit eines Renvoi nicht.

Entstehungsgeschichte und **Systematik** der Konvention liefern eine gewisse Stütze 502
für die hM, nach der ein Renvoi nicht zu befolgen ist. In der Bestimmung des Vorentwurfs über ex-lege-Verhältnisse (Art 7) hieß es noch „loi nationale" und nicht „loi interne" (innerstaatliches Recht), vgl Actes et Doc IX/4, 15. Diese Fassung hätte es zumindest nicht ausgeschlossen, das IPR des Heimatstaates zu berücksichtigen. Die Formulierung wurde dann aber in einem Redaktionsausschuß während der Haager Tagung in die endgültige Fassung „loi interne" geändert, ohne daß darüber diskutiert worden wäre, vgl Actes et Doc IX/4, 102 und 103. Offenbar wurde in der anderslautenden Formulierung des Vorentwurfs nur eine Ungenauigkeit, ein Redaktionsversehen erblickt. Die Problematik der Anwendung des Art 3 auf Angehörige von Nichtvertragsstaaten wurde – ebenso wie viele andere Probleme – auf der Haager Tagung gar nicht gesehen; auch in dem Bericht VON STEIGERS findet sich dazu kein Wort. Es wird lediglich berichtet, daß schon in den (nichtprotokollierten) Beratungen zum Vorentwurf verschiedene Systeme einer Berücksichtigung des IPR der Vertragsstaaten diskutiert wurden, die aber sämtlich verworfen wurden (VON OVERBECK, Mélanges Deschenaux 461). Jedenfalls dürfte man sich auf der Tagung über die Bedeutung der Worte „loi interne" klar gewesen sein; denn zu dieser Formulierung hieß es bereits im Bericht zum Vorentwurf MARMO Actes et Doc IX/4, 24: „les mots *loi interne* veulent exprimer, comme dans d'autres Conventions de La Haye, que l'on entend viser le droit d'un pays à l'exclusion de son droit international privé, c'est-à-dire éviter le renvoi" (ebenso der Bericht des spanischen Delegierten CASTRO-RIAL CANOSA Rev esp der int 14 [1961] 31). Es erscheint deshalb nicht gerechtfertigt, die Wendung „innerstaatliches Recht" in Art 3 anders zu interpretieren als in sonstigen Vorschriften der Konvention.

Fragt man nach dem **Sinn** des Ausschlusses des Renvoi, so liegt dieser auf der Hand, 503
wenn der Heimatstaat des Kindes ein *Vertragsstaat* ist. Für die Vertragsstaaten

verdrängt Art 3 das autonome IPR, so daß dieses auch im Rahmen eines Renvoi nicht zu beachten ist. Das Ideal der internationalen Entscheidungsharmonie, das im autonomen IPR für die Berücksichtigung des Renvoi spricht, ist unter den Vertragsstaaten durch die Vereinheitlichung der Kollisionsnormen bereits erreicht. Soweit Art 3 auf das Recht eines *Nichtvertragsstaates* verweist, ist der Ausschluß des Renvoi rechtspolitisch problematisch (vgl Kropholler, Einheitsrecht 336). Im Minderjährigenschutzabkommen führt er zu der „paradoxen Situation" (so Baechler ZVW 30 [1975] 10), daß ein gesetzliches Gewaltverhältnis, das nach dem materiellen Recht des Heimatstaates besteht, berücksichtigt werden muß, obwohl der Heimatstaat selbst es nach seinen Kollisionsnormen nicht anerkennt und seine Beachtung mithin nicht wünschen kann. Die Entscheidungsharmonie mit dem Heimatstaat ist also gestört. Andererseits würde eine Zulassung des Renvoi den Entscheidungseinklang unter den Vertragsstaaten gefährden, weil diese eine verschiedene Haltung zu den einzelnen Renvoi-Fällen (Rückverweisung im engeren Sinn, Weiterverweisung, Zirkelverweisung etc) einnehmen können. Außerdem erschwert der Renvoi die Rechtsanwendung, die das Abkommen gerade vereinfachen wollte, und die Voraussehbarkeit der Entscheidung, weil ein zusätzliches Eindringen in fremdes Recht erforderlich ist und das Vorliegen eines Renvoi im Einzelfall oft zweifelhaft ist. Ferner würde die in Art 3 enthaltene fortschrittliche Anknüpfung an das Recht des Kindes im Ergebnis preisgegeben, wenn dessen Heimatrecht noch die patriarchalische Anknüpfung an das Recht des Vaters vorschreibt. Es ist also zwar nicht unproblematisch, kann aber keinesfalls als sinnwidrig bezeichnet werden, wenn Art 3 den Renvoi schlechthin ausschließt, ohne zwischen der Verweisung auf das Recht von Vertragsstaaten und Nichtvertragsstaaten zu unterscheiden. Sollte dadurch einmal der Schutz des Minderjährigen gefährdet werden, so bleibt den Behörden der Vertragsstaaten die Möglichkeit, aufgrund der im Abkommen vorgesehenen Zuständigkeiten mit einer Maßnahme helfend einzugreifen. Nach alledem ist kein hinreichender Grund vorhanden, von dem eindeutigen Wortlaut der Konvention abzuweichen. Ein Renvoi des Heimatrechts ist also nicht zu beachten.

504 Selbstverständlich ist der Ausschluß des IPR in den Vertragsstaaten auch dann zu berücksichtigen, wenn Heimatrecht des Kindes nicht ein fremdes Recht, sondern **das eigene Recht** ist. Ist also deutsches Recht Heimatrecht des Kindes, sei es, weil das Kind nur die deutsche Staatsangehörigkeit besitzt, sei es weil diese Staatsangehörigkeit die effektive ist, dann haben die deutschen Gerichte das deutsche Sachrecht zu prüfen, ohne vorher die Kollisionsnormen des autonomen deutschen IPR (Art 19 ff EGBGB) zu befragen (so mit Recht OLG Düsseldorf 26. 5. 1976 NJW 1976, 1596 = FamRZ 1977, 56 = StAZ 1977, 83 = IPRspr 1976 Nr 65).

505 **2. Ausländische Rechte**

Die rechtsvergleichende Arbeit, zu ermitteln, wann nach den Rechtsordnungen der Welt ex-lege-Verhältnisse bestehen, kann im Rahmen dieser Erläuterungen nicht geleistet werden. Der deutsche Richter sei in erster Linie auf die Darstellung des ausländischen Kindschaftsrechts bei Bergmann-Ferid, Internationales Ehe- und Kindschaftsrecht (5. Aufl 1976 ff) verwiesen; vgl auch Boschan, Europäisches Familienrecht (5. Aufl 1972).

Im folgenden wird ein Überblick über Entscheidungen, Gutachten und Aufsätze gegeben, die in Hinblick auf Art 3 das Vorliegen eines ex-lege-Verhältnisses bei bestehender Ehe, nach Scheidung, nach Tod eines oder beider Elternteile sowie bei nichtehelichen Kinder erörtert haben:

Ägypten: BayObLG 31. 7. 1974 BayObLGZ 1974, 322 = NJW 1974, 2184 = FamRZ 1974, 537 = StAZ 1974, 301 = IPRspr 1974 Nr 86 (Scheidung); OLG Zweibrücken 23. 8. 1972 FamRZ 1972, 649 Anm KROPHOLLER = IPRspr 1972 Nr 72 (bestehende Ehe) und 13. 9. 1974 FamRZ 1975, 172 = IPRspr 1974 Nr 91 (Scheidung); IPG 1971 Nr 25 (Freiburg): Scheidung. 506

Algerien: IPG 1972 Nr 24 (Köln): bestehende Ehe 507

Belgien: BayObLG 23. 12. 1974 BayObLGZ 1974, 491 = NJW 1975, 1082 = FamRZ 1975, 425 = DAVorm 1975, 263 = IPRspr 1974 Nr 94 (bestehende Ehe); AG Cloppenburg 4. 1. 1973 IPRspr 1973 Nr 58 (Scheidung). 508

England: IPG 1974 Nr 26 (Hamburg) 270 f: Scheidung. 509

Frankreich: AG Cloppenburg 18. 10. 1972 IPRspr 1972 Nr 76 (Scheidung); AG Hameln 15. 8. 1973 FamRZ 1973, 662 = IPRspr 1973 Nr 64 (Scheidung); IPG 1971 Nr 26 (München): bestehende Ehe. 510

Griechenland: OLG Hamm 28. 4. 1972 OLGZ 1972, 375 = NJW 1972, 1628 = FamRZ 1972, 381 = StAZ 1972, 345 = ZBlJugR 1972, 354 = IPRspr 1972 Nr 68 (Scheidung); OLG Stuttgart 18. 2. 1974 Justiz 1974, 188 = IPRspr 1974 Nr 80 (Scheidung), 18. 9. 1974 Justiz 1974, 426 = IPRspr 1974 Nr 92 (Scheidung) und 17. 11. 1975 Justiz 1976, 431 = FamRZ 1976, 359 Anm JAYME = IPRspr 1975 Nr 77 (Scheidung); LG Stuttgart 23. 5. 1975 DAVorm 1975, 485 = IPRspr 1975 Nr 72 (nichteheliches Kind); IPG 1971 Nr 32 (München) und IPG 1973 Nr 27 (Köln): Tod eines oder beider Eltern. 511

Iran: BGH 20. 12. 1972 BGHZ 60, 68 = NJW 1973, 417 = MDR 1973, 390 = JZ 1974, 178 Anm FIRSCHING = JR 1973, 245 Anm JAYME = FamRZ 1973, 138 = StAZ 1973, 213 Anm DILGER = IPRspr 1972 Nr 59 b (Scheidung); BayObLG 11. 9. 1974 BayObLGZ 1974, 355 = FamRZ 1975, 45 = StAZ 1975, 68 = DAVorm 1975, 109 = IPRspr 1974 Nr 89 (Scheidung); AG Hamburg 12. 9. 1974 HambJVBl 1975, 17 = IPRspr 1974 Nr 90 (Scheidung); DILGER, Zum iranischen Recht im Rahmen des Haager Minderjährigenschutzabkommens, FamRZ 1973, 530. 512

Israel: LG Hannover 29. 1. 1973 IPRspr 1973 Nr 60 (Scheidung). 513

Italien: BayObLG 20. 10. 1978, demnächst in IPRspr 1978 (nichteheliches Kind); OLG Hamm 12. 12. 1973 OLGZ 1974, 176 = NJW 1974, 1053 = MDR 1974, 582 = FamRZ 1974, 155 = ZBlJugR 1974, 441 = IPRspr 1973 Nr 178 (Ehetrennung) und 5. 4. 1974 IPRspr 1974 Nr 83 (Scheidung); KG 2. 10. 1973 OLGZ 1974, 88 = NJW 1974, 423 = FamRZ 1974, 142 = StAZ 1974, 125 = ZBlJugR 1974, 321 = IPRspr 1973 Nr 68 (Scheidung); AG Iserlohn 17. 12. 1973 FamRZ 1974, 141 Anm SIEHR = IPRspr 1973 Nr 180 (Trennung). Beachte aber die Familienrechtsreform durch Gesetz vom 19. 5. 1975; dazu etwa JAYME StAZ 1976, 193 ff; LUTHER RabelsZ 42 (1978) 304 ff. 514

Jugoslawien: BayObLG 7. 12. 1973 BayObLGZ 1973, 331 = NJW 1974, 420 = MDR 1974, 231 = FamRZ 1974, 137 = IPRspr 1973 Nr 71 (Tod des Vaters); LG Osnabrück 17. 12. 1973 ZBlJugR 1974, 446 = NdsRpfl 1974, 184 = IPRspr 1973 Nr 179 (nichteheliches Kind); AG Ingolstadt 27. 2. 1975 DAVorm 1975, 270 = IPRspr 1975 Nr 69 (Scheidung); OLG Hamm 12. 1. 1978 NJW 1978, 1747 = StAZ 1978, 215 (nichteheliches Kind; Trennung von Vater und Mutter; Recht des autonomen Gebietes Wojwodina). 515

Kanada: OLG Hamm 7. 2. 1975 OLGZ 1975, 179 = NJW 1975, 1083 = FamRZ 1975, 426 = StAZ 1975, 275 = IPRspr 1975 Nr 68 (Scheidung; Quebec). 516

517 **Libyen:** OLG Hamm 17. 12. 1971 MDR 1972, 522 = FamRZ 1972, 312 Anm FERID = StAZ 1972, 203 = IPRspr 1971 Nr 73 (Scheidung).

518 **Mauritius:** IPG 1974 Nr 26 (Hamburg) 274 f: Scheidung.

519 **Niederlande:** OLG Hamm 11. 2. 1972 OLGZ 1972, 371 = FamRZ 1972, 309 = StAZ 1972, 307 = ZBlJugR 1972, 201 = IPRspr 1972 Nr 60 (Scheidung); LG Augsburg 20. 4. 1972 DAVorm 1972, 249 = IPRspr 1972 Nr 89 (nichteheliches Kind); LILL, Die Regelung des Sorgerechts für Kinder geschiedener Niederländer, FamRZ 1972, 22.

520 **Österreich:** BayObLG 28. 2. 1974 BayObLGZ 1974, 106 = NJW 1974, 1050 = FamRZ 1974, 324 = StAZ 1974, 178 = IPRspr 1974 Nr 81 (Scheidung) und 19. 6. 1975 BayObLGZ 1975, 218 = FamRZ 1975, 650 = StAZ 1975, 310 = IPRspr 1975 Nr 73 (Scheidung); OLG Stuttgart 23. 6. 1975 OLGZ 1975, 391 = NJW 1976, 483 = FamRZ 1975, 644 = IPRspr 1975 Nr 74 (Scheidung); LG Nürnberg-Fürth 21. 3. 1973 FamRZ 1973, 381 = IPRspr 1973 Nr 62 (Scheidung); OLG Frankfurt 20. 1. 1977 OLGZ 1977, 416 = IPRspr 1977 Nr 78 (Trennung); aus dem Schrifttum siehe HENRICH FamRZ 1974, 109 f. Beachte aber das Bundesgesetz vom 30. 6. 1977 über die Neuordnung des Kindschaftsrechts (österr BGBl 1977, 2377 Nr 108 = DAVorm 1978, 86), das am 1. 1. 1978 in Kraft getreten ist und wesentliche Änderungen gebracht hat.

521 **Peru:** IPG 1972 Nr 25 (Köln): Scheidung.

522 **Schweiz:** OLG Karlsruhe 18. 7. 1975 OLGZ 1976, 1 = NJW 1976, 485 = Justiz 1976, 80 = FamRZ 1976, 708 Anm JAYME = IPRspr 1975 Nr 67 b (Tod des geschiedenen sorgeberechtigten Elternteils); LG Hannover 25. 6. 1973 DAVorm 1973, 499 = IPRspr 1973 Nr 83 (nichteheliches Kind). Beachte aber die am 1. 1. 1978 in Kraft getretene Novelle zum schweizerischen Kindschaftsrecht, welche den 7. und 8. Titel des ZGB grundlegend verändert hat; dazu eingehend SIEHR, Das neue schweizerische Kindschaftsrecht und sein Einfluß auf den deutsch-schweizerischen Rechtsverkehr, DAVorm 1978, 153, 243, 331; ferner VON OVERBECK, Internationalprivatrechtliches zum neuen schweizerischen Kindschaftsrecht, ZfRvgl 19 (1978) 87 mwN; auch GÖTZ, Das neue Kindesrecht der Schweiz, StAZ 1978, 257.

523 **Spanien:** AG Hamburg 6. 5. 1974 IPRspr 1974 Nr 84 (bestehende Ehe und Trennung); IPG 1974 Nr 20 (Köln): bestehende Ehe.

524 **Türkei:** BayObLG 8. 12. 1975 FamRZ 1976, 163 = IPRspr 1975 Nr 78 und 3. 12. 1976 FamRZ 1977, 473 = StAZ 1977, 137 = IPRspr 1976 Nr 74 (bestehende Ehe); KG 9. 8. 1974 OLGZ 1975, 119 = IPRspr 1974 Nr 87 (Scheidung); AG Bremen 5. 2. 1973 ZBlJR 1973, 445 = IPRspr 1973 Nr 79 (nichteheliches Kind; vgl dazu oben Vorbem 433 ff; ferner IPG 1973 Nr 24 [Hamburg]).

525 **Tunesien:** AG Ingolstadt 6. 5. 1974 DAVorm 1974, 479 = IPRspr 1974 Nr 85 (nichteheliches Kind).

526 **USA:** AG Ingolstadt 26. 8. 1974 DAVorm 1975, 120 IPRspr 1974 Nr 88 (Tod der geschiedenen sorgeberechtigten Mutter; Georgia); IPG 1974 Nr 27 (Heidelberg): Scheidung; Pennsylvania.

IV. Staatenlose und Flüchtlinge; Mehrstaater; Wechsel der Staatsangehörigkeit

527 **1. Staatenlose und Flüchtlinge**

Welche Rechtsordnung als „Heimatrecht" eines Minderjährigen anzusehen ist, der Staatenloser oder Flüchtling ist, sagt die Konvention nicht. Es sind deshalb die auch sonst für diesen Personenkreis geltenden Vorschriften heranzuziehen, in Deutschland also das Übereinkommen über die Rechtsstellung der Staatenlosen von 1954, das dem Art 29 EGBGB vorgeht, die Genfer Flüchtlingskonvention von 1951 sowie das AHKG 23 vom 17. 3. 1950 (vgl auch SIEHR DAVorm 1973, 261 sowie STAUDINGER-GAMILLSCHEG Vorbem 126 ff zu Art 13 EGBGB).

Bei staatenlosen Minderjährigen und Flüchtlingskindern ist danach ein ex-lege-Verhältnis gem Art 3 anzuerkennen, das nach dem **Recht am gewöhnlichen Aufenthaltsort** des Kindes entsteht. Die Maßgeblichkeit des gewöhnlichen Aufenthalts folgt aus dem Wortlaut des Art 1 AHKG 23 und vor Inkrafttreten der Staatenlosenkonvention aus Art 29 EGBGB (BayObLG 3. 9. 1974 BayObLGZ 1974, 345 = MDR 1975, 150 = FamRZ 1975, 178 = StAZ 1974, 326 = Rpfleger 1974, 432 = DAVorm 1975, 113 = IPRspr 1974 Nr 108). Die Genfer Flüchtlingskonvention von 1951 und das Übereinkommen über die Rechtsstellung der Staatenlosen von 1954 nennen zwar in ihrem Art 12 den „Wohnsitz" (vgl BayObLG 28. 2. 1974 BayObLGZ 1974, 95 = FamRZ 1975, 223 = StAZ 1974, 149 = IPRspr 1974 Nr 211 und 24. 7. 1975 BayObLGZ 1975, 291 = NJW 1975, 2146 = FamRZ 1976, 47 = StAZ 1976, 48 = IPRspr 1975 Nr 75; vgl für Asylberechtigte § 28 AuslG und dazu LG Bochum 10. 3. 1976 IPRspr 1976 Nr 61). Mit NEUHAUS, Grundbegriffe 231 und anderen Autoren sollte man diesen „Wohnsitz" aber, da er in den Konventionen nicht definiert ist, statt iS des jeweiligen internen Rechts der lex fori (für Deutschland also §§ 7 ff BGB) iS des „gewöhnlichen Aufenthalts" modernerer Konventionen auslegen, um eine international einheitliche Anwendung der Abkommen zu erreichen. 528

2. Mehrstaater 529

Die Frage, welche Rechtsordnung als Heimatrecht des Minderjährigen anzusehen ist, wenn dieser zwei oder gar drei Staatsangehörigkeiten besitzt, also „Doppelstaater" oder „Mehrstaater" ist, wird von der Konvention ebenfalls nicht beantwortet. Zwar wurde die Problematik der Mehrstaater von der Haager Konferenz gesehen, aber nur in Zusammenhang mit Art 13 Abs 3 erörtert und auch dort nicht gelöst. Der Bericht VON STEIGERS zu Art 13 Abs 3 enthält die Bemerkung, die Gerichte hätten nach den allgemeinen Grundsätzen zu entscheiden, die für Doppelstaater gelten (Actes et Doc IX/4, 238; vgl auch unten Vorbem 726). SCHWIND, der dem Mehrstaater im (staats-)vertraglich geregelten IPR eine Studie gewidmet hat, kommt ebenfalls zu dem Ergebnis, der Forumstaat habe im Zweifel nach seinen innerstaatlichen Grundsätzen die maßgebende Staatsangehörigkeit zu bestimmen (FamRZ 1964, 481, 483).

Im **autonomen deutschen IPR** wird bei mehrfacher fremder Staatsangehörigkeit heute meist die „effektive" Staatsangehörigkeit bevorzugt, dh diejenige, die durch gewöhnlichen Aufenthalt (oder Wohnsitz) oder auf sonstige Weise als die wirksamere erscheint (NEUHAUS, Grundbegriffe 212 f). Umstritten ist vor allem die Frage, ob bei Zusammentreffen der deutschen mit einer fremden Staatsangehörigkeit stets der deutschen der Vorrang einzuräumen ist (so namentlich ein Teil der Praxis) oder ob es auch hier auf die effektive Staatsangehörigkeit ankommt (vgl den Überblick bei STAUDINGER-GAMILLSCHEG Vorbem 152 ff zu Art 13). 530

Neuerdings ist vorgeschlagen worden, bei mehrfacher Staatsangehörigkeit – wie bei der Staatenlosigkeit – wegen Versagens des Staatsangehörigkeitsprinzips *grundsätzlich* ersatzweise an den gewöhnlichen Aufenthalt anzuknüpfen (SAMTLEBEN RabelsZ 42 [1978] 456). Die Ergebnisse dieser und der Lehre von der effektiven Staatsangehörigkeit stimmen idR überein, wenn der Mehrstaater seinen gewöhnlichen Aufenthalt in einem der Heimatstaaten hat. Liegt der gewöhnliche Aufenthalt dagegen in einem Drittstaat, wird die nun einmal vorgeschriebene Anknüpfung an die Staatsangehörigkeit von SAMTLEBEN wohl doch zu rasch aufgegeben. Die Annahme, in diesem Fall seinen „regelmäßig die Beziehungen zu den Heimatstaaten so gelockert, daß es angemessen erscheint, den neuen Daseinsmittelpunkt [gewöhnlicher Aufenthalt] als Anknüpfungsmoment für die persönlichen Rechtsverhältnisse zu wählen" (SAMTLEBEN RabelsZ 42 [1978] 474), vermag eine Abweichung von der vorgeschriebenen Anknüpfung an die Staatsangehörigkeit mE de lege lata nicht zu rechtfertigen. Solange eine effektive Staatsangehörigkeit ermittelt werden kann – etwa durch das Kriterium des letzten gewöhnlichen Aufenthalts – geht das Staatsangehörigkeitsprinzip nämlich nicht ins Leere. Nur wenn eine effektive Staatsangehörigkeit nicht festgestellt werden kann, wie möglicherweise bei einem Kind, das in keinem seiner beiden Heimatstaaten je seinen gewöhnlichen Aufenthalt hatte, versagt das Staatsangehörigkeitsprinzip. Dann ist auf das Aufenthaltsprinzip – den zweiten Pfeiler des deutschen IPR – zurückzugreifen. Im übrigen will SAMTLEBEN seine Auffassung für Staatsverträge angesichts der dort notwendigen speziellen Erwägungen nicht ohne Modifikationen gelten lassen (RabelsZ 42 [1978] 479 ff), und er kommt für die Auslegung des Art 3 MSA idR zu zutreffenden Ergebnissen (s sogleich Vorbem 531).

531 Im **staatsvertraglichen IPR** gibt es keine Einheitslösung für alle Normen, in denen die Frage nach der Beurteilung von Mehrstaatern auftauchen kann. Vielmehr ist zu differenzieren nach der *Funktion*, die der Norm innerhalb der Konvention zukommt. Insoweit ist zu unterscheiden zwischen dem eigentlichen Inhalt eines Abkommens – also etwa den Kollisionsregeln bzw verwandten Regeln (vgl Art 3, 12 MSA) und den Zuständigkeitsnormen (vgl Art 4 MSA) – und den Vorschriften, die den Anwendungsbereich des Abkommens durch die Staatszugehörigkeit oder Nichtzugehörigkeit zu einem Vertragsstaat bestimmen (vgl Art 13 Abs 3 MSA). Für letztere ist wohl grundsätzlich zu vermuten, daß jeder Vertragsstaat einen Mehrstaater mit inländischer Staatsangehörigkeit nur als Inländer betrachtet (so SAMTLEBEN RabelsZ 42 [1978] 479). Für die inhaltliche Regelung des Vertrages ist die Bevorzugung der inländischen Staatsangehörigkeit dagegen grundsätzlich abzulehnen (zu einer Ausnahme im Rahmen der Zuständigkeitsnorm des Art 4 MSA s unten Vorbem 571). Das gilt besonders für Kollisionsnormen, es kann aber auch für Zuständigkeitsregeln richtig sein. Hier ist vom Vorrang der effektiven Staatsangehörigkeit auszugehen, so daß idR der gewöhnliche Aufenthalt den Ausschlag gibt (so zum Minderjährigenschutzabkommen die überwiegende Meinung in Schrifttum und wohl auch die Rechtsprechung (vgl unten Vorbem 537).

Zwar ist die Ermittlung der effektiven Staatsangehörigkeit schwieriger und unsicherer als die einfache Ignorierung der konkurrierenden ausländischen Staatsangehörigkeit. Aber durch Ermittlung der effektiven Staatsangehörigkeit ist der im einheitlichen IPR erstrebte Entscheidungseinklang in den Vertragsstaaten zu erreichen (KROPHOLLER, Einheitsrecht 333 Fn 13). Außerdem widerspräche die Bevorzugung der inländischen Staatsangehörigkeit vor einer effektiveren ausländischen der kollisionsrechtlichen Gerechtigkeit. Im Minderjährigenschutzabkommen ist der Grundsatz der engsten Bindung in dem ähnlichen Zusammenhang des Art 14 (Mehrrechtsstaaten) überdies ausdrücklich verankert. Man sollte also bei mehrfacher Staatsangehörigkeit des Kindes die „aktuelle" oder „effektive" Staatsangehörigkeit entscheiden lassen.

In der Regel zum gleichen Ergebnis kommt SAMTLEBEN RabelsZ 42 (1978) 481 f: „Besitzt der Minderjährige die Staatsangehörigkeit des Aufenthaltsstaates, so wird jede daneben bestehende Staatsangehörigkeit verdrängt. Besitzt der Minderjährige nicht die Staatsangehörigkeit des Aufenthaltsstaates, so ist von mehreren Staatsangehörigkeiten die des letzten gewöhnlichen Aufenthalts maßgebend (arg Art 5 III). Hatte er in keinem seiner Heimatstaaten jemals seinen gewöhnlichen Aufenthalt, so ist eine derart gelockerte Beziehung im Rahmen des Abkommens nicht zu beachten und eine Rücksichtnahme auf die verschiedenen Heimatstaaten angesichts der dadurch entstehenden Schwierigkeiten nicht gerechtfertigt." Freilich läßt sich dieses Ergebnis in den ersten beiden Fällen mE nur mit der Lehre von der effektiven Staatsangehörigkeit überzeugend begründen, zu dem letztgenannten Fall unten Vorbem 540. Das von SAMTLEBEN aus Art 5 Abs 3 gezogene Argument erscheint nämlich nicht tragfähig. Denn aus Art 5 Abs 3 ist nicht zu entnehmen, daß dem *früheren gewöhnlichen Aufenthalt* in einem Heimatstaat nach der Systematik des Abkommens besonderes Gewicht zukommt (so aber SAMTLEBEN 481 Fn 129). Vielmehr sichert Art 5 Abs 3 den Maßnahmen des *Heimatstaates* (in Übereinstimmung mit dem Vorrang der Heimatmaßnahmen gem Art 4 Abs 4) erhöhten Bestandsschutz zu, unabhängig davon, ob der frühere gewöhnliche Aufenthalt des Minderjährigen im Heimatstaat bestand oder ob der Minderjährige seinen gewöhnlichen Aufenthalt in einem anderen Vertragsstaat hatte (s unten Vorbem 591).

a) Zusammentreffen von inländischer und ausländischer Staatsangehörigkeit 532

Die Fälle des Zusammentreffens von inländischer und ausländischer Staatsangehörigkeit sind nach Inkrafttreten des Gesetzes zur Änderung des Reichs- und Staatsangehörigkeitsgesetzes vom 20. 12. 1974 (RuStAÄndG, BGBl 1974 I 3174) recht häufig.

In der bis zum 1. 1. 1975 geltenden Fassung des § 4 RuStAG erwarben eheliche 533
Kinder deutscher Mütter ausschließlich die ausländische Staatsangehörigkeit des Vaters. Bei gemischten Ehen deutscher Frauen mußte folglich gem Art 3 ausländisches Recht angewandt werden. Das führte zum Vorlagebeschluß des BGH vom 20. 12. 1972 (BGHZ 60, 68 = NJW 1973, 417 = MDR 1973, 390 = JZ 1974, 178 Anm FIRSCHING = JR 1973, 245 Anm JAYME = FamRZ 1973, 138 = StAZ 1973, 213 Anm DILGER = IPRspr 1972 Nr 59 b). In dieser Entscheidung, welche die elterliche Gewalt über das Kind einer deutschen Mutter und eines iranischen Vaters betraf, hielt der BGH – wie das BVerwG 24. 6. 1971 (JZ 1972, 158 Anm MAKAROV = DÖV 1972, 94 = FamRZ 1971, 577 = StAZ 1972, 172 = IPRspr 1971 Nr 172 b) – den § 4 Abs 1 S 1 RuStAG in seiner damaligen Fassung für unvereinbar mit Art 3 Abs 2 GG und legte die Sache gem Art 100 Abs 1 S 1 GG dem BVerfG zur Entscheidung vor. Durch die Entscheidung des BVerfG vom 21. 5. 1974 (BVerfGE 37, 217 = NJW 1974, 1609 = MDR 1974, 993 = DÖV 1974, 774 Anm KIMMINICH = FamRZ 1974, 579 = StAZ 1974, 236 = DAVorm 1974, 498 = IPRspr 1974 Nr 205) wurde § 4 Abs 1 RuStAG aF für verfassungswidrig erklärt und der Gesetzgeber aufgefordert, allen seit dem 1. 4. 1953 geborenen ehelichen Kindern deutscher Mütter, die bisher vom Erwerb der deutschen Staatsangehörigkeit durch Geburt ausgeschlossen waren, einen Weg zum Erwerb der deutschen Staatsangehörigkeit zu eröffnen. Das geschah, indem § 4 Abs 1 RuStAG durch das RuStAÄndG 1974 dahingehend neu gefaßt wurde, daß ab 1. 1. 1975 jedes Kind durch Geburt die deutsche Staatsangehörigkeit erwirbt, wenn auch nur ein Elternteil Deutscher ist. Außerdem hatte gem Art 3 RuStAÄndG jedes nach dem 31. 3. 1953, aber vor dem 1. 1. 1975 ehelich geborene Kind einer Mutter, die im Zeitpunkt der Geburt Deutsche war, die Möglichkeit, durch Erklärung gegenüber der Einbürgerungsbehörde die deutsche Staatsangehörigkeit zu erwerben. Dieses Erklärungsrecht bestand gem Art 3 Abs 6 RuStAÄndG bis zum 31. 12. 1977 (vgl dazu PESTALOZZA NJW 1976, 507), und der daraus folgende Erwerb der deutschen Staatsangehörigkeit war auch noch in der Rechtsbeschwerdeinstanz zu berücksichtigen (BayObLG 23. 9. 1976 Bericht STANGLMAIR Rpfleger 1977, 125 = IPRspr 1976 Nr 69).

Vor Erlaß des RuStAÄndG und während des Bestehens des Optionsrechts in der 534
Zeit ab 1. 1. 1975 haben einige Gerichte das Verfahren zum Erlaß einer Schutzmaßnahme ausgesetzt, um dem Kind Gelegenheit zum Erwerb der deutschen Staatsan-

gehörigkeit zu geben (vgl etwa BayObLG 11. 9. 1974 BayObLGZ 1974, 355 = FamRZ 1975, 45 = StAZ 1975, 68 = DAVorm 1975, 109 = IPRspr 1974 Nr 89; OLG Hamm 7. 2. 1975 OLGZ 1975, 179 = NJW 1975, 1083 = FamRZ 1975, 426 = StAZ 1975, 275 = IPRspr 1975 Nr 68; vgl auch OLG Karlsruhe 18. 7. 1975 OLGZ 1976, 1 = NJW 1976, 485 = FamRZ 1976, 708 Anm Jayme = Justiz 1976, 80 = IPRspr 1975 Nr 67 b).

535 Das OLG Zweibrücken 13. 9. 1974 (FamRZ 1975, 172 = IPRspr 1974 Nr 91) entschied, eine Aussetzung des Verfahrens bis zur Klärung der staatsangehörigkeitsrechtlichen Frage könne nach den Umständen des Falles einer Rechtsverweigerung nahekommen und sich deshalb verbieten; das OLG entschloß sich statt dessen, das nach Art 3 berufene ägyptische Heimatrecht der in Deutschland lebenden ehelichen Kinder einer Deutschen wegen Verstoßes gegen den deutschen ordre public nicht anzuwenden, weil nach der Entscheidung des BVerfG feststand, daß § 4 RuStAG aF den Kindern die deutsche Staatsangehörigkeit in verfassungswidriger Weise vorenthalten hatte (krit zur Anwendung der ordre-public-Klausel durch das OLG Zweibrücken Meessen in Jayme-Meessen, Staatsverträge zum IPR, Berichte der Deutschen Gesellschaft für Völkerrecht Heft 16, 1975, 81 Fn 109).

536 Im Ergebnis wird Art 3 und das ihm zugrundeliegende Staatsangehörigkeitsprinzip durch das neue deutsche Staatsangehörigkeitsrecht „unterlaufen" (Beitzke in Jayme-Meessen 112). Aber eine Verletzung des Minderjährigenschutzabkommens ist darin nicht zu sehen; denn weder Art 3 noch irgendeine andere Bestimmung des Abkommens verpflichtet die Partnerstaaten zur Beibehaltung eines paternalistischen Staatsangehörigkeitsrechts (so mit Recht Meessen [oben Vorbem 535] 81).

537 In den bisher entschiedenen Fällen eines Zusammentreffens von inländischer und ausländischer Staatsangehörigkeit hatte das Kind seinen **gewöhnlichen Aufenthalt in der Bundesrepublik**. Da nach dem Minderjährigenschutzabkommen der Aufenthaltsstaat zugleich der Forumstaat ist, konnte es im Grunde offen bleiben, ob deutsches Recht als das Recht der effektiven Staatsangehörigkeit oder als Recht des Forums anzuwenden ist. Beide Ansichten führen zu demselben Ergebnis: Art 3 beruft als Heimatrecht des Kindes das deutsche Recht (s auch IPG 1976 Nr 50 [Köln] 585). Ein nach einer ausländischen Rechtsordnung entstehendes Gewaltverhältnis ist nicht anzuerkennen. Die meisten Gerichte haben bei dieser Fallkonstellation im Anschluß an eine Entscheidung des BGH vom 20. 12. 1972 eine Formulierung gewählt, die der Lehre von der effektiven Staatsangehörigkeit entspricht.

BGH 20. 12. 1972 BGHZ 60, 68 = NJW 1973, 417 = MDR 1973, 390 = JZ 1974, 178 Anm Firsching = JR 1973, 245 Anm Jayme = FamRZ 1973, 138 = StAZ 1973, 213 Anm Dilger = IPRspr 1972 Nr 59 b (S 161): „Die Staatsangehörigkeit des Aufenthaltsstaates hat im Falle der Doppelstaatsangehörigkeit den Vorrang (Soergel-Kegel, BGB [10. Aufl] Art 29 EGBGB Rz 37)." Kegel führt dort aus, daß Mehrstaater mit deutscher Staatsangehörigkeit nach hM stets deutschem Recht unterliegen, daß jedoch richtiger Ansicht nach auch für Mehrstaater mit deutscher Staatsangehörigkeit die engere Beziehung den Ausschlag geben müsse (Lehre von der effektiven Staatsangehörigkeit). – Nach Otto (FamRZ 1974, 656) „bedeutet die lediglich auf die Terminologie des Abkommens abgestellte Formulierung des BGH nicht mehr und nicht weniger als: Die inländische Staatsangehörigkeit hat bei Mehrstaatern auch im Rahmen des Haager Minderjährigenschutzabkommens den Vorrang". Auch Firsching, IPR 73 Fn 4 versteht die Entscheidung in diesem Sinne. Indes wird man zugeben müssen, daß sich die vom BGH gewählte Formulierung und das Zitat mit der Lehre von der effektiven Staatsangehörigkeit decken. Eine eindeutige Absage an den Vorrang der lex fori kann in dem Satz freilich nicht gesehen werden (so mit Recht Samtleben RabelsZ 42 [1978] 460), da nähere Ausführungen des Gerichts fehlen und die Frage für die Entscheidung nicht erheblich war.

Dem BGH folgt in st Rspr das BayObLG, zB 11. 9. 1974 BayObLGZ 1974, 355 = FamRZ 1975, 45 = StAZ 1975, 68 = DAVorm 1975, 109 = IPRspr 1974 Nr 89, 19. 6. 1975 BayObLGZ 1975,

218 = FamRZ 1975, 650 = StAZ 1975, 310 = IPRspr 1975 Nr 73, 17. 10. 1975 FamRZ 1976, 49 = StAZ 1976, 200 = IPRspr 1975 Nr 76, 30. 7. 1976 IPRspr 1976 Nr 66 und 22. 6. 1978, demnächst in IPRspr 1978 (in dieser Entscheidung stellt das Gericht darauf ab, daß die deutsche Staatsangehörigkeit den Vorrang habe und sie [zudem] die effektive sei). – Siehe ferner die folgenden Entscheidungen von Oberlandesgerichten: OLG Zweibrücken 27. 9. 1973 FamRZ 1974, 153 Anm Siehr = IPRspr 1973 Nr 67 und 13. 9. 1974 FamRZ 1975, 172 = IPRspr 1974 Nr 91; OLG Stuttgart 18. 2. 1974 Justiz 1974, 188 = IPRspr 1974 Nr 80; OLG Hamm 7. 2. 1975 OLGZ 1975, 179 = NJW 1975, 1083 = FamRZ 1975, 426 = StAZ 1975, 275 = IPRspr 1975 Nr 68 und 14. 4. 1976 OLGZ 1976, 426 = NJW 1976, 2079 = FamRZ 1976, 528 = StAZ 1976, 364 = IPRspr 1976 Nr 63; KG 17. 2. 1976 OLGZ 1976, 281 = IPRspr 1976 Nr 59; OLG Düsseldorf 26. 5. 1976 NJW 1976, 1596 = FamRZ 1977, 56 = StAZ 1977, 83 = IPRspr 1976 Nr 65; OLG Schleswig 23. 1. 1978 SchlHAnz 1978, 54. – Nur selten wurde gesagt, daß der inländischen Staatsangehörigkeit immer der Vorrang gebühre (so vor der Entscheidung des BGH OLG Hamm 17. 12. 1971 MDR 1972, 522 = FamRZ 1972, 312 Anm Ferid = StAZ 1972, 203 = IPRspr 1971 Nr 73; anders die genannten Beschlüsse vom 7. 2. 1975 und vom 14. 4. 1976, die der Formulierung des BGH folgen).

Wenn das Kind dagegen seinen **gewöhnlichen Aufenthalt nicht in Deutschland** hat **538** und die ausländische Staatsangehörigkeit die aktuellere ist, muß nach richtiger Auffassung das ausländische Heimatrecht angewandt werden (so zum Minderjährigenschutzabkommen auch Siehr DAVorm 1973, 261 f Beitzke, Referat 135; Palandt-Heldrich Anh zu Art 23 EGBGB Anm 1 zu Art 3 MSA; vgl ferner oben Vorbem 531).

b) Zusammentreffen mehrerer ausländischer Staatsangehörigkeiten **539**

Treffen zwei oder drei fremde Staatsangehörigkeiten zusammen, so ist mit der hM (vgl Staudinger-Gamillscheg Vorbem 167 ff zu Art 13) der effektiven Staatsangehörigkeit der Vorzug zu geben (ebenso speziell für das Minderjährigenschutzabkommen etwa Siehr DAVorm 1973, 287 Fn 102). Die effektive Staatsangehörigkeit ist auch hier diejenige, die durch den gewöhnlichen Aufenthalt des Kindes oder auf sonstige Weise als die wirksamere erscheint.

Die Ermittlung der engsten Beziehungen kann bisweilen **Schwierigkeiten** bereiten; **540** so bei einem Kind, das die Staatsangehörigkeit des Vaters und die davon verschiedene Staatsangehörigkeit der Mutter teilt, aber noch nie im Heimatland des Vaters oder der Mutter gelebt hat, sondern in Deutschland aufgewachsen ist (vgl zu einem solchen Fall IPG 1972 Nr 25 [Köln]; auch IPG 1974 Nr 26 [Hamburg]). Das entbindet den Richter aber nicht von der Pflicht, die engere Beziehung zu ermitteln, wobei – mangels eines gewöhnlichen Aufenthalts – alle anderen objektiven und subjektiven Momente zu würdigen sind, die Rückschlüsse auf eine Bindung an einen der Heimatstaaten zulassen. Freilich sollte man die Prüfungspflicht des Richters nicht überspannen. Sollte sich nach Ausschöpfung der richterlichen Erkenntnismöglichkeiten einmal eine gleich starke (oder schwache) Bindung zu zwei Staaten ergeben und sehen beide Heimatrechte verschiedene Regelungen vor (bei Übereinstimmung beider Heimatrechte im materiellen Ergebnis ist eine kumulative Anwendung angezeigt), so versagt das dem Art 3 zugrundeliegende Staatsangehörigkeitsprinzip. Die Bestimmung des Art 3 ist dann als neutralisiert zu betrachten; denn zwei widerstreitende Gewaltverhältnisse kann man nicht praktizieren (IPG 1972 Nr 25 [Köln] 250 f). ME entspricht es dem Geist der Konvention, die entstehende Lücke mit dem Recht des gewöhnlichen Aufenthaltes zu füllen (vgl auch die ähnliche – oben Vorbem 432 ff erörterte – Problematik), sei es daß das Aufenthaltsrecht ein ex-lege-Verhältnis, sei es daß es Maßnahmen eingreifen läßt. Andere denkbare Lösungen, die in IPG 1972 Nr 25 [Köln] erwogen werden, sind weniger überzeugend: Die *jüngere Staatsangehörigkeit* darf nur dann den Ausschlag geben, wenn sie aus irgendwelchen Gründen relevanter ist als die ältere; die *vom Vater abgeleitete Staatsangehörigkeit* darf wegen Art 3 Abs 2 GG nicht bevorzugt werden; ob ein Heimatstaat *Vertragsstaat der Konvention* ist, macht keinen Unterschied, weil Art 3 das Heimatrecht von Vertragsstaaten und Nichtvertragsstaaten in gleicher Weise beruft. Schließlich sollte man auch nicht dasjenige Heimatrecht vorgehen lassen, *das der deutschen Rechtsordnung näher steht*; denn es besteht keine Vermutung dafür, daß dieses das „bessere" materielle Recht ist, und ein kollisionsrechtlicher Satz, im Zweifel das „bessere" Recht anzuwenden, liegt der Haager Konvention fern.

541 **3. Wechsel der Staatsangehörigkeit**

Ein Wechsel der Staatsangehörigkeit des Minderjährigen kann dadurch eintreten, daß er eine neue Staatsangehörigkeit erwirbt und gleichzeitig seine alte verliert, aber auch dadurch, daß er eine neue Staatsangehörigkeit zu der alten hinzuerwirbt, wobei die neue die effektive ist (vgl dazu auch oben Vorbem 529 ff). Es ist zu unterscheiden, ob das neue (effektive) Heimatrecht ebenfalls ein gesetzliches Gewaltverhältnis eintreten läßt (wenn auch möglicherweise mit anderem Inhalt) oder ob das neue Heimatrecht Maßnahmen vorsieht. Im ersten Fall ersetzt das im neuen Heimatrecht vorgesehene Gewaltverhältnis vom Zeitpunkt des Staatsangehörigkeitswechsels an automatisch das bislang bestehende Gewaltverhältnis. Im zweiten Fall wird man sinnvollerweise das nach dem bisherigen Heimatrecht entstandene ex-lege-Verhältnis so lange als fortbestehend ansehen, bis die Aufenthaltsbehörden nach Art 1 oder die neuen Heimatbehörden nach Art 4 es durch eine Maßnahme ablösen (so auch Droz Clunet 100 [1973] 625 f); es entspricht nämlich dem (in Art 5 Abs 1 für den Aufenthaltswechsel normierten) Bestreben der Konvention, im Interesse des Kindes eine gewisse Kontinuität zu wahren (vgl unten Vorbem 583 f), damit ein Vakuum im Minderjährigenschutz – wie es nach dem Staatsangehörigkeitswechsel bis zum Erlaß von Maßnahmen eintreten könnte – vermieden wird.

542 Unter dem Gesichtspunkt der Kontinuität des Minderjährigenschutzes ist auch der Fall zu entscheiden, daß die Aufenthaltsbehörden Maßnahmen getroffen haben, weil das alte Heimatrecht kein ex-lege-Verhältnis vorsah, während das neue Heimatrecht ein solches ex-lege-Verhältnis entstehen läßt. Hier bleiben die Maßnahmen der Aufenthaltsbehörden in Kraft, bis sie von diesen gem Art 1 oder von den Behörden des neuen Heimatstaates gem Art 4 aufgehoben werden (Droz Clunet 100 [1973] 626).

543 **V. Vorfragen**

Zweifelhaft kann sein, nach welchem Recht die im Rahmen des Heimatrechts auftauchenden Vorfragen (zB Ehelichkeit des Kindes, Wirksamkeit einer Ehescheidung) zu beurteilen sind. Werden präjudizielle Fragen nach dem IPR des Forums oder nach dem IPR des Staates beurteilt, dessen Sachnormen die Hauptfrage beantworten (hier also: nach dem IPR des Heimatstaates)?

544 Wenn **im Heimatstaat** das Bestehen eines ex-lege-Verhältnisses geprüft wird (zB bevor eine Maßnahme gem Art 4 getroffen wird), taucht die Vorfragenproblematik nicht auf, weil Art 3 aus der Sicht der Heimatgerichte nicht auf ausländisches Sachrecht verweist. Die Heimatbehörden beurteilen also fraglos die im Rahmen des Art 3 auftauchenden Vorfragen nach ihrem eigenen IPR.

545 Dagegen stehen die **Aufenthaltsbehörden** vor der Alternative, die Vorfragen nach ihrem eigenen IPR zu beantworten (sog selbständige Anknüpfung) oder nach dem

IPR des Heimatstaates (sog unselbständige Anknüpfung). Bekanntlich geben die Allgemeinen Lehren des IPR auf diese Frage keine allgemeingültige einheitliche Antwort (vgl auch STAUDINGER-GAMILLSCHEG Vorbem 219 ff zu Art 13 EGBGB) und auch im staatsvertraglichen IPR sollte man nicht pauschal die selbständige oder die unselbständige Anknüpfung der Vorfrage für die richtige Lösung erklären (KROPHOLLER, Einheitsrecht 337 ff). Es ist also abzuwägen, welche Gründe die Aufenthaltsbehörden zu einer selbständigen und zu einer unselbständigen Anknüpfung der vom Heimatrecht des Kindes (Art 3) aufgeworfenen Vorfragen führen können.

Als Argument für eine **unselbständige Anknüpfung** der Vorfragen ist der Gesichts- 546
punkt der internationalen Entscheidungsgleichheit zu nennen. Die Aufenthaltsbehörde bleibt nur dann mit der Rechtsanwendung *durch die Heimatbehörde* in Einklang, wenn sie – wie diese – die Vorfragen nach dem IPR des Heimatstaates beurteilt. Aber der Entscheidungseinklang mit dem Heimatstaat ist, sofern dieser Nichtvertragsstaat ist, durch den Ausschluß der Rückverweisung in Art 3 (oben Vorbem 501–503) bereits eingeschränkt. – Auch mit *den anderen Vertragsstaaten* ist eine Entscheidungsharmonie nur gewährleistet, wenn nicht jede Behörde das IPR des Forums einschaltet, sondern wenn man im Wege der unselbständigen Vorfragenanknüpfung in allen Vertragsstaaten vom IPR des Heimatstaates ausgeht. Indes zeigt sich auch in sonstigen Konventionen, daß sich die Entscheidungsharmonie nicht immer auf alle Vorfragen erstrecken läßt, und der Gesichtspunkt der Entscheidungsgleichheit ist im Internationalen Kindschaftsrecht nicht so bedeutsam wie etwa in Statussachen.

Die stärkeren Argumente sprechen hier im allgemeinen für eine **selbständige** 547
Anknüpfung der Vorfragen. Denn die in Betracht kommenden Vorfragen stehen der lex fori (dem Aufenthaltsrecht) meist näher als dem Recht der Hauptfrage (dem Heimatrecht); vgl zu diesem Kriterium STAUDINGER-GAMILLSCHEG Vorbem 222 zu Art 13. Darin zeigt sich erneut, daß die Anknüpfung an den gewöhnlichen Aufenthalt im Kindschaftsrecht sachgerechter ist als die an die Staatsangehörigkeit. Es ist also richtiger und entspricht auch eher der Zielsetzung des Abkommens, das in Art 1 die Aufenthaltskompetenz an die Spitze stellt, von der Beurteilung der Rechtslage im Aufenthaltsstaat auszugehen als von der im Heimatstaat. – Für die selbständige Anknüpfung der Vorfragen ist außerdem der Gesichtspunkt der internen Entscheidungsgleichheit anzuführen. Eine unselbständige Anknüpfung der Vorfragen im Rahmen des Art 3 würde zu merkwürdigen Widersprüchen führen: Dieselben Vorfragen, die im Rahmen des von Art 3 berufenen Heimatrechts entstehen, können nämlich auch bei Anwendung des von Art 2 berufenen Aufenthaltsrechts auftauchen und müssen dann fraglos nach dem IPR des Forums beantwortet werden (oben Vorbem 472). Wenn man eine *Maßnahme* dem Recht des ehelichen Kindes oder dem Recht der Scheidungsfolgen entnimmt, weil nach dem IPR des Aufenthaltsstaates das Kind ehelich ist oder die Eltern geschieden sind, kann man im Rahmen der Prüfung von Art 3 die Vorfragen nicht gut anders beurteilen und etwa das Kind als nichtehelich oder die Ehe als nicht wirksam geschieden betrachten. – Schließlich würde eine unselbständige Anknüpfung der Vorfragen die Anwendung des Abkommens erschweren und widerspräche damit seinem erklärten Ziel, die Rechtsanwendung zu vereinfachen (vgl oben Vorbem 400 ff). Es ist mühsamer, fremdes Kollisionsrecht zu ermitteln als das eigene. Insbesondere stünde der Richter häufig vor der schwierigen Aufgabe, die Wirksamkeit einer im Inland erfolgten Scheidung nach dem Heimatrecht des Kindes beurteilen zu müssen. Nicht zuletzt um die Rechtsanwendung zu vereinfachen, verweist Art 3 direkt auf das Sachrecht des Heimatstaates und schließt auf Kosten der internationalen Entscheidungsgleichheit mit dem Heimatstaat die Berücksichtigung des im Heimatstaat geltenden Kollisions-

rechts aus. Diese Wertung des Abkommens ist auch bei der Entscheidung über die Vorfragenanknüpfung zu beachten.

548 Präjudiziellen Fragen – wie Ehelichkeit, Gültigkeit einer Vaterschaftsanerkennung, Eheschließung oder Ehescheidung – sind also regelmäßig nach dem IPR des Forums zu beurteilen (ebenso LEMAIRE, Nederlands Internationaal Privaatrecht [1968] 106; SIEHR DAVorm 1973, 267 f; WIENKE 93 ff). Die selbständige Anknüpfung der Vorfragen entspricht im Rahmen des Art 3 auch der **Praxis der deutschen Gerichte**. So ist über die *Wirksamkeit einer Vaterschaftsanerkennung* als Vorfrage zu Art 3 nach dem vom IPR des Forums berufenen Recht zu befinden (OLG Hamm 12. 1. 1978 NJW 1978, 1747, 1748 = StAZ 1978, 215, 217 – unter Berufung auf SIEHR DAVorm 1973, 268 – jedenfalls für den Fall, daß der Gegenstand der Vorfrage [die Vaterschaftsanerkennung] im Inland verwirklicht wurde). Bei einer *in Deutschland erfolgten Ehescheidung* wird in den meisten Entscheidungen die Frage der Anerkennung dieser Scheidung im Heimatstaat des Kindes gar nicht gestellt (vgl nur BGH 20. 12. 1972 BGHZ 60, 68 = NJW 1973, 417 = MDR 1973, 390 = JZ 1974, 178 Anm FIRSCHING = JR 1973, 245 Anm JAYME = FamRZ 1973, 138 = StAZ 1973, 213 Anm DILGER = IPRspr 1972 Nr 59 b). In einigen Entscheidungen wird ausdrücklich gesagt, daß ein deutsches Ehescheidungsurteil für die deutschen Gerichte – ohne Rücksicht auf die Anerkennungsfähigkeit im Heimatstaat des Kindes – in jedem Fall verbindlich ist (BayObLG 19. 6. 1975 BayObLGZ 1975, 218 = FamRZ 1975, 650 = StAZ 1975, 310 = IPRspr 1975 Nr 73 und 16. 2. 1976 BayObLGZ 1976, 25 = FamRZ 1976, 366 = IPRspr 1976 Nr 57; zweifelnd OLG Hamm 5. 4. 1974 IPRspr 1974 Nr 83). Bei einer *im Ausland ausgesprochenen Ehescheidung* ist regelmäßig das Entscheidungsmonopol der Landesjustizverwaltung zu beachten und das Verfahren ggf bis zu deren Entscheidung auszusetzen (vgl STAUDINGER-GAMILLSCHEG § 328 ZPO Rz 428, 431, 436 sowie unten Vorbem 625 ff). Die präjudiziellen Fragen nach der *Ehelichkeit des Kindes* und der *Wirksamkeit der Eheschließung* der Eltern haben deutsche Gerichte selbständig angeknüpft und nach Art 18 und Art 13 EGBGB beurteilt (so in einem ausführlich begründeten obiter dictum OLG Zweibrücken 27. 9. 1973 OLGZ 1974, 171 = FamRZ 1974, 153 Anm SIEHR = IPRspr 1973 Nr 67; dazu WIENKE 89 ff; ferner OLG Stuttgart 17. 11. 1975 Justiz 1976, 431 = FamRZ 1976, 359 Anm JAYME = IPRspr 1975 Nr 77).

Art 4
[Heimatzuständigkeit]

Sind die Behörden des Staates, dem der Minderjährige angehört, der Auffassung, daß das Wohl des Minderjährigen es erfordert, so können sie nach ihrem innerstaatlichen Recht zum Schutz der Person oder des Vermögens des Minderjährigen Maßnahmen treffen, nachdem sie die Behörden des Staates verständigt haben, in dem der Minderjährige seinen gewöhnlichen Aufenthalt hat.

Dieses Recht bestimmt die Voraussetzungen für die Anordnung, die Änderung und die Beendigung dieser Maßnahmen. Es regelt auch deren Wirkungen sowohl im Verhältnis zwischen dem Minderjährigen und den Personen oder den Einrichtungen, denen er anvertraut ist, als auch im Verhältnis zu Dritten.

Für die Durchführung der getroffenen Maßnahmen haben die Behörden des Staates zu sorgen, dem der Minderjährige angehört.

Die nach den Absätzen 1 bis 3 getroffenen Maßnahmen treten an die Stelle von Maßnahmen, welche die Behörden des Staates getroffen haben, in dem der Minderjährige seinen gewöhnlichen Aufenthalt hat.

Art 4

Si les autorités de l'Etat dont le mineur est ressortissant considèrent que l'intérêt du mineur l'exige, elles peuvent, après avoir avisé les autorités de l'Etat de sa résidence habituelle, prendre selon leur loi interne des mesures tendant à la protection de sa personne ou de ses biens.

Cette loi détermine les conditions d'institution, modification et cessation desdites mesures. Elle régit également leurs effets tant en ce qui concerne les rapports entre le mineur et les personnes ou institutions qui en ont la charge, qu'à l'égard des tiers.

L'application des mesures prises est assurée par les autorités de l'Etat dont le mineur est ressortissant.

Les mesures prises en vertu des alinéas précédents du présent article remplacent les mesures éventuellement prises par les autorités de l'Etat où le mineur a sa résidence habituelle.

Systematische Übersicht

I. Die Zuständigkeit der Heimatbehörden (Abs 1)

1. Bedeutung 549

a) Im *System der Konvention* steht die Heimatzuständigkeit zwischen der Aufenthaltszuständigkeit gem Art 1, 2 und der Gefährdungszuständigkeit der Aufenthaltsbehörde (Art 8). Damit die Konvention – und somit Art 4 – überhaupt anwendbar ist, muß der Minderjährige seinen gewöhnlichen Aufenthalt in einem Vertragsstaat haben. Die Heimatzuständigkeit besteht nicht nur, wenn die Aufenthaltsbehörde bereits gehandelt hat, sondern auch wenn sie noch untätig war (vgl den französischen Urtext des Abs 4 [„éventuellement prises"], der deutlicher ist als die deutsche Übersetzung, die das „éventuellement" übergeht). Gemäß Abs 4 treten die vom Heimatstaat getroffenen Maßnahmen an die Stelle der Maßnahmen, welche die Aufenthaltsbehörden aufgrund von Art 1 ggf getroffen haben. Die Maßnahmen der Heimatbehörden sind gem Art 7 in allen Vertragsstaaten, also auch im Aufenthaltsstaat, anzuerkennen.

Wird der gewöhnliche Aufenthalt des Minderjährigen verlegt, so bleiben die Maßnah- 550
men der Heimatbehörden auch im neuen Aufenthaltsstaat in Kraft (Art 5 Abs 3).

Beispiel: Die elterliche Gewalt ist nach der Ehescheidung im Vertragsstaat A, wo das deutsche Kind seinen gewöhnlichen Aufenthalt hat, dem Vater übertragen worden. Wenn das deutsche Gericht der Auffassung ist, daß das Wohl der Minderjährigen es erfordert, kann es aufgrund von Art 4 der Mutter die elterliche Gewalt übertragen. Diese Entscheidung ist gem Art 7 in allen Vertragsstaaten anzuerkennen. Wenn das Kind seinen gewöhnlichen Aufenthalt in den Vertragsstaat B verlegt, bleibt die deutsche Maßnahme gem Art 5 Abs 3 auch dort in Kraft.

551 Der **Vorbehalt des Art 4 in Art 1** macht deutlich, daß die Aufenthaltskompetenz grundsätzlich ausgeschlossen ist, soweit der Heimatstaat gem Art 4 den Schutz des Minderjährigen übernommen hat (vgl oben Vorbem 420, 430). Wenn die Heimatbehörde gem Art 4 tätig geworden ist, obliegt es ihr, die weiteren Maßnahmen zu treffen, die zur Unterstützung, Änderung oder Beendigung dieser Maßnahme erforderlich werden (vgl Abs 2 und 3). Die Aufenthaltsbehörde kann aber gem Art 6 Abs 1 mit der Durchführung der getroffenen Maßnahme betraut werden, und sie kann gem Art 8 auch von sich aus eingreifen, soweit der Minderjährige in seiner Person oder in seinem Vermögen ernstlich gefährdet ist.

552 Da die Heimatbehörden trotz vorliegender Schutzmaßnahmen der Aufenthaltsbehörden entscheiden und so die Zuständigkeit an sich ziehen können, spricht man im deutschsprachigen Schrifttum allgemein von einem *Evokationsrecht* der Heimatbehörden (so bereits Ferid RabelsZ 27 [1962–63] 436; dazu kritisch, aber unzutreffend, Stöcker DAVorm 1975, 512–514; gegen ihn Schwimann ÖJBl 1976, 241). Man kann die Zuständigkeit der Heimatbehörde neben derjenigen der Aufenthaltsbehörde auch eine *konkurrierende* nennen (so etwa BayObLG 16. 2. 1976 BayObLGZ 1976, 25 = FamRZ 1976, 366 = IPRspr 1976 Nr 57; Stöcker DAVorm 1975, 512; Goerke StAZ 1976, 271). Das darf aber nicht darüber hinwegtäuschen, daß nach Wortlaut, Systematik und Sinn der Konventionsregelung die Aufenthaltszuständigkeit gem Art 1 als *primäre* Zuständigkeit fungiert („*sind* zuständig"), während Art 4 nur eine *sekundäre*, eine *Aushilfszuständigkeit* für die Heimatbehörden bereitstellt („treffen *können*"), die Abs 1 überdies von bestimmten zusätzlichen Voraussetzungen abhängig macht. So heißt es schon in dem Bericht des französischen Delegierten Loussouarn Clunet 88 (1961) 690: „L'article 4 prévoit une intervention de l'Etat dont le mineur est ressortissant qui est facultative, doit conserver un caractère exceptionnel (elle ne doit jouer que lorsque l'intérêt du mineur l'exige) et suppose que l'on a avisé les autorités de l'Etat de la résidence habituelle du mineur." Auch hinsichtlich der Erreichbarkeit und der Ausübung trägt die Zuständigkeit der Heimatbehörden den Charakter des Subsidiären, Aushilfsweisen (so treffend Schwimann ÖJBl 1976, 241, der aber dem Vorrang der Heimatmaßnahmen in den Wirkungen [Art 4 Abs 4, 5 Abs 3] in Anbetracht der Regelerwartung des Art 1 und der Gefährdungszuständigkeit der Aufenthaltsbehörde gem Art 8 zu viel Gewicht beimißt).

553 Die in Abs 1 enthaltenen Begriffe **„Behörden"** und **„Schutzmaßnahmen"** sind ebenso auszulegen wie in Art 1 (vgl oben Vorbem 339 ff und 265 ff). Welches die zuständigen *Behörden eines Mehrrechtsstaates* sind, sagt Art 14. Zu beachten ist der in Art 10 vorgesehene **Meinungsaustausch** und die **Benachrichtigungspflicht** des Art 11 Abs 1.

554 **b)** Gemäß Art 13 Abs 2 bleibt die Heimatzuständigkeit **den Vertragsstaaten vorbehalten**. – Hat der Minderjährige seinen *gewöhnlichen Aufenthalt in Deutschland*, kann die Heimatbehörde eines ausländischen Staates nur dann den Schutz des Kindes gem Art 4 übernehmen, wenn dieser Staat die Konvention ratifiziert hat. Die Heimatbehörde eines Nichtvertragsstaates kann ihre Maßnahme nur auf ihr autonomes Recht stützen; die Anerkennung einer solchen Maßnahme beurteilt sich nach dem autonomen deutschen Recht. – Hat *ein deutscher Minderjähriger* seinen gewöhnlichen Aufenthalt in einem Vertragsstaat der Konvention, kann die deutsche Heimatbehörde gem Art 4 tätig werden. Hat der deutsche Minderjährige seinen gewöhnlichen Aufenthalt in einem Nichtvertragsstaat, so ist das Übereinkommen nicht anwendbar (Art 13 Abs 1), und die Kompetenz der deutschen Behörden richtet sich nach dem autonomen Recht.

555 **c)** Folgende **theoretischen Erwägungen** sprechen für die Heimatzuständigkeit: Die Aufenthaltsbehörden sind zwar für den Regelfall über die Notwendigkeit einer Schutzmaßnahme für den Minderjährigen besser informiert als die Heimatbehörden, und die am Aufenthalt der Person des Minderjährigen orientierte primäre

Zuständigkeit nach Art 1 ist deshalb wohl begründet, doch würde eine ausschließliche Aufenthaltszuständigkeit den Fällen nicht gerecht, in denen noch enge Bande des Minderjährigen zum Heimatstaat bestehen. Dann zeichnen sich die Heimatbehörden bisweilen durch größere Sachnähe aus als die Aufenthaltsbehörden. Das gilt etwa, wenn der Minderjährige Vermögen im Heimatstaat besitzt und der Schutz dieses Vermögens gegenüber dem seiner Person im Vordergrund steht (zB Bestellung eines Beistandes für eine Erbschaftsteilung oder einen Rechtsstreit). Aber auch für Maßnahmen zum Schutze der Person des Minderjährigen erscheinen die Heimatbehörden in besonders gelagerten Fällen als kompetent. Beispielsweise können sie die zum Vormund geeignete Person besser auswählen als die Aufenthaltsbehörden, wenn sich Verwandte eines verwaisten Minderjährigen im Heimatstaat befinden, die bereit sind, ihn aufzunehmen. Auch kann es sich im Einzelfall als zweckmäßig erweisen, daß ein über die Ehescheidung der Eltern im Heimatstaat des Kindes befindendes Gericht über die elterliche Sorge mitentscheidet, auch wenn das Kind seinen gewöhnlichen Aufenthalt in einem anderen Vertragsstaat besitzt.

Freilich läßt sich die Zuständigkeitsregelung des Abkommens nicht allein mit 556
international-verfahrensrechtlichen Überlegungen erklären, sondern sie ist auch im Zusammenhang mit der Wahl des anwendbaren Rechts zu sehen. Da das Abkommen von dem Grundsatz ausgeht, daß jede Behörde nach ihrem eigenen materiellen Recht tätig wird, ist die Zuständigkeitsordnung in den erstrebten Kompromiß zwischen Domizil- und Nationalitätsprinzip einbezogen. Art 4 ist also auch eine Konzession an die Länder des Staatsangehörigkeitsprinzips (vgl bereits Batiffol Rev crit 50 [1961] 472: „Cette disposition apparaît comme une satisfaction donnée aux partisans du principe de la nationalité"). Dieses Zugeständnis steht in einem gewissen Zusammenhang mit Art 3; denn wenn nach dem Heimatrecht entstehende ex-lege-Verhältnisse in allen Vertragsstaaten anzuerkennen sind, dann ist auch eine Zuständigkeitsregel angezeigt, mittels derer die Heimatbehörden eines Vertragsstaates im Bedarfsfall in das ex-lege-Verhältnis ändernd oder beendigend eingreifen können.

d) Der **Nutzen des Art 4 in der gerichtlichen Praxis** ist bislang relativ gering 557
geblieben (vgl auch Luther FamRZ 1973, 408; Müller-Gindullis DRiZ 1974, 153). Das liegt zum einen daran, daß die Aufenthaltsbehörde die Heimatbehörde nicht *vor*, sondern erst *nach* dem Ergreifen einer Maßnahme benachrichtigen muß und deshalb die Heimatbehörde von dem Schutzbedürfnis des Minderjährigen meist erst in einem Zeitpunkt erfährt, in dem es durch die Maßnahme der Aufenthaltsbehörde schon befriedigt ist (Siehr DAVorm 1973, 265; Schwimann ÖJBl 1976, 242; vgl auch bereits Batiffol Rev crit 50 [1961] 472). Zum anderen ist es ein Hemmnis für die Heimatbehörde, daß sie für die Durchführung der von ihr angeordneten Maßnahme im Aufenthaltsstaat selbst zu sorgen hat (Abs 3), was häufig mit Schwierigkeiten verbunden ist, und daß sich die Vollstreckung nach dem Recht des Aufenthaltsstaates richtet. Maßnahmen des deutschen Heimatgerichts kommen am ehesten in Betracht, wenn das deutsche Kind während oder nach einer Ehescheidung in einen ausländischen Vertragsstaat verbracht wird und eine Sorgerechtsregelung zu treffen ist. Ganz allgemein läßt sich sagen, daß Art 4 eine erwünschte Zuständigkeit des deutschen Scheidungsgerichts begründen kann, wenn das deutsche Kind seinen gewöhnlichen Aufenthalt in einem ausländischen Vertragsstaat hat (zur Scheidungszuständigkeit bei gewöhnlichem Aufenthalt in einem Nichtvertragsstaat vgl Art 19 Rz 250–252). Freilich muß ein Eingreifen gerade des Heimatgerichts (und nicht des Aufenthaltsgerichts) im konkreten Fall durch des Kindeswohl geboten sein (unten Vorbem 560). Ferner ist gemäß Art 4 zB die Bestellung einer Privatperson als Vormund oder Pfleger möglich, die den Mündel im Aufenthaltsstaat betreut, oder auch die Gewährung freiwilliger Erziehungshilfe, zu

deren Durchführung das Kind von dem Erziehungsberechtigten nach Deutschland zurückgebracht wird. Dagegen würde es einen unzulässigen Eingriff in die Gebietshoheit des Aufenthaltsstaates bedeuten, einen Minderjährigen ohne Einverständnis des Aufenthaltsstaates zum Vollzug der in Deutschland angeordneten Fürsorgeerziehung durch einen Angehörigen des Jugendamtes in den deutschen Heimatstaat verbringen zu lassen (Denkschrift der Bundesregierung BT-Drucks VI/947, 13).

Die deutschen Gerichte haben sich auf die Heimatzuständigkeit bislang nur selten berufen. Ein gutes Beispiel für eine sinnvolle Inanspruchnahme der Heimatzuständigkeit bietet BayObLG 9. 5. 1978 (BayObLGZ 1979, 113 = FamR 1979, 178 = StAZ 1979, 38; krit zu dem Beschluß JAYME FamRZ 1979, 22): Ein deutsches Gericht hatte die Ehe der Eltern geschieden. Die österreichische Mutter war schon während des Scheidungsverfahrens mit dem deutschen Kind zu ihrer Familie nach Österreich gezogen. Ein deutsches Gericht übertrug nach der Ehescheidung die *elterliche Gewalt* auf die Mutter, nachdem es die österreichischen Aufenthaltsbehörden verständigt hatte. Das BayObLG war aus folgenden zutreffenden Erwägungen der Auffassung, daß das Wohl des Minderjährigen ein Tätigwerden des Heimatgerichts erforderte: „Da die Scheidung der Ehe im allgemeinen eine räumliche Trennung der Eltern zur Folge hat, ist regelmäßig eine möglichst umgehende Regelung der elterlichen Gewalt im Interesse und zum Wohl des Kindes erforderlich. Weder im Hinblick auf dessen möglichst ungestörte Entwicklung noch im Blick auf etwaige vom gesetzlichen Vertreter zu treffende Sofortmaßnahmen (zB Heilbehandlung, Schulbesuch) kann die nach § 1671 I BGB zu treffende Schutzmaßnahme längere Zeit in der Schwebe bleiben . . . Diese auf Erfahrungssätzen beruhenden Erwägungen rechtfertigen es, Maßnahmen eines deutschen Gerichts auch bei gewöhnlichem Aufenthalt eines deutschen Minderjährigen im Ausland nach (oder im Rahmen einer) Scheidung grundsätzlich jedenfalls dann für geboten zu halten, wenn – wie hier – beide Eltern die Regelung der elterlichen Gewalt in der Bundesrepublik Deutschland erstrebt haben und wenn die in der Bundesrepublik ausgesprochene Scheidung der Eltern zu ihrer Wirksamkeit in Österreich – und damit auch als Grundlage einer endgültigen Regelung der elterlichen Gewalt im Aufenthaltsstaat (Art 1 MSA; § 177 ABGB nF) – im Zweifel erst noch die Anerkennung des deutschen Scheidungsurteils in Österreich . . . erfordern würde." – Auch das OLG Karlsruhe 30. 1. 1978 (NJW 1979, 500 = FamRZ 1979, 73 = Justiz 1978, 319) bejahte eine Heimatzuständigkeit des deutschen Scheidungsgerichts zur Regelung der elterlichen Gewalt, da die Behörden am schweizerischen gewöhnlichen Aufenthaltsort des deutschen Kindes offenbar nicht tätig werden wollten. – Ebenso kam ein Eingreifen der deutschen Heimatbehörden gem Art 4 in folgendem Fall in Betracht, IPG 1974 Nr 37 (Hamburg): Deutsche Eheleute wurden in der Schweiz geschieden. Dem Vater wurde die elterliche Gewalt zugesprochen. Dieser nahm in der Folgezeit Arbeit in Afrika an und ließ das Kind bei Schweizer Pflegeeltern. Die Mutter kehrte nach Deutschland zurück und begehrte vom deutschen Gericht, ihr in Abänderung der Schweizer Entscheidung die elterliche Gewalt über ihr deutsches Kind zu übertragen. – Ferner seien genannt BayObLG 16. 2. 1976 BayObLGZ 1976, 25 = FamRZ 1976, 366 = IPRspr 1976 Nr 57, 16. 2. 1976 FamRZ 1976, 363 = IPRspr 1976 Nr 58 und KG 4. 12. 1973 OLGZ 1974, 110 = NJW 1974, 424 = FamRZ 1974, 144 = ZBlJugR 1974, 439 = IPRspr 1973 Nr 177; diese Beschlüsse betrafen die Regelung der elterlichen Gewalt nach Scheidung in Fällen, in denen das Kind während eines schwebenden Verfahrens ins Ausland verbracht wurde; das BayObLG und das KG begründeten den Fortbestand der deutschen internationalen Zuständigkeit auch mit der Erwägung, daß trotz der Aufenthaltsverlegung jedenfalls die Zuständigkeit gem Art 4 bestehen geblieben sei. – Schließlich erwähnt MÄHR (ÖRiZ 1977, 155) den Fall, daß die Schweizer Aufenthaltsbehörden die österreichische Heimatbehörde gebeten haben, über die Aufhebung der Amtsvormundschaft des österreichischen Jugendamtes selbst zu entscheiden, die eingetreten war, als das österreichische nichteheliche Kind noch in Österreich lebte.

Dagegen lehnten das OLG Stuttgart 18. 11. 1977 (NJW 1978, 1746 = IPRspr 1977 Nr 79) und das LG Heilbronn 10. 10. 1972 (Justiz 1972, 389 = IPRspr 1972 Nr 75) als Heimatgerichte die bloße *Regelung des persönlichen Verkehrs (Umgangs)* nach einer Scheidung in Deutschland mit der Begründung ab, das Wohl des Minderjährigen erfordere ein Eingreifen der Heimatbehörde nicht (vgl zu dieser Voraussetzung der Heimatzuständigkeit sogleich Vorbem 560); vielmehr sei die Schweizer Aufenthaltsbehörde berufen, die notwendige Verkehrsregelung zu treffen. Das OLG Düsseldorf 25. 1. 1978 (FamRZ 1979, 75) entschied, ohne auf die Voraussetzungen des Art 4 einzugehen, für die Verkehrsregelung deutscher in den Niederlanden lebender Kinder sei das niederländische Aufenthaltsgericht zuständig, auch wenn die Ehe der Eltern in Deutschland geschieden und die elterliche Gewalt hier geregelt worden war.

2. Voraussetzungen der Zuständigkeit 559

Die Zuständigkeit kommt nur den Behörden der Vertragsstaaten zu (oben Vorbem 554). Voraussetzung für die Anwendung der Bestimmung ist, daß der Minderjährige seinen gewöhnlichen Aufenthalt in einem Vertragsstaat hat (Art 13 Abs 1). Außerdem verlangt Abs 1, daß die Heimatbehörden der Auffassung sind, ihr Einschreiten sei erforderlich (näher sogleich Vorbem 560). Ferner müssen die Behörden des Staates, in dem der Minderjährige seinen gewöhnlichen Aufenthalt hat, vorher verständigt werden (unten Vorbem 561 ff). Weitere Schranken sind der Heimatzuständigkeit nicht gesetzt (unten Vorbem 565 f).

a) Die **Auffassung der Heimatbehörde, daß das Wohl des Minderjährigen ihr Tätigwerden erfordert**, ist nach Abs 1 Voraussetzung der Heimatzuständigkeit. Die Vorschrift stellt ein Eingreifen damit in das pflichtgebundene *Ermessen* der Heimatbehörde. Diese muß sich bei ihrer Entscheidung von dem Gesichtspunkt des Kindeswohls leiten lassen. So ist es berechtigt, im Heimatstaat eine Maßnahme zu treffen, wenn das Kind im Aufenthaltsstaat zu verwahrlosen droht, etwa weil die Aufenthaltsbehörde untätig bleibt; ferner wenn die Heimatbehörde nach einer Ehescheidung im Heimatstaat schneller und sachgerechter über die elterliche Gewalt entscheiden kann als die Behörde des Staates, in den das Kind während des Scheidungsverfahrens verbracht wurde (BayObLG 9. 5. 1978 [s Vorbem 558]). Eine „Verbundszuständigkeit" des Scheidungsgerichts im Heimatstaat kann auf Art 4 freilich nur gestützt werden, wenn die Übernahme des Schutzes durch das Heimatgericht dem Kindeswohl ein Einzelfall mehr dient als das für den Regelfall vorgesehene Tätigwerden der Aufenthaltsbehörden gemäß Art 1 (vgl JAYME FamRZ 1979, 22). – Eine Verletzung des Konvention läge vor, wenn der Heimatstaat lediglich aus Prestigegründen eine Vormundschaft an sich ziehen würde. Meist wird die Heimatbehörde in Würdigung der Verhältnisse des Einzelfalles abwägen müssen, ob die Übernahme des Schutzes dem Kindeswohl mehr dient als das für den Regelfall vorgesehene Tätigwerden der Aufenthaltsbehörde. Dies kann der Fall sein, wenn die Aufenthaltsbehörden zu den aus Gründen des Kindeswohls gebotenen Schutzmaßnahmen nicht bereit oder nicht in der Lage sind, wenn ein im Inland begonnenes Verfahren aufgrund besonderer Eilbedürftigkeit zu Ende geführt werden muß, nachdem das deutsche Kind seinen gewöhnlichen Aufenthalt in einen ausländischen Vertragsstaat verlegt hat, oder wenn aufgrund besonderer Sachnähe und Kompetenz ein Eingreifen gerade der Heimatbehörden zweckmäßig und geboten erscheint (vgl OLG Stuttgart 18. 11. 1977 NJW 1978, 1746 = IPRspr 1977 Nr 79). Die Effizienz der am Aufenthaltsort bereits getroffenen Maßnahmen ist gebührend in Rechnung zu stellen (Beispiel: LG Heilbronn 10. 10. 1972 Justiz 1972, 389 = IPRspr 1972 Nr 75). 560

b) Abs 1 verlangt eine **vorherige Verständigung** der Behörden des Staates, in dem der Minderjährige seinen gewöhnlichen Aufenthalt hat. Diese Anzeigepflicht besteht nur gegenüber den Behörden eines Vertragsstaates; das ergibt sich schon daraus, daß die Konvention gar nicht anwendbar ist, wenn der Minderjährige seinen gewöhnlichen Aufenthalt in einem Nichtvertragsstaat hat (Art 13 Abs 1). Hat die Tatsacheninstanz die Verständigungspflicht nicht beachtet, so liegt eine Rechtsverletzung vor, die mit der Rechtsbeschwerde geltend gemacht werden kann (vgl KG 4. 12. 1973 OLGZ 1974, 110 = NJW 1974, 424 = FamRZ 1974, 144 = ZBlJugR 1974, 439 = IPRspr 1973 Nr 177; BayObLG 16. 2. 1976 BayObLGZ 1976, 25 = FamRZ 1976, 366 = IPRspr 1976 Nr 57: beide Beschlüsse sprechen von der Erfüllung der Verständigungspflicht als einer Voraussetzung für die Zuständigkeit nach Art 4; vgl ferner OLG Stuttgart 18. 11. 1977 NJW 1978, 1746, 1747 = IPRspr 1977 Nr 79: dort wird noch nicht deutlich unterschieden zwischen der 561

Bedeutung einer Verletzung der Verständigungspflicht für das *inländische* Verfahren einerseits und für die *ausländischen* Vertragsstaaten andererseits; zu letzterem Aspekt unten Vorbem 564). Der österr OGH hat es offen gelassen, „ob die in Art 4 vorgesehene Verständigungspflicht bedingende Voraussetzung für die internationale Zuständigkeit der Behörden des Heimatstaates ist oder ob die Verletzung dieser Verständigungspflicht nur einen Verfahrensmangel begründet" (OGH 14. 12. 1977 EvBl 1978 Nr 128). Jedenfalls ist – so mit Recht der OGH – der Mangel behoben, wenn die Verständigung noch vor der Entscheidung der zweiten Instanz, welche die Entscheidung des Erstgerichts sachlich und rechtlich überprüft hat, nachgeholt wurde.

562 Die Anzeigepflicht verfolgt das zweifache **Ziel**, den Heimatbehörden die notwendigen Informationen zu verschaffen und den Aufenthaltsbehörden (in Hinblick auf Abs 4) rechtzeitig eine etwa erforderliche Reaktion auf die anstehenden Maßnahmen der Heimatbehörde zu ermöglichen.

Der Bericht VON STEIGERS Actes et Doc IX/4, 229 umschreibt das folgendermaßen: „La règle poursuit un double but: L'avis préalable permet aux autorités de la résidence habituelle, qui en général sont les mieux renseignées sur le mineur et ses besoins, de donner toutes informations utiles aux autorités nationales, de sorte que celles-ci puissent prendre leurs décisions en connaissance de cause . . . D'autre part, les mesures à prendre par les autorités nationales devant se substituer aux mesures prises, le cas échéant, par les autorités de la résidence habituelle, il est indispensable que celles-ci soient renseignées en temps utile sur les modifications que subira la situation légale du mineur et puissent prendre à leur tour les mesures dictées par la situation (par exemple en levant, à une date convenue, une tutelle qui sera remplacée par une tutelle organisée par l'Etat national)."

563 Die **Modalitäten der Anzeigepflicht**, die im Wege des unmittelbaren Behördenverkehrs erfüllt werden kann (näher unten Vorbem 695 ff, insbes Vorbem 699 f), wird man dahingehend präzisieren können, daß der Aufenthaltsbehörde eine angemessene Frist zu einer Stellungnahme einzuräumen ist (so auch Bericht VON STEIGER Actes et Doc IX/4, 229 zu c; vgl auch die Diskussion Actes et Doc IX/4, 146 f). Das folgt aus dem Zweck der Benachrichtigungspflicht, der Heimatbehörde Informationen aus dem Aufenthaltsstaat zu beschaffen. Nach Wortlaut und Entstehungsgeschichte des Abs 1 besagt die Verständigungspflicht eindeutig nicht, daß ein *Einverständnis* der Aufenthaltsbehörde mit der geplanten Maßnahme vorliegen müsse (das betont auch VON STEIGER aaO). Ebenso eindeutig ist nach Wortlaut und Entstehungsgeschichte, daß Abs 1 einen *Meinungsaustausch* mit der Aufenthaltsbehörde nicht zwingend fordert (STÖCKER DAVorm 1973, 529 Fn 90; unklar JAYME JR 1973, 180: „nach Verständigung mit den Behörden des Aufenthaltsstaates"; ausdrücklich für eine Pflicht zum Meinungsaustausch aber SCHWIMANN ÖJBl 1976, 241 f). Zwar ist der Aufenthaltsbehörde Gelegenheit zu einer Stellungnahme zu geben, und es kann sich daraus ein Meinungsaustausch entwickeln, der häufig schon deshalb wünschenswert sein wird, damit die Heimatbehörde ihre Ermessensentscheidung sinnvoll treffen kann. Aber zwingend vorgeschrieben ist ein solcher Meinungsaustausch in Abs 1 nicht. Vielmehr führte die Diskussion auf der Haager Konferenz zu dem Ergebnis, den wünschbaren Meinungsaustausch in einer gesonderten Bestimmung vorzusehen (vgl Actes et Doc IX/4, 98–101, 145–148, 159–162). Nach Art 10, den die Heimatbehörde zusätzlich zu beachten hat (Bericht VON STEIGER Actes et Doc IX/4, 236 lit a; Denkschrift der Bundesregierung BT-Drucks VI/947, 15 f; österr Regierungsvorlage 1210 Blg NR 13. GP 12; KROPHOLLER, MSA 84 f), sollen Maßnahmen nach Möglichkeit erst getroffen werden, nachdem ein Meinungsaustausch mit den Behörden der anderen Vertragsstaaten erfolgt ist, deren Entscheidungen noch wirksam sind. Ein solcher Meinungsaustausch mit der Aufenthaltsbehörde kann auch dazu beitragen, daß es nicht zu einer Aufhebung der Maßnahmen des Heimatstaates durch die Aufenthaltsbehörde gem Art 8 kommt. Die nachträgliche Mitteilungspflicht des Art 11 Abs 1 ist ebenfalls zu erfüllen, wenn dies nicht nach dem Inhalt der vorherigen Verständigung überflüssig ist (vgl unten Vorbem 693).

Welche **Wirkung einer Verletzung der Anzeigepflicht** im Verhältnis zu den anderen Vertragsstaaten zukommt, ist nicht ausdrücklich geregelt. Man wird annehmen müssen, daß die in Art 7 vorgesehene Anerkennungspflicht der anderen Vertragsstaaten bei Außerachtlassung der Anzeigepflicht nicht besteht (Stöcker DAVorm 1975, 529; wohl auch Droz Clunet 100 [1973] 622) und daß die in Abs 4 vorgesehene Ersetzung von früheren Maßnahmen der Aufenthaltsbehörde nicht eintritt (so Schwimann ÖJBl 1976, 242). Zwar folgt dieses Ergebnis nicht schon aus dem französischen Wortlaut des Art 7 (so aber Stöcker); denn die Wendung „en vertu des articles précédents" bezieht sich auf das Wort „compétentes", was die deutsche Übersetzung richtig wiedergibt („die nach den vorstehenden Artikeln zuständigen Behörden"). Aber die hier vertretene Rechtsfolge entspricht dem hohen Rang, den die Konvention einer Zusammenarbeit der Behörden beimißt. Die Qualität einer Entscheidung, die ohne vorherige Verständigung getroffen worden ist, kann durch diesen Mangel zweifellos gemindert werden. Freilich sollte man einräumen, daß die Heimatbehörde eine versäumte Verständigung nachholen und damit die Wirkung der angeordneten Maßnahme in den anderen Vertragsstaaten auslösen kann (Schwimann ÖJBl 1976, 242). Auch bleibt eine Anerkennung nach dem autonomen Recht der Vertragsstaaten möglich. 564

c) Eine **zeitliche Schranke** ist dem Eingreifen der Heimatbehörde nicht gesetzt. Die Heimatbehörde kann den Schutz entweder sofort an sich ziehen, ehe die Aufenthaltsbehörde tätig geworden ist, oder auch noch nach Jahren eingreifen, wenn sie – etwa wegen veränderter Umstände – mit der Entscheidung der Aufenthaltsbehörde nicht mehr einverstanden ist. Ein Vorschlag der österreichischen Delegation, das Evokationsrecht des Heimatstaates zeitlich zu begrenzen, wurde auf der Tagung als unerwünschte Einengung der Staatsangehörigkeitszuständigkeit abgelehnt; vgl Actes et Doc IX/4, 99–101; Bericht von Steiger 229 zu b; österr Regierungsvorlage 1210 Blg NR 13. GP 10. 565

d) Eine Inanspruchnahme der Heimatzuständigkeit setzt nicht die **Übernahme des gesamten Minderjährigenschutzes** voraus. Zwar äußerte der Berichterstatter von Steiger während der Konferenz (Actes et Doc IX/4, 80): „Cette disposition peut être invoquée en tout temps et permet à l'Etat national de reprendre l'affaire dans son ensemble"; aber diese Äußerung besagt nur, daß die Übernahme des gesamten Schutzes durch den Heimatstaat möglich, nicht daß sie erforderlich ist (vgl Kropholler, MSA 85). Auch der Wortlaut des Abkommenstextes gibt für eine solche Einschränkung keinen Anhalt. Vielmehr ist es sinnvoll, der Heimatbehörde auch eine Teilevokation zu gestatten. So kann die Heimatbehörde neben einer öffentlichrechtlichen Maßnahme der Aufenthaltsbehörde eine privatrechtliche Maßnahme treffen und etwa die elterliche Gewalt entziehen oder (nach Scheidung) neu regeln. Ferner gestattet es Art 4, im Heimatstaat beispielsweise nur eine Pflegschaft für dort befindliches Vermögen des Minderjährigen zu führen, während der Minderjährigenschutz im übrigen bei der Aufenthaltsbehörde verbleibt. 566

3. Staatsangehörigkeitswechsel; Mehrstaater 567

a) Bei einem **Staatsangehörigkeitswechsel** des Minderjährigen endet die Staatsangehörigkeitszuständigkeit des bisherigen Heimatstaates, und dem neuen Heimatstaat kommt die Befugnis des Art 4 Abs 1 zu. Doch wird im Interesse der Kontinuität des Minderjährigenschutzes die für den Aufenthaltswechsel geschaffene Bestimmung des Art 5 Abs 1 auf den Staatsangehörigkeitswechsel analog anzuwenden sein, so daß eine vom bisherigen Heimatstaat angeordnete Maßnahme nicht mit dem Erwerb der neuen Staatsangehörigkeit wegfällt oder sofort aufgehoben werden muß, sondern so lange bestehen bleibt, bis der neue Heimatstaat sie aufhebt oder ersetzt (Kropholler, MSA 83; Mosconi 391 f; Siehr DAVorm 1973, 290 Fn 169). Diese Lösung entspricht derjenigen, die auf der 6. Haager Tagung für das Vormundschaftsabkommen von 1902 ausgearbeitet wurde: Nach Art 4 a sollte die im alten Heimatstaat eingeleitete Vormundschaft so lange bestehen bleiben, bis der neue Heimatstaat mitgeteilt hat, daß er seinerseits eine Vormundschaft eingeleitet hat (vgl Volkmar JW 1928, 864; Isenschmid, Die Vormundschaft über Ausländer in der Schweiz und über Schweizer im Ausland [Bern 1934] 79). Im Interesse einer reibungslosen und sachgerechten Übernahme durch die neue Heimatbehörde ist es auch in diesem Fall erwünscht, daß von der in Art 10 vorgesehenen Konsultationsmöglichkeit Gebrauch gemacht wird.

568 **b)** Die Frage, welcher Staat als Heimatstaat eines **Mehrstaaters** anzusehen ist, und welchen Staates Behörden sich dann auf die Zuständigkeitsnorm des Abs 1 stützen können, beantwortet die Konvention nicht. Es ist zu unterscheiden, ob der Minderjährige nur die Staatsangehörigkeit von Vertragsstaaten oder die Staatsangehörigkeit eines Vertragsstaates und eines Nichtvertragsstaates besitzt (anders Samtleben RabelsZ 42 [1978] 481 f, der für Art 4 ebenso argumentiert wie für Art 3; s zu dem von ihm aufgestellten *Grundsatz* oben Vorbem 530, zu dem von ihm speziell für das Minderjährigenschutzabkommen aus Art 5 Abs 3 gewonnenen Argument oben Vorbem 531).

569 Gehört der Minderjährige **mehreren Nichtvertragsstaaten** an, kommt Art 4 wegen Art 13 Abs 2 nicht in Betracht, ohne daß über den Vorrang einer Staatsangehörigkeit entschieden werden müßte.

570 Hat der Minderjährige die **Staatsangehörigkeit von zwei oder mehr Vertragsstaaten**, so sollte nur die Behörde des Staates tätig werden, zu dem das engste Band besteht. Es sollte aufgrund von Art 4 also – ebenso wie im Rahmen des Art 3 – die effektive Staatsangehörigkeit entscheiden (näher oben Vorbem 529 ff; vgl zur Problematik auch Goerke StAZ 1976, 271). Das gilt auch, wenn der Minderjährige nach der Geburt eine zweite Staatsangehörigkeit hinzuerwirbt. Ist diese die effektive Staatsangehörigkeit, so sind die für einen Staatsangehörigkeitswechsel aufgestellten Sätze (oben Vorbem 567) entsprechend anzuwenden. Zwar wäre es im Rahmen der Zuständigkeitsnorm des Art 4 – anders als im Rahmen der Kollisionsnorm des Art 3 – theoretisch denkbar, keiner Staatsangehörigkeit den Vorrang einzuräumen und die Behörden eines jeden Heimatstaates, der Vertragsstaat ist, für zuständig zu erklären. Aber das stünde mit den Zielen der Konvention in einem gewissen Gegensatz; denn widersprüchliche Entscheidungen und Konflikte im Rahmen der Anerkennungspflicht nach Art 7 wären die Folge, und dem Kindesinteresse wäre im allgemeinen wenig gedient. Auch wenn jeder Vertragsstaat seine eigene Staatsangehörigkeit vorgehen ließe, wären Widersprüche zu befürchten. Im Ergebnis schränkt die Lehre von der effektiven Staatsangehörigkeit die Reichweite des Art 4 ein; insbes wird die Behörde des Staates, dessen Staatsangehörigkeit der Minderjährige effektiv besitzt, idR schon aufgrund von Art 1 tätig werden können, so daß Art 4 von dieser Behörde nicht unbedingt benötigt wird. Eine Rechtsverweigerung ist – besonders in Anbetracht der verbleibenden Eilzuständigkeit – nicht zu befürchten.

Beispiel (Trib gr inst Nanterre 24. 3. 1976 Rev crit 66 [1977] 345 Anm LEQUETTE = GazPal 1976, 556): Die Eltern eines Kindes mit französischer und schweizerischer Staatsangehörigkeit leben in Scheidung. Das Kind ist seit sieben Monaten beim Vater in Frankreich, als dieser stirbt. Das Gericht am Schweizer Wohnsitz der Mutter ordnet gleich nach dem Tod des Vaters eine Pflegschaft für das Kind an, offenbar gestützt auf Art 4. Zwei Monate später bestellt das französische Aufenthaltsgericht die französische Großmutter zum Vormund. Das Trib gr inst hält diese Maßnahme trotz der vorangehenden Schweizer Entscheidung für begründet und beruft sich hierfür ohne weitere Ausführungen auf Art 8. – Bei der Auslegung, die das Abkommen in diesem Fall durch das Schweizer und das französische Gericht erfahren hat, bleibt der Kompetenzkonflikt zwischen den Gerichten beider Staaten ungelöst (vgl Art 8 Abs 2). Die vom Abkommen grundsätzlich erstrebte Koordination der Zuständigkeiten ist dagegen erreichbar, wenn der Vorrang der effektiven Staatsangehörigkeit anerkannt wird. Da das Kind seinen gewöhnlichen Aufenthalt in Frankreich hatte und die französische Staatsangehörigkeit also die effektive war, hätte das Schweizer Gericht nicht tätig werden und das französische Gericht seine Maßnahme auf Art 1 oder Art 4 stützen sollen. Die französische Vormundsbestellung hätten dann alle Vertragsstaaten anerkennen müssen (vgl auch LEQUETTE aaO, der außerdem darauf hinweist, daß in casu gem Art 18 Abs 2 der ältere bilaterale französisch-schweizerische Vertrag vom 15. 6. 1869 vorrangig anzuwenden war).

Hat der Minderjährige die **Staatsangehörigkeit eines Vertragsstaates und eines Nichtvertragsstaates**, so ist die Rechtslage zweifelhaft. Es empfiehlt sich, die für die parallele Problematik im Rahmen des Art 13 Abs 3 entwickelten Grundsätze auch hier anzuwenden (vgl unten Vorbem 726), so daß die Heimatbehörden des Vertragsstaates – unabhängig von der effektiven Staatsangehörigkeit des Kindes – aufgrund von Art 4 tätig werden können, wenn nur der gewöhnliche Aufenthalt des Kindes in einem Vertragsstaat liegt (Art 13 Abs 1). Widersprüche bei der Anerkennungspflicht gem Art 7 sind nicht zu befürchten, weil etwaige konkurrierende Maßnahmen des Nichtvertragsstaates nicht von Art 7 erfaßt werden, sondern der Anerkennung nach autonomem Recht unterliegen. Hier gilt nichts anderes als für die Heimatzuständigkeit im autonomen Recht, die vielfach als Begünstigung der Inländer verstanden wird, so daß für ihre Inanspruchnahme die deutsche Staatsangehörigkeit stets als genügend angesehen wird, auch wenn daneben noch eine ausländische besteht (s Art 19 Rz 256). Die deutschen Heimatbehörden können demnach aufgrund von Art 4 tätig werden, selbst wenn das Kind außer der deutschen Staatsangehörigkeit noch die Staatsangehörigkeit eines Nichtvertragsstaates besitzt (KROPHOLLER, MSA 24; vgl auch IPG 1972 Nr 24 [Köln] 231 f). Um widersprüchliche Entscheidungen zu vermeiden, kann es sich indes empfehlen, von der Heimatzuständigkeit nur im Staat der effektiven Staatsangehörigkeit Gebrauch zu machen. Hat ein Kind mit zwei ausländischen Staatsangehörigen seinen gewöhnlichen Aufenthalt in Deutschland, so sollten die deutschen Aufenthaltsbehörden mit den Behörden in demjenigen Heimatstaat zusammenarbeiten, der Vertragsstaat ist, und Maßnahmen dieser Behörden gem Art 7 anerkennen. 571

II. Das anwendbare Recht (Abs 1 und 2) 572

Die in Abs 1 und 2 enthaltene Regelung des anwendbaren Rechts entspricht genau derjenigen, die Art 2 bei einem Tätigwerden der Aufenthaltsbehörde vorsieht. Auf die Erläuterungen zu Art 2 sei deshalb verwiesen. Sie gelten im Rahmen des Art 4 entsprechend. An die Stelle der besonderen Gründe, die im Regelfall für die Wahl des Aufenthaltsrechts anzuführen sind (oben Vorbem 461), tritt im Rahmen des Art 4 die Erwägung, daß in den (seltenen) Fällen, in denen die Heimatbehörde tätig wird, regelmäßig enge Bande zum Heimatstaat bestehen, die eine Anwendung des Heimatrechts gerechtfertigt erscheinen lassen. Vor allem aber gilt die für das Gleichlaufprinzip gegebene Begründung (oben Rz 456–460), wobei Art 4 für einen gewissen Ausgleich zugunsten der Anknüpfung an die Staatsangehörigkeit sorgt.

573 **III. Die Durchführung der getroffenen Maßnahmen (Abs 3)**

Gemäß Abs 3 haben die Heimatbehörden für die Durchführung der von ihnen getroffenen Maßnahmen zu sorgen, gleichgültig, wo diese Maßnahmen durchzuführen sind. Wenn die Heimatbehörden also den Schutz des Minderjährigen übernehmen, liegt es bei ihnen, auf die Realisierung der Maßnahmen zu achten. Das gilt nicht nur für die Durchführung vermögensrechtlicher Maßnahmen (zB den Verkauf von beweglichen oder unbeweglichen Gütern des Minderjährigen, die außerhalb des Heimatstaates belegen sind), sondern auch für die Kontroll- und Überwachungsaufgaben, die das Heimatrecht vorsieht (zB die Rechnungslegung durch den Vormund und deren Billigung durch die Vormundschaftsbehörde); Bericht von Steiger Actes et Doc IX/4, 230. Bisweilen kann die Durchführung im Heimatstaat selbst erfolgen (zB Verkauf dort belegener Gegenstände), bisweilen ist eine Vollziehung über die Grenze hinweg möglich (zB Anforderung und Entgegennahme von Berichten). Manche Maßnahmen sind jedoch weder auf die eine noch auf die andere Weise vollziehbar. Vor allem einige öffentlichrechtliche Maßnahmen der Heimatbehörde, wie die Fürsorgeerziehung, sind im Aufenthaltsstaat nicht durchführbar, so daß das Evokationsrecht des Art 4 für sie praktisch nicht in Betracht kommt (ebenso Offerhaus Actes et Doc IX/4, 101).

574 Speziell für die *Durchführung einer Vormundschaft* stehen dem Heimatstaat grundsätzlich zwei verschiedene Formen zur Verfügung: die (schlichte) Inlandsform und die (besondere) Auslandsform, dh die diplomatische und konsularische Vormundschaft. Die diplomatische und konsularische Vormundschaft, die Art 2 des Haager Vormundschaftsabkommens von 1902 ausdrücklich vorbehält, ist auch durch das Minderjährigenschutzabkommen nicht ausgeschlossen (so die Auskunft des Präsidenten der 3. Kommission auf eine entsprechende Frage zum Vorentwurf Actes et Doc IX/4, 67). Daneben können jedoch auch die Behörden im Heimatstaat tätig werden (vgl die Äußerung des niederländischen Delegierten Offerhaus Actes et Doc IX/4, 101 und die darauf folgende Abstimmung der Delegierten).

575 Während Art 3 Abs 1 des Vorentwurfs der Spezialkommission das Evokationsrecht ausdrücklich nur unter der **Bedingung** vorsah, daß die Maßnahmen im Aufenthaltsstaat *realisierbar* sind (Actes et Doc IX/4, 14), wurde diese Einschränkung während der Tagung gestrichen (Actes et Doc IX/4, 101). Es versteht sich aber, daß sich der Heimatstaat in solchen Fällen der Lage fügen und eine andere Lösung suchen muß; so etwa, wenn der Aufenthaltsstaat den Konsuln des Heimatstaates die Ausübung vormundschaftlicher Befugnisse nicht gestattet (Bericht von Steiger Actes et Doc IX/4, 230).

576 Bei auftretenden Schwierigkeiten sollten die Heimatbehörden die in Art 6 Abs 1 vorgesehene Möglichkeit beachten, den Behörden im Aufenthalts- oder Vermögensstaat die Durchführung der getroffenen Maßnahmen zu übertragen.

577 **IV. Verhältnis zu Maßnahmen der Aufenthaltsbehörden (Abs 4)**

Gemäß Abs 4 treten die von den Heimatbehörden getroffenen Maßnahmen an die Stelle der Maßnahmen, welche die Aufenthaltsbehörden gegebenenfalls bereits getroffen haben („éventuellement prises“). Diese Regelung soll verhindern, daß einander widersprechende Schutzmaßnahmen zweier Vertragsstaaten nebeneinander bestehen und dadurch das Kindeswohl gefährdet wird. Dem Sinn der Regelung entsprechend wird man die Rechtsfolge des Abs 4 nur dann eintreten lassen, wenn die Maßnahmen der Heimatbehörde und der Aufenthaltsbehörde sich überschneiden, nicht aber, wenn sie ohne Spannungen nebeneinander bestehen können oder sich ergänzen.

Die Rechtsfolge des Abs 4 tritt *automatisch (ex lege)* ein, ohne daß es entsprechender Maßnahmen der Aufenthaltsbehörde bedürfte (KROPHOLLER, MSA 86; GOERKE FamRZ 1974, 66: „ohne weiteres"; anders STÖCKER DAVorm 1975, 531 f, dessen Interpretation jedoch auf mehreren Mißverständnissen beruht). Das zeigen die folgenden Überlegungen. 578

Schon der **Wortlaut** des Abs 4 ist eindeutig: „Die nach den Absätzen 1 bis 3 getroffenen Maßnahmen *treten an die Stelle* . . ." („Les mesures prises en vertu des alinéas précédents du présent article *remplacent* . . ."). Die Maßnahmen der Heimatbehörden *ersetzen* also diejenigen der Aufenthaltsbehörden. 579

Selbst wenn man der (ungenaueren) Übersetzung STÖCKERS folgen und „remplacer" mit „ablösen" gleichsetzen würde, wäre Abs 4 nicht so zu lesen, „daß die im Aufenthaltsstaat getroffenen Maßnahmen in Kraft bleiben, bis sie im Aufenthaltsstaat im Hinblick auf die von den Heimatbehörden ergriffenen Schutzmaßnahmen ‚abgelöst' werden" (so aber STÖCKER aaO). Denn Abs 4 spricht nicht davon, daß die Maßnahmen der Aufenthaltsbehörden so lange in Kraft bleiben, bis *die Aufenthaltsbehörden* sie ersetzen (oder ‚ablösen'), sondern die Bestimmung besagt, daß die Maßnahmen *der Heimatbehörden* diejenigen der Aufenthaltsbehörden ersetzen (oder ‚ablösen'). Auch der von STÖCKER gezogene Vergleich mit Art 3 ergibt nichts Gegenteiliges; wenn dort die ex-lege-Verhältnisse von den Schutzmaßnahmen durch die Worte „kraft Gesetzes" bestehend („résultant de plein droit") abgegrenzt werden, in Art 4 Abs 4 die Worte „de plein droit" jedoch nicht verwendet werden, so erklärt sich das aus dem anderen Zusammenhang der Bestimmung. Auch Art 5 Abs 2 und Art 9 Abs 2 regeln andere Situationen und verwenden deshalb andere Ausdrücke.

Entstehungsgeschichte und Zweck des Abs 4 bestätigen die hier vertretene Auslegung. Abs 4 des Vorentwurfs lautete sehr ähnlich wie die endgültige Fassung: „Les mesures prises en vertu du présent article remplacent . . . les mesures prises par les autorités de l'Etat où le mineur a sa résidence habituelle"). MARMO erläutert den Absatz in seinem Bericht zum Vorentwurf folgendermaßen: „De là découle l'explication de l'alinéa 4: si l'on veut éviter que des mesures prises à l'égard d'un même mineur dans plusieurs Etat engendrent des conflits préjudiciables à ses intérêts, il faut prescrire que, lorsque l'Etat de la nationalité exerce la faculté prévue aux alinéas 1 à 3, les mesures qu'il institue doivent se substituer à celles prises par l'Etat de la résidence habituelle" (Actes et Doc IX/4, 25). Ebenso gebraucht VON STEIGER (Actes et Doc IX/4, 229 unter c) zum endgültigen Abkommenstext die Worte „se substituer". Diese Ausdrucksweise bestätigt deutlich, daß die Maßnahmen der Heimatbehörden nach dem Willen der Verfasser des Abkommens ohne weiteres an die Stelle der Maßnahmen der Aufenthaltsbehörden treten sollen, was die deutsche Übersetzung des Abs 4 zutreffend wiedergibt. Nur so können (zeitweilige) Widersprüche zwischen unterschiedlichen Schutzmaßnahmen vermieden werden und nur so wird auch der in Art 7 vorgeschriebenen Anerkennung der Heimatmaßnahmen durch die Aufenthaltsbehörde Genüge getan. Wenn die Aufenthaltsbehörde mit der Maßnahme der Heimatbehörde nicht einverstanden ist und der Minderjährige ernstlich gefährdet wird, ist die Aufenthaltsbehörde gem Art 8 befugt, das Weiterbestehen der von ihr getroffenen Maßnahme entgegen Art 4 Abs 4 zu beschließen und den Vollzug der Maßnahme des Heimatstaates auf diese Weise zu verhindern (so auch die Denkschrift der Bundesregierung BT-Drucks VI/947, 14). Eine andere Möglichkeit zur Aufrechterhaltung von Maßnahmen der Aufenthaltsbehörde sieht die Konvention nicht vor. 580

Praktisch bewirkt Abs 4 freilich nicht immer den automatischen Wegfall aller Maßnahmen der Aufenthaltsbehörde. Wenn beispielsweise die Heimatbehörde gem Art 4 einen anderen Vormund bestellt als zuvor die Aufenthaltsbehörde gem Art 1, dann ist die im Heimatstaat eingerichtete Vormundschaft vom ersten Tage an in allen Vertragsstaaten anzuerkennen, und die Befugnisse dieses Vormunds sind zu 581 respektieren. Die im Heimatstaat eingerichtete Vormundschaft ersetzt diejenige des Aufenthaltsstaates, die also beendigt ist. Diese Rechtsfolge tritt unabhängig davon ein, daß das Aufenthaltsrecht etwa eine Entlassung des Vormunds durch die Aufenthaltsbehörde vorsehen mag. Die im Aufenthaltsrecht vorgeschriebene Entlassung muß – trotz Abs 4 und dessen Rechtsfolgen – unverzüglich vorgenommen werden. Hier zeigt sich wiederum der Sinn der in Abs 1 vorgeschriebenen Benachrichtigungspflicht.

Vgl auch den Bericht von Steigers (Actes et Doc IX/4, 229 unter c): „D'autre part, les mesures à prendre par les autorités nationales devant se substituer aux mesures prises, le cas échéant, par les autorités de la résidence habituelle, il est indispensable que celles-ci soient renseignées en temps utile sur les modifications que subira la situation légale du mineur et puissent prendre à leur tour les mesures dictées par la situation (par exemple en levant, à une date convenue, une tutelle qui sera remplacée par une tutelle organisée par l'Etat national)."

Art 5
[Aufenthaltswechsel]

Wird der gewöhnliche Aufenthalt eines Minderjährigen aus einem Vertragsstaat in einen anderen verlegt, so bleiben die von den Behörden des Staates des früheren gewöhnlichen Aufenthalts getroffenen Maßnahmen so lange in Kraft, bis die Behörden des neuen gewöhnlichen Aufenthalts sie aufheben oder ersetzen.

Die von den Behörden des Staates des früheren gewöhnlichen Aufenthalts getroffenen Maßnahmen dürfen erst nach vorheriger Verständigung dieser Behörden aufgehoben oder ersetzt werden.

Wird der gewöhnliche Aufenthalt eines Minderjährigen, der unter dem Schutz der Behörden des Staates gestanden hat, dem er angehört, verlegt, so bleiben die von diesen nach ihrem innerstaatlichen Recht getroffenen Maßnahmen im Staate des neuen gewöhnlichen Aufenthaltes in Kraft.

Art 5

Au cas de déplacement de la résidence habituelle d'un mineur d'un Etat contractant dans un autre, les mesures prises par les autorités de l'Etat de l'ancienne résidence habituelle restent en vigueur tant que les autorités de la nouvelle résidence habituelle ne les ont pas levées ou remplacées.

Les mesures prises par les autorités de l'Etat de l'ancienne résidence habituelle ne sont levées ou remplacées qu'après avis préalable auxdites autorités.

Au cas de déplacement d'un mineur qui était sous la protection des autorités de l'Etat dont il est ressortissant, les mesures prises par elles suivant leur loi interne restent en vigueur dans l'Etat de la nouvelle résidence habituelle.

Systematische Übersicht

I. Allgemeines zum Aufenthaltswechsel 582

Die Konvention regelt den Aufenthaltswechsel durch Art 5 nur bruchstückhaft. In der Praxis wirft indes gerade der Aufenthaltswechsel eines Kindes viele Probleme auf. Das Übereinkommen sagt nicht, **wann ein Aufenthaltswechsel vorliegt**, da der Begriff des gewöhnlichen Aufenthalts nicht definiert wird (vgl hierzu ausf oben Vorbem 39 ff). Insbesondere enthält das Abkommen keine Norm über den **unrechtmäßigen Aufenthaltswechsel und die Kindesentführungen** (dazu unten Vorbem 593 ff). Die Konvention gibt keine Auskunft darüber, was geschieht, wenn der Minderjährige seinen gewöhnlichen Aufenthalt **in einen Nichtvertragsstaat** verlegt. Nach Art 13 Abs 1 wird die Konvention dadurch unanwendbar. Der Schutz des Kindes richtet sich fortan nach Normen, die außerhalb des Abkommens liegen. Zur wichtigen Frage der **perpetuatio fori** bei Aufenthaltsverlegung in einen Vertragsstaat und in einen Nichtvertragsstaat s oben Vorbem 345 ff. Verlegt das Kind seinen gewöhnlichen Aufenthalt **aus einem Nichtvertragsstaat** in einen Vertragsstaat, wird das Übereinkommen gem Art 13 Abs 1 ex nunc anwendbar; die Behörde des neuen Aufenthalts kann Maßnahmen des bisherigen Aufenthaltsstaats nach autonomem Recht anerkennen, soweit dadurch keine durch das Abkommen begründeten Pflichten (etwa aus Art 3) verletzt werden.

Das Abkommen regelt in Art 5 nur den Einfluß eines Aufenthaltswechsels *aus einem Vertragsstaat in einen anderen Vertragsstaat* auf den **Schutz durch Maßnahmen**. Das Grundprinzip, von dem sich die Konvention dabei leiten läßt, ist das der *Kontinuität* des Minderjährigenschutzes (vgl etwa von Overbeck ZfRvgl 2 [1961] 152; Kropholler, MSA 63). Der Berichterstatter von Steiger umschreibt das Anliegen der Bestimmung folgendermaßen (Actes et Doc IX/4, 231): „L'intérêt du mineur exige qu'il ne se crée pas, à la suite du déplacement de la résidence habituelle, un ‚vide juridique' qui laisserait le mineur sans protection. De plus, il est désirable qu'il y ait, dans la mesure du possible, une continuité du régime juridique auquel est soumis le mineur, c'est-à-dire que ce régime ne soit modifié que pour autant que les intérêts du mineur le justifient." Um die rechtliche Betreuung des Minderjährigen möglichst nahtlos an die Rechtsordnung des neuen Aufenthaltsstaates übergehen zu lassen, sieht Art 5 grundsätzlich das Weiterbestehen der bisherigen Maßnahmen vor (Denkschrift der Bundesregierung BT-Drucks VI/947, 14). Im einzelnen unterscheidet Art 5 zwei Fälle: Die Abs 1 und 2 betreffen den Fall, daß der Aufenthaltsstaat Schutzmaßnahmen getroffen hatte; Abs 3 regelt den Fall, daß die Heimatbehörden Schutzmaßnahmen angeordnet hatten, sei es daß der Minderjährige dort bislang seinen gewöhnlichen Aufenthalt hatte, sei es daß der Heimatstaat gem Art 4 tätig geworden war. In beiden Fällen lassen sich befriedigende Ergebnisse nur dann erzielen, wenn die im Abkommen vorgesehene internationale Zusammenarbeit der Behörden verwirklicht wird (vgl Art 5 Abs 2, 10, 11). 583

Das Abkommen behandelt nicht den Einfluß eines Aufenthaltswechsels auf die Pflicht zur **Anerkennung eines ex-lege-Verhältnisses** (vgl dazu Droz Clunet 100 [1973] 624 f). Da ein Gewaltverhältnis, das nach dem Heimatrecht des Minderjährigen kraft Gesetzes besteht, gem Art 3 in allen Vertragsstaaten anzuerkennen ist, kann nicht zweifelhaft sein, daß eine Verlegung des gewöhnlichen Aufenthalts von einem Vertragsstaat in den anderen die Pflicht zur Anerkennung des ex-lege-Verhältnisses unberührt läßt. Das Gewaltverhältnis muß also ebenso wie im Staat des bisherigen gewöhnlichen Aufenthalts im neuen Aufenthaltsstaat anerkannt werden. Nicht so eindeutig ist die Rechtslage, wenn ausnahmsweise ein ex-lege-Gewaltverhältnis anzuerkennen war, das nach dem Aufenthaltsrecht entstanden ist (vgl zu derartigen Fällen oben Vorbem 432 ff). Hier ist zu unterscheiden, ob das neue Aufenthaltsrecht ebenfalls ein gesetzliches Gewaltverhältnis eintreten läßt (wenn 584 auch möglicherweise mit anderem Inhalt) oder ob das neue Aufenthaltsrecht Maßnahmen vorsieht. Im ersten Fall ersetzt das im neuen Aufenthaltsrecht vorgesehene Gewaltverhältnis vom Zeitpunkt des Aufenthaltswechsels an automatisch das bislang bestehende Gewaltverhältnis (so auch Droz aaO). Im zweiten Fall wird man das nach altem Aufenthaltsrecht entstandene ex-lege-Gewaltverhältnis in Analogie zu Art 5 Abs 1 so lange als fortbestehend anzusehen haben, bis die neuen Aufenthaltsbehörden es durch eine Maßnahme aufheben oder ersetzen. Für den einstweiligen Fortbestand spricht das durch Art 5 anerkannte Interesse an der Kontinuität des Minderjährigenschutzes. Die Behörden des neuen Aufenthaltsstaates sind analog Art 5 Abs 2 auch zu einer vorherigen Anzeige an die Behörden des alten Aufenthaltsstaates verpflichtet (ebenso Droz aaO, der darauf hinweist, daß die Beteiligten im Interesse der Rechtsklarheit möglichst rasch eine Entscheidung der neuen Aufenthaltsbehörde herbeiführen sollten).

II. Aufenthaltswechsel nach einer Schutzmaßnahme im Aufenthaltsstaat (Abs 1 und 2)

585 **1. Fortbestand der Maßnahmen, bis die Behörden des neuen gewöhnlichen Aufenthalts sie aufheben oder ersetzen (Abs 1)**

Mit dem Wechsel des gewöhnlichen Aufenthalts in einen anderen Vertragsstaat erlischt grundsätzlich die Zuständigkeit der Behörde am bisherigen Aufenthaltsort, und die Behörden im Staat des neuen gewöhnlichen Aufenthalts werden nach Art 1 zuständig. Denn die besondere Sachnähe, die für die primäre Kompetenz der Aufenthaltsbehörde spricht (vgl oben Vorbem 341 ff), liegt nun bei der Behörde des neuen gewöhnlichen Aufenthalts. Der Bericht von Steigers (Actes et Doc IX/4, 231) bezeichnet es deshalb als „logisch", daß nach einem Aufenthaltswechsel die Behörden des neuen Aufenthalts zuständig werden (Art 1) und die in ihrem innerstaatlichen Recht vorgesehenen Maßnahmen treffen (Art 2).

586 Aber im Interesse der von der Konvention erstrebten Kontinuität des Minderjährigenschutzes (oben Vorbem 583) bleiben gem Abs 1 die von den Behörden des Staates des früheren gewöhnlichen Aufenthalts getroffenen Maßnahmen so lange in Kraft, bis die Behörden des neuen gewöhnlichen Aufenthalts sie aufheben oder ersetzen. Sinngemäß besteht damit zunächst auch die Zuständigkeit der Behörden des bisherigen Aufenthaltsortes für Maßnahmen zur Durchführung einer bereits getroffenen Schutzmaßnahme fort, vgl zur Unterscheidung zwischen Schutzmaßnahmen und Durchführungsmaßnahmen oben Vorbem 302 f. Also untersteht beispielsweise der im deutschen Aufenthaltsstaat für den ausländischen Mündel bestellte Vormund auch nach Übersiedlung des Kindes in einen anderen Vertragsstaat der Aufsicht des deutschen Vormundschaftsgerichts und muß sich von diesem die für bestimmte Rechtsgeschäfte erforderliche Genehmigung erteilen lassen.

587 Die Zuständigkeit der Behörde am neuen gewöhnlichen Aufenthalt, die sich aus Art 1 herleitet und die in Art 5 Abs 1 vorausgesetzt wird, ist grundsätzlich unbegrenzt. Ob die Behörde am neuen Aufenthaltsort des Kindes die bestehenden Maßnahmen aufheben oder ersetzen will, liegt in ihrem *pflichtgebundenen Ermessen.* Das bedeutet vor allem, daß die Behörde nicht willkürlich verfahren, also nicht aus sachfremden Motiven (etwa nach nationalen Prestigegesichtspunkten) handeln darf. Ausschlaggebend für ein Eingreifen muß vielmehr das Wohl des Kindes sein, wobei vor allem die Bedeutung einer ruhigen, kontinuierlichen Entwicklung des Kindes zu beachten ist. Der richtigen Ausübung des Ermessens dient die in Abs 2 vorgeschriebene Verständigung der Behörden am bisherigen gewöhnlichen Aufenthalt; denn

diese Behörden können zusätzliche Informationen für die Entscheidungsfindung liefern.

Es bleibt den Behörden am neuen Aufenthaltsort unbenommen, die bisherigen Schutzmaßnahmen nur *teilweise* aufzuheben oder zu ersetzen und sie beispielsweise nur für die Verwaltung des im ehemaligen Aufenthaltsstaat verbliebenen Vermögens bestehen zu lassen (so auch Bericht von Steiger Actes et Doc IX/4, 231). Der neue Aufenthaltsstaat ist also nicht gezwungen, den Schutz des Minderjährigen im ganzen zu übernehmen; vgl die entsprechende Problematik im Rahmen des Art 4 oben Vorbem 566. **588**

2. Pflicht zur vorherigen Verständigung der Behörden des früheren gewöhnlichen Aufenthalts (Abs 2) **589**

Für diese Anzeigepflicht, die auch dann besteht, wenn der gewöhnliche Aufenthalt in den Heimatstaat verlegt wird, gilt das zu Art 4 Abs 1 Gesagte entsprechend (oben Vorbem 561 ff). Die Verständigung kann im Wege des direkten Behördenverkehrs erfolgen (unten Vorbem 695 ff, insbes Vorbem 699 f). Namentlich muß dem bisherigen Aufenthaltsstaat eine angemessene Frist zu einer Stellungnahme verbleiben. Die Einhaltung der Anzeigepflicht ist wichtig, um einen reibungslosen Übergang des Minderjährigenschutzes auf die Behörden des neuen Aufenthaltsstaates zu gewährleisten. Ein Unterlassen der Verständigung läßt die in Art 7 vorgesehene Anerkennungspflicht entfallen. Freilich kann die Anzeige nachgeholt werden und bleibt eine Anerkennung nach den Regeln des autonomen Rechts möglich. Art 10 ist zusätzlich zu beachten. Nach Möglichkeit ist über die bloße Verständigung hinaus in einen Meinungsaustausch mit den Behörden des bisherigen gewöhnlichen Aufenthalts einzutreten (Bericht von Steiger Actes et Doc IX/4, 236 lit a; Denkschrift der Bundesregierung BT-Drucks VI/947, 15 f; österr Regierungsvorlage 1210 Blg NR 13. GP 12; Kropholler, MSA 64).

Vgl zu Abs 2 auch die Erläuterung im Bericht von Steigers Actes et Doc IX/4, 231: „L'alinéa 2 prescrit que ces autorités ne lèveront ou ne remplaceront ces mesures qu'après avis préalable aux autorités de l'Etat de l'ancienne résidence habituelle du mineur. Comme il a été expliqué à propos de l'article 4, alinéa premier, cet avis devra être donné en laissant un délai raisonnable, permettant aux autorités de l'ancienne résidence habituelle qui, à ce moment, seront en général les mieux renseignées, d'exposer les circonstances du cas (expériences faites avec le mineur, ses parents, un tuteur, nature particulière de certains biens du mineur, par exemple une entreprise, etc) et de justifier les mesures jusqu'alors prises. Il est bien possible que ces explications amèneront les autorités de la nouvelle résidence habituelle à maintenir, au moins en partie, les mesures prises (par exemple la gestion d'une fortune). En tout cas elles pourront alors prendre leurs décisions en connaissance de cause. Il y a lieu de relever que cette obligation de l'avis préalable existe aussi au cas où la résidence habituelle du mineur serait déplacée dans l'Etat dont il est ressortissant, car ce „dialogue“ entre les autorités sera dans l'intérêt du mineur, dans ce cas comme dans les autres cas visés par l'article premier.“ **590**

III. Aufenthaltswechsel nach einer Schutzmaßnahme im Heimatstaat (Abs 3) **591**

Absatz 3 greift unstreitig nur ein, wenn die Heimatbehörde, die eine Maßnahme getroffen hat, einem Vertragsstaat angehört (OLG Hamm 7. 2. 1975 OLGZ 1975, 179 = NJW 1975, 1083 = FamRZ 1975, 426 = StAZ 1975, 275 = IPRspr 1975 Nr 68; OLG Schleswig 23. 1. 1978 SchlHAnz 1978, 54). Gleichgültig ist, ob die Heimatbehörde aufgrund von Art 4 tätig geworden ist, beispielsweise weil der Minderjährige seinen gewöhnlichen Aufenthalt in einem anderen Vertragsstaat hatte, oder deshalb, weil der Minderjährige bisher seinen gewöhnlichen Aufenthalt im Heimatstaat hatte (vgl BayObLG 16. 2. 1976 BayObLGZ 1976, 25 = FamRZ 1976, 366 = IPRspr 1976 Nr 57). Abs 3 gilt nach allgemeiner Meinung in beiden Fällen (vgl etwa Bericht von Steiger Actes et Doc IX/4, 231; Droz Clunet 100 [1973] 625).

592 Für Maßnahmen der Heimatbehörde ordnet Abs 3 einen **erhöhten Bestandsschutz** an („bleiben in Kraft"; vgl demgegenüber Abs 1: „bleiben so lange in Kraft, bis die Behörden des neuen gewöhnlichen Aufenthalts sie aufheben oder ersetzen"). Der erhöhte Bestandsschutz bedeutet, daß die Behörden des neuen gewöhnlichen Aufenthalts die Maßnahme des Heimatstaates nur aufgrund von Art 8 antasten dürfen (vgl dazu umfassend oben Vorbem 420–431). Die Heimatzuständigkeit des Art 4 wird durch einen Aufenthaltswechsel in einen anderen Vertragsstaat nicht berührt. Die Aufrechterhaltung der von den Heimatbehörden getroffenen Maßnahmen ist bisweilen nur sinnvoll, wenn die Behörden des neuen Aufenthalts die Durchführung dieser Maßnahmen übernehmen. Diese Möglichkeit ist in Art 6 Abs 1 vorgesehen.

593 **IV. Unrechtmäßiger Aufenthaltswechsel (Kindesentführung)**

Die Konvention enthält keine besondere Norm über einen unrechtmäßigen („fraudulösen") Aufenthaltswechsel. Man konnte sich im Haag über die Formulierung einer Vorschrift über das sog „déplacement frauduleux du mineur" nicht einigen. Die Rechtsfolge, daß ein Zuständigkeitswechsel grundsätzlich nicht eintreten solle, wurde von vielen Delegationen anerkannt. Die Umschreibung des Tatbestandes, der diese Rechtsfolge nach sich ziehen sollte, blieb heftig umstritten. Die Lösung der Frage ist also den Richtern überlassen. Die Frage nach einer Sonderbehandlung des unrechtmäßigen Aufenthaltswechsels und des damit – absichtlich oder beiläufig – bewirkten Zuständigkeitswechsels wird häufig dadurch aktuell, daß der nicht (allein) sorgeberechtigte Elternteil nach Trennung oder Scheidung der Ehe das Kind in einen anderen Staat mitnimmt und die Herausgabe verweigert (vgl etwa die oben Vorbem 51, 52, 54–58 wiedergegebenen Fälle; die Schätzung von Wuppermann [NDV 1976, 7], daß „Entführungsfälle" fast zwei Drittel aller Sorgerechtsentscheidungen im Rahmen des Abkommens ausmachen, ist freilich weit überhöht). Die bisher entschiedenen Fälle, die einander in ihren tatsächlichen Voraussetzungen im einzelnen selten gleichen, zeigen deutlich, daß die Grenzen zwischen der legalen Verbringung Minderjähriger von einem Staat in einen anderen (oder ihrer Zurückhaltung im Ausland) und der „Entführung" fließend sind (so zutreffend Goerke StAZ 1976, 272). Eine allgemein akzeptierte rechtliche Formel, welche die zu erfassenden Fälle treffend eingrenzt und löst, gibt es bislang nicht. Die Haager Konferenz plant für ihre 14. Tagung im Jahr 1980 die Schaffung eines besonderen Abkommens über Kindesentführungen.

594 **1. Die Vorschläge der Haager Tagung**

Der **Vorentwurf der Spezialkommission** enthielt in Art 6 eine eigene Bestimmung über den fraudulösen Aufenthaltswechsel. Art 6 lautete (Actes et Doc IX/4, 15): „Aucun déplacement de la résidence habituelle du mineur, intervenu dans l'intention d'échapper aux autorités compétentes, n'entraîne de changement des compétences visées par la présente Convention. – L'alinéa précédent ne touche pas à la compétence prévue à l'article 4" (Eilmaßnahmen, Art 9 der endgültigen Fassung). Der Bericht zum Vorentwurf von Marmo (Actes et Doc IX/4, 26 f) erwähnt, die Redaktion dieses Artikels sei recht mühsam gewesen; denn man habe eine Wendung finden müssen, die das Element „inadmissible", „illégitime" oder „frauduleux" in diesen Situationen genau umschreibe.

Schon in den **Stellungnahmen der Regierungen zum Vorentwurf** wurde deutlich, daß die Umschreibung nicht gelungen war und Zweifelsfragen offen ließ. In der *finnischen* Stellungnahme (Actes et Doc IX/4, 37) wurde beispielsweise gefragt, ob sich Art 6 nur auf die Umgehung schon getroffener oder auch auf die Vermeidung künftiger Maßnahmen beziehen solle. Die Bestimmung sei zu kategorisch, weil sie die Zuständigkeit der Behörden am bisherigen Aufenthaltsort auch dann aufrechterhalte, wenn der Minderjährige bereits lange Zeit im Ausland weile. Die *griechische* Regierung (Actes et Doc IX/4, 39) fragte außerdem, ob Art 6 auch dann gelten solle, wenn der Aufenthalt in den Heimatstaat des Kindes verlegt wurde, um der Zuständigkeit des Aufenthaltsstaates zu entgehen. Die *niederländische* Regierung (Actes et Doc IX/4, 40) äußerte die Befürchtung, die subjektive Formulierung des Vorentwurfs könne zu Beweisschwierigkeiten führen, und schlug deshalb die Ersetzung durch ein objektives Kriterium vor, und zwar die Wendung „sans autorisation préalable de la personne ou de l'autorité qui exerce la puissance sur l'enfant". 595

Zwei auf der Tagung vorgelegte **Arbeitspapiere** des jugoslawischen Delegierten PUHAN (Actes et Doc IX/4, 84) und des griechischen Delegierten MARIDAKIS (Actes et Doc IX/4, 105) nahmen in ihren Formulierungsvorschlägen für Art 6 einen Aufenthaltswechsel in den Heimatstaat des Minderjährigen vom Anwendungsbereich der Bestimmung aus. 596

In der **Diskussion auf der Haager Tagung** wurden die von den einzelnen Regierungen vorgebrachten Bedenken erneut vorgetragen und weitere Formulierungen – teils subjektiver, teils objektiver Art – erörtert, von denen jedoch keine allgemeine Zustimmung fand (vgl Actes et Doc IX/4, 114–118). Den in der gerichtlichen Praxis häufigen Fall, daß der Elternteil, dem bei der Scheidung das Sorgerecht genommen wurde, das Kind ins Ausland entführt, bezeichnete der Präsident der Kommission als offenkundigen Fall eines „fraudulösen" Aufenthaltswechsels, der sowohl von einer subjektiven wie von einer objektiven Formulierung der „fraus legis" erfaßt sei (Actes et Doc IX/4, 116). Erwähnung verdienen aber auch die Ausführungen des österreichischen Delegierten SCHWIND, der mehrfach betonte, man dürfe den Behörden des neuen Aufenthaltsstaates nicht jede Zuständigkeit absprechen. Denn dort, wo der Minderjährige sich tatsächlich aufhalte, könne er schutzbedürftig werden. Um also zu vermeiden, daß der Minderjährige ohne jeden Schutz bleibe, plädierte SCHWIND für eine Streichung des Art 6; zumindest aber müsse die Eilzuständigkeit der Aufenthaltsbehörden anerkannt werden. 597

Das **Redaktionskomitee** erarbeitete auf Wunsch der Kommission einen Text mit einer subjektiven Formulierung der Umgehung und einen weiteren mit einer teils objektiven, teil subjektiven Formulierung (Actes et Doc IX/4, 122). Diese Texte lauten: Text A: „Le déplacement frauduleux de la résidence habituelle du mineur n'entraîne pas de changement des compétences visées par la présente Convention." Text B: „Le déplacement de la résidence habituelle du mineur réalisé sans le consentement de la personne ou de l'autorité qui en a la garde, ou accompli dans une intention frauduleuse, n'entraîne pas de changement des compétences visées par la présente Convention." 598

Die **Abstimmung in der Kommission**, die erfolgte, ohne daß eine weitere Aussprache gewünscht wurde, ergab indes eine deutliche Mehrheit für eine Streichung des Art 6 (Actes et Doc IX/4, 149). Damit blieb die Frage nach Definition und angemessener Reaktion auf einen unrechtmäßigen Aufenthaltswechsel den autonomen Rechtsgrundsätzen jedes Staates überlassen (teilweise anders STÖCKER DAVorm 1975, 522 f, dessen Aussage, die Kindesentführung sei in Art 5 mitgeregelt, bereits eine Interpretation des Abkommens enthält, die zwar möglich, durch die Entstehungsgeschichte des Art 5 aber nicht gedeckt ist). 599

600 Der **Bericht** von Steigers (Actes et Doc IX/4, 231 f) faßt die Ergebnisse der Tagung zutreffend folgendermaßen zusammen: „Après mûre réflexion, on a décidé de ne pas maintenir cette disposition et abandonner ce problème au droit commun des Etats contractants. Cette solution négative s'explique par le fait qu'il n'a pas été possible de trouver, aux fins de la convention, un critère (subjectif ou objectif) de la fraude donnant entière satisfaction. Mais, si la Convention passe sous silence le déplacement frauduleux de la résidence habituelle, cela ne veut pas dire qu'il n'existe pas et qu'il ne puisse pas, dans des cas d'espèce, trouver une solution. Il appartiendra alors aux autorités compétentes des Etats contractants de décider selon les principes dont s'inspire leur jurisprudence si, dans un cas déterminé, on se trouve en présence d'une fraude à la loi et quelles en seront les conséquences. Ici surtout, une consultation mutuelle entre les autorités de l'ancienne résidence habituelle du mineur et celles de la (prétendue) nouvelle résidence aura toute sa valeur.“

601 **2. Lösungsmöglichkeiten**

Der Verlauf der Haager Tagung bestätigt, daß **keine allgemein akzeptierte einfache rechtliche Formel** zu finden ist, welche die zu erfassenden Fälle treffend eingrenzt und löst. Die nach dem Inkrafttreten des Abkommens zutage getretene Unsicherheit der Rechtsprechung (vgl die oben Vorbem 51, 52, 54–58 wiedergegebenen Entscheidungen; dazu oben Vorbem 593; vgl auch IPG 1972 Nr 24 [Köln] 215 ff und Nr 36 [Bonn] 348 ff) und die unterschiedlichen Vorschläge des Schrifttums zeigen dies erneut (vgl etwa einerseits Siehr DAVorm 1973, 259–261 und 1977, 219–236, andererseits Wuppermann FamRZ 1974, 416–418).

Neuestens hat das OLG Düsseldorf 7. 11. 1977 (NJW 1978, 512 [L]) dem BGH die Frage vorgelegt, ob durch einen von einem Elternteil gegen den Willen des anderen herbeigeführten Aufenthaltswechsel eines Kindes eine neue internationale Aufenthaltszuständigkeit begründet wird. Die Frage hat im Rahmen des Minderjährigenschutzabkommens ua bejaht das OLG Stuttgart 23. 6. 1975 (ausf oben Vorbem 57), während ua das KG 4. 12. 1973 (ausf oben Vorbem 55) und das OLG Karlsruhe 18. 7. 1975 (ausf oben Vorbem 58) sie verneint haben. Es bleibt abzuwarten, ob der BGH in seiner für 1979 erwarteten Entscheidung (IV ZB 79/77) nur den Einzelfall klären oder ob er Leitlinien auch für die Beurteilung anders gelagerter Fälle entwickeln kann.

602 Die auf der Haager Tagung erwogene, aber nicht beschlossene Differenzierung, eine arglistig oder nicht ordnungsgemäß vorgenommene Aufenthaltsverlegung *in den Heimatstaat* zu privilegieren, ist jedenfalls nicht zu empfehlen (vgl die Abstimmung auf der Konferenz Actes et Doc IX/4, 118; Ferid RabelsZ 27 [1962–63] 435).

603 Da im deutschen IPR ein eigenes „Institut“ der Gesetzesumgehung nicht anzuerkennen ist und besondere Regeln zur Problemlösung fehlen, hat man sich bislang damit beholfen, auf die **allgemein gängigen Methoden** zurückzugreifen. Neben der Waffe des ordre public (Art 16), die es gestattet, zB eine erschlichene ausländische Entscheidung nicht anzuerkennen, sind vor allem drei Wege zu nennen: (1) die teleologische Interpretation des Begriffes „gewöhnlicher Aufenthalt“, (2) die internationale Zusammenarbeit der Behörden sowie ganz allgemein (3) die in internationalem Geist getroffene, internationalisierungsfähige Entscheidung.

604 (1) Die **teleologische Auslegung des Begriffs gewöhnlicher Aufenthalt** vermag teilweise weiterzuhelfen. Es gelten die oben (Vorbem 46–49) entwickelten Grundsätze. In manchen Fällen des „legal kidnapping“ ist der Aufenthaltswechsel nicht wirklich auf Dauer angelegt, so daß schon aus diesem Grund ein neuer gewöhnlicher Aufenthalt zu verneinen ist. Aber auch wenn eine echte Verlegung des Daseinsmit-

telpunktes geplant ist, wird man in aller Regel nicht annehmen dürfen, daß ein neuer gewöhnlicher Aufenthalt *sofort* begründet ist. Solange ein von dem Berechtigten eingeleitetes Herausgabeverfahren mit Aussicht auf Erfolg anhängig gemacht werden kann, ist eine dauerhafte soziale Integrierung in die neue Umwelt meist noch nicht eingetreten und auch nicht zu erwarten. Praktisch bedeutet das zweierlei: Zum einen bleibt der gewöhnliche Aufenthalt am bisherigen Aufenthaltsort zunächst erhalten, so daß dort zB die Herausgabe angeordnet werden kann (vgl auch Siehr DAVorm 1977, 231). Zum anderen können die Behörden am neuen Aufenthaltsort wegen des schlichten Aufenthalts des Kindes zwar Eilmaßnahmen gem Art 9 erlassen, aber idR nicht sogleich nach Art 1 tätig werden und etwa die elterliche Gewalt neu verteilen. (In diesem Sinne auch Wuppermann FamRZ 1974, 416–418; Schwimann ÖJBl 1976, 236; ähnlich, aber weniger differenzierend, Jayme JR 1973, 180.) Dem Geist des Abkommens entspricht es idR, in dem Aufenthaltsstaat (Staat des gegenwärtigen einfachen Aufenthalts) die Schutzmaßnahmen zunächst auf eine *rasche Rückführung* des Minderjährigen in den Staat seines ursprünglichen gewöhnlichen Aufenthalts zu richten, und zwar auch dann, wenn es sich bei dem Kind um einen Angehörigen des Aufenthaltsstaates handelt (Baechler ZVW 30 [1975] 4 f; vgl zu einer polizeilichen Rückführung der Kinder nach Deutschland zu der gem Art 3 MSA, § 1681 BGB sorgeberechtigten Mutter VerwG Basel 16. 10. 1974 BasJur-Mitt 1975, 133). Wurde das Kind aus einem *Nichtvertragsstaat* nach Deutschland entführt, so ist die Konvention nicht anwendbar, solange ein Fortbestehen des gewöhnlichen Aufenthalts in dem Nichtvertragsstaat anzunehmen ist (vgl Art 13 Abs 1), aber eine Zuständigkeit der deutschen Gerichte kann sich aus dem autonomen deutschen Recht ergeben.

Richtig ist, daß man gerade in Entführungsfällen den gewöhnlichen Aufenthalt des 605
Kindes nur behutsam, unter sorgfältiger Abwägung aller (auch subjektiver) Umstände des Einzelfalles lokalisieren darf (so Schwimann ÖJBl 1976, 236). Aber die Lösung ist nicht in einer Interpretation des Begriffes „gewöhnlicher Aufenthalt" unter rein normativen Aspekten zu suchen, etwa indem ein Aufenthaltswechsel lediglich mit der Begründung verneint wird, er sei eigenmächtig von einer Person herbeigeführt worden, die rechtlich das Kind nicht vertreten kann (vgl aber OLG Karlsruhe oben Vorbem 58); eine solche Interpretation unter normativen Aspekten ginge am Sinn des Anknüpfungsmomentes vorbei (vgl oben Vorbem 44, 48, 62). Vielmehr darf auch in den Fällen, in denen eindeutig von einer „Entführung" zu sprechen ist, weil sowohl die objektiven als auch die subjektiven Momente geradezu fraudulösen Handelns gegeben sind (Beispiele KG 4. 12. 1973 oben Vorbem 55; OLG Frankfurt 16. 12. 1974 oben Vorbem 52; OLG Karlsruhe 18. 7. 1975 oben Vorbem 58; OLG Schleswig 23. 1. 1978 oben Vorbem 57), das Bestehen eines gewöhnlichen Aufenthalts dann nicht verneint werden, wenn der Aufenthalt über einen längeren Zeitraum gewährt hat und eine soziale Integration des Kindes erfolgt ist (vgl oben Vorbem 49 und die dort genannte Entscheidung des BayObLG). Wollte man hier wegen eines fraudulösen Aktes den gewöhnlichen Aufenthalt leugnen und die internationale Zuständigkeit unabhängig von der (wenn auch widerrechtlich oder arglistig geschaffenen) tatsächlichen Lage beurteilen, so würde man (abgesehen von Eilmaßnahmen aufgrund von Art 9: schlichter Aufenthalt) die sachnächste Behörde am Eingreifen hindern (auch Art 8 verlangt einen „gewöhnlichen Aufenthalt", was im Schrifttum häufig übersehen wird); damit aber würde den Interessen des Kindes regelmäßig geschadet (vgl bereits Schwind oben Vorbem 597; im Schrifttum betonen diesen Gesichtspunkt Siehr DAVorm 1973, 259; Stöcker DAVorm 1975, 522 f; vgl auch Luther FamRZ 1973, 408). Es hat also keinen Sinn, die Begründung eines neuen gewöhnlichen Aufenthalts in eindeutigen Fällen der Kindesentführung schlechthin auszuschließen. Wenn ein Elternteil *während*

eines schwebenden Verfahrens den gewöhnlichen Aufenthalt des Kindes fraudulös in einen Nichtvertragsstaat verlegt, kann bei der Prüfung der *Zuständigkeitsfortdauer* das unrechtmäßige Handeln des Elternteils allerdings einen wesentlichen Faktor in der Beurteilung der Zuständigkeitsfrage ausmachen; vgl oben Vorbem 349.

606 (2) Die in Art 5 Abs 2, 10 und 11 vorgesehene **internationale Zusammenarbeit** der Behörden ist für eine befriedigende Lösung von Entführungsfällen gewiß wichtiger als jede Ausdeutung des Begriffs „gewöhnlicher Aufenthalt". Sie kann es ermöglichen, die bisherige Zuständigkeit nach einer Entführung zunächst beizubehalten und nur dann im Wege der Zusammenarbeit auf die Behörden des anderen Staates übergehen zu lassen, wenn eine Rückführung des Kindes nicht angezeigt ist und es sich in dem anderen Staat genügend eingelebt hat (vgl Wuppermann FamRZ 1974, 418; Schwimann ÖJBl 1976, 236). Aber eine internationale Zusammenarbeit ist nur zwischen den Behörden der Vertragsstaaten vorgesehen und bietet deshalb eine nur beschränkt brauchbare Abhilfe.

Es wäre gut, wenn die Zusammenarbeit der Behörden sowie die Anerkennung ausländischer Entscheidungen über den begrenzten Kreis der Vertragsstaaten des Minderjährigenschutzabkommens hinaus sichergestellt werden könnte (vgl auch die auf eine parlamentarische Anfrage ergangene Antwort des französischen Justizministeriums Rev crit 66 [1977] 608). Auch die Vollstreckung ausländischer Entscheidungen sollte einbezogen werden. Aber dazu bedarf es wohl weiterer Staatsverträge. Ob die beiden in Vorbereitung befindlichen Konventionen des Europarats über die Anerkennung und Vollstreckung von Entscheidungen betreffend die Personensorge über Kinder und über ein Internationales Gericht für Angelegenheiten der Personensorge über Kinder Abhilfe schaffen können, bleibt abzuwarten (krit zu den Entwürfen Siehr DAVorm 1977, 232–235). Auch der Erfolg des geplanten neuen Haager Abkommens (oben Vorbem 593 a E) ist noch ungewiß.

Am Rande sei darauf hingewiesen, daß die bei Kindesentführungen mögliche Rechtshilfe in Strafsachen (die Entführung ist in vielen Staaten eine mit Strafe bedrohte Tat) in der Praxis meist nicht greift, offenbar auch deshalb nicht, weil es sich um ein nicht auslieferungsfähiges Delikt handelt (Baechler ZVW 30 [1975] 7).

607 (3) In jedem Falle sollte die nach einer Entführung angerufene Behörde sich bemühen, in **internationalem Geist** zu entscheiden und eine internationalisierungsfähige Lösung zu finden. An eine Entführung in das Inland dürfen keine anderen Maßstäbe angelegt werden als an eine Entführung ins Ausland. Insbesondere ist die häufig unausgesprochene, aber deutlich erkennbare Meinung vieler Gerichte, ein Kind sei nirgends so gut aufgehoben wie im Staat des Forums, gerade in Entführungsfällen gefährlich. Auch wenn man nicht das verletzte Elternrecht, sondern (dem Sinn des Übereinkommens entsprechend) das Kindeswohl in den Vordergrund stellt, ist eine schnelle Rückführung in die dem Kind vertraute Umgebung idR die richtige Lösung (vgl auch Siehr FamRZ 1976, 255). Selbst nach einer gewissen Integrierung in die neue Umwelt kann die Anerkennung der im früheren Aufenthaltsstaat getroffenen Sorgerechtsentscheidung und die Anordnung der sofortigen Rückführung des Kindes noch die adäquate Schutzmaßnahme darstellen.

Vorbildlich RbAlkmaar 10. 9. 1973 NedJur 1974 Nr 448: Nach Scheidung der deutsch-niederländischen Ehe erhielt die deutsche Mutter vom deutschen Gericht in Anwendung des Übereinkommens die elterliche Gewalt. Der Vater entführte sein niederländisches Kind im Mai 1973 in die Niederlande und hielt es dort versteckt. Die Mutter versuchte zunächst, beim deutschen Gericht im Wege der einstweiligen Verfügung die Herausgabeanordnung zu erlangen. Das deutsche Gericht verneinte – in diesem Zeitpunkt zu Unrecht – das Fortbestehen eines gewöhnlichen Aufenthalts und wies das Begehren ab (LG Zweibrücken 26. 7. 1973 FamRZ 1974, 140 Anm G. Krämer = IPRspr 1973 Nr 174). Dann wandte sich die Mutter an das niederländische Gericht. Dieses bejahte mit vertretbarer Begründung einen neuen gewöhnlichen Aufenthalt in den Niederlanden, wo das Kind inzwischen einen Kindergarten besuchte und wo es nach dem Willen des Vaters bleiben sollte. Aber das Gericht erkannte gemäß Art 7 die deutsche Sorgerechtsregelung an und entschied auf Rückführung des Kindes, das bei der Mutter gut aufgehoben gewesen war. (Eine andere Beurteilung ist denkbar, wenn das Kind bereits stärker in die neue Umwelt integriert ist und eine Rückführung zu Schäden führen kann. Keinesfalls darf eine „Bestrafung" des unrechtmäßig handelnden Elternteils auf Kosten des Kindes erfolgen – auch nicht aus Gründen der „Generalprävention").

Vorbildlich ist ferner eine Entscheidung des High Court der Republik Ghana, die außerhalb des Minderjährigenschutzabkommens ergangen ist und über die SIEHR berichtet hat (FamRZ 1976, 255). Das Gericht sagte, daß „alle Gerichte in allen Ländern alles tun müssen, um sicherzustellen, daß der Entführer keinen Vorteil aus seinem Unrecht zieht", erklärte „das Wohl und das Glück des Kindes" für den obersten Gesichtspunkt, bestätigte das von einem deutschen Gericht der Mutter zuerkannte Sorgerecht und verurteilte den ghanaischen Vater, der das Kind entführt hatte, zur Herausgabe. – Ebenso beispielhaft die Haltung der israelischen Gerichte im JUNDEFF-Entführungsfall; dazu SHAPIRA-SIEHR NILR 25 (1978) 3.

Art 6
[Auftragszuständigkeit]

Die Behörden des Staates, dem der Minderjährige angehört, können im Einvernehmen mit den Behörden des Staates, in dem er seinen gewöhnlichen Aufenthalt hat oder Vermögen besitzt, diesen die Durchführung der getroffenen Maßnahmen übertragen.

Die gleiche Befugnis haben die Behörden des Staates, in dem der Minderjährige seinen gewöhnlichen Aufenthalt hat, gegenüber den Behörden des Staates, in dem der Minderjährige Vermögen besitzt.

Art 6

Les autorités de l'Etat dont le mineur est ressortissant peuvent, d'accord avec celles de l'Etat où il a résidence habituelle ou possède des biens, confier à celles-ci la mise en oeuvre des mesures prises.

La même faculté appartient aux autorités de l'Etat de la résidence habituelle du mineur à l'égard des autorités de l'Etat où le mineur possède des biens.

Systematische Übersicht

I. Sinn und Reichweite der Vorschrift

608 Die Vorschrift enthält keine Zuständigkeit für den Erlaß von Schutzmaßnahmen, sondern nur für die Durchführung bereits getroffener Maßnahmen (sog **Durchführungsmaßnahmen**). Sie war im Vorentwurf der Spzeialkommission noch nicht enthalten und wurde während der 9. Tagung auf Anregung des niederländischen Delegierten DE WINTER in die Konvention aufgenommen (Actes et Doc IX/4, 152). Nach anfänglichen Bedenken (vgl etwa die Äußerung des Präsidenten der 3. Kommission, Actes et Doc IX/4, 154: „Le Président . . . craint que la disposition ne crée un véritable désordre dans la convention") wurde die Nützlichkeit einer Auftragszuständigkeit rasch allgemein anerkannt. Man dachte insbes an die Möglichkeit, die Erteilung von Genehmigungen für bestimmte Rechtshandlungen den Behörden des Aufenthaltsstaates bzw des Vermögensstaates zu überlassen (vgl oben Vorbem 311). Die in Art 6 vorgesehene Behördenzusammenarbeit ist in den späteren Stellungnahmen – namentlich der Delegierten – begrüßt worden, da sie die

Durchführung getroffener Maßnahmen zu gewährleisten vermag (vgl etwa die österr Regierungsvorlage 1210 Blg NR 13. GP 9; BATIFFOL Rev crit 50 [1961] 474; DE WINTER NedJbl 1961, 23 f; FERID RabelsZ 27 [1962–63] 438; KROPHOLLER, MSA 95 f). Gerichtliche Entscheidungen, in denen die Bestimmung angewandt wurde, sind bislang nicht publiziert worden.

609 Da die Vorschrift auf der von der Konvention geförderten internationalen Zusammenarbeit der Behörden basiert, greift sie nur ein, wenn sowohl die ersuchende als auch die ersuchte Behörde einem **Vertragsstaat** angehören. Voraussetzung ist ein „Einvernehmen" zwischen beiden Behörden. Die ersuchte Behörde muß also freiwillig bereit sein, die Durchführung der getroffenen Maßnahme zu übernehmen. Ob sie tätig werden will, liegt in ihrem pflichtgemäßen Ermessen (Denkschrift der Bundesregierung BT-Drucks VI/947, 14).

610 Das Ersuchen kann im Wege des **unmittelbaren Behördenverkehrs** oder auf diplomatischem Wege erfolgen. Für den Behördenverkehr im Rahmen des Art 6 gelten also dieselben Grundsätze wie für die Verständigungspflichten im Rahmen der Konvention (dazu näher unten Vorbem 695 ff). Die Denkschrift der Bundesregierung (BT-Drucks VI/947, 14) erwähnt im Rahmen des Art 6 nur den diplomatischen Weg.

611 Nach **Abs 1** können die **Heimatbehörden** den Behörden des Aufenthaltsstaates oder des Vermögensstaates die Durchführung der getroffenen Maßnahmen übertragen. Für diese Möglichkeit besteht ein Bedürfnis, nachdem Art 4 Abs 3 den Behörden des Heimatstaates aufgibt, für die Durchführung der von ihnen angeordneten Maßnahmen zu sorgen. Die Schwierigkeiten, die hierbei entstehen können (vgl den Bericht VON STEIGER Actes et Doc IX/4, 230 lit e, 232), hilft Art 6 Abs 1 überwinden.

612 Wenn es nicht um die Durchführung einer nach Art 4 getroffenen Maßnahme, sondern um die **Durchführung eines nach Art 3 entstandenen ex-lege-Verhältnisses** geht, zB um die Erteilung einer vormundschaftsgerichtlichen Genehmigung für einen Elternteil, dem kraft Gesetzes die elterliche Gewalt zusteht, ist Abs 1 nach seinem Wortlaut nicht einschlägig. Es entspricht aber wohl dem Willen der Verfasser des Abkommens (vgl etwa die Diskussion Actes et Doc IX/4, 156 und den Bericht VON STEIGER Actes et Doc IX/4, 232 f) und dem Sinn des Art 6 Abs 1, die Bestimmung analog anzuwenden, sofern der Heimatstaat ein Vertragsstaat ist (KROPHOLLER, MSA 96; anders SCHWIMANN FamRZ 1978, 305 f = ÖNotZ 1978, 100; vgl auch oben Vorbem 318).

613 Nach **Abs 2** haben die **Aufenthaltsbehörden** die gleichen Befugnisse gegenüber den Behörden des Vermögensstaates. Abs 2 geht auf eine Initiative des deutschen Delegierten FERID zurück (Actes et Doc IX/4, 157). Da die Aufenthaltsbehörden nach Art 1 nicht nur für Maßnahmen zum Schutz der Person, sondern auch zum Schutz des Vermögens eines Minderjährigen zuständig sind, ist diese weitere Bestimmung erwünscht.

614 **II. Anwendbares Recht**

Grundsätzlich hat die ersuchte Behörde das **Recht des Staates der ersuchenden Behörde** anzuwenden. Denn Art 6 bezieht sich nur auf die Durchführung von Maßnahmen, die von der Heimatbehörde bzw Aufenthaltsbehörde nach eigenem Recht angeordnet wurden, so daß für die Anwendung eines anderen Rechts im allgemeinen kein Raum ist. Die grundsätzliche Maßgeblichkeit des Rechts der ersuchenden Behörde wird auch in dem Bericht VON STEIGERS vorausgesetzt (Actes et Doc IX/4, 230, 232, wo davon die Rede ist, daß ausnahmsweise das Recht der ersuchten Behörde zugrunde gelegt werden kann) und ist im Schrifttum allgemein anerkannt (Batiffol Rev crit 50 [1961] 474; de Winter NedJbl 1961, 24; Ferid RabelsZ 27 [1962–63] 440; Kropholler, MSA 113 f; Siehr DAVorm 1973, 275 f; Schwimann ÖJBl 1976, 246).

Ausnahmsweise ist der ersuchten Behörde aber eine **Heranziehung des eigenen** 615
Rechts gestattet, wenn im Einzelfall eine Durchführung der Maßnahme nach dem fremden Recht nicht möglich ist (zB weil eine solche Durchführung den Behörden wesensfremd ist) und das eigene Recht eine strukturell andersartige, funktionell aber gleichwertige Maßnahme kennt. Denn der Sinn der Auftragszuständigkeit besteht auch darin, die Spannungen, die aus der Undurchführbarkeit von Heimat- bzw Aufenthaltsrecht besonders im Vermögensstaat resultieren, durch eine flexible Lösung zu beseitigen. Die hilfsweise Heranziehung der lex fori des beauftragten Gerichts ist deshalb schon im Bericht von Steigers erwähnt (Actes et Doc IX/4, 230, 232) und wird vom Schrifttum allgemein gebilligt (Batiffol Rev crit 50 [1961] 474; de Winter NedJbl 1961, 24; Ferid RabelsZ 27 [1962–63] 438, 440; Kropholler, MSA 114; Siehr DAVorm 1974, 275 f; Schwimann ÖJBl 1976, 246).

Folgendes *Beispiel*, das die Funktion des Art 6 plastisch veranschaulicht, wurde von dem deutschen 616
Delegierten Ferid auf der 9. Session vorgetragen und diskutiert (Actes et Doc IX/4, 153; vgl auch Ferid ZfRvgl 3 [1962] 211): Ein elsässisches Kind mit Wohnsitz in Straßburg, das unter französischer Vormundschaft steht, hat ein Grundstück in Kehl, das verkauft werden soll, vielleicht aus wirtschaftlichen Erwägungen verkauft werden muß. Für die gesetzliche Vertretung ist französisches Recht maßgebend (Art 2). Das französische Recht kennt keine vormundschaftsgerichtliche Genehmigung, sondern wollte (zur Zeit der 9. Tagung) das Mündel dadurch sichern, daß es die öffentliche Versteigerung des Grundstücks vorschrieb, wobei an drei der Versteigerung vorhergehenden Sonntagen der Versteigerungstermin an den Anschlagtafeln der betreffenden Gemeinden bekanntzumachen war (Art 459 Cc aF). Diese Vorschrift begründete eine materielle Voraussetzung des Verkaufs. Sie ist bei uns entweder nicht durchführbar (öffentliche Versteigerung eines Grundstücks nur bei Zwangsvollstreckung oder Teilung) oder unsinnig. Welche Lösung gestattet Art 6? Die französische Behörde kann gem Art 6 das deutsche Vormundschaftsgericht am Belegenheitsort ersuchen, den Schutz des französischen Mündels beim Verkauf des Grundstücks zu übernehmen. Eine Schutzgewährung gem Art 459 Cc aF ist in Deutschland nicht möglich. Es kann jedoch auf die deutschen Vorschriften zurückgegriffen werden, da diese den Schutz des Minderjährigen in ebenbürtiger Weise gewährleisten. Demnach kann der französische Vormund das Grundstück freihändig veräußern, bedarf jedoch nach § 1821 Nr 1 und 4 BGB zu Auflassung und Kaufvertrag der Genehmigung des Vormundschaftsgerichts, welche das Gericht insbes versagen wird, wenn die Gegenleistung unzureichend oder unsicher ist. Damit ist die Wahrung der Interessen des Minderjährigen zwar auf anderem Wege als im französischen Recht, aber doch mit einem vergleichbaren Erfolg sichergestellt, und es wird das unbillige Ergebnis vermieden, daß eine Veräußerung des Grundstücks wegen Undurchführbarkeit des Art 459 Cc aF bis zur Erreichung der Volljährigkeit scheitert.

Art 7
[Anerkennung und Vollstreckung]

Die Maßnahmen, welche die nach den vorstehenden Artikeln zuständigen Behörden getroffen haben, sind in allen Vertragsstaaten anzuerkennen. Erfordern diese Maßnahmen jedoch Vollstreckungshandlungen in einem anderen Staat als in dem, in welchem sie getroffen worden sind, so bestimmen sich ihre Anerkennung und ihre Vollstreckung entweder nach dem innerstaatlichen Recht des Staates, in dem die Vollstreckung beantragt wird, oder nach zwischenstaatlichen Übereinkünften.

Art 7

Les mesures prises par les autorités compétentes en vertu des articles précédents de la présente Convention sont reconnues dans tous les Etats contractants. Sie toutefois ces mesures comportent des actes d'exécution dans un Etat autre que celui où elles ont été prises, leur reconnaissance et exécution sont réglées soit par le droit interne de l'Etat où l'exécution est demandée, soit par les conventions internationales.

Systematische Übersicht

I. Anerkennung (S 1)

617 **1. Bedeutung**

Die Vorschrift über Anerkennung und Vollstreckung **bezweckt**, die Konvention so effektiv wie möglich auszugestalten (Bericht von Steiger Actes et Doc IX/4, 233). Es liegt auf der Hand, daß die in der Konvention enthaltenen Regeln über die internationale Zuständigkeit, das anwendbare Recht und die Zusammenarbeit der Behörden wenig wert wären, wenn die Behörden der anderen Vertragsstaaten nicht grundsätzlich verpflichtet wären, die von den zuständigen Behörden ergriffenen Maßnahmen anzuerkennen. Satz 1 enthält also ein „an sich selbstverständliches Gebot" (von Steiger SchwJbIntR 17 [1960] 37). Wegen der konkreten Regelung des Satzes 1 ist eine Prüfung und entsprechende Anwendung der in § 328 ZPO enthaltenen Anerkennungsgrundsätze nicht geboten. Eine von den zuständigen Behörden getroffene Schutzmaßnahme ist also ohne weitere Sachprüfung anzuerkennen (BayObLG 1. 7. 1976 BayObLGZ 1976, 174 = FamRZ 1977, 137 = IPRspr 1976 Nr 193 a).

Beispiel (Firsching Rpfleger 1971, 386): Ein deutsches elternloses Kind mit gewöhnlichem Aufenthalt in der Schweiz wird dort unter Vormundschaft gestellt. Der Vormund hebt in der Bundesrepublik Deutschland von einem Bankkonto des Mündels Geld ab. Er ist auch in der Bundesrepublik als gesetzlicher Vertreter des Kindes anzusehen.

618 Die Anerkennung **bedeutet**, daß die Schutzmaßnahmen in allen Vertragsstaaten so wirken, wie das Recht des Staates es vorsieht, nach dem sie getroffen worden sind, notfalls unter Anpassung an die rechtlichen Gegebenheiten des anerkennenden Landes (vgl zum Minderjährigenschutzabkommen Horst Kaufmann, FS Guldener 163 f; allgemein Art 19 Rz 301). Die **formelle Rechtskraft** der Entscheidung ist nicht Anerkennungsvoraussetzung. Auf ein solches Erfordernis haben die Haager Delegierten bewußt verzichtet. Es war ihnen klar, daß die verschiedenen Schutzmaßnahmen in den einzelnen Staaten von den unterschiedlichsten Behörden mit sehr verschiedenartigem Instanzenzug erlassen werden und teilweise nicht in formelle Rechtskraft erwachsen (vgl etwa den Bericht zum Vorentwurf Marmo Actes et Doc IX/4, 29). Der Grundsatz, daß nur diejenigen Wirkungen, die eine Entscheidung im Ursprungsstaat hat, in den Anerkennungsstaat ausgedehnt werden, hat aber zur Folge, daß zB schweizerische Gestaltungsentscheidungen, die in der Schweiz erst mit Eintritt der formellen Rechtskraft wirksam werden, auch in Deutschland erst

von diesem Zeitpunkt an im Wege der Anerkennung ihre Gestaltungswirkung entfalten können (Horst Kaufmann 164 f).

619 Die Anerkennung ausländischer Schutzmaßnahmen erfolgt – hier wie im autonomen Recht (Art 19 Rz 300) – regelmäßig **inzidenter**, dh über die Anerkennung wird als Vorfrage in dem Verfahren befunden, in dem sie für die Entscheidung erheblich ist (BGH 5. 2. 1975 BGHZ 64, 19 = NJW 1975, 1072 = MDR 1975, 560 = FamRZ 1975, 273 = StAZ 1975, 335 = IPRspr 1975 Nr 98; Goerke StAZ 1976, 273). Ist die ausländische Maßnahme in Deutschland anzuerkennen, so fehlt für eine deutsche Entscheidung gleichen Inhalts regelmäßig das Rechtsschutzbedürfnis (BayObLG 19. 6. 1975 BayObLGZ 1975, 218 = FamRZ 1975, 650 = StAZ 1975, 310 = IPRspr 1975 Nr 73). Unter Umständen kann sich aber das Bedürfnis für eine die Rechtslage feststellende Entscheidung des deutschen Gerichts ergeben (OLG Hamm 7. 2. 1975 OLGZ 1975, 179 = NJW 1975, 1083 = FamRZ 1975, 426 = StAZ 1975, 275 = IPRspr 1975 Nr 68; BayObLG 1. 7. 1976 BayObLGZ 1976, 174 = FamRZ 1977, 137 = IPRspr 1976 Nr 193 a).

620 Die Pflicht zur Anerkennung bedeutet nicht, daß eine nach Satz 1 anzuerkennende Maßnahme im Anerkennungsstaat nicht **aufgehoben** oder **geändert** werden darf. Eine Änderung ist vielmehr nach Maßgabe der Konventionsregeln und des anwendbaren Sachrechts (vgl § 1696 BGB) gestattet (so mit Recht KG 9. 8. 1974 OLGZ 1974, 119 = IPRspr 1974 Nr 87; allgemein zur Problematik der Abänderung ausländischer Schutzmaßnahmen Art 19 Rz 366 ff). Liegt eine anzuerkennende ausländische Entscheidung vor, die aufgrund eines Getrenntlebens der Ehegatten ergangen ist, und wird die Ehe später in Deutschland geschieden, so kommt keine Abänderungsentscheidung nach § 1696 BGB in Betracht, sondern nur eine abschließende Entscheidung nach § 1671 BGB (BayObLG 19. 6. 1975 BayObLGZ 1975, 218 = FamRZ 1975, 650 = StAZ 1975, 310 = IPRspr 1975 Nr 73).

621 Die **Konvention sieht Änderungen in weitem Umfang vor:** (1) Gemäß Art 4 Abs 1 kann der Heimatstaat Maßnahmen des Aufenthaltsstaates aufheben oder ersetzen, und diese Maßnahmen treten dann gem Art 4 Abs 4 an die Stelle der Maßnahmen des Aufenthaltsstaates. – (2) Verlegt der Minderjährige seinen gewöhnlichen Aufenthalt in einen anderen Vertragsstaat, so können die Behörden am neuen gewöhnlichen Aufenthalt die am alten gewöhnlichen Aufenthalt getroffenen Maßnahmen gem Art 5 Abs 1 aufheben oder ersetzen. – (3) In allen dringenden Fällen können die gem Art 9 Abs 1 zuständigen Behörden mit ihren Eilmaßnahmen in anzuerkennende Maßnahmen anderer Vertragsstaaten eingreifen; die Aufenthaltsbehörden und die Heimatbehörden haben dann die Möglichkeit, die Eilmaßnahmen durch andere Anordnungen zu ersetzen (vgl Art 9 Abs 2). – (4) Bei ernstlicher Gefährdung des Minderjährigen können die Aufenthaltsbehörden gem Art 8 Abs 1 Maßnahmen der Heimatbehörde aufheben oder ersetzen. Die Behörden der anderen Vertragsstaaten sind zwar nicht verpflichtet, diese Maßnahmen der Aufenthaltsbehörde anzuerkennen (Art 8 Abs 2), aber sie sollen die Möglichkeit hierzu haben. Liegen die Voraussetzungen für eine Anerkennung der Gefahrmaßnahmen vor, so tritt diese als die jüngere Maßnahme an die Stelle einer anderslautenden Maßnahme, die zuvor die Heimatbehörden angeordnet hatten (Denkschrift der Bundesregierung BT-Drucks VI/947, 15). Die in Art 7 S 1 statuierte Pflicht zur Anerkennung der Maßnahme des Heimatstaates entfällt damit. – (5) Dasselbe gilt, wenn im Scheidungsstaat aufgrund von Art 15 Abs 1 Maßnahmen getroffen werden, welche in Maßnahmen eingreifen, die aufgrund von Art 7 S 1 anzuerkennen sind: Das autonome Recht bestimmt, ob eine Maßnahme des Scheidungsstaates anzuerkennen ist, und diese Scheidungsmaßnahme ersetzt ggf die frühere Maßnahme eines anderen Vertragsstaates (vgl auch unten Vorbem 754–756).

622 **2. Die anzuerkennenden Maßnahmen und Schutzverhältnisse**

Satz 1 nennt als **Objekt der Anerkennungspflicht** „die Maßnahmen, welche die nach den vorstehenden Artikeln zuständigen Behörden getroffen haben". Gemeint sind in erster Linie die von den Aufenthaltsbehörden gem Art 1 (nach Aufenthaltswechsel iVm Art 5) und die von den Heimatbehörden gem Art 4 getroffenen Maßnahmen. Art 7 bezieht sich also nur auf Maßnahmen von Vertragsstaaten. Es muß sich um eine Schutzmaßnahme iS der Konvention handeln. Die Anerkennungspflicht besteht nicht, wenn eine Behörde aufgrund von Art 8 oder 15 tätig geworden ist (vgl Abs 2 dieser Vorschriften). Ferner ist die Anerkennungspflicht nicht gegeben, wenn eine Behörde zu Unrecht eine Zuständigkeitsnorm des Abkommens in Anspruch nimmt, beispielsweise die Aufenthaltszuständigkeit des Art 1 ohne gewöhnlichen Aufenthalt des Kindes oder die Heimatzuständigkeit des Art 4 ohne vorherige Verständigung der Aufenthaltsbehörden (zu letzterem Mangel näher oben Vorbem 564). Keine *Voraussetzung der Anerkennungspflicht* ist es, daß die übrigen Regeln der Konvention beachtet werden, zB Art 2 oder Art 4 Abs 2 über das anwendbare Recht; denn Satz 1 lautet mit gutem Grund nicht „welche die zuständigen Behörden aufgrund des Übereinkommens getroffen haben", sondern „welche die nach den vorstehenden Artikeln zuständigen Behörden getroffen haben" (auch im französischen Originaltext bezieht sich die Wendung „en vertu des articles précédents" auf das Wort „compétentes"; in diesem Sinne auch Bericht von Steiger Actes et Doc IX/4, 233 lit a, und besonders deutlich die österr Regierungsvorlage 1210 Blg NR 13. GP 11; anders nur Stöcker DAVorm 1975, 529).

623 Die Anerkennungspflicht gilt ferner für die gem Art 6 erlassenen **Durchführungsmaßnahmen** (Ferid RabelsZ 27 [1962–63] 445; Kropholler, MSA 103; Siehr DAVorm 1973, 277). Sie besteht auch für andere Durchführungsmaßnahmen, wie *vormundschaftsgerichtliche Genehmigungen,* die aufgrund von Art 1 (analog), Art 4 oder Art 5 (analog) erlassen werden (s zur Zuständigkeit für Durchführungsmaßnahmen im einzelnen oben Vorbem 308 ff; zur Anerkennung eingehend Schwimann FamRZ 1978, 306 f = ÖNotZ 1978, 100 ff). Vormundschaftsgerichtliche Genehmigungen, die das Aufenthaltsgericht dem im Aufenthaltsstaat eingesetzten gesetzlichen Vertreter (Elternteil nach Scheidung, Vormund etc) gem Art 1 erteilt hat oder die das Heimatgericht dem im Heimatstaat eingesetzten oder kraft Gesetzes berechtigten gesetzlichen Vertreter gem Art 4 erteilt hat, sind in allen Vertragsstaaten ohne Einschränkung anzuerkennen. In anderen Fällen, namentlich wenn das Aufenthaltsgericht analog Art 1 eine vormundschaftsgerichtliche Genehmigung erteilt, die das Heimatrecht vorschreibt, ist es denkbar (aber bei Beachtung der im Abkommen vorgesehenen Verständigungs- und Benachrichtigungspflichten nicht sehr wahrscheinlich), daß im Heimatstaat später eine abweichende Entscheidung erlassen wird. Damit entfällt grundsätzlich die Pflicht zur Anerkennung der im Aufenthaltsstaat getroffenen Durchführungsmaßnahme (vgl Art 4 Abs 4 und oben Vorbem 621). Die Anerkennungspflicht besteht aber fort – wie sich aus Art 9 Abs 2 ableiten läßt –, wenn die Entscheidung faktisch irreversibel geworden ist oder Dritte daraus bereits Rechte erlangt haben (Schwimann FamRZ 1978, 307 = ÖNotZ 1978, 101 f). Entgegen seinem Wortlaut („nach den vorstehenden Artikeln") muß Satz 1 auch auf Eilmaßnahmen gem Art 9 bezogen werden (dazu unten Vorbem 676). Art 7 S 1 ist analog anzuwenden, wenn ausnahmsweise ein ex-lege-Verhältnis nach Aufenthaltsrecht eingreift (vgl näher oben Vorbem 439 ff).

624 **3. Schranken**

Die Konvention selbst setzt der Anerkennungspflicht Schranken in **Satz 2** und in **Art 16**. Nach Satz 2 entfällt die Anerkennungspflicht, wenn die Maßnahmen Vollstrekkungshandlungen in einem anderen Staat erfordern (dazu näher unten Vorbem 629 ff). Gemäß Art 16 dürfen die Bestimmungen des Übereinkommens unbeachtet bleiben, wenn ihre Anwendung mit der öffentlichen Ordnung offensichtlich unvereinbar ist. Dieser ordre-public-Vorbehalt bezieht sich unstreitig auf die in Satz 1 verankerte Anerkennungspflicht. Insbesondere kann eine Anerkennung daran scheitern, daß der Anspruch auf rechtliches Gehör (Art 103 GG) verletzt wurde.

Zweifelhaft ist, wie es sich auf die Anerkennungspflicht des Art 7 S 1 auswirkt, daß 625
eine Maßnahme (etwa die Entscheidung über die Sorge für die Person eines Kindes) von einem ausländischen Gericht **im Zusammenhang mit einem Scheidungsurteil** getroffen worden ist. Ist die Anerkennung dann in Deutschland davon abhängig, daß zuvor im Verfahren nach Art 7 § 1 FamRÄndG 1961 die Anerkennung des Scheidungsurteils ausgesprochen wurde?

Im *Schrifttum* ist diese Frage im Zusammenhang mit Art 7 S 1 von Horst Kaufmann (FS Guldener 165 f) bejaht und von Siehr (DAVorm 1973, 277) verneint worden. Beide Autoren haben ihre Auffassung nicht näher begründet. In der *Rechtsprechung* hat sie das KG 13. 11. 1973 (OLGZ 1974, 93 = FamRZ 1974, 146 = StAZ 1974, 127 = ZBlJugR 1974, 434 = IPRspr 1973 Nr 70) verneint und ausgeführt: „Würde die Anerkennung von Schutzmaßnahmen, die der Staat des gewöhnlichen Aufenthalts der Minderjährigen getroffen hat, von einem Anerkennungsverfahren bezüglich der Ehescheidung abhängig sein, wäre das Prinzip der durch das MSA statuierten internationalen Zusammenarbeit zwischen den Behörden und Gerichten des Staates des gewöhnlichen Aufenthalts und denen des Heimatstaates gefährdet." Dagegen hat der BGH in bezug auf eine (außerhalb des Abkommens ergangene) belgische Sorgerechtsentscheidung, die mit einer Ehescheidung verbunden war, die Auffassung vertreten, daß die Anerkennung der Sorgerechtsentscheidung (die nach dem deutsch-belgischen Abkommen in Zivil- und Handelssachen vom 30. 6. 1958 zu beurteilen war) die Anerkennung des belgischen Ehescheidungsurteils gem Art 7 § 1 FamRÄndG in der Bundesrepublik voraussetze (BGH 5. 2. 1975 BGHZ 64, 19 = NJW 1975, 1072 = MDR 1975, 560 = FamRZ 1975, 273 = StAZ 1975, 335 = LM Nr 4 zu Art 22 EGBGB [L] Anm Hauss = NJW 1975, 2141 [L] Anm Geimer = IPRspr 1975 Nr 98; ebenso OLG Frankfurt 3. 12. 1976 OLGZ 1977, 141 = IPRspr 1976 Nr 202 für eine in der Schweiz getroffene Regelung der elterlichen Gewalt, die in „Nachachtung" eines in Deutschland noch nicht anerkannten schweizerischen Scheidungsurteils ergangen war; vgl zu außerhalb des Abkommens ergangenen Sorgerechtsentscheidungen ferner Art 19 Rz 365). Der BGH hatte in diesem Urteil zwar keine Gelegenheit, auf das Minderjährigenschutzabkommen einzugehen, verwarf aber ausdrücklich die in der genannten Entscheidung des KG vertretene Auffassung, eine ausländische Sorgerechtsregelung in einem Scheidungsurteil könne in eine von der Scheidung der Ehe unabhängige Regelung für das Getrenntleben umgedeutet und als solche anerkannt werden. Unter Umständen sei eine Aussetzung des Verfahrens geboten, um einen Bescheid der Landesjustizverwaltung über die Anerkennung der Ehescheidung herbeizuführen. Solange nicht feststehe, ob die ergangene Sorgerechtsregelung des ausländischen Richters anerkannt werden könne, müsse die materielle Rechtslage zugrundegelegt werden.

Die Darlegungen des BGH werden auch im Anwendungsbereich des Minderjähri- 626
genschutzabkommens zu beachten sein (Goerke StAZ 1976, 273). Das Abkommen schweigt zu der Frage (ebenso wie das vom BGH angewandte deutsch-belgische Abkommen). Man darf aus diesem Schweigen des Abkommens aber nicht den Schluß ziehen, die Pflicht zur Anerkennung könne die hier erörterte Einschränkung nur unter den Voraussetzungen des Art 16 erfahren (so aber der genannte Beschluß des KG). Gewiß bedeutet die Forderung nach einer vorgängigen Anerkennung des Ehescheidungsurteils eine zusätzliche Beeinträchtigung der Reichweite des Art 7 S 1 und damit der internationalen Zusammenarbeit zwischen den Gerichten der Vertragsstaaten. Aber es ist ein bekanntes Phänomen, daß die rechtsvereinheitlichende Wirkung von Staatsverträgen, die immer nur einen Ausschnitt des Rechts erfassen können, auf Grenzen stößt, wenn bestimmte, nicht vereinheitlichte Vorfragen auftreten. Ebenso wie die deutsche Aufenthaltsbehörde nach einer ausländischen Ehescheidung, die nicht im Heimatstaat beider Ehegatten erfolgte, nur dann

Maßnahmen auf § 1671 BGB stützen kann, wenn die Ehescheidung zuvor im Verfahren nach Art 7 FamRÄndG anerkannt worden ist (vgl oben Vorbem 283), und ebenso wie die Anerkennung eines nach der Scheidung eingetretenen ex-lege-Verhältnisses die Durchführung des in Art 7 FamRÄndG vorgeschriebenen Verfahrens voraussetzt (vgl oben Vorbem 548), wird man auch im Rahmen des Art 7 S 1 die vorgängige Anerkennung des Ehescheidungsurteils verlangen müssen, obgleich der Zusammenhang zwischen Ehescheidung und Schutzmaßnahme nicht zwingend ist (vgl auch Beitzke, FS Lehmann II [1956] 503). Das entspricht dem mit Art 7 FamRÄndG verfolgten Ziel, den innerstaatlichen Entscheidungseinklang und die Rechtssicherheit zu gewährleisten (vgl Kleinrahm-Partikel, Die Anerkennung ausländischer Entscheidungen in Ehesachen [2. Aufl 1970] 90; Geimer NJW 1967, 1402 Fn 32).

627 **Ergebnis:** Hat ein ausländisches Gericht aufgrund von Art 1 oder Art 4 (zu Art 15 s unten Vorbem 756) im Zusammenhang mit einem Scheidungsurteil eine Schutzmaßnahme getroffen, so ist der in Art 7 S 1 vorgeschriebenen Anerkennung in Deutschland das Verfahren nach Art 7 § 1 FamRÄndG vorgeschaltet. Das inländische Sorgerechtsverfahren ist uU auszusetzen, bis ein Bescheid der Landesjustizverwaltung ergangen ist; einstweilige Anordnungen des deutschen Gerichts bleiben möglich (OLG Schleswig 23. 1. 1978 SchlHAnz 1978, 54). Hat ein Gericht des Staates entschieden, dem beide Ehegatten zZ der Entscheidung angehört haben, so hängt die Anerkennung nicht von einer Feststellung der Landesjustizverwaltung ab (Art 7 § 1 Abs 1 S 3 FamRÄndG). Ferner ist eine Feststellung der Landesjustizverwaltung entbehrlich, wenn die Ehe nicht nur durch ein ausländisches, sondern außerdem durch ein deutsches Urteil geschieden worden ist (OLG Hamm 14. 4. 1976 OLGZ 2976, 426 = NJW 1976, 2079 = FamRZ 1976, 528 = StAZ 1976, 364 = IPRspr 1976 Nr 63). Eine von der Landesjustizverwaltung ausgesprochene Anerkennung der Ehescheidung macht den Weg frei zu einer Anerkennung der Schutzmaßnahme, schließt die Anerkennung der Schutzmaßnahme als einer Nebenentscheidung aber nicht mit ein (vgl statt vieler Kleinrahm-Partikel 86 f). Kommt die Landesjustizverwaltung zu einem negativen Ergebnis, so ist zu prüfen, ob eine Anerkennung der Schutzmaßnahme mit dem deutschen ordre public offensichtlich unvereinbar ist (Art 16).

628 Zu den **zeitlichen Grenzen** der Anerkennungspflicht vgl Art 17 und dazu unten Vorbem 772.

629 **II. Vollstreckung (Satz 2)**

Sofern die an sich anzuerkennenden Maßnahmen Vollstreckungshandlungen erfordern, unterstehen sie der Ausnahmevorschrift des Satzes 2. Diese Vorschrift wirft eine Reihe von Auslegungsfragen auf, bei deren Beantwortung die Haager Materialien besonders wenig hergeben; denn die Sachfragen, die Satz 2 berührt, wurden während der Tagung nicht durchdiskutiert. Die Bestimmung wurde vielmehr fast unverändert aus dem Vorentwurf der Spezialkommission übernommen (Art 9), und die Sachdiskussionen, die zu ihrer Formulierung geführt haben, fanden in der Spezialkommission statt. Die Sitzungsprotokolle der Spezialkommission sind nicht veröffentlicht, gewähren aber offenbar auch kaum Auslegungshilfen (vgl Horst Kaufmann, FS Guldener 167 Fn 73). Der Öffentlichkeit liegt lediglich der Bericht zum Vorentwurf von Marmo vor (Actes et Doc IX/4, 28–30), der ebenfalls wenig ergiebig ist. Auch der Bericht von Steigers (Actes et Doc IX/4, 233 f), der mehr aus der Diskussion in der Spezialkommission als aus der Tagung selbst genährt sein dürfte, trägt kaum zur Klärung bei.

1. Die Voraussetzungen von Satz 2 630

In Satz 2 wird vorausgesetzt, daß die Maßnahmen Vollstreckungshandlungen in einem anderen Staat erfordern als in dem, in welchem sie getroffen worden sind. Als Beispiele werden im Anschluß an den Bericht von Steigers allgemein genannt die Heimschaffung von Kindern oder die Aushändigung von Vermögenswerten, beides Maßnahmen, die uU gegen den Willen des faktischen Gewalthabers durchgesetzt werden müssen (von Steiger Actes et Doc IX/4, 233; ders SchwJbIntR 17 [1960] 37; Botschaft des Schweizer Bundesrates BBl 1966 I 357; österr Regierungsvorlage 1210 Blg NR 13. GP 11). In der Praxis stehen die Fälle der Heimschaffung von Kindern im Vordergrund.

a) Mit der Wendung **„diese Maßnahmen"** bezieht sich Satz 2 offenkundig auf die in Satz 1 erwähnten Maßnahmen, von denen nach dem Wortlaut dieser Bestimmung und der ganzen Anlage des Übereinkommens eindeutig zu verlangen ist, daß sie von *Behörden* (iS des Art 1) getroffen worden sind, und zwar von *Behörden eines Vertragsstaates.* 631

Mißverständlich ist deshalb das Beispiel, das von Steiger (Actes et Doc IX/4, 233) in seinem Bericht erwähnt: „Ainsi, si les autorités nationales (par exemple le tuteur ou l'autorité de surveillance) d'un mineur, compétentes en vertu de l'article 4, demandent son rapatriement et si la personne qui a en fait la charge du mineur s'y oppose, la décision en question devra être exécutée dans le pays de la résidence habituelle (ou peut-être dans un autre Etat contractant où le mineur se trouve à ce moment)." Soweit es sich auf den Vormund bezieht, wird das Beispiel nur richtig, wenn man es dahin ergänzt, daß der Vormund seinen Herausgabeanspruch bei der zuständigen Behörde geltend gemacht hatte, diese eine Herausgabeanordnung gegen den tatsächlichen Betreuer des Kindes erlassen hat, letzterer sie mißachtet und nun die Vollstreckung des behördlichen Herausgabeentscheids in Frage steht (so Horst Kaufmann, FS Guldener 168; vgl auch bereits Mosconi 399). – Nicht ganz treffend ist auch das von Siehr, DAVorm 1973, 278 f, gebildete Beispiel, daß die von einem italienischen Gericht ausgesprochene Herausgabeanordnung in Deutschland vollstreckt werden soll. Da Italien nicht Vertragsstaat des Abkommens ist, kommt Art 7 nicht in Betracht, so daß auf das innerstaatliche deutsche Recht oder auf ein mit Italien geschlossenes Abkommen zurückgegriffen werden muß. 632

Nicht behandelt sind in Satz 2 die bloßen **Feststellungs-** und **Gestaltungsakte**, weil sie eine Vollstreckung nicht nur nicht erfordern, sondern nicht einmal zulassen (Horst Kaufmann, FS Guldener 169). – Gibt ein Gestaltungsakt später zu einer vollstreckungsbedürftigen Maßnahme Anlaß, so wird damit nicht auch der Gestaltungsakt selber zu einer vollstreckungsbedürftigen Maßnahme, die durch Satz 2 die Anerkennungsfähigkeit verliert (so aber Mosconi 398 f). Vielmehr betrifft Satz 2 stets nur die einzelne behördliche Maßnahme; der Gestaltungsakt ist also von dem später erlassenen Leistungsbefehl zu trennen (so mit Recht Horst Kaufmann FS Guldener 169 f). *Beispiel:* Überträgt das Gericht einem Elternteil die elterliche Gewalt (Gestaltungsakt) und verpflichtet es später den Ehegatten, der in einem anderen Vertragsstaat lebt, zur Herausgabe, so fällt nur letztere Maßnahme unter Satz 2. Der vorhergehende Gestaltungsakt, der die Gewalt übertragen hatte, ist weiterhin gem Satz 1 in allen Vertragsstaaten anzuerkennen. – An der dargestellten Rechtslage ändert sich nichts, wenn der Gestaltungsakt und die Leistungsanordnung in einer Entscheidung zusammengefaßt sind, also zB in *einem* Beschluß ausgesprochen wird, daß die Mutter die elterliche Gewalt erhält und der Vater das Kind herauszugeben hat. Zutreffend führt Horst Kaufmann, FS Guldener 170 f, hierzu aus: „Es handelt sich dabei um die im Verfahrensrecht äußerst häufige Erscheinung, daß der Entscheid aus Zweckmäßigkeitsgründen mehrere Entscheidungsgegenstände zusammenfaßt. Jeder von ihnen behält seine rechtliche Selbständigkeit. Da es rechtssystematisch ein reiner Zufall ist, ob die beiden Maßnahmen nacheinander in selbständigen Beschlüssen oder gemeinsam in einem einzigen Entscheid getroffen 633 werden, wäre es verfehlt, sie letzterenfalls im Rahmen des Art 7 Satz 2 als eine vollstreckungsbedürftige Einheit zu behandeln."

634 **b)** Das Wort **„erfordern"** ist vor dem Hintergrund der in Satz 2 ebenfalls enthaltenen Wendung zu sehen, daß „die Vollstreckung beantragt wird". Die Tatbestandsvoraussetzungen für die Rechtsfolge aus Satz 2 sind deshalb folgendermaßen zu lesen: „Erfordern diese Maßnahmen jedoch Vollstreckungshandlungen in einem anderen Staate als in dem, in welchem sie getroffen worden sind, und wird die Vollstreckung beantragt, so bestimmen sich . . ." (so auch Horst Kaufmann, FS Guldener 171). Satz 2 greift nur ein, wenn in einem Staat konkret um Vollstreckung nachgesucht wird, nicht wenn sie abstrakt erforderlich ist. Liegt also eine vollstrekkungsfähige Schutzmaßnahme vor (zB eine Herausgabeanordnung), so steht Satz 2 der Anerkennung dieser Maßnahme (zB der Anerkennung der in der Herausgabeanordnung liegenden Feststellung, daß der Verpflichtete die Herausgabe schulde) so lange nicht im Wege, wie der Verpflichtete seine Leistung freiwillig erfüllt oder erfüllt hat und der Berechtigte daher keine Vollstreckung beantragt (Horst Kaufmann aaO). Ein weiteres Beispiel bringt von Steiger (Actes et Doc IX/4, 233 f): Wenn die Aufenthaltsbehörden die Herausgabe aller Vermögensgegenstände an einen neuen Vormund anordnen, gleichgültig ob sie im eigenen Land oder im Ausland belegen sind, ist diese Entscheidung in allen Vertragsstaaten anzuerkennen. Die Anerkennungspflicht entfällt nur insoweit, als im Ausland die Herausgabe im Vollstreckungswege verlangt wird.

Die besondere Rechtsfolge des Satzes 2 tritt nur für den Staat ein, in welchem der Vollstreckungsantrag gestellt wird. Für andere Staaten bleibt es, solange nicht auch bei ihnen Vollstreckungshandlungen beantragt werden, bei der Anerkennungsregel des Satzes 1 (Horst Kaufmann, FS Guldener 172). Werden Vollstreckungshandlungen in mehreren Staaten beantragt, so beurteilt jeder von ihnen die Rechtslage aufgrund seines autonomen Rechts und der für ihn geltenden zwischenstaatlichen Übereinkünfte.

635 **2. Rechtsfolge**

Als Rechtsfolge bestimmt Satz 2, daß sich Anerkennung und Vollstreckung entweder nach dem innerstaatlichen Recht des Staates richten, in dem die Vollstreckung beantragt wird, oder nach zwischenstaatlichen Übereinkünften. Für Deutschland sind also maßgebend die geschriebenen und ungeschriebenen autonomen Regeln über die Anerkennung und Vollstreckung ausländischer Entscheidungen (vgl dazu Art 19 Rz 299 ff; aus der Rechtsprechung BayObLG 1. 7. 1976 BayObLGZ 1976, 174 = FamRZ 1977, 137 = IPRspr 1976 Nr 193 a).

Beispiel (nach Firsching Rpfleger 1971, 386): Die deutschen Aufenthaltsbehörden haben der Mutter das Aufenthaltsbestimmungsrecht über ihr minderjähriges eheliches Kind gem § 1666 BGB übertragen. Der Vater bringt das Kind ohne Einverständnis der Mutter in die Schweiz. Die Mutter ersucht das Familiengericht um Unterstützung, zu der es nach § 1631 Abs 2 BGB verpflichtet ist. Das Familiengericht wird zur Durchsetzung seiner darauf erfolgenden Anordnung prüfen, welcher Weg nach dem mit der Schweiz geschlossenen Vollstreckungsabkommen von 1929 einzuschlagen ist.

636 Wenn Satz 2 in den von ihm erfaßten Fällen auch die „Anerkennung" der Regelung des Minderjährigenschutzabkommens entzieht, so ist dies darauf zurückzuführen, daß in manchen Staaten die Anerkennung einer fremden Entscheidung bereits deren Vollstreckbarkeit bedeutet (Bericht von Steiger Actes et Doc IX/4, 233 lit b; ders SchwJZ 1960, 259; ders SchwJbIntR 17 [1960] 37).

Die Verweisung auf das außerhalb der Konvention liegende Vollstreckungsrecht beschränkt sich nicht auf das Verfahren unter Ausschluß der inhaltlichen Voraussetzungen für die Anerkennung und Vollstreckbarerklärung (so aber Mosconi 398 Fn 68). Für eine derartige Einschränkung gibt der Wortlaut der Konvention keinen Anhalt. Sie findet auch in der Entstehungsgeschichte keine Stütze; denn Satz 2 verdankt seine Entstehung nicht zuletzt der allgemeinen Abneigung einiger Staaten, Kindesherausgabeanordnungen zu vollstrecken, selbst wenn diese den Anforderungen des Übereinkommens voll entsprechen (vgl zur Sorge der dänischen Delegation Marmo Actes et Doc IX/4, 29 und Borum aaO 77). Die Verweisung auf das außerhalb des Minderjährigenschutzabkommens bestehende Recht sollte sich nach dem Willen der Verfasser deshalb grundsätzlich auch auf dessen materielle Anerkennungs- und Vollstreckungsvoraussetzungen beziehen. Freilich erscheint es sinnvoll, von dieser Verweisung diejenigen Anerkennungsvoraussetzungen auszunehmen, die im Abkommen selbst geregelt sind, nämlich die internationale Zuständigkeit und – soweit es darauf in einem Staat für die Anerkennung ankommt – das anzuwendende Recht (so überzeugend Horst Kaufmann, FS Guldener 173; zu weitgehend wohl BGH 25. 10. 1976 BGHZ 67, 255 = NJW 1977, 150 = MDR 197, 383 = FamRZ 1977, 126 = ZBlJugR 1977, 213 = Rpfleger 1977, 55 = IPRspr 1976 Nr 193 b, wo sogar eine auf den Vorbehalt des Art 15 Abs 1 gestützte internationale Zuständigkeit anerkannt und keine Überprüfung anhand des autonomen deutschen Rechts vorgenommen wurde). Denn andernfalls könnte man zu dem vom Abkommen sicherlich nicht bezweckten Ergebnis kommen, daß eine Maßnahme in einem anderen Vertragsstaat gerade deshalb nicht anerkannt wird, weil die anordnende Behörde aufgrund der Regeln des Übereinkommens gehandelt hat. 637

In der Denkschrift der Bundesregierung, BT-Drucks VI/947, 15, wird folgendes *Beispiel* gebildet: „Über einen Minderjährigen haben die Behörden des Heimatstaates die Fürsorgeerziehung in einer geschlossenen Anstalt angeordnet. Der Minderjährige befindet sich vorübergehend in einem anderen Vertragsstaat. Soll er aufgrund des Fürsorgebeschlusses zwangsweise in den Heimatstaat zurückgebracht werden, so ist dies eine Vollstreckungshandlung. Da die Vollstreckung im Übereinkommen aber nicht geregelt ist, muß für diesen Bereich nach den allgemeinen Vorschriften und etwaigen internationalen Verträgen selbständig geprüft werden, ob der Beschluß alle Voraussetzungen der Vollstreckbarkeit erfüllt, insbesondere ob der Entscheidungsstaat die internationale Zuständigkeit besaß. Die Antwort auf diese Frage kann anders ausfallen als bei Anwendung der Art 1 und 4, so daß die Entscheidung anerkennungsfähig sein kann, ohne gleichzeitig vollstreckbar zu sein." – Hier zeigt sich, daß es zu sinnwidrigen Ergebnissen führen würde, wollte man die auf das Abkommen gegründete internationale Zuständigkeit im Vollstreckungsverfahren nicht anerkennen. Die Ausführungen der Denkschrift können sich in diesem Punkt nicht auf die Materialien der Haager Tagung stützen, sondern enthalten eine einseitige nachträgliche Interpretation des Abkommens, die abzulehnen ist. 638

Ergebnis: Das autonome oder in Übereinkommen festgelegte Recht des Vollstreckungsstaates bestimmt, welche Anerkennungs- und Vollstreckungsvoraussetzungen bestehen. Die Beurteilung solcher Voraussetzungen, die im Minderjährigenschutzabkommen selbst geregelt sind (internationale Zuständigkeit und anwendbares Recht), hat aufgrund der Bestimmungen des Abkommens zu erfolgen. 639

3. Rechtspolitische Bewertung 640

Das Fehlen einer Regelung über die Vollstreckung von Schutzmaßnahmen in anderen Vertragsstaaten stellt eine empfindliche Lücke in der Konvention dar. Eine Verpflichtung, ausländische Schutzmaßnahmen zu vollstrecken, war im Rahmen des Minderjährigenschutzabkommens aber nicht erreichbar (Ferid RabelsZ 27

[1962–63] 445). Es bleibt die Hoffnung auf weitere Konventionen. Einstweilen kann in den praktisch wichtigsten Fällen, daß die Herausgabe des Kindes oder seines Vermögens verlangt wird, bisweilen dadurch geholfen werden, daß aufgrund von Art 9 eine Eilentscheidung im Aufenthalts- bzw Vermögensstaat erwirkt wird (vgl Horst Kaufmann, FS Guldener 174 f; Droz Clunet 100 [1973] 628). Dieser Weg kann uU rascher zum Ziel führen als der Versuch, eine aufgrund der Regelzuständigkeiten der Art 1 und 4 ergangene Entscheidung im Ausland vollstrecken zu lassen.

641 **III. Anerkennung und Vollstreckung von Schutzmaßnahmen eines Nichtvertragsstaates**

Die Konvention schließt grundsätzlich nicht aus, daß auch Schutzmaßnahmen von Nichtvertragsstaaten anerkannt und ggf vollstreckt werden. Nur wenn ein Vertragsstaat bereits eine Schutzmaßnahme getroffen hat, die gem Art 7 anerkannt werden muß, ist für die Anerkennung einer kollidierenden Maßnahme eines Nichtvertragsstaates kein Raum. Anerkennung und Vollstreckung richten sich nach den Regeln des autonomen deutschen Rechts bzw nach Staatsverträgen, an welche die Bundesrepublik gebunden ist (vgl dazu Art 19 Rz 299 ff). Anders als bei Schutzmaßnahmen eines Vertragsstaates beurteilt sich für die Zwecke der Anerkennung und Vollstrekkung die internationale Zuständigkeit nicht nach dem Minderjährigenschutzabkommen, an das der Nichtvertragsstaat ja nicht gebunden sein will, sondern nach autonomem deutschen Recht (näher dazu Art 19 Rz 353). Ist die Maßnahme eines Nichtvertragsstaates anzuerkennen, so erübrigen sich uU Schutzmaßnahmen der Vertragsstaaten (vgl oben Rz 263 f).

Art 8
[Gefährdungszuständigkeit]

Die Artikel 3, 4 und 5 Absatz 3 schließen nicht aus, daß die Behörden des Staates, in dem der Minderjährige seinen gewöhnlichen Aufenthalt hat, Maßnahmen zum Schutz des Minderjährigen treffen, soweit er in seiner Person oder in seinem Vermögen ernstlich gefährdet ist.

Die Behörden der anderen Vertragstaaten sind nicht verpflichtet, diese Maßnahmen anzuerkennen.

Art 8

Nonobstant les dispositions des articles 3, 4 et 5, alinéa 3, de la présente Convention, les autorités de l'Etat de la résidence habituelle d'un mineur peuvent prendre des mesures de protection pour autant que le mineur est menacé d'un danger sérieux dans sa personne ou ses biens.

Les autorités des autres Etats contractants ne sont pas tenues de reconnaître ces mesures.

Systematische Übersicht

I. Zuständigkeit (Abs 1)

1. Allgemeines 642

Die Vorschrift des Art 8 räumt den Aufenthaltsbehörden bei ernstlicher Gefährdung des Minderjährigen eine weitere Zuständigkeit ein. Sie durchbricht die Schranke, die in Art 1 für die Aufenthaltsbehörden in den Fällen der Art 3, 4 und 5 Abs 3 besteht. Diese Möglichkeit einer Durchbrechung des Schutzes, den die Heimatbehörden und das Heimatrecht gewähren, ist notwendig, da idR die Aufenthaltsbehörden eine Gefährdung des Minderjährigen eher erkennen und beseitigen können als die Heimatbehörden. Die Möglichkeit, sich unmittelbar ein genaues Bild von den Lebensverhältnissen des Minderjährigen zu verschaffen und schneller einzugreifen, begründet die vorrangige Verantwortung der Aufenthaltsbehörden für den Minderjährigen (Denkschrift der Bundesregierung BT-Drucks VI/947, 15 im Anschluß an den Bericht von Steiger Actes et Doc IX/4, 234; ebenso die österr Regierungsvorlage 1210 Blg NR 13. GP 12). Man hat für diese Kompetenz plastisch von dem *„letzten Wort"* der Aufenthaltsbehörde gesprochen, das freilich (wegen Art 8 Abs 2) außerhalb des Aufenthaltsstaates ungehört verhallen kann (so Ferid RabelsZ 27 [1962–63] 437; Droz Clunet 100 [1973] 617 und 625; von Overbeck, Mélanges Deschenaux 456 Nr 18; gegen diesen Sprachgebrauch Stöcker DAVorm 1973, 532).

Die Frage, unter welchen Voraussetzungen die Aufenthaltsbehörde **bei Bestehen eines ex-lege-Verhältnisses** (Art 3) tätig werden darf, ist sehr umstritten. Sie stellt sich bereits im Rahmen des Art 1 und ist dort – unter Einbeziehung des Art 8 (und dessen Entstehungsgeschichte) – eingehend erläutert (oben Vorbem 350 ff). Nach dem dort Gesagten ist die Ansicht zutreffend, die eine internationale Zuständigkeit der Aufenthaltsbehörde trotz Bestehens eines ex-lege-Verhältnisses im Regelfall *aus Art 1* herleitet und insbes Eingriffe in das ex-lege-Verhältnis nach Maßgabe des Aufenthaltsrechts (Art 2) zuläßt. Nach Art 8 sind die (seltenen) Fälle zu lösen, in denen der Aufenthaltsbehörde eine Berufung auf Art 1 versagt ist (vgl dazu oben Vorbem 413). Im Hinblick auf Art 8 Abs 2 sollten die Gerichte es möglichst nicht offen lassen, ob sie eine Maßnahme auf Art 1 oder auf Art 8 stützen (oben Vorbem 360). 643

Nach einer **Schutzmaßnahme der Heimatbehörde** (Art 4 und 5 Abs 3) ist die internationale Zuständigkeit der Aufenthaltsbehörde gem Art 1 grundsätzlich ausgeschlossen, so daß die Aufenthaltsbehörde lediglich unter den Voraussetzungen des Art 8 tätig werden kann (näher oben Vorbem 420 ff). 644

Beispiele: Die über den Zustand des Kindes besser unterrichtete Aufenthaltsbehörde kann – entgegen einer Entscheidung der Heimatbehörde – die Rückführung des Kindes in sein Heimatland verhindern, wenn es dadurch schweren psychischen Gefahren ausgesetzt würde. So verhinderten die niederländischen Aufenthaltsgerichte in einem durch alle Instanzen gegangenen Fall die Rückkehr eines deutschen nichtehelichen Kindes zu seiner Mutter nach Deutschland, weil dem Kind durch die Entfernung von seinen niederländischen Pflegeeltern ernstliche Gefahr gedroht hätte (Hoge Raad 23. 12. 1977 NedJur 1978 Nr 606). – Eine Gefahrmaßnahme kann ferner etwa notwendig werden, wenn der Heimatstaat einen Vormund eingesetzt hat, der das im Aufenthaltsstaat gelegene Vermögen des Minderjährigen zu veruntreuen droht Ferid RabelsZ 27 [1962–63] 437). – Auch für öffentlichrechtliche Eingriffsmaßnahmen kann sich ein Bedürfnis ergeben, das über Art 8 befriedigt werden kann (vgl Lequette 189 Nr 248).

2. „Ernstliche Gefährdung" 645

Die Bestimmung räumt der Aufenthaltsbehörde eine Zuständigkeit für Maßnahmen zum Schutz des Minderjährigen nur ein, „soweit er in seiner Person oder in seinem

Vermögen ernstlich gefährdet ist". Wann eine ernstliche Gefährdung des Minderjährigen vorliegt, definiert die Konvention nicht. Der Bericht von Steiger (Actes et Doc IX/4, 234 lit a) weist mit Recht darauf hin, daß die Voraussetzungen des Art 8 weniger streng sind als diejenigen für ein Eingreifen des ordre public (Art 16). Im übrigen heißt es zu der Voraussetzung der ernstlichen Gefährdung: „Cette restriction s'explique par le désir de respecter autant que possible la continuité des mesures prises par l'Etat national. Elle empêche des autorités de la résidence habituelle d'agir là où il n'y a qu'une simple différence de vues sur ce qui est préférable pour l'enfant. La situation doit être telle, aux yeux desdites autorités, qu'elle apparaît comme une source de danger réel" (Bericht von Steiger lit b).

646 Die **deutsche Rechtsprechung** hat an das Vorliegen einer „ernstlichen Gefährdung" mit Recht keine höheren Anforderungen gestellt, als sie das deutsche materielle Recht für Eingriffe gem § 1666 BGB vorschreibt, auch wenn dort nur von (einfacher) Gefährdung gesprochen wird (zust auch Ahrens FamRZ 1976, 305 f; zu weitgehend Stöcker DAVorm 1975, 519 f). So hat der BGH geäußert, daß „in Fällen, in denen nach den deutschen Vorschriften der §§ 1666–1669 und 1680 BGB eingegriffen werden kann, idR auch das Vorliegen der Voraussetzungen des Art 8 des Abkommens anzunehmen" ist (BGH 20. 12. 1972 BGHZ 60, 68 = NJW 1973, 417 = MDR 1973, 390 = JZ 1974, 178 Anm Firsching = JR 1973, 245 Anm Jayme = FamRZ 1973, 138 = StAZ 1973, 213 Anm Dilger = IPRspr 1972 Nr 59 b; vgl ferner etwa BayObLG 7. 12. 1973 BayObLGZ 1973, 331 = NJW 1974, 420 = MDR 1974, 231 = FamRZ 1974, 137 = IPRspr 1973 Nr 71). Nach Ansicht des BayObLG 24. 7. 1975 (BayObLGZ 1975, 291 = NJW 1975, 2146 = FamRZ 1976, 47 = StAZ 1976, 48 = IPRspr 1975 Nr 75) sind die Voraussetzungen des Art 8 in aller Regel gegeben, falls sich in einem Verfahren nach §§ 1671, 1672 oder § 1696 BGB der Erlaß einer vorläufigen Anordnung als notwendig erweist, gleichgültig ob die Voraussetzungen des Art 8 auch für das Hauptsacheverfahren bejaht werden können oder nicht (vgl auch KG 28. 12. 1976 FamRZ 1977, 475 = IPRspr 1976 Nr 77). Hier wäre auch an Art 9 zu denken. Das BayObLG 31. 7. 1974 (BayObLGZ 1974, 322 = NJW 1974, 2184 = FamRZ 1974, 537 = StAZ 1974, 301 = IPRspr 1974 Nr 86) verneinte zu Recht eine ernstliche Gefährdung des Kindes in einem Fall, in dem das Kind bei der Mutter gut untergebracht war, diese aber die Ausübung des Verkehrsrechts durch den Vater zu unterbinden suchte.

647 Die ernstliche Gefährdung muß grundsätzlich *gegenwärtig* sein. Im Schrifttum ist aber mit Recht darauf hingewiesen worden, daß man – insbes bei Herausgabeklagen – eine *zukünftige* ernstliche Gefährdung genügen lassen sollte, wenn mit Sicherheit anzunehmen ist, daß das Kind nach der Herausgabe einer ernsthaften Gefährdung ausgesetzt sein wird (Siehr DAVorm 1973, 272; Baechler ZVW 30 [1975] 8; Schwimann ÖJBl 1976, 245; nach richtiger Ansicht kann über Herausgabeklagen freilich aufgrund des Art 1 entschieden werden; vgl oben Vorbem 416).

648 Insgesamt ist es durchaus berechtigt, die Gefährdungszuständigkeit des Art 8 – verglichen mit der Aufenthaltszuständigkeit gem Art 1 – als **Ausnahmezuständigkeit** zu bezeichnen (so der Bericht von Steiger Actes et Doc IX/4, 234: „compétence exceptionelle"; vgl auch die während der Tagung geäußerte Umschreibung durch den Berichterstatter und durch Marmo 125 und 127: „une situation tout à fait exceptionelle": Schwimann ÖJBl 1976, 245; von Overbeck, Mélanges Deschenaux 455 ff; anders Stöcker DAVorm 1975, 519 f).

649 Die Entscheidung, ob eine ernstliche Gefährdung vorliegt, treffen die Aufenthaltsbehörden (Denkschrift der Bundesregierung BT-Drucks VI/947, 15; österr Regierungsvorlage 1210 Blg NR 13. GP 12). Liegen keine Gründe für eine Gefährdung des Minderjährigen vor und nimmt die Aufenthaltsbehörde dennoch – unter Überschreitung ihres Beurteilungsspielraums – die Zuständigkeit nach Art 8 in Anspruch, so kann sich der Heimatstaat beim Internationalen Gerichtshof auf eine Verletzung der Übereinkunft berufen (vgl DE WINTER NedJbl 1961, 23).

Praktisch verliert die Frage, ob eine ernstliche Gefährdung des Minderjährigen 650 gegeben ist, erheblich an Bedeutung, wenn man – mit der hier vertretenen Meinung – Eingriffe in ex-lege-Verhältnisse bereits aufgrund von Art 1, 2 zuläßt (oben Vorbem 643). Wenn weder die Voraussetzungen des Art 1 noch die des Art 8 erfüllt sind und die Konvention anwendbar ist, weil der Minderjährige seinen gewöhnlichen Aufenthalt in einem Vertragsstaat hat (Art 13 Abs 1), darf eine nach dem Abkommen nicht gegebene Zuständigkeit nicht aus dem außervertraglichen, autonomen deutschen Recht hergeleitet werden (vgl oben Vorbem 260).

3. Vorläufige und endgültige Maßnahmen 651

Notmaßnahmen nach Art 8 können auch endgültige Maßnahmen sein, zB Zuweisung von Sorgerecht oder elterlicher Gewalt (anders nur FERID, IPR 248 Rz 8–236; dagegen AHRENS FamRZ 1976, 305 f). Während Eilmaßnahmen gem Art 9 grundsätzlich vorläufigen Charakter haben (unten Vorbem 672), ist eine derartige Einschränkung dem Art 8 nicht zu entnehmen (vgl unten Vorbem 667).

4. Meinungsaustausch und Informationspflicht 652

Der in Art 10 vorgesehene Meinungsaustausch ist nach Möglichkeit (vgl unten Vorbem 688), die Informationspflicht des Art 11 ist unbedingt zu erfüllen. Das ist nach Wortlaut und Entstehungsgeschichte des Abkommens eindeutig (vgl Bericht VON STEIGER Actes et Doc IX/4, 234 lit c; Denkschrift der Bundesregierung BT-Drucks VI/947, 15; österr Regierungsvorlage 1210 Blg NR 13. GP 12).

II. Anwendbares Recht 653

In Art 8 wird zwar über die Frage des anzuwendenden Rechts ausdrücklich nichts bestimmt. Art 2 ist nach seinem eindeutigen Wortlaut nicht anwendbar. Es entspricht aber dem Willen der Verfasser des Übereinkommens sowie dessen gesamter Konzeption, auch bei dieser Bestimmung vom Gleichlauf auszugehen (der Berichterstatter VON STEIGER [Actes et Doc IX/4, 234 lit a] sieht die Anwendung des materiellen Rechts des Aufenthaltsstaates offenbar als selbstverständlich an). Im Schrifttum wird die Maßgeblichkeit der lex fori deshalb allgemein bejaht (vgl etwa KROPHOLLER, MSA 110; ders NJW 1971, 1725 f; FIRSCHING Rpfleger 1971, 385; TOPOR, Les Conflits de lois en matière de puissance parentale [Paris 1971] 144 Fn 2; SIEHR DA Vorm 1973, 275; LUTHER FamRZ 1973, 411; DROZ Clunet 100 [1973] 617; BÜHLER BWNotZ 1973, 27; IPG 1972 Nr 24 [Köln] 233 und 1973 Nr 43 [Köln] 472; BAECHLER ZVW 30 [1975] 8; SCHWIMANN ÖJBl 1976, 245). Auch die Rechtsprechung ist stets davon ausgegangen, daß Maßnahmen nach Art 8 – ebenso wie solche nach Art 1 und 2 – nach dem innerstaatlichen Aufenthaltsrecht getroffen werden (vgl die oben Vorbem 353 genannten Entscheidungen; außerdem AG Kusel 25. 9. 1973 IPRspr 1973 Nr 66). Hinsichtlich des Umfangs des Gleichlaufs gilt das zu Art 2 Abs 2 Gesagte entsprechend.

In der *Denkschrift der Bundesregierung*, die grundsätzlich ebenfalls die lex fori für maßgeblich hält, 654 heißt es, die Aufenthaltsbehörden seien im Rahmen des Art 8 „nicht an ihr innerstaatliches Recht gebunden. Sie können zB eine nach Heimatrecht kraft Gesetzes bestehende Vormundschaft aufheben und einen neuen Vormund bestellen, auch wenn diese Möglichkeit in ihrem innerstaatlichen Recht nicht vorgesehen ist" (BT-Drucks VI/947, 15). Diese zutreffenden Bemerkungen können dann Bedeutung erlangen, wenn die Aufenthaltsbehörde wegen einer ernstlichen Gefährdung des Minderjährigen tätig werden möchte, ohne daß im Aufenthaltsrecht eine Handhabe gegeben wäre, in das nach Heimatrecht entstandene ex-lege-Verhältnis einzugreifen (vgl zu dieser Fallgruppe auch oben Vorbem 413). Freilich sind solche Fälle selten, und es sollte zunächst versucht werden, mit einer Anpassung der lex fori zu helfen.

655 **III. Anerkennung (Abs 2)**

Nach Abs 2 sind die Vertragsstaaten (und damit natürlich auch der Heimatstaat) nicht verpflichtet, die vom Aufenthaltsstaat getroffenen Gefahrmaßnahmen anzuerkennen. Abs 2 sanktioniert also eine divergierende Haltung der Vertragsstaaten. Aber die 9. Tagung, in deren Verlauf verschiedene andere Möglichkeiten erörtert wurden (vgl die Diskussionen Actes et Doc IX/4, 123–132 und 162–164), hat gezeigt, daß dieser Rest an Konfliktstoff nicht zu beseitigen war (so auch Ferid RabelsZ 27 [1962–63] 437).

656 Die Regelung *bedeutet*, daß sich die Anerkennung der Gefahrmaßnahmen nach den allgemeinen Regeln beurteilt, die in den einzelnen Vertragsstaaten gelten (vgl zu den deutschen Regeln Art 19 Rz 299 ff). Liegen die Voraussetzungen für eine Anerkennung vor, so tritt die Gefahrmaßnahme als die jüngere Maßnahme an die Stelle einer anderslautenden Maßnahme, die zuvor die Heimatbehörden angeordnet hatten; näher zum Verhältnis zu Art 7 S 1 oben Vorbem 621. Die Vorschrift hat also – je nach Lage des Falles – verschiedene Folgen. Es ist möglich, daß eine Gefahrmaßnahme ihre Wirkungen in allen Vertragsstaaten entfaltet oder nur im Aufenthaltsstaat oder auch nur im Verhältnis des Aufenthaltsstaates zu bestimmten anderen Vertragsstaaten (so Bericht von Steiger Actes et Doc IX/4, 234).

Art 9
[Eilzuständigkeit]

In allen dringenden Fällen haben die Behörden jedes Vertragsstaates, in dessen Hoheitsgebiet sich der Minderjährige oder ihm gehörendes Vermögen befindet, die notwendigen Schutzmaßnahmen zu treffen.

Die nach Absatz 1 getroffenen Maßnahmen treten, soweit sie keine endgültigen Wirkungen hervorgebracht haben, außer Kraft, sobald die nach diesem Übereinkommen zuständigen Behörden die durch die Umstände gebotenen Maßnahmen getroffen haben.

Art 9

Dans tous les cas d'urgence, les autorités de chaque Etat contractant sur le territoire duquel se trouvent le mineur ou des biens lui appartenant, prennent les mesures de protection nécessaires.

Les mesures prises en application de l'alinéa précédent cessent, sous réserve de leurs effets définitifs, aussitôt que les autorités compétentes selon la présente Convention ont pris les mesures exigées par la situation.

Systematische Übersicht

I. Zuständigkeit (Abs 1) 657

In Art 9 wird den Behörden jedes Vertragsstaates, in dessen Gebiet sich der Minderjährige aufhält (Staat des einfachen Aufenthalts) oder in dem sich ihm gehörendes Vermögen befindet (Vermögensstaat), für alle dringenden Fälle eine Zuständigkeit eingeräumt. Im Gegensatz zur Gefährdungszuständigkeit des Art 8 und zur Scheidungszuständigkeit des Art 15 handelt es sich nicht um eine bloß fakultative oder Kann-Zuständigkeit, bei deren Ausübung die getroffenen Maßnahmen in den anderen Vertragsstaaten nicht anerkannt werden müssen (Art 8 Abs 2 bzw Art 15 Abs 2); vielmehr heißt es in Art 9, daß die Behörden des betreffenden Staates die notwendigen Maßnahmen „ergreifen", dh ergreifen müssen.

1. Einfacher Aufenthalt oder Belegenheit des Vermögens 658

Die Eilzuständigkeit ist davon abhängig, daß der Minderjährige in einem Vertragsstaat seinen einfachen Aufenthalt hat oder Vermögen besitzt. Weder der einfache Aufenthalt noch die Belegenheit des Vermögens sind in der Konvention definiert. Die Bestimmung der beiden Begriffe wird idR aber keine Schwierigkeiten bereiten. Es gelten die allgemeinen Grundsätze. Für einen einfachen Aufenthalt genügt – im Unterschied zum gewöhnlichen Aufenthalt – die vorübergehende physische Anwesenheit (vgl oben Vorbem 42).

In Art 9 wird nicht danach gefragt, wo der Minderjährige seinen *gewöhnlichen* Aufenthalt hat. Der gewöhnliche Aufenthalt muß aber in einem *Vertragsstaat* liegen, weil sonst die Konvention nicht anwendbar ist (Art 13 Abs 1) und also auch Art 9 nicht eingreifen kann. Das wird bisweilen übersehen (so schon im Bericht zum Vorentwurf Marmo Actes et Doc IX/4, 25; auch von BayObLG 21. 12. 1973 BayObLGZ 1973, 345 = NJW 1974, 421 = MDR 1974, 317 = FamRZ 1974, 150 = IPRspr 1973 Nr 181; OLG Frankfurt 16. 12. 1974 IPRspr 1974 Nr 93). Die in Art 9 eingeräumte Kompetenz ist den Behörden der *Vertragsstaaten* vorbehalten, wie sich aus dem Wortlaut der Bestimmung zweifelsfrei ergibt. 659

Sein **Hauptanwendungsgebiet** dürfte Art 9 haben, wenn der Minderjährige in einem anderen Staat als dem seines gewöhnlichen Aufenthalts oder seiner Staatsangehörigkeit seinen schlichten Aufenthalt hat oder dort Vermögen besitzt. Denn die Behörden am gewöhnlichen Aufenthaltsort werden idR gem Art 1 (oder Art 8) tätig werden, die Heimatbehörden gem Art 4. Es ist aber auch möglich, daß die Behörden im Staat des gewöhnlichen Aufenthalts oder im Heimatstaat eine Maßnahme auf Art 9 stützen, sofern dessen Voraussetzungen vorliegen (so mit Recht Droz Clunet 100 [1973] 626 f). So kann die Behörde im Staat des gewöhnlichen Aufenthalts in einem Fall, in dem die Heimatbehörde gem Art 4 eingegriffen hat und somit die Aufenthaltszuständigkeit des Art 1 ausgeschlossen ist, nicht nur über Art 8, sondern auch über Art 9 handeln (vgl auch BayObLG 3. 12. 1976 FamRZ 1977, 473 = StAZ 1977, 137 = IPRspr 1976 Nr 74, wo bei Bestehen eines ex-lege-Verhältnisses auf Art 9 zurückgegriffen wurde, obwohl nach der hier vertretenen Ansicht [oben Rz 408] eine Kompetenz gem Art 1 gegeben war; zur Abgrenzung von Art 8 und Art 9 vgl unten Vorbem 667). Ferner hat die Heimatbehörde, wenn der Minderjährige sich vorübergehend im Heimatstaat aufhält oder dort Vermögen besitzt, die Wahl, ob sie gem Art 4 oder gem Art 9 tätig werden will. Die Heimatbehörde kann auch eine nach Art 9 getroffene Eilmaßnahme in eine Maßnahme gem Art 4 umwandeln, wenn sie der Auffassung ist, daß es das Wohl des Minderjährigen erfordert und wenn sie die Behörden am gewöhnlichen Aufenthaltsort gem Art 4 Abs 1 vorher verständigt (Droz Clunet 100 [1973] 627). 660

661 **2. „Dringende Fälle"**

Ein dringender Fall liegt vor, wenn nach den konkreten Umständen schnell gehandelt werden muß, um den Minderjährigen wirksam zu schützen. Diese Voraussetzung ist nicht gegeben, wenn ein rechtzeitiges Eingreifen der nach Art 1 primär zuständigen Behörde am gewöhnlichen Aufenthaltsort des Minderjährigen möglich und zu erwarten ist. Die Funktion des Art 9 besteht also vor allem darin, die Lücke zu schließen, die im Minderjährigenschutz dadurch entstehen kann, daß geraume Zeit verstreicht, bis im Staat des gewöhnlichen Aufenthalts oder im Heimatstaat das Fürsorgebedürfnis bekannt geworden ist, das im Staat des einfachen Aufenthalts oder des Vermögens unvermittelt aufgetreten ist.

662 Da Art 9 nur anwendbar ist, wenn bei Anzeige an den Aufenthaltsstaat ein rechtzeitiges Handeln nicht möglich wäre, dürfte der in Art 10 vorgesehene Meinungsaustausch vor Erlaß einer Schutzmaßnahme für die Eilzuständigkeit praktisch kaum Bedeutung haben. Jedoch ist die in Art 11 Abs 1 vorgeschriebene Benachrichtigungspflicht zu beachten.

663 Gleichgültig ist, ob im Aufenthalts- oder Heimatstaat bereits eine Schutzmaßnahme, etwa eine Vormundschaft, angeordnet ist. Also kann von der Eilzuständigkeit des Art 9 beispielsweise auch Gebrauch gemacht werden, weil der Vormund sich in einem weit entfernten Staate befindet und deshalb am rechtzeitigen Eingreifen verhindert ist.

664 **3. „Notwendige Schutzmaßnahmen"**

Die notwendigen Schutzmaßnahmen können sich auf die Person oder auf das Vermögen des Minderjährigen beziehen (Bericht von Steiger Actes et Doc IX/4, 235). Die Behörden des Vermögensstaates sollen aber nur solche Eilmaßnahmen treffen, die sich auf die in ihrem Gebiet befindlichen Vermögenswerte erstrecken (von Steiger aaO).

665 Der Vorentwurf führte die auf die Person und die auf das Vermögen bezogenen Maßnahmen gesondert auf und erwähnte auch ausdrücklich die territoriale Beschränkung der auf das Vermögen bezogenen Maßnahmen (vgl Actes et Doc IX/4, 15). Abs 1 lautete: „Les autorités de chaque Etat contractant sont compétentes pour prendre les mesures provisoires sur la personne dictées par l'intérêt urgent d'un mineur se trouvant sur leur territoire." Abs 2 lautete: „Elles sont également compétentes pour prendre toutes mesures urgentes pour la sauvegarde, sur leur territoire, des intérêts d'ordre patrimonial d'un mineur." Die Vorschrift wurde dann aber in bewußter Anlehnung an Art 7 des Haager Vormundschaftsabkommens von 1902 einfacher formuliert, ohne daß insoweit eine sachliche Änderung beabsichtigt war (vgl Actes et Doc IX/4, 140, 165). Das wurde vom Präsidenten der 3. Kommission auf eine entsprechende Frage klargestellt (Actes et Doc IX/4, 165).

666 Möglich sind selbständige Schutzmaßnahmen, wie die Bestellung eines Pflegers, oder bloße Durchführungsmaßnahmen, wie die Erteilung einer vormundschaftsgerichtlichen Genehmigung (vgl zu den Durchführungsmaßnahmen oben Vorbem 302 ff). Als *weitere Beispiele* seien genannt: die Bestellung eines Prozeßvertreters, eine vorläufige Unterbringung, die Aufnahme eines Vermögensverzeichnisses, die Beschränkung eines Besuchsrechts, eine dringliche Entziehung des Aufenthaltsbestimmungsrechts (vgl BayObLG 3. 12. 1976 FamRZ 1977, 473 = StAZ 1977, 137 = IPRspr 1976 Nr 74). Die Formulierung, daß es sich – wie in Art 7 des Haager Vormundschaftsabkommens von 1902 – um *notwendige Schutzmaßnahmen* handeln muß, geht auf einen während der Haager Tagung ausdrücklich geäußerten Wunsch zurück (vgl die Stellungnahme des Präsidenten und des finnischen Delegierten Hakulinen Actes et Doc IX/4, 109, 110). Die Einschränkung bringt zum Ausdruck, daß die Eilzuständigkeit nur insoweit in Anspruch genommen werden soll, als die

nach Art 1 und 4 zuständigen Behörden am (rechtzeitigen) Eingreifen verhindert sind; insbes sind keine weitergehenden Maßnahmen anzuordnen, als zur Befriedigung des konkreten dringenden Bedürfnisses erforderlich sind. Die nach Art 9 angeordneten Maßnahmen tragen also grundsätzlich einen *vorläufigen Charakter* (näher unten Vorbem 672).

Eine präzise *Abgrenzung der von Art 8 (Gefährdungszuständigkeit) und Art 9 (Eilzuständigkeit) erfaßten Maßnahmen* ist während der Tagung versucht worden, ohne zu gelingen (vgl die Diskussion Actes et Doc IX/4, 129). Eindeutig ist, daß Art 8 die Behörden am Ort des gewöhnlichen Aufenthalts anspricht, Art 9 die Behörden des Staates des einfachen Aufenthalts bzw des Vermögens. Alle diese Anknüpfungspunkte können aber auch zusammenfallen. Auch „ernstliche Gefährdung" (Art 8) und „dringender Fall" (Art 9) können zugleich gegeben sein, müssen es aber nicht. Beide Bestimmungen haben einen unterschiedlichen, sich aber teilweise überschneidenden Anwendungsbereich. Der Berichterstatter von Steiger versuchte eine Abgrenzung mit der Formulierung, in Art 9 handele es sich um Dringlichkeit hinsichtlich des Zeitfaktors, in Art 8 hinsichtlich der Bedeutung der Maßnahme (Actes et Doc IX/4, 129; ebenso Bericht aaO 234). Tatsächlich wird aber bei einer ernstlichen Gefährdung häufig auch Eile geboten sein. Ein wichtiger Unterschied zwischen beiden Bestimmungen liegt darin, daß nach Art 9 grundsätzlich vorläufige oder territorial beschränkte Maßnahmen getroffen werden sollen, während diese Einschränkung dem Art 8 nicht zu entnehmen ist. Der belgische Delegierte van Hecke (Actes et Doc IX/4, 129) bildete deshalb das Beispiel, daß eine Aberkennung der elterlichen Gewalt zwar aufgrund von Art 8, nicht aber aufgrund von Art 9 möglich sei (vgl auch OLG Frankfurt 16. 12. 1974 IPRspr 1974 Nr 93). Indes können vorläufige Eingriffe und Teileingriffe in die elterliche Gewalt als Schutzmaßnahme nach Art 9 durchaus geboten sein; so die Entziehung des Aufenthaltsbestimmungsrechts (BayOblG 23. 9. 1976 Bericht Stanglmair Rpfleger 1977, 125 = IPRspr 1976 Nr 69 und 3. 12. 1976 FamRZ 1977, 473 = StAZ 1977, 137 = IPRspr 1976 Nr 74). 667

II. Anwendbares Recht 668

Für die Eilmaßnahmen des Art 9 ist – ebenso wie in dem entsprechenden Art 7 des Haager Vormundschaftsabkommens von 1902 – das anwendbare Recht offengelassen. Grundsätzlich ist hier wie dort die lex fori anzuwenden. Das folgt zwar nicht aus Art 2, der sich ausdrücklich nur auf Art 1 bezieht (anders irrtümlich OLG Frankfurt 16. 12. 1974 IPRspr 1974 Nr 93), aber aus der Grundkonzeption des Abkommens, das von einem Gleichlauf zwischen internationaler Zuständigkeit und anwendbarem Recht ausgeht, und besonders aus der Natur der Eilmaßnahmen, die längerwährende Ermittlungen ausländischen Rechts nicht zulassen.

Die Entstehungsgeschichte der Konvention bestätigt das. Auf die Bemerkung des griechischen Delegierten Maridakis, die Bestimmung regele das anwendbare Recht nicht, antwortete der Präsident Holleaux, es bestehe kein Zweifel, daß es ebenso das Ortsrecht sei wie schon im Haager Abkommen von 1902 (Actes et Doc IX/4, 109). Einer der Entwürfe des Redaktionskomitees (Actes et Doc IX/4, 121) enthielt für die auf die Person bezogenen Maßnahmen sogar die Formulierung „nach ihrem eigenen Recht" („suivant leur propre loi"), doch entfiel dieser Zusatz wieder in der späteren einfacheren und an Art 7 des Haager Vormundschaftsabkommens ausgerichteten Fassung des Art 9. 669

Es entspricht heute allgemeiner Ansicht, daß auf Eilmaßnahmen idR das Recht der eingreifenden Behörde angewandt wird (Bericht von Steiger Actes et Doc IX/4, 670

235 lit a; Castro-Rial Canosa Rev esp der int 14 [1961] 46; Ferid RabelsZ 27 [1962–63] 440; Kropholler, MSA 112 f; ders NJW 1971, 1726; Mosconi 367; Siehr DAVorm 1973, 276; Droz Clunet 100 [1973] 626; Luther FamRZ 1973, 411; Schwimann ÖJBl 1976, 246; BayObLG 3. 12. 1976 FamRZ 1977, 473 = StAZ 1977, 137 = IPRspr 1976 Nr 74).

671 Da Art 9 nichts festlegt, bleibt es der zuständigen Behörde immerhin unbenommen, im Einzelfall ausländisches Recht anzuwenden. Insbesondere kann es sinnvoll sein, das Recht des gewöhnlichen Aufenthalts oder des Heimatstaates des Kindes heranzuziehen, um einen Widerspruch mit bereits getroffenen Schutzmaßnahmen zu vermeiden (Bericht von Steiger Actes et Doc IX/4, 235 lit a). Das wird angesichts des Schweigens von Art 9 von den genannten Autoren allgemein anerkannt. So sollte bei bloßen Durchführungsmaßnahmen (oben Vorbem 302 ff) nach Möglichkeit im Rahmen des auch sonst maßgebenden Rechts gehandelt werden (vgl auch die Erl zu Art 6, oben Vorbem 614 f). Ein Rückgriff auf das vom autonomen, nicht staatsvertraglich geregelten IPR bezeichnete Recht erscheint idR nicht angezeigt.

672 III. Außerkrafttreten und Anerkennung der Maßnahmen

Da die Zuständigkeit des Art 9 nur aufgrund der Eilbedürftigkeit gegeben ist, haben die Eilmaßnahmen grundsätzlich einen *vorläufigen Charakter* (Bericht von Steiger Actes et Doc IX/4, 235). Sie *treten* folglich gem Abs 2 *außer Kraft*, sobald die nach dem Übereinkommen zuständigen Behörden – also die Behörden des gewöhnlichen Aufenthalts (Art 1) oder des Heimatstaates (Art 4) – die gebotenen Maßnahmen getroffen haben. Diese Rechtsfolge tritt ipso iure ein. Um einen reibungslosen Übergang des Minderjährigenschutzes auf die nach Art 1 (oder Art 4) zuständigen Behörden zu gewährleisten, sollen diese nach Möglichkeit einen Meinungsaustausch mit der Behörde pflegen, die eine Eilmaßnahme getroffen hat (Art 10).

673 *Beispiel* (BayObLG 23. 9. 1976 Bericht Stanglmair Rpfleger 1977, 125 = IPRspr 1976 Nr 69): Das deutsche Vormundschaftsgericht entzog dem portugiesischen Vater aufgrund von Art 9 im Wege der einstweiligen Anordnung das Aufenthaltsbestimmungsrecht über sein Kind und übertrug es der Mutter. Diese Anordnung trat nach Art 9 Abs 2, Art 4 außer Kraft, als später das portugiesische Heimatgericht des Kindes die elterliche Gewalt regelte und anordnete, daß das Kind in der Obhut der Mutter bleiben solle.

674 Obwohl Eilmaßnahmen grundsätzlich einen provisorischen Charakter tragen, können in Ausnahmefällen **endgültige Wirkungen** eintreten, wie Abs 2 ausdrücklich erwähnt. Während der Vorentwurf endgültige Wirkungen nur bei den auf das Vermögen bezogenen Maßnahmen zulassen wollte (vgl oben Vorbem 665), läßt Abs 2 nunmehr Raum dafür, endgültige Wirkungen ebenso bei den die Person betreffenden Maßnahmen anzuerkennen. Solche endgültigen Wirkungen einer vorläufigen Maßnahme sind in allen Vertragsstaaten zu respektieren (Bericht von Steiger Actes et Doc IX/4, 235 lit c; Denkschrift der Bundesregierung BT-Drucks VI/947, 15).

675 *Beispiele:* Der Eigentumsübergang an Mündelvermögen, das im Wege einer Eilmaßnahme veräußert wurde, ist ebenso anzuerkennen wie eine Verbindlichkeit, die zum Schutze der Person des Kindes (zB Operation) eingegangen wurde (Bericht von Steiger aaO; Ferid RabelsZ 27 [1962–63] 437 f). Hinsichtlich der Kosten, die für die vorläufige Unterbringung des Minderjährigen in einem Pflegeheim entstehen, bedeutet die Respektierung der endgültigen Wirkungen: die Behörden des gewöhnlichen Aufenthalts oder (sofern sie die Betreuung gem Art 4 übernommen haben) die Heimatbehörden müssen die Unterbringungskosten erstatten oder, je nach ihrem innerstaatlichen Recht, auf die Erstattung durch den Minderjährigen bzw seinen gesetzlichen Vertreter hinwirken, vgl § 81 JWG (so die Denkschrift der Bundesregierung BT-Drucks VI/947, 15).

676 Wegen möglicher endgültiger Wirkungen einer Eilmaßnahme ist es wichtig festzuhalten, daß auch Eilmaßnahmen der **Anerkennungspflicht** des Art 7 unterliegen. Zwar bezieht sich Art 7 seinem Wortlaut nach nicht auf Maßnahmen des Art 9, da Art 7 von den „nach den *vorstehenden* Artikeln zuständigen Behörden" spricht. Aber es ist kein sachlicher Grund dafür ersichtlich, diese Maßnahmen von der Anerkennung auszunehmen (Kropholler, MSA 103 f; Horst Kaufmann, FS Guldener 158). Tatsächlich scheint hier bei Ausarbeitung des Abkommens ein Redaktionsversehen unterlaufen zu sein (so auch der Bericht von Steiger Actes et Doc IX/4, 235 lit c). Denn im Vorentwurf (Actes et Doc IX/4, 15) und in einem weiteren während der Tagung von einem Redaktionskomitee erarbeiteten Entwurf (Actes et Doc IX/4, 121) rangierte die Vorschrift über die Eilzuständigkeit *vor* der Anerkennungsvorschrift, wurde dann aber vom Redaktionskomitee umgestellt (Actes et Doc IX/4, 140). Offenbar bestand aber nicht die Absicht, dadurch die Anerkennungspflicht zu beseitigen (vgl die Äußerung des schwedischen Delegierten Kellberg Actes et Doc IX/4, 129), sondern man wollte lediglich aus systematischen Gründen die Eilzuständigkeit neben die Notzuständigkeit des Art 8 stellen (Bericht von Steiger aaO). Wäre Art 7 streng beim Worte zu nehmen, so wäre es nicht erforderlich gewesen, in den Art 8 und 15 ausdrücklich zu sagen, daß die Maßnahmen, die unter Ausnützung der in diesen beiden Bestimmungen eingeräumten Zuständigkeiten ergehen, in den anderen Vertragsstaaten nicht anerkannt zu werden brauchen (Horst Kaufmann aaO). Es ist also berechtigt, die in Art 7 statuierte Anerkennungspflicht auch auf die nach Art 9 erlassenen Eilmaßnahmen zu beziehen (Bericht von Steiger aaO; Kropholler aaO; Horst Kaufmann aaO Koopmans WPNR 1977, 87; *anders* Ferid RabelsZ 27 [1962–63] 445; Goerke StAZ 1976, 272 [beide ohne Begründung]).

Art 10
[Meinungsaustausch]

Um die Fortdauer der dem Minderjährigen zuteil gewordenen Betreuung zu sichern, haben die Behörden eines Vertragsstaates nach Möglichkeit Maßnahmen erst dann zu treffen, nachdem sie einen Meinungsaustausch mit den Behörden der anderen Vertragsstaaten gepflogen haben, deren Entscheidungen noch wirksam sind.

Art 10

Autant que possible, afin d'assurer la continuité du regine appliqué au mineur, les autorités d'un Etat contractant ne prennent de mesures à son égard qu'après avoir procédé à un échange de vues avec les autorités des autres Etat contractants dont les décisions sont encore en vigueur.

Systematische Übersicht

I. Allgemeines zur Bedeutung der Behördenzusammenarbeit 677

Die hervorragende praktische Bedeutung einer internationalen Zusammenarbeit der Behörden der verschiedenen Vertragsstaaten wurde schon bei den vorbereitenden Arbeiten zur 9. Haager Tagung erkannt (Bericht zum Vorentwurf MARMO Actes et Doc IX/4, 28). Auch während der Session wurde darauf wiederholt hingewiesen (vgl etwa DE WINTER Actes et Doc IX/4, 100, 120; FERID 120; MENDE 146, 160; VON STEIGER 159). Tatsächlich hängt die Wirksamkeit des Minderjährigenschutzes in internationalen Fällen häufig stärker vom Funktionieren des Behördenverkehrs zwischen den verschiedenen beteiligten Staaten ab als von den internationalprivatrechtlichen und materiellrechtlichen Normen. Deshalb sollte Art 10, auch wenn er kein zwingendes Recht enthält, sorgfältig beachtet werden. Eine möglichst intensive Zusammenarbeit der Behörden ist eine der wichtigsten Voraussetzungen dafür, daß die Konvention ihr Ziel erreicht, einen wirksamen Minderjährigenschutz in internationalen Fällen zu gewährleisten (DE WINTER NedJbl 1961, 24).

678 **1. Vorschriften über den internationalen Verkehr der zuständigen Behörden**

Die Konvention bringt in Art 10 und 11 zwei Bestimmungen, die nur Aussagen über den internationalen Behördenverkehr enthalten. In Art 10 wird die Empfehlung eines vorherigen Meinungsaustauschs ausgesprochen, Art 11 enthält eine Verpflichtung zu unverzüglicher nachträglicher Benachrichtigung. Jede Behörde kann die Mitteilungen in der eigenen Amtssprache abfassen. Die allgemeine Konsultationsempfehlung des Art 10 tritt neben die Mitteilungspflichten nach Art 4 Abs 1 und 5 Abs 2 (vgl dazu oben Vorbem 561 ff und Vorbem 589 f). Will der Heimatstaat oder der neue Aufenthaltsstaat Maßnahmen treffen, so hat er stets zuvor die bisher zuständigen Behörden von seinem Vorhaben zu unterrichten; hiervon gibt es keine Ausnahme. Diese Unterrichtung soll „nach Möglichkeit" gem Art 10 zu einem Meinungsaustausch erweitert werden. Ohne diesen Behördenverkehr kann vor allem das Evokationsrecht des Heimatstaates gem Art 4 meist nicht sinnvoll ausgeübt werden.

679 **2. Lücken und Mängel der Konventionsregelung**

Die Konventionsregelung über den internationalen Verkehr der Behörden ist unvollständig. Zum einen erfaßt sie nur den Verkehr zwischen Behörden von *Vertragsstaaten* (das sind alle Staaten, für die das Abkommen in Kraft getreten ist, nicht solche, welche die Konvention lediglich gezeichnet haben). In Art 10 ist die Beschränkung auf Vertragsstaaten ausdrücklich erwähnt, sie gilt aber auch für Art 11 (vgl unten Vorbem 691). Eine Zusammenarbeit mit Behörden von Nichtvertragsstaaten, die in der Konvention naturgemäß nicht vorgeschrieben werden konnte, sollte in geeigneten Fällen von der Praxis ebenfalls angestrebt werden. Freilich ist ein direkter Behördenverkehr – wie ihn Art 11 Abs 2 vorsieht – im Verhältnis zu Nichtvertragsstaaten im allgemeinen nicht möglich, sondern es muß der umständlichere diplomatische Weg beschritten werden. Zum andern erfaßt Art 10 nicht alle Fälle, in denen ein vorheriger Meinungsaustausch wünschenswert wäre (vgl unten Vorbem 687). Es steht aber nichts im Wege, daß die Behörden der Vertragsstaaten auch in nicht geregelten Fällen zu einem Informations- und Meinungsaustausch gelangen.

680 Während der in der Konvention vorgesehene Behördenverkehr im Verhältnis von Deutschland zur Schweiz offenbar *befriedigend funktioniert* (so BAECHLER ZVW 30 [1975] 12), kann dies im Verhältnis zu anderen Vertragsstaaten nicht immer gesagt werden (vgl die negativen Äußerungen von SIEHR DAVorm 1973, 280; WUPPERMANN NDV 1976, 8). Sicher ist es in aller Regel nicht böser Wille, der eine Zusammenarbeit hindert, sondern eher Ungewandtheit und Phantasielosigkeit (FE-

RID RabelsZ 27 [1962–63] 446). Möglicherweise ließen sich die Mitteilungen dadurch erleichtern, daß man sie schematisiert und mehrsprachige Vordrucke verwendet, wie dies in dem Übereinkommen über den internationalen Austausch von Auskünften in Personenstandsangelegenheiten vom 4. 9. 1958 vereinbart worden ist (FERID RabelsZ 27 [1962–63] 446; zust KROPHOLLER, MSA 98; SIEHR DAVorm 1973, 280).

3. Einschaltung nichtstaatlicher Organisationen 681

Schon in der zur Vorbereitung der Konvention eingesetzten Spezialkommission wurden die Vorzüge gewürdigt, die eine Einschaltung privater internationaler Organisationen bringen kann. Man dachte vor allem an den Internationalen Sozialdienst, der auch an der Vorbereitung des Abkommens mitgewirkt hat (vgl Actes et Doc IX/4, 41 ff und 146). Sowohl der Bericht zum Vorentwurf von MARMO als auch der nach der Session erstellte Bericht VON STEIGERS geben deshalb den Wunsch der Delegierten wieder, daß sich die Behörden der Vertragsstaaten, bevor sie bestimmte Maßnahmen ergreifen, der guten Dienste privater Organisationen versichern mögen, die dank ihres grenzüberschreitenden Wirkungsfeldes, ihrer Erfahrung und Sachkenntnis in der Lage sind, die zur Abklärung des Falles und der zweckdienlichen Entscheidung erforderlichen Informationen und Empfehlungen zu erteilen (Actes et Doc IX/4, 17, 32 und 236).

Der von der Spezialkommission formulierte Wunsch lautet: „La Commission spéciale émet le vœu que les Gouvernements soient conscients des services réels et hautement désirables qu'une organisation internationale non gouvernementale pourrait rendre pour assurer les liaisons entre les organes nationaux compétents en matière de protection de la jeunesse, et pour arriver à un échange mutuel des informations et renseignements indispensables à toute décision juste et appropriée. 682

La Commission estime que ces services pourraient être utilement rendus par telle Organisation non gouvernementale déjà existante et qui a fait ses preuves" (gemeint ist der Internationale Sozialdienst).

Eines von vielen *Beispielen* für die Nützlichkeit einer Einschaltung privater Schutzorganisationen schildert der Internationale Sozialdienst (Actes et Doc IX/4, 44): Nach Scheidung der Ehe hatte die Aufenthaltsbehörde dem Vater die elterliche Gewalt übertragen, der das Kind jedoch vernachlässigte. Die Mutter verheiratete sich wieder und wanderte aus, wünschte aber dringend, das Kind bei sich aufzunehmen. Eine Untersuchung der sozialen Verhältnisse am neuen Wohnort der Mutter ist erforderlich, bevor die Aufenthaltsbehörde eine sachgerechte Entscheidung treffen kann. 683

II. Der vorherige Meinungsaustausch 684

Im Interesse der Kontiuität des Minderjährigenschutzes verlangt Art 10, daß in einem Vertragsstaat neue Maßnahmen nach Möglichkeit erst getroffen werden, nachdem ein Meinungsaustausch mit den Behörden der anderen Vertragsstaaten stattgefunden hat, deren Entscheidungen noch wirksam sind.

1. „Meinungsaustauch" 685

Art 10 spricht von einem „Meinungsaustauch" zwischen den Behörden der beiden beteiligten Staaten. Die Vorschrift wünscht also mehr als eine bloße Benachrichtigung. Vielmehr ist erforderlich, daß auch die Stellungnahme der Gegenseite abgewartet wird. Die Behörden sollen sich gegenseitig ihre Auffassung über die zu treffende Schutzmaßnahme mitteilen (Denkschrift der Bundesregierung BT-Drucks VI/947, 15; Droz Clunet 100 [1973] 630 „il ne s'agit plus d'une simple information mais d'une véritable confrontation d'opinions").

686 2. Reichweite

Der Meinungsaustauch wird nur zwischen Behörden von „Vertragsstaaten" gefordert. Gedacht ist vor allem an die Fälle, daß der Heimatstaat gem Art 4 oder der neue Aufenthaltsstaat gem Art 5 eine Schutzmaßnahme anordnen will, während nach Art 1 getroffene Maßnahmen noch wirksam sind. Die Vorschrift des Art 10 gilt aber grundsätzlich auch in den Fällen des Art 8 (Gefährdung) und des Art 9 (Eilbedürftigkeit); ein Meinungsaustausch wird dort wegen der meist schnell zu fällenden Entscheidung allerdings nur selten möglich sein (Bericht von Steiger Actes et Doc IX/4, 236; Denkschrift der Bundesregierung BT-Drucks VI/947, 16; Siehr DAVorm 1973, 280; Bühler BWNotZ 1973, 28). Besteht ein gesetzliches Gewaltverhältnis iS des Art 3, ohne daß schon eine Maßnahme getroffen wäre, die noch wirksam ist, so greift Art 10 nicht ein.

687 Der in Art 10 vorgesehene Meinungsaustausch erfaßt nicht alle Fälle, in denen er wünschenswert wäre. Zum einen bezieht er sich nicht auf den Verkehr mit Behörden von Nichtvertragsstaaten (vgl auch oben Vorbem 679). Zum anderen betrifft er nicht Behörden von Vertragsstaaten, denen das Abkommen keine eigene Zuständigkeit einräumt. Es wäre aber beispielsweise eine Fühlungnahme mit den Behörden desjenigen Staates erwünscht, in dem sich eine Person aufhält, die beansprucht, die elterliche Gewalt oder die Vormundschaft über den Minderjährigen zu erhalten. In solchen Fällen sollten Kontakte nach Möglichkeit ebenfalls geknüpft werden.

688 3. Kein zwingender Charakter der Vorschrift

Die Vorschrift beginnt im französischen Originaltext mit den Worten „autant que possible" („nach Möglichkeit") und bringt damit zum Ausdruck, daß es sich um eine Empfehlung handelt, „einen Appell an den guten Willen aller Behörden, die sich mit dem Minderjährigenschutz zu befassen haben" (Bericht von Steiger Actes et Doc IX/4, 236). Von dem Meinungsaustausch kann also abgesehen werden, wenn es für den Minderjährigen nachteilig wäre, auf eine Stellungnahme der Behörden des anderen Vertragsstaates zu warten, oder wenn der Befragung ein sonstiger Grund entgegensteht (Denkschrift der Bundesregierung BT-Drucks VI/947, 15). Eine unter Verletzung des Art 10 getroffene Schutzmaßnahme ist wirksam, aber unerfreulich.

Dementsprechend entschied das höchste niederländische Gericht in einem Fall, in dem die niederländischen Aufenthaltsgerichte gemäß Art 8 der deutschen nichtehelichen Mutter die elterliche Gewalt entzogen hatten (vgl zu diesem Fall auch oben Vorbem 644), ohne in einen Meinungsaustausch mit dem deutschen Gericht einzutreten, das diese Gewalt gemäß Art 3, 4 bestätigt hatte, wörtlich folgendes (Hoge Raad 23. 12. 1977 NedJur 1978 Nr 606 S 2000): „Aus der Entstehungsgeschichte dieser Vorschrift [Art 10] gehen zwei Dinge unzweideutig hervor (Actes et Doc IX/4, 160 und 236): Einerseits daß Art 10 nicht gemeint ist als ‚une règle strictement juridique', sondern vielmehr als ‚une directive, une sorte de vœu, incitant à procéder à une consultation chaque fois que cela est possible' (Actes et Doc IX/4, 160), andererseits daß die Verfasser der Konvention es für ein gutes Funktionieren der Konvention als sehr wesentlich erachtet haben, daß – wenn ein Minderjähriger mit der Staatsangehörigkeit eines Vertragsstaates seinen gewöhnlichen Aufenthalt in einem anderen Vertragsstaat hat – die Behörden dieser Staaten keine Maßnahmen für das Kind treffen, ohne vorher einen Meinungsaustausch mit den Behörden anderer Vertragsstaaten zu pflegen, deren Entscheidungen noch wirksam sind. Wie dieser Meinungsaustausch am besten verwirklicht werden kann, läßt die Konvention offen. Auch das niederländische Gesetz enthält darüber keine Regeln. Worum es geht, ist, soweit wie möglich zu verhindern, daß Behörden des einen Staates eine Maßnahme für einen Minderjährigen treffen, ohne über alle Umstände und Überlegungen informiert zu sein, aufgrund derer die Behörden eines anderen betroffenen Staates eine diesbezügliche Entscheidung erlassen haben und aufrechterhalten. Daraus folgt, daß zwar der niederländische Richter, der eine der Konvention unterliegende Entscheidung über einen Minderjährigen treffen soll, die Pflicht hat, nach Möglichkeit einen Meinungsaustausch zu pflegen mit den Behörden der anderen Vertragsstaaten, deren Entscheidungen noch wirksam sind, daß aber in Anbetracht des oben geschilderten Charakters von Art 10 die Nichterfüllung dieser Pflicht keinen Grund darstellt, um eine richterliche Entscheidung zu ‚kassieren', auf die der Staatsvertrag anwendbar ist."

III. Unmittelbarer Behördenverkehr 689

Ausdrücklich ist ein unmittelbarer Behördenverkehr zwar nur für die Mitteilungen iS des Art 11 Abs 1 vorgesehen (Art X1 Abs 2). Die für diesen einfachen Weg angestellten Überlegungen (vgl unten Vorbem 695) gelten aber auch für die anderen nach dem Übereinkommen notwendigen Verständigungen (vgl unten Vorbem 699 f). Schon der Bericht von Steigers weist darauf hin, daß der Meinungsaustausch nach Art 10 ganz unformell vor sich gehen solle und daß die Behörden, für die nach Art 11 der unmittelbare Verkehr möglich sei, es selbstverständlich auch bei dem Meinungsaustausch nach Art 10 so halten könnten (von Steiger Actes et Doc IX/4, 237 lit c; österr Regierungsvorlage 1210 Blg NR 13. GP 13). Eine Erwähnung des Art 10 in Art 11 Abs 2 wurde von der Konferenz nicht gewünscht (Actes et Doc IX/4, 193). Im Rahmen des Art 10 kann sogar – über Art 11 Abs 2 hinausgehend – jede aufgrund des Abkommens zuständige Behörde mit jeder Behörde eines anderen Vertragsstaates, deren Maßnahme noch wirksam ist, unmittelbar Kontakt aufnehmen, so daß beispielsweise der Amsterdamer „Kinderrichter" schriftlich oder telefonisch bei seinem Bonner Kollegen Auskünfte über ein dort weilendes niederländisches Kind einholen kann (de Winter Actes et Doc IX/4, 193; ders NedJbl 1961, 24 f; von Overbeck ZfRvgl 2 [1961] 151; Kropholler, MSA 100). Selbstverständlich ist durch die Zulässigkeit des direkten Behördenverkehrs die Möglichkeit einer Inanspruchnahme des diplomatischen Weges nicht ausgeschlossen (Bericht von Steiger Actes et Doc IX/4, 237 lit c).

Art 11
[Benachrichtigung]

Die Behörden, die aufgrund dieses Übereinkommens Maßnahmen getroffen haben, haben dies unverzüglich den Behörden des Staates, dem der Minderjährige angehört, und gegebenenfalls den Behörden des Staates seines gewöhnlichen Aufenthalts mitzuteilen.

Jeder Vertragsstaat bezeichnet die Behörden, welche die in Absatz 1 erwähnten Mitteilungen unmittelbar geben und empfangen können. Er notifiziert diese Bezeichnung dem Ministerium für Auswärtige Angelegenheiten der Niederlande.

Art 11

Toutes les autorités qui ont pris des mesures en vertu des dispositions de la présente Convention en informent sans délai les autorités de l'Etat dont le mineur est ressortissant et, le cas échéant, celles de l'Etat de sa résidence habituelle.

Chaque Etat contractant désignera les autorités qui peuvent donner et recevoir directement les informations visées à l'alinéa précédent. Il notifiera cette désignation au Ministère des Affaires Etrangères des Pays-Bas.

Systematische Übersicht

690 I. Die Pflicht zur nachträglichen Information (Abs 1)

Abs 1 ist Ausdruck der im Abkommen verankerten Behördenzusammenarbeit (dazu allgemein oben Vorbem 677–683). Danach sind alle Behörden, die aufgrund des Abkommens Maßnahmen getroffen haben, verpflichtet, die Heimatbehörden bzw die Aufenthaltsbehörden nachträglich unverzüglich zu benachrichtigen. Diese Informationen sollen es der benachrichtigten Behörde ermöglichen, die Situation genau zu würdigen und dann ggf selbst weitere Maßnahmen zu treffen (Bericht von Steiger Actes et Doc IX/4, 237).

691 Die Benachrichtigungspflichten des Art 11 bestehen nur für die Behörden der Vertragsstaaten (das ergibt schon der Wortlaut der Bestimmung), und sie bestehen auch nur gegenüber den Behörden von **Vertragsstaaten** (das folgt aus Abs 2 sowie aus Art 13 Abs 1, Abs 2 und ist allgemeine Meinung; vgl österr Regierungsvorlage 1210 Blg NR 13. GP 12; Siehr DAVorm 1973, 280; Bühler BWNotZ 1973, 28; Ferid, IPR 246 Rz 8–229; Baechler ZVW 30 [1975] 12).

692 **Im einzelnen** gelten folgende Verständigungspflichten: Die Behörden des gewöhnlichen Aufenthalts, die eine Maßnahme nach Art 1, 5 Abs 1 oder 8 getroffen haben, verständigen die Heimatbehörden; die Heimatbehörden, die im Rahmen des Art 4 tätig geworden sind, verständigen ihrerseits die Behörden des gewöhnlichen Aufenthalts. Die Behörden des schlichten Aufenthalts (Art 9) haben nach Art 11 Abs 1 die Heimatbehörden und die Behörden des gewöhnlichen Aufenthalts zu unterrichten (Bericht von Steiger Actes et Doc IX/4, 237; Denkschrift der Bundesregierung BT-Drucks VI/947, 16; Droz Clunet 100 [1973] 629).

693 Die **in Art 4 Abs 1 vorgeschriebene vorherige Verständigung** über eine beabsichtigte Maßnahme kann die nachträgliche Mitteilung nach Art 11 entbehrlich machen. Ob dies der Fall ist, hängt vom Inhalt der vorherigen Verständigung ab (Bericht von Steiger Actes et Doc IX/4, 237; Denkschrift der Bundesregierung BT-Drucks VI/947, 16). Eine Konkurrenz von Art 5 Abs 2 und Art 11 besteht nicht, weil eine Mitteilung an die Behörden des früheren gewöhnlichen Aufenthalts in Art 11 nicht vorgeschrieben ist (anders von Steiger und die Denkschrift aaO).

694 In Art 11 Abs 1 ist – anders als in Art 10 – eine **Pflicht** normiert („haben dies mitzuteilen“). Weder dem Abkommenstext noch der Entstehungsgeschichte ist freilich zu entnehmen, daß die Verletzung dieser Mitteilungspflicht *Sanktionen* nach sich ziehen soll. Während eine Verletzung der in Art 4 Abs 1 und 5 Abs 2 vorgeschriebenen vorherigen Verständigung die Qualität der zu treffenden Maßnahme beeinträchtigen kann (dazu oben Vorbem 564), ist dies bei einem Verstoß gegen Art 11 nicht denkbar, weil die Pflicht erst nach Erlaß der Maßnahme entsteht. Es wäre deshalb nicht berechtigt, die in Art 7 vorgesehene Anerkennungspflicht wegen Unterlassung der in Art 11 geforderten Mitteilung entfallen zu lassen. Unbenommen bleibt jedem Vertragsstaat – zumal bei häufigeren Vertragsverletzungen – der Weg diplomatischer Vorstellungen.

695 II. Unmittelbarer Behördenverkehr (Abs 2)

In Abs 2 ist ausgesprochen, daß die in Abs 1 erwähnten Mitteilungen von den zu bezeichnenden Behörden **unmittelbar** gegeben und empfangen werden können. Die

Zulässigkeit des unmittelbaren Verkehrs ist zu begrüßen, weil gerade bei Schutzmaßnahmen für Minderjährige meist schnelles Handeln nottut (österr Regierungsvorlage 1210 Blg NR 13. GP 13). Verzögerungen durch den umständlicheren diplomatischen oder konsularischen Weg können also vermieden werden.

Freilich können sich die Behörden, wenn sie es für günstig halten, auch weiterhin des **diplomatischen und konsularischen Verkehrs** bedienen (Bericht von Steiger Actes et Doc IX/4, 237 lit c). Tatsächlich ist in der Schweiz die Feststellung getroffen worden, daß Mitteilungen aus den Vertragsstaaten, darunter auch aus der Bundesrepublik Deutschland, vielfach nicht unmittelbar, sondern über die Schweizer Konsulate in dem betrffenden Vertragsstaat an die von der Schweiz benannte Eidgenössische Justizabteilung gelangen (Baechler ZVW 30 [1975] 12). Der diplomatische Weg gilt auch für eine (in der Konvention nicht vorgesehene) Mitteilung an die Behörde eines Nichtvertragsstaates. In solchen Fällen ist Art 11 nicht anzuwenden. Vielmehr ist Art 37 b des Wiener Übereinkommens über konsularische Beziehungen vom 24. 4. 1963 (BGBl 1969 II 1585) zu beachten. Danach sind Mitteilungen über die Notwendigkeit der Bestellung eines Vormunds oder Pflegers direkt an die Konsulate jener Staaten in der Bundesrepublik zu richten. Das gilt namentlich auch im Verhältnis zu Italien, das der Wiener Konsularkonvention angehört. 696

Gemäß Abs 2 wurden **von der Bundesrepublik Deutschland nachstehende Behörden bezeichnet** (österr BGBl 1975 Nr 446 S 1940 f), wobei die Zuständigkeit der später eingeführten Familiengerichte noch nicht berücksichtigt ist: 697

„1. Als Behörden, die aufgrund des Übereinkommens Maßnahmen getroffen und diese dem Heimat- beziehungsweise Aufenthaltsstaat des Jugendlichen mitzuteilen haben, kommen im deutschen Vertragsgebiet in Betracht:

a) Das Vormundschaftsgericht oder das Jugendamt, bei dem ein Verfahren nach dem Übereinkommen anhängig ist;

b) wenn der Jugendliche seinen gewöhnlichen Aufenthaltsstaat gewechsel hat, das Vormundschaftsgericht oder das Jugendamt, bei dem zur Zeit des Aufenthaltswechsels ein Verfahren nach dem Übereinkommen anhängig war.

2. Folgende Behörden im deutschen Vertragsgebiet sind zuständig, Mitteilungen über Maßnahmen entgegenzunehmen, die aufgrund des Übereinkommens in einem anderen Vertragsstaat getroffen worden sind:

a) Das Vormundschaftsgericht oder das Jugendamt, bei dem ein Verfahren nach dem Übereinkommen anhängig ist;

b) wenn der Jugendliche seinen gewöhnlichen Aufenthaltsstaat gewechselt hat, das Vormundschaftsgericht oder das Jugendamt, bei dem zur Zeit des Aufenthaltswechsels ein Verfahren nach dem Übereinkommen anhängig war;

c) wenn im deutschen Vertragsgebiet kein Verfahren anhängig ist, das Jugendamt, in dessen Bezirk der Jugendliche seinen gewöhnlichen Aufenthalt hat;

d) wenn im deutschen Vertragsgebiet ein Verfahren nicht anhängig ist und der Jugendliche im deutschen Vertragsgebiet auch nicht seinen gewöhnlichen Aufenthalt hat, das Landesjugendamt Berlin.

Die Mitteilungen können unmittelbar gegeben und empfangen werden."

Vgl auch Art 2 des deutschen Zustimmungsgesetzes (BGBl 1971 II 217), der lautet:

„(1) Für die in Artikel 4 Abs 1, Artikel 5 Abs 2, Artikel 10 und Artikel 11 Abs 1 des Übereinkommens vorgesehenen Mitteilungen sind die deutschen Gerichte und Behörden zuständig, bei denen ein Verfahren nach dem Übereinkommen anhängig ist oder, in den Fällen des Artikels 5 Abs 2, zur Zeit des Aufenthaltswechsels des Minderjährigen anhängig war.

(2) Ist ein Verfahren im Geltungsbereich dieses Gesetzes nicht anhängig, so ist für den Empfang der Mitteilungen nach Artikel 4 Abs 1 und Artikel 11 Abs 1 das Jugendamt zuständig, in dessen Bezirk

der Minderjährige seinen gewöhnlichen Aufenthalt hat. Für den Empfang der Mitteilungen, die nach Artikel 11 Abs 1 des Übereinkommens an die Behörden des Staates zu richten sind, dem der Minderjährige angehört, ist, wenn im Geltungsbereich dieses Gesetzes weder ein Verfahren anhängig ist noch der Minderjährige seinen gewöhnlichen Aufenthalt hat, das Landesjugendamt Berlin zuständig.

(3) Die Mitteilungen können unmittelbar gegeben und empfangen werden.

(4) Die in den anderen Vertragsstaaten für die Mitteilungen nach dem Übereinkommen zuständigen Behörden sind im Bundesanzeiger bekanntzugeben."

698 Im BAnz 1977 Nr 51 vom 15. 3. 1977 findet sich folgende **Bekanntmachung der ausländischen Behörden**, die für Mitteilungen nach dem Übereinkommen zuständig sind:

A. Frankreich

1. Die folgenden Behörden sind zuständig, Maßnahmen aufgrund des Übereinkommens zu treffen und sie unmittelbar den Behörden des Staates, dem der Minderjährige angehört, oder gegebenenfalls den Behörden des Staates, in dem der Minderjährige seinen gewöhnlichen Aufenthalt hat, mitzuteilen:

a) Bei Maßnahmen zum Schutz der Person eines Minderjährigen

der „Juge des enfants" (Jugendrichter) „du Tribunal de Grande Instance", in dessen Zuständigkeitsbereich sich der Wohnsitz oder der gewöhnliche Aufenthalt des Vaters, der Mutter, des Vormunds, des Pflegers oder des Sorgerechtsinhabers des Minderjährigen befindet, oder, in Ermangelung einer solchen Zuständigkeit,

der Jugendrichter des gewöhnlichen Aufenthalts des Minderjährigen;

b) bei Maßnahmen zum Schutz des Vermögens eines Minderjährigen

der „Juge des tutelles" (Vormundschaftsrichter) „du Tribunal d'Instance", in dessen Zuständigkeitsbereich der Minderjährige wohnt, oder, in Ermangelung einer solchen Zuständigkeit,

der Vormundschaftsrichter, in dessen Zuständigkeitsbereich der Minderjährige Vermögen hat;

c) ganz allgemein jedes Gericht, bei dem ein Verfahren wegen einer in dem Übereinkommen vorgesehenen Maßnahme anhängig ist;

d) in dringenden Fällen

der „Procureur de la République" (Staatsanwalt) „près le Tribunal de Grande Instance", in dessen Zuständigkeitsbereich der Minderjährige, sein Vater, seine Mutter, sein Vormund, Pfleger oder Sorgerechtsinhaber den Wohnsitz oder gewöhnlichen Aufenthalt hat, sowie der Staatsanwalt des Ortes, an dem der Minderjährige angetroffen wird.

2. Die folgenden Behörden sind zuständig, Mitteilungen über Maßnahmen, die aufgrund des Übereinkommens in einem anderen Vertragsstaat getroffen worden sind, unmittelbar zu empfangen:

a) Die in Nummer 1 bezeichneten Gerichte und Behörden;

b) wenn ein Wohnsitz oder gewöhnlicher Aufenthalt in Frankreich nicht vorhanden und wenn auch kein Verfahren bei einem der oben bezeichneten Gerichte oder Behörden anhängig ist

bei Maßnahmen zum Schutz der Person eines Minderjährigen: „Le Ministère de la Justice" (Justizministerium), „Direction de l'Education Surveillée, 13 Place Vendôme, 75001 Paris";

bei Maßnahmen zum Schutz des Vermögens eines Minderjährigen: „Le Juge des tutelles" (Vormundschaftsrichter) „du Tribunal d'Instance", in dessen Zuständigkeitsbereich der Minderjährige Vermögen hat.

B. Luxemburg

Für die Mitteilungen nach dem Übereinkommen ist zuständig:

Der „Juge des Enfants" (Jugendrichter), Luxemburg, Palais de Justice.

C. Niederlande einschließlich der Niederländischen Antillen

Für die Mitteilungen nach dem Übereinkommen ist zuständig:

Für die Niederlande:

„Le Ministère de la Justice" (Justizministerium), Den Haag,

für die Niederländischen Antillen:
„Le Ministère de la Justice" (Justizministerium), Willemstad/Curaçao.

D. Österreich
Für die Mitteilungen nach dem Übereinkommen sind zuständig:

Die Gerichte und Bezirksverwaltungsbehörden (Jugendämter), bei denen ein Verfahren nach dem Übereinkommen anhängig ist. Ist ein Verfahren in Österreich nicht anhängig oder ist ein solches Verfahren nicht bekannt, so ist für den Empfang einer aus einem anderen Vertragsstaat eingehenden Mitteilung das „Bundesministerium für Justiz" in Wien zuständig.

E. Portugal
Für die Mitteilungen nach dem Übereinkommen ist zuständig:

„Le Ministère de la Justice" (Justizministerium), „Direction générale des Services tutélaires des Mineurs, Lissabon 2, Praça do Comércio".

F. Schweiz
Für die Mitteilungen nach dem Übereinkommen ist zuständig:

Das „Eidgenössische Justiz- und Polizeidepartement, Justizabteilung, CH 3003 Bern".

Es ist zu beachten, daß die genannten Zuständigkeiten der ausländischen Staaten **699** sich nach dem Wortlaut des Abs 2 nur auf Mitteilungen nach Abs 1 beziehen. Die Bundesrepublik hat durch Art 2 des Zustimmungsgesetzes die zuständigen Behörden aber auch **für die anderen in der Konvention vorgesehenen Mitteilungen** (Art 4 Abs 1, 5 Abs 2 und 10) bezeichnet. Dazu hat zunächst das Bundesministerium für Jugend, Familie und Gesundheit folgende Information gegeben (DAVorm 1974, 177):

„I. Das Ständige Büro der Haager Konferenz für Internationales Privatrecht hat mit Schreiben vom 13. Juli 1973 mitgeteilt, daß nach seiner Auffassung die in Art 2 des Zustimmungsgesetzes für den deutschen Rechtsbereich getroffene Regelung, die alle im Übereinkommen vorgesehenen Mitteilungen erfaßt, dem Geist des Übereinkommens entspreche und zu seiner wirksameren Durchführung beitrage. Es habe daher den anderen Vertragsstaaten empfohlen, für ihren Rechtsbereich entsprechend zu verfahren, und um diese Stellungnahme bis zum 1. Okt. 1973 gebeten.

Ich gebe anheim, den Behörden Ihres Geschäftsbereichs nahezulegen, schon jetzt nicht nur die Erklärungen nach Art 11 I, sondern auch die Erklärungen nach Art 4, 5 II und 10 des Übereinkommens unmittelbar den von den Vertragsstaaten notifizierten Behörden zuzuleiten.

Die Veröffentlichung im Bundesanzeiger wird erfolgen, sobald sich die übrigen Vertragsstaaten geäußert haben."

Nach Mitteilung des Bundesministers der Justiz haben sich inzwischen alle Vertragsstaaten damit einverstanden erklärt, daß der für die Mitteilungen nach Art 11 vorgesehe Übermittlungsweg auch für alle anderen Mitteilungen gilt, die nach dem Übereinkommen zu bewirken sind. Dem entspricht die in Vorbem 698 wiedergegebene Mitteilung im BAnz, in der (ohne Beschränkung auf Art 11) die Behörden bekanntgegeben werden, „die in den Vertragsstaaten . . . zuständig sind, Mitteilungen nach dem Übereinkommen unmittelbar zu geben oder zu empfangen".

Die deutschen Gerichte und Behörden, bei denen ein Verfahren nach dem Überein- **700** kommen anhängig ist, können die in Art 4 Abs 1, 5 Abs 1, 10 und 11 Abs 1 vorgesehenen Mitteilungen also unmittelbar den von den Vertragsstaaten notifizierten Behörden zuleiten. Dasselbe gilt, wenn die deutschen Behörden ausländischen Behörden die Durchführung der getroffenen Maßnahmen gem Art 6 übertragen wollen (vgl oben Vorbem 610). Außerdem steht immer der diplomatische Weg offen. Schließlich ist es nach der Gesamtstruktur des Abkommens zulässig, in den Fällen, in denen die Behörde eines ausländischen Vertragsstaates bereits eine Maßnahme getroffen hat, mit dieser Behörde unmittelbar Kontakt aufzunehmen;

das gilt für Art 5 Abs 2 und Art 10 (s dazu die Nachw oben Vorbem 689), aber auch im Rahmen des Art 4, wenn die Aufenthaltsbehörde bereits gem Art 1 tätig geworden war.

Art 12
[Begriff des Minderjährigen]

Als „Minderjähriger" im Sinne dieses Übereinkommens ist anzusehen, wer sowohl nach dem innerstaatlichen Recht des Staates, dem er angehört, als auch nach dem innerstaatlichen Recht des Staates seines gewöhnlichen Aufenthalts minderjährig ist.

Art 12

Aux fins de la présente Convention on entend par „mineur" toute personne qui a cette qualité tant selon la loi interne de l'Etat dont elle est ressortissante que selon la loi interne de sa résidence habituelle.

Systematische Übersicht

701 **I. Ziel der Vorschrift**

Die Vorschrift will nicht eine die Vertragsstaaten bindende allgemeine Kollisionsnorm über die Geschäftsfähigkeit aufstellen, sondern lediglich eine auf die Zwecke des Abkommens beschränkte Abgrenzungsnorm für den persönlichen Anwendungsbereich geben (Bericht von Steiger Actes et Doc IX/4, 237; Denkschrift der Bundesregierung BT-Drucks VI/947, 16). Ob eine Person im sonstigen Rechtsverkehr als voll- oder minderjährig anzusehen ist, muß also nach den allgemeinen Regeln des Internationalen Privatrechts der einzelnen Vertragsstaaten entschieden werden. Der Kumulation der Rechtsordnungen in Art 12 liegt der Gedanke zugrunde, keinen Staat zur Anerkennung einer Schutzmaßnahme zu zwingen, deren der Jugendliche nach dem innerstaatlichen Recht dieses Staates nicht bedarf, also keinem Staat „unerwünschte Hilfe" aufzudrängen (Ferid RabelsZ 27 [1962–63] 431; Mosconi 339; Kropholler, MSA 44; ders NJW 1971, 1723; Schwimann ÖJBl 1976, 234).

702 Die Regelung ist in doppelter Weise *positiv zu werten.* Zunächst ist erfreulich, daß in die Konvention überhaupt ein Artikel aufgenommen wurde, der eine Definition des Minderjährigen enthält (der Vorentwurf sah demgegenüber nur die negative Bestimmung seines Art 2 Abs 4 vor, wonach die Geschäftsfähigkeit vom Anwendungsbereich des Abkommens ausgeschlossen war; vgl Marmo Actes et Doc IX/4, 24; Bericht von Steiger 237). Andernfalls wäre die Begrenzung dem außervertraglichen IPR der Vertragsstaaten überlassen geblieben, so daß der persönliche Anwendungsbereich der Konvention von Staat zu Staat unterschiedlich weit wäre. Dem beugt die Konvention in Art 12 vor, indem sie eindeutig bestimmt, welche Rechtsordnungen über die Frage der Minderjährigkeit entscheiden. Aber auch inhaltlich kann die Regelung des Art 12 akzeptiert werden. Zwar trägt die kumulative

Anwendung von Heimat- und Aufenthaltsrecht das Zeichen eines Kompromisses zwischen den Staaten mit Nationalitäts- und Domizilprinzip; jedoch ist dieser Kompromiß erträglich, weil er nur den Anwendungsbereich des Abkommens beschränkt, ohne seinen Inhalt zu belasten.

II. Einzelheiten

1. Innerstaatliches Recht 703

Mit der Bezugnahme auf das „innerstaatliche Recht" wird – hier wie sonst (vgl oben Vorbem 454) – zum Ausdruck gebracht, daß eine Sachnormverweisung gemeint ist; eine etwaige Rück- oder Weiterverweisung des Heimatrechts ist also unbeachtlich. Das ist auch im Rahmen des Art 12 allgemein anerkannt (Denkschrift der Bundesregierung BT-Drucks VI/947, 16; österr Regierungsvorlage 1210 Blg NR 13. GP 13; KROPHOLLER, MSA 44; ders NJW 1971, 1723; FIRSCHING Rpfleger 1971, 383; SIEHR DAVorm 1973, 261; HORST KAUFMANN, FS Guldener 155).

Da die Volljährigkeit in den meisten europäischen Ländern mit Vollendung des 18. 704 Lebensjahres eintritt, ist das Abkommen idR nur bis zu diesem Alter anwendbar (vgl HEPTING FamRZ 1975, 451, 457 f). Niedrigere Volljährigkeitsgrenzen sind selten.

Beispiele: Für Personen mit gewöhnlichem Aufenthalt in Deutschland ist die Konvention nicht mehr 705 anwendbar, nachdem sie das 18. Lebensjahr vollendet haben (§ 2 BGB), selbst wenn die Volljährigkeit nach ihrem Heimatrecht erst später eintritt.

Auf deutsche Kinder mit gewöhnlichem Aufenthalt in einem anderen Vertragsstaat ist die Konvention nach Vollendung des 18. Lebensjahres des Schutzbedürftigen ebenfalls nicht anwendbar, auch wenn die Volljährigkeit nach dem Aufenthaltsrecht noch nicht eingetreten ist.

2. Recht des Staates, dem der Minderjährige angehört 706

Für die Anwendung des Art 12 ist unerheblich, ob der Heimatstaat **Vertragsstaat** ist. Dies folgt aus dem Wortlaut der Bestimmung. Es läßt sich mittels Umkehrschlusses auch aus Art 13 Abs 2 entnehmen: Nur die Zuständigkeiten des Heimatstaates bleiben den Vertragsstaaten vorbehalten. Im Rahmen des Art 12 kommt es auf die Ratifikation des Abkommens ebensowenig an wie in Art 3 (vgl oben Vorbem 476). Das ist unbestritten (KROPHOLLER NJW 1971, 1723; FIRSCHING Rpfleger 1971, 383; IPG 1972 Nr 24 [Köln] 209).

Bei **Staaten, die keine einheitliche Rechtsordnung besitzen**, wie die Vereinigten 707 Staaten von Amerika, ist Art 14 zu beachten.

Bei **Doppelstaatern** ist – hier wie bei Art 3 (vgl oben Vorbem 529 ff) – auf die 708 effektive Staatsangehörigkeit abzustellen (SIEHR DAVorm 1973, 261 f; vgl auch LUTHER FamRZ 1973, 407). Besitzt der Schutzbedürftige auch die Staatsangehörigkeit des Landes seines gewöhnlichen Aufenthalts, so beurteilt sich die Minderjährigkeit also ausschließlich nach dem Aufenthaltsrecht.

Bei **Staatenlosen und Flüchtlingen** bestimmt sich die Minderjährigkeit nach dem 709 Recht ihres gewöhnlichen Aufenthalts (SIEHR DAVorm 1973, 261; LUTHER FamRZ 1973, 407; vgl auch oben Vorbem 527 f).

710 **3. Emanzipierte Minderjährige**

Ob emanzipierte Minderjährige der Konvention unterliegen, läßt sich dem Text des Abkommens nicht für jeden Fall entnehmen.

711 **a)** Die **Entstehungsgeschichte** gibt teilweise Aufschluß. Während der Tagung wurde folgende Fassung des Art 12 vorgeschlagen (Actes et Doc IX/4, 141): „Par le terme ‚mineur' on entend, aux fins de la présente Convention, toute personne qui a, tant selon la loi interne de l'Etat dont elle est ressortissante, que selon la loi interne de sa résidence habituelle, la qualité de mineur non émancipé." Danach wäre also nur der „mineur non émancipé" vom Übereinkommen erfaßt. Die Worte „non émancipé" wurden jedoch aus dem Text entfernt, nachdem der schwedische Delegierte KELLBERG auf die Qualifikationsschwierigkeiten hingewiesen hatte, die der Ausdruck mit sich bringen würde, und der österreichische Delegierte SCHWIND für einen gewissen Entscheidungsspielraum des Richters plädiert hatte.

712 *Im einzelnen* entwickelte sich auf der Tagung folgende Diskussion (Actes et Doc IX/4, 141–143):

M. KELLBERG (Suède) expose les difficultés que la mention relative aux mineurs émancipés fera naître dans les pays qui ne connaissent pas l'émancipation. Il se demande si cette précision a pour but d'exclure de la convention les enfants qui ont fait l'objet d'une émancipation partielle ou seulement ceux qui ont fait l'objet d'une émancipation totale. Ce texte n'a-t-il en vue qu'une émancipation *ex officio*, ou couvre-t-il également les émancipations *ex lege* comme celle qui résulte du mariage? Enfin M. KELLBERG aimerait que l'on précisât si la convention exclut de son champ d'application les mineurs qui, sans être formellement émancipés, bénéficient en raison de leur âge d'une capacité limitée à certains actes, comme la rédaction d'un testament.

Le PRÉSIDENT lui répond que le souci de la Commission a été d'écarter de la convention tous les enfants qui ne sont pas des mineurs „complets", et notamment tous ceux qui ont fait l'objet d'une émancipation formelle, qu'elle soit totale ou partielle, qu'elle résulte de la loi ou d'une intervention du juge. En revanche, doivent entrer dans le cadre de la convention les enfants visés en dernier lieu par M. KELLBERG, car la capacité spéciale dont ils bénéficient demeure tout à fait exceptionnelle.

M. HUSS (Luxembourg) propose d'éliminer tout problème de qualification en remplaçant la fin de l'article premier par l'une des deux formules suivantes: *la qualité de mineur entièrement maître de ses droits*, ou: *la qualité d'un mineur qui n'a pas encore atteint sa pleine capacité.*

M. FERID (Allemagne) fait observer que ces deux propositions auraient pour résultat d'inclure dans la convention tous les mineurs émancipés qui, comme en France, n'ont pas atteint pour autant leur pleine capacité. Il constate que cette conséquence est contraire à la décision de la Commission d'exclure ces mineurs de la convention.

M. DE STEIGER (Suisse), Rapporteur, préfère à ces propositions le texte du Comité de rédaction. Il déclare que l'on ne peut jamais éliminer tout problème de qualification et qu'il faut toujours laisser une certaine marge d'interprétation au juge.

Le PRÉSIDENT ajoute que ces problèmes de délimitation ne se poseront jamais sous une forme aiguë. Il montre que, en fait, les mineurs dont on pourrait discuter le degré d'émancipation, comme ceux qui sont habilités dans certaines limites à exercer le commerce, ne sont pas ceux qui ont besoin des mesures de protection prévues par la convention.

M. PUHAN (Yougoslavie) se déclare lui aussi favorable au maintien du texte proposé par le Comité de rédaction. Les formules proposées par M. HUSS sont trop larges, car elles englobent les personnes sous curatelle que l'on avait primitivement décidé d'exclure de la convention. Il n'y a pas d'inconvénient majeur à ce que la notion d'émancipation soit qualifiée par chaque juge selon sa propre loi.

M. SCHWIND (Autriche) propose de biffer dans le texte du Comité de rédaction les deux mots *non émancipé*. Il rappelle que la Commission a simplement voulu écarter de la convention les enfants qui, selon l'une des deux lois mentionnées, n'ont pas besoin d'une protection légale, et pense que l'on peut laisser chaque juge libre d'apprécier si le mineur a besoin de cette protection, sans l'obliger à affronter les difficultés de la qualification de l'émancipation.

M. Marmo (Italie) exprime sa préférence pour le texte du Comité de rédaction, et craint que la proposition de M. Schwind n'ait pour résultat d'inclure dans la convention les mineurs émancipés qui restent sous curatelle.

La proposition de M. Schwind est admise par 11 voix contre 4 (Espagne, Italie, Luxembourg et Portugal) et 2 abstentions (Belgique et Japon). La Grande-Bretagne n'est pas représentée.

Sur une intervention de M. Marmo (Italie), le Président demande à M. de Steiger de préciser dans son rapport que la convention ne s'applique pas au mineur qui a fait l'objet d'une émancipation, mais seulement au mineur „complet".

Der Berichterstatter von Steiger faßte die Diskussion folgendermaßen zusammen 713
(Actes et Doc IX/4, 238):

„Reste le problème de l'émancipation. Il avait été proposé, au cours des délibérations, de spécifier à l'article 12 que, pour être mineur au sens de la convention, il fallait être un *mineur non émancipé*. Si l'on a finalement renoncé à insérer une pareille clause, c'est, d'abord, parce qu'il aurait été difficile de définir l'émancipation – institution dont les causes et surtout les effets varient sensiblement de pays à pays – et ensuite parce qu'il a paru clair qu'une personne qui a fait l'objet d'une émancipation n'aura, en général, plus besoin d'une protection telle que la prévoit la convention. Le mineur dans le sens de l'article 12 n'est donc que le „mineur complet" (pour reprendre une expression proposée au cours des délibérations). Une personne qui a fait l'objet d'une émancipation – totale ou partielle, résultant de la loi ou d'une décision judiciaire – n'est pas, aux fins de la convention, un mineur. Son statut légal sera déterminé par la loi applicable selon la loi du for, et les autorités saisies d'un pareil cas décideront sans tenir compte de la convention si des mesures de protection s'imposent."

b) Folgende **Ergebnisse** sind demnach festzuhalten: Wortlaut und Entstehungsge- 714
schichte ergeben eindeutig, daß diejenigen Personen aus dem persönlichen Anwendungsbereich des Abkommens ausscheiden, denen durch behördliche Erklärung oder kraft Gesetzes (zB durch Heirat) die Volljährigkeit verliehen wurde; bei diesen Personen handelt es sich nicht um Minderjährige, sondern um unbeschränkt Volljährige. Das Abkommen ist unbestritten nicht anwendbar (vgl etwa Kropholler, MSA 45; Schwimann ÖJBl 1976, 235).

Ebenso eindeutig ist nach Wortlaut und Entstehungsgeschichte, daß diejenigen 715
Minderjährigen, die aufgrund ihres Alters bereits eine besondere Geschäftsfähigkeit – wie die Testierfähigkeit – besitzen, im übrigen aber noch nicht voll geschäftsfähig sind, dem Abkommen unterliegen (so ausdrücklich die vom Präsidenten der 3. Kommission bestätigte Interpretation des schwedischen Delegierten Kellberg, oben Vorbem 712; vgl auch Kropholler, MSA 45). Erst recht hindert die Erlangung der (von der Geschäftsfähigkeit zu unterscheidenden) zivilen Deliktsfähigkeit, also der Fähigkeit, sich durch eigene Handlungen haftbar zu machen, das Eingreifen der Konvention nicht (so zutreffend Schwimann ÖJBl 1976, 235, der einige Äußerungen des deutschen Schrifttums zu Unrecht im gegenteiligen Sinne interpretiert).

Nicht mehr aus dem Wortlaut der Konvention, wohl aber aus dem wiedergegebenen 716
Tagungsverlauf und dem Bericht von Steigers ist zu entnehmen, daß diejenigen Personen nicht „minderjährig" iS des Abkommens sind, denen durch eine Emanzipation nach Art der romanischen Rechte (vgl etwa Art 477 Code civil aF; Art 1668 griech ZGB) die Geschäftsfähigkeit für einen beschränkten Bereich verliehen wurde, die für gewisse Geschäfte aber noch eines Pflegers bedürfen. Eine solche „Emanzipation" – mag sie nun durch den elterlichen Gewalthaber (wie im griechischen Recht), durch ein Gericht (wie im neuen französischen Recht) oder kraft Gesetzes (zB bei Heirat) erfolgen und mag der Kreis der ausgenommenen Geschäfte weiter oder enger gezogen sein (vgl etwa Art 477, 481 Code civil nF; Art 1668 ff griech ZGB; Art 314, 317 span Código civil) – erfüllt doch immer dieselbe Funktion

wie die Volljährigkeitserklärung, durch welche in anderen Staaten die volle Geschäftsfähigkeit verliehen wird (vgl § 3 BGB aF). Auch der „emanzipierte" Minderjährige ist also der Konvention entzogen (anders Droz Clunet 100 [1973] 609: „L'institution d'un curateur destiné à assister un mineur émancipé pour certains actes graves nous semble être 'une mesure de protection' et nous ne voyons pas pourquoi elle échapperait à une Convention applicable, selon son titre, 'en matière de protection des mineurs' . . . fussent-ils ‚complets' ou non!"). Es ist zuzugeben, daß der Ausdruck „uneingeschränkt Minderjähriger" („mineur complet") die Reichweite des Art 12 – auch nach dessen Entstehungsgeschichte – nicht in jedem Fall präzise umschreibt; in der hier erörterten Frage war der Wille der Verfasser aber eindeutig, und es empfiehlt sich, ihn bei der Interpretation des Abkommens zu berücksichtigen, um eine einheitliche Auslegung zu erreichen, die den Vertragsstaaten keine ungewollte Bindung auferlegt.

717 Dagegen sollte man die Konvention anwenden in den auf der Haager Tagung nicht diskutierten Fällen, in denen einer Person die Geschäftsfähigkeit für einen beschränkten Bereich verliehen ist, ohne daß diese Verleihung funktionell der Volljährigkeitserklärung gleichkommt (vgl zB §§ 112, 113 BGB); der im Haag (in anderem Zusammenhang) verwendete Ausdruck „mineur complet" ist nicht wörtlich zu nehmen (vgl Kropholler, MSA 46). Freilich kann dieses Ergebnis nicht als gesichert bezeichnet werden. Es handelt sich um einen jener Grenzfälle, in denen die Tagung nach den Worten des österreichischen Delegierten Schwind (oben Vorbem 712) dem Richter die Freiheit lassen wollte zu entscheiden, ob der Minderjährige des Schutzes durch die Konvention bedarf und ihr deshalb unterstehen soll.

718 **III. Wirkung: Unanwendbarkeit der Konvention**

Aus Art 12 iVm Art 13 Abs 1 ergibt sich, daß die Konvention nicht anwendbar ist, wenn der Jugendliche nicht „Minderjähriger" iS des Übereinkommens ist. Das heißt zum einen, daß keine Schutzmaßnahmen aufgrund der Konvention getroffen werden dürfen, und zwar weder aufgrund von Art 1 noch aufgrund einer anderen Vorschrift des Abkommens. Zum anderen entfällt mit der Eigenschaft des „Minderjährigen" auch die Anerkennungspflicht des Art 7. Maßnahmen, die vor Erreichung der Altersgrenze getroffen wurden, müssen aufgrund des Übereinkommens also nur so lange anerkannt werden, wie der Schutzbedürftige Minderjähriger iS des Übereinkommens ist (Mosconi 341; Horst Kaufmann FS Guldener 155 f). In Deutschland ist die Konvention in aller Regel auf einen Jugendlichen, der das 18. Lebensjahr vollendet hat, nicht mehr anwendbar; denn diese Altersgrenze des deutschen Rechts greift immer ein, wenn Maßnahmen aufgrund von Art 1, 8 oder 4 in Rede stehen und das deutsche Recht folglich entweder Aufenthalts- oder Heimatrecht des Kindes ist. Nur aufgrund von Art 9 können die deutschen Gerichte Schutzmaßnahmen über eine Person treffen, die älter ist, sofern nämlich sowohl das Recht des gewöhnlichen Aufenthalts als auch das Heimatrecht dieser Person eine höhere Altersgrenze vorsehen.

719 Einem Jugendlichen, der nicht Minderjähriger iS des Übereinkommens, wohl aber iS des autonomen deutschen Kollisionsrechts (Art 7 EGBGB) ist, kann nach den Regeln des außervertraglichen Rechts (zB Art 23 EGBGB) oder ggf einer anderen Konvention (zB nach dem Haager Vormundschaftsabkommen von 1902) der erforderliche Schutz gewährt werden (Bericht von Steiger Actes et Doc IX/4, 237 f; Kropholler, MSA 46; ders NJW 1971, 1723; Bühler BWNotZ 1973, 26). Das ergibt sich daraus, daß Art 12 keine Kollisionsnorm über die Geschäftsfähigkeit darstellt, sondern nur den persönlichen Anwendungsbereich des Abkommens umreißt. Bei einem jungen Ausländer, der nach seinem Heimatrecht bis zum 21. Lebensjahr minderjährig ist und in der Bundesrepublik Deutschland über sein 18. Lebensjahr hinaus schutzbedürftig bleibt, kann Art 12 zu einem Statutenwechsel führen (vgl HEPTING FamRZ 1975, 457 f; auch bereits DROZ Clunet 100 [1973] 607 f).

Art 13
[Persönlich-räumlicher Anwendungsbereich]

Dieses Übereinkommen ist auf alle Minderjährigen anzuwenden, die ihren gewöhnlichen Aufenthalt in einem der Vertragsstaaten haben.

Die Zuständigkeiten, die nach diesem Übereinkommen den Behörden des Staates zukommen, dem der Minderjährige angehört, bleiben jedoch den Vertragsstaaten vorbehalten.

Jeder Vertragsstaat kann sich vorbehalten, die Anwendung dieses Übereinkommens auf Minderjährige zu beschränken, die einem der Vertragsstaaten angehören.

Art 13

La présente Convention s'applique à tous les mineurs qui ont leur résidence habituelle dans un des Etats contractants.

Toutefois les compétences attribuées par la présente Convention aux autorités de l'Etat dont le mineur est ressortissant sont réservées aux Etats contractants.

Chaque Etat contractant peut se réserver de limiter l'application de la présente Convention aux mineurs qui sont ressortissants d'un des Etats contractants.

Systematische Übersicht

I. Der Grundsatz des Abs 1: Maßgeblichkeit des gewöhnlichen Aufenthalts 720

Nach Abs 1 ist das Abkommen auf alle Minderjährigen anzuwenden, die ihren **gewöhnlichen Aufenthalt** in einem Vertragsstaat haben; zum Begriff des gewöhnlichen Aufenthalts vgl oben Vorbem 39 ff. Ob der Minderjährige die Staatsangehörigkeit eines Vertragsstaates besitzt, ist nach der einhelligen Auffassung der Rechtsprechung und Literatur unerheblich.*

* Vgl statt vieler BGH 20. 12. 1972 BGHZ 60, 68 = NJW 1973, 417 = MDR 1973, 390 = JZ 1974, 178 Anm FIRSCHING = JR 1973, 245 Anm JAYME = FamRZ 1973, 138 = StAZ 1973, 213 Anm DILGER = IPRspr 1972 Nr 59 b; BayObLG in st Rspr, zB 21. 12. 1973 BayObLGZ 1973, 345 = NJW 1974, 421 = MDR 1974, 317 = FamRZ 1974, 150 = IPRspr 1973 Nr 181 und 24. 7. 1975 BayObLGZ 1975, 291 = NJW 1975, 2146 = FamRZ 1976, 47 = StAZ 1976, 48 = IPRspr 1975 Nr 75; KG 4. 2. 1972 FamRZ 1972, 304 = ZBlJugR 1973, 277 = IPRspr 1972 Nr 59 a; OLG Hamm 12. 12. 1973 OLGZ 1974, 176 = NJW 1974, 1053 = MDR 1974, 582 = FamRZ 1974, 155 = ZBlJugR 1974, 441 = IPRspr 1973 Nr 178, 7. 2. 1975 OLGZ 1975, 179 = NJW 1975, 1083 = FamRZ 1975, 426 = StAZ 1975, 275 = IPRspr 1975 Nr 68 und 12. 1. 1978 NJW 1978, 1747 = StAZ 1978, 215; aus dem Schrifttum etwa KROPHOLLER, MSA 46 f; ders NJW 1971, 1723; DROZ Clunet 100 (1973) 610 KNOEPFLER ZVW 32 (1977) 87 f).

Etwas anderes gilt nur – wie sich aus Abs 3 eindeutig ergibt –, wenn ein Vertragsstaat sich vorbehalten hat, die Anwendung des Abkommens auf Minderjährige aus Vertragsstaaten zu beschränken. Die Bundesrepublik hat von diesem Vorbehalt keinen Gebrauch gemacht. Das Übereinkommen ist daher auf jeden Minderjährigen mit gewöhnlichem Aufenthalt in der Bundesrepublik (oder in einem anderen Vertragsstaat) anwendbar, gleichgültig ob er Angehöriger eines Vertragsstaates oder eines Nichtvertragsstaates ist oder ob er Staatenloser, Flüchtling oder Mehrstaater ist (vgl statt aller Kropholler, MSA 47 und NJW 1971, 1721; OLG Hamm 28. 4. 1972 OLGZ 1972, 375 = NJW 1972, 1628 = FamRZ 1972, 381 = StAZ 1972, 345 = ZBlJugR 1972, 354 = IPRspr 1972 Nr 68 und 12. 12. 1973 OLGZ 1974, 176 = NJW 1974, 1053 = MDR 1974, 582 = FamRZ 1974, 155 = ZBlJugR 1974, 441 = IPRspr 1973 Nr 178). Das Abkommen gilt dann bei jedem Fall mit Auslandsberührung, also auch wenn ein deutsches Kind in Deutschland seinen gewöhnlichen Aufenthalt hat und nur die Mutter oder der Vater Ausländer ist (vgl etwa BayObLG 9. 5. 1978 BayObLGZ 1978, 113 = FamRZ 1979, 178 = StAZ 1979, 38; Wiesbauer ÖJZ 1978, 151). Auch auf Minderjährige aus der DDR ist das Abkommen anzuwenden, sofern sie ihren gewöhnlichen Aufenthalt in einem Vertragsstaat haben.

721 **II. Heimatzuständigkeit nur für Behörden der Vertragsstaaten (Abs 2)**

Abs 2 ist mit dem allgemeinen völkerrechtlichen Satz begründet worden, daß Staaten keine Rechte aus Verträgen herleiten können, denen sie nicht beigetreten sind (Bericht zum Vorentwurf Marmo Actes et Doc IX/4, 31; Diskussion aaO 165 f; Bericht von Steiger aaO 238). Die Vorschrift ist aber auch deshalb gerechtfertigt, weil die in Art 4 Abs 1, 10 und 11 vorgeschriebene internationale Zusammenarbeit der Behörden nicht durchgeführt werden könnte. Es entfällt also vor allem die Zuständigkeit der Heimatbehörden nach Art 4 (oben Vorbem 554). Auch die Anwendung des Art 5 Abs 3 im Falle eines Aufenthaltswechsels ist ausgeschlossen (oben Vorbem 591). Desgleichen bleibt für die Auftragszuständigkeit nach Art 6 Abs 1 und für die sonstige Zusammenarbeit mit den Behörden des Heimatstaates kein Raum. Dagegen entspricht es sowohl dem Wortlaut als auch dem Sinn des Übereinkommens, die in Art 3 (für ex lege entstandene Gewaltverhältnisse) und in Art 12 (zur Bestimmung der Minderjährigkeit) vorgeschriebene Berücksichtigung des Heimatrechtes auch dann zu befolgen, wenn der Heimatstaat das Übereinkommen nicht ratifiziert hat; denn Abs 2 bezieht sich nur auf Behördenzuständigkeiten (oben Vorbem 476 und 706).

722 Die Bestimmung macht die unterschiedliche Ausgestaltung des Übereinkommens bei Anwendung auf Angehörige von Vertragsstaaten und Nichtvertragsstaaten deutlich: Im ersten Fall schafft das Abkommen einen Kompromiß zwischen Aufenthalts- und Heimatzuständigkeit sowie zwischen Aufenthalts- und Heimatrecht; gegenüber Angehörigen aus Nichtvertragsstaaten tritt an die Stelle dieses Kompromisses praktisch die alleinige Kompetenz der Aufenthaltsbehörde und eine weitgehende Bevorzugung des Aufenthaltsrechts.

723 Abs 2 hindert nicht generell, eine von einem Nichtvertragsstaat getroffene Maßnahme anzuerkennen (oben Vorbem 263 f, 318, 641). Konkurriert allerdings eine im Aufenthaltsstaat gem Art 1 angeordnete Maßnahme mit einer für die gleiche Situation getroffenen Maßnahme des Heimatstaates, so muß in allen Vertragsstaaten die Maßnahme des Aufenthaltsstaates anerkannt werden (Art 7).

Beispiel: Eine im Aufenthaltsstaat Schweiz über einen minderjährigen Griechen eingerichtete Vormundschaft muß in Deutschland gem Art 7 anerkannt werden. Damit ist die Möglichkeit der

Anerkennung einer etwaigen konkurrierenden Vormundschaft, die im Heimatstaat Griechenland angeordnet wurde, ausgeschlossen.

III. Die Vorbehaltsmöglichkeit des Abs 3 724

Durch einen Vorbehalt, der spätestens bei der Ratifizierung oder beim Beitritt zu erklären ist (Art 23 Abs 1), kann jeder Staat die Anwendung der Konvention auf solche Minderjährige beschränken, die einem Vertragsstaat angehören. Die Vorbehaltsmöglichkeit wurde zugelassen, weil man sich von ihr eine Erhöhung der Ratifikationschancen erhoffte (vgl Actes et Doc IX/4, 133: Wunsch der italienischen und der griechischen Delegation nach einer Beschränkung des Anwendungsbereichs). Von den derzeitigen Vertragsstaaten haben *Luxemburg*, die *Niederlande* und *Österreich* den Vorbehalt erklärt (vgl BGBl 1971 II 1150, 1972 II 15, 1975 II 699; österr BGBl 1975 Nr 446 S 1939 f). Da die Bundesrepublik Deutschland den Vorbehalt nicht erklärt hat, ist die Anwendung des Abkommens für die deutschen Behörden nicht davon abhängig, ob der Minderjährige einem Vertragsstaat oder einem Nichtvertragsstaat angehört (vgl Abs 1). Die Tatsache, daß Luxemburg, die Niederlande und Österreich den Vorbehalt erklärt haben, ist für die deutschen Gerichte dann zu beachten, wenn ein Minderjähriger aus einem Nichtvertragsstaat seinen gewöhnlichen Aufenthalt in einem dieser drei Staaten hat (näher unten Vorbem 728).

Die Erklärung des Vorbehaltes durch Luxemburg, die Niederlande und Österreich 725
bedeutet praktisch, daß diese Staaten Maßnahmen über Angehörige von Nichtvertragsstaaten nach den Regeln ihres autonomen Internationalen Kindschaftsrechts treffen. Für solche Maßnahmen entfällt die Anerkennungspflicht des Art 7. Umgekehrt brauchen in Luxemburg, den Niederlanden und Österreich Entscheidungen, die in anderen Vertragsstaaten über Angehörige von Nichtvertragsstaaten getroffen worden sind, nicht anerkannt zu werden (Bericht von Steiger Actes et Doc IX/4, 238). Ferner kommt für Luxemburg, Holland und Österreich im Rahmen der Art 3 und 12 eine Anwendung des Heimatrechts von Nichtvertragsstaaten nicht in Betracht, weil die Konvention für diese Staaten infolge des Vorbehalts gar nicht anwendbar ist. Insgesamt bringt die Erklärung des Vorbehalts einerseits eine unerfreuliche Zweispurigkeit des IPR, indem für Angehörige von Vertragsstaaten andere Regeln gelten als für Angehörige von Nichtvertragsstaaten (vgl auch die Botschaft des Schweizer Bundesrates BBl 1966 I 354); andererseits ist die Einlegung des Vorbehalts durch einige Vertragsstaaten verständlich, weil die Anwendung des Abkommens auf Angehörige von Nichtvertragssstaaten vor allem wegen der fehlenden Behördenzusammenarbeit nicht recht befriedigt (vgl auch Kropholler ZfRvgl 16 [1975] 208).

Für die Staaten, die den Vorbehalt erklärt haben, ist die Konvention auf **Staatenlose** 726
nicht anwendbar. Bei **Mehrstaatern** entsteht die Frage, welche Staatsangehörigkeit entscheidend sein soll. Diese Frage haben die Verfasser der Konvention bewußt den Richtern überlassen (vgl die Äußerung des Präsidenten Actes et Doc IX/4, 133). Eindeutig ist folgendes: Ist der Minderjährige Angehöriger mehrerer Vertragsstaaten, so ist die Konvention anwendbar; ist er Angehöriger mehrerer Nichtvertragsstaaten, so ist sie nicht anwendbar.

Zu den Fällen der *Staatsangehörigkeit eines Vertragsstaates und eines Nichtvertragsstaates* meint der Berichterstatter, es entspreche dem Geist und dem Zweck des Abkommens, es anzuwenden, wenn auch nur eine der Staatsangehörigkeiten des Minderjährigen die eines Vertragsstaates sei (von Steiger Actes et Doc IX/4, 238 lit c; ebenso eine Andeutung von DE WINTER während der Tagung aaO 133; vgl auch MOSCONI 346–348). Das entspricht dem Grundsatz, daß bei derartigen Normen über den Anwendungsbereich eines Staatsvertrages jeder Vertragsstaat einen Mehrstaater mit inländischer Staatsangehörigkeit nur als Inländer betrachtet (oben Vorbem 531). Hat der Minderjährige mit mehreren Staatsangehörigkeiten seinen gewöhnlichen Aufenthalt in dem Vertragsstaat, der den Vorbehalt erklärt hat, so dürfte die Konvention jedenfalls anwendbar sein, und zwar entweder nach der Lehre vom Vorrang der eigenen Staatsangehörigkeit oder nach der von der effektiven Staatsangehörigkeit vgl oben Vorbem 529 ff (so für Österreich auch WIESBAUER ÖJZ 1978, 151, der angesichts einiger Unsicherheiten bei österreichischen Instanzgerichten mit Recht darauf hinweist, daß das Übereinkommen in Österreich nicht nur auf Kinder ausländischer Vertragsstaaten, sondern auch auf österreichische Minderjährige anwendbar ist, die sich gewöhnlich in Östereich aufhalten und deren Vater oder Mutter nicht österreichische Staatsbürger sind; für die Niederlande s Hoge Raad 22. 10. 1971 NedJur 1972 Nr 91 Anm V D BERGH = WPNR 1974 Nr 5255 S 186 = NTIR 21 [1974] 197 [englisch] Anm VERHEUL: In diesem Fall, in dem ein niederländisch-belgisches Kind seinen gewöhnlichen Aufenthalt in den Niederlanden hatte, konnten die Vorinstanzen das Abkommen nicht berücksichtigen, weil es für die Niederlande erst am 18. 9. 1971 in Kraft getreten ist. Der Hoge Raad stützte die Anwendung niederländischen Rechts „mit" auf Art 2 Abs 2 MSA; vgl aber auch Rb Amsterdam 15. 3. 1973 NedJur 1974 Nr 443, wo bei einer Schutzmaßnahme über ein israelisch-niederländisches Kind mit gewöhnlichem Aufenthalt in den Niederlanden das Abkommen nicht erwähnt wurde). Hat der Minderjährige seinen gewöhnlichen Aufenthalt in dem Nichtvertragsstaat, ist die Konvention ohnehin nicht anwendbar, Art 13 Abs 1. Besitzt der Minderjährige seinen gewöhnlichen Aufenthalt in einem Drittstaat, der Vertragsstaat ist, so erscheint es gerechtfertigt, den Ausführungen des Berichterstatters zu folgen und die Konvention anzuwenden. In Österreich sollte die Konvention also zB auf einen österreichisch-spanischen Minderjährigen angewandt werden, der seinen gewöhnlichen Aufenthalt in Deutschland hat. Ob die Praxis der Staaten, die den Vorbehalt des Abs 3 erklärt haben, nach dieser Regel verfahren wird, bleibt abzuwarten.

727 **IV. Anwendbarkeit der Regeln des autonomen deutschen Internationalen Kindschaftsrechts**

Das autonome deutsche Internationale Kindschaftsrecht bleibt für die Anordnung von Schutzmaßnahmen und die Beurteilung von ex-lege-Verhältnissen vor allem in zwei Fällen anwendbar: wenn ein Jugendlicher über 18 Jahre nach seinem Heimatrecht (Art 7 EGBGB) noch nicht volljährig ist (vgl Art 12 und dazu näher oben Vorbem 718 f) oder wenn ein gem Art 7 EGBGB Minderjähriger seinen gewöhnlichen Aufenthalt in einem Nichtvertragsstaat hat (vgl Art 13 Abs 1).

728 Zweifelhaft ist, wie zu entscheiden ist, wenn ein Minderjähriger, der die Staatsangehörigkeit eines Nichtvertragsstaates besitzt, seinen gewöhnlichen Aufenthalt in einem Vertragsstaat hat, der den Vorbehalt des Abs 3 erklärt hat, also in Luxemburg, den Niederlanden oder Österreich. Nach seinem Wortlaut ist das Abkommen anwendbar; denn Luxemburg, die Niederlande und Österreich sind Vertragsstaaten, und der Minderjährige hat dort seinen gewöhnlichen Aufenthalt (Abs 1). Aber eine Anwendung der Konvention erscheint nicht sinnvoll. Man weiß nämlich im vorhinein, daß der Aufenthaltsstaat das Abkommen wegen des Vorbehalts nicht anwendet. Die Aufenthaltsbehörden können nicht nach Art 1 oder 8 tätig werden, ihre Maßnahmen müssen nicht gem Art 7 anerkannt werden, sondern die Anerkennung richtet sich nach dem autonomen deutschen Recht, und eine Zusammenarbeit mit den Aufenthaltsbehörden findet nicht statt. Es erscheint deshalb folgerichtig, Luxemburg, die Niederlande und Österreich dann als „Nichtvertragsstaaten" zu sehen, wenn es um den Schutz von dort wohnhaften Kindern aus Nichtvertragsstaaten geht (ebenso DROZ Clunet 100 [1973] 610 f). Wenn also die Gerichte der Bundesrepublik mit einem Fall zu tun haben, in dem etwa ein in Österreich lebendes türkisches Kind des Schutzes bedarf, ist das autonome deutsche Internationale Kindschaftsrecht anzuwenden.

Art 14
[Mehrrechtsstaaten]

Stellt das innerstaatliche Recht des Staates, dem der Minderjährige angehört, keine einheitliche Rechtsordnung dar, so sind im Sinne dieses Übereinkommens als „innerstaatliches Recht des Staates, dem der Minderjährige angehört" und als „Behörden des Staates, dem der Minderjährige angehört" das Recht und die Behörden zu verstehen, die durch die im betreffenden Staat geltenden Vorschriften und, mangels solcher Vorschriften, durch die engste Bindung bestimmt werden, die der Minderjährige mit einer der Rechtsordnungen dieses Staates hat.

Art 14

Aux fins de la présente Convention, si la loi interne de l'Etat dont le mineur est ressortissant consiste en un système non unifié, on entend par „loi interne de l'Etat dont le mineur est ressortissant" et par „autorités de l'Etat dont le mineur est ressortissant" la loi et les autorités déterminées par les règles en vigueur dans ce système et, à défaut de telles règles, par le lien le plus effectif qu'a le mineur avec l'une des législations composant ce système.

Die Vorschrift verdankt ihre **Entstehung** dem Art 1 Abs 2 des Haager Testamentsformabkommens, das ebenfalls auf der 9. Haager Tagung ausgearbeitet wurde. Die Bestimmung wurde auf Vorschlag des britischen Delegierten GRAVESON in das Minderjährigenschutzabkommen übernommen (Actes et Doc IX/4, 174). Sie ist später in weitere Haager Übereinkommen eingegangen und hat zu Recht ein positives Echo gefunden (vgl etwa FERID RabelsZ 27 [1962–63] 421, 444; REESE AmJIntL 55 [1961] 452); denn sie stellt einen mutigen und plausiblen Lösungsversuch der interlokalrechtlichen Frage dar. 729

Staaten ohne einheitliche Rechtsordnung, sog Mehrrechtsstaaten, sind etwa die USA, Kanada, Großbritannien, Jugoslawien und hinsichtlich der Zuständigkeit in Vormundschaftssachen die Schweiz (vgl Bericht VON STEIGER Actes et Doc IX/4, 239; Botschaft des Schweizer Bundesrates BBl 1966 I 357). Für die deutschen Gerichte und Jugendämter ist die Vorschrift *im Rahmen der Art 3 und 12 von Bedeutung*, nämlich wenn das Heimatrecht einer Person festzustellen ist, die einem solchen Staat mit mehreren Teilrechtsordnungen angehört (s OLG Hamm 12. 1. 1978 NJW 1978, 1747 = StAZ 1978, 215). 730

Solange die Bundesrepublik eine besondere Staatsangehörigkeit der DDR nicht anerkennt, ist Art 14 auch dann zu beachten, wenn das Heimatrecht eines deutschen, aus der DDR kommenden Minderjährigen zu bestimmen ist (vgl SIEHR DAVorm 1973, 286 Fn 99; BETZ FamRZ 1977, 337).

Im einzelnen gelten gem Art 14 in erster Linie die im Mehrrechtsstaat bestehenden Vorschriften (zB Art 14 f des span Código civil). Wenn dagegen solche Vorschriften fehlen, wie etwa in den USA oder in Großbritannien, entscheidet die *„engste Bindung"*, die der Minderjährige mit einer der Rechtsordnungen dieses Staates hat. Die engste Bindung wird idR durch den gewöhnlichen Aufenthalt vermittelt (Denkschrift der Bundesregierung BT-Drucks VI/947, 16 f; österr Regierungsvorlage 731

1210 Blg NR 13. GP 14), hilfsweise durch den einfachen Aufenthalt. Maßgebend ist die Person des Kindes, hilfsweise die des Elternteils, von dem es seine Staatsangehörigkeit ableitet. Liegen weder der gewöhnliche noch der schlichte Aufenthalt eines von beiden in dem betreffenden Staate, so ist das Recht des letzten (gewöhnlichen) Aufenthalts und an letzter Stelle das Recht der Hauptstadt zu wählen (s NEUHAUS, Grundbegriffe 312; vgl aber auch DROZ Clunet 100 [1973] 613, der bei Fehlen jeder Bindung zu einem der Teilrechtsgebiete des Heimatstaates von einer Anwendung des Art 3 überhaupt absehen möchte).

Art 15
[Vorbehalt der Scheidungszuständigkeit]

Jeder Vertragsstaat, dessen Behörden dazu berufen sind, über ein Begehren auf Nichtigerklärung, Auflösung oder Lockerung des zwischen den Eltern eines Minderjährigen bestehenden Ehebandes zu entscheiden, kann sich die Zuständigkeit dieser Behörden für Maßnahmen zum Schutz der Person oder des Vermögens des Minderjährigen vorbehalten.

Die Behörden der anderen Vertragsstaaten sind nicht verpflichtet, diese Maßnahmen anzuerkennen.

Art 15

Chaque Etat contractant peut réserver la compétence de ses autorités appelées à statuer sur une demande en annulation, dissolution ou relâchement du lien conjugal entre les parents d'un mineur, pour prendre des mesures de protection de sa personne ou de ses biens.

Les autorités des autres Etats contractants ne sont pas tenues de reconnaître ces mesures.

Systematische Übersicht

732 I. Sinn der Vorbehaltsmöglichkeit

Das Recht zahlreicher Staaten schreibt vor, daß die Gerichte bei der Nichtigerklärung, Aufhebung, Scheidung oder Trennung einer Ehe auch das Sorgerecht über die aus der Ehe stammenden minderjährigen Kinder zu regeln haben. Diese Rechtsordnungen gehen davon aus, daß die mit der Auflösung der Ehe befaßten Gerichte idR am besten in der Lage sind, die Familienverhältnisse zu beurteilen und die im Interesse der Kinder erforderlichen Maßnahmen zu treffen. Die Schweizer Delegation schlug in Anbetracht dessen vor, eine im Recht des Forums vorgesehene Zuständigkeit der Ehegerichte ausdrücklich für unberührt zu erklären (VON STEIGER Actes et Doc IX/4, 169 f; zust der luxemburgische Delegierte HUSS aaO 170). Die Aufnahme einer entsprechenden Bestimmung scheiterte jedoch am Widerstand einerseits der Staaten, welche die Scheidung ganz ablehnen (so erklärte der spanische Delegierte TRIAS DE BES, bevor man sich auf die Fassung des Art 15 Abs 2 geeinigt hatte, die vorgesehene Vorschrift des Art 15 Abs 1 würde Spanien mit Sicherheit hindern, die Konvention anzunehmen, Actes et Doc IX/4, 170), andererseits der Staaten, die es bei der allgemeinen Ordnung des Übereinkommens bewenden lassen wollten (vgl das Abstimmungsergebnis von 9 zu 4 gegen den Schweizer Antrag Actes et Doc IX/4, 171). Die Lösung wurde schließlich nach langen Diskussionen in der Möglichkeit eines *Vorbehalts* gefunden, wobei die anderen Staaten nicht verpflichtet sind, die vom Scheidungsrichter getroffenen Maßnahmen anzuerkennen (vgl zur Entstehungsgeschichte und zur Rechtfertigung des Vorbehalts ausf Bericht von Steiger Actes et Doc IX/4, 239 f). Zu den aufgrund von Art 15 möglichen Maßnahmen kann neben der Verteilung der elterlichen Gewalt auch die Regelung des Verkehrsrechts gehören (so für das niederländische Recht Koopmans WPNR 1977, 89 f). Dagegen gilt Art 15 nicht für Maßnahmen, die nach dem innerstaatlichen Recht des Forums nicht der Scheidungsrichter, sondern der Kinder- oder Vormundschaftsrichter zu treffen hat, zB für eine Schutzaufsicht gem Art 254 ff des 1. Buches des niederländischen BW; denn Art 15 hat nicht den Sinn, den Scheidungsgerichten zusätzliche Kompetenzen zu geben, die ihnen nach autonomem Recht nicht zustehen (Hoge Raad 4. 11. 1977 NedJur 1978 Nr 175 Anm JCS). Die Aufnahme des Vorbehalts sollte nach dem Willen der Verfasser das Übereinkommen für die Befürworter und Gegner einer Scheidungszuständigkeit akzeptabel gestalten und die Ratifikationschancen erhöhen (so die Äußerung des Berichterstatters von Steiger 189).

Tatsächlich haben vier der sieben Staaten, die das Abkommen bislang ratifiziert 733
haben, den Vorbehalt des Art 15 erklärt (und hätten ohne die Vorbehaltsmöglichkeit von einer Ratifikation also möglicherweise Abstand genommen). Es sind dies *Frankreich, Luxemburg,* die *Niederlande* und die *Schweiz* (BGBl 1975 II 1495; 1971 II 1150; 1972 II 15; österr BGBl 1975 Nr 149 S 1940).

Die **Bundesrepublik Deutschland** hat den Vorbehalt bei der Ratifikation nicht 734
erklärt. Die deutschen Gerichte können also keine Zuständigkeit aus Art 15 herleiten (vgl statt aller OLG Düsseldorf 10. 1. 1975 FamRZ 1975, 641 = IPRspr 1975 Nr 66). Die nach autonomem deutschen Recht gegebene Scheidungszuständigkeit kommt nur bei gewöhnlichem Aufenthalt des Minderjährigen in einem Nichtvertragsstaat zum Zuge (Art 13 Abs 1), nicht dagegen bei gewöhnlichem Aufenthalt in einem Vertragsstaat; die deutschen Gerichte sind dann auf die Zuständigkeitsnormen des Abkommens beschränkt (s Art 19 Rz 252). Andererseits wird eine aufgrund des Abkommens gegebene Zuständigkeit der deutschen Gerichte (etwa gem Art 1 oder Art 4) nicht dadurch berührt, daß ein anderer Vertragsstaat den Vorbehalt eingelegt hat (Bericht von Steiger Actes et Doc IX/4, 240; BayObLG 16. 2. 1976 BayObLGZ 1976, 25 = FamRZ 1976, 366 = IPRspr 1976 Nr 57).

In der *Denkschrift der Bundesregierung* aus dem Jahre 1970 heißt es zur Erklärung der deutschen Haltung (BT-Drucks VI/947, 17): „Nach Auffassung der Bundesregierung besteht für einen solchen Vorbehalt kein Bedürfnis. Es reicht aus, daß die Landgerichte, bei denen ein Eheverfahren anhängig ist, dann eine vorläufige Sorgerechtsregelung treffen können, wenn der Minderjährige Deutscher ist (Art 4) oder sich in Deutschland gewöhnlich aufhält (Art 1) oder wenn er sich in Deutschland nur vorübergehend aufhält und eine sofortige Entscheidung erforderlich ist (Art 9)."

Ähnlich schrieb der deutsche Delegierte Ferid RabelsZ 27 [1962–63] 439: „Für Deutschland ist diese Möglichkeit, was die Zuständigkeit deutscher Behörden (also Inlandsscheidungen) anlangt, von geringer Bedeutung, da die zur Entscheidung in Ehesachen berufenen Gerichte gemäß § 627 ZPO nur einstweilige Maßnahmen hinsichtlich der Sorge für die Person der gemeinschaftlichen Kinder ergreifen können, während die endgültige Entscheidung bei den Vormundschaftsgerichten liegt. Die im Prozeß zu ergreifenden Maßnahmen, wie sie § 627 ZPO vorsieht, haben aber praktisch nur dann einen Sinn, wenn das Kind im Inland seinen gewöhnlichen Aufenthalt hat – also die Zuständigkeit nach Art 1 der Konvention gegeben ist –, da solche Maßnahmen im Ausland doch nicht durchgesetzt werden können. Deutschland hat also keinen Anlaß, von der hier gegebenen Vorbehaltsmöglichkeit bei der Ratifikation Gebrauch zu machen."

Ob sich *nach Inkrafttreten des Ersten Gesetzes zur Reform des Ehe- und Familienrechts vom* 735
14. 6. 1976 erweisen wird, daß man in der Bundesrepublik den Vorbehalt des Art 15 doch benötigt,

bleibt weiter abzuwarten. Bislang hat sich die Praxis zu behelfen gewußt. Im Schrifttum ist die Auffassung vertreten worden, eine Scheidung nach § 1566 Abs 1 BGB (einjährige Trennung) könne wegen § 630 Abs 1 Nr 2 ZPO (Notwendigkeit einer Einigung der Eltern über die Verteilung der elterlichen Gewalt) nicht erfolgen, wenn dem Scheidungsgericht für die Sorgerechtsregelung die Zuständigkeit fehle, weil die Kinder ihren gewöhnlichen Aufenthalt in einem ausländischen Vertragsstaat haben und nicht deutsche Staatsangehörige sind, so daß eine Zuständigkeit weder nach Art 1 noch nach Art 4 besteht (Henrich, FS Bosch [1976] 418). Henrich empfiehlt deshalb, den in Art 15 vorgesehenen Vorbehalt noch nachträglich auszusprechen, wofür angesichts von Art 23 allerdings die Zustimmung der anderen Vertragsstaaten eingeholt werden müßte (vgl auch Beitzke FamRZ 1973, 416, der die Möglichkeit erwähnt, das Abkommen gem Art 24 zu kündigen, um es dann mit dem Vorbehalt erneut zu ratifizieren). Es ist aber auch denkbar, daß sich für die seltenen Fälle, in denen die Konvention zwar anwendbar ist, eine Entscheidung des Ehegerichts aber nicht auf Art 1 oder 4 gestützt werden kann, eine andere Lösung findet, zumal die Konvention eine Zusammenarbeit mit den Behörden der anderen Vertragsstaaten vorsieht (zB könnte der in § 630 Abs 1 Nr 2 ZPO geforderte übereinstimmende Vorschlag der Ehegatten zur Regelung der elterlichen Gewalt an das nach der Konvention zuständige ausländische Gericht weitergeleitet werden). Die Einlegung des Vorbehalts sollte nämlich nach Möglichkeit vermieden werden, weil sie angesichts der Unklarheit seiner rechtlichen Tragweite (dazu sogleich Vorbem 736–752) einen erheblichen Einbruch in die Rechtssicherheit bedeuten würde. In anderen Staaten ist aus diesem Grund bereits die Möglichkeit erwogen worden, den eingelegten Vorbehalt wieder zurückzunehmen (vgl Droz Clunet 100 [1973] 635 Fn 62).

736 II. Tragweite des Vorbehalts innerhalb der Zuständigkeitsordnung der Konvention

Die Tragweite des Vorbehalts innerhalb der Zuständigkeitsordnung der Konvention ist umstritten. Die Streitfrage interessiert unmittelbar nur die Gerichte der Vertragsstaaten, die den Vorbehalt des Art 15 erklärt haben, also Frankreich, Luxemburg, die Niederlande und die Schweiz. Solange die Bundesrepublik Deutschland von der Vorbehaltsmöglichkeit keinen Gebrauch gemacht hat, werden die deutschen Gerichte nicht direkt mit dieser Frage konfrontiert, sondern sie haben nur im Rahmen der Anerkennung ausländischer Schutzmaßnahmen zu prüfen, ob die französische, luxemburgische, niederländische oder schweizerische Behörde tatsächlich über Art 15 tätig geworden ist und also außerhalb der Konvention gehandelt hat oder ob die ausländische Behörde ihre Maßnahme auf Art 1 oder 4 gestützt hat und also Art 7 eingreift (näher unten Vorbem 757).

737 Es stehen sich zwei Auffassungen gegenüber. Eine **weite Auslegung** des Art 15 besagt, daß die Ehegerichte der Staaten, die den Vorbehalt erklärt haben, in den von Art 15 genannten Fällen nur aufgrund dieser Vorschrift handeln können, selbst wenn der Minderjährige mit diesem Staat durch gewöhnlichen Aufenthalt oder Staatsangehörigkeit verbunden ist. Nach der **engen Auslegung** dagegen greift die Scheidungszuständigkeit des Art 15 nicht ein, wenn die Behörde aufgrund von Art 1 (gewöhnlicher Aufenthalt in dem Vertragsstaat) oder aufgrund von Art 4 (Heimatzuständigkeit) tätig werden kann. Die Bedeutung des Art 15 beschränkt sich danach auf den Fall, daß der Minderjährige in dem Vertragsstaat weder seinen gewöhnlichen Aufenthalt noch seine Heimat hat.

738 *Beispiele:* Die Ehe der Eltern eines deutschen Kindes mit gewöhnlichem Aufenthalt in Deutschland wird in den Niederlanden geschieden. Da die Niederlande den Vorbehalt des Art 15 erklärt haben, kann das niederländische Gericht nach *beiden* Auffassungen gem Art 15 die elterliche Gewalt neu verteilen. In Deutschland muß diese Maßnahme nicht anerkannt werden (Abs 2). – Hat das Kind seinen gewöhnlichen Aufenthalt in den Niederlanden, so gilt nach der *weiten* Auslegung des Art 15 dasselbe. Nach der *engen* Auslegung dagegen hat das niederländische Gericht aufgrund von Art 1 zu handeln. Befolgt das niederländische Gericht diese Auffassung, so muß die Maßnahme in Deutschland gem Art 7 anerkannt werden. – Entsprechendes gilt, wenn das Kind seinen gewöhnlichen Aufenthalt zwar in Deutschland hat, aber die niederländische Staatsangehörigkeit besitzt. Nach der weiten Auslegung greift Art 15 ein (Folge: Abs 2), nach der engen Art 4 (Folge: Art 7).

Da der Wortlaut der Konvention nicht erkennen läßt, welche Auffassung den Vorzug verdient, sind die Entstehungsgeschichte sowie Sinn und Zweck von Art 15 näher zu erläutern. 739

1. Entstehungsgeschichte 740

Die Entstehungsgeschichte gibt kein klares Bild. Aus ihr lassen sich Anhaltspunkte für die weite und für die enge Auslegung entnehmen. Die Delegierten und der Berichterstatter (VON STEIGER) waren sich offenbar über die Tragweite der Vorschrift nicht sofort im klaren. Das dürfte seine Ursache auch darin haben, daß die Vorschrift im Vorentwurf noch nicht enthalten war und erst gegen Ende der Konferenz unter Zeitdruck erarbeitet wurde.

Die Bestimmung geht zurück auf einen Formulierungsvorschlag des belgischen Delegierten VAN HECKE, der sie – ebenso wie einige andere Delegierte (zB DE WINTER) – iS der engen Auslegung verstanden wissen wollte. Dagegen vertrat namentlich der Rapporteur (VON STEIGER) die weite Auslegung. Es wurde schließlich eine Arbeitsgruppe, bestehend aus den Delegationen mehrerer Länder, eingesetzt, die einen Text des Art 15 vorbereitete. Dieser Text wurde vom Rapporteur wiederum iS der weiten Auslegung erläutert, und der Präsident der 3. Kommission bestätigte, daß die Auffassung der Arbeitsgruppe damit richtig wiedergegeben worden sei. Daraufhin bedauerten einige Delegierte (zB der Österreicher VON SCHWIND und der Deutsche FERID) die starke Einschränkung des Anwendungsbereichs der Konvention, die der Vorbehalt mit sich bringe. Die Bestimmung wurde dennoch mit 13 Stimmen bei 3 Enthaltungen (Deutschland, Japan, Österreich) angenommen und später nur noch geringfügig verändert. In der abschließenden Plenarsitzung der Konferenz erläuterte VON STEIGER die Vorschrift wieder in derselben Weise, und sie wurde ohne weitere Erörterungen angenommen. In seinem schriftlichen Abkommensbericht nach Abschluß der Session indes distanziert sich VON STEIGER zwar nicht ausdrücklich von seiner früheren Interpretation, macht aber Ausführungen, die damit im Widerspruch stehen und die wohl im Sinne der engen Auslegung zu deuten sind (so auch HORST KAUFMANN, FS Guldener 160; DROZ Clunet 100 [1973] 632). Auch diese Ausführungen im „Rapport" gehören zur Entstehungsgeschichte, zumal die Vertragsstaaten den Bericht bei der Ratifizierung des Abkommens in Betracht gezogen haben werden (HORST KAUFMANN 161). 741

Im einzelnen lauten die *geschilderten Äußerungen* – angefangen mit dem Vorschlag VAN HECKES – wie folgt: 742

„M. VAN HECKE a proposé le texte suivant: *Chaque Etat contractant, en signant ou ratifiant la présente Convention, ou en y adhérant, pourra réserver la compétence de ses autorités de prendre des mesures de protection de la personne ou des biens d'un mineur à l'occasion d'une procédure tendant à l'annulation, la dissolution ou l'affaiblissement du lien conjugal entre les parents de ce mineur*" (Actes et Doc IX/4, 176).

„M. MARMO (Italie) voudrait déterminer par un exemple les conséquences de la proposition de M. VAN HECKE. Il prend le cas d'un mineur résidant en Hollande et dont les parents demandent la séparation de corps. Les autorités néerlandaises se trouvent devant les deux possibilités suivantes: *a)* Elles se déclarent compétentes en vertu de la convention et décident d'appliquer les mesures de protection nécessaires pour le mineur. *b)* Ayant à se prononcer dans une même procédure sur les mesures de protection et sur la séparation, les autorités néerlandaises se prévalent de la réserve. Dans ce cas elles ne sont pas tenues d'appliquer la convention. Ainsi un Etat qui aura fait usage de la réserve pourra choisir dans chaque cas d'espèce s'il applique la convention ou s'il ne l'applique pas.

M. VAN HECKE (Belgique) fait observer que si le mineur a sa résidence habituelle dans le pays où le procès est intenté, il n'y a pas besoin de faire appel à la reserve; l'application de la convention donnerait le même résultat. La réserve n'intervient que quand le procès est intenté dans un pays dont le mineur n'est pas ressortissant et où il n'a pas sa résidence habituelle" (Actes et Doc IX/4, 178).

„Le RAPPORTEUR estime utile de préciser que la réserve proposée a simplement pour effet que le domaine du divorce est étranger au domaine de la convention pour les Etats qui l'ont faite. Les autres Etats appliqueront leur propre droit pour décider s'ils reconnaissent ou ne reconnaissent pas les mesures prises" (Actes et Doc IX/4, 179).

„M. VAN HECKE (Belgique) tient à souligner une nouvelle fois que la réserve a pour seul but d'assurer la sauvegarde de la compétence des tribunaux en matière de divorce et qu'elle n'exclut pas certains mineurs de l'application de la convention. Toutes les compétences prévues par la convention existent à l'égard de l'enfant dont les parents sont en instance de divorce et les décisions des autorités compétentes devront être reconnues" (Actes et Doc IX/4, 179).

„M. DE WINTER (Pays-Bas) propose d'ajouter à la formule de M. VAN HECKE: . . . *si le mineur n'est pas ressortissant de l'Etat du for et n'y a pas sa résidence habituelle.* On répondrait ainsi à la difficulté soulignée par M. MARMO de savoir si une décision a été prise en vertu de la réserve ou en vertu de la convention" (Actes et Doc IX/4, 180).

„Le PRÉSIDENT met en discussion le texte auquel se sont ralliées les Délégations belge, espagnole, française, italienne, néerlandaise, norvégienne, suédoise, suisse et yougoslave: *Chaque Etat contractant, en signant ou ratifiant la présente Convention ou en y adhérant, peut réserver la compétence de ses autorités appelées à statuer sur une demande en annulation, dissolution ou affaiblissement du lien conjugal entre les parents d'un mineur, pour prendre des mesures de protection de sa personne ou de ses biens.*

Les autorités des autres Etats contractants ne sont pas tenues de reconnaître ces mesures.

M. DE STEIGER (Suisse), Rapporteur, fait observer que la Commission trouvera dans la rédaction actuelle une formule très voisine de celle qui avait été proposée par M. VAN HECKE. La discussion qui avait eu lieu à la fin de la séance précédente avait fait apparaître tant de problèmes d'interprétation que le Rapporteur avait lui-même préféré se rallier provisoirement à la formule du silence. Un nouvel examen approfondi des conséquences de l'admission d'une réserve lui a permis d'en dégager la portée précise. Il désire toutefois obtenir l'accord de la Commission sur son interprétation de la réserve proposée. Il considère qu'en formulant une réserve lors de la ratification de la convention, un Etat déclare qu'il exclut du domaine de la convention le divorce et tous ses effets . . .

Il propose un exemple qui permettra à la Commission d'examiner les conséquences pratiques de l'article discuté. Si un couple italien, domicilié en Suisse, y demande la séparation de corps, le tribunal suisse qui déclarera la séparation a juridiction complète pour prendre les mesures nécessaires à la protection des enfants. L'Italie pourra soit admettre les mesures prises, soit ne pas reconnaître celles-ci en ce qui concerne les enfants et ne pas donner en Italie force exécutoire au jugement. La réserve faite par la Suisse sortant tout le problème du divorce du domaine de la convention, elle aura pour effet que l'Italie ne pourra pas invoquer la compétence des autorités nationales prévue par la convention en vue de prendre elle-même les mesures de protection nécessaires à l'enfant. Si l'on ne devait pas admettre une telle interprétation, la réserve n'aurait aucune valeur.

Développant son exemple, le Rapporteur ajoute que le tribunal suisse pourrait être compétent même si les enfants ont leur résidence habituelle dans un autre Etat, par exemple en France. La France pourrait à son tour se déclarer d'accord sur ces mesures ou ne pas les reconnaître en ce qui concerne les enfants. En aucun cas la France ne pourrait invoquer le fait que le mineur a sa résidence habituelle sur son territoire pour prétendre, en vertu de la convention, à la reconnaissance des mesures qu'elle prendrait pour régler les effets de ce divorce . . .
Le Rapporteur tient à souligner que cette interprétation est la seule qui donne à la réserve une valeur pratique.

Le PRÉSIDENT remercie le Rapporteur de l'exposé qu'il vient de faire et qui correspond très exactement à l'esprit qui s'était dégagé des discussions du Comité restreint. Il souligne qu'en mettant ainsi en dehors de la convention tous les effets du divorce, on applique pratiquement l'opinion défendue par M. MARIDAKIS selon laquelle les effets du divorce représentent une maitière étrangère à l'objet de la convention . . .

M. SCHWIND (Autriche) regretterait l'adoption de cet article qui réduirait à néant en cas de divorce toutes les compétences instituées par la convention. Il note que les auteurs de l'amendement accordent plus d'importance au fait qu'un tribunal a prononcé un divorce qu'à la protection d'un enfant par sa loi nationale" (Actes et Doc IX/4, 187 f).

„M. FERID (Allemagne) tient aussi à souligner combien le domaine de la protection des enfants en cas de divorce est étendu, et combien il est regrettable que l'on exclut ces mineurs du domaine de la convention" (Actes et Doc IX/4, 188).

Spätere Erläuterung in der Plenarsitzung M. DE STEIGER (Suisse): „Pour les Etats qui auront utilisé la réserve, les mesures relatives aux enfants prises à l'occasion du divorce seront donc exclues de la convention et seront régies par le droit international privé de l'Etat en question" (Actes et Doc IX/4, 203).

In seinem nach Abschluß der Konferenz verfaßten *Abkommensbericht* schreibt VON STEIGER **743**
dagegen vieles, was auf die enge Auslegung hindeutet (Actes et Doc IX/4, 240 f):

„Il peut arriver que les autorités appelées à statuer sur une demande en annulation etc. aient à prendre des mesures à l'égard d'un mineur qui n'est pas ressortissant de l'Etat du for et qui n'y a pas sa résidence habituelle. Dans ces cas, les compétences prévues par la loi du for devraient en soi, dans les rapports entre les Etats signataires de la convention, céder le pas aux compétences attribuées par celle-ci. En d'autres termes, les autorités appelées à statuer sur une demande en annulation etc. d'un mariage devraient s'abstenir de s'occuper du sort des enfants mineurs des parties, en laissant aux autorités de la résidence habituelle de chacun d'eux le soin de prendre des mesures, à moins que les autorités nationales ne se décident à intervenir . . .

Pour ces raisons, on a finalement décidé d'insérer la clause de l'article 15 permettant aux Etats contractants de maintenir, au moyen d'une réserve (*cf* aussi article 23) les compétences attribuées par leur propre loi aux autorités d'annulation etc. En faisant usage de cette réserve, l'Etat en question évite que ses autorités, en exerçant des compétences contrairement aux règles de la convention, ne violent les obligations qui découlent de celle-ci. En d'autres termes, ledit Etat soustrait les cas prévus à l'article 15 aux autorités compétentes selon la convention. En contre-partie il est logique que les autres Etats contractants ne soient pas tenus de reconnaître les mesures prises par les autorités dont la compétence aura ainsi été réservée. Telle est la règle de l'alinéa 2.

Voici un exemple illustrant ce qui vient d'être dit: Si un tribunal de divorce de l'Etat A (qui a fait usage de la réserve prévue à l'article 15) a pris des mesures à l'égard d'un mineur qui est ressortissant de l'Etat B et qui a sa résidence habituelle dans l'Etat C, les autorités des Etats B ou C (peu importe que ces Etats aient eux-même fait la réserve ou non) peuvent reconnaître ces mesures, ou ne pas les reconnaître. Leur attitude sera dictée, non pas par les dispositions de la convention, mais par les règles ordinaires de leur droit sur la reconnaissance de pareilles mesures prises par des autorités étrangères. Néanmoins les autorités des Etats B et C peuvent, si à leur avis le besoin s'en fait sentir, prendre, en application de la convention, des mesures tendant à la protection de la personne du mineur ou de ses biens . . .

Il importe de retenir que dans tous les Etats autres que celui du for de l'action en annulation etc le mineur restera entièrement soumis au régime de la convention et que les mesures prises selon celle-ci auront le pas sur les dispositions du juge dont la compétence aura été réservée en application de l'article 15. Cela pourra avoir pour effet de priver les décisions du juge de l'annulation etc d'effets extra-territoriaux.

Lorsqu'enfin l'intervention des autorités d'annulation etc d'un Etat qui a fait la réserve en matière de protection des mineurs était conforme aux règles de compétences et de conflits de lois conventionnelles, les autres Etats ne devraient pas avoir de motif pour ne pas reconnaître les décisions en question dans les limites de la convention. De son côté l'Etat du for de l'action en nullité etc n'a aucun intérêt à ce que de telles espèces tombent sous le coup de la réserve, ce qui aurait pour seul effet de priver les décisions de ses autorités de la reconnaissance à l'étranger dans des cas où la convention l'imposerait.

Il semble donc conforme à l'esprit et au but de la convention de conclure que la portée de la réserve prévue à l'article 15 se limite aux cas dans lesquels les autorités d'annulation etc agissent en marge des règles de la convention."

Die Entstehungsgeschichte ist also nicht eindeutig. Eine teleologische Interpretation **744**
muß entscheiden.

745 **2. Teleologische Auslegung**

Ein tragfähiges Argument für die **weite Auslegung** ist bislang nicht vorgetragen worden. Die Tatsache allein, daß dem Vorbehalt bei einer weiten Auslegung stärkere praktische Bedeutung zukommt als bei einer engen, vermag die weite Auffassung nicht zu rechtfertigen (anders Droz Clunet 100 [1973] 634). Wohl aber gibt es ein Argument *gegen* die weite Auslegung: Der Anwendungsbereich der Konvention wird bei dieser Interpretation nämlich ohne erkennbaren Grund eingeengt. Dadurch entgeht den Staaten, die den Vorbehalt erklärt haben, der Vorteil, daß ihre Maßnahmen in den anderen Vertragsstaaten gem Art 7 anerkannt werden müssen (das erkennt auch Droz aaO), womit den Interessen des Minderjährigen nicht gedient ist. Auch die der Kontinuität des Minderjährigenschutzes förderliche Vorschrift des Art 5 kommt nicht zur Anwendung. Weshalb sollten die französischen, luxemburgischen, niederländischen und schweizerischen Gerichte also gezwungen sein, aufgrund von Art 15 zu handeln, wenn die Voraussetzungen des Art 1 oder des Art 4 erfüllt sind?

746 Abzulehnen ist auch die von dem italienischen Delegierten Marmo (vgl oben Vorbem 742) während der Konferenz erörterte *Wahlmöglichkeit* für die Gerichte der Staaten, die den Vorbehalt erklärt haben. Es ist nicht der Sinn des Art 15, diesen Gerichten die Möglichkeit zu eröffnen, ihre Maßnahme nach Belieben entweder auf die Konventionsregel oder (iVm Art 15) auf das autonome Recht zu stützen. Denn die Sachentscheidung kann bei einer Anwendung der Konvention (Art 1 iVm Art 2 und 3 bzw Art 4) anders ausfallen als bei einer Anwendung des autonomen Kollisionsrechts, die Art 15 mit sich bringt (unten Vorbem 753).

747 Am überzeugendsten erscheint demnach die **enge Auslegung** des Art 15. Weder für den Staat, der den Vorbehalt erklärt hat, noch für die anderen Vertragsstaaten ist ein zureichender Grund ersichtlich, die Fälle, in denen eine Zuständigkeit gem Art 1 oder Art 4 begründet ist, aus dem Anwendungsbereich des Abkommens auszuklammern (so auch Horst Kaufmann, FS Guldener 160). Nur wenn eine Zuständigkeit nach den Regeln der Konvention (Art 1, 4) nicht besteht, bedarf es überhaupt des Vorbehalts des Art 15, und nur dann ist die nachteilige Konsequenz des Abs 2 in Kauf zu nehmen. Das entspricht dem Sinn des Art 15, den Ehegerichten auch dann eine Zuständigkeit einzuräumen, wenn sie nach den Regeln der Konvention nicht gegeben wäre. Wenn gegen die enge Auslegung eingewandt wird, der Vorbehalt habe dann nur minimale Bedeutung (so Droz Clunet 100 [1973] 633), so ist das zwar zutreffend, aber kein Nachteil. Immerhin ist der Vorbehalt nicht ganz wertlos, auch wenn er nur in den Fällen eine zusätzliche Zuständigkeit schafft, in denen ein ausländischer Minderjähriger in einem ausländischen Vertragsstaat seinen gewöhnlichen Aufenthalt besitzt.

748 **3. Ergebnis**

Auf die Scheidungszuständigkeit des Art 15 ist in den Vertragsstaaten, die den Vorbehalt erklärt haben, nur zurückzugreifen, wenn der Minderjährige in dem Vertragsstaat weder seinen gewöhnlichen Aufenthalt (dann wäre Art 1 maßgebend) noch seine Heimat hat (dann wäre Art 4 anzuwenden). In den Beispielsfällen (oben Vorbem 738) kommt die Scheidungszuständigkeit des Art 15 für die niederländischen Gerichte also nur zum Zuge, wenn die Ehe der Eltern eines deutschen Kindes mit gewöhnlichem Aufenthalt in Deutschland in den Niederlanden geschieden worden ist.

749 Diese **enge Auslegung** des Art 15 entspricht der wohl überwiegenden Meinung. Nicht nur der Bericht von Steigers (oben Vorbem 743) dürfte in diesem Sinne zu verstehen sein, sondern auch die anläßlich des Ratifikationsverfahrens in Deutschland, Österreich und der Schweiz verfaßten **Regierungsvorlagen**.

In der *Denkschrift der Bundesregierung* (BT-Drucks VI/947, 17) heißt es: „Der Vorbehalt nach Art 15 Abs 1 entzieht den Minderjährigen nicht der Regelung des Übereinkommens. Die von den Behörden anderer Vertragsstaaten nach dem Übereinkommen getroffenen Maßnahmen gehen deshalb den Anordnungen des Ehegerichts vor. Ist dessen internationale Zuständigkeit aber nicht nur auf den Vorbehalt nach Art 15 Abs 1, sondern auch auf Art 4 Abs 1 gegründet, weil der Minderjährige dem Staat, in dem das Eheverfahren stattfindet, angehört, so haben die Anordnungen des Ehegerichts in allen Vertragsstaaten Vorrang vor den Maßnahmen des Aufenthaltsstaates. Das Ehegericht ist dann aber auch gehalten, den Mitteilungs- und Konsultationspflichten des Übereinkommens zu genügen (Art 4 Abs 1, Art 10, 11). Das Abkommen findet desgleichen in dem Fall uneingeschränkte Anwendung, daß der Minderjährige im Prozeßstaat seinen gewöhnlichen Aufenthalt hat: die Maßnahmen der Ehegerichte des Aufenthaltsstaates haben in allen anderen Vertragsstaaten Wirksamkeit, soweit nicht die Heimatbehörden nach Art 4 eingreifen." 750

Die *österr Regierungsvorlage* (1210 Blg NR 13. GP 14) sagt zu Abs 2: „Der Abs 2 verpflichtet jedoch die anderen Vertragsstaaten nicht, diese Maßnahmen anzuerkennen, so daß sich die Anerkennung und Vollstreckung solcher Maßnahmen nach den allgemeinen Grundsätzen richten. Dies dürfte jedoch deshalb keine große praktische Bedeutung haben, weil die vorbehaltene Zuständigkeit nach Abs 1 oft mit den im Übereinkommen sonst vorgesehenen Zuständigkeiten zusammenfallen wird."

Ähnlich heißt es in der *Botschaft des Schweizer Bundesrates* (BBl 1966 I 358): „Die andern Staaten sind allerdings nicht verpflichtet, die vom Scheidungsrichter angeordneten Maßnahmen anzuerkennen, was aber praktisch nicht schwer ins Gewicht fallen sollte, da die (vorbehaltene) Zuständigkeit des Scheidungsrichters oft mit den vom Übereinkommen anerkannten Zuständigkeiten zusammenfallen dürfte."

Auch in der **Literatur** finden sich überwiegend Stimmen für die enge Auslegung: von Overbeck NedTIR 8 (1961) 52; Kropholler, MSA 94 f; Lemaire, Nederlands Internationaal Privaatrecht (1968) 108–111; Horst Kaufmann, FS Guldener 160 f; Verheul NedTIR 21 (1974) 305; wohl auch de Winter NedJbl 1961, 25; Baechler ZVW 30 (1975) 5 f; dagegen scheint Droz Clunet 100 (1973) 632–635 die weite Auslegung für unumgänglich zu halten, obwohl er die unerfreulichen Konsequenzen dieser Ansicht zutreffend hervorhebt. 751

Aus der **niederländischen Rechtsprechung** sind freilich einige Amsterdamer Entscheidungen zu erwähnen, die der weiten Auslegung des Art 15 gefolgt sind: Rb Amsterdam 29. 11. 1973 NedJur 1974 Nr 446 = (englisch) NedTIR 21 (1974) 304 abl Anm Verheul: Verteilung der elterlichen Gewalt über portugiesische Kinder mit gewöhnlichem Aufenthalt in den Niederlanden gem Art 15 iVm autonomem niederländischen IPR, so daß eine Berücksichtigung von Art 3 entfiel; Hof Amsterdam 24. 12. 1974 NedJur 1975 Nr 374: Verteilung der elterlichen Gewalt über deutsche Kinder mit gewöhnlichem Aufenthalt in den Niederlanden, wobei das Gericht nicht Art 1, 2, sondern Art 15 und autonomes niederländisches IPR anwandte. Vgl auch den Rechtsprechungsbericht Kokkini-Iatridou WPNR 1978, 222 ff und die dort erwähnte Entscheidung Rb Amsterdam 8. 4. 1974. Nach Koopmans (WPNR 1977, 89) tendiert die niederländische Rechtsprechung im allgemeinen zu der weiten Auslegung. Wenn ausländische Gerichte in dieser Weise der weiten Auslegung des Art 15 folgen, haben die deutschen Gerichte das bei Prüfung der Anerkennung zu beachten (näher unten Vorbem 757). 752

III. Anwendbares Recht 753

Das anwendbare Recht bestimmt sich nach dem autonomen Kollisionsrecht des Staates, der den Vorbehalt erklärt hat (Kropholler, MSA 113). Denn es handelt sich nicht um eine der Regelzuständigkeiten des Abkommens, für welche die Anwendung der lex fori gerechtfertigt erscheint, sondern der Vorbehalt gestattet ausnahmsweise ein Handeln außerhalb der Konvention. Das Ergebnis wird durch die Entstehungsgeschichte bestätigt (Bericht von Steiger Actes et Doc IX/4, 239 lit a; ders in der Plenarsitzung aaO 203; ders in den Sitzungen der 3. Kommission aaO 170, 177, 179; so auch die Diskussionsbeiträge von Puhan aaO 176 f, van Hecke aaO 178, Vranken aaO 190). Auch die niederländischen Gerichte, die Art 15 angewandt haben, sind von ihrem autonomen Kollisionsrecht ausgegangen (vorige Vorbem).

754 **IV. Anerkennung (Abs 2)**

Nach Abs 2 sind die Vertragsstaaten (und zwar auch die Vertragsstaaten, die selbst den Vorbehalt erklärt haben) nicht verpflichtet, die aufgrund der Scheidungszuständigkeit getroffenen Maßnahmen anzuerkennen. Art 7 gilt für Maßnahmen, die aufgrund von Abs 1 getroffen wurden, eindeutig nicht (vgl auch oben Vorbem 622; mißverständlich ist die Berufung auf Art 7 S 2 durch BGH 25. 10. 1976 BGHZ 67, 255 = NJW 1977, 150 = MDR 1977, 383 = FamRZ 1977, 126 = ZBlJugR 1977, 213 = Rpfleger 1977, 55 = IPRspr 1976 Nr 193 b). Abs 2 vermag die Möglichkeit von Konflikten in den Vertragsstaaten nicht auszuschließen, die zwischen Entscheidungen der Ehegerichte und Maßnahmen der Behörden entstehen können, die eine Zuständigkeit aufgrund der Art 1 und 4 in Anspruch nehmen. Aber angesichts der Bedeutung der Vorschrift für die Ratifikationschancen mußte dieser Rest an Konfliktstoff in Kauf genommen werden.

755 *Beispiel* (nach Massfeller Actes et Doc IX/4, 189): Eltern und Kinder besitzen die deutsche Staatsangehörigkeit, das Kind hat seinen gewöhnlichen Aufenthalt in einem ausländischen Vertragsstaat. Die Eltern leben getrennt, und das deutsche Gericht hat gem § 1672 BGB die elterliche Gewalt der Mutter übertragen. Diese Entscheidung entspricht Art 4 und muß in allen Vertragsstaaten anerkannt werden (Art 7). Später werden die Eltern von einem Schweizer Gericht geschieden, und der Schweizer Scheidungsrichter trifft aufgrund von Art 15 eine Schutzmaßnahme für den Minderjährigen, gleichgültig in welchem Staat dieser seinen gewöhnlichen Aufenthalt hat. Wenn das Schweizer Gericht nun die Personen- und Vermögenssorge dem Vater überträgt, hat das Kind zwei gesetzliche Vertreter.

756 Die Regelung des Abs 2 bedeutet, daß sich die Anerkennung der gem Art 15 getroffenen Maßnahmen **nach den allgemeinen Regeln** beurteilt, die in den einzelnen Vertragsstaaten gelten (vgl zu den deutschen Regeln Art 19 Rz 299 ff). Speziell die internationale Zuständigkeit des ausländischen Scheidungsgerichts ist in spiegelbildlicher Anwendung der im autonomen deutschen Verfahrensrecht vorgesehenen Scheidungszuständigkeit (Art 19 Rz 250 ff) regelmäßig anzuerkennen. Die internationale Zuständigkeit des ausländischen Gerichts ergibt sich nicht bereits aus Abs 1 (mißverständlich BGH 25. 10. 1976 BGHZ 67, 255 = NJW 1977, 150 = MDR 1977, 383 = FamRZ 1977, 126 = ZBlJugR 1977, 213 = Rpfleger 1977, 55 = IPRspr 1976 Nr 193 b). Zu beachten ist, daß die Anerkennung einer in Verbindung mit einer Ehescheidung ergangenen Schutzmaßnahme in Deutschland von der vorgängigen Anerkennung des Scheidungsurteils durch die Landesjustizverwaltung gem Art 7 § 1 FamRÄndG abhängig ist, sofern nicht beide Ehegatten dem Staate angehört haben, dessen Gericht die Ehescheidung ausgesprochen hat, Art 7 § 1 S 3 FamRÄndG (näher dazu oben Vorbem 625–627). Liegen die Voraussetzungen für eine Anerkennung der Schutzmaßnahme des Ehegerichts vor, so tritt diese Maßnahme als die jüngere Maßnahme an die Stelle der anderslautenden Maßnahme, die *zuvor* die Heimatbehörde gem Art 4 (oder die Aufenthaltsbehörde gem Art 1) getroffen hatte (näher zum Verhältnis zu Art 7 S 1 oben Vorbem 621). In dem umgekehrten Fall, daß *nach* Erlaß einer anzuerkennenden Maßnahme des Ehegerichts die Behörde eines anderen Vertragsstaates gem Art 1 oder Art 4 eine

neue Schutzmaßnahme anordnet, ist die aufgrund der Konvention getroffene Maßnahme anzuerkennen.

Schwierigkeiten bereitet die Frage, nach welchen Regeln die Anerkennung zu beurteilen ist, **wenn für das ausländische Ehegericht die Voraussetzungen des Art 1 oder des Art 4 vorlagen**. Man wird danach zu unterscheiden haben, ob das ausländische Ehegericht seine Maßnahme aufgrund der Regeln der Konvention getroffen hat und also der engen Auslegung des Art 15 gefolgt ist oder ob es aufgrund von Art 15 iVm dem autonomen Kollisionsrecht entschieden und also der weiten Auslegung des Art 15 den Vorzug gegeben hat (vgl zur engen und weiten Auslegung oben Vorbem 736 ff). Hat das ausländische Ehegericht seine Maßnahme auf Art 1 oder 4 gestützt, so ist sie gem Art 7 anzuerkennen. Hat das ausländische Ehegericht dagegen gem Art 15 Abs 1 aufgrund seines autonomen Rechts gehandelt, so ist über die Anerkennung gem Abs 2 nach den allgemeinen Regeln zu befinden. Die Anerkennungspflicht des Art 7 ist nämlich nur gerechtfertigt, wenn aufgrund der Konvention gehandelt worden ist; dann spricht eine gewisse Vermutung dafür, daß die handelnde Behörde auch die Bestimmungen über das anwendbare Recht (Art 2, 3) beachtet hat, und es bedarf keiner über das Vorliegen der internationalen Zuständigkeit hinausgehenden Nachprüfung im Anerkennungsstaat. Wenn das Ehegericht dagegen offen außerhalb der Konvention tätig geworden ist und deshalb zB Art 3 nicht berücksichtigt hat, ist es nach dem Sinn des Art 7 nicht Aufgabe der Gerichte der anderen Vertragsstaaten zu prüfen, ob eine Entscheidung aufgrund der Konvention ebenso ausgefallen wäre. Vielmehr ist dann auch über die Anerkennung nach den außerhalb des MSA geltenden Regeln zu befinden (vgl BGH 25. 10. 1976 BGHZ 67, 255 = NJW 1977, 150 = MDR 1977, 383 = FamRZ 1977, 126 = ZBlJugR 1977, 213 = Rpfleger 1977, 55 = IPRspr 1976 Nr 193 b; *anders* in demselben Fall BayObLG 1. 7. 1976 BayObLGZ 1976, 174 = FamRZ 1977, 137 = IPRspr 1976 Nr 193 a; anders auch KG 13. 11. 1973 OLGZ 1974, 93 = FamRZ 1974, 146 = StAZ 1974, 127 = IPRspr 1973 Nr 70). 757

Beispiel (nach BGH aaO): Eltern und Kinder sind Niederländer. Die Mutter lebt in den Niederlanden, der Vater mit den Kindern in Deutschland. Die Mutter erhebt in den Niederlanden Ehescheidungsklage, über die noch nicht entschieden ist. Das niederländische Scheidungsgericht bestimmt aufgrund von Art 15 (nicht aufgrund von Art 4), daß die Kinder vorläufig der Mutter zugewiesen werden und an sie herauszugeben sind. Die Anerkennung dieser Maßnahme beurteilt sich gemäß Art 15 Abs 2 nach autonomem deutschen Recht (§ 328 Abs 1 Nr 1 und 4 ZPO analog). Demnach muß die internationale Zuständigkeit des ausländischen Gerichts gegeben sein, und die Entscheidung dieses Gerichts darf keinen Verstoß gegen den deutschen ordre public aufweisen. 758

Art 16
[Ordre public]

Die Bestimmungen dieses Übereinkommens dürfen in den Vertragsstaaten nur dann unbeachtet bleiben, wenn ihre Anwendung mit der öffentlichen Ordnung offensichtlich unvereinbar ist.

Art 16

Les dispositions de la présente Convention ne peuvent être écartées dans les Etats contractants que si leur application est manifestement incompatible avec l'ordre public.

Systematische Übersicht

759 **I. Allgemeines**

Die Vorbehaltsklausel trägt keinen grundsätzlich anderen **Charakter** als die ordre-public-Klausel des autonomen deutschen IPR (Art 30 EGBGB), der sie als Spezialvorschrift vorgeht (letzteres wird des öfteren verkannt). Die grundlegenden Erläuterungen zu Art 30 EGBGB sind deshalb zu beachten. Die *Besonderheiten* der staatsvertraglichen Vorbehaltsklausel, insbes die Einschränkung durch das „offensichtlich", finden sich bereits in Art 4 des Unterhaltsabkommens von 1956. Auf die Erläuterungen dieses Artikels (oben Vorbem 176 ff), dem die Vorschrift des Minderjährigenschutzabkommens nachgebildet wurde, sei verwiesen.

760 Praktisch **bedeutsam** wird die Vorbehaltsklausel des ordre public vor allem im Rahmen des Art 3 (Anerkennung von ex-lege-Verhältnissen) und im Rahmen des Art 7 (Anerkennung ausländischer Schutzmaßnahmen). Denkbar ist auch, daß aufgrund der Vorschrift ausnahmsweise von der im Abkommen vorgesehenen internationalen Zusammenarbeit der Behörden abgesehen wird.

761 Die ordre-public-Klausel kann auch als **„Einbruchstelle" der Grundrechte in das IPR** verstanden werden (BVerfG 4. 5. 1971 BVerfGE 31, 58 = NJW 1971, 1509 = MDR 1971, 823 = FamRZ 1971, 414 Anm Wochner = StAZ 1971, 189 = IPRspr 1971 Nr 39). Das gilt ebenfalls für die in Art 16 enthaltene ordre-public-Klausel (BGH 20. 12. 1972 BGHZ 60, 68 = NJW 1973, 417 = MDR 1973, 390 = JZ 1974, 178 Anm Firsching = JR 1973, 245 Anm Jayme = FamRZ 1973, 138 = StAZ 1973, 213 Anm Dilger = IPRspr 1972 Nr 59 b; vgl auch unten Vorbem 763).

762 **II. Konkrete Betrachtungsweise**

Ebenso wie Art 4 des Unterhaltsabkommens richtet sich Art 16 (im Zusammenhang mit Art 3) nicht gegen das fremde Recht als solches, sondern nur gegen seine Anwendung im konkreten Fall (vgl näher oben Vorbem 179). Das hat der BGH zum Minderjährigenschutzabkommen in seiner Entscheidung vom 20. 12. 1972 deutlich ausgesprochen (BGHZ 60, 68 = NJW 1973, 417 = MDR 1973, 390 = JZ 1974, 178 Anm Firsching = JR 1973, 245 Anm Jayme = FamRZ 1973, 138 = StAZ 1973, 213 Anm Dilger = IPRspr 1972 Nr 59 b).

Die Vorinstanz hatte einen Verstoß gegen das Grundrecht der Gleichberechtigung von Mann und Frau schon darin gesehen, daß im iranischen Recht die gesetzliche Vormundschaft (walayat) allein dem Vater zustehe und auch nach Scheidung der Ehe nicht der Mutter übertragen werden könne; ob im Einzelfall das Ergebnis der Anwendung dieser Normen für untragbar gehalten werde, sei unerheblich (KG 4. 2. 1972 FamRZ 1972, 304 = ZBlJugR 1973, 277 = IPRspr 1972 Nr 59 a). Der BGH lehnte diese abstrakte Betrachtungsweise mit Recht ab und erklärte, ein Verstoß gegen den deutschen ordre public liege nicht schon dann vor, „wenn der die Einzelentscheidung tragende Maßstab . . . anstößig sei . . . In Fällen mit Auslandsberührung muß auf die Internationalisierbarkeit des Privatrechtsverkehrs Rücksicht genommen werden. Dabei kommt es wesentlich mit auf die im Einzelfall bestehenden Inlandsbeziehungen an."

763 Zur konkreten Betrachtungsweise speziell bei der Prüfung einer **Grundrechtsverletzung** bemerkt der BGH im Anschluß an das BVerfG, entscheidend sei allein, „ob und inwieweit das Grundrecht in Bezug auf den konkreten Sachverhalt Geltung beansprucht, insbes auch unter Berücksichtigung der Gleichstellung anderer Staaten und der Eigenständigkeit ihrer Rechtsordnungen" (vgl auch Wuppermann FamRZ 1974, 418–421). Von Bedeutung sind die Sachgerechtigkeit der Kollisionsregelung und der Inhalt der danach berufenen ausländischen Sachnormen sowie andererseits der Umfang der Inlandsbeziehungen.

Hinsichtlich der im Einzelfall bestehenden Inlandsbeziehungen differenziert der BGH je nach der Staatsangehörigkeit der Beteiligten folgendermaßen: Seien alle Beteiligten Ausländer gleicher Staatsangehörigkeit, so sei die Nichtanwendung eines nach ihrem Heimatrecht bestehenden elterlichen Gewaltverhältnisses vom deutschen ordre public her im allgemeinen nicht zu verlangen. Besitze nur ein Ehegatte die deutsche Staatsangehörigkeit, so ziehe der gewöhnliche Aufenthalt der Familie auf deutschem Boden auch noch nicht ohne weiteres das Recht auf Durchsetzung der vollen Gleichberechtigung von Mann und Frau nach sich. Vielmehr sei eine „Anpassungsregelung", ein „Kompromiß zwischen den Rechtssystemen der verschiedenen Staaten" geboten. Eine solche Anpassungsregelung, die auf der Respektierung der Rechtsordnungen der anderen Staaten beruhe, stelle das Minderjährigenschutzabkommen dar. Die völkerrechtliche Bindung, die mit der Ratifizierung des Staatsvertrages eingegangen worden sei, würde durch einen (ausdrücklichen oder stillschweigenden) verfassungsrechtlichen Vorbehalt, alle der vollen Gleichberechtigung der Geschlechter nicht entsprechenden Normen aufgrund des deutschen ordre public außer Anwendung zu lassen, weitgehend wieder aufgehoben. Damit wäre die Möglichkeit, staatsvertraglich Anpassungsregeln zu schaffen, in beträchtlichem Umfang behindert oder ausgeschlossen.

III. Die Einschränkung durch das „offensichtlich" 764

Die einschränkende Formulierung „mit der öffentlichen Ordnung offensichtlich unvereinbar" bringt zum Ausdruck, daß von der Vorbehaltsklausel möglichst wenig Gebrauch gemacht werden soll, daß also eine Verletzung des ordre public nur in besonders harten Fällen anzunehmen ist. Das zu Art 4 des Haager Unterhaltsabkommens Gesagte gilt entsprechend (vgl oben Vorbem 8 und 181–183). Die restriktive Funktion des „offensichtlich" wird auch in den Materialien zum Minderjährigenschutzabkommen wiederholt erwähnt (im Bericht zum Vorentwurf Marmo Actes et Doc IX/4, 31, vom Präsidenten in der Diskussion aaO 134, 167 und im Bericht von Steiger aaO 241; so auch die Denkschrift der Bundesregierung BT-Drucks VI/947, 17 und die österr Regierungsvorlage 1210 Blg NR 13. GP 14). Es darf als allgM bezeichnet werden, daß die Ausweichklausel des Art 16 noch enger auszulegen ist als die uneingeschränkte ordre-public-Klausel des Art 30 EGBGB (vgl auch BGH 20. 12. 1972 BGHZ 60, 68 = NJW 1973, 417 = MDR 1973, 390 = JZ 1974, 178 Anm Firsching = JR 1973, 245 Anm Jayme = FamRZ 1973, 138 = StAZ 1973, 213 Anm Dilger = IPRspr 1972 Nr 59 b: „etwas enger gefaßt").

Das Erfordernis der „offensichtlichen" Unvereinbarkeit mit dem ordre public gilt 765 auch dann, wenn über die Anwendbarkeit der gesetzlichen Regelung eines *Nicht*vertragsstaates (zB im Rahmen von Art 3) zu entscheiden ist (offen geblieben in IPG 1972 Nr 24 [Köln] 229). Das entspricht sowohl dem eindeutigen Wortlaut des Art 16 als auch seinem Sinn, in den Vertragsstaaten von den Regeln des Abkommens möglichst wenig abzuweichen.

IV. Einzelheiten 766

Im einzelnen haben die deutschen Gerichte in Anwendung der konkreten Betrachtungsweise wiederholt **ex-lege-Verhältnisse** nach ausländischem Recht anerkannt und eine Einschaltung des Art 16 abgelehnt, obwohl – entgegen dem Gleichberechtigungsgrundrecht – der Vater dadurch bevorzugt wurde: BGH 20. 12. 1972 BGHZ 60, 68 = NJW 1973, 417 = MDR 1973, 390 = JZ 1974, 178 Anm Firsching = JR 1973, 245 Anm Jayme = FamRZ 1973, 138 = StAZ 1973, 213 Anm Dilger = IPRspr 1972 Nr 59 b: iranisches Recht nach Scheidung, vgl dazu auch Dilger FamRZ 1973, 530, 533; OLG Zweibrücken 23. 8. 1972 FamRZ 1972, 649 Anm Kropholler = IPRspr 1972 Nr 72: ägyptisch-hanefitisches Recht; zu dieser Entscheidung siehe auch Wuppermann, Ordre public 174 f; LG Nürnberg-Fürth 21. 3. 1973 FamRZ 1973, 381 = IPRspr 1973 Nr 62: österreichisches Recht nach

Scheidung; vgl zu der parallelen Problematik im Rahmen des Art 19 EGBGB dort Rz 36 ff.

767 Die aus Art 7 folgende **Anerkennungspflicht** einer niederländischen Entscheidung wurde insbesondere im Hinblick auf die Gewährung des rechtlichen Gehörs (Art 103 GG) vom BayObLG an Art 16 gemessen, wobei in casu Gründe für ein Eingreifen des ordre public nicht vorlagen: BayObLG 1. 7. 1976 BayObLGZ 1976, 174 = FamRZ 1977, 137 = IPRspr 1976 Nr 193 a.

768 Zweifelhaft ist, ob auch die Anwendung der Bestimmungen des Abkommens selbst in Ausnahmefällen am ordre public gemessen werden kann; so aufgrund des Wortlauts von Art 16 OLG Zweibrücken 13. 9. 1974 FamRZ 1975, 172 = IPRspr 1974 Nr 91; dagegen PALANDT-HELDRICH Anh zu Art 23 EGBGB Anm 1 zu Art 16 MSA.

Art 17
[Zeitlicher Anwendungsbereich]

Dieses Übereinkommen ist nur auf Maßnahmen anzuwenden, die nach seinem Inkrafttreten getroffen worden sind.

Gewaltverhältnisse, die nach dem innerstaatlichen Recht des Staates, dem der Minderjährige angehört, kraft Gesetzes bestehen, sind vom Inkrafttreten des Übereinkommens an anzuerkennen.

Art 17

La présente Convention ne s'applique qu'aux mesures prises après son entrée en vigueur.

Les rapports d'autorité résultant de plein droit de la loi interne de l'Etat dont le mineur est ressortissant sont reconnus dès l'entrée en vigueur de la Convention.

Systematische Übersicht

769 **I. Maßnahmen (Abs 1)**

Nach Abs 1 ist das Abkommen nur auf solche Maßnahmen anzuwenden, die nach seinem Inkrafttreten getroffen werden. Das Abkommen legt sich also keine rückwirkende Kraft bei. Die vor dem Inkrafttreten angeordneten Maßnahmen sind folglich nicht deshalb aufzuheben, weil sie aufgrund der Konvention – etwa weil ein anderes Recht maßgebend ist – nicht mehr getroffen werden dürfen (BT-Drucks VI/947, 17; KROPHOLLER, MSA 48; ders ZfRvgl 16 [1975] 209; SIEHR DAVorm 1973, 258; DROZ Clunet 100 [1973] 641). Das gilt auch bei Maßnahmen, die nicht in Rechtskraft erwachsen, wie die der deutschen Freiwilligen Gerichtsbarkeit. Das Abkommen ist aber anwendbar, wenn ältere Maßnahmen aus sachlichen Gründen ohnehin geändert werden sollen (vgl etwa KROPHOLLER und SIEHR aaO; OLG Zweibrücken 13. 9. 1974 FamRZ 1975, 172, 176 = IPRspr 1974 Nr 91 S 252). In diesem Fall ist die neue Maßnahme auf das Minderjährigenschutzabkommen zu stützen, weil sie nach seinem Inkrafttreten getroffen wird.

770 In Deutschland war der Fall umstritten, daß eine Maßnahme nach altem Recht getroffen worden ist und das Abkommen in Kraft tritt, während das Verfahren noch in der **Rechtsmittelinstanz** schwebt. Der Bundesgerichtshof hat die Frage dahingehend entschieden, daß das neue Recht auch noch in der Rechtsbeschwerde- oder

Revisionsinstanz zugrunde gelegt werden muß (BGH 20. 12. 1972 BGHZ 60, 68 = NJW 1973, 417 = MDR 1973, 390 = JZ 1974, 178 Anm FIRSCHING = JR 1973, 245 Anm JAYME = FamRZ 1973, 138 = StAZ 1973, 213 Anm DILGER = IPRspr 1972 Nr 59 b mwN; vgl auch SIEHR DAVorm 1973 258; SCHWIMANN ÖJBl 1976, 234). Durch Art 17 solle verhindert werden, daß die Gültigkeit früherer Maßnahmen rückwirkend in Frage gestellt werde. Das Abkommen solle also keinen Anlaß geben, solche Maßnahmen aufzuheben oder abzuändern. Maßnahmen, gegen die ein Rechtsmittel schwebe, seien aber noch nicht abgeschlossen. Wenn bei ihrer Überprüfung das neue Recht berücksichtigt werde, so stelle dies keine Rückwirkung dar.

Den **Zeitpunkt des Inkrafttretens** bestimmt Art 20. In einigen Staaten hat die (auch 771
in Deutschland nicht unbekannte) Unsitte, ratifizierte Staatsverträge verspätet im Gesetzblatt zu verkünden, die Frage entstehen lassen, ob im Rahmen des Art 17 das nach Art 20 zu errechnende Datum maßgeblich ist oder der Tag nach Versendung des Gesetzblatts. Beispielsweise ist die Konvention für Frankreich gem Art 20 Abs 2 am 10. 11. 1972 in Kraft getreten; da die Konvention aber erst am 24. 5. 1973 im Journal Officiel verkündet wurde, konnte sie von den französischen Gerichten erst seit dem 25. 5. 1973 angewandt werden (vgl DROZ Clunet 100 [1973] 641). Ebenso ist es in Österreich: Dort trat die Konvention gem Art 20 Abs 2 am 11. 5. 1975 in Kraft, das Bundesgesetzblatt kam aber erst am 19. 8. 1975 zur Versendung, so daß der 20. 8. 1975 als Datum des innerstaatlichen Geltungsbeginns bezeichnet worden ist (SCHWIMANN ÖJBl 1976, 234). Man wird nach dem eindeutigen Wortlaut der Konvention aber daran festhalten müssen, daß das Inkrafttreten iS des Art 17 durch Art 20 bestimmt ist. In Frankreich sind also Schutzmaßnahmen anzuerkennen, die nach dem 10. 11. 1972 in einem anderen Vertragsstaat erlassen wurden (so auch DROZ Clunet 100 [1973] 641; ebenso zum Haager Unterhaltsabkommen Cass 30. 11. 1976 Rev crit 66 [1977] 367), in Österreich ist der Stichtag der 11. 5. 1975. Daß die französischen und die österreichischen Gerichte selbst erst einige Monate später aufgrund der Konvention tätig werden konnten, vermag daran nichts zu ändern.

Wenn die Anerkennung einer Schutzmaßnahme in Rede steht, läßt Abs 1 nicht 772
erkennen, auf **welches Datum des Inkrafttretens** es ankommt: auf das Inkrafttreten für den Staat, der die Maßnahme aufgrund des Abkommens erlassen hat, oder auf das (spätere) Inkrafttreten für den Staat, in dem die Maßnahme anerkannt werden soll. Sind die deutschen Gerichte beispielsweise gem Art 7 verpflichtet, eine Schweizer Schutzmaßnahme anzuerkennen, die nach dem 4. 2. 1969 (Inkrafttreten für die Schweiz), aber vor dem 17. 9. 1971 (Inkrafttreten für die Bundesrepublik) getroffen wurde? Die Frage dürfte zu verneinen sein. Denn die Schweiz muß gem Art 7 nur solche Schutzmaßnahmen anerkennen, welche die deutschen Behörden aufgrund des Abkommens, also seit dem 17. 9. 1971 erlassen haben (anders freilich DROZ Clunet 100 [1973] 639 f). Auf der anderen Seite haben die schweizerischen Behörden das Übereinkommen bei ihren Maßnahmen zwar bereits seit dem 4. 2. 1969 angewendet. Aber hierauf hatte Deutschland bis zum 17. 9. 1971 keinen Rechtsanspruch. Außerdem konnten sich die deutschen Behörden bis zu diesem Zeitpunkt nicht an der von der Konvention vorgesehenen zwischenstaatlichen Behördenzusammenarbeit beteiligen und waren zudem kraft Art 13 Abs 2 von der Heimatzuständigkeit des Art 4 ausdrücklich ausgeschlossen. Die deutsche Anerkennungspflicht darf also nicht auf die Zeit vor dem 17. 9. 1971 zurückbezogen werden, wie auch deutsche Maßnahmen nur anerkannt werden müssen, wenn sie vom 17. 9. 1971 an ergangen sind. Entsprechendes gilt für andere Vertragsstaaten, die das Abkommen später ratifiziert haben, zB besteht die Anerkennungspflicht für Österreich nur für Maßnahmen, die seit dem 11. 5. 1975 getroffen worden sind

(Kropholler MSA 49; ders NJW 1974, 1724 Fn 20; ders ZfRvgl 16 [1975] 209; zust Horst Kaufmann, FS Guldener 153 f; *anders* KG 13. 11. 1973 OLGZ 1974, 93 = FamRZ 1974, 146 = StAZ 1974, 127 = IPRspr 1973 Nr 70; Droz Clunet 100 [1973] 639 f; wohl auch Schwimann ÖJBl 1976, 234). Häufig wird der später beigetretene Staat die bereits getroffene Maßnahme aber nach den Regeln seines autonomen Rechts anerkennen, so daß die Überlegung von Schwimann, bei Verneinung einer Anerkennungspflicht nach Art 7 würde eine Wiederholung der früher getroffenen Maßnahme notwendig, im Regelfall kaum zum Tragen kommen dürfte. Auch die von Droz angestellte Erwägung, ein (später beigetretener) Heimatstaat könne über Art 4 tätig werden, wenn er mit der Maßnahme der Aufenthaltsbehörde nicht einverstanden sei, vermag die Annahme einer Anerkennungspflicht für ältere Maßnahmen mE nicht zu rechtfertigen.

773 **II. Ex-lege-Verhältnisse (Abs 2)**

Während das Übereinkommen nach Abs 1 auf *Maßnahmen* nur anzuwenden ist, wenn sie *nach* seinem Inkrafttreten getroffen worden sind, enthält Abs 2 für **ex-lege-Verhältnisse** im Interesse der Kontinuität des Minderjährigenschutzes eine abweichende Regelung: Die kraft Gesetzes bestehenden Gewaltverhältnisse werden in jedem Vertragsstaat ab Inkrafttreten des Abkommens für diesen Vertragsstaat anerkannt, auch wenn sie schon früher entstanden sind (Bericht von Steiger Actes et Doc IX/4, 241 f; Denkschrift der Bundesregierung BT-Drucks VI/947, 17). Die Anerkennungspflicht besteht vom Inkrafttreten an ex nunc, also nicht mit echter Rückwirkung (KG 4. 2. 1972 FamRZ 1972, 304 = IPRspr 1972 Nr 59 a).

774 Mit Inkrafttreten des Abkommens für Deutschland am 17. 9. 1971 ist aus deutscher Sicht für viele Kinder ein **Statutenwechsel** erfolgt, weil Art 3 – anders als das autonome deutsche IPR – an die Person des Kindes anknüpft und einen Renvoi ausschließt. Insofern haben Art 3 iVm Art 17 Abs 2 die Kontinuität des Minderjährigenschutzes nicht wahren können (vgl auch Droz Clunet 100 [1973] 640).

775 Abs 2 bedeutet nicht, daß ex-lege-Verhältnisse, die bei Inkrafttreten des Abkommens nicht bestanden, weil sie bereits vorher durch Maßnahmen ersetzt worden sind, nun wieder aufleben; vielmehr bleibt dann gem Abs 1 die vor Inkrafttreten getroffene Maßnahme wirksam, IPG 1973 Nr 26 (Hamburg).

Art 18
[Verhältnis zu anderen Staatsverträgen]

Dieses Übereinkommen tritt im Verhältnis der Vertragsstaaten zueinander an die Stelle des am 12. Juni 1902 im Haag unterzeichneten Abkommens zur Regelung der Vormundschaft über Minderjährige.

Es läßt die Bestimmungen anderer zwischenstaatlicher Übereinkünfte unberührt, die im Zeitpunkt seines Inkrafttretens zwischen den Vertragsstaaten gelten.

Art 18

Dans les rapports entre les Etats contractants la présente Convention remplace la Convention pour régler la tutelle des mineurs signée à La Haye le 12 juin 1902.

Elle ne porte pas atteinte aux dispositions d'autres conventions liant au moment de son entrée en vigueur des Etats contractants.

Systematische Übersicht

I. Haager Vormundschaftsabkommen von 1902 (Abs 1) 776

Nach Abs 1 ersetzt das Minderjährigenschutzabkommen in den Beziehungen zwischen den Vertragsstaaten das Haager Vormundschaftsabkommen von 1902, ohne daß es einer Kündigung dieses Abkommens bedürfte (das Vormundschaftsabkommen wird bei Art 23 EGBGB erläutert). Für die weitere Anwendung der Vormundschaftskonvention zwischen den Vertragsstaaten des Minderjährigenschutzabkommens besteht auch kein Bedürfnis, da das neue Abkommen in seiner sachlichen und grundsätzlich auch in seiner persönlich-räumlichen Reichweite über das Vormundschaftsabkommen hinausreicht.

Im **einzelnen** stellt Abs 1 klar, daß im Verhältnis der Bundesrepublik zu Luxemburg, 777
den Niederlanden (diese haben das alte Vormundschaftsabkommen zum 1. 6. 1979 gekündigt), Portugal und der Schweiz das Vormundschaftsabkommen durch das Minderjährigenschutzabkommen unanwendbar geworden ist. Dagegen gilt das Vormundschaftsabkommen im Verhältnis zu den Staaten weiter, die das Minderjährigenschutzabkommen nicht ratifiziert haben. Die Ratifikation des Minderjährigenschutzabkommens ist also nicht einer Kündigung des alten Abkommens gegenüber jenen Staaten gleichzusetzen, die noch an dem alten Abkommen festhalten (Ferid RabelsZ 27 [1962–63] 447). Im Verhältnis zu *Belgien, Italien* und *Spanien* ist das Vormundschaftsabkommen von 1902 demnach noch anwendbar (vgl etwa Kropholler NJW 1971, 1726; Siehr DAVorm 1973, 263 f; Goerke StAZ 1976, 267; Volken, Konventionskonflikte 121 f).

Beispiel: Ein spanischer Minderjähriger mit gewöhnlichem Aufenthalt in Deutschland darf nicht 778
nach Art 1, 2 des Minderjährigenschutzabkommens unter Vormundschaft gestellt werden, weil Deutschland sonst seinen Verpflichtungen aus dem Vormundschaftsabkommen gegenüber Spanien nicht nachkommen würde. Eine Vormundschaft darf vielmehr nur nach Art 3 und 5 der Vormundschaftskonvention von 1902 angeordnet werden, so daß sich die Gründe für den Beginn und die Beendigung der Vormundschaft nach dem spanischen Heimatrecht richten. Die übrigen Schutzmaßnahmen des Minderjährigenschutzabkommens, die von dem sachlichen Anwendungsbereich des Vormundschaftsabkommens nicht erfaßt sind, wie etwa eine Sorgerechtsregelung oder eine Maßnahme nach dem JWG, dürfen jedoch gegenüber dem spanischen Minderjährigen ebenso getroffen werden wie für Minderjährige, die sonstigen Nichtvertragsstaaten angehören. Denn insoweit wird keine Verpflichtung aus dem Vormundschaftsabkommen von 1902 verletzt.

II. Andere bestehende zwischenstaatliche Übereinkünfte (Abs 2) 779

Die Bestimmung geht auf einen verständlichen Wunsch der nordischen Staaten zurück, die ihre erfolgreiche gesetzgeberische Zusammenarbeit nicht gefährdet sehen wollten. Auch wenn die skandinavischen Staaten dem Minderjährigenschutzabkommen beitreten würden, bliebe die nordische Konvention vom 6. 2. 1931 also unberührt, die sich in Art 14 ff mit der Vormundschaft befaßt. Ferner dachte man im Haag insbes an das Genfer Flüchtlingsabkommen vom 28. 7. 1951 und an das New Yorker Abkommen über die Rechtsstellung der Staatenlosen vom 28. 9. 1954 (vgl Actes et Doc IX/4, 135, 167; Bericht von Steiger aaO 242; Ferid RabelsZ 27 [1962–63] 447 f; zur Anwendung des Art 3 auf Staatenlose und Flüchtlinge vgl oben

Vorbem 527 f). Indes gilt Abs 2 für jeden bereits geschlossenen Staatsvertrag (Volken, Konventionskonflikte 123 f), mag er sich nur auf den Minderjährigenschutz oder auch auf andere Rechtsgebiete beziehen und mag er multilateralen oder bilateralen Charakter haben (zB Gerichtsstands- und Vollstreckungsverträge, Konsularverträge).

Unberührt bleiben – entgegen der ungenauen amtlichen deutschen Übersetzung – nicht nur solche Übereinkünfte, die „zwischen den Vertragsstaaten gelten". Vielmehr sagt der allein maßgebende französische Text des Abs 2 eindeutig, daß das Minderjährigenschutzabkommen alle Staatsverträge nicht berührt, die im Zeitpunkt seines Inkrafttretens einzelne Vertragsstaaten binden („conventions liant . . . des Etats contractants"). Die Regelung des Abs 2 bezieht sich also auch auf Konventionen, die mit Nichtvertragsstaaten des Minderjährigenschutzabkommens geschlossen worden sind (vgl bereits Kropholler NJW 1972, 371; auch Droz Clunet 100 [1973] 636).

780 Nach Abs 2 geht zB das **deutsch-österreichische Vormundschaftsabkommen** vom 5. 2. 1927 (RGBl II 510) – wie auch das Abkommen über Fürsorge und Jugendwohlfahrtspflege vom 17. 1. 1966 (BGBl 1969 II 1) – dem Minderjährigenschutzabkommen vor (der bilaterale Vertrag wird bei Art 23 EGBGB näher erläutert). Die Anordnung einer Vormundschaft über ein österreichisches Kind beurteilt sich also nach wie vor nach dem bilateralen Vertrag (vgl auch OLG Stuttgart 26. 7. 1973 FamRZ 1974, 42 = IPRspr 1973 Nr 85; Niclas ZBlJugR 1972, 121; Kropholler ZfRvgl 16 [1975] 215 f; Schwimann ÖJBl 1976, 247; Mähr ÖRiZ 1977, 152). Andere Schutzmaßnahmen sind aufgrund der Bestimmungen der Minderjährigenkonvention möglich. Es wäre mE zu erwägen, das bilaterale Abkommen zu kündigen, da die Abweichungen des Vormundschaftsabkommens sachlich nicht berechtigt sind und das Nebeneinander beider Konventionen die Rechtslage unnötig kompliziert (anders Schwimann aaO).

781 Unberührt geblieben ist auch das **deutsch-iranische Niederlassungsabkommen** vom 17. 2. 1929 (RGBl 1930 II 1006), das wieder in Kraft gesetzt worden ist (BGBl 1955 II 829). Gemäß Art 8 Abs 3 dieses Abkommens iVm Nr I Abs 3 seines Schlußprotokolls, „das einen wesentlichen Teil des Abkommens selbst bildet" (RGBl 1930 II 1012), unterliegen die familienrechtlichen Verhältnisse dem jeweiligen Heimatrecht des Betroffenen. Die Anwendung des Heimatrechts darf gem Art 8 Abs 3 S 2 nur ausnahmsweise und nur dann unterbleiben, wenn dies gegenüber allen Staaten gleichermaßen geschieht (vgl auch Staudinger-Gamillscheg Vorbem 26 vor Art 13 EGBGB). Die Bestimmungen lauten:

„In bezug auf das Personen-, Familien- und Erbrecht bleiben die Angehörigen jedes der vertragschließenden Staaten jedoch den Vorschriften ihrer heimischen Gesetze unterworfen. Die Anwendung dieser Gesetze kann von dem anderen vertragschließenden Staat nur ausnahmsweise und nur insoweit ausgeschlossen werden, als ein solcher Ausschluß allgemein gegenüber jedem anderen fremden Staat erfolgt."

„Die vertragschließenden Staaten sind sich darüber einig, daß das Personen-, Familien- und Erbrecht, das heißt das Personalstatut, die folgenden Angelegenheiten umfaßt: Ehe, eheliches Güterrecht, Scheidung, Aufhebung der ehelichen Gemeinschaft, Mitgift, Vaterschaft, Abstammung, Annahme an Kindes Statt, Geschäftsfähigkeit, Volljährigkeit, Vormundschaft und Pflegschaft, Entmündigung, testamentarische und gesetzliche Erbfolge, Nachlaßabwicklungen und Erbauseinandersetzungen, ferner alle anderen Angelegenheiten des Familienrechts unter Einschluß aller den Personenstand betreffenden Fragen."

782 Von Art 8 Abs 3 werden *sämtliche* familienrechtlichen Fragen erfaßt und damit auch diejenigen, die in den sachlichen Anwendungsbereich des Haager Abkommens fallen, aber die Bestimmung betrifft ihrem Anwendungsbereich nach nicht die Fälle, in denen Personen mit verschiedener Staatsangehörigkeit beteiligt sind. Für diese Fälle fehlt in dem Abkommen nämlich eine Regel, auf wessen Staatsangehörigkeit es ankommen soll. Es ist daher **bei verschiedener Staatsangehörigkeit** der Beteiligten auf die anderweit geregelten Kollisionsnormen der vertragschließenden Staaten zurückzugreifen. Zu diesen gehört für die Bundesrepublik auch das Minderjährigenschutzabkommen, das bei verschiedener Staatsangehörigkeit der Beteiligten also maßgebend ist (BGH 20. 12. 1972 BGHZ 60, 68 = NJW 1973, 417 = MDR 1973, 390 = JZ 1974, 178 Anm FIRSCHING = JR 1973, 245 Anm JAYME = FamRZ 1973, 138 = StAZ 1973, 213 Anm DILGER = IPRspr 1972 Nr 59 b; HILMAR KRÜGER FamRZ 1973, 9 f; SIEHR DAVorm 1973, 264; DILGER FamRZ 1973, 531; anders WUPPERMANN FamRZ 1976, 552 f).

Beispiel (BGH aaO): Vater und Kind Iraner; Mutter Deutsche und Iranerin, wobei es für uns nur 783
auf ihre (effektive) deutsche Staatsangehörigkeit ankommt. Gewöhnlicher Aufenthalt aller Beteiligten in der Bundesrepublik. Für die Verteilung der elterlichen Gewalt nach Scheidung der Ehe gilt das Minderjährigenschutzabkommen.

Bei gleicher Staatsangehörigkeit aller Beteiligten, insbes also wenn eine iranische 784
Familie ihren gewöhnlichen Aufenthalt in der Bundesrepublik hat, ist das deutsch-iranische Abkommen anzuwenden, und das Minderjährigenschutzabkommen tritt gem seinem Art 18 Abs 2 zurück. Zwar könnte man annehmen, der deutsch-iranische Vertrag lasse gem seinem Art 8 Abs 3 S 2 dem Minderjährigenschutzabkommen den Vorrang, weil dieses auf *alle* Ausländer mit gewöhnlichem Aufenthalt in einem Vertragsstaat Anwendung findet und also die Maßgeblichkeit des Heimatrechts „allgemein" ausschließt (so noch KROPHOLLER NJW 1972, 371). Aber HILMAR KRÜGER (FamRZ 1973, 7–9) hat überzeugend dargelegt, daß Art 8 Abs 3 S 2 nach seiner Entstehungsgeschichte und nach dem (in anderen bilateralen Abkommen zum Ausdruck gekommenen) Willen des iranischen Staates nicht so extensiv ausgelegt werden darf. Vielmehr darf von der Anwendung des iranischen Heimatrechts gem Art 8 Abs 3 S 2 nur dann abgesehen werden, wenn dies aus Gründen des *ordre public* ausnahmsweise gegenüber allen Ausländern geschieht, zB in den Fällen der Art 13 Abs 3, 17 Abs 4, 21 HS 2 EGBGB (wie HILMAR KRÜGER auch DILGER FamRZ 1973, 531; GOERKE StAZ 1976, 267; im Ergebnis auch VOLKEN, Konventionskonflikte 129 f; AG Remscheid-Lennep 5. 10. 1973 FamRZ 1974, 323 Anm HILMAR KRÜGER = IPRspr 1973 Nr 69).

Beispiel (AG Remscheid-Lennep): Die nach der Scheidung erforderliche Regelung der elterlichen 785
Gewalt über ein iranisches Kind ist aufgrund des deutsch-iranischen Niederlassungsabkommens gemäß iranischem Recht vorzunehmen, wenn beide Eltern nur die iranische Staatsangehörigkeit besitzen.

III. Künftige Staatsverträge 786

Die Konvention enthält keine Bestimmung darüber, ob die Staaten, die dem Minderjährigenschutzabkommen beigetreten sind, künftig abweichende, bi- oder multilaterale Staatsverträge mit anderen Vertragsstaaten oder dritten Staaten schließen dürfen. Obwohl in dieser Frage auf Drängen der skandinavischen Delegierten nach langen Diskussionen in der 3. Kommission und in der Plenarsitzung Einigkeit erzielt wurde (vgl Actes et Doc IX/4, 135, 168 f, 191, 208 f, 211), sah man von einer Regelung im Abkommen ab und ließ lediglich im Bericht festhalten, daß den Vertragsstaaten die Möglichkeit des Abschlusses künftiger Staatsverträge unbenommen bleibt, sofern die Rechte der übrigen Vertragsstaaten nicht angetastet werden.

787 In dem Bericht VON STEIGER, Actes et Doc IX/4, 242, heißt es: „Des divergences de vues se sont fait jour quant à la nécessité de prévoir expressément la possibilité pour les Etats contractants de conclure entre eux ou avec des Etats tiers, après l'entrée en vigueur de la convention de La Haye, des accords particuliers dérogeant à cette dernière. Les Délégations nordiques ont fait savoir qu'elles ne pourraient ratifier la convention de La Haye que si une telle possibilité leur était laissée. Elles étaient cependant divisées entre elles sur la nécessité d'une disposition expresse à ces fins dans la convention. On s'est mis finalement d'accord pour renoncer à une règle conventionnelle, mais il a été entendu que la convention n'écarte pas la possibilité, pour deux ou plusieurs Etats contractants, de conclure d'autres conventions en la matière. Ceci pour autant que de tels accords ne portent pas atteinte aux dispositions de la convention en ce qui concerne les rapports entre les Etats parties à la convention spéciale et les autres Etats contractants.“

788 Demgemäß ist nur noch die Vereinbarung solcher Konventionen über den Minderjährigenschutz möglich, die sich auf Minderjährige mit gewöhnlichem Aufenthalt in einem der Sondervertragsstaaten und mit der Staatsangehörigkeit eines dieser Staaten beziehen (VON OVERBECK NedTIR 8 [1961] 53; KROPHOLLER, MSA 53; zust VOLKEN, Konventionskonflikte 124 f). Denn nur dann kann die Verpflichtung des Minderjährigenschutzabkommens zur Anerkennung von Maßnahmen des Aufenthalts- und des Heimatstaats eingehalten werden. Außerdem darf ein neues Abkommen nicht die in Art 9 begründete Zuständigkeit für Eilmaßnahmen im Staat des einfachen Aufenthalts beeinträchtigen.

789 *Beispiel* (nach MARMO Actes et Doc IX/4, 168): Wenn ein thailändischer Minderjähriger mit gewöhnlichem Aufenthalt in der Schweiz von den dortigen Behörden bevormundet wird, so sind die schweizerischen Maßnahmen von allen Vertragsstaaten anzuerkennen, die nicht von der Möglichkeit eines Vorbehalts gem Art 13 Abs 3 (Beschränkung auf Angehörige von Vertragsstaaten) Gebrauch gemacht haben. Diese Verpflichtung wird nicht dadurch ausgeschaltet, daß ein Vertragsstaat mit Thailand etwa ein Vormundschaftsabkommen schließt, das auf dem Staatsangehörigkeitsprinzip beruht.

Art 19
[Ratifizierung]

Dieses Übereinkommen liegt für die bei der Neunten Tagung der Haager Konferenz für Internationales Privatrecht vertretenen Staaten zur Unterzeichnung auf.

Es bedarf der Ratifizierung; die Ratifikationsurkunden sind beim Ministerium für Auswärtige Angelegenheiten der Niederlande zu hinterlegen.

Art 19

La présente Convention est ouverte à la signature des Etats représentés à la Neuvième session de la Conférence de La Haye de droit international privé.

Elle sera ratifiée et les instruments de ratification seront déposés auprès du Ministère des Affaires Etrangères des Pays-Bas.

790 I. Allgemeines zu den Schlußklauseln der Art 19–25

Die Schlußklauseln sind einheitlich für die drei auf der 9. Haager Tagung im Jahre 1960 fertiggestellten Konventionen (Minderjährigenschutz, Testamentsform, Legalisation) erarbeitet und in der Plenarversammlung angenommen worden. Sie haben bislang nicht zu Auslegungsschwierigkeiten geführt.

791 II. Unterzeichnung (Abs 1)

Die Konvention ist von folgenden Staaten gezeichnet worden: Bundesrepublik Deutschland, Frankreich, Italien, Jugoslawien, Luxemburg, Niederlande, Österreich, Portugal, Schweiz. Bis auf Italien und Jugoslawien haben alle diese Staaten die Kovention auch ratifiziert. Durch die erste Zeichnung, die am 5. 10. 1961 erfolgte, erhielt die Konvention ihr Datum.

III. Ratifizierung (Abs 2) 792

Folgende Staaten haben das Übereinkommen bislang (1. 1. 1979) ratifiziert: Bundesrepublik Deutschland, Frankreich, Luxemburg, Niederlande, Österreich, Portugal, Schweiz. Zu den Daten des Inkrafttretens unten Vorbem 793 f.

Art 20
[Inkrafttreten]

Dieses Übereinkommen tritt am sechzigsten Tag nach der in Artikel 19 Absatz 2 vorgesehenen Hinterlegung der dritten Ratifikationsurkunde in Kraft.

Das Übereinkommen tritt für jeden Unterzeichnerstaat, der es später ratifiziert, am sechzigsten Tag nach Hinterlegung seiner Ratifikationsurkunde in Kraft.

Art 20

La présente Convention entrera en vigueur le soixantième jour après le dépôt du troisième instrument de ratification prévu par l'article 19, alinéa 2.

La Convention entrera en vigueur, pour chaque Etat signataire ratifiant postérieurement, le soixantième jour après le dépôt de son instrument de ratification.

I. Inkrafttreten des Übereinkommens (Abs 1) 793

Für das Inkrafttreten des Übereinkommens wird die Hinterlegung der Ratifikationsurkunden von drei Staaten verlangt. Das Übereinkommen ist nach Ratifizierung durch die Schweiz, Luxemburg und Portugal (alle Gebietsteile) für diese Staaten am 4. 2. 1969 in Kraft getreten (BGBl 1971 II 1150).

II. Inkrafttreten für später ratifizierende Staaten (Abs 2) 794

Die Konvention ist gem Abs 2 außerdem in Kraft getreten für die Bundesrepublik Deutschland (einschließlich Berlin) am 17. 9. 1971 (BGBl 1971 II 1150), für Frankreich am 10. 11. 1972 (BGBl 1972 II 1558), für die Niederlande (einschließlich der Niederländischen Antillen) am 18. 9. 1971 (BGBl 1972 II 15) und für Österreich am 11. 5. 1975 (BGBl 1975 II 699).

Art 21
[Beitritt dritter Staaten]

Jeder bei der Neunten Tagung der Haager Konferenz für Internationales Privatrecht nicht vertretene Staat kann diesem Übereinkommen beitreten, nachdem es gemäß Artikel 20 Absatz 1 in Kraft getreten ist. Die Beitrittsurkunde ist beim Ministerium für Auswärtige Angelegenheiten der Niederlande zu hinterlegen.

Der Beitritt wirkt nur im Verhältnis zwischen dem beitretenden Staat und den Vertragsstaaten, die erklärt haben, diesen Beitritt anzunehmen. Die Annahmeerklärung ist dem Ministerium für Auswärtige Angelegenheiten der Niederlande zu notifizieren.

Das Übereinkommen tritt zwischen dem beitretenden Staat und dem Staat, der diesen Beitritt anzunehmen erklärt hat, am sechzigsten Tag nach der in Absatz 2 vorgesehenen Notifikation in Kraft.

Art 21

Tout Etat non représenté à la Neuvième session de la Conférence de La Haye de droit international privé pourra adhérer à la présente Convention après son entrée en vigueur en vertu de l'article 20, alinéa premier. L'instrument d'adhésion sera déposé auprès du Ministère des Affaires Etrangères des Pays-Bas.

L'adhésion n'aura d'effet que dans les rapports entre l'Etat adhérant et les Etats contractants qui auront déclaré accepter cette adhésion. L'acceptation sera notifiée au Ministère des Affaires Etrangères des Pays-Bas.

La Convention entrera en vigueur, entre l'Etat adhérant et l'Etat ayant déclaré accepter cette adhésion, le soixantième jour après la notification mentionnée à l'alinéa précédent.

795 **I. Beitritt (Abs 1)**

Für die auf der 9. Haager Tagung *nicht* vertretenen Staaten besteht eine Beitrittsmöglichkeit, von der bislang aber kein Staat Gebrauch gemacht hat. Auf der 9. Session waren folgende Staaten vertreten: Belgien, Dänemark, die Bundesrepublik Deutschland, Finnland, Frankreich, Griechenland, Großbritannien, Italien, Japan, Jugoslawien, Luxemburg, die Niederlande, Norwegen, Österreich, Portugal, Schweden, Spanien und die Schweiz.

796 **II. Beschränkte Wirkung des Beitritts (Abs 2)**

Durch Abs 2 trägt das Abkommen einen *halboffenen Charakter.* Die Fassung des Abs 2 S 1 stimmt wörtlich mit Art 17 Abs 3 S 1 des Haager Unterhaltsvollstreckungsabkommens vom 15. 4. 1958 überein. Sie wurde anderen Formen halboffener Konventionen vorgezogen, etwa einem Vetorecht für jeden Vertragsstaat oder dem Erfordernis der Zustimmung aller Vertragsstaaten (vgl Actes et Doc IX/4, 190). Eine Frist für die Annahmeerklärung setzt die Konvention nicht (Bericht von Steiger Actes et Doc IX/4, 243).

Die Beschränkung der Beitrittsmöglichkeit wurde mit dem im Familienrecht besonders ausgeprägten Interesse der Vertragsstaaten begründet, die gegenseitigen Konzessionen nur solchen Staaten zuzubilligen, deren Rechtszustand bekannt ist und das Vertrauen rechtfertigt (Bericht von Steiger Actes et Doc IX/4, 243). Freilich erscheint die Beschränkung rechtspolitisch fragwürdig angesichts des Ideals privatrechtsvereinheitlichender Konventionen, sachlich überzeugende Lösungen anzubieten.

Art 22
[Ausdehnung auf besondere Hoheitsgebiete]

Jeder Staat kann bei der Unterzeichnung, bei der Ratifizierung oder beim Beitritt erklären, daß dieses Übereinkommen auf alle oder auf einzelne der Hoheitsgebiete ausgedehnt werde, deren internationale Beziehungen er wahrnimmt. Eine solche Erklärung wird wirksam, sobald das Übereinkommen für den Staat, der sie abgegeben hat, in Kraft tritt.

Später kann dieses Übereinkommen auf solche Hoheitsgebiete durch eine an das Ministerium für Auswärtige Angelegenheiten der Niederlande gerichtete Notifikation ausgedehnt werden.

Wird die Erklärung über die Ausdehnung durch einen Staat abgegeben, der das Übereinkommen unterzeichnet und ratifiziert hat, so tritt das Übereinkommen für die in Betracht kommenden Hoheitsgebiete gemäß Artikel 20 in Kraft. Wird die Erklärung über die Ausdehnung durch einen Staat abgegeben, der dem Übereinkommen beigetreten ist, so tritt das Übereinkommen für die in Betracht kommenden Hoheitsgebiete gemäß Artikel 21 in Kraft.

Art 22

Tout Etat, au moment de la signature, de la ratification ou de l'adhésion, pourra déclarer que la présente Convention s'étendra à l'ensemble des territoires qu'il représente sur le plan international, ou à l'un ou plusieurs d'entre eux. Cette déclaration aura effet au moment de l'entrée en vigueur de la Convention pour ledit Etat.

Par la suite, toute extension de cette nature sera notifiée au Ministère des Affaires Etrangères des Pays-Bas.

Lorsque la déclaration d'extension sera faite par un Etat ayant signé et ratifié la Convention, celle-ci entrera en vigueur pour les territoires visés conformément aux dispositions de l'article 20. Lorsque la déclaration d'extension sera faite par un Etat ayant adhéré à la Convention, celle-ci entrera en vigueur pour les territoires visés conformément aux dispositions de l'article 21.

Die *Niederlande* haben die Anwendung des Abkommens auf die Niederländischen Antillen (nicht auf Surinam) ausgedehnt (Tractatenblad 1971 Nr 141; BGBl 1972 II 15). *Portugal* hat die Erstreckung auf alle portugiesischen Gebiete mit Wirkung vom 1. 4. 1969 erklärt (BGBl 1971 II 1150). **797**

Art 23
[Vorbehalte]

Jeder Staat kann spätestens bei der Ratifizierung oder beim Beitritt die in den Artikeln 13 Absatz 3 und Artikel 15 Absatz 1 vorgesehenen Vorbehalte erklären. Andere Vorbehalte sind nicht zulässig.

Ebenso kann jeder Vertragsstaat bei der Notifikation einer Ausdehnung des Übereinkommens gemäß Artikel 22 diese Vorbehalte für alle oder einzelne der Hoheitsgebiete, auf die sich die Ausdehnung erstreckt, erklären.

Jeder Vertragsstaat kann einen Vorbehalt, den er erklärt hat, jederzeit zurückziehen. Diese Zurückziehung ist dem Ministerium für Auswärtige Angelegenheiten der Niederlande zu notifizieren.

Die Wirkung des Vorbehaltes erlischt am sechzigsten Tag nach der in Absatz 3 vorgesehenen Notifikation.

Art 23

Tout Etat pourra, au plus tard au moment de la ratification ou de l'adhésion, faire les réserves prévues aux articles 13, alinéa 3, et 15, alinéa premier, de la présente Convention. Aucune autre réserve ne sera admise.

Chaque Etat contractant pourra également, en notifiant une extension de la Convention conformément à l'article 22, faire ces réserves avec effet limité aux territoires ou à certains des territoires visés par l'extension.

Chaque Etat contractant pourra, à tout moment, retirer une réserve qu'il aura faite. Ce retrait sera notifié au Ministère des Affaires Etrangères des Pays-Bas.

L'effet de la réserve cessera le soixantième jour après la notification mentionnée à l'alinéa précédent.

798 Die Vorschrift, daß der Vorbehalt des Art 15 Abs 1 spätestens bei der Ratifizierung zu erklären ist, erweist sich in der Bundesrepublik Deutschland als problematisch, wenn man aufgrund des Ersten Gesetzes zur Reform des Ehe- und Familienrechts vom 14. 6. 1976 diesen Vorbehalt für die Zeit ab 1. 7. 1977 für wünschenswert hält (vgl oben Vorbem 735).

Art 24
[Geltungsdauer, Kündigung]

Dieses Übereinkommen gilt für die Dauer von fünf Jahren, gerechnet von seinem Inkrafttreten gemäß Artikel 20 Absatz 1, und zwar auch für Staaten, die es später ratifiziert haben oder ihm später beigetreten sind.

Die Geltungsdauer des Übereinkommens verlängert sich, außer im Fall der Kündigung, stillschweigend um jeweils fünf Jahre.

Die Kündigung ist spätestens sechs Monate, bevor der Zeitraum von fünf Jahren jeweils abläuft, dem Ministerium für Auswärtige Angelegenheiten der Niederlande zu notifizieren.

Sie kann sich auf bestimmte Hoheitsgebiete, auf die das Übereinkommen anzuwenden ist, beschränken.

Die Kündigung wirkt nur für den Staat, der sie notifiziert hat. Für die anderen Vertragsstaaten bleibt das Übereinkommen in Kraft.

Art 24

La présente Convention aura une durée de cinq ans à pártir de la date de son entrée en vigueur conformément à l'article 20, alinéa premier, même pour les Etats qui l'auront ratifiée ou y auront adhéré postérieurement.

La Convention sera renouvelée tacitement de cinq en cinq ans, sauf dénonciation.

La dénonciation sera, au moins six mois avant l'expiration du délai de cinq ans, notifiée au Ministère des Affaires Etrangères des Pays-Bas.

Elle pourra se limiter à certains des territoires auxquels s'applique la Convention.

La dénonciation n'aura d'effet qu'à l'égard de l'Etat qui l'aura notifiée. La Convention restera en vigueur pour les autres Etats contractants.

Art 25
[Notifikationen]

Das Ministerium für Auswärtige Angelegenheiten der Niederlande notifiziert den in Artikel 19 bezeichneten Staaten sowie den Staaten, die gemäß Artikel 21 beigetreten sind:

a) die Notifikationen gemäß Artikel 11 Absatz 2;

b) die Unterzeichnungen und die Ratifikationen gemäß Artikel 19;

c) den Tag, an dem dieses Übereinkommen gemäß Artikel 20 Absatz 1 in Kraft tritt;

d) die Beitritts- und die Annahmeerklärungen gemäß Artikel 21 sowie den Tag, an dem sie wirksam werden;

e) die Erklärungen über die Ausdehnung gemäß Artikel 22 sowie den Tag, an dem sie wirksam werden;

f) die Vorbehalte und die Zurückziehungen von Vorbehalten gemäß Artikel 23;

g) die Kündigungen gemäß Artikel 24 Absatz 3.

ZU URKUND DESSEN haben die gehörig bevollmächtigten Unterzeichneten dieses Übereinkommen unterschrieben.

GESCHEHEN im Haag am 5. Oktober 1961 in einer Urschrift, die im Archiv der Regierung der Niederlande hinterlegt und von der jedem bei der Neunten Tagung der Haager Konferenz für Internationales Privatrecht vertretenen Staat eine beglaubigte Abschrift auf diplomatischem Weg übermittelt wird.

Art 25

Le Ministère des Affaires Etrangères des Pays-Bas notifiera aux Etats visés à l'article 19, ainsi qu'aux Etats qui auront adhéré conformément aux dispositions de l'article 21:

a) les notifications visées à l'article 11, alinéa 2;

b) les signatures et ratifications visées à l'article 19;

c) la date à laquelle la présente Convention entrera en vigueur conformément aux dispositions de l'article 20, alinéa premier;

d) les adhésions et acceptations visées à l'article 21 et la date à laquelle elles auront effet;

e) les extensions visées à l'article 22 et la date à laquelle elles auront effet;

f) les réserves et retraits de réserves visés à l'article 23;

g) les dénonciations visées à l'article 24, alinéa 3.

EN FOI DE QUOI, les soussignés, dûment autorisés, ont signé la présente Convention.

FAIT à La Haye, le 5 octobre 1961, en un seul exemplaire, qui sera déposé dans les archives du Gouvernement des Pays-Bas et dont une copie certifiée conforme sera remise, par la voie diplomatique, à chacun des Etats représentés à la Neuvième session de la Conférence de La Haye du droit international privé.

Eheliche Abstammung

Art 18

Die eheliche Abstammung eines Kindes wird nach den deutschen Gesetzen beurteilt, wenn der Ehemann der Mutter zur Zeit der Geburt des Kindes Deutscher ist oder, falls er vor der Geburt des Kindes gestorben ist, zuletzt Deutscher war.

Auf die Anfechtung der Ehelichkeit finden die deutschen Gesetze auch dann Anwendung, wenn nur die Mutter des Kindes die Reichsangehörigkeit besitzt oder, falls sie gestorben ist, im Zeitpunkt ihres Todes besessen hat und das Kind im Zeitpunkt der Anfechtung noch minderjährig ist oder, falls es gestorben ist, noch minderjährig wäre. Steht das Kind unter elterlicher Gewalt oder unter der Vormundschaft der Mutter, so ist ihm ein Pfleger zu bestellen, soweit dies zur Wahrung seiner Rechte erforderlich ist.

E II §§ 2252, 2378; III § 17. Abs 2 eingefügt durch Art 2 § 8 Abs 1 des Gesetzes über die Änderung und Ergänzung familienrechtlicher Vorschriften und die Rechtsstellung der Staatenlosen vom 12. 4. 1938 (RGBl I 380). Er gilt trotz Aufhebung des FamRÄndG vom 12. 4. 1938 durch Art 9 Abs 2 Nr 9 des FamRÄndG vom 11. 8. 1961 (BGBl I 1221) nach Absicht des Gesetzgebers fort (vgl Massfeller StAZ 1961, 304; Makarov JZ 1962, 476 f).

Schrifttum

Geert Hinrich Ahrens, Die Voraussetzungen der ehelichen Abstammung, Diss Bonn 1964; Ansay-Wuppermann, Das Vaterschaftsanerkenntnis in den türkisch-deutschen Rechtsbeziehungen, StAZ 1974, 113; Batiffol-Zweigert, Unterhaltspflicht zwischen Verwandten, in: Das internationale Familienrecht Deutschlands und Frankreichs (1955) 427; BEITZKE, Der deutsche Staatsanwalt im Statusprozeß von Ausländern, RabelsZ 23 (1958) 708; ders, Zur Anerkennung ausländischer Ehelichkeitsanfechtungen, StAZ 1960, 89; ders, Geburtenbeurkundung bei Ausländerkindern, StAZ 1966, 329; ders, Die deutsche internationale Zuständigkeit in Familienrechtssachen, FamRZ 1967, 592; ders, Vaterschaftsfeststellung bei Ausländerkindern, ZBlJR 1973, 369; BERGMANN, Rechtsvergleichung und IPR der religiösen und De-Facto Ehen, Deutsche Landesreferate zum Internationalen Kongreß für Rechtsvergleichung im Haag 1932, Sonderheft RabelsZ 1932, 185; MANFRED BEUTGEN, Ehelichkeit und doppelte Ehelichkeit eines Kindes im deutschen und ausländischen, vornehmlich im französischen und anglo-amerikanischen Recht, Diss Köln 1964; CLASSEN, Ehelichkeit und Staatsangehörigkeit der Kinder aus Ehen zwischen Angehörigen der britischen Streitkräfte und deutschen Frauen, JMBlNRW 1948, 7; DÖLLE, Zur Behandlung der bigamischen Ehen im IPR, FS Gustav Boehmer (1954) 134; ders, Über einige Kernprobleme des internationalen Rechts der freiwilligen Gerichtsbarkeit, RabelsZ 27 (1962–63) 201; DORENBERG, Hinkende Rechtsverhältnisse im internationalen Familienrecht (1968); EDLBACHER, Die Anerkennung der Vaterschaft aus österreichischer internationalprivatrechtlicher Sicht (Verhältnis zur BRD), StAZ 1972, 325; ders, Die Anerkennung der Vaterschaft und ihre Folgen im IPR Österreichs, ZfRvgl 15 (1974) 161; EHRENZWEIG, Zur Anerkennung kindesrechtlicher Verfügungen (custody decrees) im IPR der Vereinigten Staaten, FamRZ 1955, 84; GAMILLSCHEG, Die Anfechtung der Ehelichkeit durch den Staatsanwalt, RabelsZ 21 (1956) 257; ders, Doppelehe und hinkende Ehe im IPR, Göttinger FS für das OLG Celle (1961) 61; GOLDBERG-LOWE, Legitimacy in England, ModLR 1972, 430; GUTTMANN, The Status of Legitimacy in Comparative Conflict of Laws, IntCompLQ 8 (1959) 678; HENRICH, Zur Anfechtung der Ehelichkeit eines Kindes im IPR, FamRZ 1958, 122; ders, Einführung in die Behandlung von Personenstandsfällen mit Auslandsberührung, StAZ 1966, 63; ders, Das Bestehen einer Ehe als Vorfrage im IPR, StAZ 1966, 219; JAYME, Spannungen bei der Anwendung italienischen Familienrechts durch deutsche Gerichte (1961); JOCHEM, Die persönlichen Rechtsbeziehungen der Ehegatten in einer »hinkenden« Ehe – ein Sonderproblem? FamRZ 1964, 392; KLINKHARDT, Abstammungsfragen im französischen, deutschen und schweizerischen IPR. Bericht über eine Tagung in Straßburg, ZBlJR 1973, 17; KOPPENHÖFER, Dower and Guardianship im IPR Deutschlands, DNotZ 1961, 460; KROPHOLLER, Die Kollisionsregeln des BGH für die Feststellung und Anerkennung der Vaterschaft, NJW 1976, 1011; EDITH LEISKE, Ehelichkeitsanfechtung und ordre public, Diss Frankfurt 1963; LIPSTEIN, Legitimacy and Legitimation in English Private International Law, FS Rabel I (1954) 611; MAKAROV, Die Kollisionsnormen des EGBGB und das Familienrechtsänderungsgesetz vom 11. 8. 1961, JZ 1962, 476; ders, Die privatrechtlichen Vorfragen im Staatsangehörigkeitsrecht, ZfRvgl 3 (1962) 147; EL-MIKAYIS, Internationales und interreligiöses Personen-, Familien- und Erbrecht in der Vereinigten Arabischen Republik, RabelsZ 33 (1969) 517; HORST MÜLLER, Das IPR der ehelichen Abstammung, in LAUTERBACH, Vorschläge und Gutachten zur Reform des deutschen internationalen Kindschafts-, Vormundschafts- und Pflegschaftsrechts (1966) 45; NEUHAUS, Das Vorfragenproblem bei Feststellung des Status von Kindern nur kirchlich getrauter Ausländer, FamRZ 1965, 541; ders, Um die Reform des deutschen internationalen Kindschaftsrechts, FamRZ 1967, 22; ders, Gilt die Regel „Inlandsehe – Inlandsform" unerbittlich? FamRZ 1973, 583; NEUMAYER, Ist das deutsche internationale Kindschaftsrecht revisionsbedürftig? AcP 152 (1952–53) 335; RAAPE, Die Staatsangehörigkeit kraft Eheschließung und kraft Abstammung (1948); ders, Die Staatsangehörigkeit des Kindes aus einer von einem Engländer mit einer Deutschen hier nicht gemäß den deutschen Vorschriften geschlossenen Ehe, MDR 1948, 98; ders, Die bigamische Ehe eines Engländers und einer Deutschen, FamRZ 1959, 478; REICHARD, Rechtswirkungen der Vaterschaftsfeststellung mit Auslandsberührung, StAZ 1973, 181; ERNST FRIEDRICH RÖDER, Die Anwendung US-amerikanischen internationalen Kindschaftsrechts in Statusfragen durch deutsche Gerichte, Diss Regensburg 1970; SCHWIND, Die Ehen von Griechen im österreichischen IPR, FS Wilburg (Graz 1965) 157; SIEHR, Die rechtliche Stellung von Kindern aus hinkenden Ehen, StAZ 1971, 205; ders, Grundrecht der Eheschließungsfreiheit und IPR, RabelsZ 36 (1972) 93; SOCINI, La filiazione nel d.i.p. (Mailand 1958); SONNENBERGER, Die Ehelichkeitsanfechtung bei amerikanischer Staatsangehörigkeit der Beteiligten, FamRZ 1964, 238; ders, Vaterschaftsfeststellung und Unterhaltsanspruch im IPR, FamRZ 1973, 553; STEFANOPOULOS, Die Ehelichkeit der Kinder in Griechenland, ÖJZ 1966, 283; VON STEIGER, La protection des mineurs en d.i.p., Rec des Cours 1964–II, 468; TAINTER, Legitimation, Legitimacy and Recognition in the Conflict of Laws, Can Bar Rev 18 (1940) 589, 691; WENGLER, Die Ehelichkeit der Kinder aus hinkenden Ehen griechischer Staatsangehöriger in Deutschland, JR 1963, 41; ZEMEN, Die Anerkennung der Vaterschaft und ihre Folgen im IPR Österreichs, ZfRvgl 14 (1973) 271.

Systematische Übersicht

A. Anwendungsbereich

I. Grundsätzliches

1 Art 18 spricht von der „ehelichen Abstammung". Diese Formulierung ist nicht präzis. Gemeint ist damit nicht die Abstammung als biologische Tatsache. Der Begriff wird vielmehr ebenso verstanden, wie er im deutschen materiellen Recht verwendet wird, nämlich gleichbedeutend mit „Ehelichkeit". Art 18 bestimmt also die Rechtsordnung, aus der sich ergibt, ob ein Kind ehelich ist, oder genauer, ob zwischen einem Kind und seiner Mutter und deren Ehemann bestimmte Rechtsfolgen deswegen eintreten, weil bei oder vor der Geburt des Kindes die Mutter Ehefrau war. Diese Formulierung KEGELS – zuletzt IPR § 20 VII 1 – ist von der Rechtsprechung übernommen worden.*

Die Verknüpfung von Ehelichkeit und Ehe ist allerdings nicht unbestritten. Daraus, daß in manchen Rechtsordnungen Kinder auch dann die Stellung ehelicher Kinder oder eine vergleichbare Stellung haben, wenn ihre Eltern nicht miteinander verheiratet sind, wird vereinzelt der Schluß gezogen, das Heimatrecht des angeblichen Vaters sei danach zu befragen, ob das Kind jene Stellung habe, die üblicherweise einem ehelichen Kind eingeräumt werde (so insbes WENGLER JR 1963, 41 und JZ 1965, 536; näheres unten Rz 27). Nachdem aber Art 18 unzweideutig vom „Ehemann der Mutter" und nicht vom „angeblichen Vater" spricht, zudem die Verknüpfung von Ehelichkeit und Ehe dem Rechtsdenken eher entspricht als die Vermengung verschiedener Systeme und schließlich auch vom Standpunkt der hM aus sich brauchbare Ergebnisse erzielen lassen, verdient diese den Vorzug.

Es wird also in Art 18 – jedenfalls zunächst – nicht die Frage beantwortet, ob das Kind einen Status hat, der dem eines ehelichen Kindes iS des deutschen Rechts vergleichbar ist, sondern die, ob das Kind *ehelich* ist. Ob ein nichteheliches Kind einem ehelichen Kind gleichsteht (sei es in jeder Hinsicht oder in einzelnen Beziehungen), ergibt sich regelmäßig nicht aus Art 18, sondern aus den Art 20, 21 (Rechtsbeziehungen zu den Eltern) und den Art 24, 25 (erbrechtliche Gleichstellung).

Art 18 ist ebenfalls nicht anwendbar, wenn es darum geht festzustellen, ob ein nichtehelich geborenes Kind durch die Eheschließung seiner Eltern ehelich geworden ist oder durch eine Ehelicherklärung, eine Anerkennung oder eine Annahme als Kind die rechtliche Stellung eines ehelichen Kindes erlangt hat. Hierfür ist Art 22 maßgebend.

Und schließlich ist nicht Art 18, sondern Art 19 maßgebend, wenn es um die Rechtsbeziehungen geht, die zwischen einem ehelichen Kind und seinen Eltern mit der Geburt entstehen.

Beispiele: (1) Die Eltern eines Kindes sind miteinander verlobt. Ein Elternteil stirbt. Ob in einem solchen Fall der andere Verlobte den Antrag stellen kann, das Kind für ehelich zu erklären, bestimmt sich nach Art 22. Das gleiche gilt für die Frage, ob in einem solchen Fall das Kind nach deutschem Recht (§ 1740 a BGB) die Ehelicherklärung beantragen kann.

---

* BGH 22. 1. 1965 BGHZ 43, 213 = NJW 1965, 1129 = MDR 1965, 469 = JZ 1965, 531 Anm WENGLER = LM Nr 6 zu Art 13 EGBGB (L) Anm RASKE = FamRZ 1965, 311 Anm BOSCH = StAZ 1965, 152 = DAVorm 1965, 356 = IPRspr 1964–65 Nr 81 b; BayObLG 4.1.1966 BayObLGZ 1966, 1 = FamRZ 1966, 144 Anm NEUHAUS = StAZ 1966, 84 = DAVorm 1966, 289 = IPRspr 1966–67 Nr 58; OLG Oldenburg 21. 11. 1969 NdsRpfl 1970, 41 = StAZ 1970, 74 = IPRspr 1968–69 Nr 98; OLG Köln 14. 7. 1971 StAZ 1972, 140 = IPRspr 1971 Nr 63; OLG Hamm 30. 3. 1973 OLGZ 1973, 401 = NJW 1973, 1554 = MDR 1973, 852 = FamRZ 1973, 456 Anm BOSCH = StAZ 1973, 301 = IPRspr 1973 Nr 56.

(2) In Polen wird nicht mehr von ehelichen und nichtehelichen Kindern gesprochen. Eheliche und nichteheliche Kinder sind einander fast völlig gleichgestellt. Bringt eine ledige Polin ein Kind zur Welt, dessen Vater ebenfalls polnischer Staatsangehöriger ist, so entscheidet über die Frage, ob das Kind einem ehelichen Kind gleichsteht, nicht Art 18. Das Kind ist vor der Eheschließung seiner Mutter geboren und ist darum – für uns – nichtehelich. Welche Rechte es gegenüber seinen Eltern hat, welchen Namen es führt, wem die elterliche Gewalt zusteht, bestimmt sich zunächst nach Art 20 und Art 21. Da diese Vorschriften aber nichts über das – über die reine Unterhaltspflicht hinausgehende – Verhältnis des Kindes zu seinem Vater aussagen, sind für die Beurteilung dieses Verhältnisses die Art 18–20 analog heranzuziehen (soweit sich nicht aus Staatsverträgen ein anderes ergibt). Zum Status eines Kindes, das einer Nichtehe oder einer absolut nichtigen oder für nichtig oder ungültig erklärten oder angefochtenen Ehe entstammt, s unten Rz 12 ff, 43 ff.

Entscheidend für die Anwendbarkeit von Art 18 ist, daß das Kind nach der Eheschließung seiner Mutter geboren worden ist. Ob die Ehe zur Zeit der Geburt des Kindes noch besteht, spielt keine Rolle. Der Status des Kindes bestimmt sich darum auch dann nach Art 18, wenn die Ehe seiner Eltern im Zeitpunkt seiner Geburt durch den Tod des Ehemannes, durch Scheidung, durch Aufhebung oder durch Wiederverheiratung der Mutter nach der Todeserklärung des Ehemannes bereits wieder aufgelöst war, s unten Rz 71.

2 II. Einzelne Fälle

Anwendbar ist Art 18 namentlich, wenn es um die Eintragung eines Kindes in das Geburtenbuch geht, sowie in allen Ehelichkeitsanfechtungsprozessen. Er ist ferner anwendbar, wenn die Ehelichkeit des Kindes in einem anderen Zusammenhang eine Rolle spielt.

Die von Art 18 bezeichnete Rechtsordnung entscheidet also darüber, unter welchen Voraussetzungen ein Kind als ehelich anzusehen ist, ob und welche Vermutungen für die Beiwohnung oder die Vaterschaft bestehen, welcher Zeitraum als Empfängniszeit gilt, ob die Nichtehelichkeit von jedermann und jederzeit geltend gemacht werden kann oder ob die Geltendmachung davon abhängig ist, daß die Ehelichkeit des Kindes angefochten und seine Nichtehelichkeit rechtskräftig festgestellt worden ist, wer die Ehelichkeit anfechten kann, innerhalb welchen Zeitraums die Ehelichkeit angefochten werden kann usw.
Mittelbar kommt es auf die Ehelichkeit des Kindes an, wenn etwa nach dem Namen des Kindes gefragt wird oder nach seinem gesetzlichen Vertreter oder nach Unterhaltsansprüchen oder nach dem Erbrecht. Auch wenn das Kind legitimiert werden soll, muß zunächst festgestellt werden, ob es überhaupt nichtehelich ist. Für die Beantwortung dieser (Haupt-)fragen sind andere Kollisionsnormen maßgebend (Art 19, 22, 24, 25). Soweit es dabei auf die Ehelichkeit des Kindes ankommt, ist jedoch jedenfalls dann auf Art 18 zurückzugreifen, wenn die Hauptfrage nach deutschem Recht zu beantworten ist.

Beispiele: (1) Die Ehe zweier britischer Staatsangehöriger wird in England geschieden. Die Frau lebt in Deutschland. Zwei Monate nach der Scheidung bringt sie ein Kind zur Welt. Der frühere Ehemann will die Ehelichkeit des Kindes anfechten. Ob er dies kann, entscheidet die nach Art 18 maßgebende Rechtsordnung, hier das englische Recht. Enthält dieses keine Rückverweisung auf das deutsche Recht, sind also seine materiellrechtlichen Vorschriften anwendbar, so entscheiden diese, ob das Kind als eheliches Kind zur Welt gekommen ist, ob seine Ehelichkeit vermutet wird, ob und wie diese Vermutung widerlegt werden kann und insbesondere, ob es zur Geltendmachung der Nichtehelichkeit eines Anfechtungsprozesses bedarf.

(2) Eine französische Mutter bringt ein Jahr nach ihrer Scheidung ein Kind zur Welt. Ein Jahr später heiratet sie den Erzeuger des Kindes. Der Erzeuger des Kindes ist deutscher Staatsangehöriger. Der frühere Ehemann der Mutter ist Franzose. Welche Rechtsordnung über die Legitimation entscheidet, richtet sich nach Art 22. Art 22 spricht von der Legitimation eines nichtehelichen Kindes. Ob das Kind nichtehelich ist, bestimmt sich gem Art 18 nach französischem Recht.

B. Das maßgebende Recht

I. Grundsatz

1. Art 18 Abs 1 enthält eine *einseitige* Kollisionsnorm: die Ehelichkeit eines Kindes wird nach den deutschen Gesetzen beurteilt, wenn der Ehemann der Mutter zZ der Geburt des Kindes Deutscher ist oder, falls er vor der Geburt des Kindes gestorben ist, zuletzt Deutscher war. Diese einseitige Kollisionsnorm haben Rechtsprechung und Lehre zu einer *allseitigen* Kollisionsnorm erweitert. Der Grundsatz lautet also: Die Ehelichkeit des Kindes wird nach den Gesetzen des Staates beurteilt, dem der Ehemann der Mutter zZ der Geburt des Kindes angehört oder, wenn er vorher gestorben ist, zuletzt angehört hat.* 3

2. Maßgebend ist also das **Mannesrecht**. Daran hat der Gleichberechtigungsgrundsatz (Art 3 Abs 2 GG) nichts geändert.* 4

Auch der Gesetzgeber des Gleichberechtigungsgesetzes vom 18. 6. 1967 (BGBl I 609) hielt eine Änderung des Art 18 nicht für geboten (vgl Hagemeyer NJW 1953, 605; Massfeller StAZ 1953, 77); jedenfalls hat er, obgleich über die Anpassung des EGBGB an den Grundsatz der Gleichberechtigung diskutiert worden war (vgl insbes Makarov RabelsZ 17 [1952] 382 ff), den Art 18 unverändert gelassen. Die Vereinbarkeit von Art 18 mit dem Grundsatz der Gleichberechtigung der Geschlechter wird von der hM im wesentlichen damit begründet, daß die Kollisionsnorm wertneutral sei. Ob die Frau benachteiligt werde, hänge von dem materiellen Recht ab. Es könne durchaus sein, daß die Anwendung des Mannesrechts für die Frau günstiger sei als die Anwendung ihres eigenen Rechts (BayObLG 8. 10. 1963 BayObLGZ 1963, 265, 268 = MDR 1964, 150 = FamRZ 1964, 45 = StAZ 1964, 11 = IPRspr 1962–63 Nr 100; Dölle, FS Kaufmann 40; Esser JZ 1953, 524; Ferid, FS Dölle II 136). Zu dieser Argumentation vgl die Erl zu Art 19 Rz 12 ff. Im besonderen Fall des Art 18 ist ausschlaggebend, daß hier im wesentlichen die

---

* BGH 22. 1. 1965 BGHZ 43, 213, 217 f = NJW 1965, 1129 = MDR 1965, 469 = JZ 1965, 531 Anm Wengler = LM Nr 6 zu Art 13 EGBGB (L) Anm Raske = FamRZ 1965, 311 Anm Bosch = StAZ 1965, 152 = DAVorm 1965, 356 = IPRspr 1964–65 Nr 81 b; BayObLG 4. 1. 1966 BayObLGZ 1966, 1 = FamRZ 1966, 144 Anm Neuhaus = StAZ 1966, 84 = DAVorm 1966, 289 = IPRspr 1966–67 Nr 58 und 17. 3. 1977 StAZ 1977, 187 = IPRspr 1977 Nr 178; KG 13. 4. 1965 IPRspr 1964–65 Nr 117 und 19. 2. 1973 OLGZ 1973, 435 = FamRZ 1973, 313 und (L) 663 Anm Kohler = StAZ 1973, 217 Anm Dilger = DAVorm 1973, 240 = IPRspr 1973 Nr 55; OLG Karlsruhe 3. 4. 1967 StAZ 1968, 103 = IPRspr 1966–67 Nr 63 b; OLG Hamm 27. 6. 1967 FamRZ 1967, 570 Anm Bosch = StAZ 1967, 297 = DAVorm 1969, 83 = IPRspr 1966–67 Nr 74; OLG Hamburg 14. 2. 1969 DAVorm 1969, 160 = IPRspr 1968–69 Nr 143; OLG Oldenburg 21. 11. 1969 NdsRpfl 1970, 41 = StAZ 1970, 74 = IPRspr 1968–69 Nr 98; OLG Köln 14. 7. 1971 StAZ 1972, 140 = IPRspr 1971 Nr 63; OLG Celle 23. 7. 1974 FamRZ 1975, 177 = DAVorm 1976, 142 = IPRspr 1974 Nr 76; Henrich FamRZ 1958, 122; Soergel-Kegel Art 18 Rz 11, Erman-Marquordt Art 18 Rz 2, jeweils mwN; ebenso für das österreichische Recht Schwind, IPR 189.

* In der Rspr unbestritten, in der Literatur (s die Schrifttumsübersicht Art 19 Rz 9) hM; vgl BayObLG 8. 10. 1963 BayObLGZ 1963, 265, 268 = MDR 1964, 150 = FamRZ 1964, 45 = StAZ 1964, 11 = IPRspr 1962–63 Nr 100, 19. 3. 1970 BayObLGZ 1970, 77 = DAVorm 1970, 350 = IPRspr 1970 Nr 65 und 17. 3. 1977 StAZ 1977, 187 = IPRspr 1977 Nr 178; OLG Hamm 30. 6. 1964 FamRZ 1965, 90 = StAZ 1965, 129 = DAVorm 1965, 222 = IPRspr 1964–65 Nr 113; LG Siegen 9. 8. 1966 StAZ 1967, 158 Anm Jayme = IPRspr 1966–67 Nr 92; Soergel-Kegel Art 18 Rz 11; Palandt-Heldrich Art 18 Anm 2; Erman-Marquordt Art 18 Rz 3; Sonnenberger MDR 1964, 283; Henrich RabelsZ 38 (1974) 496; ders FamRZ 1974, 105 ff, 108; IPG 1973 Nr 22 (Heidelberg); IPG 1974 Nr 22 (Köln); aA Thieme MDR 1963, 84, 86 f; Sturm, FS Heidelberg 161; Stöcker StAZ 1975, 209; Kropholler FamRZ 1976, 316.

Rechtsbeziehungen des Kindes zu dem Ehemann seiner Mutter in Frage stehen. Auch im materiellen Recht können nur der Ehemann der Mutter und das Kind die Ehelichkeit anfechten, nicht die Mutter. Darum stellt es keine Benachteiligung der Mutter dar, wenn die Ehelichkeit des Kindes nach dem Heimatrecht ihres Ehemannes beurteilt wird. Art 18 wird aus diesem Grund auch von solchen Autoren für verfassungsmäßig gehalten, die andere Vorschriften des internationalen Kindschaftsrechts für verfassungswidrig halten (etwa von Makarov RabelsZ 17 [1952] 391; Krüger in Krüger-Breetzke-Nowack Einl 310 ff; Siegrist RabelsZ 24 [1959] 108; Beitzke, GG und IPR 31; Bydlinski, Der Gleichheitsgrundsatz im österreichischen Privatrecht, Verhandlungen des 1. Österr Juristentages I [1962] 162; Ferid, IPR Rz 8–203).

5 **3. Reformvorschläge**

Die Familienrechtskommission des Deutschen Rates für internationales Privatrecht hat vorgeschlagen, Art 18 durch folgende Regelung zu ersetzen:

„Für die Ehelichkeit gilt das Recht des Staates, dessen Recht für die Wirkungen der Ehe der Mutter zur Zeit der Geburt des Kindes gilt. Gehören zu dieser Zeit die Eheleute verschiedenen Staaten an, so ist das Kind auch dann ehelich, wenn es nach den Rechten dieser Staaten ehelich ist. Ist die Ehe vor der Geburt aufgelöst worden, so ist statt der Zeit der Geburt die Zeit der Auflösung maßgebend" (Lauterbach, Vorschläge KindschR 9). Berücksichtigt man die Vorschläge zur Reform des Rechts der Ehewirkungen (Lauterbach, Vorschläge EheR 18), so wäre für die Ehelichkeit des Kindes der Reihe nach maßgebend das Recht des Staates

1. dem die Mutter und ihr Ehegatte zur Zeit der Geburt des Kindes angehören,
2. dem beide Ehegatten während der Ehe zuletzt angehört haben, vorausgesetzt, daß einer von ihnen zur Zeit der Geburt diesem Staat noch angehört,
3. in dem beide Ehegatten zur Zeit der Geburt den gewöhnlichen Aufenthalt haben,
4. in dem beide Ehegatten während der Ehe zuletzt den gewöhnlichen Aufenthalt gehabt haben, vorausgesetzt, daß einer von ihnen zur Zeit der Geburt dort noch seinen gewöhnlichen Aufenthalt hat,
5. in dem sich beide Ehegatten zur Zeit der Geburt aufhalten,
6. in dem sich beide Ehegatten während der Ehe zuletzt vor der Geburt aufgehalten haben.

Haben die Ehegatten nicht dieselbe Staatsangehörigkeit und wäre nach dem nach dieser „Leiter" anzuwendenden Aufenthaltsrecht das Kind nichtehelich, so soll es gleichwohl als ehelich angesehen werden, wenn es nach dem Heimatrecht beider Ehegatten ehelich ist.

Art 18 Abs 2 soll nach diesem Vorschlag wegfallen.

An diesem Vorschlag ist gut, daß er die einseitige Kollisionsnorm zu einer allseitigen erweitert. Er trägt damit der bisherigen Auslegung des Art 18 durch Lehre und Rechtsprechung Rechnung. Gut ist auch, daß an der Unwandelbarkeit des Abstammungsstatuts festgehalten wird. In Statusfragen muß Klarheit herrschen. Ebenso wie es unerträglich wäre, die Gültigkeit einer Eheschließung nach dem jeweiligen Staatsangehörigkeits- oder Aufenthaltsrecht der Ehegatten zu beurteilen, so darf auch die Frage der Ehelichkeit nicht nach dem jeweiligen Staatsangehörigkeits- oder Aufenthaltsrecht der Mutter und ihres Ehemannes beantwortet werden. Wenn für die Wandelbarkeit ins Feld geführt wird, ein Gleichklang aller Ehewirkungen sei wünschenswert (so Kegel, IPR § 20 VII 2 c), so zeigt sich daran, daß es bedenklich ist, die Ehelichkeit eines Kindes als „Ehewirkung" anzusehen. Deswegen ist auch die Übernahme der für die Ehewirkungen aufgestellten Regeln auf die Frage der Ehelichkeit nicht überzeugend.

Eine Reform sollte davon ausgehen, daß die Feststellung der wahren Abstammung für das Kind nicht grundsätzlich unerwünscht und deswegen vom Gesetz tunlichst zu verhindern sei (aA Krüger in Krüger-Breetzke-Nowack Einl 311, die dafür eintritt, ein Kind dann als ehelich anzusehen, wenn es nach dem Heimatrecht eines Elternteils ehelich ist). Es ist sogar die Frage, ob ausländische Regeln, die eine Anfechtung (zB durch extrem kurze Fristen) erheblich erschweren, mit dem deutschen ordre public vereinbar sind (unten Rz 126). Wünschenswert ist deswegen eine Regel, welche die Widerlegung gesetzlicher Vermutungen durch die Feststellung biologischer Tatsachen nicht erschwert, sondern erleichtert. Eine solche Regel könnte folgendermaßen lauten: Die Ehelichkeit eines Kindes richtet sich nach dem Heimatrecht seiner Mutter und ihres Ehemannes zur Zeit der Geburt des Kindes bzw, wenn die Ehe vor der Geburt des Kindes aufgelöst wurde, zZ der Auflösung der Ehe. Haben die Mutter des Kindes und ihr Ehemann nicht dieselbe Staatsangehörigkeit, so ist das Kind ehelich, wenn es nach beiden Rechten als ehelich gilt. Seine Ehelichkeit kann angefochten werden, wenn das Heimatrecht der Mutter oder das Heimatrecht ihres Ehemannes die Anfechtung gestattet.

In dieselbe Richtung geht auch der Vorschlag Kegels (IPR § 20 VII 2 c), das Ehewirkungsstatut und das Personalstatut der Mutter nach dem Grundsatz des schwächeren Rechts zu koppeln. Die Ehelichkeit solle nach beiden Rechten angefochten werden können, und zwar von allen Beteiligten. Der obige Vorschlag unterscheidet sich von dem Kegels dadurch, daß das Personalstatut der Mutter nicht mit dem Ehewirkungsstatut, sondern mit dem Personalstatut des Ehemannes der Mutter gekoppelt wird.

Eine solche Anknüpfung an das Heimatrecht der Mutter und ihres Ehegatten empfiehlt sich eher als die in vielen Rechtsordnungen vorgesehene Anknüpfung an das Heimatrecht des Kindes (weil dieses regelmäßig gerade davon abhängt, ob ein Kind ehelich oder nichtehelich ist) oder an das – zu sehr vom Zufall abhängige und zu leicht manipulierbare – Recht des gewöhnlichen Aufenthalts zZ der Geburt (so aber Neuhaus FamRZ 1967, 25).

4. Ist der Ehemann **staatenlos, Flüchtling** oder **Vertriebener**, so sind Art 29 sowie das AHKG 23 und das Genfer Flüchtlingsabkommen zu beachten; vgl dazu Staudinger-Gamillscheg Vorbem 126–151 zu Art 13. Volksdeutsche Flüchtlinge und Heimatvertriebene stehen deutschen Staatsangehörigen gleich, soweit nach deutschem Recht die Staatsangehörigkeit einer Person maßgebend ist (Art 116 GG iVm Art 9 Abs 2 Nr 5 FamRÄndG). Zur Anknüpfung bei **Mehrstaatern** Staudinger-Gamillscheg Vorbem 152–173 zu Art 13). 6

5. Ist der Ehemann **„Staatsbürger" der DDR**, so ist nach den Grundsätzen des interlokalen Rechts das Recht der DDR anzuwenden, solange der Ehemann seinen gewöhnlichen Aufenthalt in der DDR hat. Hat er seinen gewöhnlichen Aufenthalt in der Bundesrepublik, so ist für die Frage des anwendbaren Rechts entscheidend, ob sich der Ehemann noch als Bürger der DDR betrachtet. Ist dies der Fall, so gilt für ihn weiterhin das Recht der DDR, ebenso wie das Recht der Bundesrepublik auf Deutsche anzuwenden ist, die sich zwar (zB als Journalisten oder Firmenvertreter) gewöhnlich in der DDR aufhalten, sich aber weiterhin als Angehörige der Bundesrepublik betrachten.

II. Die Existenz einer Ehe als Voraussetzung der Ehelichkeit

7 **1. Die Anknüpfung der „Erstfrage" nach dem Bestehen einer Ehe**

a) Art 18 erklärt das Recht des Staates für maßgebend, dem der „Ehemann" der Mutter angehört. Welche Konsequenzen aus der Verwendung des Wortes „Ehemann" zu ziehen sind, ist streitig. Die hM folgert daraus, daß die Anwendbarkeit der Kollisionsnorm das Bestehen einer Ehe voraussetze. Das Bestehen einer Ehe gehöre zum *Tatbestand* der Norm. Sei die Mutter unverheiratet oder lebe sie in einer Nichtehe, so sei Art 18 nicht anwendbar.*

Macht man sich diesen Standpunkt zu eigen, so folgt daraus, daß vor der Anwendung des Art 18 eine materiellrechtliche Frage beantwortet werden muß, nämlich: Ist oder war die Mutter des Kindes verheiratet? Diese Frage (im Anschluß an Jochem FamRZ 1964, 392 ff empfiehlt es sich, hier von einer „Erstfrage" zu sprechen) kann nur vom Standpunkt des deutschen Rechts aus beantwortet werden, in Fällen mit Auslandsberührung also unter Zugrundelegung der Art 11, 13 und 17 (ebenso Neuhaus, Grundbegriffe § 16 IV; ders FamRZ 1965, 543).

8 **b)** Die Beurteilung von **„Erstfragen"** (dh solchen Fragen, die vom Tatbestand der deutschen Kollisionsnorm aufgeworfen werden) nach der lex fori macht es überflüssig, auf den Streit um die selbständige oder unselbständige Anknüpfung von *„Vorfragen"* einzugehen. Wer dagegen mit der herkömmlichen Auffassung die Erstfragen nicht aus der Gruppe der Vorfragen herausnimmt, das Bestehen einer Ehe also als „Vorfrage" der Ehelichkeit des Kindes ansieht, muß die weitere Frage beantworten, ob diese „Vorfrage" nach dem Recht zu beantworten ist, auf das die deutschen Kollisionsnormen verweisen (Anknüpfung an das Kollisionsrecht der lex fori, selbständige Anknüpfung), oder nach dem Recht, auf das die Kollisionsnormen des Rechts verweisen, das über die Hauptfrage (Ehelichkeit) zu entscheiden berufen ist (Anknüpfung an das Kollisionsrecht der lex causae, unselbständige Anknüpfung).

9 **aa)** Die überwiegende Meinung knüpft Vorfragen *selbständig* an, beantwortet die „Vorfrage" des Bestehens einer Ehe also nach den Art 11, 13, 17 EGBGB, § 15 a EheG.*

---

* BGH 22. 1. 1965 BGHZ 43, 213, 218 = NJW 1965, 1129 = MDR 1965, 469 = JZ 1965, 531 Anm Wengler = LM Nr 6 zu Art 13 EGBGB (L) Anm Raske = FamRZ 1965, 311 Anm Bosch = StAZ 1965, 152 = DAVorm 1965, 356 = IPRspr 1964–65 Nr 81 b; BayObLG 4. 1. 1966 BayObLGZ 1966, 1, 5 = FamRZ 1966, 144 Anm Neuhaus = StAZ 1966, 84 = DAVorm 1966, 289 = IPRspr 1966–67 Nr 58; OLG Celle 5. 6. 1963 FamRZ 1964, 209 = StAZ 1963, 240 = DAVorm 1965, 63 = IPRspr 1962–63 Nr 98; OLG Karlsruhe 3. 4. 1967 StAZ 1968, 103 = IPRspr 1966–67 Nr 63 b; OLG Frankfurt 27. 4. 1967 NJW 1968, 359 = DAVorm 1967, 306 = IPRspr 1966–67 Nr 293; OLG Hamm 27. 6. 1967 FamRZ 1967, 570 Anm Bosch = StAZ 1967, 297 = DAVorm 1969, 83 = IPRspr 1966–67 Nr 74 und 30. 3. 1973 OLGZ 1973, 401 = NJW 1973, 1554 = MDR 1973, 852 = FamRZ 1973, 456 Anm Bosch = StAZ 1973, 301 = IPRspr 1973 Nr 56; OLG Oldenburg 21. 11. 1969 NdsRpfl 1970, 41 = StAZ 1970 74 = IPRspr 1968–69 Nr 98; OLG Köln 14. 7. 1971 StAZ 1972, 140 = IPRspr 1971 Nr 63; KG 19. 2. 1973 OLGZ 1973, 435 = FamRZ 1973, 313 und (L) 663 Anm Kohler = StAZ 1973, 217 Anm Dilger = DAVorm 1973, 240 = IPRspr 1973 Nr 55; Soergel-Kegel Art 18 Rz 3; Kegel, IPR § 20 VII 1.

* S etwa BayObLG 8. 10. 1963 BayObLGZ 1963, 265 = MDR 1964, 150 = FamRZ 1964, 45 = StAZ 1964, 11 = IPRspr 1962–63 Nr 100; KG 14. 8. 1961 FamRZ 1961, 483 = StAZ 1962, 41 = DAVorm 1962, 76 = IPRspr 1960–61 Nr 107; OLG Celle 5. 6. 1963 FamRZ 1964, 409 = StAZ 1963, 240 = DAVorm 1965, 63 = IPRspr 1962–63 Nr 98 und 5. 11. 1964 FamRZ 1965, 43 = DAVorm 1965, 63 = IPRspr 1964–65 Nr 82; OLG Zweibrücken 27. 9. 1973 OLGZ 1974, 171 = FamRZ 1974, 153 Anm Siehr = IPRspr 1973 Nr 67; AG Hamburg 15. 1. 1970 StAZ 1970, 198 = IPRspr 1970 Nr 58; Ferid, IPR Rz 8–251; Kegel, IPR § 9 II 1, § 20 VII 1; Soergel-Kegel Art 18 Rz 5; Raape, IPR 343.

Insoweit ergibt sich – von der Terminologie abgesehen – kein Unterschied zu der oben dargestellten Auffassung.

10 **bb)** Zu einem anderen Ergebnis kommen dagegen (zT) diejenigen, die Vorfragen grundsätzlich – im Interesse der internationalen Entscheidungsharmonie – *unselbständig* anknüpfen wollen. Das bedeutet nämlich, wenn man auch das Bestehen einer Ehe als Vorfrage ansieht, daß das Heimatrecht des (angeblichen) Ehemannes der Mutter darüber entscheiden soll, ob eine Ehe besteht. Haben also etwa zwei Griechen in Deutschland die Ehe nur vor einem nicht (gem § 15 a EheG) ermächtigten Geistlichen geschlossen, so soll ein Kind aus dieser Verbindung gleichwohl als ehelich angesehen werden, weil vom Standpunkt des griechischen Rechts (lex causae, Abstammungsstatut) aus gesehen die Ehe gültig ist (Classen JMBlNRW 1948, 7; Melchior, Grundlagen 260 – der allerdings S 264 zu erwägen gibt, ob nicht Art 30 EGBGB gebietet, die Wirkungen des Gebots der standesamtlichen Trauung auch auf das Verhältnis zu den Kindern zu erstrecken; Nussbaum, IPR 141; Schwind, IPR 190; ebenso anscheinend der österreichische OGH 16. 2. 1966 ZfRvgl 11 [1970] 198 krit Anm Zemen).

Zu dem Problem der Vorfrage kann hier nicht grundsätzlich Stellung genommen werden. Richtig scheint in jedem Fall die Herausnahme der „Erstfragen" aus dem Vorfragenbereich. Diese Herausnahme ist nicht nur methodisch geboten (ehe festgestellt werden kann, ob die lex causae eine Vorfrage aufwirft, muß festgestellt werden, ob die Kollisionsnorm, die zur lex causae führen soll, überhaupt anwendbar ist), sie trägt auch der schon früher erhobenen Forderung nach einer differenzierenden Beantwortung der Vorfragen (vgl Wolff, IPR 81) Rechnung.

11 **c)** Eine weitere Auffassung, die namentlich von Wengler vertreten wird (JR 1963, 41; JZ 1965, 536; Gutachten I 172 f, 200 f), versteht Art 18 Abs 1 nicht wörtlich in der Weise, daß darin unbedingt das Bestehen einer Ehe vorausgesetzt werde. Davon ausgehend, daß zahlreiche Rechtsordnungen nicht auf die „Ehelichkeit" eines Kindes abstellen, sondern auf eine bloße *„Legitimität"*, die auch dann gegeben sein kann, wenn die Eltern nicht miteinander verheiratet sind, meint Wengler, die Vorschrift des Art 18 Abs 1 sei so zu lesen, daß das Heimatrecht des angeblichen Vaters dafür maßgebend sei, ob die Voraussetzungen für jene Rechtsstellung gegeben seien, welche die meisten Rechte vorzugsweise dem in einer Ehe geborenen Kind zuweisen. Dabei soll es dem Heimatrecht des Vaters überlassen bleiben, ob es auch andere Tatbestände als die Erzeugung oder die Geburt während des Bestehens einer Ehe die Rechtsstellung eines „ehelichen" Kindes hervorbringen lasse.

An dieser Auffassung ist richtig, daß Art 18 – wie sich aus seiner Fassung als einseitige Kollisionsnorm ergibt – von der Unterscheidung des deutschen materiellen Rechts zwischen ehelichen und nichtehelichen Kindern ausgeht, andere Unterscheidungen fremder Rechte also nicht berücksichtigt. Von der Unterscheidung zwischen ehelichen und nichtehelichen Kindern abzugehen und nur nach der „Legitimität" zu fragen, wäre aber – als Entscheidung gegen den Gesetzeswortlaut – nur gerechtfertigt, wenn zwingende Gründe ein solches Abgehen forderten. Davon kann aber keine Rede sein. Es würde vielmehr die Ausrichtung allein an der „Legitimität" zu zahlreichen Zweifelsfragen führen und sogar vielfach den ordre public auf den Plan rufen. Würde man nämlich jedes Kind, dessen Abstammung von einem Mann feststeht, als „legitimes" Kind dieses Mannes ansehen, auch wenn zwischen den Eltern keine Ehe besteht, so ergäben sich Spannungen zwischen den Rechten der Mutter (und des Kindes) und den Rechten des Vaters (Name des Kindes, elterliche Gewalt!). Diese Spannungen treten zwar auch dann auf, wenn eine Rechtsordnung vorsieht, daß mit der Anerkennung eines nichtehelichen Kindes durch seinen Vater dieser die elterliche Gewalt erwirbt. In einem solchen Fall sind aber die Spannungen leichter aufzulösen. Das Kind ist zunächst nichtehelich. Ob es von der Familie der Mutter zur Familie des Vaters überwechseln will, hängt – zumindest, wenn das Kind die deutsche Staatsangehörigkeit besitzt – von seiner Einwilligung und der seiner Mutter ab (Art 22 Abs 2). Würde man hier statt Art 22 den Art 18 anwenden, so hätte dies zur Folge, daß weder das Kind noch die Mutter gefragt werden müßten, ob sie mit einem Erwerb der elterlichen Gewalt durch den Vater einverstanden wären. Ein solches Ergebnis wäre mit dem deutschen ordre public nicht vereinbar.

Soweit Schwierigkeiten dadurch entstehen, daß in Rechten, die zwischen ehelicher und nichtehelicher Geburt nicht unterscheiden, eine Legitimation nicht vorgesehen ist, kann mit den Mitteln der Anpassung geholfen werden (unten Rz 39).

Welche Konsequenzen sich aus dieser Unanwendbarkeit des Art 18 ergeben, ist zweifelhaft und soll im folgenden erörtert werden.

12 **2. Die Stellung der Kinder aus Nichtehen**

a) Nach deutschem Recht liegt eine Nichtehe regelmäßig dann vor, wenn eine Ehe in Deutschland nicht vor dem Standesbeamten geschlossen worden ist (§ 11 EheG, Art 13 EGBGB). Eine Ehe von Ausländern in Deutschland in den Formen ihres Heimatrechts ist nur dann keine Nichtehe, wenn sie vor einer Person geschlossen worden ist, die von der Regierung des Landes, dessen Staatsangehörigkeit einer der Verlobten besitzt, ordnungsgemäß ermächtigt worden ist, die Trauungshandlungen vorzunehmen (§ 15 a EheG).

Kinder, deren Eltern nicht miteinander verheiratet sind oder in einer sog Nichtehe leben, sind nach hM nichtehelich.*

Dieser Satz scheint selbstverständlich zu sein. Er ist es aber keineswegs. In einer Reihe von Rechtsordnungen ist nämlich vorgesehen, daß auch Kinder aus Nichtehen unter bestimmten Voraussetzungen ehelich sind oder die Rechtsstellung ehelicher Kinder haben. In diesen Rechtsordnungen werden also Kinder aus Nichtehen so (oder ähnlich) behandelt wie im deutschen Recht Kinder aus nichtigen (und für nichtig erklärten) Ehen.

13 *Beispiele:* (1) Im **französischen** Recht wurde zwar (durch Zachariä von Lingenthal) die Unterscheidung zwischen inexistenten und nichtigen Ehen entwickelt, sie wird von der heute hM aber als unnötig abgelehnt. Daß nicht vor dem Standesbeamten geschlossene Ehen nichtig sind, steht zwar nicht im Gesetz. Diese Fälle einer „nullité virtuelle“ werden aber den Fällen einer „nullité textuelle“ gleichgestellt.

---

* BGH 22. 1. 1965 BGHZ 43, 213, 219 = NJW 1965, 1129 = MDR 1965, 469 = JZ 1965, 531 Anm Wengler = LM Nr 6 zu Art 13 EGBGB (L) Anm Raske = FamRZ 1965, 311 Anm Bosch = StAZ 1965, 152 = DAVorm 1965, 356 = IPRspr 1964–65 Nr 81 b; BayObLG 4. 1. 1966 BayObLGZ 1966, 1 = FamRZ 1966, 144 Anm Neuhaus = StAZ 1966, 84 = DAVorm 1966, 289 = IPRspr 1966–67 Nr 58; OLG Karlsruhe 3. 4. 1967 StAZ 1968, 103 = IPRspr 1966–67 Nr 63 b; OLG Hamm 27. 6. 1967 FamRZ 1967, 570 Anm Bosch = StAZ 1967, 297 = DAVorm 1969, 83 = IPRspr 1966–67 Nr 74 und 30. 3. 1973 OLGZ 1973, 401 = NJW 1973, 1554 = MDR 1973, 852 = FamRZ 1973, 456 Anm Bosch = StAZ 1973, 309 = IPRspr 1973 Nr 56; OLG Oldenburg 21. 11. 1969 NdsRpfl 1970, 41 = StAZ 1970, 74 = IPRspr 1968–69 Nr 98; OLG Köln 14. 7. 1971 StAZ 1972, 140 = IPRspr 1971 Nr 63; AG Koblenz 10. 10. 1969 FamRZ 1970, 406 Anm Bosch = StAZ 1970, 104 = IPRspr 1968–69 Nr 74; AG Hamburg 15. 1. 1970 StAZ 1970, 198 = IPRspr 1970 Nr 58; Lauterbach, Eingehung der Ehe 35; Krautkrämer StAZ 1962, 22; Beitzke StAZ 1966, 330; Massfeller-Hoffmann § 21 Rz 77; Erman-Marquordt Art 18 Rz 7; ebenso für das österreichische Recht – zumindest de lege lata – Schwind, FS Wilburg 157, 177; Köhler, IPR 91.

Das bedeutet insbes, daß es auch in diesen Fällen einer gerichtlichen Nichtigerklärung bedarf, wenn der „Anschein einer Ehe" beseitigt werden soll, und daß die Kinder, die aus einer solchen Verbindung hervorgegangen sind, vor der Nichtigerklärung in jedem Fall und nach der Nichtigerklärung dann als ehelich angesehen werden, wenn wenigstens einer der beiden Partner bezüglich der Ehegültigkeit gutgläubig war (Putativ-Ehe); vgl Ferid, Franz ZivilR II 4 B 51 ff; Mazeaud, Leçons de droit civil I/3 Nr 803. Keine Ehe und damit auch keine Putativ-Ehe liegt lediglich dann vor, wenn es an jedem Rechtsschein einer Ehe fehlt, nämlich, wenn keinerlei förmliche Eheschließung stattgefunden hat („défaut total de célébration"). Ein Lebensgefährtenverhältnis („union libre") begründet keine Ehe. Haben die Ehegatten dagegen in Frankreich nur vor einem Geistlichen oder einem ausländischen Konsul die Ehe geschlossen, so kann eine Putativ-Ehe vorliegen; vgl. Marty et Raynaud, Droit civil I/2 Nr 125 S 143; zweifelnd für den Fall, daß Franzosen in Frankreich nicht vor dem Standesbeamten geheiratet haben: Dalloz, Nouveau répertoire de droit III Mariage 2. Aufl 1964) Nr 288.

(2) Ebenso wie in Frankreich wird auch in **Belgien** von der heute herrschenden 14
Meinung eine Unterscheidung von nichtexistenten und nichtigen Ehen als überflüssig abgelehnt. Nur dort, wo es an jedem Rechtsschein einer Ehe fehlt, etwa beim Lebensgefährtenverhältnis (union libre), ist eine Nichtigkeitsklage entbehrlich. Eine Putativ-Ehe (und damit eine existierende, wenngleich nichtige Ehe) kann dagegen vorliegen, wenn die Eheschließung vor einer anderen Trauungsperson als dem Zivilstandsbeamten (etwa einem ausländischen Konsul oder einem Geistlichen) stattgefunden hat; vgl De Page, Traité I Nr 647; ausführlich Rigaux, Les personnes I: Les relations familiales Nr 1333 ff.

(3) In **Jugoslawien** wird in einigen der neuen Ehegesetze der Teilrepubliken zwar 15
ausdrücklich zwischen nichtbestehenden und nichtigen Ehen unterschieden. Die Nichtehen unterscheiden sich aber von den Nichtehen des deutschen Rechts dadurch, daß sie nicht ohne jede Rechtswirkung sind. Für einen Ehegatten, der den Mangel nicht kannte, welcher die Ehe zur Nichtehe macht, zieht die Erklärung der Ehe als nichtbestehend die bei Nichtigerklärung der Ehe eintretenden Folgen nach sich (Art 36 Abs 2 des montenegrinischen Ges über die Ehe vom 19. 7. 1973; Art 24 Abs 2 des serbischen Ges über die Ehe vom 30. 12. 1974; Art 21 Abs 3 des EheG von Kosovo vom 30. 12. 1974). Für die Kinder aus einer nichtbestehenden Ehe gelten nach diesen Gesetzen die gleichen Vorschriften wie für die Kinder aus einer für nichtig erklärten Ehe (Art 37 des montenegrinischen EheG; Art 24 Abs 4 des serbischen EheG; Art 21 Abs 4 des EheG von Kosovo). Das aber heißt, daß auch die Kinder aus einer Nichtehe als ehelich angesehen werden (Art 52 Abs 1 des montenegrinischen und Art 37 Abs 1 des serbischen EheG).

(4) In den **Ländern des Common Law** unterscheidet man zwischen Konkubinaten, 16
absolut nichtigen (void) und vernichtbaren (voidable) Ehen. Void marriages sind keine Ehen. Die Parteien werden so angesehen, als seien sie nicht miteinander verheiratet. Vom Konkubinat unterscheidet sich die void marriage dadurch, daß irgendeine Eheschließungszeremonie stattgefunden hat (Bromley 74 f). Obgleich somit auch die void marriages „Nichtehen" sind, können sie doch Rechtswirkungen haben. So werden insbes Kinder aus einer void marriage nach englischem Recht als ehelich angesehen, wenn der Vater des Kindes zur Zeit der Geburt in England domiziliert war und im Zeitpunkt der Erzeugung des Kindes wenigstens ein Ehegatte an die Gültigkeit der Ehe geglaubt hat (sec 1 Legitimacy Act, 1976). Ähnlich ist die Rechtslage auch in Schottland (vgl Gloag and Henderson, Introduction to the Law of Scotland 682) und anderen Common-Law-Staaten.

In der Praxis wird es sich meist um Fälle bigamischer Ehen handeln; denn Formverstöße machen eine Ehe im allgemeinen nur dann nichtig, wenn beide Parteien bösgläubig sind.

17 In den **USA** werden Kinder aus void marriages dem Grundsatz nach als nichtehelich angesehen. In einer Reihe von Einzelstaaten ist jedoch statutarisch bestimmt, daß Kinder zumindest aus einigen, wenn nicht allen void marriages ehelich sind. So werden Kinder aus void marriages generell für ehelich gehalten etwa in Arkansas, California, Colorado, Delaware, Georgia, Indiana, Montana, Ohio, Oklahoma, Pennsylvania, Texas, Virginia und Wisconsin (vgl Clark, Law of Domestic Relations 132 f und Röder 22 f). Als „void marriages" werden dabei angesehen alle „de facto marriages", alle „relationships which look like marriages and in which the parties behave as husband and wife" (Clark 133). Zu dieser Gruppe gehört seit einer Gesetzesänderung im Jahre 1969 auch New York, dessen Domestic Relations Law, § 24 folgendermaßen lautet: „A child heretofore or hereafter born of parents who prior or subsequent to the death of such child shall have entered into a civil or religious marriage, or shall have consummated a common law marriage where such marriage is recognized as valid, in the manner authorized by the law of the place where such marriage takes place, is the legitimate child of both natural parents notwithstanding that such marriage is void or voidable or has been or shall hereafter be annulled or judicially declared void." Dasselbe gilt auch für Illinois und New Jersey.

In **anderen Staaten** wird, ebenso wie in England, auf den guten Glauben eines oder beider Ehegatten an die Gültigkeit der Ehe abgestellt, so etwa in Louisiana, Nebraska (nur für bigamische Ehen) und South Carolina, und in einer weiteren Gruppe wird nach dem Nichtigkeitsgrund unterschieden, so etwa in Hawaii, Massachusetts, Wyoming (vgl Clark 134 f).

18 **Zusammenfassend** läßt sich feststellen: „Nichtehen" haben nicht in allen Rechtsordnungen die Nichtehelichkeit der aus dieser Verbindung hervorgegangenen Kinder zur Folge. Die Aussage der hM, daß Kinder aus Nichtehen nichtehelich sind, ist somit zu relativieren. Sie gilt für Nichtehen des deutschen Rechts, sie gilt aber nicht notwendig für „Nichtehen" oder absolut nichtige Ehen fremder Rechte. Will man den Rechtsordnungen gerecht werden, die Kinder aus „Nichtehen" oder absolut nichtigen Ehen nicht in jedem Fall als nichtehelich behandeln, so bieten sich zwei Wege an:

Entweder sagt man: Eine „Nichtehe" oder eine absolut nichtige Ehe eines fremden Rechts ist im Bereich des deutschen Kollisionsrechts nur dann als Nichtehe zu behandeln, wenn sie keinerlei Rechtswirkungen hat, wenn insbes Kinder aus solchen Verbindungen in jedem Fall als nichtehelich angesehen werden. Hat eine „Nichtehe" oder absolut nichtige Ehe eines fremden Rechts dagegen bestimmte Rechtswirkungen, so ist sie der Gruppe der „nichtigen" Ehen des deutschen Rechts zuzurechnen. Bei nichtigen Ehen ist aber Art 18 zumindest analog anwendbar.

Oder man sagt: Welche Auswirkungen eine „Nichtehe" oder eine absolut nichtige Ehe auf die Rechtsstellung der Kinder hat, ist dem Recht zu entnehmen, aus dem sich die Nichtexistenz oder absolute Nichtigkeit der Ehe ergibt.

Beide Wege werden beschritten. Teils wird die – analoge – Anwendung von Art 18 empfohlen, teils hält man Art 13 für die hier anwendbare Kollisionsnorm. Dabei gibt es in jeder Gruppe wiederum verschiedene Variationen.

b) Die Lösungsvorschläge des Schrifttums 19

aa) Die einfachste Regelung und zugleich die, die der Rechtsprechung des BGH am nächsten kommt, stellt KEGEL auf. Über den Status des Kindes, das einer Nichtehe entstammt, entscheidet die Rechtsordnung, aus der sich die Nichtexistenz der Ehe ergibt. Beruht also die Nichtexistenz der Ehe auf der Anwendung deutschen Rechts, sei es gem Art 13 Abs 1, sei es gem Art 13 Abs 3, so entscheidet das deutsche Recht auch über den Status der Kinder, die einer solchen Verbindung entstammen (KEGEL, IPR § 20 III 3; SOERGEL-KEGEL Art 13 Rz 94; IPG 1974 Nr 19 [Freiburg]; AG Hamburg 19. 4. 1963 StAZ 1964, 74 = IPRspr 1962–63 Nr 121).

bb) Vom gleichen Ausgangspunkt (das verletzte Recht soll über die Folgen der Verletzung bestimmen) geht eine andere Auffassung aus. Sie will jedoch danach unterscheiden, ob die Nichtexistenz der Ehe auf Art 13 Abs 1 oder Art 13 Abs 3 beruht. Beruht die Nichtexistenz der Ehe auf Art 13 Abs 1, so soll das verletzte deutsche Recht auch die Folgen der Nichtexistenz bestimmen: Das Kind soll als nichtehelich angesehen werden. Beruht die Nichtexistenz der Ehe dagegen auf Art 13 Abs 3, so soll diese Vorschrift als ordre-public-Vorschrift eng ausgelegt werden. Ihre Anwendbarkeit soll auf die Feststellung der Nichtexistenz der Ehe beschränkt werden. Sie soll nicht anwendbar sein, wenn es um die Frage der Stellung der Kinder geht. An ihre Stelle soll Art 13 Abs 1 treten (zumindest dann, wenn die Eltern alsbald nach der Eheschließung Deutschland verlassen und damit die Inlandsbeziehung, die Art 13 Abs 3 als ordre-public-Vorschrift voraussetzt, aufgehoben haben; vgl HENRICH FamRZ 1958, 122). Die Folge: Ist die Ehe nach dem Heimatrecht der Verlobten gültig zustande gekommen, so ist das Kind ehelich (LG Hamburg 27. 2. 1954 StAZ 1956, 115 = IPRspr 1954–55 Nr 98; AG Mannheim 15. 9. 1953 StAZ 1955, 159 = IPRspr 1952–53 Nr 176; PALANDT-HELDRICH Art 18 Anm 3; ebenso für das schweizerische Recht GÖTZ in: Berner Kommentar Vorbem 22, 23 vor Art 105 ZGB). 20

cc) Wiederum andere vertreten folgenden Standpunkt: Ist die Ehe der Mutter des Kindes wegen Art 13 Abs 3 eine Nichtehe, so hat das Kind gleichwohl die Stellung eines ehelichen Kindes, wenn nach dem Heimatrecht der Eltern ein aus einer Nichtehe hervorgegangenes Kind einem ehelichen Kind gleichsteht (RAAPE MDR 1948, 99; vgl auch OLG Celle 5. 6. 1963 FamRZ 1964, 209 = StAZ 1963, 240 = DAVorm 1965, 63 = IPRspr 1962–63 Nr 98, das jedoch die Frage, ob diese oder die These KEGELS den Vorzug verdient, offen läßt). Hier wird also ebenfalls eine kollisionsrechtliche Lösung versucht. Ebenso wie die Vertreter der zuletzt genannten Auffassung stellen auch die Vertreter dieser Ansicht auf den ordre-public-Charakter des Art 13 Abs 3 ab. Art 13 Abs 3, so wird gesagt, wolle nur nichtstandesamtliche Ehen in Deutschland verhindern, mehr nicht. Anders als die Vertreter der letztgenannten These glauben jedoch die Vertreter dieser Auffassung, die Tatsache der Nichtexistenz der Ehe nicht negieren zu können. So sagt man: Kinder aus einer wegen Art 13 Abs 3 nichtbestehenden Ehe haben gleichwohl die Stellung von ehelichen Kindern, wenn das Heimatrecht der Eltern Kinder aus einer Nichtehe ehelichen Kindern gleichstellt. 21

dd) Von den Befürwortern einer grundsätzlichen Anknüpfung an Art 18 erklären manche: Wird eine Ehe wegen Art 13 Abs 3 in Deutschland als Nichtehe angesehen, so kann das aus ihr hervorgegangene Kind trotzdem als ehelich betrachtet werden, wenn das Heimatrecht des Vaters Kinder, die aus einer Nichtehe stammen, ehelichen Kindern gleichstellt (LEWALD, IPR 130; WOLFF, IPR 213; HENRICH FamRZ 1958, 123; KG 14. 8. 1961 FamRZ 1961, 483 = StAZ 1962, 41, 42 = DAVorm 1962, 76 = IPRspr 1960–61 Nr 107, das jedoch die Frage, ob diese Auffassung oder die Auffassung KEGELS den Vorzug verdient, offen läßt. Unverständlich OLG 22

Celle 5. 11. 1964 FamRZ 1965, 43 = IPRspr 1964–65 Nr 82, wonach dann, wenn die Ehe gem Art 13 Abs 3 eine Nichtehe ist, das Kind „nach Art 18" als nichtehelich anzusehen ist).

23 **ee)** Eine weitere These läßt Art 13 für die Frage der Ehelichkeit der Kinder gänzlich außer Betracht, wenn der angebliche Vater kein Deutscher ist. Sein Heimatrecht allein soll darüber entscheiden, ob die Voraussetzungen für jene Rechtsstellung gegeben sind, welche das deutsche Recht dem in einer „Ehe" erzeugten Kind zuweist. Art 18 wird also allein für anwendbar gehalten, sei es in unmittelbarer Anwendung (Wengler JR 1963, 41; ders JZ 1965, 534, 536), sei es in analoger Anwendung (Neuhaus FamRZ 1966, 146 und wohl auch FamRZ 1973, 583; IPG 1965–1966 Nr 37 [Hamburg]). In diesem Sinn wohl auch AG Mannheim 15. 9. 1953 StAZ 1955, 159 = IPRspr 1952–53 Nr 176; Nussbaum, IPR 141; Serick RabelsZ 21 (1956) 233; Bosch FamRZ 1965, 314 und FamRZ 1967, 572. Auch Frankenstein, IPR IV 13, 15 f kommt zu diesem Ergebnis. Er folgert die Anwendbarkeit des Heimatrechts des vermeintlichen Ehegatten aber nicht aus Art 18 (weil dieser „ja gerade den Bestand einer Ehe voraussetzt"), sondern „aus den wissenschaftlichen Grundsätzen; auch in eine fingierte Familiengemeinschaft kann als Kind eines Vaters nur eintreten, wer nach dem Recht des Vaters dazu berufen ist."

24 **ff)** Weder auf Art 13 noch auf Art 18 greift Dorenberg zurück (Hinkende Rechtsverhältnisse im internationalen Familienrecht). Er stellt eine neue Regel auf: Ist die Ehe im Inland eine Nichtehe, so sind Kinder trotzdem ehelich, wenn die Ehe in dem Staat besteht, in dem die Eltern zur Zeit der Geburt des Kindes ihren ehelichen Wohnsitz haben. Dabei versteht er den Begriff „Wohnsitz" nicht iS des § 11 BGB, sondern in der Bedeutung, die der Begriff „domicile" im amerikanischen Kollisionsrecht hat. Die Eltern müssen den animus manendi et non revertendi haben (aaO 74 f).

25 **gg)** Siehr (StAZ 1971, 205, 212) plädiert für eine alternative Anknüpfung der Vorfrage nach der Existenz einer Ehe. Ausschlaggebend für die Wahl der Anknüpfung (selbständig oder unselbständig) soll das Ergebnis sein. Zu wählen ist die Anknüpfung, die den Kindern die Stellung ehelicher Kinder verschafft.

26 **hh)** Zu erwähnen ist schließlich noch die Stellungnahme des österreichischen OGH. Er lehnte die Anwendung des inzwischen aufgehobenen § 9 der 4. DVO zum EheG ab, weil dieser seinem Wortlaut nach nur dann anwendbar sei, wenn der Ehemann der Mutter zur Zeit der Geburt des Kindes die österreichische Staatsangehörigkeit besitze. Eine Vorschrift, nach welchen Gesetzen die Ehelichkeit zu beurteilen sei, wenn der Ehemann der Mutter Ausländer ist, bestehe nicht. Diese Lücke füllte der OGH mit einer allgemeinen Regel: Über die Ehelichkeit entscheidet das Personalstatut des Vaters (SZ XXV [1952] Nr 285). Eine Übertragung dieser Gedankengänge auf das deutsche Recht scheidet deswegen aus, weil nach in Deutschland einhelliger Meinung die einseitige Kollisionsnorm des Art 18 zu einer allseitigen Kollisionsnorm zu erweitern ist (oben Rz 3). Kritisch zu der Entscheidung des OGH äußern sich auch Schwind, RabelsZ 23 (1958) 462 f und Köhler, IPR 91.

27 **c) Eigener Lösungsvorschlag**

Es ist unbestreitbar, daß die Nichtehelichkeit eines Kindes zweierlei Ursachen haben kann: die Ungültigkeit der Ehe seiner Eltern oder die Abstammung von einem anderen Mann als dem Ehemann der Mutter. Wie sich aus dem Wortlaut des Art 18 ergibt, hat der Gesetzgeber von diesen beiden Fallgestaltungen nur die zweite geregelt; nämlich die, daß die Mutter zwar verheiratet ist, das Kind aber nicht von ihrem Ehemann abstammt. Hier ist es nur natürlich, dem Scheinvater das Recht zu geben, nach seinem Heimatrecht die Ehelichkeit des Kindes anzufechten.

In einer Reihe von Rechtsordnungen werden die beiden genannten Fallgruppen unterschieden: Soweit die Ehelichkeit eines Kindes von der Gültigkeit oder Nichtigkeit der Ehe seiner Eltern abhängt, soll das Recht, das über die Gültigkeit der Eheschließung entscheidet, auch über den Status der Kinder befinden; dagegen soll dann, wenn die Ehelichkeit nicht von der Gültigkeit oder Nichtigkeit der Ehe der Eltern abhängt, ein anderes Recht – beispielsweise das Recht des ehelichen Wohnsitzes – maßgebend sein (so lauten Art 16, 17 des IPR-Vertrages von Montevideo von 1889 [Vertragsstaaten Bolivien, Columbien, Peru] und Art 20, 21 des IPR-Vertrages von Montevideo von 1940 [Vertragsstaaten Argentinien, Paraguay, Uruguay]).

Im deutschen Recht fehlt eine entsprechende Unterscheidung. Vom Gesetzgeber war sie nicht gewollt. Er hat, obgleich ihm die beschränkte Wirksamkeit von nichtigen Ehen bekannt war, sich dahin entschieden, die Ehelichkeit der Kinder auch bei solchen ungültigen Ehen nach dem Heimatrecht des Vaters zu beurteilen. Daß Kinder, deren Eltern nicht miteinander verheiratet sind, nichtehelich sein müßten, war ihm selbstverständlich.

Von dieser Entscheidung des Gesetzgebers abzugehen, besteht kein Anlaß. Was die lediglich nichtige Ehe angeht, werden Gründe und Gegengründe noch gegeneinander abzuwägen sein (unten Rz 38 ff). Steht dagegen fest, daß wenigstens nach dem Heimatrecht eines Ehegatten oder gem Art 13 Abs 3 eine Ehe nicht zustande gekommen ist, so können Kinder jedenfalls dann nicht ehelich sein, wenn ihre Eltern in einer wirklichen Nichtehe (iS des deutschen Rechts) leben.

Beruht die Nichtexistenz der Ehe dagegen auf einem Recht, das auch einer Nichtehe (Scheinehe) Rechtsfolgen beilegt, insbes Kinder aus einer solchen Verbindung als ehelich betrachtet, so besteht kein Grund, diese Rechtsordnung nicht auch über den Status der Kinder entscheiden zu lassen. Nichtehen haben nicht begrifflich die Nichtehelichkeit der darin geborenen Kinder zur Folge. Jeder Rechtsordnung steht es frei, Kinder aus Nichtehen ebenso zu behandeln wie Kinder aus lediglich vernichtbaren Ehen. Das ist zu respektieren. Aus diesem Grund haben zB Kinder serbischer Eltern auch dann den Status „ehelicher“ Kinder, wenn die Eltern nach serbischem Recht in einer Nichtehe leben (vorausgesetzt, die Eltern haben in Serbien oder jedenfalls außerhalb der Bundesrepublik ihre de-facto-Ehe begründet), und das gleiche gilt für Kinder englischer Eltern, wenn deren Ehe void ist, aber die Voraussetzungen der sec 1 Legitimacy Act 1976 vorliegen.

Haben ausländische Eltern in Deutschland eine eheähnliche Gemeinschaft begründet (oder fehlt es sogar daran), ohne eine nach deutschem Recht wirksame Ehe einzugehen, so folgt aus Art 13 Abs 3, daß zwischen ihnen keine Ehe besteht. Aus dieser Vorschrift ergibt sich dann weiterhin, daß die Kinder – zunächst einmal – nichtehelich sind. Das schließt aber nicht aus, daß die Kinder trotzdem im Ergebnis ehelichen Kindern weitgehend gleichgestellt sein können, wenn nämlich die dann nach den anzuwendenden Kollisionsnormen (Art 20 im Verhältnis zur Mutter, Art 20 analog im Verhältnis zum Vater und Art 22) maßgeblichen Heimatrechte der Eltern eine solche Gleichstellung vorsehen. Eine solche Gleichstellung sehen beispielsweise die islamischen Rechtsordnungen für wirksam anerkannte („legitime“) Kinder vor. Und noch weitergehend gilt dies für Rechtsordnungen, die zwischen ehelichen und nichtehelichen Kindern überhaupt nicht mehr unterscheiden und deswegen auch das Rechtsinstitut der Legitimation abgeschafft haben. Vgl. im übrigen auch den nachfolgenden Text.

28 **d) Einzelfragen**

Die Feststellung, daß ein Kind nichtehelich ist, muß nicht in jedem Fall dazu führen, es auch als nichtehelich zu behandeln. Taucht die Frage nach der Ehelichkeit nicht bei der Anwendung einer deutschen Norm auf, sondern bei der Anwendung einer ausländischen Norm, also als „Vorfrage", so kann uU dem ausländischen Recht auch die Entscheidung überlassen werden, ob es das Kind als eheliches Kind behandeln will oder nicht.

Das sei nun an einigen Beispielen erläutert:

29 **aa) Eintragung in das Geburtenbuch**

Im Geburtenbuch wird nicht vermerkt, ob das Kind ehelich oder nichtehelich ist. Der Status des Kindes läßt sich der Eintragung nur mittelbar entnehmen. Nach § 21 Abs 1 Nr 1 PStG werden im Geburtenbuch die Vor- und Familiennamen der Eltern eingetragen. Dies gilt nach allgemeiner Auffassung jedoch nur für den Fall, daß das Kind ehelich ist. Ist das Kind nichtehelich, so wird nur die Mutter des Kindes eingetragen. Hat der Vater seine Vaterschaft anerkannt oder ist seine Vaterschaft rechtskräftig festgestellt worden, so wird dies lediglich am Rand des Geburtseintrags vermerkt (§ 29 Abs 1 PStG). Bei der Eintragung einer unverheirateten Mutter wird nur ihr Familienname angegeben. Ist die Mutter verheiratet, so wird ihr Familienname eingetragen und der Geburtsname mit dem Zusatz „geborene" hinzugefügt. Im Anschluß daran wird die Mutter als „Ehefrau des . . ." bezeichnet (Pfeiffer-Strickert § 21 Anm 11; Massfeller-Hoffmann § 21 Rz 16, 24). Daraus folgt: Liegt nach deutschem Recht keine Ehe vor, so kann der Standesbeamte die Mutter des Kindes nicht eintragen mit dem Zusatz „Ehefrau des . . .". Er muß vielmehr die Mutter als unverheiratet ansehen und sie deswegen mit ihrem Geburtsnamen eintragen. Das ist nunmehr ganz hM.*

Steht das Kind – ausnahmsweise – nach dem Recht, auf dem die Nichtexistenz der Ehe beruht, einem ehelichen Kind gleich, so muß auch der Vater eingetragen werden. Denn die Tatsache der Ehelichkeit läßt Beziehungen zum Vater entstehen, die sich in der Eintragung widerspiegeln müssen. Um das Besondere dieser Eintragung zu erklären, ist es sinnvoll, der Eintragung hinzufügen: die Ehe der Eltern ist nach (englischem) Recht absolut nichtig oder nach (serbischem) Recht nichtbestehend; aA Beitzke StAZ 1966, 330; Massfeller-Hoffmann § 21 Rz 77.

30 **bb) Anfechtung der Ehelichkeit oder sonstige Geltendmachung der Nichtehelichkeit, Klage auf Feststellung der Ehelichkeit**

Liegt gem Art 13 eine Nichtehe vor und stellt das Recht, auf dem die Nichtexistenz der Ehe beruht, Kinder aus einer Nichtehe ehelichen Kindern nicht gleich, so ist für

* Von der Eintragung in das Geburtenbuch handeln insbes die Entscheidungen BGH 22. 1. 1965 BGHZ 43, 213 = NJW 1965, 1129 = MDR 1965, 469 = JZ 1965, 531 Anm Wengler = LM Nr 6 zu Art 13 EGBGB (L) Anm Raske = FamRZ 1965, 311 Anm Bosch = StAZ 1965, 152 = DAVorm 1965, 356 = IPRspr 1964–65 Nr 81 b; BayObLG 4. 1. 1966 BayObLGZ 1966, 1 = FamRZ 1966, 144 Anm Neuhaus = StAZ 1966, 84 = DAVorm 1966, 289 = IPRspr 1966–67 Nr 58; KG 14. 8. 1961 FamRZ 1961, 483 = StAZ 1962, 41 = DAVorm 1962, 76 = IPRspr 1960–61 Nr 107; OLG Celle 5. 6. 1963 FamRZ 1964, 209 = StAZ 1963, 240 = DAVorm 1965, 63 = IPRspr 1962–63 Nr 98; OLG Hamm 27. 6. 1967 FamRZ 1967, 570 Anm Bosch = StAZ 1967, 297 = DAVorm 1969, 83 = IPRspr 1966–67 Nr 74 und 30. 3. 1973 OLGZ 1973, 401 = NJW 1973, 1554 = MDR 1973, 852 = FamRZ 1973, 456 Anm Bosch = StAZ 1973, 301 = IPRspr 1973 Nr 56; OLG Oldenburg 21. 11. 1969 NdsRpfl 1970, 41 = StAZ 1970, 74 = IPRspr 1968–69 Nr 98; AG Bielefeld 28. 7. 1964 FamRZ 1964, 566 Anm Weyers = IPRspr 1964–65 Nr 78.

eine Anfechtung der Ehelichkeit kein Raum. Das Kind ist nichtehelich. Zweifel über die Ehelichkeit des Kindes, die etwa dann entstehen können, wenn das Kind im Heimatstaat der Eltern geboren und dort als ehelich eingetragen worden ist (weil dieser Staat die Ehe anerkennt), können durch eine Klage auf Feststellung der Nichtehelichkeit beseitigt werden.

Stehen nach dem Recht, auf dem die Nichtexistenz der Ehe beruht, Kinder aus einer Nichtehe ehelichen Kindern gleich, so kann die Nichtehelichkeit des Kindes nur dann geltend gemacht werden, wenn das Kind nicht von dem „Ehemann“ der Mutter abstammt. In welcher Weise die Nichtehelichkeit geltend gemacht werden kann, besagt das Heimatrecht des „Ehegatten“ der Mutter. Hier ist Art 18 analog anzuwenden.

cc) Elterliche Gewalt 31

Die elterliche Gewalt einschließlich ihrer Bestandteile (Personensorge, Vermögenssorge, Vertretung) richtet sich – soweit nicht das MSA eingreift – bei ehelichen Kindern nach dem gem Art 19 anwendbaren Recht, bei nichtehelichen Kindern wird unterschieden zwischen dem Rechtsverhältnis des Kindes zur Mutter und seinem Rechtsverhältnis zum Vater. Im Verhältnis zur Mutter gilt Art 20 unmittelbar, im Verhältnis zum Vater gilt Art 20 analog. Die Ehelichkeit oder Nichtehelichkeit des Kindes gehört also zum Tatbestand der deutschen Kollisionsnorm. Das maßgebende Recht wird demgemäß durch die Art 18, 13 und 11 bestimmt. Führt die Anwendung dieser Normen zur Feststellung der Nichtehelichkeit des Kindes, so ist Art 19 nicht anwendbar. Bei der Anwendung des Heimatrechts der Mutter (Art 20) oder des Vaters (Art 20 analog) ist von der Nichtehelichkeit der Kinder auszugehen. Selbst wenn also nach einem dieser Rechte oder nach beiden die Ehe als gültig angesehen wird, ist zu fragen: Wem steht die elterliche Gewalt über ein nichteheliches Kind zu?

Stehen nach dem Recht, auf dem die Nichtexistenz der Ehe beruht, Kinder aus Nichtehen ehelichen Kindern gleich, so ist auch hinsichtlich der elterlichen Gewalt von der Ehelichkeit der Kinder auszugehen.

dd) Name des Kindes 32

Das Recht, einem Kind einen Vornamen zu geben, ist ein Bestandteil des Personensorgerechts. Wie der Personensorgeberechtigte zu ermitteln ist, ergibt sich aus den voranstehenden Ausführungen (Rz 31).

Auch der Familienname des Kindes richtet sich nach dem Rechtsverhältnis, das mit der Geburt zwischen dem Kind und seinen Eltern entsteht. Darum ist hier ebenfalls zwischen ehelicher und nichtehelicher Geburt zu unterscheiden. Ist das Kind gem Art 18 iVm Art 13 nichtehelich, so entscheidet über seinen Namen das nach Art 20 berufene Recht, wobei auch hier wieder zu fragen ist: Welchen Namen führt nach diesem Recht ein nichteheliches Kind? Zu der Frage, welchen Namen das Kind führt, wenn das Heimatrecht der Mutter (Art 20) und das Heimatrecht des Vaters (Art 20 analog) einander widersprechen, s demnächst die Kommentierung zu Art 20.

Hat das Kind nach dem Recht, auf dem die Nichtexistenz der Ehe beruht, die Stellung eines ehelichen Kindes, so entscheidet über seinen Namen das nach Art 19 berufene Recht.

ee) Wohnsitz 33

Was für den Familiennamen gesagt wurde, gilt auch für den Wohnsitz. Der Wohnsitz des Kindes hängt davon ab, ob es ehelich oder nichtehelich ist. Ist das Kind gem Art

18 iVm Art 13 nichtehelich, so entscheidet über seinen Wohnsitz nach hM das nach Art 20 berufene Recht. Auch hier können wiederum Spannungen entstehen, wenn das Heimatrecht der Mutter (Art 20) und das Heimatrecht des Vaters (Art 20 analog) einander widersprechen.

Hat das Kind nach dem Recht, auf dem die Nichtexistenz der Ehe beruht, die Stellung eines ehelichen Kindes, so entscheidet über seinen Wohnsitz nach hM das nach Art 19 berufene Recht. In der Praxis spielen freilich weder Art 19 noch Art 20 bei der Frage nach dem Wohnsitz eine Rolle. Sie werden regelmäßig durch die lex fori verdrängt; s Art 19 Rz 130 ff.

34 **ff) Unterhaltsansprüche**

Bei einem ehelichen Kind ergibt sich das für die Unterhaltsansprüche maßgebende Recht aus Art 19, bei einem nichtehelichen Kind entscheidet über die Unterhaltspflicht der Mutter das durch Art 20, über die Unterhaltspflicht des Vaters das durch Art 21 berufene Recht, soweit nicht – wie meist – das Haager Unterhaltsabkommen eingreift. Auch hier gehört die Ehelichkeit oder Nichtehelichkeit des Kindes zum Tatbestand der deutschen Kollisionsnorm und ist darum vorab nach Art 18 iVm Art 13 zu beurteilen. Ist das Kind danach nichtehelich, so ist zu fragen: Welche Unterhaltsansprüche hat nach dem Heimatrecht der Mutter (Art 20, 21) ein nichteheliches Kind? Das gilt auch dann, wenn nach dem Heimatrecht der Mutter die Ehe gültig ist.

35 **gg) Legitimation**

Eine Legitimation kommt nur bei nichtehelichen Kindern in Betracht. Die Anwendung des Art 22 setzt die Nichtehelichkeit der zu legitimierenden Kinder voraus. Ist das Kind bereits ehelich, weil seine Eltern nach deutschem Recht gültig verheiratet sind, so kann eine nachfolgende kirchliche Trauung keine Legitimationswirkung haben, mag das Heimatrecht der Eltern auch allein diese Eheschließung als wirksam betrachten.

Die Frage, ob ein nichteheliches Kind durch eine vom deutschen Recht nicht anerkannte Eheschließung seiner Eltern legitimiert werden kann, ist umstritten. Teilweise wird argumentiert, die Vorfrage nach dem Abschluß einer Ehe werde vom Heimatrecht des Vaters (Art 22) aufgeworfen und sei darum auch allein von diesem zu beantworten. Halte das Heimatrecht des Vaters die Eheschließung für wirksam, so sei eine Legitimation des Kindes durch diese Ehe zu bejahen (LG Köln 20. 2. 1953 MDR 1953, 489 = StAZ 1954, 13 = IPRspr 1952–53 Nr 193; Firsching Rpfleger 1954, 643; Serick RabelsZ 21 [1956] 235; Neuhaus FamRZ 1965, 543; Palandt-Heldrich Art 22 Anm 4 a [nur, wenn die Nichtexistenz der Ehe auf Art 13 Abs 3 EGBGB beruht]).

Diese Auffassung wird von der hM jedoch mit Recht abgelehnt. Wenn ein Kind, das nach dem Abschluß einer Nichtehe (dh einer vom deutschen Recht nicht anerkannten Ehe) geboren wird, nichtehelich ist (s oben Rz 12, 27), kann ein Kind, das vor diesem Abschluß geboren wird, nicht durch den Abschluß legitimiert werden. Man kann ein Kind, das vor der Eheschließung geboren wird, nicht besser stellen als ein Kind, das nach einer Eheschließung geboren wird, mag die Eheschließung vom deutschen Recht auch nicht anerkannt werden (OLG Hamm 10. 11. 1958 FamRZ 1959, 28; AG Kamen 17. 4. 1958 StAZ 1961, 193; AG Hamburg 17. 1. 1966 HambJVBl 1966, 25 = IPRspr 1966–67 Nr 140 und 27. 4. 1966 StAZ 1966, 205; Raape MDR 1948, 100; ders, IPR 382; Soergel-Kegel Art 22 Rz 31; Kegel, IPR § 20 X 2 b; Erman-Marquordt Art 22 Rz 9; Palandt-Heldrich Art 22 Anm 4 a [wenn die Nichtexistenz der Ehe auf Art 13 Abs 1 EGBGB beruht]).

Eine Sondermeinung vertritt DORENBERG (84): Ist die Ehe in dem Staat gültig, in dem die Ehegatten zZ der Eheschließung ihren Wohnsitz (domicile) haben, so wird das Kind legitimiert.

hh) Erbrecht 36

Über die Beerbung eines Menschen entscheidet sein Heimatrecht im Zeitpunkt seines Todes (Art 24, 25). Sind nach dem Heimatrecht des Erblassers seine ehelichen Kinder als Erben berufen, so ist es fraglich, ob diese Kinder auch dann erbberechtigt sind, wenn die Ehe ihrer Eltern nach deutschem Recht nicht existiert, die Kinder darum als nichtehelich angesehen werden. Hier ist zu sagen, daß nach dem deutschen Kollisionsrecht das Heimatrecht des Erblassers allein den Kreis der Personen bestimmen soll, die den Erblasser beerben sollen. Knüpft dieses Recht die Erbberechtigung an eine bestimmte Voraussetzung (hier: Ehelichkeit), so soll es auch darüber entscheiden, ob diese Voraussetzung gegeben ist. Das heißt: Ob ein Kind ehelich ist und deswegen den Erblasser beerbt, ist allein vom Standpunkt des Heimatrechts des Erblassers aus zu entscheiden (wenn nicht der ordre public die Anwendung deutschen Rechts gebietet, wie im Fall einer nur nach deutschem, nicht aber nach dem Heimatrecht des Erblassers wirksamen Eheschließung). Ist nach dem Recht, auf das die Kollisionsnormen des Heimatrechts des Erblassers verweisen, ein Kind ehelich, so ist es auch erbberechtigt (sehr str; wie hier: WENGLER RabelsZ 8 [1934] 211; WOLFF, IPR 79 f; SERICK RabelsZ 21 [1956] 222; GAMILLSCHEG, FS OLG Celle 65; RAAPE, IPR 434 f; FERID-FIRSCHING I Einf Anm 28; aA: SOERGEL-KEGEL Vorbem 12 zu Art 24; ERMAN-MARQUORDT Art 24, 25 Rz 13; PALANDT-HELDRICH Art 24 Anm 3 b).

ii) Staatsangehörigkeit 37

Ob ein Kind mit der Geburt eine bestimmte Staatsangehörigkeit erwirbt, kann nur der Staat entscheiden, dessen Staatsangehörigkeit in Frage steht. Er allein kann darum auch bestimmen, ob die Voraussetzungen für den Erwerb seiner Staatsangehörigkeit gegeben sind. Entstammt ein Kind einer hinkenden Ehe, die in Deutschland als Nichtehe angesehen wird, so erwirbt das Kind als nichteheliches Kind die Staatsangehörigkeit seiner Mutter, wenn diese deutsche Staatsangehörige ist. Macht ein ausländisches Recht den Erwerb der Staatsangehörigkeit des Vaters von dem Bestehen einer Ehe abhängig, so entscheidet das ausländische Recht allein darüber, ob eine Ehe besteht (einhellige Meinung; vgl MELCHIOR, Grundlagen 411 ff; MAKAROV ZfRvgl 3 [1962] 147 ff; ders, Allgemeine Lehren des Staatsangehörigkeitsrechts [2. Aufl 1962] 288; NEUHAUS, Grundbegriffe 346; KEGEL, IPR § 13 II 4).

III. Die Stellung der Kinder aus fehlerhaften und hinkenden Ehen

1. Die Stellung der Kinder aus nichtigen (vernichtbaren) oder anfechtbaren Ehen 38

a) Wie oben gezeigt wurde (Rz 13 ff), wird unter dem Begriff der Nichtigkeit einer Ehe in verschiedenen Rechtsordnungen Verschiedenes verstanden. „Nichtige" Ehen können absolut nichtig sein (wie zB „void marriages" in England und den USA) oder lediglich vernichtbar. Zur Stellung der Kinder aus absolut nichtigen Ehen s oben Rz 27. Bei absolut nichtigen Ehen gibt es keinen „Ehemann" der Mutter und demzufolge auch keine Beurteilung der „Ehelichkeit" der Kinder nach dem Heimatrecht des „Ehemannes". Hier kann nur, wie oben gezeigt wurde (Rz 27), das Recht, auf dem die Nichtexistenz bzw die absolute Nichtigkeit der Ehe beruht, eine Aussage darüber treffen, ob die aus einer solchen Verbindung hervorgegangenen Kinder gleichwohl die Stellung ehelicher Kinder haben können.

Im folgenden ist von solchen Ehen die Rede, die zunächst einmal bestehen oder deren Bestand jedenfalls zunächst (vor einer Nichtigerklärung) nicht in Frage gestellt werden kann, die also nicht absolut nichtig, sondern nur nichtig iS des deutschen Rechts oder anfechtbar sind.

39 **b)** Die Gültigkeit einer Ehe bestimmt sich nach dem Heimatrecht der beiden Verlobten (Art 13 Abs 1). Ist nach dem Heimatrecht eines der Verlobten die Ehe nichtig, vernichtbar oder anfechtbar, so ist die Ehe insgesamt nichtig, vernichtbar oder anfechtbar, mag sie auch nach dem Heimatrecht des anderen Verlobten gültig oder nur aufhebbar sein. Es gilt das „ärgere" Recht.

Das „ärgere" Recht gilt auch dann, wenn nach dem Heimatrecht des einen Verlobten die Ehe absolut nichtig, nach dem Heimatrecht des anderen Verlobten dagegen nur vernichtbar ist (vgl RG 22. 4. 1932 RGZ 136, 142 = JW 1932, 2274 = HRR 1932 Nr 1749, 1757 = IPRspr 1932 Nr 146; LG Hamburg 16. 5. 1973 FamRZ 1973, 602 = HaSta 1974, 2 = IPRspr 1973 Nr 34; Dölle, FS Boehmer 139 f; Beitzke JZ 1959, 124; Raape FamRZ 1959, 478; ders, IPR 238; Soergel-Kegel Art 13 Rz 85, 86, 96; Kegel, IPR § 20 III 3; Palandt-Heldrich Art 13 Anm 3).

Beispiel: Ein Engländer schließt eine bigamische Ehe mit einer Deutschen. Nach deutschem Recht ist die Ehe nichtig iS von vernichtbar, nach englischem Recht absolut nichtig, „void". Das bedeutet, daß die Ehe auch vom Standpunkt des deutschen Rechts aus (gem Art 13 Abs 1) als absolut nichtig, „void" angesehen werden muß.

Oder: Ein Deutscher heiratet seine englische Nichte. Nach deutschem Recht kann er eine solche Ehe schließen, nach englischem Recht steht das Eheverbot der Verwandtschaft entgegen: Die Ehe ist „void" und damit auch vom Standpunkt des deutschen Rechts aus gem Art 13 Abs 1 als absolut nichtig anzusehen.

40 **c)** Welches Recht über die Stellung der Kinder aus solcherart nichtigen, vernichtbaren oder anfechtbaren und wirksam angefochtenen Ehen entscheidet, ist umstritten.

Eine verbreitete Auffassung will über die Stellung der Kinder aus solchen Ehen das Recht entscheiden lassen, *aus dem sich die Nichtigkeit der Ehe ergibt* (vgl etwa Erman-Marquordt Art 13 Rz 7; im Prinzip auch Schwind, IPR 198, der aber dann, wenn das Kind nach seinem eigenen Personalstatut ehelich wäre, diesem gegenüber den anderen in Betracht kommenden Statuten, nach denen das Kind unehelich wäre, den Vorrang einräumen will). Ist die Ehe nur nach dem Heimatrecht *eines* Verlobten nichtig, nach dem Heimatrecht des anderen aber gültig, so soll das Recht maßgebend sein, das die Ehe für nichtig erklärt. Ist die Ehe nach dem Heimatrecht beider Verlobten nichtig, so soll nach einer Auffassung das dem Kind *günstigere* Recht gelten (Raape, Die Staatsangehörigkeit kraft Eheschließung und kraft Abstammung [1948] 70; Dölle, FS Boehmer 143; Lauterbach, Eingehung der Ehe 34; Raape, IPR 125; IPG 1974 Nr 19 [Freiburg]), nach einer anderen Auffassung das *„ärgere"* Recht (OLG Köln 14. 7. 1971 STAZ 1972, 140 = IPRspr 1971 Nr 63; Soergel-Kegel Art 13 Rz 97).

Die zuletzt genannte Auffassung (das „ärgere" Recht entscheidet) trifft in den Fällen zu, in denen sich aus dem ärgeren Recht die Nichtexistenz oder absolute Nichtigkeit der Ehe ergibt (oben Rz 27). Ist dagegen nach dem Heimatrecht beider Ehegatten die Ehe existent, wenngleich fehlerhaft, so beansprucht Art 18 Geltung. Es kann an das Heimatrecht des „Ehemannes" der Mutter angeknüpft werden, und nach dem Willen des Gesetzgebers ist auch an dieses Heimatrecht anzuknüpfen.

Hierfür spricht insbes auch ein systematisches Argument: Im Ehegesetz war früher die Stellung der Kinder aus nichtigen Ehen geregelt in dem Abschnitt: „Folgen der

Nichtigkeit" (§ 25 EheG aF). Damals wäre eine Anknüpfung an Art 13 systemgerecht gewesen. Heute weiß man, daß die Ungültigkeit der Ehe nicht notwendig die Nichtehelichkeit der Kinder nach sich zieht. Deswegen wird die Stellung der Kinder aus nichtigen Ehen heute im Abschnitt „Eheliche Abstammung" geregelt (§ 1591 BGB). Auch dies spricht für eine Anknüpfung an Art 18 und gegen eine Anknüpfung an Art 13.

Zweifelhaft könnte lediglich sein, ob Art 18 in diesen Fällen unmittelbar angewandt werden kann. Die Frage ist, ob es in den Fällen einer nichtigen oder anfechtbaren Ehe nach der Nichtigerklärung oder Anfechtung noch einen „Ehemann" der Mutter gibt. Indessen zeigt die Entwicklung im deutschen materiellen Recht, daß die Folgen der Nichtigerklärung immer mehr den Folgen einer Scheidung der Ehe angeglichen werden. Dies rechtfertigt es, auch nach einer Nichtigerklärung der Ehe noch von einem „Ehemann" zu sprechen. Art 18 kann demzufolge auch bei für nichtig erklärten Ehen zumindest analog angewandt werden (für eine Anknüpfung an Art 18 auch KG 27. 2. 1931 DJZ 1931, 575 = IPRspr 1931 Nr 83 und 9. 12. 1921 OLGRspr 42, 97; LG Siegen 9. 8. 1966 STAZ 1967, 158 Anm Jayme = IPRspr 1966–67 Nr 92; Planck Anm zu Art 18; Lewald, IPR 130; Nussbaum, IPR 172; Wolff, IPR 213; Ficker, Ehel Kindschaft 263; Henrich FamRZ 1958, 123; Jayme StAZ 1967, 160 f).

Die Ehelichkeit eines Kindes, das einer (iS des deutschen Rechts) nichtigen, für nichtig erklärten oder angefochtenen Ehe entstammt, richtet sich also nach dem **Heimatrecht des Mannes**, der mit der Mutter des Kindes die fehlerhafte Ehe geschlossen hat.

d) Einzelfragen 41

aa) Die **Nichtigerklärung** durch ein **ausländisches** Gericht (oder ein deutsches kirchliches Gericht) wird in **Deutschland nicht anerkannt**.

Beispiel: Ein Spanier heiratet vor dem Standesbeamten und kirchlich eine geschiedene Deutsche. Die Ehe wird in Spanien oder von einem deutschen bischöflichen Offizialat für nichtig erklärt (vgl den Fall AG Kirchheim-Bolanden 2. 5. 1966 IPRspr 1966–67 Nr 101). Welche Stellung haben die aus dieser Ehe hervorgegangenen Kinder?

Hier ist zu unterscheiden: Ist eine ausländische Nichtigerklärung lediglich noch nicht anerkannt, stehen aber ihrer Anerkennung keine grundsätzlichen Bedenken entgegen, so ist zu fragen: Welche Stellung haben nach dem Heimatrecht des Ehemannes der Mutter Kinder aus einer vernichtbaren Ehe, solange die Ehe noch nicht für nichtig erklärt worden ist? Erscheint dagegen eine Anerkennung der ausländischen Nichtigerklärung von vornherein als ausgeschlossen (zB weil sie gegen den deutschen ordre public verstoßen würde), so ist von der Vollwirksamkeit der Ehe auszugehen.

bb) Die **Nichtigerklärung** durch ein **deutsches** Gericht wird vom **Heimatrecht des Ehemannes nicht anerkannt** 42

Ist die Ehe in Deutschland für nichtig erklärt worden, so ist gem Art 18 zu fragen: Welche Stellung hat nach dem Heimatrecht des Mannes ein Kind nach der Nichtigerklärung der Ehe seiner Eltern (aA LG Siegen 9. 8. 1966 StAZ 1967, 158 mit insoweit zust Anm Jayme = IPRspr 1966–67 Nr 92).

cc) Eintragung ins Geburtenbuch 43

Wird eine Ehe für nichtig erklärt, so ist zu prüfen, ob sich durch diese Nichtigerklärung der Ehe der Status der *vor* der Nichtigerklärung geborenen Kinder ändert.

Behält das Kind den Status eines ehelichen Kindes, so besteht kein Anlaß für eine Eintragung eines Randvermerkes. Wird dagegen das Kind mit der Nichtigerklärung der Ehe nichtehelich (*Beispiel:* Nach dem inzwischen aufgehobenen § 29 österr EheG wurde ein Kind, das einer Namens- oder Staatsangehörigkeitsehe entstammt, mit der Nichtigerklärung der Ehe nichtehelich), so ist ein entsprechender Randvermerk im Geburtenbuch einzutragen (Beitzke StAZ 1966, 331).

Wird ein Kind erst *nach* der Nichtigerklärung der Ehe seiner Eltern geboren, so entscheidet ebenfalls das Heimatrecht des Pseudoehegatten der Mutter darüber, ob das Kind ehelich ist, die Stellung eines ehelichen Kindes hat oder nichtehelich ist. Ist das Kind nichtehelich, so wird nur seine Mutter im Geburtenbuch eingetragen. Ist das Kind dagegen ehelich oder hat es die Stellung eines ehelichen Kindes, so muß auch der Vater im Geburtenbuch eingetragen werden, zusammen mit einem Hinweis, daß die Ehe für nichtig erklärt ist.

44 **2. Stellung der Kinder aus hinkenden Ehen**

Als hinkende Ehen werden hier Ehen bezeichnet, die nach deutschem Recht bestehen, nach dem Heimatrecht des Ehemannes der Mutter jedoch Nichtehen sind.

Die Regel, daß die Frage nach der Gültigkeit einer Ehe stets nach dem „ärgeren" Recht zu beurteilen ist, gilt nur für die materiellen Voraussetzungen, genauer: für die Voraussetzungen, die von uns als materielle Voraussetzungen qualifiziert werden.

Daß das griechische Recht die Eheschließung vor einem griechisch-orthodoxen Geistlichen als materielle Voraussetzung einer gültigen Eheschließung ansieht (vgl Rammos FamRZ 1955, 166 f), kümmert uns nicht. Wir betrachten die Frage, vor wem die Ehe geschlossen werden muß, als *Formfrage* (vgl BayObLG 19. 3. 1970 BayObLGZ 1970, 77 = DAVorm 1970, 350 = IPRspr 1970 Nr 65; Henrich StAZ 1966, 65).

Eine Ehe, die nach dem Heimatrecht der Verlobten oder eines Verlobten wegen eines Formmangels, dh wegen eines Mangels, der in Deutschland als Formmangel angesehen wird, nicht existiert, kann trotzdem in Deutschland als bestehend angesehen werden, wenn die Formvorschriften des Eheschließungsortes beachtet worden sind.

Zwei Griechen griechisch-orthodoxen Bekenntnisses heiraten in Deutschland nur standesamtlich. Nach deutschem Recht besteht eine Ehe, nach griechischem Recht nicht.

Oder: Zwei Griechen griechisch-orthodoxen Bekenntnisses heiraten in Frankreich nur standesamtlich. Nach französischem Recht besteht eine Ehe, nach griechischem Recht nicht. In Deutschland wird die Ehe für bestehend erachtet, weil sie entsprechend den Formvorschriften des Eheschließungsortes geschlossen worden ist (Art 11 Abs 1 S 2).

45 **a) Grundsätzliches zur Anknüpfung**

Nach deutscher Auffassung *besteht* eine Ehe. Demgemäß entscheidet über die Ehelichkeit der aus dieser Ehe hervorgegangenen Kinder das *Heimatrecht des Ehegatten* der Mutter (Art 18). Bei der Anwendung dieses Rechts ist von der Existenz der Ehe auszugehen. Die Anwendung des ausländischen Rechts kann also nicht mehr zu dem Ergebnis führen, daß die Kinder nichtehelich sind, weil eine Ehe zwischen den Eltern nicht besteht. Zu fragen ist vielmehr: Ist das Kind nach dem Heimatrecht des Ehemannes der Mutter ehelich, wenn die Eltern miteinander verheiratet sind?

Über dieses Ergebnis besteht fast völlige Übereinstimmung. Nicht ganz einhellig ist die Begründung: Teils wird gesagt, man müsse die „Vorfrage" (besser: „Erstfrage", oben Rz 7) nach dem Bestehen einer Ehe stets nach den Art 11 und 13 beantworten, teils wird die Meinung vertreten, die „Vorfrage" sei zwar grundsätzlich nach dem Recht zu beurteilen, auf das die Kollisionsnormen des Heimatrechts des Ehemannes (lex causae) verweisen, im konkreten Fall sei aber eine Ausnahme zu machen, um ein „stoßendes" Ergebnis zu vermeiden.*

Eine aA vertritt WENGLER (JR 1963, 44). Für ihn spielt die Tatsache der Eheschließung für die Frage nach der Ehelichkeit des Kindes nur eine untergeordnete Rolle. Er geht aus vom Heimatrecht des angeblichen Vaters. Betrachtet dieses das Faktum des Zusammenlebens der Eltern, eventuell in Verbindung mit anderen Tatsachen, insbes einer freiwilligen oder gerichtlichen Anerkennung, als Rechtsgrundlage für die Entstehung eines ehelichen Kindschaftsverhältnisses, so soll dieses Recht allein anwendbar sein. Nur dann, wenn das Heimatrecht des Vaters keinerlei Möglichkeiten bietet, den von den Ehegatten tatsächlich erzeugten Kindern die Rechtsstellung ehelicher Kinder zu verschaffen, fordere der deutsche ordre public, die Kinder entgegen dem Heimatrecht des Vaters als ehelich anzusehen.

b) Einzelprobleme

Der hier vertretene Standpunkt wirkt sich im einzelnen wie folgt aus:

aa) Eintragung in das Geburtenbuch 46

Die Ehe der Eltern besteht. Eingetragen wird somit die Mutter des Kindes mit dem Zusatz „Ehefrau des..." (vgl BayObLG 8. 10. 1963 BayObLGZ 1963, 265 = MDR 1964, 150 = FamRZ 1964, 45 = StAZ 1964, 11 = IPRspr 1962–63 Nr 100; OLG Düsseldorf 17. 4. 1964 StAZ 1965, 18 = JMBlNRW 1964, 163 = IPRspr 1964–65 Nr 93).

bb) Anfechtung der Ehelichkeit 47

Die Ehelichkeit eines Kindes, das nach der Eheschließung seiner Mutter geboren worden ist, wird vermutet. Worauf diese Vermutung sich gründet und wie sie widerlegt werden kann, ob insbes eine Anfechtungsklage geboten und innerhalb welchen Zeitraums die Nichtehelichkeit geltend zu machen ist, entscheidet das Heimatrecht des Ehemannes der Mutter. Von der Existenz der Ehe ist auszugehen. Eine Anfechtungsklage kann also nicht deswegen als unschlüssig angesehen werden, weil nach dem Heimatrecht des Ehemannes der Mutter keine Ehe besteht und das Kind aus diesem Grund als nichtehelich angesehen wird.

Kehrt in dem Beispielsfall oben Rz 44 die Ehefrau nach der Eheschließung nach Griechenland zurück, so kann sie dort erneut heiraten, weil die Eheschließung vor dem deutschen Standesbeamten in Griechenland nicht anerkannt wird. Kommt dann

* Vgl BayObLG 8. 10. 1963 BayObLGZ 1963, 265, 268 f = MDR 1964, 150 = FamRZ 1964, 45 = StAZ 1964, 11 = IPRspr 1962–63 Nr 100; OLG Düsseldorf 17. 4. 1964 StAZ 1965, 18, 19 = JMBlNRW 1964, 163 = IPRspr 1964–65 Nr 93; STAUDINGER-RAAPE Art 18 Anm B I; WENGLER RabelsZ 8 (1934) 214 (allerdings mit einem Vorbehalt); WOLFF, IPR 81, 213; SERICK RabelsZ 21 (1956) 240; HENRICH FamRZ 1958, 122; ders StAZ 1966, 220; RABEL, Conflict 607 f; RAAPE, IPR 119; SOERGEL-KEGEL Art 18 Rz 5; MASSFELLER,HOFFMANN § 21 Rz 79; KEGEL, IPR § 20 VII 1; NEUHAUS FamRZ 543; SCHWIND, FS Wilburg 166; BEITZKE StAZ 1966, 330; ERMAN-MARQUORDT Art 18 Rz 7; PALANDT-HELDRICH Art 18 Anm 3; mit anderer Begründung ebenso DORENBERG 171.

in dieser zweiten Ehe ein Kind zur Welt, so gilt dieses Kind in Deutschland sowohl als eheliches Kind des ersten Mannes als auch als eheliches Kind des zweiten Mannes (eine dem § 1600 BGB entsprechende Vorschrift, die das Kind dem zweiten Mann zuordnet, fehlt im griechischen Recht). Will sich der erste Mann gegen Unterhaltsansprüche des Kindes schützen, so muß er dessen Ehelichkeit anfechten. Was an diesem Ergebnis „unsinnig" sein soll (so WENGLER JR 1963, 44), leuchtet nicht ein. Die Ehelichkeit kann freilich nur in Deutschland angefochten werden. Ist auch der Mann nach Griechenland zurückgekehrt, so bedarf es keiner Ehelichkeitsanfechtung, da in Griechenland ja von der Nichtehelichkeit des Kindes ausgegangen wird.

48 **cc) Elterliche Gewalt**

Die elterliche Gewalt einschließlich ihrer Bestandteile richtet sich bei ehelichen Kindern gem Art 19 nach dem Heimatrecht des Vaters, soweit nicht das Minderjährigenschutzabkommen Geltung beansprucht (s aber Art 19 Rz 9 ff). Von der Ehelichkeit der Kinder ist auszugehen, auch wenn nach dem Heimatrecht des Vaters eine Ehe nicht besteht.

49 **dd) Name des Kindes**

Das Recht, einem Kind einen *Vornamen* zu geben, ist ein Bestandteil des Personensorgerechts. Wem dieses Recht zusteht, entscheidet gem Art 19 das Heimatrecht des Vaters (s aber Art 19 Rz 9 ff). Zu fragen ist also: Wem steht nach Art. 19 das Personensorgerecht für eheliche Kinder zu?

Der *Familienname* des Kindes richtet sich nach dem Rechtsverhältnis, das mit seiner Geburt zwischen dem Kind und seinen Eltern entsteht. Bei ehelichen Kindern gilt Art 19. Zu fragen ist also: Welchen Namen führt nach dem danach anwendbaren Recht ein eheliches Kind? S aber Art 19 Rz 9 ff und Rz 113.

50 **ee) Wohnsitz**

Hier gilt das gleiche, was für den Familiennamen gesagt worden ist. Zu fragen ist: Welchen Wohnsitz hat nach dem gem Art 19 anwendbaren Recht ein eheliches Kind? S aber auch Art 19 Rz 9 ff und 134 ff.

51 **ff) Unterhaltsansprüche**

Die Unterhaltsansprüche richten sich bei ehelichen Kindern gem Art 19 nach dem Heimatrecht des Vaters (s aber Rz 9 ff zu Art 19), soweit nicht das Haager Unterhaltsabkommen Geltung beansprucht. Da von der Ehelichkeit des Kindes auszugehen ist, lautet die Frage: Welche Unterhaltsansprüche haben nach dem danach anwendbaren Recht eheliche Kinder?

52 **gg) Legitimation**

Legitimiert werden können nur nichteheliche Kinder. Entstammt ein Kind einer Ehe, die (nur) vom deutschen Recht als bestehend anerkannt wird, so ist es ehelich, kann also durch eine spätere, den Vorschriften des Heimatrechts entsprechende Ehe nicht legitimiert werden.

Umstritten ist, ob ein nichteheliches Kind durch eine *standesamtliche* Eheschließung legitimiert wird, wenn das Heimatrecht des Vaters eine *andere Eheschließungsform* zwingend vorschreibt und die in Deutschland geschlossene Ehe deswegen als Nichtehe ansieht. Nach Art 22 soll das Heimatrecht des Vaters darüber entscheiden, ob die Voraussetzungen für eine Legitimation vorliegen. Daraus wird zT der Schluß gezogen, es sei Sache dieses Rechts, zu entscheiden, ob eine zur Legitimation führende Eheschließung vorliege (NEUHAUS, Grundbegriffe 346; ders FamRZ 1965, 543; im Grundsatz ebenso auch GAMILLSCHEG, FSOLG Celle 65: Legitimation entgegen dem ausländischen Heimatrecht des Vaters nur, wenn noch eine gewisse Beziehung zum deutschen Rechtsbereich besteht). Diese Auffassung wird von der hM jedoch mit Recht abgelehnt. Knüpft das Heimatrecht des Vaters die Legitimation eines nichtehelichen Kindes an die Eheschließung der Eltern, so wird das Kind legitimiert, wenn nach deutscher Auffassung eine Eheschließung stattgefunden hat, mag das Heimatrecht des Vaters diese Eheschließung auch nicht anerkennen.* Niemand darf in Deutschland zu einer zweiten (kirchlichen) Eheschließung gezwungen werden und sei es auch nur zu dem Zweck, voreheliche Kinder zu legitimieren.

hh) Erbrecht 53

Ob ein Kind seinen Vater oder seine Mutter beerbt, bestimmt sich nach dem Heimatrecht des Vaters oder der Mutter. Sind nach diesem Recht eheliche Kinder erbberechtigt, so ist es fraglich, ob das Kind auch dann Erbe ist, wenn es vom Standpunkt des Heimatrechts seines Vaters oder seiner Mutter aus nichtehelich ist. Oben (Rz 36) wurde gesagt: Nach deutschem Kollisionsrecht soll das Heimatrecht des Erblassers allein den Kreis der erbberechtigten Personen bestimmen. Knüpft das Heimatrecht des Erblassers die Erbberechtigung an eine bestimmte Voraussetzung (hier: Ehelichkeit), so soll es auch darüber entscheiden, ob diese Voraussetzung gegeben ist. Ist die Ehe nach dem Heimatrecht des Vaters oder der Mutter eine Nichtehe, so würde dies bedeuten, daß das Kind seinen Vater oder seine Mutter nicht beerben würde, auch wenn es nach deutschem Recht als eheliches Kind angesehen wird. Hier greift jedoch, wenn die Ehe in Deutschland geschlossen worden ist, der *ordre public* ein. Lebte die Familie in Deutschland (die Geltendmachung des ordre public setzt eine Inlandsbeziehung voraus), so dürfen für die Mitglieder dieser Familie nicht daraus Nachteile entstehen, daß die Ehegatten zwingende Vorschriften des deutschen Rechts (Art 13 Abs 3) befolgt haben. Hier kann die Vorfrage der Ehelichkeit darum nicht nach griechischem Recht, sie muß vielmehr nach deutschem Recht beantwortet werden. Zu fragen ist also: Ist nach dem Heimatrecht des Vaters oder der Mutter ein eheliches Kind erbberechtigt? Über dieses Ergebnis besteht fast völlige Einigkeit. Unterschiedlich ist lediglich die Art der Begründung. Wie hier (Ausschluß des griechischen Rechts durch den ordre public): SERICK RabelsZ 21 (1956) 222; RAAPE, IPR 435; HENRICH StAZ 1966, 223; FERID-FIRSCHING I, Einf Anm 28. Zum gleichen Ergebnis kommen auf dem Wege einer unmittelbaren Beurteilung der Vorfrage nach dem Kollisionsrecht der lex fori: SOERGEL-KEGEL Vorbem 12 zu Art 24; ERMAN-MARQUORDT Art 24, 25 Rz 13.

Ist die Ehe *nicht in Deutschland*, sondern in einem anderen Staat entsprechend der Ortsform geschlossen, so ist für eine Anwendung des deutschen ordre public kein Raum. Es bleibt dann bei der Maßgeblichkeit des Heimatrechts. Ist nach dem Heimatrecht das Kind nichtehelich, weil die Existenz einer Ehe verneint wird, so ist das Kind nur dann erbberechtigt, wenn nach dem Erbstatut auch nichteheliche Kinder erbberechtigt sind (RAAPE, IPR 435; FERID-FIRSCHING I Einf Anm 28; aA die

* OLG Hamm 18. 9. 1954 StAZ 1956, 62 = DAVorm 1954–55, 276 = Rpfleger 1954, 640 Anm FIRSCHING = JMBlNRW 1954, 270 = Clunet 85 (1958) 208 = IPRspr 1954–55 Nr 118 und 10. 11. 1958 FamRZ 1959, 28 = IPRspr 1960–61 Nr 115; OLG Saarbrücken 12. 3. 1970 FamRZ 1970, 327 Anm BOSCH = IPRspr 1970 Nr 84; OLG Celle 28. 7. 1971 NJW 1972, 401 = StAZ 1972, 17 = DAVorm 1971, 419 = IPRspr 1971 Nr 107; AG Hamburg 17. 1. 1966 HambJVBl 1966, 25 = IPRspr 1966–67 Nr 140 und 15. 1. 1970 StAZ 1970, 198 = IPRspr 1970 Nr 58; FIRSCHING Rpfleger 1954, 643; SOERGEL-KEGEL Art 22 Rz 30; KEGEL, IPR § 20 X 2 b; ERMAN-MARQUORDT Art 22 Rz 9; PALANDT-HELDRICH Art 22 Anm 4 a; DORENBERG 83.

Befürworter der These, daß Vorfragen stets selbständig anzuknüpfen seien: SOERGEL-KEGEL Vorbem 12 zu Art 24; ERMAN-MARQUORDT Art 24, 25 Rz 13).

54 **ii) Staatsangehörigkeit**

Hier ergeben sich gegenüber den Ausführungen in Rz 37 keine Besonderheiten.

IV. Die Stellung der Kinder aus polygamen Ehen und rechtlich anerkannten Konkubinaten

55 **1.** In zahlreichen Rechtsordnungen kann noch immer ein Mann mehrere Frauen heiraten, vornehmlich in den Staaten des islamischen Rechtskreises (vgl die Übersicht bei STAUDINGER-GAMILLSCHEG Vorbem 335 ff zu Art 13). Nach jetzt hA ist auch eine solche **polygame Ehe** in Deutschland als „Ehe" anzusehen. Ihre Gültigkeit ist gem Art 13 Abs 1 nach dem Heimatrecht der Verlobten zu beurteilen (vgl STAUDINGER-GAMILLSCHEG Vorbem 340 zu Art 13). Ist die Ehe danach gültig, so richtet sich die Frage der Ehelichkeit der Kinder gem Art 18 nach dem Heimatrecht des Ehemannes der Mutter.

56 **2. Konkubinate** sind in den Ländern unbeachtlich, in denen sie nicht mit Rechtsfolgen ausgestattet sind. Kinder aus solchen Verbindungen sind dann jeweils, weil einer Nichtehe entstammend, nichtehelich. Etwas anderes gilt jedoch für diejenigen Rechtsordnungen, die dem Konkubinat *Rechtsfolgen* beilegen. Hier wird das Konkubinat zwar nicht als Ehe angesehen, es werden ihm jedoch gewisse Wirkungen einer Ehe zuerkannt. Das ist der Fall zB in Äthiopien, Guatemala und Panama (Uniones de hecho), sowie im islamischen Rechtskreis (vgl BERGMANN-FERID, Äthiopien 21, Guatemala 32, Panama 15). Hier kann die – analoge – Anwendung des Art 18 nicht mit der Begründung verneint werden, es liege keine Ehe, sondern ein Konkubinat vor. Wenn nämlich in Übereinstimmung mit dem Heimatrecht der Eltern einem Kind aus einer polygamen Ehe der Status eines ehelichen Kindes zugestanden wird, kann einem Kind aus einer „Ehe minderer Qualität" dieser Status nicht abgesprochen werden, wenn das Heimatrecht der Eltern ihn dem Kind zubilligt. Vom Standpunkt des deutschen Kollisionsrechts aus besteht kein vernünftiger Grund, zwischen bigamischen, polygamen oder sonstigen mit Rechtsfolgen ausgestatteten Verbindungen von Mann und Frau zu unterscheiden. Ebenso freilich, wie eine bigamische oder polygame Ehe in Deutschland aus Gründen des ordre public nicht geschlossen werden kann, kann auch ein Konkubinat – als Rechtsinstitut – in Deutschland nicht (etwa durch bloßes Zusammenleben von Mann und Frau) begründet werden. Aus diesem Grund kann ein in Deutschland begonnenes Konkubinat auch keine Rechtsfolgen haben. Rechtsfolgen hat ein Konkubinat vielmehr nur dann, wenn es in einem Staat, der das Konkubinat anerkennt, von Angehörigen dieses Staates begründet wurde.

57 V. Vor der Eheschließung gezeugte, aber erst nach der Eheschließung geborene Kinder

Das deutsche materielle Recht sieht nach der Eheschließung ihrer Eltern geborene Kinder auch dann als *ehelich* an, wenn sie vor der Ehe empfangen wurden und der Mann innerhalb der Empfängniszeit der Frau beigewohnt hat (§ 1591 Abs 1 BGB). Ein Unterschied gegenüber den in der Ehe empfangenen Kindern besteht lediglich darin, daß die Beiwohnung, soweit die Empfängniszeit in die Zeit vor der Ehe fällt, nicht vermutet wird (es sei denn, daß der Mann gestorben ist, ohne die Ehelichkeit des Kindes angefochten zu haben), § 1591 Abs 2 S 2 BGB.

Zahlreiche Staaten, vor allem des islamischen Rechtskreises, teilen diesen Standpunkt des deutschen Rechts nicht. Sie verlangen als Voraussetzung einer „legitimen" Vaterschaft, daß das Kind während bestehender Ehe, also nicht „in Sünde" gezeugt worden ist. Letzteres wird im allgemeinen dann angenommen, wenn das Kind innerhalb von sechs Monaten (das sind nach islamischer Zeitrechnung 177 Tage; vgl IPG 1971 Nr 14 [Hamburg]) nach der Eheschließung geboren worden ist.

Kollisionsrechtlich ergeben sich hier keine Besonderheiten. Die Frage der ehelichen Abstammung richtet sich nach dem Heimatrecht des Ehemannes der Mutter zZ der Geburt des Kindes. Zu beachten ist indessen folgendes:

Der Umstand, daß das Kind vor Ablauf von sechs Monaten nach der Eheschließung geboren wurde, führt auch bei Anwendung islamischen Rechts nicht notwendig zu dem Schluß, das es *nichtehelich* (illegitim) ist. Nach den Vorschriften des islamischen Rechts kann nämlich das Bestehen eines legitimen Vaterschaftsverhältnisses auch durch ein *Anerkenntnis des Vaters* bewiesen werden. Das Anerkenntnis enthält seinem ursprünglichen Sinn nach implizit die Erklärung des Vaters, zum Zeitpunkt der Empfängnis des Kindes mit der Mutter verheiratet gewesen zu sein. Weil nämlich nach islamischem Recht eine Ehe formlos durch Vertrag geschlossen werden kann, stieß der Nachweis der Eheschließung oft auf Schwierigkeiten. Um diesen zu entgehen, verließ man sich auf das Zeugnis des Mannes. Im Lauf der Zeit trat diese Beweisfunktion in den Hintergrund. Das Anerkenntnis wurde zum Teil des materiellen Rechts. Heute ist unstreitig, daß die Legitimität des Kindes auf ein solches Anerkenntnis gestützt werden kann. Allgemein wird das Anerkenntnis deswegen als rechtsgestaltender Akt bezeichnet (vgl die Nachweise in IPG 1967–68 Nr 28 [Köln] und 48 [Köln]).

Das Anerkenntnis führt nur dann nicht zur Legitimität des Kindes, wenn es dem, was es bezeugen soll, selbst *widerspricht* oder seine *Unrichtigkeit offen zutage* liegt. Das ist etwa der Fall, wenn aufgrund des Altersunterschiedes zwischen dem Anerkennenden und dem Kind die Abstammung offensichtlich unmöglich ist oder wenn der Anerkennende bei der Anerkennungserklärung selbst zum Ausdruck bringt, daß das Kind aus einem außerehelichen Verkehr stammt.

Zweifelhaft ist die Rechtslage, wenn der Anerkennende bei der Anerkennung zwar **58**
nicht auf die außereheliche oder voreheliche Zeugung hinweist, sich dieser Umstand aber zweifelsfrei aus *Personenstandsurkunden* ergibt. In der Mehrzahl der islamischen Staaten dürfte den Personenstandsurkunden keine Bedeutung beigemessen werden. Urkunden spielen dort als Beweismittel nur eine sehr untergeordnete Rolle. Viel wichtiger ist der Zeugenbeweis, hier die Erklärung des Vaters. In diesen Staaten begründet somit das Anerkenntnis des Vaters (wenn er selbst nicht auf die voreheliche Zeugung hinweist) die Legitimität des Kindes auch dann, wenn sich durch personenstandsrechtliche Urkunden eine voreheliche Zeugung nachweisen läßt. Die theoretische Rechtfertigung für diese Praxis liegt darin, daß nach islamischem Recht das Bestehen einer formlosen Ehe vor der feierlichen Eheschließung nicht auszuschließen ist.

Diese Rechtslage kann insbes für folgende Staaten angenommen werden:

Ägypten: vgl IPG 1967–68 Nr 28 (Köln); WENGLER, Gutachten I Nr 35; s auch LG Berlin 15. 10. 1965 IPRspr 1964–65 Nr 160; KG 3. 2. 1966 OLGZ 1966, 244 = FamRZ 1966, 375 = StAZ 1966, 204 = DAVorm 1966, 286 = IPRspr 1966–67 Nr 142; OLG Stuttgart 7. 2. 1969 FamRZ 1969, 220 = DAVorm 1969, 320 = IPRspr 1968–69 Nr 141.

Irak: vgl IPG 1967–68 Nr 47 (München); s auch AG Berlin-Schöneberg 24. 1. 1966 FamRZ 1966, 373 = StAZ 1967, 190 = DAVorm 1966, 93 = IPRspr 1966–67 Nr

141; AG Hamburg 30. 5. 1967 StAZ 1967, 274 = DAVorm 1968, 28 = IPRspr 1966–67 Nr 155.

Iran: vgl OLG Frankfurt 30. 3. 1976 OLGZ 1976, 295 = NJW 1976, 1592 = StAZ 1976, 308 = IPRspr 1976 Nr 109: Kind muß als „eheliches" Kind anerkannt werden; IPG 1965–66 Nr 41 (Hamburg); Wengler, Gutachten I Nr 32, 34.

Jordanien: vgl IPG 1967–68 Nr 48 (Köln); s auch AG Hamburg 21. 3. 1969 StAZ 1969, 183 = IPRspr 1968–69 Nr 146.

Kuwait: vgl AG Hamburg 9. 6. 1965 DAVorm 1965, 226 = IPRspr 1964–65 Nr 157.

Pakistan: vgl IPG 1967–68 Nr 50 (Hamburg); s auch OLG Hamburg 14. 2. 1969 DAVorm 1969, 160 = IPRspr 1968–69 Nr 143.

Syrien: vgl IPG 1965–66 Nr 40 (Köln); Wengler, Gutachten I Nr 36.

Sudan: vgl AG Hamburg-Wandsbek 30. 3. 1965 DAVorm 1965, 157 = HaSta 1969, 6 und 13. 3. 1968 DAVorm 1968, 279 = IPRspr 1968–69 Nr 131.

59 Andere Rechtsordnungen sind strenger. So ist zB in **Algerien** ein Vaterschaftsanerkenntnis kein genügender Beweis für die legitime Abstammung eines Kindes, wenn eine Personenstandsurkunde ausweist, daß das Kind vor der Eheschließung gezeugt oder geboren worden ist (vgl IPG 1969 Nr 25 [Köln]; s auch OLG Karlsruhe 2. 3. 1970 FamRZ 1970, 251 = StAZ 1970, 159 = IPRspr 1970 Nr 83; OLG Köln 8. 11. 1976 OLGZ 1977, 154 = StAZ 1977, 106 = IPRspr 1976 Nr 108; AG Lehrte 8. 8. 1968 DAVorm 1968, 308 = IPRspr 1968–69 Nr 137 a und LG Hildesheim 12. 5. 1969 IPRspr 1968–69 Nr 137 b; LG Hannover 27. 3. 1969 FamRZ 1969, 668 = NdsRpfl 1969, 202 = DAVorm 1970, 33 = IPRspr 1968–69 Nr 147). Dasselbe dürfte für **Marokko** zutreffen (vgl OLG Köln 8. 11. 1976 ZBlJugR 1977, 93 = IPRspr 1976 Nr 106; AG Hamburg 13. 3. 1964 StAZ 1964, 164 = IPRspr 1964–65 Nr 150; AG Bielefeld 14. 10. 1964 StAZ 1965, 219 Anm Bussert = IPRspr 1964–65 Nr 115).

60 Der Umstand, daß in der Mehrzahl der islamischen Staaten eine Ehe vor der Ehe präsumiert wird, schließt die Anwendung deutschen Rechts jedenfalls dann nicht aus, wenn es um die Stellung von Kindern geht, die erst *nach der Eheschließung geboren* wurden. Da bei der Geburt des Kindes die Mutter verheiratet ist, ist Art 18 anwendbar. Wenn die Rechtsordnung, auf die Art 18 verweist, ihrerseits eine Ehe vor der Ehe annehmen muß (zumindest theoretisch), um zur Legitimität des Kindes zu gelangen, dann ist die Frage, ob eine solche Ehe vor der Ehe existiert, ob sie bewiesen werden muß oder ob als Beweis das Vaterschaftsanerkenntnis genügt, nach der lex causae zu beantworten, weil diese Frage von der lex causae aufgeworfen wird. Der Umstand, daß eine solche „Ehe" vor der Ehe nach deutschem Recht meist (wegen Art 13 Abs 3) als nichtexistent angesehen wird, spielt somit keine Rolle.

Zu den Problemen, die dann entstehen, wenn das Kind vor der Eheschließung seiner Eltern geboren wird und nach dem maßgebenden Recht eine Legitimation nicht in Frage kommt, s demnächst die Kommentierung zu Art 22.

61 **VI. Geburt nach Auflösung der Ehe oder Trennung der Ehegatten**

Kinder, die nach Auflösung der Ehe ihrer Mutter oder nach deren Trennung von ihrem Ehegatten geboren werden, sind nicht notwendig nichtehelich. Sie können auch ehelich sein. Auch hier muß somit das Heimatrecht des Ehemannes der Mutter befragt werden. Ist die Ehe durch den Tod des Ehemannes der Mutter aufgelöst, so kann der Status eines später geborenen Kindes aber nicht mehr nach dem Heimatrecht des Muttergatten zZ seiner Geburt beurteilt werden. Ist die Ehe auf andere Weise aufgelöst worden oder leben die Ehegatten getrennt, so könnte zwar theoretisch noch auf das Heimatrecht des Muttergatten zZ der Geburt des Kindes abgestellt werden. Ob dies angemessen wäre, läßt sich jedoch bezweifeln.

In all diesen Fällen spielt somit der Zeitpunkt eine Rolle, zu welchem an das Heimatrecht des Ehegatten der Mutter anzuknüpfen ist. Vgl dazu die folgenden Anmerkungen.

VII. Der maßgebende Zeitpunkt für die Anknüpfung

1. Grundsätze 62

Art 18 unterscheidet zwei Fälle: (1) Der Ehemann lebt bei Geburt des Kindes, (2) der Ehemann ist vor der Geburt des Kindes gestorben. Ein dritter Fall ist nicht geregelt, nämlich der, daß die Ehe vor der Geburt des Kindes *auf andere Weise* (Scheidung, Aufhebung, Wiederheirat der Mutter, nachdem der Ehemann für tot erklärt worden ist) *aufgelöst* oder für nichtig erklärt worden ist. Nach allgemeiner Auffassung gilt in diesem Fall das gleiche wie im Fall einer Auflösung der Ehe durch den Tod des Ehemannes. Ist die Ehe bei der Geburt des Kindes aufgelöst, sei es durch den Tod des Ehemannes oder sei es auf andere Weise, oder ist sie für nichtig erklärt worden, so entscheidet über die Ehelichkeit des Kindes das Heimatrecht des Ehemannes zZ der Auflösung oder Nichtigerklärung der Ehe.

2. Die Staatsangehörigkeit des Mannes bei Geburt des Kindes 63

Verwiesen wird auf das Recht des Staates, dessen Staatsangehörigkeit der Ehemann der Mutter zZ der Geburt des Kindes besitzt. Erwirbt der Mann nach der Geburt des Kindes eine *andere Staatsangehörigkeit*, so ist dieser Wechsel auf den Status des Kindes ohne Einfluß. Das gilt auch dann, wenn ein ausländischer Staatsangehöriger nach der Geburt des Kindes die *deutsche* Staatsangehörigkeit erwirbt (sehr str; s unten Rz 77). Das Ehelichkeitsstatut ist unwandelbar (KG 1. 9. 1938 DR 1939, 246 = IPRspr 1935–44 Nr 301; OLG Freiburg 14. 12. 1951 JZ 1952, 481 Anm Makarov = IPRspr 1950–51 Nr 88; OLG Koblenz 28. 2. 1974 RzW 1974, 171 und [L] 362 Anm Wolfsohn = IPRspr 1974 Nr 47; AG Parsberg 14. 11. 1972 FamRZ 1973, 461, 462 Anm Bosch = IPRspr 1972 Nr 57; Soergel-Kegel Art 18 Rz 13; Kegel, IPR § 20 VII 2; Erman-Marquordt Art 18 Rz 5; Palandt-Heldrich Art 18 Anm 2).

Unwandelbar ist nur das Ehelichkeitsstatut, dh die kollisionsrechtliche Anknüpfung. Ändern sich die *materiellen Vorschriften* des anwendbaren Rechts, so können diese Änderungen beachtlich sein. Ob sie es sind, ist eine Frage des intertemporalen Rechts der maßgebenden Rechtsordnung (OLG Frankfurt 3./17. 12. 1925 JW 1926, 2858 = IPRspr 1926–27 Nr 77; Beitzke NJW 1951, 279; Makarov JZ 1952, 483; Soergel-Kegel Art 18 Rz 13; Kegel, IPR § 20 VII 2; aA LG München II 1. 8. 1950 NJW 1951, 278 Anm Beitzke = IPRspr 1950–51 Nr 87; zur Frage, ob der Ausschluß der Anwendung früher geltenden Rechts auch im Fall von Heimatvertriebenen gilt, vgl AG Parsberg 14. 11. 1972 FamRZ 1973, 461, 462 Anm Bosch = IPRspr 1972 Nr 57).

Beispiel: Nach der Geburt des Kindes werden von der maßgebenden Rechtsordnung die Vorschriften über die Fristen, innerhalb derer die Ehelichkeit des Kindes angefochten werden muß, geändert. Ob für die Ehelichkeitsanfechtung die im Zeitpunkt der Geburt geltenden Fristen oder die nach der Gesetzesänderung maßgebenden Fristen gelten, entscheidet sich nach dem intertemporalen Recht des Ehelichkeitsstatuts.

64 **3. Die Staatsangehörigkeit des Mannes bei Auflösung oder Nichtigerklärung der Ehe**

Wird eine Ehe durch den **Tod des Mannes** aufgelöst, so entscheidet über die Ehelichkeit eines erst danach geborenen Kindes das Heimatrecht des Mannes im Zeitpunkt seines Todes. Das wird in Art 18 Abs 1 zwar nur für den Fall ausgesprochen, daß der Ehemann der Mutter zuletzt Deutscher war. Wie bereits festgestellt, ist jedoch die einseitige Kollisionsnorm des Art 18 durch Rechtsprechung und Lehre zu einer allseitigen Kollisionsnorm erweitert worden.

Auch wenn eine Ehe auf **andere Weise aufgelöst** wird (Scheidung, Aufhebung, Wiederheirat der Frau, nachdem der Mann für tot erklärt worden ist) oder durch ein Gestaltungsurteil für nichtig erklärt wird, stellt sich die Frage, ob Kinder, die nach der Auflösung oder Nichtigerklärung geboren worden sind, ehelich sind oder nicht. Nach hM ist hier nicht an das Heimatrecht des Mannes zZ der Geburt anzuknüpfen, sondern an das Heimatrecht im Zeitpunkt der Auflösung oder Nichtigerklärung der Ehe. Entscheidend ist der Tag, an dem das Urteil, das die Ehe auflöst oder für nichtig erklärt, rechtskräftig wird oder an dem die Frau nach der Todeserklärung des Mannes eine neue Ehe eingeht.*

Diese Ausdehnung des Art 18 ist deswegen gerechtfertigt, weil die Ehelichkeit des Kindes sich aus der Ehe seiner Eltern ergibt. Aus diesem Grund wird an das Heimatrecht des Ehemannes angeknüpft. Besteht die Ehe nicht mehr, dann kann an das Recht des „Ehemannes" nur angeknüpft werden, wenn der Zeitpunkt zugrunde gelegt wird, zu dem die Ehe zuletzt bestanden hat, dh der Zeitpunkt der Eheauflösung oder Nichtigerklärung.

Ob eine Ehe aufgelöst oder für nichtig erklärt worden ist, ist vom Standpunkt des *deutschen Rechts* aus zu beurteilen; denn die Beantwortung dieser Frage ist Voraussetzung für die Anwendbarkeit des Art 18. Ist die Ehe in Deutschland geschieden, so ist sie für uns aufgelöst, mag auch das Heimatrecht des Ehegatten die Scheidung nicht anerkennen. Wird andererseits eine im Ausland ausgesprochene Ehescheidung oder Nichtigerklärung oder eine Privatscheidung in Deutschland nicht anerkannt, so ist davon auszugehen, daß die Ehe noch besteht. Die Kinder, die nach der nicht anerkannten Scheidung oder Nichtigerklärung geboren werden, sind darum als ehelich anzusehen (vgl Frankenstein, IPR IV 15; aA Bergmann RabelsZ 1932 Sonderheft 185 ff [195]).

65 **4. Der maßgebende Zeitpunkt, wenn den Ehegatten das Getrenntleben gestattet ist**

Nach manchen Rechtsordnungen besteht eine Vermutung, daß Kinder, die nach Ablauf von 300 Tagen nach der Trennung der Eltern von Tisch und Bett geboren werden, nichtehelich sind (vgl zB Art 313 des französischen Code civil, Art 108 des spanischen und Art 1804 des portugiesischen Código civil). Die Trennung der Eltern von Tisch und Bett wird insoweit der Scheidung gleichgesetzt. In anderen Rechtsordnungen wird zwar die Ehelichkeit von Kindern, die nach einer Trennung der

* BayObLG 9. 8. 1963 BayObLGZ 1963, 214, 218 = FamRZ 1964, 450 Anm Sonnenberger = StAZ 1963, 326 = IPRspr 1962–63 Nr 99; KG 1. 9. 1938 DR 1939, 246, 247 = IPRspr 1935–44 Nr 301; LG Memmingen 6. 7. 1953 IPRspr 1952–53 Nr 182; LG Ulm 18. 12. 1959 IPRspr 1958–59 Nr 126; LG Nürnberg-Fürth 20. 6. 1960 StAZ 1961, 134 = IPRspr 1960–61 Nr 106; LG Zweibrücken 7. 6. 1968 IPRspr 1968–69 Nr 94; Lewald, IPR 129; Frankenstein, IPR IV 19; Wolff, IPR 213; Raape, IPR 342; Soergel-Kegel Art 18 Rz 13; Kegel, IPR § 20 VII 2; Wengler, Gutachten I 185; Erman-Marquordt Art 18 Rz 5; Palandt-Heldrich Art 18 Anm 2.

Ehegatten von Tisch und Bett geboren werden, vermutet, die Anfechtung der Ehelichkeit in diesem Fall aber erleichtert (vgl zB Art 313 Abs 2 des belgischen Code civil).

Erwirbt der Ehemann der Mutter nach einer solchen gerichtlichen Trennung von Tisch und Bett eine andere Staatsangehörigkeit, so ist es fraglich, ob es für die Beurteilung der Ehelichkeit auf den Zeitpunkt der *Geburt* oder auf den Zeitpunkt der *Trennung* ankommt.

Beispiel: Spanische Eheleute werden durch Urteil eines spanischen Gerichts von Tisch und Bett getrennt. Nach Rechtskraft dieses Urteils erwirbt der Ehemann die deutsche Staatsangehörigkeit. Bald danach bringt die Ehefrau ein Kind zur Welt. Welches Recht entscheidet über die Ehelichkeit: das deutsche Recht (Heimatrecht des Ehemannes zZ der Geburt) oder das spanische Recht (Heimatrecht des Ehemannes zZ der gerichtlichen Trennung von Tisch und Bett)?

Man wird bei der Beantwortung dieser Frage danach unterscheiden müssen, ob die Trennung von Tisch und Bett lediglich eine Vorstufe einer Scheidung dem Bande nach bedeutet oder an die Stelle einer (sonst nicht zugelassenen) Scheidung tritt.

Ist die *Scheidung* dem Bande nach *zugelassen*, so bereitet eine Trennung von Tisch und Bett die endgültige Scheidung regelmäßig nur vor.

Hier empfiehlt es sich, weiterhin auf den Zeitpunkt der *Geburt* des Kindes abzustellen, einen Staatsangehörigkeitswechsel des Mannes nach der Trennung von Tisch und Bett folglich zu berücksichtigen.

Ist in einer Rechtsordnung dagegen *keine Scheidung* der Ehe dem Band nach zugelassen, so tritt die Trennung von Tisch und Bett an die Stelle der Scheidung. Hier wird man darum auf das Heimatrecht des Ehemannes zZ der gerichtlichen *Trennung von Tisch und Bett* abstellen.

Im Beispiel der spanischen Eheleute heißt das, daß, weil die Ehe nicht geschieden werden kann, die Trennung von Tisch und Bett der Scheidung gleichsteht. Es kommt damit auf den Zeitpunkt an, zu dem das die Trennung aussprechende Urteil rechtskräftig geworden ist (STAUDINGER-RAAPE Art 18 Anm A III 2 und HORST MÜLLER in LAUTERBACH, Vorschläge KindschR 50 wollen offenbar jede Trennung von Tisch und Bett der Scheidung gleichstellen; FRANKENSTEIN, IPR IV 19 will darauf abstellen, ob das Statut, dem der Mann im Augenblick der Trennung unterstand, ihr die Bedeutung beilegt, daß sie, gleich der Scheidung, die Vermutung für die Zeugung in der Ehe für die Zukunft ausschließt).

5. Verschollenheit des Mannes 66

Welche Rolle die Verschollenheit des Mannes für die Ehelichkeit der später geborenen Kinder spielt, ist in verschiedenen Ländern unterschiedlich geregelt. Während etwa in Deutschland gesagt wird, die Todeserklärung begründe auch die Vermutung, daß die Ehe des Verschollenen am festgestellten (wahrscheinlichsten) Todestag aufgelöst worden ist, Kinder die später als 302 Tage hiernach von der Ehefrau geboren werden, könnten nicht mehr als ehelich gelten (vgl BVerfG 17. 3. 1959 FamRZ 1959, 195), folgert zumindest ein Teil der schweizerischen Literatur aus Art 102 ZGB, wonach dann, wenn eine Ehegatte für verschollen erklärt ist, der andere Ehegatte eine neue Ehe nur eingehen kann, wenn die frühere Ehe gerichtlich aufgelöst worden ist, daß bei einer bloßen Verschollenerklärung die Ehe weiterbestehe und Kinder deswegen ehelich seien (EGGER in: Züricher Kommentar II/1 Art 102 ZGB Rz 3 S 57).

Da hier somit verschiedene Auffassungen vertreten werden, ist auch eine kollisionsrechtliche Lösung vonnöten. Hat die Todeserklärung die Ehe *aufgelöst*, so kann die

Kollisionsregel nur lauten: Maßgebend ist das Heimatrecht des Ehegatten der Mutter im Zeitpunkt der Auflösung der Ehe. Hat die Verschollenerklärung die Ehe *nicht aufgelöst*, so wird es sich empfehlen, an das letzte bekannte Heimatrecht des Mannes anzuknüpfen.

67 **VIII. Zusammentreffen der Heimatrechte mehrerer Männer**

1. Hat die Mutter des Kindes nach Auflösung der Ehe alsbald erneut geheiratet, so kann es uU zweifelhaft sein, ob ein nach Eingehung der zweiten Ehe geborenes Kind vom ersten oder vom zweiten Ehemann abstammt. Nach deutschem materiellem Recht gilt das Kind in diesem Fall gem § 1600 BGB grundsätzlich als eheliches Kind des zweiten Mannes. Kollisionsrechtlich sind die Heimatrechte der *beiden Ehemänner* danach zu befragen, ob das Kind dem ersten oder dem zweiten Mann zuzurechnen ist. Zwar behaupten manche, hier gelte wiederum der Grundsatz (Zeit der Geburt des Kindes), da ja eine Ehe in diesem Zeitpunkt bestehe; zu befragen sei deswegen nur das Heimatrecht des zweiten Mannes (Ficker, Ehel Kindschaft 259; Erman-Marquordt Art 18 Rz 5; Palandt-Heldrich Art 18 Anm 2). Sie übersehen dabei, daß die „oder"-Verknüpfung in Art 18 Abs 1 kein Regel-Ausnahme-Verhältnis bezeichnet, sondern lediglich verschiedene Tatbestände (bestehende Ehe – aufgelöste Ehe) regeln will. Diese Tatbestände haben gleichen Rang. Kommen aber nach Auflösung der Ehe und alsbaldiger Wiederverheiratung beide Ehegatten, der frühere und der jetzige, als Väter in Betracht, so gilt bezüglich des ersteren die zweite Tatbestandsalternative und bezüglich des zweiten die erste Tatbestandsalternative. Es bleibt darum bei der Aussage, daß die Heimatrechte der beiden Ehemänner befragt werden müssen.

2. Hierbei sind folgende Fallkonstellationen denkbar:

(1) Die Heimatrechte der beiden Ehemänner *stimmen überein*, erklären zB übereinstimmend, das Kind gelte als Kind des zweiten Mannes. Hier ist diesem übereinstimmenden Votum zu folgen.

(2) Die Heimatrechte der beiden Ehemänner stimmen darin überein, daß sie weder für die Vaterschaft des ersten noch für die Vaterschaft des zweiten Mannes eine Vermutung aufstellen. Hier ist als Vater derjenige festzustellen, dessen Vaterschaft nach Lage des Falles *wahrscheinlicher* ist, bei gleicher Wahrscheinlichkeit (unter Anwendung der lex fori) der zweite Mann.

(3) Die Heimatrechte der beiden Ehemänner stimmen *nicht überein*. Das Heimatrecht des einen Mannes spricht ihm die Vaterschaft zu, das Heimatrecht des anderen Mannes enthält weder eine Vermutung für die Vaterschaft des ersten noch für die Vaterschaft des zweiten Mannes. In diesem Fall setzt sich das Recht durch, das eine Vermutung ausspricht.

(4) Das Heimatrecht des einen Mannes enthält eine Vermutung für die Vaterschaft des *anderen* Mannes. Dessen Heimatrecht enthält *keine* Vermutung. Da hier kein Mann nach seinem Heimatrecht als Vater gilt, ist ebenso zu entscheiden wie im Fall (2): Vater ist derjenige, dessen Vaterschaft nach Lage des Falles *wahrscheinlicher* ist (Wolff, IPR 214); bei gleicher Wahrscheinlichkeit (unter Anwendung der lex fori) der zweite Mann.

(5) Ebenso wie im Fall (4) ist zu entscheiden, wenn das Heimatrecht des ersten Mannes eine Vermutung für die Vaterschaft des *zweiten* Mannes enthält, das Heimatrecht des zweiten Mannes dagegen eine Vermutung für die Vaterschaft des *ersten* Mannes (Soergel-Kegel Art 18 Rz 17; Kegel, IPR 346; aA Staudinger-Raape Art 18 Anm B V: Es entscheidet die lex fori; Neuhaus, Grundbegriffe 357 f:

Konfliktsfall des § 1600 Abs 1 BGB liegt nicht vor. Kind gilt als eheliches Kind des ersten Mannes).

(6) Nach dem Heimatrecht des ersten Mannes gilt *er* als Vater, nach dem Heimatrecht des zweiten Mannes gilt *dieser* als Vater. Hier heben sich die beiden Vermutungen gegenseitig auf. Die Lösung ist wiederum die gleiche wie im Fall (4): Als Vater ist derjenige festzustellen, dessen Vaterschaft nach Lage des Falles *wahrscheinlicher* ist (Frankenstein, IPR IV 20), bei gleicher Wahrscheinlichkeit (unter Anwendung der lex fori) der zweite Mann (aA Staudinger-Raape Art 18 Anm B V: es entscheidet die lex fori).

C. Anfechtung der Ehelichkeit und Geltendmachung der Nichtehelichkeit

I. Anfechtung der Ehelichkeit

1. Grundsätze 68

Nach deutschem Recht kann die Nichtehelichkeit eines während der Ehe oder innerhalb von 302 Tagen nach Auflösung oder Nichtigerklärung der Ehe geborenen Kindes nur geltend gemacht werden, wenn seine Ehelichkeit angefochten und die Nichtehelichkeit rechtskräftig festgestellt ist (§ 1593 BGB). Ein solches **besonderes Anfechtungsverfahren** ist auch in der Mehrzahl der außerdeutschen Rechte vorgesehen. Es gibt indessen auch noch Staaten, in denen – ebenso wie im römischen, kanonischen und Gemeinen Recht (vgl Ahrens, Die Voraussetzungen der ehelichen Abstammung 122 mwN) – **jeder Interessierte** jederzeit geltend machen kann, das Kind stamme nicht von dem Ehemann seiner Mutter ab. So ist die Rechtslage etwa in England und in der Mehrzahl der Einzelstaaten der USA. Hier wird die Nichtehelichkeit nicht in einem besonderen Statusverfahren allgemein verbindlich festgestellt. Vielmehr kann die Vermutung der ehelichen Abstammung in jedem Prozeß, in dem diese eine Rolle spielt, von jedem Interessierten widerlegt werden.

Wegen dieser tiefgreifenden Verschiedenheit werden im folgenden Anfechtung der Ehelichkeit und sonstige Geltendmachung der Nichtehelichkeit eines Kindes getrennt behandelt (zur sonstigen Geltendmachung der Nichtehelichkeit unten Rz 86).

2. Materielles Recht und Verfahrensrecht 69

Die Anfechtung der Ehelichkeit geschieht in einem gerichtlichen Verfahren. Die dabei auftauchenden Fragen sind teils materiellrechtlicher, teils verfahrensrechtlicher Natur. Für die materiellrechtlichen Fragen gilt das Anfechtungsstatut, für die Verfahrensfragen die lex fori. Nicht selten bereitet indessen die Abgrenzung von materiellem Recht und Verfahrensrecht Schwierigkeiten. Es ist deswegen bei jeder Frage zu prüfen, zu welchem Bereich sie gehört.

a) Aktivlegitimation 70

Der Kreis der Personen, die zur Anfechtung der Ehelichkeit eines Kindes berechtigt sind, ist in den verschiedenen Rechtsordnungen verschieden. Während der Ehemann der Mutter grundsätzlich wohl überall anfechtungsberechtigt ist (wenn ein Ehemann sein Einverständnis zu einer heterologen Insemination gegeben hat, kann sein Anfechtungsrecht allerdings – weil im Widerspruch zu seinem früheren Verhalten stehend – ausgeschlossen sein; vgl Röder 23 für das US-amerikanische Recht), können das Kind und die Eltern des Mannes (nach dessen Tod) keineswegs in allen Staaten die Ehelichkeit anfechten. In anderen Staaten steht auch der Mutter des

Kindes oder den Erben des Vaters oder seinen Abkömmlingen ein Anfechtungsrecht zu.

Hier gilt der Grundsatz: Die **Anfechtungsberechtigung** ist eine Frage des **materiellen Rechts**. Wer anfechtungsberechtigt ist, bestimmt das nach Art 18 anwendbare Recht (vgl KG 29. 11. 1976 OLGZ 1977, 452 = IPRspr 1976 Nr 55 und 10. 12. 1976 DAVorm 1977, 525 = IPRspr 1976 Nr 56; LG Aachen 22. 7. 1964 StAZ 1966, 115 Anm van Sasse van Ysselt = DAVorm 1966, 285 = IPRspr 1964–65 Nr 114; Beitzke RabelsZ 23 [1958] 716; Palandt-Heldrich Art 18 Anm 3; Soergel-Kegel Art 18 Rz 7; Stein-Jonas-Schlosser Vorbem 8 zu § 640; Schwind, IPR 192; IPG 1974 Nr 20 [Köln]; IPG 1974 Nr 21 [München]).

Ausnahme: Nach dem maßgebenden ausländischen Recht kann die Ehelichkeit eines Kindes durch den **Staatsanwalt** oder einen anderen Vertreter des öffentlichen Interesses angefochten werden. Die Befugnis des Staatsanwalts wurzelt im öffentlichen Recht. Dem ausländischen Staatsanwalt ist es verwehrt, in einem deutschen Verfahren ein ausländisches öffentliches Interesse zur Geltung zu bringen. Aber auch eine Anfechtung durch den deutschen Staatsanwalt würde ausländisches öffentliches Interesse zur Geltung bringen (auch wenn die Anfechtung im Interesse des Kindes liegt). Entscheidend ist, daß der Staatsanwalt kraft seines öffentlichrechtlichen Auftrags tätig wird. Diesen Auftrag kann dem deutschen Staatsanwalt kein fremdes Recht erteilen (vgl Dierk Booss, Fragen der „wesensgleichen Zuständigkeit" im internationalen Familienrecht, Diss Bonn 1965, 96; Gamillscheg RabelsZ 21 [1956] 257 ff; Stein-Jonas-Schlosser Vorbem 8 zu § 640; IPG 1970 Nr 17 [München] 185; aA Beitzke RabelsZ 23 [1958] 713 f, 716–723; Ficker, Ehel Kindschaft 259; Soergel-Kegel Art 18 Rz 8; Kegel, IPR § 20 VII 1).

Gesondert anzuknüpfen, dh nicht nach Art 18 Abs 1 zu beurteilen, ist auch die Frage, wer für ein nach dem Ehelichkeitsstatut anfechtungsberechtigtes Kind die Anfechtungsklage zu erheben berechtigt ist (anders im Fall des Art 18 Abs 2 bei deutscher Staatsangehörigkeit der Mutter, unten Rz 82). Muß dafür ein **Pfleger** bestellt werden, so ist das Minderjährigenschutzabkommen (s Vorbem 294 zu Art 18) zu beachten. Ob ein bestellter Pfleger zur Erhebung der Anfechtungsklage der Genehmigung des Vormundschaftsgerichts bedarf, richtet sich gem Art 23 nach der lex fori; vgl IPG 1974 Nr 21 [München]).

Zu der Frage, ob ausländisches Recht auch dann anzuwenden ist, wenn es jedermann die Widerlegung der Ehelichkeitsvermutung gestattet, s unten Rz 87.

71 **b) Fristen**

Ob und gegebenenfalls welche Fristen für die Geltendmachung der Nichtehelichkeit einzuhalten sind, ist eine **materiellrechtliche**, keine prozessuale Frage. Es gilt darum nicht die lex fori, sondern das Ehelichkeitsstatut, also das Heimatrecht des Ehemannes der Mutter (vgl OLG Düsseldorf 24. 11. 1972 FamRZ 1973, 311 = IPRspr 1972 Nr 58; IPG 1974 Nr 20 [Köln]; IPG 1974 Nr 21 [München]; Schwind, IPR 192). Dieses bestimmt auch, ob und unter welchen Voraussetzungen eine Frist verlängert werden kann oder neu zu laufen beginnt. Zur Vereinbarkeit übermäßig langer (oder überhaupt keiner) und übermäßig kurzer Fristen mit dem ordre public unten Rz 125 f.

72 **c) Anfechtungsgründe**

In einer Reihe von Rechtsordnungen sind bestimmte Anfechtungsgründe normiert. Hier kann die Ehelichkeit nur angefochten werden, wenn einer dieser Anfechtungsgründe (zB Abwesenheit während der Empfängniszeit, physische Unmöglichkeit der

Beiwohnung, Verheimlichung der Geburt) vorliegt. Die Begrenzung der Anfechtungsgründe ist – anders als die Begrenzung der Beweismittel – ebenfalls eine **materiellrechtliche** Regelung. Auch für sie gilt deswegen das gem Art 18 anzuwendende Recht.

d) Beweislast, Beweiserleichterungen, Beweismittel 73

In den meisten Rechtsordnungen wird die Ehelichkeit des in einer Ehe geborenen oder gezeugten Kindes vermutet. Ob eine solche **Vermutung** besteht und wer sie bejahendenfalls zu widerlegen hat, ist nach dem gem Art 18 anwendbaren Recht zu beantworten. Dasselbe Recht entscheidet auch darüber, ob in bestimmten Fällen **Beweiserleichterungen** bestehen (zB wenn Kinder innerhalb von 180 Tagen nach der Eheschließung geboren werden oder wenn die Ehegatten zZ der Empfängnis aufgrund eines gerichtlichen Urteils getrennt lebten; vgl Art 255 Schweiz ZGB). Welche **Beweismittel** zulässig sind, richtet sich dagegen – als verfahrensrechtliche Frage – nach der **lex fori**. Der Ausschluß bestimmter Beweismittel durch das Ehelichkeitsstatut (zB der Verpflichtung, eine Blutentnahme zur Blutgruppenuntersuchung zu dulden, oder der Möglichkeit, die Eltern des Kindes als Zeugen für das Vorliegen eines Anfechtungsgrundes zu hören) ist somit im Inland nicht zu beachten (vgl Horst Müller in Lauterbach, Vorschläge KindschR 45; Röder 42 f; IPG 1972 Nr 19 [Heidelberg]).

3. Das Anfechtungsstatut: Grundsätzliche Geltung des Mannesrechts 74

Die Anfechtung der Ehelichkeit einschließlich der oben als materiellrechtlich bezeichneten Fragen richtet sich grundsätzlich nach dem Heimatrecht des Ehemannes der Mutter zur Zeit der Geburt des Kindes. Zu der Frage, welches Recht anwendbar ist, wenn zZ der Geburt des Kindes der Mann nicht mehr am Leben oder die Ehe durch andere Umstände aufgelöst ist, s oben Rz 62 ff.

4. Ausnahme: Geltung des Heimatrechts der Mutter, Art 18 Abs 2 75

a) Von dem Grundsatz, daß über alle Fragen der ehelichen Abstammung eines Kindes das Heimatrecht des Ehemannes der Mutter zur Zeit der Geburt des Kindes entscheidet, macht Art 18 Abs 2 eine Ausnahme für den Fall der **Anfechtung der Ehelichkeit**. Hierfür sollen nämlich „die deutschen Gesetze auch dann Anwendung“ finden, „wenn nur die **Mutter** des Kindes die Reichsangehörigkeit besitzt oder, falls sie gestorben ist, im Zeitpunkt ihres Todes besessen hat und das Kind im Zeitpunkt der Anfechtung noch minderjährig ist oder, falls es gestorben ist, noch minderjährig wäre.“

Bei der Einführung dieser Ausnahmeregel (im Jahre 1938) hatte der Gesetzgeber die Fälle vor Augen, in denen der Ehemann der Mutter ins Ausland emigriert oder aus Deutschland vertrieben worden war und entweder er die deutsche Staatsangehörigkeit verloren hatte oder – falls er sie niemals besessen hatte – seine Ehefrau die deutsche Staatsangehörigkeit auf Antrag erworben oder wiedererworben hatte. In manchen Fällen ging es darum, das Kind durch die Anfechtung vom „Makel“ (!) der nichtarischen Abstammung zu befreien, in anderen Fällen hatte die in Deutschland zurückgebliebene Ehefrau von anderen Männern Kinder empfangen, deren Ehelichkeit ihr emigrierter Ehemann nicht anfechten wollte oder aus tatsächlichen oder rechtlichen Gründen (aufgrund seines – neuen – Heimatrechts) nicht (mehr) anfechten konnte. Die Anwendbarkeit des deutschen Rechts ermöglichte hier die – gleichzeitig eingeführte – Anfechtung der Ehelichkeit des Kindes durch den Staatsanwalt.

Heute ist die Anfechtung der Ehelichkeit durch den Staatsanwalt wieder beseitigt und durch die Anfechtung durch das Kind ersetzt worden (FamRÄndG vom 11. 8. 1961). Geändert hat sich ferner die tatsächliche Ausgangssituation, die zum Erlaß des Art 18 Abs 2 führte. Praktische Bedeutung hat die Vorschrift heute weniger in den Fällen eines späteren Staatsangehörigkeitswechsels durch den Ehemann oder durch die Ehefrau, sondern dort, wo Mann und Frau von vornherein verschiedener Staatsangehörigkeit sind. Denn anders als im Jahre 1938 verliert eine Deutsche, die einen Ausländer heiratet, heute nicht mehr kraft Gesetzes die deutsche Staatsangehörigkeit.

Bei der Einführung des Art 18 Abs 2 spielte nationalsozialistisches Gedankengut eine Rolle. Man sagte, die Folgen der bedingungslosen Anwendung des Rechts des Ehemannes seien mit der deutschen Auffassung von der Bedeutung der Rasse- und Sippenzugehörigkeit des Kindes nicht vereinbar (vgl Massfeller, Das großdeutsche Ehegesetz [1939] 410). Daß trotzdem die Vorschrift heute noch gilt, hängt damit zusammen, daß die Klärung der Abstammung, die Verbindung des Kindes mit seinen wahren Eltern, auch nach dem heutigen Verständnis der Eltern-Kind-Beziehungen im Interesse des Kindes geboten erscheint.

76 **b)** Gemäß Art 18 Abs 2 richtet sich die Anfechtung der Ehelichkeit eines Kindes – allein (vgl IPG 1970 Nr 18 [Köln] 93) – nach deutschem Recht, wenn die Mutter des Kindes deutsche Staatsangehörige ist. Art 18 Abs 1 und Art 18 Abs 2 sind aber nicht alternativ anwendbar. Deutsches Recht gilt auch dann, wenn der ausländische Ehemann der Mutter die Ehelichkeit des Kindes anficht. Diese einseitige Kollisionsnorm kann – anders als Art 18 Abs 1 – nicht zu einer allseitigen Kollisionsnorm erweitert werden (des Inhalts, daß sich die Anfechtung der Ehelichkeit eines Kindes nach dem jeweiligen Heimatrecht der Mutter richtet). Eine solche Erweiterung würde die Grundregel des Art 18 Abs 1 praktisch aus den Angeln heben. Art 18 Abs 2 wird darum allgemein als nicht erweiterungsfähige **Schutzvorschrift zugunsten der deutschen Mutter** und als Sonderfall des Art 30 angesehen (vgl etwa OLG Celle 23. 7. 1974 FamRZ 1975, 177 = DAVorm 1976, 142 = IPRspr 1974 Nr 76; Palandt-Heldrich Art 18 Anm 4; Raape, IPR 348).

Die Mutter muß Deutsche sein zur Zeit der Anfechtung, dh im Zeitpunkt der letzten mündlichen Verhandlung (LG Trier 20. 12. 1955 FamRZ 1956, 131 Anm Bosch = IPRspr 1954–55 Nr 100; Massfeller JW 1938, 1217 ff; Raape, IPR 346; Soergel-Kegel Art 18 Rz 18; Erman-Marquordt Art 18 Rz 9) oder, falls sie gestorben ist, im Zeitpunkt ihres Todes gewesen sein.

Anders als bei Art 18 Abs 1 (oben Rz 62) steht im Fall des Abs 2 dem Tod der Frau die Eheauflösung nicht gleich. Lebt die Frau im Zeitpunkt der Anfechtung, so muß sie Deutsche sein (vgl Kegel, IPR § 20 VII 2 b; Soergel-Kegel Art 18 Rz 18).

Besitzt die Mutter zwar nicht die deutsche Staatsangehörigkeit, hat sie aber als **Staatenlose** ein deutsches Personalstatut kraft Aufenthalts in Deutschland gem Art 29, so ist Art 18 Abs 2 nach hM nicht anwendbar (Soergel-Kegel Art 18 Rz 22; Kegel, IPR § 20 VII 2 b). Etwas anderes gilt für **Flüchtlinge**, zumindest dann, wenn es sich um Volksdeutsche handelt; vgl LG Nürnberg-Fürth 24. 6. 1957 IPRspr 1956–57 Nr 116; Henrich FamRZ 1958, 125; Kegel, IPR § 20 VII 2 b.

77 **c)** Vielfach wird empfohlen, Art 18 Abs 2 **analog** anzuwenden, wenn nicht die Mutter, sondern der **Ehemann Deutscher** ist, die deutsche Staatsangehörigkeit aber erst nach dem gem Abs 1 maßgebenden Zeitpunkt (Geburt des Kindes oder frühere Auflösung der Ehe) erworben hat (Soergel-Kegel Art 18 Rz 21; Raape, IPR 348; Erman-Marquordt Art 18 Rz 11 [„wegen GG Art 3"]). Die hM lehnt diese Auffassung aber seit jeher mit Recht ab (KG 18. 8. 1938 DR 1939, 247 = StAZ

1939, 340 = IPRspr 1935–44 Nr 300; BEITZKE RabelsZ 23 [1958] 723; HENRICH FamRZ 1958, 124; FERID, IPR Rz 8–248). Art 18 Abs 2 hat vornehmlich das Interesse der Mutter im Auge. Diesem Interesse wird durch die Berücksichtigung des Heimatrechts der Mutter Rechnung getragen. Das öffentliche Interesse, das bei Einführung des Art 18 Abs 2 ebenfalls eine große Rolle spielte, kann heute nicht mehr als Rechtfertigung einer analogen Anwendung herangezogen werden. Zu erwägen ist allenfalls, ob nicht das Interesse des Ehemannes der Mutter oder des Kindes die Analogie rechtfertigt. Dieses Interesse hat aber der Gesetzgeber offensichtlich nicht für stark genug gehalten, eine Gesetzesänderung herbeizuführen; denn sonst hätte er Art 18 Abs 1 entsprechend geändert (vgl HORST MÜLLER in LAUTERBACH, Vorschläge KindschR 52). Die analoge Anwendung des Art 18 Abs 2 auf den Fall eines nachträglichen Erwerbs der deutschen Staatsangehörigkeit durch den Ehemann der Mutter widerspricht also dem Willen des Gesetzgebers. Hinzu kommt, daß ordre-public-Vorschriften, die ja ohnehin einen Fremdkörper im Internationalen Privatrecht darstellen, tunlichst eng ausgelegt werden sollten.

d) Maßgebend ist das deutsche Heimatrecht der Mutter nur für die Anfechtung der 78
Ehelichkeit (also jedenfalls den Bereich, der im deutschen materiellen Recht von den §§ 1594–1599 BGB geregelt wird: Anfechtungsfrist, Form der Geltendmachung der Nichtehelichkeit durch Klage, Bestimmung des Anfechtungsgegners, Anfechtungsberechtigung). Art 18 Abs 2 gilt dagegen **nicht** für die **Voraussetzungen der Ehelichkeit** (vgl im deutschen materiellen Recht die §§ 1591, 1592, 1600 BGB); OLG Düsseldorf 30. 4. 1969 FamRZ 1969, 551 = IPRspr 1968–69 Nr 96; OLG Köln 6. 4. 1971 NJW 1971, 1527 = DAVorm 1972, 463 = IPRspr 1971 Nr 62; LG Karlsruhe 21. 5. 1969 DAVorm 1969, 350 = IPRspr 1968–69 Nr 97; AG Hamburg 15. 2. 1967 StAZ 1967, 277 = DAVorm 1967, 246 = HambJVBl 1967, 69 = IPRspr 1966–67 Nr 93; SOERGEL-KEGEL Art 18 Rz 17; KEGEL, IPR § 20 VII 2 b; IPG 1970 Nr 18 (Köln); PALANDT-HELDRICH Art 18 Anm 5; ERMAN-MARQUORDT Art 18 Rz 8; FERID, IPR Rz 8–254.

Es ist somit zwischen *Anfechtungsrecht* (Art 18 Abs 2) und *Anfechtungsgrund* (Art 18 Abs 1) zu unterscheiden. Die Abgrenzung ist zuweilen nicht einfach. Nach einer treffenden Umschreibung KEGELS (IPG 1970 Nr 18 [Köln] 201) ist Anfechtungsgrund „ein Umstand, der die Wahrscheinlichkeit der Abstammung vom Muttergatten beeinträchtigt und deswegen die Widerlegung der Ehelichkeitsvermutung ermöglicht". Läßt beispielsweise ein Recht die Anfechtung eines alsbald nach Eingehung der Ehe geborenen Kindes dann nicht zu, wenn der Ehemann vor der Eheschließung von der Schwangerschaft Kenntnis hatte (so Art 201 Abs 2 niederl BW), so werden damit keine Umstände vorausgesetzt, die für die Wahrscheinlichkeit der ehelichen Abstammung des Kindes von Bedeutung sind. Hier wird nicht die Frage berührt, wie es mit der Wahrscheinlichkeit der Abstammung des Kindes steht; vielmehr betrifft diese Vorschrift allein die Sphäre des Muttergatten. Es geht um sein „Anfechtungsrecht", nicht um einen „Anfechtungsgrund". Darum ist bei deutscher Staatsangehörigkeit der Mutter eine solche Regelung des Heimatrechts des Vaters außer acht zu lassen (OLG Köln 6. 4. 1971 NJW 1971, 1527 = DAVorm 1972, 463 = IPRspr 1971 Nr 62).

Umstritten ist auch, ob Art 18 Abs 2 auch für die Frage gilt, unter welchen 79
Voraussetzungen die **Nichtehelichkeit geltend gemacht** werden kann (vgl im deutschen materiellen Recht § 1593 BGB). Während manche auch diese Frage dem Art 18 Abs 2 unterstellen wollen (vgl insbes DIERK MÜLLER StAZ 1969, 163; ebenso RÖDER 41; anscheinend auch PALANDT-HELDRICH Art 18 Anm 5; FERID, IPR Rz 8–254 und LG Karlsruhe 21. 5. 1969 DAVorm 1969, 350 = IPRspr 1968–69 Nr 97), wollen andere hier das Heimatrecht des Ehemannes der Mutter gelten lassen;

vgl AG Hamburg 15. 2. 1967 StAZ 1967, 277 = DAVorm 1967, 246 = HambJVBl 1967, 69 = IPRspr 1966–67 Nr 93; Soergel-Kegel Art 18 Rz 17; Kegel, IPR § 20 VII 2 b; Jayme, Spannungen bei der Anwendung italienischen Familienrechts durch deutsche Gerichte (1961) 93. Das heißt: Kann nach dem Heimatrecht des Mannes die Nichtehelichkeit des Kindes auch *ohne Anfechtung der Ehelichkeit,* also jederzeit und in jedem Verfahren geltend gemacht werden (wie etwa im englischen Recht und in weiten Bereichen des anglo-amerikanischen Rechts), so wird dies auch bei deutscher Staatsangehörigkeit der Mutter nicht ausgeschlossen.

Diese Auffassung verdient den Vorzug. Art 18 Abs 2 will die Feststellung der wahren Abstammung des Kindes nicht erschweren, sondern erleichtern. Zu einer Erschwerung aber müßte es führen, würde man ausländische Rechte, die eine Geltendmachung der Nichtehelichkeit auch ohne Anfechtung ermöglichen, bei deutscher Staatsangehörigkeit der Mutter für unanwendbar erklären.

Deutsches Recht gilt somit – bei deutscher Staatsangehörigkeit der Mutter – lediglich für die Frage, wer die Ehelichkeit des Kindes anfechten kann, ob Anfechtung durch Klage oder Antrag zu erfolgen hat, gegen wen die Klage zu richten ist und innerhalb welcher Frist die Anfechtung erfolgen muß.

80 Bestritten ist, ob Art 18 Abs 2 auch auf die Anfechtung der Ehelichkeit von Kindern anzuwenden ist, die durch nachfolgende Ehe ihrer „Eltern" **legitimiert** worden sind. Die Rechtsprechung hat, als der inzwischen aufgehobene § 1721 BGB auf die Anfechtung der Ehelichkeit legitimierter Kinder noch die §§ 1593–1599 BGB für entsprechend anwendbar erklärte, aus dieser Gleichstellung legitimierter mit ehelichen Kindern die Anwendbarkeit auch des Art 18 Abs 2 abgeleitet (OLG Karlsruhe 11. 12. 1968 OLGZ 1969, 349 = FamRZ 1969, 164 = StAZ 1969, 160 = IPRspr 1968–69 Nr 95). Ob die Kritik an dieser Entscheidung (vgl Dierk Müller StAZ 1969, 163) unter der Herrschaft des früheren Rechtszustandes gerechtfertigt war, kann hier offen bleiben. Nachdem es heute die Anfechtung der Ehelichkeit legitimierter Kinder nicht mehr gibt, entfällt auch die Anwendbarkeit des Art 18 II (ebenso Soergel-Kegel Art 18 Rz 23). Die Anfechtung der Anerkennung (§§ 1600 f–1600 m BGB) ist nach derselben Rechtsordnung zu beurteilen wie die Anerkennung selbst, also nach dem Heimatrecht des Anerkennenden. Ob eine gerichtliche Feststellung der Vaterschaft im Wege der Wiederaufnahme des Verfahrens beseitigt werden kann, richtet sich – als prozessuale Frage – nach der lex fori. Hat eine Anerkennung des Kindes nicht stattgefunden und ist die Vaterschaft auch nicht gerichtlich festgestellt worden, so richtet sich die Frage, ob eine nach ausländischem Recht gleichwohl eingetretene Legitimation wieder rückgängig gemacht werden kann, nach dem Legitimationsstatut.

81 **e)** Art 18 Abs 2 ist nur anwendbar, wenn das Kind im Zeitpunkt der Anfechtung noch **minderjährig** ist oder, falls es gestorben ist, noch minderjährig wäre (im Zeitpunkt der Stellung des Antrags an das Vormundschaftsgericht). Diese Beschränkung erklärt sich aus der Interessenlage, die der Gesetzgeber regeln wollte. Geschützt werden sollte vornehmlich das Interesse der (deutschen) Mutter, deren (ausländischer) Ehemann sich um das Kind nicht kümmerte und auch die Ehelichkeit nicht anfechten wollte oder nicht (mehr) anfechten konnte. Ein solches Schutzbedürfnis ist bei volljährigen Kindern nicht mehr gegeben. Aus diesem Grund kann Art 18 Abs 2 bei Volljährigkeit des Kindes auch dann nicht analog angewendet werden, wenn die Anfechtung der Ehelichkeit im Interesse des Kindes läge (so aber OLG Stuttgart 16. 10. 1939 HRR 1940 Nr 144 = StAZ 1940, 149 = IPRspr 1935–44 Nr 303). Hätte der Gesetzgeber auch das Interesse des Kindes schützen wollen, so hätte er sich zu einer entsprechenden Änderung des Abs 1 entschließen müssen (wie hier auch SOERGEL-KEGEL Art 18 Rz 19).

Ob das Kind minderjährig ist, bestimmt gem Art 7 Abs 1 sein Heimatrecht.

f) Gemäß Art 18 Abs 2 S 2 ist dem Kind, soweit dies zur Wahrung seiner Rechte 82
erforderlich ist, ein **Pfleger** zu bestellen, wenn es unter elterlicher Gewalt oder unter der Vormundschaft der Mutter steht. Durch diese Vorschrift sollte dafür gesorgt werden, daß die Interessen des Kindes auch dann gewahrt würden, wenn nach der Regelung des Art 23 für das Kind – mangels eines entsprechenden Fürsorgebedürfnisses – kein Pfleger bestellt werden könnte. Art 18 Abs 2 S 2 gilt – wie sich aus seiner Stellung ergibt – nur im Fall einer Anfechtung nach deutschem Recht wegen deutscher Staatsangehörigkeit der Mutter. Seine Nützlichkeit liegt darin, daß bei der Anfechtung nicht zuerst geprüft werden muß, welches Recht für die Pflegerbestellung maßgebend sein könnte (heute wäre in diesem Zusammenhang das Minderjährigenschutzabkommen zu beachten, vgl Vorbem 284 zu Art 18) und ob nach diesem Recht eine Pflegerbestellung angezeigt erscheint, sondern daß unmittelbar ein Pfleger – nach deutschem Recht – bestellt werden kann. Es handelt sich bei Art 18 Abs 2 S 2 um einen sog „materiellen" Satz des IPR (vgl SOERGEL-KEGEL Art 18 Rz 20 und Vorbem 81 zu Art 7).

II. Das Anfechtungsverfahren

1. Anfechtung der Ehelichkeit durch Klage oder durch Antrag? 83

Die Ehelichkeit des Kindes kann nach deutschem Recht in zwei Verfahrensarten angefochten werden. Zu Lebzeiten des Kindes wird seine Ehelichkeit von seinem Scheinvater (bzw dessen Eltern) durch Klage gegen das Kind angefochten und ebenso ficht das Kind selbst zu Lebzeiten des Scheinvaters seine Ehelichkeit durch Klage gegen diesen an (§ 1599 Abs 1 BGB). Ist das Kind gestorben, so wird die Ehelichkeit durch Antrag beim Vormundschaftsgericht angefochten, und dasselbe gilt, wenn das Kind nach dem Tod des Mannes seine Ehelichkeit anficht (§ 1599 Abs 2 BGB).

Ob die Ehelichkeit durch Klage oder durch Antrag angefochten wird, ist – in Deutschland – eine Frage des **materiellen** Rechts. Probleme entstehen dann, wenn das anzuwendende ausländische Recht sich in diesem Bereich vom deutschen unterscheidet, zB auch nach dem Tod des Ehemannes der Mutter oder des Kindes die Ehelichkeit durch Klage (gegen einen zu bestellenden Vertreter oder durch den Staatsanwalt) angefochten werden muß oder überhaupt neben dem Ehegatten der Mutter und dem Kind auch der Mutter oder dem Staatsanwalt ein Anfechtungsrecht eingeräumt wird oder die Klage des Mannes nicht gegen das Kind allein, sondern gegen Kind und Mutter zu richten ist. Diese Fälle können folgendermaßen gelöst werden:

Den Kreis der **Prozeßbeteiligten** umschreibt mit grundsätzlich bindender Wirkung das maßgebende Recht. Sieht es vor, daß die Anfechtungsklage des Mannes gegen das Kind und die Mutter zu richten ist (so etwa Art 253 Schweiz ZGB), so ist diese Regelung auch im Inland zu beachten. Mutter und Kind sind dann notwendige Streitgenossen.

Ist vom maßgebenden Recht trotz des Todes eines Beteiligten eine Ehelichkeitsanfechtungs**klage** vorgesehen, so kann eine solche Klage in Deutschland dann erhoben werden, wenn es zwei Parteien gibt. Das wird regelmäßig nur dann der Fall sein, wenn nach dem Tod des Vaters die Mutter das Recht zur Ehelichkeitsanfechtung hat oder das Kind gegen die Erben des Scheinvaters klagen kann oder wenn nach dem Tod des Kindes die Klage gegen seine Erben zu richten ist. Nicht durchführbar ist ein streitiges Verfahren im Inland, wenn nach dem maßgebenden Recht die fehlende Partei durch – zB – einen Kurator zur Verteidigung der ehelichen Geburt (so der frühere § 159 des österr ABGB) zu ersetzen ist. Für einen Verstorbenen kann nach deutschem Recht kein Pfleger bestellt werden (aA Beitzke FamRZ 1967, 601). In einem solchen Fall wird die Anfechtung im Inland im Verfahren der Freiwilligen Gerichtsbarkeit durchzuführen sein.

Sieht das maßgebliche Recht nach dem Tod eines Beteiligten – ebenso wie das deutsche Recht – eine Ehelichkeitsanfechtung durch **Antrag** vor, so steht es der Durchführung dieser Ehelichkeitsanfechtung nicht entgegen, wenn das Antragsrecht hier nicht dem Kind oder den Eltern des Ehemannes der Mutter, sondern – zB – der Mutter zugesprochen wird.

Wird die Ehelichkeit durch Klage angefochten, so handelt es sich um eine sog „Kindschaftssache" (§ 640 Abs 2 Nr 2 ZPO). Erfolgt die Anfechtung durch Antrag beim Vormundschaftsgericht, dann gilt das Verfahren der Freiwilligen Gerichtsbarkeit. Das Verfahren ist eine „Vormundschaftssache" (§§ 35 ff FGG).

84 **2. Internationale Zuständigkeit**

a) Anfechtung durch Klage

Für eine Ehelichkeitsanfechtungsklage sind die deutschen Gerichte – wenn nicht Staatsverträge eine abweichende Regelung enthalten (unten Rz 94) – unter folgenden Voraussetzungen international zuständig:

(1) Der Beklagte hat im Inland seinen allgemeinen Gerichtsstand (Wohnsitz, bei fehlendem Wohnsitz Aufenthaltsort, bei unbekanntem Aufenthaltsort letzter Wohnsitz, §§ 12, 13, 16 ZPO);

(2) hat der Beklagte im Inland keinen allgemeinen Gerichtsstand, so ist das Gericht zuständig, in dessen Bezirk der Kläger seinen allgemeinen Gerichtsstand (Wohnsitz bzw Aufenthalt) hat (§ 640 a Abs 1 S 1 ZPO);

(3) hat weder der Beklagte noch der Kläger im Inland einen allgemeinen Gerichtsstand, so ist das AG Schöneberg in Berlin zuständig, wenn auch nur eine der Parteien die deutsche Staatsangehörigkeit besitzt (§ 640 a Abs 1 S 2 ZPO);

(4) haben weder der Beklagte noch der Kläger im Inland einen allgemeinen Gerichtsstand und besitzt auch keiner von ihnen die deutsche Staatsangehörigkeit, so ist das Amtsgericht international zuständig, in dessen Bezirk die Mutter ihren Wohnsitz oder gewöhnlichen Aufenthalt hat oder im Zeitpunkt ihres Todes gehabt hat, falls sie deutsche Staatsangehörige ist oder zur Zeit ihres Todes gewesen ist. Hat die Mutter (oder hatte sie im Zeitpunkt ihres Todes) im Inland weder Wohnsitz noch gewöhnlichen Aufenthalt, so ist das AG Berlin-Schöneberg zuständig (§ 640 a Abs 2 ZPO).

Ob der Kläger, der Beklagte oder die Mutter ihren **Wohnsitz** in der Bundesrepublik haben, ist nach deutschem materiellen Recht zu beurteilen. Gelegentlich wird zwar gesagt: Wo ein eheliches Kind seinen Wohnsitz hat, bestimmt das gem Art 19 auf die Rechtsbeziehungen zwischen einem ehelichen Kind und seinen Eltern anwendbare Recht (RG 12. 1. 1939 RGZ 159, 167 = DR 1939, 246 = HRR 1939 Nr 376 = StAZ 1939, 116 = WarnR 1939 Nr 123 = IPRspr 1935–44 Nr 302; OLG Hamburg 27. 6. 1904 HansGZ 1904 Beibl Nr 155; KG 1. 9. 1938 DR 1939, 246

= IPRspr 1935–44 Nr 301; anscheinend auch OLG Düsseldorf 26. 3. 1965 DAVorm 1965, 159 = IPRspr 1964–65 Nr 236; SOERGEL-KEGEL Art 18 Rz 30; WENGLER, Gutachten I Nr 29). Diese Ansicht ist jedoch nicht richtig. Wird ein Rechtsbegriff als Anknüpfungspunkt für die (internationale) Zuständigkeit verwandt, so ist er stets iS der **lex fori** zu verstehen (so mit Recht: BayObLG 30. 9. 1971 BayObLGZ 1971, 303 = FamRZ 1972, 212 Anm HABSCHEID = IPRspr 1971 Nr 130; KG 11. 10. 1911 OLGRspr 26, 242 = NiemZ 23, 338; OLG Dresden 16. 10. 1919 JW 1920, 660; FRANKENSTEIN, IPR IV 25; BEITZKE StAZ 1960, 90; ders FamR 1967, 600 f; SERICK ZZP 81 [1968] 278 ff).

Ob der Heimatstaat des Klägers oder des Beklagten das deutsche Urteil **anerkennen** wird, ist für die internationale Zuständigkeit der deutschen Gerichte ohne Bedeutung. Hätte der Gesetzgeber etwas anderes gewollt, so hätte er dies in § 640 a ZPO ebenso deutlich zum Ausdruck bringen müssen, wie er es für den Fall der Ehescheidung in § 606 b Nr 1 ZPO getan hat. Der Gesetzgeber war sich dieses Unterschiedes zwischen den beiden Vorschriften auch bewußt (vgl KG 11. 10. 1911 OLGRspr 26, 242 = NiemZ 23, 338). Die Ansicht RAAPES (IPR 345), die internationale Zuständigkeit der deutschen Gerichte hänge dann, wenn beide Beteiligte Ausländer sind, davon ab, ob die Entscheidung des deutschen Gerichts im Heimatstaat der Beteiligten anerkannt werde, ist darum mit dem klaren Gesetzeswortlaut nicht vereinbar.*

b) Anfechtung durch Antrag 85

Gesetzliche Vorschriften über die internationale Zuständigkeit fehlen. Nach – nunmehr – allgemeiner Auffassung sind die Vorschriften des FGG über die örtliche Zuständigkeit (§§ 43, 36 FGG) analog anzuwenden (JANSEN § 56 c Rz 34; SOERGEL-KEGEL Art 18 Rz 34). Das hieße, daß es in erster Linie auf den Wohnsitz des Kindes im Inland oder – bei Fehlen eines inländischen Wohnsitzes – auf seinen Aufenthalt ankäme. Hier wird man indessen der Empfehlung KEGELS folgen können, statt auf den Wohnsitz sogleich auf den gewöhnlichen Aufenthalt des Kindes abzustellen, weil hier das Kind wirklich zu Hause ist (SOERGEL-KEGEL Art 19 Rz 42; näher STAUDINGER-KROPHOLLER Art 19 Rz 242). Da die §§ 43, 36 FGG nur analog angewendet werden, erscheint eine solche Abweichung vom Wortlaut der Vorschriften statthaft.

Die internationale Zuständigkeit der deutschen Vormundschaftsgerichte ist also jedenfalls gegeben

(1) wenn das Kind seinen gewöhnlichen, hilfsweise seinen schlichten Aufenthalt im Inland hat oder bei seinem Tod gehabt hat (vgl SOERGEL-KEGEL Art 18 Rz 35; KEGEL, IPR § 20 VII 3);

* Ganz hM; vgl KG 11. 10. 1911 OLGRspr 26, 242 = NiemZ 23, 338; OLG Dresden 16. 10. 1919 JW 1920, 660; OLG Düsseldorf 18. 2. 1937 HRR 1937 Nr 1321 = IPRspr 1935–44 Nr 295 und 5. 4. 1938 HRR 1938 Nr 839 = IPRspr 1935–44 Nr 567; KG 1. 9. 1938 DR 1939, 246 = IPRspr 1935–44 Nr 301; LG München II 1. 8. 1950 NJW 1951, 278 abl Anm BEITZKE = IPRspr 1950–51 Nr 87; LG Trier 20. 12. 1955 FamRZ 1956, 131 Anm BOSCH = IPRspr 1954–55 Nr 100; LG Hildesheim 18. 2. 1958 DAVorm 1958, 55 = IPRspr 1958–59 Nr 125; LEWALD, IPR 131; FRANKENSTEIN, IPR IV 25 (der diese Auffassung allerdings als bedenklich bezeichnet); BEITZKE FamRZ 1967, 600 (unter Aufgabe seiner früheren Gegenansicht); PALANDT-HELDRICH Art 18 Anm 6; ERMAN-MARQUORDT Art 18 Rz 15; SOERGEL-KEGEL Art 18 Rz 32; BAUMBACH-LAUTERBACH-ALBERS § 640 a Anm 2 A; STEIN-JONAS-SCHLOSSER § 640 a Rz 3; IPG 1973 Nr 22 (Heidelberg); FERID, IPR Rz 8–250.

(2) wenn das Kind seinen Aufenthalt zwar nicht im Inland hat, aber die deutsche Staatsangehörigkeit besitzt oder bei seinem Tode besessen hat (vgl SOERGEL-KEGEL Art 18 Rz 36; KEGEL, IPR § 20 VII 3; KEIDEL-KUNTZE-WINKLER § 56 c Rz 16 a).

In beiden Fällen ist es für die internationale Zuständigkeit der deutschen Gerichte unerheblich, ob die Entscheidung in dem Land, dessen Recht auf die Anfechtung anzuwenden ist, anerkannt wird oder nicht.

In welchen Fällen darüber hinaus eine internationale Zuständigkeit der deutschen Vormundschaftsgerichte angenommen werden kann, ist umstritten.

(3) JANSEN will dann, wenn es in der Person des Kindes an einer örtlichen Inlandsbeziehung iS der §§ 43, 36 FGG fehlt und das Kind auch nicht die deutsche Staatsangehörigkeit hat oder gehabt hat, das Vorhandensein der örtlichen Inlandsbeziehung in der Person des Anfechtenden (Mann, Eltern, Mutter) entsprechend § 640 a ZPO genügen lassen (JANSEN § 56 c Rz 34).

(4) Gegen die früher häufig postulierte **Statutszuständigkeit** (internationale Zuständigkeit, wenn auf die Anfechtung der Ehelichkeit deutsches Recht Anwendung findet), werden neuerdings Vorbehalte angemeldet. Die Statutszuständigkeit (für sie nach wie vor ohne Einschränkung KEIDEL-KUNTZE-WINKLER § 56 c Rz 17) beruht auf dem früher in weiten Bereichen der Freiwilligen Gerichtsbarkeit anerkannten *Gleichlaufprinzip*: der enge Zusammenhang zwischen materiellem Recht und Verfahren erfordert, daß in der Freiwilligen Gerichtsbarkeit nur die Gerichte des Sachstatuts tätig werden dürfen (vgl dazu DÖLLE RabelsZ 27 [1962–63] 201 ff, 212 ff; HELDRICH, Int Zust 57 ff). Nachdem nun aber deutsche Gerichte allgemein auch dann (kraft analoger Anwendung der §§ 43, 36 FGG) als international zuständig angesehen werden, wenn sie die Anfechtung der Ehelichkeit nach ausländischem Recht zu beurteilen haben, besteht kein vernünftiger Grund mehr, ihre Zuständigkeit allein auf die Maßgeblichkeit deutschen Rechts zu gründen. Schließlich geht es im internationalen Verfahrensrecht um Rechtsschutz, nicht um den Inhalt des geschützten Rechts (KEGEL, IPR § 20 VIII 3, 3). JANSEN (§ 56 c Rz 34) will die Statutszuständigkeit zwar nicht gänzlich ausschließen, die Maßgeblichkeit des Personalstatuts aber nur dann als ausreichenden Zuständigkeitsgrund gelten lassen, wenn die analoge Anwendung des § 640 a ZPO nicht zu einer Zuständigkeit der deutschen Gerichte führt und außerdem nur dann, wenn das Heimatrecht des Kindes auf das deutsche Recht zurückverweist (also nicht, wenn das Recht des Aufenthaltsstaates die Rückverweisung ausspricht).

(5) Besser begründbar als die Statutszuständigkeit ist die Begründung internationaler Zuständigkeit kraft **Zuständigkeitsverweisung**. Eine solche Zuständigkeitsverweisung liegt vor, wenn der Aufenthaltsstaat oder der Heimatstaat des Kindes (dessen Gerichte nach unserer Auffassung international zuständig wären) sich für unzuständig hält und seinerseits die deutschen Gerichte als international zuständig ansieht. Eine solche Zuständigkeitsrückverweisung muß in jedem Fall deswegen anerkannt werden, weil im anderen Fall eine Rechtsverweigerung vorläge.

Ob eine Zuständigkeitsverweisung auch dann anzuerkennen ist, wenn der Verweisungsstaat neben seinen eigenen Gerichten *auch* die deutschen Gerichte für international zuständig hält, ist bestritten. Praktische Gesichtspunkte sprechen dafür, diese Frage zu bejahen. Im Inland lebende ausländische Väter sollten die Möglichkeit haben, die ihnen schnell, billig und leicht zugänglichen Gerichte des Aufenthaltsstaates anrufen zu können, wenn der Staat, in dem das Kind seinen gewöhnlichen Aufenthalt hat oder dessen Staatsangehörigkeit es besitzt, dies gutheißt. Man wird freilich als Voraussetzung in diesem Fall eine Binnenbeziehung (zB Wohnsitz oder gewöhnlichen Aufenthalt des Anfechtungsberechtigten) verlangen müssen (vgl

Schröder, Int Zust 815 ff). Vielfach wird die Zuständigkeitsrückverweisung zum selben Ergebnis führen, zu dem Jansen mit Hilfe der analogen Anwendung des § 640 a ZPO gelangt.

(6) Weitgehend durchgesetzt hat sich schließlich die sog **Fürsorgebedürfnis- oder Notzuständigkeit**. Diese Fürsorgebedürfnis-Zuständigkeit wurde entwickelt zu einer Zeit, in der man die internationale Zuständigkeit deutscher Gerichte noch grundsätzlich von der Maßgeblichkeit deutschen Rechts abhängen ließ. Bei Maßgeblichkeit fremden Rechts sollten die deutschen Gerichte gleichwohl international zuständig sein, wenn entweder der Staat der lex causae zustimmte, also mit der Anerkennung der deutschen Entscheidung zu rechnen war, oder wenn ein dringliches, im Inland zu befriedigendes Fürsorgebedürfnis bestand (vgl Dölle RabelsZ 27 [1962–63] 234). Heute wird in den meisten Fällen, in denen ein Fürsorgebedürfnis besteht, auch eine internationale Zuständigkeit nach den bisher aufgeführten Regeln gegeben sein. Daß der Gesichtspunkt des Fürsorgebedürfnisses gleichwohl eine selbständige Bedeutung behalten hat, zeigt ein von Kegel aufgeführtes Beispiel: Der Nachlaß des Muttergatten liegt in Deutschland; das nach ihm verstorbene Kind soll als Erbe ausgeschaltet werden (Soergel-Kegel Art 18 Rz 37).

3. Zur Abgrenzung von Verfahrensfragen zu Fragen des materiellen Rechts s oben Rz 69 ff.

III. Geltendmachung der Nichtehelichkeit ohne vorherige Anfechtung der Ehelichkeit 86

Die Regel des deutschen Rechts, wonach die Nichtehelichkeit eines während der Ehe oder innerhalb von 302 Tagen nach Auflösung oder Nichtigerklärung der Ehe geborenen Kindes nur im Wege der Anfechtungsklage geltend gemacht werden kann (§ 1593 BGB), kann dann nicht gelten, wenn das maßgebende Heimatrecht des Ehemannes der Mutter eine **Ehelichkeitsanfechtung nicht vorsieht**. Das Fehlen einer Ehelichkeitsanfechtung kann zwei Gründe haben: In manchen Rechtsordnungen (England, zahlreiche Einzelstaaten der USA) wird die Ehelichkeit eines während einer bestehenden Ehe gezeugten oder geborenen Kindes zwar vermutet, diese Vermutung kann aber von jedermann (in den USA mit Ausnahme der Mutter) und in jedem Verfahren widerlegt werden. In anderen Rechtsordnungen wird zwischen ehelich und nichtehelich geborenen Kindern nicht unterschieden. Bestritten werden kann hier darum nicht die „Ehelichkeit", sondern nur die Abstammung eines Kindes von einem bestimmten Mann (vgl etwa Art 27 des Ges über die Beziehungen zwischen Eltern und Kindern vom 30. 12. 1974 der jugoslawischen autonomen Provinz Kosovo).

Keine allzu großen praktischen Schwierigkeiten bereiten die Fälle, in denen nach dem anzuwendenden Recht nichteheliche Kinder den ehelichen Kindern gleichstehen, denn bei näherer Prüfung ergeben sich meist doch Unterschiede, und sei es nur, daß den nichtehelichen Kindern nicht das Recht zugestanden wird, bei ihrem Vater zu leben, wenn dieser mit einer anderen Frau als der Kindesmutter verheiratet ist (vgl etwa das Recht von Arizona; Röder 49). Ob in diesem Fall die „Ehelichkeit" oder die „Abstammung" vom Ehemann der Mutter bestritten wird, spielt keine Rolle. Entscheidend ist, daß bei einem erfolgreichen Bestreiten der Abstammung vom Ehemann der Mutter die Rechtswirkungen entfallen, die nur ehelichen Kindern zugute kommen. Keinesfalls rechtfertigt die Gleichstellung ehelicher und nichtehelicher Kinder die Nichtanwendung des ausländischen Rechts wegen Verstoßes gegen den deutschen ordre public (so aber LG Memmingen 6. 7. 1953 IPRspr 1952–53 Nr 182).

87 Größere Schwierigkeiten bereitet die Frage, ob von deutschen Gerichten ein Recht angewendet werden kann, das **jedermann** in **jedem Verfahren** das Recht gibt, die für die Ehelichkeit eines Kindes sprechende Vermutung zu widerlegen. Hier wird geltend gemacht, daß bei Anwendung eines solchen (zB englischen oder anglo-amerikanischen) Rechts kein Gestaltungsurteil, sondern nur ein Feststellungsurteil ergehen könne. Der rein deklaratorische Charakter eines normalen Feststellungsurteils, verbunden mit der persönlichen Beschränkung der Rechtskraft (Wirkung nur inter partes), verhindere ein für allemal die Klärung des Kindesstatus mit Wirkung inter omnes. Auf eine allwirkende Klärung seines Status habe das Kind aber einen Anspruch. Zudem werde personenstandsrechtlich die Beischreibung der wirklichen Eltern des Kindes im Geburtseintrag unmöglich gemacht; denn ein normales Feststellungsurteil könne als ausreichende Grundlage hierfür eben wegen der persönlichen Beschränkung der Rechtskraft nicht betrachtet werden (§ 30 PStG). Aus diesen Gründen wird empfohlen, die Vorbehaltsklausel anzuwenden und ein solches Recht von der Anwendung in Deutschland auszuschließen (Sonnenberger FamRZ 1964, 238 ff).

Die hM ist diesen Argumenten bisher nicht gefolgt. Sie sieht – mit Recht – in der unterschiedlichen Ausgestaltung des englischen und anglo-amerikanischen Rechts auf der einen und des deutschen Rechts auf der anderen Seite lediglich ein Anpassungsproblem. Danach gilt:

1. Eine Regelung, wonach die Geltendmachung der Nichtehelichkeit eines Kindes auch ohne Anfechtungsklage zulässig ist, ist **materiellrechtlicher**, nicht verfahrensrechtlicher Natur. Es gilt darum nicht die lex fori, sondern das Abstammungsstatut; vgl Wengler, Gutachten I Nr 29; IPG 1972 Nr 19 (Heidelberg); im Ergebnis auch Soergel-Kegel Art 18 Rz 26 ff.

88 **2.** Die Nichtehelichkeit eines Kindes muß bei Anwendung einer solchen Rechtsordnung nicht notwendig in einem Statusverfahren, sie kann vielmehr in **jedem Verfahren** (zB bei Erbstreitigkeiten, Unterhaltsprozessen, Scheidungsverfahren, Legitimationsfeststellungsverfahren) geltend gemacht werden (AG Hamburg 15. 2. 1967 StAZ 1967, 277 = DAVorm 1967, 246 = HambJVBl 1967, 69 = IPRspr 1966–67 Nr 93 und 9. 5. 1974 DAVorm 1974, 684 = IPRspr 1974 Nr 75; Stein-Jonas-Schlosser Vorbem 10 zu § 640). Das Gericht prüft in einem solchen Fall inzidenter, ob das Kind ehelich oder nichtehelich ist. Ein solches Urteil wirkt nur inter partes, nicht inter omnes.

Bestritten ist, ob die Nichtehelichkeit auch im **Verfahren nach § 47 PStG** (Berichtigung – zB – der Geburtsurkunde) geprüft und festgestellt werden kann (bejahend AG Bielefeld 20. 3. 1963 StAZ 1964, 250 = IPRspr 1962–63 Nr 133 und 22. 4. 1963 FamRZ 1963, 458 = IPRspr 1962–63 Nr 97; AG Hamburg 31. 5. 1966 StAZ 1967, 277 = IPRspr 1966–67 Nr 91 und 5. 3. 1974 StAZ 1974, 183 = IPRspr 1974 Nr 74; Massfeller-Hoffmann § 47 Rz 21; verneinend OLG Hamm 30. 6. 1964 FamRZ 1965, 90 = StAZ 1965, 129 = DAVorm 1965, 222 = IPRspr 1964–65 Nr 113 und Ferid, IPR Rz 8–250). Das OLG Hamm geht zwar ebenfalls davon aus, daß ein Kind auch ohne rechtskräftige Feststellung seiner Nichtehelichkeit als nichtehelich anzusehen sei, wenn nach dem Heimatrecht des Ehegatten der Mutter die Nichtehelichkeit jederzeit in jedem Verfahren geltend gemacht werden kann; es meint jedoch, für die Frage, ob ein einmal vorgenommener Eintrag in das Geburtenbuch berichtigt werden könne, sei allein deutsches Recht maßgebend, und dieses stehe hier der Berichtigung entgegen; denn ein Randvermerk sei gem § 30 PStG nur einzutragen, wenn die Abstammung des Kindes mit allgemein bindender Wirkung festgestellt sei. Diese Argumentation überzeugt.

3. Es besteht somit ein Bedürfnis, die Abstammung des Kindes auch mit allgemein bindender Wirkung festzustellen. Für eine solche Feststellung ist eine bloße Feststellungsklage nach § 256 ZPO nicht geeignet, weil sie nur Wirkung inter partes, nicht inter omnes äußert. Eher käme in Frage eine Klage auf Feststellung des Nichtbestehens eines Eltern-Kind-Verhältnisses gem § 640 Abs 2 Nr 1 ZPO (dafür LG Ulm 18. 12. 1959 IPRspr 1958–59 Nr 126; STEIN-JONAS-SCHLOSSER Vorbem 10 zu § 640). Eine solche Feststellungsklage trüge dem Umstand Rechnung, daß das maßgebende Recht keine Gestaltung eines Statusverhältnisses kennt, sondern nur eine Feststellung der Nichtehelichkeit mit rein deklaratorischer Wirkung vorsieht. Andererseits braucht aber auf das ausländische Recht hier deswegen keine übermäßige Rücksicht genommen zu werden, weil das ausländische Recht eine Feststellung mit Inter-omnes-Wirkung ohnehin nicht – oder nur in Ausnahmefällen – kennt. Greift man schon – um ein speziell hier auftretendes Bedürfnis zu befriedigen – zu einem Statusverfahren, so ist es angemessen, jenes Verfahren zu wählen, in dem typischerweise die für die Ehelichkeit eines Kindes sprechende Vermutung widerlegt wird, dh das Anfechtungsverfahren nach § 640 Abs 2 Nr 2 ZPO (dafür wohl auch AG Stolberg 18. 2. 1965 IPRspr 1964–65 Nr 116). Läßt man das Anfechtungsverfahren zu, dann ist die Inter-omnes-Wirkung die zwingende Folge. In diesem Verfahren kann also nicht die Nichtehelichkeit nur mit Wirkung zwischen den Parteien festgestellt werden (aA LG Stade 22. 11. 1974 DAVorm 1975, 495 = IPRspr 1974 Nr 77). 89

4. Offen bleibt die Frage, ob eine solche **Anfechtungsklage** von **jedermann** erhoben werden kann. Daß nach englischem oder anglo-amerikanischem Recht jedermann die Ehelichkeitsvermutung widerlegen kann, besagt noch nicht, daß jedermann auch einen Anfechtungsprozeß nach § 640 Abs 2 Nr 2 ZPO anstrengen kann. Die englische und die anglo-amerikanische Regelung sind nämlich im Zusammenhang zu sehen mit der Inter-partes-Wirkung erstrittener Urteile. Für ein Urteil, das die Nichtehelichkeit mit Wirkung gegenüber jedermann feststellen soll, ist deswegen mehr erforderlich als ein bloßes allgemeines Interesse an der Feststellung der Nichtehelichkeit. Dieses „besondere" Interesse an der Feststellung der Nichtehelichkeit wird man nur den Personen zubilligen können, die nach deutschem Recht anfechtungsberechtigt wären oder in einer vergleichbar engen Beziehung zu dem Kind oder dem Ehemann der Mutter stehen (SONNENBERGER FamRZ 1964, 238 ff, RÖDER 44 f und FERID, IPR Rz 8–250 wollen nur den nach deutschem Recht anfechtungsberechtigten Personen das Recht einräumen, die Nichtehelichkeit des Kindes in einem Statusverfahren geltend zu machen). 90

IV. Klage auf Feststellung des Bestehens oder Nichtbestehens eines Eltern-Kind-Verhältnisses 91

Klagen auf Feststellung des Bestehens oder Nichtbestehens eines Eltern-Kind-Verhältnisses sind nach § 640 ZPO möglich. Meist wird es bei solchen Klagen darum gehen, ob eine Annahme als Kind gültig oder ungültig ist oder ob eine Legitimation des nichtehelichen Kindes durch nachfolgende Eheschließung der Eltern eingetreten ist oder nicht. In Ausnahmefällen kann aber auch die Ehelichkeit eines Kindes mit einer solchen Klage behauptet oder bestritten werden. Zu denken ist etwa an den Fall, daß eine Mutter festgestellt haben möchte, daß ihr Kind ehelich sei, obgleich es später als 302 Tage nach Auflösung der Ehe geboren wurde. Die zu beseitigende Unsicherheit besteht hier darin, daß die Nichtehelichkeit eines solchen Kindes hier von jedermann jederzeit (auch ohne vorherige Anfechtung) geltend gemacht werden kann (für die Zulässigkeit einer solchen Klage LG Tübingen 17. 12. 1951 NJW

1952, 942; STEIN-JONAS-SCHLOSSER § 640 Rz 2 ff; dagegen RG 4. 7. 1921 RGZ 102, 359).

Ist ausländisches Recht maßgebend, so kann eine Klage auf Feststellung des Bestehens eines Eltern-Kind-Verhältnisses dann erhoben werden, wenn eine entsprechende Unsicherheit besteht, maW die Nichtehelichkeit des Kindes auch ohne vorherige Anfechtung seiner Ehelichkeit von jedermann jederzeit geltend gemacht werden kann. Voraussetzung für eine solche Feststellungsklage ist ein entsprechendes Feststellungsinteresse.

Eine Klage auf Feststellung des Nichtbestehens eines Eltern-Kind-Verhältnisses kann ferner darauf gegründet werden, daß die Eltern in einer Nichtehe leben (STEIN-JONAS-SCHLOSSER § 640 Rz 2). Dagegen kann nach deutschem Recht weder ein Kind gegen den Ehemann der Mutter noch der Ehemann der Mutter gegen das Kind auf Feststellung klagen, daß das Kind ehelich oder nichtehelich sei. Denn solange die vermutete Ehelichkeit des Kindes (§ 1593 BGB) nicht erfolgreich angefochten ist, gilt es in jedem Fall als ehelich. Für die positive Feststellungsklage, daß das Kind ehelich sei, fehlt es wegen der Vermutung der §§ 1591 f BGB am Rechtsschutzinteresse; die negative Feststellungsklage, das Kind sei nichtehelich, wird durch die speziellere Ehelichkeitsanfechtungsklage verdrängt (STEIN-JONAS-SCHLOSSER § 640 Rz 2).

V. Die Anerkennung ausländischer Entscheidungen

92 **1. Streitige Entscheidungen**

a) Die Anerkennung ausländischer Entscheidungen richtet sich nach § 328 ZPO, dessen erste Voraussetzung die **internationale Zuständigkeit** der Gerichte des Staates ist, in dem die Entscheidung erging.

Ausländische Gerichte werden in der Regel dann als international zuständig angesehen werden können, wenn deutsche Gerichte unter vergleichbaren Umständen international zuständig wären; vgl LG Bielefeld 6. 2. 1957 = NJW 1957, 1074 = FamRZ 1957, 268 = DAVorm 1957–58, 131 = IPRspr 1956–57 Nr 132. Ob das ausländische Gericht seine Zuständigkeit auf diese oder auf andere Umstände gegründet hat, spielt dabei keine Rolle. Nicht haltbar ist die früher verbreitete Auffassung, § 640 a ZPO enthalte eine abschließende Regelung auch der deutschen internationalen Anerkennungszuständigkeit; maW: sofern eine deutsche gerichtliche Zuständigkeit begründet sei, könne eine von einem ausländischen Gericht erlassene Entscheidung nicht anerkannt werden (vgl STEIN-JONAS-POHLE [18. Aufl] § 642 Anm I 1). Wäre dieser Standpunkt richtig, so könnten ausländische Statusurteile in der Bundesrepublik nur anerkannt werden, wenn beide Parteien eine ausländische Staatsangehörigkeit und ihren Gerichtsstand nicht in der Bundesrepublik haben. Eine solche Monopolisierung von Statusentscheidungen in Fällen mit Auslandsberührung ist indessen nicht vertretbar (so jetzt auch STEIN-JONAS-SCHLOSSER 640 a Rz 4).

Die internationale Zuständigkeit ist somit gegeben, wenn zu dem Zeitpunkt, in dem das ausländische Urteil erlassen wurde, entweder der Beklagte oder der Kläger seinen Wohnsitz (iS des deutschen Rechts) oder (wenn er keinen Wohnsitz hatte) seinen Aufenthalt oder seinen letzten Wohnsitz im Gerichtsstaat hatte oder zu der maßgebenden Zeit wenigstens eine Partei die Staatsangehörigkeit des Gerichtsstaates besaß (BEITZKE FamRZ 1967, 600).

Bestritten ist, ob auch dann, wenn nur die **Mutter** des Kindes die Staatsangehörigkeit des Gerichtsstaates besaß, die internationale Zuständigkeit der ausländischen Gerichte (analog § 640 a Abs 2 ZPO) bejaht werden kann. Diese Frage wird zT mit der Begründung verneint, § 640 a Abs 2 ZPO wolle allein der Kollisionsnorm des Art 18 Abs 2 zur Anwendung verhelfen. Weil aber Art 18 Abs 2 nicht analog angewandt werden könne, wenn die Mutter ausländische Staatsangehörige sei, könne auch § 640 a Abs 2 ZPO nicht zur Rechtfertigung einer ausländischen internationalen Zuständigkeit herangezogen werden (Soergel-Kegel Art 18 Rz 33; Neuhaus, Grundbegriffe 412). Dagegen wird aber mit Recht eingewandt, daß nach § 328 Abs 1 Nr 1 ZPO ausländischen Staaten zugestanden werden müsse, was von uns an Zuständigkeit in Anspruch genommen wird (Beitzke FamRZ 1967, 601). Daß von einem deutschen Gericht die Anfechtung nicht nach dem ausländischen Heimatrecht der Mutter beurteilt werden kann, hindert einen ausländischen Staat nicht daran, seinerseits eine Vorschrift zu erlassen, die dem Art 18 Abs 2 entspricht. Es besteht kein vernünftiger Grund, einem nach einer solchen Regel ergangenen ausländischen Urteil wegen fehlender internationaler Zuständigkeit die Anerkennung zu verweigern. 93

Staatsverträge: Die allgemeinen Regeln über die internationale Zuständigkeit gelten nur, soweit in Staatsverträgen nichts anderes bestimmt ist. 94

Eine solche besondere Zuständigkeitsregelung enthält das **deutsch-belgische Abkommen** vom 30. 6. 1958 (BGBl 1959 II 766) in Art 4 Abs 1: „In allen den Ehe- oder Familienstand, die Rechts- oder Handlungsfähigkeit oder die gesetzliche Vertretung betreffenden Angelegenheiten, an denen ein Angehöriger eines der beiden Staaten beteiligt ist, sind die Gerichte des Staates, in dessen Hoheitsgebiet die Entscheidung ergangen ist, iS des Art 2 I Nr 3 zuständig, wenn der Beklagte zur Zeit der Klageerhebung die Staatsangehörigkeit dieses Staates besaß oder in dem Hoheitsgebiet dieses Staates seinen Wohnsitz oder seinen gewöhnlichen Aufenthalt hatte."

b) Gemäß § 328 Abs 1 Nr 2 ZPO wird ein Urteil nicht anerkannt, wenn der unterlegene Beklagte ein Deutscher ist und sich auf den Prozeß nicht eingelassen hat, sofern die den Prozeß einleitende Ladung oder Verfügung ihm weder in dem Staat des Prozeßgerichts in Person noch durch Gewährung deutscher Rechtshilfe zugestellt ist. 95

c) Nach § 328 Abs 1 Nr 3 ZPO ist die Anerkennung eines ausländischen Urteils ausgeschlossen, wenn im Urteil zum Nachteil einer deutschen Partei von der Vorschrift des Art 18 abgewichen worden ist. Das heißt: Wird die Anfechtungsklage des deutschen Vaters oder eines deutschen Kindes unter Anwendung ausländischen Rechts abgewiesen, obgleich sie nach dem gem Art 18 Abs 1 oder Abs 2 anwendbaren Recht begründet gewesen wäre, so wird das Urteil nicht anerkannt. Zu fragen ist also stets: Hat die Anwendung des ausländischen Rechts (entgegen Art 18) zum Nachteil einer deutschen Partei zu einem anderen Ergebnis geführt, als es bei Anwendung des nach unserer Auffassung anwendbaren Rechts erzielt worden wäre? Anwendung ausländischen Rechts bedeutet dabei nicht notwendig generelle Anwendung ausländischen Rechts. § 328 Abs 1 Nr 3 ZPO greift auch dann ein, wenn das ausländische Gericht etwa generell deutsches Recht angewandt, eine bestimmte Vorschrift des deutschen Rechts aber aufgrund seines ordre public von der Anwendung ausgeschlossen hat. 96

Die bloße Anwendung fremden Rechts allein schließt also eine Anerkennung nicht aus. Die Anerkennung ist nur dann ausgeschlossen, wenn das *Ergebnis*, zu dem das Gericht aufgrund der Anwendung ausländischen Rechts gekommen ist, zum Nachteil einer Partei von dem Ergebnis abweicht, zu dem es bei Anwendung deutschen

Rechts hätte kommen müssen (vgl Baumbach-Lauterbach-Hartmann § 328 Anm 4).

97 Fraglich ist, wie die Formulierung „zum Nachteil einer deutschen Partei" zu verstehen ist. Ist es beispielsweise „zum Nachteil" des deutschen Kindes, wenn seine Nichtehelichkeit festgestellt wird? Man könnte geneigt sein, diese Frage zu verneinen mit dem Argument, das Kind habe ein Interesse daran, seine wirkliche Abstammung festgestellt zu bekommen (in diesem Sinn Beitzke StAZ 1960, 89, 90). Es gibt aber Argumente auch für die gegenteilige Antwort. Das spricht dafür, bei der Auslegung des § 328 Abs 1 Nr 3 ZPO nicht auf ein materielles, sondern allein auf ein *formelles Kriterium* abzustellen. „Zum Nachteil einer deutschen Partei" ist ein Ergebnis, zu dem das Gericht bei Anwendung des gem Art 18 anwendbaren Rechts nicht hätte kommen können. Wird etwa einer Anfechtungsklage nach ausländischem Recht stattgegeben, obgleich nach deutschem Heimatrecht des Ehemannes der Mutter die Ehelichkeit des – deutschen – Kindes vom Kläger nicht mehr hätte angefochten werden können, so steht der Anerkennung der Entscheidung § 328 Abs 1 Nr 3 ZPO entgegen. Das gleiche gilt, wenn die Anfechtungsklage des – deutschen – Ehemannes der Mutter als nicht fristgemäß abgewiesen wird, obgleich nach deutschem Recht die Ehelichkeit noch hätte angefochten werden können.

98 Zweifelhaft sind die Fälle, in denen der Anfechtungsklage einer Partei stattgegeben wird, die nach dem gem Art 18 anzuwendenden Recht *nicht anfechtungsberechtigt* gewesen wäre, zB der Mutter des Kindes oder seinen Geschwistern. Schlosser (Stein-Jonas-Schlosser § 640 h Rz 17) will hier die Anerkennung davon abhängig machen, daß die nach deutschem Recht anfechtungsberechtigten Personen (etwa die Eltern des verstorbenen Mannes) ihr Einverständnis mit der im Ausland erfolgten Anfechtung erklärt haben. Auf deren Einverständnis kann es indessen nicht ankommen, da sie von dem Urteil nicht unmittelbar betroffen sind. Es ist somit auch in diesen Fällen zu fragen: Wurde nach ausländischem Recht der Anfechtungsklage einer Person gegen ein deutsches Kind stattgegeben, die nach dem gem Art 18 anwendbaren – deutschen – Recht nicht anfechtungsberechtigt gewesen wäre? Wird diese Frage bejaht, so steht der Anerkennung § 328 Abs 1 Nr 3 ZPO entgegen. Dasselbe gilt, wenn die Anfechtungsklage eines deutschen Staatsangehörigen im Ausland mit der Begründung abgewiesen wird, er sei nach – ausländischem – Recht nicht anfechtungsberechtigt, obgleich ihm nach dem gem Art 18 anwendbaren deutschen Recht ein Anfechtungsrecht zusteht. Wird dagegen die Anfechtungsklage eines Ausländers gegen ein deutsches Kind nach ausländischem Recht abgewiesen, obgleich ihr nach dem gem Art 18 anwendbaren deutschen Recht hätte stattgegeben werden müssen, so greift § 328 Abs 1 Nr 3 ZPO nicht ein. Das klageabweisende Urteil ist nur dem – ausländischen – Kläger nachteilig, nicht dem – deutschen – Kind.

99 Zu beachten ist, daß § 328 Abs 1 Nr 3 ZPO eine Abweichung nicht vom deutschen Recht verlangt, sondern von dem gem Art 18 anwendbaren Recht. Das kann auch ein *ausländisches* Recht sein. Wird beispielsweise der Anfechtungsklage der ausländischen Eltern des verstorbenen ausländischen Scheinvaters gegen das deutsche Kind unter Anwendung deutschen Rechts stattgegeben, obgleich den Eltern nach dem Heimatrecht des Scheinvaters ein Anfechtungsrecht nicht zusteht, so steht § 328 Abs 1 Nr 3 ZPO der Anerkennung dieses Urteils entgegen. In einem solchen Fall ist allerdings zu prüfen, ob die Anwendung deutschen Rechts durch das ausländische Gericht nicht aufgrund der Kollisionsnorm des fremden Rechts geschieht, also eine in Deutschland anzuerkennende Rückverweisung vorliegt. In einem solchen Fall kann naturgemäß nicht von einer Abweichung von Art 18 gesprochen werden.

Nicht anerkannt werden kann schließlich auch ein ausländisches Urteil, in dem die Nichtehelichkeit des Kindes eines deutschen Vaters oder einer deutschen Mutter lediglich *inzidenter* festgestellt wird, ohne daß das Kind am Verfahren beteiligt wird (vgl LG Berlin 13. 5. 1975 DAVorm 1976, 594 = IPRspr 1975 Nr 60). Darüber hinaus wird man bei einer Inzidentfeststellung auch verlangen müssen, daß derjenige, der die Inzidentfeststellung betreibt, nach dem anwendbaren Recht anfechtungsberechtigt ist (vgl STEIN-JONAS-SCHLOSSER § 640 h Rz 17). **100**

Nicht anwendbar ist § 328 Abs 1 Nr 3 ZPO, wenn die Anfechtungsklage von einem Kind erhoben wird, das bei Erfolg seiner Klage die deutsche Staatsangehörigkeit seiner Mutter erwerben würde; denn wird der Klage stattgegeben, so ist das Kind nicht benachteiligt, wird sie aber abgewiesen (nach dem Heimatrecht des Vaters, statt – wie Art 18 Abs 2 es vorschreibt – nach dem deutschen Heimatrecht der Mutter), wird das Kind nicht deutscher Staatsangehöriger. Damit wurde nicht „zum Nachteil einer deutschen Partei" von der Vorschrift des Art 18 abgewichen (vgl BEITZKE StAZ 1960, 89, 90). **101**

§ 328 Abs 1 Nr 3 ZPO wird zT durch **Staatsverträge** modifiziert. So heißt es in Art 2 Abs 2 des **deutsch-belgischen Abkommens** vom 30. 6. 1958 (BGBl 1959 II 766): „Die Anerkennung darf nicht allein deshalb versagt werden, weil das Gericht, das die Entscheidung erlassen hat, nach den Regeln seines internationalen Privatrechts andere Gesetze angewendet hat, als sie nach dem internationalen Privatrecht des Staates, in dessen Hoheitsgebiet die Entscheidung geltend gemacht wird, anzuwenden gewesen wären. Jedoch darf die Anerkennung aus diesem Grunde versagt werden, wenn die Entscheidung auf der Beurteilung eines familien- oder erbrechtlichen Verhältnisses, der Rechts- oder Handlungsfähigkeit, der gesetzlichen Vertretung oder der Abwesenheits- oder Todeserklärung eines Angehörigen des Staates beruht, in dessen Hoheitsgebiet die Entscheidung geltend gemacht wird, es sei denn, daß sie auch bei Anwendung des internationalen Privatrechts des Staates, in dessen Hoheitsgebiet sie geltend gemacht wird, gerechtfertigt wäre." Mit dieser Regelung stimmt inhaltlich überein Art 4 des **deutsch-griechischen Vollstreckungsvertrags** vom 4. 11. 1961 (BGBl 1963 II 109). **102**

Diese Regelung wird allerdings kaum praktisch werden, da sowohl das belgische als auch das griechische IPR ebenso wie das deutsche die Frage der ehelichen Abstammung nach dem Heimatrecht des Ehemannes der Mutter beurteilen (unten Rz 109, 113).

d) Nach § 328 Abs 1 Nr 4 kann ein ausländisches Urteil des weiteren nicht anerkannt werden, wenn die Anerkennung gegen die guten Sitten oder gegen den Zweck eines deutschen Gesetzes verstoßen würde. Diese Vorschrift hat für Ehelichkeitsanfechtungsurteile bisher keine praktische Bedeutung erlangt. Es wird allerdings die Auffassung vertreten, das Urteil eines englischen oder anglo-amerikanischen Gerichts, in dem die Nichtehelichkeit eines Kindes nur inter partes festgestellt worden sei, könne deswegen nicht anerkannt werden, weil der Statusprozeß zum ordre public zu rechnen sei (RÖDER 48). Diese Auffassung wird allerdings von der hM abgelehnt (oben Rz 87). **103**

e) Eine Reihe von Staaten ist nicht bereit, ausländische Urteile in Personenstandsfragen stets dann anzuerkennen, wenn unter vergleichbaren Umständen die eigene internationale Zuständigkeit bejaht worden wäre. Hier kann die Anerkennung von Urteilen aus diesen Staaten an der fehlenden Verbürgung der Gegenseitigkeit scheitern (§ 328 Abs 1 Nr 5 ZPO). Die fehlende Verbürgung der Gegenseitigkeit hindert allerdings die Anerkennung der ausländischen Entscheidung dann nicht, wenn nach den deutschen Gesetzen ein Gerichtsstand im Inland nicht begründet war (§ 328 Abs 2 ZPO). **104**

Beispiel: Ficht ein österreichischer Staatsanwalt aufgrund des österreichischen Heimatrechts der Mutter (§ 9 Abs 2 der 4. DVO zum EheG) die Ehelichkeit eines Kindes an, das ebenso wie der Ehemann der Mutter die deutsche Staatsangehörigkeit besitzt, so steht der Anerkennung des Urteils, das der Anfechtungsklage stattgibt, § 328 Abs 1 Nr 5 ZPO entgegen. Denn nach österreichischem Recht werden ausländische Urteile nicht anerkannt, wenn „der Exekutionstitel den Personenstand eines österreichischen Staatsangehörigen betrifft" (§ 81 Nr 3 EO). Wenn somit ein deutsches Urteil, das die Nichtehelichkeit eines österreichischen Kindes feststellen würde, in Österreich nicht anerkannt werden würde, kann auch ein österreichisches Urteil, das die Nichtehelichkeit eines deutschen Kindes feststellt, in der Bundesrepublik nicht anerkannt werden, es sei denn, daß nach den deutschen Gesetzen ein Gerichtsstand im Inland nicht begründet war, § 328 Abs 2 ZPO (vgl LG Bielefeld 6. 2. 1957 NJW 1957, 1074 = FamRZ 1957, 268 = DAVorm 30 [1957–58] 131 = IPRspr 1956–57 Nr 132).

105 Die Verbürgung der Gegenseitigkeit darf nicht geprüft werden, wenn ein bilaterales Abkommen diese Prüfung verbietet. Ein solches Verbot ergibt sich daraus, daß die Gründe, aus denen die Anerkennung verweigert werden kann, abschließend aufgezählt sind. Danach ist die Gegenseitigkeit nicht zu prüfen im Verhältnis zur Schweiz (**deutsch-schweizerisches Vollstreckungsabkommen** vom 2. 11. 1929 – RGBl 1930 II 1066), zu Italien (**deutsch-italienisches Vollstreckungsabkommen** vom 9. 3. 1936 – RGBl 1937 II 145), zu Belgien (**deutsch-belgisches Abkommen** vom 30. 6. 1958 – BGBl 1959 II 766), zu Griechenland (**deutsch-griechischer Vollstreckungsvertrag** vom 4. 11. 1961 – BGBl 1963 II 109).

In einer Reihe von Abkommen sind Entscheidungen in Familienstandssachen ausdrücklich vom Geltungsbereich des Abkommens ausgenommen. Das gilt für den deutsch-österreichischen Vollstreckungsvertrag vom 6. 6. 1959 (BGBl 1960 II 1246), den deutsch-niederländischen Vollstreckungsvertrag vom 30. 8. 1962 (BGBl 1965 II 27), den deutsch-tunesischen Vertrag über Rechtsschutz und Rechtshilfe, die Anerkennung und Vollstreckung gerichtlicher Entscheidungen in Zivil- und Handelssachen sowie über die Handelsschiedsgerichtsbarkeit vom 19. 7. 1966 (BGBl 1969 II 890) [der Vertrag gilt in Angelegenheiten, die den Ehe- oder Familienstand betreffen, nur für Entscheidungen in Ehe- oder Unterhaltssachen, Art 28].

106 **2. Entscheidungen der Freiwilligen Gerichtsbarkeit**

Die Anerkennung ausländischer Entscheidungen der Freiwilligen Gerichtsbarkeit unterliegt nicht § 328 ZPO. Es genügt darum für die Anerkennung, daß das ausländische Gericht international zuständig gewesen ist und die Entscheidung nicht gegen den deutschen ordre public verstößt (s näher zu der parallelen Problematik im Rahmen des Art 19 Staudinger-Kropholler Art 19 Rz 350–364).

Für international zuständig sind ausländische Gerichte immer dann zu halten, wenn unter vergleichbaren Umständen deutsche Gerichte die internationale Zuständigkeit für sich in Anspruch genommen hätten, dh also insbes bei gewöhnlichem oder schlichtem Aufenthalt des Kindes im Gerichtsstaat, ferner dann, wenn das Kind die Staatsangehörigkeit des Gerichtsstaates besitzt oder im Zeitpunkt seines Todes besessen hat, nach – noch – hM wohl auch dann, wenn nach Art 18 das Recht des Gerichtsstaates auf die Anfechtung anzuwenden war und schließlich dann, wenn im Gerichtsstaat ein Fürsorgebedürfnis bestand, das die Anfechtung rechtfertigte (vgl Soergel-Kegel Art 18 Rz 38).

D. Allgemeine Vorschriften und ausländische Rechte

I. Rück- und Weiterverweisung. Ausländische Rechte

1. Rück- und Weiterverweisung 107

Eine Rückverweisung durch das Heimatrecht des Ehemannes der Mutter ist zu beachten. Daß Art 18 in Art 27 nicht erwähnt ist, hängt damit zusammen, daß Art 18 nicht als allseitige, sondern nur als einseitige Kollisionsnorm ausgestaltet ist. In Art 27 werden nur allseitige Kollisionsnormen aufgezählt. Da Art 18 aber zu einer allseitigen Kollisionsnorm zu erweitern ist, ist auch Art 27 entsprechend anwendbar (vgl BayObLG 9. 8. 1963 BayObLGZ 1963, 214 = FamRZ 1964, 450 Anm Sonnenberger = StAZ 1963, 326 = IPRspr 1962–63 Nr 99; OLG Hamm 30. 6. 1964 FamRZ 1965, 90 = StAZ 1965, 129 = DAVorm 1965, 222 = IPRspr 1964–65 Nr 113; LG Nürnberg-Fürth 20. 6. 1960 StAZ 1961, 134 = IPRspr 1960–61 Nr 106; AG Stolberg 18. 2. 1965 IPRspr 1964–65 Nr 116; AG Hamburg 27. 1. 1966 DAVorm 1967, 378 = HambJVBl 1966, 28 = IPRspr 1966–67 Nr 97).

Eine Rückverweisung ist nicht anzunehmen, wenn das nach Art 18 anwendbare Recht zwar grundsätzlich auf das deutsche Recht zurückverweist, der Rückverweisung aber im konkreten Fall der **ausländische ordre public** entgegensteht; vgl LG Karlsruhe 21. 5. 1969 DAVorm 1969, 350 = IPRspr 1968–69 Nr 97. Verweist das Heimatrecht des Ehemannes der Mutter nicht auf das deutsche Recht zurück, sondern auf das Recht eines dritten Staates, so ist auch diese **Weiterverweisung** analog Art 27 zu beachten (vgl LG Hamburg 30. 9. 1968 StAZ 1970, 23 = IPRspr 1968–69 Nr 268). Dies gilt selbst dann, wenn die Weiterverweisung dazu führt, daß die Ehelichkeit des Kindes nach zwei verschiedenen Rechtsordnungen beurteilt werden muß (etwa, wenn das Heimatrecht des Mannes auf das Wohnsitzrecht der Ehegatten verweist und die Ehegatten verschiedene Wohnsitze haben; vgl Hamburg aaO). Hier ist der Fall denkbar, daß das Kind im Verhältnis zu einem Ehegatten als ehelich, im Verhältnis zum anderen Ehegatten als nichtehelich angesehen werden muß, etwa wenn die Ehegatten vor der Geburt des Kindes längere Zeit getrennt lebten und nach dem Recht des Mannes Kinder in einem solchen Fall nichtehelich, nach dem Recht der Frau dagegen ehelich sind. Ist das Kind im Verhältnis zu seiner Mutter ehelich, so ist dies im Geburtenbuch durch einen geeigneten Vermerk zum Ausdruck zu bringen, etwa durch den Zusatz: „Das Kind ist im Verhältnis zur Mutter ehelich“ (vgl LG Hamburg aaO).

2. Anknüpfung der Frage nach der Ehelichkeit in ausländischen Rechten 108

Ägypten: Es kommen zwei Kollisionsnormen in Betracht: Nach Art 11 ZGB bestimmt sich der Personenstand einer Person nach ihrem Heimatrecht. Nach Art 13 ZGB richten sich die Wirkungen der Ehe nach dem Heimatrecht des Ehemannes zur Zeit der Eheschließung. In der ägyptischen Rechtsliteratur sind die Auffassungen geteilt. Wengler (Gutachten I Nr 35) entnimmt ihr, daß Art 11 anwendbar sei. Maßgebend sei das Heimatrecht der Beteiligten, bei etwaiger verschiedener Staatsangehörigkeit von Vater und Kind solle das Heimatrecht des als „Vater“ in Betracht kommenden Mannes angewendet werden. Diese Auffassung wird bestätigt durch Art 905 Abs 1 ZPO 1949, wonach die Klage auf Feststellung der (legitimen) Abstammung gemäß den Vorschriften, Voraussetzungen und Fristen des Heimatrechts desjenigen Elternteils zu erheben ist, von dem die Abstammung hergeleitet werden soll; vgl El Mikayis RabelsZ 33 [1969] 517, 527. In einem Kölner

Gutachten (IPG 1967–68 Nr 28) wird dagegen dem ägyptischen Schrifttum die Anwendbarkeit von Art 13 ZGB entnommen. Das Ergebnis ist dasselbe: Letztlich maßgebend ist das Heimatrecht des Ehemannes der Mutter.

Albanien: Maßgebend ist das Heimatrecht des Kindes im Zeitpunkt seiner Geburt (IPR-Gesetz vom 21. 11. 1964 Art 9).

Australien: Ein Kind ist in jedem Fall ehelich, wenn bei seiner Geburt seine Eltern in gültiger Ehe lebten. Im übrigen entscheidet über seinen Status das Domizilrecht seines Vaters; vgl Nygh, Conflict of Laws in Australia 553, 556.

109 **Belgien:** Aus Art 3 Abs 3 Cc („Die Gesetze über den Personenstand und die Handlungsfähigkeit sind für die Belgier maßgebend, auch wenn sie sich im Ausland aufhalten") ergibt sich, daß bei gemeinsamer Staatsangehörigkeit der Beteiligten das Recht ihres Heimatstaates maßgebend ist. Bei unterschiedlicher Staatsangehörigkeit wendet die hM das Recht des Ehemannes der Mutter an; vgl Rigaux, D.I.P. I 375.

Brasilien: Über Familienrechte bestimmt das Gesetz des Landes, in welchem die Person ihren Wohnsitz hat (Art 7 des Einführungsgesetzes zum Cc). Darunter fällt auch die Frage nach der ehelichen Kindschaft. Da Kinder den Wohnsitz des Ehemannes der Mutter teilen (Art 7 § 7 des Gesetzes), ist somit an das Wohnsitzrecht des Ehemannes der Mutter anzuknüpfen. Eine Ausnahme gilt nur dann, wenn der Ehemann die Frau und das Kind verlassen hat. Hier teilt das Kind den Wohnsitz seiner Mutter. Nach dem Wohnsitzrecht der Mutter bestimmt sich in diesem Fall dann auch die Frage seiner Ehelichkeit. Vgl IPG 1970 Nr 17 (München).

Bulgarien: Maßgebend ist das Heimatrecht des Kindes im Zeitpunkt seiner Geburt (Art 96 FGB).

110 **Chile:** Es ist zu unterscheiden, ob die Geburt im Inland oder im Ausland stattfand. Wurde das Kind in Chile geboren, so gilt für die Frage seiner Ehelichkeit chilenisches Recht (Art 14 Cc). Wurde das Kind im Ausland geboren, so gilt ebenfalls chilenisches Recht, wenn das Kind und die Eltern chilenische Staatsangehörige sind (Art 15 Cc). Ist das Kind nicht chilenischer Staatsangehöriger, gilt sein Heimatrecht (Código Bustamante Art 57).

111 **Dänemark:** Über Fragen des Personalstatuts entscheidet das Wohnsitzrecht der Betroffenen.

DDR: Maßgebend sind die Gesetze des Staates, dessen Staatsbürgerschaft das Kind mit der Geburt erworben hat (§ 21 RechtsanwendungsGes vom 5. 12. 1975).

112 **Finnland:** Maßgebend ist das Recht des Staates, dem der Ehemann der Mutter zur Zeit der Geburt des Kindes angehörte, oder, wenn er zu jener Zeit tot war, zuletzt angehört hat (§ 18 des Ges vom 5. 12. 1929).

Frankreich: Maßgebend ist das Personalstatut der Mutter zur Zeit der Geburt des Kindes (Art 311–14 Cc idF des Ges vom 3. 1. 1972).

113 **Griechenland:** Maßgebend ist das Heimatrecht des Ehemannes der Mutter zur Zeit der Geburt des Kindes. Wird das Kind nach Auflösung der Ehe geboren, so richtet sich die eheliche Abstammung nach dem Heimatrecht des Ehemannes der Mutter zur Zeit der Auflösung der Ehe (Art 17 ZGB).

Großbritannien: Die Rechtslage ist unklar. In England wird allein die Frage nach dem Status von Kindern diskutiert, deren Eltern nicht in einer gültigen Ehe leben. Hier lautet die (noch immer) maßgebende Norm: Kinder sind ehelich, wenn ihre Eltern bei der Geburt des Kindes (oder bei seiner Zeugung) in einer gültigen Ehe lebten. Ob die Ehe gültig ist, wird vom Standpunkt des englischen Rechts aus – also unter Anwendung der englischen Kollisionsnormen – entschieden. Ist die Ehe danach ungültig, so wurde früher das Kind als nichtehelich angesehen. Heute darf als anerkannt gelten, daß ein Kind jedenfalls dann als ehelich anzusehen ist, wenn es nach dem Domizilrecht beider Eltern zur Zeit seiner Geburt trotz der ungültigen Ehe ehelich ist (DICEY-MORRIS, Conflict 431).

Nach einer Gegenmeinung (LIPSTEIN [1972] CLJ 94) soll die Gültigkeit der Ehe der Eltern als „Vorfrage" nach den Kollisionsnormen des Rechts beantwortet werden, das über die Hauptfrage zu entscheiden hat. Als das Recht, das über die Hauptfrage (die Ehelichkeit) zu entscheiden hat, wird von manchen das Domizilrecht des (gesetzlichen) Vaters des Kindes zur Zeit von dessen Geburt angesehen (GRAVESON, Conflict 363), von anderen das Domizilrecht des Kindes, wobei beide regelmäßig zusammenfallen, weil das Kind mit seiner Geburt das Domizilrecht des Ehemannes seiner Mutter erwirbt. Hier herrscht lediglich Streit, wenn das Kind nach dem Tod des Ehemannes der Mutter oder nach der Scheidung zur Welt kommt. Bei einem posthum geborenen Kind empfiehlt WOLFF (Private International Law 382), auf das Domizilrecht des Mannes zur Zeit seines Todes abzustellen; bei einem nach der Scheidung geborenen Kind soll es dagegen auf das Domizilrecht des früheren Ehemannes der Mutter zur Zeit der Geburt des Kindes ankommen. Eine neuere Entscheidung scheint diese Auffassung zu stützen (HASHMI v HASHMI [1971] 3 WLR 918). Nach ihr werden Kinder aus einer Ehe, die nach englischem Recht absolut nichtig, nach dem Domizilrecht des Vaters dagegen gültig ist, als ehelich angesehen. Allerdings wird die Richtigkeit dieser Entscheidung bezweifelt (vgl GOLDBERG-LOWE ModLR 1972, 430 ff; gegen die Berücksichtigung des Domizilrechts des Vaters auch MORRIS, Conflict 190).

Wiederum andere versuchen die hM mit der Anwendung des Domizilrechts (des Kindes) zu versöhnen. Sie sagen: Da das eheliche Kind das Domizil des Vaters, das nichteheliche Kind das Domizil der Mutter teilt, ist zunächst zu fragen: Ist die Ehe der Eltern (vom Standpunkt des englischen Rechts aus gesehen) gültig? Wird diese Frage bejaht, entscheidet sich die weitere Frage nach dem Status des Kindes nach dem Domizilrecht des Vaters, wird die Frage verneint, entscheidet über den Status des Kindes das Domizilrecht seiner Mutter (so GOLDBERG-LOWE ModLR 1972, 430 ff).

Die hM dürfte allerdings dahin gehen, daß dann, wenn die Ehe der Eltern des Kindes – nach englischer Auffassung – zur Zeit der Geburt des Kindes besteht, das Kind in jedem Fall ehelich ist, auch wenn nach dem Domizilrecht seines Vaters oder seiner Eltern das Kind, weil es vor der Ehe gezeugt ist, als nichtehelich angesehen werden müßte.

Eine besondere Anknüpfung ist dann geboten, wenn die Ehelichkeit des Kindes im Zusammenhang mit einer Erbberechtigung eine Rolle spielt. Hier soll nach hM das Erbstatut auch darüber entscheiden, ob die als Erben in Betracht kommenden Personen ehelich sind, falls ihre Berufung zur Erbfolge von ihrer Ehelichkeit abhängt (vgl DICEY-MORRIS, Conflict 444).

Unklar ist die Frage nach dem anzuwendenden Recht, wenn die Ehelichkeit eines Kindes nicht deswegen in Zweifel gezogen wird, weil die Ehe seiner Eltern ungültig ist, sondern deswegen, weil das Kind nicht vom Ehemann seiner Mutter abstammt. WOLFF (383) will auch hier das Domizilrecht des Ehemannes der Mutter anwenden. Ob dies der hM entspricht, muß allerdings bezweifelt werden. Es hat viel eher den Anschein, als würde die Abstammung vom Ehemann der Mutter als eine Tatsache behandelt, die nach den Beweisregeln der lex fori widerlegt werden kann. Dafür spricht, daß bisher keine Entscheidung bekannt geworden ist, in der ausländische Regeln über die Anfechtungsberechtigung oder über Anfechtungsfristen angewandt worden wären (auch WOLFF spricht – 383 – die Vermutung aus, daß die englischen

Gerichte ausländische Normen dieser Art als prozessual qualifizieren und deswegen nicht anwenden würden). Ist diese Auffassung richtig, so käme man im Fall der Anfechtung eines Kindes durch den englischen Ehemann seiner Mutter, jedenfalls was die Anfechtungsberechtigung und die Anfechtungsfristen angeht, zu einer Rückverweisung auf das deutsche Recht (als der lex fori). Die deutschen Gerichte scheinen indessen bisher – im Anschluß an das englische Schrifttum, aber gegen die wohl hM – auf das Domizilrecht des Ehemannes der Mutter abgestellt zu haben (vgl OLG Hamm 30. 6. 1964 FamRZ 1965, 90 = StAZ 1965, 129 = DAVorm 1965, 222 = IPRspr 1964–65 Nr 113; LG Zweibrücken 7. 6. 1968 IPRspr 1968–69 Nr 94). Als zweifelhaft wird die Frage bezeichnet, ob es sich bei der Vermutung der Ehelichkeit um eine „rule of procedure" oder um eine „rule of substance" handle. Diese Unterscheidung ist deswegen von Bedeutung, weil nur bei der ersteren die lex fori, bei der letzteren dagegen die lex causae anzuwenden ist; vgl DICEY-MORRIS 1111.

Keine Rückverweisung kommt zustande, wenn die Ehelichkeit des Kindes im Zusammenhang mit seiner Erbberechtigung eine Rolle spielt und die Erbfolge sich nicht nach deutschem Recht richtet. Hier soll nach dem oben Gesagten das Erbstatut darüber entscheiden, ob bei einem Beteiligten die Voraussetzungen gegeben sind, die das Erbstatut für die Erbfolge verlangt.

Zweifelhaft ist die Rechtslage auch in *Schottland.* Als herrschend kann die Auffassung bezeichnet werden, wonach ein Kind jedenfalls dann den Status eines ehelichen Kindes hat, wenn ihm das Domizilrecht beider Elternteile diesen Status zuspricht. Haben seine Eltern ein verschiedenes Domizil, so wird von manchen die Anknüpfung an das Domizilrecht des Vaters, von anderen die Anknüpfung an das Domizilrecht der Mutter empfohlen. Eine Verbindung dieser unterschiedlichen Standpunkte schlägt ANTON (Private International Law [Edinburgh 1967] 349) in der Weise vor, daß das Kind den Status eines ehelichen Kindes haben soll, wenn ihm das Domizilrecht wenigstens eines Elternteils diesen Status zubilligt. Auch in der schottischen Rechtsliteratur wird im übrigen, ebenso wie in England, nur der Fall diskutiert, daß die Ehelichkeit eines Kindes deswegen zweifelhaft ist, weil die Ehe seiner Eltern ungültig ist.

114 **Irak:** Maßgebend ist das Gesetz des Vaters (Art 19 [4] ZGB von 1951); vgl dazu AG Berlin-Schöneberg 24. 1. 1966 FamRZ 1966, 373 = StAZ 1967, 190 = DAVorm 1966, 93 = RdJ 1966, 218 = IPRspr 1966–67 Nr 141 und AG Hamburg 30. 5. 1967 StAZ 1967, 274 = DAVorm 1968, 28 = IPRspr 1966–67 Nr 155.

Iran: Maßgebend ist das Heimatrecht des Vaters (Art 964 ZGB); vgl AG Hamburg 9. 4. 1965 IPRspr 1964–65 Nr 132).

Israel: Für alle Statussachen israelischer Staatsangehöriger mit israelischem Domizil sind die Gerichte der anerkannten Religionsgemeinschaften (Juden, Christen, Moslems) zuständig. Die religiösen Gerichte wenden ihr eigenes Recht an. Verwiesen wird also auf das Recht der Religionsgemeinschaft, dem der Ehemann der Mutter und das Kind angehören. Hat der Ehemann der Mutter sein Domizil dagegen im Ausland, so ist das Recht des Domizillandes anzuwenden. Hat der Ehemann der Mutter also sein Domizil in Deutschland, so ist eine Rückverweisung anzunehmen; vgl AG Hamburg 12. 2. 1969 IPRspr 1968–69 Nr 142.

Italien: Mit dem Eltern-Kind-Verhältnis befassen sich zwei Vorschriften der Disposizioni sulla legge in generale. Art 17 bestimmt: „Der Personenstand und die Handlungsfähigkeit einer Person bestimmen sich nach dem Recht des Staates, dem sie angehört", und in Art 20 heißt es: „Die Beziehungen zwischen Eltern und Kindern bestimmen sich nach dem Heimatrecht des Vaters, ausnahmsweise nach dem der Mutter, wenn nur die Mutterschaft festgestellt ist oder wenn nur die Mutter das Kind legitimiert hat." Nach einhelliger Auffassung betrifft Art 20 nur die Ausgestaltung des Eltern-Kind-Verhältnisses, setzt dessen Begründung oder Feststellung also voraus. Diese Feststellung richtet sich ausschließlich nach Art 17. Früher wurde zT gesagt (und diese Auffassung wird von vielen auch heute noch für die maßgebliche gehalten; vgl Vitta, D.I.P. II 371 ff, 376): Die Frage der Ehelichkeit betrifft den Status des Ehemannes der Mutter und den Status des Kindes. Haben beide eine verschiedene Staatsangehörigkeit, so sind die Heimatrechte kumulativ anzuwenden. Später stellte sich ein Teil der Lehre auf den Standpunkt, daß es sich um eine Frage des Familienstatus handle, daß Art 17 insoweit eine Lücke enthalte, die nur durch die Heranziehung des Vaterrechts als Familienstatut (wie in Art 20 vorgesehen) geschlossen werden könne; vgl IPG 1965–66 Nr 26 (München) mit zahlreichen Nachweisen. Neuerdings wird auch für die Anwendung des Heimatrechts des Kindes plädiert; vgl Balladore-Pallieri, Diritto internazionale privato italiano 215 ff.

Japan: Maßgebend ist das Heimatrecht des Ehemannes der Mutter zur Zeit der 115
Geburt des Kindes. Stirbt der Ehemann vor der Geburt des Kindes, so ist das Recht des Staates maßgebend, dem er zuletzt angehörte (§ 17 des Ges über die Anwendung der Gesetze vom 21. 6. 1898).

Jugoslawien: Maßgebend ist das Heimatrecht des Ehemannes der Mutter zur Zeit der Geburt des Kindes oder, wenn er vorher gestorben ist, sein Heimatrecht zur Zeit seines Todes.

Kanada: Maßgebend ist das Domizilrecht des Ehemannes der Mutter zur Zeit der 116
Geburt (R. and McDonell v Leong Ba Chai [1954] 1 DLR 401).

Korea: Maßgeblich ist das Heimatrecht des Ehemannes der Mutter zZ der Geburt des Kindes (Art 19 des Ges über das internationale Recht von 1962); s auch IPG 1974 Nr 21 (München).

Libanon: Die Rechtslage ist unklar. Manche halten für maßgebend das die Ehewir- 117
kungen beherrschende Statut. Das ist im Zweifel das Heimatrecht der Eltern und bei Maßgeblichkeit des libanesischen Rechts dasjenige Recht, dem sich die Ehegatten bei der Eheschließung unterwarfen, indem sie die Ehe in einer bestimmten religiösen Form schlossen. Es gilt dann das Recht dieser Religionsgemeinschaft; vgl Tyan, Précis de droit international privé (2. Aufl Beirut 1974) Nr 123; Wengler, Gutachten I Nr 47. Empfohlen wird teilweise aber auch, das Heimatrecht des Kindes anzuwenden; vgl Gannagé, JCl Droit Comp, Liban 3ième fasc Nr 132.

Luxemburg: Maßgebend ist das Heimatrecht der Beteiligten; vgl Art 3 Abs 3 Cc. Die Gesetze über den Personenstand . . . sind für die Luxemburger auch dann bindend, wenn sie sich im Ausland aufhalten. Siehe ferner Bernecker, RabelsZ 27 [1962–63] 288 f. Haben Mann und Kind eine unterschiedliche Staatsangehörigkeit, so gilt grundsätzlich das Recht des Kindes. Würde eine erfolgreiche Anfechtung der Ehelichkeit aber dazu führen, daß das Kind rückwirkend die luxemburgische Staatsangehörigkeit erhalten würde, so wird aus Gründen des ordre public allein luxemburgisches Recht angewandt; vgl Huss, JCl Droit Comp, Luxembourg 2ième fasc Nr 223.

Marokko: Maßgebend ist das Heimatrecht des Kindes (vgl AG Hamburg 118
13. 3. 1964 IPRspr 1964–65 Nr 150; AG Bielefeld 14. 10. 1964 StAZ 1965, 219 Anm Bussert = IPRspr 1964–65 Nr 115.

Niederlande: Maßgebend ist nach überwiegender Auffassung das Heimatrecht des Vaters. Eine Mindermeinung will das Heimatrecht des Kindes anwenden und wiederum andere plädieren für eine kumulative Heranziehung der Heimatrechte des Vaters und des Kindes; vgl IPG 1970 Nr 18 (Köln).

Norwegen: Maßgebend ist das Recht des Staates, in dem der Vater zur Zeit der Geburt des Kindes seinen Wohnsitz hatte; vgl AG Bremerhaven 25. 4. 1963 IPRspr 1962–63 Nr 134. In Vaterschaftsbestreitungssachen wenden norwegische Gerichte norwegisches Recht an, wenn auch nur eine der beteiligten Personen den Wohnsitz in Norwegen hat; vgl GAARDER, Internasjonal privatrett (1963) 93.

119 **Österreich:** Maßgebend ist das Personalstatut, das die Ehegatten im Zeitpunkt der Geburt des Kindes oder, wenn die Ehe vorher aufgelöst worden ist, im Zeitpunkt der Auflösung gehabt haben. Bei verschiedenem Personalstatut der Ehegatten ist dasjenige Personalstatut maßgebend, das für die Ehelichkeit des Kindes günstiger ist (§ 21 des IPR-Ges vom 15. 6. 1978). Gem § 9 dieses Gesetzes ist das Personalstatut einer natürlichen Person das Recht des Staates, dem die Person angehört.

120 **Polen:** Maßgebend ist das Heimatrecht des Kindes im Zeitpunkt seiner Geburt (Art 19 § 2 des Ges über das internationale Privatrecht vom 12. 11. 1965).

Portugal: Maßgebend ist das gemeinsame Heimatrecht der Mutter und ihres Ehemannes, mangels eines solchen das Recht des gemeinsamen gewöhnlichen Aufenthalts, und zwar im einen wie im anderen Fall zur Zeit der Geburt des Kindes oder zur Zeit der Auflösung, Nichtigerklärung oder Annullierung der Ehe, wenn diese aufgelöst, für nichtig erklärt oder annulliert worden ist. Mangels einer gemeinsamen Staatsangehörigkeit oder eines gemeinsamen gewöhnlichen Aufenthalts ist anwendbar das Personalstatut des Ehemannes jeweils in den genannten Zeitpunkten (Art 56 Cc idF des Ges vom 25. 11. 1966).

121 **Rumänien:** Nach Art 2 Abs 2 des einleitenden Titels zum ZGB finden die Gesetze über den Zivilstand der Personen auf die Rumänen Anwendung, auch wenn diese ihren Aufenthalt im Ausland haben.

122 **Schweden:** Die Rechtsprechung beurteilte die Ehelichkeit eines Kindes früher nach dem gemeinsamen Heimatrecht der Parteien und bei Fehlen eines gemeinsamen Heimatrechts nach dem Heimatrecht des Ehemannes der Mutter zur Zeit der Geburt des Kindes. Im Jahre 1964 modifizierte das oberste schwedische Gericht diese Rechtsprechung, in dem es auf die Klage eines Kindes, das festgestellt haben wollte, daß der französische Ehemann seiner Mutter nicht sein Vater sei, schwedisches Recht anwandte, weil die Mutter im Zeitpunkt der Geburt des Kindes die schwedische Staatsangehörigkeit besaß und ihren Wohnsitz in Schweden hatte und im Zeitpunkt der Klage auch das Kind seinen Wohnsitz in Schweden hatte; vgl EEK, The Swedish Conflict of Laws (The Hague 1965) 252.

Schweiz: Die eheliche Abstammung des Kindes ist eine Statusfrage und richtet sich nach der Staatsangehörigkeit des Ehemannes der Mutter zur Zeit der Geburt des Kindes; vgl OG Zürich 26. 1. 1973 SchwJZ 1973, 87. Eine Durchbrechung des Heimatprinzips von Art 8 NAG wird erwogen, wenn sowohl der ausländische Registervater als auch Mutter und Kind in der Schweiz wohnen und die Mutter Schweizerin geblieben ist; vgl VISCHER, IPR 617 f.

Spanien: Maßgebend ist das Recht des Staates, dem der Ehegatte zZ der Geburt des Kindes, bzw im Zeitpunkt der Auflösung der Ehe angehört; vgl AGUILAR NAVARRO, Derecho civil internacional II 423; WENGLER, Gutachten I Nr 44; IPG 1974 Nr 20 (Köln); BayObLG 17. 3. 1977 StAZ 1977, 187.

Südafrikanische Republik: Maßgebend ist das Domizil des Vaters zur Zeit der Geburt.

Südkorea: Maßgebend ist das Heimatrecht des Ehemannes der Mutter zZ der Geburt des Kindes. Ist der Ehemann vor der Geburt des Kindes gestorben, so gilt sein Heimatrecht im Zeitpunkt seines Todes (Art 19 des Ges vom 15. 1. 1962).

Taiwan: Maßgebend ist das Heimatrecht des Ehemannes der Mutter zur Zeit der 123
Geburt des Kindes. Wenn die Ehe vor der Geburt des Kindes aufgelöst wurde, gilt das Heimatrecht des Mannes zur Zeit der Auflösung der Ehe. Das Heimatrecht der Mutter gilt nur dann, wenn der Ehemann ein chui-fu (eingeheirateter Ehemann) ist; vgl § 16 des Ges über die Anwendung bürgerlichen Rechts bei Ausländern, 1953.

Thailand: Die Ehelichkeit eines Kindes bestimmt sich ebenso wie die Anfechtung der Ehelichkeit nach dem Heimatrecht des Ehemannes der Mutter zZ der Geburt des Kindes. Ist der Ehemann zu dieser Zeit gestorben, so gilt das Gesetz, das sein Heimatrecht zZ seines Todes war (sec 29 des Ges betr Gesetzeskollisionen).

Tschechoslowakei: Die Bestimmung (Feststellung oder Bestreitung der Vaterschaft) richtet sich nach der Rechtsordnung des Staates, dessen Angehörigkeit das Kind durch die Geburt erworben hat. Lebt das Kind in der Tschechoslowakei, so kann die Vaterschaft nach tschechoslowakischem Recht bestimmt (festgestellt oder bestritten) werden, wenn dies im Interesse des Kindes liegt; vgl § 23 des Ges über das internationale Privat- und Prozeßrecht vom 4. 12. 1963.

Türkei: Es gilt das Staatsangehörigkeitsprinzip. Maßgebend ist das Heimatrecht der Parteien, eventuell auch nur des Kindes. Besitzt eine der Parteien die türkische Staatsangehörigkeit, wird nur das türkische Recht angewandt.

Tunesien: Maßgebend ist das Heimatrecht der Parteien, bei verschiedenem Heimatrecht das Heimatrecht des Vaters (Art 1, 2, 4 des Dekrets über Gesetzeskonflikte hinsichtlich des Personalstatuts vom 12. 7. 1956 idF vom 24. 7. 1957); vgl AG Reutlingen 21. 7. 1965 IPRspr 1964–65 Nr 158.

Ungarn: Maßgebend ist das Heimatrecht des vermuteten Vaters zur Zeit der Geburt 124
des Kindes (§ 17 des Dekretgesetzes vom 28. 12. 1952); vgl Korkisch RabelsZ 32 (1968) 629.

USA: Die Frage, ob ein Kind im Verhältnis zu einem Elternteil als „eheliches Kind" gilt, wird meist nach dem Recht des Staates beurteilt, in welchem der betreffende Elternteil zur Zeit der Geburt des Kindes sein Domizil hat. Das gilt auch, wenn das Kind nach rechtskräftiger Scheidung seiner Mutter geboren wird; vgl Wengler, Gutachten I Nr 29; Röder 27 ff; IPG 1974 Nr 22 (Köln).

II. Ordre public 125

Die Vorbehaltsklausel gilt auch im Bereich der ehelichen Abstammung. Ihre praktische Bedeutung ist hier allerdings gering. Geprüft wurde ihre Anwendbarkeit bisher in folgenden Fällen:

1. Ausländisches Recht sieht **keine** oder erheblich **längere Fristen** für die Anfechtung der Ehelichkeit vor als das deutsche Recht.

Hier bejahte das OLG Frankfurt (3. /17. 12. 1925 JW 1926, 2858 = IPRspr 1926–27 Nr 77) einen Verstoß gegen den deutschen ordre public (ebenso: Röder 46 f). Heute dürfte die gegenteilige Auffassung den Vorzug verdienen. Die Interessen des Kindes werden nicht in unerträglichem Maße beeinträchtigt, wenn man es zuläßt, daß seine nichteheliche Abstammung auch nach Ablauf der im deutschen Recht vorgesehenen Fristen festgestellt werden kann. Die Argumente, die für den ordre-public-Charakter des § 194 BGB ins Feld geführt werden, treffen im Fall der

Ehelichkeitsanfechtungsfrist nicht zu. Insbesondere verändert sich die Beweislage nicht zuungunsten des Kindes, wenn der Ehemann der Mutter die Ehelichkeit erst nach der 10-Jahresfrist des § 1594 Abs 4 BGB anficht. Zweifel an der Entscheidung des OLG Frankfurt äußert auch ERMAN-MARQUORDT Art 18 Rz 14.

126 2. Ausländisches Recht sieht **kürzere Fristen** für die Anfechtung der Ehelichkeit vor als das deutsche Recht.

Hier wird ein Verstoß gegen den deutschen ordre public einhellig abgelehnt; vgl KG 8. 3. 1937 JW 1937, 1727 = StAZ 1938, 484 = ZAkDR 1937, 441 Anm SÜSS = IPRspr 1935–44 Nr 296; OLG Düsseldorf 24. 11. 1972 FamRZ 1973, 311 = IPRspr 1972 Nr 58; LG Trier 20. 12. 1955 FamRZ 1956, 131 Anm BOSCH = IPRspr 1954–55 Nr 100; AG Parsberg 14. 11. 1972 FamRZ 1973, 461, 463 = IPRspr 1972 Nr 57; FICKER, Ehel Kindschaft 262; SOERGEL-KEGEL Art 18 Rz 43; KEGEL, IPR § 20 VII 1; ERMAN-MARQUORDT Art 18 Rz 14; PALANDT-HELDRICH Art 18 Anm 3; FERID, IPR Rz 8–248; WUPPERMANN, Die deutsche Rechtsprechung zum Vorbehalt des ordre public im IPR seit 1945 (1977) 222. Die Ablehnung beruht auf dem Gedanken, daß es für das Kind nur vorteilhaft sei, wenn seine Ehelichkeit nicht angefochten werden könne, oder daß zumindest sein Interesse, als eheliches Kind in der Familie aufzuwachsen, in die es hineingeboren ist, sein Interesse an der genauen Feststellung seiner Abstammung im allgemeinen überwiege; so das BVerfG 4. 12. 1974 NJW 1975, 203 = FamRZ 1975, 82. Trotzdem bleibt ein Unbehagen gegenüber extrem kurzen (2–3monatigen) Anfechtungsfristen.

127 3. Ausländisches Recht gibt auch solchen Personen ein **Anfechtungsrecht**, denen nach deutschem Recht kein Anfechtungsrecht zusteht (oben Rz 70).

Kein Verstoß gegen den deutschen ordre public: OLG Frankfurt 3. 5. 1954 NJW 1954, 1527 = StAZ 1955, 290; SOERGEL-KEGEL Art 18 Rz 43.

128 4. Ausländisches Recht gibt Personen **kein Anfechtungsrecht** (oder nur in begrenzten Ausnahmefällen), die nach deutschem Recht die Ehelichkeit anfechten können. Auch hier verneint die hM einen Verstoß gegen den deutschen ordre public. Zur Begründung wird darauf hingewiesen, daß auch das deutsche Recht die Anfechtung durch das Kind noch nicht lange kennt; vgl OLG Celle 23. 7. 1974 FamRZ 1975, 177 = DAVorm 1976, 142 = IPRspr 1974 Nr 76; KG 29. 11. 1976 OLGZ 1977, 452 = IPRspr 1976 Nr 55 und 10. 12. 1976 DAVorm 1977, 525 = IPRspr 1976 Nr 56; AG Regensburg 21. 7. 1975 DAVorm 1976, 143 = IPRspr 1975 Nr 62; IPG 1973 Nr 22 (Heidelberg); IPG 1974 Nr 21 (München); aA jedoch LG Stuttgart 25. 9. 1975 DAVorm 1976, 146 = IPRspr 1975 Nr 64 (falls Mutter und Kind in Deutschland leben und das Kind der hiesigen Sozialhilfe zur Last fällt).

129 5. Ausländisches Recht verlangt für die Geltendmachung der Nichtehelichkeit **keinen Statusprozeß**, sondern läßt die Geltendmachung der Nichtehelichkeit auch auf sonstige Weise (durch Interessierten in jedem Verfahren) zu (oben Rz 86).

Kein Verstoß gegen den deutschen ordre public: OLG Hamm 13. 5. 1964 FamRZ 1965, 90 = StAZ 1965, 129 = DAVorm 1965, 222 = IPRspr 1964–65 Nr 113; AG Bielefeld 22. 4. 1963 FamRZ 1963, 458 = IPRspr 1962–63 Nr 97; SOERGEL-KEGEL Art 18 Rz 43; aA SONNENBERGER FamRZ 1964, 238 ff; LEISKE, Ehelichkeitsanfechtung und ordre public 55; RÖDER 43.

130 6. Ausländisches Recht stellt für die Anfechtung der Ehelichkeit **engere Voraussetzungen** auf als das deutsche Recht (Widerlegung der Vaterschaftsvermutung nur in bestimmten enumerativ aufgezählten Fällen).

Kein Verstoß gegen den deutschen ordre public: KG 13. 4. 1965 IPRspr 1964–65 Nr 117.

7. Ausländisches Recht unterstellt die Frage der ehelichen Abstammung **zwei verschiedenen Rechten**, so daß das Kind im Verhältnis zu einem Elternteil ehelich, im Verhältnis zum anderen Elternteil nichtehelich sein kann (oben Rz 107). 131

Kein Verstoß gegen den deutschen ordre public: LG Hamburg 30. 9. 1968 StAZ 1970, 23 = IPRspr 1968–69 Nr 268; Soergel-Kegel Art 18 Rz 43; Röder 39 f.

Eltern und eheliches Kind

Art 19

Das Rechtsverhältnis zwischen den Eltern und einem ehelichen Kind wird nach den deutschen Gesetzen beurteilt, wenn der Vater und, falls der Vater gestorben ist, die Mutter die Reichsangehörigkeit besitzt. Das gleiche gilt, wenn die Reichsangehörigkeit des Vaters oder der Mutter erloschen, die Reichsangehörigkeit des Kindes aber bestehen geblieben ist.

E II § 2255, rev § 2379; III § 18.

Schrifttum

Aubin, Der Anknüpfungsrückgriff im deutschen internationalen Familienrecht, RabelsZ 23 (1958) 659; Beitzke, Der Kindesname im IPR, StAZ 1976, 321; ders, Sorgerechtsregelung bei Ausländerkindern, in: FS Lehmann II (1956) 493; Birk, Das Verkehrsrecht der Großeltern, FamRZ 1967, 306, 311–314; Bodenheimer, The International Kidnapping of Children: The United States Approach, Family Law Quaterly 11 (1977) 83; Chlanda, Der Name im IPR, ÖJZ 1951, 261; Coester, Die Behandlung von Unterhaltsverträgen ehelicher Kinder im deutschen, englischen und amerikanischen Kollisionsrecht, ZBlJugR 1976, 179; Dayant, Le nom en d.i.p., JCl Dr Int fasc 542; Drobnig, Die Regelung des Sorgerechts für Kinder geschiedener Niederländer, FamRZ 1966; 84; Fadlallah, La famille légitime en d.i.p. (Paris 1977); Flik, Zum Auseinandersetzungszeugnis in Fällen mit Auslandsberührung, BWNotZ 1972, 158; Gundrum, Zum Namensrecht eines Kindes aus hinkender Ehe, StAZ 1975, 22; Haff, Zur Gültigkeit der Sorgerechtsentscheidung eines deutschen Gerichts nach schwedischem Recht, ZBlJugR 1954, 197; Hagemeyer, Das Familienrecht seit dem 1. April 1953, NJW 1953, 601; Held, Deutsches Vermögen amerikanischer Minderjähriger, MDR 1955, 149; Hübner, Gleiche Rechte von Mann und Frau, 14. Beil zur DRiZ 1950, 93; Jayme, Kindesherausgabeansprüche italienischer Eltern in Verfahren vor deutschen Gerichten, FamRZ 1964, 352; Jayme-Reitz, Elternstreit und internationales Paßrecht bei deutsch-syrischer Ehe, ZBlJugR 1974, 59; Karin Klimek, Das Einschreiten deutscher Vormundschaftsgerichte gegen Ausländer bei Mißbrauch der elterlichen Gewalt, Diss Göttingen 1957; Knöpfel, Das Haager Vormundschaftsabkommen und das Sorgerecht der Eltern aus geschiedenen Ehen, FamRZ 1959, 483; Kohler, Spanisches Namensrecht und deutsches IPR, StAZ 1977, 3; Malaurie, Nom – prénom – noblesse, in: Encyclopédie Dalloz Droit international (1974); Massfeller, Die Rechtsfolgen der „Ehescheidung nach Frauenrecht", JW 1935, 829; Menikheim, Das Unterhaltsstatut als Kollisionsnorm für die Feststellung der Vaterschaft und seine personenstandsrechtliche Bedeutung, StAZ 1974, 72; Minzenmay, Aufgaben des Jugendamts bei der Hilfe für Ausländer, ZBlJugR 1964, 319; Neuhaus, Um die Reform des deutschen internationalen Kindschaftsrechts, FamRZ 1967, 22; Neumayer, Ist das deutsche internationale Kindschaftsrecht revisionsbedürftig? AcP 152 (1952–53) 335; Niclas, Vaterschaftsfeststellung und Unterhaltsanspruch gegen türkische Staatsangehörige, ZBlJugR 1975, 170; Philipp, Zur Frage des Personensorgerechts im französischen Recht, FamRZ 1969, 637; Schnitzer, Elterliche Gewalt und Vormundschaft im schweizerisch-österreichischen Rechtsverkehr, ZfRvgl 1 (1960) 97; Schwimann, Kollisions- und sachrechtliche Behandlung einer Namenserteilung („Namensgebung") bei ehelichen Kindern, ÖJZ 1977, 85; Serick, Nach welchem Recht ist der Wohnsitz in §§ 13 und 16 ZPO bei Auslandsbeziehungen zu beurteilen? ZZP 68 (1955) 278; Siehr, Das neue schweizerische Kindschaftsrecht und sein Einfluß auf den deutsch-schweizerischen Rechtsverkehr, DAVorm 1978, 153, 243, 331; Wengler, Der

Eltern und eheliches Kind

Name der natürlichen Person im IPR, StAZ 1973, 205; WUPPERMANN, Die Anwendung italienischen Rechts bei einstweiligen Anordnungen nach § 627 ZPO, FamRZ 1970, 177; ders, Kindesverteilung und Verkehrsrecht nach deutsch-italienischen Ehescheidungen, FamRZ 1971, 511; ders, Ein Scheideweg im deutschen internationalen Kindschaftsrecht? FamRZ 1972, 549.

Schrifttum zur Vereinbarkeit mit dem Gleichberechtigungsgrundsatz s bei Rz 9; *zum internationalen Verfahrensrecht* (für Schutzmaßnahmen) s vor Rz 222.

Systematische Übersicht

A. Anwendungsbereich. Grundsätzliches 1

Art 19 ist dem früheren 4. Titel des zweiten Abschnittes des 4. Buches des BGB zugeordnet, der die rechtliche Stellung der ehelichen Kinder regelte. Das BGB unterschied dabei das Rechtsverhältnis zwischen den Eltern und dem Kind im allgemeinen und die elterliche Gewalt. Die gleiche Unterscheidung findet sich auch noch heute in den Titeln 4 und 5 des zweiten Abschnittes des 4. Buches (§ 1616–1698 b). In ihnen ist somit der wesentliche Anwendungsbereich des Art 19 umschrieben. Auszunehmen sind lediglich die Vorschriften, die im (neugefaßten) 4. Titel von den nichtehelichen Kindern handeln. Dafür kommen hinzu die Vorschriften, welche die Unterhaltspflicht zwischen Verwandten regeln (§§ 1601–1615 BGB). Da es für diese Unterhaltspflicht, soweit sie über das Eltern-Kind-Verhältnis hinausgeht, keine besondere Kollisionsnorm im EGBGB gibt, sie aber andererseits sachlich am engsten mit Art 19 zusammenhängt, wird in der Kommentierung dieser Vorschrift auch die Frage nach dem auf die Unterhaltsansprüche allgemein anwendbaren Recht beantwortet werden (unten Rz 155 ff). In diesem Zusammenhang wird dann auch – des Zusammenhangs halber – auf die kollisionsrechtliche Behandlung von Verwandtschaft und Schwägerschaft insgesamt eingegangen werden (unten Rz 171 ff).

2 Art 19 handelt von der rechtlichen Stellung aller „ehelichen" Kinder. Gemeint sind damit nicht nur die von Anfang an ehelichen Kinder, sondern auch durch nachfolgende Ehe ihrer Eltern legitimierte Kinder und Kinder, die kraft Gesetzes „ehelich" sind oder die rechtliche Stellung eines ehelichen Kindes haben, obgleich ihre Eltern nicht miteinander verheiratet sind (Kinder aus für nichtig erklärten Ehen, für ehelich erklärte Kinder, adoptierte Kinder). Ob das Kind „ehelich" ist oder die rechtliche Stellung eines ehelichen Kindes hat, kann allerdings nicht dem Art 19 entnommen werden, da die Anwendung dieser Vorschrift den ehelichen Status des Kindes voraussetzt. Hierüber sind vielmehr die Art 18, 22 und 23 zu befragen.

3 Abgrenzungsprobleme können im Verhältnis zu Art 23 auftreten. In manchen Rechtsordnungen hat der Vater oder haben die Eltern die Stellung eines „gesetzlichen Vormundes". Hier setzt sich indessen Art 19 durch (unten Rz 188).

4 Ob zwischen Eltern und Kindern ein Erbrecht besteht, ist keine familienrechtliche, sondern eine erbrechtliche Frage. Maßgebend ist darum nicht Art 19; vielmehr gelten hierfür die Art 24 und 25. Zuweilen wird im materiellen Recht nicht scharf zwischen unterhaltsrechtlichen und erbrechtlichen Ansprüchen geschieden. Wenn beispielsweise der englische Inheritance (Provision for Family and Dependants) Act von 1975 in sec 2 dem Richter die Möglichkeit gibt, einem vom Erblasser nicht genügend bedachten Kind Unterhaltsansprüche gegen den Nachlaß zuzuweisen, so kann gefragt werden, ob es sich hier um eine unterhaltsrechtliche oder um eine erbrechtliche Regelung handelt. Nach ihrer systematischen Stellung und nach ihrer Funktion ist diese Regelung dem Erbrecht zuzuordnen, weil sie die Lücke schließt, die im englischen Erbrecht durch das Fehlen eines Noterbrechts und eines Pflichtteilsrechts der nächsten Angehörigen besteht (s zu der entsprechenden Regelung des Inheritance (Family Provisions) Act von 1938 Henrich in Ferid-Firsching, Großbritannien Rz 229 ff. Zu dem Anpassungsproblem, das entsteht, wenn die für den Unterhaltsanspruch maßgebende Rechtsordnung einen erbrechtlichen Anspruch gewährt, die für das Erbrecht maßgebende einen unterhaltsrechtlichen, s Vorbem 21 zu Art 18.

5 Art 19 hat durch eine Reihe von **internationalen Abkommen** erheblich an Bedeutung verloren. Die wichtigsten sind das Haager Unterhaltsabkommen (Übereinkommen über das auf Unterhaltsverpflichtungen gegenüber Kindern anzuwendende Recht vom 24. 10. 1956) und das Haager Minderjährigenschutzabkommen (Übereinkommen über die Zuständigkeit der Behörden und das anzuwendende Recht auf dem Gebiet des Schutzes von Minderjährigen vom 5. 10. 1961). Diese Abkommen sind vor Art 18 abgedruckt und kommentiert.

B. Das maßgebende Recht

I. Grundsatz: Vater- oder Mutterrecht

1. Grundsatz 6

Art 19 S 1 enthält eine einseitige Kollisionsnorm: Das Rechtsverhältnis zwischen den Eltern und einem ehelichen Kind wird nach den deutschen Gesetzen beurteilt, wenn der Vater und, falls der Vater gestorben ist, die Mutter die deutsche Staatsangehörigkeit besitzt. Aus dieser einseitigen Kollisionsnorm haben Rechtsprechung und Lehre die allseitige Kollisionsnorm entwickelt: Maßgebend für das Rechtsverhältnis zwischen den Eltern und einem ehelichen Kind ist – von dem Ausnahmefall des Art 19 S 2 einmal abgesehen – das Heimatrecht des Vaters bzw, wenn er gestorben ist, das Heimatrecht der Mutter.*

2. Staatenlose, Flüchtlinge, Vertriebene, Mehrstaater 7

Ist der Vater staatenlos, Flüchtling oder Vertriebener, so sind Art 29 sowie das AHKG 23 und das Genfer Flüchtlingsabkommen zu beachten; vgl dazu Staudinger-Gamillscheg Vorbem 126–151 vor Art 13. Volksdeutsche Flüchtlinge und Heimatvertriebene stehen deutschen Staatsangehörigen gleich, soweit nach deutschem Recht die Staatsangehörigkeit einer Person maßgebend ist (Art 116 GG iVm Art 9 Abs 2 Nr 5 FamRÄndG). Zur Anknüpfung bei Mehrstaatern s Staudinger-Gamillscheg Vorbem 152–173 zu Art 13.

3. DDR-Angehörige 8

Staatsbürger der DDR besitzen zwar – auch – die deutsche Staatsangehörigkeit, unterstehen aber, solange sie ihren gewöhnlichen Aufenthalt in der DDR haben, dem Recht der DDR. Regelmäßig wird dieser Satz verallgemeinernd dahin formuliert, interlokalrechtlich sei statt an die Staatsangehörigkeit des Vaters an seinen gewöhnlichen Aufenthalt anzuknüpfen (Palandt-Heldrich Art 19 Anm 6). Diese

---

* BGH 18. 6. 1970 BGHZ 54, 123 = NJW 1970, 1503 = MDR 1970, 916 = WM 1970, 1169 = LM Nr 22 zu Art 30 EGBGB (L) Anm Buchholz = FamRZ 1970, 547 = StAZ 1970, 336 = DAVorm 1971, 479 = IPRspr 1970 Nr 59 b, 18. 6. 1970 BGHZ 54, 132 = NJW 1970, 2160 = MDR 1971, 35 = WM 1970, 1274 = FamRZ 1970, 550 = StAZ 1970, 338 = IPRspr 1970 Nr 61 b und 26. 5. 1971 NJW 1971, 1521 = MDR 1971, 996 = BGH WarnR 1971 Nr 138 = FamRZ 1971, 429 = StAZ 1971, 250 = IPRspr 1971 Nr 6; BayObLG 2. 7. 1971 BayObLGZ 1971, 238 = NJW 1971, 2131 = FamRZ 1972, 578 = IPRspr 1971 Nr 165; OLG Saarbrücken 14. 7. 1965 OLGZ 1965, 366 = NJW 1966, 308 = FamRZ 1966, 42 = ZBlJugR 1966, 136 = IPRspr 1964–65 Nr 135; OLG Hamburg 21. 12. 1967 IPRspr 1966–67 Nr 124; OLG Hamm 29. 11. 1969 OLGZ 1970, 227 = FamRZ 1970, 95 = IPRspr 1968–69 Nr 113; OLG Celle 28. 1. 1970 NJW 1970, 1011 = IPRspr 1970 Nr 62; OLG Karlsruhe 3. 3. 1972 Justiz 1972, 203 = IPRspr 1972 Nr 64 a; OLG Köln 22. 5. 1973 OLGZ 1973, 330 = IPRspr 1973 Nr 63; KG 19. 12. 1973 FamRZ 1974, 461 = IPRspr 1973 Nr 72; OLG Düsseldorf 2. 4. 1976 OLGZ 1976, 414 = MDR 1976, 843 = StAZ 1976, 274 = DAVorm 1976, 581 = IPRspr 1976 Nr 80; OLG Frankfurt 14. 6. 1976 OLGZ 1976, 423 = StAZ 1976, 363 = IPRspr 1976 Nr 82; Wolff, IPR 214; Raape, IPR 349 f; Soergel-Kegel Art 19 Rz 1; Ferid, IPR Rz 8–259; Erman-Marquordt Art 19 Rz 1; Kegel, IPR § 20 VIII 1; Palandt-Heldrich Art 19 Anm 2; aA Nussbaum, IPR 169, der die Rechte der deutschen Mutter gegenüber dem Kind deutschem Recht auch dann unterstellt, wenn der Vater Ausländer ist, sowie Frankenstein, IPR IV 30 f, der empfiehlt, auf die Verpflichtungen des Kindes eines nichtdeutschen Vaters das Heimatrecht des Kindes anzuwenden.

Verallgemeinerung ist deswegen nicht korrekt, weil sie Personen dem Recht der DDR unterstellen würde, die sich zwar (zB als Journalisten oder als Vertreter deutscher Firmen) in der DDR gewöhnlich aufhalten, aber als Angehörige der Bundesrepublik betrachten. Gleiches gilt für den umgekehrten Fall. Haben Staatsbürger der DDR ihren gewöhnlichen Aufenthalt in der Bundesrepublik, so ist auf sie das Recht der DDR dann anzuwenden, wenn oder solange sie sich als Angehörige der DDR betrachten.

9 **4. Vereinbarkeit mit dem Gleichberechtigungsgebot***

Maßgebend ist also nach dem Gesetzeswortlaut zunächst das Heimatrecht des Vaters. Das Heimatrecht der Mutter soll nur dann anwendbar sein, wenn der Vater gestorben ist. Die Frage, ob diese Regelung mit dem Gleichberechtigungsgrundsatz (Art 3 Abs 2 GG) zu vereinbaren ist, wird von der **Rechtsprechung** nahezu einstimmig bejaht. Als Begründung kehrt meist die Formel wieder, Art 19 enthalte keine unmittelbar sachlich-rechtliche Bevorzugung des einen Elternteils gegenüber dem anderen wegen seines Geschlechts. Die im Einzelfall anzuwendende Rechtsordnung könne uU die Frau besser stellen als den Mann. Das Heimatrecht eines Elternteils werde im Interesse der Familieneinheit vorgeschrieben. Das sei notwendig zur Vermeidung einer unübersehbaren Rechtsverwirrung (BayObLG 23. 4. 1971 BayObLGZ 1971, 157 = IPRspr 1971 Nr 164; OLG Saarbrücken 14. 7. 1965 OLGZ 1965, 366 = NJW 1966, 308 = FamRZ 1966, 42 = ZBlJugR 1966, 136 = IPRspr 1964–65 Nr 135; KG 21. 2. 1966 OLGZ 1966, 321 = FamRZ 1966, 266 = IPRspr 1966–67 Nr 100; OLG Hamm 15. 9. 1969 OLGZ 1970, 87 = NJW 1969, 2098 = FamRZ 1969, 666 = StAZ 1970, 102 = IPRspr 1968–69 Nr 111; OLG Köln 5. 7. 1971 NJW 1972, 394 = IPRspr 1971 Nr 68). Gelegentlich

---

* **Schrifttum:** Becker, Zur Geltung der Grundrechte im IPR, NJW 1971, 1491; Beitzke, Grundgesetz und Internationalprivatrecht (1961); Braga, Die Gleichberechtigung von Mann und Frau und das deutsche IPR, MDR 1952, 266; Dölle, Gleichberechtigung der Geschlechter und IPR, RabelsZ 18 (1953) 119; ders, Die Gleichberechtigung von Mann und Frau im Familienrecht, in: FS E Kaufmann (1950) 19; Esser, Interpretation und Rechtsneubildung im Familienrecht, JZ 1953, 521; Ferid, Wechselbeziehungen zwischen Verfassungsrecht und Kollisionsnormen, in: FS Dölle II (1963) 119; Gamillscheg, Gleichberechtigung der Frau und Reform des IPR, RabelsZ 33 (1969) 654; Görgens, Die materiellrechtliche und kollisionsrechtliche Gleichberechtigung der Ehegatten auf dem Gebiet der persönlichen Ehewirkungen und der elterlichen Gewalt (1976); Goerke, Einzelfragen zur Gleichberechtigung im IPR und Staatsangehörigkeitsrecht, FamRZ 1974, 57; Henrich, Die Bedeutung der Grundrechte bei der Anwendung fremden Rechts, RabelsZ 36 (1972) 2; ders, Gleichberechtigung im IPR und im Staatsangehörigkeitsrecht, FamRZ 1974, 105; ders, Verfassungswidrige Kollisionsnormen – ein Rechtschaos? RabelsZ 38 (1974) 490; Kropholler, Gleichberechtigung durch Richterrecht (1975); ders, Gleichberechtigung und Aufenthaltsprinzip im IPR, FamRZ 1976, 316; Lüderitz, Grundgesetz contra internationales Privatrecht? RabelsZ 36 (1972) 35; Makarov, Die Gleichberechtigung der Frau und das IPR, RabelsZ 17 (1952) 382; Massfeller, Die Gleichberechtigung in der Praxis des Standesbeamten nach dem 1. 4. 1953, StAZ 1953, 73; Neumayer, Ist das deutsche internationale Kindschaftsrecht revisionsbedürftig? AcP 152 (1952–53) 335; Reinicke-Schwarzhaupt, Gleichberechtigung von Mann und Frau (1957); Siegrist, Gleichberechtigung von Mann und Frau im IPR, RabelsZ 24 (1959) 54; Sonnenberger, Sind die familienrechtlichen Artikel des EGBGB mit dem Grundgesetz vereinbar? MDR 1964, 283; Stöcker, Reform des deutschen internationalen Kindschaftsrechts durch Anwendung des Grundgesetzes, StAZ 1975, 209; Sturm, Zur Gleichberechtigung im deutschen IPR, in: FS zum 50jährigen Bestehen des Instituts für ausländisches und internationales Privat- und Wirtschaftsrecht der Universität Heidelberg (1967) 155; Thieme, Sind die familienrechtlichen Artikel des EGBGB mit dem Grundgesetz vereinbar? MDR 1963, 1(I), 85 (II).

wird auch gesagt, Art 19 sei als bloße Ordnungsnorm ohne materiellrechtlichen Gehalt verfassungsneutral (OLG Düsseldorf 27. 11. 1969 NJW 1970, 680 = FamRZ 1970, 99 = IPRspr 1970 Nr 59 a). Und der BGH schließlich meint ergänzend, bei der Verschiedenheit der im Schrifttum gemachten Vorschläge sei es kaum möglich, eine rechtlich gesicherte Feststellung über einen anderen Anknüpfungspunkt zu treffen (BGH 18. 6. 1970 BGHZ 54, 132 = NJW 1970, 2160 = MDR 1971, 35 = WM 1970, 1274 = FamRZ 1970, 550 = StAZ 1970, 338 = IPRspr 1970 Nr 61 b; ähnlich auch OLG Frankfurt 14. 6. 1976 OLGZ 1976, 423 = StAZ 1976, 363 = IPRspr 1976 Nr 82: die Entscheidung über eine sachgerechte Anknüpfung muß dem Gesetzgeber überlassen werden). Vielfach wird auf jede Begründung verzichtet und stattdessen lediglich auf Äußerungen des Schrifttums oder anderer Gerichte Bezug genommen (vgl etwa BGH 18. 6. 1970 BGHZ 54, 123 = NJW 1970, 1503 = MDR 1970, 916 = WM 1970, 1169 = FamRZ 1970, 547 = StAZ 1970, 336 = DAVorm 1971, 479 = IPRspr 1970 Nr 59 b; BGH 26. 5. 1971 NJW 1971, 1521 = MDR 1971, 996 = BGH WarnR 1971 Nr 138 = StAZ 1971, 250 = IPRspr 1971 Nr 6). Erst in jüngster Zeit werden Gegenstimmen laut: OLG Zweibrücken 13. 9. 1974 FamRZ 1975, 172 = IPRspr 1974 Nr 91; OLG Stuttgart 23. 6. 1975 OLGZ 1975, 391 = NJW 1976, 483 = FamRZ 1975, 644 = IPRspr 1975 Nr 74; LG Bochum 5. 10. 1976 IPRspr 1976 Nr 85 A.

Die in der Rechtsprechung vorherrschende Begründungsformel hat zwei Wurzeln: **10** Eine („vorläufige") Stellungnahme des Max-Planck-Instituts für ausländisches und internationales Privatrecht (RabelsZ 18 [1953] 119 f) und die Begründung des Entwurfs eines Familienrechtsgesetzes (zitiert bei Massfeller StAZ 1953, 73, 77). Das Max-Planck-Institut für ausländisches und internationales Privatrecht argumentierte folgendermaßen: Gegen den Gleichberechtigungsgrundsatz verstößt nicht eine Verschiedenbehandlung von Mann und Frau, wenn sie dem gleichfalls vom Grundgesetz (Art 6 Abs 1) proklamierten Schutz der Ehe und Familie dient, insbes ihrer Einheit und Unabhängigkeit nach außen. Das Heimatrecht des Ehemannes wird im Interesse der Familieneinheit bevorzugt. Die Vorschriften, die auf das Heimatrecht des Ehemannes oder des Vaters abstellen, enthalten keine unmittelbare materiellrechtliche Benachteiligung eines Geschlechts. Sie verstoßen deswegen nicht gegen Art 3 Abs 2 GG. In der Begründung des Gesetzesentwurfs (die deutlich von einer Stellungnahme Dölles [FS Kaufmann 19, 40 ff] beeinflußt ist) heißt es ua: Die Untersuchung, ob das geltende Recht mit dem Grundsatz der Gleichberechtigung der Geschlechter in Einklang steht, hat sich auf die Rechtslage bei Anwendung deutschen Rechts zu beschränken. Es darf nicht das Streben des deutschen Gesetzgebers sein, familienrechtliche Sachverhalte mit Auslandsberührung, an denen Mann und Frau beteiligt sind, sowohl dem Heimatrecht des Mannes wie dem der Frau nur deshalb zu unterwerfen, weil der eine Ehegatte nicht gegenüber dem anderen „bevorzugt" werden dürfe; denn damit würde ein inlandsrechtliches Prinzip in einen Bereich übertragen, für den andere Grundsätze die Vorherrschaft haben müssen. Wollte man in derartigen Fällen die kumulierten Heimatrechte beider Ehegatten anwenden, so würde man damit Konflikte heraufbeschwören, die zu unlösbarer Verwirrung führen würden. Im übrigen ist es durchaus möglich, daß das nach den Kollisionsnormen anzuwendende Heimatrecht des Mannes die Frau günstiger stellt als ihr eigenes Heimatrecht.

Dieselben Argumente tauchen im **Schrifttum** immer wieder auf, das zu einem **11** großen Teil den Standpunkt der Rechtsprechung billigt.*

* Hübner 14. Beih zur DRiZ 1950, 93; Neumayer AcP 152 (1952–53) 335, 337; Esser JZ 1953, 524; Hagemeyer NJW 1953, 601, 605; Wolff, IPR 217; Firsching FamRZ 1956, 303; Finke MDR 1957, 449, 455; Reinicke-Schwarzhaupt, Gleichberechtigung von Mann und Frau 113;

12 Sehr überzeugend ist die Argumentation der hM nicht. Ihr ist darum von Anfang an in der Literatur auch widersprochen worden. Der These, Art 19 enthalte – als reine Ordnungsvorschrift – keine sachlich-rechtliche Bevorzugung des Vaters, wird entgegengehalten, daß einmal eine Person durch Wechsel der Staatsangehörigkeit ihr Personalstatut in gewissem Maße frei wählen (und dadurch die Rechtswahl beeinflussen) könne, daß zum anderen jedermann sein eigenes Personalstatut leichter als ihm angemessen empfinde als eine fremde Rechtsordnung, und sei es auch nur durch Gewöhnung, und daß schließlich der Mensch idR sein eigenes Personalstatut am besten – oder vorsichtiger gesagt: am ehesten – kenne und sich in seinem Verhalten mehr oder weniger danach richte (MAKAROV RabelsZ 17 [1952] 382, 385; SIEGRIST RabelsZ 24 [1959] 54, 71; BEITZKE, GG und IPR 26; STURM FS Heidelberg 155, 160; HELDRICH JZ 1969, 300 f; IPG 1972 Nr 36 [Bonn]). Richtig ist zwar, daß uU die Anwendung des Mannesrechts für die Frau günstiger ist als die Anwendung ihres eigenen Rechts. Darauf kommt es aber bei der Prüfung der Verfassungsmäßigkeit der Kollisionsnorm nicht an. Denn es geht bei der Anwendung des Art 3 GG im IPR nicht darum, die Gleichberechtigung außerhalb des eigenen Rechtsanwendungsbereichs zur Anwendung zu bringen, sondern darum, deutsche Rechtsnormen an der Verfassung zu messen (so zutreffend NEUHAUS RabelsZ 20 [1955] 52, 55; BEITZKE 24, 27; STURM 160 gegen DÖLLE, FS Kaufmann 39 f). Daß Kollisionsnormen an der Verfassung zu messen sind, hat im übrigen auch das Bundesverfassungsgericht in seiner „Spanier-Entscheidung" klar ausgesprochen (BVerfG 4. 5. 1971 BVerfGE 31, 58 = NJW 1971, 1509 und [L] 2121 Anm GURADZE = MDR 1971, 823 = RabelsZ 36 [1972] 145 = FamRZ 1971, 414 Anm WOCHNER = StAZ 1971, 189 = IPRspr 1971 Nr 39). Was den Gesichtspunkt der Familieneinheit und die Furcht vor einer Rechtsverwirrung betrifft, so ist richtig, daß bei verschiedener Staatsangehörigkeit von Vater und Mutter nicht an zwei verschiedene Rechtsordnungen angeknüpft werden kann. Widersprüche wären häufig und weder durch die Anwendung des „minderen" noch durch die Anwendung des dem Kind „günstigeren" Rechts befriedigend zu lösen. Denn ganz davon abgesehen, daß sich darüber, was im Einzelfall dem Kind „günstiger" ist, alsbald Meinungsverschiedenheiten erheben würden, gibt es auch Bereiche, in denen von einem „günstigeren" oder „ungünstigeren" Recht nicht gesprochen werden kann (etwa bei der Namensführung). Aus diesen Gründen wird eine Kumulierung der Heimatrechte von Vater und Mutter auch allgemein abgelehnt (vgl MAKAROV RabelsZ 17 [1952] 382, 386 f; SIEGRIST RabelsZ 24 [1959] 54, 77 ff; BEITZKE 29 f). Neben den bisher Genannten halten Art 19 für verfassungswidrig ua auch ULMER, Verhandlungen des 38. Deutschen Juristentags B 31 ff, 51; BRAGA MDR 1952, 266; KRÜGER in KRÜGER-BREETZKE-NOWACK Einl 310 ff; THIEME MDR 1963, 1 f; GÖPPINGER JR 1975, 159; KROPPHOLLER, Gleichberechtigung durch Richterrecht 88; GÖRGENS, Gleichberechtigung der Ehegatten 201 ff. Siehe ferner HENRICH FamRZ 1974, 105 und RabelsZ 38 [1974] 490 ff.

RAAPE, IPR 43 f (mit – ua – den zweifelhaften Argumenten, der Gleichberechtigungsgrundsatz gelte nur für Deutsche, nicht auch für Ausländer; wenn man die Wahl zwischen Mannes- und Frauenrecht habe, so sei es das natürliche, sich für ersteres zu entscheiden; die These, daß das eigene Recht der Frau vertrauter sei als das Recht des Mannes, sei weltfremd); GAMILLSCHEG JR 1961, 518; ders RabelsZ 33 (1969) 690; FERID, FS Dölle II 119, 136 f; ders FamRZ 1963, 58 f; JAYME FamRZ 1964, 352, 355; SONNENBERGER MDR 1964, 283 ff; SOERGEL-KEGEL Vorbem 8 zu Art 13 sowie Art 19 Rz 2; BECKER NJW 1971, 1491 f; ERMAN-MARQUORDT Art 19 Rz 2; COESTER ZBlJugR 1976, 179; KEGEL, IPR § 20 VIII 1; PALANDT-HELDRICH Vorbem 15 zu Art 7 und Art 19 Anm 2; s auch IPG 1965–66 Nr 27 (Köln); IPG 1967–68 Nr 38 (Hamburg); IPG 1969 Nr 21 (Kiel); IPG 1970 Nr 20 (München).

13 Darüber, welche einheitliche Anknüpfung anstelle der unerwünschten Mehrfachanknüpfung gewählt werden kann, gehen die Meinungen auseinander. Empfohlen wird, falls die Eltern nicht diesselbe Staatsangehörigkeit haben,

(a) Anknüpfung an das Heimatrecht des Kindes (Makarov RabelsZ 17 [1952] 382, 392; Ferid, IPR Rz 8–261; LG Bochum 5. 10. 1976 IPRspr 1976 Nr 85 A);

(b) Anknüpfung an das Recht des Staates, dessen Staatsangehörigkeit das Kind mit einem Elternteil teilt (Krüger in Krüger-Breetzke-Nowack Einl 319);

(c) Anknüpfung an das deutsche Recht, wenn ein Elternteil die deutsche Staatsangehörigkeit besitzt (Thieme MDR 1963, 1);

(d) Anknüpfung an das Recht, das die Eltern gewählt haben (Sturm, FS Heidelberg 155, 168);

(e) Anknüpfung an das letzte gemeinsame Heimatrecht der Eltern, hilfsweise an das Recht ihres gemeinsamen gewöhnlichen Aufenthalts (Schröder FamRZ 1969, 291, 292; Görgens, Gleichberechtigung der Ehegatten 181, 212);

(f) Anknüpfung an das Recht des gemeinsamen gewöhnlichen Aufenthalts der Eltern (Beitzke, GG und IPR 29; Kropholler, Gleichberechtigung und Richterrecht 90; Henrich RabelsZ 38 [1974] 505; ders FamRZ 1974, 107);

(g) Anknüpfung an das Recht des gewöhnlichen Aufenthalts des Kindes (OLG Stuttgart 23. 6. 1975 OLGZ 1975, 391 = NJW 1976, 483 = FamRZ 1975, 644 = IPRspr 1975 Nr 74; LG Hamburg 30. 3. 1978 NJW 1979, 501; Stöcker StAZ 1975, 209; Kropholler FamRZ 1976, 316).

14 Die Auswahl unter diesen verschiedenen Vorschlägen wird aufgrund folgender Erwägungen zu treffen sein: Bei der Schließung der Lücke ist zunächst auf solche Regelungen zurückzugreifen, die der Gesetzgeber in vergleichbaren Fällen getroffen hat. Der Vorschlag muß in das geltende Internationale Familienrecht „passen“. Vorschläge, die im geltenden Recht keine Stütze finden, sind rechtspolitischer Natur und kommen deswegen für die Schließung der Gesetzeslücke nicht in Betracht. Aus diesem Grund ist der Vorschlag, den Eltern die Wahl des anwendbaren Rechts zu überlassen, abzulehnen. Im Internationalen Familienrecht gibt es – noch – keine Parteiautonomie. Der These, deutsches Recht sei stets dann anzuwenden, wenn ein Elternteil die deutsche Staatsangehörigkeit besitzt, steht entgegen, daß Art 3 Abs 2 GG nicht nur für Deutsche gilt, sondern als Menschenrecht ausgestaltet ist (vgl Sonnenberger MDR 1964, 283; Sturm, FS Heidelberg 155, 167). Dagegen gibt es sowohl für eine Anknüpfung an das letzte gemeinsame Heimatrecht der Ehegatten als auch für eine Anknüpfung an den gemeinsamen gewöhnlichen Aufenthalt der Ehegatten Anhaltspunkte im Gesetz. Dasselbe gilt für eine Anknüpfung an das Heimatrecht des Kindes oder an dessen gewöhnlichen Aufenthalt.

15 Eine Anknüpfung an das letzte gemeinsame Heimatrecht der Ehegatten findet sich zB in Art 14 Abs 2 EGBGB. Sie für die Schließung der Lücke in Art 19 zu übernehmen, empfiehlt sich deswegen nicht, weil sie in der Mehrzahl der Fälle nicht weiterhelfen würde. Denn in der Mehrzahl der Fälle unterschiedlicher Staatsangehörigkeit der Eltern besteht diese unterschiedliche Staatsangehörigkeit von Anfang an und tritt nicht etwa erst während der Ehe ein.

16 Eine Anknüpfung an den gewöhnlichen Aufenthalt der Eltern könnte sich darauf berufen, daß das EGBGB für den Fall, daß eine Anknüpfung an die Staatsangehörigkeit der Anknüpfungsperson scheitert, die Anknüpfung an den gewöhnlichen Aufenthalt, hilfsweise an den bloßen Aufenthalt vorgesehen hat (Art 29). Gegen diese Lösung spricht indessen, daß sie in den beiden internationalen Abkommen, die das Eltern-Kind-Verhältnis maßgeblich bestimmen, nämlich in dem Haager Unter-

haltsabkommen und dem Haager Minderjährigenschutzabkommen, nicht verwendet worden ist. Eine Gesetzesergänzung sollte jedoch versuchen, eine allzu große Vielfalt von Anknüpfungspunkten zu vermeiden.

17 Maßgeblicher Anknüpfungspunkt im Haager Unterhaltsabkommen ist der gewöhnliche Aufenthalt des Kindes. Im Minderjährigenschutzabkommen spielt neben dem gewöhnlichen Aufenthalt des Kindes noch dessen Heimatrecht eine Rolle. Zwischen diesen beiden Anknüpfungspunkten sollte deswegen gewählt werden, wenn es um die Schließung der durch die Verfassungswidrigkeit des Art 19 entstandenen Lücke geht. Berücksichtigt man, daß Art 19 von der Staatsangehörigkeit der Eltern ausgeht, also eine Anknüpfung an ein relativ stabiles Anknüpfungsmoment für richtig hält, so wird man als diejenige Lösung, die dem Gesetzeswillen am ehesten Rechnung trägt, die Anknüpfung an das Heimatrecht des Kindes ansehen müssen.

18 Aus Art 19 ist also folgende – **verfassungsmäßige – Anknüpfung** zu entnehmen: Maßgebend ist in erster Linie das **gemeinsame Heimatrecht der Eltern**. Haben die Eltern nicht dieselbe Staatsangehörigkeit, so entscheidet das **Heimatrecht des Kindes**. Besitzt das Kind die Staatsangehörigkeit sowohl des Vaters als auch die der Mutter, so ist nach den allgemeinen Grundsätzen über die Behandlung von Doppelstaatern zu verfahren: es entscheidet die effektive Staatsangehörigkeit. Ist eine der beiden Staatsangehörigkeiten die deutsche, wird regelmäßig allein die deutsche Staatsangehörigkeit zu berücksichtigen sein.

19 Ist nicht an die Staatsangehörigkeit, sondern (bei Staatenlosen, Flüchtlingen oder im interlokalrechtlichen Bereich) an den Wohnsitz oder den gewöhnlichen Aufenthalt anzuknüpfen, so tritt entsprechend an die Stelle des gemeinsamen Heimatrechts der Eltern ihr gemeinsamer Wohnsitz oder gewöhnlicher Aufenthalt (so im Ergebnis – jedenfalls in erster Linie – auch Soergel-Kegel Art 19 Rz 76). Ist nur ein Elternteil staatenlos oder Flüchtling oder Staatsbürger der DDR, so kommt es darauf an, ob sein Personalstatut mit dem des anderen Elternteils identisch ist. Bejahendenfalls gilt das gemeinsame Personalstatut (Beispiel: Ehemann ist deutscher Staatsangehöriger, Ehefrau Flüchtling mit Wohnsitz in der Bundesrepublik), verneinendenfalls (Beispiel: Ehemann ist Italiener, Ehefrau ist Flüchtling mit Wohnsitz in der Bundesrepublik) ist an das Personalstatut des Kindes anzuknüpfen. Dabei ist zu beachten, daß das Kind dann, wenn es aufgrund familienrechtlicher Beziehungen die Staatsangehörigkeit einer Person teilt, die Flüchtling ist, auch seinerseits als Flüchtling anzusehen ist (vgl BayObLG 28. 2. 1974 BayObLGZ 1974, 95 = FamRZ 1975, 223 = StAZ 1974, 149 = IPRspr 1974 Nr 211). Besitzt das Kind die Staatsangehörigkeit eines Elternteils und zugleich die Flüchtlingseigenschaft des anderen Elternteils, so ist es ebenso zu behandeln wie ein Mehrstaater: Es entscheidet das effektive Personalstatut. Dabei hat ein deutsches Personalstatut im Zweifel den Vorrang vor einem ausländischen Personalstatut.

20 **5. Reformvorschläge**

Die Familienrechtskommission des Deutschen Rates für Internationales Privatrecht hat vorgeschlagen, Art 19 durch folgende Regelung zu ersetzen (Vorschläge und Gutachten zur Reform des Deutschen Internationalen Kindschafts-, Vormundschafts- und Pflegschaftsrechts 2):

(1) Für das Rechtsverhältnis zwischen Eltern und einem ehelichen Kinde gilt das Recht, das für die Ehewirkungen gilt.

(2) Nach dem Tode eines Elternteils gilt für das Rechtsverhältnis zwischen dem überlebenden Elternteil und dem Kind das Recht des Staates, dem der überlebende

Elternteil angehört. Hat sich jedoch der überlebende Elternteil zZ des Todes des anderen in dem Staat gewöhnlich aufgehalten, dessen Recht bis dahin für das Rechtsverhältnis zwischen den Eltern und dem Kind gegolten hat, dann gilt dieses Recht für das Rechtsverhältnis zwischen dem überlebenden Elternteil und dem Kind weiter, solange sich der überlebende Elternteil in diesem Staat gewöhnlich aufhält.

(3) Ist die Ehe anders als durch Tod eines Ehegatten aufgelöst, so gilt der Reihe nach das Recht des Staates,

(a) dem die Eltern angehören;

(b) dem die Eltern während der Ehe oder nach Auflösung der Ehe zuletzt angehört haben, vorausgesetzt, daß ein Elternteil diesem Staat noch angehört;

(c) in dem sich die Eltern gewöhnlich aufhalten;

(d) in dem sich die Eltern während der Ehe oder nach Auflösung der Ehe zuletzt gewöhnlich aufgehalten haben.

Berücksichtigt man die Vorschläge zur Reform des Rechts der Ehewirkungen 21
(Vorschläge und Gutachten zur Reform des Deutschen Internationalen Eherechts 18), so wäre für das Rechtsverhältnis zwischen Eltern und ehelichen Kindern bei bestehender Ehe maßgebend das Recht des Staates

(a) dem beide Eltern angehören;

(b) dem beide Eltern während der Ehe zuletzt angehört haben, vorausgesetzt, daß einer von ihnen diesem Staat noch angehört,

(c) in dem beide Eltern sich gewöhnlich aufhalten;

(d) in dem beide Eltern sich während der Ehe zuletzt gewöhnlich aufgehalten haben, vorausgesetzt, daß einer von ihnen sich dort noch aufhält;

(e) in dem beide Eltern sich aufhalten;

(f) in dem beide Eltern sich während der Ehe zuletzt aufgehalten haben.

Nach Auflösung der Ehe durch den Tod eines Elternteils käme dann Abs 2 des Vorschlags der Familienrechtskommission zum Zuge, nach Auflösung der Ehe auf andere Weise Abs 3 des Vorschlags.

Diesem Vorschlag stehen im wesentlichen zwei Gegenvorschläge gegenüber. Nach 22
dem einen soll an das Personalstatut des Kindes angeknüpft werden, nach dem anderen sollen die Eltern das Kindschaftsstatut wählen können.

Eine Wahlbefugnis der Ehegatten/Eltern bezüglich des auf die Ehewirkungen und 23
auch auf das Kindschaftsstatut anwendbaren Rechts wird im deutschen Schrifttum insbes von Sturm befürwortet (FS Heidelberg 155, 168 ff). Sturm stützt seine Auffassung auf Art 2 und Art 6 GG. Art 2 mache die Gestaltungsfreiheit im Privatrecht zu einer tragenden Kraft unserer gesamten Rechtsordnung. Diese Wertentscheidung sei daher auch vom deutschen Kollisionsrecht zu beachten. Durch Art 6 Abs 1 und Abs 2 GG werde den Ehegatten hinsichtlich der Gestaltung des ehelichen Lebens und der Erziehung der Kinder eine Privatsphäre eingeräumt, auf die der Staat nicht einwirken dürfe (Sturm 172). Sturm ist sich bewußt, daß die Einführung einer solchen Wahlbefugnis nicht alle Probleme löst. Haben die Ehegatten keine Rechtswahl getroffen und sind sie später nicht mehr willens, eine Rechtswahl zu treffen, so soll wieder die „Leiter" anwendbar sein: gemeinsame Staatsangehörigkeit, gegenwärtiger oder früherer gemeinsamer gewöhnlicher Aufenthalt (174).

Für eine solche Lösung lassen sich insbes im Bereich des Ehegüterrechts, aber auch 24
im Bereich der persönlichen Ehewirkungen gute Gründe anführen. Für das Kind-

schaftsrecht taugt sie nicht. Soweit es nur um Angelegenheiten der Ehegatten geht, mag es nämlich vertretbar sein, ihnen einen Regelungsbereich zur autonomen Gestaltung zu überlassen. Im Kindschaftsrecht geht es aber um die Interessen und den Schutz des Kindes. Ein Gesetzgeber, der bestrebt ist, den Interessen des Kindes immer stärker Rechnung zu tragen, kann es nicht hinnehmen, daß die Eltern des Kindes diese Absicht durch die Wahl eines ihren Interessen mehr entgegenkommenden Rechts durchkreuzen.

25 Die Auffassung, daß an das Personalstatut des Kindes angeknüpft werden sollte, ist gespalten. Während früher ausschließlich eine Anknüpfung an das Heimatrecht des Kindes empfohlen wurde (Dölle, FS Kaufmann 44; Makarov RabelsZ 17 [1952] 382, 392; Wolff, IPR 215; Siegrist RabelsZ 1959, 54, 94 f), wird neuerdings vielfach für eine Anknüpfung an den gewöhnlichen Aufenthalt des Kindes plädiert (Neuhaus FamRZ 1967, 25; Stöcker StAZ 1975, 209; Kropholler FamRZ 1976, 316). Für beide Vorschläge lassen sich gute Gründe vorbringen (oben Rz 17). Bei dem Vorschlag des Deutschen Rates für IPR wird zu prüfen sein, ob er bei Berücksichtigung der beiden inzwischen in Kraft getretenen Haager Abkommen zum Unterhaltsrecht und zum Minderjährigenschutz sein – an sich erstrebenswertes – Ziel einer einheitlichen Anknüpfung von Ehewirkungen und Eltern-Kind-Beziehungen noch erreichen kann.

II. Rück- und Weiterverweisung; ausländische Rechte

26 1. Rück- und Weiterverweisung

Eine Rück- oder Weiterverweisung durch das gem dem deutschen Kollisionsrecht anzuwendende Recht ist zu beachten. Daß Art 19 in Art 27 nicht erwähnt ist, beruht darauf, daß Art 19 nicht als allseitige, sondern nur als einseitige Kollisionsnorm ausgestaltet ist. In Art 27 werden nur allseitige Kollisionsnormen aufgezählt. Da aber Art 19 – bzw die bei Annahme der Verfassungswidrigkeit an seine Stelle tretende Regel – zu einer allseitigen Kollisionsnorm zu erweitern ist, ist auch Art 27 entsprechend anwendbar (vgl BayObLG 6. 2. 1962 BayObLGZ 1962, 39 = NJW 1962, 1013 = FamRZ 1962, 480 = DAVorm 1962, 203 = IPRspr 1962–1963 Nr 101 und öfter, zuletzt 22. 3. 1967 IPRspr 1966–1967 Nr 117; OLG Hamm 7. 12. 1962 IPRspr 1962–1963 Nr 105; KG 3. 1. 1966 IPRspr 1966–1967 Nr 94 und 4. 2. 1972 FamRZ 1972, 304 = IPRspr 1972 Nr 59 a; OLG Düsseldorf 27. 11. 1969 NJW 1970, 680 = FamRZ 1970, 99 = IPRspr 1970 Nr 59 a).

27 2. Ausländische Kollisionsnormen

Bei der Prüfung einer etwaigen Rück- oder Weiterverweisung ist zu beachten, daß die ausländischen Kollisionsrechte zT den weiten Bereich der Eltern-Kind-Beziehungen aufspalten und für die verschiedenen Teilbereiche unterschiedliche Kollisionsnormen bereit halten. So richten sich zB nach ägyptischem Recht Unterhaltsansprüche zwischen Verwandten nach dem Heimatrecht des Schuldners (Art 15 ZGB), während die gesetzliche Vermögensverwaltung dem Heimatrecht des schutzbedürftigen Kindes untersteht (Art 16 ZGB).

28 Im Bereich des Common Law wird zwischen Personensorge (custody) und Vermögensverwaltung (zum Bereich der guardianship gehörend) unterschieden. Gefragt wird in diesen Staaten zunächst nach der internationalen Zuständigkeit (jurisdiction). Wird sie bejaht, wird in Personensorgeangelegenheiten regelmäßig die lex fori angewandt. Demgegenüber wird die Sorge für das Vermögen des Kindes regelmäßig nach dem Domizilrecht der Eltern (bei beweglichem Vermögen) bzw nach der lex rei sitae (bei unbeweglichem Vermögen) beurteilt.

Unsicherheit herrscht vielfach darüber, ob der Name dem Kindschaftsstatut unterstellt oder selbständig angeknüpft werden soll. Die Tendenz scheint dahin zu gehen, jedenfalls beim Namen des ehelichen Kindes, auf dessen Personalstatut (also nicht auf das Kindschaftsstatut) abzustellen. Vgl in diesem Sinn etwa für Österreich SCHWIND (IPR 124: gegen die „ältere Lehre"; so jetzt auch § 13 des neuen IPR-Gesetzes), für die Schweiz VISCHER, IPR 561; für Frankreich DAYANT, JCI Droit Int fasc 542, §§ 1, 2; BATIFFOL-LAGARDE, D.I.P.II Nr 404; FADLALLAH, La famille légitime en d.i.p. Nr 378; s aber auch MAYER, D.I.P. Nr 603, der für die Geltung des Ehewirkungsstatuts plädiert [gemeinsames Heimatrecht der Eltern, hilfsweise gemeinsamer gewöhnlicher Aufenthalt der Eltern]), für Italien VITTA, D.I.P. II 22; für die Niederlande LEMAIRE, Nederlands internationaal privaatrecht 69. Diese mögliche Aufspaltung des Kindschaftsstatuts ist bei der nachfolgenden Darstellung im Auge zu behalten. 29

Die meisten Staaten beurteilen die Rechtsstellung eines ehelichen Kindes zu seinen Eltern ebenso wie das deutsche Recht nur nach einer einzigen Kollisionsnorm. Angeknüpft wird dabei meist entweder an das Heimatrecht des Vaters oder an das Heimatrecht des Kindes. 30

Das Heimatrecht des Vaters wird angewandt in 31
der **Republik China** (Taiwan) (Ges über die Anwendung bürgerlichen Rechts bei Ausländern vom 6. 6. 1953, § 19),
Irak (Art 19 Abs 4 ZGB),
Iran (Art 964 ZGB),
Italien (Art 20 disp prel),
Japan (Art 20 des Ges über die Anwendung der Gesetze),
Spanien (Art 9 Nr 4 Cc),
Südkorea (Art 22 des Ges über das internationale Recht),
Thailand (Art 30 des Ges betr Gesetzeskollisionen).

An das Heimatrecht des Kindes ist nach den Rechten folgender Staaten anzuknüpfen: **Bulgarien** (Art 98 Familienkodex), **DDR** (Art 22 RechtsanwendungsGes), **Österreich** (§ 24 des IPR-Ges vom 15. 6. 1978), **Polen** (Art 19 § 1 des Ges über das IPR), **Tschechoslowakei** (§ 24 des Ges über das internationale Privat- und Prozeßrecht), **Ungarn** (§ 17 Abs 2 Dekretgesetz Nr 23/1952). Vom gemeinsamen Heimatrecht der Eltern (bzw des Vaters) und des Kindes gehen folgende Rechtsordnungen aus: **Belgien** (wobei allerdings RIGAUX, D.I.P. Nr 307, darauf hinweist, daß in Personensorgeangelegenheiten belgische Gerichte stets dazu neigen, belgisches Recht anzuwenden; in Angelegenheiten der Vermögensverwaltung und bezüglich der gesetzlichen Vertretung gilt das Heimatrecht des Kindes), **Finnland** (§ 19 Ges vom 5. 12. 1929: Haben die Eltern oder hat ein Elternteil eine andere Staatsangehörigkeit als das Kind, gilt das Heimatrecht des Kindes), **Griechenland** (Art 18 ZGB: letztes gemeinsames Heimatrecht von Vater und Kind, in Ermangelung eines solchen: Heimatrecht des Vaters), **Niederlande** (im Konfliktsfall wurde früher das Heimatrecht des Vaters angewandt; vgl WENGLER, Gutachten I Nr 51. Heute neigen viele dazu, dem Heimatrecht des Kindes den Vorzug zu geben; vgl LEMAIRE (oben Rz 29) 95 ff), **Schweden** (vgl AG Hamburg 20. 10. 1966 StAZ 1968, 105 = DAVorm 1967, 275 = IPRspr 1966–1967 Nr 109), **Türkei** (vgl AG Hamburg 14. 11. 1966 StAZ 1968, 106 = IPRspr 1966–1967 Nr 111: Heimatrecht von Vater und Kind), **Tunesien** (Dekret zur Regelung kollisionsrechtlicher Fragen, Art 1, 2). 32

In einer Reihe von Staaten wird statt an die Staatsangehörigkeit an den Wohnsitz (oder den gewöhnlichen Aufenthalt) angeknüpft. 33

34 Dabei wird zT der Wohnsitz des Vaters für maßgebend angesehen (vgl für **Dänemark** BayObLG 17. 5. 1963 BayObLGZ 1963, 123 = IPRspr 1962–1963 Nr 107), zT der Wohnsitz des Kindes (vgl für **Norwegen** IPG 1969 Nr 1 [Hamburg]), die **Schweiz** unterstellt die elterliche Gewalt zwar grundsätzlich dem Wohnsitzrecht (Art 9 NAG). Für Schweizer, die im Ausland leben und nach der ausländischen Gesetzgebung dem ausländischen Recht nicht unterworfen sind (weil zB der Wohnsitzstaat in Fragen der elterlichen Gewalt nicht an den Wohnsitz sondern an die Staatsangehörigkeit anknüpft), soll jedoch das Recht ihres Heimatkantons gelten (Art 28 Nr 2 NAG).

In **Frankreich** ist das für den Inhalt des ehelichen Kindschaftsverhältnisses maßgebende Recht umstritten. Nach der überwiegenden Rechtsprechung gilt grundsätzlich das Ehewirkungsstatut (Staatsangehörigkeit der Eltern, bei verschiedener Staatsangehörigkeit der Eltern deren gemeinsamer Wohnsitz, hilfsweise die lex fori); vgl Batiffol-Lagarde, D.I.P. II Nr 478. Zumindest für den Zeitpunkt nach Auflösung der Ehe durch Scheidung wird jedoch vielfach die Anwendung des Heimatrechts des Kindes empfohlen (vgl Mayer, D.I.P. Nr 600; Fadlallah, La famille légitime en d.i.p. Nr 362). Die Rechtsprechung unterstellt die Sorgerechtsverteilung nach einer Scheidung regelmäßig dem Scheidungsstatut (vgl Trib civ Seine 16. 1. 1959 Rev crit 48 [1959] 661). Nach Auflösung der Ehe durch Tod wird zT ebenfalls die Anwendung des Heimatrechts des Kindes empfohlen (Mayer aaO), teils das Heimatrecht des überlebenden Ehegatten angewandt. Der Unterhaltsanspruch eines minderjährigen Kindes wird überwiegend nach dem Ehewirkungsstatut beurteilt (soweit nicht ein Unterhaltsabkommen eingreift), der Unterhaltsanspruch eines volljährigen Kindes und der Unterhaltsanspruch der Eltern gegen das Kind teils nach dem Heimatrecht des Kindes (Mayer Nr 601), teils nach dem gemeinsamen Wohnsitz von Gläubiger und Schuldner und hilfsweise nach der lex fori (Fadlallah Nr 374). Bei der Frage der gesetzlichen Vertretung des Kindes wird zT darauf hingewiesen, daß hier mit dem Ehewirkungsstatut das Heimatrecht des Kindes konkurriere (weil dieses seine Geschäftsfähigkeit bestimmt); vgl Mayer Nr 602.

In **Portugal** gilt nach der jüngsten Rechtsreform das Recht des gemeinsamen gewöhnlichen Aufenthalts, bei gewöhnlichem Aufenthalt in verschiedenen Ländern das Personalstatut des Kindes.

III. Ordre public

36 1. Elterliche Gewalt nach Scheidung der Eltern

Fragen des ordre public haben im Bereich des Art 19 vor allem bei der Regelung der elterlichen Gewalt nach der Scheidung der Eltern eine Rolle gespielt. Insbesondere die starre und gleichberechtigungswidrige Regelung der **islamischen** Rechte hat vielfach den Widerstand der Gerichte hervorgerufen und zur Anwendung der Vorbehaltsklausel (Art 30 EGBGB) geführt. Die Rechtsprechung blieb allerdings lange Zeit kontrovers.

37 Zunächst erklärten viele Gerichte, eine Regelung, die dem Vater die elterliche Gewalt und der Mutter nur ein Personensorgerecht bis zu einem bestimmten Lebensalter des Kindes (bei Knaben bis zum 2. oder 7., bei Mädchen bis zum 9. Lebensjahr) gewähre, widerspreche dem Grundsatz der Gleichberechtigung von Mann und Frau und dem Gebot, allein nach dem Wohl des Kindes zu entscheiden, und sei deswegen in Deutschland nicht anzuwenden (OLG München 7. 3. 1960 NJW 1960, 1771 = FamRZ 1960, 372 = IPRspr 1960–1961 Nr 187 [Iran]; OLG

Neustadt 30. 8. 1962 FamRZ 1963, 51 = DAVorm 1963, 116 = IPRspr 1962–1963 Nr 104 [Iran]; KG 11. 5. 1964 IPRspr 1964–1965 Nr 124 [Syrien] und 6. 11. 1967 OLGZ 1968, 118 = NJW 1968, 361 = FamRZ 1968, 92 = DAVorm 1969, 323 = IPRspr 1966–1967 Nr 123 [Irak]; OLG Karlsruhe 29. 11. 1968 IPRspr 1968–1969 Nr 99 b [Iran]).

Andere Gerichte plädierten für eine differenzierende Betrachtungsweise. Sie meinten, eine die Gleichberechtigung von Mann und Frau verletzende Regelung eines ausländischen Rechts gebiete noch nicht die Anwendung der Vorbehaltsklausel. Es komme vielmehr auf den Einzelfall an. Nur dann, wenn die starre Regelung des ausländischen Rechts die Berücksichtigung des Kindeswohls verhindere, sei es von der Anwendung ausgeschlossen. Der Umstand, daß nur dem Vater die elterliche Gewalt zustehe, bedeute keinen Verstoß gegen den deutschen ordre public, solange dem Vater unter bestimmten Voraussetzungen die elterliche Gewalt auch entzogen werden könne. Daß allein der Vater die Vermögensverwaltung habe, sei jedenfalls dann erträglich, wenn das Kind vermögenslos sei (OLG Düsseldorf 14. 11. 1961 IPRspr 1960–1961 Nr 113 [Ägypten]; AG Schwäbisch-Hall 21. 5. 1964 FamRZ 1965, 517 = IPRspr 1964–1965 Nr 125 [Iran]; AG Hamburg 9. 4. 1965 IPRspr 1964–1965 Nr 132 [Iran]; AG Maulbronn 14. 10. 1965 IPRspr 1964–1965 Nr 139 [Libyen]; AG Hamburg-Wandsbek 11. 3. 1968 IPRspr 1968–1969 Nr 103 [Ägypten]). 38

Mit Beschluß vom 28. 1. 1970 legte das BayObLG die Frage, ob die starre Regelung des islamischen Rechts gegen den deutschen ordre public verstoße, dem BGH zur Entscheidung vor (BayObLGZ 1970, 6 = IPRspr 1970 Nr 61 a). Das BayObLG vertrat dabei die Auffassung, bei der Prüfung, ob Art 30 EGBGB eingreife, komme es auf das Ergebnis an, zu dem die Anwendung des ausländischen Rechts im gerade gegebenen Fall führe. Ein Widerspruch zu dem Gleichberechtigungsgrundsatz allein genüge für die Heranziehung des Art 30 nicht. Der völlige Ausschluß der Mutter von der Vermögenssorge wirke sich im konkreten Fall angesichts der Vermögenslosigkeit des Kindes nicht aus. Auch das Fehlen ihrer Vertretungsmacht in persönlichen Angelegenheiten habe bei dem jetzigen Alter des Kindes kaum Bedeutung. Eine Verteilung der Kinder nach Alter und Geschlecht habe nicht nur § 1635 BGB aF gekannt, es gebe sie auch in modernen europäischen Kodifikationen. Die Anwendung des ägyptischen Rechts widerspreche deswegen mindestens für die Zeit, in welcher der Mutter die hadanah zustehe, und weiter für die Zeit, in der letztere im Interesse des Kindeswohls verlängert werden könne, nicht dem deutschen ordre public. Ob dann, wenn die hadanah der Mutter endgültig beendet sei, die volle elterliche Gewalt also ausschließlich dem Vater zufalle, diese Folge im Einzelfall untragbar sein würde, könne und müsse derzeit noch nicht entscheiden werden. 39

Der BGH schloß sich dieser Auffassung des BayOblG an mit der Maßgabe, daß bei einem Dauerverhältnis nicht nur der augenblickliche Stand der Verhältnisse berücksichtigt werden dürfe. Er meinte jedoch, die Regelung des hanefitischen Rechts, nach der dem Vater die elterliche Gewalt über die Kinder auch nach Auflösung der Ehe zusteht, stelle durchaus eine der möglichen Lösungen dar, die dem Gesetzgeber für die Regelung der elterlichen Gewalt nach Auflösung der Ehe zur Verfügung stünden. Zwar werde im abendländischen Rechtskreis die Regelung, nach der der Richter über die Zuteilung der elterlichen Gewalt zu entscheiden habe, als die fortschrittlichere angesehen. Es dürfe jedoch nicht verkannt werden, daß auch hinter der Regelung des hanefitischen Rechts die Erwartung stehe, daß die gesetzliche Zuordnung der elterlichen Gewalt idR dem Kindeswohl entsprechen werde. Nach alledem gelte auch hier, daß nicht allgemein, sondern nur aufgrund der Verhältnisse des Einzelfalls entschieden werden könne, ob die Anwendung einer bestimmten 40

Vorschrift zu einem für die deutsche Rechtsauffassung unerträglichen Ergebnis führen würde (BGH 18. 6. 1970 BGHZ 54, 132 = NJW 1970, 2160 = MDR 1971, 35 = FamRZ 1970, 550 = StAZ 1970, 338 = IPRspr 1970 Nr 61 b; ebenso OLG Hamm 17. 12. 1971 MDR 1972, 522 = FamRZ 1972, 312 = StAZ 1972, 203 = IPRspr 1971 Nr 73 [Libyen]).

41 Dieser Entscheidung des BGH wurde erst dann wieder widersprochen, als das Bundesverfassungsgericht in der Spanier-Entscheidung dekretiert hatte, die Grundrechte auch bei Anwendung ausländischen Rechts zu berücksichtigen (BVerfG 4. 5. 1971 BVerfGE 31, 58 = NJW 1971, 1509 und [L] 2121 Anm Guradze = MDR 1971, 823 = RabelsZ 36 [1972] 145 = FamRZ 1971, 414 Anm Wochner = StAZ 1971 = IPRspr 1971 Nr 39). Nunmehr meinte wiederum das Kammergericht, die Regel des iranischen Rechts, wonach die gesetzliche Vormundschaft allein dem Vater zustehe und auch nach Scheidung der Ehe nicht der Mutter übertragen werden könne, sei als ein Verstoß gegen das Grundrecht der Gleichberechtigung von Mann und Frau anzusehen und daher nicht anzuwenden (KG Vorlagebeschluß vom 4. 2. 1972 FamRZ 1972, 304 = IPRspr 1972 Nr 59 a). Der BGH wies demgegenüber nochmals darauf hin, daß es auf den Einzelfall ankomme und es nichts schade, wenn der die Einzelentscheidung tragende Maßstab aus der Sicht des Grundrechts anstößig sei. Für die Frage, ob der deutsche ordre public durchgreife, sei nicht eine rein abstrakte oder generelle Prüfung der in Betracht kommenden Normen vorzunehmen. Vielmehr komme es allein darauf an, ob und inwieweit das Grundrecht in bezug auf den konkreten Sachverhalt Geltung beanspruche. Dabei sei zu berücksichtigen, daß bei Ausländern der Durchsetzung der Gleichberechtigung ihr Interesse an der Beibehaltung und Anwendung ihres Heimatrechts gegenüberstehe und daß dann, wenn ein Ehegatte die deutsche Staatsangehörigkeit besitze, eine Anpassungsregelung geboten und auch mit dem Grundrecht der Gleichberechtigung von Mann und Frau vereinbar sei, wenn sie in sachgerechter Weise den Rechtskonflikt löse und im Einzelfall zu einem tragbaren Ergebnis führe. Eine solche Anpassungsregelung enthalte das Haager Minderjährigenschutzabkommen. Da dieses bei ernstlicher Gefährdung des Kindesinteresses die Möglichkeit eröffne, die dem Vater zustehende Vermögenssorge einzuschränken oder zu entziehen, seien in einem nahezu vollständigen Maß Entscheidungen möglich, die dem Kindesinteresse Rechnung trügen. Es bestehe deswegen kein Anlaß, das ausländische Recht, dessen Beachtung im Minderjährigenschutzabkommen vorgeschrieben sei, von der Anwendung auszuschließen (BGH 20. 12. 1972 BGHZ 60, 68 = NJW 1963, 417 = MDR 1973, 390 = JZ 1954, 178 Anm Firsching = JR 1973, 245 Anm Jayme = FamRZ 1973, 138 = StAZ 1973, 213 Anm Dilger = IPRspr 1972 Nr 59 b).

42 Diese Auffassung kann noch heute als die herrschende bezeichnet werden. Die starre Aufteilung der elterlichen Gewalt ist also – grundsätzlich – hinzunehmen (vgl aus der Gutachtenpraxis noch IPG 1967–68 Nr 31 [Hamburg] und Nr 34 [Köln]). Dies gilt sowohl für die zeitliche Aufteilung als auch für die Aufteilung der Funktionen. Gerade diese Aufteilung gibt nämlich dem Argument der fehlenden Gleichberechtigung wenig Gewicht. Gravierender ist das Wohl des Kindes. Wo die Starrheit der Regelung das Wohl des Kindes gefährdet, greift der ordre public ein, desgleichen bei Vorschriften, die über die Funktionsaufteilung hinaus die Frau diskriminieren: Etwa wenn ihr das Recht der Personensorge aberkannt wird, weil sie sich mit ihren Kindern mehr als eine bestimmte Strecke vom ehelichen Wohnsitz entfernt habe (vgl IPG 1972 Nr 24 [Köln]).

43 Das Problem der Anwendbarkeit gleichberechtigungswidriger und starrer Regelungen bei der Verteilung der elterlichen Gewalt nach der Scheidung einer Ehe hat heute durch zwei Umstände allerdings an Bedeutung verloren: zum einen räumt das

Minderjährigenschutzabkommen, worauf der BGH zutreffend hingewiesen hat, bei ernstlicher Gefährdung des Kindes den deutschen Gerichten die Möglichkeit ein, nach deutschem Recht eine Entscheidung zu treffen, und zum anderen stellt sich durch die Neufassung des § 4 Abs 1 Nr 1 RuStAG durch das Ges vom 20. 12. 1974 (wonach nicht nur Kinder deutscher Väter, sondern auch Kinder deutscher Mütter die deutsche Staatsangehörigkeit erwerben) in sehr vielen Fällen die Frage der Anwendbarkeit fremden Rechts nicht mehr.

Sind somit – grundsätzlich – die starren Verteilungsregelungen der islamischen 44
Rechte zu akzeptieren, so gilt dies erst recht für die (meist weniger starren) ähnlichen Verteilungsregelungen europäischer Rechte.

Es stellt darum anerkanntermaßen keinen Verstoß gegen den deutschen ordre 45
public dar, wenn ein ausländisches Recht nach einer Scheidung oder Trennung der Ehegatten zwar die Übertragung der tatsächlichen Personensorge auf die Mutter zuläßt, dem Vater aber die Vermögenssorge und das Vertretungsrecht so lange beläßt, als er nicht die sich daraus für ihn ergebenden Pflichten verletzt oder vernachlässigt und dadurch dem Kind einen Schaden zufügt (vgl OLG Saarbrücken 14. 7. 1965 OLGZ 1965, 366 = NJW 1966, 308 = FamRZ 1966, 42 = IPRspr 1964–1965 Nr 135 [Italien]; KG 21. 2. 1966 OLGZ 1966, 321 = FamRZ 1966, 266 = IPRspr 1966–1967 Nr 100 [Italien]; LG Nürnberg-Fürth 21. 3. 1973 FamRZ 1973, 381 = IPRspr 1973 Nr 62 [Österreich]; AG Hamburg 15. 2. 1966 IPRspr 1966–1967 Nr 98 [Griechenland] und 24. 1. 1970 IPRspr 1970 Nr 60 [Italien]).

2. Rücksichtnahme auf das religiöse Bekenntnis 46

Wenn ein ausländisches Recht bei der Bestellung eines Elternteils zum Vormund oder bei der Übertragung der Personensorge gebietet, auf das religiöse Bekenntnis des Kindes Rücksicht zu nehmen, so ist die Anwendung dieser Regel nicht ordre-public-widrig (OLG Düsseldorf 14. 11. 1961 IPRspr 1960–1961 Nr 113 [Ägypten]. Nicht zulässig ist dagegen die Anwendung einer Regel, welche bei Religionsverschiedenheit von Mutter und Kind die Übertragung der Personensorge auf die Mutter verbietet (vgl – zum jordanischen Recht – IPG 1967–68 Nr 34 [Köln]).

3. Bevorzugung des Vaters bei bestehender Ehe 47

Auch bei bestehender Ehe wird bei einem Streit um die elterliche Gewalt gelegentlich geltend gemacht, die Regelung eines ausländischen Rechts bevorzuge den Vater und verstoße deswegen gegen den deutschen ordre public. Meist geht es dabei um Fälle, in denen entweder der Vater unter Berufung auf die ihm allgemein zustehende elterliche Gewalt von der Mutter die Herausgabe des Kindes verlangt oder die Mutter die Übertragung der elterlichen Gewalt auf sich begehrt, weil der Vater sich um das Kind nicht kümmere. Die Gerichte haben in solchen Fällen regelmäßig erklärt, das ausländische Recht, das dem Vater allein die elterliche Gewalt zuspreche, sei zu beachten, solange es die Möglichkeit eröffne, dem Vater bei Gefährdung des Kindeswohls die aus der elterlichen Gewalt fließenden Rechte zu entziehen, bzw der Mutter, entgegen dem Heimatrecht des Vaters, das diesem allein die elterliche Gewalt zuspreche, die elterliche Gewalt zu übertragen, wenn der Vater sich um sein Kind nicht kümmere und sein Aufenthalt unbekannt sei.*

---

* BGH 18. 6. 1970 BGHZ 54, 123 = NJW 1970, 1503 = MDR 1970, 916 = FamRZ 1970, 547 = StAZ 1970, 336 = DAVorm 1971, 479 = IPRspr 1970 Nr 59 b (Italien); BayObLG

48 Diese Rechtsprechung liegt indessen im wesentlichen vor der Entscheidung des Bundesverfassungsgerichts vom 4. 5. 1971 (s oben Rz 12). Heute wird man nicht mehr sagen können, daß eine Regelung, die allein dem Vater die elterliche Gewalt zuspricht, im Zweifel zu beachten sei. Die Frage muß vielmehr lauten: Was entspricht dem Kindeswohl? Entspricht das Verlangen des Vaters dem Kindeswohl, so kann das ausländische Recht angewandt werden; ist das Kind dagegen besser bei der Mutter aufgehoben, so wäre es ein überflüssiger Umweg, wenn die Gerichte sich hier zunächst verpflichtet fühlten, dem Vater das Aufenthaltsbestimmungsrecht zu entziehen. Hier kommt es nicht darauf an, ob das Kind bei einer Rückkehr zu seinem Vater ernstlich gefährdet wäre. Wenn es seinem Wohl besser dient, bei der Mutter zu bleiben, kann das nach dem anzuwendenden Recht bestehende Gewaltverhältnis als ordre-public-widrig außer Betracht gelassen werden.

49 Kein Verstoß gegen den deutschen ordre public wurde in einer Regelung gesehen, wonach ein Elternteil mit dem gemeinsamen Kind bei Bestehen der Ehe nicht ohne Zustimmung des anderen verreisen dürfe (LG Mönchengladbach 27. 8. 1971 IPRspr 1972 Nr 73 [Syrien]; s dazu aber auch IPG 1972 Nr 24 [Köln]). Dagegen wurde die Anwendung des Heimatrechts des Vaters ausgeschlossen in einem Fall, in dem es nicht zuließ, dem Vater das Personensorgerecht zu entziehen. Das Gericht erblickte hierin einen Verstoß gegen den Grundgedanken des § 1666 Abs 1 BGB (LG Berlin 25. 11. 1965 IPRspr 1964–1965 Nr 140 [Syrien]). Heute könnte man hier auch mit der Verletzung von Art 3 Abs 2 GG argumentieren.

50 **4. Verkehrsverbot**

Gibt ein ausländisches Recht dem nicht sorgeberechtigten Elternteil keinen selbständigen Anspruch, das Kind zu besuchen oder von dem Kind besucht zu werden, verstößt die Anwendung dieses Rechts dann nicht gegen den deutschen ordre public, wenn die Gerichte nach diesem Recht ein Verkehrsrecht mittelbar – durch Entziehung der Vormundschaft oder Bestellung eines Familienfürsorgers – erzwingen können (LG Konstanz 12. 8. 1969 IPRspr 1968–1969 Nr 108 [Niederlande]).

51 **5. Namensgebung**

Im Zusammenhang mit der Namensgebung wurden folgende Fälle diskutiert: Verstößt die Anwendung einer ausländischen Regelung, nach der Eigennamen der Landessprache angehören oder in diese übersetzt oder schriftlich und lautmäßig angepaßt sein müssen, gegen den deutschen ordre public? (Nein: AG Hamburg 9. 6. 1971 StAZ 1971, 313 = IPRspr 1971 Nr 66 [Portugal]). Verstößt die Anwendung einer Regelung gegen den ordre public, nach der einem Knaben neben mehreren männlichen Vornamen auch ein weiblicher Vorname beigelegt werden darf? (Nein: LG München I 20. 11. 1973 StAZ 1974, 154 = IPRspr 1973 Nr 1 [Tschechoslowakei]). Verstößt die Anwendung einer Regelung gegen den ordre

---

21. 2. 1969 BayObLGZ 1969, 70 = NJW 1969, 988 = MDR 1969, 486 = FamRZ 1969, 341 = DAVorm 1969, 385 = IPRspr 1968–69 Nr 106 (Italien) und 21. 12. 1973 BayObLGZ 1973, 345 = NJW 1974, 421 = MDR 1974, 317 = FamRZ 1974, 150 = IPRspr 1973 Nr 181 (Italien); OLG Hamm 29. 11. 1969 OLGZ 1970, 227 = FamRZ 1970, 95 = IPRspr 1968–69 Nr 113 (Italien); OLG Düsseldorf 27. 11. 1969 NJW 1970, 680 = FamRZ 1970, 99 = IPRspr 1970 Nr 59 a (Italien); LG Wiesbaden 5. 7. 1966 FamRZ 1967, 494 = IPRspr 1966–67 Nr 104 (Italien); AG Hamburg-Bergedorf 19. 9. 1963 IPRspr 1962–63 Nr 108 (Spanien); AG München 4. 9. 1969 FamRZ 1970, 40 = IPRspr 1968–69 Nr 109 (Irak); AG Köln 4. 12. 1970 IPRspr 1970 Nr 70 (Italien).

public, die allein dem Vater die Bestimmung des Vornamens überläßt? (Nein: LG Wuppertal 11. 1. 1973 StAZ 1973, 305 = IPRspr 1973 Nr 59 [Griechenland]; diese Entscheidung ist allerdings wegen Verletzung des Gleichberechtigungsgebotes nicht haltbar). Verstößt die Anwendung einer Regelung gegen den ordre public, wonach dann, wenn der Erziehungsberechtigte einen anderen Familiennamen als das Kind trägt, auf seine Erklärung gegenüber dem Leiter des Standesamtes das Kind seinen Familiennamen annehmen kann? (Nein: AG Ulm 27. 11. 1975 StAZ 1977, 50 = IPRspr 1975 Nr 5 A [DDR]).

IV. Statutenwechsel

1. Wandelbarkeit des Kindschaftsstatuts 52

Das Kindschaftsstatut ist nicht unwandelbar. Maßgebend ist nicht, wie in Art 18, das Heimatrecht des Vaters oder der Mutter zur Zeit der Geburt des Kindes, sondern das jeweilige Heimatrecht. Das wird im Gesetz nicht ausdrücklich gesagt, kann aber per argumentum e contrario aus Art 19 S 2 entnommen werden. Es ist auch allgemein anerkannt (AG Berlin-Lichterfelde 9. 6. 1934 StAZ 1934, 362 = IPRspr 1934 Nr 61; AG Berlin-Lichterfelde 20. 6. 1935 StAZ 1936, 423 = DRiZ 1935, 606 = IPRspr 1935–44 Nr 311; AG Ellwangen/Jagst 7. 11. 1949 IPRspr 1945–49 Nr 25; Raape, IPR 351; Soergel-Kegel Art 19 Rz 6; Kegel, IPR § 20 VIII 1 e; Erman-Marquordt Art 19 Rz 5; Palandt-Heldrich Art 19 Anm 2). Hinsichtlich der Folgerungen ist zu unterscheiden, ob Vater, Mutter und Kind die Staatsangehörigkeit wechseln oder ob nur ein Elternteil oder nur die Eltern, nicht aber das Kind, ihr bisheriges Heimatrecht aufgeben oder verlieren.

a) Vater, Mutter (oder der Überlebende von beiden) und Kind wechseln die Staatsangehörigkeit. 53

Hier bleibt es bei dem oben aufgestellten Grundsatz: Die Rechtsbeziehungen zwischen den Eltern und dem Kind unterstehen vom Wechsel der Staatsangehörigkeit an dem neuen Heimatrecht der Beteiligten.

b) Vater, Mutter (oder der Überlebende von beiden) und Kind verlieren ihre 54 bisherige Staatsangehörigkeit, ohne eine neue zu erwerben. Dieser Fall steht dem ersten gleich. Es tritt lediglich an die Stelle des bisherigen gemeinsamen Heimatrechts das Recht des gewöhnlichen Aufenthalts (Art 29).

c) Vater, Mutter (oder der Überlebende von beiden) und Kind erwerben ein neues 55 Personalstatut, ohne ihre bisherige Staatsangehörigkeit zu verlieren. Der Erwerb eines neuen Personalstatuts kann dabei beruhen

aa) auf der deutschen Volkszugehörigkeit eines Flüchtlings oder Heimatvertriebenen (Art 116 Abs 1 GG);

bb) auf dem Wiedererwerb der deutschen Staatsangehörigkeit durch frühere deutsche Staatsangehörige, denen die Staatsangehörigkeit aus politischen, rassischen oder religiösen Gründen entzogen worden war (Art 116 Abs 2 S 2 GG);

cc) auf der Anerkennung der Betroffenen als Flüchtlinge (vgl Art 1 AHKG 23 vom 17. 3. 1950 über die Rechtsverhältnisse verschleppter Personen und Flüchtlinge und Art 12 der Genfer Flüchtlingskonvention);

dd) auf der Verlegung des gewöhnlichen Aufenthalts von der DDR in die Bundesrepublik oder umgekehrt (Erman-Marquordt Art 19 Rz 18).

Die Verlegung des gewöhnlichen Aufenthaltsorts in die **DDR** oder von der DDR in 56 die Bundesrepublik hat allerdings nicht in jedem Fall einen Statutenwechsel zur

Folge. Bei der bisherigen Erörterung dieser Fälle hatte man stets nur den definitiven Aufenthaltswechsel im Auge. Bei einem definitiven Aufenthaltswechsel fühlen sich die Betroffenen nicht mehr dem bisherigen Teilrechtsgebiet zugehörig. Hier ist ein Statutenwechsel angezeigt. Im Zuge der Normalisierung der Beziehungen sind nun aber auch die Fälle zu bedenken, in denen der gewöhnliche Aufenthalt nur vorübergehend in das jeweils andere Teilrechtsgebiet verlegt wird. Es wäre keine angemessene Lösung, die Eltern-Kind-Beziehungen etwa von Angehörigen einer Handelsmission der DDR in der Bundesrepublik nach dem Recht der Bundesrepublik zu beurteilen. Dasselbe gilt auch im umgekehrten Fall für Angehörige der Bundesrepublik, die aus beruflichen Gründen für einige Jahre ihren gewöhnlichen Aufenthalt in die DDR verlegen, sich aber nach wie vor als Angehörige der Bundesrepublik betrachten. Hier findet also kein Statutenwechsel statt. Ein Statutenwechsel wird also regelmäßig dann zu verneinen sein, wenn derjenige, der seinen gewöhnlichen Aufenthalt in das jeweils andere Teilrechtsgebiet verlegt, von seinem Dienstherrn oder Arbeitgeber dorthin entsandt wird. Andererseits wird ein Statutenwechsel in jedem Fall zu bejahen sein, wenn Angehörige der Bundesrepublik nach ihrem Überwechseln in die DDR sich dort als „Staatsbürger" der DDR registrieren lassen.

57 Kein Statutenwechsel tritt ein bei einer Verlegung des gewöhnlichen Aufenthalts von der DDR in einen dritten Staat. Entgegen den Empfehlungen mancher, in solchen Fällen wiederum allein auf die deutsche Staatsangehörigkeit abzustellen und nur das Recht der Bundesrepublik anzuwenden (so etwa Raape, IPR 154 ff), wird es nach der eingetretenen Normalisierung der Beziehungen zwischen der Bundesrepublik und der DDR richtiger sein, auf den letzten gewöhnlichen Aufenthalt (also auf das Recht der DDR) abzustellen (so auch Soergel-Kegel Vorbem 141 zu Art 7).

58 **d)** Vater, Mutter (oder der Überlebende von beiden) und Kind sind staatenlos und wechseln den gewöhnlichen Aufenthalt. Hier tritt an die Stelle des Rechts des bisherigen gewöhnlichen Aufenthaltsortes das Recht des neuen gewöhnlichen Aufenthaltsortes (Art 29).

59 **e)** Nur ein Elternteil wechselt die Staatsangehörigkeit, der andere Elternteil und das Kind behalten die bisherige Staatsangehörigkeit bei. Oder: Beide Eltern erwerben eine neue Staatsangehörigkeit, das Kind behält die bisherige Staatsangehörigkeit bei.

60 Die hM (die Art 19 für verfassungsgemäß hält, oben Rz 9) unterscheidet danach, ob der Vater oder die Mutter die Staatsangehörigkeit wechselt. Während ein Staatsangehörigkeitswechsel durch den Vater grundsätzlich (Ausnahme: Art 19 S 2) eine Änderung des Kindschaftsstatuts bewirkt, soll ein Staatsangehörigkeitswechsel der Mutter zu Lebzeiten des Vaters stets unbeachtlich sein.

61 Hält man Art 19 für verfassungswidrig, so kann der Staatsangehörigkeitswechsel eines jeden Elternteils zu einem Statutenwechsel führen. Dabei spielt eine Rolle, ob man bei verschiedener Staatsangehörigkeit der Eltern an das Heimatrecht des Kindes anknüpft (in diesem Fall kommt es zu keinem Statutenwechsel, wenn nur ein Elternteil die Staatsangehörigkeit wechselt, das Kind aber die bisher gemeinsame Staatsangehörigkeit beibehält), das letzte gemeinsame Heimatrecht der Eltern entscheiden läßt (auch hier kommt es zu keinem Statutenwechsel, wenn nur ein Ehegatte die bisher gemeinsame Staatsangehörigkeit aufgibt oder verliert) oder das Aufenthaltsrecht der Ehegatten entscheiden läßt. Knüpft man bei verschiedener Staatsangehörigkeit der Eltern an den gewöhnlichen Aufenthalt der Eltern an, so führt ein Staatsangehörigkeitswechsel eines Ehegatten dann zu einem Statutenwechsel, wenn die Eltern ihren gemeinsamen gewöhnlichen Aufenthalt nicht in dem Staat haben (oder zuletzt gehabt haben), dem sie früher gemeinsam angehörten.

Beispiel: Ein italienisches Ehepaar mit einem Kind kommt in die Bundesrepublik. Der Mann (oder die Frau) erwirbt die deutsche Staatsangehörigkeit, der andere Ehegatte behält die bisherige Staatsangehörigkeit bei. In diesem Fall findet dann, wenn man das Aufenthaltsrecht entscheiden lassen will, auf die Rechtsbeziehungen zwischen den Eltern und dem Kind statt des bisher maßgebenden italienischen Rechts nunmehr das deutsche Recht (gemeinsamer gewöhnlicher Aufenthalt der Ehegatten) Anwendung. Das gilt auch, wenn der eine Ehegatte (ob mit oder ohne Kind spielt keine Rolle) vor dem Staatsangehörigkeitswechsel des anderen die Bundesrepublik wieder verlassen hat und nach Italien zurückgekehrt ist. Entscheidend ist hier, daß die Ehegatten ihren letzten gemeinsamen gewöhnlichen Aufenthalt in der Bundesrepublik hatten. Stellt man – wie hier empfohlen (oben Rz 17) – auf das Heimatrecht des Kindes ab, so findet ein Statutenwechsel dann statt, wenn das Kind zusammen mit dem einen Elternteil eingebürgert worden ist. 62

Erwerben deutsche Staatsangehörige, die bisher ihren gewöhnlichen Aufenthalt in der DDR hatten, eine nichtdeutsche Staatsangehörigkeit (oder erwirbt, wenn man Art 19 für verfassungsgemäß hält, nur der Vater eine nichtdeutsche Staatsangehörigkeit), bleibt das Kind aber deutscher Staatsangehöriger, so ist Art 19 S 2 anwendbar. Das Kindschaftsstatut bleibt unverändert. Maßgebend ist für die Eltern-Kind-Beziehungen weiterhin das Recht der DDR. 63

f) Wenn nur das Kind die Staatsangehörigkeit wechselt, die Eltern sie aber beibehalten, so ist dies nach hM ebenso wie nach der hier vertretenen Auffassung (wenn beide Eltern dieselbe Staatsangehörigkeit haben) grundsätzlich unbeachtlich (vgl Raape, IPR 351; aA Frankenstein, IPR IV 37, der – von seinem Standpunkt aus konsequent, oben Rz 6 – die Anwendung des Kindesrechts empfiehlt, wenn die Eltern ihre bisherige ausländische Staatsangehörigkeit beibehalten, das Kind aber eine andere, zB die deutsche Staatsangehörigkeit erwirbt). Haben die Eltern nicht dieselbe Staatsangehörigkeit, so führt nach der hier für richtig gehalten Ansicht (oben Rz 18) ein Staatsangehörigkeitswechsel des Kindes zu einem Statutenwechsel. 64

Einem Staatsangehörigkeitswechsel allein des Kindes kommt ferner dann Bedeutung zu, wenn es zunächst bei Staatsangehörigkeitswechsel allein der Eltern wegen Art 19 S 2 nicht zu einem Statutenwechsel gekommen ist. Erwirbt in diesem Fall das Kind später ebenfalls eine nichtdeutsche Staatsangehörigkeit, so kommt wieder die Grundregel des Art 19 S 1 zum Zuge (s dazu die folgenden Rz). 65

g) Deutsche Eltern verlieren die deutsche Staatsangehörigkeit, das Kind behält sie. 66

Hier greift die Ausnahmeregel des Art 19 S 2 ein. Die Rechtsbeziehungen des Kindes zu seinen Eltern unterstehen weiterhin dem deutschen Recht.

Nach dem Wortlaut des Gesetzes soll nur in einem Fall das Heimatrecht des Vaters oder der Mutter durch das Heimatrecht des Kindes verdrängt werden: dann nämlich, wenn der Vater (nach seinem Tod die Mutter) die deutsche Staatsangehörigkeit verliert, das Kind sie aber behält. Diese Regel ist als Schutzvorschrift zugunsten deutscher Kinder konzipiert und darum nach hA nicht zu einer allseitigen Kollisionsnorm zu erweitern. Aus Art 19 S 2 kann also nicht der Satz abgeleitet werden, daß bei einem Staatsangehörigkeitsverlust oder Staatsangehörigkeitswechsel der maßgebenden Anknüpfungspersonen das Heimatrecht des Kindes anwendbar wird, wenn dieses seine bisherige Staatsangehörigkeit behält (hM; vgl Lewald, IPR 132; Nussbaum IPR 170; Frankenstein, IPR IV 37; Wolff, IPR 214; Ficker, Ehel Kindschaft 257; Raape, IPR 352; Soergel-Kegel Art 19 Rz 5; Erman-Marquordt Art 19 Rz 1, 6; Kegel, IPR § 20 VIII 1 c; aA Habicht, IPR 152; BayObLG 22. 4. 1922 BayObLGZ 1922, 69; Aubin RabelsZ 23 [1958] 659, 697). 67

Etwas anderes gilt nur dann, wenn man Art 19 für verfassungswidrig hält und bei unterschiedlicher Staatsangehörigkeit der Eltern auf die Staatsangehörigkeit des Kindes abstellt. In diesem Fall kommt es natürlich auf die Staatsangehörigkeit des Kindes an. 68

69 Als Schutzvorschrift zugunsten deutscher Kinder ist Art 19 S 2 auch nicht auf den Fall anzuwenden, daß das Kind staatenlos ist und seinen gewöhnlichen Aufenthalt in der Bundesrepublik hat. Wenn seine gleichfalls staatenlosen Eltern also ihren gewöhnlichen Aufenthalt ins Ausland verlegen, das Kind aber in der Bundesrepublik bleibt, so kann es sich nicht auf Art 19 S 2 berufen. Maßgebend für seine Beziehungen zu seinen Eltern wird in diesem Fall gem Art 19 S 2 iVm Art 29 das Recht, das am neuen gewöhnlichen Aufenthaltsort seiner Eltern gilt (hM vgl Soergel-Kegel Art 19 Rz 5; Kegel, IPR § 20 VIII 1 c; Palandt-Heldrich Art 19 Anm 3; aA Aubin RabelsZ 23 [1958] 697 f).

70 Auf Art 19 S 2 kann sich das Kind nur so lange berufen, als es selbst die deutsche Staatsangehörigkeit behält. Verliert es später ebenfalls die deutsche Staatsangehörigkeit, so kommt wieder die Grundregel des Art 19 S 1 zum Zuge (Soergel-Kegel Art 19 Rz 5). Maßgebend ist dann wieder das Heimatrecht seines Vaters bzw – nach dem Tod des Vaters – seiner Mutter, bzw wenn man Art 19 S 1 für verfassungswidrig hält, das gemeinsame Heimatrecht der Eltern. Sind die Eltern unterschiedlicher Staatsangehörigkeit, so bewirkt nach der hier vertretenen Auffassung ein Staatsangehörigkeitswechsel des Kindes auch einen Statutenwechsel.

71 Art 19 S 2 hat an Bedeutung erheblich verloren, seit deutsche Frauen ihre Staatsangehörigkeit nicht mehr automatisch verlieren, wenn sie einen Ausländer heiraten. Das waren früher nämlich die Hauptanwendungsfälle der Vorschrift.

72 De lege ferenda wird empfohlen, Art 19 S 2 zu streichen (Vorschläge und Gutachten zur Reform des deutschen internationalen Kindschafts-, Vormundschafts- und Pflegschaftsrechts 17). Vergegenwärtigt man sich die Fälle, in denen Art 19 S 2 künftig noch Bedeutung erlangen könnte, so erscheint dieser Streichungsvorschlag gerechtfertigt.

73 **h)** Deutsche Eltern (oder der überlebende Elternteil) verlegen ihren gewöhnlichen Aufenthalt in die **DDR**, das Kind bleibt in der Bundesrepublik.

Hier ist zunächst zu fragen, ob die Eltern diese Aufenthaltsverlegung als definitiv betrachten oder ob sie sich weiterhin als Bürger der Bundesrepublik fühlen (oben Rz 56). Nur in ersterem Fall kommt ein Statutenwechsel in Betracht. Einem Statutenwechsel könnte allerdings Art 19 S 2 entgegenstehen. Eine direkte Anwendung scheidet freilich aus; denn die Eltern verlieren nicht die deutsche Staatsangehörigkeit. Sieht man den Sinn des Art 19 S 2 aber darin, daß ein deutsches Kind vor einem Statutenwechsel geschützt werden soll, solange es die deutsche Staatsangehörigkeit behält, so könnte eine analoge Anwendung der Vorschrift in Betracht gezogen werden. Praktische Bedeutung kommt dieser Zweifelsfrage allerdings idR nicht zu, da selbst dann, wenn nicht Art 19 S 2, sondern Art 19 S 1 (und damit nach den Regeln des interlokalen Rechts das Recht der DDR) angewendet wird, man letztlich doch zur Anwendung des Rechts der Bundesrepublik gelangt, da nach dem IPR der DDR die Rechtsbeziehungen zwischen den Eltern und ihrem Kind sich nach dem Heimatrecht des Kindes bestimmen (§ 19 EGFGB) und die Gerichte der DDR als Heimatrecht des Kindes das Recht der Bundesrepublik ansehen. Anders ist es nur dann, wenn die Eltern auch für ihr Kind die „Staatsbürgerschaft" der DDR erworben haben. Hier scheidet eine Rückverweisung aus. In solchen Fällen wird es sich empfehlen, Art 19 S 2 analog anzuwenden. Der Umstand, daß die Eltern die deutsche Staatsangehörigkeit behalten, muß hier gegenüber dem Umstand zurücktreten, daß die Eltern faktisch (nach dem Recht der DDR sogar de iure) doch eine neue Staatsangehörigkeit erwerben (aA Soergel-Kegel Art 19 Rz 77 mit dem Argument, Art 19 S 2 sei gegen die Anwendung fremden Rechts gerichtet, und die Gleichberechtigung von Mann und Frau sei, unbeschadet der sachlichen und zeitlichen Unterschiede der Durchführung, dem östlichen und westlichen Recht gemeinsam. Aber: fremd ist uns auch das Recht der DDR, und die Gleichberechtigung ist auch in zahlreichen anderen Rechtsordnungen durchgeführt, gegenüber denen die Anwendung von Art 19 S 2 nicht in Zweifel gezogen wird).

i) Deutsche Eltern (oder der überlebende Elternteil) verlegen ihren gewöhnlichen Aufenthalt von der DDR in die Bundesrepublik, das Kind bleibt in der DDR. **74**

Auch hier ist wiederum zunächst zu fragen, ob die Eltern diese Aufenthaltsverlegung als definitiv betrachten oder ob sie sich weiterhin als Bürger der DDR fühlen (oben Rz 56, 73). Im letzteren Fall scheidet ein Statutenwechsel aus. Die Rechtsbeziehungen des Kindes zu seinen Eltern unterliegen weiterhin dem Recht der DDR. Sind die Eltern indessen aus der DDR geflohen, so ist es fraglich, ob nunmehr ein Statutenwechsel eintritt. Man wird diese Frage bejahen müssen. Die Eltern erwerben keine neue Staatsangehörigkeit (wie regelmäßig im umgekehrten Fall). Sie bleiben deutsche Staatsangehörige. Deswegen gilt Art 19 S 1. Es tritt lediglich nach den Regeln des interlokalen Rechts an die Stelle des Rechts der DDR das Recht der Bundesrepublik.

j) Nur ein Elternteil verlegt seinen gewöhnlichen Aufenthalt von der Bundesrepublik in die DDR oder von der DDR in die Bundesrepublik. **75**

Geht man von der Verfassungsmäßigkeit des Art 19 aus, so kann, wenn überhaupt, nur dem Aufenthaltswechsel des Vaters Bedeutung zukommen. Ein Aufenthaltswechsel der Mutter müßte – zu Lebzeiten des Vaters – in jedem Fall unbeachtlich bleiben (BGH 14. 7. 1956 BGHZ 21, 306 = NJW 1956, 1439 = JR 1957, 20 = FamRZ 1956, 347 = ZBlJugR 1956, 295 = IzRspr 1954–57 Nr 368 b). Übersiedelt der Vater mit dem Kind (endgültig) in die DDR, so tritt nach hM ein Statutenwechsel ein (KG 13. 11. 1967 OLGZ 1968, 76 = ROW 1968, 28 = FamRZ 1968, 91 = DAVorm 1968, 350 = IzRspr 1966–67 Nr 12). Übersiedelt der Vater allein (endgültig) in die DDR, so bleibt es bei der Anwendung deutschen Rechts, sei es, weil man eine Rückverweisung durch das Recht der DDR auf das Heimatrecht des Kindes bejaht, oder sei es, weil man Art 19 S 2 analog anwendet.

Übersiedelt der Vater (endgültig) von der DDR in die Bundesrepublik, so tritt nach hM ebenfalls ein Statutenwechsel ein. Für die Rechtsbeziehungen des Kindes zu seinen Eltern gilt fortan nach hM das Recht der Bundesrepublik (KG 18. 9. 1963 ROW 1964, 224 = IzRspr 1962–63 Nr 148 [im Leitsatz wird fälschlich das Recht am gewöhnlichen Aufenthalt des Kindes als maßgeblich bezeichnet]). **76**

Hält man Art 19 für verfassungswidrig, so ist danach zu unterscheiden, ob man grundsätzlich bei verschiedener Staatsangehörigkeit der Eltern die Staatsangehörigkeit des Kindes entscheiden läßt oder ob man auf den (letzten) gemeinsamen gewöhnlichen Aufenthalt der Eltern abstellt. Für diejenigen, die, wie hier vorgeschlagen, eine Anknüpfung an das Heimatrecht des Kindes empfehlen, führt die Übertragung ihrer Auffassung auf das interlokale Recht zu dem Ergebnis, daß es in den Fällen, in denen ein Elternteil seinen gewöhnlichen Aufenthalt in der Bundesrepublik, der andere in der DDR hat, auf den gewöhnlichen Aufenthaltsort des Kindes ankommt (so auch OLG Celle 26. 3. 1963 NdsRpfl 1964, 158 = IzRspr 1962–63 Nr 147 unter fälschlicher Bezugnahme auf BGH 14. 7. 1956 [oben Rz 75]). Wer dagegen eine Anknüpfung an den (letzten) gemeinsamen gewöhnlichen Aufenthalt empfiehlt, wird auch hier auf den letzten gemeinsamen gewöhnlichen Aufenthalt der Eltern abstellen. Flieht der Vater von der DDR in die Bundesrepublik und läßt er Frau und Kinder in der DDR zurück, so gilt für seine Rechtsbeziehungen zu dem Kind weiterhin das Recht der DDR. Übersiedelt die Mutter (mit oder ohne Kind) aus der Bundesrepublik in die DDR, so bleiben für die Beziehungen des in der Bundesrepublik zurückgebliebenen Vaters zu seinem Kind die Gesetze der Bundes- **77** republik maßgebend (BayObLG 15. 5. 1956 BayObLGZ 1956, 161 = IzRspr 1954–57 Nr 368 a; im Ergebnis ebenso SOERGEL-KEGEL Art 19 Rz 76).

78 **k)** Das – minderjährige – Kind verlegt seinen gewöhnlichen Aufenthalt von der Bundesrepublik in die DDR oder von der DDR in die Bundesrepublik. Beide Elternteile behalten den bisherigen gemeinsamen gewöhnlichen Aufenthalt bei.

Dieser Fall ist für die Anknüpfung nach Art 19 grundsätzlich ohne Bedeutung, da es interlokalrechtlich nicht auf den gewöhnlichen Aufenthalt des Kindes, sondern auf den seiner Eltern ankommt. Bei einer Aufenthaltsverlegung aus der DDR in die Bundesrepublik ist aber die Frage einer Rückverweisung zu prüfen, die bei einem definitiven, von den Behörden der DDR gebilligten Aufenthaltswechsel zu bejahen, bei einem nicht gebilligten Aufenthaltswechsel aber zu verneinen sein wird (vgl OLG Düsseldorf 12. 7. 1967 NJW 1968, 453 = FamRZ 1968, 43 = Rpfleger 1968, 54 = ZblJugR 1968, 21, 88 = IzRspr 1966–67 Nr 11).

79 **2. Statutenwechsel beim Tod des Vaters?**

Hält man mit der hM Art 19 für verfassungsgemäß, so erfolgt beim Tod des Vaters dann ein Statutenwechsel, wenn die Mutter eine andere Staatsangehörigkeit besitzt als der verstorbene Vater oder, wenn beide Elternteile Deutsche waren, die Mutter ihren gewöhnlichen Aufenthalt in der DDR hat, während der Vater in der Bundesrepublik oder im Ausland wohnte, oder wenn die Mutter in der Bundesrepublik lebt, während der Vater seinen gewöhnlichen Aufenthalt zuletzt in der DDR hatte (vgl AG Solingen 11. 5. 1951 MDR 1951, 431 = IzRspr 1945–53 Nr 43).

80 Hält man Art 19 für *verfassungswidrig*, so kommt es für die Frage, ob mit dem Tod des Vaters ein Statutenwechsel eintritt, darauf an, woran man bei unterschiedlicher Staatsangehörigkeit der Eltern anknüpft. Hält man die Staatsangehörigkeit des Kindes für maßgebend, so tritt ein Statutenwechsel dann ein, wenn das Kind die Staatsangehörigkeit des verstorbenen Elternteils teilte (es sei denn, daß das Kind die deutsche Staatsangehörigkeit besitzt: hier wird Art 19 S 2 analog anzuwenden sein). Knüpft man bei unterschiedlicher Staatsangehörigkeit der Eltern an deren letzte gemeinsame Staatsangehörigkeit an, so kommt es zu einem Statutenwechsel, wenn der Elternteil verstirbt, der die ursprüngliche Staatsangehörigkeit beibehalten hatte. Knüpft man bei unterschiedlicher Staatsangehörigkeit der Eltern an deren (letzten) gemeinsamen gewöhnlichen Aufenthalt an, so erfolgt ein Statutenwechsel dann, wenn der Elternteil stirbt, der die Staatsangehörigkeit des Aufenthaltsstaates besaß.

81 **3. Statutenwechsel, wenn der Vater die elterliche Gewalt verliert?**

Im Schrifttum finden sich Äußerungen, die abweichend von der Grundregel eine Anknüpfung an das Heimatrecht der Mutter (statt an das Heimatrecht des Vaters) dann empfehlen, wenn der Vater die elterliche Gewalt verloren hat (SOERGEL-KEGEL Art 19 Rz 3; KEGEL, IPR § 20 VIII b, f). In der Tat lassen sich Einwände dagegen erheben, daß die Beziehungen zwischen Mutter und Kind weiterhin dem Recht des Vaters unterstehen sollen, obgleich die Beziehungen des Kindes zu seinem Vater weitgehend gelöst worden sind. Andererseits ist daran zu erinnern, daß die elterliche Gewalt zwar den wesentlichen Bestandteil der Eltern-Kind-Beziehungen ausmacht, es aber neben der elterlichen Gewalt noch andere Beziehungen zwischen Eltern und Kindern gibt, daß ferner bei einer Beendigung der elterlichen Gewalt des Vaters die entzogenen oder verwirkten Rechte keineswegs in jedem Fall kraft Gesetzes auf den anderen Elternteil übergehen, sondern grundsätzlich das Vormundschaftsgericht darüber eine Entscheidung zu treffen hat, und daß schließlich der Vater unter bestimmten Voraussetzungen wieder in seine Rechte eingesetzt werden kann. Gerade der zuletzt genannte Gesichtspunkt spricht dafür, dem Recht, das die Entziehung angeordnet hat, auch die Entscheidung über die Wiedereinsetzung in die früheren Rechte (und Pflichten) zu überlassen. Hinzu kommt, daß der Bereich der elterlichen Gewalt dem Geltungsbereich des Art 19 durch das Minderjährigenschutzabkommen ohnehin fast gänzlich entzogen ist. Regelt sich die elterliche Gewalt aber meist nicht nach Art 19, so besteht keine Veranlassung, einem Verlust der elterlichen Gewalt Einfluß auf die Anknüpfung gem Art 19 einzuräumen. Aus all diesen Gründen läßt sich nicht sagen, daß das Gesetz eine Lücke enthalte, die im Wege der Analogie geschlossen werden müsse. Die hM, die in solchen Fällen einen Statutenwechsel ablehnt, es also auch dann bei der Maßgeblichkeit des Vaterrechts beläßt, wenn der Vater die elterliche Gewalt verloren hat, verdient darum – wenn man sie nicht aus verfassungsrechtlichen Gründen ablehnt – den Vorzug (BayObLG 29. 12. 1964 BayObLGZ 1964, 443 = NJW 1965, 869 = FamRZ 1965, 155 = Rpfleger 1965, 236 = IPRspr 1964–65 Nr 287; Wolff, IPR 215 [der das Ergebnis allerdings befremdlich findet]; Erman-Marquordt Art 19 Rz 4; Palandt-Heldrich Art 19 Anm 2; krit Frankenstein, IPR IV 32 f, der dies „eine geradezu groteske Pseudoanknüpfung" nennt).

4. Statutenwechsel, wenn die Ehe der Eltern geschieden wird? 82

In einigen älteren Entscheidungen wurde die Auffassung vertreten, Art 19 sei nicht anzuwenden, wenn die Ehe geschieden und die Mutter deutsche Staatsangehörige ist (RG 20. 2. 1913 RGZ 81, 373, 375; OLG München 29. 8. 1938 DFG 1938, 218 = HRR 1938 Nr 1463 = JFG 18, 155 = IPRspr 1935–44 Nr 315 a). Hier wurde also die Scheidung der Ehe dem Versterben des Vaters gleichgestellt – allerdings nur dann, wenn die Mutter Deutsche war. Das Gesetz bietet indessen für eine solche Interpretation keinerlei Anhaltspunkte. Insbesondere kann dafür nicht Art 17 herangezogen werden. Daß gem Art 17 Abs 3 für das Scheidungsbegehren einer deutschen Frau die deutschen Gesetze auch dann maßgebend sind, wenn nur sie die deutsche Staatsangehörigkeit besitzt, soll allein der Auffassung des deutschen Rechts Rechnung tragen, daß Ehen scheidbar sind und damit die Scheidung auch dann ermöglichen, wenn die Ehe nach dem Heimatrecht des Mannes nicht geschieden werden könnte. Art 17 Abs 3 wurde somit ausschließlich zur Beseitigung bestimmter Unzuträglichkeiten in das Gesetz eingefügt. Deswegen ist es nicht statthaft, aus ihm einen allgemeinen Grundsatz des Inhalts herzuleiten, daß immer dann, wenn eine Ehe auf das Begehren einer deutschen Frau nach deutschem Recht geschieden wird, in bezug auf die Eltern-Kind-Beziehungen ein Statutenwechsel eintrete. Ebensowenig wie aus Art 17 Abs 3 lassen sich aus Art 18 Argumente für einen solchen Statutenwechsel gewinnen. Die Gleichsetzung von Tod des Ehemannes der Mutter und Scheidung der Ehe in Art 18 (Art 18 Rz 62) beruht darauf, daß die Ehelichkeit eines Kindes sich aus der Ehe seiner Eltern ergibt. Deswegen kann dann, wenn die Ehe nicht mehr besteht, an das Recht des „Ehemannes" der Mutter nur angeknüpft werden, wenn dabei der Zeitpunkt zugrunde gelegt wird, zu dem die Ehe zuletzt bestanden hat. Steht die Ehelichkeit eines Kindes aber fest, so bleibt das Kind nach einer Scheidung der Ehe seiner Eltern mit diesen nach wie vor verbunden, und zwar mit seinem Vater ebenso wie mit seiner Mutter. Für einen Statutenwechsel besteht kein Grund. Das ist nunmehr auch ganz hM.* Zu der damit

* RG 25. 1. 1940 RGZ 162, 329 = DR 1940, 640 Anm Massfeller = IPRspr 1935–44 Nr 315 b; BayObLG 21. 3. 1952 BayObLGZ 1952, 74 = NJW 1952, 788 = JZ 1952, 723 Anm Makarov = Clunet 81 (1954) 968 = IPRspr 1952–53 Nr 317 und 22. 3. 1967 IPRspr 1966–67 Nr 117;

verwandten Frage, ob für die Rechtsbeziehungen zwischen Eltern und Kindern das Scheidungsstatut eine Rolle spielt, s unten Rz 91.

83 **5. Auswirkungen des Statutenwechsels**

Der Statutenwechsel wirkt **ex nunc** (Soergel-Kegel Art 19 Rz 7; Kegel, IPR § 20 VIII 1 e). Werden beispielsweise griechische Eheleute mit ihrer 18jährigen Tochter eingebürgert, so bestimmt sich die Frage, ob die Tochter im Fall der Verheiratung eine Mitgift verlangen kann, vom Tage der Einbürgerung an nach deutschem Recht, das die Frage bekanntlich verneint (vgl Raape, IPR 351). Vom selben Tag an wandelt sich die väterliche Gewalt über das minderjährige Kind (Art 1500 griech ZGB) in die elterliche Gewalt (§ 1626 BGB) um. Der Nießbrauch des Vaters am Kindesvermögen (Art 1517 griech ZGB) endet (vgl Ficker, Ehel Kindschaft 268; Raape, IPR 351). Wenn umgekehrt deutsche Eltern zusammen mit ihrer Tochter die griechische Staatsangehörigkeit erwerben, so kann die Tochter nach griechischem Recht einen Mitgiftanspruch geltend machen (Art 1495 griech ZGB), wenn sie nach der Einbürgerung heiratet. War sie im Zeitpunkt der Einbürgerung bereits verheiratet, so steht ihr ein solcher Anspruch nicht zu, da der Mitgiftanspruch mit der Eheschließung entsteht, im Zeitpunkt der Eheschließung der Statutenwechsel aber noch nicht eingetreten war (vgl Ficker 268 f; Kegel, IPR § 20 VIII 1 e). Hat die Tochter in diesem Beispielsfall die deutsche Staatsangehörigkeit behalten, so kann sie sich nicht auf das ihr günstige neue Heimatrecht der Eltern berufen, da wegen Art 19 S 2 kein Statutenwechsel stattgefunden hat.

84 **Wohlerworbene Rechte** bleiben bestehen. Hat sich im Fall des Erwerbs der deutschen Staatsangehörigkeit durch griechische Eheleute deren Tochter vor der Einbürgerung ihrer Eltern verheiratet, so hat sie mit der Verheiratung den Mitgiftanspruch gem Art 1495 griech ZGB erworben. Dieser Anspruch erlischt nicht mit der Einbürgerung (Frankenstein, IPR IV 33 f; Ficker, Ehel Kindschaft 268 f; Palandt-Heldrich Art 19 Anm 2). Nutzungen, die der Vater vor seiner Einbürgerung aus dem von ihm verwalteten Vermögen seiner Tochter gezogen hat, kann er behalten (es sei denn, daß das neue Statut das Gegenteil bestimmt; vgl Frankenstein 34).

85 Unverändert bleibt auch der **Name** des Kindes. Ein Kind, das vor der Einbürgerung seiner Eltern nach deren bisherigem Heimatrecht zB den jeweils ersten Familiennamen der beiden Elternteile führte (so etwa die Regelung des spanischen Rechts und der Rechte zahlreicher mittel- und südamerikanischer Staaten), behält diese Namen auch nach der Einbürgerung trotz § 1616 BGB bei; denn sein Recht zur Namensführung war bereits vor dem Wechsel entstanden (Ficker, Ehel Kindschaft 268; LG Hamburg 24. 1. 1975 StAZ 1975, 278 Anm Braasch = IPRspr 1976 Nr 78).

OLG Breslau 9. 5. 1938 DR 1939, 869 zust Anm Lauterbach = IPRspr 1935–44 Nr 313; KG 14. 6. 1954 IPRspr 1954–55 Nr 104 und ständig, zuletzt 6. 11. 1967 OLGZ 1968, 118 = NJW 1968, 361 = FamRZ 1968, 92 = DAVorm 1969, 323 = IPRspr 1966–67 Nr 123; OLG Hamm 1. 7. 1955 NJW 1955, 1724 = JMBlNRW 1955, 271 = Clunet 85 (1958) 186 = IPRspr 1954–55 Nr 103 und ständig, zuletzt 15. 9. 1969 OLGZ 1970, 87 = NJW 1969, 2098 = FamRZ 1969, 666 = StAZ 1970, 102 = IPRspr 1968–69 Nr 111; LG Berlin 24. 10. 1956 IPRspr 1960–61 Nr 108 und ständig, zuletzt 29. 1. 1971 FamRZ 1971, 314 = IPRspr 1971 Nr 64; LG München I 16. 3. 1961 DAVorm 1961, 134 = IPRspr 1960–61 Nr 132; Raape, IPR 355; Soergel-Kegel Art 19 Rz 3; Kegel, IPR § 20 VIII 1 b; Wengler, Gutachten I Nr 40, 47; Erman-Marquordt Art 19 Rz 4; Palandt-Heldrich Art 19 Anm 2; s ferner IPG 1969 Nr 1 (Heidelberg); IPG 1969 Nr 21 (Kiel); IPG 1970 Nr 22 (Köln); Nr 32 (Hamburg).

Ebenso wie wohlerworbene Rechte bleiben auch **Beschränkungen der elterlichen Gewalt** (insbes auch deren Verwirkung) bei dem Statutenwechsel zunächst bestehen. Sie können allerdings nach den Vorschriften des neuen Statuts rückgängig gemacht werden (FICKER, Ehel Kindschaft 269). 86

Die elterliche Gewalt endet mit der **Volljährigkeit** des Kindes. Wann ein Kind volljährig wird, ergibt sich indessen nicht aus dem nach Art 19 anwendbaren Recht, sondern nach seinem Heimatrecht (Art 7 Abs 1). War das Kind vor der Einbürgerung seiner Eltern (und seiner eigenen) bereits volljährig, so bleibt es auch danach volljährig, selbst wenn nach seinem neuen Heimatrecht die Volljährigkeit erst später eintreten würde (Art 7 Abs 2). Das Kind tritt also nicht aufgrund des Statutenwechsels wieder unter elterliche Gewalt. 87

Dasselbe gilt, wenn ein Minderjähriger vor dem Statutenwechsel seiner Eltern nicht aufgrund des Erreichens einer bestimmten Altersgrenze volljährig geworden ist, sondern die **volle Geschäftsfähigkeit** aufgrund anderer Umstände, zB aufgrund seiner Eheschließung erlangt hat (vgl STAUDINGER-BEITZKE Art 7 Rz 44). Ist ein Minderjähriger durch seine Eheschließung nach seinem Heimatrecht zwar nicht voll geschäftsfähig geworden, hat seine Eheschließung aber zu einer Beendigung der elterlichen Gewalt geführt (Emanzipation; vgl etwa Art 371–1, 476 franz Cc, Art 1667 griech ZGB, Art 390 ital Cc), so ist Art 7 Abs 2 analog anzuwenden. Ein Statutenwechsel führt nicht zu einer Neubegründung der elterlichen Gewalt (vgl STAUDINGER-BEITZKE Art 7 Rz 39). Schwierigkeiten können sich in einem solchen Fall dann ergeben, wenn der emanzipierte Minderjährige die deutsche Staatsangehörigkeit erwirbt. Hier ist zu prüfen, ob der nach dem bisherigen Heimatrecht erworbene Status mit dem deutschen Rechtssystem vereinbar ist. Unvereinbar mit dem deutschen Recht ist zB eine ausländische Regelung, welche die emanzipierte Ehefrau der Kuratel ihres Ehemannes unterstellt (so etwa Art 1670 Abs 2 griech ZGB), da das deutsche Recht keine Normen über Rechte und Pflichten eines solchen „Kurators“ zur Verfügung stellt. Hier ist eine Anpassung geboten. Der minderjährigen, aber nicht mehr unter elterlicher Gewalt stehenden Ehefrau ist ein Vormund oder Pfleger zu bestellen (vgl WENGLER, Gutachten I Nr 58, 59). 88

C. Persönlicher Geltungsbereich

I. Eheliche Kinder

1. Ehelichkeit 89

Art 19 bezieht sich auf „eheliche Kinder“. Vor Anwendung des Art 19 ist somit zu prüfen, ob es sich bei dem Kind um ein eheliches Kind handelt. Diese Prüfung kann, weil es sich dabei um eine Tatbestandsvoraussetzung der deutschen Kollisionsnorm handelt, nur vom Standpunkt des deutschen Rechts aus erfolgen. Maßgebend ist somit Art 18 (hM; vgl BayObLG 19. 3. 1970 BayObLGZ 1970, 77 = DAVorm 1970, 350 = IPRspr 1970 Nr 65; KG 1. 9. 1938 DR 1939, 246 = IPRspr 1935–44 Nr 301; OLG Düsseldorf 14. 11. 1961 IPRspr 1960–61 Nr 113; OLG Köln 22. 5. 1973 OLGZ 1973, 330 = IPRspr 1973 Nr 63; OLG Zweibrücken 27. 9. 1973 OLGZ 1974, 171 = FamRZ 1974, 153 = IPRspr 1973 Nr 67; LG Braunschweig 11. 8. 1967 IPRspr 1966–67 Nr 120; FRANKENSTEIN, IPR IV 68 f; FICKER, Ehel Kindschaft 264; SOERGEL-KEGEL Art 19 Rz 10; KEGEL, IPR § 20 VIII 2; PALANDT-HELDRICH Art 19 Anm 1). Da nach der herrschenden Interpretation dieser Vorschrift Kinder auch dann ehelich sein können, wenn die Ehe nur nach deutschem Recht besteht, nach dem Heimatrecht des Vaters aber eine Nichtehe ist (oben Art 18 Rz 45), gilt auch für die Rechtsbeziehungen zwischen Eltern und Kindern in solchen „hinkenden“ Ehen Art 19. Maßgebend ist das Heimatrecht des Vaters (bzw, wenn man Art 19 für verfassungswidrig hält, das Heimatrecht der Eltern oder – bei verschiedener Staatsangehörigkeit – das Heimatrecht des Kindes [oben Rz 18], nach Ansicht einiger das Recht des gemeinsamen gewöhnlichen Aufenthaltes der Eltern oder des Kindes), obgleich nach dem Heimatrecht des Vaters (bzw der Eltern) eine Ehe überhaupt nicht existiert (vgl OLG Düsseldorf 17. 4. 1964 FamRZ 1965, 397 = StAZ 1965, 18 = JMBlNRW 1964, 163 = IPRspr 1964–65 Nr 93; AG Hamburg 17. 10. 1963 IPRspr 1962–63 Nr 110 und 30. 1. 1968 IPRspr 1968–69 Nr 100). Ist andererseits die Ehe vom Standpunkt des deutschen Rechts aus nicht zustande gekommen, also eine sog Nichtehe, so ist Art 19 nach hM nicht anwendbar, mag die Ehe nach dem Heimatrecht des Vaters oder der Eltern auch gültig sein. Die Kinder werden als nichtehelich angesehen (s dazu Art 18 Rz 12).

90 **2. Kinder aus nichtigen Ehen**

Ob Kinder aus einer nichtigen Ehe im Fall der Nichtigerklärung der Ehe ehelich bleiben, ist ebenfalls dem nach Art 18 anwendbaren Recht zu entnehmen (sehr str; vielfach wird eine Anknüpfung an Art 13 empfohlen und dabei zT die Anwendung des dem Kind günstigeren, zum Teil die Anwendung des ärgeren Rechts befürwortet; vgl die Nachweise über die verschiedenen Auffassungen in Rz 40 zu Art 18). Sind die Kinder danach ehelich, so gilt für ihre Beziehungen zu ihren Eltern das nach Art 19 anwendbare Recht.

91 **3. Kinder aus geschiedenen Ehen**

Daß Kinder nach der Scheidung der Ehe ihrer Eltern ehelich bleiben, ist ein überall anerkannter Satz. Gleichwohl war die Anwendbarkeit des Art 19 auf die Beziehungen der Kinder zu ihren geschiedenen Eltern lange Zeit umstritten. Eine früher verbreitete Auffassung empfahl, statt oder neben dem Kindschaftsstatut (Art 19) das Scheidungsstatut (Art 17) anzuwenden. Die Streitfrage hatte in den Fällen Bedeutung, in denen Kindschaftsstatut und Scheidungsstatut auseinanderfielen, dh vor allem bei der Scheidung einer deutschen Frau nach deutschem Recht gem Art 17 Abs 3. Einem Vorschlag Habichts (IPR 143) folgend, unterschied man teilweise danach, ob es sich um eine Abgrenzung der Rechte der Ehegatten an der Person des Kindes im Verhältnis der Ehegatten zueinander handelte (dafür sollte das Scheidungsstatut gelten) oder um die Rechte der Eltern gegenüber dem Kind (dafür sollte das Kindschaftsstatut maßgebend sein). Mit anderen Worten: Man unterstellte die Sorgerechtsverteilung nach der Ehescheidung dem Scheidungsstatut, die Regelung (insbesondere) des persönlichen Verkehrs mit dem Kind dagegen dem Kindschaftsstatut (so neben Habicht insbes Lewald, IPR 120, 137 ff). Mitverursacht wurde diese These durch die seinerzeit geltenden materiellen Vorschriften des deutschen Rechts über die elterliche Gewalt nach der Scheidung (§§ 1635, 1636 aF BGB), die in starrer Form den Schuldspruch im Scheidungsurteil mit der Zuerkennung der Personensorge für die Kinder verbanden. Erst als das Ehegesetz 1938 die Zuteilung der Kinder der selbständigen Entscheidung des Vormundschaftsgerichts überließ, festigte sich die Überzeugung, daß es sich bei dieser Zuteilung um eine Frage der Eltern-Kind-Beziehung und nicht um eine Frage der Beziehungen der Ehegatten zueinander handle. Diese Überzeugung hat inzwischen auch darin ihren Ausdruck gefunden, daß der Gesetzgeber die Vorschriften über die Regelung der Personensorge nach der Scheidung aus dem Ehegesetz herausgenommen und wiederum in das

BGB (§ 1671) eingeordnet hat. Bereits dieser systematische Gesichtspunkt spricht gegen eine Berücksichtigung des Scheidungsstatuts bei der Entscheidung über die elterliche Gewalt. Hinzukommt ein sachliches Argument: Die Eltern-Kind-Beziehung muß auch nach der Ehescheidung der Eltern wandlungsfähig bleiben. Das gewährleistet Art 19. Ein Abstellen auf das Scheidungsstatut hätte dagegen Unwandelbarkeit zur Folge. Aus diesen Gründen wird heute sowohl von der Rechtsprechung als auch im Schrifttum bei der Regelung der Eltern-Kind-Beziehungen nach einer Ehescheidung eine Berücksichtigung von Art 17 allgemein abgelehnt (in diesem Sinne ausdrücklich RG 25. 1. 1940 RGZ 162, 329, 332 = DR 1940, 640 Anm Massfeller = IPRspr 1935–44 Nr 315 b; BGH 18. 6. 1970 BGHZ 54, 132 = NJW 1970, 2160 = MDR 1971, 35 = WM 1970, 1274 = FamRZ 1970, 550 = StAZ 1970, 338 = IPRspr 1970 Nr 61 b; BayObLG 20. 3. 1953 BayObLGZ 1953, 102 = IPRspr 1952–53 Nr 175; AG Hamburg 15. 2. 1966 HambJVBl 1966, 78 = IPRspr 1966–67 Nr 98 und 18. 3. 1968 HambJVBl 1968, 39 = IPRspr 1968–69 Nr 104. In den meisten Entscheidungen wird die Streitfrage überhaupt nicht mehr erwähnt und sogleich Art 19 für anwendbar erklärt; vgl etwa BGH 18. 6. 1970 BGHZ 54, 123 = NJW 1970, 1503 = MDR 1970, 916 = WM 1970, 1169 = LM Nr 22 zu Art 30 EGBGB [L] Anm Buchholz = FamRZ 1970, 547 = StAZ 1970, 336 = DAVorm 1971, 479 = IPRspr 1970 Nr 59 b. Aus dem Schrifttum vgl Wolff, IPR 215; Ficker, Ehel Kindschaft 270; Beitzke, FS Lehmann II 493; Raape, IPR 355; Soergel-Kegel Art 19 Rz 11; Kegel, IPR § 20 VIII 2; Erman-Marquordt Art 19 Rz 8; Palandt-Heldrich Art 19 Anm 4; IPG 1974 Nr [Köln]; IPG 1974 Nr 27 [Heidelberg]). Die Streitfrage hat seit dem Inkrafttreten des Minderjährigenschutzabkommens ihre Bedeutung weitgehend verloren, da die Verteilung der elterlichen Gewalt sich meistens nach diesem Abkommen bestimmt (unten Rz 203).

4. Vorehelich gezeugte Kinder 92

Zur Ehelichkeit von Kindern, die zwar nach der Eheschließung ihrer Eltern geboren, aber vor diesem Zeitpunkt gezeugt worden sind, s Art 18 Rz 57 ff.

5. Kinder aus eheähnlichen Gemeinschaften 93

Zur „Ehelichkeit" von Kindern, die einem Konkubinat oder einer Quasi-Ehe entstammen, s Art 18 Rz 56.

6. Legitimation, Adoption 94

Kinder, deren Eltern weder bei der Geburt noch bei der Empfängnis des Kindes in einer (gültigen oder nichtigen) Ehe oder einem rechtlich anerkannten Konkubinat lebten, können nicht ursprünglich ehelich sein. Sie können diesen Status aber durch einen späteren rechtlichen Vorgang (Legitimation, Adoption) erwerben.

II. Legitimierte Kinder 95

Durch eine Legitimation werden nichteheliche Kinder zu ehelichen Kindern oder erhalten zumindest die Rechtsstellung eines ehelichen Kindes. Darum gilt Art 19 von der Legitimation an grundsätzlich auch für sie (vgl BVerwG 5. 9. 1966 BVerwGE 25, 41 = IPRspr 1966–67 Nr 211; LG Hamburg 5. 6. 1967 StAZ 1968, 79 = HambJVBl 1968, 21 = IPRspr 1968–69 Nr 128 b). Dieser Grundsatz wird allerdings von einer Reihe von Ausnahmen durchbrochen. In zahlreichen Rechtsordnungen stehen nämlich legitimierte Kinder ehelichen Kindern nicht in allen Fällen gleich. Hier geht das Legitimationsstatut dem Kindschaftsstatut vor.

96 **1. Legitimation durch nachfolgende Eheschließung**

Geht es um die Eltern-Kind-Beziehungen zwischen einem Kind und seinen Eltern, die nach der Geburt des Kindes die Ehe miteinander geschlossen haben, so ist zunächst zu prüfen, ob die Eheschließung eine Legitimation des Kindes bewirkt hat. Diese Frage ist anhand des Legitimationsstatuts (Art 22) zu beantworten. Wird sie bejaht, so gilt vom Tage der Eheschließung an für die Eltern-Kind-Beziehungen Art 19 (vgl BGH 5. 2. 1975 BGHZ 64, 19 = NJW 1975, 1072 und [L] 2141 Anm GEIMER = MDR 1975, 560 = FamRZ 1975, 273 = StAZ 1975, 335 = IPRspr 1975 Nr 98; AG Münster 22. 9. 1972 FamRZ 1973, 53 = IPRspr 1972 Nr 120; SOERGEL-KEGEL Art 19 Rz 15; PALANDT-HELDRICH Art 19 Anm 1). Rechtsordnungen, die im Bereich der Eltern-Kind-Beziehungen zwischen ursprünglich ehelichen und durch nachfolgende Ehe der Eltern legitimierten Kindern unterscheiden, sind nicht bekannt.

97 **2. Legitimation durch Ehelicherklärung**

Neben der Legitimation durch nachfolgende Ehe kennt das deutsche materielle Recht ebenso wie zahlreiche fremde Rechtsordnungen die Legitimation durch Ehelicherklärung. Diese Ehelicherklärung kann nach deutschem Recht sowohl erfolgen auf Antrag des Vaters als auch auf Antrag des Kindes. Sie geschieht in beiden Fällen durch das Vormundschaftsgericht.

98 **a) Ehelicherklärung auf Antrag des Vaters**

Die Besonderheit der Ehelicherklärung auf Antrag des Vaters besteht darin, daß das Kind im Verhältnis zu seinem Vater die rechtliche Stellung eines ehelichen Kindes erlangt (§ 1736 BGB). Die Mutter verliert das Recht und die Pflicht, die elterliche Gewalt auszuüben (§ 1738 Abs 1 BGB). Für das Kollisionsrecht bedeutet das: im Verhältnis des Kindes zu seinem Vater gilt von der Legitimation an Art 19. Für die Beziehungen des Kindes zu seiner Mutter bleibt weiterhin Art 20 maßgebend, allerdings nur so weit, als nicht das Legitimationsstatut Sonderregeln aufgestellt hat (vgl SOERGEL-KEGEL Art 19 Rz 16; KEGEL, IPR § 20 VIII 2; PALANDT-HELDRICH Art 19 Anm 1, 4).

99 *Beispiel:* Das nichteheliche Kind eines deutschen Vaters und einer französischen Mutter ist auf Antrag des Vaters für ehelich erklärt worden. Geht es nun um die Frage, wem die elterliche Gewalt über das Kind zusteht, so ist zunächst die Gültigkeit der Legitimation zu prüfen. Für diese Prüfung gilt gem Art 22 Abs 1 deutsches Recht. Ist danach die Legitimation wirksam, so hat der Vater die elterliche Gewalt erworben. Damit gilt zugleich § 1738 Abs 1 BGB: die Mutter hat das Recht und die Pflicht verloren, die elterliche Gewalt auszuüben. Der Umstand, daß das französische Recht eine Legitimation durch Ehelicherklärung nicht kennt, bei Anwendung französischen Rechts darum möglicherweise nach wie vor die elterliche Gewalt der Mutter zuerkannt werden müßte, spielt also keine Rolle.

100 Geltung von Art 19 bedeutet: Maßgebend ist das Heimatrecht des Vaters. Das gilt auch dann, wenn man Art 19 für verfassungswidrig hält. Da hier das Kind nur zu einem Elternteil, nämlich zu dem Vater, in rechtliche Beziehungen tritt, kann das Heimatrecht der Mutter auf die Beziehungen zwischen Kind und Vater keinen Einfluß haben.

b) Ehelicherklärung auf Antrag des Kindes 101

Eine Ehelicherklärung auf Antrag des Kindes kommt nach deutschem materiellem Recht nur nach dem Tod eines Elternteils in Betracht (§ 1740 a BGB). Im Verhältnis zum überlebenden Elternteil steht das für ehelich erklärte Kind einem Kind gleich, das durch Eheschließung seiner Eltern ehelich geworden ist (§ 1740 f BGB). Das bedeutet: für das Verhältnis des Kindes zum überlebenden Elternteil gilt Art 19 (vgl Palandt-Heldrich Art 19 Anm 1), gleichgültig, ob der Vater oder die Mutter vorverstorben ist. Auch hier ist bei einer (zB) die elterliche Gewalt betreffenden Frage zunächst die Gültigkeit der Legitimation zu prüfen. Maßgebend ist gem Art 22 das Heimatrecht des Vaters, bzw, wenn der Vater vorverstorben ist, sein Heimatrecht im Zeitpunkt seines Todes (es kann also das ausländische Kind einer ausländischen Mutter auf seinen Antrag nach deutschem Recht für ehelich erklärt werden, wenn sein verstorbener Vater Deutscher war!). Ist nach diesem Recht das Kind wirksam für ehelich erklärt worden, so gilt für seine Beziehungen zum überlebenden Elternteil das durch Art 19 berufene Recht. Das ist, wenn das Kind nach dem Tod der Mutter für ehelich erklärt wird, das Heimatrecht des Vaters, wenn es nach dem Tod des Vaters für ehelich erklärt wird, das Heimatrecht der Mutter. Art 19, der nach dem Tod des Vaters einen Statutenwechsel anordnet, wenn die Mutter eine andere Staatsangehörigkeit besitzt als der Vater, ist hier entsprechend anzuwenden. Ob nach dem Heimatrecht der Mutter eine Ehelicherklärung auf Antrag des Kindes möglich gewesen wäre oder nicht, spielt dabei keine Rolle. Die Beziehungen des Kindes zu seiner Mutter sind so zu beurteilen, wie wenn das Kind durch eine Eheschließung seiner Eltern legitimiert worden wäre.

III. Adoptierte Kinder 102

Für adoptierte Kinder gelten ähnliche Regeln wie für legitimierte Kinder. Auszugehen ist vom Adoptionsstatut. Stehen nach dem Adoptionsstatut adoptierte Kinder ehelichen Kindern völlig gleich, so gilt für das Verhältnis der adoptierten Kinder zu den Adoptiveltern Art 19 uneingeschränkt (vgl Erman-Marquordt Art 19 Rz 9). Stehen nach dem Adoptionsstatut adoptierte Kinder ehelichen Kindern nicht völlig gleich, so ist im Verhältnis des Kindes zu seinen Adoptiveltern Art 22 vor Art 19 zu berücksichtigen (vgl Frankenstein, IPR IV 39; Palandt-Heldrich Art 19 Anm 1). Art 22 bestimmt auch das Verhältnis des Kindes zu seinen leiblichen Eltern. Nur hilfsweise kommt hier noch Art 19 bzw – bei der Adoption eines nichtehelichen Kindes – Art 20 in Betracht (vgl Soergel-Kegel Art 19 Rz 17; Kegel, IPR § 20 VIII 2).

Anwendung von Art 19 auf Adoptivkinder bedeutet Anwendung des Heimatrechts 103
des Adoptierenden. Wird das Kind nur von einem Mann oder einer Frau adoptiert, so gilt allein dessen bzw deren Heimatrecht. Wird das Kind von einem Ehepaar adoptiert, so hängt die Frage, welches Recht die Eltern-Kind-Beziehungen beherrscht, davon ab, ob Art 19 für verfassungsgemäß oder für verfassungswidrig gehalten wird. Im ersteren Fall gilt das Heimatrecht des Adoptivvaters. Im letzteren Fall gelten bei unterschiedlicher Staatsangehörigkeit von Adoptivvater und Adoptivmutter die oben Rz 14 ff aufgestellten Regeln. Wird ein Kind zunächst von einem Ehepaar und später von dem anderen adoptiert oder nimmt ein Ehegatte ein Kind des anderen Ehegatten an, so kann ein Statutenwechsel eintreten.

Adoptiert beispielsweise ein in Deutschland lebender deutscher Staatsangehöriger 104
das Kind seiner österreichischen Frau aus erster Ehe, so ergibt sich zunächst aus dem Adoptionsstatut (Art 22: deutsches Recht), daß das Kind die rechtliche Stellung eines gemeinschaftlichen ehelichen Kindes der Ehegatten erlangt hat. Für seine

rechtlichen Beziehungen zu seinen Eltern gilt von nun an Art 19. War bis zur Adoption auf die Beziehungen des Kindes zu seiner Mutter österreichisches Recht maßgebend, so gilt nunmehr deutsches Recht, sei es, weil man die Verweisung des Art 19 auf das Vaterrecht akzeptiert, sei es (wenn Art 19 für verfassungswidrig gehalten wird), weil das Kind mit der Adoption die deutsche Staatsangehörigkeit erworben hat oder weil die Ehegatten ihren gemeinsamen gewöhnlichen Aufenthalt in Deutschland haben.

105 **IV. Anerkannte Kinder**

In zahlreichen Rechtsordnungen wird nicht auf die Ehelichkeit eines Kindes abgestellt, sondern auf seine „Legitimität", wobei die Legitimität sowohl auf der Geburt in einer Ehe als auch auf einer Anerkennung durch den Vater beruhen kann. Für die kollisionsrechtliche Behandlung solcher Fälle ist indessen die Qualifikation des Kindesstatus durch das ausländische Recht nicht maßgebend. Der deutsche Richter wird vielmehr danach fragen, ob das Kind einer Ehe entstammt oder nicht. Waren die Eltern des Kindes weder bei seiner Geburt noch bei seiner Empfängnis miteinander verheiratet, so gilt das Kind zunächst – vom deutschen Standpunkt aus – als nichtehelich. Diesen Status kann das Kind nur verlieren, wenn es legitimiert oder adoptiert wird. Die „Anerkennung" eines Kindes ist deswegen dahin zu untersuchen, ob sie eine „Legitimation" oder eine „Adoption" darstellt. Beides kann bei einer Anerkennung zutreffen (vgl etwa Kegel, IPR § 7 II 2). Wird eine Legitimation oder Adoption bejaht, so gelten für die Rechtsbeziehungen des Kindes zu den Eltern die oben aufgestellten Regeln. Wird eine Legitimation oder Adoption verneint, so bleibt das Kind nichtehelich.

106 **D. Räumlicher Geltungsbereich**

Ein wichtiger Bestandteil der Eltern-Kind-Beziehungen ist die Sorge für das Vermögen (in manchen Rechten auch: Rechte an dem Vermögen) des Kindes. Hier kann Art 19 in Konflikt geraten mit der **lex rei sitae**, also dem Recht des Staates, auf dessen Gebiet sich Vermögensgegenstände des Kindes befinden. Wenn nämlich dieser Staat für die Verwaltungs- und Verfügungsbefugnis sowie für eventuelle Rechte an diesem Vermögen die Maßgeblichkeit seines eigenen Rechts zwingend vorschreibt, ist ein anderes Recht nicht durchsetzbar. Diesem Gedanken trägt **Art 28** Rechnung: nach dieser Vorschrift findet Art 19 keine Anwendung auf Gegenstände, die sich nicht in dem Gebiet des Staates befinden, dessen Gesetze nach Art 19 maßgebend sind und die nach den Gesetzen des Staates, in dessen Gebiet sie sich befinden, „besonderen Vorschriften" unterliegen. Dabei ist allerdings umstritten, wie der Begriff „besondere Vorschriften" zu verstehen ist.

107 *Beispiel:* Ein Kind griechischer Eltern ist Eigentümer eines Hausgrundstücks in England. Frage: Steht dem Vater gem griechischem Recht (Art 1517 ZGB) ein Nießbrauchsrecht an diesem Hausgrundstück zu?

108 Nach Art 19 müßte diese Frage bejaht werden. Ob Art 19 in diesem Fall durch Art 28 augeschlossen ist, hängt davon ab, ob das Grundstück nach englischem Recht „besonderen Vorschriften" unterliegt. Das ist der Fall. Im englischen IPR wird zwischen Mobiliar- und Immobiliarvermögen unterschieden. Für Mobiliarvermögen gilt das Personalstatut, für Immobiliarvermögen die rex rei sitae. Für alle Rechte an Grundstücken ist also englisches Recht maßgebend, und weil dieses ein Nutznießungsrecht der Eltern am Kindesvermögen nicht vorsieht, steht dem Vater dieses Recht auch nicht zu.

109 „Besondere Vorschriften" iS des Art 28 sind also Kollisionsnormen des Inhalts, daß gewisse Gegenstände oder Rechtsinbegriffe (anders als das sonstige Vermögen) der

lex rei sitae unterworfen sind. Bestehen am Lageort solche Sondernormen, so gehen sie dem an sich nach Art 19 anwendbaren Recht vor. Das ist jedenfalls die hM.*

Der hM steht eine Minderheitsauffassung gegenüber, die den Anwendungsbereich des Art 28 erheblich einschränken möchte. Ihr Hauptvertreter ist KEGEL (SOERGEL-KEGEL Art 28 Rz 5 u 11; KEGEL, IPR § 12 II 2 b). Sie will Art 28 nur dann anwenden, wenn der Belegenheitsstaat für ein Sondervermögen bestimmter Personen (Fideikommisse, Lehen, Erbhöfe) Sonderregeln aufgestellt hat und in seinem Kollisionsrecht anordnet, daß diese Regeln auf alle im Inland liegenden Gegenstände solcher Sondervermögen anzuwenden sind. 110

Richtig ist, daß der Gesetzgeber bei der Formulierung des Art 28 vornehmlich an Lehen und Fideikommißgüter gedacht hat. Eine Beschränkung der Anwendbarkeit des Art 28 auf solche Sondervermögen findet aber im Gesetz keine Stütze. Ihr stehen auch praktische Bedenken entgegen. Regelungen, die mit der lex rei sitae nicht übereinstimmen, sind nicht durchsetzbar, wenn der Belegenheitsstaat sein eigenes Recht zwingend vorschreibt. Es mag zwar sein, daß die Entscheidung des Belegenheitsstaates durch Herausgabe-, Geschäftsführungs-, Delikts- und Bereicherungsansprüche im praktischen Ergebnis wieder aufgehoben werden kann, doch sollte nicht ohne Not durch eine Nichtbeachtung der lex rei sitae eine Quelle neuer Prozesse geschaffen werden. 111

E. Einzelfragen

I. Allgemeine Rechtswirkungen der ehelichen Abstammung

1. Staatsangehörigkeit 112

Die Staatsangehörigkeit des Kindes hängt zwar in zahlreichen Staaten davon ab, ob es ehelich oder nichtehelich ist. Die eheliche Abstammung des Kindes kann darum Folgen für seine Staatsangehörigkeit haben. Der Erwerb einer Staatsangehörigkeit fällt aber nicht in den Regelungsbereich des Art 19. Bei der Staatsangehörigkeit geht es nicht um „das Kind". Welche Staatsangehörigkeit ein „eheliches" Kind mit seiner Geburt erwirbt, ergibt sich allein aus den Staatsangehörigkeitsgesetzen der in Betracht kommenden Heimatsstaaten (in Deutschland vgl § 4 Abs 1 RuStAG).

2. Name 113

a) Familienname

aa) Der Erwerb des Familiennamens beruht auf der ehelichen Abstammung des Kindes. Er ist eine Folge des durch die eheliche Geburt begründeten Rechtsverhältnisses zwischen dem Kind und seinen Eltern. Maßgebend ist darum das nach Art 19

* Vgl MELCHIOR, Grundlagen 405 ff; FRANKENSTEIN, IPR IV 37 f; WOLFF, IPR 82, 215 f; RAAPE, IPR 87 f, 352; NEUHAUS, Grundbegriffe 292; ERMAN-MARQUORDT Art 19 Rz 11; ERMAN-ARNDT Art 28 Rz 1–5; PALANDT-HELDRICH Art 28 Anm 1; s auch STAUDINGER-GAMILLSCHEG Art 15 Rz 183 ff; dieser Auffassung hat sich inzwischen – allerdings in einer Erbrechtssache – auch der BGH angeschlossen: Urteil vom 5. 4. 1968 BGHZ 50, 63 = NJW 1968, 1571 = MDR 1968, 567 = WM 1968, 759 = Betrieb 1968, 1123 = Rpfleger 1968, 279 = DNotZ 1968, 662 = IPRspr 1968–69 Nr 158.

S 1 anwendbare Recht.* Einer Anknüpfung an das Heimatrecht des Vaters stehen allerdings hier nicht nur die allgemeinen verfassungsrechtlichen, sondern auch sachliche Bedenken entgegen. Haben Ehegatten unterschiedlicher Staatsangehörigkeit ihren gemeinsamen gewöhnlichen Aufenthalt in der Bundesrepublik, so wird man die Frage, welchen Namen die Frau führt, nicht mehr nach dem Heimatrecht des Mannes beantworten können. Der BGH hat sich dafür ausgesprochen, hier das Heimatrecht der Frau, hilfsweise das Recht des gemeinsamen gewöhnlichen Aufenthalts anzuwenden (BGH 2. 5. 1971 BGHZ 56, 193 = NJW 1971, 1516 und 1972, 1001 [L] Anm Wengler = MDR 1971, 736 = WM 1971, 1207 = Betrieb 1971, 1352 = RabelsZ 35 [1971] 741 Anm Neuhaus = LM Nr 2 zu Art 14 EGBGB [L] Anm Buchholz = FamRZ 1971, 426 = StAZ 1971, 216 = IPRspr 1971 Nr 48). Das Recht des gemeinsamen gewöhnlichen Aufenthalts wird man auch dann anwenden, wenn es um die Frage geht, ob Ehegatten unterschiedlicher Staatsangehörigkeit einen gemeinsamen Ehenamen wählen können. Hat aber bei der Wahl des Ehenamens der Mannesname nicht mehr den Vorrang, so sollte man ihm diesen Vorrang auch bei der Feststellung des Kindesnamens nicht mehr einräumen. Eine Namensdivergenz von Eltern und Kind wäre sonst eine häufige Folge. Mit Recht knüpft deswegen eine im Vordringen begriffene Ansicht den Kindesnamen nicht mehr an das Heimatrecht des Vaters, sondern an das Heimatrecht des Kindes oder an das Recht des Aufenthaltsorts der Familie an (OLG Düsseldorf 2. 4. 1976 OLGZ 1976, 414 = MDR 1976, 843 = StAZ 1976, 274 = DAVorm 1976, 581 = IPRspr 1976 Nr 80; OLG Oldenburg 13. 5. 1977 NJW 1978, 512 = StAZ 1977, 287 = IPRspr 1977 Nr 96 a; Wengler NJW 1963, 593; ders StAZ 1973, 205; Beitzke StAZ 1976, 321; Kohler StAZ 1977, 3.) Dem hat sich nun auch der BGH angeschlossen (BGH 2. 3. 1979 – IV ZB 41/78). Haben die Eltern nicht dieselbe Staatsangehörigkeit, so soll sich der Familienname eines Kindes jedenfalls dann nach deutschem Recht richten, wenn das Kind die deutsche Staatsangehörigkeit besitzt, von seiner Geburt an mit seinen Eltern in Deutschland lebt und die Eltern einen gemeinsamen Ehenamen nach deutschem Recht führen. Man sollte allerdings nicht, wie diese Auffassung es tut, diese Anknüpfung damit rechtfertigen, daß der Name sich stets oder grundsätzlich nach dem Personalstatut richte oder daß dabei die „Umweltbezogenheit" eine Rolle spiele. Die Anknüpfung des Kindesnamens an das Statut, das die Ehelichkeit beherrscht, ist richtig. Nur dieses Statut, nämlich die Anknüpfung an das Heimatrecht des Vaters, bedarf der Änderung (oben RZ 12 ff).

114 **bb)** Der Familienname wird mit der Geburt erworben. Über **spätere Änderungen** entscheidet grundsätzlich das Personalstatut des Namensträgers, uU auch ein familienrechtliches Spezialstatut (etwa bei Anfechtung der Ehelichkeit oder bei Adoption oder bei Eheschließung des Kindes). Zweifelhaft ist, welches Recht darüber entscheidet, ob und in welchen Fällen sich ein Namenswechsel der Eltern auf das Kind erstreckt. Nach § 4 NamÄndG erstreckt sich eine Namensänderung, die einem deutschen Staatsangehörigen oder einem Staatenlosen, der seinen Wohnsitz oder gewöhnlichen Aufenthalt in Deutschland hat (vgl § 1 NamÄndG), bewilligt wird, auf seine unter elterlicher Gewalt stehenden Kinder, soweit bei der Entscheidung nicht etwas anderes bestimmt wird. Diese Vorschrift, die dem deutschen materiellen Recht angehört, scheint darauf hinzudeuten, daß nach Ansicht des deutschen

* Bis vor kurzem hM; vgl. BGH 26. 5. 1971 NJW 1971, 1521 = MDR 1971, 996 = BGH WarnR 1971 Nr 138 = FamRZ 1971, 429 = StAZ 1971, 250 = IPRspr 1971 Nr 6; OLG Frankfurt 4. 2. 1976 OLGZ 1976, 286 = IPRspr 1976 Nr 79 und 14. 6. 1976 OLGZ 1976, 423 = StAZ 1976, 363 = IPRspr 1976 Nr 82; LG Hamburg 24. 1. 1975 StAZ 1975, 278 Anm Braasch = IPRspr 1976 Nr 78 a; Ferid, IPR Rz 5–41; Kegel, IPR § 20 VIII 2; Erman-Marquordt Art 19 Rz 8; Palandt-Heldrich Art 19 Anm 4; IPG 1971 Nr 14 (Hamburg).

Gesetzgebers die Frage der Namensführung eines Kindes mit der elterlichen Gewalt zusammenhängt und deswegen dem Kindschaftsstatut untersteht. Dabei würde jedoch verkannt, daß die Namensführung zwar auf der Eltern-Kind-Beziehung, nicht aber auf der elterlichen Gewalt beruht. Ein Ende der elterlichen Gewalt ist ohne Einfluß auf den Namen des Kindes. Kollisionsrechtlich muß deswegen der Einfluß einer Namensänderung der Eltern auf die Namensführung eines unter elterlicher Gewalt stehenden Kindes ebenso beurteilt werden, wie der Einfluß einer solchen Änderung auf die Namensführung eines nicht unter elterlicher Gewalt stehenden Kindes. Da es einleuchtet, daß die Frage einer Namensänderung eines Volljährigen nicht mehr nach dem Heimatrecht seiner Eltern beurteilt werden kann, sondern allein nach seinem Personalstatut, muß dasselbe auch für die Namensänderung eines minderjährigen noch unter elterlicher Gewalt stehenden Kindes gelten. § 4 NamÄndG ist also einschränkend zu interpretieren. Er findet nur Anwendung, wenn auch das Kind ein deutsches Personalstatut hat. Die gleichen Erwägungen treffen zu, wenn ein fremdes Recht eine Namensänderung ohne behördliches Namensänderungsverfahren zuläßt oder wenn das neue Personalstatut dem Kind das Recht gibt, seinen Namen dem – geänderten – Namen seiner Eltern anzugleichen (vgl OLG Hamburg 18. 11. 1976 StAZ 1977, 224 = IPRspr 1976 Nr 78). Ändert eine Mutter nach der Scheidung sowohl ihren Namen als auch den Namen ihres Kindes, so ist wegen der Wirksamkeit dieser Namensänderung, was das Kind angeht, das Personalstatut des Kindes zu befragen (vgl IPG 1969 Nr 1 [Heidelberg]). Dasselbe gilt für Namenserteilungen durch einen Stiefelternteil (vgl Schwimann ÖJZ 1977, 85). Das Personalstatut des Kindes entscheidet auch darüber, ob eine auf Gesetz beruhende Namensänderung seiner Eltern oder eines Elternteils (zB infolge der Wiederverheiratung der Mutter nach dem Tod des Vaters) sich auf seine eigene Namensführung auswirkt.

cc) Ob das Kind **ehelich** ist, ist vom Standpunkt des deutschen Rechts aus zu beurteilen (oben Rz 89). Ist die Ehelichkeit des Kindes danach zu bejahen, so richtet sich seine Namensführung nach dem gem Art 19 anwendbaren Recht auch dann, wenn das Heimatrecht seines Vaters die Ehe als Nichtehe und das Kind als nichtehelich betrachtet (vgl OLG Düsseldorf 17. 4. 1964 StAZ 1965, 18 = JMBlNRW 1964, 163 = IPRspr 1964–65 Nr 93; Gundrum StAZ 1975, 22). Zu fragen ist in diesem Fall: welchen Namen führt nach dem Heimatrecht des Vaters (bzw, wenn man Art 19 für verfassungswidrig hält, nach dem Heimatrecht der Eltern oder des Kindes oder dem Recht des gemeinsamen gewöhnlichen Aufenthalts der Eltern oder des Kindes) ein eheliches Kind? 115

Ist das Kind vom Standpunkt des deutschen Rechts aus gesehen **nichtehelich**, etwa, weil die Ehe seiner Eltern als Nichtehe angesehen wird, so ist auf seine Namensführung Art 19 nicht anwendbar, mag das Heimatrecht der Eltern die Ehe auch für gültig und das Kind aus diesem Grund für ehelich halten. 116

dd) Führt die Anwendung von Art 19 zur Maßgeblichkeit eines fremden Rechts, so ist die Frage einer **Rückverweisung** zu prüfen. Dabei ist zu beachten, daß keineswegs überall die Namensführung des Kindes dem Recht unterstellt wird, das die Rechtsbeziehungen des Kindes zu seinen Eltern regelt. Vielfach wird stattdessen auf das Heimatrecht des Kindes abgestellt (so etwa in Frankreich und in der Schweiz; vgl für Frankreich: Malaurie, Nom – prénom – noblesse, in Encyclopédie Dalloz Droit international 466 f Nr 8; Dayant, JCl Droit Int fasc 542 Nr 10; für die Schweiz: Vischer, IPR I 561). Vereinzelt wird auch die Anwendung des Rechts empfohlen, das die persönlichen Ehewirkungen regelt (vgl von Overbeck, Persons, in Int Enc Comp L III 15 sec 48). Hier kann es möglicherweise zu einer Rückverweisung kraft andersartiger Qualifikationen kommen. 117

118 Ebenso wie das deutsche Recht urteilte früher das **österreichische** Recht. Seit dem 1. 1. 1979 gilt jedoch für die Namensführung des Kindes sein Personalstatut, dh das Recht des Staates, dem es angehört.

119 **ee)** Die kollisionsrechtliche Frage ist ohne praktische Bedeutung, wenn die materiellen Rechte übereinstimmen. So erhält das eheliche Kind – ebenso wie nach deutschem Recht – den Namen, den die Eltern als Ehenamen gewählt haben, auch in der **DDR** und in **Japan**.

120 In den meisten Rechtsordnungen gelten allerdings andere Regeln. So erhält das Kind – so wie nach früherem deutschen Recht – mit der Geburt den Namen des Vaters auch (zB) in **Ägypten, Algerien, Australien, Barbados, Belgien, Botsuana, Dänemark, Finnland, Frankreich, Gambia, Griechenland, Guinea, Iran, Irland, Italien, Jordanien, Kanada, Korea, Kuwait, Libanon, Liberia, Liechtenstein, Luxemburg, Marokko, Mauritius, Neuseeland, Niederlande, Nigeria, Norwegen, Österreich, Philippinen, Samoa, Schweden, Schweiz, Syrien, Südafrika, Tansania, Tunesien, Türkei, Vietnam** und im allgemeinen auch in **England** und den **USA** (dort fehlen gesetzliche Regelungen).

121 Im spanischen Rechtskreis erhält das Kind meist die jeweils ersten Familiennamen der Eltern, wobei der Name des Vaters vorangestellt wird **(Andorra, Bolivien, Chile, Ecuador, Guatemala, Honduras, Kolumbien, Kuba, Nicaragua, Panama, Paraguay, Spanien, Venezuela)**.

122 In **Brasilien, Guinea-Bissau** und **Portugal** erhält das Kind meist ebenfalls die jeweils ersten Familiennamen der Eltern, jedoch wird dort der Name der Mutter vorangestellt.

123 In **Jugoslawien** bekommt das Kind den von den Eltern gemeinsam bestimmten Familiennamen, sofern die Eltern nicht bestimmen, daß das Kind einen anderen Familiennamen tragen soll.

124 In **China** und **Taiwan** wird der Familienname des Kindes bei der Anzeige der Geburt durch die Eltern festgelegt. In der Regel erhält das Kind den Familiennamen des Vaters; es kann aber auch den Familiennamen der Mutter oder einen anderen Namen führen.

125 In **Israel** und **Polen** bekommt das Kind den Namen des Vaters, wenn nicht die Eltern vereinbart haben, daß es den Familiennamen der Mutter führen soll.

126 Nach dem Recht **Islands** erhält das Kind zusätzlich zu dem eigenen Vornamen den Vornamen des Vaters im Genitiv mit dem Zusatz –son (Sohn) bzw –dóttir (Tochter).

(Diese Angaben wurden zum größten Teil entnommen dem Schreiben des BMdI vom 30. 3. 1972 [StAZ 1972, 129] und den Rdschr des BMdI vom 17. 10. 1972 [StAZ 1972, 333] und vom 14. 6. 1977 [StAZ 1977, 268].)

127 **ff)** In manchen Rechtsordnungen wird die Geltung des ausländischen Rechts durch Vorschriften personenstandsrechtlicher Natur eingeschränkt. So darf zB in **Frankreich** bei der Beurkundung der Geburt eines ehelichen Kindes nur ein Familienname eingetragen werden (Instruction générale relative à l'état civil vom 21. 9. 1955), auch wenn das Kind nach dem anwendbaren (zB spanischen) Recht die jeweils

ersten Familiennamen seines Vaters und seiner Mutter erhält (vgl MALAURIE, Nom – prénom – noblesse, in Encyclopédie Dalloz Droit international 466 f Nr 13; zweifelnd DAYANT JCl Droit Int fasc 542 Nr 48).

Im deutschen Recht gibt es eine solche Beschränkung nicht. Richtet sich die Namensführung des Kindes nicht nach deutschem Recht, so ist im Geburtenbuch neben dem Vornamen auch der Familienname einzutragen (§ 21 Abs 1 Nr 4 PStG), und zwar so, wie er dem Kind nach dem anwendbaren Recht zusteht. Und ebenso ist der so ermittelte Familienname auch in Geburtsurkunden aufzunehmen (§ 62 Abs 1 Nr 2 PStG). 128

Zu Zweifeln hat die Frage Anlaß gegeben, ob in das Geburtenbuch und in Geburtsurkunden neben dem Vor- und dem Familiennamen auch sog Zwischennamen einzutragen sind. Solche Zwischennamen gibt es etwa in **Bulgarien** und im nordafrikanischen Raum. In Bulgarien bekommt das Kind als Zwischennamen den Vornamen des Vaters, dem bei Knaben die Endsilbe -ov oder -ev, bei Mädchen die Endsilbe -ova oder eva angefügt wird. In **Marokko** wird zwischen Vorname und Familiennamen als Zwischenname der Vorname des Vaters eingefügt, dem, je nachdem ob es sich um einen Sohn oder um eine Tochter handelt, ein „ben" oder „bent" vorangestellt wird. 129

Nach einer Entscheidung des KG (22. 2. 1968 OLGZ 1968, 105 = JR 1968, 426 = ROW 1969, 40 = FamRZ 1968, 255 = StAZ 1968, 351 = IPRspr 1968–69 Nr 259) sollte ein solcher Zwischenname nicht eingetragen werden. Der Vatersname, so erklärte das KG, sei nicht geeignet, im deutschen Familienbuch als Teil des Familiennamens behandelt zu werden, weil er dem eigentlichen Familiennamen seinen Sinn als einheitliche Sippenbezeichnung nehmen und durch einen in jeder Generation anders lautenden Doppelnamen ersetzen würde. Außerdem würde die Angabe von Zwischennamen nur verwirren und sei letztlich überflüssig. 130

Dieser Auffassung trat das OLG Hamburg entgegen (Vorlagebeschluß vom 20. 5. 1970 StAZ 1970, 284 = IPRspr 1970 Nr 4). Seiner Ansicht schloß sich der BGH an (Beschluß vom 26. 5. 1971 NJW 1971, 1521 = MDR 1971, 996 = BGH WarnR 1971 Nr 138 = FamRZ 1971, 429 = IPRspr 1971 Nr 6) mit dem überzeugenden Argument: der Geburtsurkunde wird im alltäglichen Verkehr, für den sie bestimmt ist, nur soviel Beweiswert beigemessen werden, als sich ihr ohne weitere gedankliche Konstruktion entnehmen läßt. Das bedeutet, daß zB Verwaltungsbehörden, die zur Ausstellung von Reisepaß, Personalausweis, Führerschein usw berufen sind, immer nur den Namen als erwiesen ansehen werden, der in der Geburtsurkunde als Name der betreffenden Person aufgeführt ist. Nur die Aufnahme auch des Zwischennamens in die Geburturkunde bietet daher die Gewähr dafür, daß diese Urkunde ihrem Zweck, den vollen bürgerlichen Namen der betreffenden Person auszuweisen, ohne Schwierigkeiten gerecht wird. 131

Das anwendbare Recht entscheidet auch darüber, ob der zu führende Familienname bei weiblichen Kindern eine Abwandlung erfährt (zB durch Anfügung einer Endsilbe). Hier wird vielfach erklärt, eine Eintragung der Namen in der **weiblichen Form** komme für die deutschen Personenstandsbücher nicht in Betracht, weil der Grundsatz der inneren Einheit der Eintragungen die gleiche Schreibweise des Familiennamens erfordere (KG 19. 7. 1954 StAZ 1954, 273 = IPRspr 1954–55 Nr 203; PFEIFFER-STRICKERT § 1 Anm 11; in diesem Sinn auch § 57 Abs 6 DA). Diese Auffassung trifft indessen nur in den Fällen zu, in denen sich die Namensführung nach deutschem Recht richtet. Richtet sich die Namensführung nach ausländischem Recht, so ist der Name so einzutragen, wie es das maßgebende Recht vorschreibt, das heißt ggf auch mit einer Abwandlung für weibliche Namensträger. Zwar wird dadurch der Grundsatz der Einheitlichkeit des Familiennamens tangiert. Diese 132

Uneinheitlichkeit kann aber hingenommen werden, zumal auch im deutschen Recht Ausnahmen (nämlich bei ehemaligen Adelsbezeichnungen Graf – Gräfin) vom Grundsatz der Einheitlichkeit des Familiennamens gemacht werden; vgl KG 22. 2. 1968 OLGZ 1968, 105 = JR 1968, 426 = ROW 1969, 40 = FamRZ 1968, 255 = StAZ 1968, 351 = IPRspr 1968–69 Nr 259; SCHMITT-PETERS, Die Eintragungen in deutsche Personenstandsbücher in Fällen mit Auslandsberührung 56; PENNRICH StAZ 1965, 78; MASSFELLER-HOFFMANN-KNÖPFEL § 2 Rz 13 und § 11 Rz 32, 33.

133 **b) Vorname**

Das Recht, einem ehelichen Kind den Vornamen zu geben, wird in Deutschland als Teil der elterlichen Gewalt angesehen. Es wird deswegen unter diesem Stichwort erörtert werden (unten Rz 190).

134 **3. Wohnsitz**

a) Der Wohnsitz als Zuständigkeitsvoraussetzung

In der Rechtsprechung spielt der Wohnsitz des Kindes ausschließlich als Zuständigkeitsvoraussetzung eine Rolle. Nach § 13 ZPO wird der allgemeine Gerichtsstand einer Person durch ihren Wohnsitz bestimmt. Und ebenso wird auch in den §§ 36, 43 FGG auf den Wohnsitz (und erst danach auf den Aufenthalt) abgestellt.

135 Hier zeigt sich in der Judikatur ein bemerkenswerter Wandel. Zunächst erklärten die Gerichte: die Frage, ob und wie der Wohnsitz eines Kindes durch das Rechtsverhältnis zu seinen Eltern beeinflußt wird, ist nach dem für dieses Rechtsverhältnis maßgebenden Recht zu beurteilen (RG 12. 1. 1939 RGZ 159, 167 = DR 1939, 246 Nr 18 = HRR 1939 Nr 376 = StAZ 1939, 116 = IPRspr 1935–44 Nr 302; BayObLG 13. 10. 1950 NJW 1951, 275 = IPRspr 1950–51 Nr 109 und 15. 5. 1956 BayObLGZ 1956, 161 = IzRspr 1954–57 Nr 368 a; KG 1. 9. 1938 DR 1939, 246 Nr 19 = IPRspr 1935–44 Nr 301 und 14. 6. 1954 IPRspr 1954–55 Nr 104; OLG Oldenburg 2. 2. 1952 NdsRpfl 1952, 154 = IzRspr 1945–53 Nr 44). Unklar ist die Stellungnahme des BGH in seinem Beschluß vom 14. 7. 1956 (BGHZ 21, 306 = NJW 1956, 1439 = JR 1957, 20 zust Anm BEITZKE = FamRZ 1956, 347 = ZBlJugR 1956, 295 = EJF Nr 5 zu B II Anm JANSEN = IzRspr 1954–57 Nr 368 b). Er wandte zunächst § 11 BGB an, erklärte aber dann, es sei fraglich, ob diese Vorschrift angewandt werden dürfe, nachdem sie zu den Vorschriften gehöre, die das Verhältnis zwischen Eltern und Kindern betreffen.

136 Die Gegenmeinung wurde im Internationalen Zivilprozeßrecht entwickelt. Sie besagt: In den Fällen, in denen der Wohnsitz für die verfahrensrechtliche Zuständigkeit maßgebend ist, wird er nach der lex fori bestimmt (vgl KG 30. 3. 1936 JW 1936, 3570 zust Anm SÜSS = IPRspr 1935–44 Nr 550; PAGENSTECHER RabelsZ 11 [1937] 337, 362 f Fn 8 a; RIEZLER, IZPR 196; SERICK ZZP 68 [1955] 278 ff, 293 f; STEIN-JONAS-POHLE [19. Aufl] § 13 Anm I). Der Wohnsitzbegriff ist für den Bereich der Zuständigkeitsregelung ein Bestandteil der verfahrensrechtlichen Vorschriften. Daß er aus Zweckmäßigkeitsgründen mit dem Wohnsitzbegriff des sachlichen Rechts zusammenfällt, ändert nichts an seiner prozeßrechtlichen Qualifikation. Das gilt aber nicht nur für den Wohnsitzbegriff der Zivilprozeßordnung, sondern auch für den Wohnsitzbegriff der Freiwilligen Gerichtsbarkeit. Das bedeutet: Hängt die Zuständigkeit eines deutschen Gerichts vom Wohnsitz eines Kindes ab, so ist die

Frage, wo das Kind seinen Wohnsitz hat, nach deutschem Recht (§ 11 BGB) zu beurteilen. Diese Auffassung kann jetzt als herrschend bezeichnet werden.*

Der Streit ist heute nur noch von geringer praktischer Bedeutung, da in der Mehrzahl der Fälle, in denen bisher der Wohnsitz als Anknüpfungspunkt eine Rolle spielte, nunmehr das Minderjährigenschutzabkommen Anwendung findet, welches bei der Frage der Zuständigkeit nicht mehr auf den Wohnsitz, sondern auf den gewöhnlichen Aufenthalt abstellt (zum Geltungsbereich dieses Abkommens Vorbem 252 zu Art 18). 137

b) Der Wohnsitz als Anknüpfungspunkt im Internationalen Privatrecht 138

Im Internationalen Privatrecht wird wiederholt auf den Wohnsitz als Anknüpfungspunkt abgestellt (vgl etwa Art 8, 14 Abs 1, 15 Abs 2, 16, 24, 25). In all diesen Fällen bestimmt das deutsche Recht, was Wohnsitz ist (vgl Wolff, IPR 106, 232; Raape, IPR 180; Soergel-Kegel Art 8 Rz 7, Art 15 Rz 23, Art 16 Rz 5, Art 24 Rz 4, Art 25 Rz 5; Erman-Arndt Art 8 Rz 1; Palandt-Heldrich Art 16 Anm 2; s auch Staudinger-Beitzke Art 8 Rz 29 und Staudinger-Gamillscheg Art 14 Rz 152 Rz 437 Art 15 [es genügt aber bei ausländischen Ehegatten auch der gesetzliche Wohnsitz der Ehefrau] und Art 16 Rz 16). Teilweise wird dabei der deutsche Wohnsitzbegriff noch reduziert. So ist zB eine Entmündigung nicht schon dann zulässig, wenn ein minderjähriger ausländischer Staatsangehöriger seinen gesetzlichen Wohnsitz (iS des deutschen Rechts) im Inland hat. Er muß auch seinen tatsächlichen Lebensmittelpunkt im Inland haben (vgl Kegel, IPR § 13 III 2: Wenn der Sohn eines in Mainz wohnenden Franzosen gegen den Willen seines Vaters nach Paris gezogen ist, kann er in Deutschland nicht entmündigt werden). Die Frage, wo der Minderjährige nach dem Heimatrecht seines Vaters oder seiner Eltern seinen

* Vgl BayObLG 31. 5. 1966 BayObLGZ 1966, 203 = MDR 1966, 927 = FamRZ 1968, 105 = DAVorm 1968, 179 = IPRspr 1966–67 Nr 146 und ständig, zuletzt 8. 12. 1975 FamRZ 1976, 163 = IPRspr 1975 Nr 78; OLG Hamm 4. 10. 1956 ZBlJugR 1957, 24 = JMBlNRW 1956, 281 = IzRspr 1954–57 Nr 369 (noch nicht ganz klar) und öfter, zuletzt 26. 10. 1976 OLGZ 1977, 39 = FamRZ 1977, 132 = StAZ 1977, 164 = Rpfleger 1977, 27 = IPRspr 1976 Nr 215; KG 16. 2. 1961 NJW 1961, 1584 = FamRZ 1961, 383 = IPRspr 1960–61 Nr 223 und 21. 2. 1966 OLGZ 1966, 321 = FamRZ 1966, 266 = IPRspr 1966–67 Nr 100; OLG Düsseldorf 30. 12. 1970 DAVorm 1972, 154 = IPRspr 1971 Nr 162 und öfter, zuletzt 10. 1. 1975 FamRZ 1975, 641 = IPRspr 1975 Nr 66; OLG Köln 5. 7. 1971 NJW 1972, 394 = IPRspr 1971 Nr 68; OLG Zweibrücken 13. 9. 1974 FamRZ 1975, 172 = IPRspr 1974 Nr 91; OLG Frankfurt 16. 12. 1974 IPRspr 1974 Nr 93 und 3. 12. 1976 OLGZ 1977, 141 = IPRspr 1976 Nr 202; LG Berlin 12. 10. 1966 IzRspr 1966–67 Nr 90; aA in neuerer Zeit nur OLG Celle 14. 8. 1969 NJW 1969, 2098 = FamRZ 1969, 555 = DAVorm 1972, 458 und 28. 1. 1970 NJW 1970, 1011 = IPRspr 1970 Nr 62 (ohne sich mit der hM auseinanderzusetzen) sowie OLG Stuttgart 18. 9. 1974 Justiz 1974, 426 = IPRspr 1974 Nr 92 und 12. 11. 1976 FamRZ 1977, 208 = IPRspr 1976 Nr 73; aus dem Schrifttum vgl iS der hM neben den oben Genannten noch Beitzke JR 1957, 24; ders FamRZ 1967, 592, 600 f; Neuhaus FamRZ 1961, 541; ders, Grundbegriffe 221; Jansen jr 1963, 422; Keidel-Kuntze-Winkler § 36 Rz 8 (Fn 3); Baumbach-Lauterbach-Hartmann § 13 Anm 1; widersprüchlich Palandt-Heldrich: einerseits Art 19 Anm 4 (Wohnsitz bestimmt sich nach Art 19), andererseits Anm 5 (Bestimmung nach der lex fori). Auch Kegel stimmt dieser Auffassung grundsätzlich zu (Soergel-Kegel Vorbem 26 zu Art 7), umgeht das Problem aber meist dadurch, daß er in FG-Sachen die internationale Zuständigkeit deutscher Gerichte nicht an den Wohnsitz des Kindes, sondern – unter Lösung von den nur für die örtliche Zuständigkeit geltenden Regeln – an den gewöhnlichen Aufenthalt des Kindes anknüpft (Soergel-Kegel Art 10 Rz 41, 42); ebenso Erman-Marquordt Art 19 Rz 14. Daß die Bestimmung des Wohnsitzes nach der lex fori nicht nur Vorteile, sondern auch Nachteile hat, betont Schröder, Int Zust 136 ff. Das trifft indessen für die anderen Methoden ebenfalls, und zwar in noch stärkerem Maße zu.

Wohnsitz hat, spielt im Bereich der Anknüpfungspunkte des EGBGB somit keine Rolle.

139 **c) Der Wohnsitz im materiellen bürgerlichen Recht**

Die kollisionsrechtliche Literatur geht einhellig davon aus, daß die Frage nach dem Wohnsitz eines ehelichen Kindes nach dem gem Art 19 anwendbaren Recht zu beantworten sei, weil es sich dabei um eine allgemeine Rechtswirkung der ehelichen Abstammung handle (Wolff, IPR 215; Raape, IPR 352; Soergel-Kegel Art 19 Rz 29; Kegel, IPR § 20 VIII 2; Erman-Marquordt Art 19 Rz 8; Palandt-Heldrich Art 19 Anm 4). Dabei wird regelmäßig auf die Entscheidung des Reichsgerichts vom 12. 1. 1939 (RGZ 159, 167 = DR 1939, 246 Nr 18 = HRR 1939 Nr 376 = StAZ 1939, 116 = IPRspr 1935–44 Nr 302) Bezug genommen. Diese Entscheidung, in welcher der Wohnsitz als Voraussetzung für die Zuständigkeit eine Rolle spielte, kann indessen nach dem oben Gesagten heute keine Geltung mehr beanspruchen. Überall dort, wo der Wohnsitz nur eine Zuständigkeitsvoraussetzung darstellt, wird er heute nach der lex fori bestimmt. Es bleibt die Frage, ob es Fälle gibt, in denen noch immer der Wohnsitz des Kindes gem dem nach Art 19 anwendbaren Recht zu beurteilen ist.

140 Im BGB spielt der Wohnsitz eine Rolle in den §§ 269 (Leistungsort) 270 (Zahlungsort), 1409 (Zulässigkeit der Bestimmung des Güterstandes durch Verweisung auf ein ausländisches Gesetz), 1944 und 1954 (Ausschlagungs- und Anfechtungsfrist, wenn der Erblasser seinen letzten Wohnsitz nur im Ausland gehabt hat).

141 Da es sich hierbei nicht um verfahrensrechtliche Bestimmungen handelt, kann die Bestimmung des Wohnsitzes nicht vom Standpunkt der lex fori aus erfolgen. Sachliche Gründe sprechen aber auch gegen eine Beurteilung des Wohnsitzes nach dem gem Art 19 anwendbaren Recht. Wird nämlich von Vertragsparteien die Anwendung deutschen Rechts auf einen Vertrag vereinbart oder gilt deutsches Recht, weil der Vertrag hier seinen Schwerpunkt hat, so erfordert die Verkehrssicherheit, daß Schuldner ihre Schuld dort erfüllen können, wo sie nach deutschem Recht zu erfüllen ist. Das aber bedeutet, daß auch in den Fällen der §§ 269, 270 BGB der Wohnsitz nach deutschem Recht zu bestimmen ist. Deutsches Recht wird hier nicht als die lex fori, sondern als die lex causae angewandt.

142 Gleiches gilt für § 1409 BGB (vgl Staudinger-Gamillscheg Art 15 Rz 459) und für die §§ 1944 und 1954 BGB. Deutsches Recht entscheidet also darüber, wo eine minderjährige Frau ihren Wohnsitz hat, wenn (bei Geltung deutschen Güterrechts) die Ehegatten ihren Güterstand durch Verweisung auf das am Wohnsitz der Frau geltende Recht bestimmen wollen. Und ebenso entscheidet bei deutschem Erbstatut deutsches Recht darüber, wo sich der Wohnsitz des minderjährigen Erblassers befand, wenn es um die Dauer der Ausschlagungs- oder der Anfechtungsfrist (§§ 1944, 1954 BGB) geht.

143 Es bleiben somit keine Fälle übrig, in denen der Wohnsitz eines ehelichen Kindes nach dem gem Art 19 anwendbaren Recht bestimmt werden müßte.

144 **4. Verjährung**

Ob die Verjährung eines Anspruches des Kindes gegen seine Eltern oder eines Elternteils gegen das Kind durch das Rechtsverhältnis zwischen ihnen beeinflußt, zB – wie nach § 204 BGB – gehemmt wird, entscheidet das für dieses Rechtsverhältnis maßgebende Statut (Raape, IPR 352; Soergel-Kegel Art 19 Rz 31). Hier wird also das Schuldstatut überlagert durch das Kindschaftsstatut.

Ist zB eine Deutsche nach dem Tod ihres ersten Mannes durch eine erneute Eheschließung Schweizerin geworden und schließt sie nun mit ihrem noch minderjährigen Sohn aus erster Ehe einen Kaufvertrag ab, der kraft stillschweigender Parteivereinbarung schweizerischem Recht unterliegt, so unterstehen ihre vertraglichen Ansprüche einschließlich der Frage der Verjährungsfristen dem schweizerischen Recht. Für die Frage, ob die Verjährung dieser Ansprüche während der Minderjährigkeit des Sohnes gehemmt ist, gilt aber gem Art 19 deutsches Recht, das diese Frage, anders als das schweizerische Recht (vgl Art 134 OR), bejaht. 145

II. Folgen der Zugehörigkeit des Kindes zum elterlichen Hausstand

1. Verpflichtung zu Dienstleistungen 146

Das Kindschaftsstatut bestimmt darüber, ob und unter welchen Voraussetzungen und in welchem Ausmaß das (minderjährige oder volljährige) Kind verpflichtet ist, den Eltern im Hauswesen oder Geschäft Dienste zu leisten (vgl Wolff IPR 215; Soergel-Kegel Art 19 Rz 31; Kegel, IPR § 20 VIII 2). Diese Pflicht ergibt sich, sofern sie existiert (wie etwa gem § 1619 BGB), aus dem Eltern-Kind-Verhältnis. Dem Kindschaftsstatut ist also zu entnehmen, ob zB auch ein volljähriges Kind, das dem elterlichen Hausstand angehört und von den Eltern unterhalten wird, zu Dienstleistungen verpflichtet ist (bejahend § 1619 BGB, anders anscheinend das schweizerische Recht; vgl Hegnauer in Berner Kommentar Art 295 Rz 5) und ob das Kind für seine Tätigkeit ein Entgelt verlangen kann.

Von dem Grundsatz, daß das Kindschaftsstatut auch über das Ausmaß der Mitarbeit entscheidet, gilt eine Ausnahme dann, wenn die Ausbildung des (minderjährigen) Kindes unter der Mitarbeit im Haushalt oder Geschäft der Eltern leidet. Hier hat das Vormundschaftsgericht einzugreifen, das gem Art 2 MSA sein eigenes Recht anwendet. 147

Nach deutschem materiellem Recht wird durch § 1619 BGB nicht ausgeschlossen, daß Eltern und Kind die Mitarbeit insbesondere im Geschäft der Eltern vertraglich regeln, also zB einen Arbeitsvertrag abschließen. In anderen Rechten wird das zT für ausgeschlossen gehalten (vgl für das schweizerische Recht Hegnauer in Berner Kommentar Art 295 Rz 22). Auch darüber, ob wegen der gesetzlichen Mitarbeitspflicht überhaupt Raum für einen Arbeitsvertrag ist, entscheidet das Kindschaftsstatut. Hält das Kindschaftsstatut Dienst- oder Arbeitsverträge zwischen Eltern und Kindern für zulässig, so ist für die Beurteilung dieser Verträge dann das Schuldstatut maßgebend. 148

2. Aufwendungen zur Bestreitung der Kosten des Haushalts 149

Macht ein volljähriges Kind deutscher Eltern, das dem elterlichen Haushalt angehört, Aufwendungen zur Bestreitung der Kosten des Haushalts, so wird vermutet, daß es dabei nicht die Absicht hatte, Ersatz zu verlangen, § 1620 BGB. Ob eine gleiche Vermutung auch bei Kindern ausländischer Eltern besteht, entscheidet das gem Art 19 anwendbare Recht.

III. Vermögensrechtliche Hilfspflichten und Hilfeleistungen

1. Unterhalt 150

Unterhaltspflichten der Eltern gegenüber ihren Kindern und der Kinder gegenüber ihren Eltern sind Folge des Rechtsverhältnisses zwischen den Eltern und ihren ehelichen Kindern und unterstehen deswegen grundsätzlich dem nach Art 19 anwendbaren Recht.

151 In zahlreichen Fällen wird Art 19 aber verdrängt durch das Haager Übereinkommen über das auf Unterhaltsverpflichtungen gegenüber Kindern anzuwendende Recht vom 24. 10. 1956 (s sogleich Rz 156).

152 Da die Unterhaltsansprüche der ehelichen Kinder gegen ihre Eltern und der Eltern gegen ihre Kinder nur ein Teilgebiet des größeren Komplexes „Unterhaltspflicht zwischen Verwandten“ ausmachen, werden sie im Zusammenhang mit diesem Komplex im einzelnen erläutert (s sogleich Rz 155 ff).

153 **2. Aussteuer, Mitgift, Ausstattung**

Das gem Art 19 maßgebende Recht bestimmt, ob Töchter gegen ihre Eltern im Fall der Verheiratung einen Anspruch auf Aussteuer oder auf eine Mitgift haben und ob und inwieweit eine dem Kind gewährte Ausstattung als Schenkung gilt (vgl LG Hamburg 23. 11. 1955 MDR 1956, 552 = IzRspr 1954–57 Nr 18; Wolff, IPR 215; Soergel-Kegel Art 19 Rz 31; Kegel, IPR § 20 VIII 2; Erman-Marquordt Art 19 Rz 8; Palandt-Heldrich Art 19 Anm 4).

154 Gewährt das anzuwendende Recht den Töchtern einen Aussteuer- oder Mitgiftanspruch, so stellt sich die Frage, ob die Anwendung eines solchen Gesetzes nicht einen Verstoß gegen Art 3 Abs 2 GG und damit gegen den deutschen ordre public darstellen würde. Man wird diese Frage regelmäßig verneinen können, da der Aussteuer- oder Mitgiftanspruch in den Staaten, in denen er noch besteht, vielfach nur einen Ausgleich dafür darstellt, daß die Töchter keine so anspruchsvolle Berufsausbildung erfahren wie die Söhne. Wollte man darum den Töchtern den Aussteueranspruch versagen, so hätte dies in vielen Fällen eine zumindest faktische Benachteiligung gegenüber den Söhnen zur Folge.

155 **F. Unterhalt zwischen Verwandten**

Die **Kollisionsnormen des EGBGB** nennen – abgesehen von Art 21 (Unterhaltspflicht des Vaters gegenüber dem unehelichen Kind) die Unterhaltspflicht nicht gesondert. Das Unterhaltsstatut wird im deutschen IPR im allgemeinen durch die Kollisionsnorm bestimmt, welche das Familienrechtsverhältnis beherrscht, aus dem der Unterhaltsanspruch hervorgeht. So gehören zB die Unterhaltsansprüche der Ehegatten während bestehender Ehe in den Bereich der persönlichen Ehewirkungen (Art 14). Ebenso sind die Unterhaltsansprüche der ehelichen Kinder gegen ihre Eltern und der Eltern gegen ihre Kinder Folge des Rechtsverhältnisses zwischen Eltern und ehelichem Kind und unterliegen daher nach allgM dem Art 19. Im EGBGB nicht geregelt sind die Fragen, nach welcher Rechtsordnung sich das Bestehen und die unterhaltsrechtlichen Folgen weiterer Verwandtschaft und Schwägerschaft (zB Großeltern-Kind, Stiefeltern-Stiefkind) bestimmen. Diese Fragen werden – des Zusammenhangs halber – im folgenden (unten Rz 171 ff) mit erörtert. In interlokalen Fällen finden die Kollisionsnormen des EGBGB entsprechende Anwendung, wobei als Grundsatz gilt, daß die Anknüpfung an die Staatsangehörigkeit durch diejenige an den gewöhnlichen Aufenthalt zu ersetzen ist (näher oben Rz 8 und 73–78).

156 Das autonome deutsche Kollisionsrecht wird in zahlreichen Fällen verdrängt durch das **Haager Unterhaltsabkommen** über das auf Unterhaltspflichten gegenüber Kindern anzuwendende Recht vom 24. 10. 1956. Dieses Übereinkommen, das von der

Bundesrepublik Deutschland ratifiziert wurde und in Vorbem 16 ff zu Art 18 ausführlich erläutert ist, bezieht sich speziell auf das Unterhaltsstatut und geht als staatsvertragliche Spezialregelung dem autonomen deutschen IPR vor. Das Abkommen findet Anwendung, wenn Kinder, die ihren gewöhnlichen Aufenthalt in einem Vertragsstaat (insbes also in der Bundesrepublik Deutschland) haben, Unterhaltsansprüche gegen ihre Eltern geltend machen. Vertragsstaaten sind bislang (1. 1. 1979) neben der Bundesrepublik Deutschland Belgien, Frankreich, Italien, Japan, Liechtenstein, Luxemburg, die Niederlande, Österreich, Portugal, die Schweiz, Spanien und die Türkei (näher Vorbem 232 ff zu Art 18). Dagegen ist das neue Haager Übereinkommen über das auf Unterhaltspflichten anzuwendende Recht vom 2. 10. 1973, das sich nicht nur auf Unterhaltsansprüche von Kindern bezieht, von der Bundesrepublik Deutschland bislang nicht ratifiziert worden (s zu diesem Übereinkommen Vorbem 250 f zu Art 18).

Ehe im folgenden auf das autonome deutsche Kollisionsrecht für die Unterhalts- 157
pflicht (1) der Eltern gegenüber ihren Kindern, (2) der Kinder gegenüber ihren Eltern und (3) der sonstigen Verwandten und Verschwägerten sowie auf das Verhältnis zum Haager Unterhaltsabkommen von 1956 im einzelnen eingegangen wird, seien die allgemeinen Fragen angesprochen, die für alle Unterhaltsansprüche bedeutsam werden können.

1. Allgemeines 158

a) Das Unterhaltsstatut **umfaßt** namentlich folgende Fragen: Rechtsgrund, zeitliche Grenzen (einschließlich Verjährung), Art und Höhe des Anspruchs. Das gilt für das autonome deutsche IPR ebenso wie für das Haager Unterhaltsabkommen von 1956 (zu letzterem näher Vorbem 24 ff zu Art 18). Zur Abgrenzung zum Erbstatut oben Rz 4.

b) Unterliegen **konkurrierende Unterhaltspflichten** verschiedenen Rechtsordnungen 159
und geben diese den Pflichten **unterschiedlichen Rang** (zB Vorrang der Pflicht gegenüber dem ehelichen Kind nach der von Art 19 berufenen Rechtsordnung, dagegen Gleichrang der Pflicht gegenüber dem nichtehelichen Kind nach dem von Art 21 berufenen Recht), so entsteht ein Problem der **Anpassung** (dazu allgemein etwa Neuhaus, Grundbegriffe 353 ff; Kropholler in: Konflikt und Ordnung, FS Ferid [1978] 279 ff). Hier hat der Richter eine Wertentscheidung zu treffen, die sich bei starker Inlandsbeziehung im Zweifel am inländischen Recht ausrichten wird und die also im Beispielsfall heute zugunsten der Gleichrangigkeit ausfallen dürfte (vgl interlokal BayObLG 16. 2. 1966 NJW 1966, 1173 = JZ 1966, 364 = MDR 1966, 524 = FamRZ 1967, 177 = DAVorm 1966, 185 = IzRspr 1966–67 Nr 15: Vorrang des für Ehefrau und eheliche Kinder geltenden westdeutschen Rechts vor dem für das nichteheliche Kind geltenden Recht der DDR, damals mit der Folge, daß die Ansprüche des nichtehelichen Kindes zurückgesetzt wurden; die zweifelhafte Begründung der Entscheidung lautet: „die Unterhaltsansprüche der ehelichen Kinder und der Frau, für welche die Gesetze der Bundesrepublik maßgebend sind, können nicht durch abweichende Rangvorschriften des sowjetzonalen Rechts geschmälert werden"; ferner obiter KG 21. 2. 1966 OLGZ 1966, 251 = FamRZ 1966, 266 = IzRspr 1966–67 Nr 8: „selbst wenn anzunehmen wäre, daß der Vater [des nichtehelichen Kindes] nicht gemäß § 1709 I BGB [aF] *vor* der Mutter unterhaltspflichtig ist, sondern nach dem am gewöhnlichen Aufenthalt der Mutter geltenden Recht [der DDR] die Mutter *neben* dem Vater auf Unterhalt haftet"; nach Soergel-Kegel Art 19 Rz 30 „ist durch eine Sachnorm des IPR zu helfen. Man muß *in die Mitte* zwischen den berufenen materiellen Rechten gehen").

160 **c)** Die im Zusammenhang mit der Geltendmachung von Unterhaltsansprüchen auftretenden **Fragen des internationalen und interlokalen Währungs- und Devisenrechts** sind erläutert bei STAUDINGER-GAMILLSCHEG-HIRSCHBERG Vorbem 388 ff zu Art 13.

161 **d)** Das **Internationale Verfahrensrecht** für die Geltendmachung von Unterhaltsansprüchen ist hier nicht im einzelnen darzustellen. Einige Bemerkungen zur internationalen Zuständigkeit, zur Anerkennung ausländischer Unterhaltsurteile und zum UN-Übereinkommen über die Geltendmachung von Unterhaltsansprüchen im Ausland vom 20. 6. 1956 (BGBl 1959 II 150) finden sich bei STAUDINGER-GAMILLSCHEG Art 14 Rz 241 ff. Zum Erlaß einstweiliger Anordnungen (§ 620 Nr 4 ZPO) s STAUDINGER-GAMILLSCHEG § 606 b ZPO Rz 557 ff, Rz 574 ff sowie Vorbem 141 ff zu Art 18. Über die Abänderung von Unterhaltstiteln entscheidet das Unterhaltsstatut; das gilt für das autonome deutsche Recht ebenso wie für das Haager Unterhaltsabkommen (ausf Vorbem 123 ff zu Art 18). Im übrigen, namentlich für eine Erläuterung des für die Bundesrepublik Deutschland seit dem 1. 1. 1962 geltenden Haager Übereinkommens über die Anerkennung und Vollstreckung von Entscheidungen auf dem Gebiet der Unterhaltspflicht gegenüber Kindern vom 15. 4. 1958 (BGBl 1961 II 1005) sowie ggf des für die Bundesrepublik noch nicht in Kraft getretenen Haager Übereinkommens über die Anerkennung und Vollstreckung von Unterhaltsentscheidungen vom 2. 10. 1973 (Erläuterung und Text des Schweizer Bundesrates im Schweizer BBl 1975 II 1405 und 1424), muß auf die Erl zu Art 21 verwiesen werden.

162 **2. Unterhaltspflicht der Eltern gegenüber ihren ehelichen Kindern**

Die Unterhaltspflicht der Eltern gegenüber ihrem ehelichen Kind unterliegt nach allgM dem Art 19, da sie in dem Rechtsverhältnis zwischen den Eltern und dem ehelichen Kinde ihren Grund hat. Das gilt auch für die Unterhaltspflicht nach Scheidung. Daß im deutschen BGB die Unterhaltspflicht in einem eigenen Titel (§§ 1601 ff BGB) geregelt und damit für verschiedene familienrechtliche Verhältnisse gleichsam vor die Klammer gezogen ist, hat demgegenüber keine Bedeutung.

Siehe aus der einhelligen *Rechtsprechung* etwa OLG München 20. 5. 1941 HRR 1941 Nr 927 = IPRspr 1935–44 Nr 318; OLG Hamm 7. 9. 1959 JMBlNRW 1959, 269 = IPRspr 1958–59 Nr 128; OLG Karlsruhe 28. 7. 1960 DAVorm 1960, 231 = IPRspr 1960–61 Nr 131 b; OLG Celle 21. 7. 1966 MDR 1967, 126 = VersR 1967, 164 = NdsRpfl 1967, 18 = IPRspr 1966–67 Nr 29 und 21. 12. 1966 NJW 1967, 783 = FamRZ 1967, 156 = IPRspr 1966–67 Nr 259; OLG Frankfurt 24. 4. 1970 OLGZ 1971, 47 = IPRspr 1970 Nr 50 (das Haager Unterhaltsabkommen wurde übersehen); LG II Berlin 5. 11. 1929 KGBl 1930, 77 = IPRspr 1930 Nr 78; LG Frankfurt aM 29. 10. 1931 JW 1932, 2307 = IPRspr 1932 Nr 91; LG Düsseldorf 27. 11. 1953 ZBlJugR 1954, 115 = IPRspr 1952–53 Nr 190; LG München I 16. 3. 1961 DAVorm 1961, 134 = IPRspr 1960–61 Nr 132; LG Stuttgart 5. 8. 1964 IPRspr 1964–65 Nr 80; LG Augsburg 2. 10. 1970 DAVorm 1970, 390 = IPRspr 1970 Nr 120; LG Mainz 14. 10. 1970 DAVorm 1971, 31 = IPRspr 1970 Nr 69; LG Kaiserslautern 21. 12. 1971 DAVorm 1972, 126 = IPRspr 1971 Nr 74; LG Wuppertal 15. 7. 1976 DAVorm 2976, 703 = IPRspr 1976 Nr 84; LG Augsburg 30. 8. 1976 DAVorm 1977, 399 = IPRspr 1976 Nr 85; AG Ellwangen/Jagst 7. 11. 1949 IPRspr 1945–49 Nr 25; AG Tübingen 9./10. 1. 1973 DAVorm 1973, 245 = IPRspr 1973 Nr 74.

Aus dem *Schrifttum* siehe bereits STAUDINGER-RAAPE Art 19 Anm B VI 1 m Nachw aus der älteren Literatur; SOERGEL-KEGEL Art 19 Rz 30; ERMAN-MARQUORDT Art 19 Rz 8; PALANDT-HELDRICH Art 19 Anm 4; WOLFF, IPR 215.

163 Siehe ferner folgende Entscheidungen zum **interlokalen Recht**, in denen statt an die Staatsangehörigkeit an den Wohnsitz bzw gewöhnlichen Aufenthalt des Vaters angeknüpft wurde: OLG Braunschweig 9. 12. 1949 JZ 1951, 81 Anm KEGEL = JR 1950, 667 = NdsRpfl 1950, 140 = IzRspr 1945–53 Nr 240; KG 8. 12. 1960 NJW

1961, 677 = FamRZ 1961, 126 = DAVorm 1961, 131 = ROW 1961, 68 = IzRspr 1960–61 Nr 181; OLG Hamm 9. 12. 1963 FamRZ 1964, 582 = IzRspr 1962–63 Nr 134 a; LG Braunschweig 16. 1. 1951 MDR 1951, 238 = NdsRpfl 1951, 71 = IzRspr 1945–53 Nr 255; LG Düsseldorf 1. 2. 1952 MDR 1952, 298 = IzRspr 1945–53 Nr 273; LG München II 24. 5. 1955 NJW 1955, 1720 = IzRspr 1954–57 Nr 31; LG Bamberg 29. 12. 1956 NJW 1957, 676 abl Anm HEINEMANN (1112) = IzRspr 1954–57 Nr 174; *anders* nur wenige mißglückte Entscheidungen von Instanzgerichten, so LG Kassel 13. 11. 1952 MDR 1953, 237 = IzRspr 1945–53 Nr 284: interlokal maßgebend sei das Recht am Wohnsitz oder ständigen Aufenthalt des Unterhaltsberechtigten; auf Art 19 EGBGB komme es nicht an; LG Saarbrücken 6. 4. 1954 SaarlRuStZ 1954, 93 = IzRspr 1954–57 Nr 23: die Unterhaltsansprüche der geschiedenen Frau sowie des ehelichen Kindes seien beide dem Scheidungsstatut (Art 17 EGBGB) zu entnehmen.

Nach der **Rechtsprechung der DDR** verliert ein Kind, das ohne Beachtung der Meldevorschriften (illegal) die DDR verläßt, seinen Unterhaltsanspruch gegen den in der DDR verbliebenen Elternteil (OG DDR 1. 8. 1958 NJ 1958, 685 = IzRspr 1958–59 Nr 32, 21. 8. 1958 OGZ 6, 210 = NJ 1958, 683 = DAVorm 1958–59 229 = ZBlJugR 1958, 303 = IzRspr 1958–59 Nr 34 und 25. 8. 1959 OGZ 6, 215 = NJ 1958, 684 = ROW 1959, 250 abl Anm HILDEBRAND = IzRspr 1958–59 Nr 35 a; KreisG Lutherstadt Wittenberg 12. 8. 1958 DAVorm 1958–59, 199 = IzRspr 1958–59 Nr 33; KreisG Leipzig 16. 3. 1959 IzRspr 1960–61 Nr 26; KreisG Potsdam-Land 20. 12. 1960 IzRspr 1960–61 Nr 35; KreisG Schönebeck/Elbe 7. 11. 1961 IzRspr 1960–61 Nr 20). Des öfteren wurde der mit dem Kind in die Bundesrepublik übergesiedelte Elternteil zu Unterhaltszahlungen verurteilt (BezirksG Erfurt 16. 5. 1958 IzRspr 1958–59 Nr 9; BezirksG Leipzig 10. 12. 1958 IzRspr 1958–59 Nr 35 b; KreisG Hoyerswerda 24. 3. 1960 IzRspr 1960–61 Nr 16). **164**

Die **Gerichte der Bundesrepublik Deutschland** haben eine Pflicht zu Unterhaltszahlungen des hier lebenden Elternteils in einigen Entscheidungen verneint, weil das Kind in der DDR unberechtigt zurückgehalten wurde, so daß die Erfüllung des Unterhalts mit Naturalleistungen nicht möglich war (vgl LG Köln 25. 6. 1963 DAVorm 1963, 284 = IzRspr 1962–63 Nr 17; LG Aschaffenburg 20. 9. 1963 DAVorm 1964, 22 = IzRspr 1962–63 Nr 19; AG Rastatt 16. 1. 1964 FamRZ 1964, 461 Anm BRÜHL = IzRspr 1964–65 Nr 19; anders LG Mannheim 15. 4. 1964 FamRZ 1964, 464 = IzRspr 1964–65 Nr 20; vgl auch OLG Hamm 9. 12. 1963 FamRZ 1964, 582 = IzRspr 1962–63 Nr 134 a). **165**

Nicht Art 19, sondern das **Haager Unterhaltsabkommen** von 1956 ist anzuwenden, wenn das Kind seinen gewöhnlichen Aufenthalt in einem der Vertragsstaaten dieses Übereinkommens, namentlich also in der Bundesrepublik Deutschland hat (s zum Kreis der Vertragsstaaten oben Rz 156; zum Begriff des gewöhnlichen Aufenthalts Vorbem 39 ff zu Art 18). Auf die Staatsangehörigkeit der Beteiligten kommt es für die Anwendbarkeit des Abkommens nicht an (näher Vorbem 221 ff zu Art 18). Dennoch gilt für die Unterhaltsansprüche des ehelichen Kindes heute in den meisten Fällen, die vor deutsche Gerichte kommen, das Haager Unterhaltsabkommen. Dagegen ist das vom autonomen deutschen IPR bestimmte Eltern-Kind-Statut auf die Unterhaltspflicht anzuwenden, wenn das Kind seinen gewöhnlichen Aufenthalt in einem ausländischen Staat hat, der nicht Vertragsstaat ist. Hierbei ist namentlich an den Fall zu denken, daß nach Ehescheidung ein mit seiner Mutter in einem ausländischen Nichtvertragsstaat lebendes Kind seinen in Deutschland wohnhaften Vater auf Unterhalt verklagt (etwa OLG Celle 21. 12. 1966 NJW 1967, 783 = FamRZ 1967, 156 = IPRspr 1966–67 Nr 259; LG Mainz 14. 10. 1970 DAVorm 1971, 31 = IPRspr 1970 Nr 69; LG Wuppertal 15. 7. 1976 DAVorm 1976, 703 **166**

= IPRspr 1976 Nr 84; LG Augsburg 30. 8. 1976 DAVorm 1977, 399 = IPRspr 1976 Nr 85; LG Hamburg 30. 3. 1978 NJW 1979, 501: Klage des nach Scheidung bei seiner britischen Mutter in London lebenden Kindes gegen den in Deutschland wohnhaften deutschen Vater; da Art 19 EGBGB verfassungswidrig ist, wendet das Gericht – mE zu Recht – das Recht am gewöhnlichen Aufenthaltsort des Kindes an). Auch wenn ein eheliches Kind seinen gewöhnlichen Aufenthalt in einem Vertragsstaat hat, bleibt Art 19 in dem Sonderfall für den Unterhaltsanspruch maßgebend, daß das Aufenthaltsrecht dem Kind jeden Anspruch auf Unterhalt versagt (Art 3 des Abkommens; dazu näher Vorbem 165 ff zu Art 18). Ferner gilt das Abkommen gem seinem Art 1 Abs 4 dann nicht mehr, wenn das Kind verheiratet ist oder das 21. Lebensjahr vollendet hat (vgl dazu näher Vorbem 144, 147 zu Art 18). Soweit ein in der Bundesrepublik lebendes eheliches Kind also Unterhaltsansprüche für die Zeit nach Vollendung seines 21. Lebensjahres geltend macht, gilt Art 19 (OLG Stuttgart 14. 6. 1977 FamRZ 1977, 553 = IPRspr 1977 Nr 82; LG München I 27. 5. 1975 IPRspr 1975 Nr 207).

167 Der **Ausgleichsanspruch** der Eltern gegeneinander ist ebenfalls dem Eltern-Kind-Statut zu entnehmen, weil es sich insoweit um Auswirkungen der Rechtsbeziehungen zwischen den Eltern und ihrem ehelichen Kind handelt (OLG Celle 21. 12. 1966 NJW 1967, 783 = FamRZ 1967, 156 = IPRspr 1966–67 Nr 259, wo freilich auch das für die persönlichen Ehewirkungen geltende Recht in Betracht gezogen wird; eindeutig wie hier LG Wuppertal 15. 7. 1976 DAVorm 1976, 703 = IPRspr 1976 Nr 84; Soergel-Kegel Art 19 Rz 30; Palandt-Heldrich Art 19 Anm 4; nur de lege futura Staudinger-Gamillscheg Art 14 Rz 235; *interlokal* vgl BGH 9. 12. 1959 BGHZ 31, 329 = NJW 1960, 957 = MDR 1960, 385 = FamRZ 1960, 194 = IzRspr 1958–59 Nr 27: Anspruch der mit den Kindern in der DDR lebenden Mutter auf Aufwendungsersatz gegen den in der Bundesrepublik lebenden Vater; es gilt das Recht am Wohnsitz des Schuldners [Schwerpunkt des Schuldverhältnisses]). Bei Maßgeblichkeit des Haager Unterhaltsabkommens ist der Ausgleichsanspruch im Wege einer akzessorischen Anknüpfung ebenfalls dem vom Abkommen bezeichneten Aufenthaltsrecht zu unterstellen (Vorbem 18 zu Art 18).

168 3. Unterhaltspflicht der ehelichen Kinder gegenüber ihren Eltern

Ebenso wie die Unterhaltspflicht der Eltern entspringt auch die umgekehrte Pflicht der ehelichen Kinder dem zwischen Eltern und Kindern bestehenden Rechtsverhältnis und unterliegt daher nach allgM dem von Art 19 bestimmten Recht (s aus der *Rechtsprechung* RG 5. 8. 1935 WarnR 1935 Nr 142 = IPRspr 1935–44 Nr 312: Die Frage, ob ein bei einem Unfall getöteter Lette seiner lettischen Mutter unterhaltspflichtig war, beurteilt sich gem Art 19 nach lettischem Recht; BSG 27. 6. 1974 ZfS 1974, 224 = IPRspr 1975 Nr 79 und 22. 10. 1975 BSG 40, 268 = IPRspr 1975 Nr 81 [ähnliche Fallkonstellation für Spanien]; LG München I 5. 6. 1929 BlIPR 5 [1930] 21 = IPRspr 1930 Nr 77; aus dem *Schrifttum* die oben Rz 162 aE genannten Werke; vgl auch mehrere obergerichtliche Entscheidungen, welche im Entschädigungsstreit die nach israelischem Recht bestehende Unterhaltspflicht der ehelichen Kinder erwähnen, ohne auf die kollisionsrechtliche Einordnung einzugehen: so BGH 20. 3. 1975 RzW 1975, 180 = IPRspr 1975 Nr 124 und 20. 3. 1975 RzW 1975, 172 = LM Nr 7 zu § 165 BEG = IPRspr 1975 Nr 125; OLG Koblenz 25. 4. 1972 RzW 1972, 291 und 411 [L] Anm Schüler = IPRspr 1972 Nr 131 und 16. 5. 1973 RzW 1973, 305 = IPRspr 1973 Nr 118.

169 Da das **Haager Unterhaltsabkommen** von 1956 sich nur auf die Ansprüche der Kinder bezieht (weitergehend das von der Bundesrepublik Deutschland noch nicht

ratifizierte Haager Unterhaltsabkommen von 1973, vgl Vorbem 250 f zu Art 18), bleibt für die Ansprüche der Eltern das autonome deutsche IPR uneingeschränkt maßgebend. Die gerichtliche Praxis hat Art 19 für die Ansprüche der Eltern deshalb mit Recht auch nach dem Inkrafttreten des Haager Abkommens von 1956 herangezogen (etwa BSG 27. 6. 1974 ZfS 1974, 224 = IPRspr 1975 Nr 79 und 22. 10. 1975 BSG 40, 268 = IPRspr 1975 Nr 81).

Die **Ausgleichspflicht** zwischen mehreren ehelichen unterhaltspflichtigen Kindern 170
bemißt sich ebenfalls nach dem von Art 19 berufenen Recht, mag die Pflicht in dieser Rechtsordnung auch schuldrechtlich (Gesamtschuld oder Versionsrecht) begründet sein (LG München I 5. 6. 1929 BlIPR 5 [1930] 21 = IPRspr 1930 Nr 77; Soergel-Kegel Art 19 Rz 30; Palandt-Heldrich Art 19 Anm 4).

4. Unterhaltspflicht kraft sonstiger Verwandtschaft und kraft Schwägerschaft 171

Mögliche Unterhaltsansprüche (sowie Ansprüche auf Aussteuer, Mitgift und Ausstattung) kraft sonstiger Verwandtschaft (zB des Enkelkindes, der Geschwister) und kraft Schwägerschaft (zB des Stiefkindes, des Schwiegerkindes) sind von keiner Norm des EGBGB erfaßt. Nach hM ist, soweit nicht das Haager Unterhaltsabkommen von 1956 eingreift (dazu unten Rz 176), nach dem **Heimatrecht des in Anspruch Genommenen** zu entscheiden. Da die Pflicht auf einem Familienrechtsverhältnis beruht, wird angenommen, daß der im EGBGB herrschende Grundsatz der Staatsangehörigkeit auch für diese Unterhaltspflicht maßgebend ist (ausf Staudinger-Raape Art 19 Anm E I; ferner etwa Soergel-Kegel Anh zu Art 22 Rz 20; Kegel, IPR 440; Erman-Marquordt Anh nach Art 22 Rz 1, 2; Wolff, IPR 222; Ferid, IPR 259 Rz 8–280; Firsching IPR 187; jetzt auch Palandt-Heldrich Art 19 Anm 1; aus der spärlichen Rechtsprechung LG Bartenstein 18. 11. 1929 RdbfADB 5 [1929–30] 263 = IPRspr 1930 Nr 79: nichteheliches Kind verlangt Unterhalt von seinem väterlichen Großvater, zust Lewald, IPR 136; Oberstes Gericht Brünn 23. 1. 1941 Entscheidungen des Obersten Gerichts in Zivilsachen 23 [1941] Nr 17965 = ZOR NF 7 [1940–41] 651 = IPRspr 1935–44 Nr 317; vgl für die Zeit vor dem BGB RG 4. 1. 1887 RGZ 17, 223; s auch BSG 27. 6. 1974 ZfS 1974, 224 = IPRspr 1975 Nr 79: Erwähnung der im spanischen Recht bestehenden Unterhaltspflicht von Geschwistern).

Die **Rechtsvergleichung** zeigt, daß die Rechtsordnungen, welche die Frage in einer 172
Kodifikation geregelt haben, ebenfalls überwiegend das Heimatrecht des Unterhaltspflichtigen für anwendbar erklären; s Art 15 des ägyptischen ZGB von 1948; § 21 des japanischen Ges vom 21. 6. 1898 betr die Anwendung der Gesetze (Horei); § 23 des südkoreanischen Ges über das Zivilrecht mit Außenbezug vom 15. 1. 1962; Art 45 Abs 1 des kuwaitischen Ges Nr 5 des Jahres 1961 zur Regelung der Rechtsbeziehungen mit Auslandselement vom 14. 2. 1961; Art 9 Abs 2 des Schweizer Bundesgesetzes betr die zivilrechtlichen Verhältnisse der Niedergelassenen und Aufenthalter vom 25. 6. 1891 (NAG); § 21 des Ges von Taiwan über die Rechtsanwendung in Zivilrechtsfällen mit Außenbeziehung vom 6. 6. 1953; § 36 Abs 1 des thailändischen Ges vom 10. 3. 1938 über Gesetzeskollisionen (Texte sämtlicher Gesetze bei Makarov, Quellen des IPR [3. Aufl 1978]).

Eine heute kaum mehr vertretene *Mindermeinung* wendet den Grundsatz des 173
schwächeren Rechts an. Danach ist bei verschiedener Staatsangehörigkeit der Parteien auch das Personalstatut des Berechtigten zu berücksichtigen, und zwar in der Weise, daß er nicht mehr verlangen kann, als dieses ihm zubilligt. Zwar erscheint eine Unterhaltspflicht zwischen weiteren Verwandten und zwischen Verschwägerten rechtspolitisch mitunter fragwürdig. (In krassen Fällen kann Art 30 EGBGB ein-

greifen.) Aber der Verpflichtete ist kollisionsrechtlich bereits dadurch begünstigt, daß *sein* Heimatrecht angewendet wird. Eine weitere Begünstigung erscheint nicht angebracht (gegen die vor allem im älteren Schrifttum vertretene Mindermeinung bereits STAUDINGER-RAAPE Art 19 Anm E I m Nachw).

174 Die Anwendung des Heimatrechts des Verpflichteten ergibt: Wird ein Deutscher von seiner Schwester, der verarmten Witwe eines Schweizers, auf Unterhalt verklagt, so entscheidet deutsches Recht, §§ 1601 ff BGB. Danach ist der Unterhaltsanspruch zu verneinen. Wenn umgekehrt ein Schweizer von seiner Schwester, der verarmten Witwe eines Deutschen, auf Unterhalt verklagt wird, so entscheidet Schweizer Recht. Danach ist der Anspruch zu bejahen (Art 328, 329 Abs 2 ZGB). Die hierin liegende Diskrepanz erscheint unvermeidlich und kann hingenommen werden. Eine *„Anpassung"* ist nicht am Platze (NEUHAUS, Grundbegriffe 135, 160, 358; KROPHOLLER in: Konflikt und Ordnung, FS Ferid [1978] 280; anders J SCHRÖDER, Die Anpassung von Kollisions- und Sachnormen [1961] 116 f, der auch sog „latente Gleichgewichtsstörungen" beseitigen möchte; ferner WENGLER, Berliner FS Hirsch [1968] 218–220, der auch die hypothetische Verpflichtung der anderen Partei prüfen und einen Unterhaltsanspruch – unter Berücksichtigung der „Gegenrechtslage" – also nur gewähren möchte, wenn der Bedürftige im umgekehrten Fall ebenfalls hilfeleistungspflichtig wäre).

175 **Moderne Tendenzen** im IPR gehen dahin, die Anknüpfung an die Staatsangehörigkeit zumindest teilweise zu ersetzen durch eine Anknüpfung an den gewöhnlichen Aufenthalt und außerdem den Schwächeren (Unterhaltsbedürftigen) kollisionsrechtlich zu begünstigen. So bestimmt Art 20 des polnischen IPR-Ges vom 12. 11. 1965: „Unterhaltsansprüche zwischen Verwandten oder Verschwägerten sind nach dem Heimatrecht der unterhaltsberechtigten Person zu beurteilen." Art 9 Nr 7 des spanischen Código civil (Einleitungstitel idF vom 31. 5. 1974) enthält folgende differenzierte Regelung: „Das Recht auf Gewährung von Unterhalt zwischen Verwandten richtet sich nach dem gemeinsamen Heimatrecht von Unterhaltsberechtigtem und Unterhaltspflichtigem. Jedoch wird das Recht des gewöhnlichen Aufenthalts der Person angewandt, die Unterhalt begehrt, wenn diese ihn nach dem gemeinsamen Heimatrecht nicht erhalten kann. In Ermangelung beider Rechte oder wenn keines von beiden die Erlangung von Unterhalt gestattet, wird das interne Recht der Behörde angewendet, die über den Anspruch entscheidet" (Texte bei MAKAROV, Quellen des IPR [3. Aufl 1978]). Wichtige Impulse zu einer kollisionsrechtlichen Orientierung an der Person des Bedürftigen und seiner Umwelt hat das von der Bundesrepublik ratifizierte Haager Unterhaltsabkommen von 1956 gegeben, das an die Person des Kindes und an seinen gewöhnlichen Aufenthalt anknüpft (zu den sozialen Zielen der Anknüpfung Vorbem 30 ff zu Art 18). Allerdings erstreckt sich dieses Abkommen nur teilweise auf Ansprüche gegen entferntere Verwandte, und es findet gem seinem Art 5 Abs 1 auf Unterhaltsansprüche gegen Geschwister keine Anwendung (näher sogleich Rz 176). Das für die Bundesrepublik Deutschland nicht geltende neue Haager Unterhaltsabkommen vom 2. 10. 1973 bezieht sich nach seinem Art 1 auf alle Unterhaltspflichten, die sich aus Beziehungen der Familie, Verwandtschaft, Ehe oder Schwägerschaft ergeben, und erklärt in Art 4 Abs 1 das innerstaatliche Recht des gewöhnlichen Aufenthalts des Unterhaltsberechtigten für maßgebend. Die Konvention berücksichtigt aber den – im Vergleich zu anderen Unterhaltsansprüchen – schwächeren sozialen Gehalt der Ansprüche zwischen Verwandten in der Seitenlinie oder Verschwägerten und gestattet es deshalb dem Verpflichteten, einem solchen Anspruch entgegenzuhalten, daß nach dem Recht des Staates, dem sie gemeinsam angehören, oder, mangels einer gemeinsamen Staatsangehörigkeit, nach dem innerstaatlichen Recht des gewöhnlichen

Aufenthalts des Verpflichteten eine solche Pflicht nicht besteht (Art 7). Außerdem kann sich jeder Vertragsstaat gem Art 14 Nr 1 und 2 des Übereinkommens von 1973 das Recht vorbehalten, das Übereinkommen auf Unterhaltspflichten zwischen Verwandten in der Seitenlinie und zwischen Verschwägerten nicht anzuwenden (Text Vorbem 251 zu Art 18). Wie weit der deutsche Gesetzgeber den zu begrüßenden Tendenzen dieser modernen Gesetzgebungsweise folgt, etwa durch eine entsprechende Reform des EGBGB oder eine Ratifikation des Haager Unterhaltsabkommens von 1973, bleibt abzuwarten.

Das **Haager Unterhaltsabkommen** von 1956, in dem das Recht am gewöhnlichen Aufenthalt des Kindes für maßgebend erklärt wird, verdrängt innerhalb seines Anwendungsbereichs das autonome deutsche IPR, also auch dessen Regel, daß nach dem Heimatrecht des Verpflichteten zu entscheiden ist. Im einzelnen ist Voraussetzung für die Anwendbarkeit des Abkommens hier freilich nicht nur, daß das Kind seinen gewöhnlichen Aufenthalt in einem Vertragsstaat hat, daß es unverheiratet und unter 21 Jahre alt ist (zu diesen Voraussetzungen oben Rz 166), sondern auch, daß das Abkommen Unterhaltsansprüche eines Kindes gegen entferntere Verwandte und Verschwägerte überhaupt erfaßt. Das ist in gewissem Umfang der Fall. Die Konvention gilt für Ansprüche des Kindes gegen die *Großeltern* und *Urgroßeltern* (Vorbem 19 zu Art 18), für Ansprüche des *Adoptivkindes* (Vorbem 145 zu Art 18) und des *Stiefkindes* (Vorbem 146 zu Art 18). Dagegen findet das Übereinkommen nach seinem Art 5 Abs 1 keine Anwendung auf die unterhaltsrechtlichen Beziehungen zwischen *Verwandten in der Seitenlinie*, also auf Unterhaltsansprüche zwischen *Geschwistern* und deren Abkömmlingen (dazu näher Vorbem 207 zu Art 18). 176

Welchem Recht etwaige **sonstige Wirkungen** von Verwandtschaft und Schwägerschaft zu entnehmen sind, sagen die Kollisionsnormen, in deren Anwendungsbereich die betreffenden Fragen auch sonst gehören (SOERGEL-KEGEL Anh zu Art 22 Rz 19; FIRSCHING, IPR 187). Beispielsweise entscheidet das von Art 13 berufene Recht über die *Ehehindernisse* der Verwandtschaft und Schwägerschaft (STAUDINGER-GAMILLSCHEG Art 13 Rz 231 ff); ob ein *Erbrecht* besteht, ergibt sich aus der von Art 24, 25 berufenen Rechtsordnung (SOERGEL-KEGEL aaO; anders für die entferntere Verwandtschaft und Schwägerschaft zu Unrecht ERMAN-MARQUORDT Anh nach Art 22 Rz 1, 3). 177

Das **Bestehen von Verwandtschaft und Schwägerschaft** ist **Voraussetzung** für einen Unterhaltsanspruch und etwaige sonstige Wirkungen (zB Ehehindernisse, Erbrecht). Es handelt sich um eine getrennt anzuknüpfende Frage, um eine *Vorfrage* (STAUDINGER-RAAPE Art 20 Anm D II; SOERGEL-KEGEL Anh zu Art 22 Rz 16; KEGEL, IPR 439; ERMAN-MARQUORDT Anh nach Art 22 Rz 3; PALANDT-HELDRICH Art 19 Anm 1; WOLFF, IPR 222; FIRSCHING, IPR 186). Über das Vorhandensein der Verwandtschaft entscheidet die Rechtsordnung, welche die jeweilige Eltern-Kind-Beziehung regelt (Art 19-22), über die Schwägerschaft entscheidet das Recht der persönlichen Ehewirkungen (Art 14) und über ihr Fortbestehen trotz Scheidung das Scheidungsstatut (Art 17). Meist sind mehrere Rechtsordnungen anzuwenden, weil die entferntere Verwandtschaft und die Schwägerschaft sich auf mehrere Personenbeziehungen gründen. Dann ist jede einzelne Personenbeziehung selbständig nach der für sie maßgebenden Rechtsordnung zu beurteilen (SOERGEL-KEGEL Anh zu Art 22 Rz 17; KEGEL, IPR 439). 178

Beispiel: Ein nichteheliches Kind verlangt Unterhalt von seinem Großvater. Kind, Vater und Großvater sind Schweizer. Ob das nichteheliche Kind mit seinem Vater verwandt ist, ergibt die ungeschriebene deutsche Kollisionsnorm über die persönlichen Rechtsbeziehungen zwischen Vater und nichtehelichem Kind. Daß der Großvater mit dem Vater – seinem ehelichen Kind – verwandt ist, ergibt sich aus dem von Art 19 berufenen Schweizer Recht (LG Bartenstein 18. 11. 1929 RdbfADB 5 [1929–30] 263 = IPRspr 1930 Nr 79; KEGEL, IPR 439 f).

179 **G. Elterliche Gewalt (Sorge)**

Die Kollisionsnorm des Art 19 umfaßt nach allgM die elterliche Gewalt (Sorge) über ein eheliches Kind, und zwar hinsichtlich ihrer Entstehung, ihres Inhalts, ihrer Beschränkungen und ihrer Beendigung. Ob bestimmte Rechtsgestaltungen (zB Entstehen des alleinigen Sorgerechts nach dem Tod des anderen Elternteils; Verlust des Sorgerechts bei einer Gefährdung des Kindes) kraft Gesetzes eintreten oder ob es hierzu einer gerichtlichen Maßnahme bedarf, macht nach autonomem deutschen Recht keinen Unterschied: In beiden Fällen bestimmt sich das anwendbare Recht nach Art 19. Eine unterschiedliche Anknüpfung für kraft Gesetzes eintretende Gewaltverhältnisse, wie die elterliche Gewalt, und den im Rahmen eines solchen Gewaltverhältnisses möglichen Schutzmaßnahmen ist erst durch die Ratifikation des Haager Minderjährigenschutzabkommens in das deutsche Recht eingeführt worden. Sie ist aus dem Kompromißcharakter des Abkommens zu erklären und hat einige Spannungen zur Folge (vgl Vorbem 432 ff zu Art 18). In interlokalen Fällen findet Art 19 entsprechende Anwendung, wobei der Grundsatz gilt, daß die Anknüpfung an die Staatsangehörigkeit durch diejenige an den gewöhnlichen Aufenthalt zu ersetzen ist (näher oben Rz 8 und 73–78).

Im einzelnen ist zunächst auf den Vorrang des Haager Minderjährigenschutzabkommens einzugehen. Sodann wird die getrennte Anknüpfung der Vorfrage nach der Minderjährigkeit des Kindes dargestellt. Ferner werden die Fragen der Abgrenzung zu anderen Kollisionsnormen untersucht, die sich stellen, wenn das minderjährige Kind heiratet (Art 13), wenn es adoptiert wird (Art 22), wenn die Ehe der Eltern geschieden wird (Art 17), wenn ein Elternteil die Stellung eines „gesetzlichen Vormundes“ einnimmt oder das Recht beansprucht, einen Vormund zu benennen (Art 23). Schließlich werden folgende Aspekte der elterlichen Gewalt (Sorge) näher erläutert: Personensorge, Vermögenssorge, Vertretungsmacht, Beendigung der elterlichen Gewalt. Die Schutzmaßnahmen im Rahmen des ehelichen Kindschaftsverhältnisses werden unter H. (Rz 200 ff) gesondert behandelt.

180 **1. Vorrang des Haager Minderjährigenschutzabkommens**

Das Haager Minderjährigenschutzabkommen, das in Vorbem 252 ff zu Art 18 eingehend erläutert ist, muß gem seinem Art 13 Abs 1 auf alle Minderjährigen angewendet werden, die ihren gewöhnlichen Aufenthalt in einem der Vertragsstaaten haben. Vertragsstaaten sind neben der Bundesrepublik Deutschland zZ (1. 1. 1979) Frankreich, Luxemburg, die Niederlande, Österreich, Portugal und die Schweiz (näher Vorbem 792 zu Art 18). „Minderjähriger“ iS des Übereinkommens ist gem Art 12, wer nach dem innerstaatlichen Recht seines Heimatstaates und des Aufenthaltsstaates minderjährig ist. Nach Art 3 des Abkommens ist ein Gewaltverhältnis, das nach dem Heimatrecht des Minderjährigen kraft Gesetzes besteht, in allen Vertragsstaaten anzuerkennen. Ob der Heimatstaat das Abkommen ratifiziert hat, ist unerheblich (vgl Vorbem 476 ff zu Art 18; für Staatenlose, Flüchtlinge und Mehrstaater s Vorbem 527 ff zu Art 18). Ein kraft Gesetzes bestehendes Gewaltverhältnis ist namentlich die elterliche Gewalt über ein eheliches Kind (eingehend Vorbem 489 ff zu Art 18). Nach Art 3 MSA ist die nach dem Heimatrecht des Kindes bestehende elterliche Gewalt nicht nur zu beachten, wenn eine Schutzmaßnahme aufgrund des Abkommens getroffen werden soll, sondern auch in jeder anderen Situation. Bestehen und Inhalt der „elterlichen Gewalt“ sind unmittelbarer Regelungsgegenstand des Abkommens (zur Abgrenzung im einzelnen s Vorbem 480 zu Art 18). So ist im persönlichen und räumlichen Anwendungsbereich des Abkommens die gesetzliche Vertretungsmacht der Eltern nicht nur dann nach Art 3 zu beurteilen, wenn Schutzmaßnahmen in Rede stehen, zB die Entziehung der Vertretungsmacht, sondern auch, wenn nur im Namen des Minderjährigen gehandelt werden soll (näher zur kollisionsrechtlichen Funktion des Art 3 MSA s Vorbem 480–486 zu Art 18). Da das Abkommen als staatsvertragliche Spezialregelung dem autonomen deutschen IPR vorgeht, ist für Fragen der elterlichen Gewalt nur dann noch auf Art 19 EGBGB zurückzugreifen, wenn das Kind seinen gewöhnlichen Aufenthalt in einem ausländischen Staat hat, der nicht Vertragsstaat ist, oder wenn das Kind nicht „Minderjähriger" iS des Art 12 MSA ist (Vorbem 252 aE und 727 f zu Art 18). Nur für Fälle, welche die deutschen Gerichte verhältnismäßig selten beschäftigen, gelten also die folgenden Erläuterungen. Zum Vorrang des Abkommens, wenn Schutzmaßnahmen getroffen werden sollen, unten Rz 203.

2. Volljährigkeit. Heirat macht mündig 181

Der elterlichen Gewalt unterliegen heutzutage wohl nur minderjährige Kinder. **Ob das Kind noch minderjährig ist** oder bereits die Volljährigkeit erlangt hat, ist eine Vorfrage, die sich nicht nach Art 19, sondern nach Art 7, dh nach dem Personalstatut des Kindes beurteilt (BayObLG 17. 5. 1963 BayObLGZ 1963, 123 = IPRspr 1962–63 Nr 107; OLG Saarbrücken 14. 7. 1965 OLGZ 1965, 366 = NJW 1966, 308 = FamRZ 1966, 42 = ZBlJugR 1966, 136 = IPRspr 1964–65 Nr 135 [obiter]; Staudinger-Raape Art 19 Anm II; Raape, IPR 353; Soergel-Kegel Art 19 Rz 23; Erman-Marquordt Art 19 Rz 8; Palandt-Heldrich Art 19 Anm 2; Lewald, IPR 133; Wolff, IPR 216).

Der Satz **„Heirat macht mündig"**, den einzelne Rechtsordnungen kennen, kann 182
– wie die Rechtsvergleichung zeigt – die Erlangung der Volljährigkeit oder die Emanzipation (Beendigung der elterlichen Gewalt) bedeuten (Staudinger-Beitzke Art 7 Rz 19). Die Rechtsfrage wird überwiegend der Geschäftsfähigkeit (Art 7) und nicht den Ehewirkungen (Art 14) zugeordnet (Staudinger-Beitzke aaO; Staudinger-Gamillscheg Art 14 Rz 150). Wenn das Kind also nach seinem eigenen Heimatrecht (Art 7) durch Heirat „mündig" wird, endet die elterliche Gewalt (Soergel-Kegel Art 19 Rz 23 m Nachw aus der älteren Rechtsprechung und Literatur). Zur Angleichungsproblematik, die durch das Auseinanderfallen von Personalstatut des Kindes und Gewaltstatut entstehen kann, s Staudinger-Beitzke Art 7 Rz 46.

Andere Veränderungen in der Geschäftsfähigkeit des Kindes durch Heirat (zB die 183
minderjährige Frau gelangt unter die Vormundschaft des Ehemannes) drängen das Gewaltstatut ebenfalls zurück (Eherecht geht vor Elternrecht); näher Staudinger-Gamillscheg Art 14 Rz 148.

Hatte die elterliche Gewalt durch Erreichen der Altersgrenze oder durch Heirat des 184
Kindes geendet, so lebt sie durch einen *Statutenwechsel* nicht wieder auf (oben Rz 88).

3. Einwilligung der Eltern in die Eheschließung oder Adoption des Kindes 185

a) Bei der **Eheschließung** eines minderjährigen Kindes bestimmt dessen nach Art 13 berufenes Heimatrecht, ob die Einwilligung der Eltern (als solche, als Personensorgeberechtigte oder als gesetzliche Vertreter) erforderlich ist, ob diese Einwilligung gerichtlich oder behördlich ersetzt werden kann und welche Folgen das Fehlen der Einwilligung für den Bestand der Ehe hat (Staudinger-Gamillscheg Art 13 Rz 217, 225 m zahlr Nachw). Verlangt das nach Art 13 berufene Heimatrecht des minderjährigen Verlobten keine Einwilligung, so ist sie entbehrlich, auch wenn das über Art 19 berufene Recht sie vorsieht; verlangt das Eheschließungsstatut dagegen die Einwilligung, so ist unerheblich, ob das Eltern-Kind-Statut eine Einwilligung für überflüssig erklärt (STAUDINGER-GAMILLSCHEG Art 13 Rz 226 m Nachw; STAUDINGER-RAAPE Art 19 Anm B VII m Nachw aus dem älteren Schrifttum).

Dagegen sagt das Eltern-Kind-Statut (Art 19 EGBGB bzw Art 3 MSA), ob das heiratende eheliche Kind noch unter elterlicher Gewalt steht, wie das Personensorgerecht und wie die gesetzliche Vertretungsmacht geregelt sind (vgl AG Hildesheim 8. 1. 1973 IPRspr 1973 Nr 94). Aus diesem Recht ergibt sich also idR, welche Person die Einwilligung zu erteilen hat. Nach dem Kindschaftsstatut beurteilt sich ferner, welche Folgen eine Eheschließung ohne die erforderliche Einwilligung der Eltern im Eltern-Kind-Verhältnis hat (s bereits STAUDINGER-RAAPE Art 19 Anm B VII 1 b; RAAPE IPR 353; STAUDINGER-GAMILLSCHEG Art 13 Rz 227; SOERGEL-KEGEL Art 19 Rz 19, 31; ERMAN-MARQUORDT Art 19 Rz 8).

Fordert also das von Art 19 berufene Recht die Einwilligung der Eltern zur Eheschließung des Kindes, so kann sich das Kind ihnen gegenüber nicht darauf berufen, daß ihm sein eigenes Recht die Freiheit der Eheschließung gewähre. Den Eltern gegenüber handelt es pflichtwidrig, wenn es ohne ihre Zustimmung heiratet; denn ihnen gegenüber hat es sich so zu verhalten, wie es das Kindschaftsstatut vorschreibt, und es muß die Folgen hinnehmen, die jenes an seine Eigenmächtigkeit knüpft. So kann das Kind zB durch eine Heirat gegen den Willen der Eltern seines Aussteueranspruchs verlustig gehen.

186 **b)** Bei der **Adoption** eines ehelichen Kindes gilt Entsprechendes. Die Einwilligungserfordernisse bestimmen sich nach dem Adoptionsstatut, Art 22 EGBGB (s die Erl dort). Das gilt auch für die Frage, welche Folgen die elterliche Einwilligung für die elterliche Gewalt (Sorge) hat (vgl im deutschen Recht § 1751 BGB). Wenn ein deutsches Kind von ausländischen Wahleltern adoptiert wird und das anzuwendende ausländische Recht noch keinen Verlust der elterlichen Gewalt der leiblichen Eltern mit der Einwilligung in die Adoption eintreten läßt, so bleibt den deutschen Eltern die elterliche Gewalt (Sorge) bis zur Adoptionsverfügung erhalten; sie verlieren sie auch nur in dem Maße, in welchem das ausländische Adoptionsrecht dies vorsieht (BEITZKE, Referat 153). Schwierigkeiten können entstehen, wenn ein ausländisches Kind von deutschen Wahleltern angenommen werden soll und das ausländische Heimatrecht von Eltern und Kind das im deutschen Adoptionsstatut (§ 1751 BGB) vorgesehene Ruhen der elterlichen Gewalt nicht für wirksam hält (s BEITZKE, Referat 153 f).

Dagegen sagt Art 19 EGBGB bzw Art 3 MSA, wem die elterliche Gewalt und die gesetzliche Vertretung zustehen und ob das eheliche Kind im Verhältnis zu den Eltern eine Pflicht verletzt, wenn es sich ohne deren Einwilligung wirksam adoptieren läßt (s bereits STAUDINGER-RAAPE Art 19 Anm B VIII; ferner etwa SOERGEL-KEGEL Art 19 Rz 19, 31; zur Vertretung auch LG Augsburg 18. 8. 1972 FamRZ 1973, 160 = ZBlJugR 1973, 153 = IPRspr 1972 Nr 121, wo freilich mE Art 3 MSA hätte angewandt werden müssen).

187 **4. Elterliche Gewalt nach Scheidung**

Wie sich die elterliche Gewalt nach einer Scheidung der Ehe gestaltet, bestimmt das von Art 19 berufene Recht und nicht das Scheidungsstatut (oben Rz 91 m Nachw). Dem Eltern-Kind-Statut ist insbes zu entnehmen, ob einem Elternteil nach Scheidung kraft Gesetzes das Sorgerecht zusteht, beispielsweise dem Vater oder dem unschuldig Geschiedenen. Zur Vereinbarkeit starrer Regelungen des ausländischen Rechts mit dem deutschen ordre public s oben Rz 36 ff. Zu Schutzmaßnahmen nach Scheidung (gerichtliche Verteilung der elterlichen Sorge) und zur Vorfrage, ob eine wirksame Scheidung vorliegt, unten Rz 211.

5. Verhältnis zum Vormundschaftsstatut 188

a) In manchen Rechtsordnungen hat ein Elternteil kraft Gesetzes **die Stellung eines „gesetzlichen Vormundes"** oder er erlangt sie durch eine entsprechende gerichtliche Maßnahme. Hier handelt es sich der Sache nach um Fragen der elterlichen Gewalt und nicht der Vormundschaft, so daß Art 19 und nicht Art 23 anzuwenden ist (Soergel-Kegel Art 19 Rz 8; Palandt-Heldrich Art 19 Anm 4; BayObLG 17. 5. 1963 BayObLGZ 1963, 123 = IPRspr 1962–63 Nr 107: dänischer Vater als gesetzlicher Vormund des Kindes in den sein Vermögen betreffenden Angelegenheiten). Umstritten war, ob die Eltern-Vormundschaft des niederländischen Rechts vom Haager Vormundschaftsabkommen von 1902 erfaßt war (etwa Drobnig FamRZ 1966, 84 ff; Kropholler, MSA [1. Aufl 1966] 45 ff; auch Soergel-Kegel Art 19 Rz 8 Fn 8). Die Frage hat keine praktische Bedeutung mehr, da die Niederlande das Haager Vormundschaftsabkommen mit Wirkung zum 1. 6. 1979 gekündigt haben und das Haager Minderjährigenschutzabkommen sich sowohl auf die elterliche Gewalt als auch auf die Vormundschaft bezieht (s auch Lill FamRZ 1972, 22 f).

b) Richtet sich das **Recht der Eltern zur Benennung eines Vormundes** nach dem 189
Vormundschaftsstatut, so daß nach autonomem deutschen Recht das Heimatrecht des Kindes entscheidet (Art 23 EGBGB), oder nach dem Kindschaftsstatut? Wenn zB die Tochter eines Schweizers einen Deutschen heiratet und die deutsche Staatsangehörigkeit erwirbt, ist dann für das Benennungsrecht ihres Vaters das ihm ungünstige deutsche Recht (§ 1898 BGB) oder das ihm günstige Schweizer Recht (Art 381 ZGB) maßgebend? Die Frage ist im ersteren Sinne zu entscheiden (zust Soergel-Kegel Art 19 Rz 31). Zwar ist das Benennungsrecht Ausfluß des Kindschaftsverhältnisses, aber andererseits handelt es sich um eine Voraussetzung der Vormundschaft und damit einer Einrichtung, die nicht nur dem privaten, sondern auch dem öffentlichen Interesse dient. Das Vormundschaftsstatut erhält den Vorrang, weil insoweit die stärkeren Interessen berührt sind. Ist bei einer Vormundschaft über Minderjährige das Haager Minderjährigenschutzabkommen oder das Haager Vormundschaftsabkommen anwendbar, so entscheidet die von diesen Konventionen berufene Rechtsordnung über das Benennungsrecht der Eltern (s zum Minderjährigenschutzabkommen oben Vorbem 465 zu Art 18).

6. Personensorge 190

Das Eltern-Kind-Statut bestimmt, welche Pflichten und Rechte die Eltern bezüglich der Person des Kindes haben. * Es regelt insbes die Pflicht und das Recht, das Kind zu pflegen, zu erziehen, zu beaufsichtigen und seinen Aufenthalt oder Wohnsitz zu bestimmen; auch das Recht der Vornamensgebung zählt dazu; zum abgeleiteten Wohnsitz des Kindes oben Rz 134 ff. Ist das deutsche Recht Kindschaftsstatut, so sind die §§ 1631–1634 BGB maßgebend; zum Herausgabeanspruch näher unten Rz 205.

---

* AllgM; aus der Rechtsprechung etwa BGH 18. 6. 1970 BGHZ 54, 132 = NJW 1970, 2160 = MDR 1971, 35 = WM 1970, 1274 = FamRZ 1970, 550 = StAZ 1970, 338 = LM Nr 23 zu Art 30 EGBGB (L) Anm Buchholz = IPRspr 1970 Nr 61 b; BVerwG 26. 8. 1964 BVerwGE 19, 204 = JR 1966, 150 = ROW 1965, 134 = IPRspr 1964–65 Nr 205; BayObLG 21. 2. 1969 BayObLGZ 1969, 70 = NJW 1969, 988 = MDR 1969, 486 = FamRZ 1969, 341 = DAVorm 1969, 385 = IPRspr 1968–69 Nr 106 S 247 und 28. 1. 1970 BayObLGZ 1970, 6 = IPRspr 1970 Nr 61 a; OLG Stuttgart 23. 6. 1975 OLGZ 1975, 391 = NJW 1976, 483 = FamRZ 1975, 644 = IPRspr 1975 Nr 74.

191 Das Eltern-Kind-Statut entscheidet auch, ob und inwieweit die Eltern kraft ihres Sorgerechts ein *religiöses Erziehungsrecht* haben (vgl aus der Rechtsprechung etwa BayObLG 1. 8. 1961 BayObLGZ 1961, 228 = FamRZ 1962, 74 = DAVorm 1962, 94 = IPRspr 1960–61 Nr 133 und 28. 1. 1970 BayObLGZ 1970, 6 = IPRspr 1970 Nr 61 a S 183; aus dem Schrifttum bereits STAUDINGER-RAAPE Art 19 Anm B X 1; ferner etwa SOERGEL-KEGEL Art 19 Rz 19; ERMAN-MARQUORDT Art 19 Rz 8; PALANDT-HELDRICH Art 19 Anm 4).

192 Nicht zur Anwendung kommt Art 19 im Rahmen des Art 3 Abs 5 S 4 RuStAÄndG **(Abgabe der Erklärung zum Erwerb der deutschen Staatsangehörigkeit).** Nach dieser Vorschrift richtet sich das Recht der Sorge für die Person des Kindes im Hinblick auf die Abgabe der Erklärung unmittelbar „nach dem Bürgerlichen Gesetzbuch". Das autonome deutsche IPR ist ebensowenig einzuschalten wie das Haager Minderjährigenschutzabkommen (s Vorbem 336 zu Art 18).

193 **7. Vermögenssorge**

Das Eltern-Kind-Statut entscheidet ferner über das Recht und die Pflicht der Eltern, für das Vermögen des Kindes zu sorgen (statt aller BayObLG 17. 5. 1963 BayObLGZ 1963, 123 = IPRspr 1962–63 Nr 107; AG Berlin-Lichterfelde 9. 6. 1934 StAZ 1934, 362 Anm BOSCHAN = IPRspr 1934 Nr 61; SOERGEL-KEGEL Art 19 Rz 20). Ist das deutsche Recht Kindschaftsstatut, so sind die in §§ 1638 ff BGB enthaltenen Bestimmungen über die Vermögensverwaltung maßgebend. Anders als das Ehegüterrecht (Art 15) ist das dem Art 19 unterliegende Kindesgüterrecht wandelbar (oben Rz 52).

194 Die **Rechtsvergleichung** zeigt, daß viele Rechtsordnungen zwischen Personensorge und Vermögenssorge schärfer trennen als das deutsche Recht. Es besteht also nicht die gleiche umfassende elterliche Gewalt wie in Deutschland. So wird in den romanischen Ländern deutlich unterschieden zwischen der „autorité parentale" für die Person und der „administration légale" für das Vermögen. Im anglo-amerikanischen Bereich liegen Personensorge („custody") und Vermögenssorge („natural guardianship") zwar vielfach in einer Hand, der „natural guardian" bedarf aber häufig noch einer besonderen Bestellung (zB „letters of guardianship"), um auf vermögensrechtlichem Gebiet tätig werden zu können (FERID, IPR 56 Rz 2–104; auch DÖLLE, Familienrecht II [1965] 146 f, 168 ff, 241 ff).

195 Viele ausländische Rechte kennen noch eine **elterliche Nutznießung** am Kindesvermögen (vgl im deutschen Recht §§ 1649 ff BGB idF bis zum Gleichberechtigungsgesetz vom 18. 6. 1957). Auch über Entstehung, Inhalt und Beendigung einer solchen Nutznießung am Kindesvermögen entscheidet das von Art 19 bezeichnete Recht. Ordnet das berufene Recht einen gesetzlichen Nießbrauch (und nicht bloße Nutznießung) am Kindesvermögen an, so entscheidet die lex rei sitae, ob er entstehen kann (SOERGEL-KEGEL Art 19 Rz 20). Es erscheint zweifelhaft, ob ein Generalnießbrauchsrecht mit der deutschen Sachenrechtsordnung vereinbar ist (s STAUDINGER-STOLL Rz 187, 188 Nach Art 12). Zur Zurückdrängung des Art 19 durch das Belegenheitsrecht, wenn dieses „besondere Vorschriften" enthält (Art 28), s oben Rz 106 ff.

196 Zur Vermögenssorge gehört auch die Frage, ob ein Elternteil, im Falle der Wiederverheiratung, *im Verhältnis zum Kinde* verpflichtet ist, die *Vermögensauseinandersetzung* herbeizuführen (im deutschen Recht § 1683 BGB); näher STAUDINGER-GAMILLSCHEG Art 13 Rz 413. Dagegen unterliegt die Frage, ob *für die Eheschließung* ein *Auseinandersetzungszeugnis* verlangt wird, dem Art 13; die Vorschrift des § 9 EheG greift also nur ein, wenn sich die Ehe des auseinandersetzungspflichtigen

Verlobten nach deutschem Recht beurteilt; s Staudinger-Gamillscheg Art 13 Rz 407, der – mE systemwidrig – § 9 EheG *außerdem* anwenden will, wenn nur das Kind die deutsche Staatsangehörigkeit besitzt. Zur internationalen Zuständigkeit für die Erteilung des Zeugnisses Staudinger-Gamillscheg Art 13 Rz 415, 416 sowie unten Rz 263, 274, 277.

8. Vertretungsmacht 197

Das Eltern-Kind-Statut sagt, ob und in welchem Umfang ein Elternteil Vertretungsmacht hat. Das gilt für die Vertretungsmacht in persönlichen wie in vermögensrechtlichen Angelegenheiten (allgM; s aus der Rechtsprechung etwa RG 3. 12. 1942 RGZ 170, 198 = DR 1943, 351 = RdbfJugI 18 [1942–43] 197 = IPRspr 1935–44 Nr 320: Grundstücksverkauf eines Österreichers für seinen minderjährigen Sohn; das RG beruft sich für die Maßgeblichkeit österreichischen Rechts neben Art 19 auch auf Art 7; BayObLG 17. 11. 1967 BayObLGZ 1967, 443 = FamRZ 1969, 44 = DAVorm 1970, 106 = ZBlJugR 1968, 302 = IPRspr 1966–67 Nr 166 S 524: Abschluß eines Adoptionsvertrages durch den italienischen Vater als gesetzlicher Vertreter; OLG Köln 22. 5. 1973 OLGZ 1973, 330 = IPRspr 1973 Nr 63: Schadensersatzklage eines Italieners im eigenen Namen und im Namen seines Sohnes wegen einer Presseveröffentlichung; ferner die bei Staudinger-Beitzke Art 7 Rz 28 angeführte Rspr). Freilich ist stets Art 3 MSA zu beachten. Sofern das Kind seinen gewöhnlichen Aufenthalt in einem Vertragsstaat des Abkommens, insbes also in der Bundesrepublik Deutschland hat, bestimmt das von Art 3 MSA berufene Recht über die Vertretungsmacht der Eltern (oben Rz 180). Das Kindschaftsstatut zeigt ferner die Begrenzungen der Vertretungsmacht auf, wie das Verbot des Selbstkontrahierens (Ferid, IPR 255 Rz 8–264). Hinsichtlich des Umfangs der Vertretungsmacht ist vor allem zu beachten, daß die Eltern der Kinder von Engländern oder Amerikanern diese bei Geschäften über deutsche Grundstücke nicht vertreten können (näher Staudinger-Beitzke Art 7 Rz 27). Im allgemeinen bestimmt auch das Eltern-Kind-Statut, inwieweit die Eltern allein handeln können oder eines zusätzlichen behördlichen Akts wie einer *vormundschaftsgerichtlichen Genehmigung* bedürfen (näher Staudinger-Beitzke Art 7 Rz 28; ferner unten Rz 219 ff).

Im einzelnen kann die Bestimmung der **Reichweite von Wirkungsstatut** (dem das 198 Rechtsgeschäft unterliegt), **Geschäftsfähigkeitsstatut (Art 7) und Kindschaftsstatut (Art 19)** Schwierigkeiten bereiten. Es wird auf die Ausführungen von Staudinger-Beitzke Art 7 Rz 25–31 verwiesen. Hier sei nur kurz in Erinnerung gebracht, daß zwei Fälle zu unterscheiden sind: (1) Die Eltern haben als gesetzliche Vertreter ihres Kindes ein Rechtsgeschäft vorgenommen bzw eine Willenserklärung abgegeben. Hier entscheidet das Kindschaftsstatut, ob die Eltern kraft Gesetzes namens des Kindes zu handeln befugt sind, insbes auch, ob sie dazu der Genehmigung des Vormundschaftsgerichts bedürfen. (2) Das Kind hat selbst gehandelt, also selbst ein Rechtsgeschäft vorgenommen. Hier entscheidet gem Art 7 sein Personalstatut, ob es die erforderliche Geschäftsfähigkeit hat oder ob es der Zustimmung des gesetzlichen Vertreters bedarf. Ist dies der Fall, so entscheidet das Kindschaftsstatut, welcher Elternteil die Vertretungsmacht hat und ob er aus eigenem Recht zustimmen kann oder an die Genehmigung des Vormundschaftsgerichts gebunden ist.

Beispiel: Die 17jährige Tochter eines Deutschen, die ihren gewöhnlichen Aufenthalt in Belgien hat (Belgien ist Nichtvertragsstaat des Haager Minderjährigenschutzabkommens), ist als Erbin ihrer Großmutter, einer Schweizerin, berufen. Die Eltern erklären namens der Tochter, daß sie die Erbschaft ausschlagen (Art 566 ZGB). Ob sie dazu befugt sind, entscheidet nicht das Schweizer Recht, das Erbstatut, nicht das belgische Recht, das Personalstatut der Tochter, sondern das deutsche Recht, dh das Kindschaftsstatut. Danach ist die Genehmigung des Vormundschaftsgerichts nötig (§ 1643 Abs 2 BGB). – Schlägt die Tochter selbst die Erbschaft aus, so ist zu sagen: Das Schweizer Recht, dh das Wirkungsstatut entscheidet, ob zu dem Rechtsgeschäft Geschäftsfähigkeit nötig ist. Die Frage ist zu bejahen. Das belgische Recht, dh das Personalstatut der ausschlagenden Tochter entscheidet, ob sie die vom Schweizer Recht erforderte Geschäftsfähigkeit hat. Die Antwort lautet: Sie bedarf der Zustimmung ihres gesetzlichen Vertreters. Das von Art 19 berufene Recht entscheidet, wer gesetzlicher Vertreter ist und ob dieser als solcher die Macht hat, der Willenserklärung der Tochter zuzustimmen, oder ob er an die Genehmigung des Vormundschaftsgerichts gebunden ist. Die zweite Frage ist nach § 1643 Abs 2 BGB regelmäßig in letzterem Sinne zu beantworten.

199 **9. Beendigung der elterlichen Gewalt (Sorge)**

Das Kindschaftsstatut entscheidet über die Gründe, welche die elterliche Gewalt (Sorge) zum Ruhen oder zum Erlöschen bringen.*

Zur Feststellung des Ruhens der elterlichen Gewalt unten Rz 216 ff und zur Entziehung der elterlichen Gewalt durch eine gerichtliche Maßnahme unten Rz 208 ff.

200 **H. Schutzmaßnahmen im Rahmen des ehelichen Kindschaftsverhältnisses**

Das autonome deutsche IPR enthält – anders als das Haager Minderjährigenschutzabkommen – **keine unterschiedliche Anknüpfung** von Maßnahmen und elterlicher Gewalt (oben Rz 179). Dem Eltern-Kind-Statut des Art 19 unterliegen also auch die Schutzmaßnahmen im Rahmen des ehelichen Kindschaftsverhältnisses.

201 **Unter Schutzmaßnahmen sind** hier die Maßnahmen aus dem Bereich des ehelichen Kindschaftsverhältnisses **zu verstehen**, die auch unter das Haager Minderjährigenschutzabkommen fallen (vgl Vorbem 276 ff zu Art 18), also im deutschen Recht die in dem Titel „Elterliche Gewalt über eheliche Kinder" (§§ 1626 ff BGB) enthaltenen Maßnahmen und deren Änderung (vgl § 1696 BGB). Ob es sich um selbständige Schutzmaßnahmen iS des Minderjährigenschutzabkommens oder um bloße Durchführungsmaßnahmen, wie eine vormundschaftsgerichtliche Genehmigung handelt, macht keinen Unterschied (zu der Unterscheidung im Rahmen des Abkommens s Vorbem 302 ff zu Art 18).

202 Nicht dem Art 19 unterliegen die **öffentlich-rechtlichen Schutzmaßnahmen, wie die Fürsorgeerziehung**, die im deutschen Recht im JWG enthalten sind (zur Einbeziehung dieser Maßnahmen in den Anwendungsbereich des Haager Minderjährigenschutzabkommens s Vorbem 296 ff zu Art 18). Auf diese Maßnahmen wird nach autonomem deutschen IPR die lex fori angewandt (Soergel-Kegel Art 19 Rz 25–28). Für Einzelheiten sei auf die Erl zu Art 23 verwiesen.

Im folgenden ist zunächst auf den Vorrang des Haager Minderjährigenschutzabkommens sowie auf das Verhältnis zum Vormundschaftsstatut einzugehen. Sodann seien die wichtigsten Schutzmaßnahmen aus dem Bereich des ehelichen Kindschaftsverhältnisses kurz erörtert, nämlich die Anordnung der Kindesherausgabe, die Regelung des persönlichen Verkehrs (Umgangs), die Maßnahmen bei

* Etwa BayObLG 1. 8. 1961 BayObLGZ 1961, 228 = FamRZ 1962, 74 = DAVorm 1962, 94 = IPRspr 1960–61 Nr 133: Ruhen nach deutschem Recht, 17. 11. 1967 BayObLGZ 1967, 443 = FamRZ 1969, 44 = DAVorm 1970, 106 = ZBlJugR 1968, 302 = IPRspr 1966–67 Nr 166: Ruhen oder Verwirkung nach italienischem Recht und 21. 2. 1969 BayObLGZ 1969, 70 = NJW 1969, 988 = MDR 1969, 486 = FamRZ 1969, 341 = DAVorm 1969, 385 = IPRspr 1968–69 Nr 106: Verwirkung nach italienischem Recht; KG 21. 2. 1966 OLGZ 1966, 321 = FamRZ 1966, 266 = IPRspr 1966–67 Nr 100: Ruhen und Verwirkung nach italienischem Recht.

Gefährdung der Person oder des Vermögens des Kindes, die Verteilung der elterlichen Gewalt (Sorge) bei Scheidung, gerichtlicher Trennung oder Getrenntleben, die einstweiligen Anordnungen, die Feststellung des Ruhens der elterlichen Gewalt (Sorge) sowie die vormundschaftsgerichtlichen Genehmigungen.

1. Vorrang des Haager Minderjährigenschutzabkommens 203

Da das Haager Abkommen in Art 2, 4, 8 und 9 spezielle Normen für Schutzmaßnahmen enthält und mit dieser Spezialregelung dem autonomen deutschen IPR vorgeht, ist auf Art 19 EGBGB nur dann noch zurückzugreifen, wenn das Kind seinen gewöhnlichen Aufenthalt in einem ausländischen Staat hat, der nicht Vertragsstaat ist, oder wenn das Kind nicht „Minderjähriger" iS des Art 12 MSA ist (vgl oben Rz 180). Das auf eine Schutzmaßnahme anzuwendende Recht ist also namentlich dann nach Art 19 zu beurteilen, wenn ein deutsches Kind seinen gewöhnlichen Aufenthalt in einem ausländischen Nichtvertragsstaat hat. Nur auf diese, die deutsche Praxis verhältnismäßig selten beschäftigenden Fälle beziehen sich die folgenden Ausführungen.

2. Verhältnis zum Vormundschaftsstatut 204

Für die hier behandelten Schutzmaßnahmen im Rahmen des ehelichen Kindschaftsverhältnisses gilt Art 19 (bzw das Haager Minderjährigenschutzabkommen) und nicht Art 23 oder das Haager Vormundschaftsabkommen von 1902; denn Art 23 bezieht sich nur auf die Vormundschaft und die Pflegschaft, das Haager Abkommen von 1902 nur auf die Vormundschaft (etwa BayObLG 16. 1. 1959 BayObLGZ 1959, 8 = NJW 1959, 1038 = FamRZ 1959, 364 Anm Schwimann und Neuhaus [482] = EJF Nr 7 zu A II Anm Eppelsheimer = IPRspr 1958–59 Nr 208). Für Einzelheiten zu Vormundschaft und Pflegschaft (außerhalb des Haager Minderjährigenschutzabkommens) sowie zum Haager Vormundschaftsabkommen s die Erl zu Art 23. Zur Einordnung der in manchen Rechtsordnungen vorgesehenen „Elternvormundschaft" oben Rz 188.

3. Kindesherausgabe 205

Soweit nicht das Haager Minderjährigenschutzabkommen eingreift (vgl Vorbem 279 zu Art 18), unterliegt der Anspruch auf Herausgabe des Kindes dem Eltern-Kind-Statut, gleichgültig ob er sich gegen den anderen Elternteil oder gegen einen Dritten richtet.*

---

* Aus der einhelligen Rechtsprechung etwa RG 23. 5. 1927 WarnR 1927 Nr 121 = IPRspr 1926–27 Nr 79 und 25. 1. 1940 RGZ 162, 329 = DR 1940, 640 Anm Massfeller = Giur comp d.i.p. 12 (1956) 189 Nr 65 Anm Ferid = IPRspr 1935–44 Nr 315 b; BGH 18. 6. 1970 BGHZ 54, 123 = NJW 1970, 1503 = MDR 1970, 916 = FamRZ 1970, 547 = StAZ 1970, 336 = DAVorm 1971, 479 = LM Nr 22 zu Art 30 EGBGB (L) Anm Buchholz = IPRspr 1970 Nr 59 b; BayObLG 21. 2. 1969 BayObLGZ 1969, 70 = NJW 1969, 988 = MDR 1969, 486 = FamRZ 1969, 341 = DAVorm 1969, 385 = IPRspr 1968–69 Nr 106; KG 11. 1. 1932 IPRspr 1932 Nr 90 und 12. 5. 1938 JW 1938, 2749 = Giur comp d.i.p. 8 (1942) 90 Nr 66 (L) Anm Satter = Nouv rev d.i.p. 1939, 251 Anm Jacoby = IPRspr 1935–44 Nr 314; OLG Breslau 9. 5. 1938 DR 1939, 869 Anm Lauterbach = IPRspr 1935–44 Nr 313; OLG Hamburg 13. 7. 1949 HEZ 2, 263 = IPRspr 1945–49 Nr 23 b; bestätigt vom OGHBrZ 22. 9. 1950 OGHZ 4, 251 = NJW 1951, 73 = IPRspr 1950–51 Nr 1; OLG Düsseldorf 27. 11. 1969 NJW 1970, 680 = FamRZ 1970, 99 = IPRspr 1970 Nr 59 a; OLG Hamm 29. 11. 1969 OLGZ 1969, 227 = FamRZ 1970, 95 = IPRspr 1968–69 Nr 113; OLG Celle 11. 2. 1971 NdsRpfl 1972, 20 (L) = IPRspr 1971 Nr 163.

206 Dem Herausgabeanspruch ist nicht stattzugeben, wenn er mißbräuchlich geltend gemacht wird. Kennt das maßgebende ausländische Recht diese Schranke des Herausgabeanspruchs nicht, so kann Art 30 eingreifen (s etwa die soeben genannten Entscheidungen RG 23. 5. 1927, BGH 18. 6. 1970, BayObLG 21. 2. 1969 sowie der OLGe Hamburg, Düsseldorf und Hamm; aus der Literatur Soergel-Kegel Art 19 Rz 19; Erman-Marquordt Art 19 Rz 13; Wuppermann, Ordre public 168 ff).

207 **4. Regelung des persönlichen Verkehrs (Umgangs)**

Die Regelung des persönlichen Verkehrs (Umgangs) mit dem ehelichen Kind fällt unstreitig in den Anwendungsbereich des Art 19 (etwa BayObLG 3. 11. 1967 BayObLGZ 1967, 412 = FamRZ 1968, 269 = IPRspr 1966–67 Nr 122 mit Schrifttumsnachweisen, 19. 3. 1970 BayObLGZ 1970, 77 = DAVorm 1970, 350 = IPRspr 1970 Nr 65 und 27. 8. 1970 BayObLGZ 1970, 210 = NJW 1970, 2164 = FamRZ 1971, 193 = IPRspr 1970 Nr 68). Auch das Verkehrsrecht der Großeltern bemißt sich nach dem von Art 19 bezeichneten Recht (Birk FamRZ 1967, 311 f). Zum ordre public oben Rz 50. Zum Vorrang des Haager Minderjährigenschutzabkommens oben Rz 203 und Vorbem 280 zu Art 18.

208 **5. Maßnahmen bei Gefährdung der Person oder des Vermögens des Kindes**

Das von Art 19 berufene Recht sagt, welche Maßnahmen bei Gefährdung der Person oder des Vermögens des Kindes zu treffen sind (vgl im deutschen Recht §§ 1666, 1667 BGB). Das Eltern-Kind-Statut entscheidet insbes über eine Entziehung oder Beschränkung der elterlichen Gewalt (Sorge).

Siehe aus der Rechtsprechung etwa BayObLG 6. 12. 1933 BayObLGZ 33, 338 = JW 1934, 699 = StAZ 1935, 157 = ZBlJugR 1934–35, 61 = RdbfDJA 10 (1934–35) 22 = IPRspr 1934 Nr 63 und 21. 2. 1969 BayObLGZ 1969, 70 = NJW 1969, 988 = MDR 1969, 486 = FamRZ 1969, 341 = DAVorm 1969, 385 = IPRspr 1968–69 Nr 106 (Prüfung bei Beurteilung des Herausgabeanspruchs); KG 28. 11. 1913 KGJ 45, 18 = RJA 13, 178; OLG München 18. 5. 1938 JFG 18, 15 = StAZ 1938, 275 = HRR 1938 Nr 1281 = RdbfJugl 14 (1938–39) 169 = Giur comp d.i.p. 8 [1942] 89 Nr 65 (L) Anm Satter = IPRspr 1935–44 Nr 723; OLG Hamm 12. 11. 1964 FamRZ 1965, 89 = IPRspr 1964–65 Nr 128.

Freilich dürfte eine Anwendung des Art 19 gerade in diesem Bereich nach dem Inkrafttreten des Haager Minderjährigenschutzabkommens selten sein, weil die Maßnahmen eine genaue Beurteilung der Lage des Kindes erfordern und bei gewöhnlichem Aufenthalt des Kindes in der Bundesrepublik Deutschland das Abkommen gilt.

209 Gewährt das anzuwendende ausländische Recht dem Kind keinen ausreichenden Schutz, so kann Art 30 eingreifen (ebenso bereits Staudinger-Raape Art 19 Anm B X 5 b; ferner etwa Soergel-Kegel Art 19 Rz 24). Wird das Kind dagegen auch bei Anwendung des ausländischen Rechts genügend geschützt, so besteht für ein Eingreifen des Art 30 kein Anlaß (s aus der Rspr bereits KG 28. 11. 1913 KGJ 45, 18, 27 = RJA 13, 178: „Wird nun dieser Zweck [des Kindesschutzes] auch bei Anwendung des ausländischen Rechtes des Personalstatuts der Eltern erreicht, weil auch dieses Statut gleiche oder ähnliche Bestimmungen wie das deutsche Gesetz enthält, so kann man unmöglich sagen, daß die Anwendung des ausländischen Rechtes gegen den Zweck des deutschen Gesetzes verstoßen würde“; ebenso BayObLG 6. 12. 1933 [vorige Rz]; Massfeller JW 1935, 831).

210 Eine namentlich in der frühen Rechtsprechung des BayObLG vertretene Meinung befürwortet die Anwendung des § 1666 BGB, also des deutschen Rechts, ohne Rücksicht auf das nach Art 19

maßgebende Statut. Die Problematik betraf vor allem ausländische Kinder mit gewöhnlichem Aufenthalt in Deutschland, auf die heute gem Art 2 MSA ohnehin deutsches Recht anzuwenden ist. Siehe BayObLG 16. 5. 1923 BayObLGZ 22, 240, 242 f: „Die Maßgeblichkeit des ausländischen Rechtes [gem Art 19 EGBGB] erleidet jedoch für ein in Deutschland befindliches eheliches Kind in den Fällen eine Ausnahme, in denen das deutsche Recht dem deutschen Vormundschaftsgerichte gegenüber deutschen Eltern oder zugunsten deutscher Kinder ein Eingreifen zur Pflicht macht. Die Vorschriften über das Eingreifen des Vormundschaftsgerichts sind nicht nur privatrechtlicher Natur, sondern auch im allgemeinen öffentlichen Interesse erlassen." In der älteren Literatur wurde über diese Rechtsprechung meist nur – ohne weitere Stellungnahme – berichtet; s etwa Lewald, IPR 137; Melchior, Grundlagen 391; Nussbaum, IPR 171; Wolff, IPR 67, 216 f; vgl auch Wahl RabelsZ 10 (1936) 46, der erwähnt, daß Maßnahmen nach § 1666 BGB „wegen ihres wohlfahrtspolizeilichen Charakters" auch über ausländische Kinder verhängt werden; ferner Ferid in: Vom deutschen zum europäischen Recht, FS Dölle II (1963) 141, der bei § 1666 BGB von einer öffentlichrechtlichen Befugnis mit rein territorialer Wirkung spricht. Staudinger-Raape Art 19 Anm B X 5 b ließ die Frage ausdrücklich offen, ob § 1666 BGB „schlechthin und ohne weiteres" anzuwenden ist, wenn eine ausländische Familie im Inland ihren Wohnsitz hat. Indes läßt sich ein derartiger Vorrang der lex fori auch mit dem angeblich öffentlichrechtlichen Charakter des § 1666 BGB nicht überzeugend begründen (gegen die Annahme eines öffentlichrechtlichen Charakters des § 1666 BGB Klimek 25 f). Denn die Grenze zwischen öffentlichem Recht und Privatrecht zerfließt, sie ist in vielen ausländischen Rechtsordnungen gar nicht bekannt, oder sie wird anders gezogen. Es gibt auch keinen kollisionsrechtlichen Satz des Inhalts, inländisches öffentliches Recht müsse stets, ausländisches dagegen dürfe niemals angewandt werden. Praktisch besteht keine Notwendigkeit zur unbedingten Anwendung des deutschen Rechts, da die Rechtsvergleichung zeigt, daß die meisten Rechtsordnungen dem § 1666 BGB ähnliche Bestimmungen kennen, die im Rahmen der Kompetenz des deutschen Vormundschaftsrichters angewandt werden können (Klimek 100–107). Für die grundsätzliche Heranziehung des nach Art 19 maßgebenden Rechts spricht demgegenüber, daß sich auch die elterlichen Pflichten nach dieser Rechtsordnung richten, mit welchen die Eingriffsnormen in die elterliche Gewalt korrespondieren. Auch kann bei Anwendung ausländischen Rechts eher mit einer Anerkennung der deutschen Entscheidung im Ausland gerechnet werden.

6. Verteilung der elterlichen Gewalt (Sorge) bei Scheidung, gerichtlicher Trennung oder Getrenntleben 211

Dem Eltern-Kind-Statut ist zu entnehmen, wie die elterliche Gewalt bei Scheidung, gerichtlicher Trennung oder Getrenntleben der Eltern zu verteilen ist. Es ist heute allgemein anerkannt, daß nicht das Scheidungsstatut (Art 17), sondern das Kindschaftsstatut (Art 19) maßgebend ist (oben Rz 91 m Nachw). Die Vorfrage nach der Wirksamkeit der Ehescheidung wird nach dem IPR des Forums beurteilt (OLG Saarbrücken 14. 7. 1965 OLGZ 1965, 366 = NJW 1966, 308 = FamRZ 1966, 42 = ZBlJugR 1966, 136 = IPRspr 1964–65 Nr 135). Die in Deutschland erfolgte Ehescheidung wird von der gerichtlichen Praxis – unabhängig von der Anerkennung der Entscheidung im Heimatstaat der Eltern – als wirksam angesehen. Zum Vorrang des Haager Minderjährigenschutzabkommens s oben Rz 203 und Vorbem 283, 285 zu Art 18.

Besondere Schwierigkeiten bereiten die Fälle, in denen das *Kindschaftsstatut keine* 212
Ehescheidung kennt, wie früher das italienische Recht und zZ noch das spanische Recht. Es fragt sich dann, welche Normen des Kindschaftsstatuts anzuwenden sind. Die praktische Bedeutung der Frage ist freilich gering geworden. Zum einen gibt es nur noch wenige Rechtsordnungen, die eine Ehescheidung nicht zulassen (auch in Spanien wird ein Scheidungsgesetz vorbereitet), zum anderen gilt bei gewöhnlichem Aufenthalt des Kindes in der Bundesrepublik Deutschland das Haager Minderjährigenschutzabkommen, nach dessen Art 2 auf die Schutzmaßnahme (Verteilung der elterlichen Gewalt nach Scheidung) deutsches Recht anzuwenden ist. Die seltenen Fälle, in denen noch Art 19 zum Zuge kommt und eine ausländische Rechtsordnung berufen wird, welche die Scheidung nicht zuläßt, sind im Wege der Angleichung zu

lösen: Die Vorschriften dieser Rechtsordnung über die elterliche Gewalt nach gerichtlicher Trennung sind anzuwenden (so die frühere Praxis zum italienischen Recht; Soergel-Kegel Art 19 Rz 12 m Nachw; zur Rechtslage bei tatsächlicher Trennung nach früherem italienischen Recht BGH 18. 6. 1970 BGHZ 54, 123 = NJW 1970, 1503 = MDR 1970, 916 = WM 1970, 1169 = FamRZ 1970, 547 = StAZ 1970, 336 = DAVorm 1971, 479 = LM Nr 22 zu Art 30 EGBGB [L] Anm Buchholz = IPRspr 1970 Nr 59 b; zur Verteilung der elterlichen Gewalt nach heutigem Recht in deutsch-italienischen Kindschaftsfällen Jayme StAZ 1976, 197 f).

Beispiel: Wurde auf Klage einer deutschen Frau gegen ihren spanischen Ehemann die Ehe gem Art 17 Abs 3 in Anwendung deutschen Rechts geschieden und hat das Kind seinen gewöhnlichen Aufenthalt in Spanien (Nichtvertragsstaat des Haager Minderjährigenschutzabkommens), so sind im Wege der Angleichung die spanischen Normen anzuwenden, die für den Fall der gerichtlichen Trennung bestehen (Ferid, IPR 256 Rz 8–265).

213 Zur Frage eines Eingreifens des *ordre public* gegenüber gleichberechtigungswidrigen und starren Regelungen des ausländischen Rechts bei der Regelung der elterlichen Gewalt nach Scheidung – wie sie etwa in den islamischen Rechten begegnen – oben Rz 36 ff; eingehende Rechtsprechungsübersicht auch bei Wuppermann, Ordre public 176 ff.

214 Zur **interlokalrechtlichen Frage** des anwendbaren Rechts auf die Sorgerechtsregelung nach Scheidung oder Trennung in den Fällen, in denen ein Elternteil seinen gewöhnlichen Aufenthalt von der DDR in die Bundesrepublik oder von der Bundesrepublik in die DDR verlegt hat, siehe oben Rz 75–77. Zur interlokalen Zuständigkeit der deutschen Gerichte unten Rz 286 ff. Zur Anerkennung der in derartigen Fällen häufig politisch-ideologisch motivierten Sorgerechtsentscheidungen der DDR-Gerichte unten Rz 377 ff, 383. Zur Möglichkeit einer Neuregelung in der Bundesrepublik unten Rz 386.

215 **7. Einstweilige Anordnungen**

Einstweilige Anordnungen kann das *Familiengericht in Ehesachen* erlassen bezüglich der elterlichen Gewalt über ein gemeinschaftliches Kind, des persönlichen Verkehrs des nicht sorgeberechtigten Elternteils mit dem Kinde sowie bezüglich der Herausgabe des Kindes an den anderen Elternteil (§ 620 Nr 1–3 ZPO). Einstweilige Maßnahmen des *Vormundschaftsgerichts in Vormundschaftssachen* kommen bei einer Gefährdung des Kindes in Betracht (§§ 1666, 1667 BGB). Hat das Kind seinen gewöhnlichen Aufenthalt in Deutschland und ist also das Haager Minderjährigenschutzabkommen anwendbar, so beurteilen sich die einstweiligen Maßnahmen jedenfalls nach deutschem Recht, sei es, daß dieses als lex fori oder gem Art 2 MSA angewandt wird; nur Art 3 MSA ist zu beachten (Vorbem 284 zu Art 18). Hat das Kind seinen gewöhnlichen Aufenthalt dagegen nicht in einem Vertragsstaat des Haager Minderjährigenschutzabkommens, so ist umstritten, ob die einstweiligen Anordnungen stets nach deutschem Recht als der lex fori zu treffen sind oder ob grundsätzlich das nach Art 19 maßgebende Recht anzuwenden und nur bei Schwierigkeiten in dessen Ermittlung wegen der Eilbedürftigkeit deutsches Recht zugrundezulegen ist. Die Frage hat die Gerichte namentlich vor Inkrafttreten des Haager Abkommens wiederholt beschäftigt; s zu den einstweiligen Anordnungen in Ehesachen Staudinger-Gamillscheg § 606 b ZPO Rz 557 ff m umfassenden Nachw; ferner etwa Stein-Jonas-Schlosser § 620 Rz 2. ME besteht für eine Abweichung von Art 19 kein Anlaß, solange die Staatsangehörigkeit der Eltern und das materielle Recht ohne unangemessene Verzögerungen ermittelt werden können (ebenso in einer Vormundschaftssache OLG Hamm 12. 11. 1964 FamRZ 1965, 89 = IPRspr 1964–65 Nr 128). Es ist unzweckmäßig, das Kind vorläufig einer Regelung zu unterwerfen, die nach dem maßgebenden ausländischen Recht möglicherweise unzulässig ist und später schon aus diesem Grunde wieder aufgehoben werden muß (KG 19. 12. 1973 FamRZ 1974, 461 = IPRspr 1973 Nr 72 [Ehesache]).

8. Feststellung des Ruhens der elterlichen Gewalt (Sorge) 216

Zum Anwendungsbereich des Art 19 gehört nach einhelliger Meinung auch die Frage, wann die elterliche Gewalt endet und wann sie ruht (oben Rz 199). Wenn also das von Art 19 berufene Recht ein Ruhen der elterlichen Gewalt vorsieht, kann es vom international zuständigen deutschen Vormundschaftsgericht festgestellt werden. Ob das Ruhen kraft Gesetzes eintritt und die Feststellung des Vormundschaftsgerichts also nur deklaratorischen Charakter hat wie bei § 1673 BGB oder ob es sich – wie bei § 1674 BGB – um einen konstitutiven Akt handelt, macht keinen Unterschied (BayObLG 1. 8. 1961 BayObLGZ 1961, 228 = FamRZ 1962, 74 = DAVorm 1962, 94 = IPRspr 1960–61 Nr 133 betr § 1674 BGB).

Ist das Haager Minderjährigenschutzabkommen anwendbar, weil das Kind seinen 217 gewöhnlichen Aufenthalt in einem Vertragsstaat hat, so ist die gestaltend wirkende Feststellung des Ruhens bei tatsächlichem Hindernis (§ 1674 BGB) eine Schutzmaßnahme iS des Abkommens (Vorbem 286, 287 zu Art 18). Eine lediglich deklaratorisch wirkende Feststellung des Ruhens (vgl § 1673 BGB) ist zwar keine „Schutzmaßnahme“, aber das maßgebende Recht und die internationale Zuständigkeit für eine feststellende Entscheidung läßt sich bei gewöhnlichem Aufenthalt des Kindes in einem Vertragsstaat anhand der Regeln der Konvention bestimmen, s Vorbem 308, 309 zu Art 18.

Zu der im **interlokalen Recht** entstandenen Frage, ob die elterliche Gewalt der in 218 der DDR verbleibenden Eltern wegen tatsächlicher Verhinderung ruht, wenn das Kind in die Bundesrepublik Deutschland geflüchtet ist, s OLG Düsseldorf 12. 7. 1967 NJW 1968, 453 = FamRZ 1968, 43 = Rpfleger 1968, 54 = IzRspr 1966–67 Nr 11; KG 13. 11. 1967 OLGZ 1968, 76 = FamRZ 1968, 91 = DAVorm 1968, 350 = ROW 1968, 28 = IzRspr 1966–67 Nr 12, beide mwN.

9. Vormundschaftsgerichtliche Genehmigungen 219

Ist auf die elterliche Gewalt (Sorge) Art 19 anzuwenden (und nicht das Haager Minderjährigenschutzabkommen), so sagt das von Art 19 berufene Recht auch, wann die Eltern einer vormundschaftsgerichtlichen Genehmigung bedürfen. Auf das Wirkungsstatut des abzuschließenden vermögensrechtlichen Geschäfts kommt es nicht an (Nachw bei Staudinger-Beitzke Art 7 Rz 28); s aber zu Sonderregeln über vormundschaftsgerichtliche Genehmigungen unten Rz 221. Die *internationale Zuständigkeit* des deutschen Vormundschaftsgerichts folgt aus den Regeln des autonomen deutschen Verfahrensrechts. Insbesondere ist an die Heimatzuständigkeit (unten Rz 253 ff), die Statutszuständigkeit (unten Rz 261) und die Notzuständigkeit zu denken (unten Rz 267 ff).

Ist dagegen das **Haager Minderjährigenschutzabkommen** anwendbar, weil das Kind 220 seinen gewöhnlichen Aufenthalt in einem Vertragsstaat hat, ergibt sich die maßgebende Rechtsordnung, welche bestimmt, ob eine vormundschaftsgerichtliche Genehmigung erforderlich und unter welchen Voraussetzungen sie zu erteilen ist, aus den Normen des Abkommens. *Erfordernis und materielle Voraussetzungen* der Genehmigung folgen bei einer vorangegangenen Schutzmaßnahme des Aufenthaltsstaates (zB Verteilung der elterlichen Gewalt) aus Art 2 Abs 2 S 2 MSA, bei einer vorangegangenen Schutzmaßnahme des Heimatstaates aus Art 4 Abs 2 S 2 MSA, bei Bestehen eines ex-lege-Verhältnisses aus Art 3 MSA. Bei gewöhnlichem Aufenthalt eines Kindes in einem Vertragsstaat des Minderjährigenschutzabkommens und Minderjährigkeit des Kindes gem Art 12 MSA ist auch die *internationale Zuständigkeit* aus den Regeln des Abkommens herzuleiten. Das ist in Vorbem 308 ff zu Art 18 im einzelnen dargelegt. Hier sei nur noch einmal in Erinnerung gerufen, daß drei Fälle zu unterscheiden sind: (1) Der durch eine „Schutzmaßnahme" nach den Regeln der Konvention bestellte gesetzliche Vertreter bedarf einer Genehmigung. (2) Der ex-lege-Gewalthaber (Art 3 MSA) bedarf einer Genehmigung. (3) Der durch eine Maßnahme in einem Nichtvertragsstaat bestellte gesetzliche Vertreter bedarf einer Genehmigung. In allen drei Fällen ist bei gewöhnlichem Aufenthalt des Kindes in Deutschland die internationale Zuständigkeit des deutschen Vormundschaftsgerichts gegeben.

221 Nicht von Art 19 erfaßt ist das in bestimmten **Sonderstatuten** vorgesehene Erfordernis einer vormundschaftsgerichtlichen Genehmigung. Beispielsweise wird vertreten, daß das Erfordernis einer vormundschaftsgerichtlichen Genehmigung dem Legitimations- oder Adoptionsstatut zu entnehmen ist, wenn dieses sie nicht für einen breiteren Kreis von Rechtsgeschäften, sondern speziell für die Legitimation oder Adoption fordert (Soergel-Kegel Art 22 Rz 26). Insoweit sei auf die Bemerkungen zu Art 22 verwiesen. Zum Ausschluß dieser Bereiche aus dem Haager Minderjährigenschutzabkommen s Vorbem 306 zu Art 18. Ob Erklärungen des gesetzlichen Vertreters über den Erwerb oder den Verlust der **Staatsangehörigkeit** des Kindes der vormundschaftsgerichtlichen Genehmigung bedürfen, sagt das Staatsangehörigkeitsrecht des betreffenden Staates. Siehe zu den im deutschen Staatsangehörigkeitsrecht vorgesehenen vormundschaftsgerichtlichen Genehmigungen näher Vorbem 336 zu Art 18 und unten Rz 280.

I. Verfahrensrecht (für Schutzmaßnahmen)

Schrifttum

Hubert Bauer, Compétence judiciaire internationale des tribunaux civils français et allemands (1965); Bärmann, Freiwillige Gerichtsbarkeit und Notarrecht (1968) 56–59, 171–173; Herbert Beck, Die Anerkennung und Vollstreckung ausländischer gerichtlicher Entscheidungen in Zivilsachen nach den Staatsverträgen mit Belgien, Österreich, Großbritannien, und Griechenland, Diss Saarbrücken 1967; Behn, Sorgerechtsentscheidung durch Scheidungsprozeßgericht und wesensfremde Zuständigkeit, ZBlJugR 1977, 63; Beitzke, Fragen des interlokalen Verfahrensrechts, MDR 1954, 321; ders, Sorgerechtsregelung bei Ausländerkindern, in: Das deutsche Privatrecht in der Mitte des 20. Jahrhunderts, FS Lehmann (1956) 493; ders, Die deutsche internationale Zuständigkeit in Familienrechtssachen, FamRZ 1967, 592, 603; ders, Anerkennung und Vollstrekkung ausländischer gerichtlicher Entscheidungen in der Bundesrepublik Deutschland, Juristische Analysen 3 (1971) 30, 34; ders, Zur internationalen Zuständigkeit des künftigen Familienrichters, FamRZ 1973, 411, 415 f; Birk, Das Verkehrsrecht der Großeltern, FamRZ 1967, 306, 312; Brunn, Interzonale Zuständigkeit der Vormundschaftsgerichte, MDR 1956, 513; Joachim Ensslin, Die Anerkennung ausländischer Akte freiwilliger Gerichtsbarkeit, Diss München 1971; Dieckmann, Zur internationalen Zuständigkeit eines deutschen Vormundschaftsgerichts aus „unaufschiebbarem Fürsorgebedürfnis", StAZ 1970, 8; Dölle, Über einige Kernprobleme des internationalen Rechts der freiwilligen Gerichtsbarkeit, RabelsZ 27 (1962–63) 201; Firsching, Grundzüge des internationalprivatrechtlichen Familien- und Erbrechts, einschließlich des internationalen Verfahrensrechts, Rpfleger 1971, 333, 379; ders, Zur Anerkennung ausländischer Akte der freiwilligen Gerichtsbarkeit, StAZ 1976, 153 – dort (158) auch weitere Literaturangaben zu anderen Bereichen der FG, insbes zu Adoption und Legitimation; Geimer-Schütze, Internationale Urteilsanerkennung II (1971); Halmenfeld, Sowjetzone – Inland oder Ausland? NJW 1956, 164; Heldrich, Die

Frage der internationalen Zuständigkeit im Bereich der freiwilligen Gerichtsbarkeit, Berichte der Deutschen Gesellschaft für Völkerrecht 10 (1971) 97 = Zeitgenössische Fragen des internationalen Zivilverfahrensrechts (1972) 153 (dort ohne Fußnoten und mit dem Titel: Internationale Zuständigkeit und Sachstatut im nichtstreitigen Verfahren); JARCK, Abänderung und Aufhebung sowjetzonaler gerichtlicher Entscheidungen durch Gerichte der Bundesrepublik, FamRZ 1956, 296; JAYME, Zur „internationalen Verbundszuständigkeit" deutscher Gerichte für die Regelung des Sorgerechts nach der Scheidung, FamRZ 1979, 21; KLAUS DIETRICH KÖNIG, Die Wirkung mitteldeutscher Hoheitsakte in der westdeutschen Rechtsordnung, Diss Münster 1962; MARTINY, Nichtstreitige Verfahren in Frankreich (1976); NEUHAUS, Internationale Zuständigkeit für rechtsgestaltende Entscheidungen, FamRZ 1959, 482; REU, Die staatliche Zuständigkeit im IPR (1938) 104; IRENE SCHÄFER, Die Anerkennung ausländischer Akte Freiwilliger Gerichtsbarkeit, dargestellt an Entmündigung, Adoption und Legitimation, Diss Mainz 1968; SCHWEIZER, Gerichtsbarkeit und internationale Zuständigkeit im Zivilprozeß und in der freiwilligen Gerichtsbarkeit, DRiZ 1968, 365; J SCHRÖDER, Die Frage der internationalen Zuständigkeit im Bereich der freiwilligen Gerichtsbarkeit, Berichte der Deutschen Gesellschaft für Völkerrecht 10 (1971) 133; SCHWIMANN, Die internationale Zuständigkeit deutscher Gerichte gegenüber Ausländern zur Regelung des Rechtsverkehrs zwischen geschiedenen Eltern und ihren Kindern, FamRZ 1959, 325; ders, Internationale Zuständigkeit in Abhängigkeit von der lex causae? RabelsZ 34 (1970) 201; ders, Inländische Gerichtsbarkeit für pflegschaftsgerichtliche Elternrechtsentscheidungen, ÖJZ 1978, 29; SERICK, Nach welchem Recht ist der Wohnsitz in §§ 13 und 16 ZPO bei Auslandsbeziehungen zu beurteilen? ZZP 68 (1955) 278; SONNENBERGER, Anerkennung und Vollstreckung ausländischer Gerichtsentscheidungen, Schiedssprüche, Vergleiche und sonstiger Titel, in: Zeitgenössische Fragen des internationalen Verfahrensrechts (1972) 209, 223–227; FRANZ SWOBODA, Das internationale Recht der freiwilligen Gerichtsbarkeit, Diss München 1934; WAHL, Das internationale Recht der Freiwilligen Gerichtsbarkeit in Personen- und Familiensachen, RabelsZ 10 (1936) 40; WUPPERMANN, Die Anerkennung ausländischer einstweiliger Anordnungen des Eherechtsstreits im italienischen, Schweizer und deutschen Recht, StAZ 1972, 29.

Vorbemerkungen

222 Das Eltern-Kind-Verhältnis des Art 19 kann in verschiedenen Verfahren aktuell werden. Zunächst sind die **„Kindschaftssachen"** der ZPO zu erwähnen. Klagen auf „Feststellung des Bestehens oder Nichtbestehens der elterlichen Gewalt der einen Partei über die andere", die § 640 Abs 2 Nr 4 ZPO nennt, sind freilich schon in innerstaatlichen Fällen selten. Sie kommen in Betracht, wenn es sich um einen Streit über den Zeitpunkt der Volljährigkeit, dh um das Datum der Geburt handelt, wenn die Gültigkeit einer Volljährigkeitserklärung in Frage gestellt wird oder wenn die Verwirkung der elterlichen Gewalt (§§ 1676, 1680 BGB) den Grund des Rechtsstreits bildet (STEIN-JONAS-SCHLOSSER § 640 Rz 30). In internationalen Fällen ist das in § 640 Abs 2 Nr 4 genannte Statusverfahren bedeutsam. Das Verfahren nach §§ 640 ff ZPO (insbes des § 640 a ZPO betr die internationale Zuständigkeit) ist im Zusammenhang mit der Ehelichkeitsanfechtungsklage, wo es größere praktische Bedeutung hat, erläutert (Art 18 Rz 84). Außerdem muß auf die Bemerkungen zum Nichtehelichenrecht verwiesen werden, wo das Hauptanwendungsgebiet des Verfahrens in Kindschaftssachen liegt. Auch **Unterhaltsklagen** werden im Kindschaftsrecht vor allem im Bereich des Nichtehelichenrechts bedeutsam. Auf die künftigen Erl zu Art 21 sei verwiesen; s im übrigen oben Rz 161. Im folgenden wird der im Zusammenhang mit Art 19 bedeutsamste Teil des autonomen deutschen Verfahrensrechts im einzelnen dargestellt, nämlich internationale Zuständigkeit, Durchführung des Verfahrens sowie Anerkennung und Vollstreckung bei Schutzmaßnahmen für das Kind.

223 Unter **Schutzmaßnahmen sind** hier wiederum die Maßnahmen aus dem Bereich des ehelichen Kindschaftsverhältnisses **zu verstehen**, die auch unter das Haager Minderjährigenschutzabkommen fallen, also insbes Entscheidungen über die Herausgabe

des Kindes vom anderen Elternteil, die Verkehrsregelung, Maßnahmen bei Gefährdung der Person oder des Vermögens des ehelichen Kindes, Verteilung der elterlichen Gewalt (Sorge) bei Scheidung oder Getrenntleben der Eltern, die Feststellung des Ruhens der elterlichen Gewalt sowie die Änderungen von Maßnahmen (vgl im einzelnen oben Rz 201 sowie Vorbem 276 ff zu Art 18). Praktisch am bedeutsamsten ist die Verteilung der elterlichen Gewalt nach einer Ehescheidung. Ferner gilt das im folgenden Gesagte für Durchführungsmaßnahmen wie vormundschaftsgerichtliche Genehmigungen oder die Erteilung eines Auseinandersetzungszeugnisses. Verwandte Bereiche, welche die gerichtliche Praxis beschäftigt haben, wie die Zuständigkeit für vormundschaftsgerichtliche Genehmigungen im Rahmen des Staatsangehörigkeitsrechts (unten Rz 280), werden gesondert angesprochen. Für alle diese Maßnahmen gilt – ebenso wie kollisionsrechtlich – auch international-verfahrensrechtlich nicht Art 23 EGBGB und nicht das Haager Vormundschaftsabkommen von 1902 (s oben Rz 204).

224 Der Anwendungsbereich, der den Regeln des autonomen deutschen Verfahrensrechts für Schutzmaßnahmen neben dem **Haager Minderjährigenschutzabkommen** bleibt, ist für die internationale Zuständigkeit, für die Anerkennung und für die Vollstreckung unterschiedlich weit. Das ist dort jeweils im einzelnen angegeben (unten Rz 229, 302, 370). Insgesamt hat das autonome deutsche Internationale Verfahrensrecht für Schutzmaßnahmen im Rahmen der elterlichen Gewalt größere praktische Bedeutung behalten als das eigentliche Internationale Privatrecht des Art 19. Die Regeln des deutschen Internationalen Verfahrensrechts seien deshalb im folgenden ausführlich dargestellt.

I. Internationale Zuständigkeit

225 1. Allgemeine Fragen

Die internationale Zuständigkeit ist neben den verschiedenen Arten der innerstaatlichen Zuständigkeit ein eigener **Begriff**, und zwar im Sinne der Zuständigkeit der Gerichte oder überhaupt der Behörden eines bestimmten Staates (Neuhaus, Grundbegriffe 408).

226 Die internationale Zuständigkeit für Schutzmaßnahmen im Rahmen des elterlichen Gewaltverhältnisses ist – ebenso wie bei anderen gerichtlichen Tätigkeiten – in jeder Lage des Verfahrens **von Amts wegen** zu prüfen. Das ist allgemeine Meinung; vgl nur BayObLG 2. 7. 1971 BayObLGZ 1971, 238 = NJW 1971, 2131 = FamRZ 1972, 578 Anm Behr = IPRspr 1971 Nr 165 mwN. Das Fehlen der internationalen Zuständigkeit ist ein Verfahrensverstoß, der vom Beschwerdegericht auch ohne Rüge zu beachten ist. Die Wirksamkeit der ergangenen Entscheidung wird durch das Fehlen eines inländischen Gerichtsstandes aber nicht berührt.

227 Es gibt für Schutzmaßnahmen im allgemeinen **keine ausschließliche Zuständigkeit** der Gerichte eines Staates. Vielmehr bestehen in aller Regel mehrere konkurrierende Zuständigkeiten, so daß die von einem zuständigen ausländischen Gericht getroffene Maßnahme auch dann anzuerkennen ist, wenn gleichzeitig die Zuständigkeit eines deutschen Gerichts begründet war (s etwa BayObLG 16. 1. 1959 BayObLGZ 1959, 8 = NJW 1959, 1038 = FamRZ 1959, 364 Anm Schwimann und Neuhaus [482] = EJF Nr 7 zu A II Anm Eppelsheimer = IPRspr 1958–59 Nr 208; KG 13. 11. 1973 OLGZ 1974, 93 = FamRZ 1974, 146 = StAZ 1974, 127 = ZBlJugR 1974, 434 = IPRspr 1973 Nr 70; OLG Hamm 14. 4. 1976 OLGZ 1976, 426 = NJW 1976, 2079 = FamRZ 1976, 528 = StAZ 1976, 364 = IPRspr 1976 Nr 63).

Vor der internationalen Zuständigkeit ist im allgemeinen die **örtliche** Zuständigkeit zu prüfen (so auch FIRSCHING, IPR 88); das ergibt sich schon daraus, daß die internationale Zuständigkeit idR aus der örtlichen herzuleiten ist. Die hM nimmt sogar an, daß „die Entscheidung über die internationale Zuständigkeit *nur* [Hervorhebung vom Verf] von einem örtlich (und sachlich) zuständigen Gericht getroffen werden darf"; so KG 27. 6. 1963 FamRZ 1963, 576 = IPRspr 1962–63 Nr 217 m zahlr Nachw; weitere Nachweise bei JANSEN § 1 Rz 134. Aber zumindest in den Fällen der Statutszuständigkeit (unten Rz 259) ist die Prüfungsreihenfolge umgekehrt; denn in diesen Fällen scheint nach dem Wortlaut des Gesetzes kein inländisches Gericht örtlich zuständig, aber bei Maßgeblichkeit inländischen materiellen Rechts muß doch ein inländisches Gericht gefunden werden, um eine von diesem Recht vorgesehene Maßnahme zu treffen (NEUHAUS, Grundbegriffe 414). 228

2. Vorrang des Haager Minderjährigenschutzabkommens 229

Da das Haager Minderjährigenschutzabkommen dem autonomen deutschen Recht vorgeht, bestimmt sich die internationale Zuständigkeit für Schutzmaßnahmen nur noch in seltenen Fällen nach dem autonomen deutschen Recht. Bei gewöhnlichem Aufenthalt des Kindes in Deutschland kommen die autonomen deutschen Zuständigkeitsregeln für Schutzmaßnahmen zur Anwendung, wenn der Jugendliche kein Minderjähriger iS des Art 12 MSA mehr ist, etwa weil nach seinem Heimatrecht die Volljährigkeit später als mit 18 Jahren eintritt (vgl Vorbem 260–262 zu Art 18). Bei gewöhnlichem Aufenthalt des Kindes in einem ausländischen Vertragsstaat des Minderjährigenschutzabkommens gilt ebenfalls allein das Abkommen (vgl oben Rz 180). Lediglich bei gewöhnlichem Aufenthalt des (deutschen oder ausländischen) Kindes in einem ausländischen Staat, der das Minderjährigenschutzabkommen nicht ratifiziert hat, ist das deutsche autonome Recht der internationalen Zuständigkeit unbeschränkt berufen. Weitere Einzelheiten zum Vorrang des Minderjährigenschutzabkommens bei den verschiedenen Zuständigkeiten.

3. Prinzipien zur Bestimmung der internationalen Zuständigkeit 230

Ausdrückliche Normen über die internationale Zuständigkeit für die hier zu behandelnden Schutzmaßnahmen fehlen im autonomen deutschen Recht. Zwei verschiedene Ausgangspunkte, die gewählt werden, um die Lücke im geschriebenen Recht zu schließen, stehen sich gegenüber: Es werden entweder grundsätzlich die Bestimmungen über die örtliche Zuständigkeit auf die internationale Zuständigkeit analog angewandt, oder es wird von dem Prinzip ausgegangen, daß die Kollisionsnorm nicht nur die materiell anwendbare Rechtsordnung, sondern auch die maßgebende Zuständigkeitsordnung bezeichnet, sog. Gleichlauf.

Der Unterschied in der Ausgangsposition – Ausrichtung an der örtlichen Zuständigkeit oder am IPR – ist heute freilich abgeschwächt. Ein **strenger Gleichlauf** in dem Sinne, daß ausschließlich das „forum legis" zuständig sei, wird selbst in Nachlaßsachen – früher Heimstätte eines strengen Gleichlaufprinzips – kaum mehr vertreten (mit Recht bezeichnet NEUHAUS, RabelsZ 35 [1971] 419 den strikten Gleichlauf in Deutschland als überholt). Allgemein zum Gleichlauf als Leitgedanken der Zuständigkeitslehre in der Freiwilligen Gerichtsbarkeit vgl etwa REU 104 ff; DÖLLE RabelsZ 27 (1962–63) 212 ff; letzterer bezeichnet einerseits den Gleichlaufgrundsatz in seiner strengen Form als heuristisches Prinzip, an dem man sich als Ausgangspunkt orientieren sollte, andererseits betont er aber auch „das im Inland Befriedigung fordernde Fürsorgebedürfnis" als „das eigentlich essentiell-konstitutive Merk- 231 mal der deutschen internationalen Zuständigkeit" im Bereich der Freiwilligen Gerichtsbarkeit; wie DÖLLE auch IPG 1967–68 Nr 84 (Hamburg) 946. Gegen den strengen Gleichlauf überzeugend vor allem HELDRICH, Int Zust 199–223; SCHWIMANN RabelsZ 34 (1970) 201 ff; vgl auch HUBERT BAUER Nr 131; speziell für Sorgerechtsregelungen bereits BEITZKE, FS Lehmann II 497; SCHWIMANN FamRZ 1959, 325 ff.

232 Der **gemäßigte Gleichlauf**, wie er im Schrifttum heute vor allem von NEUHAUS befürwortet wird, soll zweierlei bedeuten (NEUHAUS, Grundbegriffe 428 f): Bei Maßgeblichkeit *inländischen* Rechts soll wenigstens eine subsidiäre inländische Zuständigkeit bestehen, und bei Anwendbarkeit *ausländischen* Rechts soll die inländische Zuständigkeit nicht gegen den Willen des betreffenden ausländischen Rechts angenommen werden. Diese gemäßigte Gleichlauftheorie, die mit dem Interesse am internationalen Entscheidungseinklang gerechtfertigt wird, soll bei „nicht bloß erkennender oder befehlender, sondern gestaltender, empfangender, registrierender oder sonstwie mitwirkender Tätigkeit" gelten (NEUHAUS, Grundbegriffe 430).

233 Für eine **generelle Stellungnahme** zur gemäßigten Gleichlauftheorie ist hier nicht der Ort, weil diese Theorie über den Bereich der Schutzmaßnahmen im ehelichen Kindschaftsverhältnis weit hinausreicht. Eine grundsätzliche Auseinandersetzung mit der Gleichlauftheorie in der Freiwilligen Gerichtsbarkeit (Vormundschafts-, Kindschafts- und Nachlaßangelegenheiten) bietet vor allem HELDRICH, Bericht 104 ff; vgl ferner die Nachweise oben Rz 231 aE.

234 **Speziell** für die hier zu behandelnden gerichtlichen Maßnahmen im Bereich des ehelichen Kindschaftsverhältnisses vermag die gemäßigte Gleichlauftheorie mE nicht voll zu überzeugen. Die Wahrung der internationalen Entscheidungsharmonie ist auf diesem Gebiet nicht so bedeutsam wie etwa in Ehesachen, wo die gemäßigte Gleichlauftheorie in § 606 b Nr 1 ZPO eine gesetzliche Stütze findet. Schutzmaßnahmen können im allgemeinen wieder abgeändert werden (auch von Behörden eines anderen Staates), wenn das Interesse des Kindes es erfordert; endgültige Wirkungen sind selten in dem heute im Vordergrund stehenden Bereich, der die Person (und nicht das Vermögen) des Kindes betrifft. Zwar gibt es gute Gründe, eine subsidiäre inländische Zuständigkeit anzuerkennen, wenn das maßgebende *inländische* Recht eine gerichtliche Tätigkeit, zB eine vormundschaftsgerichtliche Genehmigung, fordert; vgl näher unten Rz 261. Aber es erscheint nicht sinnvoll, bei Anwendbarkeit *ausländischen* Rechts die Zustimmung der fremden Rechtsordnung zu einer inländischen Aufenthaltszuständigkeit zu verlangen (Nachweise unten Rz 246). Wichtiger als der Entscheidungseinklang mit dem Heimatstaat sind für den internationalen Minderjährigenschutz nämlich die Sachnähe des entscheidenden Gerichts und damit die Wirksamkeit des Gerichtsschutzes (die am gewöhnlichen Aufenthaltsort des Kindes am ehesten gegeben sein wird) sowie die Einfachheit der Zuständigkeitsregelung, die nicht mit einer Befragung des Sachstatuts belastet werden sollte.

235 Die **Vorschriften über die örtliche Zuständigkeit** sind im Bereich der Schutzmaßnahmen für Minderjährige als Ausgangspunkt für eine sachgerechte Regelung der internationalen Zuständigkeit ergiebiger als die Kollisionsregeln. Am Anfang der Zuständigkeitsprüfung sollte in diesem Bereich deshalb im allgemeinen nicht die Frage nach dem anwendbaren Recht, sondern die nach der örtlichen Zuständigkeit stehen (vgl oben Rz 228; anders die gemäßigte Gleichlauftheorie; vgl NEUHAUS, Grundbegriffe 431 f). Die **analoge Anwendung** der Vorschriften über die örtliche Zuständigkeit entspricht hier – ebenso wie etwa im Vermögensrecht die analoge Anwendung der §§ 12 ff ZPO – ständiger Judikatur (grundlegend für Personensor-

gesachen BayObLG 16. 1. 1959 BayObLGZ 1959, 8 = NJW 1959, 1038 = FamRZ 1959, 364 Anm SCHWIMANN und NEUHAUS [482] = EJF Nr 7 zu A II Anm EPPELSHEIMER = IPRspr 1958–59 Nr 208). Das Schrifttum ist weitgehend einverstanden. Die örtliche Zuständigkeit wird mindestens als Anhaltspunkt für die internationale Zuständigkeit verstanden (vgl etwa BEITZKE, FS Lehmann II 495; SCHWIMANN FamRZ 1959, 332 und 371; DIECKMANN StAZ 1970, 10; HELDRICH, Bericht 103). Insbesondere läßt sich eine Aufenthaltszuständigkeit aus §§ 43 Abs 1, 36 Abs 1 S 1 FGG ableiten (näher sogleich) und eine Heimatzuständigkeit aus §§ 43 Abs 1, 36 Abs 2 FGG (näher unten Rz 253 ff).

4. Aufenthaltszuständigkeit 236

Die internationale Aufenthaltszuständigkeit ist aus einer Analogie zu §§ 43 Abs 1, 36 Abs 1 S 1 FGG herzuleiten. Die dort geregelte örtliche Zuständigkeit bildet zugleich einen Anknüpfungspunkt für die internationale Zuständigkeit. Das ist in der deutschen Rechtsprechung allgemein anerkannt seit der bahnbrechenden Entscheidung des BayObLG vom 16. 1. 1959, in der sich das Gericht auch mit anderen möglichen Kriterien für die Begründung der internationalen Zuständigkeit auseinandergesetzt hat (BayObLGZ 1959, 8 = NJW 1959, 1038 = FamRZ 1959, 364 Anm SCHWIMANN und NEUHAUS [482] = EJF Nr 7 zu A II Anm EPPELSHEIMER = IPRspr 1958–59 Nr 208). Wohnsitz oder Aufenthalt (oder besser noch: gewöhnlicher Aufenthalt, vgl unten Rz 242) begründen eine enge Beziehung zum Sachverhalt, die das Gericht in die Lage versetzt, die tatsächlichen Verhältnisse des Minderjährigen zu überprüfen. In den Familiensachen des § 621 Abs 1 Nr 1–3 ZPO (Regelung der elterlichen Gewalt über ein eheliches Kind, soweit nach den Vorschriften des BGB hierfür das Familiengericht zuständig ist; Regelung des Verkehrsrechts; Herausgabe des Kindes an den anderen Elternteil) richtet sich die örtliche Zuständigkeit gem § 621 Abs 2 S 2 ZPO nach den allgemeinen Vorschriften, sofern keine Ehesache anhängig ist (für den Fall der Anhängigkeit einer Ehesache unten Rz 251). Die „allgemeinen Vorschriften" über die örtliche Zuständigkeit sind wiederum die §§ 43, 36 FGG. Für die internationale Zuständigkeit des Familiengerichts gilt insoweit also nichts anderes als für die des Vormundschaftsgerichts. Keine Familiensache iS des § 621 Abs 1 Nr 1 ZPO ist gegeben, wenn eine Regelung der elterlichen Gewalt über ein *nichteheliches Kind* begehrt wird, auch wenn nach dem maßgebenden Heimatrecht der Eltern wie des Kindes nichteheliche Kinder in bezug auf das Elternrecht den ehelichen Kindern gleichgestellt sind; vielmehr ist das Vormundschaftsgericht zuständig (KG 28. 10. 1977 OLGZ 1978, 261 = Rpfleger 1978, 177 = IPRspr 1977 Nr 183: Jugoslawien; Begehren der Mutter auf Übertragung des Personensorgerechts einschließlich des Aufenthaltsbestimmungsrechts). Hat das Kind seinen gewöhnlichen Aufenthalt in Deutschland oder in einem anderen Vertragsstaat des Haager Abkommens, so kommt die Aufenthaltszuständigkeit gem §§ 43 Abs 1, 36 Abs 1 S 1 FGG wegen des Vorrangs des Minderjährigenschutzabkommens freilich nur noch in Betracht, wenn das Kind nicht mehr minderjährig iS des Art 12 MSA ist.

Aus der umfangreichen **deutschen Rechtsprechung** seien die folgenden obergericht- 237
lichen Entscheidungen genannt, die eine internationale Zuständigkeit in Fragen der elterlichen Gewalt aus §§ 43 Abs 1, 36 Abs 1 S 1 FGG hergeleitet haben und die im allgemeinen aus der Zeit vor dem Inkrafttreten des Haager Minderjährigenschutzabkommens stammen: wegweisend *BayObLG* 16. 1. 1959 (vorige Rz); ihm folgend *BGH* 22. 5. 1963 BGHZ 40, 1 = NJW 1963, 2219 = FamRZ 1963, 560 = IPRspr 1962–63 Nr 216 und 18. 6. 1970 BGHZ 54, 123 = NJW 1970, 1503 = MDR 1970, 916 = WM 1970, 1169 = FamRZ 1970, 547 = StAZ 1970, 336 = DA-

Vorm 1971, 479 = IPRspr 1970 Nr 59 b; seit 1959 *st Rspr des BayObLG*, zB BayObLG 2. 7. 1971 BayObLGZ 1971, 238 = NJW 1971, 2131 = FamRZ 1972, 578 Anm BEHR = IPRspr 1971 Nr 165 mwN und 25. 8. 1972 BayObLGZ 1972, 292 = NJW 1972, 2190 = FamRZ 1972, 582 = IPRspr 1972 Nr 179; aus der *Judikatur der Oberlandesgerichte* s OLG Celle 28. 1. 1970 NJW 1970, 1011 = IPRspr 1970 Nr 62; OLG Düsseldorf 14. 1. 1961 IPRspr 1960–61 Nr 113 und 27. 11. 1969 NJW 1970, 680 = FamRZ 1970, 99 = IPRspr 1970 Nr 59 a; OLG Hamburg 18. 3. 1966 IPRspr 1966–67 Nr 284 b; OLG Hamm in ständiger Rspr, zB 7. 12. 1962 IPRspr 1962–63 Nr 105 und 29. 11. 1969 OLGZ 1970, 227 = FamRZ 1970, 95 = IPRspr 1968–69 Nr 113; KG in ständiger Rspr, zB 27. 6. 1963 FamRZ 1963, 576 = IPRspr 1962–63 Nr 217 und 6. 11. 1967 OLGZ 1968, 118 = NJW 1968, 361 = FamRZ 1968, 92 = DAVorm 1969, 323 = IPRspr 1966–67 Nr 123; OLG Karlsruhe 25. 10. 1968 FamRZ 1969, 161 = IPRspr 1968–69 Nr 269; OLG Köln 5. 7. 1971 NJW 1972, 394 = IPRspr 1971 Nr 68; OLG Oldenburg 29. 6. 1967 IPRspr 1966–67 Nr 295; OLG Saarbrücken 14. 7. 1965 OLGZ 1965, 366 = NJW 1966, 308 = FamRZ 1966, 42 = ZBlJugR 1966, 136 = IPRspr 1964–65 Nr 135; die *Untergerichte* haben nach der Entscheidung des BayObLG vom 16. 1. 1959 ebenfalls allgemein angenommen, daß die örtliche Zuständigkeit zugleich einen Anknüpfungspunkt für die internationale Zuständigkeit bildet; dafür finden sich in der IPRspr 1960–71 (in späteren Jahren wurde idR das Haager Minderjährigenschutzabkommen angewandt) zahllose Beispiele. Auch die *interlokale* Zuständigkeit ist, da eine Anknüpfung an die Staatsangehörigkeit im interlokalen Recht ausscheidet, jedenfalls dann gegeben, wenn das Kind sich in der Bundesrepublik gewöhnlich aufhält, BGH 14. 7. 1956 BGHZ 21, 306 = NJW 1956, 1439 = FamRZ 1956, 347 = JR 1957, 20 zust Anm BEITZKE = EJF Nr 5 zu B II Anm JANSEN = IzRspr 1956–57 Nr 368 b.

238 In der **Literatur** wird die entsprechende Anwendung der §§ 43 Abs 1, 36 Abs 1 S 1 FGG ganz überwiegend bejaht; vgl etwa BEITZKE, FS Lehmann II 498; ders FamRZ 1967, 603; SCHWIMANN FamRZ 1959, 332 mwN; BIRK FamRZ 1967, 312 f; HELDRICH, Int Zust 171; ders, Bericht 122 ff; ferner aus der Kommentar- und Lehrbuchliteratur etwa: FERID, IPR Rz 8–273; FIRSCHING, IPR 96 f; HABSCHEID 55; JANSEN § 35 Rz 212; KEIDEL-KUNTZE-WINKLER Einl Rz 117 c; RAAPE, IPR 354.

239 Als **Anknüpfungsmomente** nennt § 36 Abs 1 S 1 FGG den „Wohnsitz" und – bei Fehlen eines inländischen Wohnsitzes – den „Aufenthalt". Die Rechtsprechung hat diese Anknüpfungsmomente oft unbesehen auf die internationale Zuständigkeit übertragen; so nennen unter den oben Rz 237 aufgeführten obergerichtlichen Entscheidungen ausdrücklich „Wohnsitz" oder „Aufenthalt" als Anknüpfungsmoment für die internationale Zuständigkeit: BayObLG 16. 1. 1959 und 25. 8. 1972; OLG Hamm 7. 12. 1962 und 29. 11. 1969; KG 27. 6. 1963; OLG Karlsruhe 25. 10. 1968; OLG Köln 5. 7. 1971; OLG Oldenburg 29. 6. 1967 und OLG Saarbrücken 14. 7. 1965. Weil § 36 Abs 1 S 1 FGG den schlichten Aufenthalt genügen läßt, haben die Gerichte es nicht selten offengelassen, wo das Kind seinen „Wohnsitz" hat; vgl etwa die soeben genannten Entscheidungen des OLG Hamm, des OLG Oldenburg und des OLG Saarbrücken.

240 Wenn der Wohnsitz ermittelt wird, entnehmen die **Gerichte** den Wohnsitzbegriff heute nahezu einhellig der lex fori (oben Rz 136).

241 Auch in der **Literatur** wird dies meist empfohlen (näher oben Rz 136).

242 Besser ist es, für die internationale Zuständigkeit nicht auf den durch juristische Auslegungsdivergenzen verbrauchten „Wohnsitz" oder den zwar bequem zu ermittelnden, aber zu wenig gewichtigen einfachen „Aufenthalt" abzustellen, sondern auf den **„gewöhnlichen Aufenthalt"** (zum Begriff vgl Vorbem 39 ff zu Art 18). Die

Gründe, die im Minderjährigenschutzabkommen zu einer Bevorzugung des gewöhnlichen Aufenthalts als Anknüpfungsmoment geführt haben, sind für das autonome deutsche Recht genauso berechtigt. Der schlichte Aufenthalt mag – nach dem Vorbild von Art 9 MSA – eine internationale Zuständigkeit für Eilmaßnahmen begründen (vgl bereits Beitzke, FS Lehmann II 498; ferner unten Rz 273); im Regelfall aber sollten die Gerichte am gewöhnlichen Aufenthaltsort des Kindes handeln, weil sie dort seine Lage am besten beurteilen können (Heldrich, Bericht 123, bezeichnet es mit Recht als „problematisch", den *schlichten* Aufenthalt als Anknüpfungsmoment für eine konkurrierende internationale Zuständigkeit zu gebrauchen, empfiehlt als Korrektur aber nur eine Prüfung der Verfahrensvoraussetzung des Rechtsschutzbedürfnisses; vgl dazu auch den Diskussionsbeitrag von Beitzke 224)Indes erscheint es sachlich besser und für das deutsche, auf Rechtsklarheit bedachte Zuständigkeitssystem adäquater, nicht auf eine unsichere Korrektur im Einzelfall zu bauen, sondern die für die internationale Zuständigkeit weniger geeigneten Anknüpfungsmomente „Wohnsitz" und „Aufenthalt" generell durch den „gewöhnlichen Aufenthalt" zu ersetzen). Die hiermit empfohlene Abweichung vom Wortlaut des § 36 Abs 1 S 1 FGG ist sachgerecht und der internationalen Entscheidungsharmonie förderlich. Sie erscheint auch als zulässig, weil die internationale Zuständigkeit nicht unmittelbarer Regelungsgegenstand von § 36 Abs 1 S 1 FGG ist; ebenso für die Ersetzung des Begriffes „Wohnsitz" Soergel-Kegel Art 19 Rz 42; ihm folgend Jansen § 35 Rz 121; vgl auch Hubert Bauer Nr 47 f; in der Rechtsprechung haben an den „gewöhnlichen Aufenthalt" angeknüpft KG 27. 6. 1963 FamRZ 1963, 576 = IPRspr 1962–63 Nr 217 und 6. 11. 1967 OLGZ 1968, 118 = NJW 1968, 361 = FamRZ 1968, 92 = DAVorm 1969, 323 = IPRspr 1966–67 Nr 123; OLG Düsseldorf 27. 11. 1969 NJW 1970, 680 = FamRZ 1970, 99 = IPRspr 1970 Nr 59 a; ähnlich OLG Hamburg 18. 3. 1966 IPRspr 1966–67 Nr 284 b und LG Hamburg 11. 11. 1964 IPRspr 1964–65 Nr 286: „ständiger Aufenthalt"; vgl auch OLG Hamm 21. 8. 1964 FamRZ 1965, 92 = IPRspr 1964–65 Nr 127 und OLG Köln 5. 4. 1971 OLGZ 1971, 442 = IPRspr 1971 Nr 65, die davon sprechen, daß die Beteiligten in Deutschland „leben"; ferner IPG 1969 Nr 49 (München) 395: gewöhnlicher oder schlichter Aufenthalt; *interlokal* BGH 14. 7. 1956 BGHZ 21, 306 = NJW 1956, 1439 = FamRZ 1956, 347 = JR 1957, 20 Anm Beitzke = EJF Nr 5 zu B II Anm Jansen = IzRspr 1954–57 Nr 368 b: gewöhnlicher Aufenthalt.

Auch für *Tätigkeiten aufgrund des JWG* (vgl Vorbem 296–301 zu Art 18) ist die **243** internationale Zuständigkeit des Vormundschaftsgerichts und des Jugendamtes am gewöhnlichen Aufenthaltsort bzw am einfachen Aufenthalt des Kindes gegeben. Das folgt für das Vormundschaftsgericht aus dem soeben Gesagten, für das Jugendamt aus einer entsprechenden Anwendung des § 11 S 1 JWG (vgl auch Jansen § 1 Rz 143 m Nachw aus der älteren Rspr; seither in interlokalen Fällen st Rspr; vgl etwa BayObLG 6. 11. 1959 BayObLGZ 1959, 416 = IzRspr 1958–59 Nr 198 mwN). Wenn ein Minderjähriger also aus der DDR in die Bundesrepublik Deutschland übersiedelt ist und hier seinen gewöhnlichen Aufenthalt hat, ist der Rat des Kreises des Wohnsitzes seiner Eltern in der DDR im Verfahren vor den Gerichten der Bundesrepublik nicht örtlich zuständiges Jugendamt; er ist deshalb nicht befugt, Beschwerde in Personensorgesachen vor diesen Gerichten einzulegen (BayObLG 25. 8. 1965 BayObLGZ 1965, 331 = NJW 1966, 310 = FamRZ 1965, 628 = Rpfleger 1966, 20 = ZBlJugR 1966, 48 = IzRspr 1964–65 Nr 126).

Maßgebend ist – wie in § 36 Abs 1 S 1 FGG – die **Person des Kindes.** Auf den **244** gewöhnlichen Aufenthalt (Wohnsitz) der anderen Beteiligten kommt es nicht an. Es ist also nicht notwendig, daß *alle* Beteiligten (Vater, Mutter und Kind) sich im Gerichtsstaat aufhalten. Das ist heute wohl allgM; wegweisend wiederum BayObLG

16. 1. 1959, oben Rz 235; s auch KG 27. 6. 1963 FamRZ 1963, 576 = IPRspr 1962–63 Nr 217 (beide Gerichte unter Aufgabe ihrer älteren Rspr).

245 Es ist unerheblich, ob in der Sache deutsches oder ausländisches materielles Recht gilt. Die **Anwendbarkeit ausländischen Rechts** steht der deutschen Aufenthaltszuständigkeit nicht entgegen (seit BayObLG 16. 1. 1959, oben Rz 235, feste Praxis; zB OLG Hamm 21. 8. 1964 FamRZ 1965, 92 = IPRspr 1964–65 Nr 127; OLG Köln 5. 4. 1971 OLGZ 1971, 442 = IPRspr 1971 Nr 65; ebenso das Schrifttum, vgl Heldrich, Int Zust 200 Fn 3; ders, Bericht 104 Fn 14 m Nachw).

246 Wenn der ausländische Staat, dessen materielles Recht anzuwenden ist, **die Entscheidung nicht anerkennt**, etwa weil er eine ausschließliche internationale Zuständigkeit beansprucht, schließt das die Aufenthaltszuständigkeit nicht aus (vgl zur Begründung oben Rz 234 sowie ausf BayObLG 16. 1. 1959, oben Rz 235; seither in ständiger Rspr; ferner etwa LG Hamburg 11. 11. 1964 IPRspr 1964–65 Nr 286; aus der Literatur *speziell* zu Maßnahmen im Rahmen des Art 19 etwa Beitzke, FS Lehmann II 498 f; ders FamRZ 1967, 603 bei Fn 82; Jansen § 35 Rz 121; Ferid, IPR Rz 8–270; Firsching, IPR 101; Habscheid 57; Schwimann FamRZ 1959, 332 f. mwN; Raape, IPR 354; abw noch Staudinger-Raape Art 19 Anm B X 5 b; vgl *allgemein* zur Frage, ob die internationale Zuständigkeit die Billigung des Sachstatuts finden muß, Heldrich, Int Zust 223–254; ders, Bericht 109–117 mwN; vgl auch Schwimann RabelsZ 34 [1970] 212 ff).

247 Namentlich die ältere Rechtsprechung des KG hat die Aufenthaltszuständigkeit in Sorgerechtssachen mit der *Gebietshoheit* begründen wollen. Der maßgebende Gedanke war, daß sich die inländische Gerichtsbarkeit auf alle Personen erstrecke, die sich im Staatsgebiet aufhalten; vgl etwa KG 28. 11. 1913 KGJ 45, 18 (Schutzmaßnahme nach Art von § 1666 BGB), 17. 4. 1914 KGJ 46, 27 = OLGRspr 32, 31 (Verkehrsregelung), 10. 2. 1933 JW 1933, 2065 = IPRspr 1933 Nr 47 (Sorgerechtsentziehung), 12. 1. 1934 JFG 11, 44 = HRR 1934 Nr 1033 = JW 1934, 699 = StAZ 1934, 166 = IPRspr 1934 Nr 62 (Verkehrsregelung) und 16. 12. 1938 JFG 19, 50 = HRR 1939 Nr 223 = JW 1939, 350 = DFG 1939, 10 = IPRspr 1935–44 Nr 725 (Erziehungshilfe nach Art von §1631 BGB). Ebenso im Anschluß an die Rspr des KG BayObLG 21. 2. 1919 BayObLGZ 19, 177 = OLGRspr 40, 86 (Sorgerechtsregelung) und 21. 3. 1952 BayObLGZ 1952, 74 = NJW 1952, 788 = JZ 1952, 723 Anm Makarov = Clunet 81 (1954) 968 = IPRspr 1952–53 Nr 317; OLG München 18. 5. 1938 JFG 18, 15 (18) = HRR 1938 Nr 1281 = StAZ 1938, 275 = IPRspr 1935–44 Nr 723 (Schutzmaßnahme nach Art von § 1666 BGB). Diese Rechtsprechung darf jedoch als überholt betrachtet werden, nachdem das BayObLG in seiner wiederholt genannten Entscheidung vom 16. 1. 1959 (oben Rz 235) den Weg über die örtliche Zuständigkeit gewählt hat. Das KG (27. 6. 1963 FamRZ 1963, 576 = IPRspr 1962–63 Nr 217) hat seine frühere Auffassung ausdrücklich aufgegeben und sich dem BayObLG angeschlossen. Der Wandel in der Rechtsprechung ist begründet. Denn die Gebietshoheit betrifft – streng genommen – nur die Zulässigkeit hoheitlichen Gerichtszwanges. Mit der internationalen Zuständigkeit hat sie nichts zu tun; so die allgM in der deutschen Literatur; vgl bereits Reu 74 ff, Beitzke, FS Lehmann II 499 f; Dölle RabelsZ 27 (1962–63) 218; zust Habscheid 54.

248 Die **für Geschwister** bestehende einheitliche örtliche Zuständigkeit gem § 36 Abs 1 S 2 FGG ist auf die internationale Zuständigkeit nicht entsprechend anzuwenden (Soergel-Kegel Art 19 Rz 47; Jansen § 35 Rz 121; *interlokal* BayObLG 11. 10. 1957 BayObLGZ 1957, 311 = EJF Nr 14 zu B II Anm Dunz = MDR 1958, 110 = IzRspr 1954–57 Nr 374). Für Geschwister, die in verschiedenen Staaten leben, ginge eine Konzentration der Zuständigkeit bei einem einzigen Gericht leicht auf Kosten der Sachnähe und der internationalen Entscheidungsgleichheit.

249 Bei einem **Wechsel des gewöhnlichen Aufenthalts** in einen anderen Staat erlischt grundsätzlich die Zuständigkeit der Gerichte am bisherigen Aufenthaltsort. Wurde der Aufenthaltswechsel **unrechtmäßig** („fraudulös") herbeigeführt, gibt es für die Beurteilung der Zuständigkeitsfrage keine festen Regeln. Die Erwägungen, die im

Rahmen der Erläuterungen des Minderjährigenschutzabkommens angestellt wurden (Vorbem 593 ff zu Art 18), gelten entsprechend, freilich mit dem Unterschied, daß die staatsvertragliche Basis für die häufig allein wirksame internationale Zusammenarbeit der Behörden (Vorbem 606 zu Art 18) fehlt. Zu beachten ist, daß die deutschen Gerichte speziell eine *Zuständigkeitsfortdauer* bei einem bereits anhängigen Verfahren häufig gerade deshalb bejahen, weil der die Zuständigkeit begründende gewöhnliche Aufenthalt (Wohnsitz) des Kindes von einem Elternteil *unrechtmäßig* ins Ausland verlegt wurde; vgl unten Rz 283.

5. Scheidungszuständigkeit 250

Vor dem Inkrafttreten des 1. EheRG am 1. 7. 1977 wurde eine internationale Zuständigkeit kraft Sachzusammenhanges – außer für einstweilige Regelungen – ganz überwiegend verneint. Eine Zuständigkeit zur endgültigen Regelung der Personensorge wurde also nicht allein deshalb anerkannt, weil das deutsche Prozeßgericht für die Scheidung der Kindeseltern international zuständig war (vgl etwa BGH 22. 3. 1967 BGHZ 47, 324 = NJW 1967, 2109 = JZ 1967, 671 Anm Heldrich = MDR 1967, 744 = FamRZ 1967, 452 = StAZ 1967, 237 Anm Chr. Böhmer = RabelsZ 32 [1968] 313 Anm Jayme = IPRspr 1966–67 Nr 90 [aE]; KG 27. 6. 1963 FamRZ 1963, 576 = IPRspr 1962–63 Nr 217 [aE]; vgl auch Staudinger-Gamillscheg § 606 b ZPO Rz 36 mwN); denn – so wurde argumentiert – eine solche Scheidungszuständigkeit könnte dazu führen, daß die deutschen Gerichte die Personensorgeregelung selbst dann vorzunehmen hätten, wenn sämtliche Beteiligte das Inland inzwischen verlassen haben; BayObLG 16. 1. 1959, oben Rz 235; Dölle RabelsZ 27 (1962–63) 219; Jansen § 35 Rz 121; die Forderung von Beitzke (FS Lehmann II 501, auch FamRZ 1967, 603) nach einer Kompetenz des Sachzusammenhanges hat wenig Gefolgschaft gefunden; vgl aber J Schröder, Bericht 145 f mwN.

Nach dem Inkrafttreten des 1. EheRG am 1. 7. 1977 hat sich die Rechtslage 251
geändert. Das Reformgesetz hat die gemeinsame Verhandlung und Entscheidung von Scheidung und Scheidungsfolgesachen, den sog Verbund, eingeführt (§ 623 ZPO), und zu den Folgesachen gehört vor allem auch die Regelung der elterlichen Gewalt und des Verkehrsrechts nach der Scheidung (§ 621 Abs 1 Nr 1 und 2 ZPO). Während der Anhängigkeit einer Ehesache ist das Familiengericht zur Entscheidung dieser Fragen örtlich zuständig (§ 621 Abs 2 S 1 ZPO). Die neue Regelung der *örtlichen* Zuständigkeit für die Scheidungsfolgesachen ist – ebenso wie andere Vorschriften der ZPO über die örtliche Zuständigkeit – auf die *internationale* Zuständigkeit analog anzuwenden (s auch Stein-Jonas-Schlosser § 621 Rz 18). Ist ein deutsches Gericht also gem §§ 606, 606 b ZPO zur Ehescheidung international zuständig, so erstreckt sich diese internationale Zuständigkeit während der Anhängigkeit der Ehesache auf die in § 621 Abs 1 Nr 1–4 ZPO aufgezählten Fragen des Eltern-Kind-Verhältnisses.

Über die genannten Materien entscheidet auch dann das Scheidungsgericht, wenn das Eltern-Kind-Statut die Zuständigkeit dem Vormundschaftsgericht oder einer anderen Stelle zuweist; maßgebend ist insoweit die lex fori (vgl unten Rz 291).

Die in das autonome deutsche Recht eingeführte Zuständigkeit des Scheidungsge- 252
richts vermag freilich nicht allzu häufig die Zuständigkeit der Gerichte des deutschen Staates selbständig zu begründen, weil die Zuständigkeitsordnung des Haager Minderjährigenschutzabkommens bei gewöhnlichem Aufenthalt der Kinder in einem Vertragsstaat vorgeht und das deutsche Scheidungsgericht dann aufgrund dieser Zuständigkeitsordnung (namentlich gem Art 1 und Art 4 MSA) tätig werden

kann (das Abkommen sollte durch die Reform des deutschen Rechts im Zweifel nicht angetastet werden; so auch STEIN-JONAS-SCHLOSSER § 620 Rz 3, § 621 Rz 18 f; JAYME FamRZ 1979, 21; OLG Schleswig 23. 1. 1978 SchlHAnz 1978, 54). Zu den Fragen, die im Rahmen des Abkommens dadurch entstehen, daß die Bundesrepublik Deutschland den Vorbehalt des Art 15 MSA nicht erklärt hat, vgl Vorbem 734 f zu Art 18. Die Scheidungszuständigkeit des autonomen deutschen Rechts kann aber zum Tragen kommen, wenn bei einer Scheidung das Kind seinen gewöhnlichen Aufenthalt in einem ausländischen Staat hat, der nicht Vertragsstaat des Haager Minderjährigenschutzabkommens ist. Besitzt das Kind in einem solchen Fall die deutsche Staatsangehörigkeit, so kann die Zuständigkeit des deutschen Gerichts auch mit der Heimatzuständigkeit (s Rz 253) begründet werden.

Beispiel: Wird eine deutsch-spanische Ehe in Hamburg geschieden, so indiziert die örtliche Zuständigkeit des deutschen Familiengerichts nach § 621 Abs 2 ZPO zugleich die internationale Zuständigkeit zur Regelung der elterlichen Gewalt über das in Spanien lebende Kind (anders AG Hamburg 17. 11. 1977 FamRZ 1978, 416 = IPRspr 1977 Nr 73, wo das Minderjährigenschutzabkommen zu Unrecht [vgl Art 13 Abs 1] für anwendbar gehalten wurde; gegen den Beschluß treffend JAYME FamRZ 1979, 22 f).

253 **6. Heimatzuständigkeit**

Eine internationale Heimatzuständigkeit ergibt sich aus §§ 43 Abs 1, 36 Abs 2 FGG. Nach § 36 Abs 2 FGG ist für ein deutsches Kind, das im Inland weder Wohnsitz noch Aufenthalt hat, das AG Berlin-Schöneberg örtlich zuständig; dieses kann die Sache mit bindender Wirkung an ein anderes Gericht abgeben. Auf die Staatsangehörigkeit der Eltern sowie auf den Wohnsitz bzw den gewöhnlichen Aufenthalt aller Beteiligten kommt es für die Heimatzuständigkeit nicht an (BEITZKE, FS Lehmann II 495; JANSEN § 36 Rz 25). Die aus dem FGG folgende Heimatzuständigkeit hat neben der Zuständigkeitsordnung des Minderjährigenschutzabkommens *theoretisch* ein weiteres Anwendungsfeld als die aus §§ 43 Abs 1, 36 Abs 1 FGG hergeleitete Aufenthaltszuständigkeit. Denn der Heimatzuständigkeit des autonomen deutschen Rechts läßt das Abkommen nicht nur dann Raum, wenn das Kind nicht mehr minderjährig iS des Art 12 MSA ist, sondern vor allem auch dann, wenn es seinen gewöhnlichen Aufenthalt in einem Nichtvertragsstaat hat. *Praktisch* ist die Heimatzuständigkeit, die das autonome deutsche Recht vorsieht, jedoch nicht sehr bedeutsam, weil den Heimatgerichten meist die notwendige Sachnähe fehlt und sie deshalb nicht tätig werden; vgl näher die Ausführungen zu Art 4 MSA, die hier entsprechend gelten, Vorbem 557 f zu Art 18.

254 So können nur wenige **Entscheidungen** genannt werden, welche die Heimatzuständigkeit entsprechend §§ 43 Abs 1, 36 Abs 2 FGG bejaht haben (meist sogar nur als obiter dictum); s BayObLG 29. 12. 1964 BayObLGZ 1964, 443 = NJW 1965, 869 = FamRZ 1965, 155 = Rpfleger 1965, 236 = IPRspr 1964–65 Nr 287 (Verkehrsregelung durch das deutsche Heimatgericht) und bereits 22. 4. 1958 BayObLGZ 1958, 100 = NJW 1958, 1444 = DAVorm 1958–59, 225 = IPRspr 1958–59 Nr 204 (obiter); KG 13. 11. 1973 OLGZ 1974, 93 = FamRZ 1974, 146 = StAZ 1974, 127 = ZBlJugR 1974, 434 = IPRspr 1973 Nr 70 (Erwähnung bei Anerkennung schweizerischer Sorgerechtsentscheidung) und bereits 14. 9. 1961 FamRZ 1961, 477 = StAZ 1961, 339 = IPRspr 1960–61 Nr 112 (obiter); OLG Düsseldorf 16. 1. 1974 IPRspr 1974 Nr 196 (obiter); OLG Hamm 14. 4. 1976 OLGZ 1976, 426 = NJW 1976, 2079 = FamRZ 1976, 528 = StAZ 1976, 364 = IPRspr 1976 Nr 63 (Erwähnung bei Anerkennung italienischer Sorgerechtsentscheidung); LG Heilbronn 10. 10. 1972 Justiz 1972, 389 = IPRspr 1972 Nr 75 (obiter).

Auch in der Literatur wird die aus §§ 43 Abs 1, 36 Abs 2 FGG hergeleitete Heimatzuständigkeit bejaht; vgl etwa BEITZKE, FS Lehmann II 495; ders FamRZ 1967, 603; SOERGEL-KEGEL Art 19 Rz 43; JANSEN § 36 Rz 25; KEIDEL-KUNTZE-WINKLER Einl Rz 117 c; HELDRICH, Bericht 123 f. 255

Besitzt das Kind **mehrere Staatsangehörigkeiten**, so kann sich theoretisch jeder der Heimatstaaten auf die Staatsangehörigkeitszuständigkeit berufen. In Deutschland wird eine konkurrierende ausländische Staatsangehörigkeit tatsächlich häufig ohne weiteres außer Betracht gelassen (vgl JANSEN § 36 Rz 25 mwN). Das entspricht der die eigenen Staatsangehörigen begünstigenden Tendenz, die mit der Einräumung der Heimatzuständigkeit im allgemeinen verbunden ist. Um widersprüchliche Entscheidungen zu vermeiden, kann es sich indes empfehlen, von der Heimatzuständigkeit nur im Staat der effektiven Staatsangehörigkeit Gebrauch zu machen; vgl auch die Erwägungen zu Art 4 MSA (Vorbem 570 f zu Art 18 und zur Anerkennung unten Rz 355). 256

Eine generelle Heimatzuständigkeit für **Tätigkeiten aufgrund des JWG** kommt schon deshalb nicht in Betracht, weil die öffentlichrechtlichen Maßnahmen bei gewöhnlichem Aufenthalt des Kindes im Ausland nicht durchführbar sind (vgl zum anwendbaren Recht oben Rz 202). 257

Das OLG Bremen (22. 5. 1958 EJF Nr 20 zu A III Anm POTRYKOS = ZBlJugR 1958, 176) hat darüber hinaus in einem Sorgerechtsverfahren nach Scheidung der Ehe eine internationale Zuständigkeit des deutschen Jugendamtes (und damit dessen Beschwerdeberechtigung) verneint, weil der gewöhnliche Aufenthaltsort der Kinder sich in Brasilien befand (vgl § 11 S 1 JWG, der für die örtliche Zuständigkeit des Jugendamtes auf den gewöhnlichen Aufenthalt des Kindes abstellt). Es ist bei gewöhnlichem Aufenthalt deutscher Kinder im Ausland aber möglich, das deutsche Jugendamt, in dessen Bezirk das Bedürfnis nach Jugendhilfe hervortritt, einzuschalten und vor einer Maßnahme des deutschen Heimatgerichts zu hören (vgl unten Rz 279). 258

7. Statutszuständigkeit 259

Eine internationale Zuständigkeit der Gerichte des Staates, dessen materielles Recht das Eltern-Kind-Verhältnis beherrscht (sog Statutszuständigkeit), ist von der Rechtsprechung vereinzelt angenommen worden. Sie wird im Schrifttum, insbes von den Befürwortern der Gleichlauftheorie (oben Rz 231 f), meist bejaht. In dem hier zu erörternden Bereich der Schutzmaßnahmen läßt sich für die Statutszuständigkeit anführen, daß nur durch sie die internationale Kompetenz eines Gerichts gewährleistet ist, zu dessen „wesenseigener Zuständigkeit" die Anwendung des in der Sache maßgebenden Rechts in jedem Falle gehört. Da indes das Haager Minderjährigenschutzabkommen dem autonomen deutschen Recht vorgeht, kommt die Statutszuständigkeit nur noch in Betracht, wenn das Kind nicht Minderjähriger iS des Art 12 MSA ist oder wenn es seinen gewöhnlichen Aufenthalt in einem Nichtvertragsstaat hat.

Aber auch wenn man vom Vorrang des Minderjährigenschutzabkommens einmal absieht und nur auf das Zuständigkeitssystem des autonomen deutschen Rechts blickt, ist die praktische Bedeutung der Statutszuständigkeit sehr gering (ebenso HELDRICH, Bericht 128). Da in den hier erörterten Materien grundsätzlich die örtliche Zuständigkeit als Anknüpfungspunkt für die internationale Zuständigkeit anzuerkennen ist, kann die Statutszuständigkeit nur dann zum Tragen kommen, wenn ausnahmsweise kein Gerichtsstand im Inland vorhanden ist, obwohl deutsches Recht anwendbar ist. Mit anderen Worten: Auf die Statutszuständigkeit braucht nur 260 in den seltenen Ausnahmefällen zurückgegriffen zu werden, in denen eine Aufenthalts-, Scheidungs- oder Heimatzuständigkeit nicht besteht. Das ist auch gut so; denn die Ermittlung des anwendbaren Rechts, einschließlich der Prüfung eines Renvoi (vgl unten Rz 265), ist meist schwieriger als eine entsprechende Anwendung der Regeln über die örtliche Zuständigkeit, und die in diesem Bereich zweckmäßige Parallelität von Zuständigkeit und anwendbarem Recht ist durch die aus der örtlichen Zuständigkeit folgende Aufenthalts- und Heimatzuständigkeit idR bereits gewährleistet (jedenfalls wenn man für das Eltern-Kind-Statut die verfassungsmäßige Anknüpfung an die gemeinsame effektive Staatsangehörigkeit der Eltern, hilfsweise an den gewöhnlichen Aufenthalt des Kindes wählt, dazu oben Rz 9 ff).

261 Ein oft genanntes *Beispiel* für die Notwendigkeit der Statutszuständigkeit ist die Erteilung einer vormundschaftsgerichtlichen Genehmigung zur Veräußerung eines in Deutschland belegenen Grundstücks, wenn insoweit trotz ausländischem gewöhnlichem Aufenthalt und ausländischer Staatsangehörigkeit der Beteiligten auf das deutsche Recht als lex rei sitae verwiesen wird; vgl Neuhaus JZ 1951, 646; Dölle RabelsZ 27 (1962–63) 208 Fn 17; Beitzke FamRZ 1967, 602; Heldrich, Int Zust 194; ders, Bericht 128.

262 Gewiß könnte in den seltenen Ausnahmefällen, in denen eine Statutszuständigkeit erwünscht erscheint, auch mit der **Notzuständigkeit** geholfen werden, die zur Vermeidung einer Rechtsverweigerung stets besteht (unten Rz 267 ff). Soergel-Kegel Art 19 Rz 44 bezeichnet die Statutszuständigkeit in unserem Zusammenhang deshalb mit Recht als nicht sehr dringlich. Aber sie ist häufig leichter darzutun als eine Notzuständigkeit. Es läßt sich nämlich ohne Einleitung eines entsprechenden Verfahrens im Ausland im voraus oft nicht klären, ob ausländische Gerichte eine vom deutschen Recht geforderte Mitwirkung aufgrund ihrer „wesenseigenen Unzuständigkeit" oder aus anderen Gründen ablehnen. Um den Rechtsuchenden wie auch den Gerichten die Beantwortung der Zuständigkeitsfrage nicht unnötig zu erschweren, sollte deshalb die Maßgeblichkeit inländischen Rechts, jedenfalls soweit es – wie bei Schutzmaßnahmen – eine gerichtliche Tätigkeit zwingend erfordert, zur Begründung der internationalen Zuständigkeit ausreichen (Heldrich, Int Zust 185).

263 Aus der **Rechtsprechung** seien folgende Entscheidungen genannt, die eine Statutszuständigkeit – sämtlich ohne nähere Begründung – bejaht haben: BayObLG 22. 4. 1958 BayObLGZ 1958, 100 = NJW 1958, 1444 = DAVorm 1958–59 Nr 225 = IPRspr 1958–59 Nr 204 (Auszahlungsanordnung nach dem Kindergeldgesetz zugunsten eines in Polen lebenden Kindes); der grundlegende Beschluß BayObLG 16. 1. 1959 (oben Rz 235) läßt die Möglichkeit einer Statutszuständigkeit offen; ein späterer Beschluß vom 28. 12. 1961 (BayObLGZ 1961, 383 = FamRZ 1962, 165 = IPRspr 1960–61 Nr 224) begründet die internationale Zuständigkeit sowohl mit der Anwendbarkeit des sachlichen deutschen Rechts als auch mit einer Zuständigkeitsfortdauer der Aufenthaltszuständigkeit; OLG Hamm 1. 7. 1955 NJW 1955, 1724 = Clunet 85 (1958) 186 = IPRspr 1954–55 Nr 103 (Regelung der Personensorge nach Scheidung für ein deutsch-österreichisches Kind mit gewöhnlichem Aufenthalt in Deutschland; Anwendbarkeit deutschen Rechts gem Art 19 S 2); LG Berlin 3. 10. 1955 StAZ 1956, 194 = IPRspr 1956–57 Nr 209 (Erteilung eines Auseinandersetzungszeugnisses für den deutschen Vater eines in der Schweiz lebenden Schweizer Kindes); LG Landau 16. 6. 1966 DAVorm 1966, 255 = IPRspr 1966–67 Nr 285 b (Regelung der elterlichen Gewalt nach Scheidung für deutsche Kinder mit gewöhnlichem Aufenthalt in der Tschechoslowakei); vgl auch KG 14. 9. 1961 FamRZ 1961, 477 = StAZ 1961, 339 = IPRspr 1960–61 Nr 112 (Erteilung eines Auseinandersetzungszeugnisses für den deutschen Vater eines in der Schweiz lebenden ausländischen Kindes: internationale Zuständigkeit des AG Berlin-Schöneberg; Anwendung des Gleichlaufgrundsatzes, „da andernfalls die Versagung der deutschen Zuständigkeit zu einer Rechtsverweigerung führen würde)." Speziell zur internationalen Zuständigkeit zur Erteilung eines Auseinandersetzungszeugnisses näher STAUDINGER-GAMILLSCHEG Art 13 Rz 415.

In der **Literatur** bejahen eine Statutszuständigkeit *speziell* für Schutzmaßnahmen im Rahmen des elterlichen Gewaltverhältnisses STAUDINGER-RAAPE Anm B X 5 a, C II b; JANSEN § 35 Rz 122; KEIDEL-KUNTZE-WINKLER Einl Rz 117 d; ERMAN-MARQUORDT Art 19 Rz 14; KÄSER RabelsZ 19 (1954) 158; FERID, IPR Rz 8–274 f; FIRSCHING, IPR 97 f; *allgemein* zum Meinungsstand betr ein forum legis HELDRICH, Bericht 124–128 (mwN in Fn 52); allgemein gegen eine Statutszuständigkeit HUBERT BAUER Nr 132. 264

Eine **Rück- oder Weiterverweisung**, die hinsichtlich des anwendbaren Rechts ausgesprochen und befolgt wird, beeinflußt selbstverständlich die Statutszuständigkeit. Ob auch ein Renvoi zu beachten ist, den der Staat, dessen Recht anzuwenden ist, nur hinsichtlich der **Zuständigkeit** ausspricht (zB durch Verweisung an die Scheidungsgerichte), ist zweifelhaft; bejahend BayObLG 16. 1. 1959, oben Rz 235, noch weitergehend, indem eine „Verweisungszuständigkeit" auch außerhalb der Statutszuständigkeit befürwortet wird, SOERGEL-KEGEL Art 19 Rz 46; verneinend KG 27. 6. 1963 FamRZ 1963, 576 = IPRspr 1962–63 Nr 217, ihm folgend HABSCHEID 56; speziell zur Zuständigkeit für die Erteilung eines Auseinandersetzungszeugnisses, wenn das Recht der USA auf das deutsche Recht zurückverweist, BREIDENBACH StAZ 1961, 315 f; zur parallelen Problematik im Verfahren der Ehelichkeitsanfechtung vgl Art 18 Rz 85. 265

Die Ergänzung der (mangels einer direkt anwendbaren Norm) fehlenden **örtlichen** Zuständigkeit sollte in Analogie zu §§ 37 Abs 2, 38, 39 Abs 2, 40, 41, 44 FGG erfolgen, wonach das Gericht örtlich zuständig ist, in dessen Bezirk das Bedürfnis der Fürsorge hervortritt (so etwa DÖLLE RabelsZ 27 [1962–63] 208 Fn 17; JANSEN § 36 Rz 26; FIRSCHING Rpfleger 1971, 379; vgl auch KG 17. 8. 1976, OLG Hamm 26. 10. 1976 und BayObLG 25. 4. 1978, alle unten Rz 280); hilfsweise, wenn das Fürsorgebedürfnis nicht im Inland hervortritt, ist § 36 Abs 2 FGG analog anzuwenden, wonach als letztes Ersatzgericht das AG Berlin-Schöneberg zuständig ist; vgl LG Berlin 3. 10. 1955 StAZ 1956, 194 = IPRspr 1956–57 Nr 209; umfassend HELDRICH, Int Zust 195–199 mwN, wo generell die Zuständigkeit des AG Berlin-Schöneberg empfohlen wird, weil diese Kompetenz „einfacher und klarer" scheine als die am Ort des Fürsorgebedürfnisses; aber das ginge auf Kosten der Sachnähe. 266

8. Notzuständigkeit (Fürsorgebedürfniszuständigkeit) 267

Die Möglichkeit, in Ausnahmefällen die Kompetenz der eigenen Gerichte auf eine Notzuständigkeit zu gründen, wird in der Rechtsprechung und Literatur allgemein bejaht. Da für Kinder mit gewöhnlichem Aufenthalt in Deutschland ohnehin die Aufenthaltszuständigkeit (oben Rz 236 ff) und für deutsche Kinder im Ausland die Heimatzuständigkeit (oben Rz 253 ff) eingreift, kommt eine Notzuständigkeit praktisch nur für **ausländische, im Ausland lebende Kinder** in Betracht. Im allgemeinen besteht bei solchen Kindern, wenn nicht die Scheidungszuständigkeit (oben Rz 250 ff) gegeben ist, kein Bedürfnis für das Handeln deutscher Gerichte; ein Eingreifen würde den internationalen Entscheidungseinklang unnötig stören.

RG 28. 3. 1931 HRR 1931 Nr 1321 = JW 1932, 588 Anm FRANKENSTEIN = SeuffA 85 (1931) 193 Nr 103 = Recht 1931 Nr 591 = IPRspr 1931 Nr 85: keine internationale Zuständigkeit des deutschen Vormundschaftsgerichts, die Belastung eines deutschen Grundstücks zu genehmigen, welches minderjährigen, in Italien wohnenden und unter elterlicher Gewalt stehenden Italienern gehört; vielmehr ist das italienische Ziviltribunal zuständig, dessen Entscheidung in Deutschland anzuerkennen ist. Kritisch zu dieser Entscheidung FERID, IPR Rz 8–271, der in ihr eine Rechtsverweigerung sieht. 268

KG 12. 1. 1934 JFG 11, 44 = HRR 1934 Nr 1033 = JW 1934, 699 = StAZ 1934, 166 = IPRspr 1934 Nr 62: keine Zuständigkeit zur Verkehrsregelung am Wohnsitz des deutschen Vaters, wenn das ausländische Kind mit seiner ausländischen Mutter in der Schweiz wohnt. Die hierfür gegebene Begründung, die internationale Zuständigkeit setze voraus, daß sich sämtliche Beteiligte im Inland befänden, hat KG 27. 6. 1963, oben Rz 265, aufgegeben, dabei aber mit Recht die Aussage bestätigt, daß bei ausländischen Kindern, die sich im Auslande aufhalten, im allgemeinen kein Bedürfnis für ein Tätigwerden des deutschen Vormundschaftsgerichts besteht.

OLG Celle 11. 2. 1971 IPRspr 1971 Nr 163: keine internationale Zuständigkeit der deutschen Gerichte zur Personensorgerechtsregelung, wenn sich die amerikanischen Kinder (der offenbar deutschen Mutter) in den USA befinden; vielmehr: Anerkennung der in den Vereinigten Staaten getroffenen Sorgerechtsregelung.

269 Es gibt aber Ausnahmen, und zwar vor allem im Bereich des Pflegschaftsrechts; dazu demnächst näher bei Art 23. Für die **örtliche** Zuständigkeit ist § 44 FGG zu nennen. Danach ist für ein gerichtliches Eingreifen bei Verhinderung der Eltern (§ 1693 BGB) oder des Vormunds (§ 1846 BGB) sowie in Auslandsfällen für vorläufige Maßregeln vor Anordnung einer Vormundschaft oder Pflegschaft (Art 23 Abs 2) aber auch das Gericht zuständig, in dessen Bezirk das „Bedürfnis der Fürsorge" hervortritt. Diese Norm ist auf die internationale Zuständigkeit analog anzuwenden und auf alle Fälle eines dringenden Fürsorgebedürfnisses zu erweitern (so etwa Kegel, IPR 408; Ferid, IPR Rz 8–276). Man spricht deshalb in der Freiwilligen Gerichtsbarkeit auch von „Fürsorgebedürfniszuständigkeit" (s auch § 37 Abs 2 FGG), während im Zivilprozeßrecht allgemein der Ausdruck „Notzuständigkeit" bevorzugt wird. Da in beiden Rechtsbereichen dasselbe gemeint ist, erscheint es zweckmäßig, auch denselben Ausdruck (Notzuständigkeit) zu verwenden.

270 In einem weiteren Sinne wird die Zuständigkeit des Fürsorgebedürfnisses von Habscheid 56 f befürwortet. Habscheid erklärt den Anknüpfungspunkt „Fürsorgebedürfnis" im Recht der Freiwilligen Gerichtsbarkeit für den wesentlichsten und überzeugendsten. Er müsse allgemeine Geltung beanspruchen, soweit nicht, gesetzlich geregelt, eine besondere Anknüpfung stattfinde. Es handele sich hier um eine „Generalklausel", einen Auffangtatbestand. Dieser Sicht ist nur mit Vorbehalten zu folgen. Zwar erscheint es als durchaus zutreffend, daß sich die Gerichtsstände der Freiwilligen Gerichtsbarkeit auf ein Fürsorgebedürfnis zurückführen lassen. Aber im Interesse der Rechtssicherheit hat der Gesetzgeber jeweils einen festen Anknüpfungspunkt und nicht das generelle Kriterium des Fürsorgebedürfnisses gewählt. Das Fürsorgebedürfnis ist meist nicht selbst Anknüpfungstatbestand, sondern nur rechtspolitisches Motiv eines zwischenstaatlichen Gerichtsstandes (so zutreffend J. Schröder, Bericht 135). Diesem System möglichst spezieller und konkreter Normen ist auch für die internationale Zuständigkeit zu folgen (vgl auch die Einwendungen, die auf der 11. Tagung der Deutschen Gesellschaft für Völkerrecht gegen die Sicht Habscheids erhoben wurden; Berichte der Deutschen Gesellschaft für Völkerrecht 10 [1971] 250 ff [Beitzke und Bärmann] 263 ff [Schnorr von Carolsfeld, Bärmann, Beitzke, Schima, Kralik].

Auf ein dringendes Fürsorgebedürfnis ist die internationale Zuständigkeit also nur in Notfällen zu stützen, und die einzelnen Fälle der Notzuständigkeit sollten im Interesse der Rechtssicherheit nach Möglichkeit weiter konkretisiert werden; vgl dazu unten Rz 273.

271 Zu beachten ist wiederum der **Vorrang des Haager Minderjährigenschutzabkommens**. Wenn das Kind seinen gewöhnlichen Aufenthalt in einem Vertragsstaat hat, insbes also in der Bundesrepublik Deutschland, kommt eine Notzuständigkeit für Schutzmaßnahmen iS des Abkommens nur aufgrund von dessen Bestimmungen in Betracht (Art 8, 9 MSA).

272 Keine Einigkeit besteht über die genauen **Voraussetzungen** der Notzuständigkeit im autonomen deutschen Recht. Man wird von der Formel des RG ausgehen können, wonach die Notzuständigkeit der deutschen Vormundschaftsgerichte voraussetzt, „daß das Wohl des Kindes oder öffentliche Belange ein solches Eingreifen dringend erfordern" (RG 25. 1. 1940 RGZ 162, 329, 335 f = HRR 1940 Nr 889 = DR 1940, 640 Anm Massfeller = IPRspr 1935–44 Nr 315 b, wo diese eine Notzuständigkeit umschreibende Formel wohl nur deshalb erwähnt wurde, weil die aus §§ 43, 36 Abs 1 S 1 FGG herzuleitende Aufenthaltszuständigkeit [oben Rz 236] noch nicht erkannt war; weitergehend etwa Soergel-Kegel Art 19 Rz 45; Habscheid 56 f und die unten Rz 275 f genannten Entscheidungen des KG und des BayObLG, wo von der Dringlichkeit des Bedürfnisses nicht gesprochen wird). Das BayObLG nennt in seiner grundlegenden Entscheidung vom 16. 1. 1959 (oben Rz 235) im Anschluß an Reu (135 ff, 141 oben, 143 ff) insbes die „Ablehnung eines Eingreifens seitens der ausländischen Stellen"; der genannten Rechtsprechung folgen in der Literatur etwa Bärmann 56 f; Firsching, IPR 99; ders Rpfleger 1971, 380.

Im einzelnen lassen sich drei Fälle der Notzuständigkeit unterscheiden (ebenso Neuhaus, Grundbegriffe 427; Jansen § 1 Rz 141): die provisorische Eilzuständigkeit, die ordre-public-Zuständigkeit und die subsidiäre Notzuständigkeit iS der Vermeidung einer Justizverweigerung: (1) Eine **Eilzuständigkeit** ist in allen dringenden Fällen dort gegeben, wo sich der Minderjährige oder ihm gehörendes Vermögen befindet. Eilmaßnahmen sollen sich auf das unbedingt Notwendige beschränken und tragen grundsätzlich provisorischen Charakter; sie können – soweit keine endgültigen Wirkungen eingetreten sind – durch die sonst zuständigen Gerichte (namentlich am gewöhnlichen Aufenthaltsort oder im Heimatstaat) ersetzt werden. Auch das Haager Minderjährigenschutzabkommen kennt in seinem Art 9 eine entsprechende Zuständigkeit; vgl näher Vorbem 657–667 zu Art 18 und die dort angeführten Beispiele. – (2) Eine **ordre-public-Zuständigkeit** besteht in den seltenen Ausnahmefällen der Unerträglichkeit des Inhalts einer ausländischen Maßnahme, die dazu führt, daß sie durch eine inländische ersetzt werden muß (vgl dazu näher auch Beitzke, FS Lehmann II 497). – (3) Eine Notzuständigkeit **zur Vermeidung einer Justizverweigerung** sollte immer dann angenommen werden, wenn ein zuständiges ausländisches Gericht nicht ersichtlich oder (zB im Kriege) nicht erreichbar ist. Die Gefahr einer Rechtsverweigerung ist – allerdings mit Vorsicht – auch dann zu bejahen, „wenn der Heimatstaat sich zwar theoretisch für zuständig erklärt, seine Behörden tatsächlich aber nach zuverlässiger bekannter Handhabung entweder gar nicht oder nicht erforderlich rasch eingreifen" (Ferid, IPR Rz 8–276, der die Notzuständigkeit – zur Vermeidung von Entscheidungsdivergenzen – auf die Fälle der Rechtsverweigerung beschränken möchte). 273

Anwendungsfälle sind heute selten, nachdem das Haager Minderjährigenschutzabkommen gilt und im autonomen deutschen Recht Aufenthalts-, Scheidungs- und Heimatzuständigkeit (sowie – nicht unbestritten – die Statutszuständigkeit) anerkannt werden. Denkbar bleibt etwa eine Notzuständigkeit zur Vermeidung einer Justizverweigerung, wenn das nach Art 13 EGBGB maßgebende deutsche Recht von einem Elternteil eines ausländischen Kindes die Beibringung eines **Auseinandersetzungszeugnisses** verlangt und das Minderjährigenschutzabkommen im Einzelfall nicht anwendbar ist (dazu Vorbem 326 zu Art 18). 274

Aus der (ebenfalls spärlichen) Rechtsprechung vor Inkrafttreten des Minderjährigenschutzabkommens seien genannt KG 14. 3. 1910 KGJ 39 A 198 Nr 47: Der deutsche Vater seines ehelichen englischen Kindes bedurfte für ein Grundstücksgeschäft der *vormundschaftsgerichtlichen Genehmigung*. Das KG hielt gem Art 19 deutsches Recht für anwendbar und erklärte zur internationalen Zuständigkeit, „aus zahlreichen einzelnen Vorschriften des FGG über die örtliche Zuständigkeit des Vormundschaftsgerichts (§§ 37 Abs 2, 38, 39 Abs 2, 40, 41, 44) [sei] der allgemeine Satz zu entnehmen, daß, wo es an einer sonstigen Zuständigkeitsnorm fehlt, aushilfsweise das Vormundschaftsgericht eintritt, in dessen Bezirke das Bedürfnis der Fürsorge [hier: das Genehmigungsbedürfnis] hervortritt". 275

BayObLG 22. 4. 1958 BayObLGZ 1958, 100 = NJW 1958, 1444 = DAVorm 1958–59, 225 = IPRspr 1958–59 Nr 204: *Auszahlungsanordnung nach § 8 Abs 2 Kindergeldgesetz* zugunsten der in Polen lebenden ausländischen Kinder, da „eine im Inland zu treffende Maßnahme in Frage steht und dementsprechend auch das Bedürfnis der Fürsorge im Inland auftritt". 276

277 KG 14. 9. 1961, oben Rz 263: Für die *Erteilung eines Auseinandersetzungszeugnisses* für den deutschen Vater eines in der Schweiz lebenden ausländischen Kindes ist das AG Berlin-Schöneberg international zuständig, weil deutsches Recht anwendbar ist und die Versagung der deutschen Zuständigkeit zu einer Rechtsverweigerung führen würde. OLG Celle (14. 8. 1969 OLGZ 1970, 89 = NJW 1969, 2098 = FamRZ 1969, 555 = DAVorm 1972, 458) begründet die *interlokale* Zuständigkeit für die Erteilung eines Auseinandersetzungszeugnisses am Ort des Fürsorgebedürfnisses (Wohnsitz des Vaters) mit einer entsprechenden Anwendung des § 37 Abs 2 FGG; abzulehnen sind die interlokalrechtlichen Entscheidungen von Instanzgerichten, die eine interlokale Zuständigkeit der westdeutschen Gerichte verneinen und auf die Erteilung eines Auseinandersetzungszeugnisses verzichten, weil das Kind niemals seinen Wohnsitz oder ständigen Aufenthalt in der Bundesrepublik gehabt hat; so aber LG Nürnberg-Fürth 18. 6. 1957 StAZ 1958, 208 = IzRspr 1954–57 Nr 371; AG Stuttgart 7. 8. 1961 StAZ 1962, 129 abl Anm Schubert (335) = IzRspr 1960–61 Nr 15.

278 Die Entscheidungen, die eine *interlokale* Zuständigkeit der westdeutschen Gerichte zur *Regelung der elterlichen Gewalt* bejaht haben, obwohl der gewöhnliche Aufenthalt des Kindes in der DDR lag, dürfen im Interesse des internationalen Entscheidungseinklangs auf die *internationale* Zuständigkeit *nicht* übertragen werden; OLG Hamm 19. 9. 1969 OLGZ 1970, 220: interlokale Zuständigkeit am gewöhnlichen Aufenthaltsort der Eltern; analoge Anwendung des § 37 Abs 2 FGG (Bedürfniszuständigkeit) statt des interlokal nicht in Betracht kommenden § 36 Abs 2 FGG (Heimatzuständigkeit); ebenso OLG Köln 9. 8. 1971 NJW 1972, 590 mwN; noch weitergehend BayObLG 6. 11. 1959 BayObLGZ 1959, 416 = IzRspr 1958–59 Nr 198: interlokale Zuständigkeit gegeben, wenn auch nur ein Elternteil seinen gewöhnlichen Aufenthalt im Bundesgebiet hat und der Sachverhalt gewichtige Beziehungen zum Bundesgebiet aufweist; *anders* für einen solchen Fall OLG Stuttgart 22. 3. 1962 JR 1963, 421 Anm Jansen = IzRspr 1962–63 Nr 142.

279 Speziell zur **Mitwirkung des Jugendamtes** ist folgendes zu sagen: Für Minderjährige ohne gewöhnlichen Aufenthaltsort erklärt § 11 S 2 JWG das Jugendamt für örtlich zuständig, in dessen Bezirk das Bedürfnis der öffentlichen Jugendhilfe hervortritt. Die Bestimmung erfaßt ihrem Wortlaut nach nur den Fall, daß das Kind, wie dies bei Landfahrern und ähnlichen Personen vorkommt, überhaupt keinen gewöhnlichen Aufenthalt hat. Sie muß ihrem Sinne nach aber auch dann angewandt werden, wenn das Kind zwar nicht im Inland, wohl aber im Ausland einen gewöhnlichen Aufenthaltsort hat. Denn es entspricht dem Grundgedanken des Gesetzes, die Erfahrungen und Fachkenntnisse des Jugendamtes auch in diesem Fall zu nutzen. Örtlich und gleichzeitig international zuständig ist dann das Jugendamt, in dessen Bezirk das Bedürfnis der Jugendhilfe hervortritt (BayObLG 29. 12. 1964 BayObLGZ 1964, 443 = NJW 1965, 869 = FamRZ 1965, 155 = Rpfleger 1965, 236 = IPRspr 1964–65 Nr 28: Anhörung des Jugendamtes am gewöhnlichen Aufenthaltsort des Vaters bei einer Verkehrsregelung; Soergel-Kegel Vorbem 456 zu Art 7).

280 9. Sonderregeln für vormundschaftsgerichtliche Genehmigungen im deutschen Staatsangehörigkeitsrecht

Für die im deutschen Staatsangehörigkeitsrecht vorgesehenen vormundschaftsgerichtlichen Genehmigungen zur Entlassung eines Kindes aus der deutschen Staatsangehörigkeit (§§ 19, 25 Abs 1 RuStAG) und zum Erwerb der deutschen Staatsangehörigkeit (Art 3 Abs 5 S 2 RuStAÄndG 1974) ist ausschließlich das *deutsche* Vormundschaftsgericht *international* zuständig; zu dieser Zuständigkeit, die vom Haager Minderjährigenschutzabkommen unberührt bleibt, vgl näher Vorbem 336 zu Art 18. Die *örtliche* Zuständigkeit ist in diesen Fällen – falls §§ 43, 36 FGG mangels deutscher Staatsangehörigkeit nicht eingreifen – primär am Ort des Fürsorgebedürfnisses gegeben, also zB am Sitz der Einbürgerungsbehörde; nur wenn sich ein derartiges Fürsorgebedürfnis auf den Bezirk eines Vormundschaftsgerichts nicht lokalisieren ließe, müßte in analoger Anwendung des § 36 Abs 2 FGG auf die Auffangszuständigkeit des AG Berlin-Schöneberg zurückgegriffen werden; so zu

Art 3 Abs 5 S 2 RuStAÄndG 1974 KG 17. 8. 1976 OLGZ 1977, 36 = FamRZ 1977, 59 = Rpfleger 1976, 400 = IPRspr 1976 Nr 196 mwN; OLG Hamm 26. 10. 1976 OLGZ 1977, 39 = FamRZ 1977, 132 = StAZ 1977, 164 = Rpfleger 1977, 27 = IPRspr 1976 Nr 215; BayObLG 25. 4. 1978, BayOBLGZ 1978, 97 = StAZ 1978, 240.

10. Wesenseigene Zuständigkeit 281

Ein Handeln der deutschen Gerichte ist ausgeschlossen, wenn ihnen bei Anwendbarkeit fremden materiellen Rechts eine Funktion zugemutet würde, die das deutsche Verfahrensrecht nicht kennt, die ihm also wesensfremd ist; vgl zu dieser Schranke allgemein etwa NEUHAUS, Grundbegriffe 403–406; speziell in der Freiwilligen Gerichtsbarkeit HELDRICH, Bericht 117–122 mwN. Die Ablehnung einer Tätigkeit mangels wesenseigener Zuständigkeit kommt allerdings nur in seltenen Ausnahmefällen in Betracht. Durch analoge Heranziehung bestehender deutscher Verfahrensbestimmungen oder unmittelbare Anwendung sachrechtsverbundener ausländischer Verfahrensregeln werden sich fast immer die Voraussetzungen zur Vornahme fremdartiger Gerichtsakte schaffen lassen (so mit Recht HELDRICH, Bericht 121). Speziell die hier zu erörternden Schutzmaßnahmen des ausländischen Rechts im Rahmen ines elterlichen Gewaltverhältnisses übersteigen das Funktionsvermögen der deutschen Gerichte nach allen bisherigen Erfahrungen offenbar nicht (so zu Sorgerechtsregelungen auch BEITZKE, FS Lehmann II 506 f).

11. Fortdauer der internationalen Zuständigkeit (perpetuatio fori) 282

Zu der Frage, ob und unter welchen Umständen eine internationale Zuständigkeit bei einem nachträglichen Wegfall der sie begründenden Umstände fortbesteht, gibt es verschiedene Ansichten (vgl im einzelnen JACOBS, Die perpetuatio fori im internationalen Recht des Zivilprozesses und der Freiwilligen Gerichtsbarkeit, Diss Köln 1962; auch STAUDINGER-GAMILLSCHEG § 606 b ZPO Rz 177 ff mwN). Auf die allgemeine Problematik, insbesondere im Zivilprozeßrecht, ist hier nicht im einzelnen einzugehen. *Speziell* in familienrechtlichen Angelegenheiten der Freiwilligen Gerichtsbarkeit wird überwiegend angenommen, daß der für die *örtliche* Zuständigkeit nach §§ 36, 43 FGG anerkannte Grundsatz der Zuständigkeitsfortdauer für die *internationale* Zuständigkeit nicht schlechthin gilt (vgl JANSEN § 1 Rz 144 mwN; auch IPG 1967–68 Nr 84 [Hamburg] 948); vielmehr sind die für und wider die Zuständigkeitsfortdauer sprechenden Gesichtspunkte gegeneinander abzuwägen. Darauf hat namentlich das BayObLG wiederholt hingewiesen.

Im einzelnen seien folgende *Entscheidungen* genannt, die sich auf die hier erörterten Schutzmaßnahmen beziehen (zur Zuständigkeitsfortdauer im Rahmen des Minderjährigenschutzabkommen vgl Vorbem 345 ff zu Art 18): In den meisten Entscheidungen hatte ein Elternteil nach Einleitung eines Sorgerechtsverfahrens bei Ehescheidung oder Trennung den Aufenthalt (Wohnsitz) des Kindes eigenmächtig ins Ausland verlegt; bei der Interessenabwägung legt das BayObLG entscheidendes Gewicht auf das unrechtmäßige Verhalten dieses Elternteils und bejaht demgemäß die Zuständigkeitsfortdauer; die Gefahr einer widersprechenden Entscheidung im neuen Aufenthaltsstaat wird in Kauf genommen (BayObLG 9. 12. 1958 BayObLGZ 1958, 358 = NJW 1959, 533 = FamRZ 1959, 122 = DAVorm 1959–60, 116 = EJF Nr 28 zu B II = IzRspr 19658–59 Nr 197: interlokal; 25. 7. 1966 BayObLGZ 1966, 248 = NJW 1966, 2276 = IPRspr 1966–67 Nr 107; 21. 2. 1969 BayObLGZ 1969, 70 = NJW 1969, 988 = FamRZ 1969, 341 = MDR 1969, 486 = DAVorm 1969, 385 = IPRspr 1968–69 Nr 106; 2. 7. 1971 BayObLGZ 1971, 238 = NJW 1971, 2131 = FamRZ 1972, 578 Anm BEHR = IPRspr 1971 Nr 165). Aber auch in einem Fall, in dem *beide* Eltern im Laufe des Verfahrens (über einen Sorgerechtsänderungsantrag des Vaters) ins Ausland verzogen waren, bejahte das BayObLG eine Zuständigkeitsfortdauer mangels entgegenste- 283 hender Interessen und bezeichnete in dieser Entscheidung sogar die Annahme als naheliegend, „daß, soweit § 43 I FGG als Anknüpfungspunkt in Frage kommt, die in dieser Bestimmung festgelegte Fortdauer der örtlichen Zuständigkeit sich [generell] auf die internationale deutsche Zuständigkeit überträgt" (BayObLG 28. 12. 1961 BayObLGZ 1961, 383 = FamRZ 1962, 165 = IPRspr 1960–61 Nr 224).

284 Für den Fall, daß die deutsche internationale Zuständigkeit nur auf einer **Rückverweisung** des ausländischen Rechts beruht (vgl oben Rz 265) und dieses Recht (zB wegen der Wandelbarkeit des Kindschaftsstatuts) nachträglich unanwendbar wird, verneint das BayObLG eine perpetuatio fori (BayObLG 16. 1. 1959, oben Rz 235). Die Anerkennung der Zuständigkeitsrückverweisung wolle eine Rechtsverweigerung vermeiden, und es bestehe daher kein Anlaß, an der so begründeten Zuständigkeit festzuhalten, wenn das nach dem Statutenwechsel anwendbare Recht selbst die internationale Zuständigkeit für seine Gerichte beansprucht.

285 Zur Beachtung der *Anhängigkeit desselben Verfahrensgegenstandes im Ausland* unten Rz 295 f.

286 **12. Interlokale Zuständigkeit**

Die Regeln über die internationale Zuständigkeit sind entsprechend anzuwenden, wenn der Sachverhalt Beziehungen zur DDR aufweist. Die interlokale Zuständigkeit ist als selbständige Verfahrensvoraussetzung zu prüfen. Insbesondere gilt die Aufenthalts-, die Scheidungs-, die Statuts- und die Notzuständigkeit auch interlokal (besonders ausführlich zur interlokalen Zuständigkeit Jansen § 35 Rz 129 ff m umfassenden Nachw; vgl auch Keidel-Kuntze-Winkler § 36 Rz 2 ff; Brunn MDR 1956, 519 f). Im interlokalen Recht gibt es aber einige Besonderheiten.

287 Zur **Aufenthaltszuständigkeit** hat der BGH schon früh ausgesprochen, daß auf den *gewöhnlichen Aufenthalt* (nicht auf den Wohnsitz) abzustellen ist, während die Rechtsprechung zur internationalen Zuständigkeit in dieser Frage schwankt, Nachw oben Rz 242.

288 Die **Heimatzuständigkeit** kommt im Verhältnis zur DDR nicht in Betracht, weil zwei verschiedene deutsche Staatsangehörigkeiten von der Bundesrepublik nicht anerkannt werden; vgl etwa BGH 14. 7. 1956 BGHZ 21, 306 = NJW 1956, 1439 = FamRZ 1956, 347 = JR 1957, 20 Anm Beitzke = EJF Nr 5 zu B II Anm Jansen = ZBlJugR 1956, 295 = IzRspr 1954–57 Nr 368 b; OLG Celle 14. 8. 1969 OLGZ 1970, 89 = NJW 1969, 2098 = FamRZ 1969, 555 = DAVorm 1972, 458; OLG Hamm 19. 9. 1969 OLGZ 1970, 218 = NJW 1970, 388 = MDR 1970, 331 = DAVorm 1971, 220; OLG Stuttgart 14. 10. 1969 Justiz 1970, 14; OLG Köln 9. 8. 1971 NJW 1972, 590.

289 Die **Notzuständigkeit** wird – auch als Ersatz für die fehlende Heimatzuständigkeit – von der Rechtsprechung in weiterem Umfang bejaht als in internationalen Fällen; Nachweise oben Rz 278; häufig übernommen wurde die folgende Formulierung des KG 8. 9. 1958, FamRZ 1958, 426 = EJF Nr 22 zu B II = IzRspr 1958–59 Nr 196: „entscheidend, ob der Sachverhalt nach der Gesamtheit der Umstände so gewichtige Beziehungen zum westlichen Rechtsgebiet aufweist, daß das westliche Vormundschaftsgericht sein Tätigwerden ohne Außerachtlassung schutzwürdiger Belange der Eltern und des Kindes nicht versagen kann."

II. Verfahren

1. Verfahrensarten

290 Schutzmaßnahmen im Rahmen des Rechtsverhältnisses zwischen Eltern und ehelichem Kind werden in Deutschland und im Ausland in verschiedenen Verfahrensarten getroffen, beispielsweise im ordentlichen Rechtsstreit, im Verfahren der Freiwilligen Gerichtsbarkeit oder im Verwaltungsverfahren. In welcher Verfahrensart eine Schutzmaßnahme anzuordnen ist, bestimmt die lex fori.* Zur Art des Verfahrens, in dem eine ausländische Entscheidung für vollstreckbar erklärt wird, vgl unten Rz 375.

291 In Deutschland entscheidet also über die **Regelung der elterlichen Gewalt und das Verkehrsrecht nach Scheidung** das Familiengericht (§ 621 Abs 1 Nr 1 und 2, Abs 2 S 1 ZPO), das gem § 621 a ZPO im allgemeinen die Verfahrensvorschriften des FGG anzuwenden hat. Diese Regelung gilt unabhängig davon, ob das Eltern-Kind-Statut ebenfalls die Zuständigkeit des Scheidungsgerichts kennt oder ob es das Vormundschaftsgericht oder eine andere Stelle für zuständig hält.

292 Aufgrund des gleichen Rechtssatzes – Maßgeblichkeit der lex fori für die Bestimmung der Verfahrensart – war es vor dem Inkrafttreten des 1. EheRG (Einführung der Familiengerichte in Deutschland) allgM, daß für Schutzmaßnahmen nach Scheidung gemäß (damaligem) deutschen Verfahrensrecht das Vormundschaftsgericht zuständig war, auch wenn das gem Art 19 maßgebende Recht eine andere Verfahrensart vorsah; Soergel-Kegel Art 19 Rz 37 m Nachw.

293 Der **Anspruch auf Herausgabe des Kindes** gegen Dritte ist in Deutschland nach derzeit noch geltendem Recht im Klagewege geltend zu machen; verlangt ein Elternteil das Kind vom anderen heraus, so entscheidet das Familiengericht (§ 1632 Abs 2 BGB). Die deutsche lex fori ist maßgebend. Unerheblich ist, ob das Eltern-Kind-Statut für diese Ansprüche eine andere Verfahrensart bereitstellt.

So zu § 1632 BGB aF: RG 23. 5. 1927 WarnR 1927 Nr 121 = IPRspr 1926–27 Nr 79; 25. 1. 1940 RGZ 162, 329, 331 = DR 1940, 640 = RdbfJugl 16 (1940–41) 53 = Giur comp d.i.p. 12 (1956) 189 Nr 65 Anm Ferid = IPRspr 1935–44 Nr 315 b; BGH 18. 6. 1970 BGHZ 54, 123 = NJW 1970, 1503 = MDR 1970, 916 = WM 1970, 1169 = FamRZ 1970, 547 = StAZ 1970, 336 = DAVorm 1971, 479 = IPRspr 1970 Nr 59 b; OGH 22. 9. 1950 OGHZ 4, 251 = NJW 1951, 73 = IPRspr 1950–51 Nr 1; BayObLG 21. 2. 1969 BayObLGZ 1969, 70 = NJW 1969, 988 = MDR 1969, 486 = FamRZ 1969, 341 = DAVorm 1969, 385 = IPRspr 1968–69 Nr 106. Siehe auch Stein-Jonas-Schlosser Vorbem 11 zu § 640 Abs 2.

Der Anspruch auf Herausgabe des Kindes ist auch in Deutschland nicht gerichtlich durchsetzbar, wenn er nach dem Eltern-Kind-Statut unklagbar ist; denn dann ist der Unterschied nicht nur prozeßrechtlicher Natur, sondern es besteht eine materiellrechtliche Beschränkung des Anspruchs (so obiter OLG Dresden 19. 4. 1916 JW 1917, 374 Anm Opet = SächsOLG 37, 392; Soergel-Kegel Art 19 Rz 48).

---

* RG 23. 5. 1927 WarnR 1927 Nr 121 = IPRspr 1926–27 Nr 79: Herausgabe des Kindes; BGH 22. 3. 1967 BGHZ 47, 324, 339 aE = NJW 1967, 2109 = MDR 1967, 744 = JZ 1967, 671 Anm Heldrich = RabelsZ 32 (1968) 313 Anm Jayme = FamRZ 1967, 452 = StAZ 1967, 237 Anm Böhmer = IPRspr 1966–67 Nr 90: Nebenfolgen der Ehetrennung, zB Sorge für die Kinder; BayObLGZ 25. 7. 1966 BayObLGZ 1966, 248 = NJW 1966, 2276 = IPRspr 1966–67 Nr 107: Übertragung der elterlichen Gewalt nach Scheidung; weitere Nachw OLG Hamm 28. 2. 1968 OLGZ 1968, 218 = NJW 1968, 1052 = FamRZ 1968, 321 = IPRspr 1968–69 Nr 87: Hausratsteilung; ferner Jansen § 1 Rz 145.

294 **2. Durchführung des Verfahrens**

Für die Durchführung des Verfahrens gilt – hier wie sonst – grundsätzlich die lex fori. Die internationale Zuständigkeit ist *von Amts wegen* zu prüfen, oben Rz 226. Zur *Verfahrensfähigkeit* s STAUDINGER-BEITZKE Art 7 Rz 69. Zum *Erlaß einstweiliger Anordnungen* oben Rz 215.

295 Inwieweit die **Rechtshängigkeit eines entsprechenden Verfahrens im Ausland** beachtet werden muß, ist für die hier in Rede stehenden Akte der Freiwilligen Gerichtsbarkeit noch nicht abschließend geklärt (vgl allgemein zur Beachtung ausländischer Rechtshängigkeit STAUDINGER-GAMILLSCHEG § 606 b ZPO Rz 454 ff m Nachw). Bisweilen wird schlicht gesagt, es stehe der Entscheidungsbefugnis eines deutschen Gerichts nicht entgegen, daß bei einem ausländischen Gericht ein ähnliches Verfahren anhängig sei (so OLG Hamm 29. 11. 1969 OLGZ 1970, 227 = FamRZ 1970, 95 = IPRspr 1968–69 Nr 113: Kindesherausgabe). Bisweilen wird in der gerichtlichen Praxis auch mit dem sog *Prioritätsgrundsatz* gearbeitet. Danach kann ein deutsches Gericht das Verfahren jedenfalls dann fortführen, wenn es eingeleitet wurde, bevor das ausländische Gericht tätig geworden ist (vgl BayObLG 16. 1. 1959 BayObLGZ 1959, 8 = NJW 1959, 1038 = FamRZ 1959, 364 Anm SCHWIMANN und NEUHAUS (482) = EJF Nr 7 zu A II Anm EPPELSHEIMER = IPRspr 1958–59 Nr 208 S 681; OLG Hamm 14. 4. 1976 OLGZ 1976, 426 = NJW 1976, 2079 = FamRZ 1976, 528 = StAZ 1976, 364 = IPRspr 1976 Nr 63; SOERGEL-KEGEL Art 19 Rz 52). Das läßt sich mit einer analogen Anwendung des Rechtsgedankens des § 4 FGG begründen (vgl BayObLG 16. 1. 1959 aaO IPRspr 1958–59 Nr 208 S 678). Indes ist eine starre Befolgung des Prioritätsgrundsatzes bei Akten der Freiwilligen Gerichtsbarkeit, die nicht in Rechtskraft erwachsen und leicht abgeändert werden können, in internationalen Fällen nicht zu empfehlen. Vielmehr muß dem Gericht ein gewisser Entscheidungsspielraum verbleiben. Deshalb werden im fachkundigen Schrifttum mit Recht flexible Formulierungen gewählt (s etwa SOERGEL-KEGEL Art 19 Rz 52: „Anhängigkeit eines Verfahrens im Ausland kann, aber muß nicht die Tätigkeit des deutschen Vormundschaftsgerichts hindern"; JANSEN § 35 Rz 124: „Wäre die in dem ausländischen Verfahren ergehende Entscheidung anzuerkennen, so ist das deutsche Gericht befugt, aber nicht verpflichtet, seine Tätigkeit einzustellen, wenn die Sache besser der Gerichtsbarkeit des anderen Staates überlassen bleibt" [Gedanke des forum-non-conveniens-Prinzips]).

296 Meines Erachtens hindert die ausländische Rechtshängigkeit – hier wie sonst (s NEUHAUS, Grundbegriffe 434) – die Durchführung eines inländischen Verfahrens nur dann, wenn voraussichtlich oder wenigstens möglicherweise die ausländische Entscheidung *anerkannt* wird und wenn kein *Rechtsschutzbedürfnis* für das inländische Verfahren besteht. Dabei ist zu beachten, daß die Anerkennung der ausländischen Entscheidung auch dann möglich ist, wenn das ausländische Verfahren später eingeleitet wurde als das deutsche (vgl unten Rz 362). Damit kann das Rechtsschutzbedürfnis für eine inländische Entscheidung entfallen (FIRSCHING, IPR 101). Auch wenn das ausländische Verfahren bereits durch eine Entscheidung abgeschlossen wurde, ist ja zu prüfen, ob für die Durchführung eines entsprechenden inländischen Verfahrens ein Rechtsschutzbedürfnis besteht (s unten Rz 300).

297 Wenn das Kind von einem Elternteil ins Ausland entführt und dort ein dem inländischen entsprechendes Verfahren anhängig gemacht wurde, ist eine Interessenabwägung geboten, welche die Frage der perpetuatio fori (vgl oben Rz 282 f) und des Fortbestehens des Rechtsschutzbedürfnisses umfaßt. In derartigen Fällen besteht eine verständliche Neigung, das im Inland begonnene Verfahren zu Ende zu führen (s SOERGEL-KEGEL Art 19 Rz 52; JANSEN § 35 Rz 124).

Insgesamt wird eine sachgerechte Entscheidung und die Vermeidung eines Widerspruchs mit einer ausländischen Entscheidung dem deutschen Richter am ehesten gelingen, wenn es ihm möglich ist, Kontakt mit seinem ausländischen Kollegen aufzunehmen. Die Sachentscheidung sollte im Zweifel dort getroffen werden, wo die tatsächlichen Verhältnisse des Kindes am besten beurteilt werden können, also idR am Ort seines gewöhnlichen Aufenthalts. 298

III. Anerkennung und Vollstreckung

1. Allgemeine Fragen 299

Ausländische Schutzmaßnahmen im Rahmen des ehelichen Eltern-Kind-Verhältnisses sind in Deutschland grundsätzlich anerkennungsfähig. Das gilt auch, soweit diese nicht in Gerichtsentscheidungen, sondern in Verwaltungsakte gekleidet sind (Keidel-Kuntze-Winkler § 33 Rz 55). Voraussetzung ist nach allgM immer, daß die Entscheidung nach dem Recht des ausländischen Staates wirksam zustande gekommen ist (Jansen § 1 Rz 146; Bärmann 171; Habscheid 171). In der Regel handelt es sich um Maßnahmen, die in Deutschland im FG-Verfahren getroffen werden.

Die Anerkennung ausländischer Schutzmaßnahmen erfolgt regelmäßig **inzidenter**, dh über die Anerkennung wird als Vorfrage in dem Verfahren befunden, in dem sie für die Entscheidung erheblich ist.* Ist die ausländische Maßnahme in Deutschland anzuerkennen, so fehlt für eine deutsche Entscheidung gleichen Inhalts regelmäßig das Rechtsschutzbedürfnis; uU kann sich aber das Bedürfnis für eine die Rechtslage feststellende Entscheidung des deutschen Gerichts ergeben; s BayObLG 16. 1. 1959 BayObLGZ 1959, 8, 23, 27 f = NJW 1959, 1038, 1041, 1042 = FamRZ 1959, 364, 369, 371 Anm Schwimann und Neuhaus (482) = EJF Nr 7 zu A II Anm Eppelsheimer = IPRspr 1958–59 Nr 208 S 678, 682; OLG Hamm 7. 2. 1975 OLGZ 1975, 179 = NJW 1975, 1083 = FamRZ 1975, 426 = StAZ 1975, 275 = IPRspr 1975 Nr 68. Bei Anwendbarkeit des Haager Minderjährigenschutzabkommens gilt Entsprechendes (vgl Vorbem 619 zu Art 18). Besonderheiten ergeben sich, wenn die Maßnahme von einem ausländischen Gericht *im Zusammenhang mit einem Scheidungsurteil* getroffen wurde; dazu unten Rz 365. 300

Die **Wirkung** der Anerkennung ist – hier wie sonst – umstritten: Bedeutet Anerkennung, daß der Schutzmaßnahme im Inland die gleiche rechtliche Wirkung zugeschrieben wird wie in dem Staat, der sie erlassen hat, oder wird die Maßnahme einer entsprechenden inländischen gleichgestellt? Vgl zu den verschiedenen Wirkungen anerkannter Urteile ausführlich Staudinger-Gamillscheg § 328 ZPO Rz 452 ff. Praktisch geht die Tendenz zur Kumulierung beider Rechte in dem Sinne, daß einerseits kein Akt im Zweitstaat weitergehende Wirkungen erhält, als in der Absicht des Erststaates lag, und daß andererseits der Zweitstaat in der Regel einem ausländischen Akt höchstens die Wirkungen eines entsprechenden inländischen 301

* BGH 5. 2. 1975 BGHZ 64, 19 = NJW 1975, 1072 und 2141 (L) Anm Geimer = MDR 1975, 560 = FamRZ 1975, 273 = StAZ 1975, 335 = LM Nr 4 zu Art 22 EGBGB (L) Anm Hauss = IPRspr 1975 Nr 98; BayObLG 16. 1. 1959 BayObLGZ 1959, 8 = NJW 1959, 1038 = FamRZ 1959, 364 Anm Schwimann und Neuhaus (482) = EJF Nr 7 zu A II Anm Eppelsheimer = IPRspr 1958–59 Nr 208 S 682 und 19. 6. 1975 BayObLGZ 1975, 218 = FamRZ 1975, 650 = StAZ 1975, 310 = IPRspr 1975 Nr 73; KG 13. 11. 1973 OLGZ 1974, 93 = FamRZ 1974, 146 = StAZ 1974, 127 = ZBlJugR 1974, 434 = IPRspr 1973 Nr 70; OLG Hamm 14. 4. 1976 OLGZ 1976, 426 = NJW 1976, 2079 = FamRZ 1976, 528 = StAZ 1976, 364 = IPRspr 1976 Nr 63; Jansen § 1 Rz 154; Keidel-Kuntze-Winkler § 33 Rz 56 b; Habscheid 171 f; Bärmann 172; Sonnenberger 224; Firsching StAZ 1976, 154.

Aktes zubilligt (vgl Neuhaus, Grundbegriffe 441; vgl auch IPG 1969 Nr 49 [München] 392: keine größere Wirkung als nach der lex fori des erlassenden Gerichts). Zur *Abänderbarkeit* anzuerkennender ausländischer Maßnahmen s unten Rz 366 ff.

302 **2. Vorrang des Haager Minderjährigenschutzabkommens**

Das Haager Minderjährigenschutzabkommen verdrängt in seinem Anwendungsbereich die Anerkennungsregeln des autonomen deutschen Rechts. Die Anerkennung einer Schutzmaßnahme, die in einem *Vertragsstaat* aufgrund des Abkommens getroffen wurde, richtet sich nach Art 7 MSA; vgl im einzelnen Vorbem 617 ff zu Art 18). Wenn die Behörde des Vertragsstaates aufgrund von Art 8 oder 15 MSA tätig geworden ist oder wenn die Maßnahme eine Vollstreckungshandlung in Deutschland erfordert (Art 7 S 2 MSA), folgt die Anerkennung den Regeln des autonomen deutschen Rechts; s Vorbem 622, 624 zu Art 18. Vor allem aber bleibt das autonome Recht für Anerkennung und Vollstreckung dann maßgebend, wenn das Gericht eines *Nichtvertragsstaates* gehandelt hat; vgl Vorbem 641 zu Art 18. Im Bereich von Anerkennung und Vollstreckung haben neben dem Minderjährigenschutzabkommen die Regeln des autonomen deutschen Rechts also noch erhebliche praktische Bedeutung. Auch kann das Eingreifen anderer multilateraler oder bilateraler Staatsverträge zu prüfen sein.

303 **3. Das EG-Gerichtsstands- und Vollstreckungsübereinkommen vom 27. 9. 1968**

Das EG-Abkommen enthält zwar Vorschriften über Anerkennung und Vollstrekkung (Art 25 ff), erfaßt aber nicht die Schutzmaßnahmen, die in Deutschland im FG-Verfahren getroffen werden. Gemäß Art 1 Abs 2 Nr 1 ist das Abkommen nämlich nicht anzuwenden auf „den Personenstand, die Rechts- und Handlungsfähigkeit sowie die gesetzliche Vertretung natürlicher Personen". Das Übereinkommen sollte auf vermögensrechtliche Angelegenheiten, einschließlich Unterhaltsansprüche, beschränkt bleiben (Bericht zum Übereinkommen, abgedruckt bei Bülow-Böckstiegel 601–12). Das EG-Abkommen umschließt Bereiche der Freiwilligen Gerichtsbarkeit wie Vormundschafts- und Familiensachen nicht (Firsching StAZ 1976, 154). Deshalb ist das Abkommen in folgenden Fällen nicht angewandt worden: Anerkennung einer in einem italienischen Ehescheidungsverbund getroffenen Sorgerechtsentscheidung: OLG Hamm 14. 4. 1976 OLGZ 1976, 426 = NJW 1976, 2079 = FamRZ 1976, 528 = StAZ 1976, 364 = IPRspr 1976 Nr 63; italienische Herausgabeanordnung: BayObLG 21. 12. 1973 BayObLGZ 1973, 345 = NJW 1974, 421 = MDR 1974, 317 = FamRZ 1974, 150 = IPRspr 1973 Nr 181; Anordnung eines niederländischen Gerichts, der Vater solle die Kinder an die Mutter herausgeben: BayObLG 1. 7. 1976 BayObLGZ 1976, 174 = FamRZ 1977, 137 = IPRspr 1976 Nr 193 a; insoweit bestätigt von BGH 25. 10. 1976 BGHZ 67, 255 = NJW 1977, 150 = MDR 1977, 383 = FamRZ 1977, 126 = Rpfleger 1977, 55 = ZBlJugR 1977, 213 = IPRspr 1976 Nr 193 b.

304 **4. Bilaterale Anerkennungs- und Vollstreckungsabkommen**

Überblick: Bilaterale Anerkennungs- und Vollstreckungsabkommen bestehen zur Zeit mit Belgien, Griechenland, Großbritannien, Italien, den Niederlanden, Österreich, der Schweiz und Tunesien. Das Haager Minderjährigenschutzabkommen (vgl

Art 18 Abs 2) schließt es nicht aus, ausländische Schutzmaßnahmen aufgrund eines bilateralen Vertrages anzuerkennen. Im Verhältnis zu den Niederlanden, Österreich und der Schweiz, die wie die Bundesrepublik Deutschland das Haager Abkommen ratifiziert haben, kommt freilich in den meisten Fällen dieses zur Anwendung (oben Rz 302). Das multilaterale EG-Gerichtsstands- und Vollstreckungsübereinkommen vom 27. 9. 1968 verdrängt die bilateralen Abkommen mit EG-Staaten in bezug auf die Anerkennung und Vollstreckung ausländischer Schutzmaßnahmen deshalb nicht, weil das EG-Übereinkommen für den familienrechtlichen Bereich nicht gilt (Art 56 GVÜ).

Der sachliche Anwendungsbereich der von der Bundesrepublik Deutschland geschlossenen bilateralen Staatsverträge ist unterschiedlich weit gezogen. Text (in Auszügen) und Schrifttumsnachweise finden sich (bis auf das deutsch-niederländische und das deutsch-österreichische Abkommen) bei Staudinger-Gamillscheg § 328 ZPO Rz 677 ff, wo die Bedeutung dieser Verträge für Ehesachen erläutert ist. Im einzelnen ist die Eingrenzung des sachlichen Anwendungsbereichs mitunter unklar. Insbesondere ist bisweilen nicht sicher, ob und inwieweit Maßnahmen der Freiwilligen Gerichtsbarkeit von den Anerkennungs- und Vollstreckungsregeln der zweiseitigen Verträge erfaßt sind. Die beiden noch geltenden Vorkriegsverträge mit der Schweiz und mit Italien schweigen über die Frage der Anerkennung von Akten der Freiwilligen Gerichtsbarkeit. Die Auslegung dieser Verträge führt zu dem Ergebnis, daß sie sich nicht auf Schutzmaßnahmen im Rahmen des Eltern-Kind-Verhältnisses beziehen. Die Nachkriegsverträge mit Belgien, Österreich, Großbritannien, Griechenland und den Niederlanden, die in den Jahren 1958 bis 1962 geschlossen wurden, sind sämtlich auf Entscheidungen gerichtet, in denen über „Ansprüche der Parteien" erkannt wurde. Ob diese Entscheidungen in einem Verfahren der streitigen oder der freiwilligen Gerichtsbarkeit ergangen sind, macht nach dem Wortlaut dieser Abkommen (nur das deutsch-britische Abkommen nennt die Freiwillige Gerichtsbarkeit nicht ausdrücklich) keinen Unterschied. Aus dem Erfordernis, daß über „Ansprüche der Parteien" entschieden sein muß, läßt sich folgern, daß diese Verträge auf die fürsorgerisch gestaltenden Schutzmaßnahmen im Rahmen des Eltern-Kind-Verhältnisses keine Anwendung finden. Hier handelt es sich nicht um sog „Streitsachen" auf dem Gebiet der Freiwilligen Gerichtsbarkeit (s zu letzteren etwa Bärmann AcP 154 [1955] 373 ff; ders, FG [1968] 22 ff; Keidel-Kuntze-Winkler § 12 Rz 109 ff und Jansen Vorbem 58 zu §§ 8–18, jeweils mwN). Das deutsch-tunesische Abkommen aus dem Jahre 1966 nimmt diejenigen Entscheidungen der Freiwilligen Gerichtsbarkeit aus, „die in einem einseitigen Verfahren erlassen sind", und bezieht sich nicht auf die Anerkennung von Entscheidungen, welche „die gesetzliche Vertretung einer Person betreffen". Aus diesen Einschränkungen ergibt sich, daß der Vertrag für die Anerkennung von Schutzmaßnahmen keine Bedeutung haben dürfte. 305

Insgesamt enthalten die von der Bundesrepublik Deutschland bisher geschlossenen zweiseitigen Verträge also wohl keine Verpflichtung zur Anerkennung von Schutzmaßnahmen im Rahmen des Eltern-Kind-Verhältnisses. Dies bedeutet nicht – darüber besteht bei allen bilateralen Verträgen nach deren Text (s Art II Abs 3 des deutsch-britischen Vertrages und Nr 2 des Protokolls zum Vertrag mit Tunesien) bzw Materialien kein Zweifel –, daß die Anerkennung solcher (nicht vom Abkommen erfaßter) Entscheidungen überhaupt ausgeschlossen ist. Vielmehr richtet sie sich nach den Regeln des autonomen innerstaatlichen Rechts. Im folgenden werden die hier interessierenden Einzelheiten zu den Abkommen mit Belgien, Griechenland, Großbritannien, Italien, den Niederlanden, Österreich, der Schweiz und Tunesien näher ausgeführt.

306 **a) Deutsch-belgisches Abkommen vom 30. 6. 1958**

Das deutsch-belgische Abkommen (BGBl 1959 II 765), das seit dem 27. 1. 1961 in Kraft ist (BGBl 1960 II 2408), **bezieht sich** nach seinem Art 1 Abs 1 auf „die in Zivil- und Handelssachen ergangenen Entscheidungen der Gerichte des einen Staates, durch die über die Ansprüche der Parteien unbeschadet der noch zulässigen Rechtsbehelfe endgültig erkannt ist". „Unter Entscheidungen im Sinne dieses Abkommens sind alle Entscheidungen [zu verstehen], gleichgültig, ob sie in einem Verfahren der streitigen oder der freiwilligen Gerichtsbarkeit ergangen sind, und ohne Rücksicht auf ihre Benennung" (Art 1 Abs 3).

307 In der **deutschen Denkschrift** (BT-Drucks III Nr 919, 14 ff; abgedruckt bei ZÖLLER 1471) heißt es dazu: „In den Anwendungsbereich des Abkommens sind nicht nur Entscheidungen der streitigen, sondern auch solche der freiwilligen Gerichtsbarkeit einbezogen (Abs 3). Auch sie müssen aber, um der Anerkennung fähig zu sein, über Ansprüche der Parteien gegeneinander ergangen sein, die Rechtsbeziehungen der Parteien in der Instanz endgültig regeln und das erkennende Gericht binden (Abs 1 S 1). Dies ist zB nicht der Fall bei Entscheidungen über das Recht der Sorge für die Person eines Kindes, weil sie nicht in einem echten Streit über Ansprüche von Parteien gegeneinander ergehen und weil sie unter bestimmten Voraussetzungen von demselben Gericht jederzeit geändert werden können."

308 Im Schrifttum ist umstritten, was das in Art 1 Abs 1 aufgestellte Erfordernis der **Endgültigkeit** bei Entscheidungen der Freiwilligen Gerichtsbarkeit bedeutet. Meist wird gesagt, die Entscheidung müsse der materiellen Rechtskraft fähig sein, wobei keine Einigkeit besteht, inwieweit dies bei deutschen FG-Entscheidungen der Fall ist (s HARRIES RabelsZ 26 [1961] 637; ihm folgend STEIN-JONAS-SCHUMANN-LEIPOLD Anh B III § 328 Fn 5; BECK 31 f; ENSSLIN 53 f). Dagegen verlangt SCHÜTZE in GEIMER-SCHÜTZE 261 für die Endgültigkeit lediglich, daß eine Abänderung entgegen dem Grundsatz des § 18 FGG unzulässig ist.

309 Gleichgültig, welcher Auffassung man folgt: die hier erörterten **Schutzmaßnahmen** entscheiden nicht über Ansprüche von Parteien gegeneinander, und sie sind auch keine „endgültigen" Entscheidungen. Das gilt, wie die deutsche Denkschrift hervorhebt, insbes für Sorgerechtsentscheidungen.

310 Nichts Gegenteiliges folgt mE aus BGH 5. 2. 1975 BGHZ 64, 19 = NJW 1975, 1072 und 2124 (L) Anm GEIMER = MDR 1975, 560 = FamRZ 1975, 273 = StAZ 1975, 335 = LM Nr 4 zu Art 22 EGBGB (L) Anm HAUSS = IPRspr 1975 Nr 98. In diesem Urteil sagt der BGH zwar, es bestimme sich nach dem Abkommen, ob die von dem belgischen Scheidungsgericht getroffene Sorgerechtsentscheidung anzuerkennen sei. Er geht auf den fürsorgerischen Charakter und auf die Frage der „Endgültigkeit" dieser Entscheidung aber nicht ein. Er brauchte es auch nicht, weil eine Anerkennung der Sorgerechtsentscheidung schon daran scheiterte, daß nicht zuvor für das Scheidungsurteil das Anerkennungsverfahren nach Art 7 § 1 FamRÄndG durchgeführt worden war.

311 **b) Deutsch-griechisches Abkommen vom 4. 11. 1961**

Das deutsch-griechische Abkommen (BGBl 1963 II 109), das seit dem 18. 9. 1963 in Kraft ist (BGBl 1963 II 1278), **bezieht sich** nach seinem Art 1 Abs 1 auf „die in Zivil- oder Handelssachen ergangenen Entscheidungen der Gerichte des einen Staates, durch die in einem Verfahren der streitigen oder der freiwilligen Gerichtsbarkeit über Ansprüche der Parteien endgültig erkannt wird." Für die Anerkennung der „in Ehe- oder Familienstandssachen ergangenen Entscheidungen" stellt Art 2 besondere Voraussetzungen auf.

312 In der **deutschen Denkschrift** zu diesem Abkommen (BT-Drucks IV Nr 570, 9 ff; abgedruckt bei ZÖLLER 1505) heißt es zu Art 1: „Art 1 Abs 1 schließt auch Entscheidungen der Gerichte in einem Verfahren der freiwilligen Gerichtsbarkeit

ein, sofern in ihnen über Ansprüche der Parteien erkannt ist. Maßgebend für die Geltung des Vertrages auf diesem Gebiet ist also nicht die Verfahrensart, welche zu der Entscheidung geführt hat, sondern die Rechtsnatur der Entscheidung als Streitentscheidung. Hier sind als Beispiele zu nennen die gerichtlichen Verfügungen bei der Vermittlung einer Auseinandersetzung unter Miterben (§§ 86 ff FGG), die Entscheidungen auf Grund der Verordnung über die Behandlung der Ehewohnung und des Hausrats nach der Scheidung vom 21. 10. 1944 und die Entscheidungen nach dem Gesetz über die richterliche Vertragshilfe vom 26. 3. 1952. – Dagegen fallen Entscheidungen auf dem Gebiete der freiwilligen Gerichtsbarkeit, die keine Streitentscheidungen in dem erwähnten Sinne sind, nicht unter den Anwendungsbereich des Vertrages. Das ist zB der Fall bei Entscheidungen über das Recht der Sorge für die Person eines Kindes." Zur Einbeziehung der Entscheidungen in „Ehe- und Familienstandssachen" in Art 2 wird ausgeführt: „Wie aus dem Zusammenhang mit Art 1 folgt, muß es sich auch hier um Streitentscheidungen handeln. Die Regelung ist auf die Ehe- und Familienstandssachen beschränkt worden; sie erfaßt also nicht die Entscheidungen über Fragen der Rechts- oder Handlungsfähigkeit oder der gesetzlichen Vertretung."

Im Ergebnis erfaßt das Abkommen Schutzmaßnahmen im Rahmen des Eltern- 313
Kind-Verhältnisses nicht – ebensowenig wie das deutsch-belgische Abkommen, dem es nachgebildet ist. Denn hier wird nicht über „Ansprüche der Parteien" und nicht „endgültig" entschieden. Soweit Maßnahmen eine Entscheidung über die gesetzliche Vertretung enthalten, sind sie auch deshalb vom Anwendungsbereich des Vertrages ausgeschlossen.

c) Deutsch-britisches Abkommen vom 14. 7. 1960 314

Das deutsch-britische Abkommen (BGBl 1961 II 301), das seit dem 15. 7. 1961 in Kraft ist (BGBl 1961 II 1025), **bezieht sich** nach seinem Art I Abs 3 auf „alle Entscheidungen eines Gerichts ohne Rücksicht auf ihre Benennung (Urteile, Beschlüsse und dergleichen) . . ., durch die über die Ansprüche der Parteien endgültig erkannt ist." Entscheidungen der Freiwilligen Gerichtsbarkeit werden nicht erwähnt. Gemäß Art II Abs 1 ist der Vertrag nur auf Entscheidungen „obeer Gerichte" („superior courts") anzuwenden. Entscheidungen oberer Gerichte, die auf einen Rechtsbehelf gegen Entscheidungen unterer Gerichte ergangen sind, werden in Art II Abs 1 ausdrücklich von der Anerkennung ausgenommen. Welche Gerichte in Deutschland und in Großbritannien als „obere Gerichte" anzusehen sind, legt Art I Abs 2 fest.

Die hier erörterten **Schutzmaßnahmen** im Rahmen des Eltern-Kind-Verhältnisses 315
sind von dem Abkommen nicht erfaßt. Denn mit diesen (abänderbaren) Maßnahmen wird nicht „über Ansprüche der Parteien endgültig erkannt". Außerdem werden diese Maßnahmen typischerweise von unteren Gerichten (county courts, Amtsgerichte) getroffen, auf deren Entscheidungen das deutsch-britische Abkommen nicht angewandt sein will (s Bülow-Böckstiegel 701–5 f; Beck 33; Ensslin 56).

d) Deutsch-italienisches Abkommen vom 9. 3. 1936 316

Das deutsch-italienische Abkommen (RGBl 1937 II 145), das seit dem 19. 6. 1937 in Kraft ist (RGBl 1937 II 145) und nach dem Kriege für wiederanwendbar erklärt wurde (BGBl 1952 II 986), **bezieht sich** nach seinem Art 1 auf die „in Zivil- und Handelssachen ergangenen Entscheidungen der bürgerlichen Gerichte des einen Staates, die dort Rechtskraft erlangt haben." Der Vertrag unterscheidet zwischen „vermögensrechtlichen Streitigkeiten" (Art 2) und „nicht vermögensrechtlichen

Streitigkeiten" (Art 3). Entscheidungen der Freiwilligen Gerichtsbarkeit werden im Abkommenstext nicht ausdrücklich angesprochen.

317 Nach dem Bericht von JONAS (DJ 1937, 888, 889) über das Abkommen ist mit „Rechtskraft" die „formelle Rechtskraft" gemeint. Durch das Erfordernis der „Rechtskraft" sind Entscheidungen der Freiwilligen Gerichtsbarkeit also nicht schlechthin ausgeschlossen; denn sie können formell rechtskräftig werden, etwa wenn der Instanzenzug erschöpft ist oder wenn auf die Beschwerde verzichtet wurde. Bei JONAS aaO heißt es weiter: „In Abweichung vom deutsch-schweizerischen Abkommen ist hier aber nicht erfordert, daß die Entscheidung im *Prozeßverfahren* ergangen ist. Ein Unterschied zwischen dem streitigen Verfahren und dem der *freiwilligen Gerichtsbarkeit* ist hier nicht gemacht."

318 Im **Schrifttum** wird – ohne Begründung – bisweilen gesagt, Entscheidungen der Freiwilligen Gerichtsbarkeit fielen nicht unter das Abkommen (so LUTHER, Das deutsch-italienische Vollstreckungsabkommen und seine zukünftige Gestaltung, Heft 1 der Vereinigung für den Gedankenaustausch zwischen deutschen und italienischen Juristen eV [1966] 12, 15 f, 31 f, wo der Wunsch ausgesprochen wird, daß bei einer zukünftigen Neugestaltung auch Entscheidungen der Freiwilligen Gerichtsbarkeit in das Abkommen einbezogen werden; STEIN-JONAS-SCHUMANN-LEIPOLD § 328 Anh B II Fn 2). Nicht überzeugend WIECZOREK V 682, Deutsch-italienisches Vollstreckungsabkommen Art 1 Anm A: „Durch die Beschränkung auf Entscheidungen der bürgerlichen Gerichte werden die Entscheidungen der Streite vor den Gerichten der freiwilligen Gerichtsbarkeit . . . von der Anerkennung ausgeschlossen, mögen sie auch zivil- oder handelsrechtlicher Art sein." Nach dem Text des Abkommens, der nur die Anerkennung von Entscheidungen in „Streitigkeiten" anspricht, und nach dem Bericht von JONAS erscheint es näherliegend, diejenigen Akte der Freiwilligen Gerichtsbarkeit, die auf einem kontradiktorischen Verfahren beruhen, dem Vertrag zu unterstellen (so ENSSLIN 52).

319 Wie dem auch sei, die hier erörterten **Schutzmaßnahmen** im Rahmen des Eltern-Kind-Verhältnisses sind vom Anwendungsbereich des Abkommens auch nach der letztgenannten Auffassung nicht erfaßt (ebenso – ohne Begründung – BayObLG 21. 12. 1973 BayObLGZ 1973, 345 = NJW 1974, 421 = MDR 1974, 317 = FamRZ 1974, 150 = IPRspr 1973 Nr 181 S 497: Anordnung des italienischen Gerichts, daß die Kinder zu dem die elterliche Gewalt ausübenden Vater zurückgeführt werden; OLG Hamm 14. 4. 1976 OLGZ 1976, 426 = NJW 1976, 2079 = FamRZ 1976, 528 = StAZ 1976, 364 = IPRspr 1976 Nr 63: Sorgerechtsentscheidung in einem italienischen Ehescheidungsurteil).

320 e) Deutsch-niederländisches Abkommen vom 30. 8. 1962

Das deutsch-niederländische Abkommen (BGBl 1965 II 26), das seit dem 15. 9. 1965 in Kraft ist (BGBl 1965 II 1155), **bezieht sich** nach seinem Art 1 Abs 1 auf „die in Zivil- oder Handelssachen ergangenen Entscheidungen der Gerichte des einen Staates, durch die über Ansprüche der Parteien in einem Verfahren der streitigen oder der freiwilligen Gerichtsbarkeit erkannt ist." Nach Art 1 Abs 3 lit b ist der Vertrag nicht anzuwenden „auf Entscheidungen in Ehesachen oder in anderen Familienstandssachen".

321 In dem **„Gemeinsamen Bericht der Unterhändler"** (BT-Drucks IV Nr 2351, 13 ff; abgedruckt bei ZÖLLER 1518), den die Verhandlungs-Delegationen beider Staaten angefertigt haben, heißt es zur Einbeziehung von Entscheidungen der Freiwilligen Gerichtsbarkeit: „Art 1 Abs 1 schließt auch Entscheidungen der Gerichte in einem Verfahren der freiwilligen Gerichtsbarkeit (jurisdictio voluntaria) ein, sofern in ihnen über Ansprüche der Parteien erkannt ist. – Zu dieser Gruppe von Entscheidungen, die einen Streit von Parteien beenden, gehören nach deutschem Recht zB die

gerichtlichen Verfügungen bei der Vermittlung einer Auseinandersetzung unter Miterben nach den §§ 86 ff FGG vom 17. 5. 1898, die Entscheidungen auf Grund der Verordnung über die Behandlung der Ehewohnung und des Hausrats nach der Scheidung vom 21. 10. 1944 (RGBl I 265) in der Fassung des Gleichberechtigungsgesetzes vom 18. 6. 1957 (BGBl I 609) und des Gesetzes vom 26. 7. 1957 (BGBl I 861) und die Entscheidungen nach dem Gesetz über die richterliche Vertragshilfe vom 26. 3. 1952 (BGBl I 198). – In den Niederlanden werden Entscheidungen, in denen über ein Rechtsverhältnis zwischen den Parteien erkannt ist, in keinem Falle zu der freiwilligen Gerichtsbarkeit gerechnet. Der Unterschied zwischen streitiger Gerichtsbarkeit (jurisdictio contentiosa) und freiwilliger Gerichtsbarkeit (jurisdictio voluntaria) wird nicht nach der Ausgestaltung des Verfahrens bestimmt. So braucht der Umstand, daß ein Verfahren vor einem niederländischen Gericht mit einem Antrag (verzoekschrift) und nicht mit einer Ladung (dagvaarding) eingeleitet worden ist und daß dieses Verfahren mit einem Beschluß (beschikking) anstatt mit einem Urteil (vonnis) beendet wird, keineswegs zu bedeuten, daß es sich um eine Angelegenheit der freiwilligen Gerichtsbarkeit handelt. Nach neuerer niederländischer Gesetzgebung werden Streitigkeiten im Antragsverfahren erledigt, die der Sache nach zur streitigen Gerichtsbarkeit gehören, so zB Streitigkeiten über Arbeitsverträge (Art 125 a Rv), über Unterhaltsleistungen (Art 828 a ff Rv) und über Abzahlungskäufe (Art 125 g ff Rv). Entscheidungen, die in diesen Verfahren ergehen, sind nach dem Vertrag anzuerkennen. – Zu den nach dem Vertrag anzuerkennenden Entscheidungen aus dem Bereich der freiwilligen Gerichtsbarkeit gehören dagegen nicht solche in Verfahren, in denen es sich nicht um einen Streit über einen Anspruch eines Beteiligten gegen eine andere Person handelt, zB nach deutschem Recht die Volljährigkeitserklärung eines Minderjährigen und die Bestellung eines Vormundes, eines Pflegers oder eines Nachlaßverwalters. Aus dem niederländischen Recht unterliegen der Anerkennung nach diesem Vertrage zB nicht die Entscheidungen über die Entmündigung, die Ernennung eines Vormundes, eines Pflegers, eines Verwalters, eines besonderen Vertreters und über die Aufhebung der Vormundschaft."

Dementsprechend wird auch im **Schrifttum** angenommen, daß aus dem Bereich der Freiwilligen Gerichtsbarkeit nur die Streitsachen („Ansprüche der Parteien") erfaßt sind (Stein-Jonas-Schumann-Leipold § 328 Anh B VI Fn 3). Ensslin 58 folgert aus Art 1 Abs 3 lit b die Nichtanwendbarkeit des Vertrages „auf alle konstitutiven Akte der FG". 322

Für **Schutzmaßnahmen** im Rahmen des Eltern-Kind-Verhältnisses ist das Abkommen also nicht einschlägig. Es geht dort nicht um „Ansprüche der Parteien". Vielmehr ist idR Art 7 des Haager Minderjährigenschutzabkommens anzuwenden; die wichtigsten Ausnahmen sind Art 7 S 2 MSA (eine Schutzmaßnahme erfordert Vollstreckungshandlungen) und Art 15 MSA (das niederländische Scheidungsgericht ist aufgrund des Vorbehalts tätig geworden). In derartigen Ausnahmefällen gilt das autonome deutsche Recht. So hat das BayObLG den bilateralen Vertrag unter Berufung auf Art 1 Abs 3 lit b nicht angewandt auf eine niederländische vorläufige Sorgerechtsregelung nebst Herausgabeanordnung, die als Nebenentscheidung in einem Ehescheidungsverfahren ergangen war; die Tatsache, daß eine solche Entscheidung nach deutscher Terminologie nicht als Ehe- oder Familienstandssache zu qualifizieren wäre, müsse gegenüber „einer sinngemäßen Auslegung" des Abkommens zurücktreten (BayObLG 1. 7. 1976 BayObLGZ 1976, 174 = FamRZ 1977, 137 = IPRspr 1976 Nr 193 a). Der BGH bestätigte dies mit der Bemerkung, das BayObLG habe „zutreffend angenommen", das Abkommen „sei auf Entscheidungen über die Herausgabe von Kindern nicht anwendbar" (BGH 25. 10. 1976 BGHZ 67, 255 = NJW 1977, 150 = MDR 1977, 383 = FamRZ 1977, 126 = Rpfleger 1977, 55 = ZBlJugR 1977, 213 = IPRspr 1976 Nr 193 b). 323

f) Deutsch-österreichisches Abkommen vom 6. 6. 1959 324

Das deutsch-österreichische Abkommen (BGBl 1960 II 1245), das seit dem 29. 5. 1960 in Kraft ist (BGBl 1960 II 1253), **bezieht sich** nach seinem Art 1 Abs 1 auf „die in Zivil- oder Handelssachen ergangenen Entscheidungen der Gerichte, durch die in einem Verfahren der streitigen oder der freiwilligen Gerichtsbarkeit (im streitigen Verfahren oder im Verfahren außer Streitsachen) über Ansprüche der Parteien erkannt wird, auch wenn sie noch nicht rechtskräftig sind." Der Vertrag ist nach Art 14 Abs 1 Nr 1 nicht anzuwenden „auf Entscheidungen in Ehesachen oder in anderen Familienstandssachen".

325 In der **deutschen Denkschrift** (BT-Drucks III Nr 1419, 6 ff; abgedruckt bei Zöller 1487) heißt es in den Erläuterungen zu Art 1: „Der Vertrag erstreckt sich nicht nur auf Entscheidungen der streitigen, sondern auch auf solche der freiwilligen Gerichtsbarkeit, sofern in ihnen über Ansprüche der Parteien erkannt wird. Diese Voraussetzung liegt zB nicht vor bei Entscheidungen über das Recht der Sorge für die Person eines Kindes, bei Beschlüssen über Volljährigkeitserklärung oder bei der Bestätigung des Vertrages, durch den ein Kind an Kindes Statt angenommen wird."

326 Das deutsche **Schrifttum** folgt teilweise diesen Erläuterungen der Denkschrift (so Stein-Jonas-Schumann-Leipold § 328 Anh B IV Fn 3; Beck 32 f). Nach Ensslin 55 unterliegen „konstitutive Akte der FG" dem Vertrag nicht. Dagegen will Geimer in Geimer-Schütze 63 den Begriff „Anspruch" weiter fassen. Seiner Ansicht nach unterliegen dem Abkommen „auch rechtsgestaltende Entscheidungen auf dem Gebiet der freiwilligen Gerichtsbarkeit, sofern ihnen ein Anspruch eines Beteiligten auf Rechtsgestaltung in einer Zivil- oder Handelssache zur Wahrung oder Durchsetzung seiner Rechte gegen einen anderen Verfahrensbeteiligten (Anspruchsgegner) zugrunde liegt." Zu den vom Abkommen erfaßten sog echten Streitsachen auf dem Gebiet der Freiwilligen Gerichtsbarkeit zählt er ua die Regelung des Verkehrs mit dem Kind und die Entscheidung über die Herausgabe des ehelichen Kindes an den anderen Ehegatten (Geimer-Schütze 65 [im deutschen Recht], 68 [im österreichischen Recht]). Diese Ansicht dürfte indessen zu weit gehen, weil auch bei den genannten Maßnahmen der fürsorgerische Charakter überwiegt (vgl im übrigen die oben Rz 305 genannte Literatur, welche diese Schutzmaßnahmen in dem Katalog der sog echten Streitsachen der Freiwilligen Gerichtsbarkeit nicht erwähnt). – Im österreichischen Schrifttum erläutert Sedlacek ZfRvgl 1 (1960) 58, 61, der an den Verhandlungen mit der Bundesrepublik teilgenommen hatte, den Begriff „Ansprüche der Parteien" folgendermaßen: „Nicht darunter fallen also Entscheidungen im streitigen Verfahren, wenn es sich nicht um einen Anspruch von Parteien gegeneinander, sondern um Gestaltungsansprüche gegen den Staat handelt, so insbesondere die im Art 14 besonders erwähnten Entscheidungen in Ehesachen und anderen Familienstandsachen; von den Erkenntnissen im Außerstreitverfahren entfällt daher die große Gruppe der Entscheidungen, in denen kein Zweiparteienverhältnis vorliegt, wie bei Vormundschaftssachen". Nahezu wörtlich gleichlautend insoweit Matscher ÖJBl 1960, 268.

327 Die hier erörterten **Schutzmaßnahmen** im Rahmen des Eltern-Kind-Verhältnisses unterliegen dem Abkommen mE nicht. Ob sich das für einzelne Maßnahmen bereits aus dem Ausschluß von „Familienstandsachen" in Art 14 Abs 1 Nr 1 ableiten läßt, erscheint zweifelhaft (vgl aber die in diesem Sinne ergangene Rspr zum deutsch-niederländischen Abkommen oben Rz 323). Jedenfalls wird bei Schutzmaßnahmen nicht über „Ansprüche der Parteien" erkannt. Diese Auffassung steht insbes in Einklang mit den wiedergegebenen österreichischen Stellungnahmen von Sedlacek und Matscher, die vom Anwendungsbereich des Abkommens Entscheidungen ausnehmen, „in denen kein Zweiparteienverhältnis" vorliegt. In der Regel sind österreichische Schutzmaßnahmen im Rahmen des Eltern-Kind-Verhältnisses nach Art 7 des Haager Minderjährigenschutzabkommens anzuerkennen. Sonst gilt das autonome deutsche Recht.

g) Deutsch-schweizerisches Abkommen vom 2. 11. 1929 328

Das deutsch-schweizerische Abkommen (RGBl 1930 II 1065), das seit dem 1. 12. 1930 in Kraft ist (RGBl 1930 II 1270), **bezieht sich** nicht nur auf die „im Prozeßverfahren über vermögensrechtliche Ansprüche ergangenen rechtskräftigen Entscheidungen" (Art 1), sondern nach seinem Art 3 auch auf „die in nichtvermögensrechtlichen Streitigkeiten zwischen Angehörigen eines der beiden Staaten oder beider Staaten ergangenen rechtskräftigen Entscheidungen der bürgerlichen Gerichte." Entscheidungen der Freiwilligen Gerichtsbarkeit werden nicht erwähnt.

In der **deutschen Denkschrift** (RT-Drucks IV. Wahlperiode 1928 Nr 2236, 4 ff) 329 heißt es: „Im Art 1 wird zunächst klargestellt, daß sich die Regelung des Abkommens auf die im Prozeßverfahren der bürgerlichen Gerichte ergangenen Entscheidungen beschränkt; ausgeschlossen sind danach ... alle Entscheidungen, die im Verfahren der freiwilligen Gerichtsbarkeit ... ergangen sind." Bei den Erläuterungen des Art 3 wird die Freiwillige Gerichtsbarkeit nicht genannt. Die in der Denkschrift gewählten Ausdrücke („Kläger" und „Beklagter") und Beispiele (Scheidungsklagen) deuten darauf hin, daß auch in dieser Vorschrift nur an Prozeßverfahren gedacht war. – In der **Schweizer Botschaft** des Bundesrates an die Bundesversammlung (BBl 1929 III 531 ff) wird zur Reichweite des Abkommens ausgeführt: „Indem das Abkommen nur bezüglich der durch seine Bestimmungen umfaßten Entscheidungen (bzw Schiedssprüche und Vergleiche) eine Anerkennungs- und Vollstreckungspflicht aufstellt, will es selbstverständlich die Anerkennung und Vollstreckung der nicht unter seine Bestimmungen fallenden Entscheidungen (zB solche der freiwilligen Gerichtsbarkeit) ... keineswegs verbieten, sondern der Landesgesetzgebung anheimstellen" (532). Zu Art 1 wird in der Botschaft ein von beiden Delegationen gemeinsam erstelltes Sitzungsprotokoll zitiert, in dem es wörtlich heißt: „Das Verfahren der freiwilligen Gerichtsbarkeit (zB Erbauseinandersetzung, Verfahren der Aufwertungsstelle) ist nicht als Prozeßverfahren im Sinne des Art 1 anzusehen" (533).

Im **Schrifttum** wird die Anwendbarkeit des Abkommens auf Akte der Freiwilligen 330 Gerichtsbarkeit überwiegend verneint; s bereits Jonas JW 1930, 3284 ff, dessen Ausführungen hierzu mit denen der deutschen Denkschrift nahezu wörtlich übereinstimmen; Levis ZSR NF 56 (1937) 352, 361; ferner die grundlegende Arbeit von Kallmann, Anerkennung und Vollstreckung ausländischer Zivilurteile und gerichtlicher Vergleiche – Fragen des internationalen Zivilprozeßrechts untersucht an den von der Schweiz abgeschlossenen Vollstreckungsverträgen (Basel 1946) 6 f; nach Kallmann 7 Fn 5 ergibt sich der Ausschluß der Freiwilligen Gerichtsbarkeit (Vormundschaftssachen ua) bereits aus dem Wortlaut des Abkommens: „Prozeßverfahren", „an dem Rechtsstreit beteiligte Personen", „nichtvermögensrechtliche Streitigkeiten"; ihm folgen Stein-Jonas-Schumann-Leipold § 328 Anh B I Fn 5 und Ensslin 50 f.

Die **Abgrenzung zwischen streitiger und freiwilliger Gerichtsbarkeit** ist nicht klar 331 (vgl auch Vortisch, Die gegenseitige Anerkennung von im streitigen Verfahren über Kindschaftsachen ergangenen Gerichtsentscheidungen zwischen der Bundesrepublik Deutschland und der Schweizerischen Eidgenossenschaft [1971] 5). Manche meinen, das Abkommen erstrecke sich auch auf Entscheidungen der Freiwilligen Gerichtsbarkeit, wenn die Entscheidungen in einem Prozeßverfahren ergehen, wobei nicht deutlich wird, nach welchem Recht der Begriff „Freiwillige Gerichtsbarkeit" bestimmt wird (Wieczorek V 695, Deutsch-schweizerisches Vollstreckungsabkommen Art 1 Anm A II; ihm folgend IPG 1967–68 Nr 84 [Hamburg] 941: Anerkennung einer in einem Schweizer Scheidungsurteil enthaltenen Regelung der elterlichen Gewalt, wo der Begriff „Freiwillige Gerichtsbarkeit" offenbar dem deutschen Recht entnommen wird; anders Levis ZSR NF 56 [1937] 363: „Art 3 würde zu wenig sinnvollen Ergebnissen führen, wollte man ihn . . . auf Prozeßverfahren anwenden, die sachlich der freiwilligen Gerichtsbarkeit zuzuzählen sind"). Andere möchten das Abkommen auf echte Streitsachen im Verfahren der Freiwilligen Gerichtsbarkeit anwenden (Levis ZSR NF 56 [1937] 352; neuerdings Beck 31; anders etwa Horst Kaufmann in: Mémoires publiés par la Faculté de Droit de Genève 27 [1969] 95, wo darauf hingewiesen wird, daß nach den Materialien das Verfahren der Aufwertungsstelle vom Vertrag ausgenommen sein sollte, obwohl es sich in der Sache um ein streitiges Verfahren handelte).

332 Die Anerkennung von **Schutzmaßnahmen** im Rahmen des Eltern-Kind-Verhältnisses richtet sich im Verhältnis zur Schweiz idR nach Art 7 MSA. In Einzelfällen, in denen eine Anerkennung aufgrund des MSA nicht in Betracht kommt (etwa wenn das Schweizer Scheidungsgericht gem Art 15 MSA über die Gestaltung der Elternrechte entschieden hat oder wenn eine Schutzmaßnahme Vollstreckungshandlungen erfordert, Art 7 S 2 MSA), stellt sich jedoch die Frage, ob sich Anerkennung und Vollstreckung nach dem bilateralen Vertrag von 1929 oder nach dem autonomen Recht richten.

333 Die Frage ist von der **Rechtsprechung** bislang nicht geklärt. In *Deutschland* hat das KG die Anwendbarkeit des bilateralen Abkommens auf die Anerkennung der in einem schweizerischen Scheidungsurteil getroffenen Sorgerechtsregelung dahingestellt sein lassen (KG 13. 11. 1973 OLGZ 1974, 93 = FamRZ 1974, 146 = StAZ 1974, 127 = ZBlJugR 1974, 434 = IPRspr 1973 Nr 70). In der *Schweiz* hat das Bundesgericht eine Entscheidung des deutschen Vormundschaftsgerichts, in der nach Scheidung der Ehe das Personensorgerecht der Mutter übertragen worden war, aufgrund des bilateralen Vertrages anerkannt. Das Bundesgericht hat dabei freilich gar nicht erwähnt, daß es sich um eine Entscheidung der Freiwilligen Gerichtsbarkeit handelte (es nennt den deutschen Beschluß sogar einmal „Gestaltungsurteil"). Auch die Begründung, die deutsche Entscheidung sei, da nicht mit der Beschwerde angefochten, formell rechtskräftig, erweckt Bedenken (BG 18. 11. 1953 BGE 79 I 241 = Praxis 43 [1954] Nr 7 = SchwJbIntR 11 [1954] 349 = RabelsZ 19 [1954] 705 f; krit dazu Firsching NJW 1955, 614).

334 Im **Ergebnis** läßt sich nach dem Wortlaut des Abkommens und nach den Materialien (deutsche Denkschrift; schweizerische Botschaft) sagen, daß jedenfalls solche Schutzmaßnahmen, die sowohl in Deutschland als auch in der Schweiz im Verfahren der Freiwilligen Gerichtsbarkeit getroffen werden, vom Abkommen nicht erfaßt sind. Zweifelhaft ist die Reichweite des Abkommens bei denjenigen Maßnahmen, für die in Deutschland das Verfahren der Freiwilligen Gerichtsbarkeit, in der Schweiz das Prozeßverfahren gilt. Dabei ist zu beachten, daß die maßgebliche Verfahrensart in der Schweiz von Kanton zu Kanton verschieden bestimmt sein kann. Im Unterschied zur deutschen Regelung des § 621 a ZPO wird in der Schweiz über die Gestaltung der Elternrechte nach Scheidung der Ehe im allgemeinen im Prozeßverfahren entschieden (s für Ausnahmen im Falle der Abänderung der im Scheidungsurteil getroffenen Regelung Guldener, Schweizerisches Zivilprozeßrecht [2. Aufl 1958] 471 Fn 66). Der Entzug der elterlichen Gewalt kann – je nach der der kantonalen Regelung – im Verfahren der Freiwilligen Gerichtsbarkeit oder im eigentlichen Zivilprozeß erfolgen (Guldener, Grundzüge der freiwilligen Gerichtsbarkeit der Schweiz [1954] 14, 18). ME ist es nicht sinnvoll, die Anwendbarkeit des Abkommens in diesen Fällen von der jeweiligen kantonalen Ausgestaltung des Verfahrens in der Schweiz abhängig zu machen. Vielmehr erscheint es im Interesse einer praktikablen und einheitlichen Abgrenzung des Abkommens nach Sachgebieten richtig, die Anerkennung von Schutzmaßnahmen, die in Deutschland immer, in der Schweiz bisweilen im Verfahren der Freiwilligen Gerichtsbarkeit getroffen werden, vom Anwendungsbereich des Abkommens auszunehmen. Das dürfte – zumindest auf der deutschen Seite – auch den Vorstellungen der Verfasser des Abkommens entsprochen haben, als man Entscheidungen der Freiwilligen Gerichtsbarkeit vom Vertrage ausgenommen wissen wollte. Die zu begrüßende Tendenz, Entscheidungen der Freiwilligen Gerichtsbarkeit in Anerkennungs- und Vollstreckungsverträge einzubeziehen, ist jüngeren Datums.

Wenn man – entgegen der hier vertretenen Auffassung – das Abkommen auf Sorgerechtsentscheidungen in Schweizer Scheidungsurteilen anwenden will (so WIECZOREK V 695, Deutsch-schweizerisches Vollstreckungsabkommen Art 1 Anm A II; ihm folgend IPG 1967–68 Nr 84 [Hamburg]; ebenso wohl auch VORTISCH, Die gegenseitige Anerkennung von im streitigen Verfahren über Kindschaftssachen ergangenen Gerichtsentscheidungen zwischen der Bundesrepublik Deutschland und der Schweizerischen Eidgenossenschaft [1971] 39; vgl auch ders SchwJZ 1964, 297; FIRSCHING, IPR 105), sind die einschränkenden Voraussetzungen des Art 3 zu beachten: Der Prozeß muß zwischen Angehörigen eines der beiden Staaten oder beider Staaten geführt worden und die Entscheidung muß rechtskräftig sein. 335

h) Deutsch-tunesisches Abkommen vom 19. 7. 1966 336

Das deutsch-tunesische Abkommen (BGBl 1969 II 889), das seit dem 13. 3. 1970 in Kraft ist (BGBl 1970 II 125), **bezieht sich** in seinem 3. Titel auf die „Anerkennung und Vollstreckung gerichtlicher Entscheidungen in Zivil- und Handelssachen". Nach Art 27 Abs 2 sind unter Entscheidungen „alle gerichtlichen Entscheidungen ohne Rücksicht auf ihre Benennung (Urteile, Beschlüsse, Vollstreckungsbefehle) und ohne Rücksicht darauf zu verstehen, ob sie in einem Verfahren der streitigen oder der freiwilligen Gerichtsbarkeit ergangen sind. Ausgenommen sind jedoch diejenigen Entscheidungen der freiwilligen Gerichtsbarkeit, die in einem einseitigen Verfahren erlassen sind." In Art 28 Abs 1 wird der Anwendungsbereich weiter eingeschränkt: „In Angelegenheiten, die den Ehe- oder Familienstand, die Rechts- oder Handlungsfähigkeit oder die gesetzliche Vertretung einer Person betreffen, gilt dieser Titel nur für Entscheidungen in Ehe- oder Unterhaltssachen." In Nr 2 des Zusatzprotokolls ist ausdrücklich klargestellt: „Die in dem Art 27 II 2 erwähnten oder durch Art 28 I ausgenommenen Entscheidungen, die in dem einen Staate ergangen sind, können in dem anderen Staate gemäß dessen innerstaatlichen Rechtsvorschriften einschließlich der Regeln des internationalen Privatrechts anerkannt werden."

In der **deutschen Denkschrift** (BT-Drucks V Nr 3167, 44 ff) heißt es zu Art 27 Abs 2 S 2: 337
„Entscheidungen, die in einem Verfahren der freiwilligen Gerichtsbarkeit ergehen, sind grundsätzlich anzuerkennen. Eine wichtige Einschränkung enthält jedoch Satz 2 des Abs 2; danach fallen Entscheidungen der freiwilligen Gerichtsbarkeit, die in einem einseitigen Verfahren erlassen worden sind, nicht unter den Vertrag (Beispiele aus dem deutschen Recht: die Volljährigkeitserklärung eines Minderjährigen, die Bestellung eines Vormundes, eines Pflegers oder eines Nachlaßverwalters). Wie in Nr 2 des Zusatzprotokolls zur Vermeidung von Mißverständnissen klargestellt wird, können derartige Entscheidungen jedoch auf Grund des innerstaatlichen Rechts anerkannt werden. – Dagegen sollen echte Streitentscheidungen aus dem Bereich der freiwilligen Gerichtsbarkeit unter den Vertrag fallen. Zu der Gruppe von Entscheidungen, die einen Streit von Parteien beenden, gehören nach deutschem Recht zB die gerichtliche Bestätigung einer Auseinandersetzung bei der Vermittlung einer Auseinandersetzung unter Miterben nach den §§ 86 ff FGG und die Entscheidungen auf Grund der Verordnung über die Behandlung der Ehewohnung und des Hausrates nach der Scheidung vom 21. 10. 1944 in der Fassung des Gleichberechtigungsgesetzes vom 18. 6. 1957 und des Gesetzes vom 26. 7. 1957."

338 Schutzmaßnahmen im Rahmen des Eltern-Kind-Verhältnisses sind schon nach Art 27 Abs 2 S 2 von der Anerkennungspflicht ausgenommen, wenn sie „in einem einseitigen Verfahren erlassen sind". Was unter „einseitigem Verfahren" zu verstehen ist, wird trotz der Erläuterung in der deutschen Denkschrift nicht restlos klar. Eine authentische Verständnishilfe bieten die fremdsprachigen Fassungen, die nach der Schlußklausel des Abkommens die gleiche Verbindlichkeit genießen wie der deutsche Text. Nach dem französischen Text sind ausgenommen „les décisions qui seront rendues dans une procédure gracieuse où une seule partie est en cause", also „die Entscheidungen im nichtstreitigen Verfahren, an denen nur eine ‚Partei' beteiligt ist". Nach dem arabischen Text, für dessen Übersetzung ich meinem Institutskollegen Dr Konrad Dilger danke, sind ausgenommen „Entscheidungen (qarār), die das Gericht gemäß seiner ‚fürsorgerischen Gewalt' (sulṭa walā'īya) in einer Sache (qaḍīya) trifft, die eine Seite (Partei) (ṭaraf) umfaßt (tašstamil)". Der Wortlaut dieser Texte legt die Annahme nahe, daß Entscheidungen der Freiwilligen Gerichtsbarkeit aus solchen Verfahren ausgeschlossen sein sollen, an denen nur eine Seite beteiligt war und in denen also nicht zwei „Parteien" mit gegensätzlichen Interessen aufgetreten sind. So ist ein Verfahren über die Zuteilung der elterlichen Gewalt auf Antrag des überlebenden Ehegatten wohl als „einseitig" zu bezeichnen, während ein Elternstreit über die Verteilung der elterlichen Gewalt nach Scheidung diese Bezeichnung nicht verdienen dürfte. Die Abgrenzung im Einzelfall kann Schwierigkeiten bereiten (vgl zur ähnlichen Problematik, die Entscheidungen des Vormundschaftsrichters im französischen Recht den Bereichen „juridiction contentieuse" und „décisions gracieuses" zuzuordnen, Martiny 92 ff). Diesen Schwierigkeiten wird die deutsche Rechtsprechung, die zu diesen Fragen bislang nicht Stellung genommen hat, jedoch häufig entgehen können, weil jedenfalls Art 28 der Anerkennung bestimmter Schutzmaßnahmen im Rahmen des Eltern-Kind-Verhältnisses entgegensteht. Die Bestimmung gilt „en matière d'état et de capacité", im deutschen umschrieben mit „Angelegenheiten, die den Ehe- oder Familienstand, die Rechts- oder Handlungsfähigkeit oder die gesetzliche Vertretung einer Person betreffen" (vgl die ähnliche Formulierung in Art 1 Abs 2 Nr 1 des EG-Gerichtsstands- und Vollstreckungsübereinkommens). Die Übertragung der elterlichen Gewalt umschließt „die gesetzliche Vertretung", und auch nach französischem Sprachgebrauch fällt eine derartige Maßnahme in den Bereich „état et capacité" (vgl etwa Batiffol-Lagarde, D.I.P. II Nr 478 [„la puissance paternelle a toujours été regardée depuis le Code civil comme un élément de l'état des personnes"] und Nr 495 ff, wo die Maßnahmen des Haager Minderjährigenschutzabkommens im Kapitel „capacité des personnes" erläutert werden). Insgesamt gibt es also wohl keine Schutzmaßnahme im Rahmen des Eltern-Kind-Verhältnisses, die nach dem deutsch-tunesischen Vertrag anzuerkennen wäre; denn in aller Regel sind derartige Entscheidungen entweder durch Art 27 Abs 2 S 2 oder durch Art 28 Abs 1 vom Anwendungsbereich des Vertrages ausgenommen.

339 **5. Grundsätze der Anerkennung nach autonomem deutschen Recht**

Eine ausdrückliche Norm über die Anerkennung von Schutzmaßnahmen im Rahmen des Eltern-Kind-Verhältnisses fehlt im autonomen deutschen Recht. Die Vorschrift des § 328 ZPO spricht nur von der „Anerkennung des Urteils eines ausländischen Gerichts" und betrifft damit nur die streitige Gerichtsbarkeit.*

* So die deutsche Praxis und Lehre; s etwa BGH 7. 12. 1955 BGHZ 19, 240 = NJW 1956, 262 = JZ 1956, 535 Anm Neuhaus = LM Nr 1 zu Art 8 EGBGB Anm Johannsen = IPRspr 1954–55 Nr 4; BayObLG 16. 1. 1959 BayObLGZ 1959, 8 = NJW 1959, 1038 = FamRZ 1959,

Bei den hier in Rede stehenden Schutzmaßnahmen handelt es sich idR um Akte, die in Deutschland der Freiwilligen Gerichtsbarkeit zugeordnet werden. Solche Entscheidungen werden in der Bundesrepublik Deutschland grundsätzlich anerkannt.* 340

Zwei verschiedene Ausgangspunkte werden eingenommen, um Kriterien für die Anerkennung zu gewinnen. Die herrschende Meinung wendet § 328 ZPO in gewissem Umfang analog an, wobei jedenfalls die internationale Zuständigkeit des ausländischen Gerichts (§ 328 Abs 1 Nr 1 ZPO) und die Vereinbarkeit der Entscheidung mit dem inländischen ordre public überprüft werden (§ 328 Abs 1 Nr 4 ZPO). Eine Mindermeinung möchte für die Anerkennung grundsätzlich von der lex causae ausgehen, so daß auf die Anerkennungsregeln des § 328 ZPO nur dann zurückzugreifen ist, wenn nach den Regeln des IPR das deutsche Recht als lex causae gilt. 341

a) Die **Meinung, die grundsätzlich von der lex causae ausgeht**, wird teilweise für den gesamten Bereich der Freiwilligen Gerichtsbarkeit vertreten.** Teilweise wird sie – noch weitergehend – allgemein auf ausländische „Gestaltungsakte" bezogen (so NEUHAUS, Grundbegriffe 438 f). Zur *Begründung* wird die Abhängigkeit der Rechtsgestaltung vom materiellen Recht angeführt (s etwa DÖLLE aaO und NEUHAUS aaO; s auch die parallele Problematik bei der Bestimmung der internationalen Zuständigkeit [Gleichlauf] oben Rz 230 ff). Die primäre Bezugnahme auf die lex causae *soll* im einzelnen folgendes *bedeuten:* Ist die Entscheidung *im Staate der lex causae* ergangen, also in dem Staate, dessen Recht nach Art 19 maßgebend ist, so ist sie grundsätzlich anzuerkennen; vorbehalten bleibt der ordre public (§ 328 Abs 1 Nr 4 ZPO; Art 30 EGBGB). In diesem Fall besteht praktisch kein Unterschied zur hM, die von einer analogen Anwendung des § 328 Abs 1 Nr 1 und 4 ZPO ausgeht; denn die Voraussetzung des § 328 Abs 1 Nr 1 ZPO ist bei einer Entscheidung im Staat der lex causae regelmäßig erfüllt, oben Rz 259 ff. Ist die Entscheidung nicht von einem Gericht (einer Behörde) der lex causae, sondern *in einem anderen (dritten) Staat* getroffen worden, so erkennen wir die Entscheidung an, wenn die Gerichte der lex causae dies tun, freilich immer nur in den Grenzen und mit den Vorbehalten, die wir der lex causae selbst setzen (so DÖLLE RabelsZ 27 [1962–63] 237; ihm folgend 342

---

364 Anm SCHWIMANN und NEUHAUS (482) = EJF Nr 7 zu A II Anm EPPELSHEIMER = IPRspr 1958–59 Nr 208 S 679 m zahlr Nachw; ferner etwa STAUDINGER-RAAPE Art 19 Anm X 5 a; STAUDINGER-HENRICH Art 18 Rz 106; DÖLLE RabelsZ 27 (1962–63) 235; JANSEN § 1 Rz 146; IPG 1967–68 Nr 84 (Hamburg); vgl auch STAUDINGER-GAMILLSCHEG § 328 ZPO Rz 13 ff.

* S außer den soeben Genannten auch BayObLG 19. 6. 1975 BayObLGZ 1975, 218 = FamRZ 1975, 650 = StAZ 1975, 310 = IPRspr 1975 Nr 73: Sorgerechtsentscheidung eines österreichischen Gerichts (m zahlr Nachw); KG 13. 11. 1973 OLGZ 1974, 93 = FamRZ 1974, 146 = StAZ 1974, 127 = ZBlJugR 1974, 434 = IPRspr 1973 Nr 70: Sorgerechtsregelung für ein deutsches Kind in einem Schweizer Scheidungsurteil; 9. 8. 1974 OLGZ 1975, 119 = IPRspr 1974 Nr 87: Sorgerechtsregelung in einem türkischen Scheidungsurteil; OLG Hamm 7. 2. 1975 OLGZ 1975, 179 = NJW 1975, 1083 = FamRZ 1975, 426 = StAZ 1975, 275 = IPRspr 1975 Nr 68: Sorgerechtsregelung in kanadischem Scheidungsurteil; 14. 4. 1976 OLGZ 1976, 426 = NJW 1976, 2079 = FamRZ 1976, 528 = StAZ 1976, 364 = IPRspr 1976 Nr 63: Sorgerechtsregelung in einem italienischen Scheidungsurteil; aus dem Schrifttum s nur JANSEN § 1 Rz 146 ff; KEIDEL-KUNTZE-WINKLER § 33 Rz 55 ff; HABSCHEID 171.

** So DÖLLE RabelsZ 27 (1962–63) 236; KEIDEL-KUNTZE-WINKLER § 33 Rz 55; IPG 1967–68 Nr 84 (Hamburg) 943: Anerkennung einer in einem Schweizer Scheidungsurteil enthaltenen Regelung der elterlichen Gewalt; IPG 1969 Nr 49 (München) 391: Anerkennung einer New Yorker Sorgerechtsentscheidung; speziell im Rahmen des Art 19 auch STAUDINGER-RAAPE Anm B X 5 b und C II 2 c; RG 25. 1. 1940 RGZ 162, 329, 335 = DR 1940, 6 Anm MASSFELLER = RdbfJugI 16 (1940–41) 53 = Giur comp d.i.p. 12 (1956) 189 Nr 65 Anm FERID = IPRspr 1935–44 Nr 315 b: Anerkennung einer niederländischen Sorgerechtsentscheidung, die Niederländer betraf.

JANSEN § 1 Rz 148 aE). Namentlich bei dieser Fallkonstellation ergeben sich Unterschiede zu der Auffassung, die § 328 ZPO analog anwenden möchte. Dagegen ergeben sich keine Differenzen, wenn die lex causae *unser eigenes Recht* ist, gleichwohl aber eine fremde Entscheidung ergangen ist. Dann sind für die Anerkennung „gewisse dem § 328 ZPO zugrunde liegende Prinzipien ... zu beachten" (DÖLLE aaO).

343 Für eine generelle **Stellungnahme zur lex-causae-Theorie** ist hier nicht der Ort, weil diese Theorie über den Bereich der Schutzmaßnahmen im ehelichen Kindschaftsverhältnis weit hinausreicht. *Speziell* für die hier behandelten Maßnahmen vermag sie jedoch ebensowenig wie die auf den gleichen Grundgedanken beruhende gemäßigte Gleichlauftheorie (vgl oben Rz 234) zu überzeugen (ebenso BEITZKE, FS Lehmann II 503; ders FamRZ 1967, 603; ders, Juristische Analysen 3 [1971] 34 f; SOERGEL-KEGEL Art 19 Rz 53; PALANDT-HELDRICH Art 19 Anm 5; vgl auch FIRSCHING StAZ 1976, 154). Da für den Minderjährigenschutz die internationale Zuständigkeit im allgemeinen wichtiger ist als das anwendbare Recht (vgl dazu auch Vorbem 255 zu Art 18) und das anwendbare Recht bisweilen sogar der internationalen Zuständigkeit folgt, erscheint es angemessen, die Anerkennung primär von der Einhaltung der internationalen Zuständigkeit abhängig zu machen. (Das gilt besonders, solange das Eltern-Kind-Statut aufgrund des Staatsangehörigkeitsprinzips ermittelt wird, das dem Minderjährigenschutz in internationalen Fällen kaum gerecht wird.) Der von NEUHAUS, Grundbegriffe 439 gerügte Vorrang des Verfahrensrechts gegenüber dem IPR erscheint in diesem Bereich also berechtigt. Wenn ausländische Maßnahmen nach der hier vertretenen Ansicht im Ergebnis etwas öfter anzuerkennen sind als nach der lex-causae-Theorie, so ist dies kein Nachteil. Es fördert die Kontinuität des Minderjährigenschutzes, ohne daß eine Abänderung der ausländischen Maßnahme, wenn sie im Interesse des Kindes angezeigt ist, ausgeschlossen wäre; dazu näher unten Rz 366 ff. Schließlich ist es (gerade für den im Auslandsrecht häufig unerfahrenen Familien- oder Vormundschaftsrichter) *einfacher*, die Anerkennung in allen Fällen in Analogie zu bestimmten Regeln des § 328 ZPO zu prüfen, als zunächst die lex causae zu ermitteln.

344 **b)** Es ist also der hM zu folgen, nach der auf Entscheidungen der „Freiwilligen Gerichtsbarkeit" in gewissem Umfang **§ 328 ZPO analog anzuwenden** ist.*

345 Im einzelnen besteht freilich keine Einigkeit über die **Abgrenzung**, für welche ausländischen Entscheidungen die Bestimmung des § 328 ZPO direkt und für welche sie nur entsprechend gelten soll. Allgemein anerkannt ist lediglich, daß es nicht darauf ankommt, ob die Entscheidung des Erststaates als „Urteil" oder anders bezeichnet ist (BEITZKE, FS Lehmann II 503; KG 13. 11. 1973 OLGZ 1974, 93 = FamRZ 1974, 146 = StAZ 1974, 127 = ZBlJugR 1974, 434 = IPRspr 1973 Nr 70; OLG Hamm 14. 4. 1976 OLGZ 1976, 426 = NJW 1976, 2079 = FamRZ 1976, 528 = StAZ 1976, 364 = IPRspr 1976 Nr 63; JANSEN § 1 Rz 146; SONNENBERGER 224).

---

* Siehe für die nahezu einhellige jüngere *Praxis* etwa BGH 25. 10. 1976 BGHZ 67, 255 = NJW 1977, 150 = MDR 1977, 383 = FamRZ 1977, 126 = Rpfleger 1977, 55 = ZBlJugR 1977, 213 = IPRspr 1976 Nr 193 b; BayObLG 21. 12. 1973 BayObLGZ 1973, 345 = NJW 1974, 421 = MDR 1974, 317 = FamRZ 1974, 150 = IPRspr 1973 Nr 181; KG 13. 11. 1973 OLGZ 1974, 93 = FamRZ 1974, 146 = StAZ 1974, 127 = ZBlJugR 1974, 434 = IPRspr 1973 Nr 70; OLG Hamm 14. 4. 1976 OLGZ 1976, 426 = NJW 1976, 2079 = FamRZ 1976, 528 = StAZ 1976, 364 = IPRspr 1976 Nr 63; aus dem *Schrifttum* etwa BEITZKE, FS Lehmann II 503; ders FamRZ 1967, 603; FIRSCHING StAZ 1976, 154 f; SOERGEL-KEGEL Vorbem 392 zu Art 7; PALANDT-HELDRICH Art 19 Anm 5; KEIDEL-KUNTZE-WINKLER § 33 Rz 55 f; JANSEN § 1 Rz 147 ff; BÄRMANN 171 f.

Häufig wird die **Grenzlinie** mit folgender Formulierung markiert: Unter „Urteilen" werden „solche gerichtlichen Entscheidungen verstanden, welche einen Rechtsstreit zwischen Parteien aufgrund eines beiden Parteien Gehör gewährenden, ordentlichen oder summarischen prozessualen Verfahrens erledigen", während die übrigen Entscheidungen Akte der Freiwilligen Gerichtsbarkeit darstellen (so RG 30. 6. 1886 RGZ 16, 427, 428: österr „Zahlungsauftrag"; ihm folgend SOERGEL-KEGEL Vorbem 395 zu Art 7 mwN; STEIN-JONAS-SCHUMANN-LEIPOLD § 328 Anm III 1; BAUMBACH-LAUTERBACH-HARTMANN § 328 Anm 1 B; SONNENBERGER 224; IPG 1969 Nr 49 [München] 389; IPG 1973 Nr 41 [Köln] 432). 346

Indes erscheint es wenig überzeugend, darauf abzustellen, ob nach dem **ausländischen Recht** des Entscheidungsstaates ein **„Rechtsstreit"** stattgefunden hat oder nicht; denn manche Rechte kennen die Unterscheidung zwischen freiwilliger und streitiger Gerichtsbarkeit gar nicht, andere weichen vom deutschen Recht in der Zuordnung zu einer der beiden Verfahrensarten erheblich ab (s etwa MARTINY 42 ff). Beispielsweise können ausländische Sorgerechtsentscheidungen im streitigen Verfahren ergangen sein (etwa OVG Münster 22. 3. 1974 FamRZ 1975, 47 Anm JAYME = IPRspr 1974 Nr 198). 347

Es ist deshalb richtiger, mit einer in neuerer Zeit vordringenden Meinung darauf abzuheben, ob die ausländische Entscheidung auf einem **Rechtsgebiet** ergangen ist, das im **deutschen Recht** der Freiwilligen Gerichtsbarkeit zugewiesen ist. Maßgeblich ist danach die ähnliche Funktion bei der Regelung einer bestimmten Rechtsfrage (KG 13. 11. 1973 OLGZ 1974, 93 = FamRZ 1974, 146 = StAZ 1974, 127 = ZBlJugR 1974, 434 = IPRspr 1973 Nr 70 und 9. 8. 1974 OLGZ 1975, 119 = IPRspr 1974 Nr 87; BEITZKE, Juristische Analysen 3 [1971] 34; FIRSCHING StAZ 1976, 155; IPG 1969 Nr 49 [München]; 389; IPG 1977 [Hamburg] Nr 39; vgl auch OLG Hamm 14. 4. 1976 OLGZ 1976, 426 = NJW 1976, 2079 = FamRZ 1976, 528 = StAZ 1976, 364 = IPRspr 1976 Nr 63). 348

Im **Ergebnis** herrscht weitgehend Übereinstimmung (mag auch die Begründung im einzelnen differieren), daß ausländische Sorgerechts- und Verkehrsrechtsentscheidungen im Zusammenhang mit einer Scheidung den Regeln über die Anerkennung ausländischer Akte der Freiwilligen Gerichtsbarkeit zu unterstellen sind (etwa BGH 5. 2. 1975 BGHZ 64, 19 = NJW 1975, 1072 und 2141 [L] Anm GEIMER = MDR 1975, 560 = FamRZ 1975, 273 = StAZ 1975, 335 = LM Nr 4 zu Art 22 EGBGB [L] Anm HAUSS = IPRspr 1975 Nr 98; KG 13. 11. 1973 OLGZ 1974, 93 = FamRZ 1974, 146 = StAZ 1974, 127 = ZBlJugR 1974, 434 = IPRspr 1973 Nr 70; OLG Hamm 14. 4. 1976 OLGZ 1976, 426 = NJW 1976, 2079 = FamRZ 1976, 528 = StAZ 1976, 364 = IPRspr 1976 Nr 63; BEITZKE, FS Lehmann II 503; FIRSCHING StAZ 1976, 155). Für eine direkte Anwendung des § 328 ZPO auf die im ausländischen Scheidungsurteil enthaltene Sorgerechtsentscheidung dagegen ein Teil der älteren Rechtsprechung (KG 3. 5. 1935 JW 1935, 2750 = JFG 12, 80 = StAZ 1935, 413 = RdbfDJA 11 [1935] 244 = Giur comp d.i.p. 6 [1940] 349 Nr 266 [L] Anm LORENZ = IPRspr 1935–44 Nr 310; OLG Breslau 9. 5. 1938 DR 1939, 869 Anm LAUTERBACH = IPRspr 1935–44 Nr 313; zust noch SOERGEL-KEGEL Art 19 Rz 54). Sie dürfte heute überholt sein (IPG 1967–68 Nr 84 [Hamburg] 942). Zur Notwendigkeit einer vorgängigen Anerkennung des Ehescheidungsurteils gem Art 7 § 1 FamRÄndG unten Rz 365. An diesem Ergebnis hat sich mE dadurch nichts geändert, daß Sorge- und Verkehrsrechtsentscheidungen seit dem 1. 7. 1977 teilweise dem Familiengericht zugewiesen sind (§ 621 Abs 1 Nr 1 und 2 ZPO); denn gem § 621 a Abs 1 ZPO bestimmt sich das Verfahren in diesen Angelegenheiten nach wie vor im wesentlichen nach den Vorschriften des FGG. 349

350 **6. Die einzelnen Anerkennungsvoraussetzungen (§ 328 ZPO analog)**

Die einzelnen in § 328 Abs 1 ZPO genannten Voraussetzungen sind insoweit analog heranzuziehen, als sie einen allgemeinen Rechtsgedanken enthalten (so etwa BayObLG 18. 12. 1968 BayObLGZ 1968, 331 = NJW 1969, 376 = FamRZ 1969, 225 = StAZ 1969, 299 = ZBlJugR 1969, 134 = IPRspr 1968–69 Nr 270: Adoption; KG 13. 11. 1973 OLGZ 1974, 93 = FamRZ 1974, 146 = StAZ 1974, 127 = ZBlJugR 1974, 434 = IPRspr 1973 Nr 70: in einem Schweizer Scheidungsurteil getroffene Sorgerechtsregelung; IPG 1969 Nr 49 [München] 390: New Yorker Sorgerechtsentscheidung).

351 **a)** Das ausländische Gericht muß aus deutscher Sicht international zuständig gewesen sein: **§ 328 Abs 1 Nr 1 ZPO.** Dies wird, soweit § 328 ZPO überhaupt entsprechend angewendet wird (vgl oben Rz 341 ff), allgemein verlangt.*

352 **Im einzelnen** ist das Erfordernis des § 328 Abs 1 Nr 1 ZPO bei Staudinger-Gamillscheg § 328 ZPO Rz 193 ff erläutert. Das dort Gesagte gilt hier entsprechend; vgl insbes § 328 ZPO Rz 113–117 (Allgemeines), Rz 229 f (örtliche und sachliche Zuständigkeit) und Rz 231–245 (maßgeblicher Zeitpunkt; dazu auch IPG 1967–68 Nr 84 [Hamburg] 948). Die Zuständigkeitsregeln des autonomen deutschen Rechts, nach denen auch die internationale Zuständigkeit des ausländischen Gerichts spiegelbildlich zu prüfen ist, sind oben (Rz 236 ff) dargestellt. Es handelt sich nicht um ausschließliche Zuständigkeiten (oben Rz 227), so daß für die Anerkennung einer ausländischen Maßnahme auch dann Raum bleibt, wenn beispielsweise der ausländische Aufenthaltsstaat sie über ein deutsches Kind angeordnet hat und damit die Heimatzuständigkeit des deutschen Gerichts nicht zum Tragen gekommen ist (s etwa KG 13. 11. 1973 OLGZ 1974, 93 = FamRZ 1974, 127 = ZBlJugR 1974, 434 = IPRspr 1973 Nr 70).

353 Die **Regeln des Haager Minderjährigenschutzabkommens** sind für die „Anerkennungszuständigkeit“ mE nicht heranzuziehen (ebenso Goerke StAZ 1976, 272). Denn es geht nicht an, die Bestimmungen eines Staatsvertrages, welche die Zuständigkeiten der Vertragsstaaten aufeinander abstimmen und in gewissem Umfang einschränken, auch für diejenigen Staaten zum Maßstab zu nehmen, die diesen Staatsvertrag nicht ratifiziert haben. Die Frage ist indes nicht von erheblicher praktischer Relevanz; denn die Zuständigkeitsregeln des Haager Minderjährigenschutzabkommens stimmen mit denen des autonomen deutschen Rechts weitgehend überein. Jedenfalls darf die Aufenthaltszuständigkeit deutscher Gerichte nach Art 1 MSA nicht als ausschließliche gesehen werden, die für eine heimatstaatliche Zuständigkeit in einem Nichtvertragsstaat keinen Raum läßt (KG 9. 8. 1974 OLGZ 1975, 119 = IPRspr 1974 Nr 87; OLG Hamm 14. 4. 1976 OLGZ 1976, 426 = NJW 1976, 2079 = FamRZ 1976, 528 = StAZ 1976, 364 = IPRspr 1976 Nr 63).

354 Die **Vorschrift des Art 13 Abs 2 MSA**, der die im Abkommen aufgeführten heimatstaatlichen Zuständigkeiten den Vertragsstaaten vorbehält, spricht nicht gegen diese Auffassung. Sie soll

* Vgl etwa BGH 25. 10. 1976 BGHZ 67, 255 = NJW 1977, 150 = MDR 1977, 383 = FamRZ 1977, 126 = Rpfleger 1977, 55 = ZBlJugR 1977, 213 = IPRspr 1976 Nr 193 b; BayObLG 16. 1. 1959 BayObLGZ 1959, 8 = NJW 1959, 1038 = FamRZ 1959, 364 Anm Schwimann und Neuhaus (482) = EJF Nr 7 zu A II Anm Eppelsheimer = IPRspr 1958–59 Nr 208 S 680 und 21. 12. 1973 BayObLGZ 1973, 345 = NJW 1974, 421 = MDR 1974, 317 = FamRZ 1974, 150 = IPRspr 1973 Nr 181; KG 9. 8. 1974 OLGZ 1975, 119 = IPRspr 1974 Nr 87; OLG Hamm 14. 4. 1976 OLGZ 1976, 426 = NJW 1976, 2079 = FamRZ 1976, 528 = StAZ 1976, 364 = IPRspr 1976 Nr 63; Beitzke, FS Lehmann II 503; Bärmann 172; Jansen § 1 Rz 148; Sonnenberger 225; IPG 1967–68 Nr 84 (Hamburg) 946.

lediglich zum Ausdruck bringen, daß Nichtvertragsstaaten aus dem Übereinkommen keine Rechte herleiten können. Darüber hinaus ordnet das Übereinkommen nichts über die internationale Zuständigkeit von Nichtvertragsstaaten an (KG 9. 8. 1974 OLGZ 1975, 119 = IPRspr 1974 Nr 87). Es besteht auch kein Interesse, für Minderjährige eines Nichtvertragsstaates in Deutschland eine ausschließliche internationale Aufenthaltszuständigkeit in Anspruch zu nehmen.

Ist das Kind **Mehrstaater**, indem es neben der deutschen auch eine ausländische Staatsangehörigkeit besitzt, so berücksichtigt die wohl noch hM grundsätzlich nur die inländische Staatsangehörigkeit, so daß eine Heimatzuständigkeit des fremden Staates ausscheidet (vgl Staudinger-Gamillscheg § 328 ZPO Rz 81 f m Nachw). Diese Bevorzugung der inländischen Staatsangehörigkeit erweckt jedoch Zweifel. Selbst wenn das Kind seinen gewöhnlichen Aufenthalt in Deutschland hat, so daß die deutsche Staatsangehörigkeit die effektive ist (so in KG 17. 2. 1976 OLGZ 1976, 281 = IPRspr 1976 Nr 59), erscheint es so lange bedenklich, eine konkurrierende Zuständigkeit des ausländischen Heimatstaates zu leugnen, als deutsche Gerichte die internationale Zuständigkeit bei Mehrstaatern mit deutscher Staatsangehörigkeit unabhängig von der Effektivität der deutschen Staatsangehörigkeit beanspruchen (vgl dazu oben Rz 256); denn bei spiegelbildlicher Anwendung des deutschen Zuständigkeitsrechts müßte man ausländischen Gerichten das gleiche Recht zubilligen. Hat das Kind seinen gewöhnlichen Aufenthalt in dem ausländischen Staat, so ist schon aus diesem Grund die internationale Zuständigkeit der Gerichte jenes Staates zu bejahen (Aufenthaltszuständigkeit), ohne daß es darauf ankäme, ob gemäß der Lehre von der effektiven Staatsangehörigkeit auch die Heimatzuständigkeit des fremden Staates anerkannt werden muß. 355

b) Die Vorschrift des **§ 328 Abs 1 Nr 2 ZPO**, welche die Anerkennung ausschließt, „wenn der unterlegene Beklagte ein Deutscher ist und sich (mangels Zustellung) auf den Prozeß nicht eingelassen hat", paßt in dieser Form nicht auf Verfahren der Freiwilligen Gerichtsbarkeit (IPG 1969 Nr 49 [München] 392; im Ergebnis ebenso Kegel, IPR 489; die entsprechende Anwendung von § 328 Abs 1 Nr 2 ZPO wurde offengelassen von BayObLG 16. 1. 1959 BayObLGZ 1959, 8 = NJW 1959, 1038 = FamRZ 1959, 364 Anm Schwimann und Neuhaus [482] = EJF Nr 7 zu A II Anm Eppelsheimer = IPRspr 1958–59 Nr 208 S 681). 356

Eine Anerkennung kann im Einzelfall daran scheitern, daß einem Beteiligten das **rechtliche Gehör** nicht gewährt wurde (IPG 1969 Nr 49 [München] 390, 392). Das kann auch mit § 328 Abs 1 Nr 4 ZPO begründet werden (so zB IPG 1967–68 Nr 84 [Hamburg] 949; Habscheid 171; s auch BGH 25. 10. 1976 BGHZ 67, 255 = NJW 1977, 150 = MDR 1977, 383 = FamRZ 1977, 126 = Rpfleger 1977, 55 = ZBlJugR 1977, 213 = IPRspr 1976 Nr 193 b). Freilich muß es sich um besonders schwere Verstöße gegen das Gebot des rechtlichen Gehörs handeln, wenn ein Widerspruch mit dem ordre public bejaht werden soll (Keidel-Kuntze-Winkler § 33 Rz 55; Jansen § 1 Rz 151; Bärmann 172). Ein automatisches Versagen der Anerkennung wegen Verletzung des rechtlichen Gehörs ist nicht gerechtfertigt, weil der Mangel unterschiedliches Gewicht haben kann. So liegt kein Verstoß gegen den deutschen ordre public vor, wenn ein niederländisches Gericht – bei Anhängigkeit eines Scheidungsverfahrens in den Niederlanden – vor der Entscheidung über eine vorläufige Zuteilung der Personensorge an die Mutter nicht den in München wohnenden Vater und die Kinder angehört hat (BGH aaO). 357

c) Keine Einigkeit besteht darüber, ob **§ 328 Abs 1 Nr 3 ZPO** entsprechend anzuwenden ist, wonach von gewissen deutschen Kollisionsnormen nicht „zum Nachteil einer deutschen Partei" (dazu Staudinger-Gamillscheg § 328 ZPO Rz 318 ff) abgewichen sein darf. Die Frage wird häufig offengelassen (so von BayObLG 16. 1. 1959 BayObLGZ 1959, 8 = NJW 1959, 1038 = FamRZ 1959, 364 Anm 358

Schwimann und Neuhaus [482] = EJF Nr 7 zu A II Anm Eppelsheimer = IPRspr 1958–59 Nr 208 S 681 und 21. 12. 1973 BayOblGZ 1973, 345 = NJW 1974, 421 = MDR 1974, 317 = FamRZ 1974, 150 = IPRspr 1973 Nr 181: „§ 328 I Nr 3 ZPO, der nach Ansicht mancher auch Art 19 EGBGB umfaßt"; KG 13. 11. 1973 OLGZ 1974, 93 = FamRZ 1974, 146 = StAZ 1974, 127 = ZBlJugR 1974, 434 = IPRspr 1973 Nr 70; Goerke StAZ 1976, 272). Teilweise wird die Ansicht vertreten, daß auch von Art 19 EGBGB nicht zum Nachteil eines deutschen Beteiligten abgewichen werden dürfe, obwohl diese Kollisionsnorm in § 328 Abs 1 Nr 3 ZPO nicht genannt ist (so etwa OLG Hamm 14. 4. 1976 OLGZ 1976, 426 = NJW 1976, 2079 = FamRZ 1976, 528 = StAZ 1976, 364 = IPRspr 1976 Nr 63; Bärmann 172; Jansen § 1 Rz 150; wohl auch OVG Münster 22. 3. 1974 FamRZ 1975, 47 Anm Jayme = IPRspr 1974 Nr 198: „erforderlich, daß die Entscheidung mit dem gegebenenfalls maßgeblichen deutschen materiellen Recht zu vereinbaren ist"; Firsching StAZ 1976, 155: „man wird darüber hinaus auch an Art 19 EGBGB denken"). Diese Ansicht ist jedoch – jedenfalls für ausländische Schutzmaßnahmen im Rahmen des Eltern-Kind-Verhältnisses – abzulehnen. Die in § 328 Abs 1 Nr 3 ZPO genannten Kollisionsnormen betreffen langfristig bedeutsame Statussachen (Eheschließung, Ehescheidung, Ehelichkeit, Legitimation und Adoption; vgl zur Entmündigung BGH 7. 12. 1955 BGHZ 19, 240 = NJW 1956, 262 = JZ 1956, 535 Anm Neuhaus = IPRspr 1954–55 Nr 5). Es ist nach der ratio legis nicht gerechtfertigt, die Vorschrift auf andere Familiensachen, die nicht den Status betreffen, analog anzuwenden. Ausländische Schutzmaßnahmen für Minderjährige können – anders als etwa die von § 328 Abs 1 Nr 3 ZPO erfaßten Scheidungsurteile und Adoptionsentscheidungen – im Inland im Interesse des Kindes abgeändert werden. Es besteht kein Anlaß, die Anerkennung solcher Maßnahmen zu erschweren, indem die Berücksichtigung des deutschen Kollisionsrechts gefordert wird. Vielmehr dient es der kontinuierlichen Entwicklung des Kindes, alle von einem international zuständigen und damit sachnahen Gericht (Behörde) getroffenen Maßnahmen, die nicht gegen den inländischen ordre public verstoßen, anzuerkennen. Eine analoge Anwendung von § 328 Abs 1 Nr 3 ZPO kommt also nicht in Betracht (so auch Palandt-Heldrich Art 19 Anm 5; Jayme FamRZ 1975, 50; IPG 1967–68 Nr 84 [Hamburg] 949; IPG 1977 [Hamburg] Nr 39; ohne nähere Begründung wird eine Beachtung von Art 19 nicht verlangt von: BGH 25. 10. 1976 BGHZ 67, 255 = NJW 1977, 150 = MDR 1977, 383 = FamRZ 1977, 126 = Rpfleger 1977, 55 = ZBlJugR 1977, 213 = IPRspr 1976 Nr 193 b, wo für die Anerkennung einer niederländischen Herausgabeanordnung mit Recht nur die internationale Zuständigkeit und der deutsche ordre public geprüft wurden. Im Ergebnis wie hier auch Kegel, IPR 426, sowie Soergel-Kegel Vorbem 392 zu Art 7, der § 328 Abs 1 Nr 3 ZPO – entgegen einer verbreiteten Meinung – für *alle* Entscheidungen der Freiwilligen Gerichtsbarkeit außer Betracht lassen möchte). Ganz verfehlt wäre es, mittels einer analogen Anwendung von § 328 Abs 1 Nr 3 ZPO prüfen zu wollen, ob ein ausländischer Nichtvertragsstaat die Rechtsanwendungsvorschriften des Minderjährigenschutzabkommens beachtet hat; vgl oben Rz 353.

359 **d)** Die Voraussetzung des **§ 328 Abs 1 Nr 4 ZPO** (kein Verstoß gegen den ordre public) muß nach allgemeiner Auffassung erfüllt sein.* Zum *rechtlichen Gehör* vgl

* Etwa RG 25. 1. 1940 RGZ 162, 329, 335 = DR 1940, 640 Anm Massfeller = RdbfJugl 16 (1940–41) 53 = Giur comp d.i.p. 12 (1956) 189 Nr 65 Anm Ferid = IPRspr 1935–44 Nr 315 b; BayObLG 16. 1. 1959 BayObLGZ 1959, 8 = NJW 1959, 1038 = FamRZ 1959, 364 Anm Schwimann und Neuhaus (482) = EJF Nr 7 zu A II Anm Eppelsheimer = IPRspr 1958–59 Nr 208 S 680, jeweils mwN und 21. 12. 1973 BayObLGZ 1973, 345 = NJW 1974, 421 = MDR 1974, 317 = FamRZ 1974, 150 = IPRspr 1973 Nr 181; KG 9. 8. 1974 OLGZ 1975, 119

oben Rz 357. Ein Verstoß gegen den ordre public kann im Einzelfall, insbes wenn ein Deutscher betroffen ist, auch darin liegen, daß die tätig gewordene fremde Behörde nicht die nach unserer Auffassung für Akte der in Frage stehenden Art erforderlichen Rechtsgarantien bietet (GAMILLSCHEG RabelsZ 23 [1958] 149 f; DÖLLE RabelsZ 27 [1962–63] 237).

Es widerspricht nicht dem deutschen ordre public, wenn die Regelung der elterlichen Gewalt **von dem Gericht des Scheidungsprozesses** vorgenommen wird und nicht von einem besonderen Vormundschaftsgericht oder einer Vormundschaftsbehörde. Das ist eindeutig, seit in Deutschland das Familiengericht sowohl für die Ehescheidung (§ 606 ZPO) als auch für die Regelung der elterlichen Gewalt und des Verkehrsrechts zuständig ist (§ 621 ZPO). Es war aber auch vor dieser am 1. 7. 1977 in Kraft getretenen Änderung des deutschen Rechts anerkannt (vgl zahlreiche Entscheidungen zum interlokalen Recht unten Rz 382; ebenso in einem Auslandsfall OLG Hamm 7. 2. 1975 OLGZ 1975, 179 = NJW 1975, 1083 = FamRZ 1975, 426 = StAZ 1975, 275 = IPRspr 1975 Nr 68; s ferner etwa JANSEN § 1 Rz 152; IPG 1967–68 Nr 84 [Hamburg] 942 f). **360**

Heute könnte eher die umgekehrte Frage gestellt werden, ob es gegen den deutschen ordre public verstößt, wenn **ein anderes Gericht als das Scheidungsgericht** die Scheidungsfolgen hinsichtlich der deutschen Kinder regelt. Die Frage ist zu verneinen. Eine derartige Regelung ist nicht geradezu sachfremd. Wir können heute nicht als stoßend empfinden, was vor einigen Jahren bei uns selbst geltendes Recht war. **361**

Ein Verstoß gegen den deutschen ordre public liegt nicht bereits deshalb vor, weil die ausländische Entscheidung die **Anhängigkeit eines entsprechenden deutschen Verfahrens** nicht berücksichtigt hat (BayObLG 16. 1. 1959 BayObLGZ 1959, 8 = NJW 1959, 1038 = FamRZ 1959, 364 Anm SCHWIMANN und NEUHAUS [482] = EJF Nr 7 zu A II Anm EPPELSHEIMER = IPRspr 1958–59 Nr 208 S 681; offengelassen von OLG Hamm 14. 4. 1976 OLGZ 1976, 426 = NJW 1976, 2079 = FamRZ 1976, 528 = StAZ 1976, 364 = IPRspr 1976 Nr 63; vgl auch bereits BayObLG 9. 12. 1958 BayObLGZ 1958, 358 = NJW 1959, 533 = FamRZ 1959, 122 = DAVorm 32 [1959–60] 116 = EJF Nr 28 zu B II = IzRspr 1958–59 Nr 197: interlokal). Dagegen wird in der Außerachtlassung einer deutschen rechtskräftigen Entscheidung durch das ausländische Gericht ein Grund gesehen, der Entscheidung die Anerkennung zu versagen (so OVG Münster 22. 3. 1974 FamRZ 1975, 47 Anm JAYME = IPRspr 1974 Nr 198; OLG Hamm 14. 4. 1976 aaO; obiter BayObLG aaO mit Schrifttumsnachw; vgl auch BayObLG 19. 6. 1975 BayObLGZ 1975, 218 = FamRZ 1975, 650 = StAZ 1975, 310 = IPRspr 1975 Nr 73; GOERKE StAZ 1976, 273). Ein international zuständiges ausländisches Gericht ist aber grundsätzlich als befugt zu erachten, eine deutsche Entscheidung – etwa wegen veränderter Verhältnisse – im Interesse des Kindes abzuändern (JANSEN § 35 Rz 123). Denn deutsche Gerichte nehmen die Befugnis zur Abänderung ausländischer Maßnahmen ebenfalls für sich in Anspruch (unten Rz 366 ff). Zweifelhaft ist, ob eine Entscheidung, wie die über die Personensorge, von der abweichenden ausländischen in jedem Fall *ausdrücklich* aufgehoben bzw abgeändert sein muß, damit die letztere anerkannt werden kann (vgl OVG Münster aaO und dazu NEUHAUS, Grundbegriffe 437 f). **362**

= IPRspr 1974 Nr 87; OLG Hamm 14. 4. 1976 OLGZ 1976, 426 = NJW 1976, 2079 = FamRZ 1976, 528 = StAZ 1976, 364 = IPRspr 1976 Nr 63; HAUSS LM Nr 4 zu Art 22 EGBGB (Anm); KEIDEL-KUNTZE-WINKLER § 33 Rz 55; JANSEN § 1 Rz 149; HABSCHEID 171; BÄRMANN 172; FIRSCHING StAZ 1976, 155.

363 e) Das Erfordernis des § **328 Abs 1 Nr 5 ZPO** (Verbürgung der Gegenseitigkeit) ist nach richtiger und ganz überwiegend vertretener Meinung für die Anerkennung von Entscheidungen der Freiwilligen Gerichtsbarkeit nicht analog heranzuziehen. Dieses Erfordernis ist rechtspolitisch verfehlt (s Reinhard Hepting, Die Gegenseitigkeit im Internationalen Privatrecht und Internationalen Zivilprozeßrecht, Diss München 1973, 257). Es besteht kein Anlaß, es ohne positivrechtliche Nötigung im Bereich der Freiwilligen Gerichtsbarkeit aufzustellen.*

364 f) Im **Ergebnis** sind – mit der wohl hM – ausländische Schutzmaßnahmen im Rahmen des Eltern-Kind-Verhältnisses dann anzuerkennen, wenn nur das ausländische Gericht vom Standpunkt des deutschen Rechts international zuständig war und die Entscheidung nicht gegen den ordre public verstößt (§ 328 Abs 1 Nr 1 und 4 ZPO analog). Die anderen in § 328 Abs 1 ZPO genannten Erfordernisse sind nicht entsprechend heranzuziehen.

365 **7. Abhängigkeit von der Anerkennung der Ehescheidung**

Wenn die Schutzmaßnahme in einem ausländischen Scheidungsurteil getroffen wurde, stellt sich die Frage, wie sich ihre Anerkennung zur Anerkennung des Scheidungsurteils verhält. Die Anerkennung des Scheidungsurteils richtet sich nach den für ausländische Scheidungsurteile geltenden Vorschriften, dh nach § 328 ZPO iVm Art 7 § 1 FamRÄndG (näher Vorbem 627 zu Art 18 sowie Staudinger-Gamillscheg § 328 ZPO). Eine von der Landesjustizverwaltung ausgesprochene Anerkennung der Ehescheidung schließt die Anerkennung der Schutzmaßnahme als einer Nebenentscheidung nicht mit ein (vgl statt vieler Kleinrahm-Partikel 86 f; KG 13. 11. 1973 OLGZ 1974, 93 = FamRZ 1974, 146 = StAZ 1974, 127 = ZBlJugR 1974, 434 = IPRspr 1973 Nr 70). Die Anerkennung der Schutzmaßnahme richtet sich nicht direkt nach § 328 ZPO, sondern nach den oben Rz 350 ff dargestellten Regeln. Sie erfolgt idR inzident. Jedoch ist die Anerkennung davon abhängig, daß zuvor gem Art 7 § 1 FamRÄndG das Ehescheidungsurteil anerkannt wurde. Das entspricht dem mit Art 7 FamRÄndG verfolgten Ziel, den innerstaatlichen Entscheidungseinklang und die Rechtssicherheit zu gewährleisten. Unter Umständen ist eine Aussetzung des FG-Verfahrens geboten, bis ein Bescheid der Landesjustizverwaltung über die Anerkennung der Ehescheidung ergangen ist.

BGH 5. 2. 1975 BGHZ 64, 19 = NJW 1975, 1072 = MDR 1975, 560 = FamRZ 1975, 273 = StAZ 1975, 335 = IPRspr 1975 Nr 98: Anerkennung einer Sorgerechtsregelung nach dem deutsch-belgischen Abkommen vom 30. 6. 1958; OLG Hamm 7. 2. 1975 OLGZ 1975, 179 = NJW 1975, 1083 = FamRZ 1975, 426 = StAZ 1975, 275 = IPRspr 1975 Nr 68; OLG Frankfurt 3. 12. 1976 OLGZ 1977, 141 = IPRspr 1976 Nr 202; OLG Schleswig 23. 1. 1978 SchlHAnz 1978, 54; Beitzke, FS Lehmann II 503; ihm folgend Jansen § 1 Rz 152; Habscheid 172 f; Bärmann 172; die abw Ansicht des KG 13. 11. 1973 OLGZ 1974, 93 = FamRZ 1974, 146 = StAZ 1974, 127 = ZBlJugR 1974, 434 = IPRspr 1973 Nr 70 hat der BGH in seinem Urteil vom 5. 2. 1975 ausdrücklich abgelehnt. Einstweilige Anordnungen bleiben bis zum Bescheid der Landesjustizverwaltung möglich (OLG Schleswig 23. 1. 1978 SchlHAnz 1978, 54).

* So BayObLG 16. 1. 1959 BayObLGZ 1959, 8 = NJW 1959, 1038 = FamRZ 1959, 364 Anm Schwimann und Neuhaus (482) = EJF Nr 7 zu A II Anm Eppelsheimer = IPRspr 1958–59 Nr 208 S 681 f: „kann als Sondervorschrift der ZPO auf das Verfahren der freiwilligen Gerichtsbarkeit, jedenfalls in Personensorgesachen, nicht übertragen werden"; ihm folgend KG 13. 11. 1973 OLGZ 1974, 93 = FamRZ 1974, 146 = StAZ 1974, 127 = ZBlJugR 1974, 434 = IPRspr 1973 Nr 70; Beitzke, FS Lehmann II 503; ders, Juristische Analysen 3 (1971) 34; Keidel-Kuntze-Winkler § 33 Rz 55; Jansen § 1 Rz 151; Habscheid 171; Dölle RabelsZ 27 (1962–63) 238; Bärmann 172; Sonnenberger 227; Soergel-Kegel Vorbem 392 zu Art 7 und Art 19 Rz 53; Goerke StAZ 1976, 272 f; IPG 1967–68 Nr 84 (Hamburg); IPG 1969 Nr 49 (München) 390.

8. Abänderung anerkannter Maßnahmen 366

Es ist heute allgemein anerkannt, daß eine anzuerkennende ausländische Schutzmaßnahme im Inland **grundsätzlich** abgeändert werden darf, und zwar auch dann, wenn sie nach dem ausländischen Recht rechtskräftig geworden ist (OVG Münster 22. 3. 1974 FamRZ 1975, 47 Anm JAYME = IPRspr 1974 Nr 198; OLG Hamm 14. 4. 1976 OLGZ 1976, 426 = NJW 1976, 2079 = FamRZ 1976, 528 = StAZ 1976, 364 = IPRspr 1976 Nr 63). Dagegen ist im Inland eine Erstentscheidung zu treffen, wenn die internationale Zuständigkeit gegeben ist und die ausländische Maßnahme nicht anerkannt werden kann. Früher wurde die Abänderung ausländischer Entscheidungen vielfach mit der Begründung abgelehnt, das deutsche Gericht habe nicht die Macht, eine ausländische Entscheidung ganz oder zum Teil außer Kraft zu setzen (s etwa SWOBODA 73 f; dagegen ausf JARCK FamRZ 1956, 296; ihm folgend etwa BÄRMANN 173; HABSCHEID 172). Heute kann diese Meinung als überwunden gelten (dagegen bezeichnet HABSCHEID 172 die frühere Auffassung noch als „hM"). Da das inländische Recht darüber bestimmt, ob es eine ausländische Entscheidung anerkennt, kann es auch eine Abänderung zulassen. Die Praxis hat immer wieder ausländische Sorgerechtsentscheidungen durch eigene abgelöst (s BEITZKE, FS Lehmann II 504 mNachw aus der älteren deutschen, schweizerischen und französischen Rechtsprechung; ferner etwa KG 9. 8. 1974 OLGZ 1975, 119 = IPRspr 1974 Nr 87). Eine anerkannte ausländische Entscheidung würde gegenüber einer vergleichbaren inländischen zu Unrecht privilegiert, wenn man sie für nicht abänderbar erklären wollte (HABSCHEID FamRZ 1970, 559; allgemein zu den Wirkungen der Anerkennung oben Rz 301).

Die **Voraussetzungen** der Abänderbarkeit sind in der deutschen Rechtsprechung 367
und Literatur noch nicht klar herausgearbeitet worden (so auch IPG 1969 Nr 49 [München] 394). Eindeutig ist nur, daß die *internationale Zuständigkeit* des deutschen Gerichts gegeben sein muß. Die Zuständigkeit des erstmals mit der Sache befaßten Gerichts ist keineswegs eine ständige (BEITZKE, FS Lehmann II 505). Vielmehr kann jedes nach den oben (Rz 225 ff) geschilderten Regeln zuständige Gericht die frühere Entscheidung ändern oder ersetzen, wenn die Voraussetzungen für eine Abänderung vorliegen (vgl BGH 5. 2. 1975 BGHZ 64, 19 = NJW 1975, 1072 und 2141 [L] Anm GEIMER = MDR 1975, 560 = FamRZ 1975, 273 = StAZ 1975, 335 = LM Nr 4 zu Art 22 EGBGB [L] Anm HAUSS = IPRspr 1975 Nr 98 aE). Mitunter wird eine Änderung zugelassen, wenn „neue Tatsachen" vorliegen (siehe STAUDINGER-RAAPE Art 19 Anm C II 2 c; SOERGEL-KEGEL Art 19 Rz 54; in rechtsvergleichender Sicht J. SCHRÖDER, Bericht 152–157). Genau besehen ist zunächst nach dem anwendbaren Recht zu fragen. Soweit diese Frage gestellt wird, lassen sich ebenso wie zur Abänderbarkeit von Unterhaltstiteln (dazu ausf Vorbem 123–140 zu Art 18) drei Auffassungen vertreten. Man kann auf die *deutsche lex fori* abstellen, weil eine verfahrensrechtliche Frage in Rede stehe; man kann die *lex fori des ausländischen Gerichts* anwenden, weil eine ausländische Entscheidung im Anerkennungsstaat eine weitergehende Wirkung nicht haben könne; man kann aber auch fragen, unter welchen Voraussetzungen das gem Art 19 anwendbare Recht, die *lex causae*, eine Abänderung zuläßt. Letzterer Auffassung ist – wie bei der Abänderung von Unterhaltstiteln – zu folgen.* Bei einer funktionellen Qualifikation sind die

* Ebenso KEIDEL-KUNTZE-WINKLER § 33 Rz 56 d; JANSEN § 1 Rz 155 und § 35 Rz 123; SOERGEL-KEGEL Art 19 Rz 55; SCHWIMANN FamRZ 1959, 334; vgl bereits KG 3. 5. 1935 JW 1935, 2750 = JFG 12, 80 = StAZ 1935, 413 = RdbfDJA 11 (1935–36) 244 = Giur comp d.i.p. 6 (1940) 349 Nr 266 (L) Anm LORENZ = IPRspr 1935–44 Nr 310: Abänderung des in einem Scheidungsurteil des Staates Illinois enthaltenen Ausspruchs über die Personensorge nach dem gem Art 19 anwendbaren deutschen Recht; auch OLG Köln 3. 7. 1959 JZ 1961, 327 Anm

Voraussetzungen der Abänderbarkeit nämlich als materiellrechtlich zu betrachten. Dies entspricht auch der Systematik des deutschen Rechts, das die Frage im materiellen Recht geregelt hat (§ 1696 BGB).

368 Sollte die materiell maßgebende Rechtsordnung eine Schutzmaßnahme, etwa eine Sorgerechtsregelung, als endgültig und unabänderlich betrachten, so kann wegen dieser Starrheit ein Verstoß gegen den ordre public vorliegen und die Anerkennung ausgeschlossen sein (Beitzke, FS Lehmann II 505; Jansen § 35 Rz 123).

369 Bei einem **Statutenwechsel** kommt es auf die lex causae im Zeitpunkt des Abänderungsverfahrens an, nicht auf die lex causae im Zeitpunkt des Erlasses der ausländischen Entscheidung.

370 **9. Vollstreckung von Schutzmaßnahmen**

Die Vollstreckung ausländischer Schutzmaßnahmen richtet sich in jedem Fall nach den Regeln des **autonomen** deutschen Rechts. Einschlägige Staatsverträge bestehen nicht. Das Haager Minderjährigenschutzabkommen enthält keine Regelung der Vollstreckung (Art 7 S 2). Das EG-Gerichtsstands- und Vollstreckungsübereinkommen und die bilateralen Anerkennungs- und Vollstreckungsverträge der Bundesrepublik Deutschland beziehen Schutzmaßnahmen im Rahmen des Eltern-Kind-Verhältnisses in ihren Anwendungsbereich nicht ein (oben Rz 303 ff).

371 Die Vollstreckung einer ausländischen Maßnahme, **die nur gestaltend wirkt** und keinen Leistungsbefehl enthält, kommt mangels eines vollstreckungsfähigen Inhalts ebensowenig in Betracht wie die Vollstreckung einer entsprechenden inländischen Maßnahme (s etwa IPG 1969 Nr 49 [München] 393 betr Sorgerechtsentscheidung eines New Yorker Gerichts; vgl auch Vorbem 633 zu Art 18). Regelt eine ausländische Entscheidung die elterliche Gewalt, ohne die Herausgabe des Kindes anzuordnen, so kann diese Entscheidung nicht für vollstreckbar erklärt werden; es kann aber die Anerkennung der ausländischen Entscheidung beantragt und gleichzeitig für den Fall der Anerkennung der Erlaß einer Herausgabeanordnung durch das deutsche Gericht erbeten werden (IPG 1967–68 Nr 84 [Hamburg] 941 f). Dagegen hat die Anordnung eines ausländischen Gerichts, das Kind herauszugeben, einen vollstreckungsfähigen Inhalt (vgl zu den einzelnen Fällen, in denen eine Herausgabe oder Zurückführung des Kindes im deutschen Recht verfügt werden kann, Keidel-Kuntze-Winkler § 33 Rz 34 ff).

372 Der Vollzug einer ausländischen Entscheidung auf **Herausgabe eines Kindes** von einem Elternteil an den anderen richtet sich zumindest dann, wenn es sich nicht um eine einstweilige Anordnung im Ehescheidungsverfahren handelt, nach § 33 FGG. Über die wichtigste Voraussetzung der Vollstreckung, die Anerkennung der ausländischen Maßnahme, kann nach allgemeiner Ansicht im Verfahren nach § 33 FGG als Vorfrage mitentschieden werden (s nur BGH 25. 10. 1976 BGHZ 67, 255 = NJW 1977, 150 = MDR 1977, 383 = FamRZ 1977, 126 = Rpfleger 1977, 55 = ZBlJugR 1977, 213 = IPRspr 1976 Nr 193 b). Der Erlaß eines Vollstreckungsurteils nach § 722 ZPO ist nicht erforderlich.

Schnorr von Carolsfeld = ZZP 73 (1960) 301 = ZBlJugR 1959, 240 = IPRspr 1958–59 Nr 210: einstweilige Sorgerechtsregelung im Scheidungsverfahren gem § 627 ZPO aF; OLG Karlsruhe 25. 10. 1968 FamRZ 1969, 161 = IPRspr 1968–69 Nr 269: anerkennungsfähige Regelung der „Obhut" durch ein Schweizer Gericht hindert das deutsche Gericht nicht an der „weitergehenden" Maßnahme einer Regelung der elterlichen Gewalt.

373 Die **Rechtsprechung des BGH** zu der Frage, ob die Entscheidung eines ausländischen Gerichts, in der die Herausgabe eines Kindes von einem Elternteil an den anderen angeordnet wurde, nach § 33 FGG oder nach den Vorschriften der ZPO zu vollstrecken sei, hat sich geändert, ebenso wie sich im deutschen Recht die Zuständigkeit zum Erlaß einer derartigen Herausgabeanordnung geändert hat. Im Jahre 1954 meinte der BGH, zur Vollstreckung einer österreichischen gerichtlichen Herausgabeanordnung bedürfe es eines Urteils nach § 722 ZPO (BGH 11. 5. 1953 JZ 1954, 244 Anm Makarov = LM Nr 1 zu § 722 ZPO = IPRspr 1952–53 Nr 305). Damals wurde in Deutschland für das Herausgabeverlangen von einem Elternteil an den anderen noch der Klageweg als gegeben angesehen. Später erklärte der BGH das Vormundschaftsgericht als zuständig für den Elternstreit über die Herausgabe von Kindern (BGH 30. 11. 1955 BGHZ 19, 185 = NJW 1956, 260), und das Gleichberechtigungsgesetz von 1958 führte mit § 1632 Abs 2 BGB eine entsprechende Norm ein. Als der BGH im Jahre 1976 über die Frage der Vollstreckbarkeit einer ausländischen Herausgabeanordnung erneut zu entscheiden hatte, hielt er eine Vollstreckung durch das Vormundschaftsgericht gem § 33 FGG für das „sachlich wie prozeßwirtschaftlich vernünftige Ergebnis", weil auf diese Weise „dasjenige deutsche Gericht, welches nach deutschem Recht zur Entscheidung der Sache selbst zuständig wäre, auch über die Vollstreckbarerklärung zu entscheiden hat" (BGH 25. 10. 1976 BGHZ 67, 255 = NJW 1977, 150 = MDR 1977, 383 = FamRZ 1977, 126 = Rpfleger 1977, 55 = ZBlJugR 1977, 213 = IPRspr 1976 Nr 193 b m umfassenden Nachw über den damaligen Meinungsstand; vgl auch bereits BayObLG 31. 7. 1974 BayObLGZ 1974, 317 = NJW 1974, 2183 = MDR 1975, 58 = FamRZ 1974, 534 = IPRspr 1974 Nr 200 sowie den Vorlegungsbeschluß BayObLG 1. 7. 1976 BayObLGZ 1976, 174 = FamRZ 1977, 137 = IPRspr 1976, Nr 193 a und dazu Goerke StAZ 1976, 273). Der BGH ging in diesem Beschluß noch davon aus, daß im deutschen Recht allein das Vormundschaftsgericht zuständig sei, über die Herausgabe eines gemeinschaftlichen Kindes von einem Elternteil an den anderen zu entscheiden (§ 1632 Abs 2 BGB aF). Eine daneben bestehende Zuständigkeit des Prozeßgerichts, nach § 627 ZPO aF für die Dauer eines Scheidungsrechtsstreits Anordnungen über die Herausgabe eines Kindes zu treffen, könne nicht anerkannt werden. Demnach sei „allein das Vormundschaftsgericht berufen, über die Vollstreckbarerklärung ausländischer Entscheidungen, die einem Elternteil die Herausgabe eines gemeinschaftlichen Kindes an den anderen Elternteil aufgegeben haben, gem § 33 FGG zu befinden, und zwar auch dann, wenn die ausländische Entscheidung mit einer in Deutschland nach § 627 ZPO [aF] ergehenden Anordnung vergleichbar sein sollte." Vgl auch BGH 1. 2. 1978 BGHZ 70, 41 = WM 1978, 937 = FamRZ 1978, 403 = ZBlJugR 1978, 221: Wurde *vor* der Entscheidung des BGH vom 25. 10. 1976 für die Vollstreckung einer ausländischen Herausgabeanordnung ein Verfahren vor dem Prozeßgericht gem § 722 ZPO anhängig, so bleibt der Rechtsweg vor dem Prozeßgericht gem § 261 Abs 3 Nr 2 ZPO bestehen; die durch die Entscheidung des BGH vom 25. 10. 1976 vollzogene Änderung der Rechtsprechung ist eine nach § 261 Abs 3 Nr 1 unerhebliche Veränderung der die Zulässigkeit des beschrittenen Rechtsweges begründenden Umstände.

374 Nach dem am 1. 7. 1977 in Kraft getretenen 1. EheRG entscheidet nunmehr das **Familiengericht**, wenn ein Elternteil die Herausgabe des Kindes von dem anderen Elternteil verlangt (§ 1632 Abs 2 BGB). Gemäß § 621 Abs 2 Nr 3 ZPO handelt es sich um eine Familiensache. Für diese Familiensachen gelten gem § 621 a Abs 1 ZPO grundsätzlich die Verfahrensvorschriften des FGG, darunter § 33 FGG über die Ordnungsmittel. Außerdem kann das Familiengericht gem § 620 Nr 3 ZPO im Wege der einstweiligen Anordnung die Herausgabe des Kindes an den anderen Elternteil regeln; dafür gilt die Verfahrensvorschrift des § 620 a ZPO; die Herausgabeanordnung stellt gem § 794 Abs 1 Nr 3 a ZPO einen Vollstreckungstitel dar.

375 Nach der in Rz 373 erwähnten Entscheidung BGHZ 67, 255 bestimmt sich die **Art des Verfahrens**, in dem eine ausländische Entscheidung für vollstreckbar erklärt und vollzogen wird, nicht danach, welche Rechtsnatur die Entscheidung nach dem einschlägigen *ausländischen* Verfahrensrecht hat. Darauf abzustellen würde – wie der BGH zutreffend bemerkt – bei der Einordnung einer ausländischen Entscheidung in die Verfahrensbereiche der streitigen oder freiwilligen Gerichtsbarkeit zu oft nur schwer überwindbaren und das Verfahren verzögernden Schwierigkeiten führen. Vielmehr erscheint es nach Ansicht des BGH zweckmäßiger, grundsätzlich darauf abzustellen, in welchem Verfahren inhaltlich entsprechende Entscheidungen

deutscher Gerichte *in Deutschland* zu vollziehen wären. Nach diesen Grundsätzen besteht kein Zweifel, daß ausländische Herausgabeanordnungen, sofern sie nicht als einstweilige Anordnung im Ehescheidungsverfahren erlassen wurden, in Deutschland gem § 33 FGG zu vollziehen sind (vgl §§ 621 Abs 1 Nr 3, 621 a Abs 1 ZPO). Dagegen ist zweifelhaft, ob eine ausländische einstweilige Herausgabeanordnung, die einem Beschluß nach § 620 Nr 3 ZPO entspricht, ebenfalls nach § 33 FGG vollstreckt werden kann. Die Frage ist in der Rechtsprechung und Literatur noch nicht endgültig geklärt. Einerseits ist die Argumentation von BGHZ 67, 255 nach Einführung des § 620 Nr 3 ZPO nicht mehr zutreffend, das deutsche Scheidungsgericht dürfe eine Herausgabe nicht als einstweilige Maßnahme anordnen und folglich komme nach deutschem Recht für derartige Herausgabeanordnungen nur das FG-Verfahren in Betracht. Andererseits wäre es nach wie vor die einfachste und praktikabelste Lösung, ausländische Herausgabeanordnungen immer in dem weniger schwerfälligen Verfahren des § 33 FGG zu vollstrecken. Zur Begründung ließe sich sagen, daß ausländische Herausgabeanordnungen in Deutschland immer in dem Verfahren zu vollstrecken sind, das für deutsche Herausgabeanordnungen die Regel bildet. Eine genaue Entsprechung zum deutschen Recht läßt sich bei ausländischen Maßnahmen ohnehin nicht immer feststellen.

376 Im **einzelnen** folgt die Vollstreckung nach § 33 FGG den in der deutschen lex fori entwickelten Regeln. Die bei der Durchsetzung einer Herausgabeanordnung in Inlandsfällen zu beachtenden Grundsätze gelten bei den hier erörterten Auslandsfällen ebenfalls. Insoweit muß auf die Erläuterungen zu § 33 FGG in den einschlägigen Kommentaren und Lehrbüchern verwiesen werden. Besonders erwähnt sei nur, daß das deutsche Gericht auch im Rahmen des Vollstreckungsverfahrens zu prüfen hat, ob in dem Herausgabeverlangen nicht ein Mißbrauch des Personensorgerechts zu sehen ist; dieser kann vorliegen, wenn die Durchführung des Herausgabeanspruches zu einer ernstlichen Gefährdung des Kindes in seiner körperlichen, seelischen oder geistigen Entwicklung führen würde. Das deutsche Aufenthaltsgericht ist in einem solchen Fall auch gegenüber dem Heimatgericht eines Minderjährigen aus einem Vertragsstaat des Haager Minderjährigenschutzabkommens gem dessen Art 8 international zuständig, die erforderlichen Schutzmaßnahmen zu trefffen, also etwa die Vollziehung der Herausgabeanordnung einstweilen auszusetzen, das Aufenthaltsbestimmungsrecht zu entziehen oder die ausländische Sorgerechtsregelung zu ändern (BGH 25. 10. 1976 BGHZ 67, 255 = NJW 1977, 150 = MDR 1977, 383 = FamRZ 1977, 126 = Rpfleger 1977, 55 = ZBlJugR 1977, 213 = IPRspr 1976 Nr 193 b). Auch ist gerade in Auslandsfällen wiederholt entschieden worden, daß bei älteren Kindern eine gewaltsame Wegnahme an dem in Art 2 GG verankerten Persönlichkeitsschutz scheitern kann (BGH 5. 2. 1975 BGHZ 64, 19 = NJW 1975, 1072 und 2141 [L] Anm Geimer = MDR 1975, 560 = FamRZ 1975, 273 = StAZ 1975, 335 = LM Nr 4 zu Art 22 EGBGB [L] Anm Hauss = IPRspr 1975 Nr 98 aE, wo obiter gesagt wird, „daß bei einem Kind, das das 14. Lebensjahr überschritten hat, eine gewaltsame Wegnahme im Hinblick auf Art 2 I GG auch verfassungsrechtlich bedenklich wäre“; BayObLG 31. 7. 1974 BayObLGZ 1974, 317 = NJW 1974, 2183 = MDR 1975, 58 = FamRZ 1974, 534 = IPRspr 1974 Nr 200, wo eine italienische Herausgabeanordnung, deren Anerkennungsfähigkeit nach einem durch alle Instanzen geführten Verfahren feststand, dann doch nicht vollstreckt wurde, weil dies das Persönlichkeitsrecht der 16 und 17 Jahre alten Mädchen verletzt hätte).

377 **10. Interlokales Recht**

Die Regeln über die Anerkennung und Vollstreckung ausländischer Schutzmaßnahmen sind weitgehend entsprechend anzuwenden, wenn eine Schutzmaßnahme in der

DDR getroffen worden ist (s etwa HABSCHEID 173; BÄRMANN 173). Auch hier gilt also der in anderen Bereichen ebenfalls anerkannte Grundsatz, daß die für internationale Fälle entwickelten Regeln in interlokalen Fällen analog anzuwenden sind (vgl die ausführliche Schilderung der Anerkennung von DDR-Entscheidungen, unter besonderer Berücksichtigung von Eheurteilen bei STAUDINGER-GAMILLSCHEG § 328 ZPO Rz 571 ff m umfassenden Nachw; ferner etwa SOERGEL-KEGEL Vorbem 368 ff zu Art 7). Schutzmaßnahmen von Gerichten der DDR sind in der Bundesrepublik Deutschland **grundsätzlich anzuerkennen.***

Für die Anerkennung von Maßnahmen der DDR-Gerichte sind – ebenso wie für die Anerkennung von Maßnahmen ausländischer Gerichte (vgl oben Rz 364) – **§ 328 Nr 1 und 4 ZPO analog** anzuwenden. Es ist also zu prüfen, ob das Gericht der DDR interlokal zuständig war und ob seine Entscheidung mit dem ordre public der Bundesrepublik Deutschland vereinbar ist. Dazu zählt auch, daß rechtliches Gehör gewährt wurde (vgl § 328 Abs 1 Nr 2 ZPO). **378**

Die Frage, an welche Voraussetzungen die Anerkennung im einzelnen geknüpft ist, hat die deutschen Gerichte bis zum Anfang der sechziger Jahre wiederholt beschäftigt. Insbesondere sind viele Entscheidungen bekannt geworden, in denen geprüft wurde, ob die in einem Scheidungsurteil der DDR enthaltene Sorgerechtsregelung anerkannt werden kann. In den letzten fünfzehn Jahren, in denen die Grenze von der DDR praktisch geschlossen war, hat die Frage an Aktualität verloren. **379**

In den Entscheidungen zur Anerkennung von Sorgerechtsentscheidungen nach Scheidung spielte die Überprüfung der **interlokalen Zuständigkeit** praktisch keine Rolle. Das liegt zum einen daran, daß der BGH erst Ende der fünfziger Jahre wirklich deutlich gemacht hat, daß Scheidungsurteile der DDR nicht nur auf ihre Vereinbarkeit mit dem ordre public zu überprüfen sind, sondern daß auch die interzonale Zuständigkeit gegeben sein mußte (s STAUDINGER-GAMILLSCHEG § 328 ZPO Rz 587 ff; freilich war auch in Ehesachen die interlokale Anerkennungszuständigkeit regelmäßig unproblematisch; so zutreffend BayObLG 28. 7. 1975 BayObLGZ 1975, 296 = MDR 1976, 232 Anm GEIMER = IPRspr 1975 Nr 180 S 470). Zum anderen besteht für Schutzmaßnahmen im Rahmen des Eltern-Kind-Verhältnisses meist keine ausschließliche Zuständigkeit, sondern es gibt mehrere Gründe, auf die sich die internationale und interlokale Zuständigkeit eines Gerichts stützen kann (oben Rz 227). Wenn aber im Einzelfall eine interzonale Zuständigkeit der DDR-Gerichte nicht gegeben war, besteht kein Anlaß, diesen Versagungsgrund des internationalen Verfahrensrechts nicht auch interlokal anzuwenden (ebenso JANSEN § 35 Rz 141 mwN; anders, aber nicht überzeugend KÖNIG 137 ff). **380**

Dagegen sind die Entscheidungen der DDR-Gerichte in aller Regel auf ihre Vereinbarkeit mit dem **ordre public** der Bundesrepublik geprüft worden. Meist **381**

* S aus der Rspr BGH 14. 7. 1956 BGHZ 21, 306 = NJW 1956, 1439 = JR 1957, 20 zust Anm BEITZKE = FamRZ 1956, 347 = ZBlJugR 1956, 295 = EJF Nr 5 zu B II Anm JANSEN = IzRspr 1954–57 Nr 368 b S 600: Daß die Sorgerechtsregelung des DDR-Gerichts „grundsätzlich auch in der Bundesrepublik anzuerkennen ist, unterliegt keinem Zweifel. Es kann hier nichts anderes gelten als bei Urteilen, die in einem streitigen Verfahren erlassen sind"; BayObLG 15. 5. 1956 BayObLGZ 1956, 161 = IzRspr 1954–57 Nr 368 a S 591 f; 16. 7. 1957 BayObLGZ 1957, 213 = NJW 1957, 1599 = MDR 1957, 751 = EJF Nr 13 zu B II zust Anm JANSEN = IzRspr 1954–57 Nr 373; OLG Celle 17. 9. 1954 NJW 1955, 24 = IzRspr 1954–57 Nr 311; KG 18. 9. 1963 ROW 1964, 224 = IzRspr 1962–63 Nr 148; OLG Frankfurt 23. 1. 1963 IzRspr 1962–63 Nr 126; OLG Celle 26. 3. 1963 NdsRpfl 1964, 158 = IzRspr 1962–63 Nr 147; OLG Hamm 9. 12. 1963 FamRZ 1964, 582 = IzRspr 1962–63 Nr 147; OLG Hamm 9. 12. 1963 FamRZ 1964, 582 = IzRspr 1962–63 Nr 134 a; LG Stuttgart 12. 7. 1960 IzRspr 1960–61 Nr 176; s ferner etwa KEIDEL-KUNTZE-WINKLER § 35 Rz 17; JANSEN § 35 Rz 140.

bestand kein Anlaß, unter diesem Gesichtspunkt an der Anerkennungsfähigkeit zu zweifeln (s etwa die oben Rz 377 angeführten Entscheidungen).

382 Insbesondere haben die Gerichte mit Recht keinen Anstoß daran genommen, daß die Sorgerechtsregelung nach Scheidung in der DDR **vom Scheidungsgericht selbst** vorgenommen wurde und nicht in einem gesonderten Verfahren vom Vormundschaftsgericht.* Auch wenn eine Verwaltungsbehörde die Sorgerechtsentscheidung getroffen hat, liegt darin kein Verstoß gegen den ordre public (LG Stuttgart 12. 7. 1960 IzRspr 1960–61 Nr 176; Jansen § 35 Rz 140).

383 Häufig ist die Anerkennung versagt worden, weil die Sorgerechtsentscheidung des DDR-Gerichts allein oder mitentscheidend **politisch-ideologisch motiviert** war, indem derjenige Elternteil, der die DDR verlassen hatte, schon aus diesem Grunde für ungeeignet zur Erziehung seiner Kinder gehalten wurde (etwa OLG Hamm 6. 7. 1960 ROW 1961, 258 = EJF Nr 33 zu A I = IzRspr 1960–61 Nr 175; KG 29. 12. 1960 IzRspr 1960–61 Nr 182; LG Berlin 30. 12. 1964 ZBlJugR 1965, 80 = IzRspr 1964–65 Nr 103; AG Aachen 2. 5. 1960 DAVorm 1961, 130 = IzRspr 1960–61 Nr 174; AG Riedlingen 3. 1. 1961 DAVorm 1961, 106 = IzRspr 1960–61 Nr 183; AG Hamburg 4. 11. 1963 MDR 1964, 1005 = IzRspr 1962–63 Nr 149). Dagegen wurde mit Recht kein Verstoß gegen den ordre public angenommen, wenn die Entscheidung zwar auch mit der „Republikflucht" eines Elternteils, daneben aber auch sachlich überzeugend begründet worden war (LG Hildesheim 23. 10. 1961 NJW 1962, 348 = DAVorm 1962, 108 = IzRspr 1960–61 Nr 188; vgl auch Staudinger-Gamillscheg § 328 ZPO Rz 651). Einer auf bloße Zweckmäßigkeit gestützten DDR-Entscheidung, in der dem Vater nach dem Tode der Mutter die elterliche Gewalt entzogen worden war, ohne daß ein Versagen des Vaters festgestellt worden war, wurde wegen Verstoßes gegen den ordre public iVm Art 6 GG die Anerkennung versagt (KG 8. 12. 1960 NJW 1961, 677 = FamRZ 1961, 126 = DAVorm 1961, 131 = ROW 1961, 68 = IzRspr 1960–61 Nr 181).

384 Auch **mangelndes rechtliches Gehör** kann die Anerkennung ausschließen (s Keidel-Kuntze-Winkler § 35 Rz 17; Jansen § 35 Rz 140 mit Entscheidungsnachweisen aus anderen Bereichen; speziell zur Sorgerechtsentziehung ohne Anhörung der in das Bundesgebiet übergesiedelten Eltern LG Aschaffenburg 20. 9. 1963 DAVorm 1964, 22 = IzRspr 1962–63 Nr 19).

385 Das in Auslandssachen gem Art 7 FamRÄndG begründete **Entscheidungsmonopol der Landesjustizverwaltung** zur Anerkennung von Ehescheidungen hat die deutsche Judikatur nicht auf interlokale Fälle übertragen (Staudinger-Gamillscheg § 328 ZPO Rz 652 ff). Die Anerkennung einer Sorgerechtsentscheidung eines DDR-Gerichts hängt also – anders als in Auslandsfällen (vgl oben Rz 365) – nicht davon ab, daß zuvor die Anerkennung des Scheidungsurteils festgestellt wurde. Vielmehr ist so lange von der Auflösung der Ehe auszugehen, als ihr Weiterbestehen nicht (im Wege der Feststellungsklage) festgestellt wurde (Staudinger-Gamillscheg § 328 ZPO Rz 655). Freilich erscheint das unterschiedliche Anerkennungsverfahren für Entscheidungen von Gerichten ausländischer Staaten und von Gerichten der DDR sachlich nicht berechtigt. Es ist deshalb vorgeschlagen worden, auch DDR-Entschei-

* BGH 14. 7. 1956 BGHZ 21, 306, 314 = NJW 1956, 1439, 1440 = JR 1957, 20, 22 zust Anm Beitzke = FamRZ 1956, 347, 349 = ZBlJugR 1956, 295, 296 = EJF Nr 5 zu B II Anm Jansen = LM Nr 1 zu § 36 FGG (L) Anm Ascher = IzRspr 1954–57 Nr 368 b S 600 m Nachw aus der älteren Rspr und Lit; OLG Hamm 6. 7. 1960 ROW 1961, 258 = SchlHAnz 1961, 174 = EJF Nr 33 zu A I = IzRspr 1960–61 Nr 175; KG 18. 9. 1963, ROW 1964, 224 = IzRspr 1962–63 Nr 148; AG Wennigsen 1. 7. 1961 ROW 1962, 40 = IzRspr 1960–61 Nr 186; s zu derselben Frage in internationalen Fällen oben Rz 360; ferner Staudinger-Gamillscheg § 328 ZPO Rz 650).

dungen dem Verfahren des Art 7 FamRÄndG zu unterwerfen (so HABSCHEID 173 f; dagegen KEIDEL-KUNTZE-WINKLER § 35 Rz 17). Man könnte de lege ferenda indes auch daran denken, die gebotene Gleichbehandlung von DDR- und Auslands-Entscheidungen dadurch herbeizuführen, daß man das fragwürdige Verwaltungsverfahren in Auslandsfällen beseitigt.

Entscheidungen von Gerichten der DDR können – ebenso wie Entscheidungen **386**
ausländischer Gerichte (vgl oben Rz 366 ff) – in der Bundesrepublik Deutschland **abgeändert** werden. Das wurde des öfteren, meist unter Berufung auf § 1696 BGB praktiziert.* In der Literatur wurde es von JARCK FamRZ 1956, 296 eingehend begründet (s ferner etwa KEIDEL-KUNTZE-WINKLER § 35 Rz 17; HABSCHEID 173). Ist die in der DDR getroffene Schutzmaßnahme nicht anzuerkennen, so kommt keine Abänderung, sondern nur eine Erstregelung in Betracht (etwa OLG Hamm 6. 7. 1960 ROW 1961, 258 = EJF Nr 33 zu A I = IzRspr 1960–61 Nr 175 aE; KG 29. 12. 1960 IzRspr 1960–61 Nr 182; LG Berlin 30. 12. 1964 ZBlJugR 1965, 80 = IzRspr 1964–65 Nr 103; BEITZKE NJW 1955, 552; JARCK FamRZ 1956, 298).

* Vgl etwa BGH 14. 7. 1956 BGHZ 21, 306, 314 ff = NJW 1956, 1439 = JR 1957, 20, 22 f zust Anm BEITZKE = FamRZ 1956, 347, 349 f = ZBlJugR 1956, 295, 296 f = EJF Nr 5 zu B II Anm JANSEN = LM Nr 1 zu § 36 FGG (L) Anm ASCHER = IzRspr 1954–57 Nr 368 b S 600 ff: Änderung gem § 74 Abs 6 EheG aF; BayObLG 9. 12. 1958 BayObLGZ 1958, 358 = NJW 1959, 533 = FamRZ 1959, 122 = DAVorm 1959–60, 116 = IzRspr 1958–59 Nr 197 S 606; KG 18. 9. 1963 ROW 1964, 224 = IzRspr 1962–63 Nr 148; LG Hildesheim 23. 10. 1961 NJW 1962, 348 = DAVorm 1962, 108 = IzRspr 1960–61 Nr 188; AG Wennigsen 1. 7. 1961 ROW 1962, 40 = IzRspr 1960–61 Nr 186.

Sachregister

Die fetten Zahlen beziehen sich auf die Artikel, die mageren Zahlen auf die Randziffern

FSC
www.fsc.org
MIX
Papier | Fördert gute Waldnutzung
FSC® C083411

Kolibri 360 GmbH
Ferdinand-Jühlke-Straße 7
99095 Erfurt, Deutschland
produktsicherheit@kolibri360.de